Adobe Illustrator
드로잉의
마술사
킹왕짱 일러스트레이터
CS5 그대로
따라하기

Adobe Illustrator
드로잉의
마술사
킹왕짱 일러스트레이터
CS5 그대로
따라하기

Adobe Illustrator
드로잉의 마술사
킹왕짱 일러스트레이터
CS5 그대로 따라하기

드로잉의 마술사
Adobe Illustrator
킹왕짱 일러스트레이터
CS5 그대로 따라하기

드로잉의
마술사
킹왕짱 일러스트레이터
CS5 그대로
따라하기

정민철 flash21c@yahoo.co.kr

약력	저서
현 프리랜서 테크라이터	포토샵 CS4 Extended 그대로 따라하기
Creative Garden 웹 PD 역임	포토샵 CS3 Extended 그대로 따라하기
20여 개의 기업 웹사이트 제작 및 감수	포토샵 CS2 그대로 따라하기
	포토샵 7 그대로 따라하기
	포토샵 6 그대로 따라하기
	일러스트레이터 CS4 그대로 따라하기
	일러스트레이터 CS3 그대로 따라하기
	일러스트레이터 10 그대로 따라하기
	사진 촬영의 달인 그대로 따라하기
	플래시 11인의 대가 외 다수 집필

초판 인쇄일 _ 2011년 1월 3일

초판 발행일 _ 2011년 1월 5일

지은이 _ 정민철

발행인 _ 박정모 / **발행처** _ 도서출판 혜지원

주소 _ 서울시 동대문구 장안 1동 420-3호

전화 _ 영업부 02)2212-1227, 2213-1227

전화 _ 편집부 02)2249-7975

팩스 _ 02)2247-1227

홈페이지 _ http://www.hyejiwon.co.kr

기획 · 진행 _ 구홍림

디자인, 본문편집 _ 김경미

표지디자인 _ 박혜경

교정, 교열 _ 송유선

영업마케팅 _ 김남권, 황대일, 서지영, 김보균

ISBN _ 978-89-8379-674-5

정가 _ 27,000원

킹왕짱 일러스트레이터 CS5 그대로 따라하기

혜지원

Adobe® Illustrator® CS5는 전 세계 수많은 일러스트레이터들이 선호하는 대표적인 드로잉 프로그램입니다.

말 그대로 그림을 그릴 때 사용하는 이 프로그램은 창조적인 색감과 강력한 드로잉 기능 때문에

수많은 디자이너들이 선택하는 꿈의 프로그램입니다.

그래픽 디자이너는 일러스트레이터 CS5를 사용해 자신만의 세계관을 표현하고

창조적인 드로잉 작업, 산업 디자인, 캐릭터 디자인, 인쇄물 디자인, 웹 디자인, 채색 작업,

색상 보정, 3D 오브젝트 생성 등의 놀라운 작업을 진행할 수 있습니다.

과히 일러스트레이터 CS5만 있으면 모든 그래픽 작업이 가능하다고 할 수 있습니다.

새로 출시된 일러스트레이터 CS5는 다음과 같이 여러 가지 기능이 새롭게 보강되었습니다.

1. 위드(Width) 툴의 등장 : 단순히 라인 하나를 그린 뒤 이를 그림으로 표현할 수 있도록 Width 툴이 새로 등장하였습니다. 일러스트레이터 초보자들도 Width 툴을 활용하면 여러 가지 도형 이미지를 그릴 수 있습니다.

2. 원근법 툴의 등장 : 건물 투시도, 도로 그림을 그릴때는 원근법을 유지하며 그림을 그리게 됩니다. 새로 등장한 원근법 툴은 각종 투시도, 지도, 도로를 그릴 때 원근법을 유지하며 그릴 수 있도록 도움을 주며, 오브젝트를 원근법을 유지하며 이동시키는 기능도 새로 추가되었습니다.

3. **드로잉 모드의 등장** : 새롭게 드로잉 모드를 선택하는 기능이 추가되었습니다. 버튼을 누르기만 하면 작업 중인 오브젝트의 위나 아래에 오브젝트를 그릴 수 있도록 드로잉 모드가 자동으로 변경됩니다.

4. **아트보드 관리기능 보강** : 한 파일에 수십 장의 아트보드를 생성시킨 뒤 이 아트보드의 페이지 순서를 변경하고, 인쇄 순서를 교체할 수 있도록 아트보드 관리 기능이 보강되었습니다. 이를 위해 아트보드 팔레트가 새로 추가되었습니다.

전 세계 수많은 그래픽 디자이너들이 선택하는 일러스트레이터 CS5.

드로잉 프로그램의 최고 강자라는 닉네임답게 다양하고 전문적인 드로잉 작업을 누구나 할 수 있도록 도움을 줍니다.

필자의 책이 드로잉 작업을 처음 시작하는 입문자들에게 많은 도움이 되길 기원드립니다.

마지막으로 책을 출간해주신 혜지원의 박정모 사장님과 전반적인 기획 작업을 진행하신 구홍림 팀장님,

그리고 김경미 편집자님에게 감사 인사를 드립니다.

정민철

flash21c@yahoo.co.kr

IllustratorCS5 Try 폴더

일러스트레이터 CS5 데모 버전입니다. 설치파일 (exe)을 더블클릭하면 일러스트레이터 CS5 데모 버전의 설치가 시작됩니다.

*제공하는 프로그램은 데모 버전(시험판)이므로 정품 사용자는 설치할 필요가 없으며, 데모 버전은 일정 기간(30일)이 지나면 사용할 수 없습니다. 기간이 지나면 정품을 구입하여 사용하시기 바랍니다.

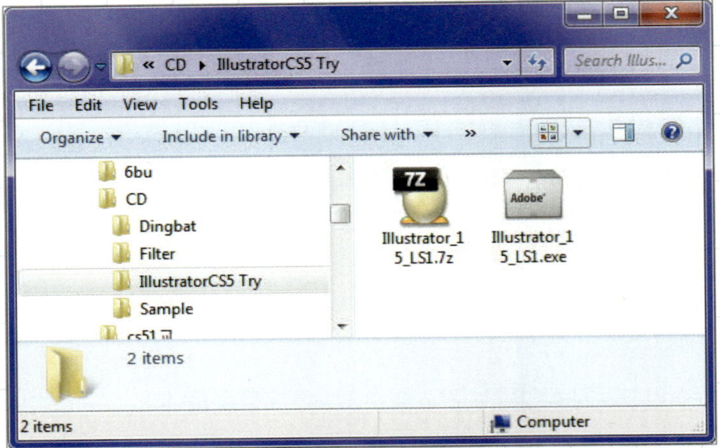

Dingbat 폴더

그림 문자인 딩뱃 폰트입니다. 내 컴퓨터 -〉 C 드라이브 -〉 Windows -〉 Font 폴더에 복사해 넣으세요.
글꼴 적용은 일러스트레이터 CS5를 실행한 뒤 타이프 툴의 글꼴 옵션에서 딩뱃 글꼴을 선택해 사용할 수 있습니다.

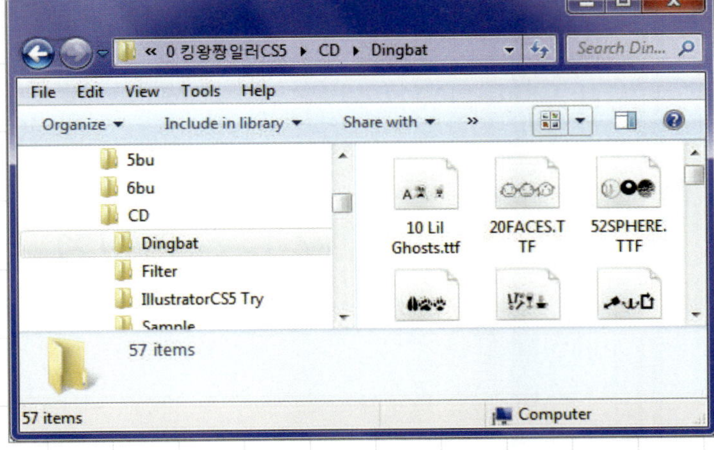

제공하는 부록 DVD에는 총 4개의 폴더로 구성되어 있습니다.
일러스트레이터 CS5 트라이얼 버전과 폰트, 플러그인 프로그램, 샘플 예제 파일을 제공하고 있습니다.

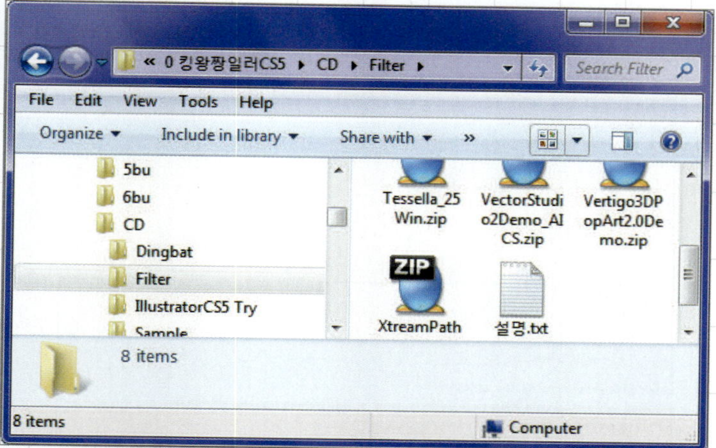

Filter 폴더

일러스트레이터 CS5에서 사용 가능한 데모 형식(시험판)의 플러그인 프로그램입니다. 일러스트레이터가 설치된 폴더의 하위 폴더 중 Plug-ins 폴더에 설치하면 일러스트레이터의 Effect 메뉴 하단에 나타나 사용할 수 있습니다.

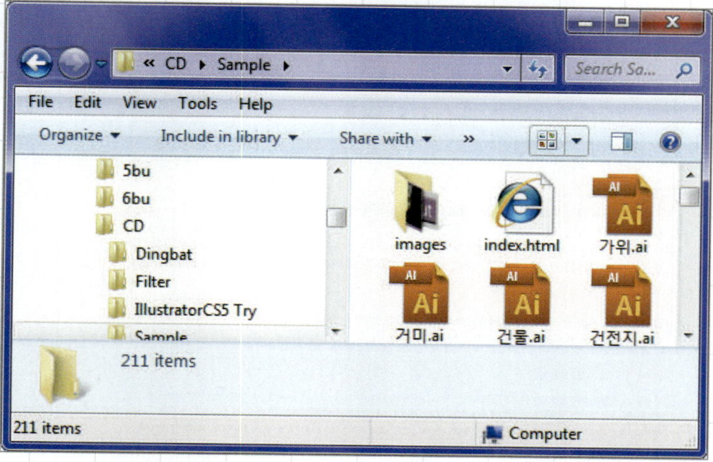

Sample 폴더

본문 예제와 따라하기 예제에 사용한 샘플 예제입니다. 이들 예제 이미지는 DVD를 넣은 후에 일러스트레이터 CS5의 File → Open 메뉴로 불러옵니다.

파트 제목 : 앞으로 배울 내용들을 소개합니다.

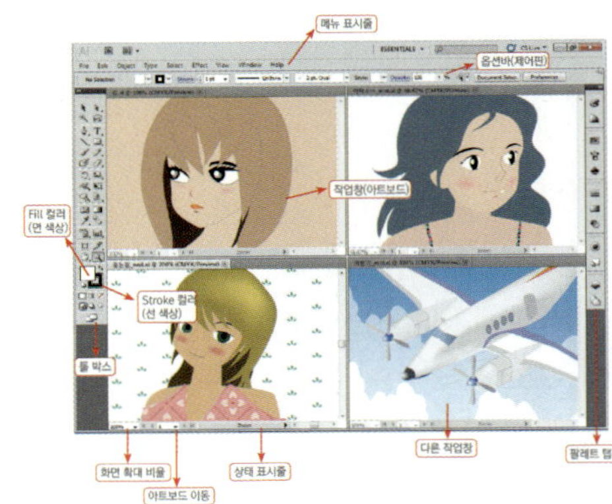

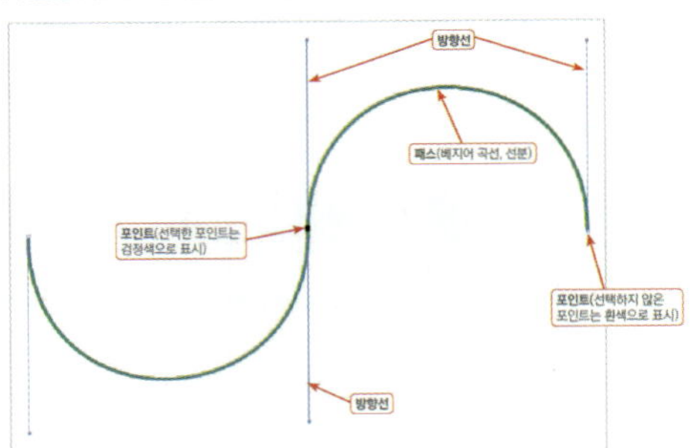

참고 : 지나치면 안 될 내용이나 본문 외에
추가로 알아야 할 부분을 체크해줍
니다.

이론 설명 중간 중간 예제 파일을 충분히 넣어 쉽게 따라해볼 수 있습니다.
꼼꼼한 매뉴얼과 틈틈히 나오는 예제들을 따라해보면 일러스트레이터를 마스터할 수 있을 것입니다.

메모 : 반드시 알아두어야 할 이론적인 내용을
소개합니다. 또한 꼭 기억해야 할 용어
나 개념 등을 자세히 설명합니다.

킹왕짱 예제 : 파트별 주제에 따른 실전예제를
따라하며 배울 수 있습니다.

04_ 옵션바의 Character 버튼을 클릭해 Character 팔레
트를 불러온 뒤 글꼴, 글자 크기 등을 원하는 내용으로 변경합
니다.

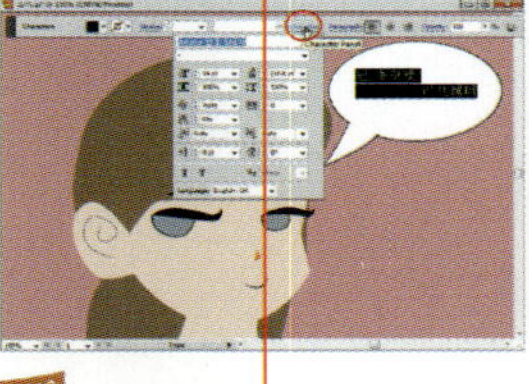

05_ 입력한 글자에서 일부 글자의 색상만 변경하려면 타이프
툴로 수정할 글자를 블록으로 선택한 뒤 옵션바의 Fill 컬러를
클릭해 색상을 교체합니다.

MEMO
Character 팔레트에 대해서는 4부, Part 27을 참고하세요.

06_ 글자가 변경된 모습입니다. 만일, 현재 작업한 이미지를
다른 시스템에서 불러올 경우 여러분이 사용한 글꼴이 다른 시
스템에 없을수도 있습니다. 이 경우 여러분이 원하지 않는 글
꼴로 글자를 표시하므로 다른 시스템으로 완성 이미지를 가져
갈 경우엔 글자를 벡터 이미지로 전환해야 합니다.

07_ 글자를 마우스 오른쪽 버튼으로 클릭한 뒤 Create
Outlines 메뉴를 적용하면 글자가 벡터 속성으로 변경되어 다른
시스템에서도 여러분이 선택한 글꼴 모양으로 보이게 됩니다.
예를 들어 인쇄소나 출력소로 디자인한 작품을 가져갈 때는 반
드시 글자에 Create Outlines 메뉴를 적용한 뒤 가져가는 것
이 인쇄 글꼴이 변경되는 사고를 예방할 수 있습니다.

134 _ 킹왕짱 일러스트레이터 CS5 그대로 따라하기

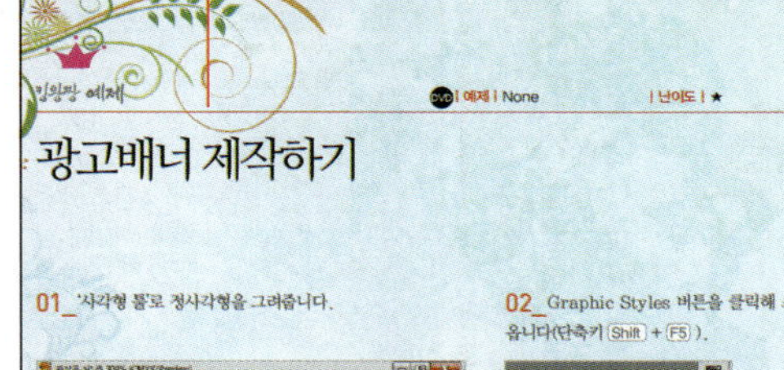

01_ '사각형 툴'로 정사각형을 그려줍니다.

02_ Graphic Styles 버튼을 클릭해 스타일 팔레트를 불러
옵니다(단축키 Shift + F5).

03_ 다른 스타일 견본을 불러오기 위해 팔레트 하단의
Graphic Styles Libraries Menu 버튼을 클릭한 뒤 Image
Effects 메뉴를 실행합니다.

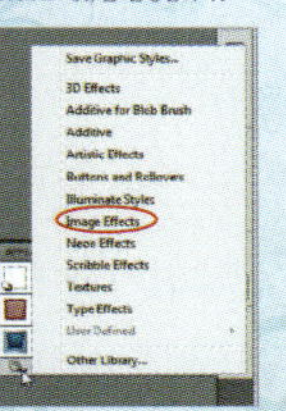

04_ 녹색 스타일(Shadow Back)을 클릭해 작업중인 사각형
오브젝트에 적용합니다.

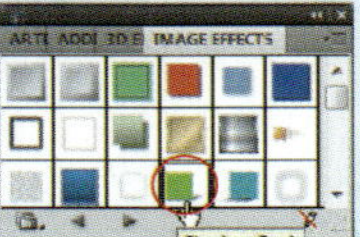

148 _ 킹왕짱 일러스트레이터 CS5 그대로 따라하기

예제 따라하기 : 따라하기 번호따라 천천히
따라할 수 있도록 자세히
설명해 놓았습니다.

목차

인트로

1부 일러스트레이터 CS5 드로잉 기능 익히기

2부 일러스트레이터 CS5 문자 입력 도구와 드로잉 보조 도구 익히기

5부 일러스트레이터 CS5 메뉴

6부 예제로 정복하는 일러스트레이터 CS5

드로잉의 마술사
어도비 일러스트레이터 CS5

어도비 일러스트레이터 CS5

어도비 일러스트레이터 CS5는 전문적인 드로잉 프로그램입니다. 업계 표준의 벡터 그래픽 프로그램인 어도비 일러스트레이터는 그 명성에 걸맞게 다양한 드로잉 도구와 색채 도구를 제공합니다. 어도비 일러스트레이터의 다양한 기능을 활용하면 초보자들도 드로잉과 디자인의 참맛을 아낌없이 만끽하실 것입니다. 단언하건대, 어도비 일러스트레이터 CS5는 전 세계 수많은 디자이너들이 선택하는 가장 확실한 드로잉 전문 프로그램입니다.

어도비 일러스트레이터 CS5 실행화면

어도비 공식 홈페이지 (www.abobe.com)

어도비 일러스트레이터 CS5의 매력

일러스트레이터 CS5는 업계 표준의 파워풀한 드로잉 기능을 제공합니다. 드로잉 프로그램의 선두주자답게 펜 툴, 도형 툴, 연필 툴 같은 뛰어난 도구들을 제공하며 초보자들도 손쉽게 그림을 그릴 수 있도록 도움을 줍니다. 작업 편의를 위해 제공되는 각종 보조 도구들은 일반 드로잉은 물론 디자인 창작정신을 불러일으킵니다. 색채 배합과 창의적인 색상을 만들 수 있는 다양한 색상 관련 도구들은 디자이너에게 무미건조한 그림을 막고 창의적인 디자인 감각을 키우도록 도움을 줍니다.

일러스트레이터 CS5의 뛰어난 기능들은 초보자들도 명함 디자인 같은 인쇄용 디자인부터 산업 일러스트레이션, 패키지 디자인, 캐릭터 디자인, 제품 디자인을 할 수 있도록 도움을 주며 웹 디자인과 모션 그래픽 디자인을 할 수 있도록 도움을 줍니다. 또한 독창적인 기능들은 누구나 창조적인 디자인 작업을 가능케 합니다. 업계 표준의 드로잉 툴과 뛰어난 옵션을 사용해 다양한 작업을 자유롭게 시도해 보고 원하는 결과물을 신속하게 얻을 수 있습니다. 거의 무한대에 가까운 뛰어난 드로잉 기능을 사용하면 벡터 그래픽이라는 놀라운 신세계를 경험하실 것입니다.

비행기 드로잉 – 드로잉 시간 1시간

어도비 일러스트레이터 CS5
할 수 있는 디자인 분야

패키지 디자인 & 제품 디자인 & 광고 디자인

일러스트레이터 CS5는 제품 디자인이나 패키지 디자인에서 널리 활용되는 프로그램입니다. 건물 투시도는 사진으로 찍을 수 없는 안 보이는 분야이기 때문에 일러스트레이터로 드로잉하여 건물 안쪽까지 투시할 수 있도록 도움을 줍니다. 실물보다 더 사실감있는 드로잉이 가능하기 때문에 일러스트레이터는 디자인 현장에서 항상 인기만점의 그래픽 프로그램입니다. 또한 포장 용기 디자인 같은 패키지 디자인부터 핸드폰 같은 제품 디자인 등 일러스트레이터 CS5로 다룰 수 있는 작업 분야는 무궁무진합니다.

노키아 GPS 제품 디자인

산업 디자인

출판 편집 디자인과 인쇄물 디자인, 문자 디자인, 브로슈어 디자인

일러스트레이터 CS5는 각종 출판편집 디자인과 인쇄물 디자인, 레이아웃 디자인, 문자 디자인, 브로슈어 디자인에서 널리 활용되고 있습니다. 특히 인쇄물 디자인에 최적화되어 기업용 팜플렛, 브로슈어, 북디자인, DVD 커버 디자인, 명함 디자인, 카드 디자인 등 활용분야가 매우 폭넓습니다.

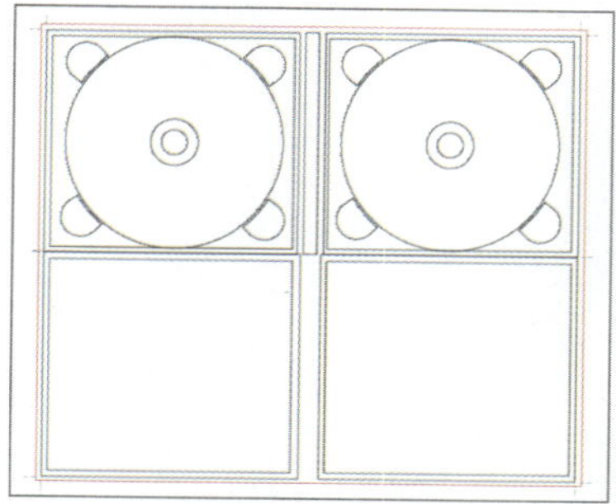

CD & DVD 쟈켓 디자인

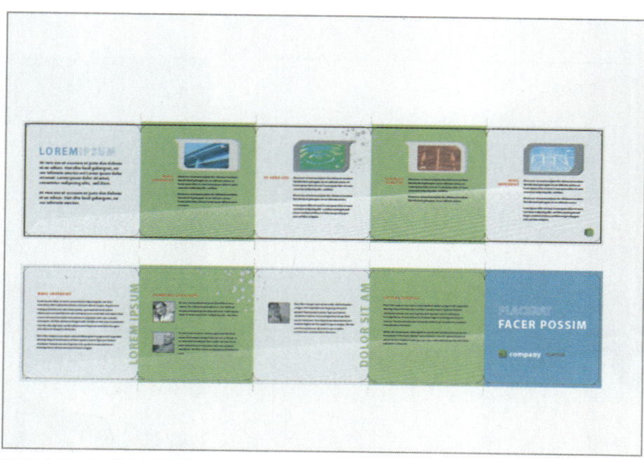

브로슈어 디자인 템플릿

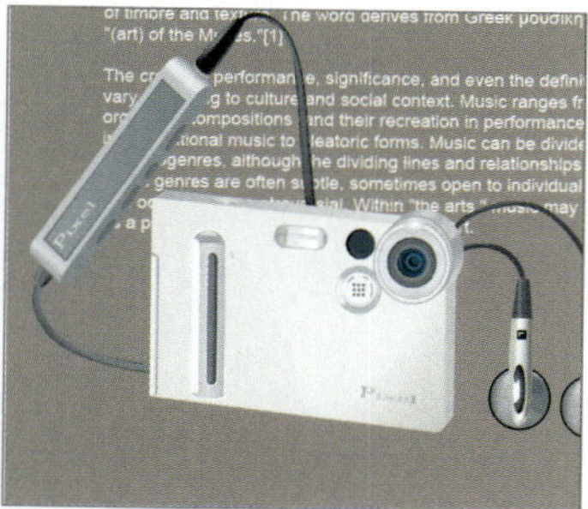

인쇄물 디자인

캐릭터 디자인과 동화 일러스트레이션

일러스트레이터 CS5는 만화, 카툰, 캐릭터, 동화 일러스트레이션에서 즐겨 사용하는 그래픽 프로그램입니다. 인터넷에서 흔히 보는 아바타, 문구류에서 접하는 캐릭터 디자인은 일러스트레이터 CS5로 작업한 결과물이라고 해도 과언이 아닙니다. 만일 드로잉과 페인팅, 색채 디자인에 관심있고 문학에도 소양이 있는 분이라면 자신만의 동화책 일러스트레이션 작업도 할 수 있습니다.

심해바다 창작 일러스트레이션

실사체 일러스트레이션

그래픽 아티스트가 될 수 있는 창작 일러스트레이션

일러스트레이터 CS5는 매우 뛰어난 드로잉 프로그램답게 독창적이고 창의적인 창작 일러스트레이션 작업에서 인기만점입니다. 만화가는 일러스트레이터 CS5로 컬러 만화나 삽화를 그릴 수 있고 그래픽 아티스트는 자신만의 판타지풍 일러스트레이션을 창조할 수 있습니다. 업계 표준의 드로잉 기능은 창작에 소질있는 분들에게 아무리 복잡한 이미지도 드로잉을 가능케 하고 다양한 추가 효과를 삽입할 수 있도록 도움을 줍니다.

만화 캐릭터 드로잉

창작 드로잉

패션 디자인 & 의류 & 텍스쳐 디자인

패션 디자인, 의류 디자인, 텍스쳐 디자인 등 패션과 관련된 각종 일러스트레이션 작업도 일러스트레이터 CS5로 해결할 수 있습니다. 특히 인쇄물에 특화된 색채 도구는 색채 감각이 없는 사람들에게도 창의적인 색채 배합을 할 수 있도록 도움을 줍니다. 일러스트레이터는 또한 패턴 디자인 같은 직물 디자인 분야에서도 널리 사용되는 그래픽 프로그램입니다.

패션 & 모자 일러스트레이션

패션 카드 일러스트레이션

공상과학 & 파인아트

말 그대로 드로잉이 좋아서 그림을 그리는 분들도 참 많습니다. 파인아트나 공상과학 일러스트레이션 블로그를 보면 알 수 있듯 자신이 좋아하는 그림을 표현하기 위해 많은 사람들이 일러스트레이터 CS5를 사용합니다. 자신의 기호와 어울리는 파인아트(Fine Art)를 일러스트레이터 CS5로 구현하거나 판타지풍의 일러스트레이션 분야에 도전하는 것도 좋은 방법이 됩니다. 자신의 감정과 세계관을 그림으로 표현하고 싶은 분들에게 일러스트레이터 CS5는 탁월한 선택이 됩니다.

파인아트 드로잉

공상과학 드로잉

3D 사과 드로잉

홈페이지 디자인 & 웹 애니메이션 & 모션 그래픽의 제작

지금은 홈페이지 열기가 많이 사그라들었지만 일러스트레이터 CS5의 홈페이지 제작 기능을 사용하면 누구나 아름답고 독창적인 홈페이지를 만들 수 있습니다. 일러스트레이터 CS5의 최적화 기능, 슬라이스 기능, 웹 애니메이션 제작 기능은 미려하고 동적 움직임이 있는 홈페이지와 블로그를 만들 수 있도록 도움을 줍니다.

배너광고 디자인 템플릿

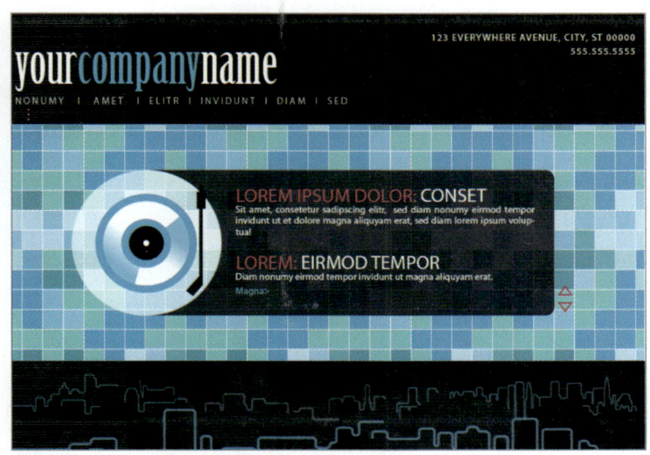

홈페이지 디자인 템플릿

어도비 일러스트레이터 CS5
새로운 기능

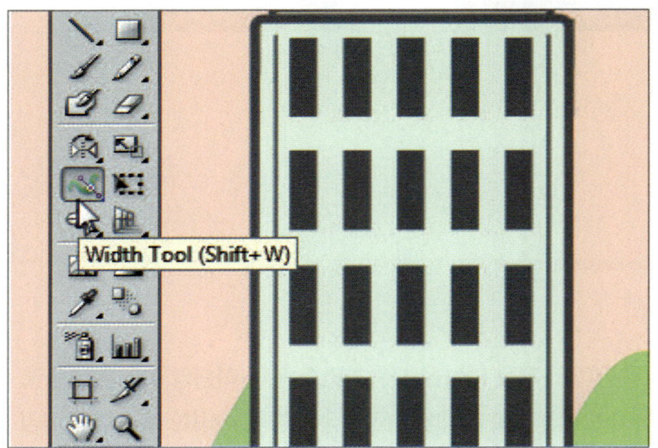

위드(Width) 툴

'위드 툴'은 선의 두께를 자유자재로 조절하는 기능입니다. 직선 같은 선을 그린 뒤 두께를 조절해 원하는 이미지를 만들 때 유용합니다. 드로잉에 자신없는 사람들도 위드 툴을 사용하면 어떤 이미지이건 그릴 수 있습니다.

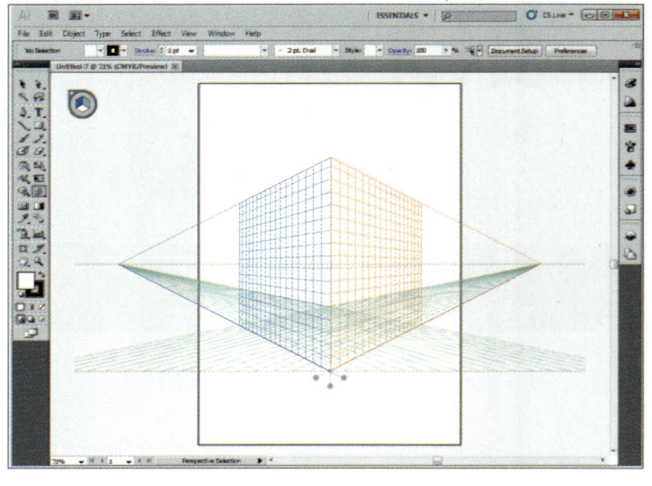

원근법 툴

일러스트레이터 CS5에서 새로 등장한 '원근법 툴'은 원근법을 유지한 상태에서 오브젝트를 드로잉할 수 있도록 해 줍니다. 또한 '원근법 선택 툴'은 오브젝트를 이동시킬 때 원근법을 유지하면서 이동시킬 수 있습니다. 원근법 툴은 건물 투시도 같은 원근법이 중요한 이미지를 드로잉할 때 사용합니다.

쉐이프 빌더 툴

열려있는 패스를 닫아주는 기능을 하는 '쉐이프 빌더 툴'은 말하자면 열려있는 오브젝트의 모양을 자동으로 만들어주는 기능입니다. 여러 개의 열려있는 오브젝트가 있을 경우 서로 연결해 모양을 만들어줍니다.

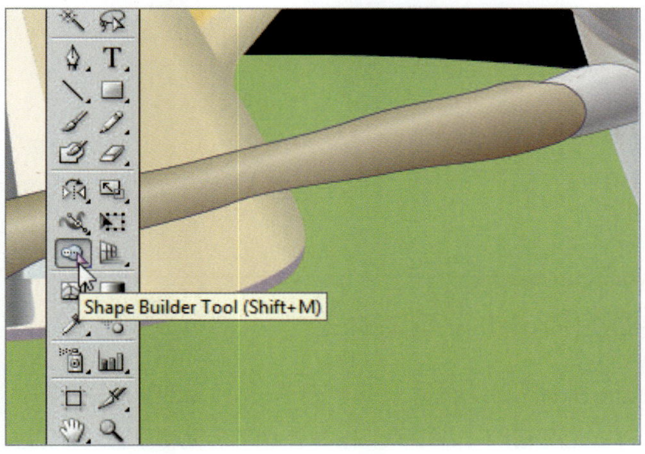

아트보드 팔레트

아트보드 팔레트는 사용자가 생성시킨 아트보드의 인쇄 순서를 변경하고 관리하는 기능입니다. 예를 들어 PDF 문서나 프레젠테이션을 제작할 경우 아트보드의 재생 순서를 변경할 수 있습니다.

Paste(붙이기) 메뉴의 세분화

일러스트레이터 CS5의 Paste 메뉴는 다양하게 세분화되었습니다. 복사한 오브젝트의 바로 위에 붙이는 Paste In Front, 복사한 오브젝트의 바로 아래에 붙이는 Paste In Back, 모든 아트보드에 복사한 오브젝트를 붙일 수 있는 Paste In All Artboards 메뉴 등이 있습니다.

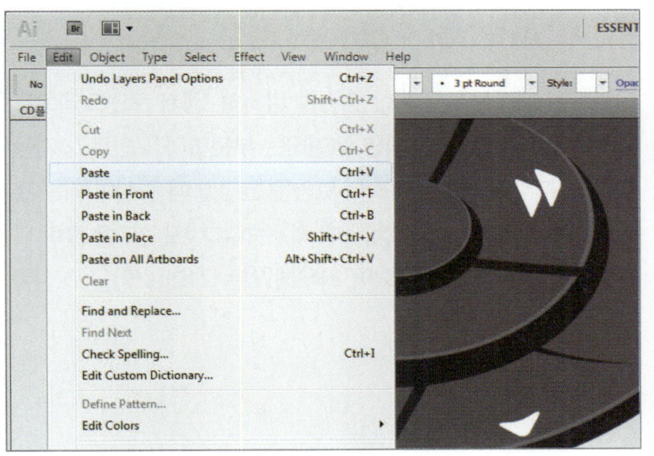

다양한 드로잉 모드

새로 등장한 드로잉 모드 버튼은 드로잉 작업을 다양하게 할 수 있도록 도움을 줍니다. 이 기능을 사용하면 선택한 오브젝트의 위에 드로잉하거나, 바로 밑에 드로잉할 수 있고, 오브젝트의 내부에 드로잉할 수 있습니다.

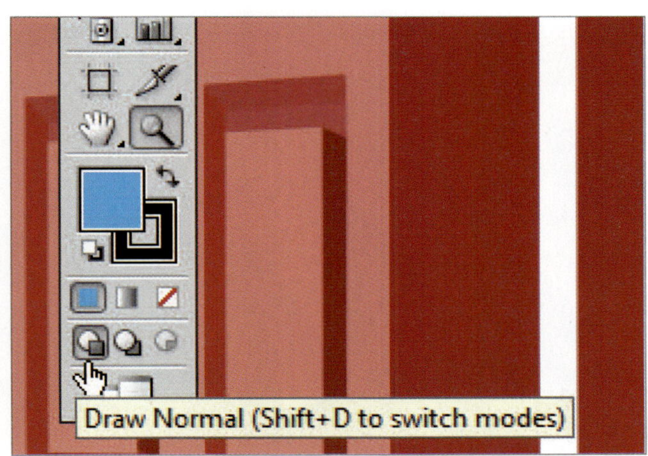

벡터 그래픽 디자인 용어
미리 공부하기

패스(Path) – 베지어 곡선

패스란 '베지어 곡선'을 말하며 '펜 툴' 같은 드로잉 도구로 제작한 선을 말합니다. 오브젝트는 보통 선과 면으로 구성되어 있는데 패스는 오브젝트의 테두리에 있는 선을 말합니다. 패스를 그릴 때 면(Fill) 색상과 선(Stroke) 색상을 지정하지 않으면 색상이 없는 플레인 상태의 패스가 제작되며, 색상이 없는 패스는 이미지가 아닌 상태이기 때문에 철사 같은 선만 표시됩니다. 이 선에 면(Fill) 색상과 선(Stroke) 색상을 지정하면 비로소 육안으로 보이는 이미지가 완성됩니다.

포인트(Anchor Point) – 정점

포인트는 패스상에 위치한 정점을 말하며 '앵커 포인트'라고도 말합니다. 패스를 제작하면 꺾여지는 부분마다 포인트가 자동 삽입됩니다. 포인트는 패스의 모양을 변경할 때 중심이 되는 것이므로 패스의 모양을 수정할 때 사용합니다. 포인트를 클릭 드래그하면 방향선이 생성되어 좌우에 있는 선의 모양을 조절할 수 있는 상태가 됩니다.

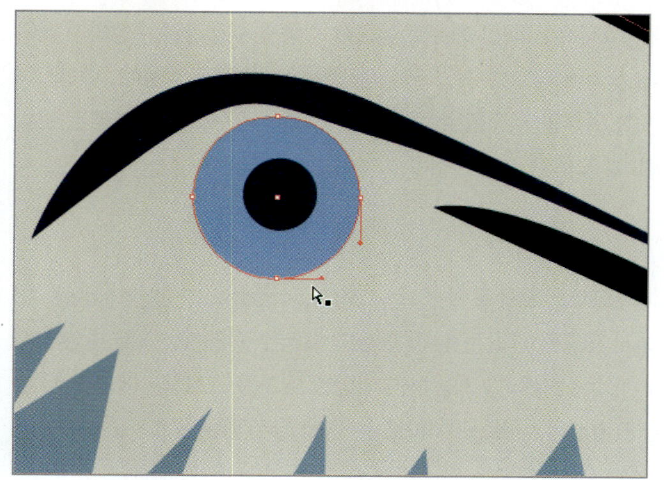

방향선(Handle) – 핸들

방향선이란 포인트를 클릭했을 때 나타나는 방향 조절선을 말합니다. 방향선을 조절하면 포인트 좌우의 패스(선) 모양이 자유자재로 조절되어 패스를 원하는 모양으로 만들 수 있습니다. 방향선은 말 그대로 패스 모양을 편집하는 기능을 가지고 있으므로 실제 이미지와는 아무 상관없습니다.

그 외의 일러스트레이터 용어들

❶ 아트보드 (Artboard) -〉종이

아트보드(Artboard)란 '종이' 또는 '작업창'을 의미합니다. 일러스트레이터에서의 아트보드(종이)는 규격 안에서만 그림을 그릴 수 있는 것이 아니라 아트보드(종이) 외곽에도 그림을 그릴 수 있으므로 포토샵에서 말하는 종이(캔버스)와는 개념이 조금 다릅니다. 이 책에서는 편의상 '종이'와 '아트보드'라는 용어 둘 다 사용합니다.

❷ 아트워크(Artwork) -〉삽화, 작품

아트워크(Artwork)란 일러스트레이터로 그린 '그림' 또는 '삽화'를 말합니다. 일반적으로 개별 오브젝트나 그룹을 말하는 것이 아니라 전체 그림(작품)을 아트워크라고 말합니다. 편의상 이 책에서는 아트워크 대신 '이미지' 또는 '그림'이라는 단어를 사용합니다.

❸ 오브젝트(Object, 개체) -〉조각 그림

오브젝트(개체)는 패스로 만든 가장 작은 단위의 '조각 그림'을 말합니다. 오브젝트는 그림을 구성하는 가장 최소 단위이며 여러 개의 오브젝트를 기계 부속품 조립하듯 묶어 하나의 큰 이미지를 제작합니다. 이때 이미지를 구성하는 각각의 조각 그림을 '오브젝트'라고 말합니다.

❹ 그룹(Gruop) -〉조각 그림을 그룹으로 묶은 것

그룹(Group)이란 여러 개의 오브젝트(조각 그림)를 하나로 묶어 놓은 것을 말합니다. 복잡한 그림을 그릴 때는 이미지의 최소 요소인 오브젝트를 많이 드로잉해야 하는데, 오브젝트의 수가 많아지면 관리상에 어려움이 발생합니다. 이때 연관성이 있는 오브젝트들을 하나의 그룹으로 묶어 놓는 경우가 있는데, 이처럼 묶어놓은 오브젝트들을 '그룹'이라 부릅니다. 단축키 [Ctrl] + [G] 메뉴는 선택한 오브젝트를 그룹으로 묶을 때 사용합니다.

❺ Appearance(모양) –〉 Appearance 팔레트

Appearance(모양)란 이미지 제작 시 사용한 면의 색상과 선의 색상, 그리고 Effect 메뉴로 삽입한 각종 특수효과가 수정하기 용이하도록 속성별로 분리하여 목록으로 보여주는 기능입니다. Appearance 팔레트를 확인하면 선택한 오브젝트나 그룹에 적용된 여러 속성이 일목요연하게 표시됩니다. 따라서 원하는 속성을 클릭하면 그 목록만 수정할 수 있습니다. Appearance 팔레트는 보통 매우 복잡한 이미지에서 개개별 오브젝트로 쉽게 접근한 뒤 그 오브젝트에 적용된 각종 편집 속성을 수정할 때 좋습니다.

❻ 이펙트(Effect, 효과) –〉 특수효과

Effect(효과)는 일러스트레이터에서 제공하는 일종의 특수 효과입니다. 포토샵에서 볼 수 있는 그림자(Shadow), 광선(Glow), 변형(Distort) 등의 다양한 특수효과가 일러스트레이터의 Effect 메뉴에서 제공됩니다. Effect 메뉴의 특징은 원본 오브젝트를 손상시키지 않고 특수 효과를 삽입하는 방식으로 동작한다는 점에 있습니다. Effect 메뉴를 사용하면 다양한 효과를 오브젝트에 삽입할 수 있는데, 이때 원본 오브젝트가 손상되지 않은 상태이기 때문에 적용한 Effect를 취소하면 이미지는 원래대로 돌아갑니다.

벡터 그래픽과 비트맵 그래픽

일러스트레이터 CS5는 '벡터 그래픽' 프로그램이고, 포토샵은 '비트맵 그래픽' 프로그램입니다. 과연 벡터 그래픽과 비트맵 그래픽의 차이점은 무엇일까요?

벡터 그래픽 (Vector Graphics)

벡터 그래픽이란 이미지의 구성 요소인 선, 면, 도형 정보를 수학 데이터로 처리한 컴퓨터 그래픽의 한 분야입니다. 벡터 그래픽은 선, 면, 도형을 표현하기 위해 베지어 곡선이라 불리는 '패스'를 사용합니다.

벡터 그래픽의 가장 큰 특징은 모든 정보가 수학 데이터로 처리되기 때문에 이미지를 확대하거나 축소해도 수학 데이터에 의해 선, 면, 도형 이미지를 다시 구현합니다. 따라서 이미지를 확대해도 품질이 깨지지 않고 항상 고품질로 유지됩니다. 따라서 벡터 그래픽은 고급 이미지 제작에 널리 사용됩니다.

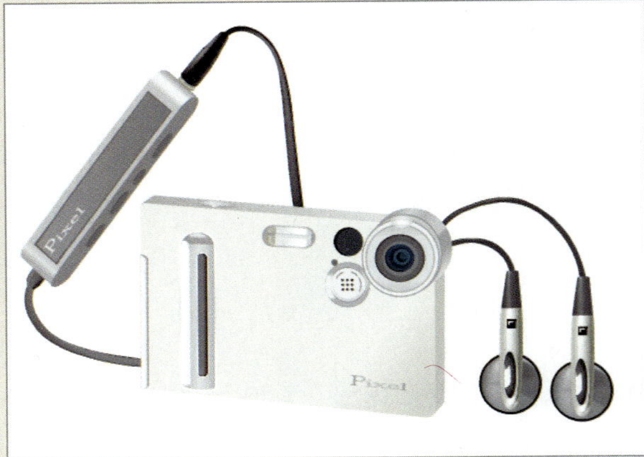
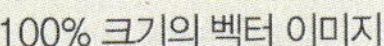

100% 크기의 벡터 이미지

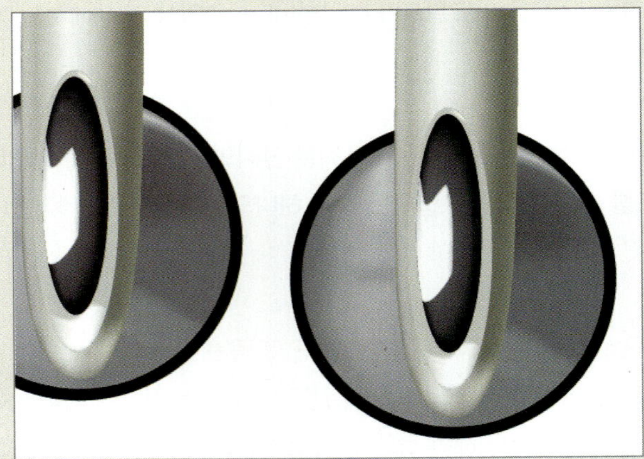

많이 확대해도 이미지의 품질이 그대로 유지되는 벡터 그래픽

벡터 방식의 드로잉 프로그램으로는 이 책이 다루고 있는 어도비 일러스트레이터 CS5가 가장 유명합니다. 그 외에 코렐 드로우, 프리핸드, 웹 애니메이션 제작 도구인 플래시(Flash) 등이 벡터 방식의 드로잉 프로그램입니다.

비트맵 그래픽(Raster Graphics, 래스터 그래픽)

비트맵 그래픽은 '래스터 그래픽'이라고도 말하며 이미지의 최소 단위가 픽셀이라는 점으로 구성되어 있습니다. 각각의 조밀한 점들은 독립적인 색상 정보를 가지고 있고 이 점들이 모여 육안으로 보이는 비트맵 이미지가 표현됩니다. 예를 들어 인터넷에서 다운받은 Jpg, Gif, Psd, Tif 포맷은 비트맵 속성의 그래픽 파일이며 디지털 카메라로 찍은 사진도 비트맵 그래픽 이미지입니다.

비트맵 이미지는 점으로 구성되어 있기 때문에 점을 삭제하고 색상을 교체하는 등의 편집 작업이 용이합니다. 하지만 비트맵 이미지는 화면을 확대하면 각각의 점들이 더 크게 보이게 되므로 확대를 많이 할수록 점들이 거칠게 부각됩니다. 또한 이미지의 크기를 조절하면 점의 크기를 재구성하기 때문에 이미지의 품질이 원본보다 나빠집니다. 이런 단점에도 불구하고 비트맵 속성의 그래픽이 폭넓게 사용되는 이유는 편집 및 제작에 용이하기 때문입니다.

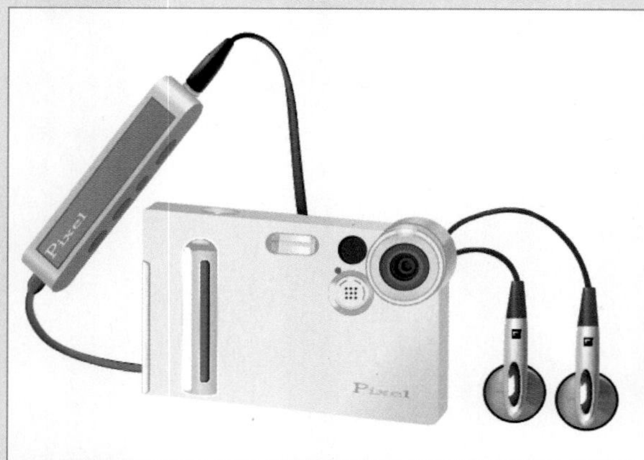

100% 크기의 비트맵 이미지

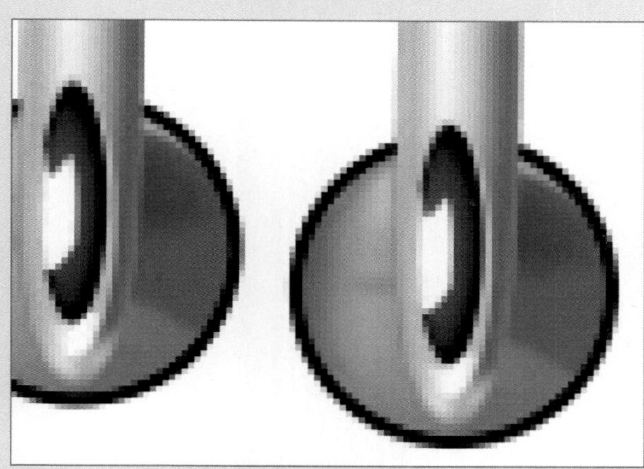

많이 확대하면 오돌토돌한 계단현상이 보이는 비트맵 그래픽

비트맵 방식의 그래픽 프로그램은 어도비 포토샵 CS5가 가장 유명합니다. 코렐 페인터와 페인트 샵, 윈도우에서 볼 수 있는 그림판 역시 비트맵 방식의 그래픽 프로그램입니다.

1부

일러스트레이터 CS5 드로잉 기능 익히기

일러스트레이터 CS5
기본화면 공부하기

일러스트레이터 CS5의 기본화면

일러스트레이터 CS5의 실행화면은 드로잉 도구인 '툴박스'와 각종 옵션을 설정할 수 있는 '팔레트', 드로잉 작업을 하는 '아트보드' 영역이 있습니다.

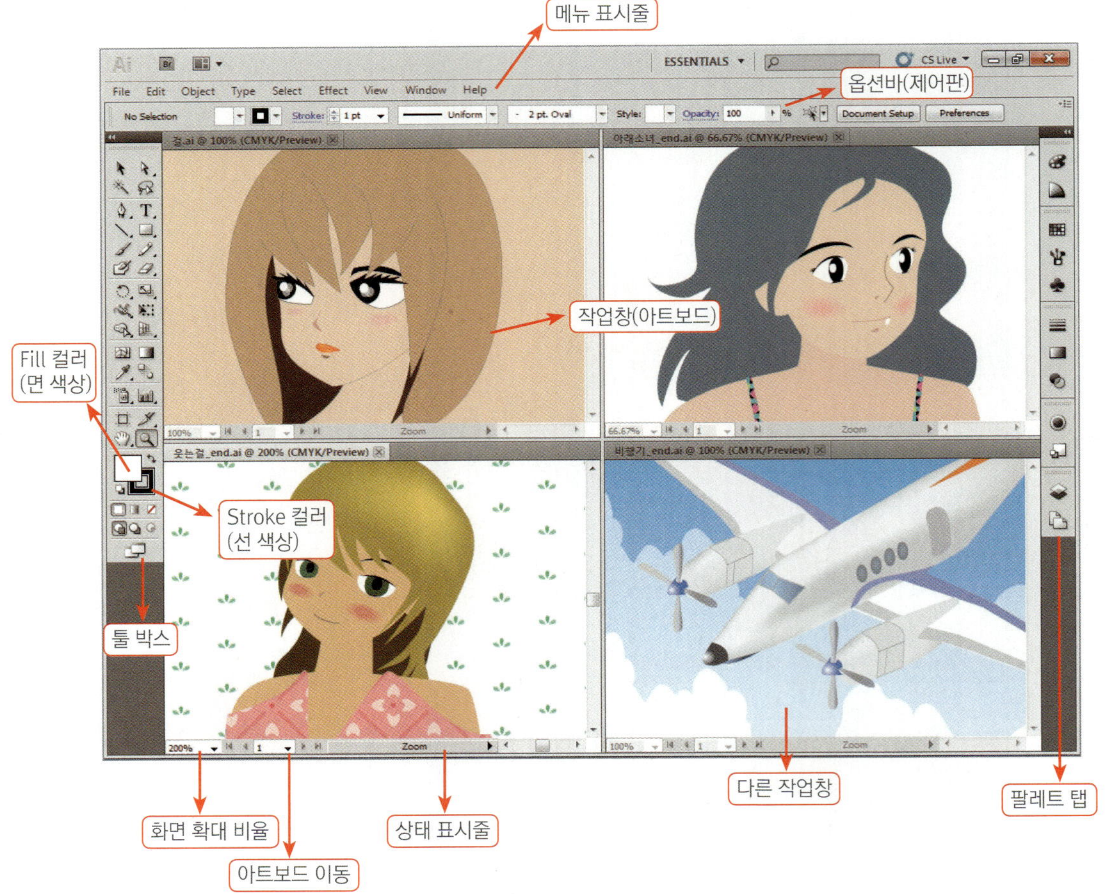

일러스트레이터 CS5에서 드로잉 작업 시작하기

일러스트레이터에서 드로잉 작업을 시작하려면 새 아트보드(종이)를 불러와야 합니다. 새 아트보드를 불러오는 방법을 알아봅니다.

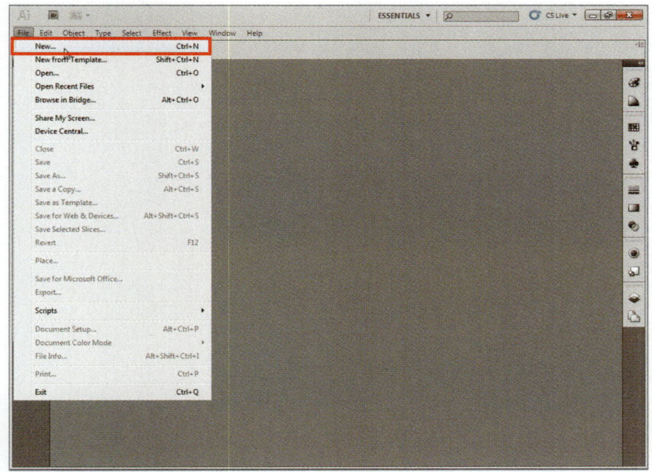

New 메뉴를 실행하는 모습

File –〉 New 메뉴를 실행합니다. 새 종이(Artboard)를 불러올 수 있도록 대화상자가 나타납니다.

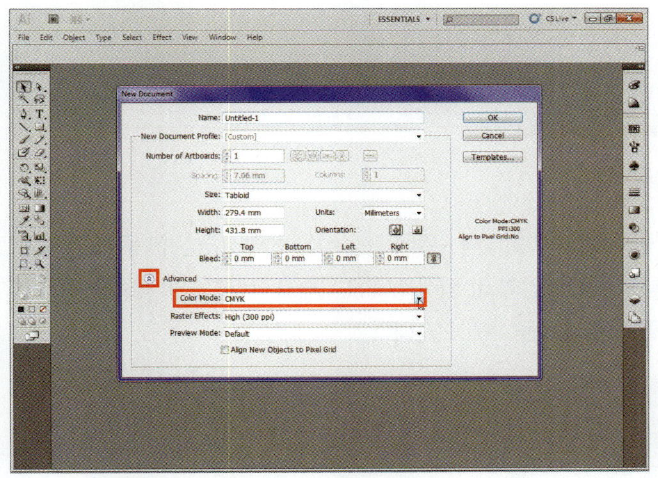

대화상자의 설정모습

새 종이를 불러올 때는 반드시 색상 모드를 선택해야 합니다. 인쇄물 디자인 작업은 CMYK Color 모드를 선택하고 웹 디자인 작업은 RGB Color 모드를 선택합니다.

일러스트레이터는 패키지, 캐릭터, 제품디자인 같은 인쇄물 디자인을 주업무로 하기 때문에 기본적으로 CMYK Color 모드에서 작업합니다.

펜 툴로 그림을 그린 모습

새 종이가 나타난 모습입니다. 툴박스의 각종 드로잉 도구를 사용해 조각 그림(오브젝트)를 하나 하나 그려서 큰 그림을 완성해갑니다. 완성 이미지는 File –〉 Save 메뉴로 저장합니다.

드로잉 & 채색 도구 선택하기 – 툴박스(도구상자)

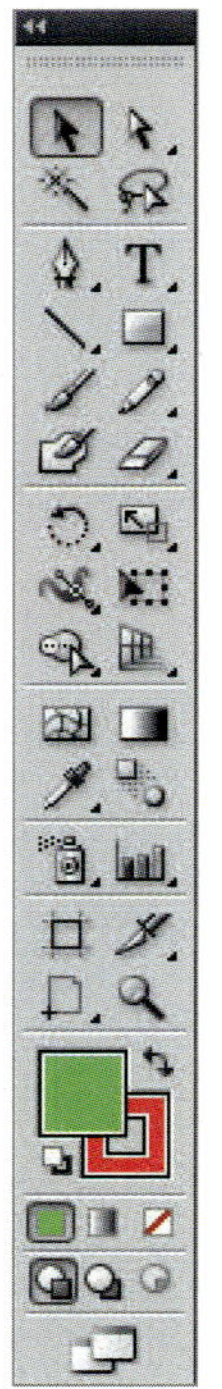

'툴박스'는 선택 툴, 드로잉 툴, 채색 툴, 자르기 툴, 차트 툴 등으로 구성되어 있습니다. 오브젝트를 드로잉하거나 채색하고 편집할 수 있는 기능의 집합체입니다. 각종 드로잉 작업을 충실히 하려면 먼저 툴박스 기능을 익혀두는 것이 좋습니다.

색상, 선 굵기 등의 추가 옵션 설정하기 – 팔레트(Palette)

툴박스에서 도구를 선택한 뒤 각종 추가 옵션을 설정하려면 '팔레트'를 사용해야 합니다. 팔레트는 색상 선택 기능, 선 굵기 교체 기능, 브러시 크기 선택 등의 다양한 옵션을 제공합니다. 팔레트는 보통 스트림라인의 바 형식으로 표시되고, 버튼을 클릭하면 해당 팔레트가 나타납니다. 또는 Window 메뉴에서 원하는 팔레트 이름을 클릭해 불러올 수도 있습니다.

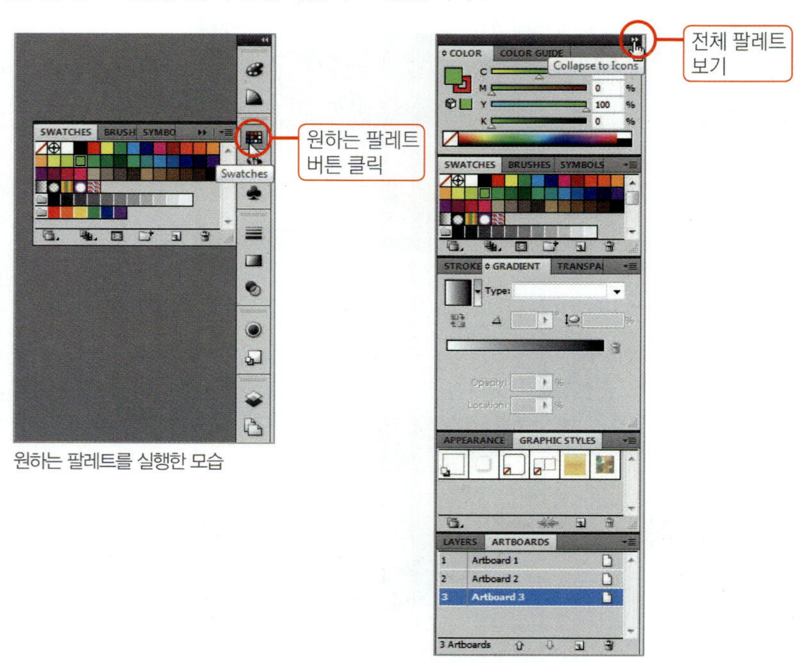

원하는 팔레트를 실행한 모습

전체 팔레트를 표시한 모습

일러스트레이터 CS5 작업창 – 아트보드(Artboard, 종이)

아트보드는 그림을 그리는 작업창, 즉 종이를 말합니다. 일러스트레이터는 벡터 방식으로 동작하기 때문에 무한대로 그림을 그릴 수 있습니다. 그래서 작업창은 규격에 구애받지 않고 아트보드 외곽에도 드로잉을 할 수 있습니다. 따라서 한 작업창에서 아트보드를 직렬로 여러 개 열고 작업할 수도 있습니다. 아트보드 영역을 마우스 오른쪽 버튼을 클릭하면 사용 중인 도구에 대한 단축 메뉴가 나타납니다.

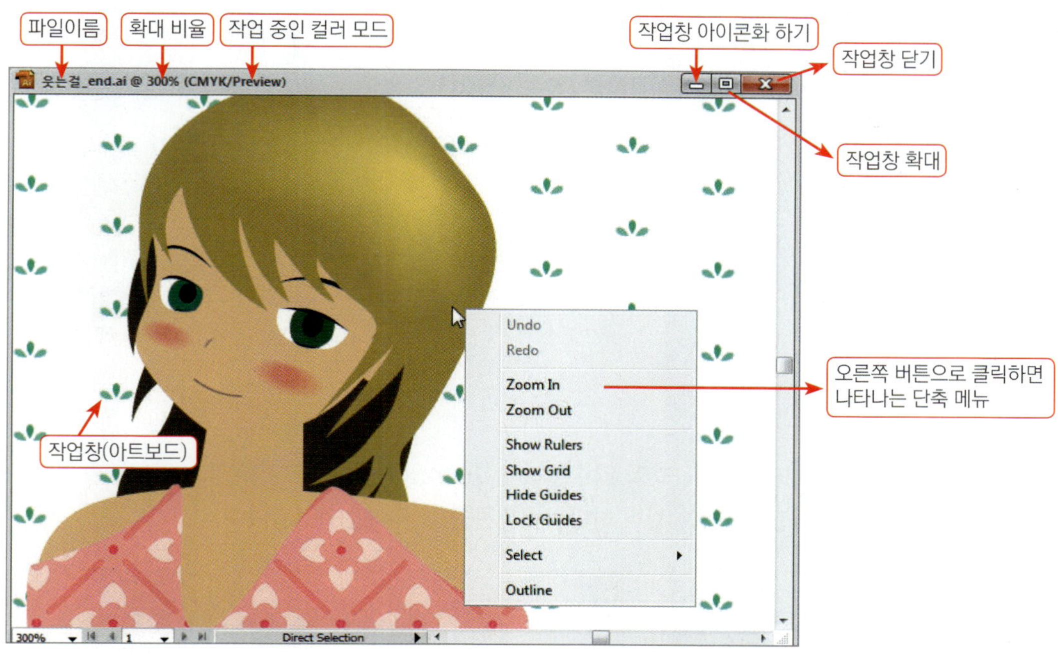

선택한 오브젝트에 대한 간이옵션 선택하기 – 옵션바(제어판)

옵션바는 선택한 오브젝트에 대한 간이 옵션을 설정할 때 사용합니다. 보통 Fill 컬러, Stroke 컬러, Stroke 굵기, Brush 프로필 선택할 때 유용합니다. 이 옵션바는 선택한 오브젝트에 따라 모양이 달라집니다.

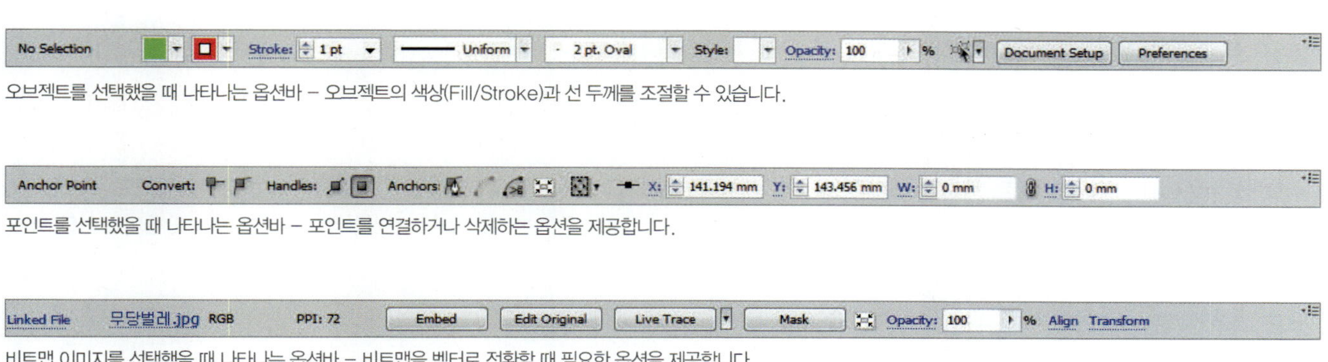

오브젝트를 선택했을 때 나타나는 옵션바 – 오브젝트의 색상(Fill/Stroke)과 선 두께를 조절할 수 있습니다.

포인트를 선택했을 때 나타나는 옵션바 – 포인트를 연결하거나 삭제하는 옵션을 제공합니다.

비트맵 이미지를 선택했을 때 나타나는 옵션바 – 비트맵을 벡터로 전환할 때 필요한 옵션을 제공합니다.

사용할 색상 선택하기 – 면 색상(Fill 컬러), 선 색상(Stroke 컬러)

드로잉한 오브젝트는 Fill(면)과 Stroke(선)으로 구성되어 있습니다. 따라서 색상을 지정할 때 Fill 컬러(면 색상)와 Stroke 컬러(선 색상)를 따로 지정해야 합니다. 만일, 색상을 None으로 설정하면 무색(색상이 없는 상태)이 사용되어 드로잉할 수 있습니다. 색상은 오브젝트를 드로잉하기 전 지정하거나, 오브젝트를 드로잉한 뒤 지정합니다.

01_ 툴박스에서 '펜 툴'을 선택합니다.

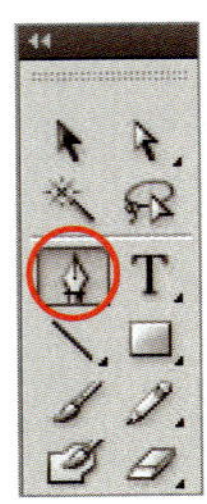

02_ 아래 버튼을 더블클릭해 색상 선택을 시작합니다.

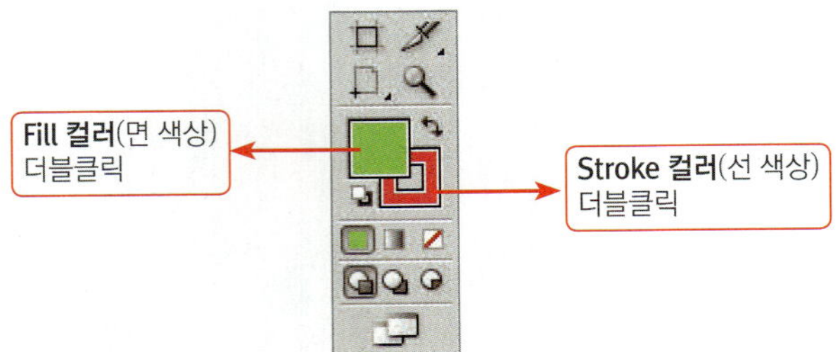

03_ '펜 툴'로 이미지를 드로잉합니다. 만일 Fill 컬러와 Stroke 컬러를 둘 다 '무색(None)'을 선택한 상태이면 색상이 없는 패스 선만 보이게 됩니다. 무색은 Stroke 컬러 하단의 / 버튼을 클릭하면 설정됩니다.

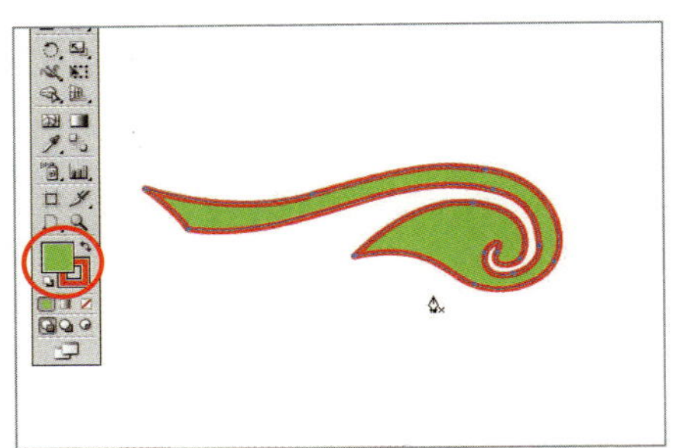

Fill Color : 녹색
Stroke Color : 빨간색

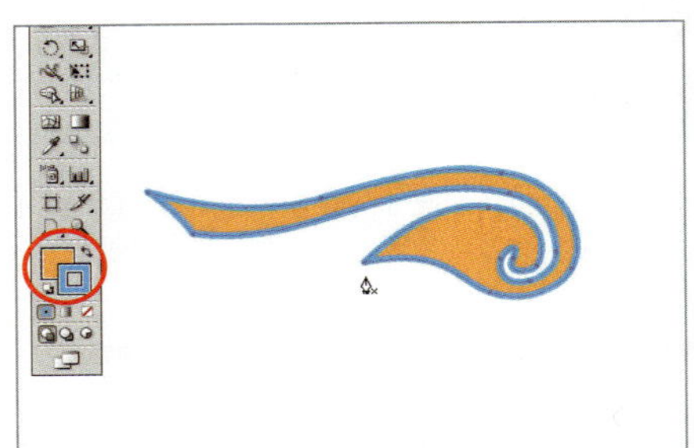

Fill Color : 주황색
Stroke Color : 파란색

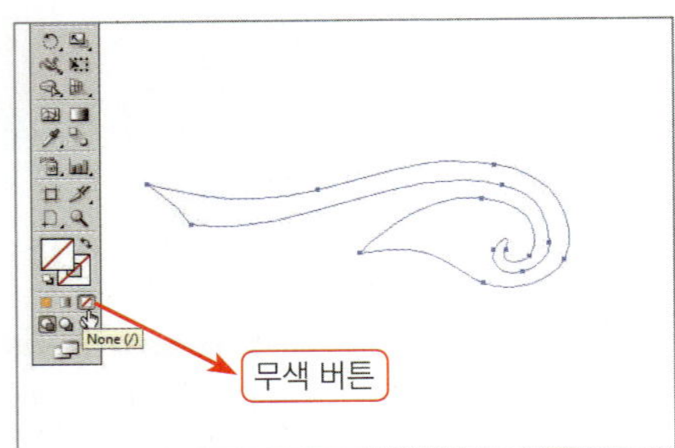

Fill Color : 무색
Stroke Color : 무색

일러스트레이터 용어 이해하기 - 아트워크, 아트보드

아트워크(Artwork, 삽화)란 일러스트레이터로 그린 삽화를 말합니다. 아트워크는 개개별 조각 그림들이 모여 하나의 큰 그림이 됩니다. 개개별 조각 그림은 오브젝트라고 말하며, 오브젝트를 묶은 것은 그룹, 그룹을 포함한 삽화 전체는 아트워크라고 말합니다. 삽화가 그려진 종이는 아트보드(Artboard, 종이, 작업창)라고 말합니다.

❶ **면 색상(Fill Color)** : 툴박스에서 Fill 컬러를 클릭한 뒤 '스와치 팔레트'나 '컬러 팔레트'를 이용해 원하는 색상을 선택합니다. 이미지를 드로잉할 때 해당 색상이 면 색상으로 사용됩니다.

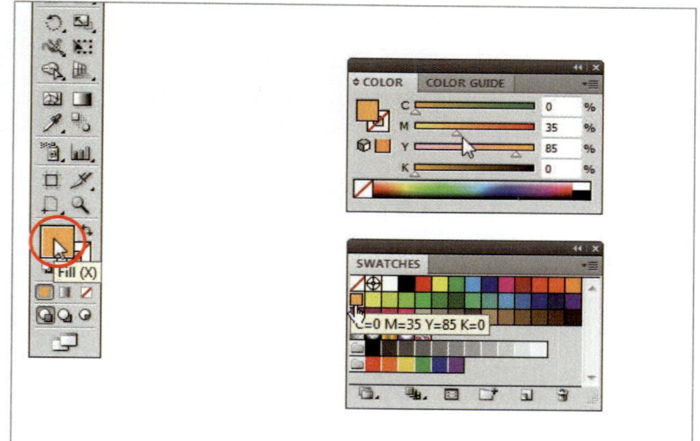

❷ **선 색상(Stroke Color)** : 툴박스에서 Stroke Color를 클릭합니다. 그런 뒤 '스와치 팔레트'나 '컬러 팔레트'에서 원하는 색을 선택합니다. 이미지를 드로잉할 때 해당 색상이 선 색상이 됩니다.

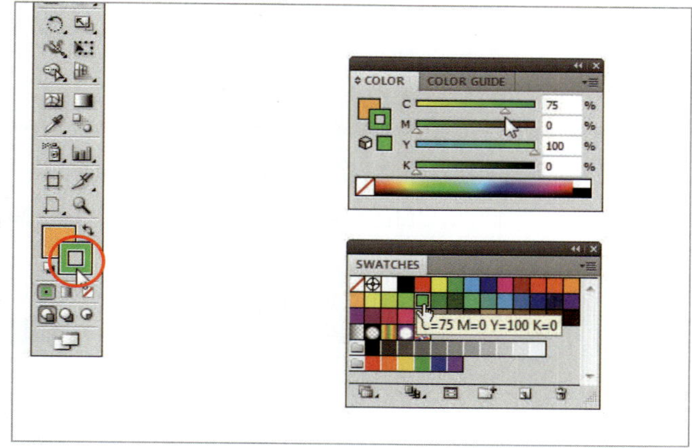

❸ **무색(None)** : 무색 버튼은 Fill 컬러나 Stroke 컬러에 색상을 사용하지 않을 때 선택합니다. 예를 들어 Fill 컬러 버튼을 클릭한 뒤 무색 옵션을 클릭하면 면 부분이 '무색'이 되어 투명 이미지가 그려집니다. 만일 Stroke 컬러 버튼을 클릭한 뒤 무색 옵션을 적용하면, 이미지를 드로잉할 때 Stroke(선) 부분에 무색이 사용되어 테두리가 없는 상태로 그려집니다.

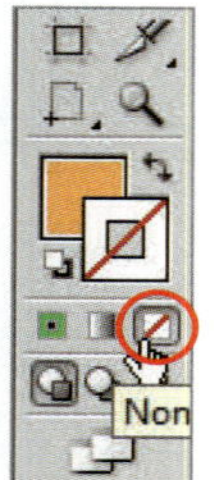

툴박스의 무색 옵션

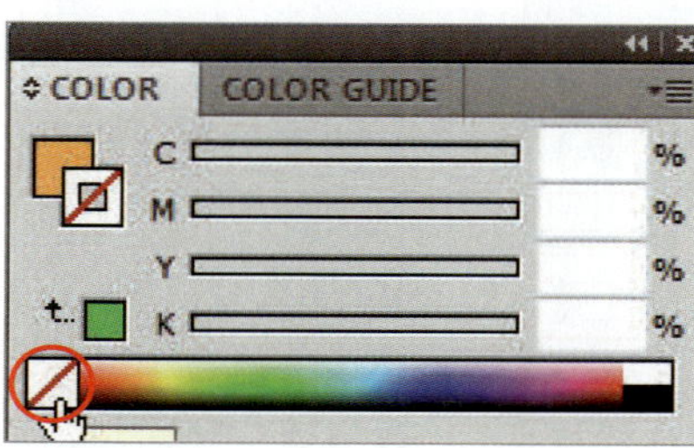

스와치 팔레트의 무색 옵션

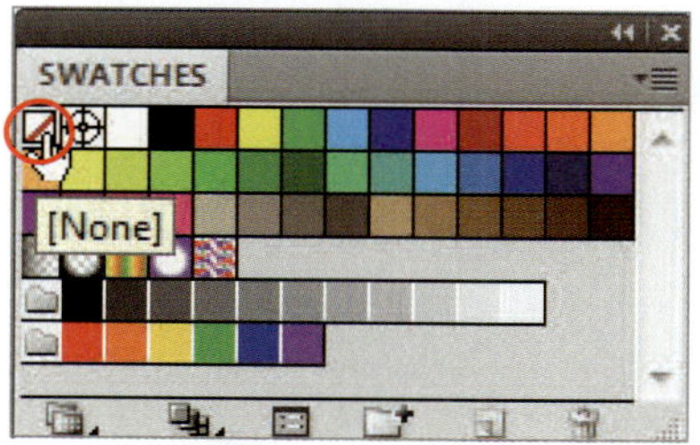

컬러 팔레트의 무색 옵션

옵션바에서 색상 선택하기

툴박스에서 색상을 일일이 지정하는 것은 매우 귀찮은 일입니다. 요즘은 먼저 오브젝트를 드로잉한 뒤, 그 오브젝트를 선택한 상태에서, 옵션바에서 바로 색상을 선택하는 경우가 많습니다.

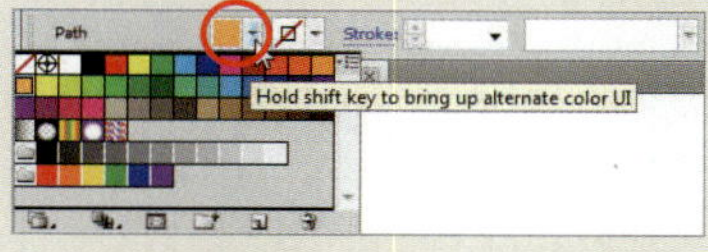

옵션바에서 Fill 컬러를 지정하는 모습

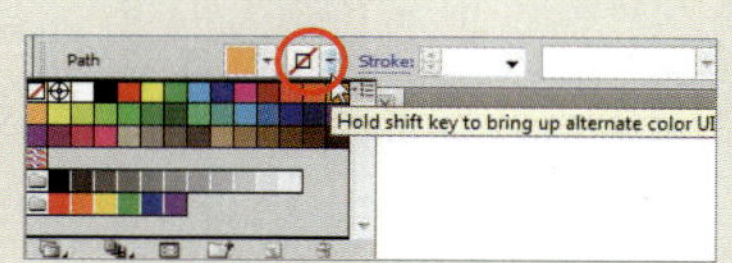

Stroke 컬러를 지정하는 모습

드로잉 도구가 모여있는
툴박스

툴박스에는 드로잉 작업, 채색 작업, 편집 작업을 할 때 사용하는 도구들이 모여 있습니다. 툴박스에서 제공하는 기능들은 대부분 드로잉 작업과 밀접한 관계가 있으므로 드로잉을 잘하려면 반드시 공부해야 합니다. 지금부터 툴박스의 이름과 단축키에 대해 알아봅니다.

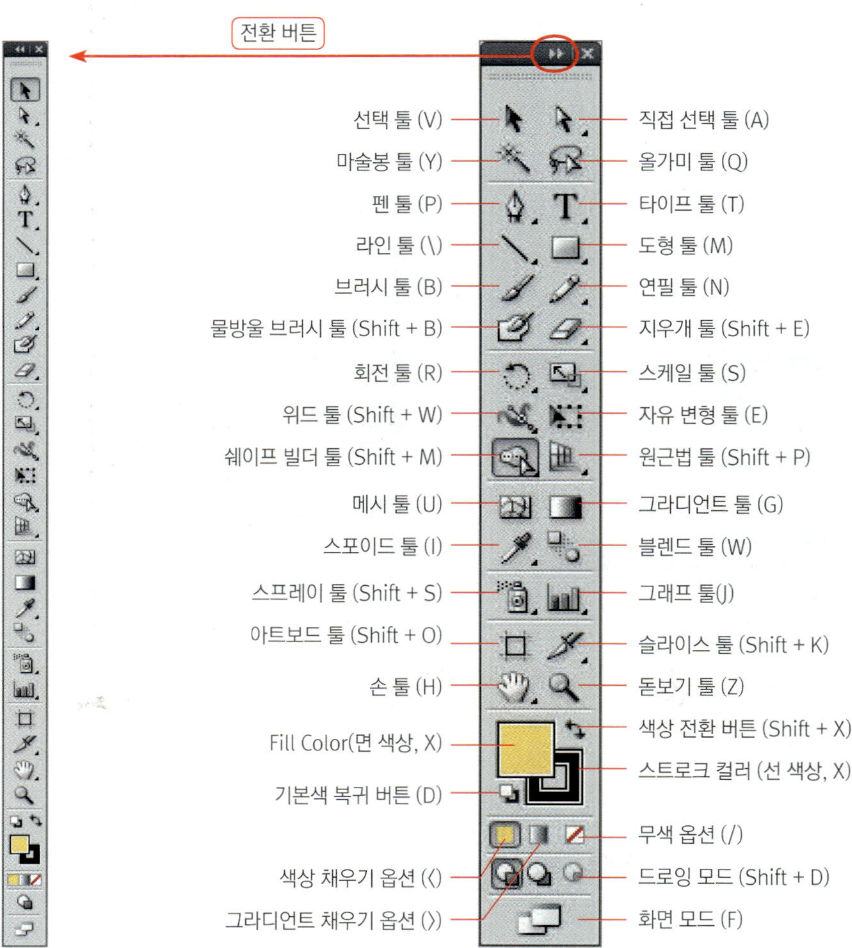

툴(도구) 이름 공부하기

툴박스에는 항상 화면에 보이는 툴과 숨어있는 툴이 있습니다. 숨어있는 툴에는 작은 삼각형 표시가 있습니다. 작은 삼각형 표시가 있는 툴을 마우스로 클릭하면 숨어있는 툴이 나타납니다. 참고로, 이번 버전은 새롭게 위드(Width) 툴과 원근법 툴이 추가되었습니다.

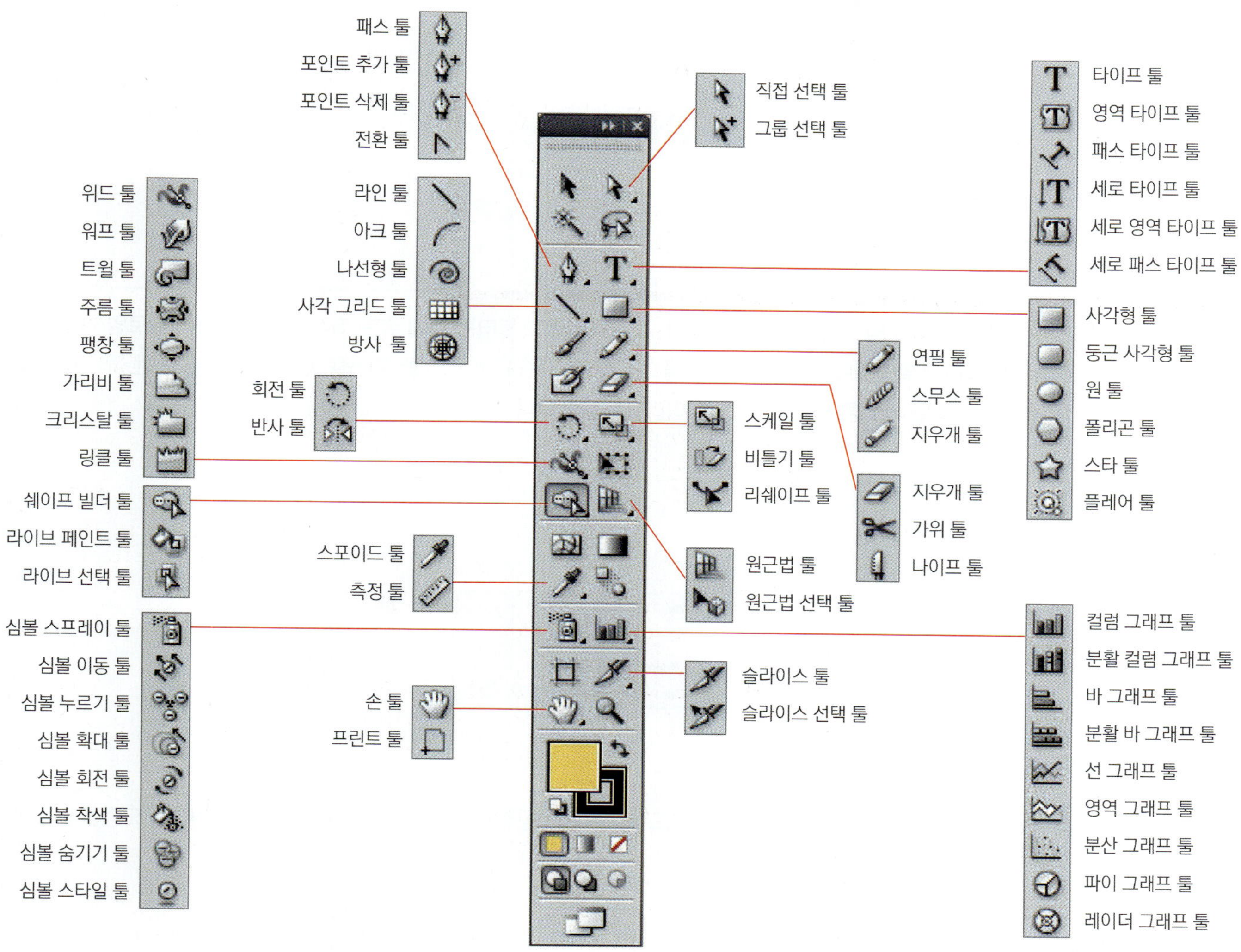

MEMO

Tab 키를 누르면 툴박스를 화면에서 감추거나 다시 표시할 수 있습니다.

일러스트레이터의 도구 익히기
드로잉 시작하기

일러스트레이터 CS5는 전문적인 드로잉 전용 프로그램입니다. 오브젝트라고 불리는 개체 혹은 조각 그림을 하나씩 드로잉하여 전체 이미지를 만드는 것입니다. 따라서 일러스트레이터에서 그림을 그리려면 다음과 같이 '펜 툴' 기능을 공부해야 합니다. 펜 툴은 패스를 그리는 방식으로 그림을 그리기 때문에 다른 말로는 '패스 툴'이라고도 불립니다.

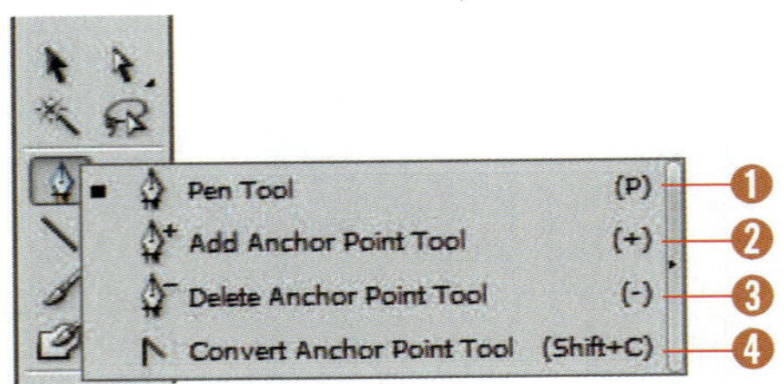

❶ **펜 툴** : 이미지의 최소 구성 요소인 오브젝트(조각 그림)를 드로잉할 때 사용합니다. 패스와 방향선을 조절해 원하는 모양을 만들어가면 됩니다.

❷ **포인트 추가 툴** : 드로잉하고 있는 오브젝트에 새 포인트(정점)를 추가할 때 사용합니다. 보통 굴곡이 많은 도형을 그릴 때는 새 포인트를 추가한 뒤 모양을 만들어가야 합니다.

❸ **포인트 삭제 툴** : 이미 존재하는 포인트를 삭제할 때 사용합니다. 포인트를 삭제할수록 곡선 부분이 점점 직선화됩니다.

❹ **전환 툴** : 곡선 속성의 포인트를 직선 속성으로 전환하거나, 직선 속성의 포인트를 곡선 속성으로 전환할 때 사용합니다. 보통 패스의 모양을 조절할 때 사용합니다.

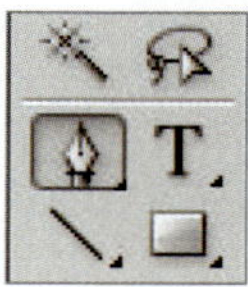

펜 툴은 일러스트레이터에서 오브젝트를 드로잉하는 기본 도구입니다. 포인트(Anchor, 정점)를 찍거나 드래그하는 방식으로 드로잉할 수 있습니다. 포인트와 포인트 사이에는 패스 선이 형성되고, 포인트를 전부 연결하면 하나의 오브젝트 즉 조각그림이 됩니다. 포인트를 하나씩 찍으면 직선이 되며, 포인트를 찍는 동시에 드래그하면 곡선이 됩니다.

01_ 펜 툴로 '스피커 아이콘'을 드로잉하는 모습입니다. 펜 툴을 선택한 뒤 Fill 컬러는 '녹색', Stroke 컬러는 '검정색'으로 설정한 뒤 따라하기 바랍니다.

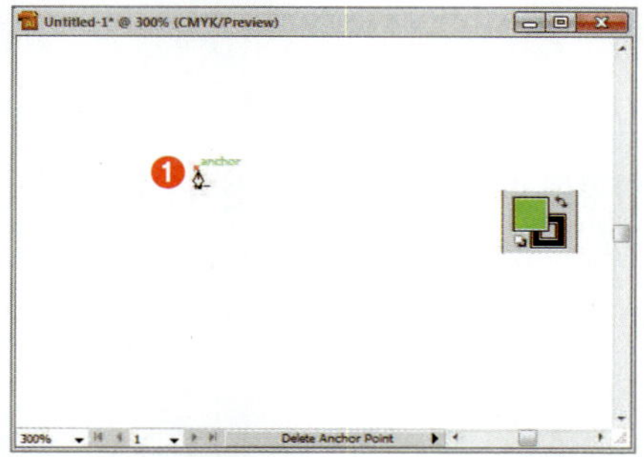

펜 툴로 포인트 1을 찍는 모습

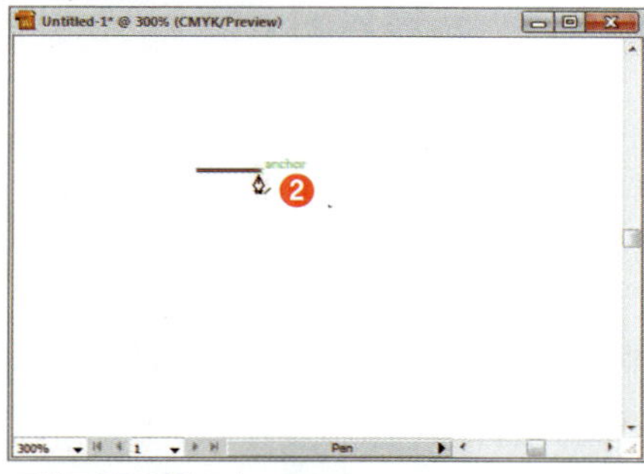

포인트 2를 찍은 모습

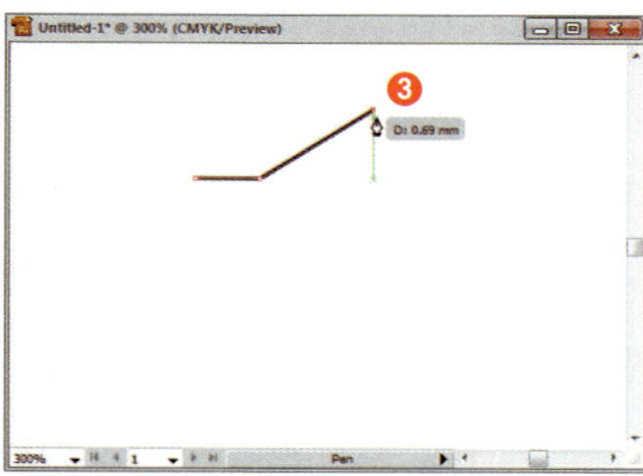

포인트 3을 찍은 모습

02_ 포인트 4, 5, 6을 순서대로 찍어줍니다. 포인트와 포인트 사이에 패스가 자동으로 놓일 것입니다.

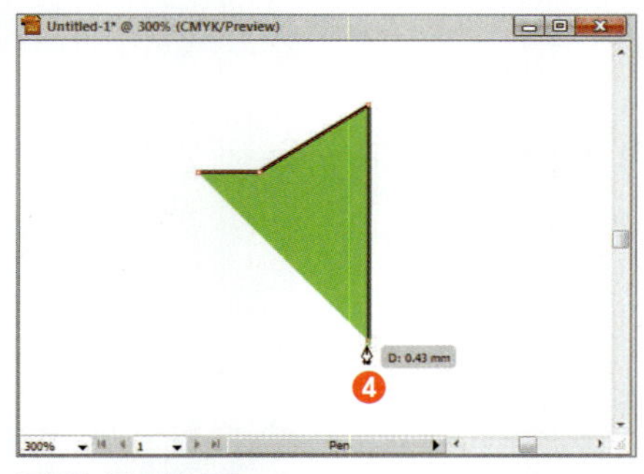

포인트 4를 찍은 모습

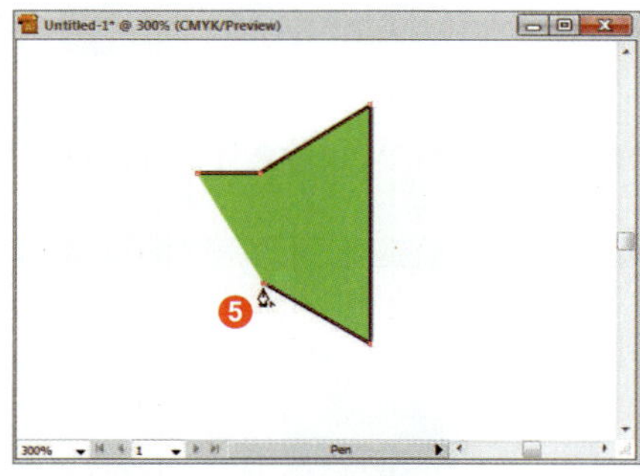

포인트 5를 찍은 모습

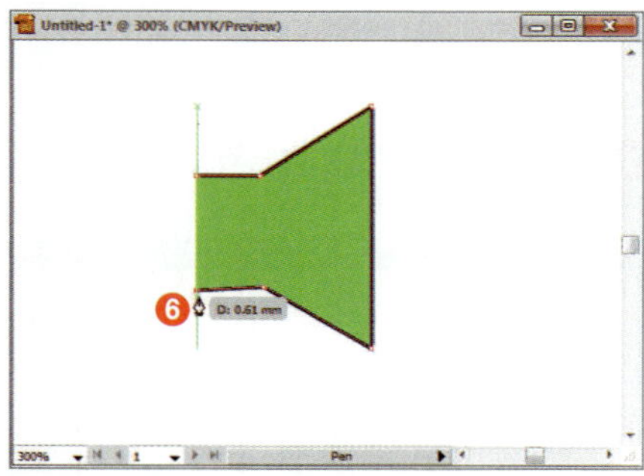

포인트 6을 찍은 모습

03_ 시작 위치인 포인트 1을 찍어 패스를 닫아주면 하나의 오브젝트가 완성됩니다.
새롭게 포인트 7을 찍은 뒤 Fill 컬러 버튼을 클릭해 '무색'을 지정합니다.

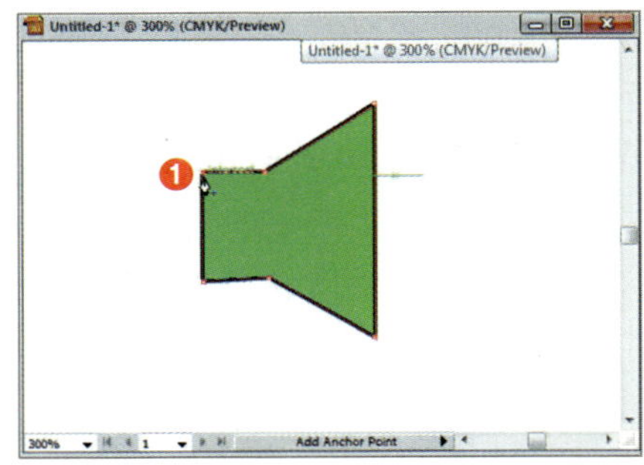

포인트 1을 찍어 패스를 닫은 모습

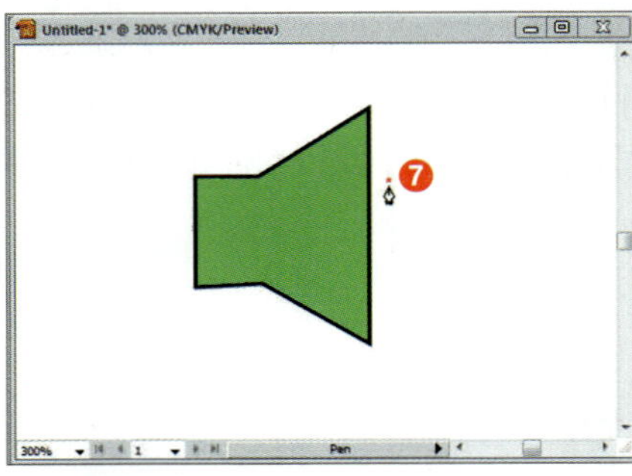

포인트 7을 찍은 모습

Fill 컬러를 무색으로 설정

04_ 포인트 8을 찍은 뒤 바로 7시 방향으로 드래그하면 방향선이 생성됩니다. 방향선 방향에 따라 패스 선이 곡선화됩니다.
Ctrl + Shift + A 를 눌러 선택을 해제합니다.

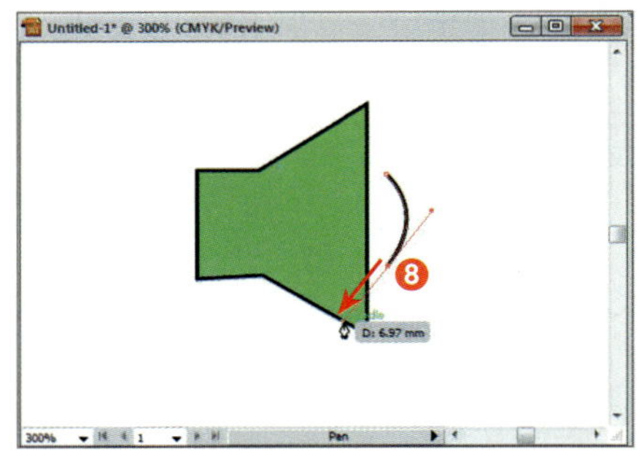

포인트 8을 찍고 드래그한 모습

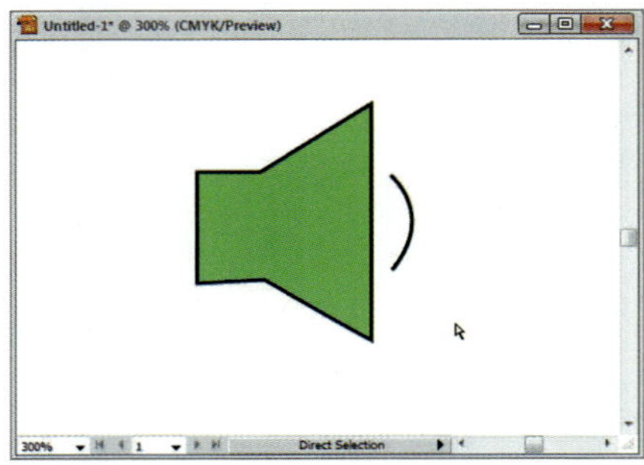

Ctrl + Shift + A를 눌러 선택 해제

05_ 새롭게 포인트 9를 찍고, 포인트 10을 찍은 뒤 바로 7시 방향으로 드래그하면 방향선이 생성됩니다.

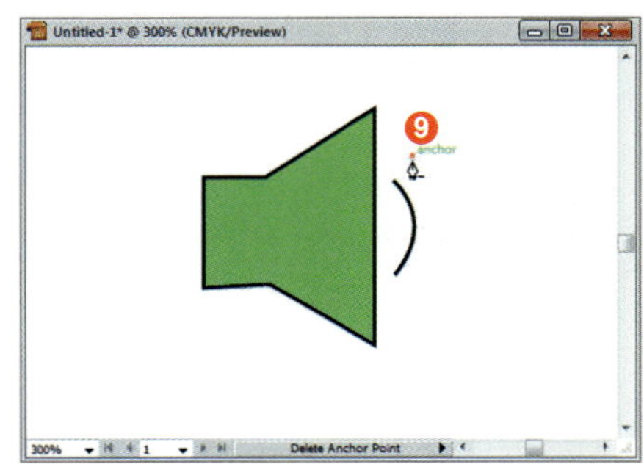

포인트 9를 찍은 모습

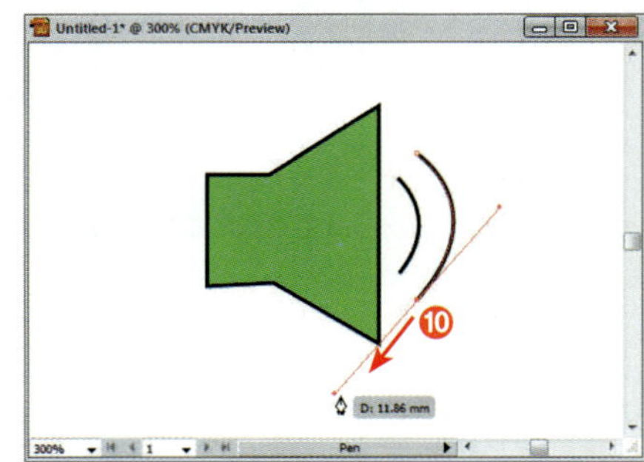

포인트 10을 찍고 드래그한 모습

06_ [Ctrl] + [Shift] + [A] 를 눌러 선택을 해제합니다. 선 두께를 변경하겠습니다.
직접 선택 툴로 드래그하여 앞에 있는 곡선 2개를 모두 선택합니다.

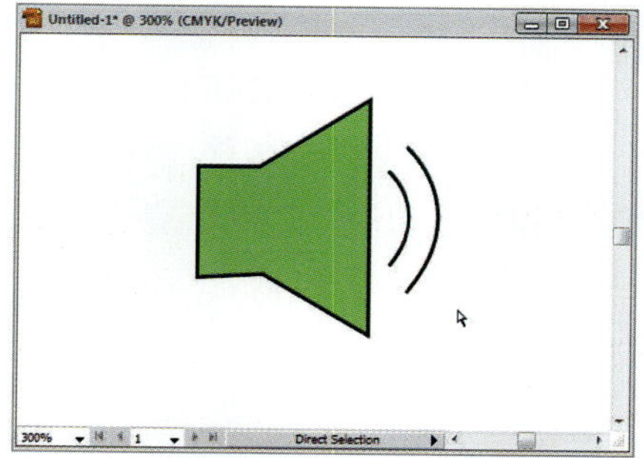

Ctrl + Shift + A를 눌러 선택 해제

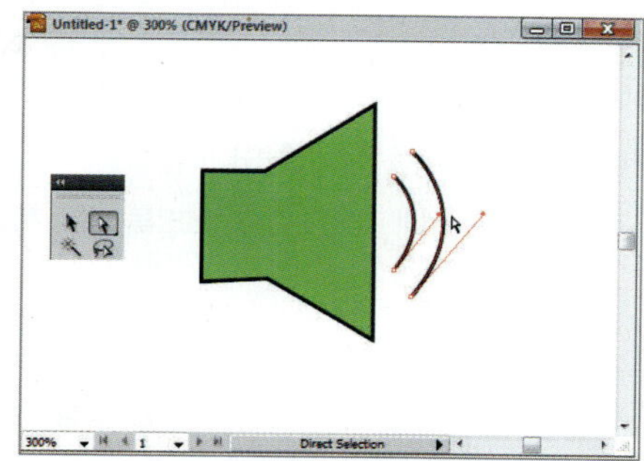

직접 선택 툴로 드래그하여 곡선 2개 선택

07_ Stroke 팔레트 버튼을 클릭해 Stroke 팔레트를 불러온 뒤 Weight(두께)를 4pt로 설정합니다.
선택한 곡선의 두께가 4pt로 변경됩니다.

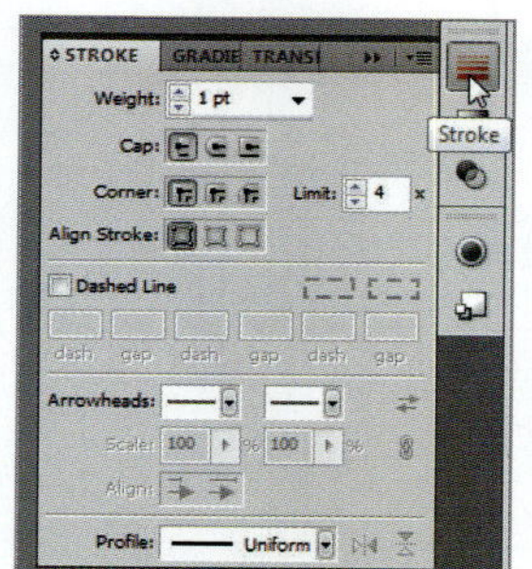

Stroke 버튼 클릭

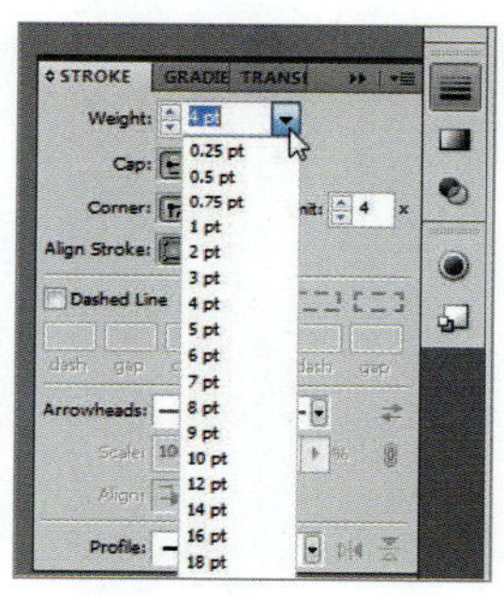

선 두께를 4pt로 변경

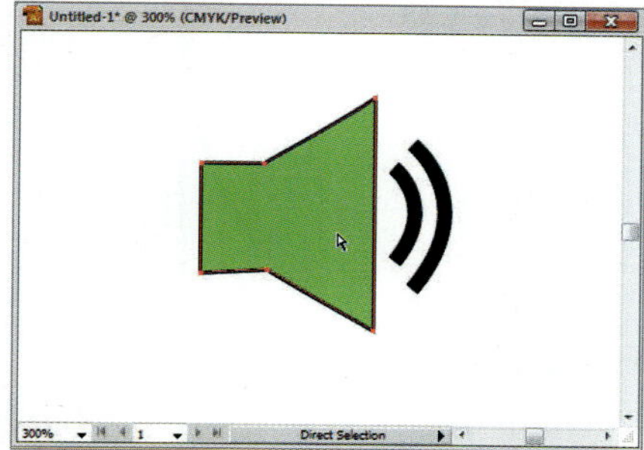

선 두께가 변경된 모습

08_ '직접 선택 툴'로 스피커 본체의 면을 클릭해 스피커를 선택합니다. Stroke 팔레트에서 Weight(두께)를 4pt로 설정합니다. 스피커 아이콘이 완성되었습니다.

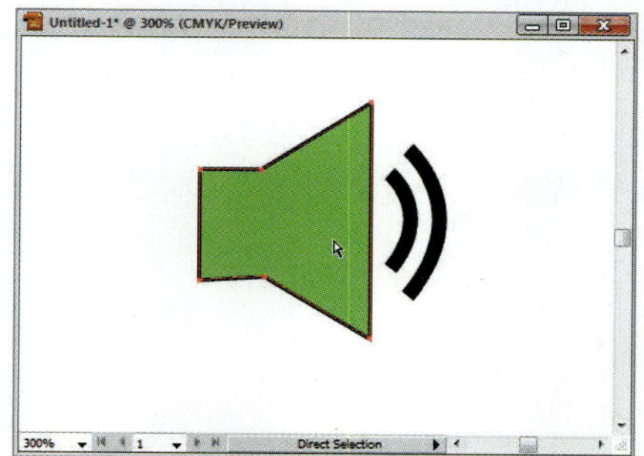

면을 클릭해 선택한 모습

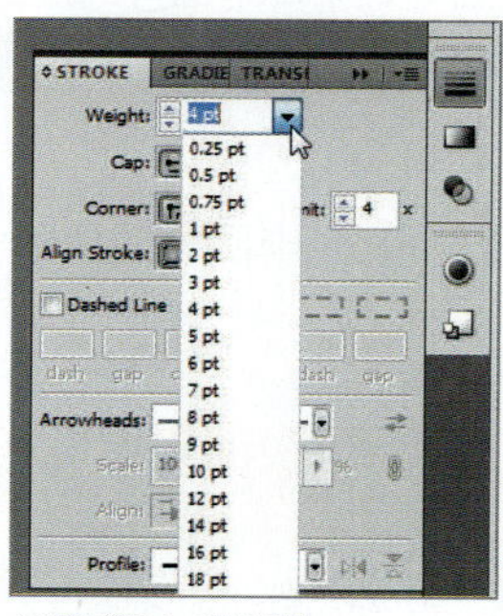

선 두께를 4pt로 변경

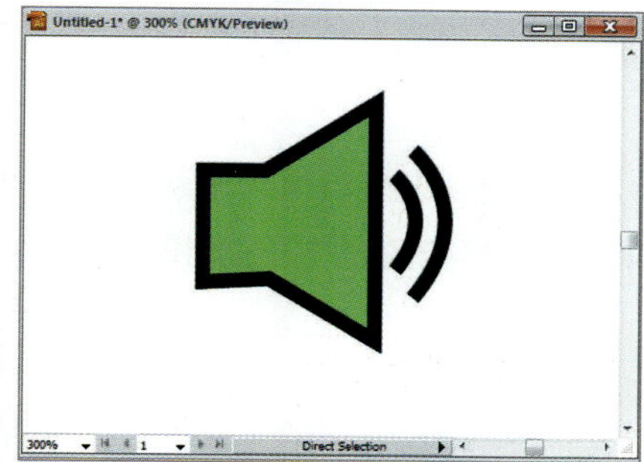

완성된 아이콘 오브젝트

펜 툴로 그림 그리기 – 벡터 드로잉의 3요소

일러스트레이터는 벡터 방식의 드로잉 프로그램입니다.

벡터 방식의 드로잉 프로그램은 보통 펜 툴로 패스를 드로잉한 뒤, 패스에 색상을 입혀서 우리가 보는 그림을 만들어갑니다.

벡터 드로잉을 익히려면 벡터 드로잉의 3요소에 대해 알아두는 것이 좋습니다.

벡터 드로잉은 '패스', '포인트', '방향선'으로 구성되어 있는데, 이들 3요소의 특징을 정확하게 파악하면 그만큼 오브젝트를 잘 그릴 수 있습니다.

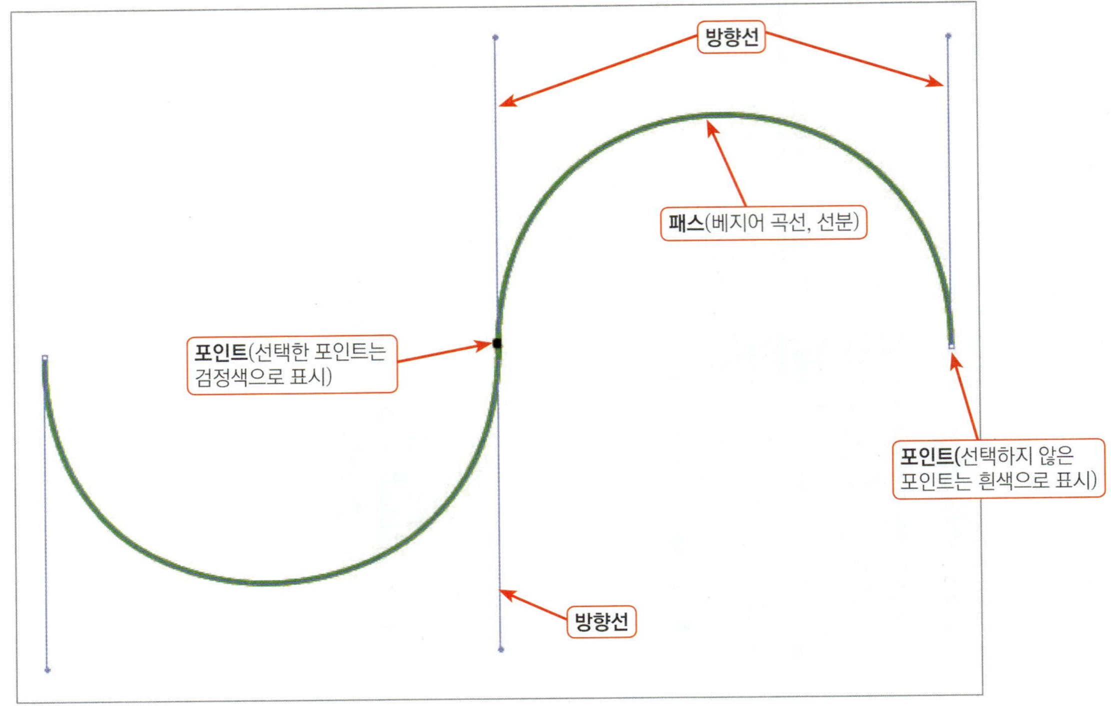

❶ **포인트(정점) :** 포인트는 보통 패스가 꺾이는 부분에 삽입합니다. 곡선 패스를 제작할 때 포인트를 삽입합니다.

❷ **패스(선분) :** 포인트와 포인트 사이에 있는 선을 '패스' 또는 '선분'이라고도 말합니다. 포인트를 찍은 뒤 다시 찍으면 포인트가 연결되어 선분이 나타납니다. 색상을 입힐 경우, 선분은 오브젝트의 테두리에 해당하므로 선분을 조절해 오브젝트의 테두리 모양을 변경할 수 있습니다.

❸ **방향선(핸들) :** 방향선은 포인트의 좌우에 있는 패스의 모양을 곡선 형태로 변형시킬 때 사용합니다. 방향선을 드래그하면 곡선의 모양이 조절되며 곡선이 나아갈 방향을 설정할 수 있습니다.

드로잉 작업 종료한 뒤 패스 닫기

펜 툴로 드로잉할 때는 포인트를 찍은 뒤 맨 처음 찍은 포인트로 다시 돌아가야 합니다. 최초의 시작점에 포인트를 다시 찍어야 패스가 닫혀지면서 하나의 오브젝트가 완성됩니다. 예를 들어 패스를 닫지 않고 포인트를 계속 찍으면 먼저 그린 패스와 연결되는 패스가 그려집니다.

만일 패스를 닫지 않고 강제로 새 패스를 드로잉하려면 화면의 빈 곳을 'Ctrl + 클릭'하거나 Ctrl + Shift + D 를 눌러 먼저 그린 패스의 선택을 해제한 뒤 새로운 패스를 그려야 합니다.

일러스트레이터 드로잉 잘하기 – 포인트와 방향선의 속성

드로잉 작업을 잘하려면 포인트(정점)와 방향선의 속성을 정확하게 알아두는 것이 좋습니다.

❶ **포인트** : 포인트란 패스와 패스를 연결하는 점을 말합니다. '정점' 또는 '앵커 포인트'라고도 부릅니다. 선택하거나 작업 중인 포인트는 검정색으로 표시되고, 작업하지 않는 포인트는 흰색으로 표시됩니다. 포인트는 '직접 선택 툴'로 선택할 수 있고, 다른 위치로 이동시킬 수 있습니다. 또한 삭제하거나 새로 생성시킬 수 있습니다. 포인트를 이동시키면 좌우에 있는 패스의 위치도 같이 이동되므로, 결과적으로 패스의 모양이 달라지게 됩니다.

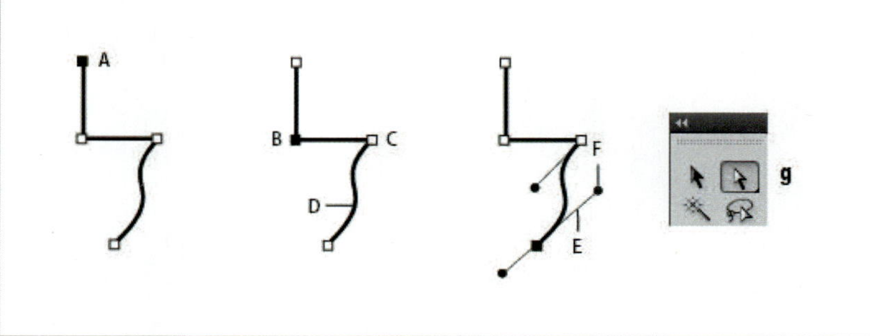

A, B : 선택한 포인트, 또는 작업 중인 포인트

C : 선택하지 않은 포인트, 또는 작업하지 않는 포인트

D : 선분(패스)

E : 방향선

F : 방향점

G : 포인트를 선택하거나 편집하는 직접 선택 툴

❷ **방향선** : 포인트의 좌우에서 숨어있다가 필요할 때마다 나오는 조절선을 '방향선'이라고 말합니다. 방향선은 각각 같은 방향에 있는 패스의 모양을 조절할 때 사용합니다. 패스는 방향선이 향한 방향으로 직진하려는 속성이 있으며, 방향선을 길게 뽑으면 그만큼 패스의 곡률도도 커지게 됩니다. 따라서 방향선의 각도와 길이를 조절해 패스의 곡선 상태를 자유롭게 제어할 수 있습니다.

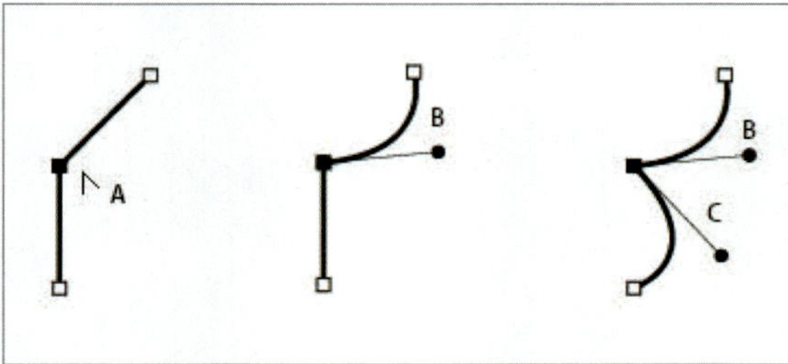

A, B : 포인트를 '전환 툴'로 클릭한 후 드래그하면 방향선이 나타납니다. 펜 툴을 사용할 때 Alt 키를 누르면 '전환 툴'을 사용할 수 있습니다.

B : 패스는 해당 방향선이 가리키는 방향으로 직진하는 성향이 있습니다. 따라서 방향선을 조절해 패스의 곡선 상태를 조절할 수 있습니다.

C : 다른 쪽 패스도 방향선을 빼면 그 방향으로 패스가 직진하려고 합니다.

직선형 패스는 포인트를 순차적으로 찍으면 자동으로 그릴 수 있습니다. 이와 달리 곡선형 패스는 포인트에서 방향선을 생성시킨 뒤 방향선을 조절해 곡선의 모양을 만들어가야 합니다.

일러스트레이터를 처음 시작하는 사람들이 대개 펜 툴 드로잉에서 꽉 막히게 되는데 그 이유는 방향선의 원리를 모르기 때문입니다. 방향선의 원리를 모른 상태에서 그림을 그리려고 하므로 자꾸 이상하고 조잡스러운 그림이 나오게 됩니다. 만일 방향선을 자신이 원하는 방향으로 제어하면서 숙련시킬 수 있다면, 누구나 여유있게 그림을 그릴 수 있습니다.

1. 방향선 생성시키기

포인트를 찍은 뒤 바로 드래그하면 방향선이 생성됩니다.

클릭하면 포인트만 생성

클릭 + 드래그하면 방향선 생성

2. 방향선 원칙 1 - 바로 뒤에 그릴 곡선의 방향을 결정하는 방향선

방향선은 바로 다음에 그릴 곡선이나 직선이 뻗어나갈 방향을 결정합니다. 예를 들어 45도 방향으로 곡선을 그리려면 그 전에 방향선을 45도 방향으로 드래그해야 합니다. 만일 방향선을 10도 방향으로 드래그한 후 곡선을 45도 방향으로 그리면 곡선이 10도 방향을 향하고 있는 방향선을 따라가다가 45도 각도로 급격히 꺾어지므로 곡선 모양이 망가지거나 급격하게 변하게 됩니다.

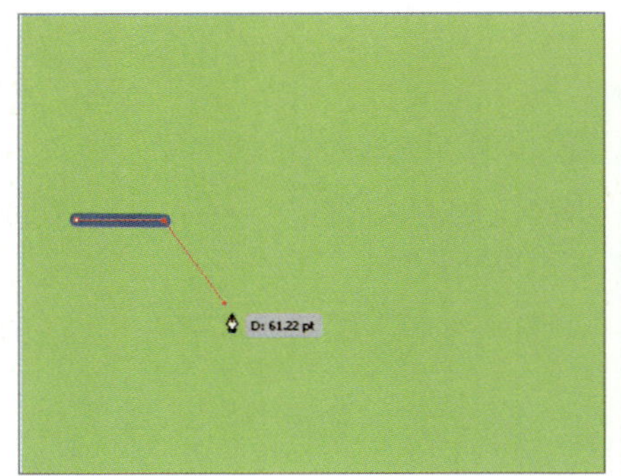

방향선을 드래그한 모습

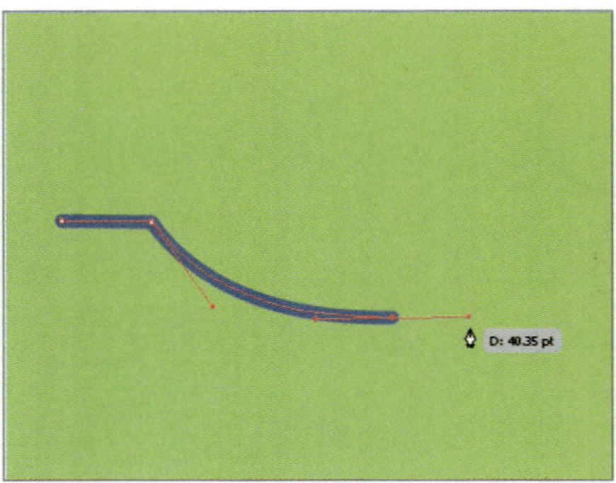

방향선과 동일 방향으로 곡선을 그린 모습
(곡선 모양이 좋다.)

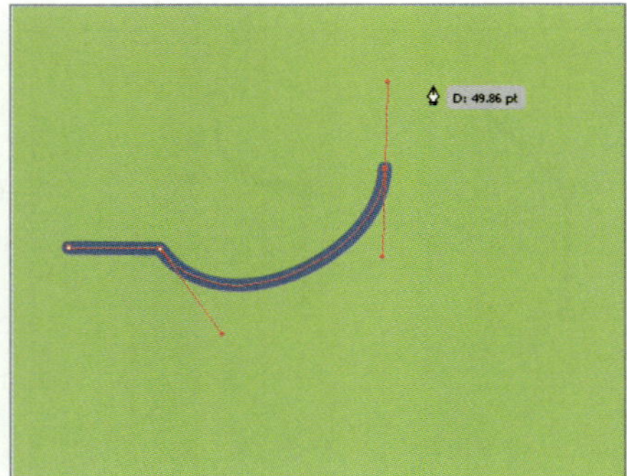

방향선과 다른 방향으로 곡선을 그린 모습
(곡선 모양이 급격하다.)

본문 그림을 보면 알 수 있듯 곡선은 방향선을 따라가는 속성이 있습니다. 따라서 곡선을 오른쪽으로 그리고 싶을 때는 방향선도 오른쪽으로 미리 드래그하여야 하며, 이때 방향선을 왼쪽으로 드래그한 후 곡선을 오른쪽으로 그리면 그만큼 모양이 좋지 않은 곡선이 그려집니다. 곡선을 예쁘게 드로잉하려면 방향선을 미리 자신이 그리고 싶은 방향으로 드래그해야 합니다.

3. 방향선 원칙 2 - 곡선의 길이를 결정하는 방향선

방향선의 길이는 가급적 바로 뒤에 그릴 곡선의 길이보다 짧게 드래그해야 합니다. 만일 방향선의 길이를 그 다음에 그릴 곡선보다 길게 드래그하면 나중에 그릴 곡선 모양이 나쁘게 드로잉됩니다.

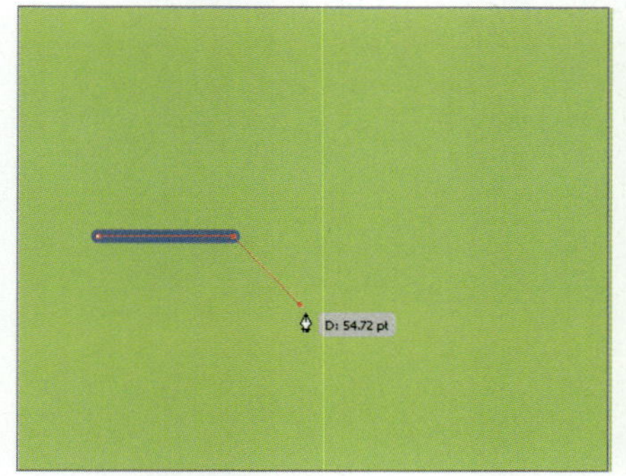

방향선을 드래그한 모습

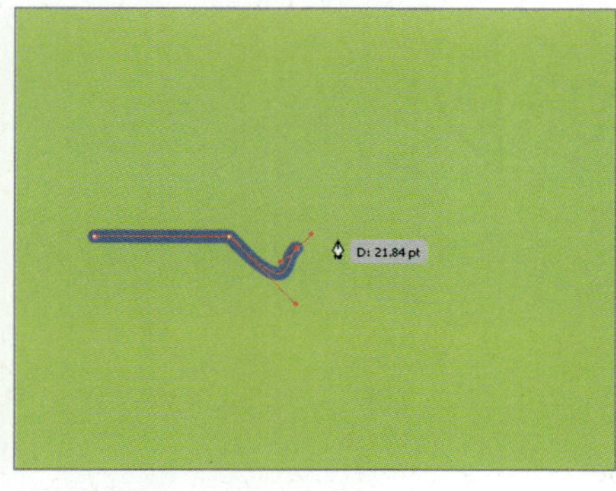

현재의 방향선보다 짧게 그린 곡선
(곡선의 모양이 나쁘게 그려진다.)

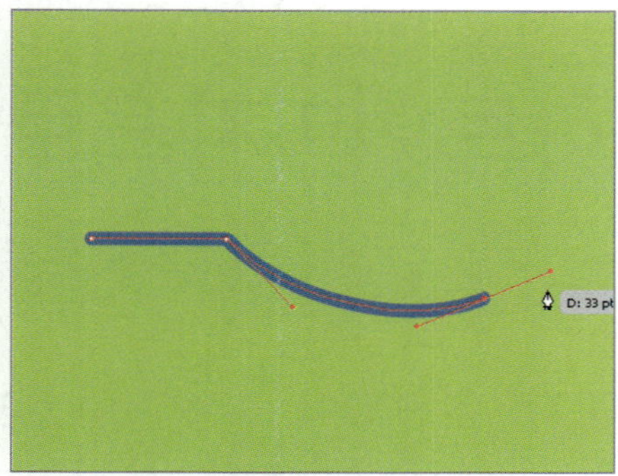

현재의 방향선보다 길게 그린 곡선
(곡선의 모양이 좋게 그려진다.)

4. 방향선 원칙 3 - 방향선은 곡선의 포물선 상태를 조절합니다.

방향선은 곡선의 방향, 길이를 제어할 뿐 아니라 곡선의 굴곡(포물선) 상태를 조절합니다. 방향선을 짧게 드래그하면 포물선이 완만하고, 방향선을 길게 드래그하면 포물선도 커지게 됩니다.

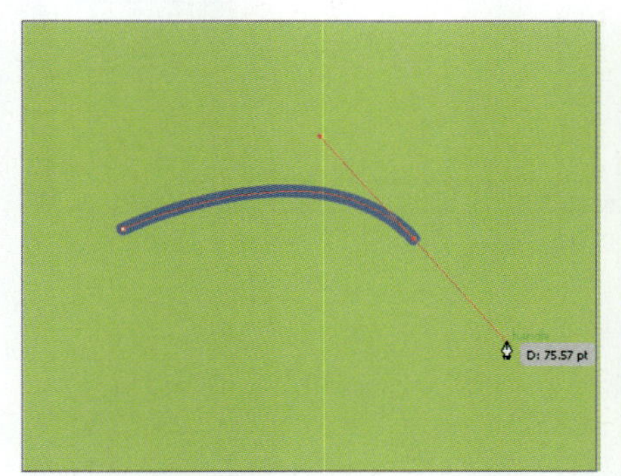

방향선을 짧게 드래그한 모습(포물선이 완만하다.)

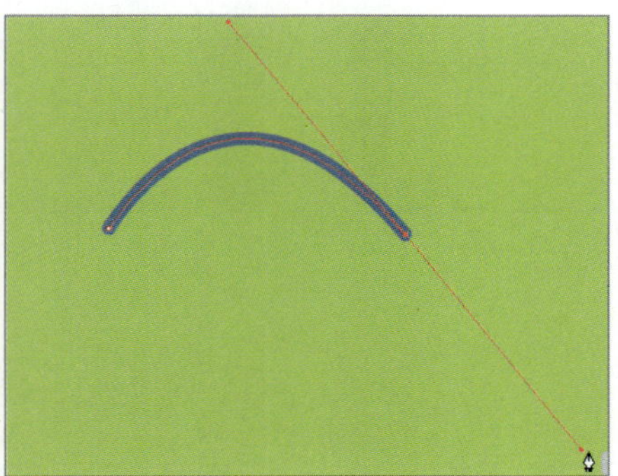

방향선을 길게 드래그한 모습
(포물선이 그만큼 커진다)

이런 원칙만 알고 있으면 방향선을 자연스럽게 제어하면서 아름다운 곡선을 그릴 수 있습니다. 그 결과 더 멋진 그림을 그릴 수 있게 됩니다.

곡선 오브젝트 드로잉
하트 이미지 드로잉하기

01_ '펜 툴'을 선택한 뒤 Fill 컬러는 '흰색', Stroke 컬러는 '검정색'으로 지정합니다. 포인트 1을 찍은 뒤 위로 드래그하여 방향선을 생성시켜 줍니다.

02_ 2번 포인트를 찍은 뒤 방향선을 아래로 뽑아줍니다. 이때 방향선의 길이는 1번 방향선과 동일한 길이여야 합니다.

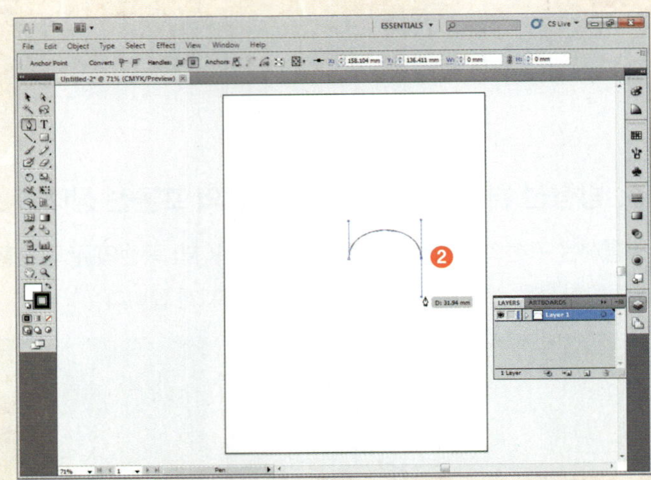

03_ 3번 포인트를 찍어줍니다.

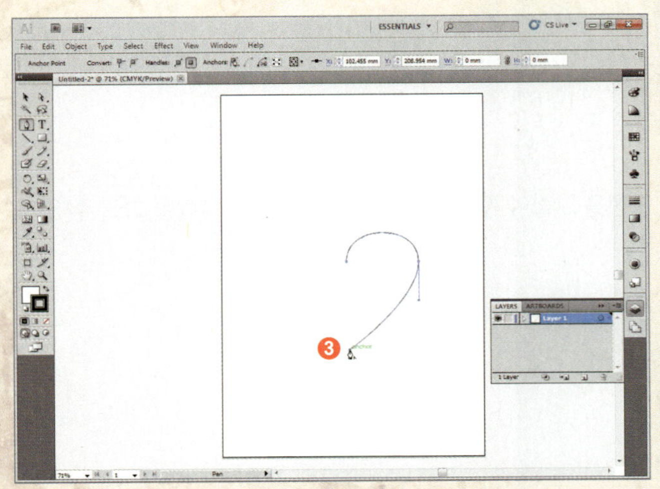

04_ 4번 포인트를 찍은 뒤 방향선을 위로 드래그합니다.

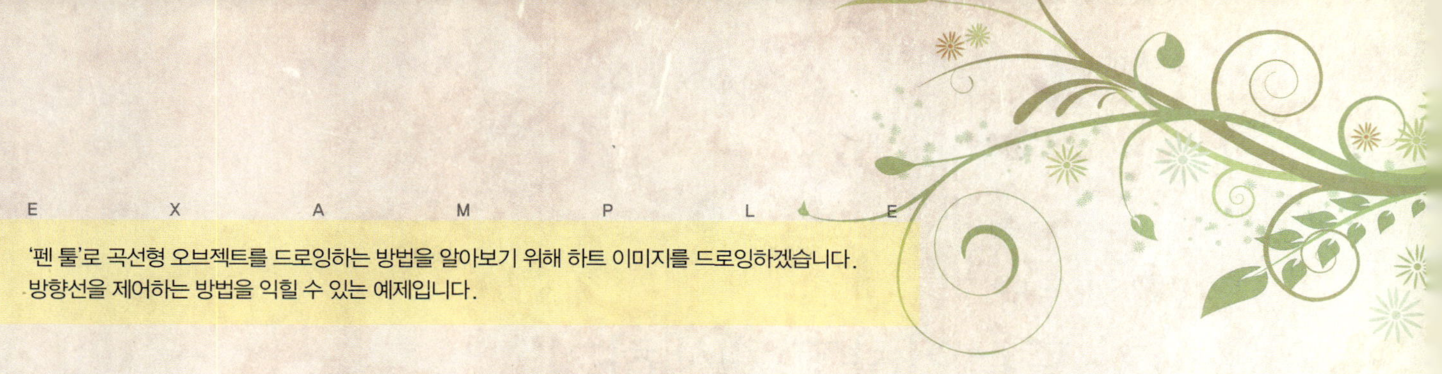

'펜 툴'로 곡선형 오브젝트를 드로잉하는 방법을 알아보기 위해 하트 이미지를 드로잉하겠습니다.
방향선을 제어하는 방법을 익힐 수 있는 예제입니다.

05_ 시작 지점인 1번 포인트를 찍은 뒤 `Alt` +드래그하여 방향선을 아래로 드래그합니다.

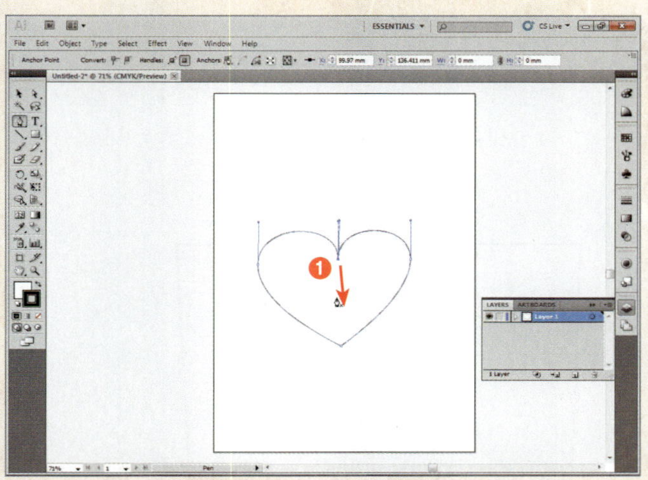

06_ 지금부터 채색작업을 하겠습니다.
'선택 툴'로 하트 오브젝트를 클릭해 선택합니다.

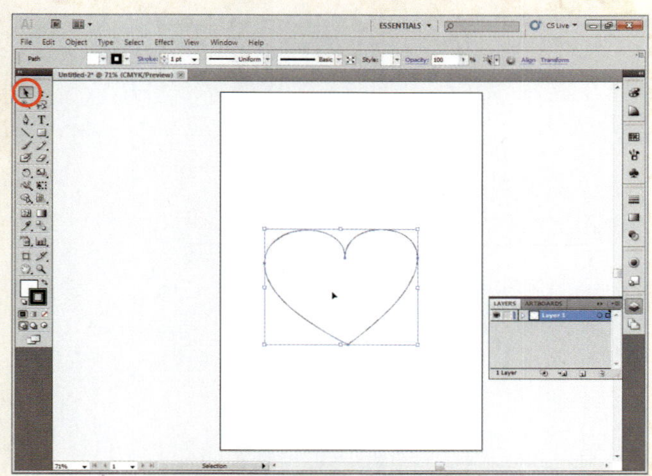

07_ 옵션바에서 Fill 컬러를 클릭해 '회색'을 선택합니다. 면 색상에 회색이 적용됩니다.

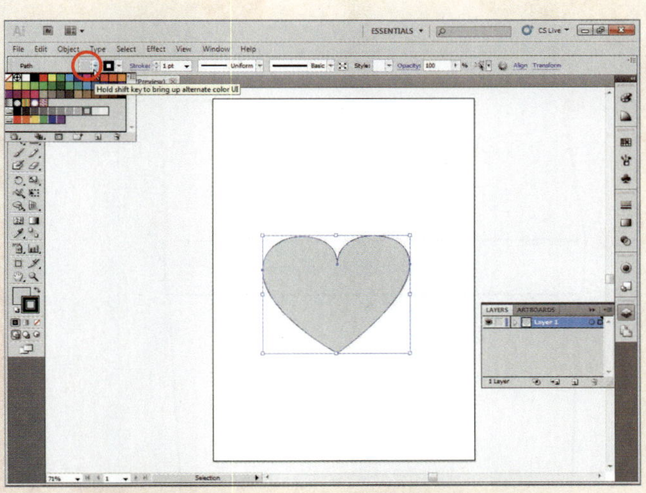

08_ 옵션바에서 Stroke 컬러를 클릭해 '노란색'을 지정하면 선 색상에 노란색이 적용됩니다. 아울러 Stroke 두께 옵션을 클릭해 16pt를 적용합니다. 하트 오브젝트가 완성되었습니다.

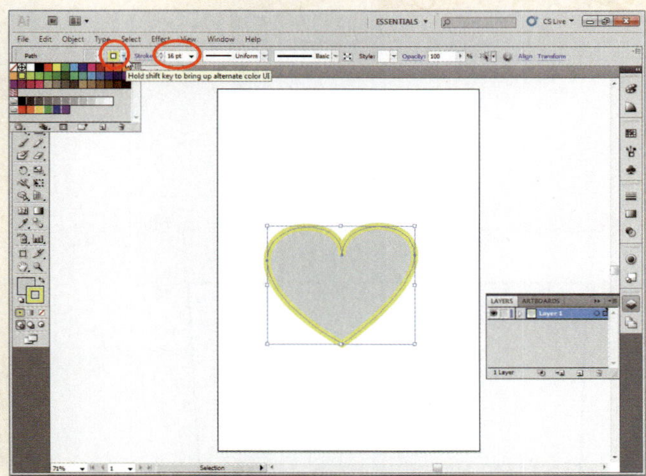

직선 오브젝트 드로잉
선물상자 드로잉하고 채색하기

01_ File -〉 New 메뉴로 새 아트보드를 불러옵니다. '펜 툴'을 선택한 뒤 포인트 1, 2, 3을 그림과 같이 찍어줍니다.

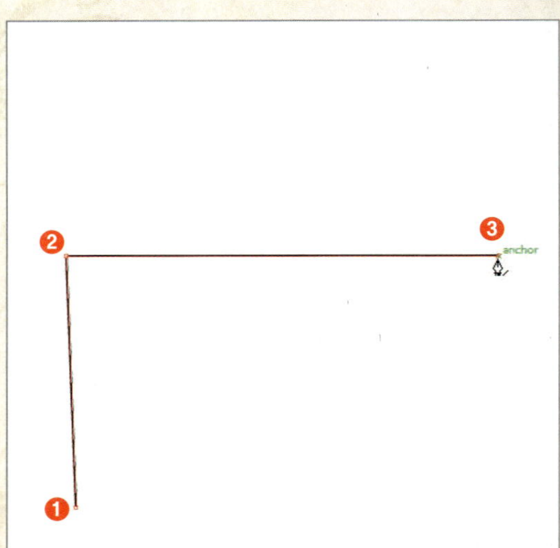

02_ 포인트 4를 찍은 뒤 시작 부분인 포인트 1을 찍어 선물 상자 앞부분을 완성합니다.

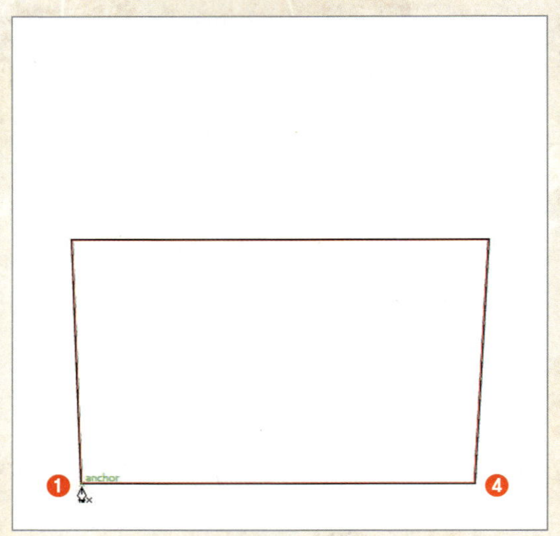

03_ 선물상자 뚜껑의 측면부를 그리겠습니다. 선물상자 앞 부분 상단부에 포인트 1, 2, 3, 4, 1을 찍어 뚜껑 앞부분을 그려줍니다.

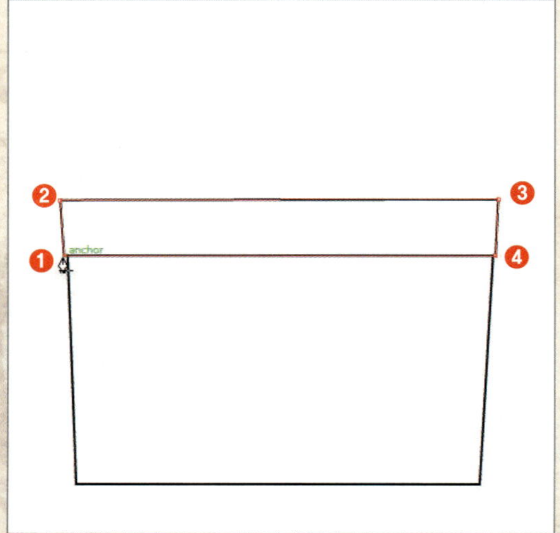

04_ 선물상자 뚜껑의 윗면을 그리겠습니다. 포인트 1, 2, 3을 찍어줍니다.

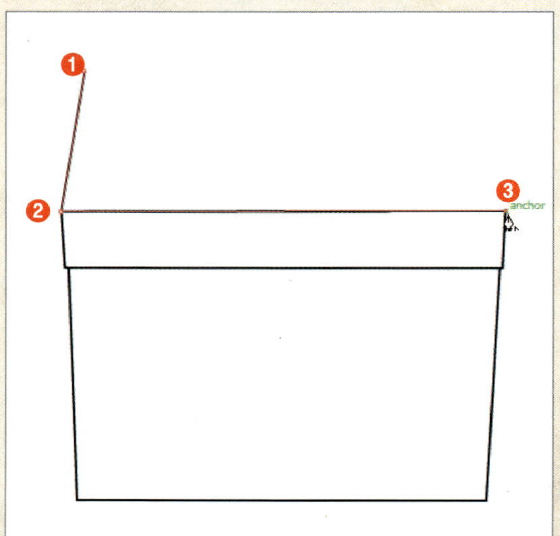

드로잉 기능을 복습하기 위해 직선과 곡선이 섞여있는 선물상자를 드로잉합니다. 직선 드로잉은 펜
툴로 순차적으로 찍으면 그릴 수 있고, 곡선 드로잉은 방향선을 드래그하여 조절해야 합니다.

05_ 포인트 4, 1을 찍어 선물상자 윗면을 완성합니다.

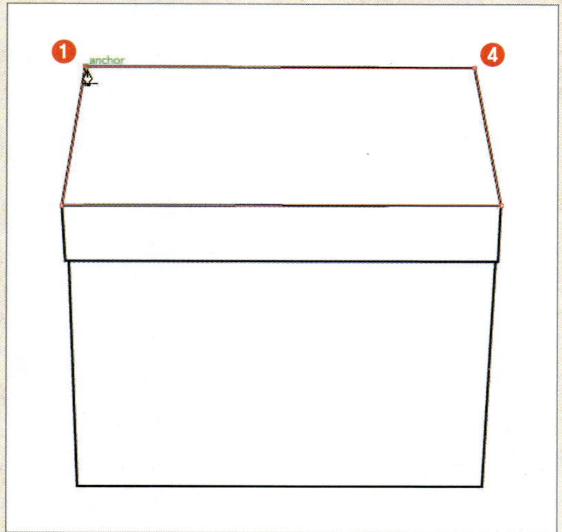

06_ 앞면 리본을 그리겠습니다.
포인트 1, 2, 3을 찍어줍니다.

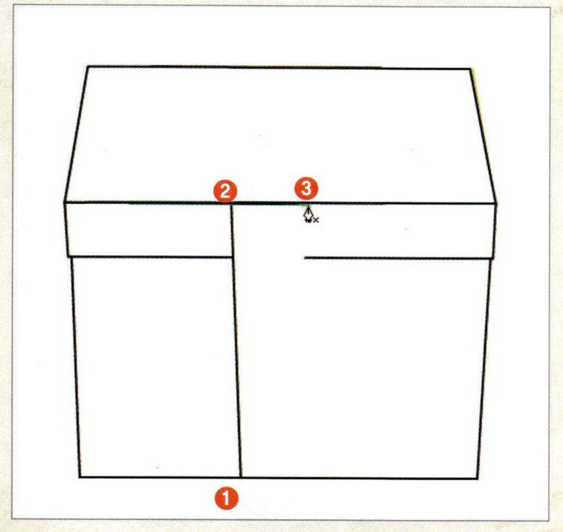

07_ 포인트 4, 1을 찍어 리본을 그려줍니다.

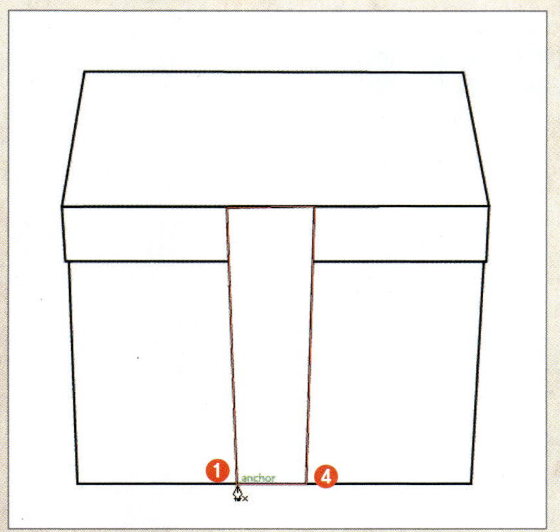

08_ 선물상자 윗면에 리본을 그리겠습니다.
포인트 1, 2, 3을 찍어줍니다.

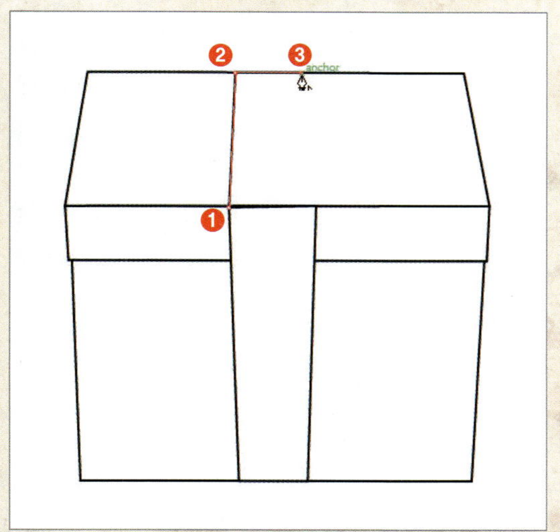

09_ 포인트 4, 1을 찍어 윗면에도 리본을 그려줍니다.

10_ Ctrl 키를 누르면 펜 툴이 '직접 선택 툴'로 전환됩니다. 이때 선물상자 앞면을 클릭해 선택합니다.

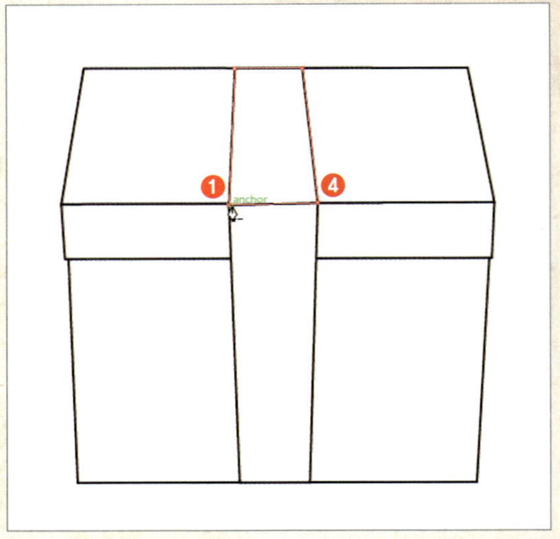

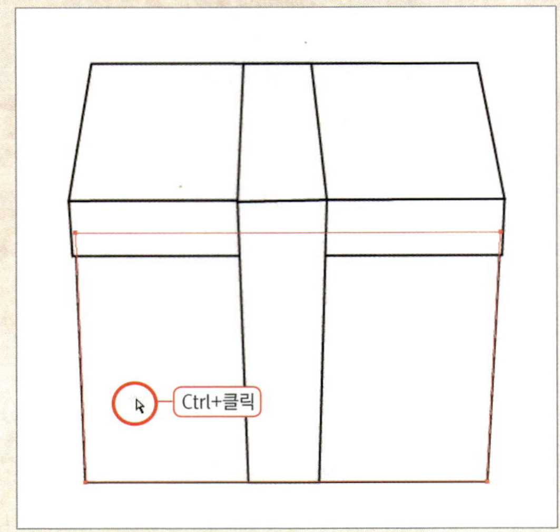

11_ 선택한 오브젝트의 Fill 컬러를 채색할 예정이므로 툴박스에서 Fill 컬러를 클릭합니다. 색상을 입히기 위해 그라디언트 탭을 클릭합니다.

12_ 그라디언트 팔레트에서 Gradient Fill 버튼을 클릭해 보라색 그라디언트 색상(Purple Radial)을 선택합니다.

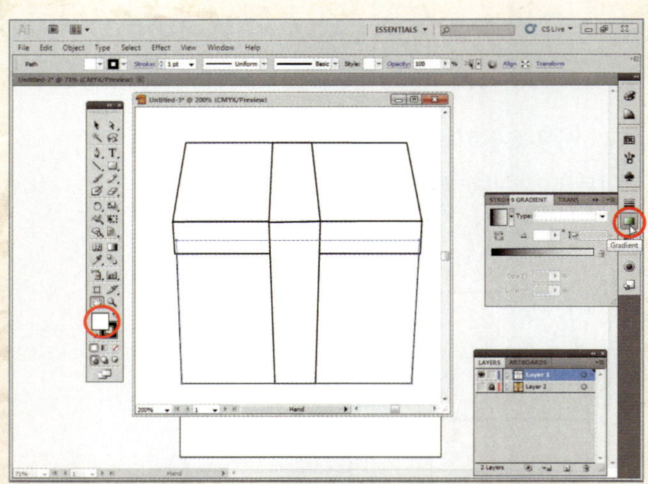

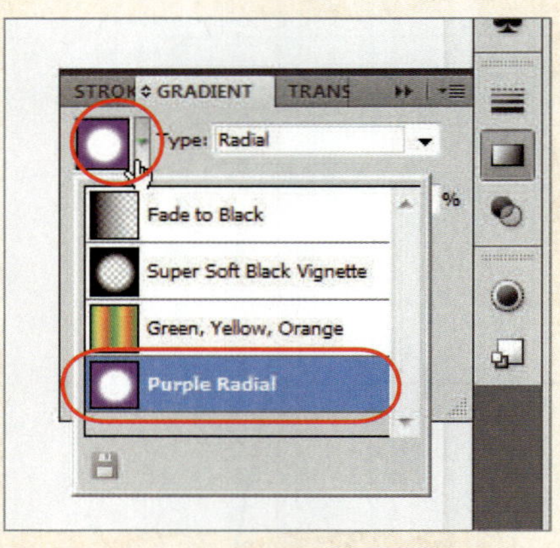

13_ 선택한 선물상자 앞면에 보라색 그라디언트 색이 채워 집니다.

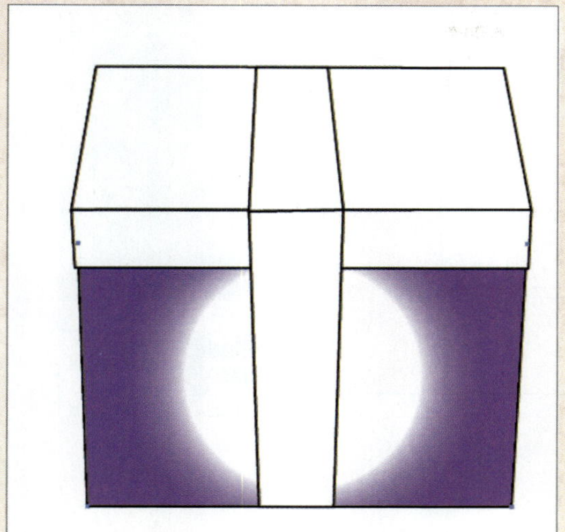

14_ 그라디언트 팔레트의 Type 옵션에서 Linear를 선택 합니다.

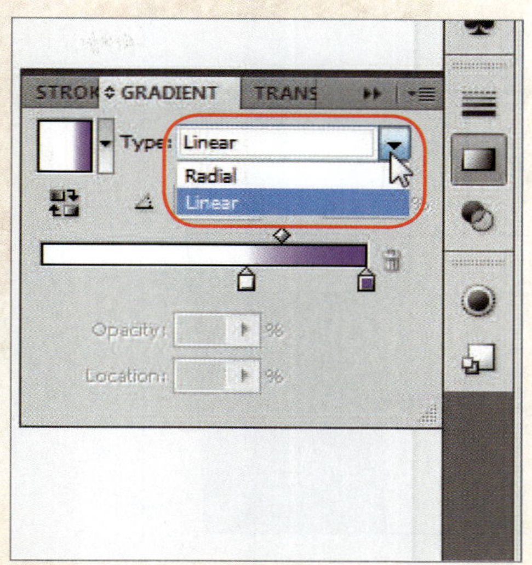

15_ 그라디언트 색상이 아래와 같이 Linear 타입으로 변경 됩니다. 지금부터 그라디언트의 방향을 변경하겠습니다.

16_ 툴박스에서 '그라이언트 툴'을 선택합니다. 그라디언트 막대가 나타나면 흰색 자물쇠를 드래그하여 조금 왼쪽으로 이 동시켜줍니다.

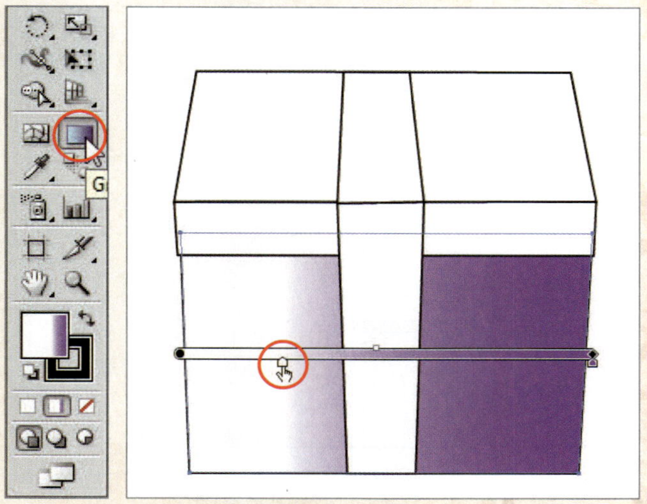

17_ 보라색을 변경하기 위해 보라색 자물쇠를 더블클릭합니다.

18_ 팔레트가 나타나면 스와치 버튼을 클릭해 스와치 팔레트로 전환한 뒤 '주황색'을 선택합니다.

19_ 이번에는 흰색 자물쇠를 더블클릭해 색상을 변경합니다.

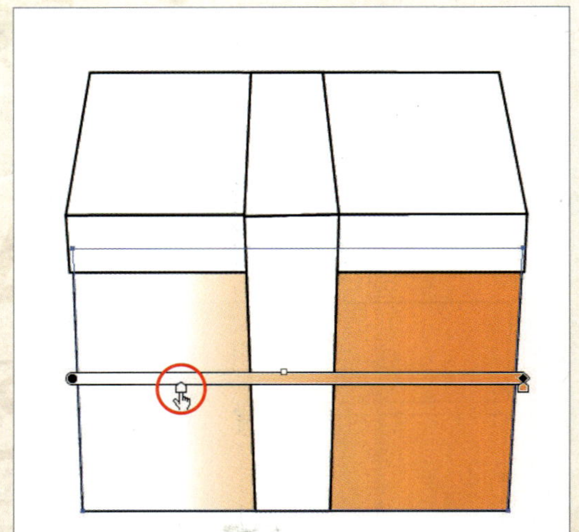

20_ 스와치 팔레트에서 주황색 옆에 있는 '연한 주황색'을 선택합니다.

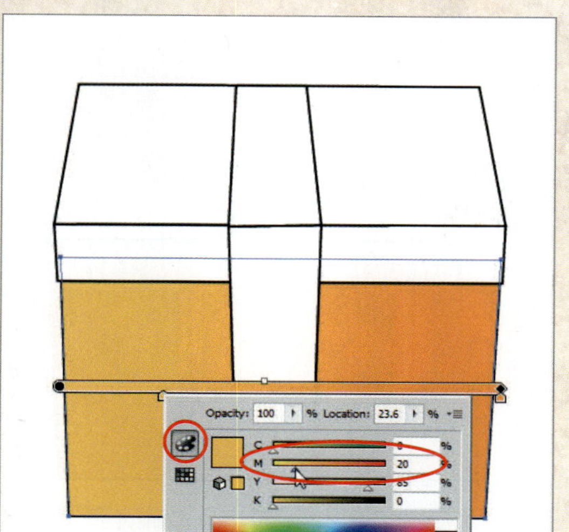

21_ 팔레트의 Color 버튼을 클릭해 컬러 팔레트로 전환합
니다. M(마젠타) 슬라이더를 왼쪽으로 드래그하여 연한 주황
색을 더 연한 색으로 만들어줍니다.

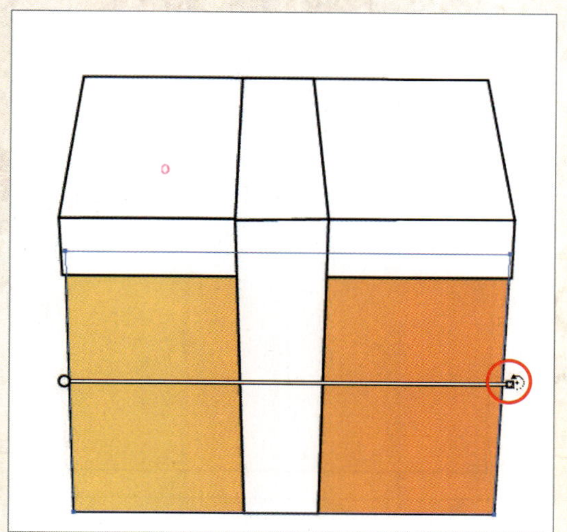

22_ 그라디언트 막대 오른쪽 끝으로 마우스 커서를 이동시
키면 막대를 회전시킬 수 있도록 회전 아이콘이 나타납니다.

23_ 화살표 방향으로 그라디언트 막대를 회전시킵니다.
그라디언트 색상도 회전됩니다.

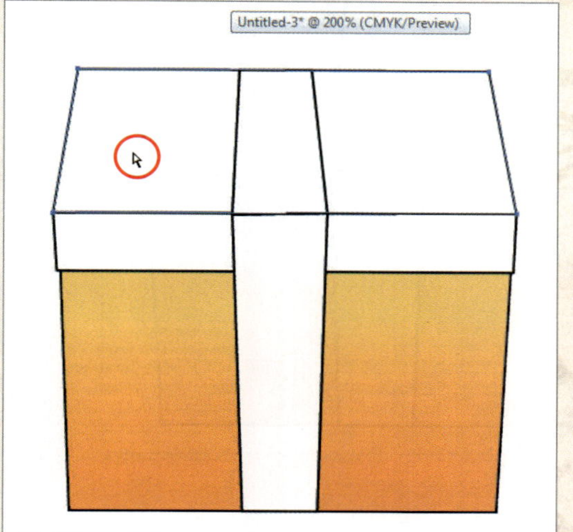

24_ 이번에는 선물상자의 상단면에 색상을 입혀보겠습니
다. Ctrl + 클릭하여 상단면을 선택합니다.

25_ '스포이드 툴'로 상자 앞면을 클릭해 색상을 가져옵니다.

26_ '그라디언트 툴'을 선택한 뒤 막대 오른쪽 끝을 드래그하여 막대를 아래로 회전시킵니다.

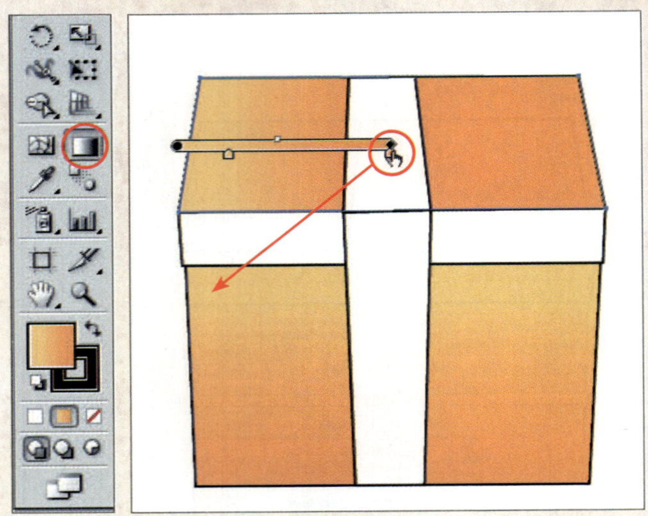

27_ 그림과 같이 막대를 아래로 90도 회전시켜줍니다.

28_ Ctrl + 클릭하여 선물상자 측면부를 선택합니다.

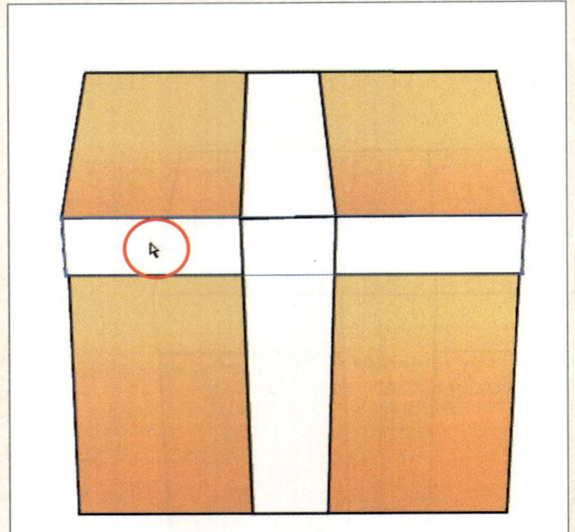

29_ '스포이드 툴'로 상자 윗면을 클릭해 색상을 가져옵니다.

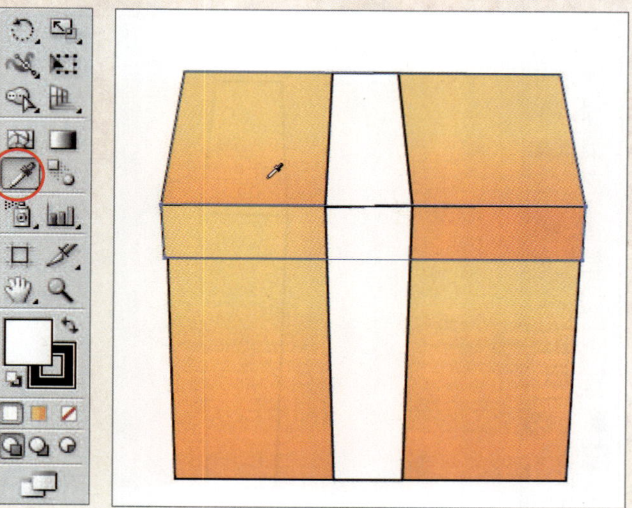

30_ '그라디언트 툴'을 선택한 뒤 막대 오른쪽 끝을 드래그하여 막대를 아래로 회전시킵니다.

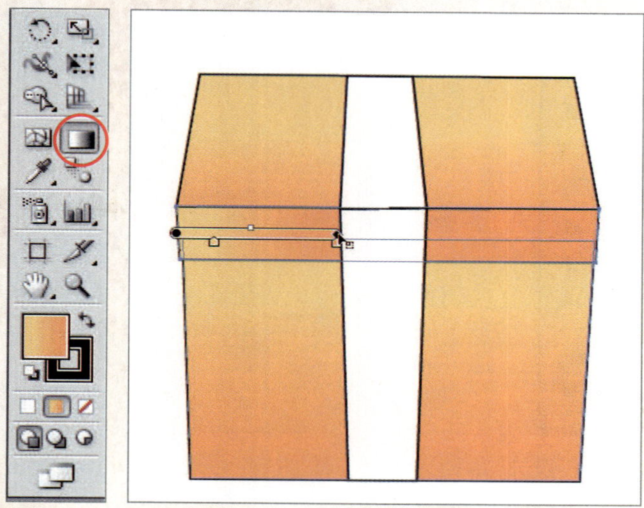

31_ 그림과 같이 막대를 아래로 90도 회전시킨 뒤 막대 길이를 줄여줍니다.

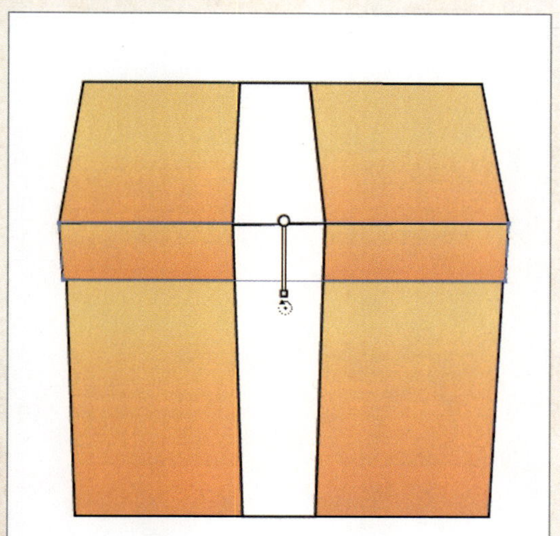

32_ Ctrl + 드래그하여 아래와 같이 선택합니다.

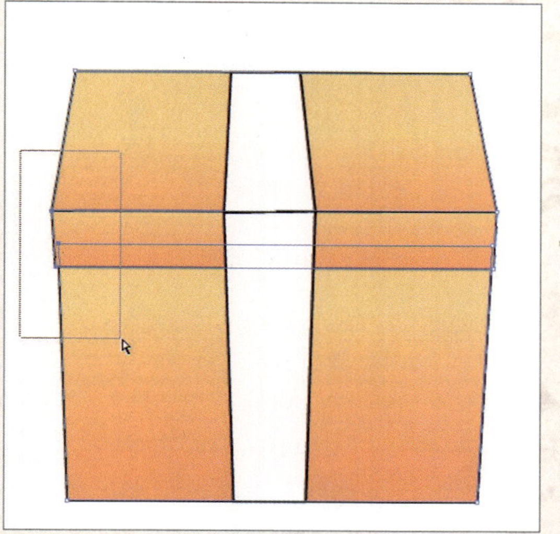

33_ 툴박스에서 Stroke 컬러를 선택합니다.

34_ 색상이 없는 None을 적용합니다. 선물상자 테두리에서 색상이 사라집니다.

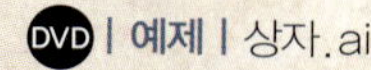 | 예제 | 상자.ai |난이도 | ★★ |작업 시간 | 7분

곡선 오브젝트 드로잉
선물상자의 리본 드로잉하기

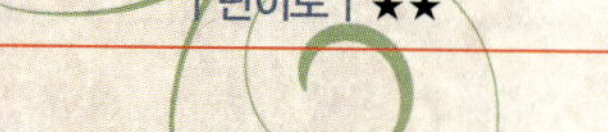

앞에서 드로잉한 선물상자에 리본을 그려보겠습니다. 리본은 곡선형 오브젝트이므로 포인트를 찍는 방식이 아닌 조금 복잡한 방법으로 드로잉해야 합니다. 앞의 예제를 따라하지 않은 경우 DVD 부록에서 '상자.ai'를 불러온 뒤 따라하기 바랍니다.

01_ Ctrl + 클릭하여 앞쪽에 있는 리본을 선택합니다.

02_ 옵션바의 Fill 컬러를 클릭해 스와치 팔레트를 불러옵니다.

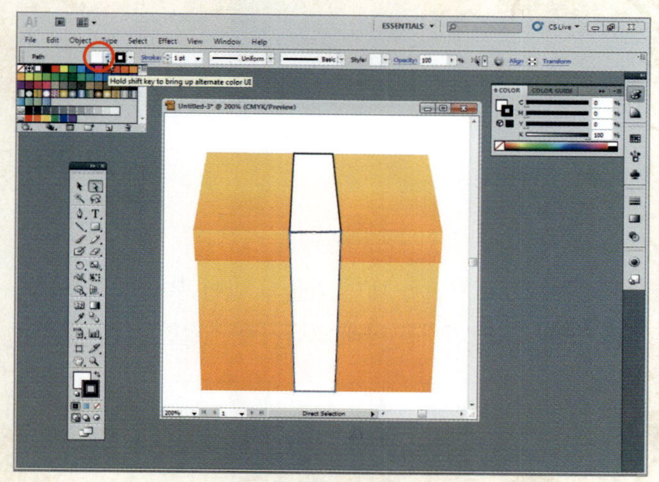

03_ 스와치 팔레트의 Swatch Libraries Menu 버튼을 클릭해 메뉴를 실행한 뒤 Gradient -> Tints and Shades 메뉴를 실행합니다.

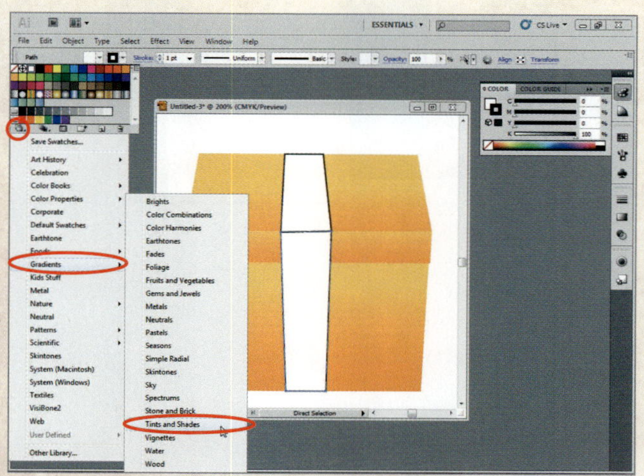

04_ 새 스와치 팔레트가 나타나면 Blue 색상을 선택합니다. 선택한 색상이 앞쪽 리본에 적용됩니다.

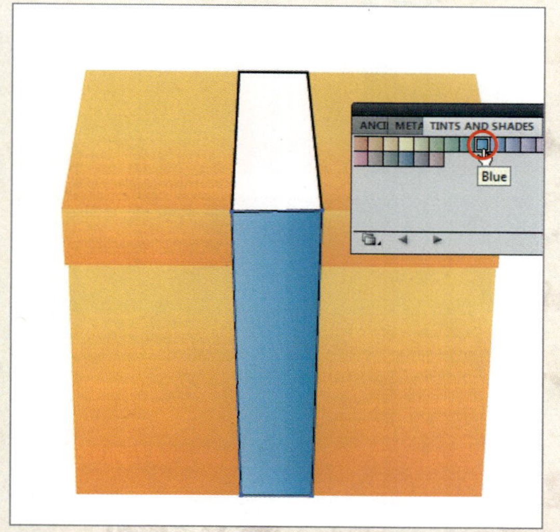

05_ 그라디언트 툴을 선택한 뒤 그라디언트 막대를 아래로 회전시킵니다.

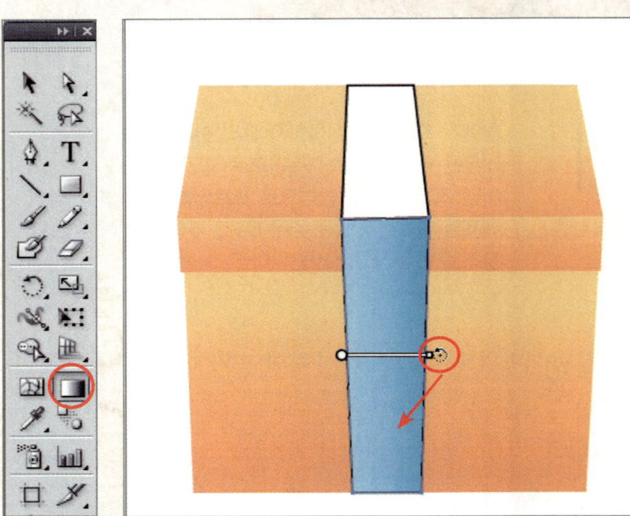

06_ 그라디언트 막대의 아래쪽을 드래그하여 길이를 늘려 줍니다.

07_ 막대 위에 커서를 대면 자물쇠 아이콘이 나타납니다. 자물쇠 아이콘의 간격을 아래 그림처럼 조절합니다.

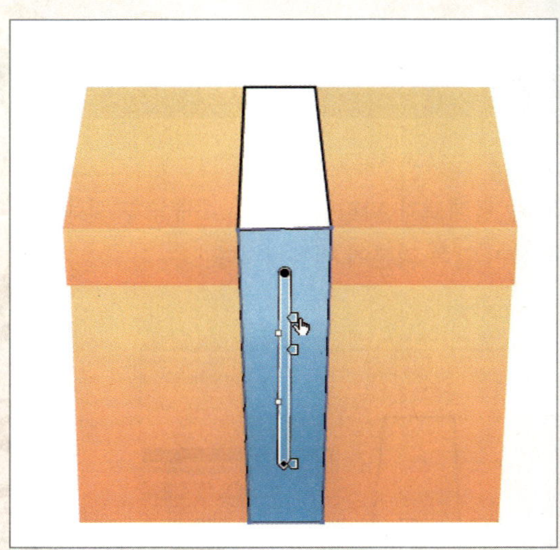

08_ Ctrl + 클릭하여 상단 리본을 선택합니다.

09_ '스포이드 툴'로 상자 앞 리본을 클릭해 색상을 가져옵니다.

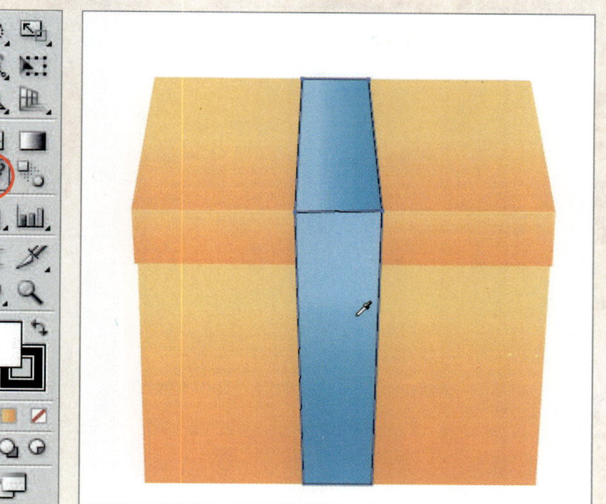

10_ 그라디언트 툴을 선택한 뒤 그라디언트 막대를 그림처럼 회전시킵니다.

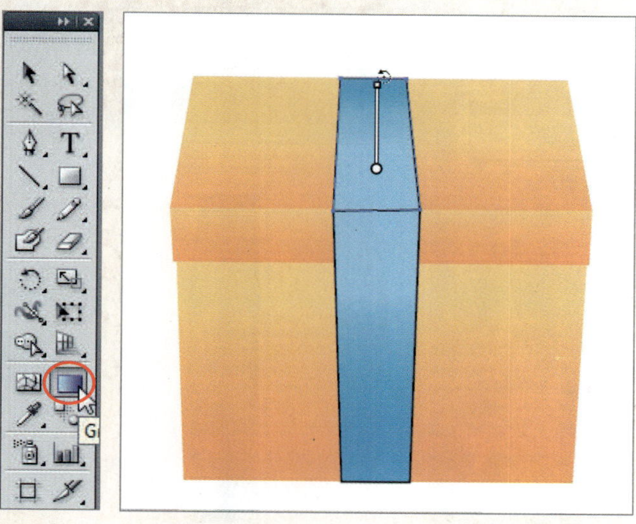

11_ [Ctrl] + [Shift] 키를 누른 상태에서 위쪽 리본과 앞쪽 리본을 클릭해 둘 다 선택합니다.

12_ 옵션바의 Stroke 컬러 옵션을 클릭합니다.

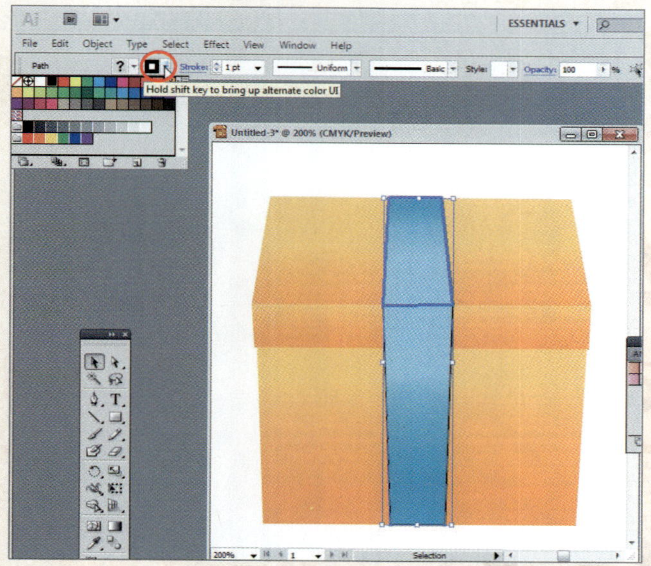

13 스와치 팔레트에서 None(무색)을 적용해 리본의 테두리 색상을 없애 줍니다.

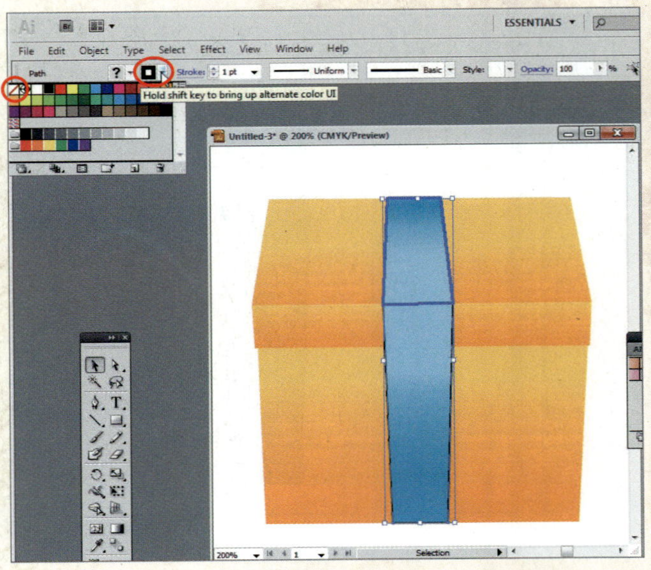

14_ Ctrl + Shift + A 를 눌러 선택된 상태를 해제합니다.

15_ 지금부터 곡선형 오브젝트를 그려봅니다. '펜 툴'로 포인트 1, 2를 찍어줍니다.

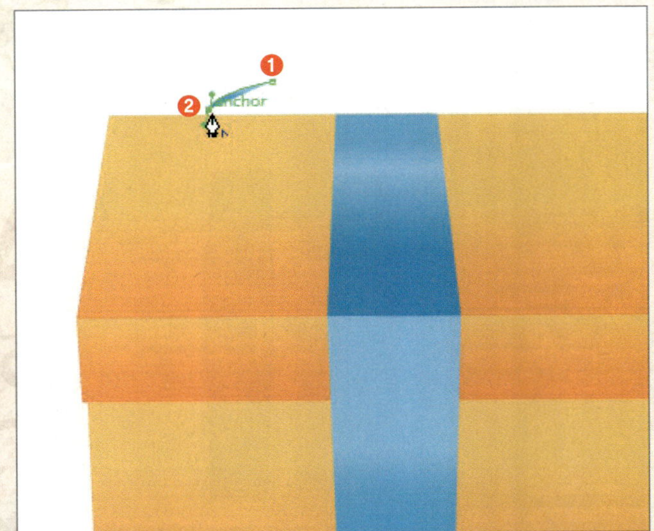

16_ 포인트 3을 찍은 뒤 바로 오른쪽으로 드래그하여 방향선을 생성시킵니다. 그림과 같이 방향선을 생성시키면 됩니다.

17 [Alt] + 드래그하여 방향선을 위쪽으로 회전시켜줍니다.

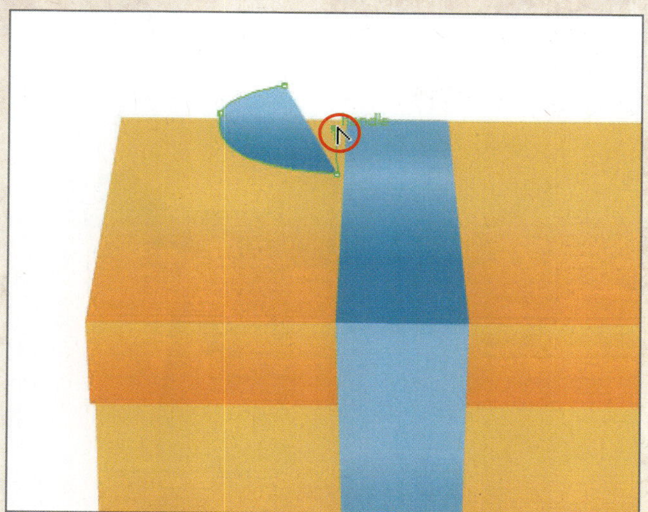

18_ 시작 지점인 포인트 1을 찍어 패스를 닫아줍니다.

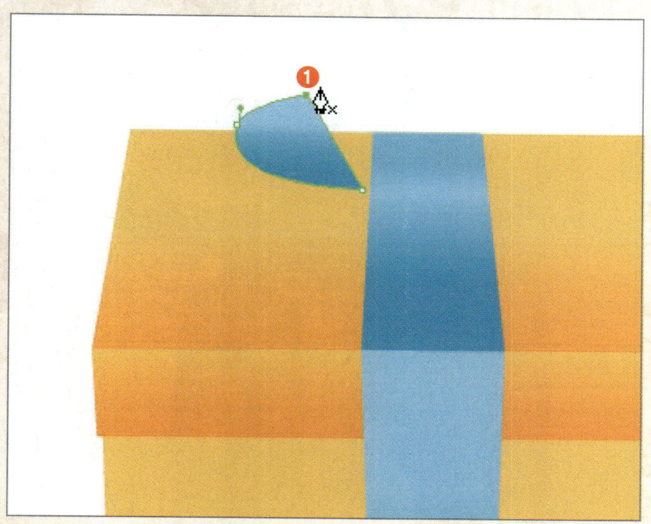

19_ 방금 그린 오브젝트와 약간 겹쳐있는 상태로 포인트 1, 2, 3을 찍어줍니다. 이때 포인트 3을 찍은 뒤 드래그하여 곡선의 모양을 조절해줍니다.

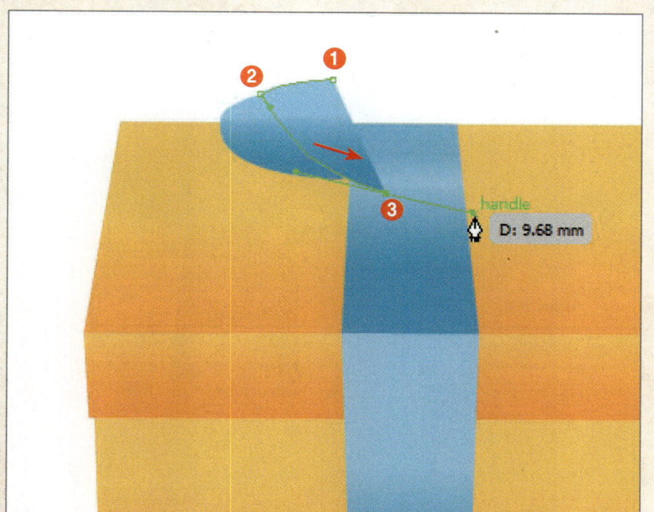

20_ 시작 부분인 포인트 1을 찍어 오브젝트를 닫아줍니다.

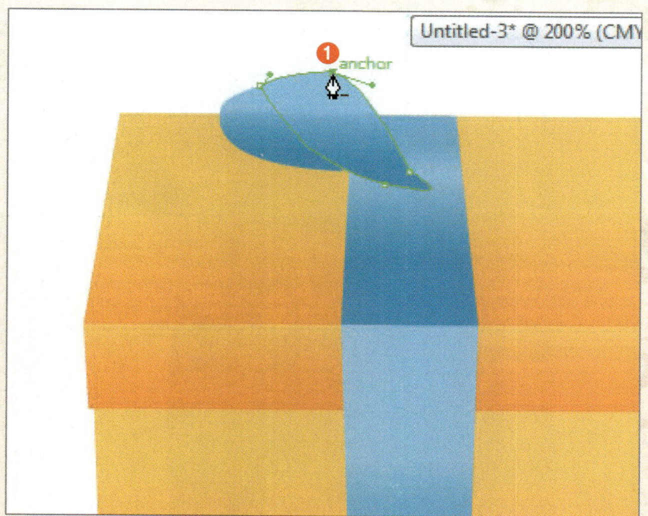

21_ 오른쪽에도 리본을 그려봅니다. 펜 툴로 포인트 1, 2, 3을 찍어줍니다. 포인트 3을 찍은 뒤에는 바로 왼쪽으로 드래그하여 방향선을 생성시킵니다.

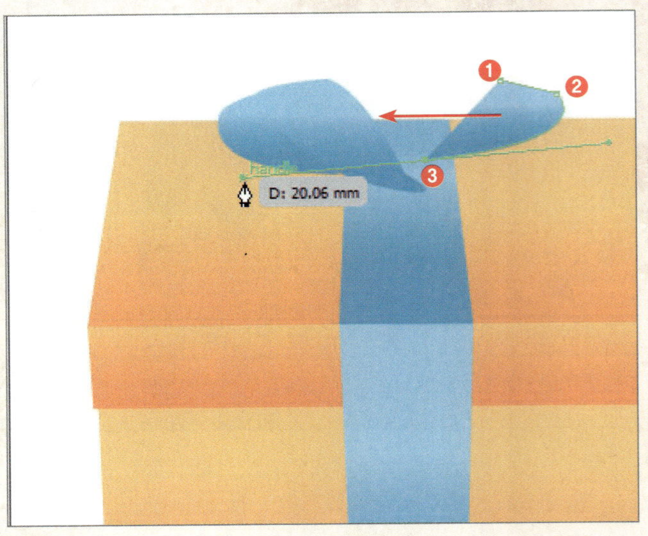

22_ Alt + 드래그하여 방향선을 위쪽으로 회전시킵니다.

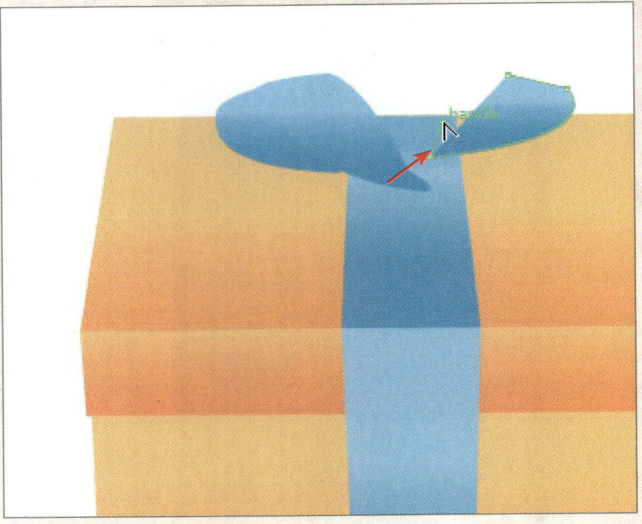

23_ 시작 부분인 포인트 1을 찍어 오브젝트를 닫아줍니다.

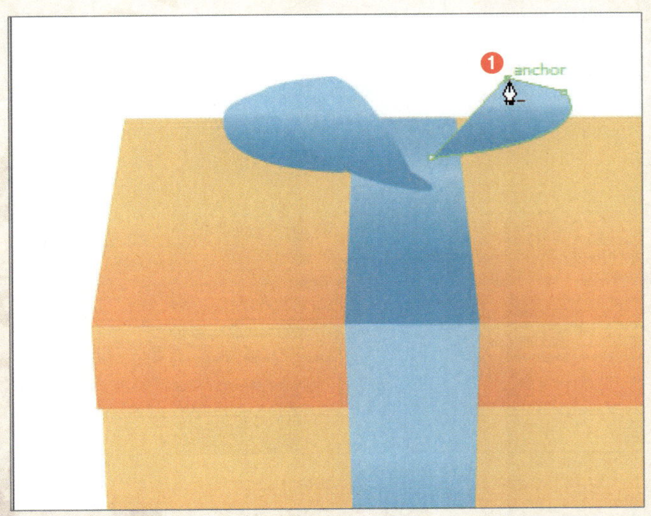

24_ 방금 그린 오브젝트와 약간 겹쳐있는 상태로 포인트 1, 2, 3을 찍어줍니다. 이때 포인트 3을 찍은 뒤 드래그하여 곡선의 모양을 조절해줍니다.

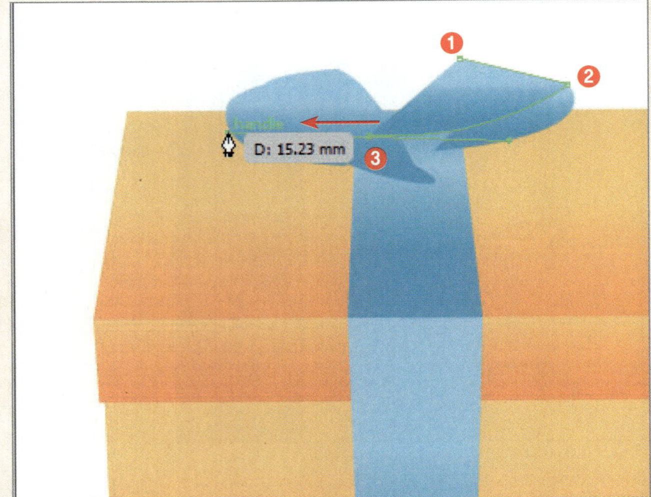

25_ Alt + 드래그하여 방향선을 위쪽으로 회전시킵니다.

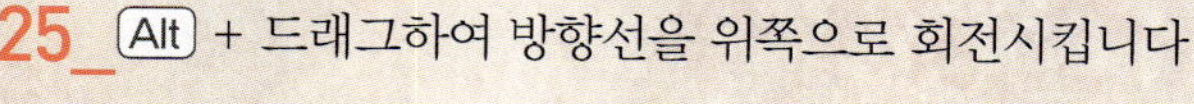

26_ 시작 부분인 포인트 1을 찍어 오브젝트를 닫아줍니다.

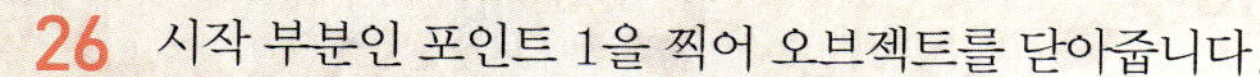

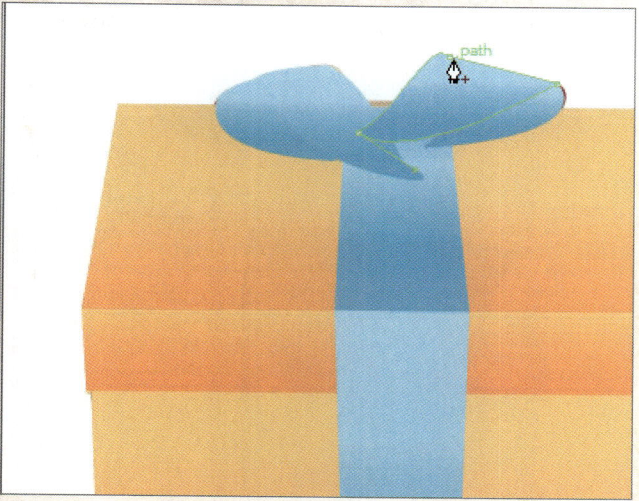

27_ 포인트 1, 2를 찍은 뒤 바로 드래그하여 방향선을 그림처럼 빼 줍니다.

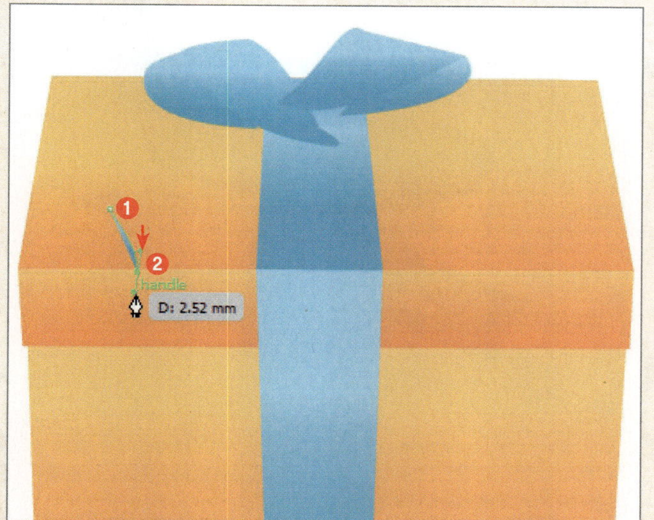

28_ 포인트 3을 찍은 뒤 바로 드래그하여 방향선을 그림처럼 빼 줍니다.

29_ 포인트 4를 찍은 뒤 바로 드래그하여 방향선을 그림처럼 빼 줍니다.

30_ Alt + 드래그하여 방향선을 그림처럼 회전시켜 줍니다.

31_ 포인트 5를 찍어줍니다.

32_ 포인트 6을 찍은 뒤 바로 드래그하여 방향선을 그림처럼 빼 줍니다.

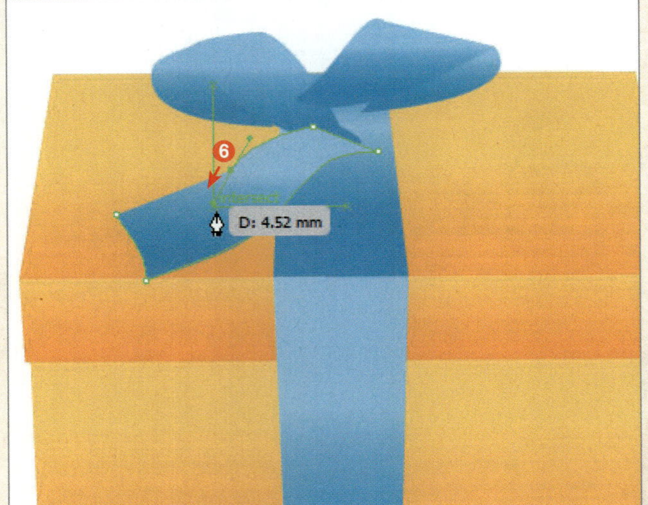

33_ 시작 부분인 포인트 1을 찍어 오브젝트를 닫아줍니다.

34_ '직접 선택 툴'로 방금 그림 오브젝트를 Alt + 드래그하여 복제합니다.

35_ '회전 툴'로 복제한 오브젝트를 180도 회전시켜줍니다.

36_ '직접 선택 툴'로 드래그하여 그림처럼 배치합니다.

37_ 리본 모양이 마음에 들지 않으면 원하는 위치의 포인트를 선택한 뒤 포인트를 이동시키는 방법으로 리본 모양을 수정해줍니다.

38_ 마지막으로 리본 고리를 그려보겠습니다. '펜 툴'로 포인트 1, 2를 찍은 뒤 바로 드래그하여 방향선을 생성시킵니다.

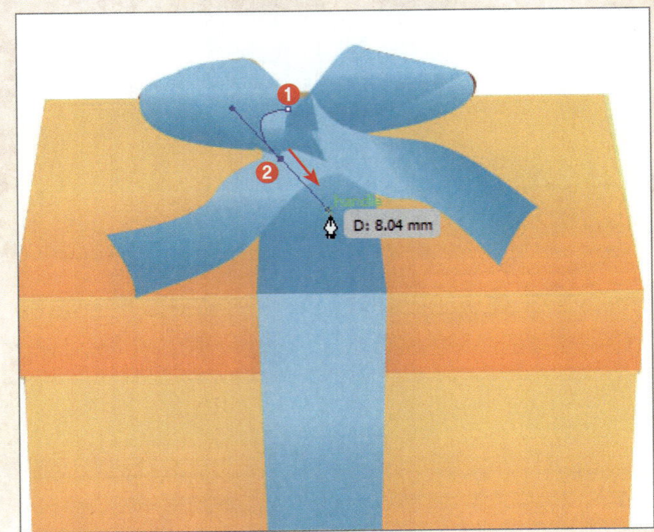

39_ 방향선을 `Alt` + 드래그하여 그림처럼 약간 회전시켜줍니다.

40_ 포인트 3을 찍어줍니다.

41_ 포인트 4를 찍은 뒤 드래그하여 방향선을 그림처럼 드래그합니다.

42_ 방향선을 Alt + 드래그하여 그림처럼 회전시켜줍니다.

43_ 시작 부분인 포인트 1을 클릭해 도형을 닫아줍니다.

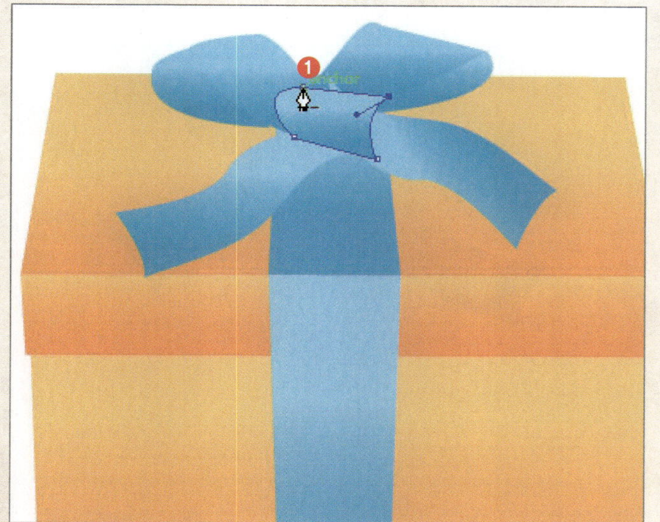

44_ 어색한 부분이 있으면 수정해줍니다. 먼저 '직접 선택 툴'로 수정할 오브젝트를 선택합니다.

45_ 예를 들어 포인트의 위치를 수정하고 싶다면 '직접 선택 툴'로 해당 포인트만 선택한 뒤 이동시키면 됩니다.

46_ 다음은 포인트를 이동시키는 방법으로 오브젝트의 모양을 수정한 모습입니다.

47_ Ctrl + Shift + A 를 눌러 선택을 해제합니다.

48_ 색상을 변경하겠습니다. 겹쳐있는 리본의 하단부를 클릭해 선택합니다.

49_ 툴박스에서 Fill 컬러를 클릭해 선택합니다. Gradient 팔레트 버튼을 클릭해 그라디언트 팔레트를 불러 옵니다.

50_ 맨 왼쪽 자물쇠를 더블클릭합니다.

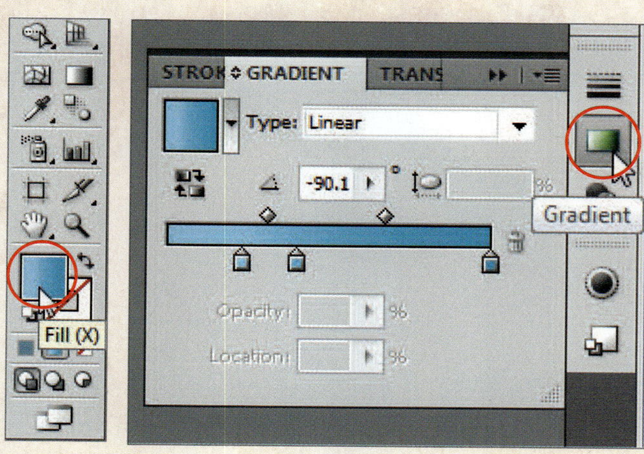
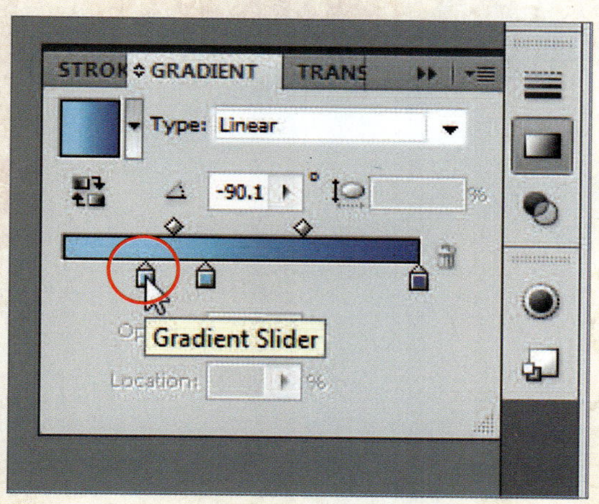

51_ K(검정색)=39%로 설정합니다.

52_ 맨 오른쪽 자물쇠를 더블클릭한 뒤 M(마젠타)=65%로 설정합니다.

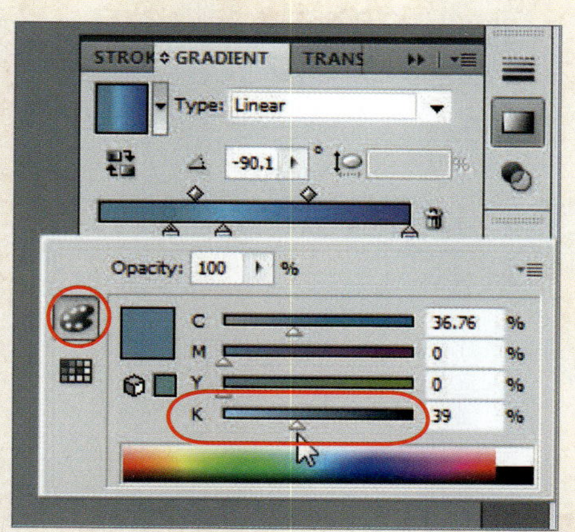
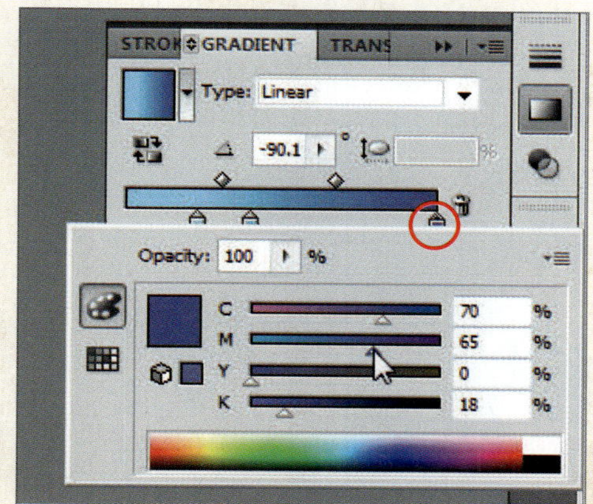

53_ 선택한 오브젝트의 색상이 변경되면서 리본의 음영 부분이 완성됩니다.

54_ Ctrl + 클릭하여 오른쪽 리본의 음영 부분을 선택합니다.

55_ 스포이드 툴로 왼쪽 음영 부분을 클릭해 색상을 가져옵니다.

56_ Ctrl + Shift + A 를 눌러 선택을 해제합니다. 선물상자가 완성되었습니다.

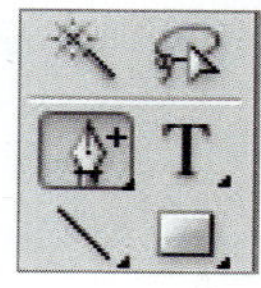

'포인트 추가 툴'은 패스에 포인트를 추가할 때 사용합니다. 새 포인트는 보통 오브젝트의 모양을 수정할 때 추가합니다. 포인트를 추가한 뒤에는 '직접 선택 툴'로 포인트를 이동시켜서 모양을 수정할 수 있습니다.

01_ 예제 '하드.ai'를 불러옵니다. 툴박스에서 '포인트 추가 툴'을 선택합니다.

02_ 오브젝트의 테두리 부분에서 마우스로 클릭하면 새 포인트가 추가됩니다. 참고로 '포인트 추가 툴'은 오브젝트의 선(패스)에서만 동작하며 오브젝트의 면을 클릭하면 포인트를 추가할 수 없다는 메시지가 나타납니다.

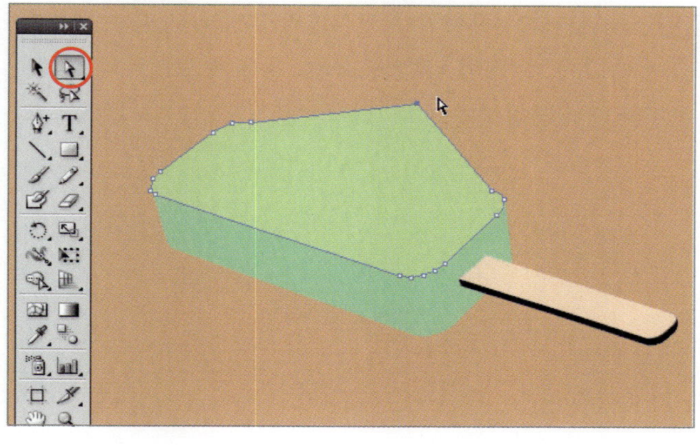

03_ 포인트를 추가한 뒤 '직접 선택 툴'로 해당 포인트를 이동시켜서 모양을 수정한 모습입니다.

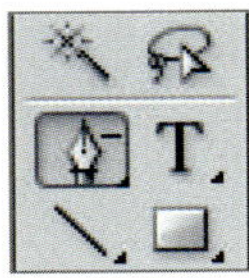

'포인트 삭제 툴'은 패스상에 있는 불필요한 포인트를 삭제할 때 사용합니다. 포인트를 삭제하면 포인트 좌우의 패스 모양이 달라지므로 오브젝트의 모양을 수정하는 효과가 있습니다.

01_ 앞에서 불러온 예제에 포인트를 추가한 뒤 모양을 수정한 모습입니다. 추가한 포인트를 삭제하기 위해 '포인트 삭제 툴'을 선택합니다.

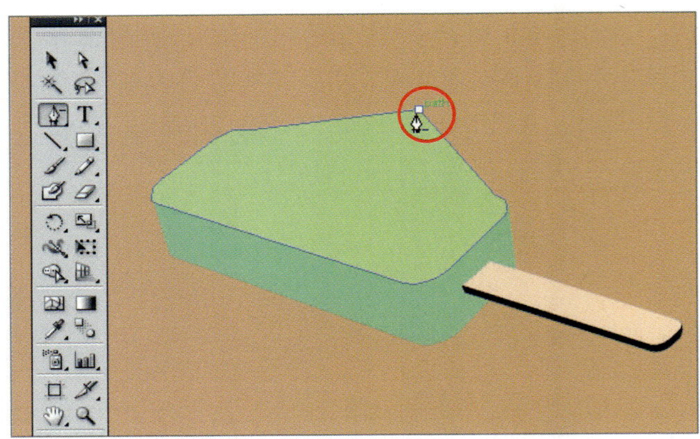

02_ '포인트 삭제 툴'로 오브젝트 테두리를 클릭하면 해당 포인트가 삭제됩니다. 삭제할 위치에 포인트가 없을 경우 메시지 박스가 나타납니다.

03_ 포인트를 삭제하면 오브젝트의 모양도 바뀌는 것을 알 수 있습니다. 이처럼, 포인트 삭제 툴은 오브젝트의 형태를 변경할 때 사용합니다.

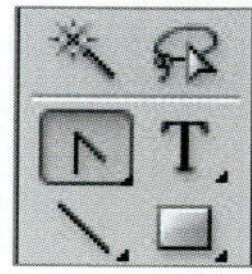

오브젝트의 포인트는 '직각' 속성과 '곡선' 속성을 가지고 있습니다. '전환 툴'은 포인트의 속성을 직각이나 곡선으로 서로 변환할 때 사용합니다. 오브젝트의 모양을 직접적으로 수정할 때 가장 많이 사용하는 도구인 셈입니다.

참고로, 직각 속성이란 포인트 좌우 패스가 직각으로 연결된 것을 말하며, 곡선 속성은 포인트 좌우 패스가 곡선으로 연결된 것을 의미합니다.

❶ 코너 포인트(Corner Point, 직각 속성) : 포인트 좌우의 패스가 곡선이 아닌 직각 형태일 때 '코너 포인트'라고 말합니다. '전환 툴'로 클릭한 후 드래그하면 방향선이 나타나는데 이중 하나를 계속 드래그하면 직각 패스를 곡선 패스로 전환할 수 있습니다. 이때 방향선의 길이와 각도를 조절해 곡선의 완만도를 조절할 수 있습니다.

직각 속성이 있는 포인트(아도비.ai)

직각 포인트를 클릭해 곡선 속성으로 전환한 모습

❷ 스무스 포인트(Smooth Point, 곡선 속성) : 포인트 좌우에 있는 패스가 곡선 형태일 때 '스무스 포인트'라고 말합니다. '전환 툴'로 스무스 포인트를 클릭하면 곡선 패스가 직각 속성으로 전환합니다. 즉 곡선 오브젝트를 직각 형태로 만들고 싶을 때 사용합니다.

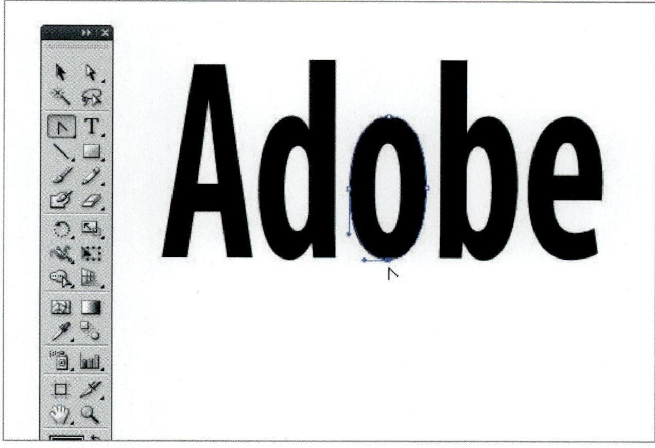

곡선 속성이 있는 글자 부분

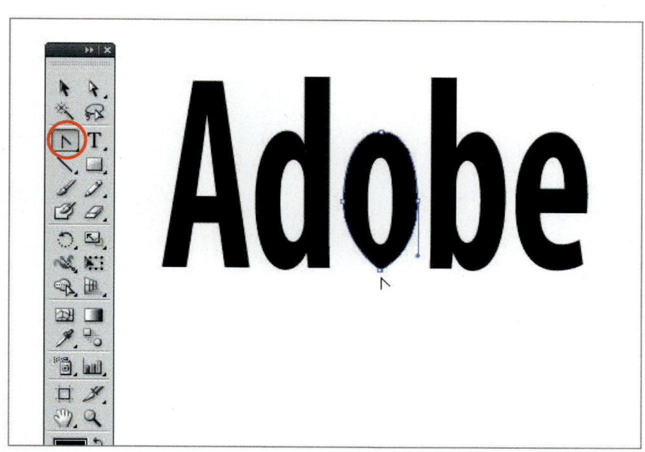

전환 툴로 클릭해 곡선을 직선화시킨 모습

3D 와인병 드로잉하기

01_ '펜 툴'로 포인트 1을 찍어줍니다. Fill 컬러는 무색, Stroke 컬러는 '녹색'으로 설정합니다.

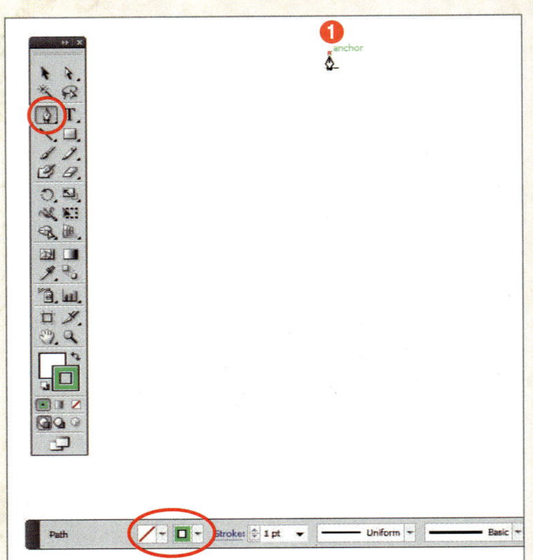

02_ 포인트 2를 찍어줍니다. 와인병 뚜껑 부분에 맞게 그려주면 됩니다.

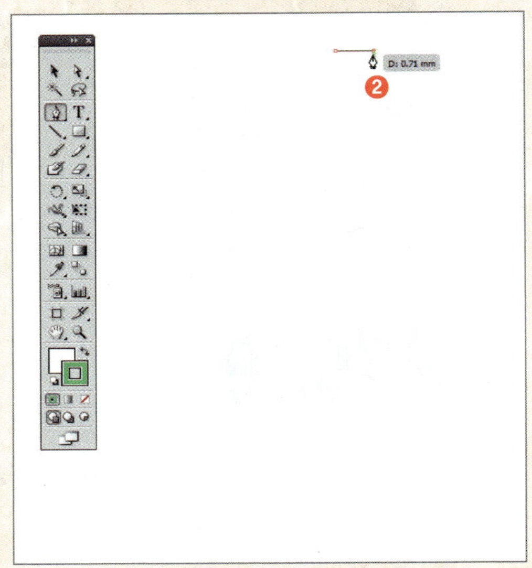

03_ 포인트 3을 찍고 방향선을 밑으로 조금 뽑아줍니다.

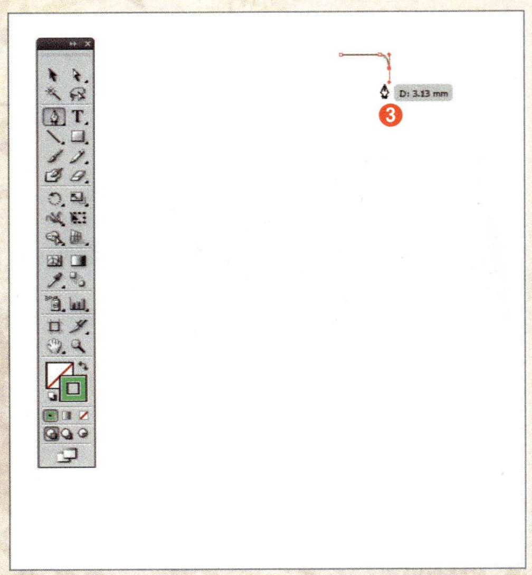

04_ 포인트 4를 찍어줍니다.

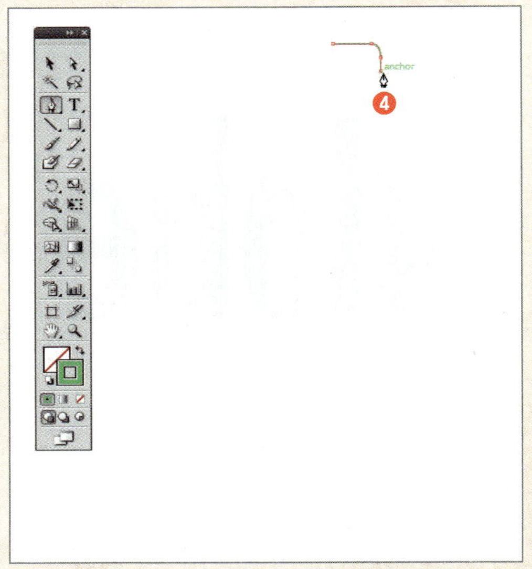

'펜 툴'과 일러스트레이터의 3D 기능을 사용해 3D 와인병을 제작해보겠습니다. 패스로 모양을 따면 간단하게 3D 이미지를 만들 수 있음을 알 수 있습니다.

05_ 포인트 5를 찍어줍니다. 와인병 단면도를 그리고 있지만 오른쪽 반쪽 부분만 그리고 있는 상태입니다.

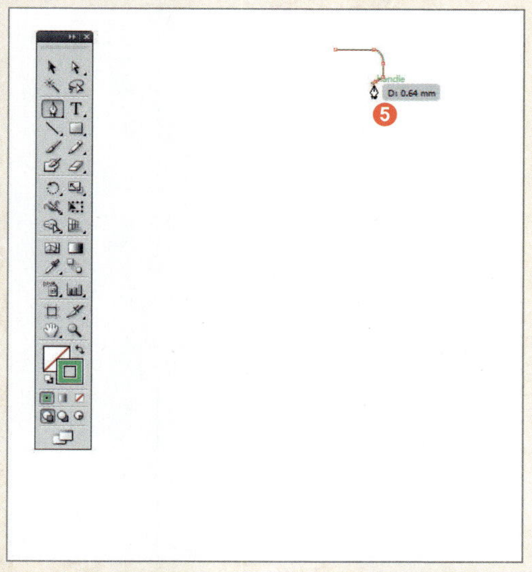

06_ 포인트 6을 찍어줍니다.

07_ 포인트 7을 찍어줍니다.

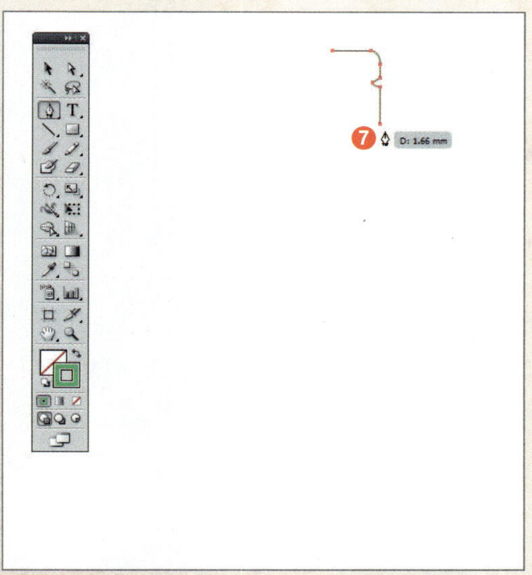

08_ 포인트 8을 찍어줍니다.

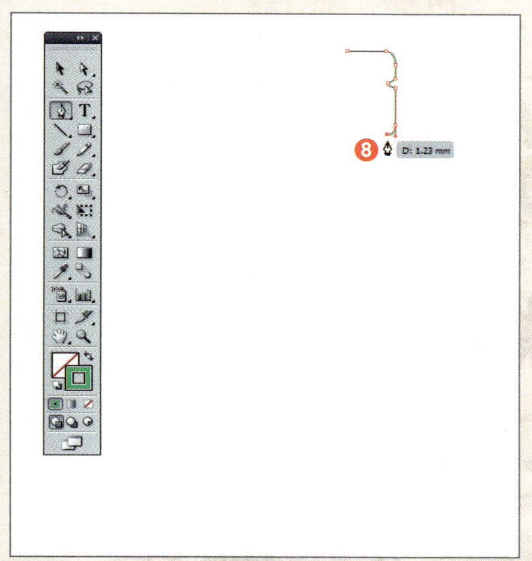

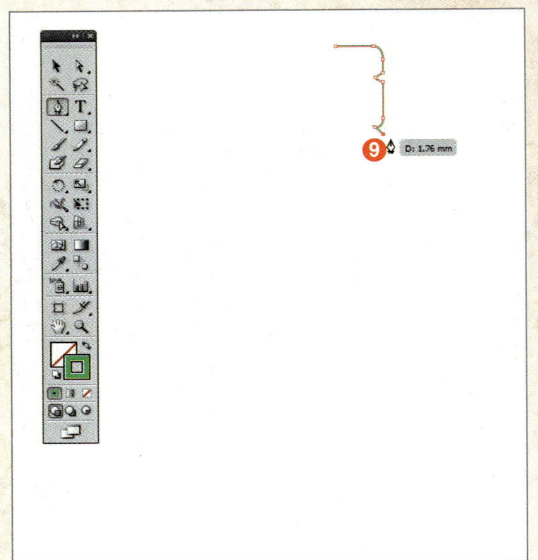

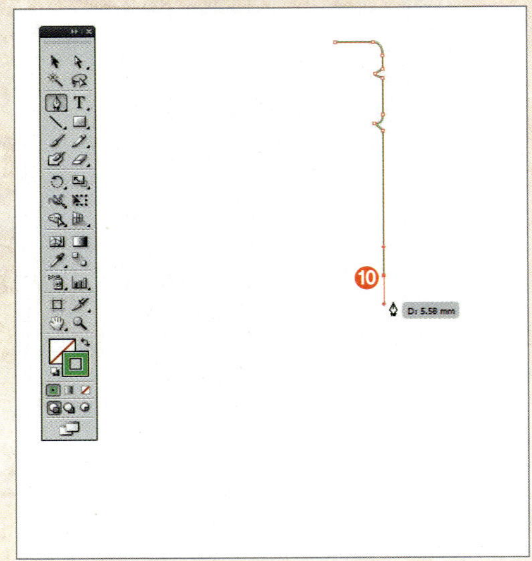

11_ 포인트 11을 찍은 뒤 방향선을 그림처럼 뽑아줍니다.

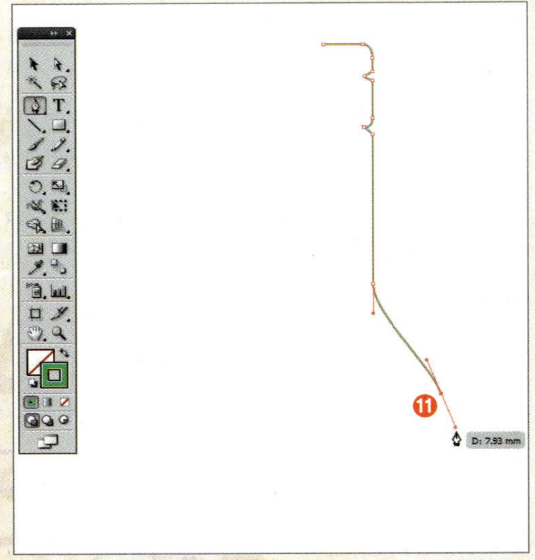

12_ 포인트 12를 찍어줍니다.

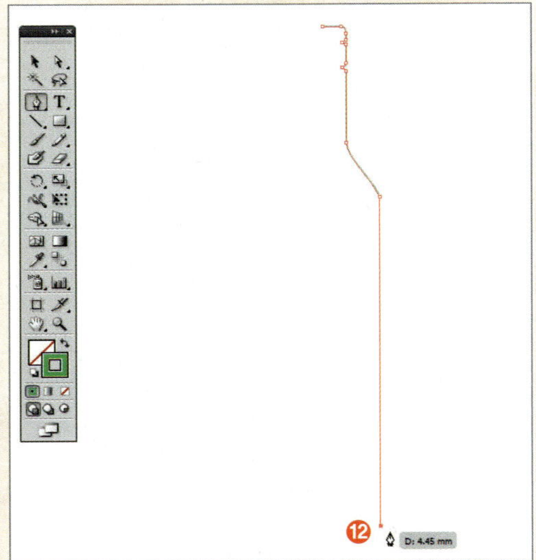

13_ 포인트 13을 찍어줍니다.

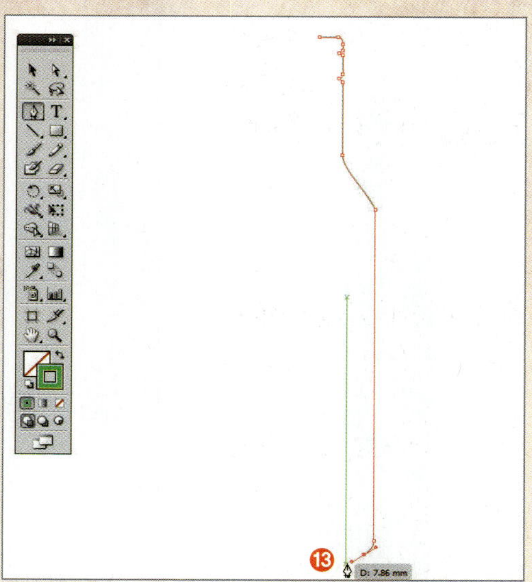

14_ 포인트 14를 찍어줍니다. 이때 상단 포인트 1과 같은 수직선상에 포인트 14를 찍어야 합니다.

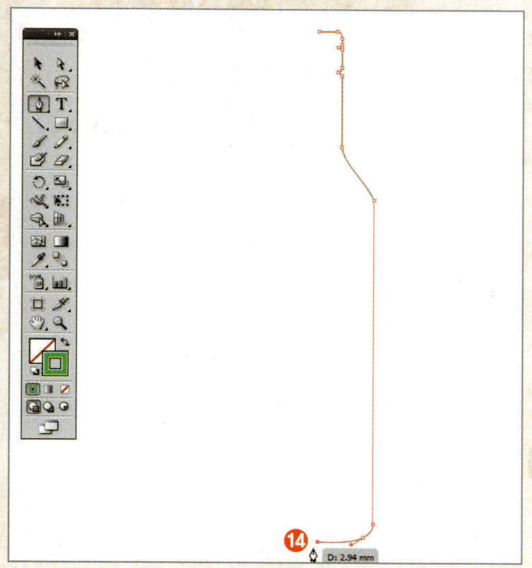

15_ '선택 툴'로 와인병 단면도를 클릭해 선택합니다.

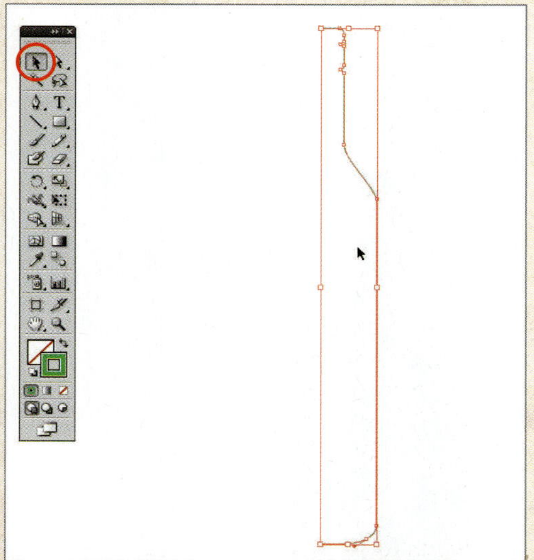

16_ Effect -> 3D -> Extrude & Bevel 메뉴를 실행합니다.

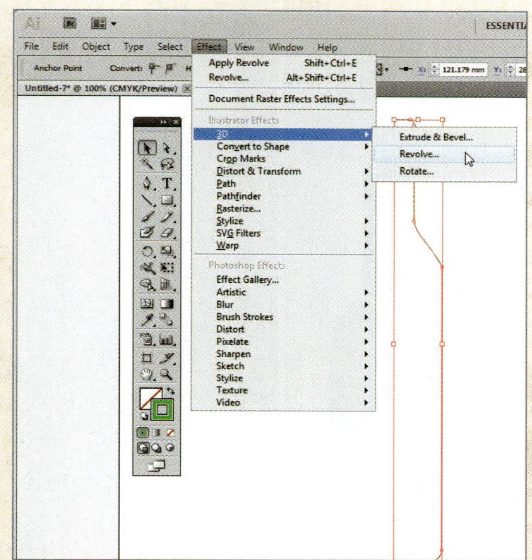

17_ 대화상자의 썸네일 이미지를 마우스로 드래그하여 그림과 같이 회전시킵니다. 만일 여의치 않다면 썸네일 이미지 오른쪽에 있는 3개의 수치와 동일한 수치를 입력하면 됩니다.

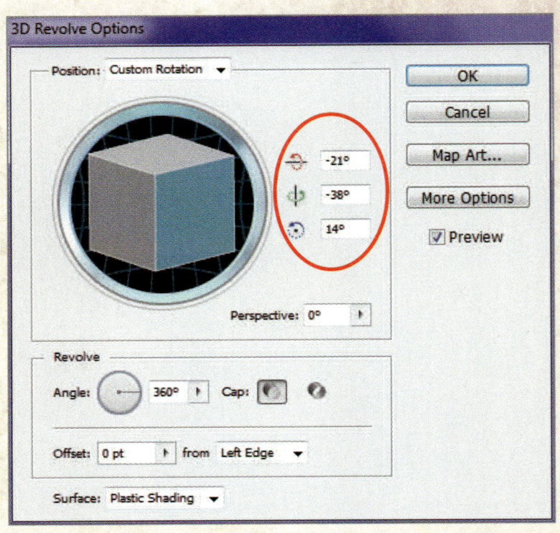

18_ 대화상자에서 OK 버튼을 누르면 그림처럼 3D 와인병이 만들어집니다.

19_ 만들어진 와인병은 나중에도 수정할 수 있습니다. 예를 들어 Stroke 컬러를 녹색에서 주황색으로 변경하면 주황색 와인병이 됩니다. 여기서는 모양을 수정하기 위해 '직접 선택 툴'로 와인병을 클릭해 선택했습니다.

20_ '전환 툴'로 특정 포인트를 드래그하면 방향선이 생성되는데 이 방향선을 잡아당기면 패스가 곡선화되므로 와인병의 형태도 수정됩니다.

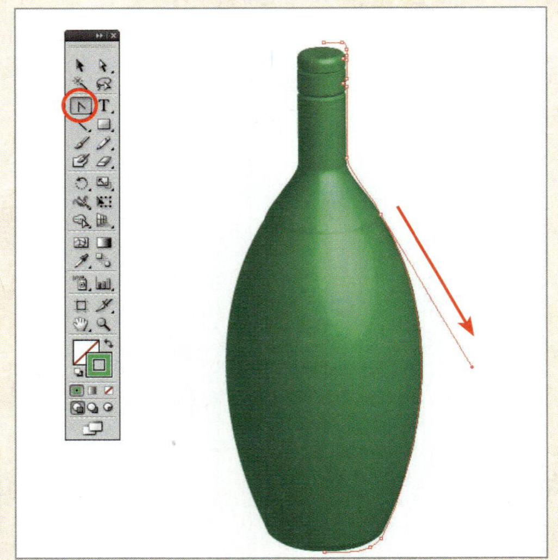

004 PART

오브젝트를 선택하고 편집하는
선택 도구들

오브젝트의 일부만 수정하려면 그 부분만 잘 선택해야 할 것입니다.

선택 도구는 오브젝트를 선택한 뒤 이동하거나 복사하고, 모양을 수정할 때 사용합니다.

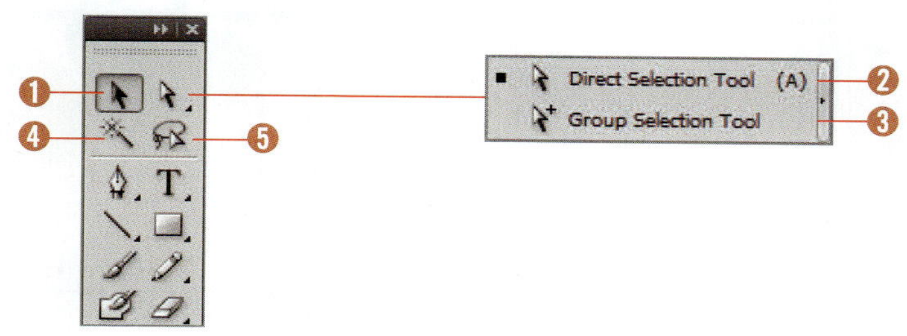

❶ 선택 툴 : 오브젝트가 모여있는 그룹을 선택할 때 사용합니다. 그룹이 없을 경우 오브젝트만 선택할 수 있습니다.

❷ 직접 선택 툴 : 그룹 안에 있는 개별적인 오브젝트, 포인트, 패스(선)를 선택하고 이동시킬 때 사용합니다. 말 그대로 최소 요소를 선택한 뒤 수정 작업을 할 때 유용합니다.

❸ 그룹 선택 툴 : 여러 개의 그룹으로 묶여있을 경우, 더 큰 그룹으로 확장하면서 선택합니다.

❹ 마술봉 툴 : 클릭한 오브젝트와 동일 색상이 있는 오브젝트를 선택합니다.

❺ 올가미 툴 : 드래그한 영역 안에 있는 오브젝트, 포인트, 패스를 선택할 때 사용합니다.

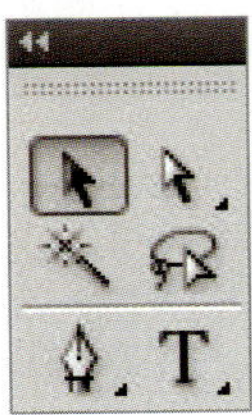

'선택 툴'은 오브젝트나 그룹을 선택할 때 사용합니다. 선택한 오브젝트의 크기를 조절하거나 회전시킬 수 있고 위치를 이동시킬 수 있습니다. 선택한 오브젝트나 그룹을 Alt + 드래그하면 복사할 수 있습니다. 오브젝트가 그룹으로 묶인 경우에는 해당 그룹이 선택됩니다.

01_ DVD 부록에서 예제 '나뭇잎.ai'를 불러옵니다. 선택 툴로 나무잎을 클릭하면 줄기 부분은 빼고 그룹으로 묶여있는 6개의 나뭇잎을 선택할 수 있습니다.

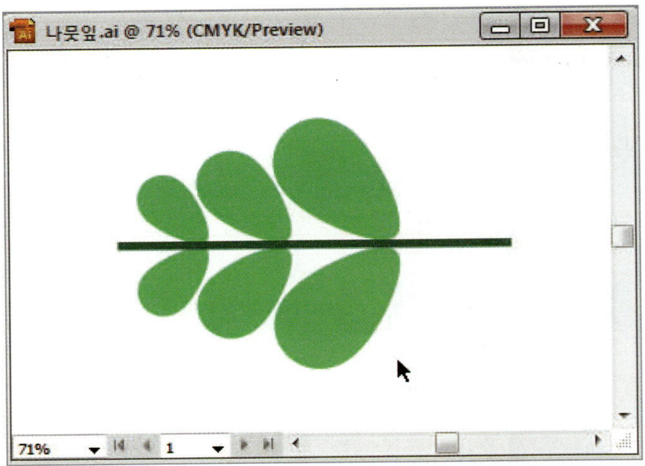

예제 이미지

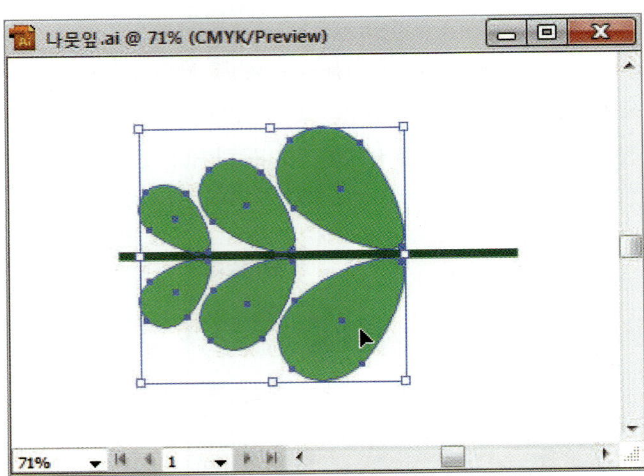

나뭇잎 그룹을 선택한 모습

02_ 동시에 2개 이상의 오브젝트를 선택하려면 단축키인 Shift 키를 사용합니다. Shift 키를 누른 상태에서 '줄기' 부분을 클릭하면 이미 선택한 '잎 부분'과 '줄기'도 함께 선택할 수 있습니다.

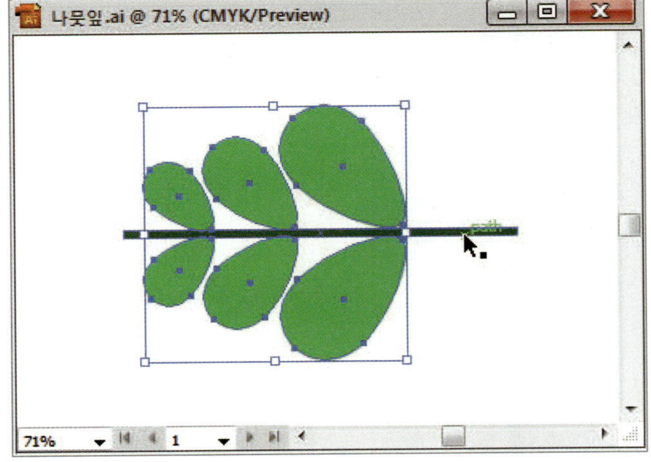

Shift + 클릭하는 모습

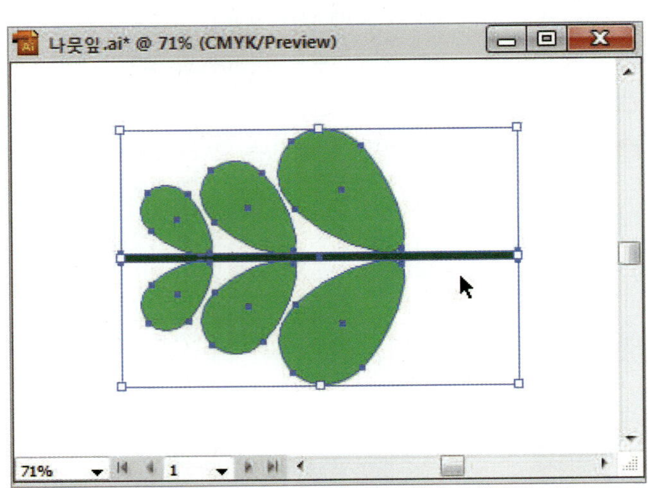

줄기도 선택한 모습

크기 조절, 이동,
복사작업 배우기

01_ File -> Open 메뉴로 DVD 부록의 예제 '순진녀.ai'
를 불러옵니다. 순진녀 이미지는 전체 오브젝트가 하나의 그
룹으로 묶여있는 상태입니다.

02_ '선택 툴'로 순진녀를 클릭하면 순진녀 전체가 선택됩
니다.

03_ 오른쪽 핸들을 클릭한 후 드래그하면 너비를 조절할 수
있음을 알 수 있습니다.

04_ 모퉁이 핸들에 커서를 대면 회전 아이콘이 나타납니다.
이때 드래그하면 그룹을 회전시킬 수 있습니다.

05_ 선택한 오브젝트를 드래그하여 다른 위치로 이동시킬 수도 있습니다.

06_ 이동시킬 때 (Alt) + 드래그하면 복사한 뒤 이동시킬 수 있습니다.

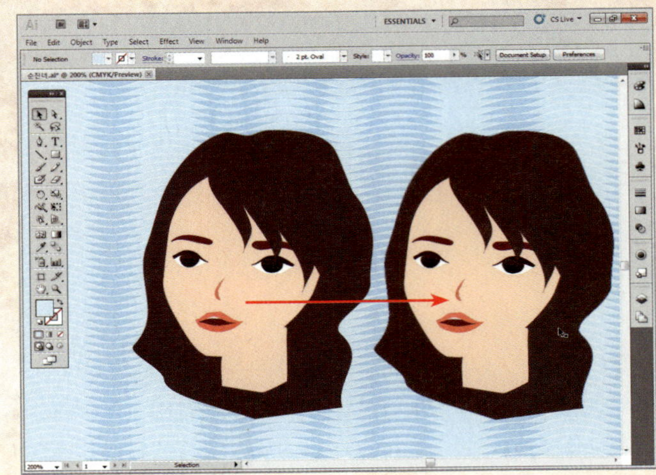

07_ 오브젝트의 가로, 세로 비율을 유지한 상태에서 크기를 조절하려면 (Shift) 키를 사용합니다.

08_ 선택 툴로 모서리 핸들에 커서를 댄 뒤 (Shift) + 드래그 하면 가로, 세로 비율을 유지한 상태에서 크기를 확대하거나 축소할 수 있습니다.

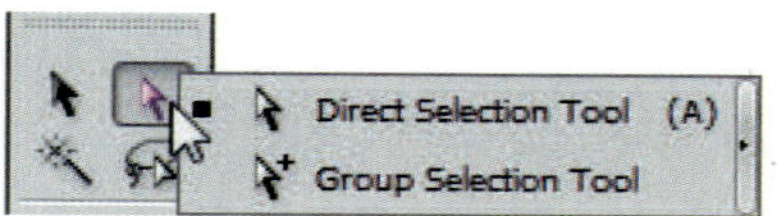

'직접 선택 툴'은 여러 개의 오브젝트를 그룹으로 묶었을 경우, 그룹 안의 개별 오브젝트를 선택하고 모양을 수정할 때 사용합니다. '그룹 선택 툴'은 큰 그룹 안에 있는 작은 그룹을 선택할 때 사용합니다.

오브젝트의 각 요소를 직접 선택해 수정하기 – 직접 선택 툴(A)

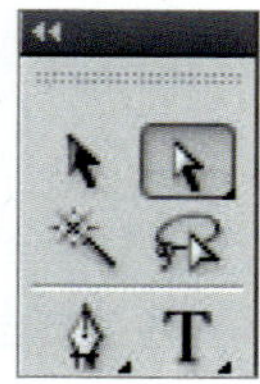

직접 선택 툴은 일러스트레이터에서 오브젝트의 최소 단위를 선택할 때 사용합니다. 오브젝트는 선이나 포인트로 이루어져 있는데 무조건 가장 작은 하나의 오브젝트를 선택하거나 포인트, 선분을 선택할 때 사용합니다. 따라서 그룹을 구성하는 가장 작은 구성 요소를 선택해 오브젝트의 형태를 편집할 때 아주 많이 사용합니다.

1. 직접 선택 툴로 개별적인 오브젝트 선택하고 이동시키기

직접 선택 툴로 오브젝트 부분으로 드래그하면 검정색 사각형이 나타납니다. 이때 검정색 사각형은 오브젝트의 면을 선택할 수 있다는 뜻이 됩니다. 오브젝트의 면을 선택하면 오브젝트를 이동시킬 수 있습니다.

예제 이미지를 선택한 모습

직접 선택 툴로 띠의 면 부분을 선택해 이동시킨 모습

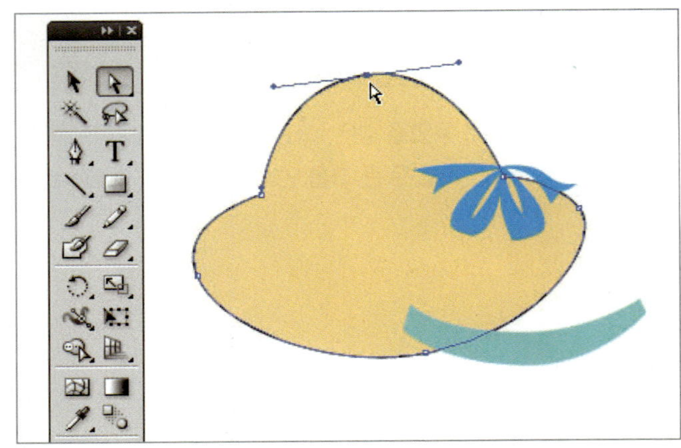

직접 선택 툴로 원하는 포인트를 클릭해 선택한 모습

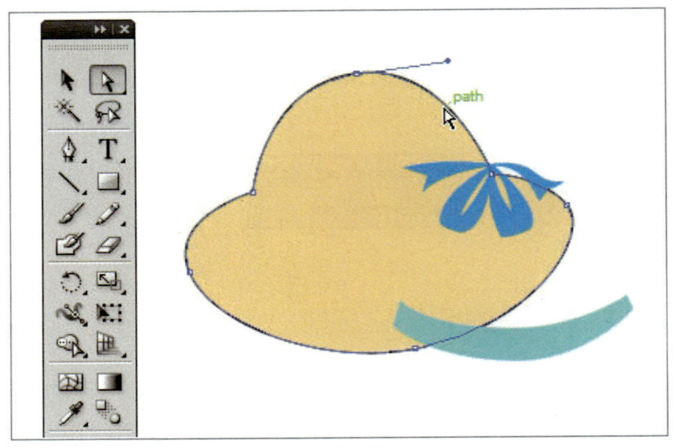

직접 선택 툴로 원하는 패스를 클릭해 선택한 모습

2. 직접 선택 툴로 개별적인 오브젝트의 모양 수정하기

'직접 선택 툴'은 개별적인 오브젝트를 선택할 때 사용하지만 실제로는 오브젝트의 모양을 편집할 때 많이 사용합니다. 오브젝트의 선 부분에 커서를 대면 선 부분만 선택할 수 있는데 이때 포인트나 방향선을 클릭한 후 드래그하면 선 모양이 변경됩니다. 주로 오브젝트의 모양을 다른 모양으로 편집할 때 가장 많이 사용됩니다.

직접 선택 툴로 선을 클릭한 모습

선택한 선을 드래그한 모습

포인트를 선택한 모습

포인트를 드래그한 모습

'직접 선택 툴'로 오브젝트, 포인트, 패스를 선택하면 상단에 옵션바가 나타납니다. 이 옵션바를 사용하면 색상 교체, 이동 작업 등을 신속하게 할 수 있습니다.

1. 오브젝트, 그룹을 선택했을 때 나타나는 옵션바

'직접 선택 툴'로 오브젝트를 선택하면 옵션바에 오브젝트의 색상, 선 굵기를 교체할 수 있는 옵션이 나타납니다.

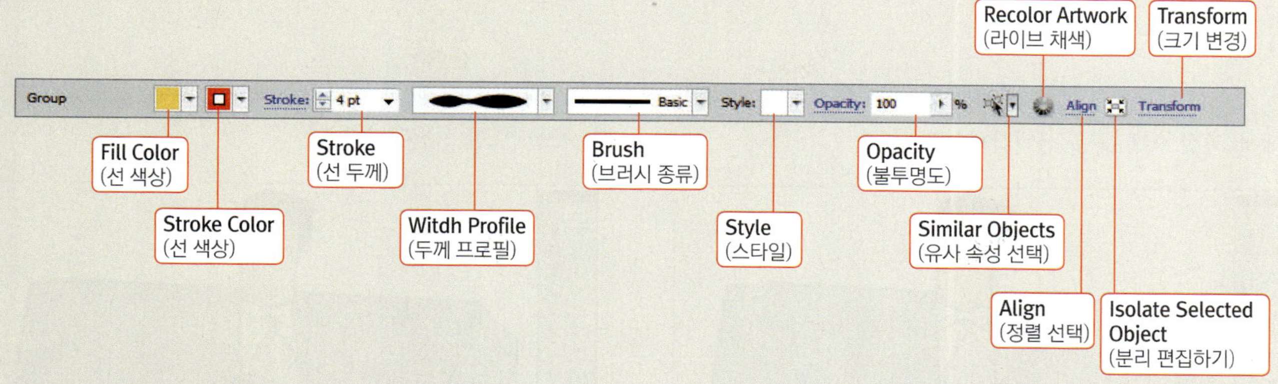

2. 포인트(정점)를 선택했을 때 나타나는 옵션바

'직접 선택 툴'로 포인트 또는 패스를 선택하면 옵션바에 포인터 혹은 패스를 편집할 수 있는 옵션이 나타납니다. 선택한 포인터를 직선/곡선 형태로 변형하거나 포인터를 삭제하고 2개 이상의 포인터를 연결할 수 있습니다.

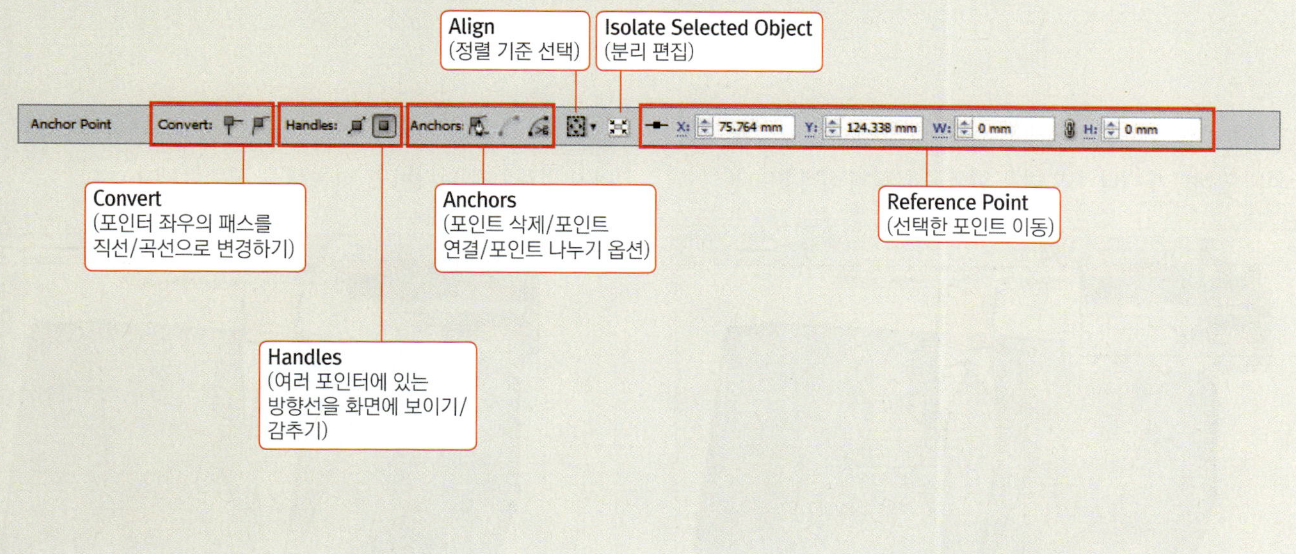

오브젝트 색상 수정하기

01_ DVD 부록에서 예제 '비지니스.ai'를 불러옵니다. 툴박스에서 '직접 선택 툴'을 선택합니다.

02_ '직접 선택 툴'로 비즈니스맨의 몸 부분을 클릭하면 해당 오브젝트만 선택됩니다.

03_ 면 색상을 바꾸기 위해 옵션바의 Fill 컬러를 클릭합니다. 스와치 팔레트가 나타나면 '밝은 회색'을 클릭해 선택합니다.

04_ 선 색상을 바꾸기 위해 Stroke 컬러를 클릭합니다. 스와치 팔레트가 나타나면 '하늘색'을 선택합니다.

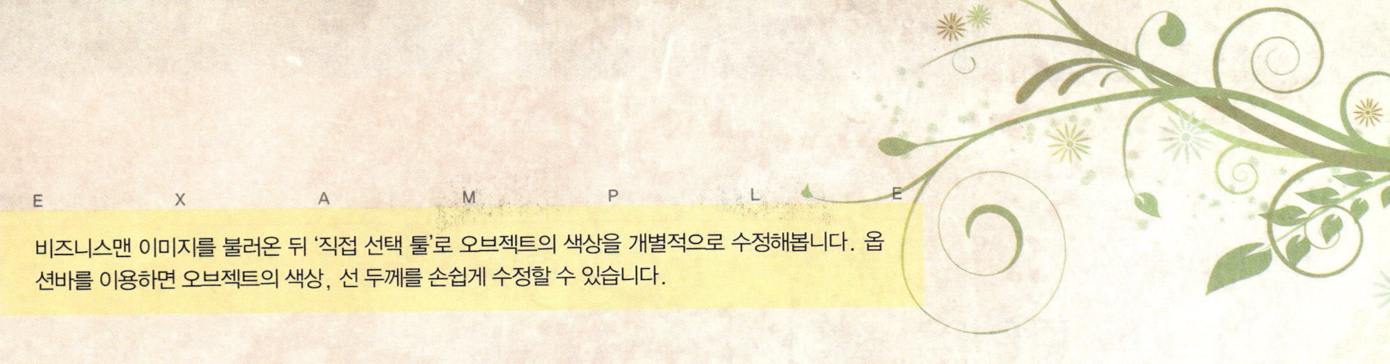

비즈니스맨 이미지를 불러온 뒤 '직접 선택 툴'로 오브젝트의 색상을 개별적으로 수정해봅니다. 옵
션바를 이용하면 오브젝트의 색상, 선 두께를 손쉽게 수정할 수 있습니다.

05_ 선 두께를 변경하겠습니다. 옵션바에서 Stroke 옵션을 클릭한 뒤 선 두께를 4pt로 변경합니다.

06_ 선의 프로필을 변경하겠습니다. Width Profile을 클릭한 뒤 원하는 프로필로 변경합니다.

07_ 이번에는 좌우 팔의 색상과 선 두께를 변경하겠습니다. '직접 선택 툴'로 왼쪽 팔을 클릭해 선택합니다. 그런 뒤 Shift 키를 누른 상태에서 오른쪽 팔도 클릭하면 양쪽 팔이 둘 다 선택됩니다.

08_ 옵션바에서 Fill 컬러(하늘색), Stroke 컬러(녹색), 선 두께(4pt)를 변경합니다. 직접 선택 툴은 이처럼 원하는 오브젝트를 각각 선택해 색상, 선 두께를 수정할 때 유용합니다.

09_ 이번에는 턱 모양을 수정해 보겠습니다. 턱 하단부의 꺾어지는 부분에 있는 포인트를 클릭해 선택합니다.

10_ 왼쪽 방향선을 왼쪽 방향으로 드래그하여 턱선을 조금 둥글게 만들어줍니다.

11_ 입술 아래쪽에 있는 포인트를 클릭해 선택한 뒤 약간 아래로 내려 입술을 두툼하게 만들어줍니다. 이때 방향선이 보이면 방향선도 함께 조절해 입술 형태가 어색하지 않도록 수정합니다.

12_ Ctrl + Shift + A 를 눌러 선택을 해제합니다. 고집걸의 얼굴이 원판보다 부드러운 표정으로 수정된 것을 알 수 있습니다.

오브젝트 그룹 선택하기 – 그룹 선택 툴

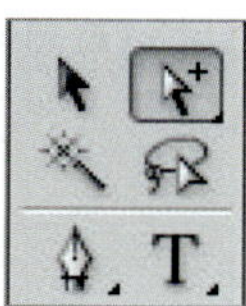

'그룹 선택 툴'은 여러 개의 그룹으로 묶인 오브젝트에서 더 많은 그룹을 점층적으로 선택할 때 사용합니다. 한 번 클릭하면 해당 그룹이 선택되고 다시 클릭하면 그 그룹이 속한 더 큰 그룹이 선택되고 계속 클릭하면 전체 그룹을 선택할 수 있습니다.

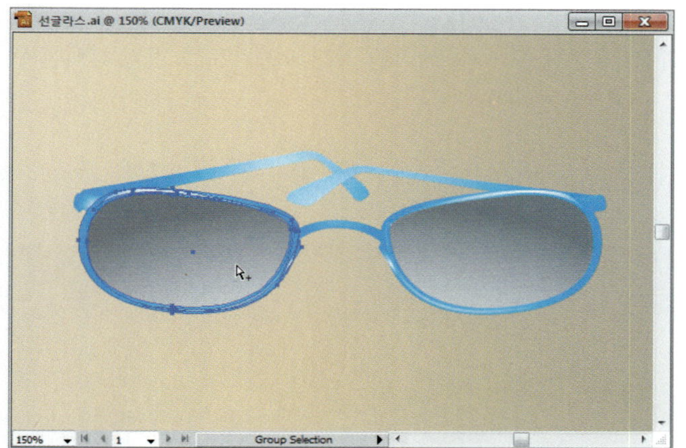

01_ 예제 '선글라스.ai'를 불러옵니다. 안경알 부분이 그룹으로 묶여있고 그 그룹을 안경테와 다시 그룹으로 묶었고, 그 그룹을 안경다리와 그룹으로 묶었습니다.

툴박스에서 '그룹 선택 툴'을 선택한 뒤 안경알을 클릭하면 해당 그룹만 선택됩니다.

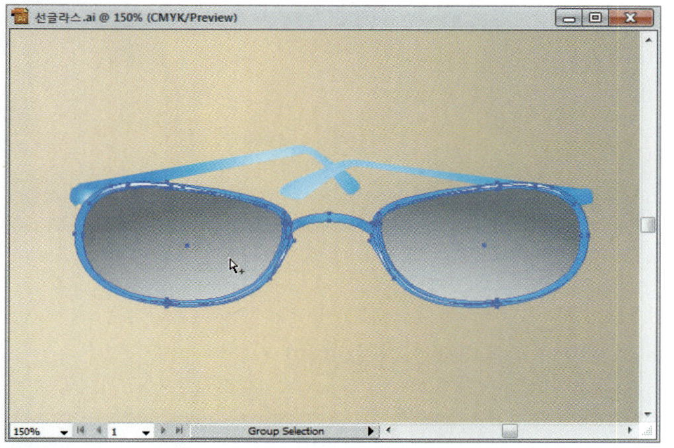

02_ 다시 클릭하면 안경테 그룹도 선택됩니다.

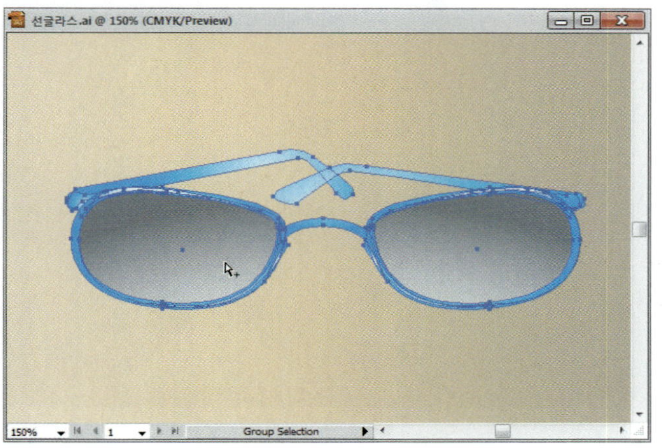

03_ 다시 클릭하면 전체 그룹이 선택됩니다. 즉 클릭할 때마다 선택되는 그룹이 점점 확장되는 것입니다.

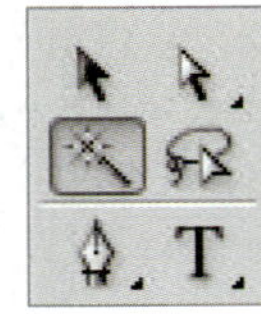

'마술봉 툴'은 같은 색상의 오브젝트를 한 번에 선택할 때 사용합니다. 클릭하면 해당 오브젝트와 같은 색상을 가진 오브젝트가 모두 선택됩니다.

한 번에 선택할 수 있는 크기는 툴박스의 마술봉 툴을 더블클릭하면 설정할 수 있습니다.

01_ 예제 '꽃.ai'를 불러온 뒤 툴박스에서 '마술봉 툴'을 선택합니다. 마술봉 툴로 동일 색상을 가진 오브젝트를 일괄 선택한 뒤 색을 교체하겠습니다.

02_ 마술봉 툴로 꽃 부분을 클릭합니다. 같은 색상을 가진 꽃들이 모두 선택될 것입니다.

꽃을 클릭하는 모습

같은 색의 꽃이 선택된 모습

03_ 옵션바의 Fill 컬러를 클릭해 '주황색'으로 변경합니다. 선택한 꽃 색상이 주황색으로 변경됩니다.

Fill 컬러를 변경하는 모습

색상이 변경된 모습

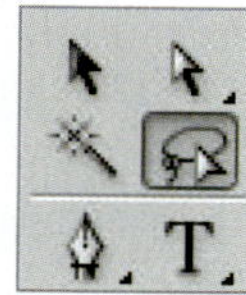

'올가미 툴'은 드래그하는 방식으로 오브젝트를 선택합니다. 드래그하면 그 영역에 걸쳐있는 오브젝트가 선택됩니다. 일반적으로 여러 개의 오브젝트를 한 번에 선택하거나, 특정 영역에 있는 오브젝트를 선택할 때 유용합니다.

01_ DVD 부록에서 '페트병.ai'를 불러옵니다. 툴박스에서 '올가미 툴'을 선택한 뒤 드래그하여 주름 부분만 선택합니다.

예제 이미지

올가미 툴로 주름 부분만 드래그하는 모습

02_ 주름 부분이 선택되면 툴박스의 Fill 컬러를 더블클릭합니다. 컬러 픽커가 실행되면 Fill 컬러를 빨간색으로 교체합니다. 선택한 주름 부분의 색상이 빨간색으로 교체됩니다.

Fill 컬러 더블클릭

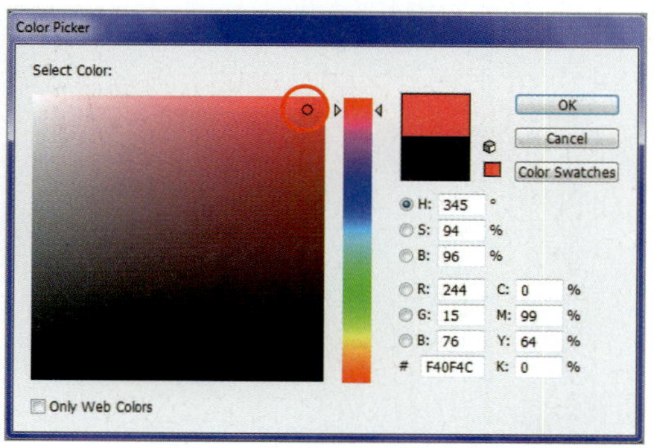

빨간색으로 교체하는 모습

주름 부분이 빨간색으로 교체된 모습

DVD | 예제 | None　　　　　| 난이도 | ★★　　　　　| 작업 시간 | 7분

곡선 드로잉 실력 팍팍!
하이힐 드로잉하기

01_ 펜 툴로 포인트 1, 2를 찍고 바로 드래그하여 방향선을 10시 방향으로 드래그합니다. Fill 컬러와 Stroke 컬러는 '무색'으로 설정합니다.

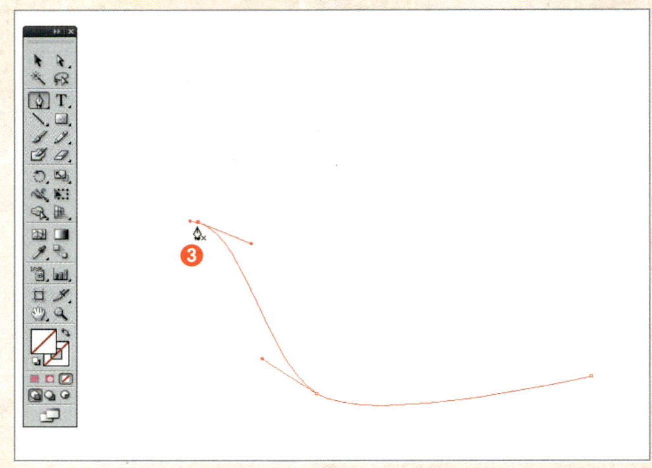

02_ 포인트 3을 찍고 방향선을 10시 방향으로 조금만 드래그합니다.

03_ 바로 왼쪽에 포인트 4를 찍어줍니다.

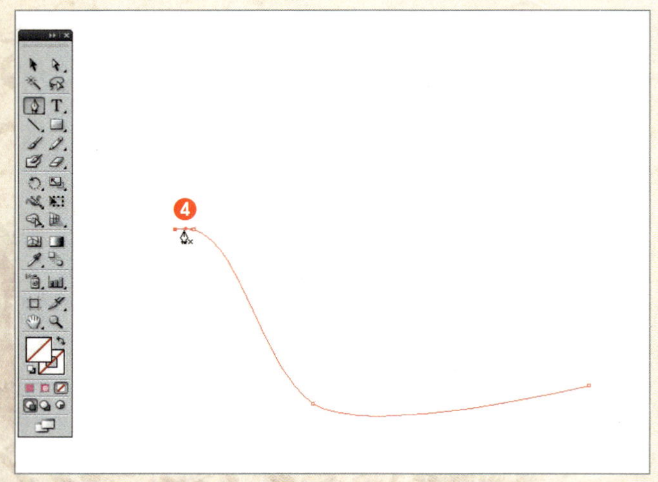

04_ 포인트 5를 찍고 Alt + 드래그하여 방향선을 9시 방향으로 회전시킵니다.

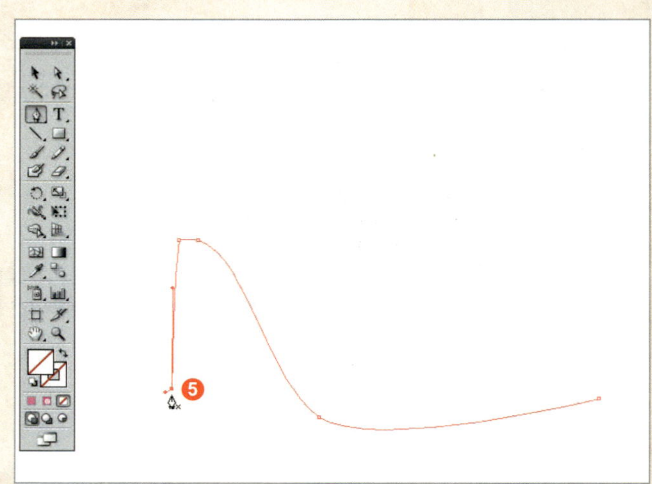

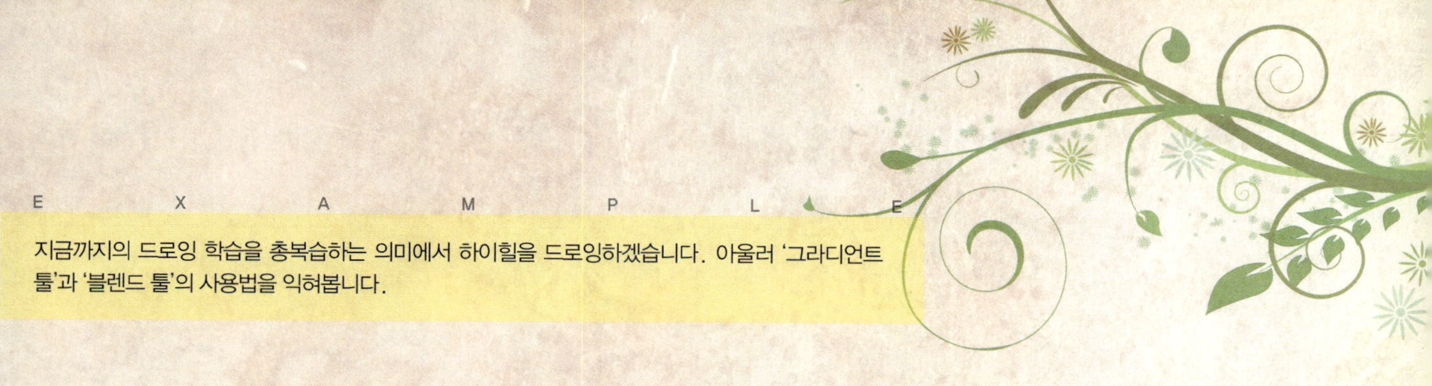

지금까지의 드로잉 학습을 총복습하는 의미에서 하이힐을 드로잉하겠습니다. 아울러 '그라디언트
툴'과 '블렌드 툴'의 사용법을 익혀봅니다.

05_ 바로 왼쪽에 포인트 6을 찍어줍니다.

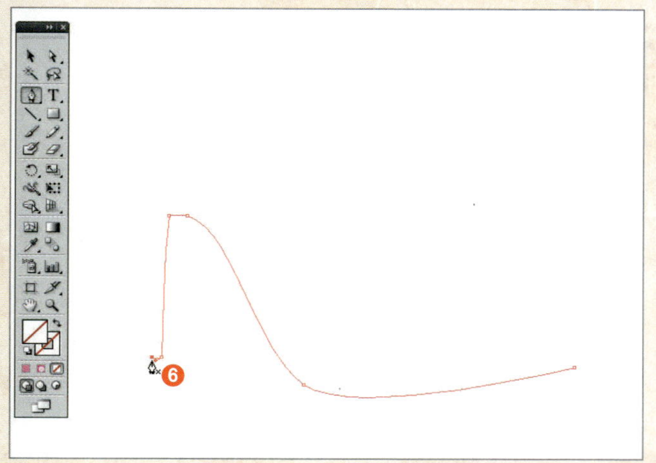

06_ 포인트 7을 찍고 방향선을 11시 방향으로 길게 드래그한
후 Alt +드래그하여 방향선을 12시 방향으로 회전시킵니다.

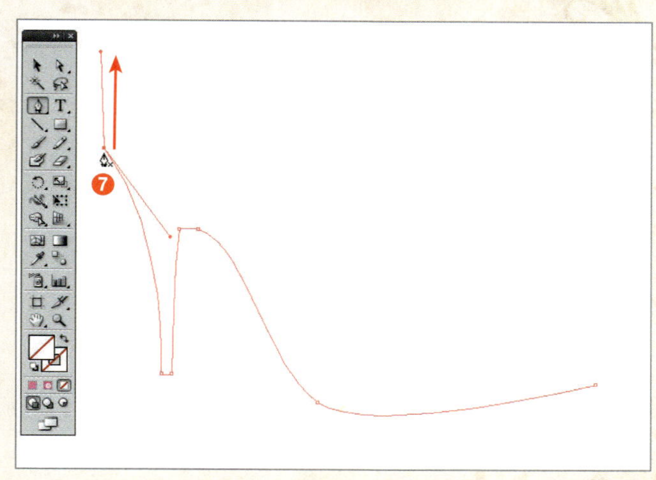

07_ 포인트 8을 찍고 방향선을 짧게 드래그합니다.

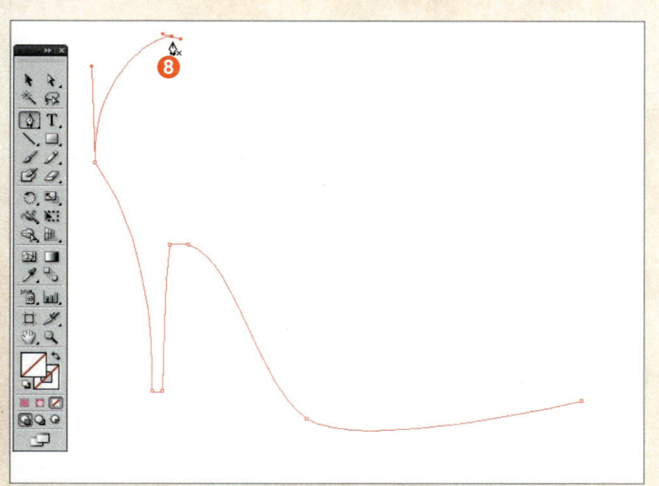

08_ 포인트 9를 찍고 방향선을 길게 드래그합니다.

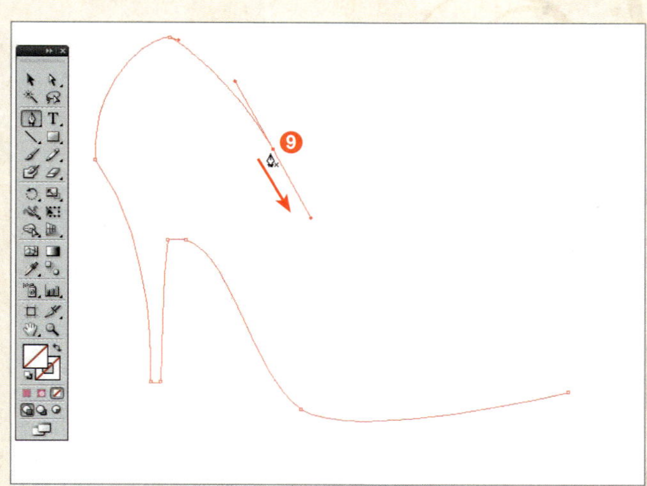

09_ 포인트 10을 찍고 방향선을 4시 방향으로 조금 짧게 드래그합니다.

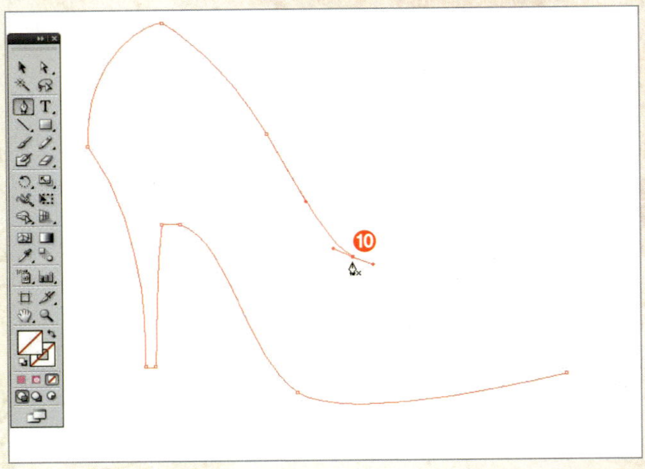

10_ 포인트 11을 찍어주고 방향선을 4시 방향으로 짧게 드래그합니다.

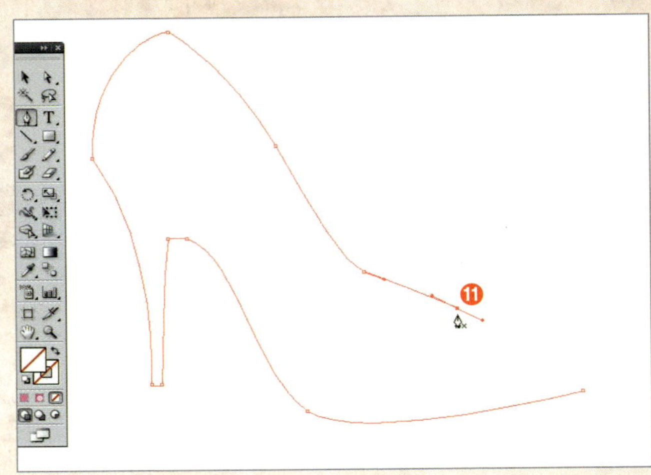

11_ 포인트 12를 찍고, 시작 지점인 포인트 1을 찍어 패스를 닫아줍니다.

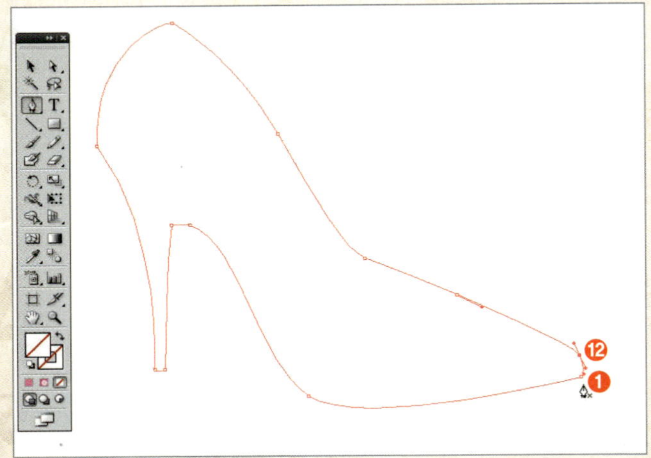

12_ F6을 눌러 컬러 팔레트를 불러온 뒤 Fill 컬러를 M=71로 설정합니다. C, Y, K 값은 0으로 설정합니다.

13_ 하이힐 내부를 그리겠습니다. '펜 툴'로 포인트 1을 찍어줍니다.

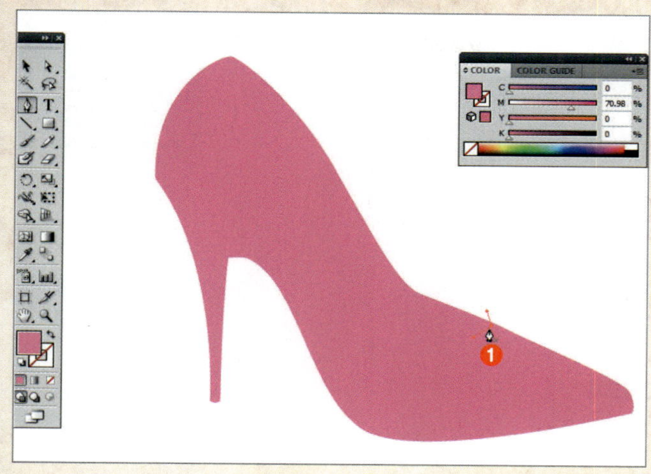

14_ 포인트 2를 찍어줍니다.

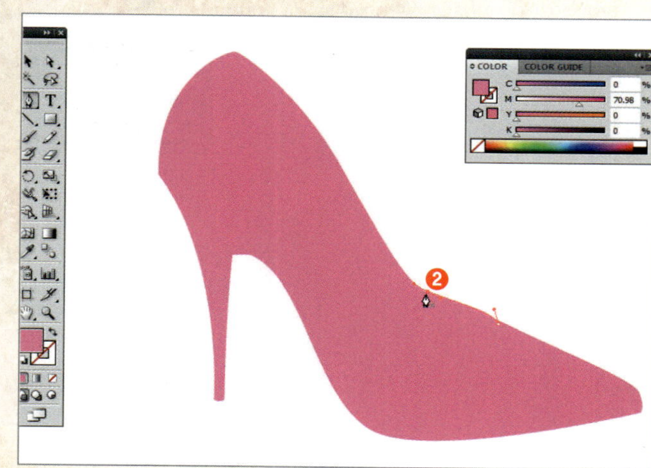

15_ 포인트 3을 찍어줍니다. 방향선을 9시 방향으로 짧게 드래그합니다(방향선 회전 단축키 Alt).

16_ 포인트 4를 찍어줍니다.

17_ 포인트 5를 찍어줍니다.

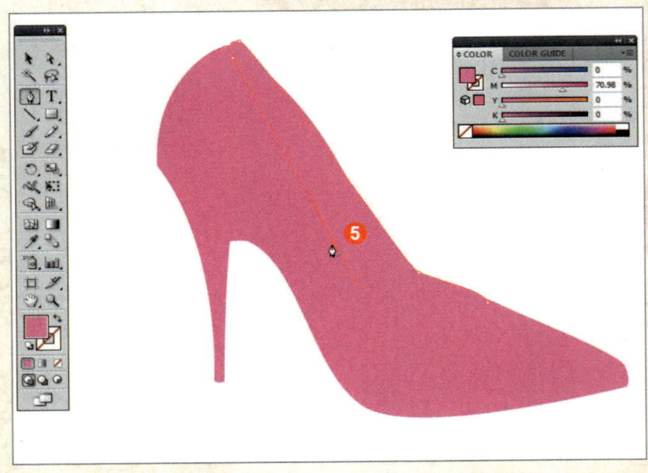

18_ 포인트 6을 찍고 시작 지점인 포인트 1을 찍어 패스를 닫아줍니다.

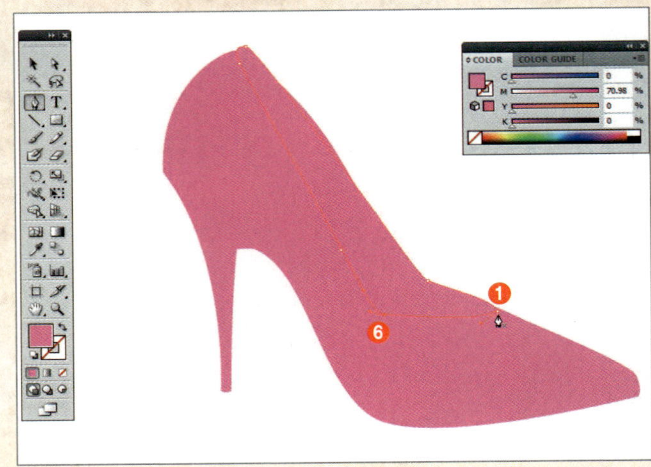

19_ [Ctrl] + [F9]를 눌러 그라디언트 팔레트를 불러옵니다. Type 옵션에서 Radial을 선택합니다.

20_ 오른쪽 자물쇠를 클릭해 선택한 뒤, 툴박스에서 '스포이드 툴'을 선택합니다. 스포이드 툴로 분홍색 신발을 [Shift] + 클릭하면 자물쇠 색상으로 가져올 수 있습니다.

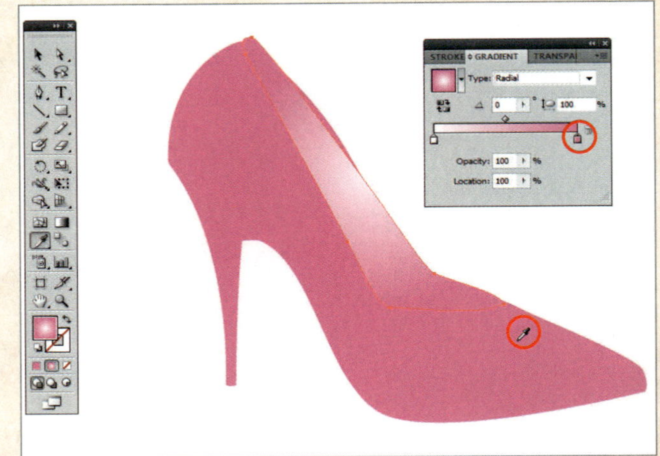

21_ '그라디언트 툴'을 선택한 뒤 그라디언트 중심점을 그림
처럼 아래로 조금 이동시킵니다.

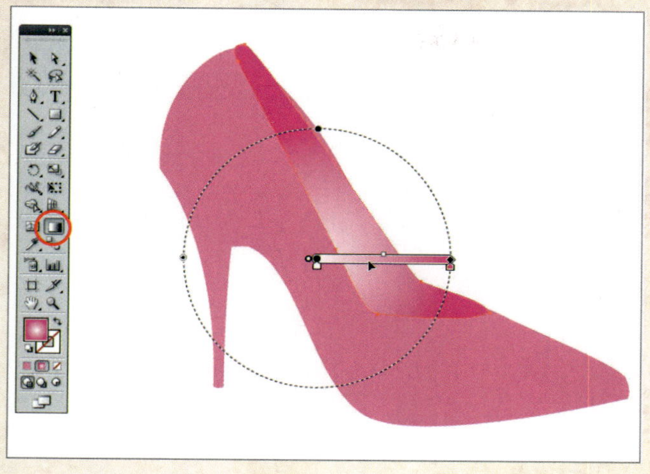

22_ 옵션바에서 Stroke 두께를 7pt로 변경합니다.

23_ 스트로크 색상이 검정 아니면 다른 색일 것입니다. '스
포이드 툴'로 분홍색 신발을 Shift + 클릭하면 스트로크 색상
으로 분홍색을 가져올 수 있습니다.

24_ '라인 툴'로 그림처럼 경계면 위에 라인을 그려줍니다.
Stroke 색상을 '흰색'으로 변경합니다.

25_ 스트로크 두께를 2pt로 변경하고, 스트로크 프로필을 그림과 같은 것으로 변경합니다. 하이힐의 경계면에 광채가 만들어집니다.

26_ '라인 툴'로 그림처럼 경계면 위에 라인을 그려줍니다.

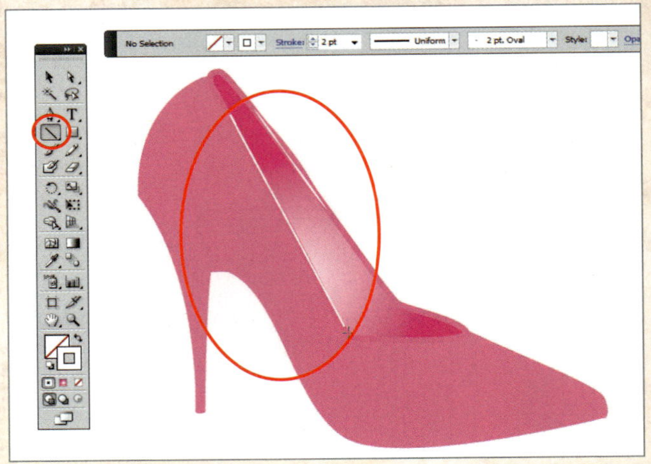

27_ 스트로크 두께를 2pt로 변경하고, 스트로크 프로필을 그림과 같은 것으로 변경합니다. 역시 하이힐의 경계면에 광채가 만들어집니다.

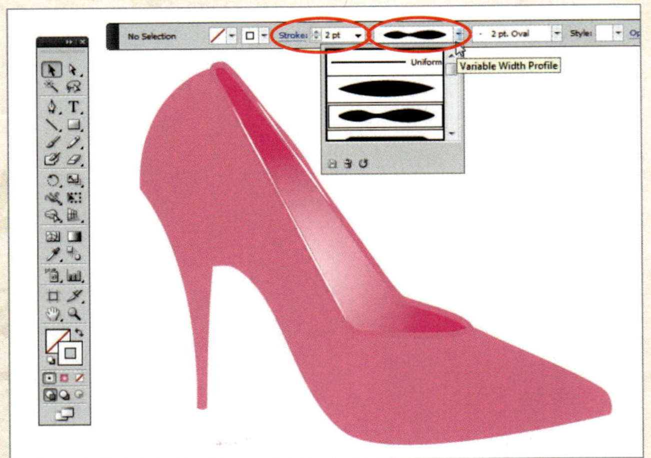

28_ 지금부터 반사광 이미지(하이라이트)를 제작하겠습니다. '직접 선택 툴'로 하이힐의 면을 클릭해 선택합니다.

29_ '펜 툴'로 반사광 크기만한 도형을 그려줍니다. 분홍색 면을 선택한 상태에서 도형을 그렸기 때문에 면 색상이 분홍색으로 나타납니다.

30_ Alt +드래그하여 방금 그린 도형을 복제합니다.

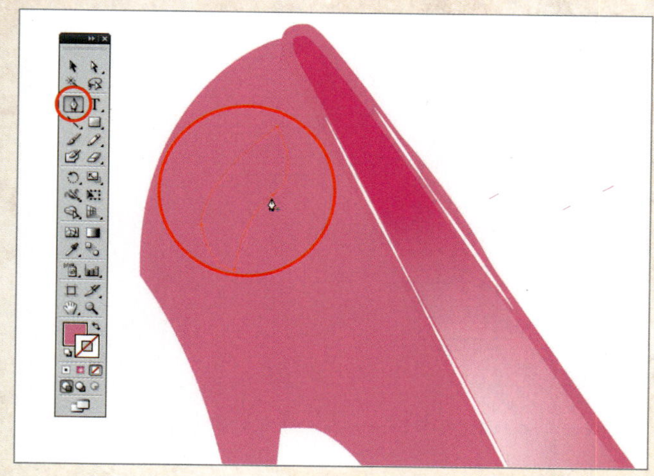

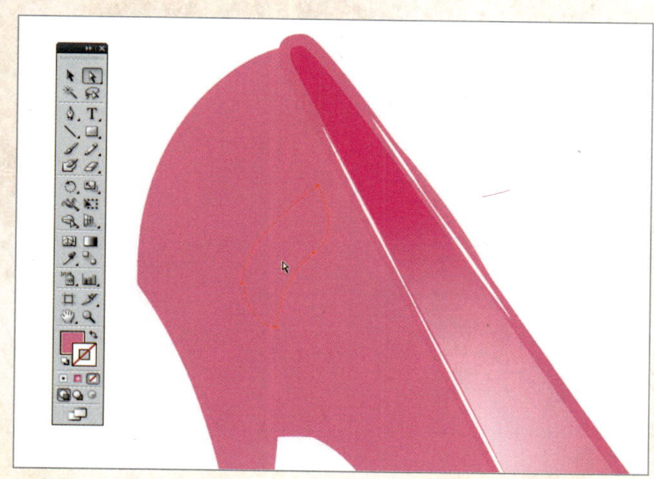

31_ '자유변형 툴'로 복제한 도형의 크기를 축소합니다.

32_ 복제한 도형의 Fill 컬러를 '흰색'으로 교체합니다.

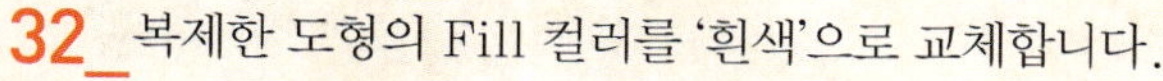

33_ '블렌드 툴'로 복제한 도형을 클릭합니다.

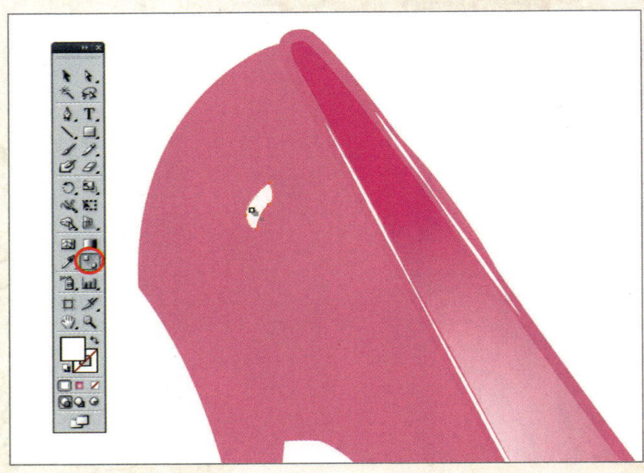

34_ '블렌드 툴'로 원래 도형(복제하기 전 원래 도형)을 클릭합니다. 두 도형 사이에 블렌드 색상이 나타납니다.

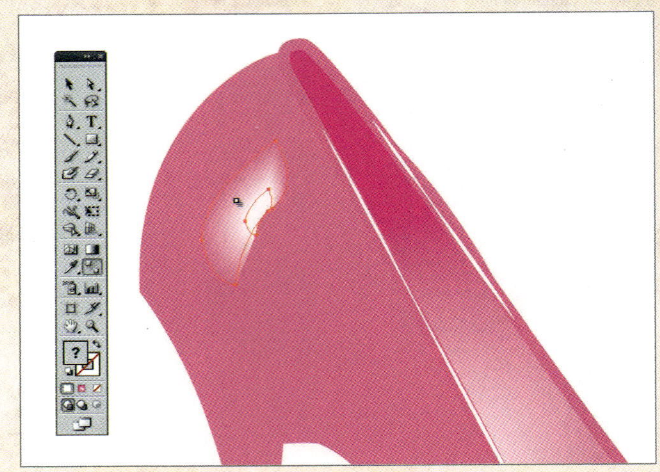

35_ '직접 선택 툴'로 복제한 도형을 원래 도형 위에 포개줍니다.

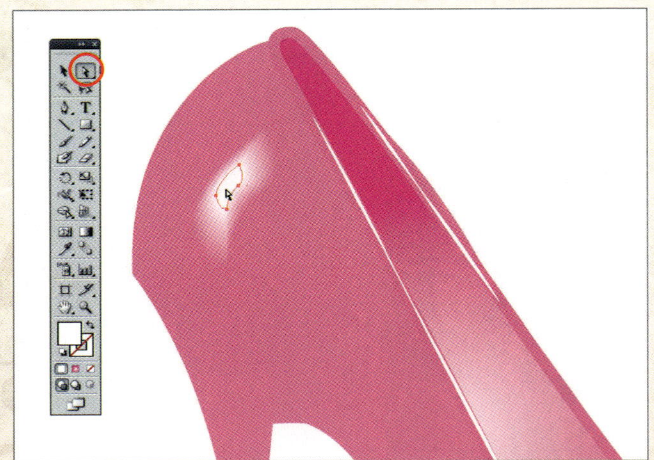

36_ 하이라이트가 만들어진 것을 알 수 있습니다. '직접 선택 툴'로 분홍색 면을 클릭해 선택합니다.

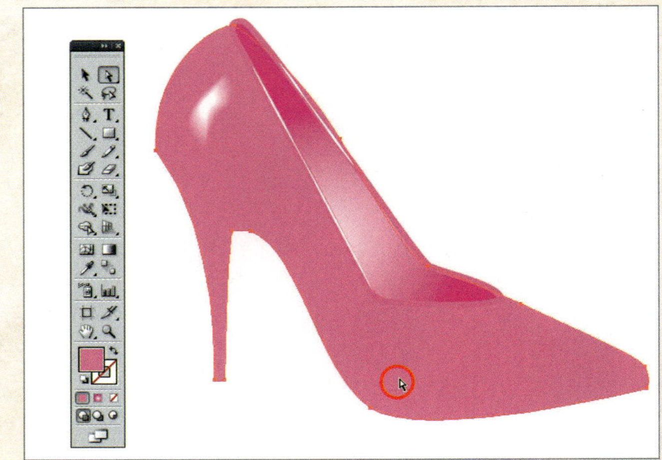

37_ 하이힐의 앞 부분에도 반사광을 만들겠습니다. '펜 툴'로 반사광 크기만한 도형을 그려줍니다.

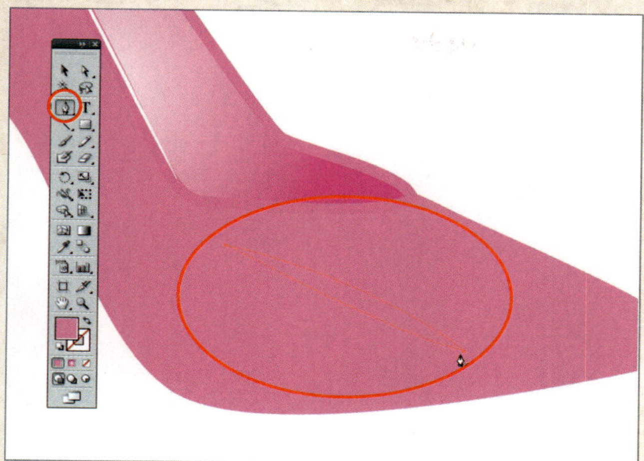

38_ '직접 선택 툴'로 (Alt) + 드래그하여 방금 그린 도형을 복제합니다.

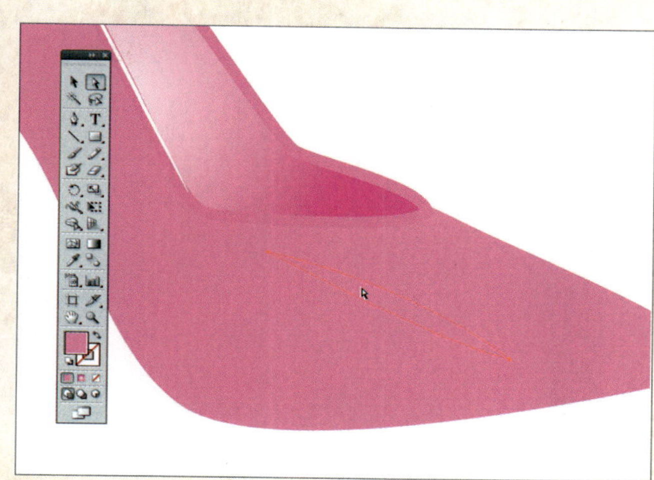

39_ 복제한 도형의 Fill 컬러를 '흰색'으로 교체합니다.

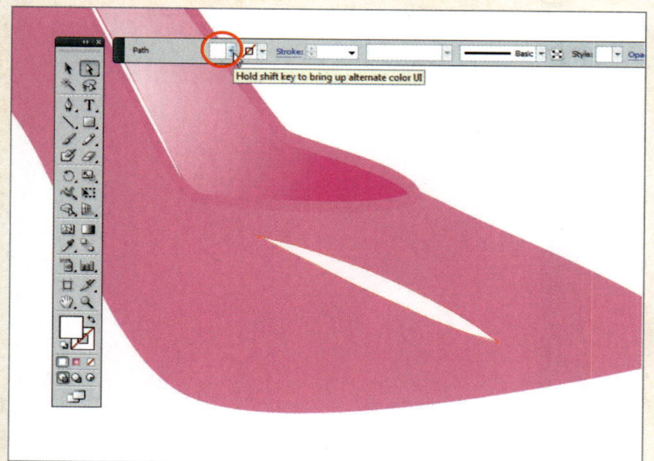

40_ '자유변형 툴'로 복제한 도형의 크기를 적절하게 줄여줍니다.

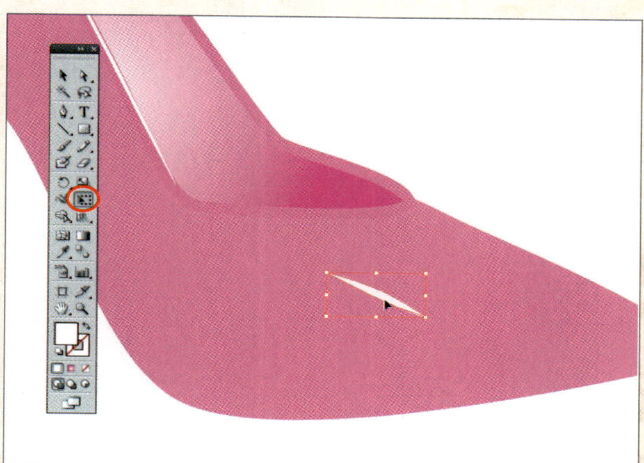

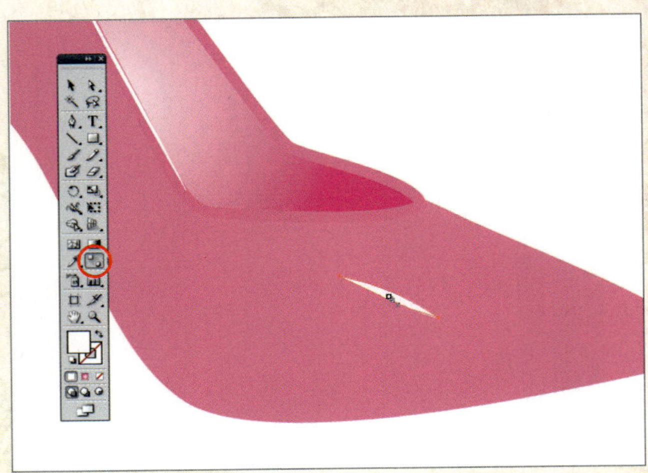
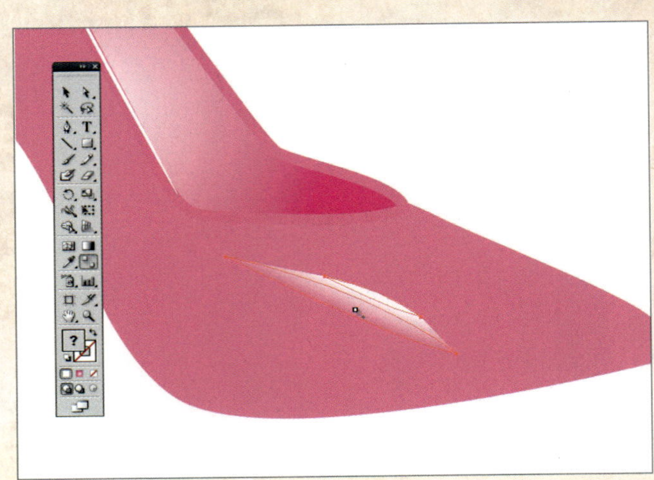

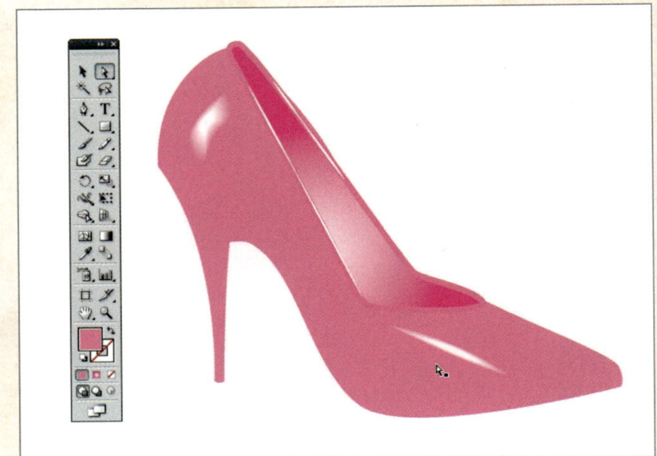

41_ '블렌드 툴'로 복제한 도형을 클릭합니다.

42_ '블렌드 툴'로 원래 도형(복제하기 전 원래 도형)을 클릭합니다. 두 도형 사이에 블렌드 색상이 나타납니다.

43_ '직접 선택 툴'로 복제한 도형을 원래 도형 위에 포개줍니다.

44_ 하이힐의 앞 부분에도 하이라이트가 만들어졌습니다.

45_ 마지막으로 하이라이트를 하나 더 만들겠습니다. '직접 선택 툴'로 분홍색 면을 클릭해 선택합니다.

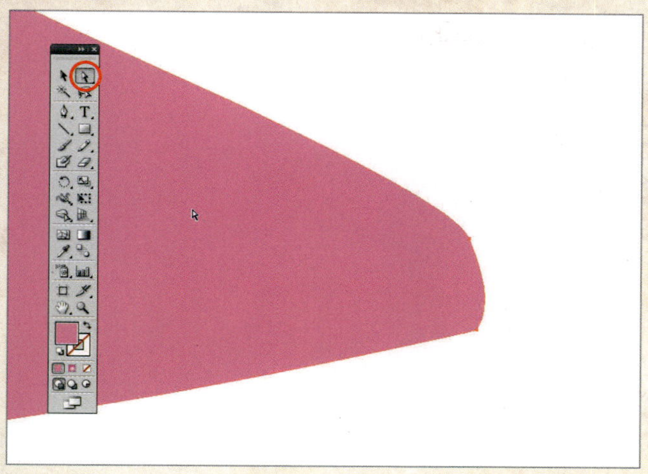

46_ '펜 툴'로 하이힐의 코 부분에 반사광 도형을 그려줍니다.

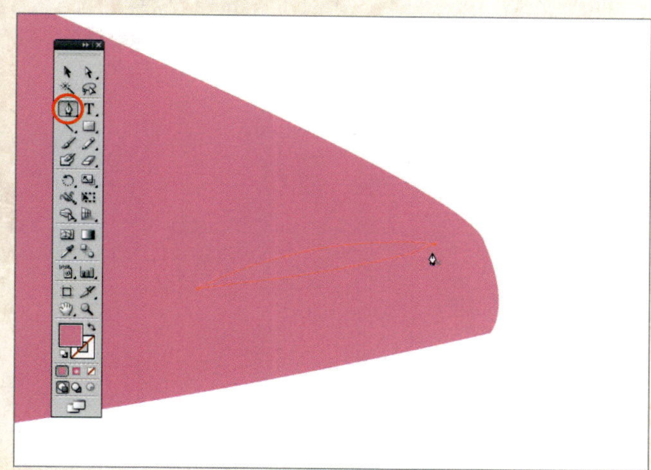

47_ '직접 선택 툴'로 Alt + 드래그하여 방금 그린 도형을 복제합니다. '자유변형 툴'로 크기를 적절하게 줄여줍니다.

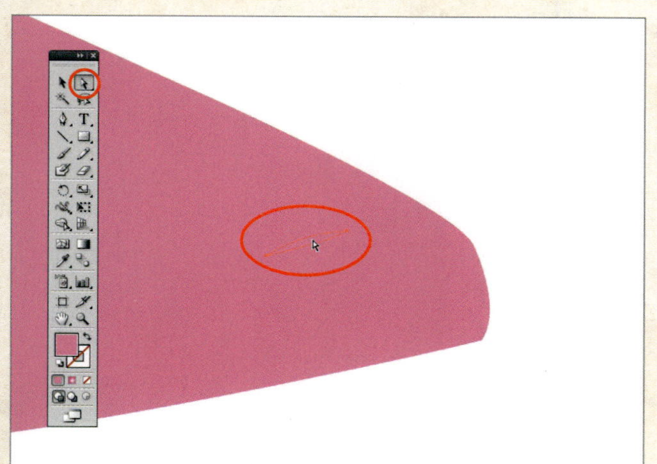

48_ 복제한 도형의 Fill 컬러를 '흰색'으로 교체합니다.

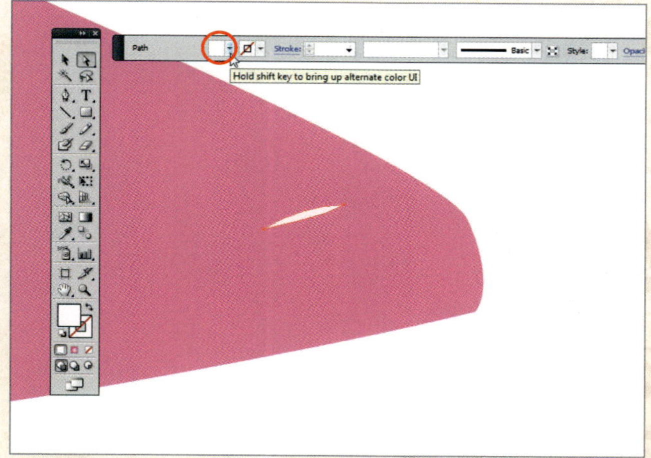

49_ '블렌드 툴'로 복제한 도형을 클릭합니다.

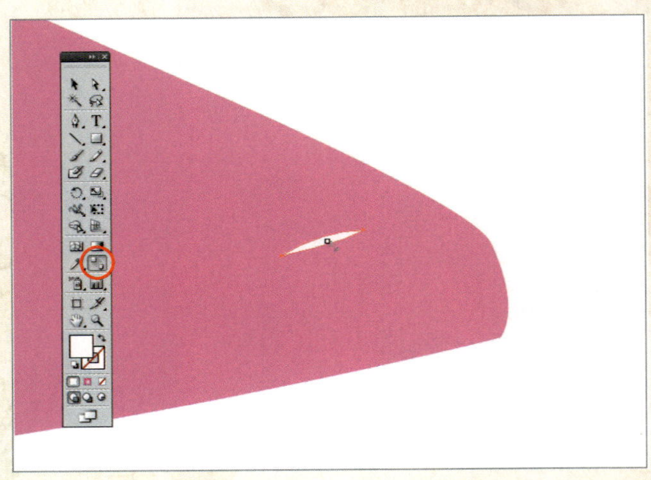

50_ '블렌드 툴'로 원래 도형을 클릭합니다. 두 도형 사이에 블렌드 색상이 나타납니다.

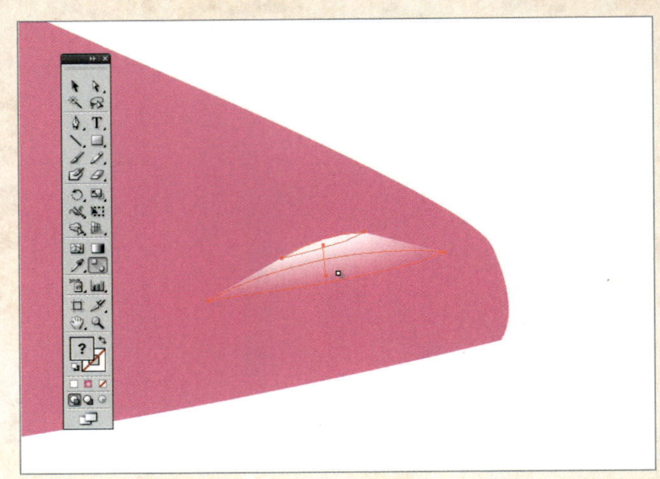

51_ '직접 선택 툴'로 복제한 도형을 원래 도형 위에 포개줍니다.

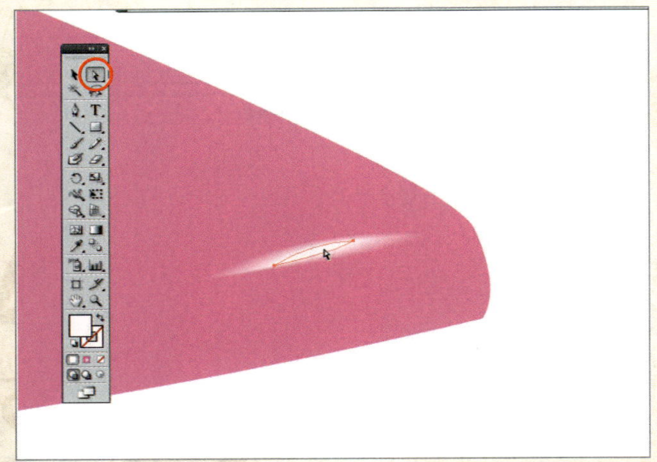

52_ 하이힐의 코에도 하이라이트가 만들어졌습니다.

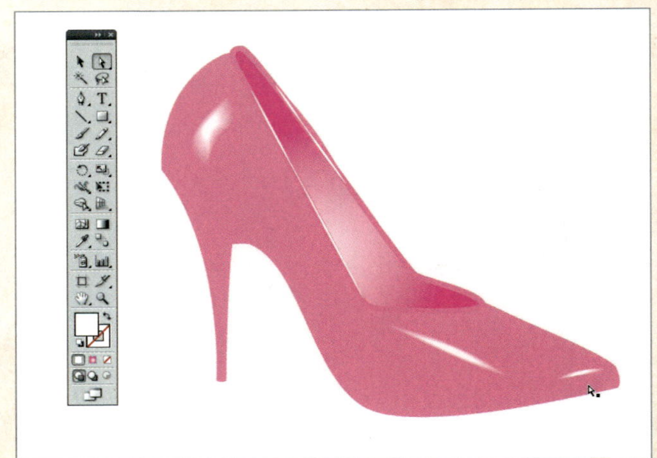

53_ 하이힐의 밑창을 그리겠습니다. '펜 툴'로 하이힐의 밑 부분과 비슷한 모양의 도형을 그려준 뒤 Fill 컬러는 '검정색', Stroke 컬러는 '무색'으로 설정합니다.

54_ 마우스 오른쪽 버튼으로 클릭한 뒤 Arrange -> Send to Back 메뉴를 적용해 방금 그린 도형을 제일 아래로 내보냅니다.

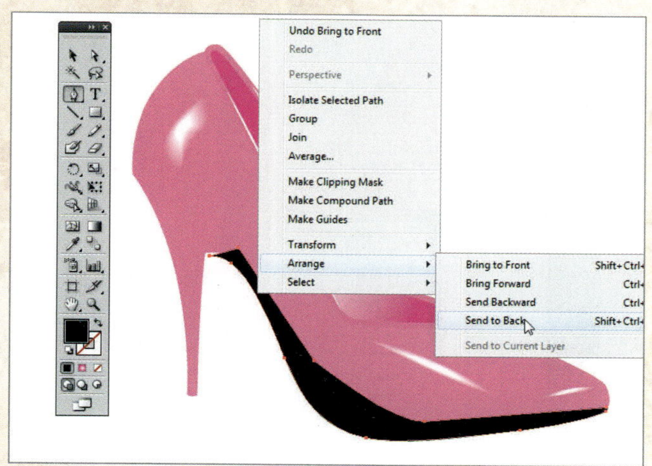

55_ 하이힐의 밑창이 만들어졌습니다. 이때 밑창 부분이 너무 넓거나 좁을 경우 '직접 선택 툴'로 밑창 오브젝트의 포인트를 드래그하여 밑창 부분의 높이가 일정한 두께가 되도록 수정해야 합니다.

56_ '펜 툴'로 하이힐의 뒷굽 밑창을 그려줍니다.

57_ 마우스 오른쪽 버튼으로 클릭한 뒤 Arrange -〉 Send to Back 메뉴를 적용해 방금 그린 도형을 제일 아래로 내보 냅니다.

58_ '직접 선택 툴'로 모양을 다듬어줍니다. 포인트를 이동 시키는 방법으로 뒷굽 모양을 다듬을 수 있습니다.

59_ 밑창 부분에도 하이라이트를 그려보겠습니다. '펜 툴' 로 밑창 경계면에 라인을 짧게 그려준 뒤, Fill 컬러는 '무색', Stroke 컬러는 '흰색', Stroke 두께는 2pt, 선 프로필은 '울 퉁불퉁한 프로필'로 변경해 줍니다.

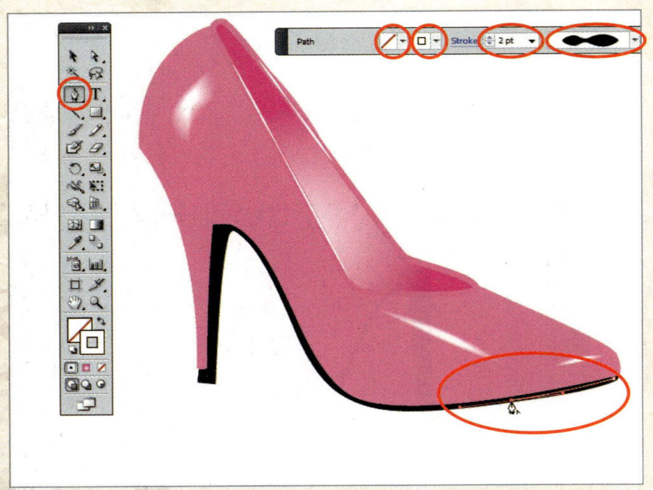

60_ 하이힐이 완성되었습니다. Ctrl + A 를 눌러 전체를 선택한 뒤 Ctrl + G 를 눌러 그룹으로 묶어줍니다. Ctrl + Alt + 드래그하여 그룹을 복제하면 하이힐이 2개가 됩니다.

밑그림 보면서 드로잉하면 실력이 팍팍
템플릿 드로잉 익히기

드로잉 작업은 '펜 툴'과 '방향선'에 의해 좌지우지된다고 해도 과언이 아니지만 펜 툴을 처음 공부하는 사람들은 펜 툴과 방향선을 제어하는 것이 여간 어려운 일이 아닙니다. 이를 극복하려면 밑그림을 보면서 드로잉하는 연습이 필요합니다.

일러스트레이터에서는 '템플릿 레이어'란 기능을 제공해 사용자가 밑그림을 보면서 드로잉할 수 있도록 도움을 줍니다. 템플릿 레이어로 삽입한 밑그림을 보면서 드로잉하기 때문에 펜 툴과 방향선의 사용법을 단기간에 익힐 수 있을 뿐 아니라 드로잉 실력을 높일 수 있는 가장 빠른 방법 중 하나입니다.

템플릿 레이어로 전환한 이미지

밑그림을 보며 그대로 그리기

채색을 완료한 이미지

템플릿 드로잉을 하는 방법은 의외로 간단합니다. 디지털 카메라로 찍은 사진을 File -> Place 메뉴로 불러온 후 레이어 팔레트에서 해당 레이어를 더블클릭한 뒤 'Template' 옵션을 체크하면 해당 레이어는 바탕 그림으로 전환되어 흐려집니다. 이때부터 펜 툴로 바탕그림의 외곽선을 따라 그대로 드로잉하면 됩니다.

템플릿 드로잉으로 실력 팍팍!
밑그림 보면서 드로잉하기

01_ File -〉 New 메뉴로 새 종이를 불러옵니다.

02_ File -〉 Place 메뉴로 예제 '무당벌레.jpg'를 불러옵니다.

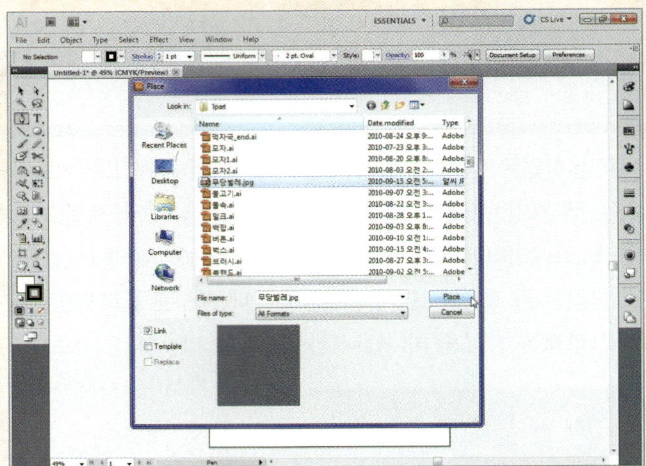

03_ 불러온 예제 이미지가 아트보드보다 클 경우에는 적당히 크기를 줄여줍니다.

04_ 단축키 F7 을 눌러 레이어 팔레트를 불러옵니다.

무당벌레 사진을 밑그림으로 사용하면서 템플릿 드로잉을 해보겠습니다. 일러스트레이터에서 드로잉 실력을 높이고 싶다면 이처럼 밑그림을 보면서 드로잉하는 연습을 해야 합니다. 노력하다보면 나중에는 밑그림 없이 자유자재로 드로잉이 될 것입니다.

05_ 레이어 팔레트의 Layer 1 이름 부분을 더블클릭합니다.

06_ 대화상자에서 Template 옵션에 체크한 뒤 OK 버튼을 클릭해 적용합니다. 이렇게 하면 불러온 이미지가 바탕 이미지로 전환되고 드로잉을 할 수 있는 상태가 됩니다.

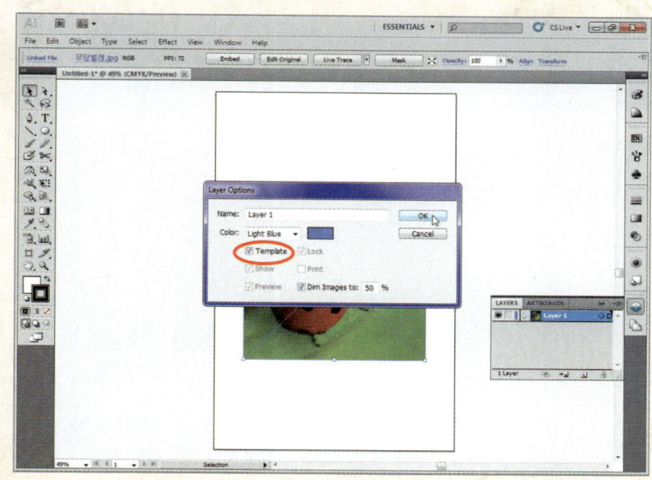

07_ 템플릿 레이어로 전환된 모습입니다. 템플릿 레이어는 Lock이 걸려있으므로 드로잉이 되지 않습니다.

08_ 레이어 팔레트에서 Create 버튼을 클릭해 새 레이어인 'Layer 2'를 생성시킵니다.

09_ 툴박스에서 '펜 툴'을 선택한 뒤 무당벌레의 빨간색 몸통 테두리를 따라 클릭하면서 그대로 따라 그려줍니다.

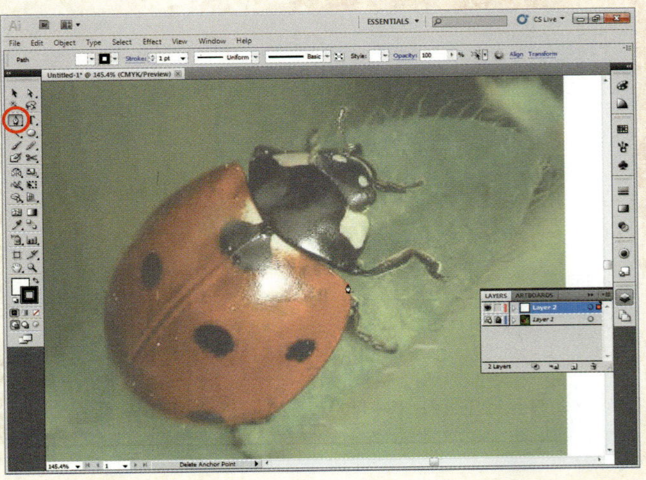

10_ 이때 꺾이는 부분에서는 방향선을 Alt + 드래그하여 꺾이는 방향으로 방향선을 회전시켜야 곡선이 아름답게 그려집니다.

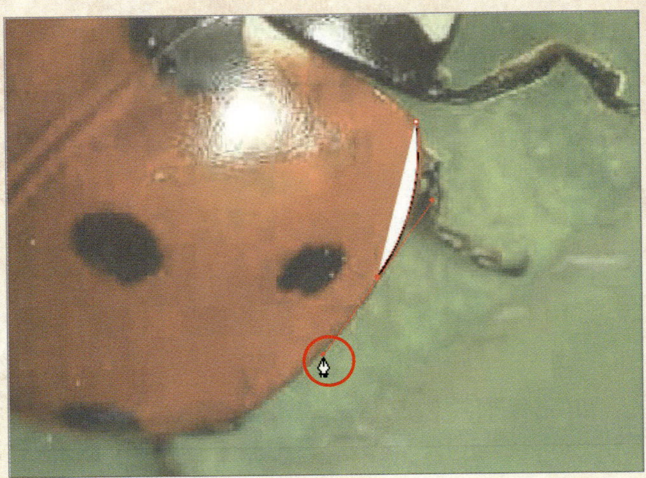

11_ 만일 Fill 컬러에 색상이 설정되어 있다면 Fill 컬러를 '무색'으로 전환하고 Stroke 컬러는 '검정색'으로 지정해 작업하는 것이 좋습니다. 무당벌레의 빨간색 몸통 테두리를 따라 한 바퀴 돌아가면서 테두리를 그린 모습입니다.

12_ '원 툴'로 무당벌레의 몸통에 있는 점박이 무늬를 그려줍니다. 이때 Fill 컬러는 '검정색', Stroke 컬러는 '무색'으로 지정합니다.

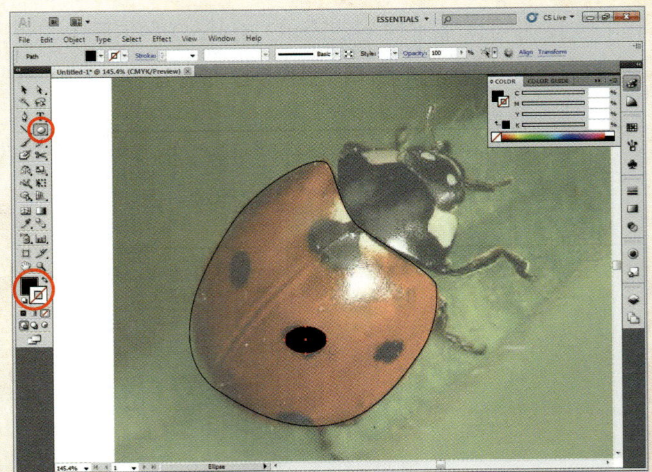

13_ 점박이 무늬를 그린 뒤에는 '자유변형 툴'로 적당히 회전시켜 줍니다.

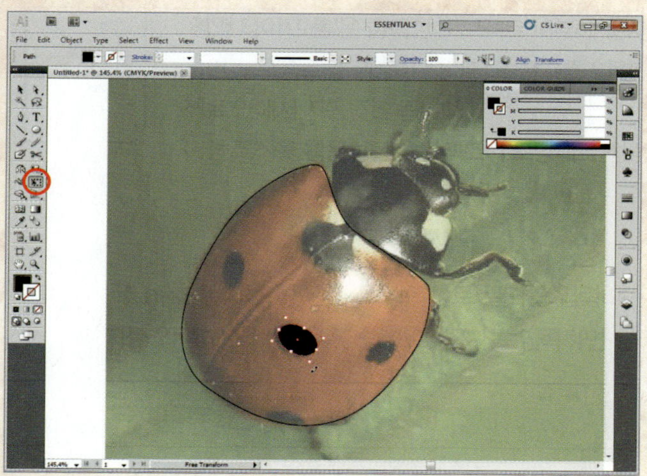

14_ 계속 '원 툴'로 점박이 무늬를 그린 뒤 적절히 회전시켜 줍니다.

15_ 몸통에 있는 점박이 무늬와 같은 위치에 '원 툴'로 점박이 무늬를 그려줍니다.

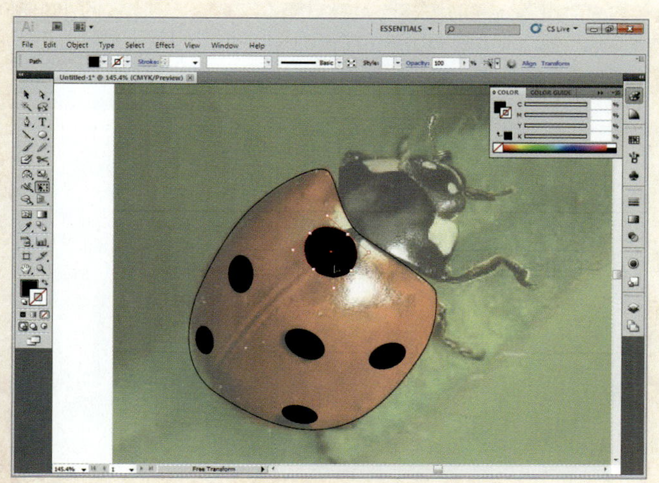

16_ '펜 툴'로 가운데 몸통의 검정색 테두리를 따라 그대로 그려줍니다. Fill 컬러는 '무색', Stroke 컬러는 '검정색'으로 지정합니다.

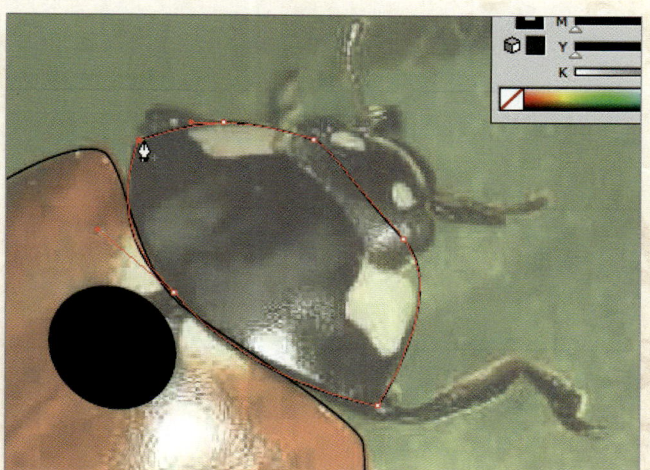

17_ '펜 툴'로 머리 부분의 테두리를 따라 그대로 그려줍니다.

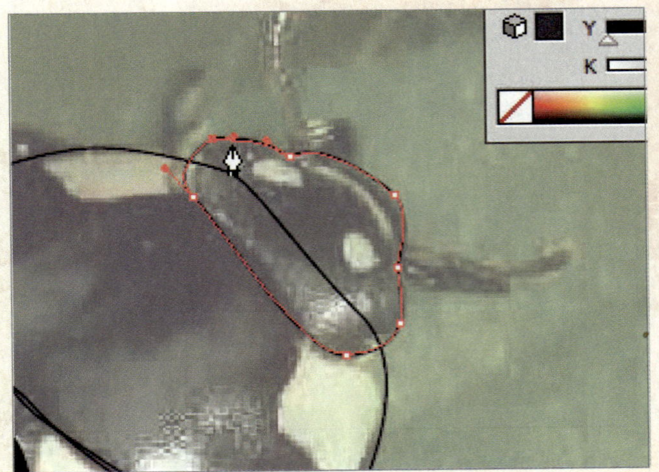

18_ '원 툴'로 흰색 점박이를 그려줍니다. Fill 컬러는 '흰색', Stroke 컬러는 '무색'을 사용합니다.

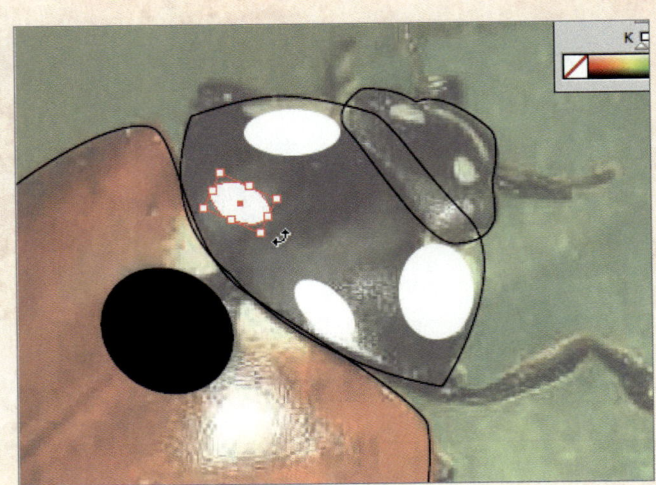

19_ '원 툴'로 머리 부분에 있는 양쪽 눈을 그려줍니다.

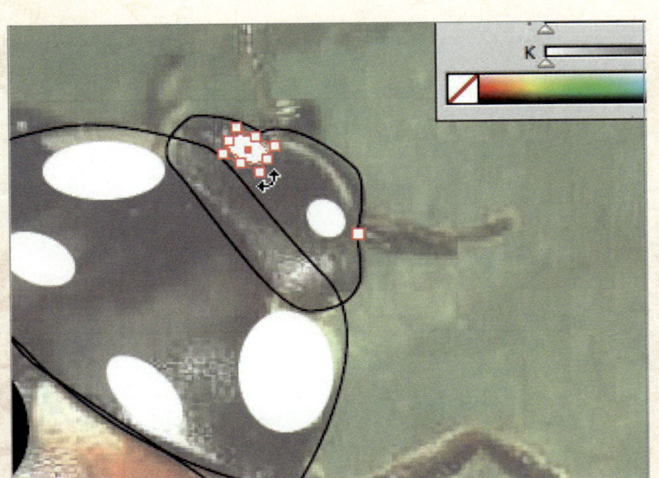

20_ '펜 툴'로 입 부분을 그려줍니다. Fill 컬러는 '무색', Stroke 컬러는 '흰색'으로 지정합니다.

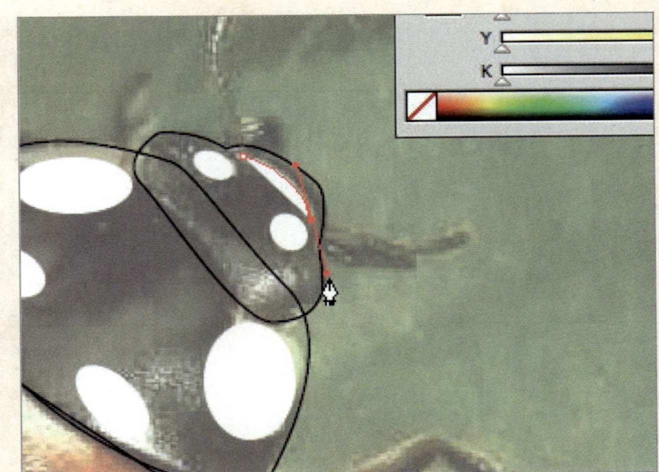

21_ 스트로크 팔레트에서 선 두께를 2pt로 설정합니다.

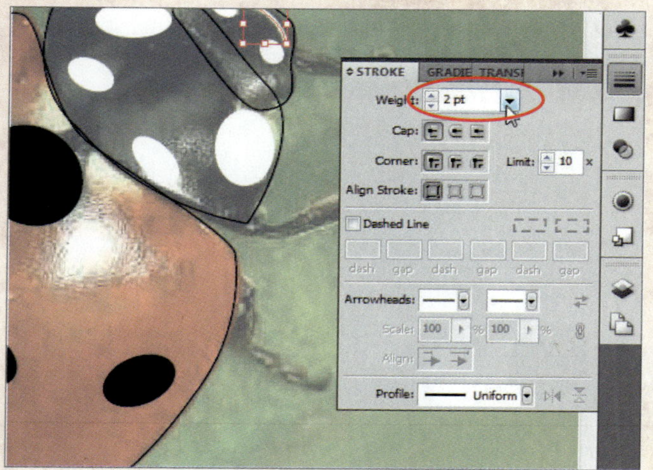

22_ '펜 툴'로 앞다리의 테두리를 따라 그대로 그려줍니다. Fill 컬러는 '무색', Stroke 컬러는 '검정색'으로 지정합니다.

23_ 나머지 다리들도 테두리를 따라 그대로 그려줍니다.

24_ 지금부터 채색 작업을 하겠습니다. '선택 툴'로 몸통에 있는 패스 선을 클릭해 선택합니다.

25_ '스포이드 툴'로 바탕그림으로 있는 무당벌레의 몸통을 클릭하면 색상을 가져올 수 있습니다. 막상 색상을 가져와서 확인해보니 '빨간색'이 아니라 '어두운 주황색'입니다.

26_ 바탕그림에서 색상을 가져오지 않고 스와치 팔레트에서 색상을 지정하겠습니다. 스와치 팔레트에서 원 그라디언트 색상을 클릭해 적용합니다.

27_ 그라디언트 팔레트에서 오른쪽 자물쇠를 더블클릭해 스와치 팔레트를 불러온 뒤 빨간색을 선택합니다.

28_ 그라디언트 팔레트에서 왼쪽 자물쇠를 그림처럼 조금 왼쪽으로 이동시킵니다.

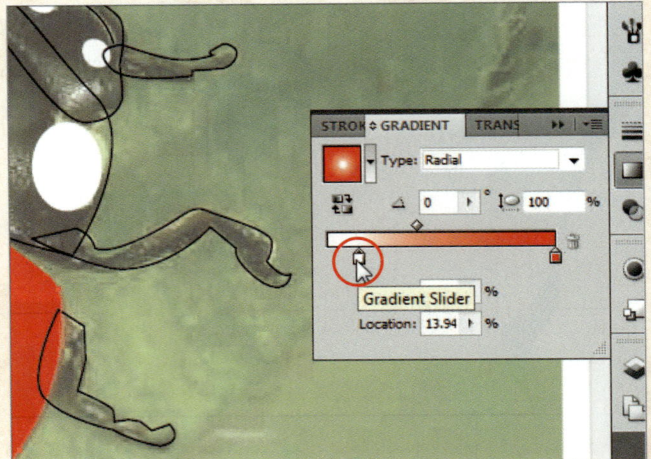

29_ '그라디언트 툴'로 그라데이션 중심점을 그림처럼 위로
이동시킵니다.

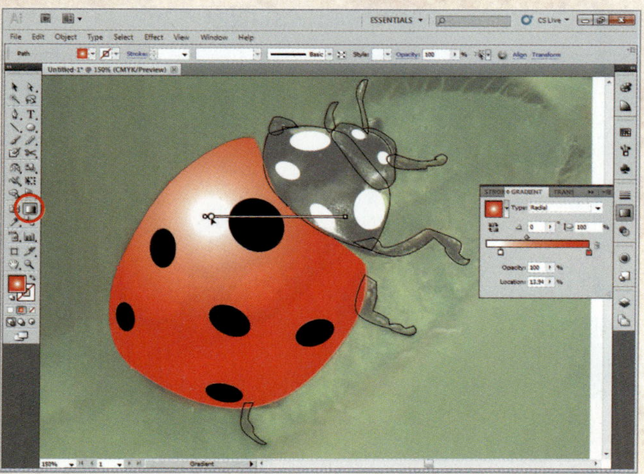

30_ '선택 툴'로 가운데 몸통의 패스 선을 클릭해 선택합니
다.

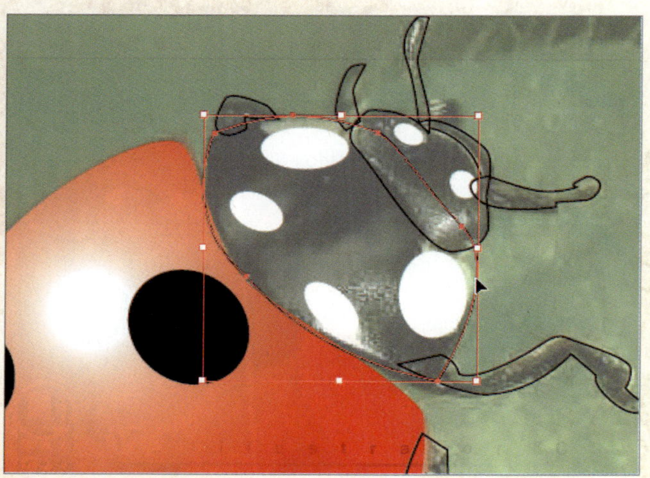

31_ '스포이드 툴'로 아래 몸통을 클릭해 가운데 몸통 색상
으로 가져옵니다.

32_ 그라디언트 팔레트에서 오른쪽 자물쇠를 더블클릭한
뒤 오른쪽 자물쇠의 색상을 '검정색'으로 교체합니다.

33_ '그라디언트 툴'로 그라데이션 중심점을 그림처럼 옮겨 줍니다.

34_ '선택 툴'로 머리 테두리에 만든 패스를 클릭해 선택합니다.

35_ '스포이드 툴'로 가운데 몸통을 클릭해 색상을 가져옵니다.

36_ '그라디언트 툴'로 그라데이션 중심점을 그림처럼 옮겨 줍니다.

37_ '선택 툴'로 (Shift) + 클릭하여 다리 6개를 모두 선택합니다.

38_ Fill 컬러를 '짙은 회색'으로 교체합니다.

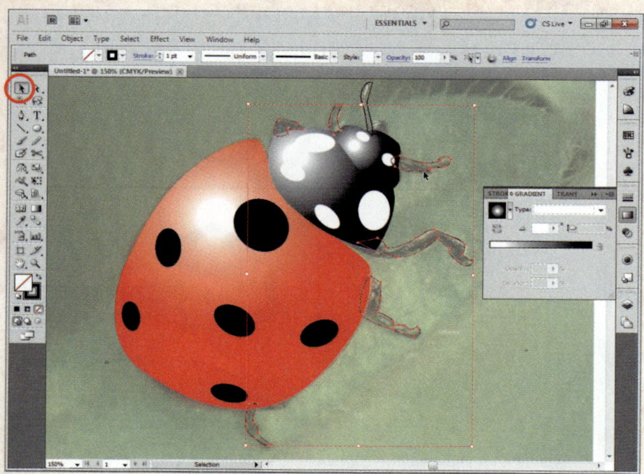

39_ 마우스 오른쪽 버튼으로 클릭한 뒤 Arrange -〉 Send to Back 메뉴를 적용해 다리 6개를 제일 밑으로 내려줍니다.

40_ 테두리를 일일이 확인하며 어색한 부분이 있나 확인한 뒤 지저분한 부분은 '스무스 툴'로 문질러 다듬어줍니다. 테두리가 어색한 오브젝트를 선택한 뒤 테두리를 '스무스 툴'로 문지르면 됩니다.

41_ 무당벌레의 수염을 클릭해 선택한 뒤 색상을 '그라디언트 색'으로 교체합니다.

42_ 레이어 팔레트에서 Layer 1의 '눈 아이콘'을 클릭해 꺼줍니다.

43_ 자세히 보면 무당벌레의 수염이 왼쪽에 하나밖에 없습니다. 왼쪽 수염을 복사해 오른쪽에 사용하겠습니다. 먼저 왼쪽 수염을 클릭해 선택합니다.

44_ '반사 툴'로 선택한 부분을 Alt + 드래그합니다.

45_ 대화상자가 나타나면 Copy 버튼을 클릭해 복사합니다.

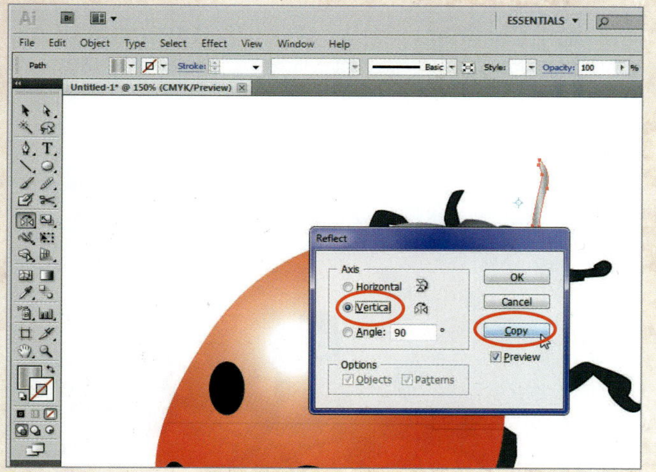

46_ '선택 툴'로 복사한 수염을 그림처럼 배치합니다.

47_ Shift + 클릭으로 수염 2개를 모두 선택한 뒤 마우스 오른쪽 버튼을 클릭해 Arrange -> Send to Back 메뉴를 적용합니다.

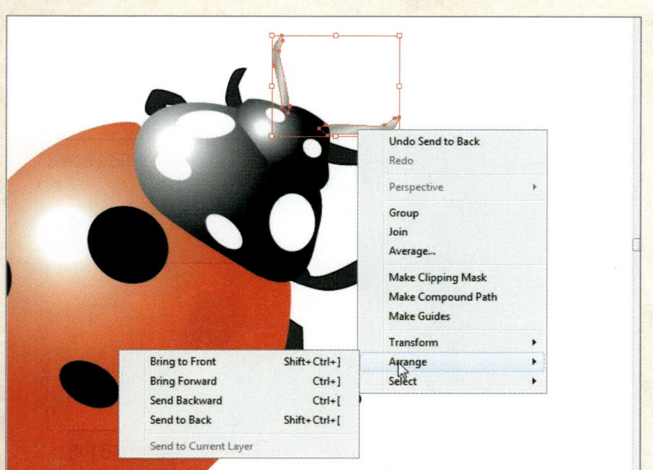

48_ 레이어 팔레트에서 Layer 1을 클릭해 선택합니다.

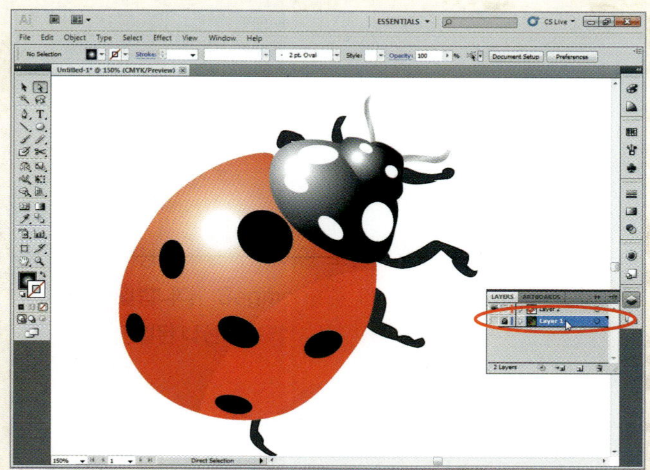

49_ 레이어 팔레트의 Create 버튼을 클릭해 Layer 3을 생성시킵니다.

50_ '사각 툴'로 배경으로 사용할 사각형을 크게 그려줍니다. 그런 뒤 Fill 색상을 패턴으로 채워줍니다.

이번 예제를 보면 알 수 있듯, 템플릿 드로잉은 사진 이미지를 바탕으로 하여 드로잉할 때 유용합니다.

누구나 할 수 있는 얼굴 드로잉
캐릭터 드로잉

일러스트레이터 지망생들이 꿈꾸는 것은 대부분 캐릭터 디자인입니다.

캐릭터 디자인은 무엇보다 창의력이 필요하지만, 얼굴이나 몸통을 어떤 방식으로 그려야할지 공부하는 것도 중요합니다.

다른 이들이 생각지 못하는 캐릭터를 창조하는 것도 중요하지만 우선시되는 것은 기초 드로잉 방법이기 때문입니다.

캐릭터 디자인 중에서 만화체의 얼굴은 비교적 드로잉이 용이합니다.

'펜 툴'로 얼굴 형태를 그린 뒤 '도형 툴'을 보조도구로 사용해 조립하듯 드로잉합니다.

보통 '펜 툴'은 얼굴 윤곽과 머리카락을 드로잉할 때 사용하고 눈동자는 '원 툴'로 드로잉합니다.

이런 식으로 캐릭터의 특징을 살리며 습작을 하다보면 품질 높은 캐릭터를 만들 수 있을 것입니다.

만화체 캐릭터는 초보자들도 손쉽게 그릴 수 있지만 가급적 얼굴 비율을 유지하면서 드로잉하는 것이 좋습니다.

얼굴 바탕 그리기

눈, 코, 입 그리기

두상 그리기

의상 그리기

간단한 캐릭터는 몇 개의 조각그림으로 그릴 수 있지만 정교한 얼굴은 수십 개의 오브젝트로 그려야 합니다. 그러므로 정교한 형태의 얼굴을 그릴 때는 레이어를 잘 활용하는 것이 좋습니다. 각각의 레이어마다 얼굴을 구성하는 오브젝트를 그린 뒤 하나의 얼굴을 만들면 되는데, 얼굴선이 부드럽게 살아남으려면 펜 툴로 드로잉하는 것이 좋습니다. 만일 펜 툴로 미끈한 곡선을 뽑을 자신이 없다면 '스무스 툴' 등으로 곡선 상태를 수정하는 것이 좋습니다.

레이어 1

목덜미 뒤로 보이는 안쪽 두발(머리카락)을 드로잉합니다. 얼굴 뒤로 보일 머리카락이 얼굴 앞으로 나오면 곤란하므로 제일 아래 레이어에 그리는 것입니다.

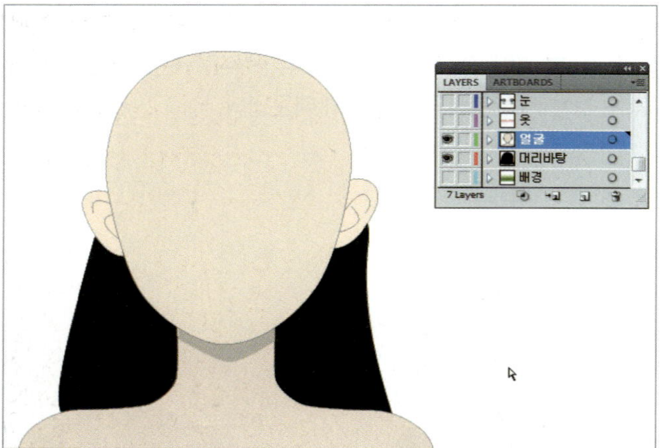

레이어 2

얼굴 바탕을 그리거나 얼굴의 구성 요소인 목, 귀, 목걸이, 눈, 코, 입 등을 드로잉합니다.

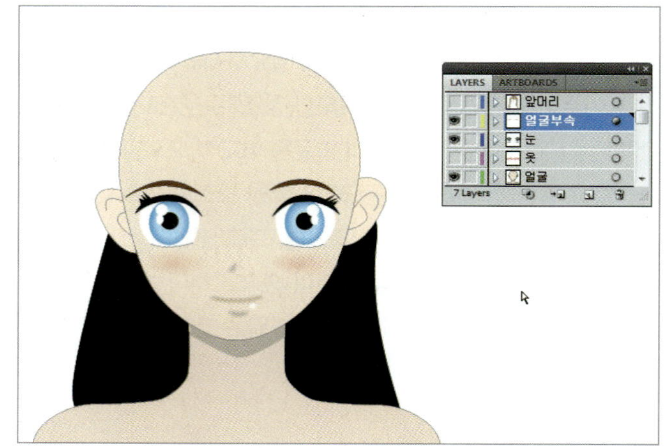

레이어 3

앞머리를 그리거나 얼굴의 구성 요소를 그릴 수 있습니다.

레이어 4

옷과 같은 의상을 그릴 수 있습니다. 때때로 앞 머리카락이 옷보다 위에 있을 경우 앞 머리카락 아래쪽 레이어에 의상을 그려줍니다.

드로잉을 하다보면 만화체에서 벗어나 실사체를 드로잉하고 싶은 의욕을 가지게 됩니다. 사람 얼굴을 실사체로 드로잉할 수 있다는 것은 곧 일러스트레이터의 고급 사용자 수준으로 성장했다는 것을 의미합니다. 실사체의 포인트는 반사되는 부분인 하이라이트와 그림자 부분인 음영 부분의 표현입니다. 소묘에 자신 있는 사람이라면 미리 도화지에 손그림으로 얼굴을 그린 뒤 이것을 밑바탕으로 하여 일러스트레이터에서 윤곽선을 딴 뒤 색상을 채색할 수도 있습니다.

예제 '실사체.ai'를 불러오면 실사체로 그린 인물을 확인할 수 있습니다. 얼굴 등에서 볼 수 있는 하이라이트/쉐도우 음영은 '블렌드 툴'로 표현하였습니다. 실사체에서 볼 수 있는 하이라이트와 쉐도우 같은 음영 부분은 보통 '메시 툴'이나 '블렌드 툴'로 표현할 수 있는 데 실력이 향상될수록 '블렌드 툴'을 많이 사용합니다.

펜 툴로 그린 윤곽선 이미지

얼굴 음영을 블렌드 툴로 표현한 모습

눈, 코, 입, 머리카락을 드로잉하는 모습

완성 이미지

캐릭터의 얼굴을 드로잉할 때 키 포인트는 광대뼈와 턱선입니다. 광대뼈를 잘 표현했을 경우엔, 앞 머리카락(두발)에 의해 가려지는 일이 발생하지 않도록 하는 것이 좋습니다.

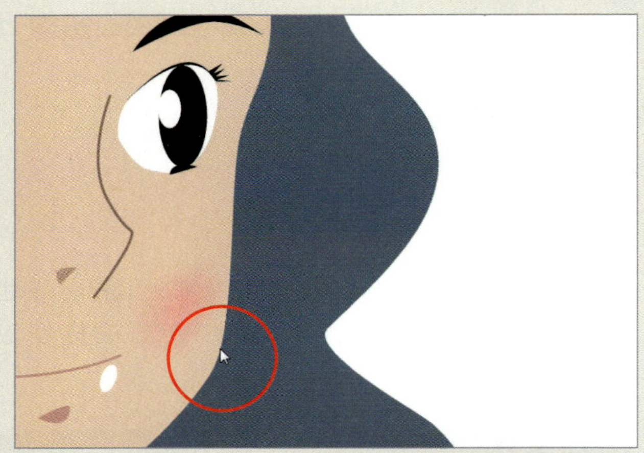

1. 귀여움을 강조하는 광대뼈선

펜 툴로 드로잉할 때 광대뼈 선을 잘 살려서 그려줍니다. 캐릭터의 귀여움이 부각됩니다.

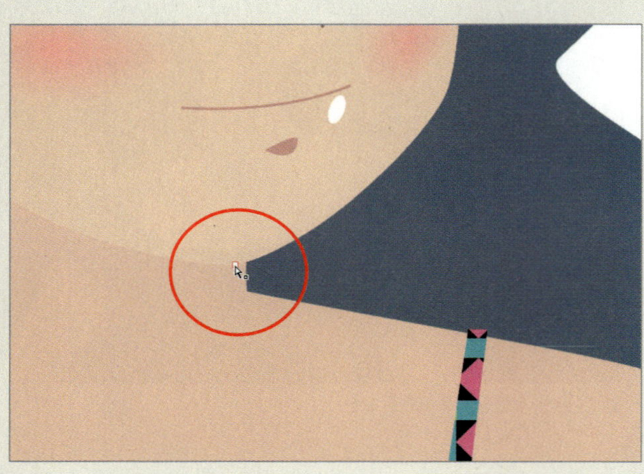

2. 고급스럽게 보이는 턱선

턱선 역시 잘 살려서 드로잉하는 것이 좋습니다. 캐릭터가 조잡하지 않고 고급스럽게 보입니다.

캐릭터를 잘 그리려면 무엇보다 얼굴 윤곽을 잘 그리는 것이 중요합니다. 얼굴 윤곽은 광대뼈 선과 턱선이 주요 포인트가 됩니다. 실사체 캐릭터의 경우 치아나 코가 포인트가 된다면 포인트를 잘 살리는 것도 중요합니다.

소묘에 자신 있는 분들은 얼굴 드로잉을 하기 전에 먼저 그리고 싶은 얼굴 윤곽을 A4 종이에 스케치한 뒤 사진으로 찍어 템플릿 레이어로 전환한 뒤 밑그림을 보면서 따라 그려도 됩니다. 소묘에 자신 없는 사람이라면 타인이 그린 캐릭터 얼굴을 템플릿 레이어로 전환해 밑그림으로 만든 뒤 그대로 따라 그리는 연습을 해야 합니다.

캐릭터를 그리는 방법을 배우기 전 먼저 얼굴 윤곽을 그리는 방법을 알아봅니다.

01_ 먼저 앞 이마 부분을 드로잉하겠습니다. 이마가 약간 왼쪽을 향한 모습입니다.

이마 부분에서 포인트 1을 찍은 뒤 그 밑(오른쪽 귀에 해당하는 부분)에 포인트 2를 찍고 방향선을 광대뼈를 그릴 부분으로 약간 짧게 드래그합니다. 이때 방향선의 길이는 광대뼈 직전까지 드래그하는 것이 좋습니다. 3번 포인트를 찍은 뒤 방향선을 회전시켜 곡선을 광대뼈 형태로 돌출시켜줍니다.

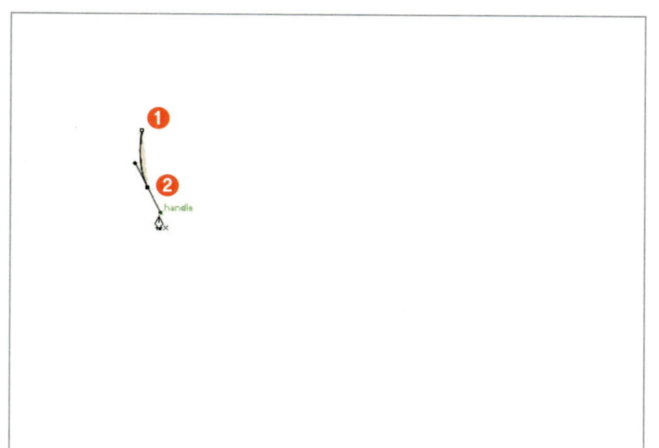

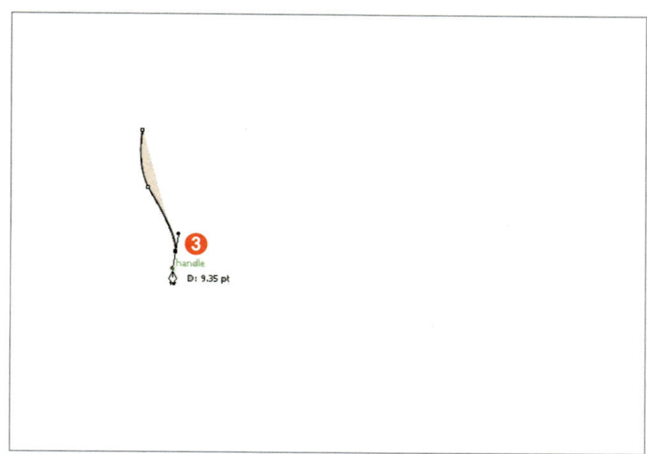

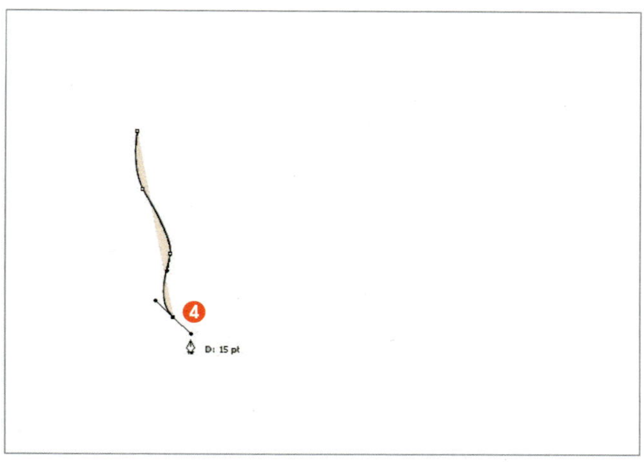

02_ 4번 포인트를 찍은 뒤 방향선을 드래그하여 광대뼈 모양을 만들어 줍니다. 이때 방향선의 각도는 턱이 있는 밑 부분으로 향하는 것이 좋습니다.

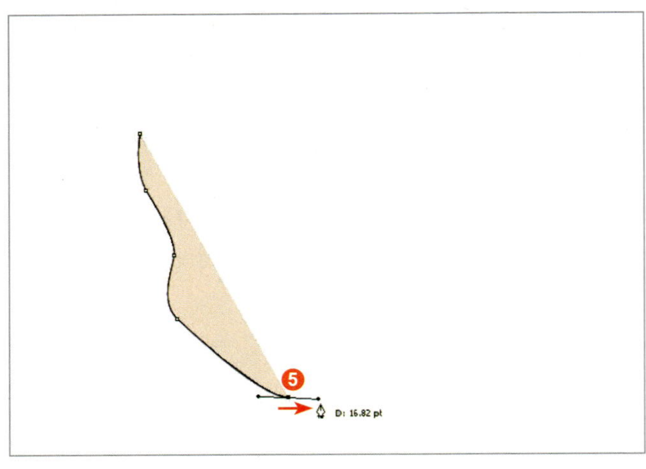

03_ 턱 부분이라고 생각되는 부분에다가 5번 포인트를 찍은 후 방향선을 수평으로(곡선이 진행될 방향으로) 짧게 드래그 합니다.

04_ 왼쪽 귀라고 생각되는 부분에다가 6번 포인트를 찍은 후 방향선을 45 각도로 드래그한 후 턱의 곡선 모양을 만들어줍니다.
방금 생성시킨 방향선을 Alt + 드래그하여 귀 부분으로 회전시킨 뒤, 방향선의 길이를 귀보다 짧은 상태로 줄여줍니다.

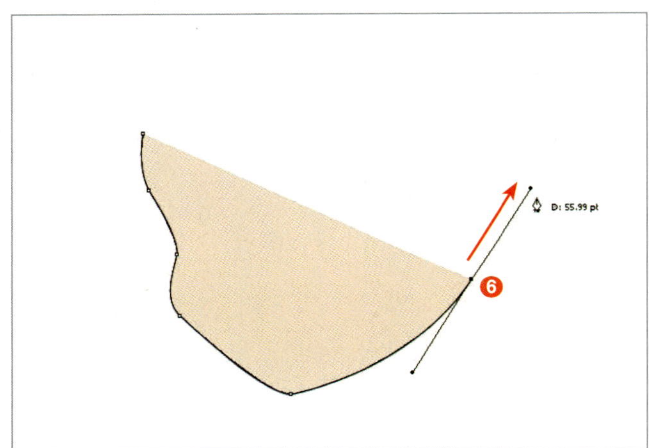

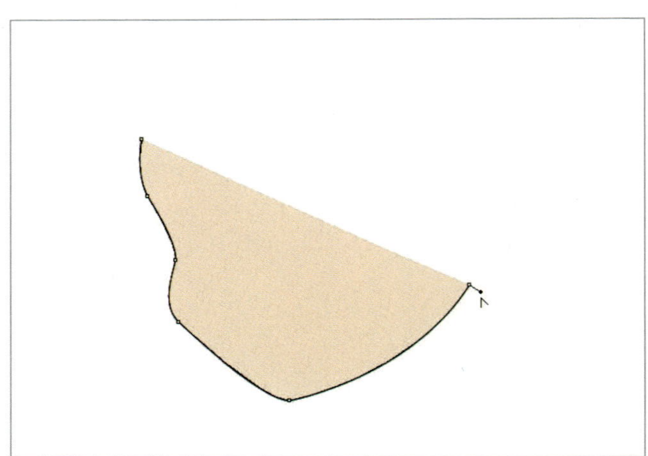

05_ 귀에 해당하는 7번 포인트를 찍은 뒤 방향선을 위로 약간 길게 드래그하여 귀 모양을 만들어줍니다.
방금 생성시킨 방향선을 Alt + 드래그하여 이마 부분으로 회전시킨 뒤 길이를 약간 줄여줍니다.

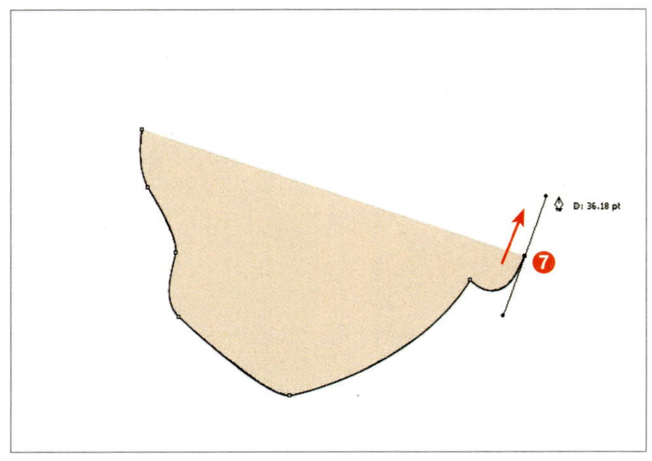

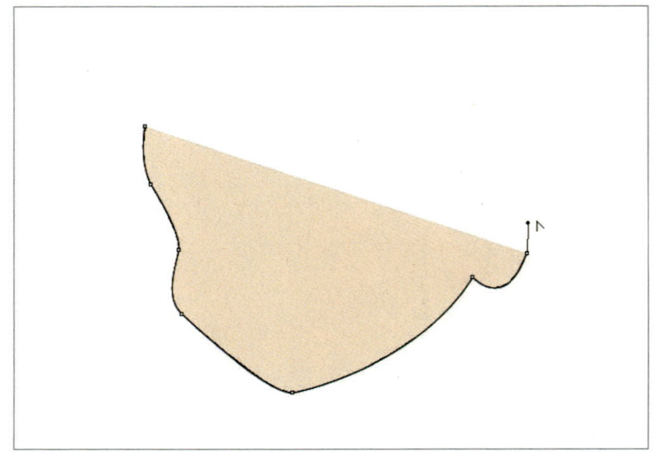

06_ 귀 상단부에 해당하는 위치에 8번 포인트를 찍은 뒤 방향선을 조절해 귀 모양을 만들어줍니다. 방금 생성시킨 방향선을
[Alt] + 드래그하여 이마 부분으로 회전시킨 뒤 길이를 약간 늘려줍니다.

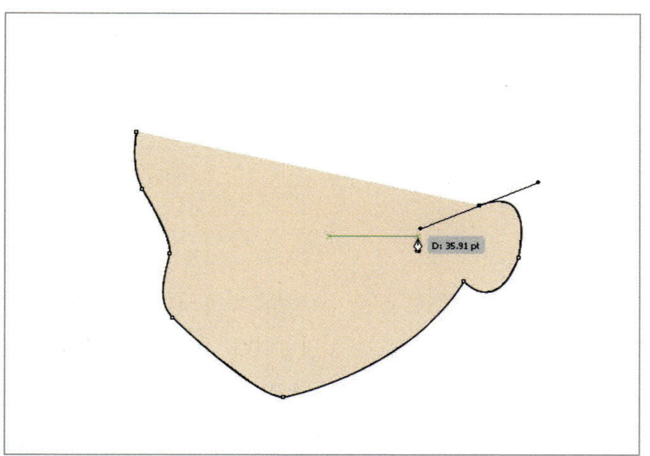
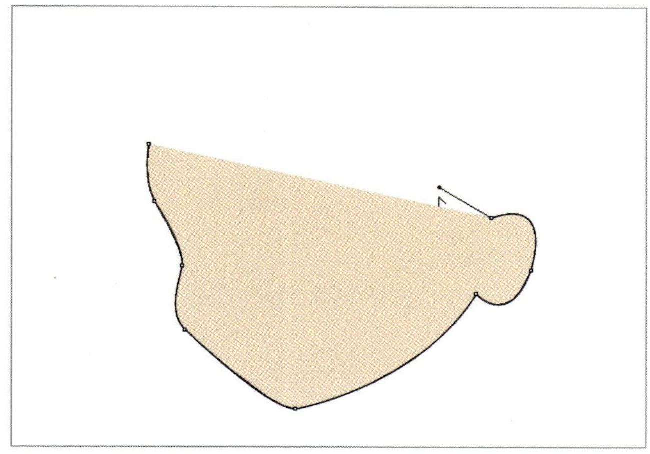

07_ 이마 부분 9번 포인트를 찍은 뒤 방향선을 왼쪽 수평으로 길게 드래그합니다. 원래 시작점인 1번 포인트를 클릭해 패스를
닫아줍니다. 얼굴 윤곽이 완성되었습니다.

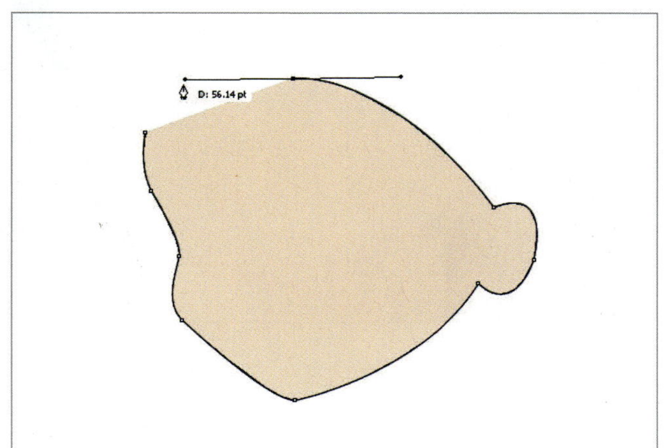
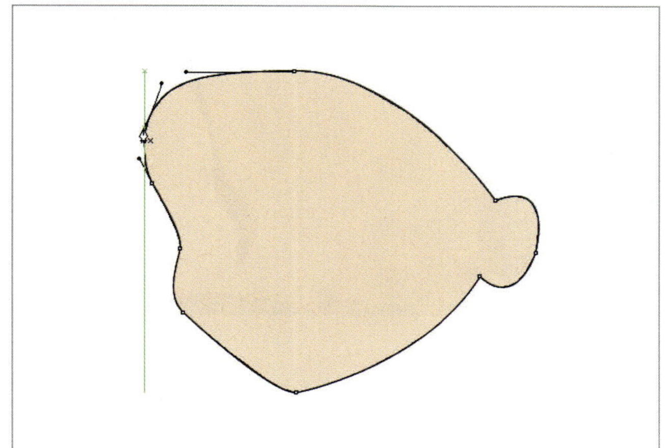

08_ 화면의 빈 곳을 [Ctrl] + 클릭하거나 [Ctrl] + [Shift] + [D]를 눌러 선택을 해제합니다. 이제 머리카락이나 눈, 코, 입 등을 드
로잉합니다. 사람 얼굴이 완성됩니다.

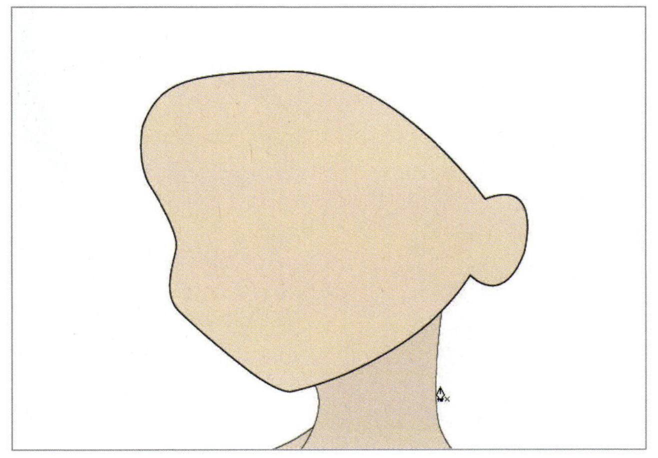

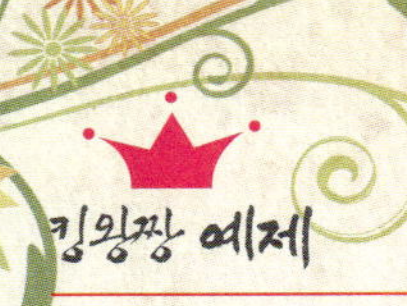

캐릭터의 눈 드로잉하기

01_ 예제 '눈.ai'를 불러옵니다. 눈이 없는 얼굴만 있는 이미지입니다.

02_ 툴박스에서 '펜 툴'을 선택한 뒤 Fill 컬러는 흰색, Stroke Color는 무색으로 설정합니다. 예제 그림처럼 포인트 1, 2를 찍고 드래그하여 곡선을 만들어줍니다.

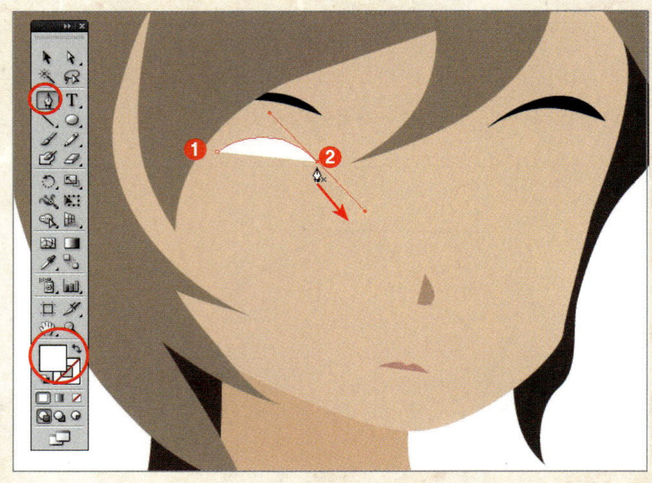

03_ 포인트 3을 찍고 드래그하여 방향선을 그림과 같이 만들어줍니다.

04_ 포인트 4를 찍고, 시작 부분인 포인트 1을 찍어 패스를 닫아줍니다. 눈동자 바탕이 완성되었습니다.

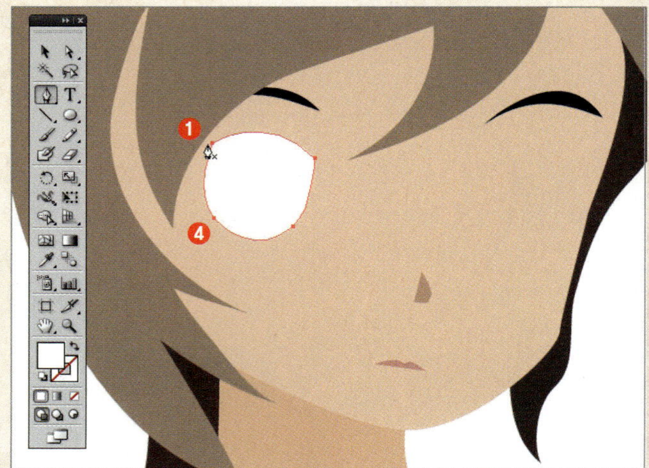

캐릭터의 눈은 '펜 툴'이나 '원 툴'로 제작하고, 색상은 일반 컬러색이나 그라디언트 색상, 메시 색상
을 사용해 채색합니다. 만화 스타일의 눈동자는 그라디언트 툴로 동공을 제작하고 사실적인 눈은
메시 툴로 음영을 표현하는 것이 좋습니다. 일단 눈동자를 제작한 뒤에는 해당 이미지를 복사한 뒤
반대편 눈동자 이미지를 그릴 때 사용합니다.

05_ '원 툴'로 원 도형을 그려줍니다. 그런 후 '선택 툴'로 원
도형을 선택한 뒤 약간 기울어줍니다.

06_ 그라디언트 팔레트에서 Radial 타입을 선택한 뒤 왼쪽
자물쇠를 더블클릭해 '흰색', 오른쪽 자물쇠를 더블클릭해 '어
두운 갈색'으로 지정합니다.

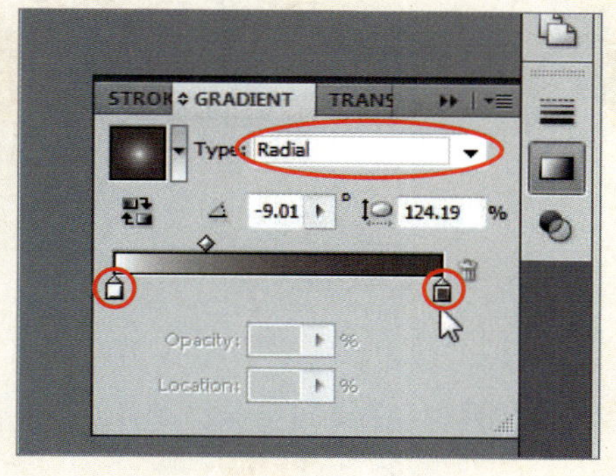

07_ 원 도형에 그림과 같이 그라디언트 색이 적용됩니다.

08_ '그라디언트 툴'을 선택한 뒤 그라디언트 중심점을 약간
위쪽으로 이동시킵니다.

09_ `Ctrl` + `Shift` + `A`를 눌러 선택을 해제합니다. 눈동자가 만들어진 모습입니다.

10_ '펜 툴'을 선택한 뒤 Fill 컬러는 '검정색', Stroke 컬러는 '무색'으로 설정하고 포인트 1, 2를 찍은 뒤 드래그하여 반달 곡선을 만들어줍니다.

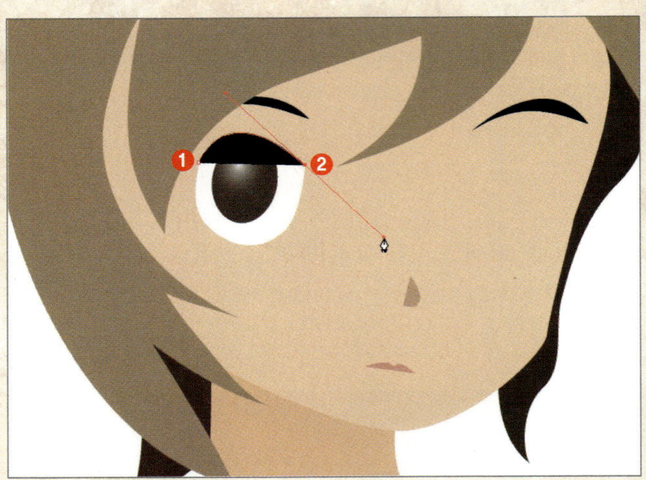

11_ `Alt` +드래그하여 방향선을 10시 방향으로 꺾어줍니다.

12_ 시작 지점인 포인트 1을 찍어 패스를 닫아줍니다.

13_ '펜 툴'로 쌍꺼풀 꼬리를 그려줍니다. 포인트 1, 2, 3, 4, 5, 6, 7을 순서대로 찍으면 됩니다. Fill 컬러는 '검정색', Stroke 컬러는 '무색'을 적용합니다.

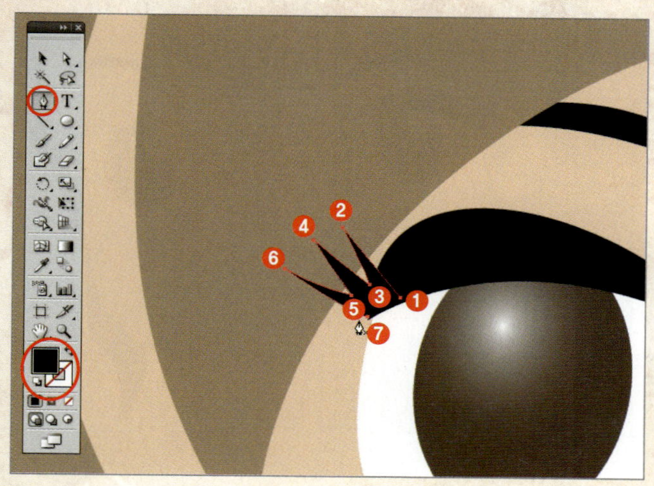

14_ '원 툴'로 눈동자 가운데에 동공 이미지를 그려줍니다.

15_ '원 툴'로 동공 옆에 흰색의 하이라이트를 그려줍니다. Fill 컬러는 '흰색', Stroke 컬러는 '무색'을 적용합니다.

16_ '펜 툴'로 왼쪽 눈 바탕을 그려줍니다.

17_ '직접 선택 툴'로 오른쪽 눈에 있는 '동공'과 '흰색 하이라이트' 2개의 도형을 선택합니다. Shift + 클릭하면 됩니다.

18_ Alt + 드래그하여 두 도형을 복제한 뒤 왼쪽 눈에 배치합니다.

19_ '펜 툴'로 왼쪽 눈에도 쌍꺼풀 영역을 반달 형태로 그려줍니다. Fill 컬러는 '검정색', Stroke 컬러는 '무색'을 적용합니다.

20_ '펜 툴'로 쌍꺼풀 꼬리를 그려줍니다.

21_ 눈동자에 있는 하이라이트 도형 2개를 같이 선택합니다. Ctrl + Shift + 클릭으로 두 도형을 한 번씩 클릭하면 둘 다 선택할 수 있습니다.

22_ 팔레트바에서 Transparency 팔레트를 실행한 뒤 Opacity(투명도)를 70%로 설정합니다. 하이라이트 도형이 70% 반투명 상태로 변합니다.

만일 Transparency 팔레트가 안보일 경우 Window -〉 Transparency 메뉴로 Transparency 팔레트를 불러옵니다.

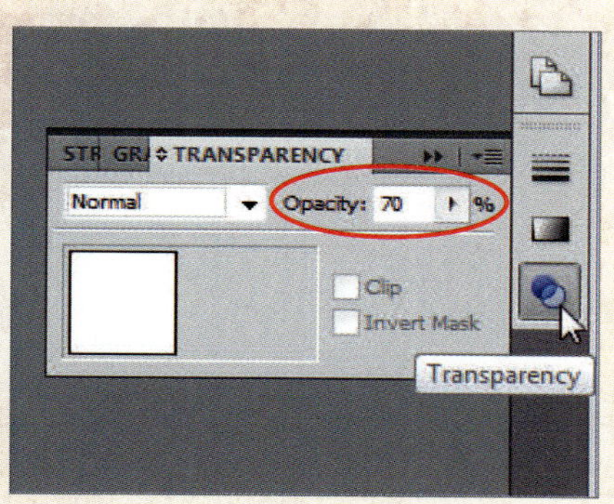

23_ 완성 이미지입니다. '펜 툴'과 '원 툴'을 사용하면 손쉽게 눈동자를 그릴 수 있음을 알 수 있습니다.

캐릭터 헤어 드로잉하기

01_ 예제 '두상.ai' 이미지를 불러옵니다.

02_ 펜 툴로 앞 머리카락을 그려줍니다. Fill 컬러는 파스텔톤의 '연한 나무색', Stroke 컬러는 '검정색'으로 지정했습니다.

03_ 목 왼쪽에 있어야 할 뒷 머리카락을 그림처럼 그려줍니다. Fill 컬러를 '짙은 갈색'으로 지정했습니다.

04_ '직접 선택 툴'로 방금 그린 짙은 갈색 머리카락을 선택한 뒤 마우스 오른쪽 버튼을 눌러 Arrange -> Send to Back 메뉴를 적용합니다.

두발이나 머리카락 드로잉은 머리카락의 형태가 주는 특성상 오브젝트를 여러 번 겹쳐서 드로잉합니다. 삽화체 머리는 '연필 툴'로도 머리카락 드로잉이 가능하지만 정교하게 두발 드로잉을 하려면 '펜 툴'의 사용이 필수입니다. 헤어 드로잉은 특정원칙이 없으며 얼굴 윤곽에 어울리도록 곡선을 잘 표현하는 것이 좋습니다.
머리카락을 드로잉할 때는 먼저 앞머리나 얼굴 뒤에 있는 머리카락을 그린 뒤 앞 머리카락은 얼굴 앞에, 뒷 머리카락은 얼굴 뒤로 내려 보내야 합니다.

05_ '직접 선택 툴'로 목을 클릭해 선택합니다.

06_ 마우스 오른쪽 버튼을 눌러 Arrange –〉 Send to Back 메뉴를 적용합니다.

07_ 이렇게 하면 '목'과 '앞 머리카락' 사이에 '뒷 머리카락'이 위치하게 됩니다.

08_ 이번에는 '펜 툴'로 목 오른쪽에 있어야 할 뒷 머리카락을 그려줍니다. Fill 컬러를 '짙은 갈색'으로 지정했습니다.

09_ '직접 선택 툴'로 방금 그린 짙은 갈색 머리카락을 선택한 뒤 마우스 오른쪽 버튼을 눌러 Arrange -> Send to Back 메뉴를 적용합니다.

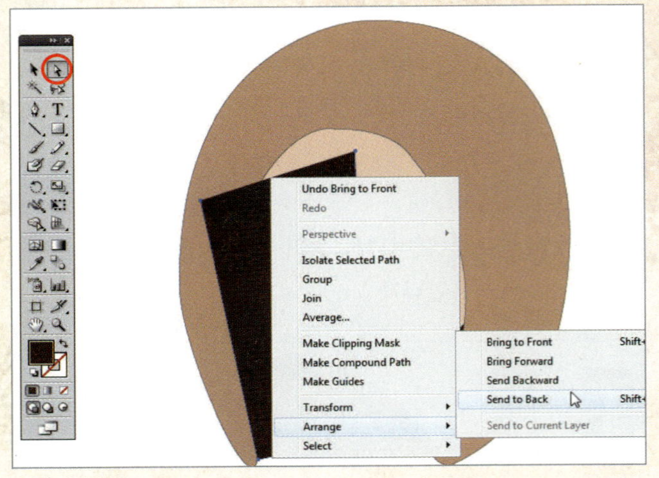

10_ 이렇게 하면 방금 그린 '뒷 머리카락'이 얼굴 맨 뒤에 위치하게 됩니다.

11_ '직접 선택 툴'로 앞머리를 클릭해 선택합니다.

12_ 지금부터 앞 머리카락을 그리겠습니다. '펜 툴'로 앞머리 앞쪽에 포인트 1, 2를 찍고 드래그하여 선 모양을 약간 곡선으로 만들어줍니다.

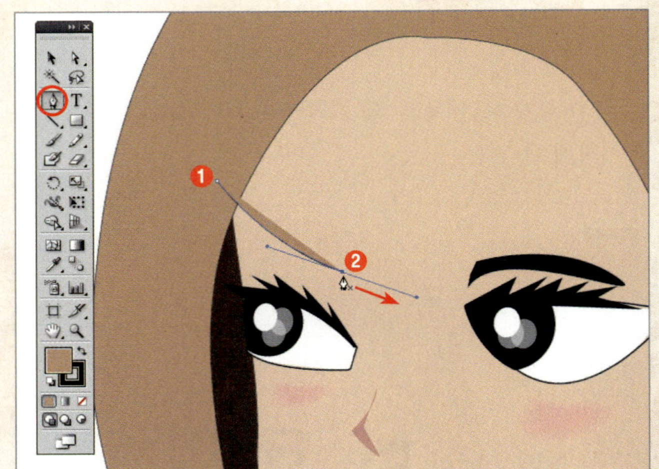

13_ Alt + 드래그하여 방향선을 그림처럼 위로 회전시켜 줍니다. 이렇게 하는 이유는 머리카락 끝 부분을 뾰족하게 만들기 위해서입니다.

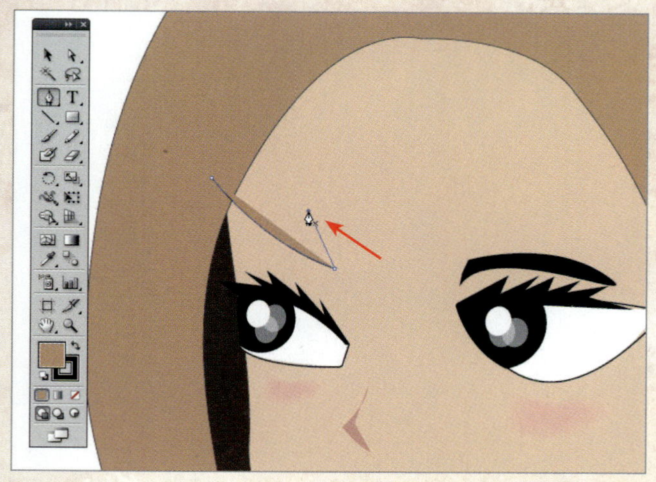

14_ 포인트 3을 찍고 방향선을 화살표 방향으로 조금 뽑아줍니다. Ctrl + Shift + A 를 눌러 선택을 해제합니다.

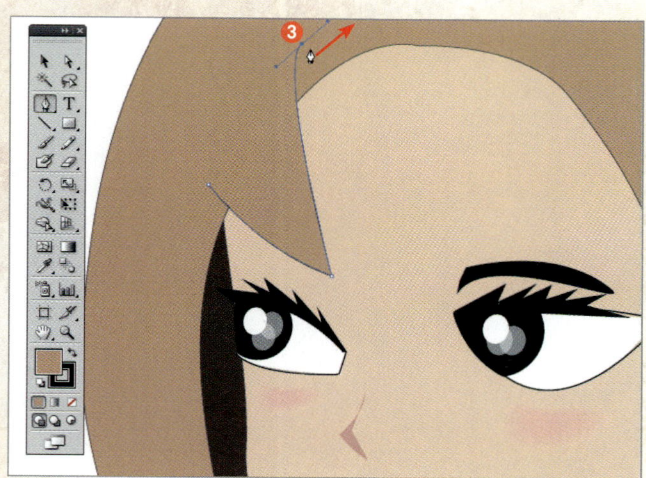

15_ 앞과 같은 방법으로 또 다른 머리카락을 그려줍니다. 머리카락을 한 가닥 그린 뒤에는 반드시 Ctrl + Shift + A 를 눌러 선택을 해제하기 바랍니다.

16_ 앞 머리카락을 몇 가닥 더 그려줍니다. 아래 그림은 완성 이미지입니다.

2부

일러스트레이터 CS5
문자 입력 도구와 드로잉 보조 도구 익히기

일러스트레이터에서
문자 입력하기

타이프 툴은 '글자'를 입력할 때 사용합니다. 모두 6가지 도구가 있으므로 용도에 맞게 사용합니다. 참고로 입력한 글자는 벡터 속성이 아니므로 일반 그림처럼 편집되지 않습니다. 입력한 글자를 일반 그림처럼 편집하려면 Type -> Creates Outlines 메뉴를 사용해 글자 속성을 벡터 속성으로 변경해야 합니다.

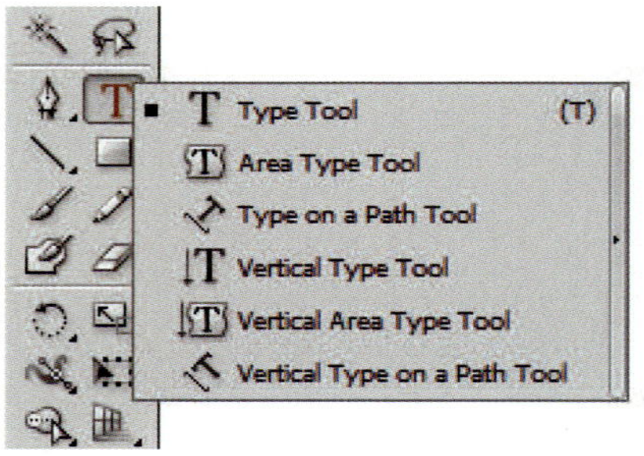

타이프 툴은 다음과 같이 6가지 도구로 구성되어 있습니다.

❶ 타이프 툴 : 가로 방향으로 문자를 입력합니다.

❷ 영역 타이프 툴 : 오브젝트 안에 문자를 입력합니다.

❸ 패스 타이프 툴 : 패스 선을 따라 문자를 입력합니다.

❹ 세로 타이프 툴 : 세로 방향으로 문자를 입력합니다.

❺ 세로 영역 타이프 툴 : 오브젝트 안에 세로 방향으로 입력합니다.

❻ 세로 패스 타이프 툴 : 패스 선을 따라 세로 방향으로 입력합니다.

01 가로 방향으로 문자 입력하기 – 타이프 툴(T)

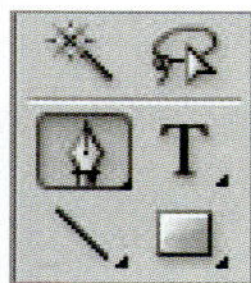

'타이프 툴'은 가로 방향의 일반적인 방식으로 글자를 입력할 때 사용합니다.
글자의 색상, 글꼴, 크기는 옵션바에서 선택하며, 글자 색상은 Fill 컬러가 사용됩니다.
만일 글자 간격인 자간이나 행간을 수정하려면 옵션바의 Character 팔레트를 실행한 뒤 수정합니다.

01_ 예제 '소녀.ai'를 불러옵니다. 타이프 툴로 글자를 입력할 말풍선 안쪽을 클릭합니다.

02_ 그런 뒤 키보드의 한영키를 누른 뒤 한글로 글자를 입력합니다.

03_ 입력한 글자를 수정하려면 타이프 툴로 수정할 글자를 블록으로 선택하거나, 선택 툴로 글자를 선택한 뒤 수정합니다.

04_ 옵션바의 Character 버튼을 클릭해 Character 팔레트를 불러온 뒤 글꼴, 글자 크기 등을 원하는 내용으로 변경합니다.

05_ 입력한 글자에서 일부 글자의 색상만 변경하려면 타이프 툴로 수정할 글자를 블록으로 선택한 뒤 옵션바의 Fill 컬러를 클릭해 색상을 교체합니다.

Character 팔레트에 대해서는 4부, Part 27을 참고하세요.

06_ 글자가 변경된 모습입니다. 만일, 현재 작업한 이미지를 다른 시스템에서 불러올 경우 여러분이 사용한 글꼴이 다른 시스템에 없을 수도 있습니다. 이 경우 여러분이 원하지 않는 글꼴로 글자를 표시하므로 다른 시스템으로 완성 이미지를 가져갈 경우엔 글자를 벡터 이미지로 전환해야 합니다.

07_ 글자를 마우스 오른쪽 버튼으로 클릭한 뒤 Create Outlines 메뉴를 적용하면 글자가 벡터 속성으로 변경되어 다른 시스템에서도 여러분이 선택한 글꼴 모양으로 보이게 됩니다.
예를 들어 인쇄소나 출력소로 디자인한 작품을 가져갈 때는 반드시 글자에 Create Outlines 메뉴를 적용한 뒤 가져가는 것이 인쇄 글꼴이 변경되는 사고를 예방할 수 있습니다.

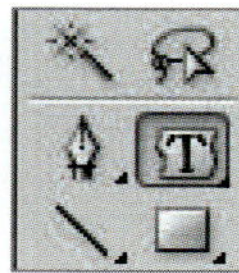

'영역 타이프 툴'은 클릭한 오브젝트 내부에 글자를 입력할 때 사용합니다. 예를 들어 입력할 오브젝트의 테두리를 클릭하면 오브젝트의 색상이 사라지고 글자를 입력할 수 있는 상태가 됩니다. 이때 글자를 입력하며 입력되는 글자는 오브젝트 안에서 자동 정렬됩니다.

이런 특징을 활용하면 오브젝트의 모양대로 정렬되는 글자 입력 작업이 가능합니다.

예제 '먹자국.ai'를 불러온 뒤 영역 타이프 툴로 글자를 입력하는 모습입니다. 영역 타이프 툴을 선택한 뒤 Fill 컬러는 '검정색'으로 설정하고 글자를 입력하기 바랍니다. 참고로, 글자를 입력하면 원래 오브젝트는 사라집니다.

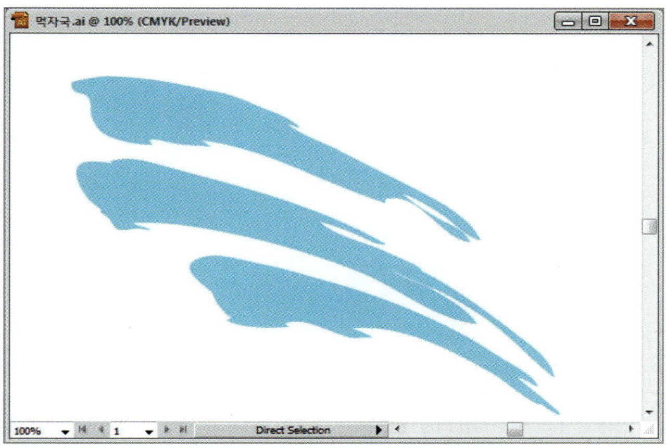

예제 이미지

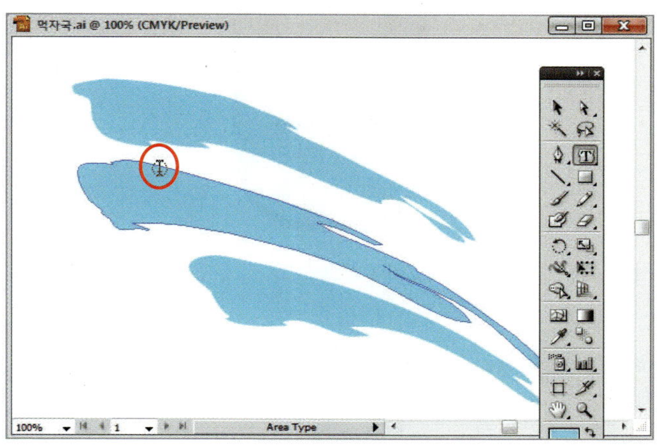

영역 타이프 툴로 패스 부분 클릭

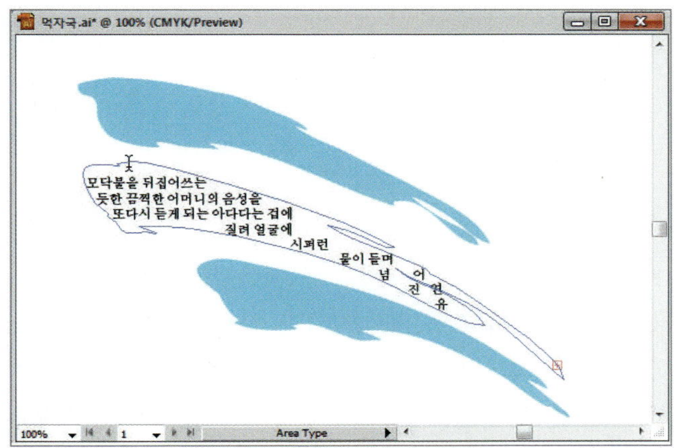

글자를 입력하는 모습

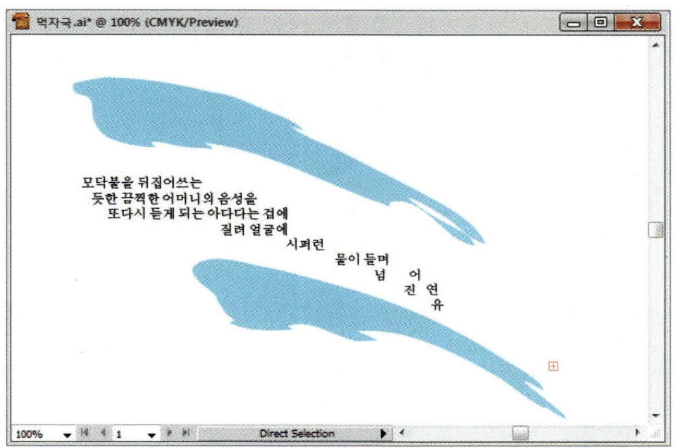

오브젝트 모양대로 글자가 정렬된 모습

MEMO

영역 타이프 툴로 글자를 입력하다 보면 때때로 + 표시가 나타납니다. + 표시는 해당 오브젝트 영역보다 더 많은 글자를 입력할 경우 나타납니다. 만일 + 표시가 나타나면 글자의 수를 줄이거나 글꼴 크기를 줄여주는 것이 좋습니다. 또는 '선택 툴'로 오브젝트의 크기를 확대하는 것도 좋은 방법입니다.

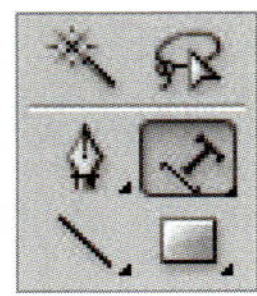

'패스 타이프 툴'은 패스 선에 글자를 입력하는 기능입니다. 먼저 글자를 입력할 패스를 클릭하면 글자를 입력할 수 있는 상태가 됩니다. 보통 곡선 형태의 패스를 따라 글자를 입력할 때 유용합니다. 이때 오브젝트의 테두리를 따라 글자를 입력하면 원래 오브젝트(또는 패스)는 사라집니다.

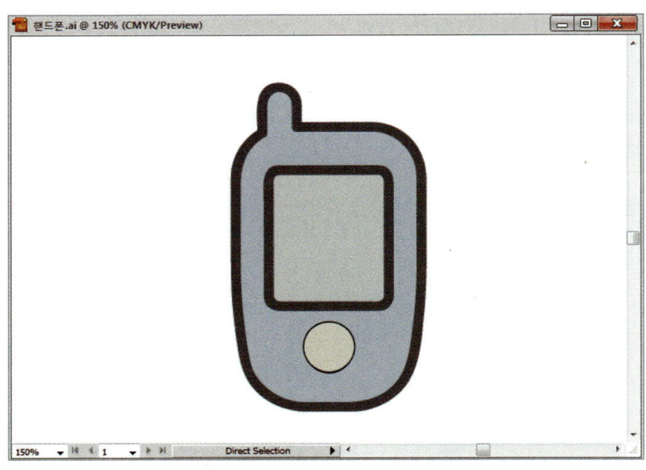

01_ 예제 '핸드폰.ai'를 불러옵니다. '패스 타이프 툴'로 글자를 입력하기 전, 먼저 패스를 제작하겠습니다.

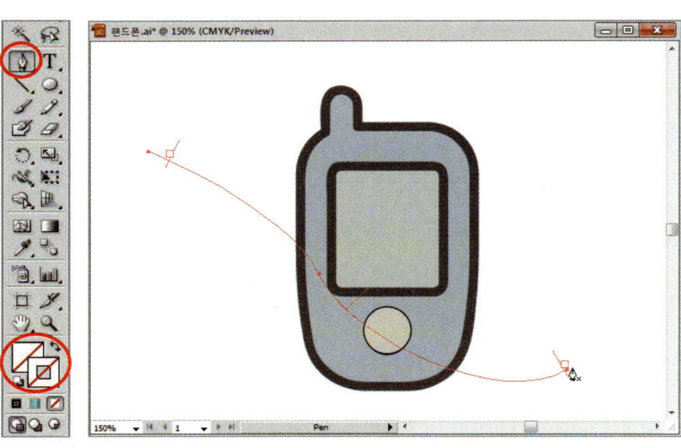

02_ 툴박스에서 '펜 툴'을 선택한 뒤 Fill 컬러 무색(None), Stroke 컬러 무색(None)으로 설정합니다.
예제 그림처럼 곡선 패스를 그려 줍니다. 나중에 이 패스 선을 따라서 글자를 입력할 예정입니다.

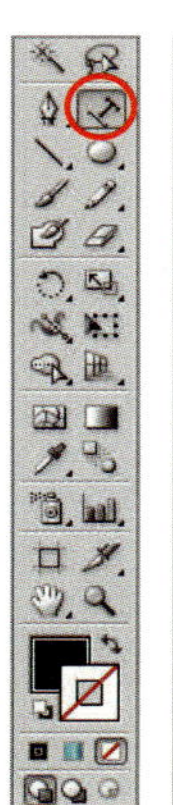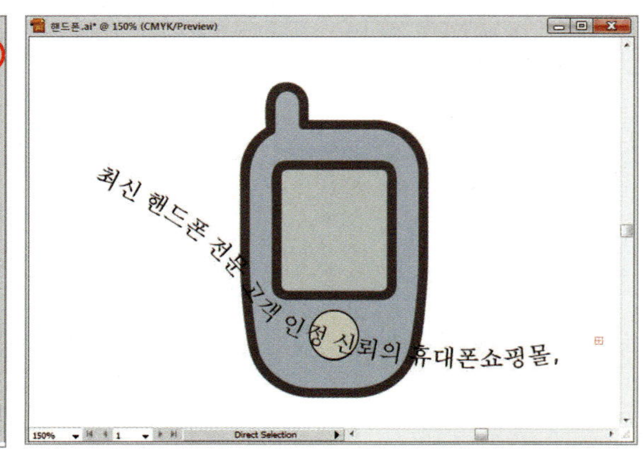

03_ 툴박스에서 '패스 타이프 툴'을 선택합니다. 패스의 시작 부분을 클릭해 글자를 입력할 상태로 만들어 줍니다. 한글로 '최신 핸드폰 전문 고객 인정 신뢰의 휴대폰 쇼핑몰'이라고 입력합니다. 패스 선을 따라 글자가 자동 정렬되는 것을 알 수 있습니다.

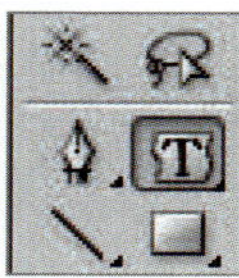

'세로 타이프 툴'은 세로 방향으로 글자를 입력할 때 사용합니다. 일반적으로 한글을 세로 방향으로 입력할 때 유용합니다. '세로 영역 타이프 툴'은 글자를 오브젝트 안에서 세로 방향으로 입력할 때 사용하며, 일본어를 세로 방향으로 입력할 때 유용합니다. '세로 패스 타이프 툴'은 패스를 따라 세로로 글자를 입력할 때 사용합니다.

예제 '손수건.ai'를 불러온 뒤 각각의 타이프 툴로 글자를 입력하는 모습입니다.

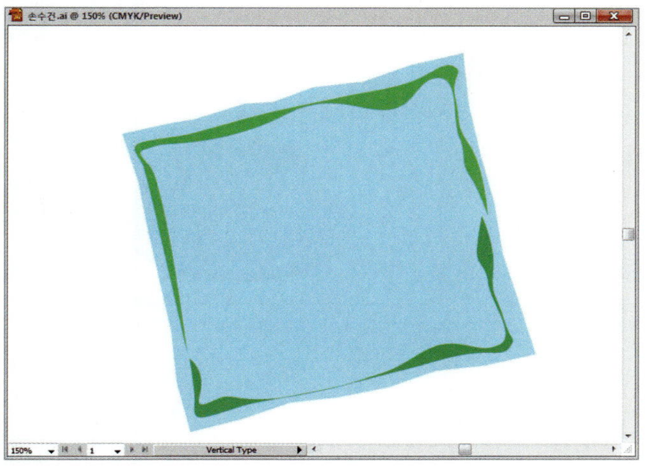

예제 이미지

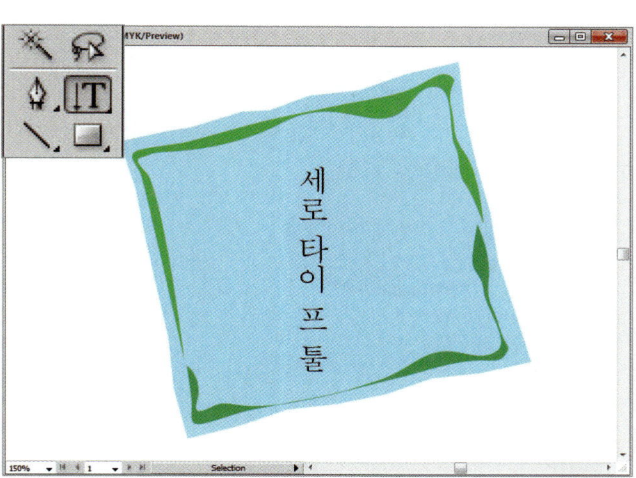

'세로 타이프 툴'로 글자를 입력한 모습

'세로 영역 타이프 툴'로 글자를 입력한 모습

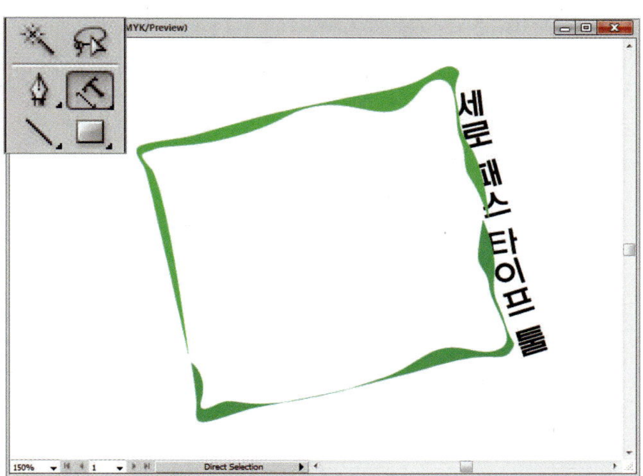

'세로 패스 타이프 툴'로 글자를 입력한 모습

한자(漢字)를 입력하려면 먼저 한글을 한 글자씩 입력한 뒤 각각 한자로 전환해야 합니다.

이 방법은 포토샵 CS5의 한자 입력 방법과 동일합니다. 즉 낱말별로 한 글자씩 입력한 뒤 각각 한자로 전환해야 정확하게 입력할 수 있습니다.

참고로, 일러스트레이터에서 한자(漢字)를 입력하려면 한글 글꼴 안에 한자 글꼴이 지원되어야 합니다.

윈도우 XP는 '바탕체', '돋움체', '굴림체', '궁서체' 등이 한자 글꼴을 지원합니다.

01_ 예제 '커피.ai'를 불러옵니다. 툴박스에서 타이프 툴을 선택한 뒤 옵션바에서 '명조체' 등의 글꼴을 선택하고 크기는 48pt로 설정하고 '커피의 세'라는 글자를 입력합니다. '세' 자에 커서가 있는 상태에서 키보드의 한영 전환키를 누르면 한자를 선택할 수 있습니다. 여기서 '세상 세(世)자'를 선택합니다.

예제 이미지에 글자 입력

'세'자를 입력한 모습

한영 전환키 누른 뒤 한자 선택

02_ 타이프 툴로 '계'자를 입력합니다. 그런 뒤 키보드의 한영 전환키를 누르면 한자를 선택할 수 있습니다. 여기서 '경계 계(界)'를 선택합니다. 일러스트레이터에서 한자를 입력하려면 이처럼 한글자씩 한글을 입력하고 한자로 전환해야 합니다.

타이프 툴로 '계'자를 입력한 모습

한영 전환키 누른 뒤 한자 선택

한자 입력을 종료한 모습

002 PART

화살표, 라인, 도형 그리기
도형 툴 익히기

드로잉 작업에서는 '펜 툴'을 많이 사용하지만 라인이나 사각형 등의 단순한 오브젝트는 아래 도형 툴로 드로잉하는 것이 더 빠릅니다. 이들 도형 툴을 사용하면 차트, 프레젠테이션에서 사용하는 도형 이미지를 깔끔하게 그릴 수 있을 것입니다.

라인 툴은 모두 5개의 도구가 있으며 직선 라인, 곡선 라인, 점선 라인, 화살표 등을 그릴 때 유용합니다.

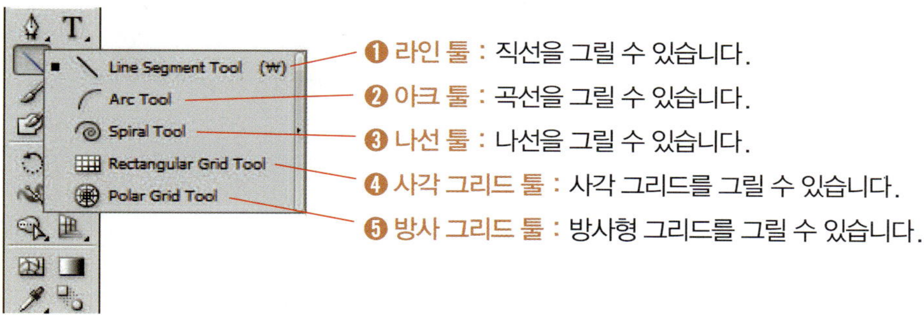

❶ **라인 툴** : 직선을 그릴 수 있습니다.

❷ **아크 툴** : 곡선을 그릴 수 있습니다.

❸ **나선 툴** : 나선을 그릴 수 있습니다.

❹ **사각 그리드 툴** : 사각 그리드를 그릴 수 있습니다.

❺ **방사 그리드 툴** : 방사형 그리드를 그릴 수 있습니다.

'사각형 툴'에는 모두 6가지의 도구가 있으며 사각형, 둥근 사각형, 원, 다각형 같은 도형을 그릴 때 사용하며 버튼, 제품 디자인 등을 할 때 아주 유용합니다.

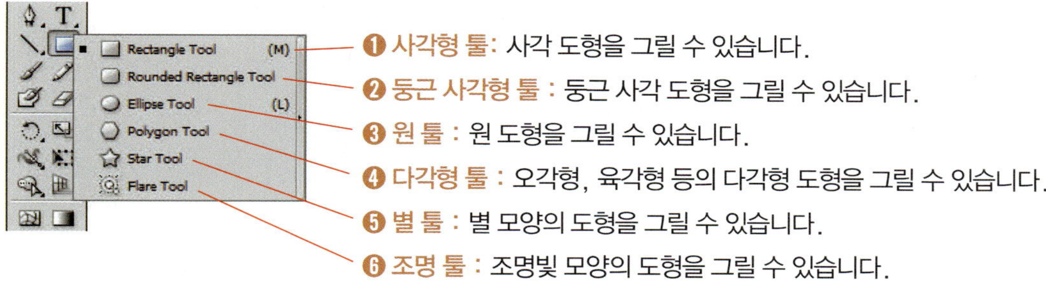

❶ **사각형 툴**: 사각 도형을 그릴 수 있습니다.

❷ **둥근 사각형 툴** : 둥근 사각 도형을 그릴 수 있습니다.

❸ **원 툴** : 원 도형을 그릴 수 있습니다.

❹ **다각형 툴** : 오각형, 육각형 등의 다각형 도형을 그릴 수 있습니다.

❺ **별 툴** : 별 모양의 도형을 그릴 수 있습니다.

❻ **조명 툴** : 조명빛 모양의 도형을 그릴 수 있습니다.

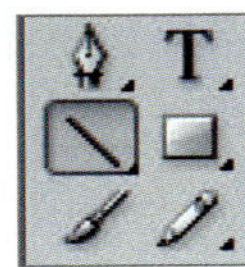

'라인 툴'은 직선이나 점선, 화살표를 그릴 때 사용합니다. 옵션바의 Stroke 컬러에서 라인의 색상을, Stroke 항목에서 라인의 두께를 설정합니다. 라인을 그릴 때 Shift 키를 누른 채 드래그하면 45도 각도로 라인을 그릴 수 있고 Alt 키를 누르면 마우스로 드래그한 길이만큼 반대편에도 동일한 길이의 라인이 생성됩니다.

만일 점선 라인이나 화살표 라인을 그리고 싶다면 Stroke 팔레트를 사용합니다. Stroke 팔레트의 사용법은 4부를 참고하기 바랍니다.

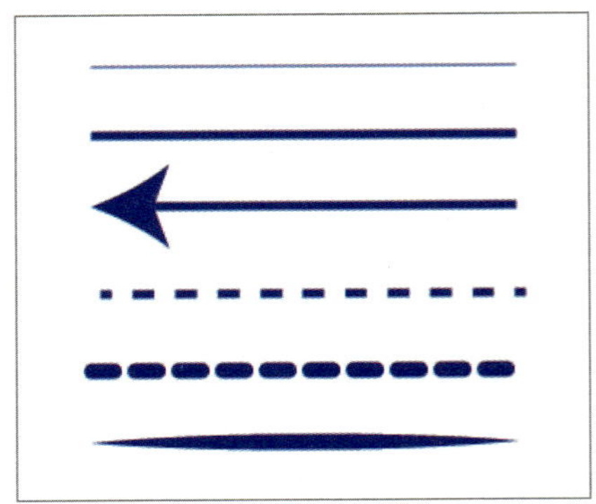

스트로크 종류를 바꿔 가면서 라인을 그린 모습

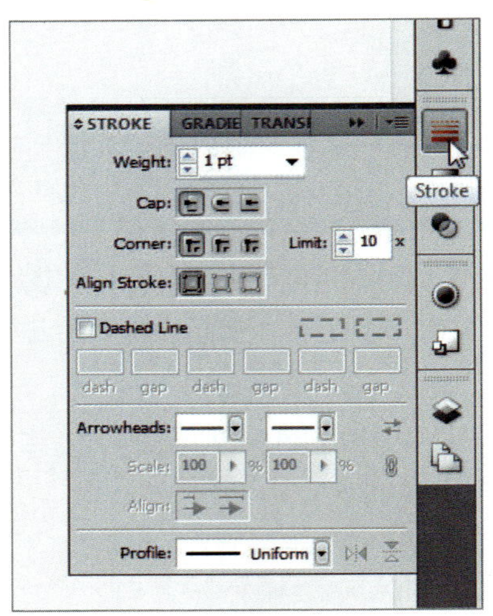

스트로크 팔레트

툴 박스에서 '라인 툴'을 더블클릭하거나 라인 툴 상태에서 아트보드(종이)를 클릭하면 라인 길이와 라인 각도를 지정할 수 있는 옵션 대화상자가 실행됩니다. 이 대화상자는 같은 길이, 같은 각도를 가진 라인을 연속으로 그릴 때 사용합니다.

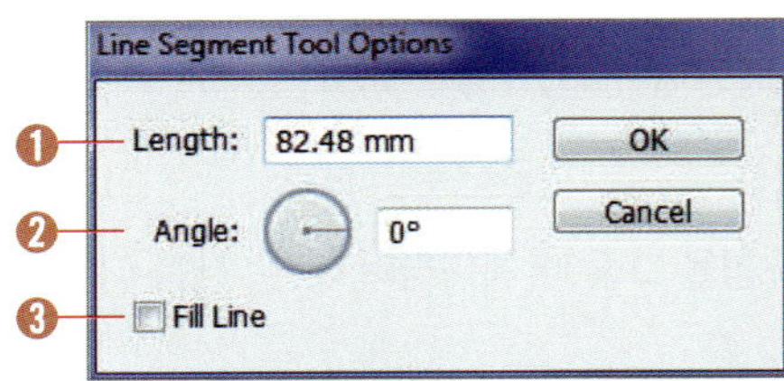

❶ 라인 길이 설정 : 그리고 싶은 라인 길이를 설정합니다.

❷ 라인 각도 설정 : 그리고 싶은 라인 각도를 설정합니다.

❸ Fill Line 옵션 : 직선 라인을 곡선으로 만들다보면 라인에 면이 발생합니다. 이때 면 부분에 Fill 컬러를 채색하고 싶다면 이 옵션에 체크합니다.

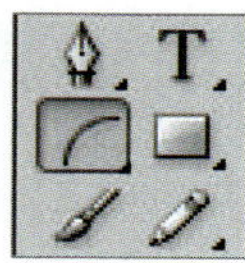

'곡선 툴'은 반달형 곡선을 드로잉할 때 사용합니다. 곡선 툴로 작업할 때 Shift 키를 누른 상태에서 드래그하면 곡선 반경이 유지되며 곡선이 그려집니다. 또한 Alt 키를 누른 채 드래그하면 반대 방향에 동일 길이의 곡선이 그려집니다.

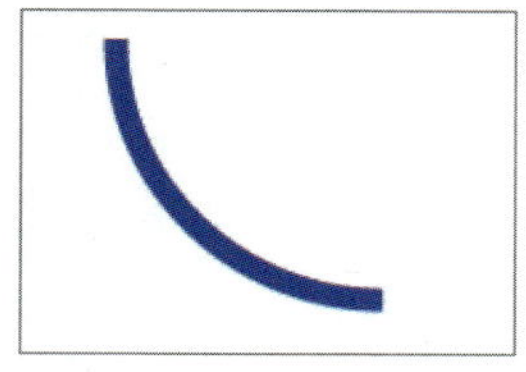

작업을 할 때 자유곡선은 '펜 툴'로 드로잉하지만, 반달형 곡선은 곡선 툴로 제작하는 것이 더 빠릅니다. 곡선 두께와 모양은 '옵션바' 또는 'Stroke 팔레트'에서 설정합니다.

툴박스에서 곡선 툴을 더블클릭하거나, 종이의 빈 곳을 클릭하면 곡선 툴의 옵션을 설정할 수 있도록 대화상자가 실행됩니다.

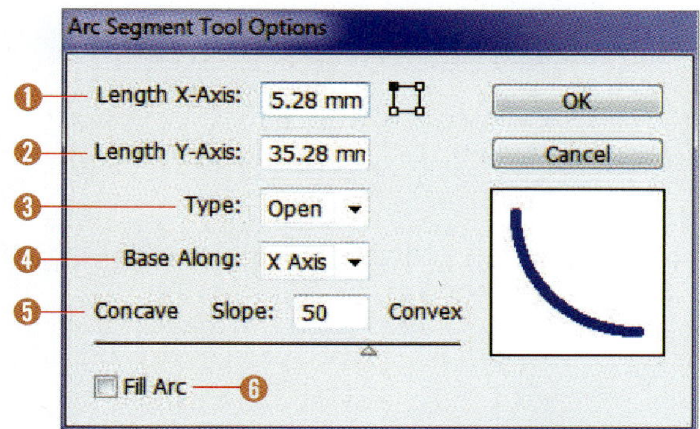

❶ **Length** : 곡선의 가로 길이를 지정합니다.

❷ **Length** : 곡선의 세로 높이를 지정합니다.

❸ **Type** : 열려있는 곡선(Opened)과 닫혀있는 곡선(Closed)을 제작할 수 있습니다. Opened 항목은 열려있는 곡선, Closed 항목은 닫혀있는 곡선입니다. 참고로, 곡선의 면 색상은 열려있는 곡선과 닫혀있는 곡선에 상관없이 하단부의 Fill Arc 옵션에 체크하면 채색됩니다.

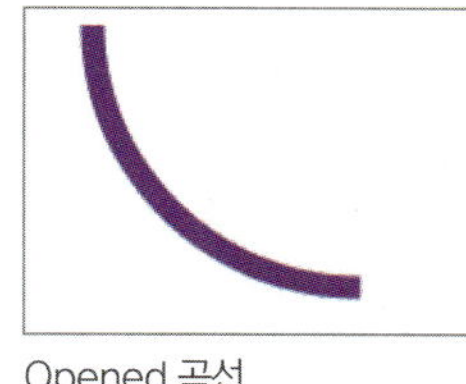

Opened 곡선

Closed 곡선

❹ **Base** : 곡선의 축을 결정합니다. X축과 Y축에서 선택할 수 있습니다.

❺ **Concave** : 곡선의 오목 상태를 조절합니다. 수치가 낮으면 직선 상태, 수치가 높으면 오목해집니다.

❻ **Fill Arc** : 곡선의 내부에 색상을 채색합니다. 곡선의 선 색상은 툴박스에서 선택한 Stroke 컬러, 면 색상(내부 색상)은 Fill 컬러가 사용됩니다. 만일 Fill Arc 옵션을 선택하지 않은 경우에는 면 색상을 채색하지 않으므로 라인만 있는 곡선이 제작됩니다.

면 색상을 채우지 않은 모습

면 색상을 채운 모습

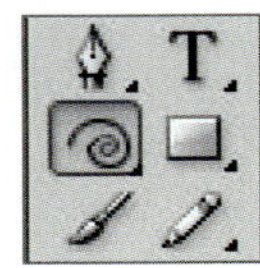

'나선 툴'은 달팽이 형태의 오브젝트를 드로잉할 때 사용합니다. 마우스로 드래그하면 달팽이 모양의 오브젝트가 제작됩니다. 클릭한 부분이 오브젝트의 중심점이 되고 끝나는 부분이 오브젝트의 끝 부분이 됩니다.

드래그할 때 Ctrl 키를 누르면 나선의 중첩 상태가 조절됩니다. 따라서 Ctrl 키를 누른 채 상하로 드래그하여 나선의 중첩 상태를 조절한 뒤 나선을 그리는 것이 좋습니다.

01_ 선 두께와 선 색상은 옵션바에서 설정하고 점선 등을 만들 경우 Stroke 팔레트를 사용합니다.

02_ 나선을 그린 뒤 Fill 컬러와 Stroke 컬러를 지정한 모습입니다.

03_ 나선 툴로 드래그하면서, Ctrl 키를 누르면 나선 모양의 중첩 상태를 변경할 수 있습니다. 중첩 상태를 변경한 뒤 Shift 키를 누른 채 드래그하면 크기를 확대하거나 축소한 뒤 나선 오브젝트를 그릴 수 있습니다.

나선 툴로 아트보드(종이)를 클릭하면 '나선 툴 옵션 대화상자'가 실행됩니다. 대화상자에서 나선의 모양을 다양하게 설정할 수 있습니다.

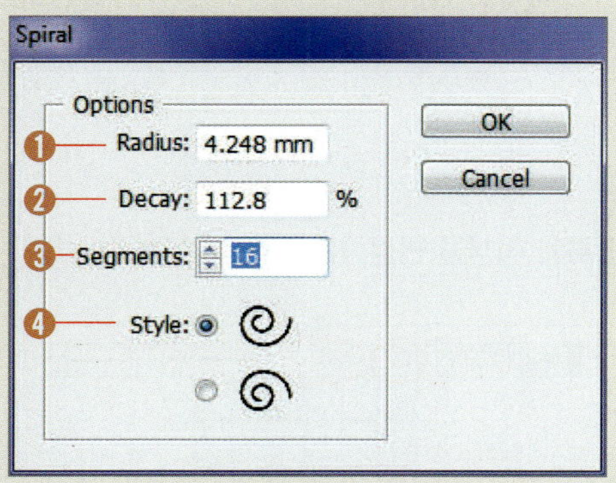

5mm인 경우

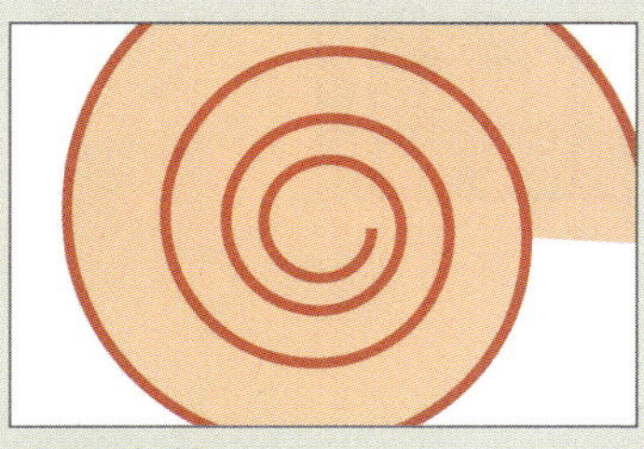

15mm인 경우

❶ Radius : 나선의 반경을 조절할 수 있습니다.

Decay 50의 경우

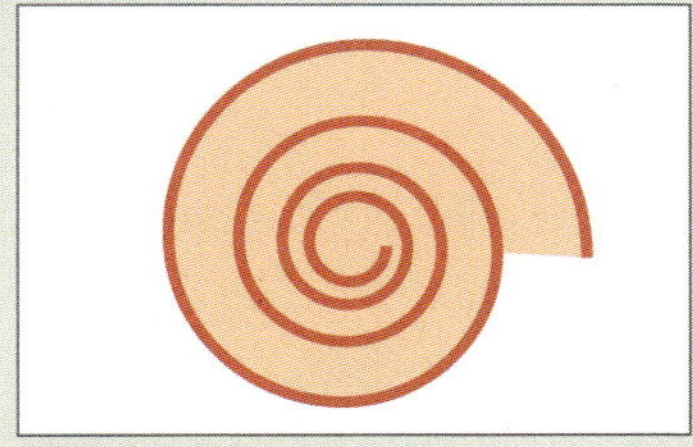

Decay 110의 경우

❷ Decay : 나선의 중첩 상태를 조절합니다.
수치가 낮으면 중첩 상태가 약해지고, 수치가 높으면 중첩 상태가 많아집니다. 100%를 입력하면 정원형의 나선이 제작됩니다.

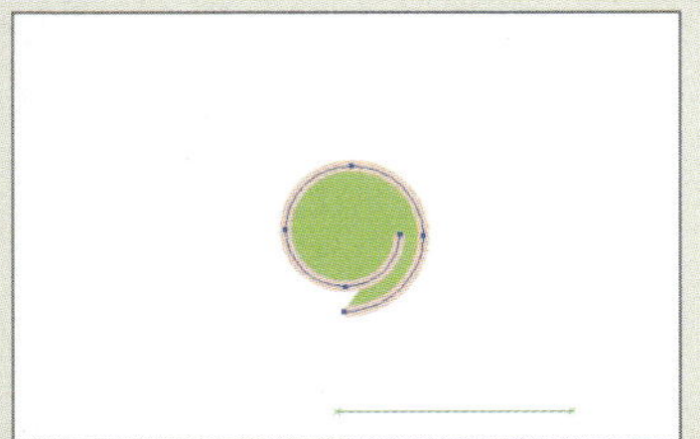

선분이 5개인 경우

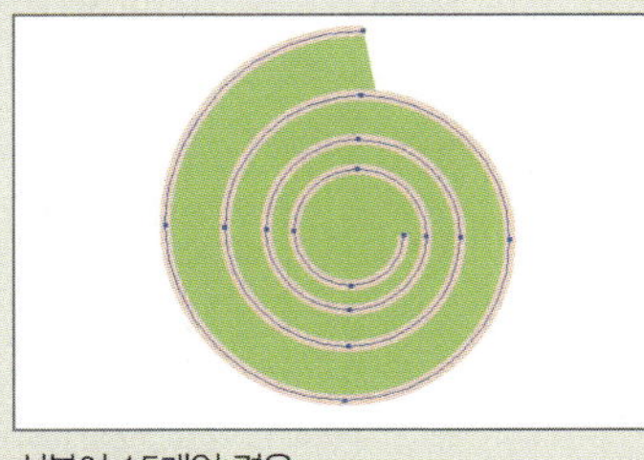

선분이 15개인 경우

❸ Segments : 나선 전체에 들어가는 선분의 개수를 지정합니다. 선분이란 포인트와 포인트 사이의 선을 말합니다. Segments를 5로 설정하면 5개의 선이 연결된 나선이 그려집니다.

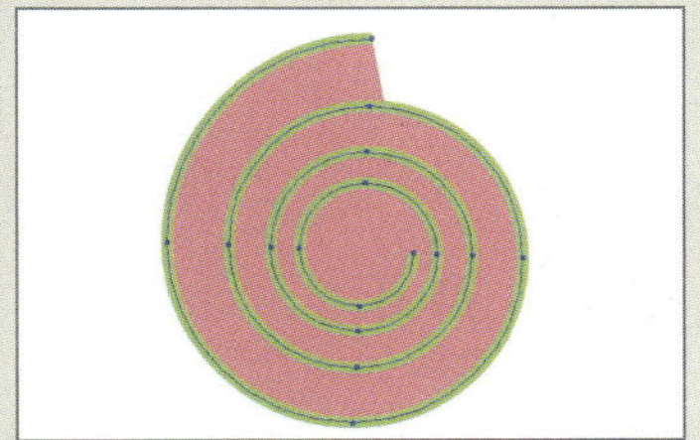

시계 방향

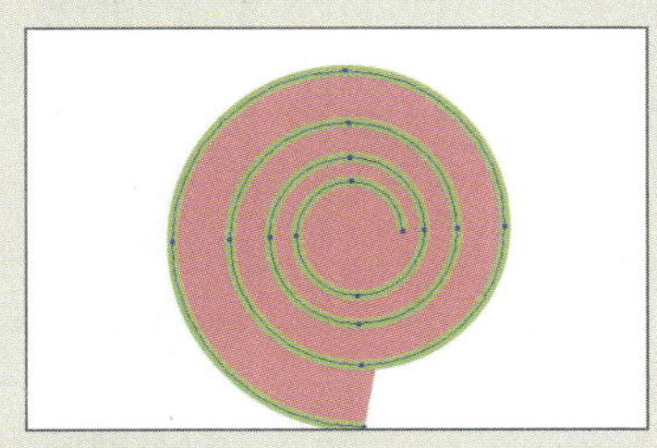

시계 반대 방향

❹ Style : 나선의 회전 방향을 시계 방향으로 할지, 시계 반대 방향으로 할지 설정합니다.

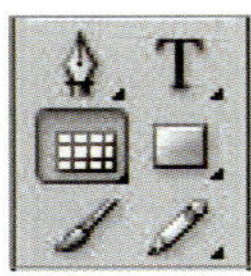

'사각 그리드 툴'은 사각형 격자를 드로잉할 때 사용합니다. 마우스로 드래그하면 드래그한 크기만큼 격자가 그려집니다. 격자 굵기, 브러시 종류, 색상은 옵션바에서 설정합니다.

'사각 그리드 툴'로 격자를 제작한 뒤 브러시 종류와 색상을 변경하는 모습입니다.

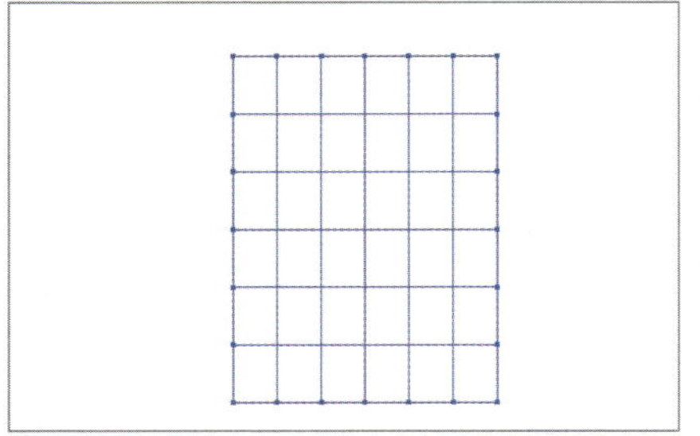

사각 그리드 툴로 격자를 그린 모습

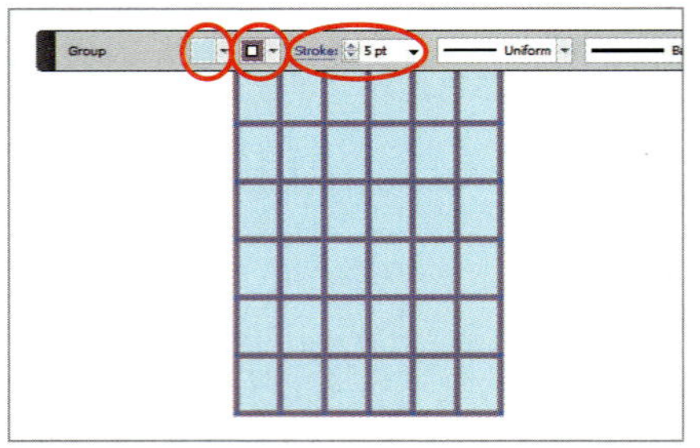

Fill, Stroke 색상과 굵기 교체

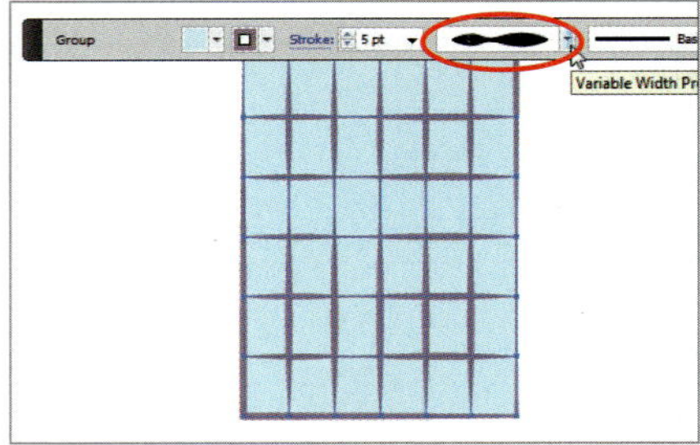

프로필을 교체한 모습

사각 그리드 툴 옵션

툴박스에서 사각 그리드 툴을 더블클릭하거나 사각 그리드 툴이 선택된 상태에서 화면을 클릭하면 '그리드 툴 옵션 대화상자'가 나타납니다. 대화상자를 이용하면 그리드의 간격을 조절하고 크기 등을 설정할 수 있습니다.

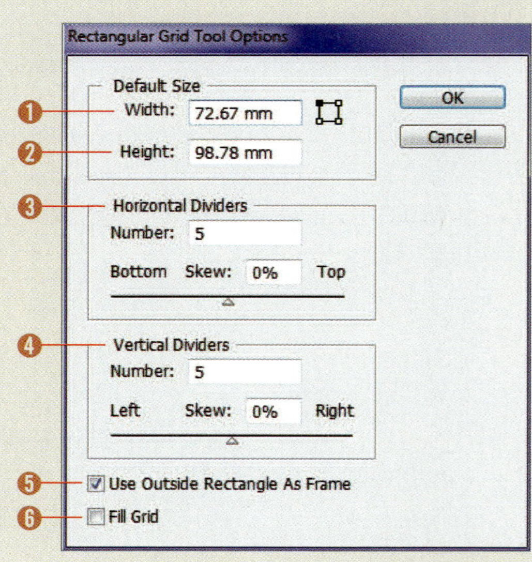

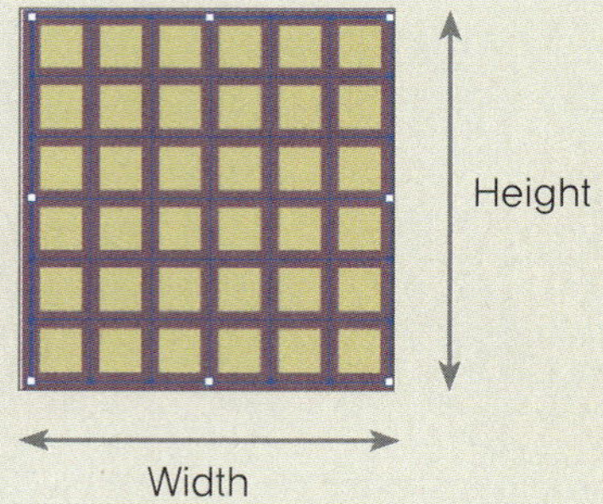

❶ Width : 그리드의 전체 너비(Width)를 지정합니다.

❷ Height : 그리드의 전체 높이(Height)를 지정합니다.

❸ **Horizontal Dividers** : 가로 그리드의 간격과 가로 그리드의 기울기 상태를 조절합니다. 여기서 그리드 간격은 상하 사이에 들어가는
선의 숫자를 말합니다.

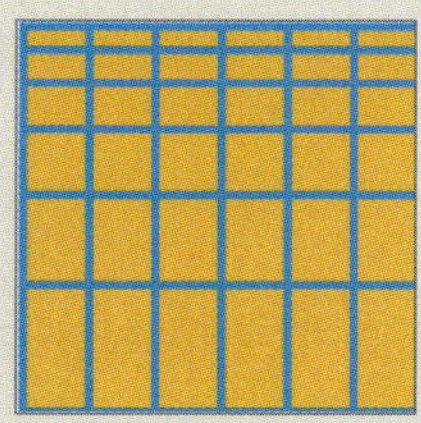

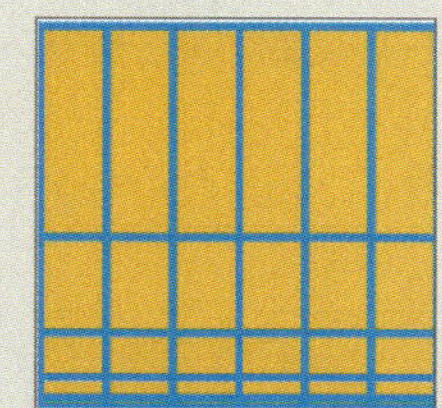

❹ **Vertical Dividers** : 세로 그리드의 간격과 그리드의 기울기 상태를 설정합니다.

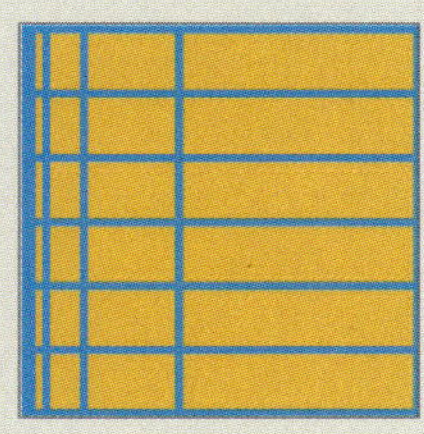

❺ **Use Outside Rectangle As A Frame** : 그리드 외곽을 포위하고 있는 4개의 선을 하나의 프레임으로 설정하는 옵션입니다. 이 옵
션으로 그리드를 제작하면 직접 선택 툴로 선택할 때 외곽에 포위된 4개의 선을 하나의 오브젝트로 인식합니다. 만약 이 옵션을 사용하지
않으면 외곽을 포위하고 있는 4개의 선이 각각 개별적인 오브젝트로 인식되어 분리됩니다.

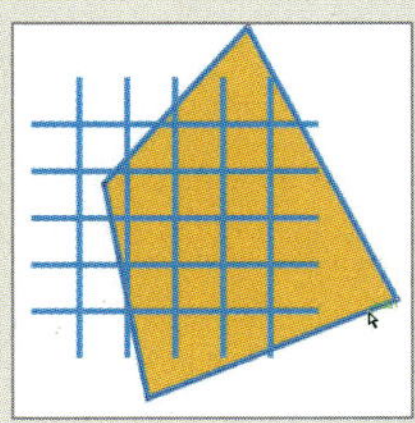

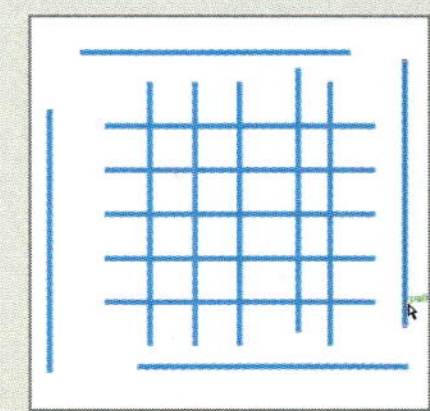

❻ **Fill Grid** : 그리드 내부에 Fill 컬러를 채워줍니다. 이 옵션을 사용하지 않으면 그리드의 내부에 색상을 채색하지 않습니다.

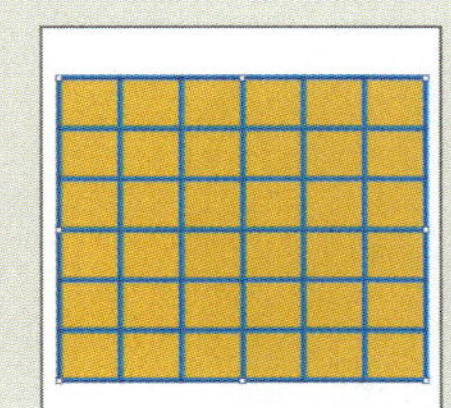

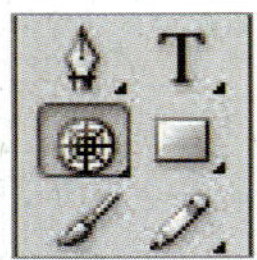

방사형 격자 드로잉하기 – 방사형 그리드 툴(Polar Grid Tool)

'방사형 그리드 툴'은 방사 형태의 원 격자를 그릴 때 사용합니다. 남극점 같은 방사형 도형이나 이와 유사한 차트 도형을 드로잉할 때 사용합니다. 참고로, 툴박스에서 방사형 그리드 툴을 더블클릭하면 대화상자를 통해 방사형 도형을 제작할 수 있습니다.

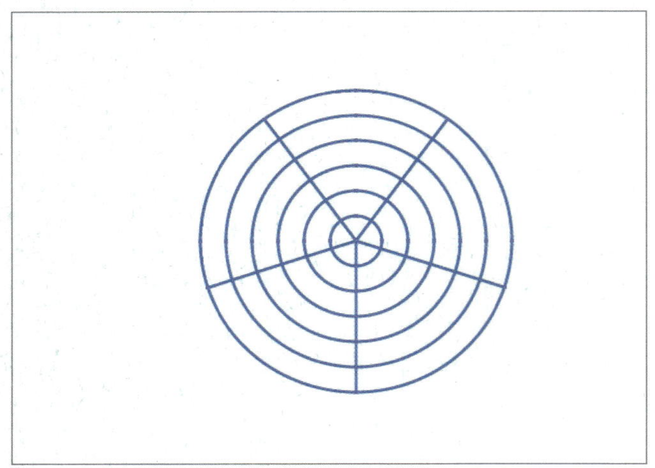

01_ '방사형 그리드 툴'로 그리드를 제작한 모습입니다.

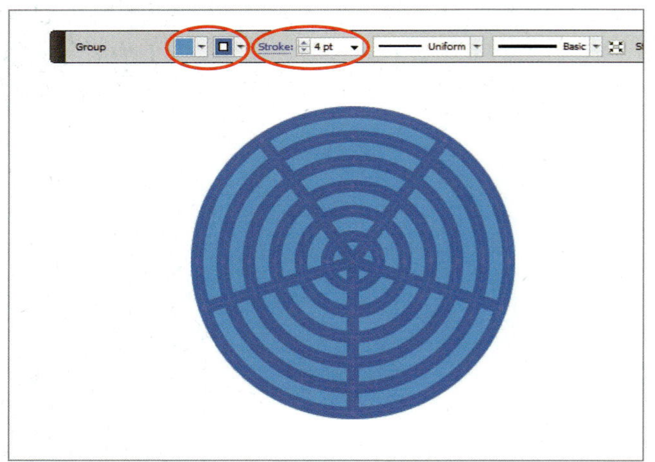

02_ 옵션바에서 Fill 컬러는 '파란색', Stroke 컬러는 '짙은 파란색'으로 변경하고, Stroke 두께는 4pt로 교체합니다. 그리드의 색상과 선 두께가 변경되었습니다.

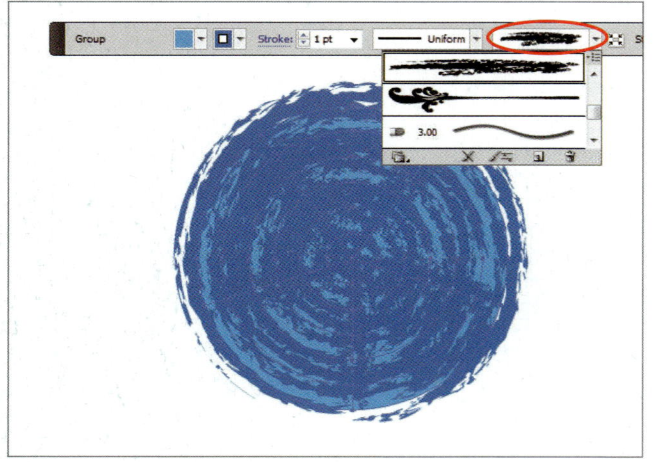

03_ 옵션바에서 Brush 옵션을 클릭해 브러시의 선 모양을 'Scribble'로 변경합니다. 그리드의 선 모양이 변경됩니다.

툴박스에서 '방사 그리드 툴'을 더블클릭하거나 작업 화면의 빈 곳을 '방사 그리드 툴'로 클릭하면 옵션 대화상자가 실행됩니다. 대화상자를 이용하면 마우스로 드래그하는 방식이 아닌 수치를 입력하는 방식으로 원형 그리드를 제작할 수 있습니다.

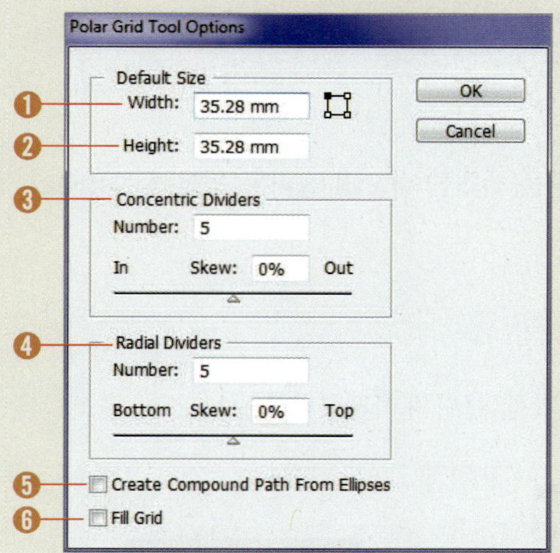

❶ **Width** : 방사 그리드의 너비(Width)를 지정합니다.

❷ **Height** : 방사 그리드의 높이(Height)를 지정합니다.

❸ **Conceptric Deviders** : Numbers 항목에서 동심원의 숫자를 지정합니다. Skew 슬라이더로 동심원이 안쪽으로 치우칠지 외각으로 치우칠지 결정합니다.

Number 5, Skew 0% 　　Number 8, Skew −50% 　　Number 8, Skew +50%

❹ **Radial Deviders** : Numbers 항목에서 방사형으로 뻗어나가는 직선의 개수를 지정합니다. Skew 항목에서 직선이 치우치는 방향을 결정합니다.

 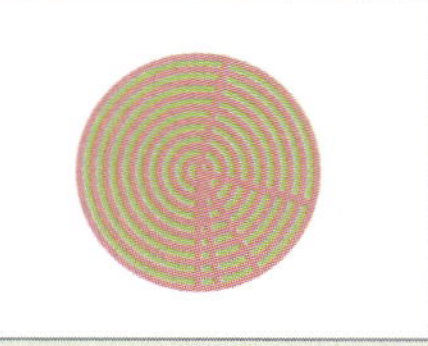 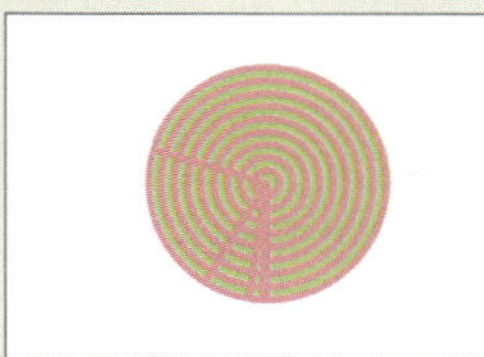

Numbers 8, Skew 0% 　　Numbers 8, Skew −100% 　　Numbers 8, Skew 200%

❺ **Create Compound Paths From Ellipses** : 방사 그리드의 동심원을 분리할 수 있습니다. 이 옵션을 선택하지 않으면 직접 선택 툴로 동심원을 분리할 수 있습니다.

 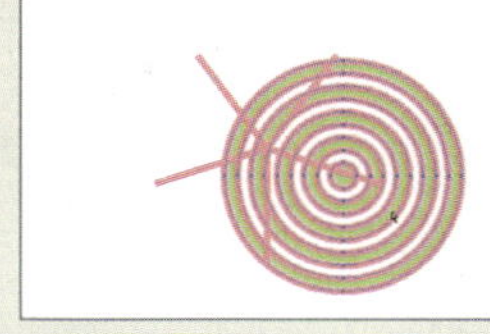

동심원 분리 가능 　　　　동심원 분리 불가능

❻ **Fill Grid** : 격자 내부에 Fill 컬러를 채워줍니다.

사각 도형 드로잉하기 – 사각형 툴(Rectangle Tool)

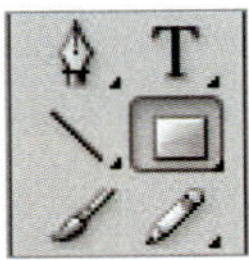

'사각형 툴'은 삼각형이나 사각형 도형을 드로잉할 때 사용합니다. [Shift] 키를 누른 상태에서 드래그하면 정사각형을, [Alt] 키를 누른 채 드래그하면 클릭한 지점이 중심이 되는 사각형을 그릴 수 있습니다. 사각형을 그린 뒤 모양을 수정하면 화살표 등의 오브젝트를 간단히 그릴 수 있습니다.

01_ File –〉 New 메뉴로 새 종이를 불러옵니다. 툴박스에서 사각형 툴을 선택한 뒤 Fill 컬러는 '핑크색', Stroke 컬러는 '짙은 갈색'으로 설정합니다.

02_ 예제처럼 사각형을 그려줍니다. 포인트 삭제 툴로 오른쪽 아래 포인트를 클릭해 삭제합니다.

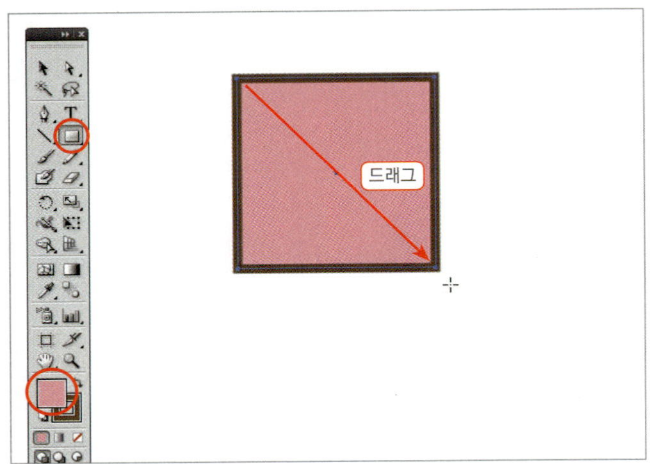

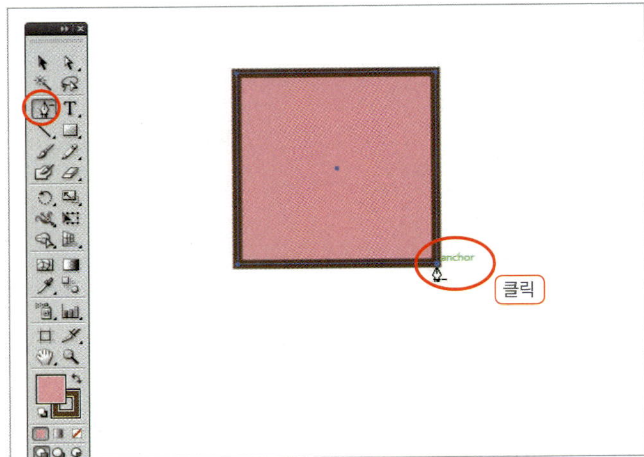

03_ 삼각형 도형이 만들어지면 '선택 툴'로 선택한 뒤 회전시켜 줍니다. 이때 [Shift] 키를 누른 채 회전시키면 정확한 각도로 회전시킬 수 있습니다.

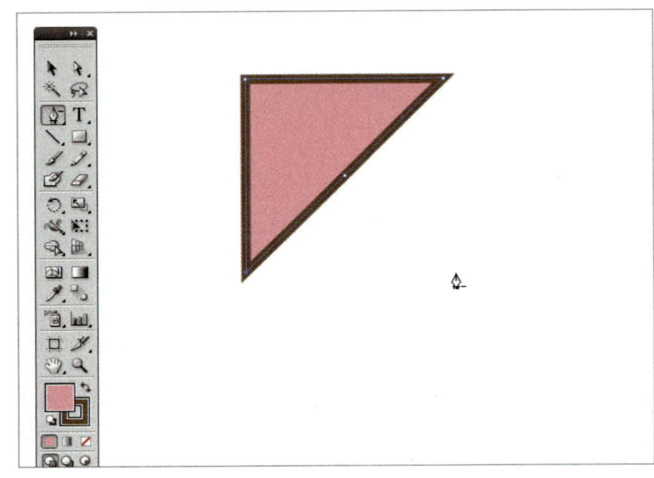

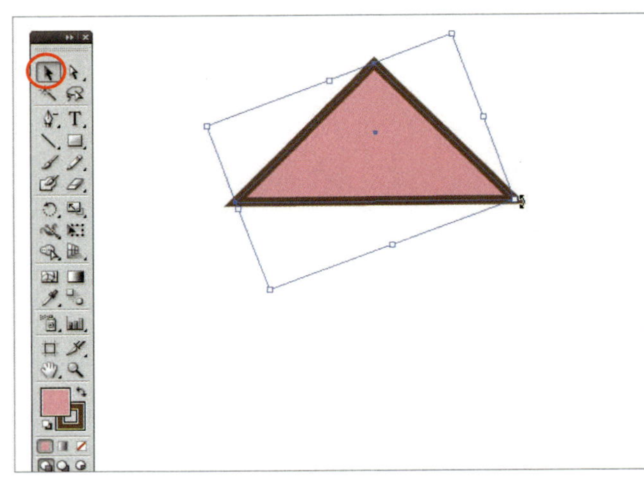

04_ '사각형 툴'로 예제 그림처럼 직사각형 이미지를 그려줍니다.

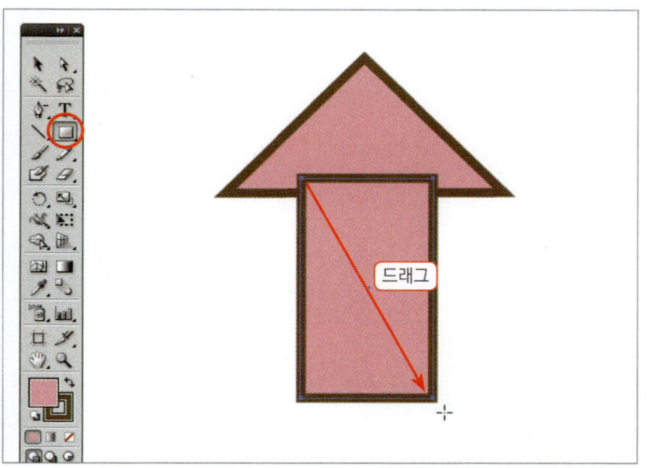

05_ '선택 툴'로 크게 드래그하여 삼각형 이미지와 직사각형 이미지 둘 다 선택합니다.

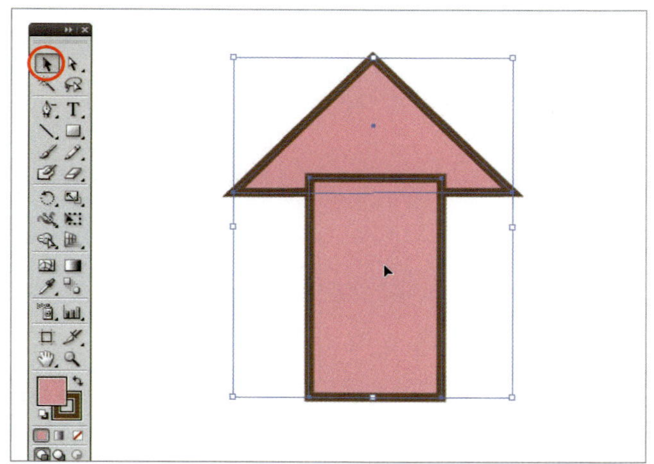

06_ Window –> Pathfinder 메뉴를 실행한 뒤 패스파인더 팔레트에서 'Add to Shape Area' 버튼을 클릭합니다. 삼각형 이미지와 직사각형 이미지가 하나의 오브젝트로 합쳐집니다.

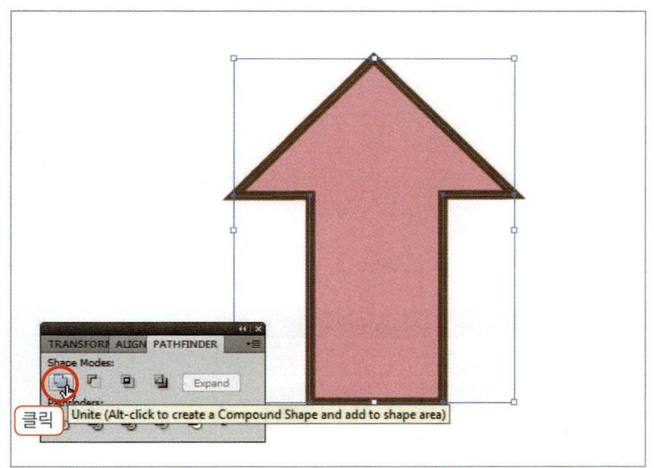

07_ 사각형 툴을 사용하면 간편하게 화살표를 그릴 수 있음을 알 수 있습니다.

배너광고 제작하기

01_ '사각형 툴'로 정사각형을 그려줍니다.

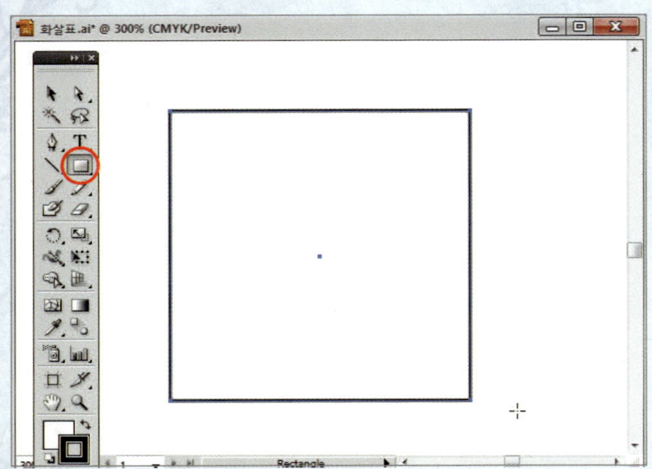

02_ Graphic Styles 버튼을 클릭해 스타일 팔레트를 불러옵니다(단축키 Shift + F5).

03_ 다른 스타일 견본을 불러오기 위해 팔레트 하단의 Graphic Styles Libraries Menu 버튼을 클릭한 뒤 Image Effects 메뉴를 실행합니다.

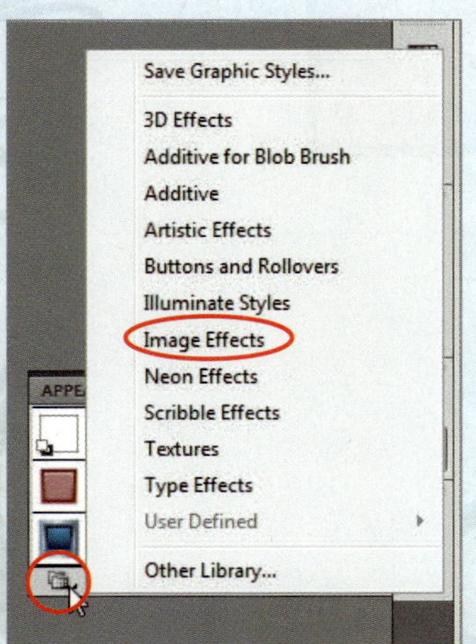

04_ 녹색 스타일(Shadow Back)을 클릭해 작업 중인 사각형 오브젝트에 적용합니다.

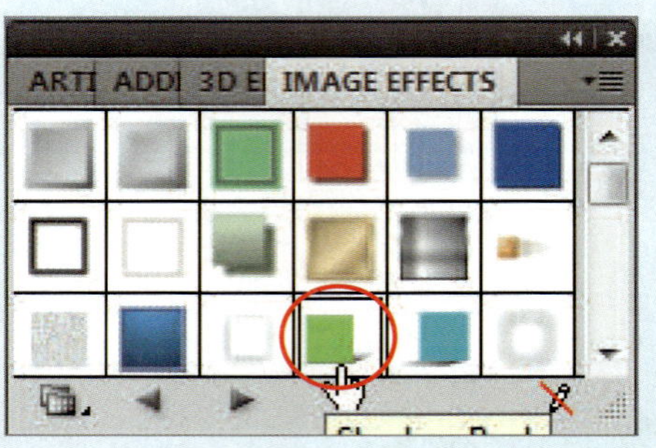

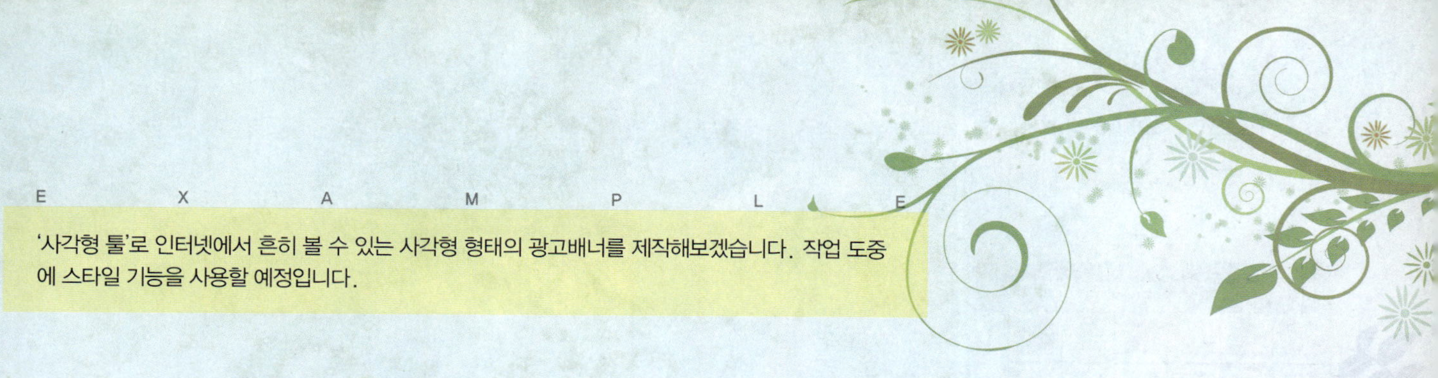

'사각형 툴'로 인터넷에서 흔히 볼 수 있는 사각형 형태의 광고배너를 제작해보겠습니다. 작업 도중에 스타일 기능을 사용할 예정입니다.

05_ 사각형 오브젝트에 새 스타일(Shadow Back)이 적용된 모습입니다.

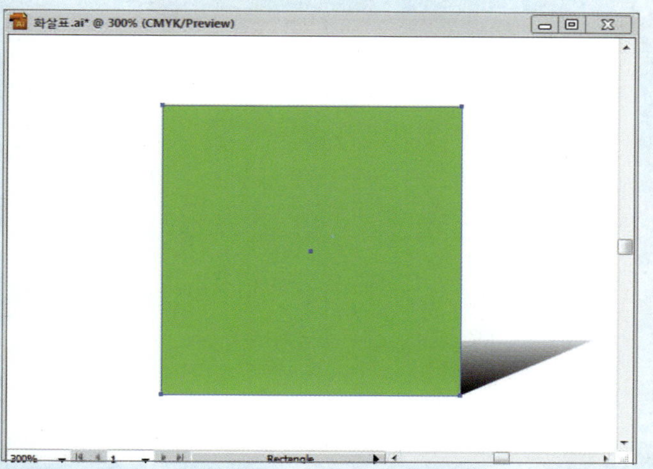

06_ '타이프 툴'로 'Bic'이라는 글자를 입력합니다. 글자 크기는 '선택 툴'로 선택한 뒤 조절해 줍니다.

07_ 옵션바에서 Charater 버튼을 클릭한 뒤 글꼴은 Arial 글꼴로 변경합니다.

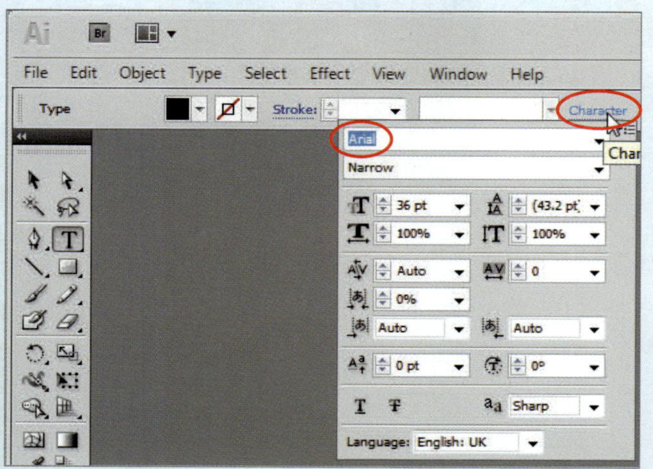

08_ '타이프 툴'로 'Sale'이라는 글자를 입력합니다.

09_ 스타일 팔레트에서 흰색 테두리 스타일(Embossed Blind) 스타일을 클릭해 작업 중인 글자 오브젝트에 적용합니다.

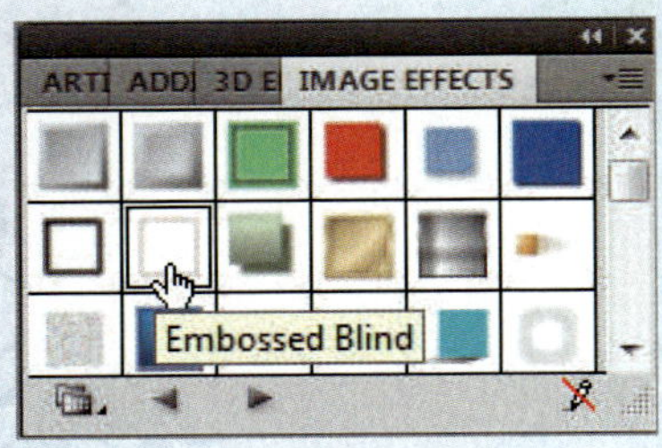

10_ Sale 글자에 스타일이 적용된 모습입니다. 상단의 BIC 글자를 클릭해 선택합니다.

11_ 다른 스타일 견본을 불러오기 위해 팔레트 하단의 Graphic Styles Libraries Menu 버튼을 클릭한 뒤 3D Effects 메뉴를 실행합니다. 3D 스타일 견본에서 3D Effect15 스타일을 클릭해 적용합니다.

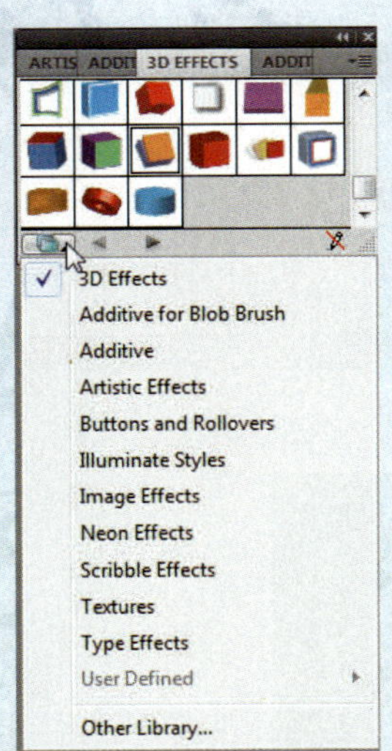
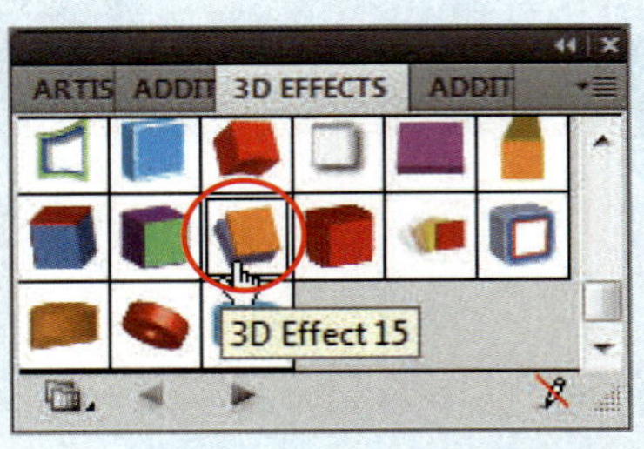

12_ 'BIC'이라는 글자에 3D 스타일이 적용된 모습입니다. 간단하게 배너광고를 만들어보았습니다.

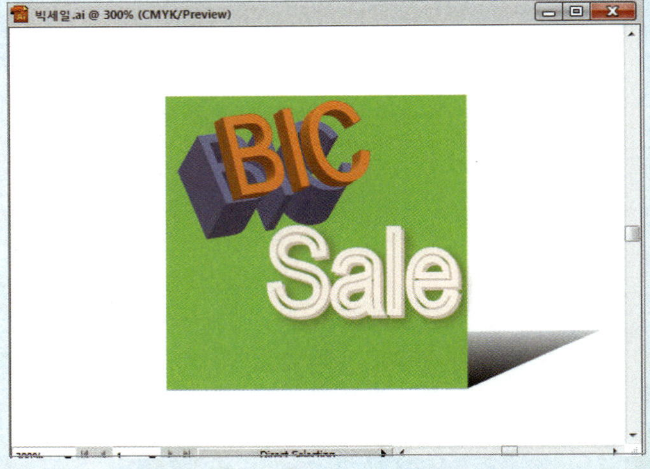

둥근 사각형 드로잉하기 – 둥근 사각형 툴(Rounded Rectangle Tool)

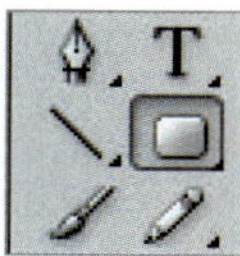

'둥근 사각형 툴'은 둥근 사각형을 드로잉할 때 사용합니다. 드래그하면 둥근 사각형이 제작되고, [Shift]키를 누른 채 드래그하면 정방형의 둥근 사각형이 제작됩니다. 또한 [Alt] 키를 누른 채 드래그하면 클릭한 지점이 둥근 사각형의 중심부가 됩니다. 일반적으로 각종 버튼 이미지를 드로잉할 때 유용합니다.

'둥근 사각형 툴'로 둥근 사각형을 제작한 뒤 사각형 아래에 그림자를 만들어보겠습니다. 먼저 '둥근 사각형 툴'로 둥근 사각형을 그려줍니다. Effect –〉 Stylize –〉 Outer Glow 메뉴를 실행한 뒤 Mode 'Screen', 색상 '검정색', Opacity 75, Blur 1.76mm를 적용합니다. 사각형 뒤로 그림자가 만들어집니다.

둥근 사각형을 그린 모습

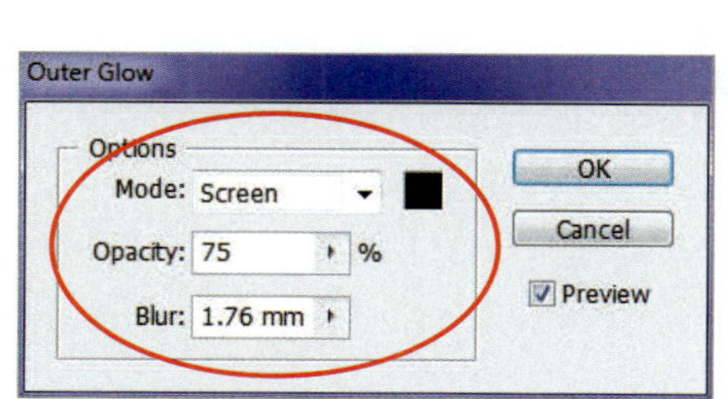

Outer Glow 설정 모습

작업 이미지의 모습

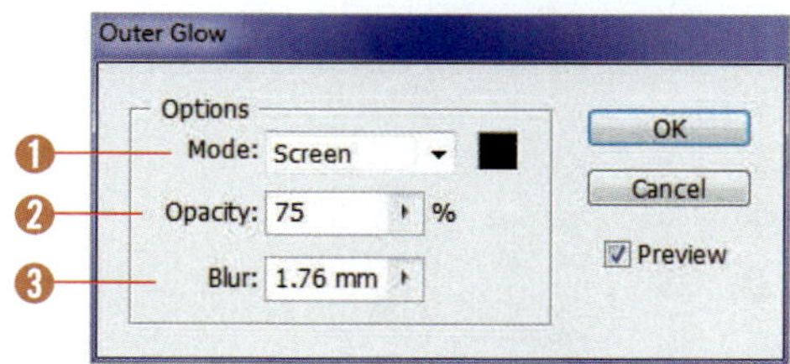

❶ Width : 둥근 사각형의 가로 너비를 지정합니다.

❷ Height : 둥근 사각형 도형의 세로 높이를 지정합니다.

❸ Corner Radius : 둥근 사각형의 모서리 유연도를 조절합니다.

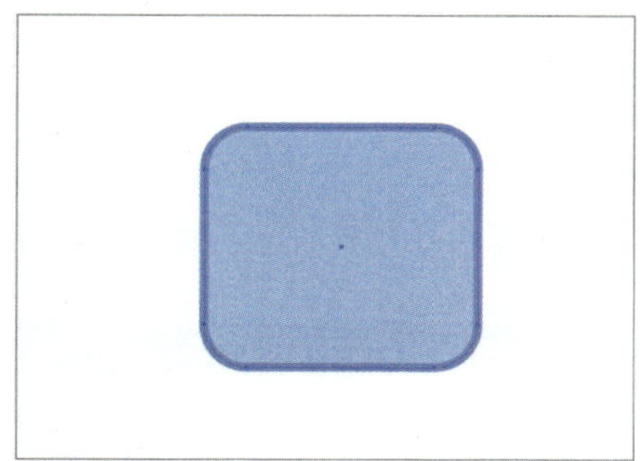

Corner Radius 5mm

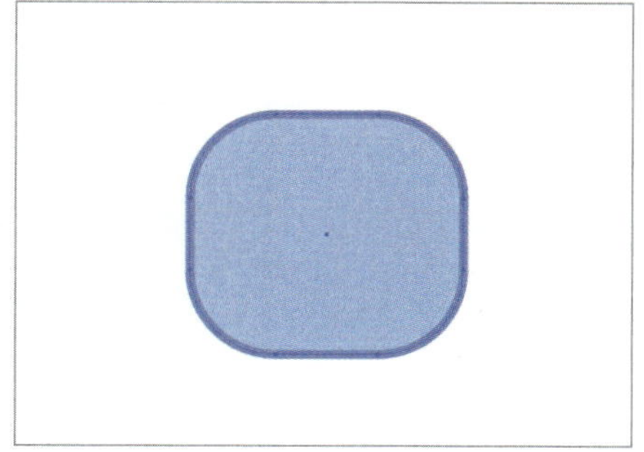

Corner Dadius 10mm

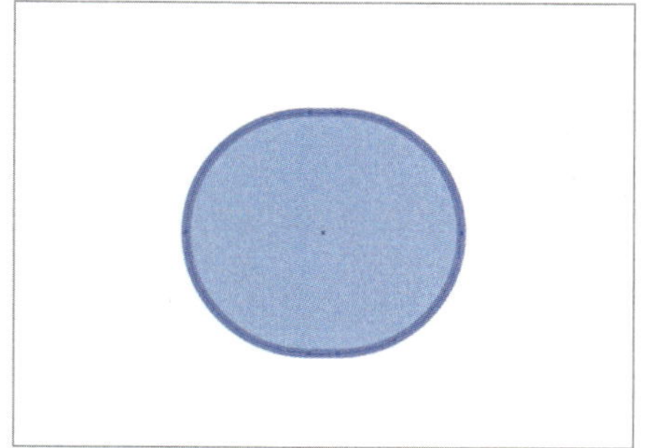

Corner Radius 20mm

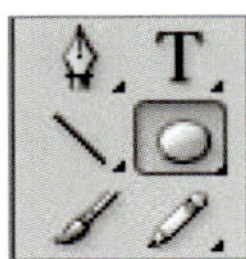

원 도형 드로잉하기 – 원 도형 툴(Ellipse Tool)

'원 도형 툴'은 원 도형이나 타원 도형을 그릴 때 사용합니다. (Shift) 키를 누른 채 드래그하면 정방형의 원이 그려지고 (Alt) 키를 누른 채 드래그하면 클릭한 부분이 원의 중심부가 됩니다. 일반적으로 원 버튼을 제작할 때 유용합니다.

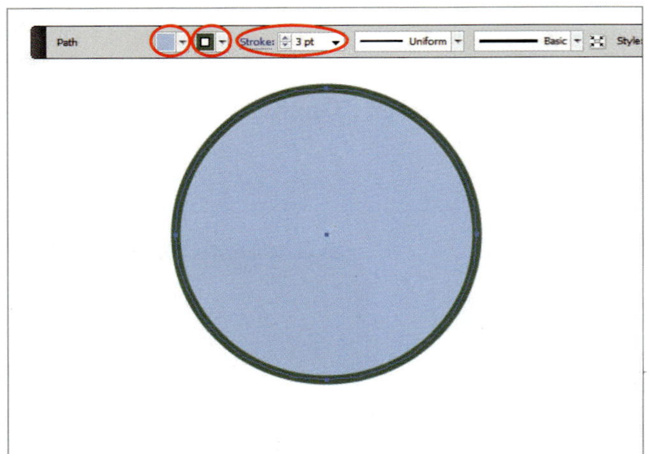

01_ '원 도형 툴'을 선택한 뒤 마우스로 드래그하면 원 도형이 그려집니다.

옵션바의 Fill 컬러는 연한 하늘색, Stroke 컬러는 짙은 녹색, Stroke 두께는 3pt로 설정합니다.

02_ 원 도형을 그린 뒤 Stroke 팔레트에서 Dashed Line 옵션에 체크하면 도형의 테두리가 점선 형태로 변하게 됩니다.

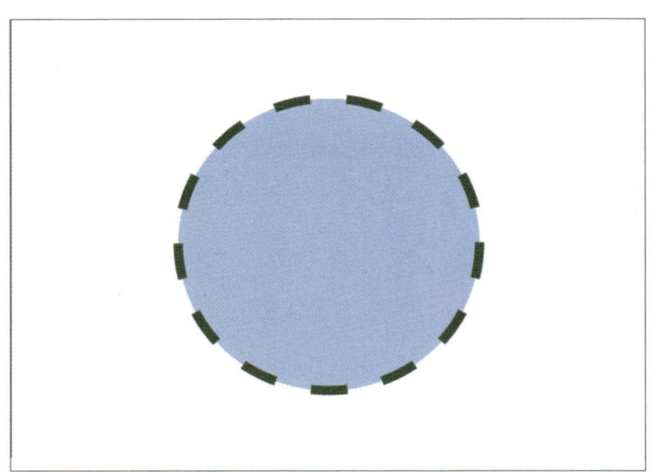

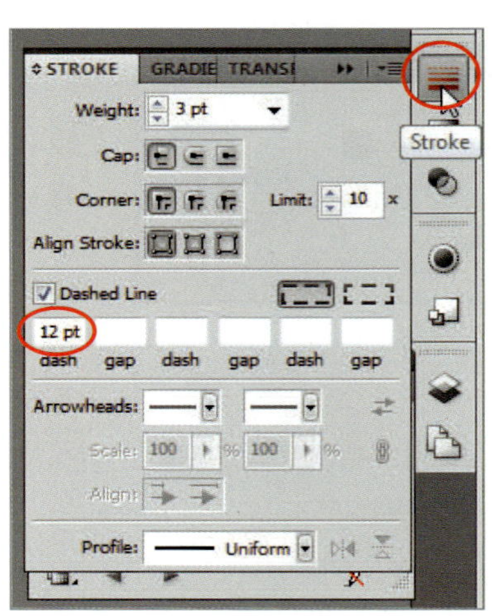

03_ '원 도형 툴'로 작업창을 클릭하면 옵션 대화상자가 실행됩니다. 옵션 대화상자에서 수치를 입력해 원 도형을 제작할 수 있습니다. 보통 같은 크기의 원 도형을 제작할 때 유용합니다.

❶ Width : 원 도형의 가로 크기를 설정합니다.

❷ Height : 원 도형의 세로 크기를 설정합니다.

다각형 도형 제작의 마술사 – 다각형 툴(Polygon Tool)

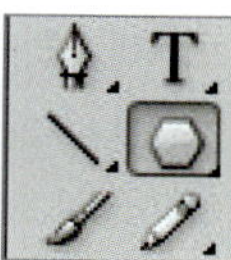 '다각형 툴'은 꼭짓점이 3개인 삼각형을 비롯해 꼭짓점이 여러 개인 다각형 도형을 그릴 때 사용합니다. 마우스로 드래그하면 다각형 도형이 제작되며, 옵션에 따라 꼭짓점의 개수가 3∼1000개인 다각형을 제작할 수 있습니다. 기본값으로 제작하면 6각형 도형이 그려집니다.

3각형을 그린 모습

6각형을 그린 모습

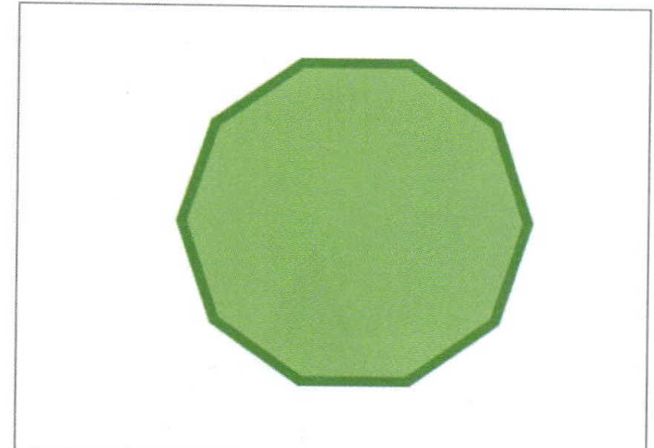

10각형을 그린 모습

다각형 툴의 옵션

다각형 툴로 작업화면을 클릭하면 꼭짓점 개수를 설정할 수 있도록 대화상자가 실행됩니다.

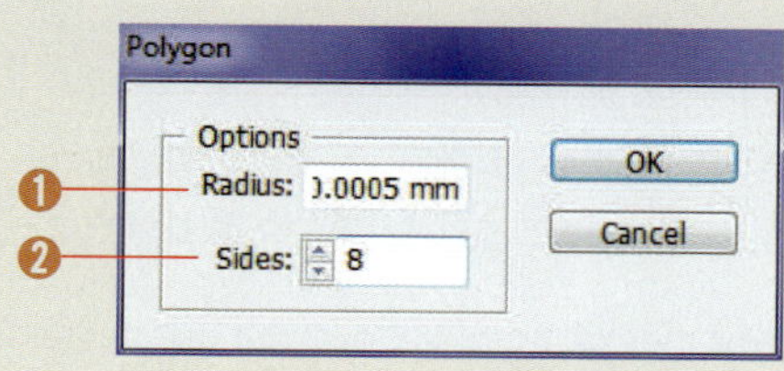

❶ Radius : 다각형의 반경을 지정합니다.
❷ Sides : 꼭짓점의 개수를 3∼100개 사이에서 지정합니다.

다음은 꼭짓점의 개수(Sides)에 따라 달라지는 다각형의 모습을 비교한 모습입니다.

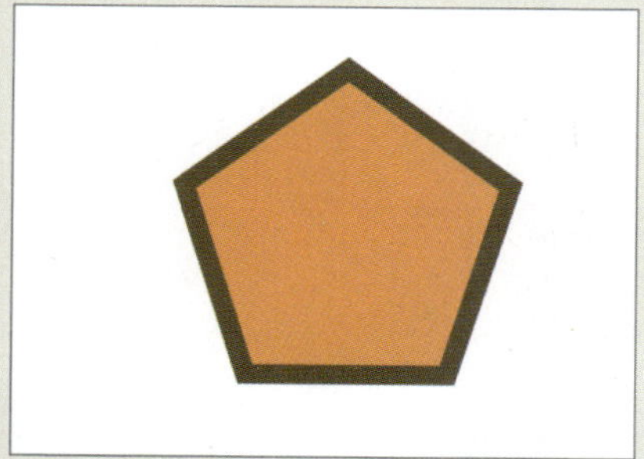

Sides 5

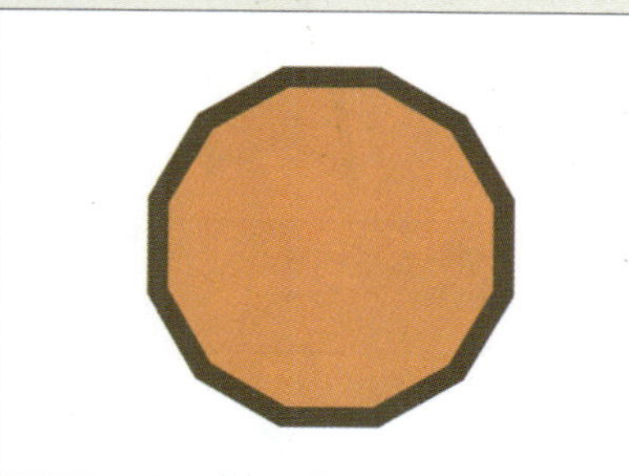

Sides 12

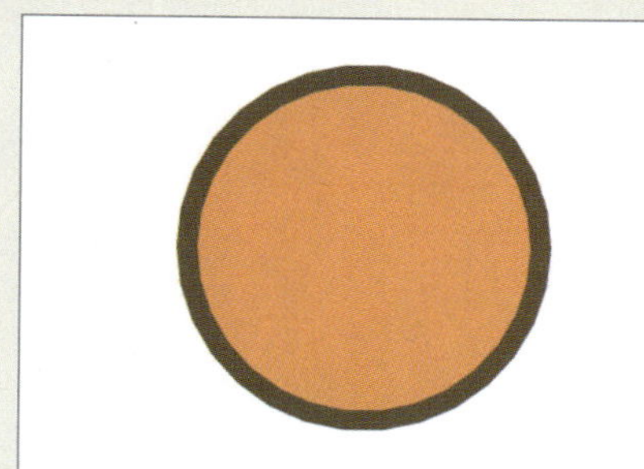

Sides 30

별 모양의 도형 제작하기 – 별 툴(Star Tool)

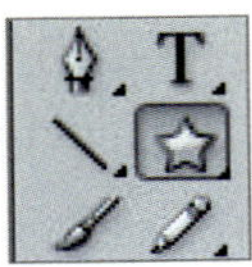 별 모양의 도형을 제작할 때 사용하며 옵션의 설정에 따라 다양한 모양을 제작할 수 있습니다. 기본값으로 제작하면 꼭짓점이 5개인 별 도형이 그려집니다. 드래그할 때 [Ctrl] 키를 누르면 도형 반경이 조절되고, [Alt] 키를 누르면 원래 반경으로 드로잉됩니다.

도형을 그릴 때 [Ctrl] 키와 [Alt] 키를 눌러 반경을 조절한 모습입니다. 별 툴로 작업창을 더블클릭하면 꼭짓점 개수를 변경할 수 있도록 옵션 대화상자가 실행됩니다.

기본적인 별 도형의 모습

반경을 변경한 모습

꼭짓점 개수를 변경한 모습

별 툴의 옵션

'별 툴'로 작업화면을 클릭하면 옵션 상자가 실행됩니다.

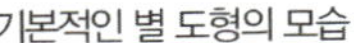

❶ **Radius 1** : 별 도형의 중심점에서 외곽 꼭짓점까지의 반경을 지정합니다.

❷ **Radius 2** : 별 도형의 중심점에서 내부 꼭짓점까지의 지름을 지정합니다.

Radius 1과 Radius 2의 설정에 따라 별 모양이 만들어지거나 마름모 모양이 만들어집니다.

Radius 1 30mm,
Radius 2 15mm

Radius 1 25mm,
Radius 2 15mm

Points 7

Points 15

❸ **Points** : 꼭짓점의 개수를 지정합니다.

Extrude & Bevel 메뉴로
3D 입체 도형 제작하기

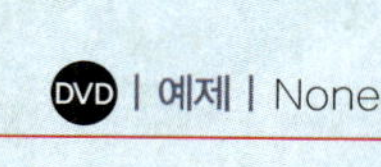

'별 툴'로 별 도형을 그려줍니다. 그런 뒤 Extrude & Bevel 메뉴를 실행해 3D 형태의 입체 도형으로 전환하겠습니다. Extrude & Bevel 메뉴를 이용하면 어떤 도형이라도 3D 입체 도형으로 전환할 수 있습니다.

01_ '별 툴'을 선택한 뒤 Fill 컬러는 황토색, Stroke 컬러는 하늘색으로 설정합니다. 예제 그림처럼 별 도형을 그려 줍니다.

02_ Effect -> 3D -> Extrude & Bevel 메뉴를 실행합니다. 대화상자의 썸네일 이미지를 마우스로 드래그하여 각도를 조절하고 OK 버튼을 클릭합니다.

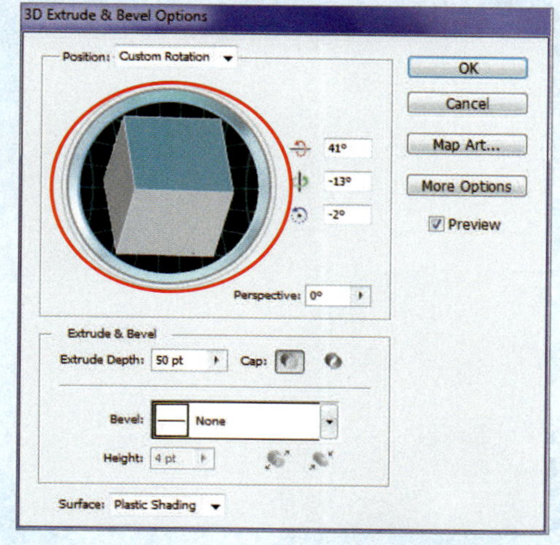

03_ 3D 입체 별 이미지가 제작됩니다.

04_ 옵션바에서 Stroke 항목을 10pt로 교체합니다. 입체 상태가 더욱 부각됩니다.

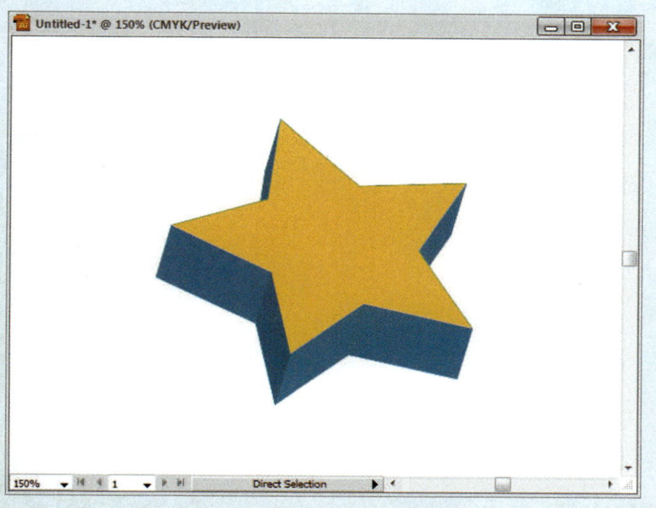

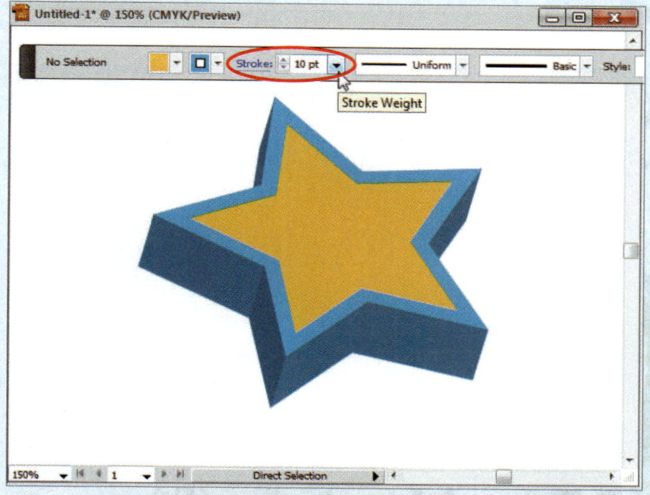

조명 효과 제작하기 – 조명 툴(Flare Tool)

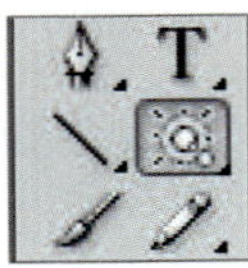

조명 도형을 제작합니다. 마우스로 클릭해 1번 조명을 제작하고 다시 클릭해 2번 조명을 제작합니다. 두 조명은 하나의 그룹으로 묶이면서 특별한 형태의 조명 효과가 나타납니다.

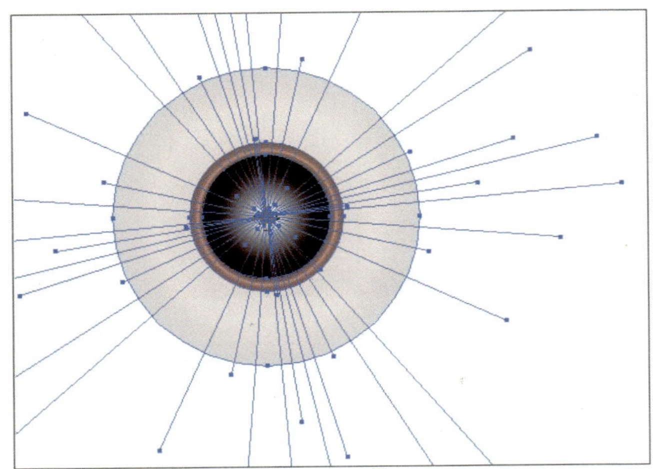

01_ 툴박스에서 '조명 툴'을 선택한 뒤 화면의 빈 곳을 클릭 드래그하여 1번 조명을 생성시킵니다. 드래그한 간격만큼 조명 크기가 결정됩니다.

02_ 다시 클릭 드래그하면 1번 조명과 연결된 2번 조명이 만들어집니다. 만일 마우스를 드래그하지 않고 단순하게 클릭작업만 하면 옵션 대화상자를 통해 조명 도형을 제작할 수 있습니다.

03_ 조명 이미지는 흰색 바탕보다는 어두운 바탕에서 제작하는 것이 좋습니다. 옆 그림은 보라색 바탕에서 조명 효과를 제작한 모습입니다.

'조명 툴'로 작업화면의 빈 곳을 클릭하면 옵션 대화상자가 실행됩니다. 대화상자에서 조명의 Center(중심), Halo(후광), Rings(고리), Rays(광선), Center(중심부) 옵션을 설정할 수 있습니다.

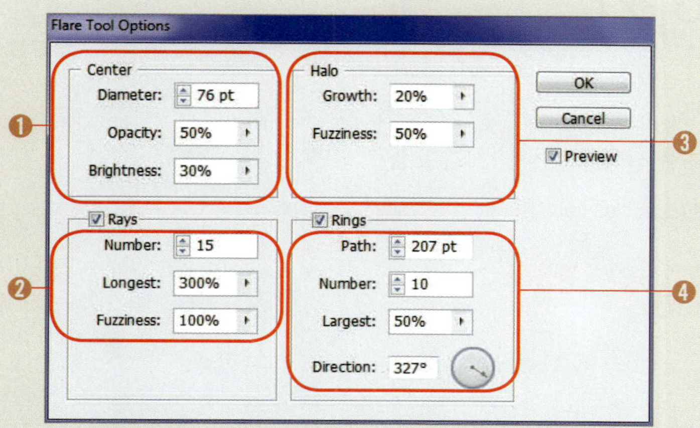

❶ **Center** : 조명의 중심부 옵션을 설정합니다.

- Diameter : 조명의 중심이 되는 원구 부분의 지름을 설정합니다. 0∼1000pt 사이에서 지정합니다.
- Opacity : 조명 도형의 중심부 색상의 투명 상태를 조절합니다. 0∼100% 사이에서 지정합니다.
- Brightness : 조명 도형의 중심부 밝기를 조절합니다. 0∼100% 사이에서 지정합니다.

❷ **Rays** : 조명에서 뻗어나가는 광선(열선)에 대한 옵션을 설정합니다.

- Number : 조명 중심부에서 뻗어나가는 광선의 수를 결정합니다. 전후좌우 4등분하여 각 방향에서 뻗어나가는 광선 수를 결정하는 것입니다. 0∼50개 사이에서 결정합니다.
- Longest : 가장 길게 뻗어나가는 광선의 길이를 지정합니다. 0%∼1000% 사이에서 결정합니다.
- Fuzziness : 광선의 흐린 선 상태를 조절하는 것으로 0∼100% 사이에서 조절할 수 있습니다.

❸ **Halo** : 조명의 배후에 있는 후광에 대한 옵션을 설정합니다.

- Glowth : 후광 조명의 확장 상태를 조절합니다. 0∼300% 사이에서 지정합니다.
- Fuzziness : 후광 조명의 흐려짐 상태를 조절합니다. 0∼100% 사이에서 지정합니다.

❹ **Rings** : 기본적으로 2개의 조명 도형이 연결되어 조명을 만들어 주는데 이 옵션을 선택하지 않으면 하나의 조명이 만들어집니다.

- Path : 연결되는 두 조명의 간격을 조절합니다. 0∼1000 사이에서 지정합니다.
- Number : 조명 고리의 숫자를 지정합니다. 0∼50 사이에서 지정할 수 있습니다. 즉 2개의 큰 조명 도형이 패스로 연결되는데 이 패스에 생성될 고리의 숫자를 지정하는 것입니다.
- Largest : 고리 중에서 가장 큰 고리의 크기를 결정합니다. 0∼250% 사이에서 지정합니다.
- Direction : 고리가 생성되는 방향을 지정합니다. 360도 각도에서 지정합니다.

도형 툴로

MP3 드로잉하기

01_ 툴박스에서 '둥근 사각형 툴'을 선택한 뒤 둥근 사각형 툴로 화면 중앙을 클릭합니다.

02_ 대화상자에서 Width 470pt, Height 180pt, Corner Radius 50pt로 설정한 뒤 OK 버튼을 클릭해 적용합니다.

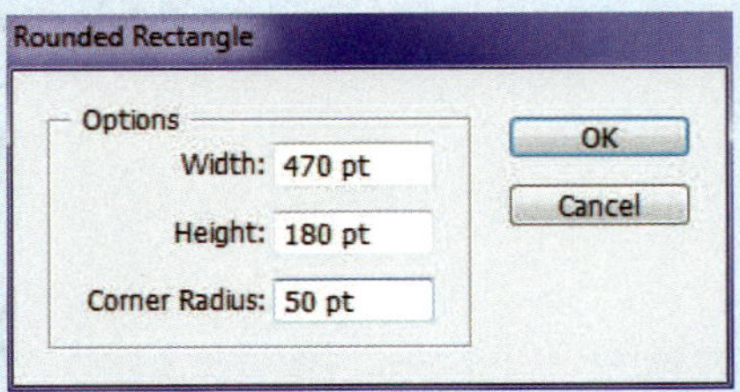

일러스트레이터의 측정단위 변경하기

대화상자의 단위가 pt 단위가 아닐 경우 Edit –>Preferences –> Units 메뉴를
실행한 뒤 General 항목의 단위를 Points 단위로 교체하기 바랍니다.

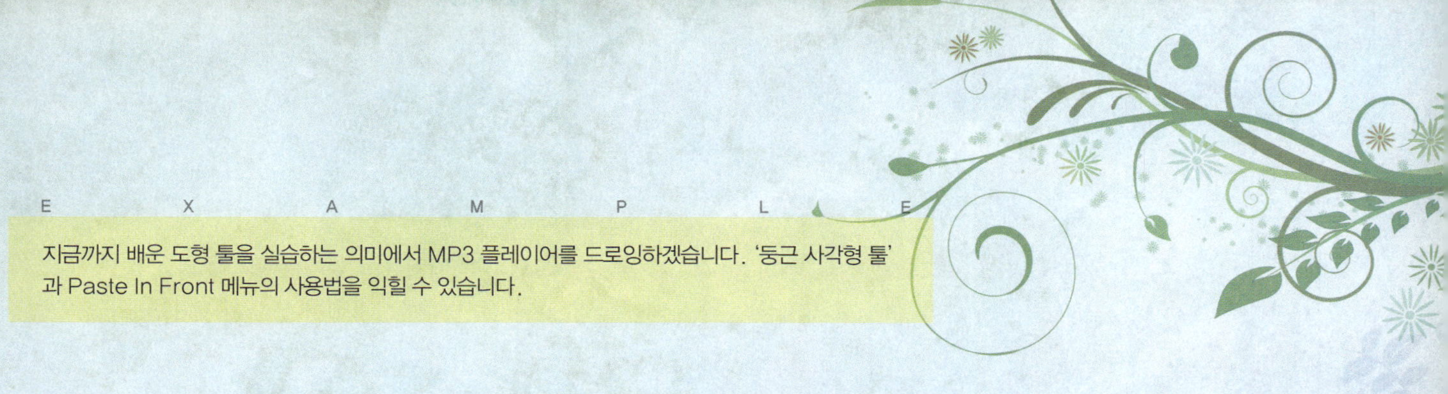

03_ MP3 바탕 이미지가 제작되었습니다. 이 오브젝트를 선택한 상태에서 Fill 컬러는 '짙은 회색', Stroke 컬러는 '무색'으로 설정합니다.

04_ Edit -> Copy 메뉴로 오브젝트를 복사합니다. 복사한 오브젝트를 Edit -> Paste in Front 메뉴로 붙여줍니다.

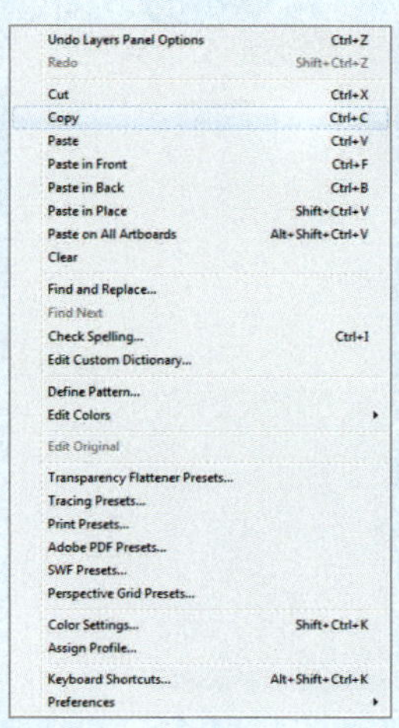

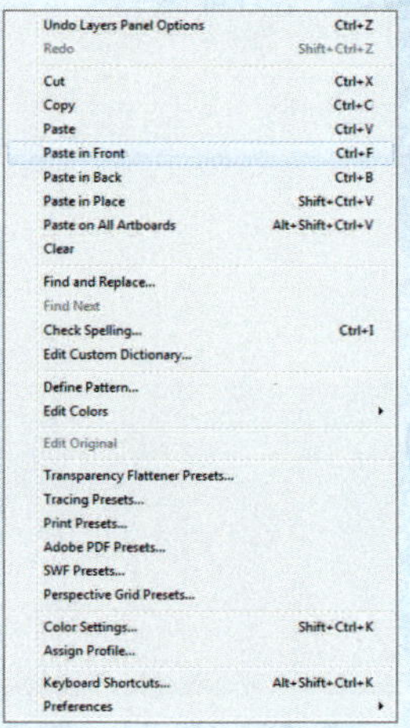

05_ 복사한 이미지가 붙여진 모습이지만 두 이미지가 겹쳐 있는 상태이기 때문에 구분되지 않습니다.

06_ 선택한 오브젝트의 Fill 컬러를 '밝은 회색'으로 변경합니다. 회색 오브젝트의 하단부를 위로 드래그하여 높이를 조금 줄여줍니다. 높이를 줄인 오브젝트를 선택한 뒤 Ctrl + C 로 복사합니다.

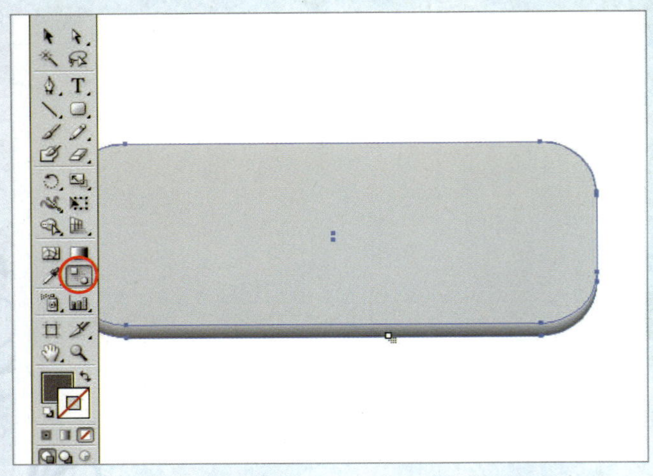

07_ '블렌드 툴'을 선택한 뒤 아래에 있는 짙은 회색 오브젝트를 클릭한 뒤 위에 있는 밝은 회색 오브젝트를 클릭해 블렌드합니다.

만일 옆 그림처럼 입체감이 없다면 툴박스의 블렌드 툴을 더블클릭한 뒤 옵션 대화상자에서 Specified Steps 옵션을 50으로 설정해 줍니다.

08_ '직접 선택 툴'로 상단 오브젝트를 클릭해 선택합니다. Edit -> Paste in Front 메뉴를 실행해 앞에서 복사해둔 이미지를 붙여줍니다. 붙여넣은 오브젝트의 Stroke 컬러를 '짙은 회색'으로 지정하고 Stroke 두께는 '0.5pt'로 설정합니다.

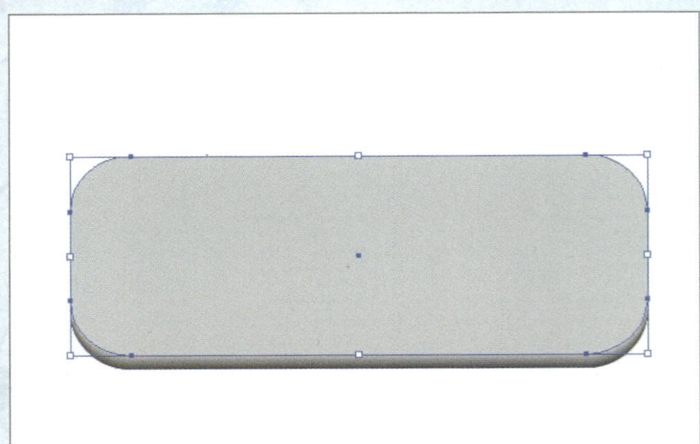
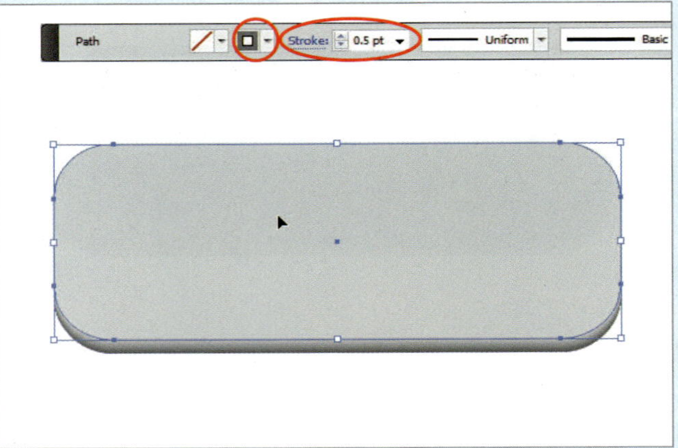

09_ 오브젝트의 Fill 컬러에 그라디언트 색을 만들어줍니다. 그라디언트 팔레트에서 자물쇠 4개를 만든 뒤 자물쇠 색상은 1번(흰색), 2번(K 20), 3번(K 14), 4번(K 40)으로 설정합니다. '그라디언트 툴'을 선택한 뒤 그라디언트 방향을 회전 수정합니다.

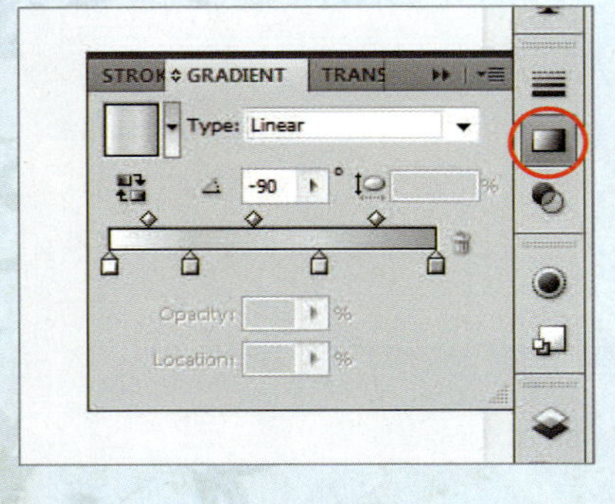
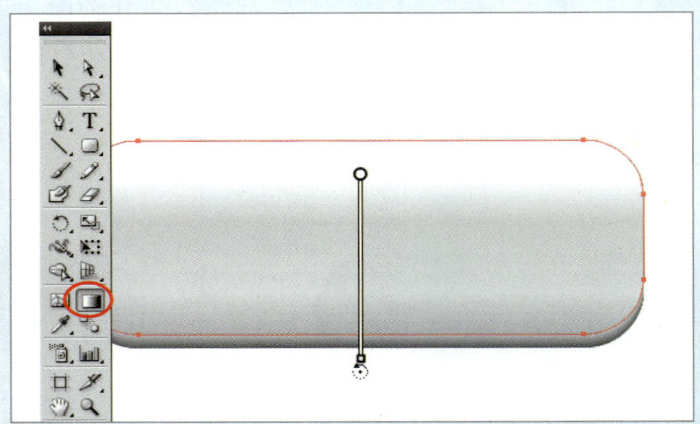

그라디언트 팔레트에서 자물쇠 생성하기

그라디언트 팔레트의 그라디언트 막대 하단부의 자물쇠 영역에서 빈 공간을 클릭하면 자물쇠가 생성됩니다.

10_ 레이어 팔레트에서 Create 버튼을 클릭해 Layer 2를 생성시킨 뒤 Layer 1은 편집되지 않도록 자물쇠 아이콘으로 잠가 줍니다. 툴박스에서 '둥근 사각형 툴'을 선택한 뒤 예제 그림처럼 둥근 사각형을 그려줍니다.

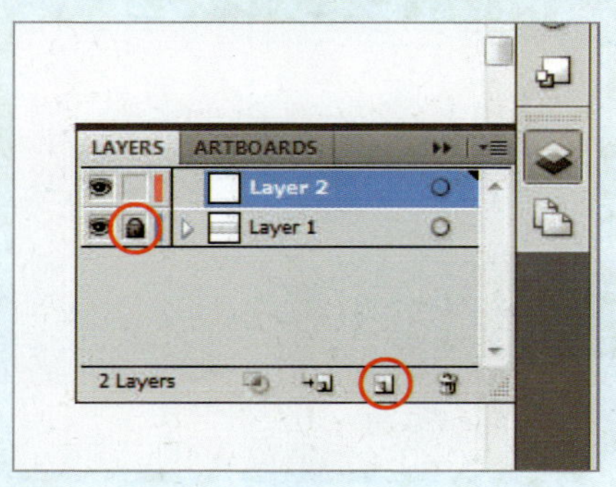
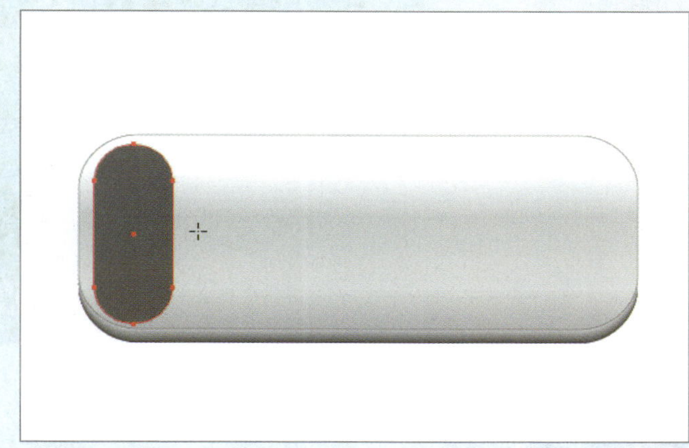

11_ 둥근 사각형이 선택된 상태에서 '스포이드 툴'로 몸체 부분을 클릭해 색상을 가져옵니다.
오브젝트를 선택한 상태에서 Edit -> Copy 메뉴로 복사합니다. Edit -> Paste in Front 메뉴로 붙여준 뒤 '스케일 툴'로 붙 여넣은 오브젝트의 크기를 약간 줄여줍니다.

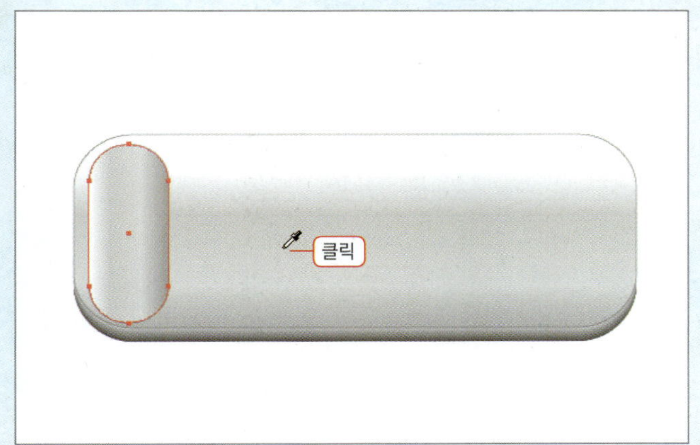

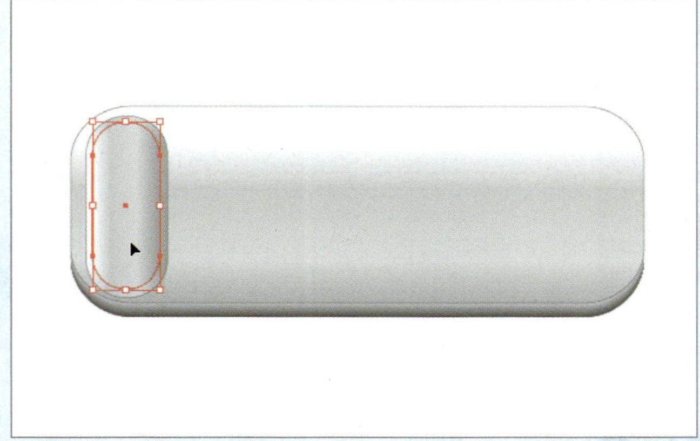

12_ 크기를 줄인 오브젝트를 선택한 상태에서 그라디언트 색상을 적용합니다. 1번 자물쇠(C 44, M 0, Y 17, K 0), 2번 자 물쇠(C 75, M 33, Y 19, K 0) 색상으로 설정합니다. Stroke 컬러는 '짙은 파란색'으로 지정합니다.

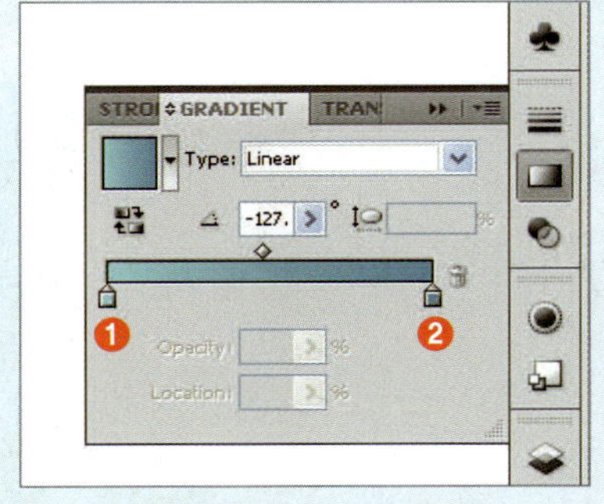

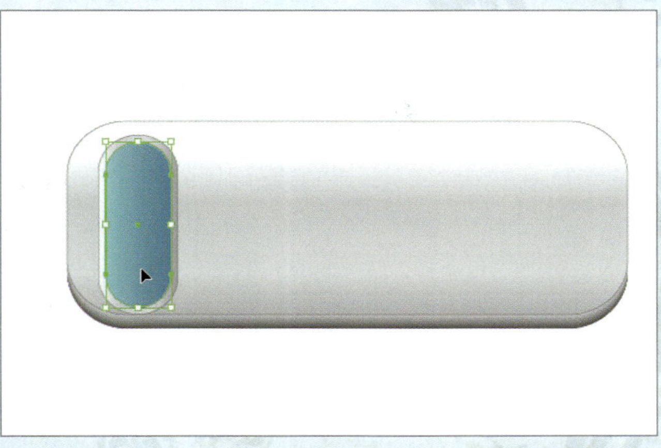

13_ 파란색 오브젝트를 Edit -〉 Copy 메뉴로 복사한 뒤 Edit -〉 Paste in Front 메뉴로 붙여줍니다. '스케일 툴'로 붙여넣은 오브젝트의 크기를 약간 줄여줍니다. '그라디언트 툴'로 그라디언트 방향을 아래 그림처럼 수정합니다.

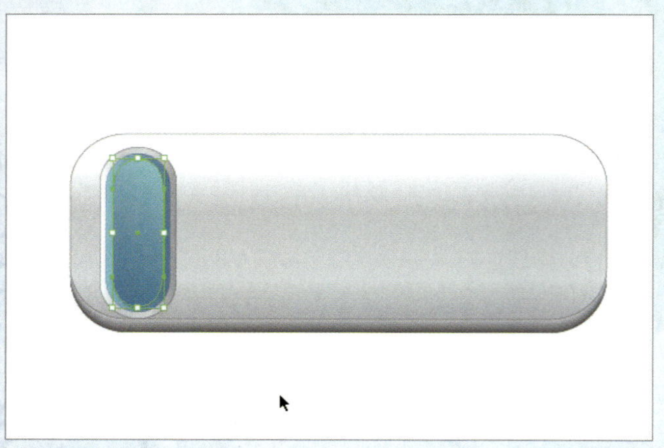
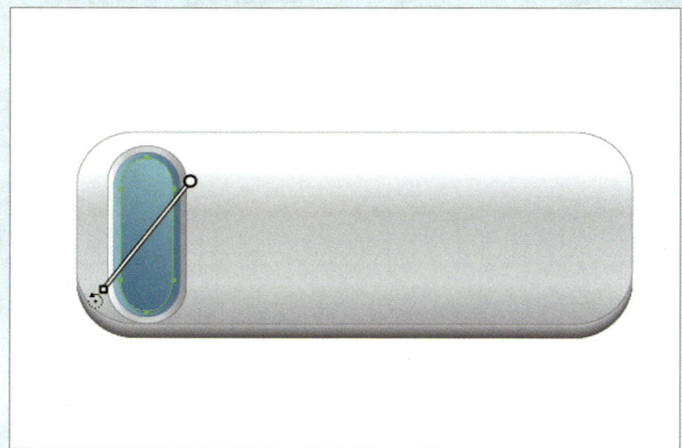

14_ '둥근 사각형 툴'로 마이크 이미지를 그려줍니다. Fill 컬러는 '짙은 회색', Stroke 컬러는 '연한 파란색'으로 지정합니다. 타이프 툴로 마이크 왼쪽에 'MIC'이라는 글자를 입력합니다. 사용한 글꼴은 Arial 글꼴이고 색상은 '짙은 회색'을 사용했습니다.

15_ 레이어 팔레트에서 Create 버튼을 클릭해 Layer 3을 생성시킨 뒤 Layer 2은 편집되지 않도록 자물쇠 아이콘으로 잠가줍니다.

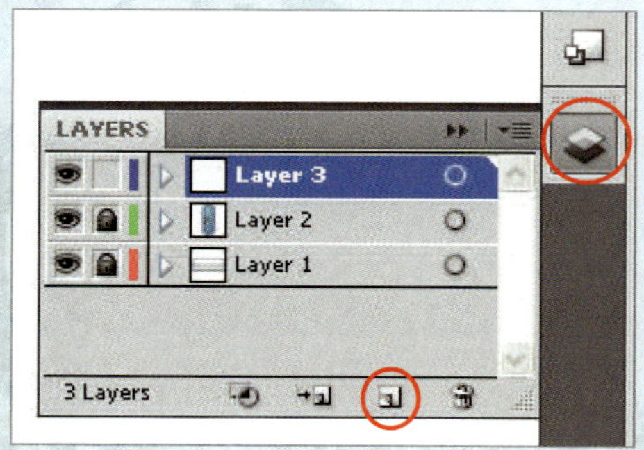

22_ 툴박스에서 '그라디언트 툴'을 선택한 뒤 그라디언트 방향을 옆과 같이 회전시킵니다.

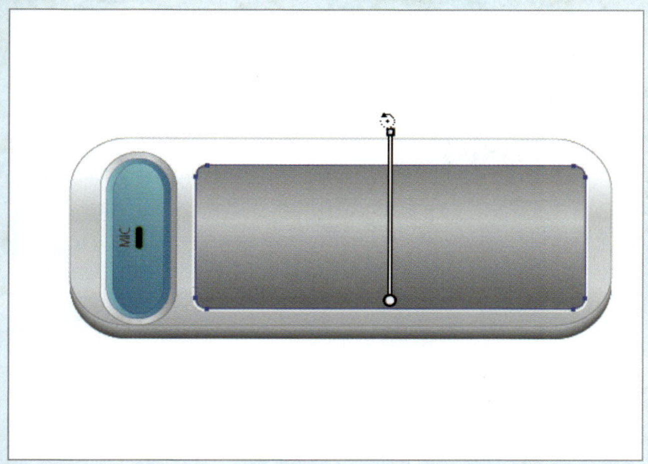

23_ '둥근 사각형 툴'로 액정 이미지를 그려줍니다. Stroke 컬러는 흰색, Stroke 두께는 1pt로 설정합니다.

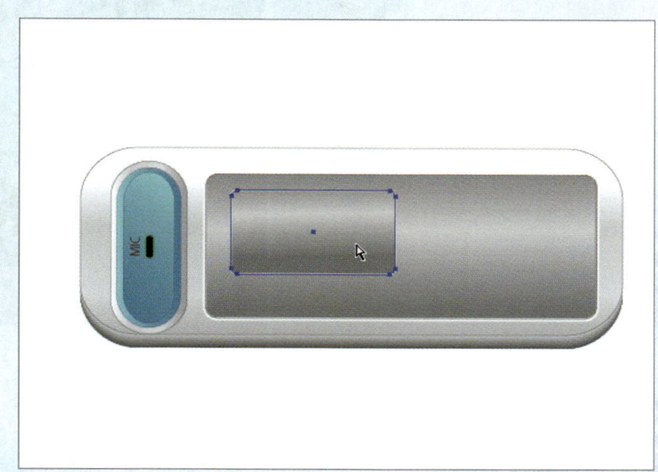

24_ 액정 이미지를 선택한 상태에서 Edit -> Copy 메뉴로 복사합니다. 복사한 이미지를 Edit -> Paste in Front 메뉴로 붙여줍니다. 붙여넣은 액정 이미지의 Stroke 컬러를 None으로 설정합니다.

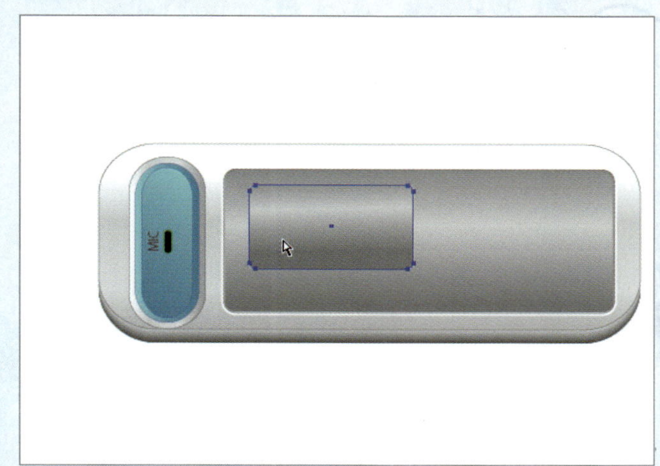

25_ 붙여넣은 액정 이미지를 선택한 상태에서 Effect -> Stylize -> Inner Glow 메뉴를 실행한 뒤 Mode Normal, 색상 짙은 회색, Blur 2pt로 적용합니다. 내부 그림자가 만들어집니다.

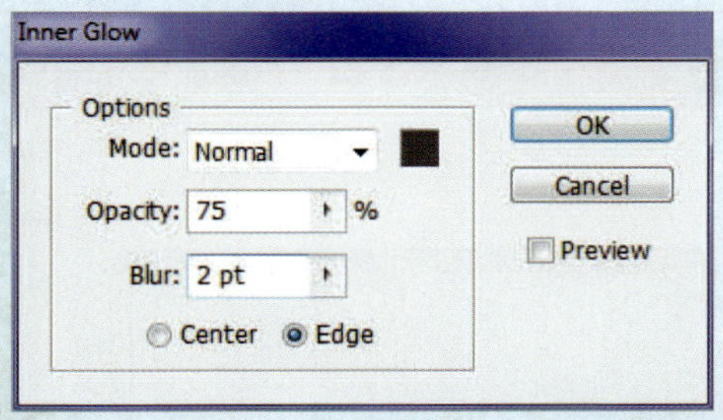

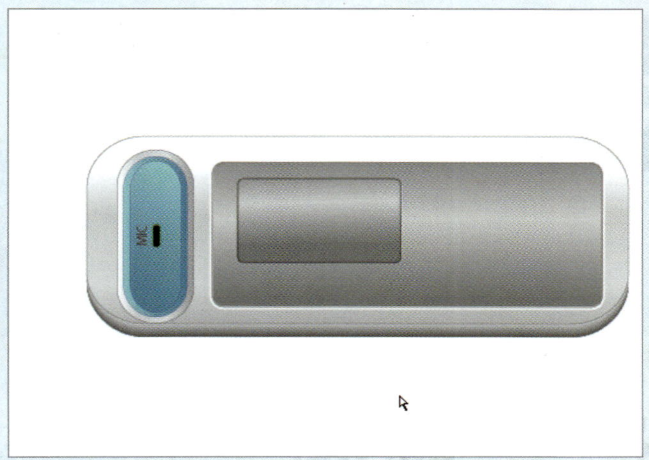

26_ 붙여넣은 액정 이미지를 선택한 상태에서 그라디언트 팔레트에서 액정 색상을 제작합니다.
1번 자물쇠(C 11, M 3, Y 0, K 0.2), 2번 자물쇠(C 25, M 7, Y 0, K 0.3), 3번 자물쇠(C 49, M 14, Y 0, K 0.6)로 색상을 지정했습니다.

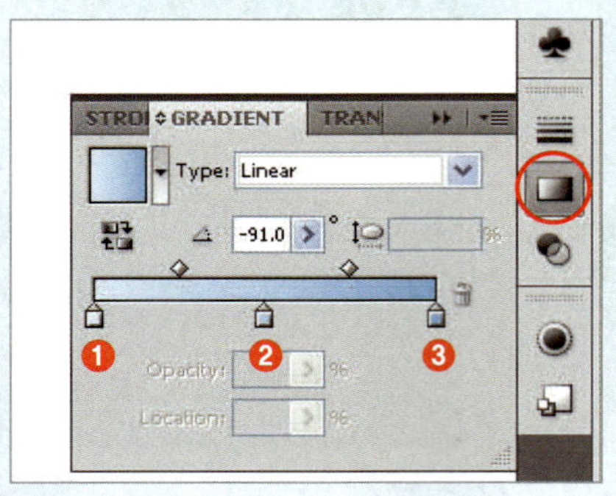

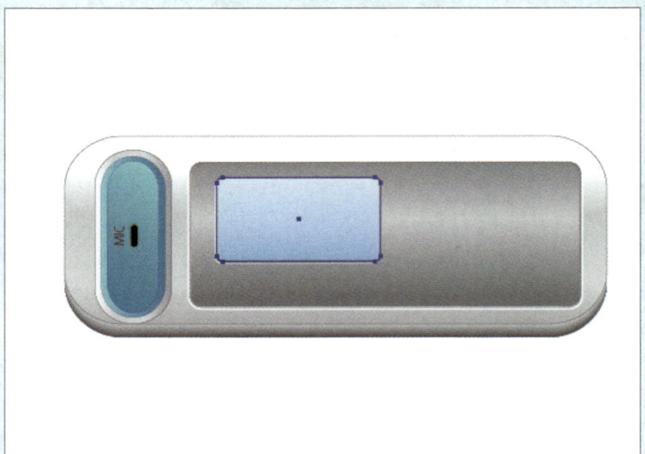

27_ 타이프 툴로 MP3 플레이어의 이름인 'Yepp'이란 글자를 입력합니다. 사용한 글꼴은 Impact체이고 색상은 짙은 회색으로 지정했습니다.

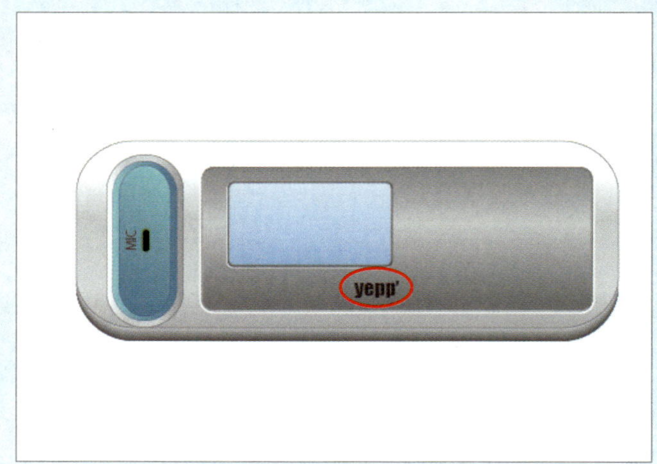

28_ 레이어 팔레트에서 Layer 4를 생성시킨 뒤 Layer 3은 편집되지 않도록 자물쇠 아이콘으로 잠가 줍니다.
'둥근 사각형 툴'을 선택한 뒤 화면 오른쪽에 버튼 이미지를 그려줍니다. 버튼 이미지의 Stroke 컬러는 검정색, Stroke 두께는 2pt로 설정합니다.

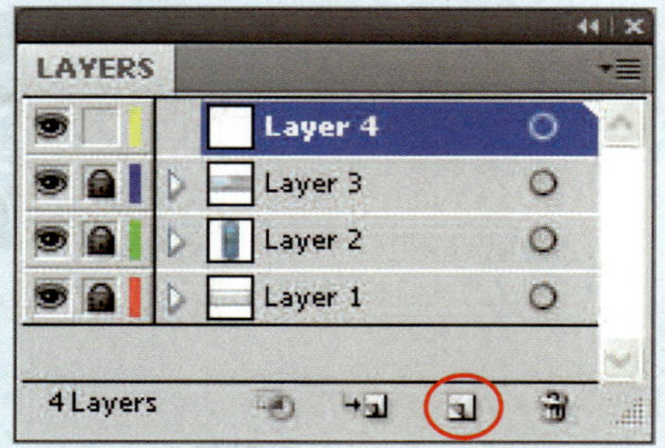

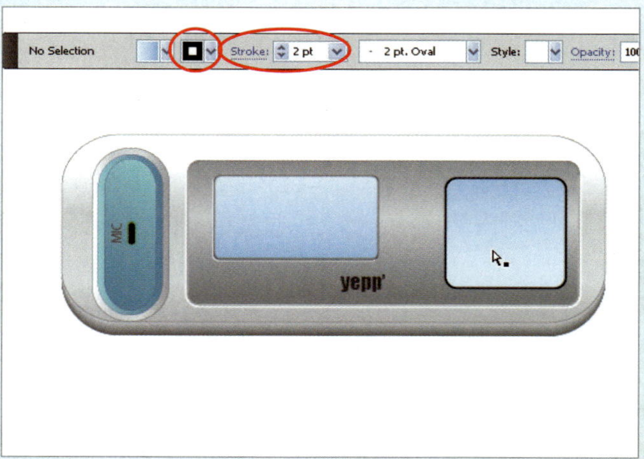

29_ 버튼 이미지를 선택한 상태에서 Edit -> Copy 메뉴로 복사합니다. 복사한 이미지를 Edit -> Paste in Front 메뉴로 붙여줍니다.

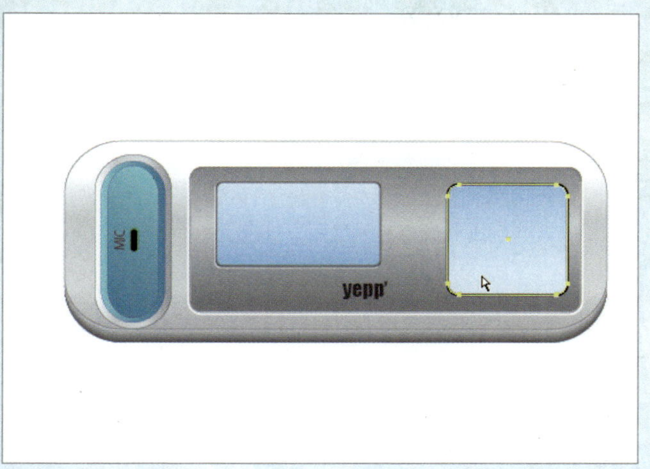

30_ 붙여넣은 버튼 이미지의 크기를 2pt 정도 축소해 줍니다. 그런 뒤 Fill 컬러는 '짙은 파란색', Stroke 컬러는 흰색으로 지정합니다.

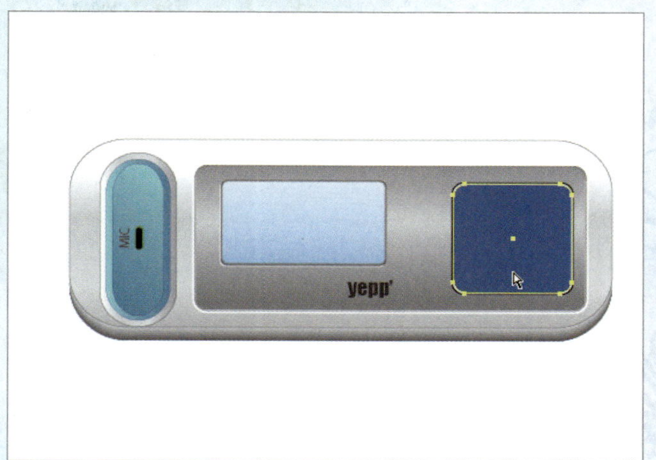

31_ 다시 Paste In Front 메뉴를 실행해 복사해둔 이미지를 붙여줍니다. 그런 뒤 크기를 예제처럼 10pt 가량 축소합니다. 옵션바에서 Fill 컬러는 회색, Stroke 컬러는 흰색, Stroke 두께는 4pt로 설정합니다.

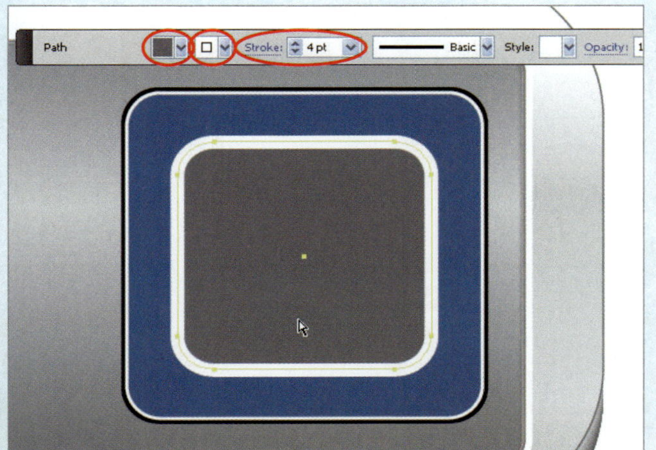

32_ 방금 작업한 오브젝트를 Copy 메뉴로 복사한 뒤 Paste in Front 메뉴로 붙여줍니다.
그런 뒤 Fill 컬러는 '짙은 파란색'. Stroke 컬러를 'None'으로 설정합니다.

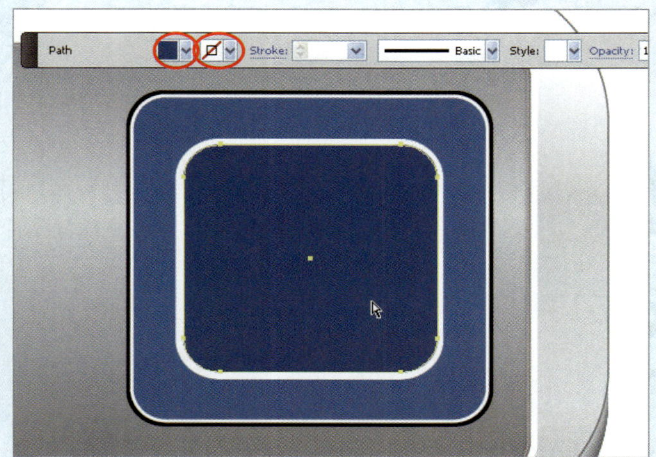

33_ 붙여넣은 이미지를 선택한 상태에서 Effect –> Stylize –> Inner Glow 메뉴를 실행한 뒤 Mode Normal, 색상은 '짙은 회색'을 적용합니다.

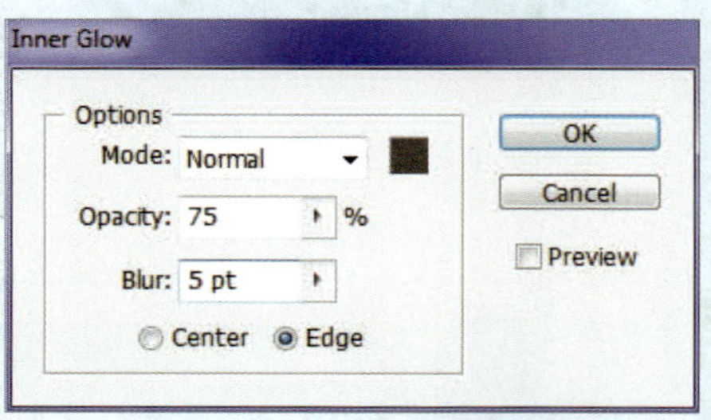

34_ 다시 Paste In Front 메뉴를 실행해 앞에서 복사해둔 이미지를 붙여줍니다.

그런 뒤 크기를 예제처럼 크기를 약간 축소한 뒤 옵션바에서 Fill 컬러는 '밝은 파란색', Stroke 컬러는 '흰색', Stroke 두께는 1pt로 설정합니다.

35_ 버튼 영역의 파란색 테두리 부분에 원 이미지를 그려줍니다. 원 이미지를 동서남북 각 방향에 그려줍니다. 모두 4개의 원 이미지를 그리면 됩니다.

원 이미지의 Fill 컬러는 무색, Stroke 컬러는 흰색으로 지정했습니다.

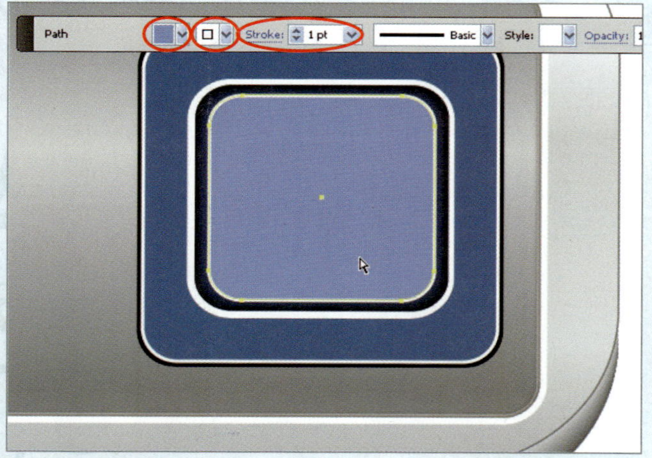

36_ 버튼 중앙에 'M'이라는 글자를 입력하고 상하에 '+', '−'를 입력합니다. 사용한 글꼴은 Arial 글꼴, 색상은 연한 녹색으로 지정했습니다. 또한 액정 부분에 노래 제목을 입력합니다. Arial 글꼴, 색상은 파란색으로 입력했습니다. 여러분이 좋아하는 노래 제목을 입력하기 바랍니다.

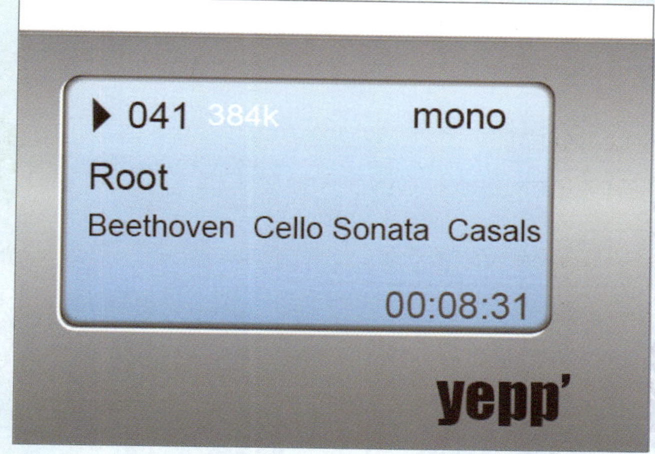

37_ 사각형 툴로 회색 막대 이미지를 그려줍니다. 회색 막대의 오른쪽 편에 흰색 막대를 겹쳐있는 상태로 그려줍니다.

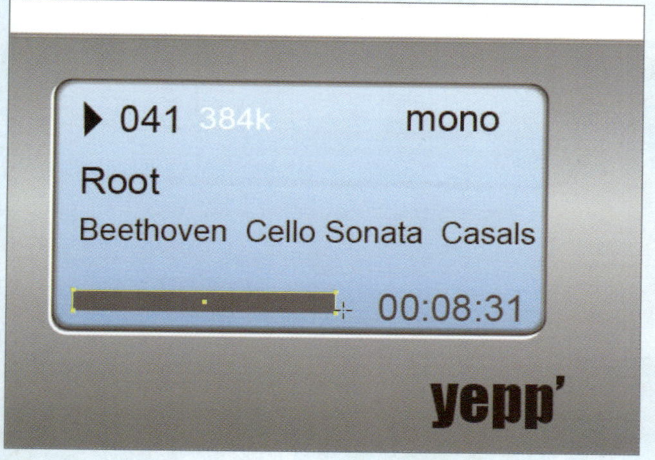

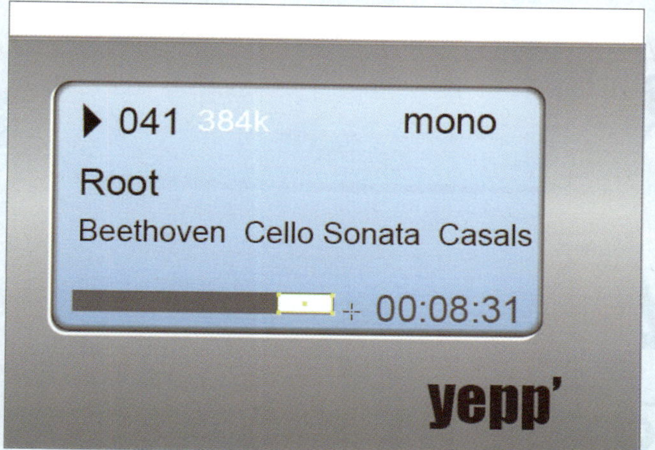

38_ 두 막대 이미지를 동시에 선택한 뒤 Ctrl + G 를 눌러 그룹으로 묶어줍니다. Trasparency 팔레트에서 Opacity를 50%로 설정합니다. 레이어 팔레트에서 Layer 1 아래에 새 레이어인 Layer 5를 만들어줍니다.

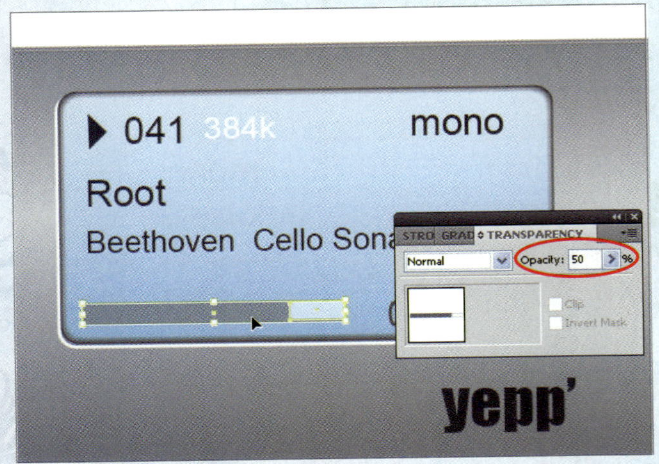

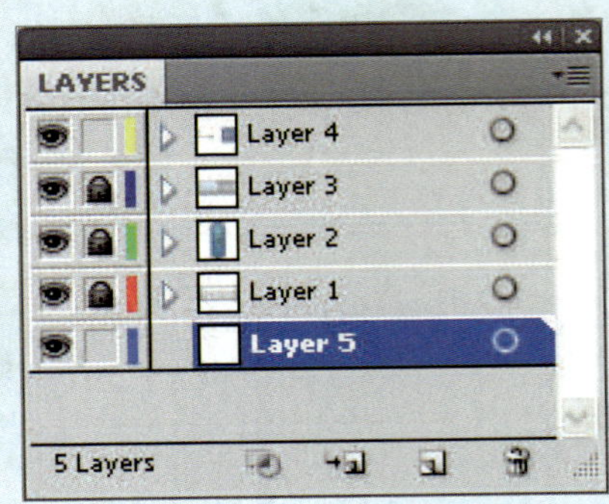

39_ 사각형 툴로 측면 부분에 버튼 이미지 2개를 그려줍니다. Fill 컬러와 Stroke 컬러를 검정색으로 지정합니다. 마지막으로 MP3 플레이어의 우측 측면에 '파란색 버튼'을 그려줍니다.

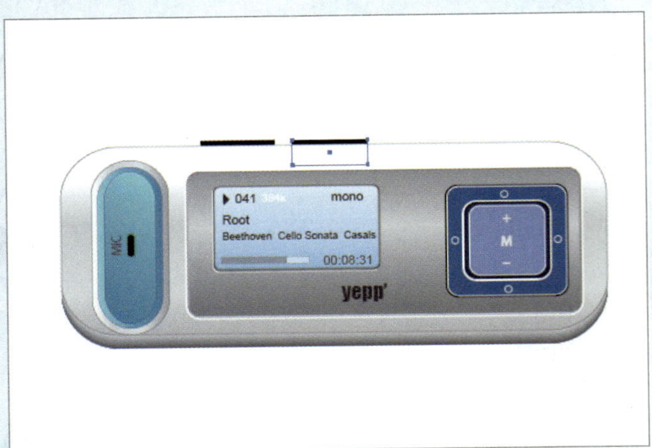

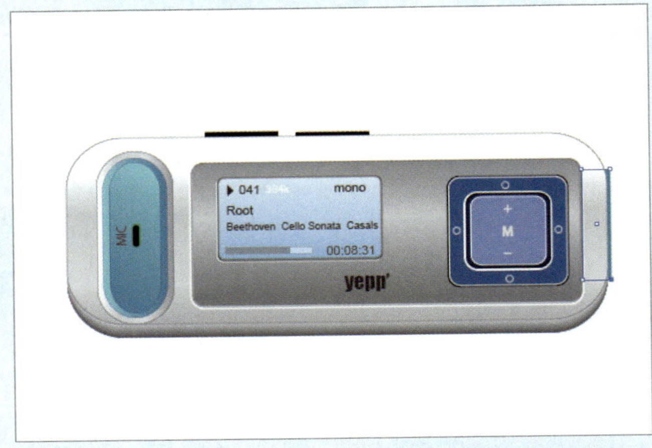

40_ MP3 플레이어가 완성되었습니다. 도형 툴로 오브젝트를 그릴 수 있음을 알 수 있습니다.

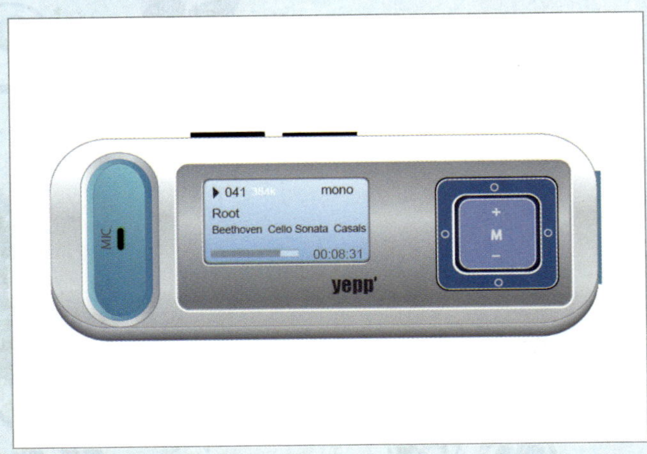

003 _{PART}

추가 드로잉 도구와 수정 도구, 삭제 도구, 지우기 도구 익히기

그림을 서예붓처럼 그릴 수 있는 '브러시 툴'에 대해 공부합니다. 아울러 물방울이 번지듯 드로잉할 수 있는 '물방울 브러시 툴'에 대해 공부합니다.

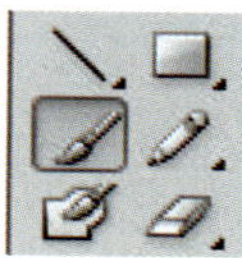

그림을 그리는 '연필 툴', 딱딱한 곡선을 부드럽게 수정하는 '스무스 툴', 방금 그린 곡선을 지울 수 있는 '지우개 툴'을 공부합니다. 또한 '가위 툴', '나이프 툴' 등의 오브젝트를 지우거나 오브젝트의 테두리 선을 잘라내는 도구에 대해 공부합니다.

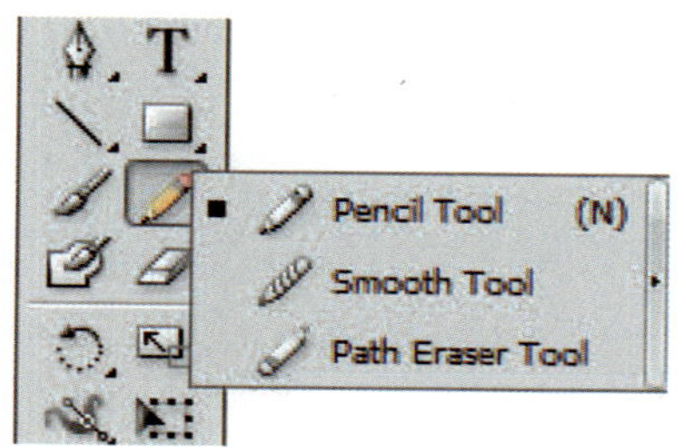

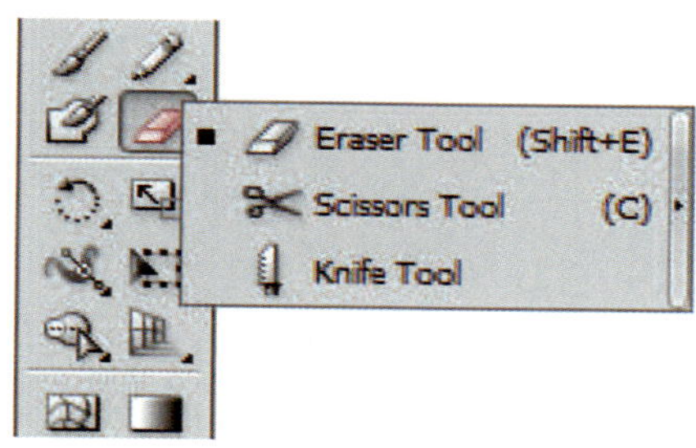

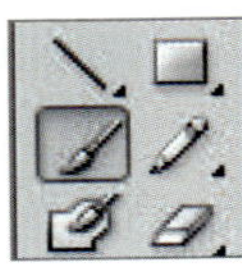

'브러시 툴'은 서예붓을 사용하듯 자유 드로잉을 할 때 사용합니다. 마우스로 드래그하면 드래그한 대로 오브젝트가 그려집니다. 브러시의 모양은 옵션바의 Brush 옵션에서 선택합니다.

보통 간단한 그림을 그릴 때는 '브러시 툴'이나 '연필 툴'을 사용하며, 도면이나 제품 디자인 같은 정교한 그림을 그릴 때는 '펜 툴'을 사용합니다.

01_ 브러시 툴로 꽃을 그려봅니다. 먼저 브러시 툴로 꽃잎을 그려줍니다. 그림처럼 꽃잎을 그린 뒤에는 '선택 툴'로 드래그하여 꽃잎 전체를 선택합니다.

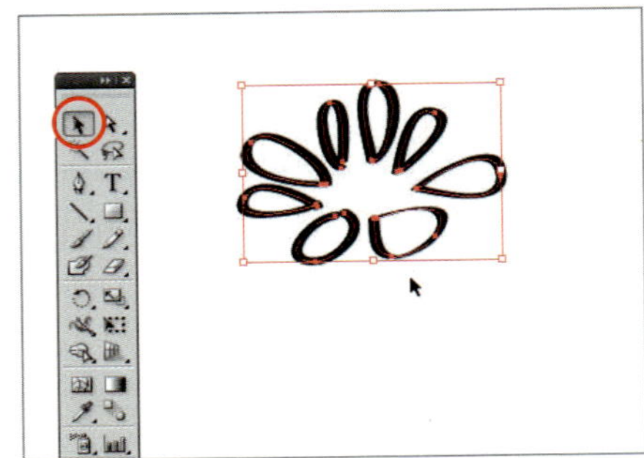

02_ Fill 컬러는 '주황색', Stroke 컬러는 '무색'으로 설정합니다. 브러시 툴로 꽃의 중앙을 그려줍니다.

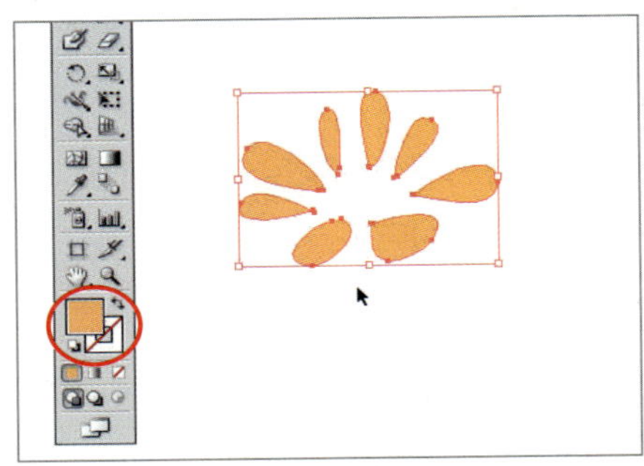

MEMO

브러시 툴을 실제 연필 다루듯 제어하고 싶다면 마우스보다는 타블렛의 사용을 권장합니다.

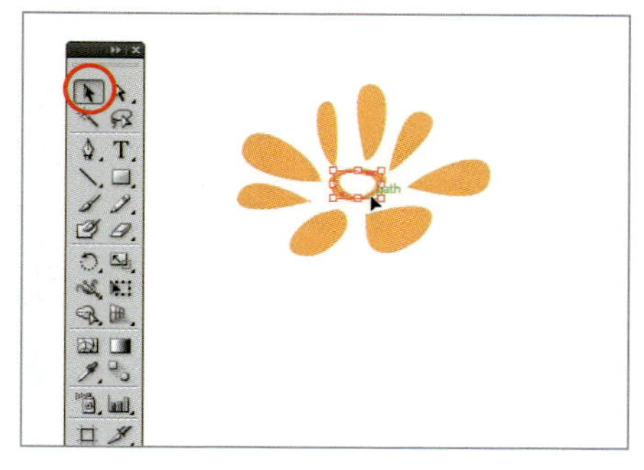

03_ 선택 툴로 꽃잎 중앙을 선택한 뒤 Fill 컬러는 '빨간색', Stroke 컬러는 '무색'을 적용합니다.

04_ '브러시 툴'로 줄기 부분을 그려줍니다. '선택 툴'로 줄기를 선택합니다.

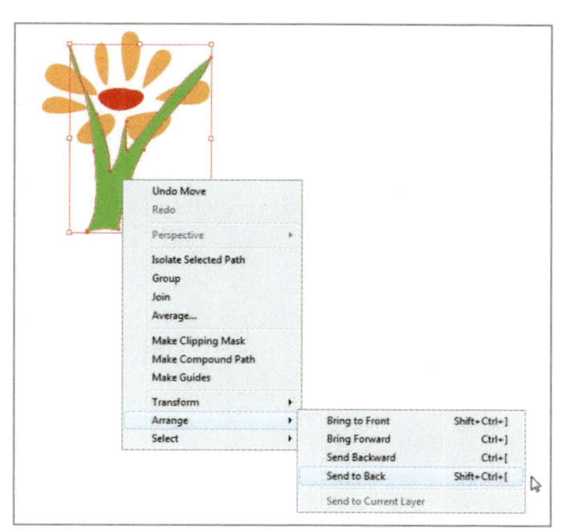

05_ Fill 컬러는 '녹색', Stroke 컬러는 '무색'을 적용합니다. 줄기를 마우스 오른쪽 버튼으로 클릭한 뒤 Arrange -> Send to Back 메뉴를 적용해 제일 밑으로 내려줍니다.

06_ 꽃이 완성되었습니다. 간단한 만화체의 그림은 브러시 툴로 그리는 것이 빠르다는 것을 알 수 있습니다.

툴박스에서 '브러시 툴'을 더블클릭하면 옵션 대화상자가 실행됩니다. 옵션 대화상자의 사용법을 알아봅니다.

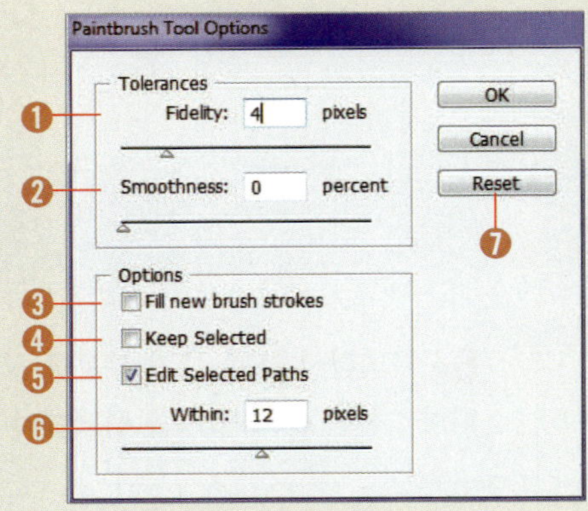

❶ **Fidelity** : 브러시 페인팅의 충실도를 조절합니다. 수치가 낮을수록 충실도가 높아져 포인트가 많이 찍히고 드로잉한 형태대로 그림이 그려집니다. 수치가 높으면 충실도가 낮아져 포인트가 적게 찍히며 원하지 않는 방향으로 페인팅이 됩니다. 따라서 사실적으로 그리려면 수치를 낮출수록 좋습니다.

Fidelity 1 적용

Fidelity 20 적용

❷ **Smoothness** : 페인팅 선의 부드러움을 조절합니다. 수치가 높을수록 부드러운 곡선이 그려집니다.

❸ **Fill New Brush Stroke** : 내부에 Fill 컬러를 적용할 것인지 결정합니다. 이 옵션을 선택하면 페인팅을 할 때 면 색상(Fill Color)이 베지어 곡선을 따라 자동으로 칠해집니다. 이 옵션을 선택하지 않으면 Stroke 컬러만 사용됩니다.

옵션을 사용하지 않은 선

옵션을 사용한 선의 모습

❹ **Keep Selected** : 이 옵션을 선택하면 그림을 그린 후 선을 선택 상태로 만들어 줍니다. 기본값은 그림을 그린 뒤 선을 선택하지 않는 상태로 하는 것이 좋습니다.

❺ **Edit Selected Paths** : 선택된 패스가 있을 경우, 이 옵션을 선택하고 작업하면 선택한 패스를 편집하는 상태가 됩니다. 이 옵션을 선택하지 않으면 선택한 패스를 편집하지 않고 새 패스를 드로잉할 수 있습니다.

옵션을 적용하지 않은 모습

옵션을 적용한 모습

❻ **Within** : 앞의 Edit Selected Paths 옵션을 선택한 경우 활성화되는 기능으로 어느 정도까지 떨어져있는 패스를 편집할 것인지 지정하는 기능입니다. 기본값은 12이며, 최대 20px까지 설정할 수 있습니다.

❼ **Reset** : 대화상자의 설정 값을 기본값으로 돌려줍니다. 만일 선을 여러 개 그리고 있을 경우, 방금 그린 선이 사라지는 경우가 있습니다. 이런 경우에는 4, 5번 옵션을 끄고 작업하는 것이 좋습니다.

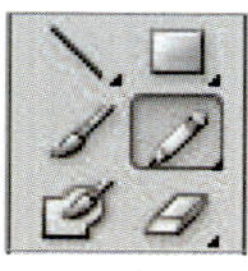

'연필 툴'은 나무처럼 굴곡이 많은 오브젝트를 그릴 때 유용합니다. 실제 연필을 사용하듯 이미지를 그릴 수 있으므로 간단한 그림을 그릴 때 좋습니다. 또한 끊어진 패스를 연결할 때도 사용할 수 있습니다.

'연필 툴'로 나무 이미지를 그려봅니다. 처음 '연필 툴'을 사용하는 분들은 손에 익숙하지 않으므로 여러 번 그리면서 수정하는 작업이 필요합니다. 예를 들어 불필요하거나 잘못 그린 부분이 있다면 해당 포인트를 '직접 선택 툴'로 선택해 이동시키거나 '스무스 툴'로 다듬어주는 과정이 필요합니다.

01_ '연필 툴'로 나무의 전체 외형을 그려줍니다. 이때 Fill 컬러는 '연한 녹색', Stroke 컬러는 'None'으로 설정하고 드로잉합니다.

02_ 연필 툴로 나무 기둥을 그려줍니다. Fill 컬러는 '갈색', Stroke 컬러는 'None'으로 설정하고 작업합니다. 이때 불필요하거나 들쑥날쑥한 포인트는 '직접 선택 툴'로 선택한 뒤 수정해 줍니다.

03_ 연필 툴로 '짙은 잎사귀'를 띄엄띄엄 그려줍니다. Fill 컬러는 '짙은 녹색', Stroke 컬러는 'None'으로 설정하고 작업합니다. 간단하게 이미지를 드로잉할 수 있음을 알 수 있습니다.

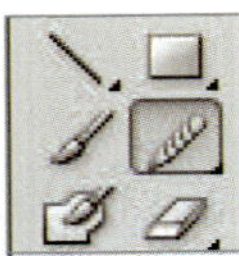

'스무스 툴'은 연필 툴과 브러시 툴로 드로잉한 곡선을 부드러운 곡선으로 다듬을 때 사용합니다. 먼저 수정할 곡선을 선택한 뒤 스무스 툴로 문지르면 점차 부드러운 곡선이 됩니다. 보통 패스의 모양이 울퉁불퉁할 경우 부드러운 곡선으로 수정할 때 유용합니다.

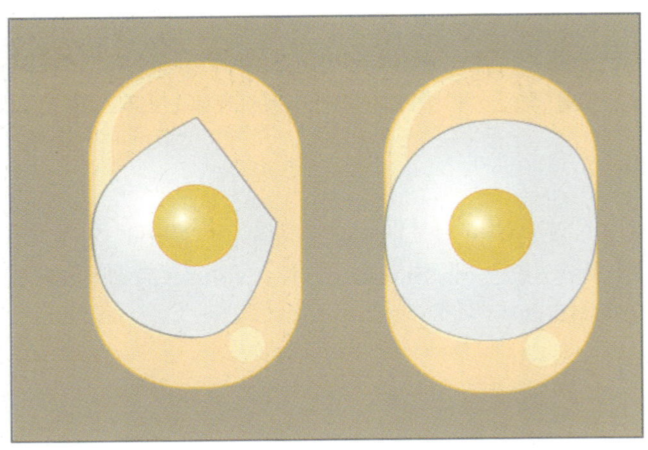

01_ 예제 '계란빵.ai'를 불러옵니다. 왼쪽 계란 후라이의 테두리가 울퉁불퉁합니다. 이처럼 불규칙하거나 직각 형태의 테두리는 스무스 툴로 문질러 곡선화시킬 수 있습니다.

02_ 일단 수정할 오브젝트를 '직접 선택 툴'로 선택한 뒤 스무스 툴로 문지르면 됩니다.

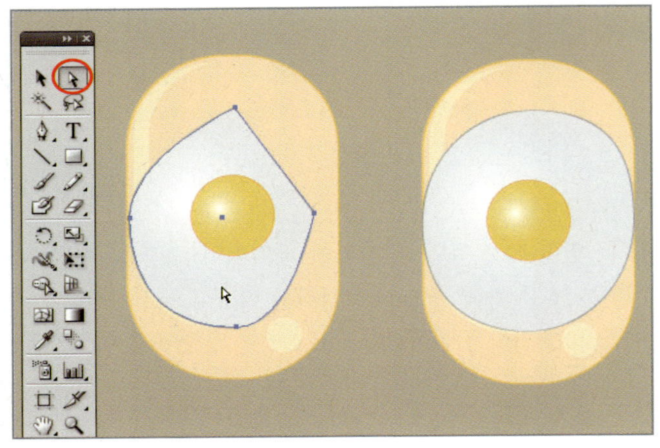

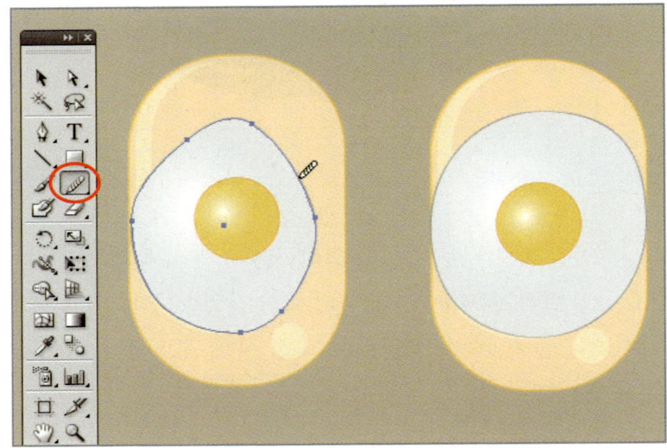

스무스 툴의 옵션

스무스 툴의 옵션 대화상자는 툴박스의 '스무스 툴'을 더블클릭하면 실행됩니다. 스무스 툴의 동작 방식을 지정할 수 있습니다.

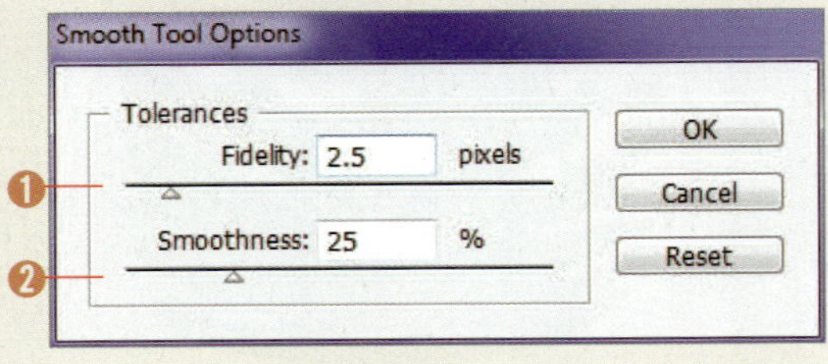

❶ **Fidelity** : 스무스 툴의 감도를 조절합니다. 수치를 높이면 한 번에 넓은 영역에서 동작합니다. 기본값은 2.5px입니다.

❷ **Smoothness** : 한 번에 부드럽게 처리할 수 있는 영역을 조절합니다. 수치가 높을수록 부드럽게 처리하는 기능이 강해지지만 원하지 않는 영역도 부드럽게 처리될 확률이 높아집니다. 기본값은 25%입니다.

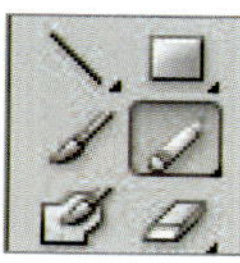

'패스 지우개 툴'은 면을 지우는 것이 아니라 오브젝트의 테두리인 패스를 지울 때 사용합니다. 패스를 지우면 결과적으로 해당 요소가 없어지므로 오브젝트의 모양이 변경됩니다. 패스 지우개 툴은 패스를 끊어놓는 방식으로 지워주므로 끊어진 부분엔 새 포인트가 생성됩니다.

01_ 지금부터 '패스 지우개 툴'을 사용해보겠습니다. 먼저 '직접 선택 툴'로 지우고 싶은 오브젝트를 클릭해 선택합니다.

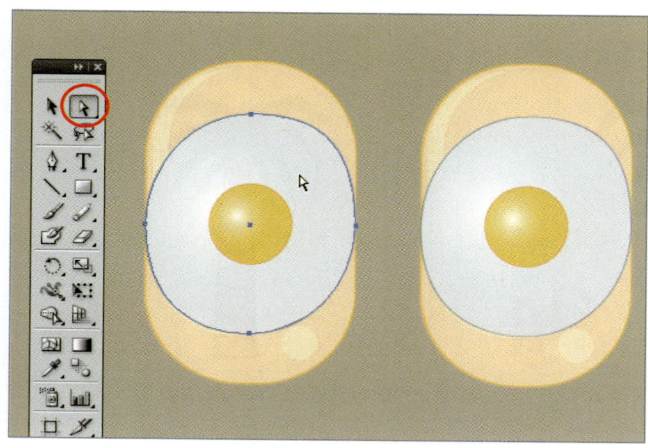

02_ '패스 지우개 툴'로 지우고 싶은 테두리를 지워줍니다.

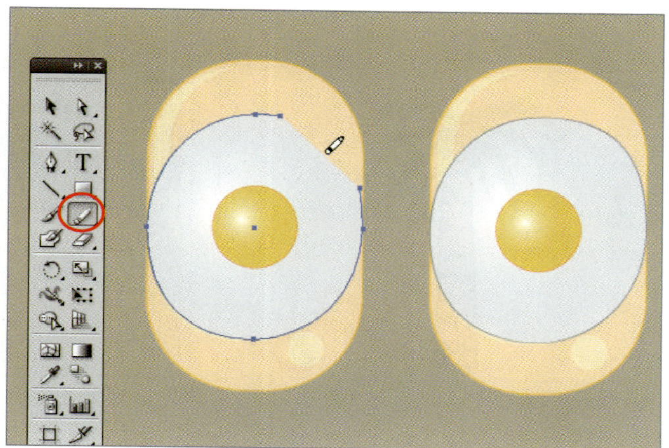

03_ 패스 지우개 툴로 계속 지우는 모습입니다. 패스를 지우면 해당 패스가 사라지는 것을 알 수 있습니다.

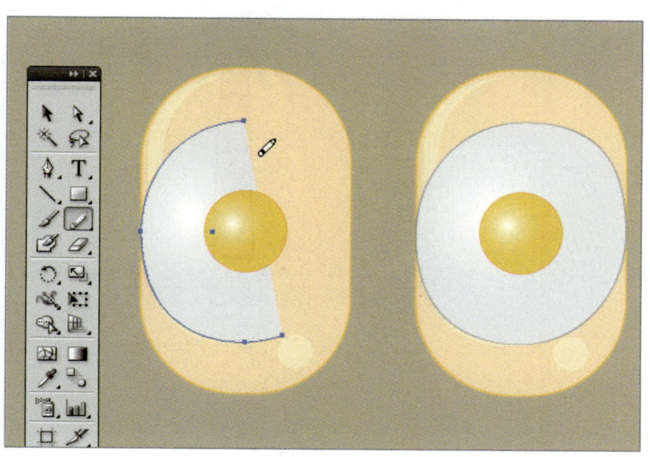

04_ Ctrl + Shift + A 를 눌러 선택을 해제합니다. 오브젝트의 특정 테두리만 지울 수 있음을 알 수 있습니다.

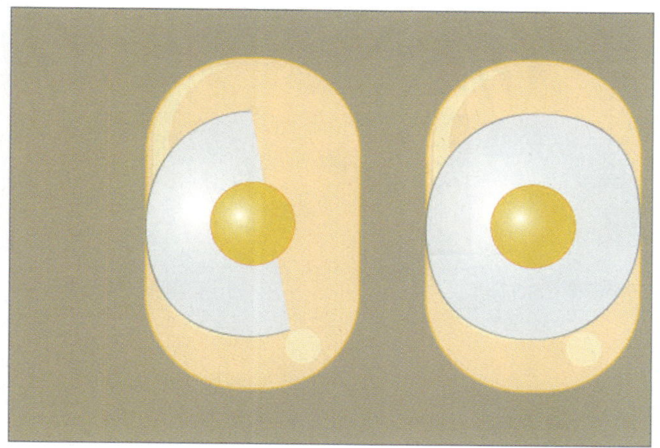

'물방울 브러시 툴'은 브러시 툴과 사용법이 비슷한 툴이지만 더 넓은 영역을 페인팅할 때 사용합니다. 기존 브러시 툴과 달리 채색을 하면 선이 겹치더라도 하나의 오브젝트로 깔끔하게 채색됩니다. 즉, 연필 툴과 브러시 툴로 채색 작업을 하면 각각의 선이 개별적인 오브젝트가 되지만, 물방울 브러시 툴로 채색 작업을 하면 칠한 부분이 모두 합쳐지는 방식으로 채색됩니다.

01_ 예제 '야자수.ai'를 불러온 뒤 물방울 브러시 툴로 채색 작업을 하는 모습입니다. 채색한 부분이 연결되어 단일 오브젝트가 되는 것을 알 수 있습니다. 물방울 브러시 툴은 기본적으로 Stroke 색상을 사용해 채색됩니다.

예제 이미지

물방울 브러시 툴로 채색

채색한 부분이 단일 오브젝트인 모습

02_ 오브젝트를 선택한 뒤 채색하면 선택한 오브젝트의 Fill 컬러 또는 Stroke 컬러로 채색됩니다. 예를 들어 Stroke 색상이 있을 경우, 스트로크 색상으로 채색되고, Stroke 색상이 없을 경우 Fill 컬러로 채색됩니다.

오브젝트를 선택한 모습

물방울 브러시 툴로 채색

채색한 부분과 원래 오브젝트가 연결된 모습

'지우개 툴'은 오브젝트의 면과 선에 관계없이 전부 지울 때 사용합니다. 드래그하면 해당 영역이 전부 지워집니다. 만일 오브젝트를 선택한 경우에는 해당 오브젝트만 지울 수 있습니다. 지우개 툴의 크기는 툴박스에 있는 지우개 툴을 더블클릭하면 설정할 수 있습니다.

'밀크.ai'를 불러온 뒤 지우개 툴로 지우는 모습입니다. 지우개 툴로 드래그하면 해당 영역이 지워지는 것을 알 수 있습니다. 이때 텍스트 영역(문자 오브젝트)은 지워지지 않습니다.

예제 이미지

지우개 툴로 지운 모습

문자 영역은 지워지지 않는 모습

지우개 툴의 옵션 대화상자

툴박스에서 지우개 툴을 더블클릭하면 옵션 대화상자가 실행되어 지우개의 크기를 설정할 수 있습니다.

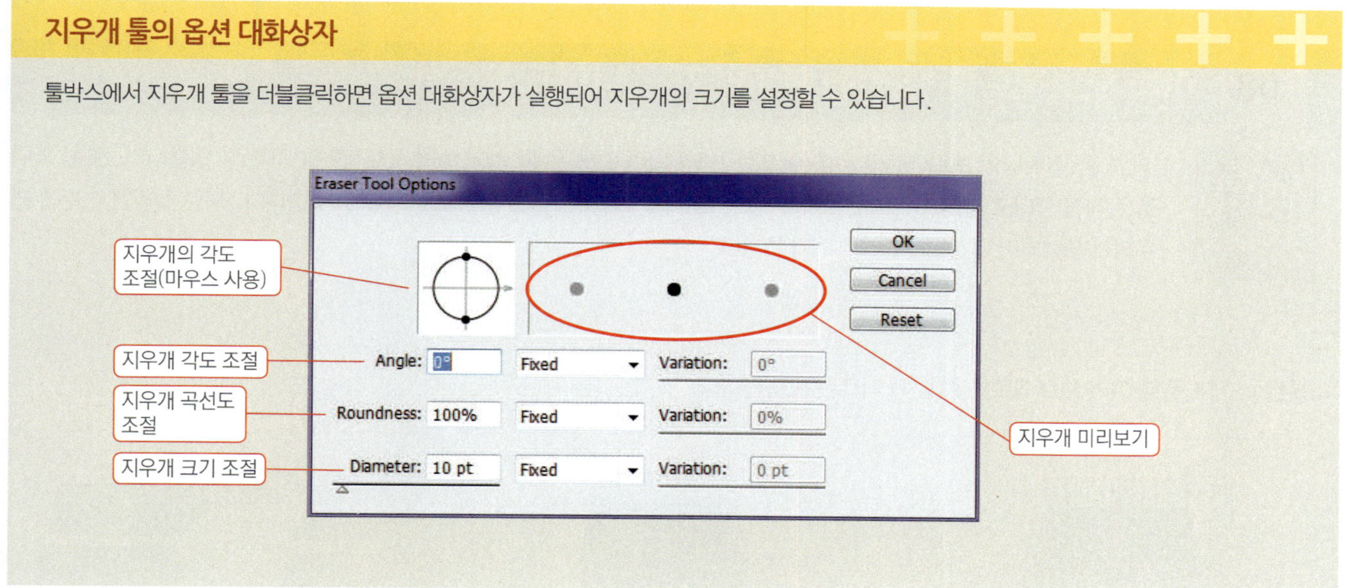

지우개의 각도 조절(마우스 사용)

지우개 각도 조절

지우개 곡선도 조절

지우개 크기 조절

지우개 미리보기

MEMO

지우개 툴, 가위 툴, 나이프 툴은 모든 오브젝트를 자를 수 있지만 Text(글자)는 자를 수 없습니다. 텍스트를 자르려면 Text 상태가 아니라 그림 속성으로 전환해야 합니다. 작업 전 글자를 선택한 뒤 Type –〉 Create Outlines 메뉴를 적용하면 텍스트가 벡터 그림 속성으로 전환됩니다.

선택한 오브젝트만 양쪽으로 분할하기 – 가위 툴

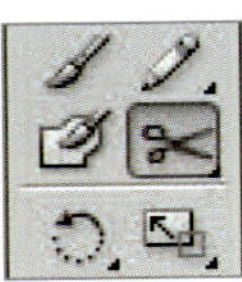

'가위 툴'은 오브젝트를 양쪽으로 분할할 때 사용합니다. 오브젝트를 분할하면 오브젝트는 양쪽으로 나누어지고 개별적인 오브젝트가 됩니다. 이때 분리된 두 오브젝트는 열려있는 오브젝트가 됩니다.

다음은 가위 툴로 분할하는 모습입니다.

예제 이미지

가위 툴로 좌우 패스 클릭

잘라낸 오브젝트를 이동시킨 모습

여러 오브젝트를 한 번에 분할하기 – 나이프 툴

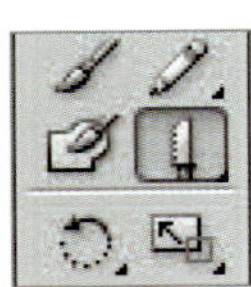

'가위 툴'은 하나의 오브젝트만 자를 수 있는 반면 '나이프 툴'은 한 번에 여러 오브젝트를 자를 수 있습니다. 또한 가위 툴은 직선 형태로 자를 수 있지만 나이프 툴은 마우스가 움직인 곡선 방향으로 자를 수 있습니다. 또한 잘라낸 부분에 테두리가 생성되어 닫혀있는 오브젝트가 됩니다.

다음은 나이프 툴로 여러 오브젝트를 한 번에 자르는 모습입니다.

예제 이미지

나이프 툴로 드래그하는 모습

잘라낸 오브젝트를 이동시킨 모습

회전, 반사, 복사, 비틀기,
크기 조절, 변형 기능 공부하기

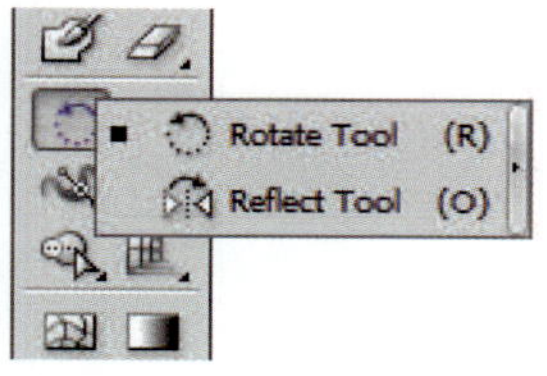

'회전 툴'은 선택한 오브젝트를 회전시키거나 회전시킨 뒤 복사할 때 사용합니다. '반사 툴'은 이미지를 반사시켜서 뒤집거나 복사할 때 사용합니다. 둘 다 주로 복사 기능으로 많이 사용합니다.

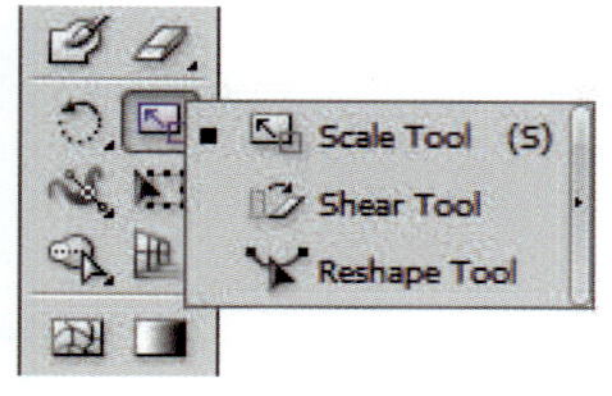

'스케일 툴'은 오브젝트의 크기를 조절하고, '기울기 툴'은 오브젝트를 비틀 때 사용합니다. 이곳에서 제공하는 도구들은 오브젝트의 형태를 자유롭게 비틀거나 변형시킬 때 사용합니다.

'워프 툴', '비틀기 툴', '주름 툴', '팽창 툴', '가리비 툴', '크리스탈 툴', '링클 툴'은 각각 오브젝트를 팽창시키거나 비틀 때 사용합니다. 마우스로 드래그하면 오브젝트가 변형되므로 맘대로 변형시킬 수 있습니다. 보통 오브젝트를 다양한 형태로 왜곡시킬 때 유용합니다.

'자유변형 툴'은 오브젝트의 너비와 높이를 자유롭게 조절할 때 사용합니다. 오브젝트를 확대하고 축소할 수도 있습니다.

오브젝트를 회전 복사하기 – 회전 툴(Rotate Tool)

'회전 툴'은 오브젝트를 회전시키거나, 회전시키면서 복사할 때 사용합니다. 원하는 각도로 회전시키거나 복사할 때 좋습니다. Shift + 드래그하면 45도 각도를 유지하며 회전시킬 수 있고, Alt + 드래그하면 대화상자를 통해 회전시키거나 복사할 수 있습니다.

01_ 예제 '빌딩.ai'를 불러옵니다.

02_ 회전시킬 오브젝트를 '선택 툴'로 선택합니다.

03_ '회전 툴'을 선택한 뒤 회전시킬 중심점을 지정합니다.

04_ 드래그하면 중심점을 기준으로 선택한 오브젝트가 회전됩니다.

이번에는 오브젝트를 회전시키면서 복사하는 방법을 알아봅니다. 오브젝트를 선택한 상태에서 회전 툴 사용 시 Alt +드래그하면 오브젝트를 복사한 뒤 회전시킬 수 있도록 대화상자가 실행됩니다.

예제 '샌들.ai'를 불러온 뒤 회전시키면서 복사하겠습니다.

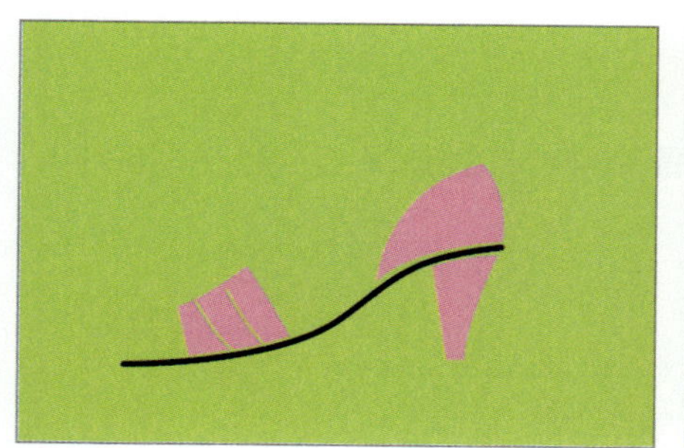
예제 이미지

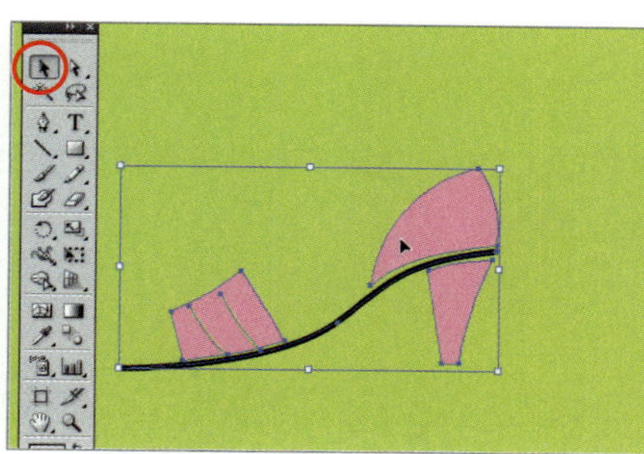
선택 툴로 '샌들' 선택

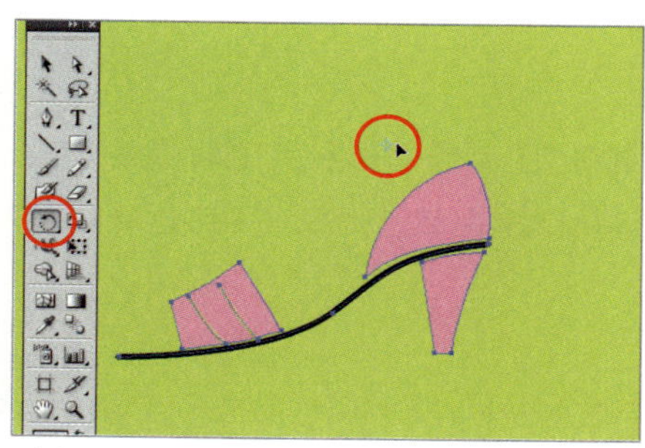
회전 툴 선택 후 '회전 중심점' 지정

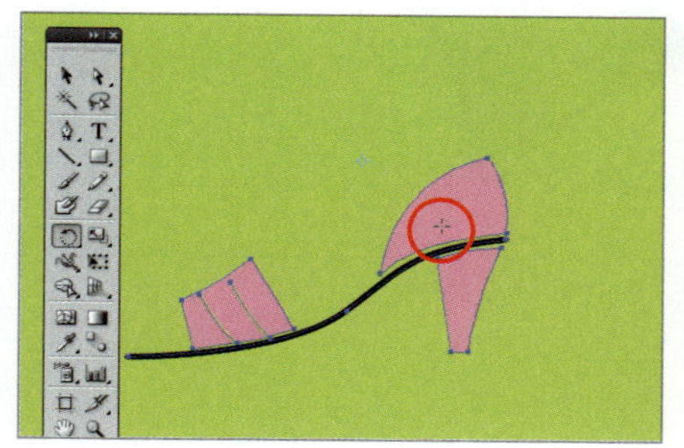
회전 툴로 샌들을 Alt + 드래그

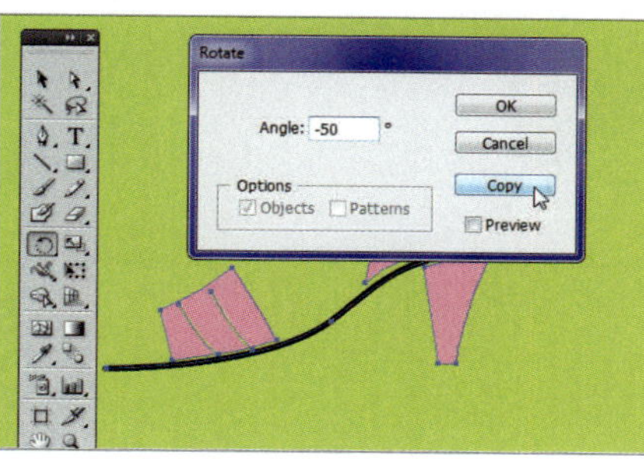
회전각 입력 후 Copy 버튼 클릭

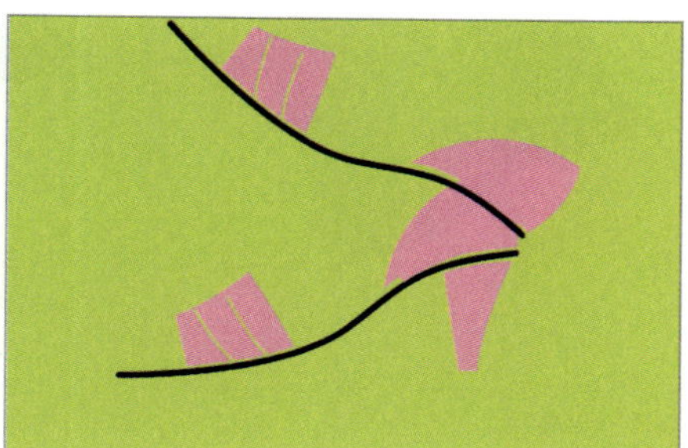
복사해서 회전된 모습

회전 툴의 옵션

툴박스의 회전 툴을 더블클릭하거나, 회전 툴로 작업창을 클릭하면 옵션 대화상자가 실행됩니다.

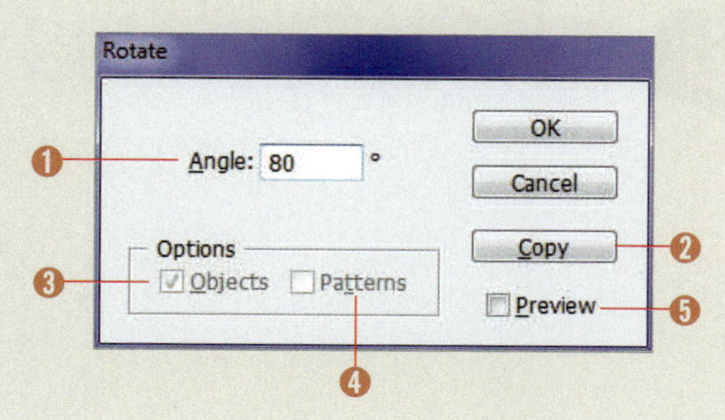

❶ Angle : 회전시킬 각도를 입력합니다.
❷ Copy : 이미지를 복사하며 회전시킵니다.
❸ Objects : 오브젝트만 회전시킵니다.
❹ Patterns : 오브젝트에 삽입되어 있는 패턴만 회전시킵니다.
❺ Preview : 회전될 모습을 미리 확인합니다.

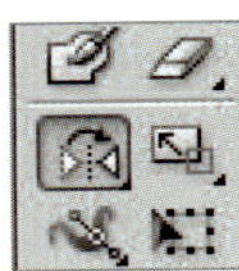

'반사 툴'은 오브젝트를 거울에 비치듯 반사시킬 때 사용합니다. 회전 툴과 달리 오브젝트를 거울에 대칭하듯 반대 방향으로 이동시킵니다. 따라서 오브젝트를 수평이나 수직 방향으로 뒤집을 때 유용하며, 특정 오브젝트를 반쪽만 그린 뒤 나머지 반쪽은 반사 복사해서 완성시킬 수 있습니다.

예제 '잎.ai'를 불러온 뒤 선택 툴로 잎을 선택합니다. 반사 툴로 드래그하면 오브젝트를 수직이나 수평으로 반사할 수 있습니다. (Shift) 키를 누르면 45도 각도로 반사시킬 수 있습니다.

01_ 반사 툴을 사용할 때 (Alt) + 클릭하면 대화상자가 실행되어 복사한 뒤 반사할 수 있습니다.

예제 이미지

선택 툴로 반사시킬 오브젝트 선택

반사될 중심점을 Alt + 클릭

02_ 대화상자가 나타나면 반사될 방향을 Vertical로 설정하고 각도는 90도로 설정합니다. 그런 뒤 Copy 버튼을 클릭하면 이미지가 반사되면서 복사됩니다.

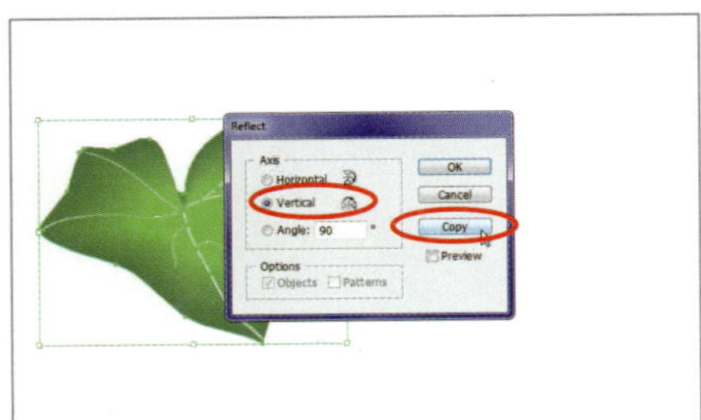

Vertical 옵션 선택한 뒤 Copy 버튼 클릭

이미지가 반사 복사된 모습

반사 툴은 오브젝트의 반쪽만 제작한 뒤 이것을 복사해서 사용할 때 흔히 사용합니다.

01_ 예제 '나비.ai'를 불러옵니다. 나비를 반쪽만 그린 상태입니다. '선택 툴'로 나비를 클릭해 선택한 뒤 '반사 툴'로 반사할 중심점을 Alt + 클릭하면 대화상자가 실행됩니다.
Vertical, 90도 옵션을 선택하고 Copy 버튼을 클릭하면 이미지가 반사 복사됩니다.

선택 툴로 선택

반사 툴로 Alt+클릭

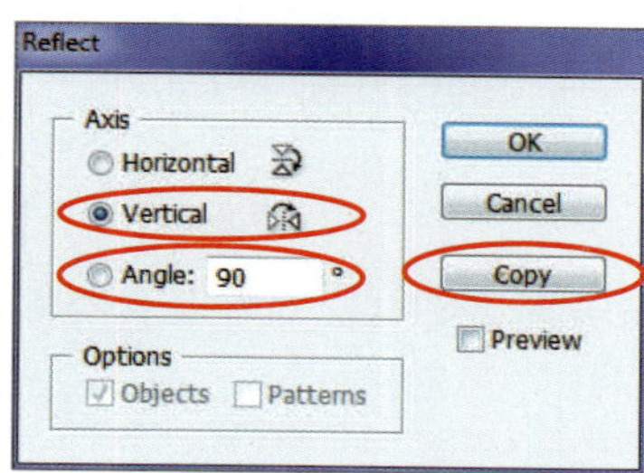

02_ 선택 툴로 반사 복사된 이미지를 선택한 뒤 원래 이미지 옆에 붙여줍니다. 반쪽만으로도 하나의 완성된 이미지를 제작할 수 있음을 알 수 있습니다.

복사된 모습

선택 툴로 이동시킨 모습

반사 툴의 옵션

'반사 툴'의 옵션 대화상자에 대해 알아봅니다.

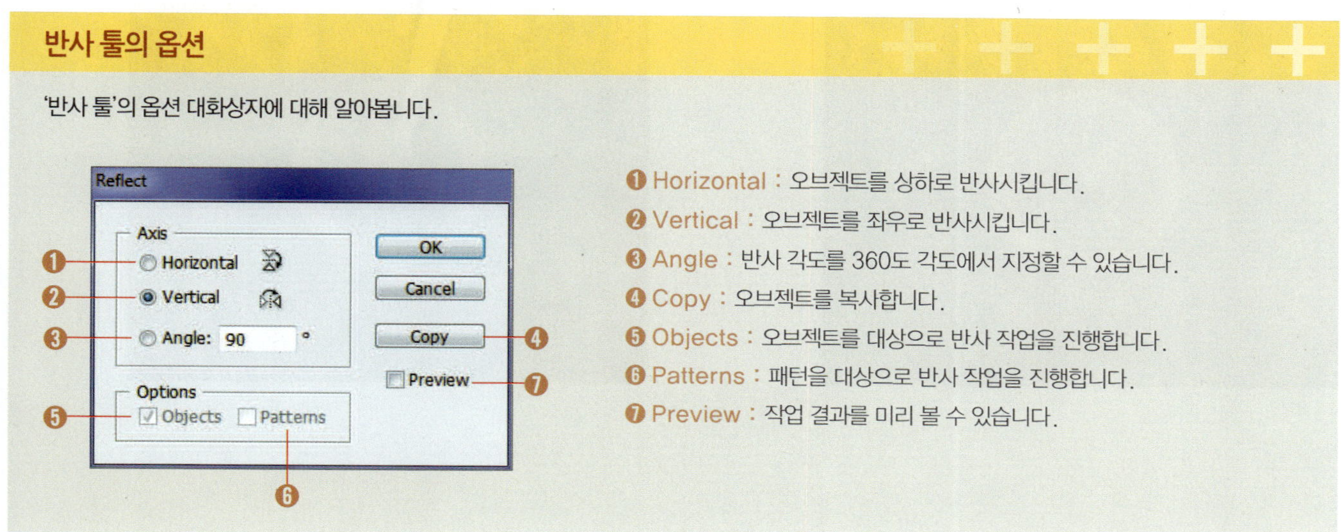

❶ Horizontal : 오브젝트를 상하로 반사시킵니다.

❷ Vertical : 오브젝트를 좌우로 반사시킵니다.

❸ Angle : 반사 각도를 360도 각도에서 지정할 수 있습니다.

❹ Copy : 오브젝트를 복사합니다.

❺ Objects : 오브젝트를 대상으로 반사 작업을 진행합니다.

❻ Patterns : 패턴을 대상으로 반사 작업을 진행합니다.

❼ Preview : 작업 결과를 미리 볼 수 있습니다.

회전 툴로
프로펠러를 복사해서 사용하기

01_ 예제 '프로펠러.ai'를 불러옵니다. 선택 툴로 가운데 금속 원을 클릭해 선택합니다.

02_ '펜 툴'로 프로펠러를 그리겠습니다. '펜 툴'로 포인트 1을 찍어줍니다.

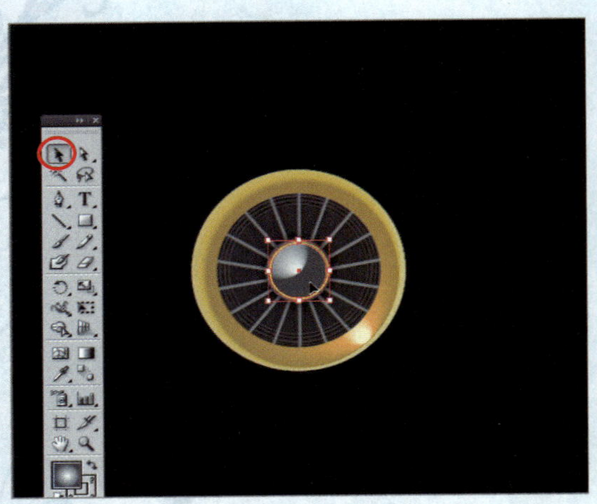

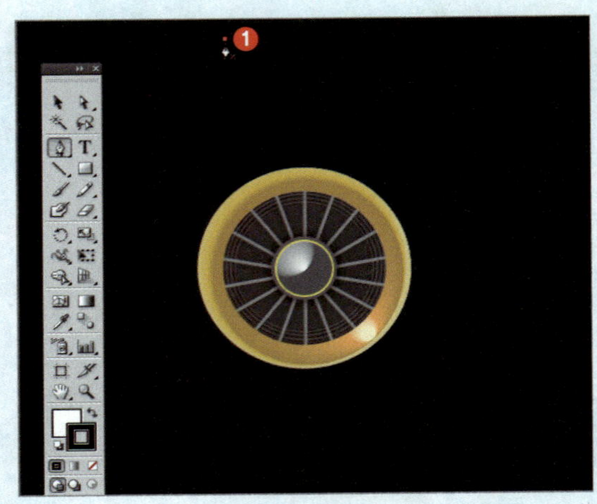

03_ 포인트 2를 찍어줍니다. 이때 방향선을 약간 드래그하여 패스를 곡선으로 만들어줍니다.

04_ 포인트 3, 4, 5, 6, 7을 찍고, 시작점인 포인트 1을 찍어 패스를 닫아줍니다.

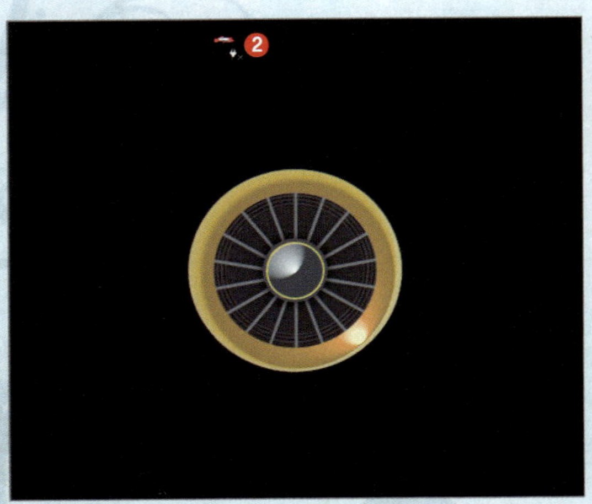

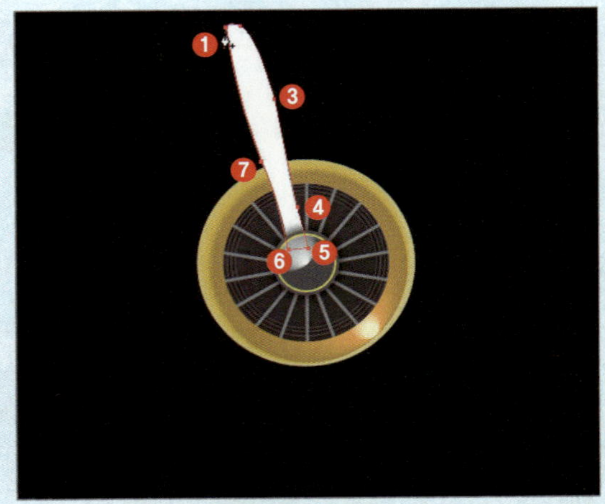

회전 툴로 오브젝트를 회전 복사하는 방법을 알아봅니다.

05_ Gradient 버튼을 클릭해 그라디언트 팔레트를 불러옵니다(단축키 Ctrl + F9).

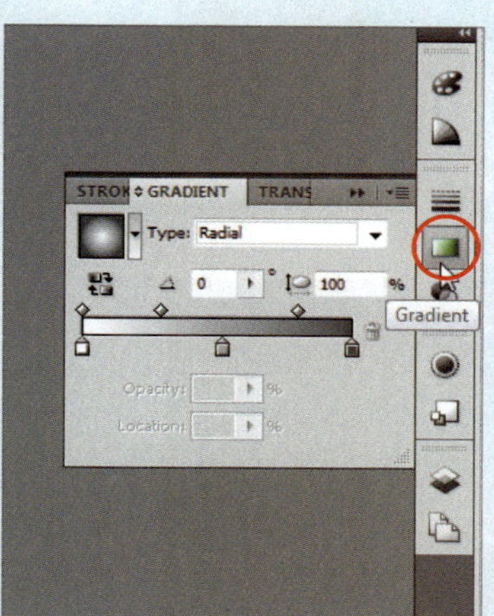

06_ Gradient Fill 버튼을 클릭합니다.

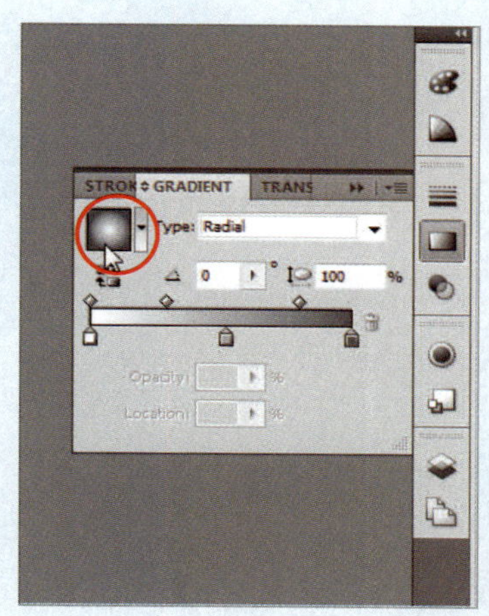

07_ Type 버튼을 클릭해 Linear 타입을 선택합니다.

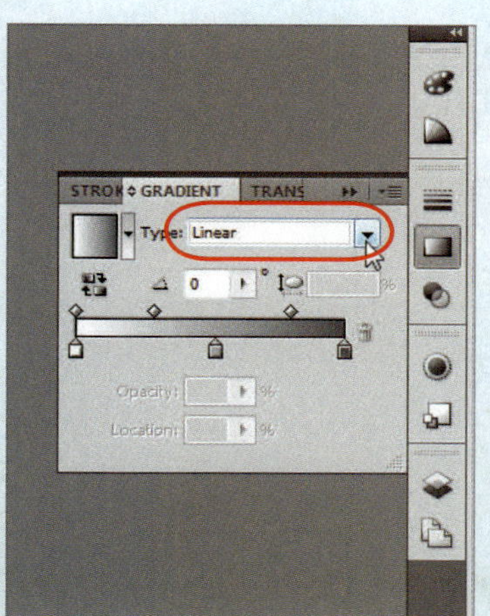

08_ 가운데에 있는 자물쇠를 선택한 뒤 아래로 드래그하여 삭제합니다.

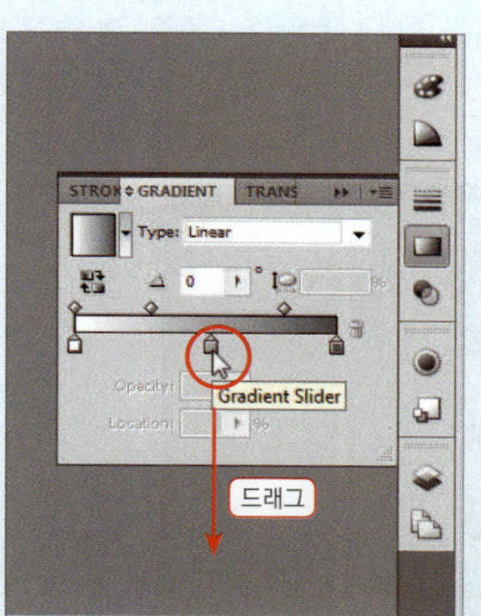

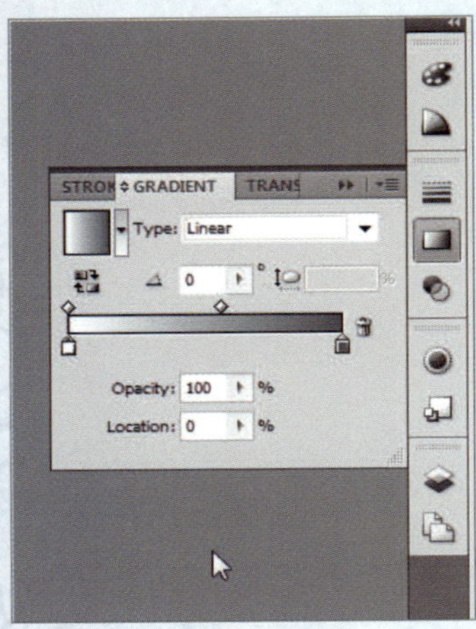

11_ 옵션바에서 Stroke 옵션을 클릭한 뒤 '흰색'을 지정합니다.

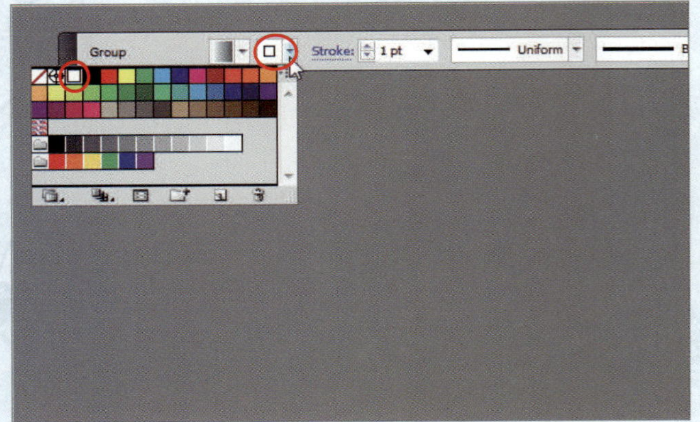

12_ 프로펠러의 테두리에 '흰색'이 적용되었습니다.

13_ '펜 툴'로 그림과 같이 장식 이미지를 그려줍니다.

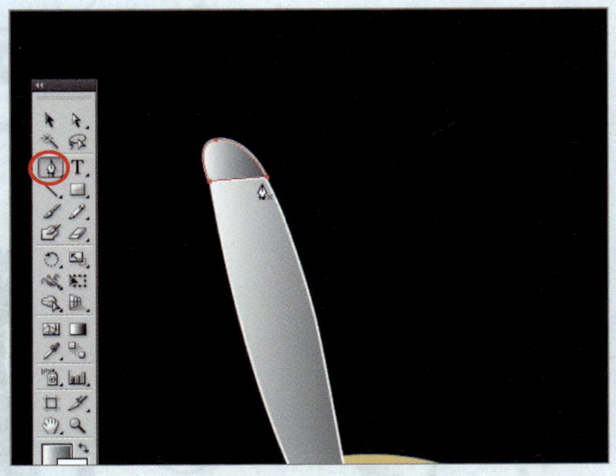

14_ 방금 그린 오브젝트의 Fill 컬러는 주황색, Stroke 컬러는 '노란색'으로 변경합니다.

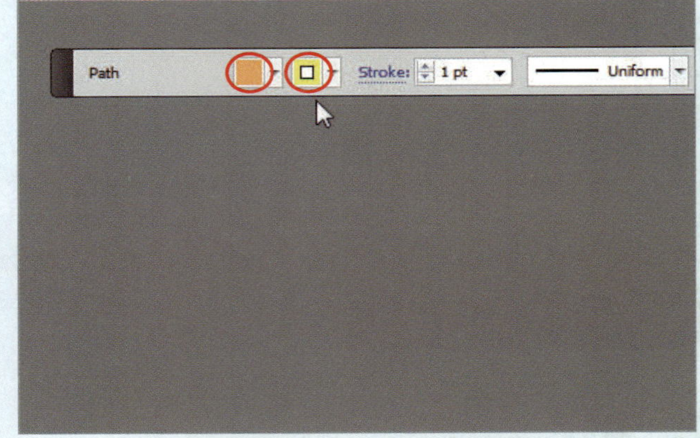

15_ 장식 이미지의 색상이 변경된 모습입니다.

16_ '선택 툴'로 그림과 같이 드래그하여 '장식 이미지'와 '프로펠러 이미지' 둘 다 선택합니다.

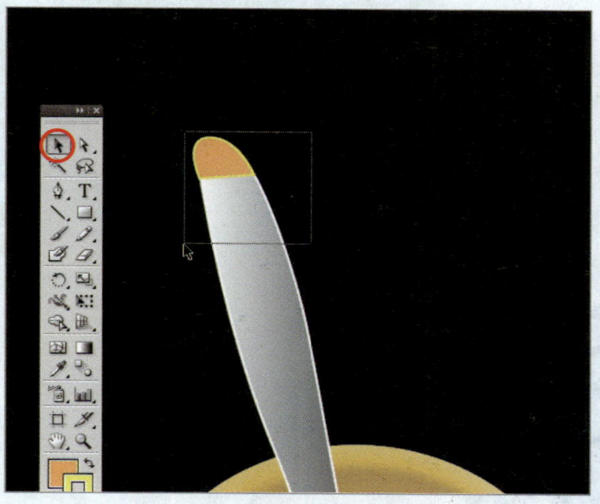

17_ 마우스 오른쪽 버튼으로 클릭한 뒤 Group 메뉴를 적용해 그룹으로 묶어줍니다.

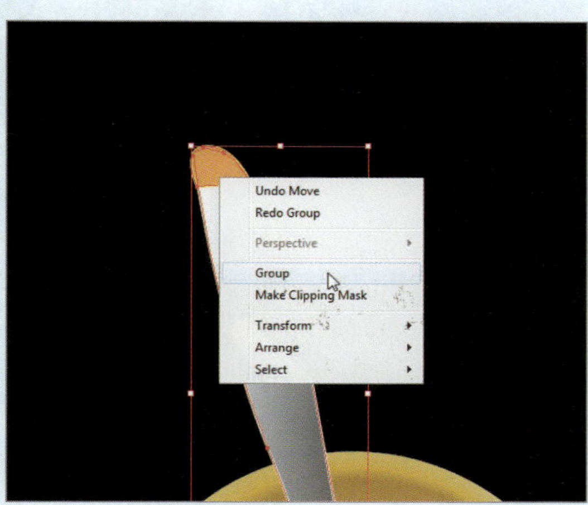

18_ 프로펠러 이미지가 선택된 상태에서 '회전 툴'로 프로펠러의 정중앙을 Alt + 클릭합니다.

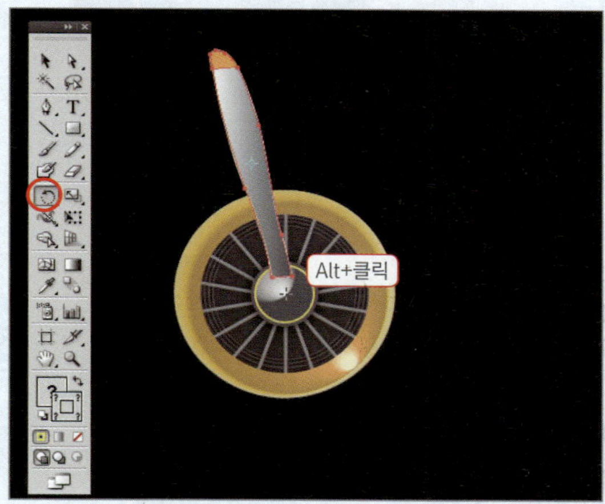

19_ 대화상자에서 Angle은 60도로 설정하고 Copy 버튼을 클릭해 복사합니다.

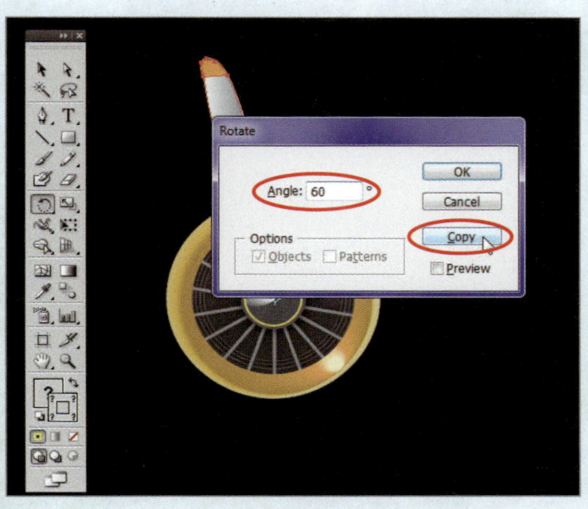

20_ 선택한 프로펠러가 60도 각도로 회전되면서 복사됩니다.

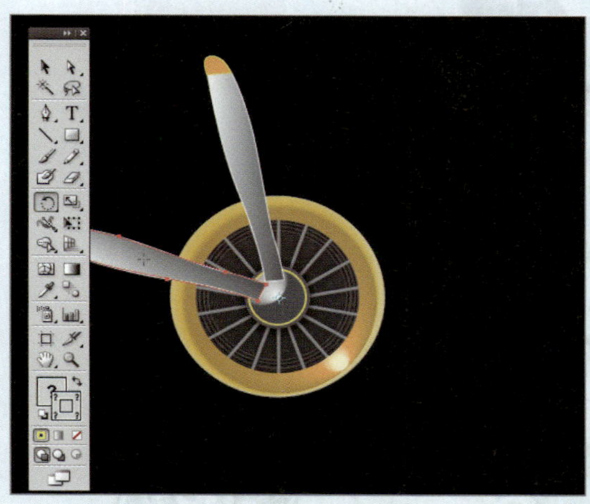

21_ 다시 정중앙 부분을 Alt + 클릭합니다. 회전 복사할 때 중심점을 정확하게 유지하려면 정중앙 부분을 정확하게 Alt + 클릭해야 합니다.

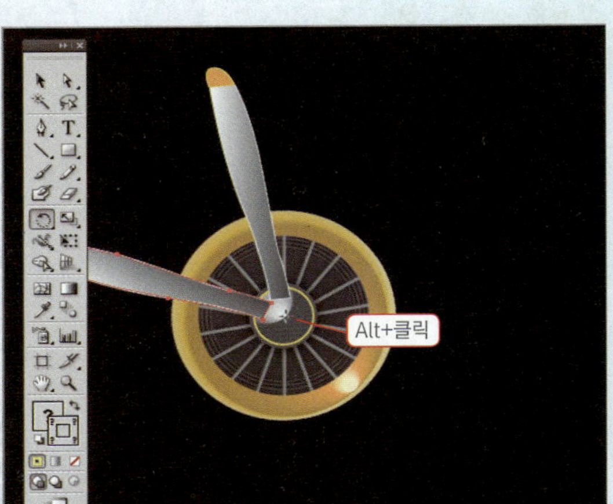

22_ 대화상자에서 Angle은 60도로 설정하고 Copy 버튼을 클릭해 복사합니다.

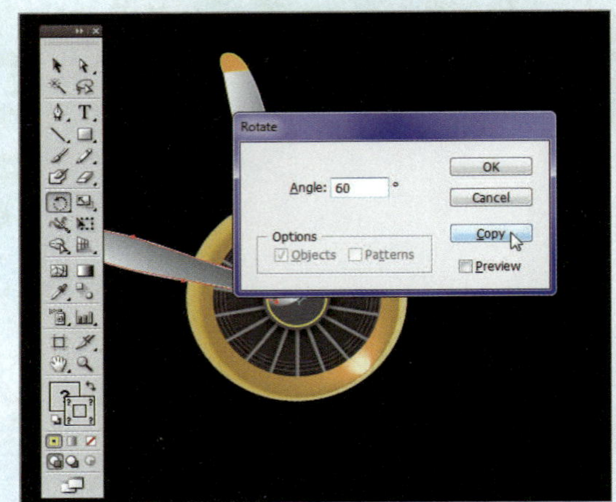

23_ 다시 정중앙 부분을 Alt + 클릭합니다. 대화상자에서 Angle은 60도로 설정하고 Copy 버튼을 클릭해 복사합니다.

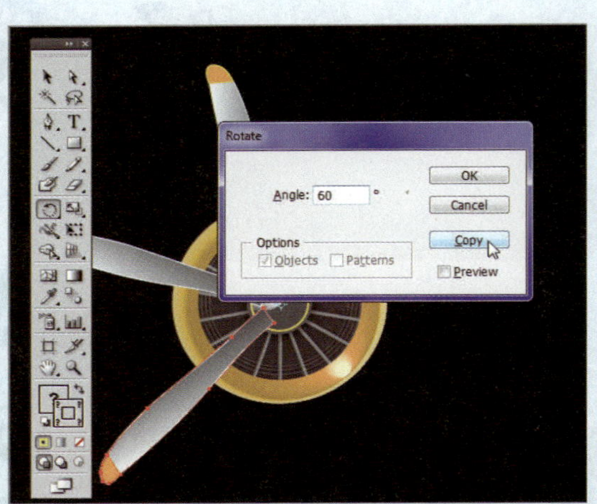

24_ 앞의 작업을 3회 더 반복해 회전복사합니다.

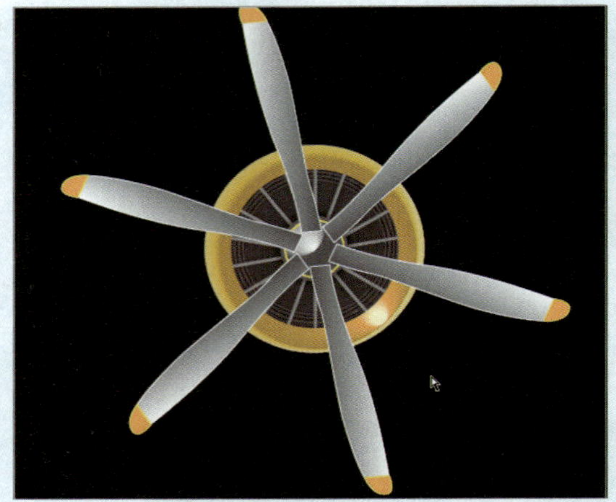

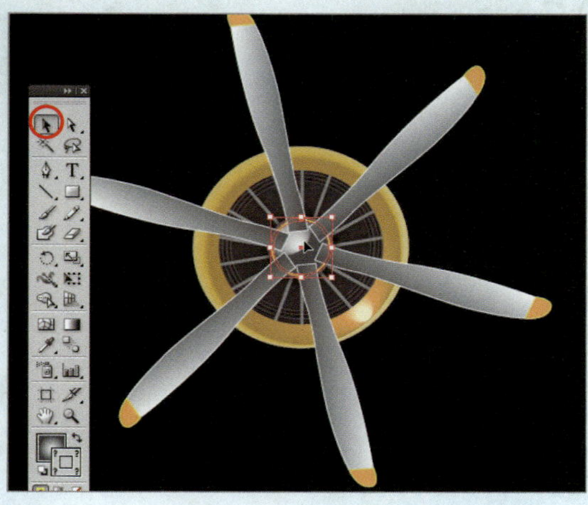

25_ '선택 툴'로 중앙에 있는 오브젝트를 클릭해 선택합니다.

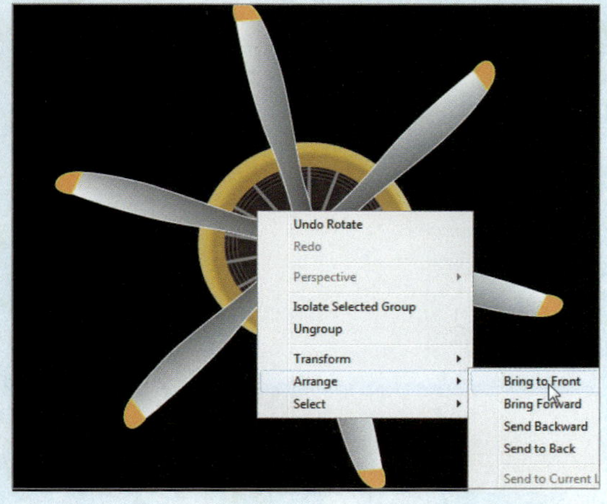

26_ 마우스 오른쪽 버튼으로 클릭한 뒤 Arrange -〉 Bring to Front 메뉴를 적용해 중앙에 있는 오브젝트를 맨 위로 올려줍니다.

27_ 프로펠러가 완성되었습니다. '회전 툴'을 사용하면 정확한 각도로 회전 복사할 수 있음을 알 수 있습니다.

'스케일 툴'은 오브젝트의 크기를 확대하거나 축소할 때 사용합니다. (Shift) 키를 누르고 드래그하면 가로, 세로 비율을 유지한 상태에서 크기 조절이 가능합니다. 그룹으로 묶여 있는 오브젝트 중 특정 오브젝트를 '직접 선택 툴'로 선택한 뒤 크기를 조절할 때 유용합니다.

예제 '화분.ai'를 불러옵니다. 먼저 오른쪽 꽃잎을 '선택 툴'로 선택합니다. 그런 뒤 '스케일 툴'로 모서리를 드래그하면 오브젝트를 확대하거나 축소할 수 있고 너비, 높이를 조절할 수도 있습니다.

예제 이미지

선택 툴로 오른쪽 잎을 선택한 모습

스케일 툴로 크기를 확대한 모습

선택 툴로 이동시킨 모습

툴박스에 있는 '스케일 툴'을 더블클릭하면 옵션 대화상자가 실행됩니다. 또는 화면의 빈 곳을 (Alt) + 클릭하면 옵션 대화상자가 실행됩니다.

스케일 툴의 옵션

'스케일 툴'의 옵션 대화상자에 대해 알아봅니다.

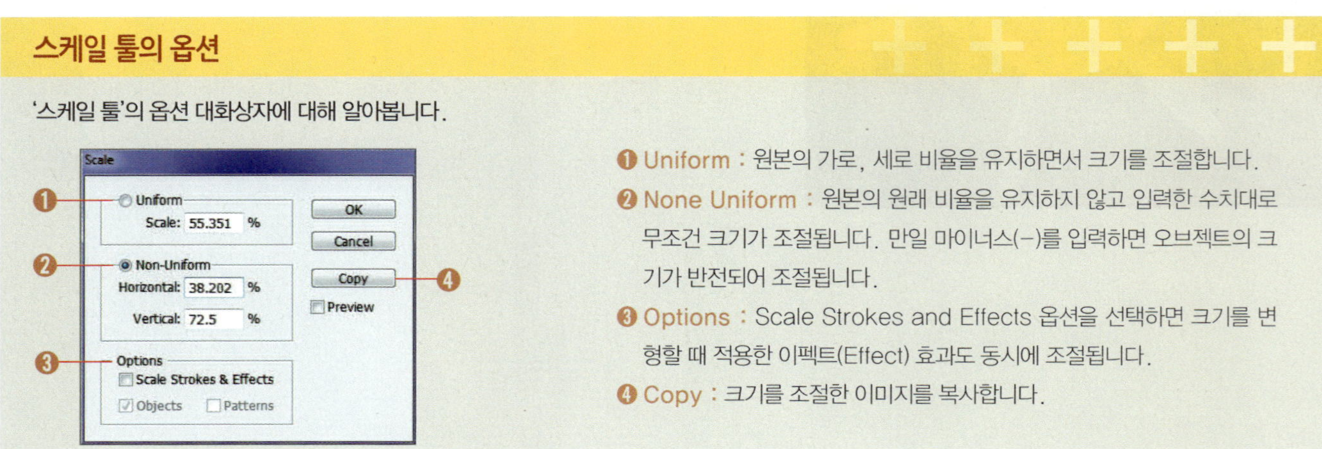

❶ Uniform : 원본의 가로, 세로 비율을 유지하면서 크기를 조절합니다.

❷ None Uniform : 원본의 원래 비율을 유지하지 않고 입력한 수치대로 무조건 크기가 조절됩니다. 만일 마이너스(–)를 입력하면 오브젝트의 크기가 반전되어 조절됩니다.

❸ Options : Scale Strokes and Effects 옵션을 선택하면 크기를 변형할 때 적용한 이펙트(Effect) 효과도 동시에 조절됩니다.

❹ Copy : 크기를 조절한 이미지를 복사합니다.

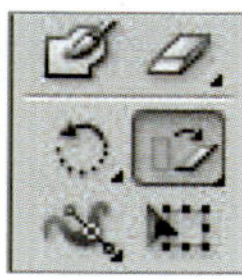

'기울기 툴'은 오브젝트의 형태를 비스듬히 기울거나 비틀 때 사용합니다. 마우스로 드래그하면 드래그한 간격만큼 이미지가 기울어집니다.

예제 '화분.ai'를 불러옵니다. 먼저 전체를 '선택 툴'로 선택합니다. 그런 뒤 '기울기 툴'로 드래그하면 오브젝트를 비틀 수 있습니다.

예제 이미지

선택 툴로 선택한 모습

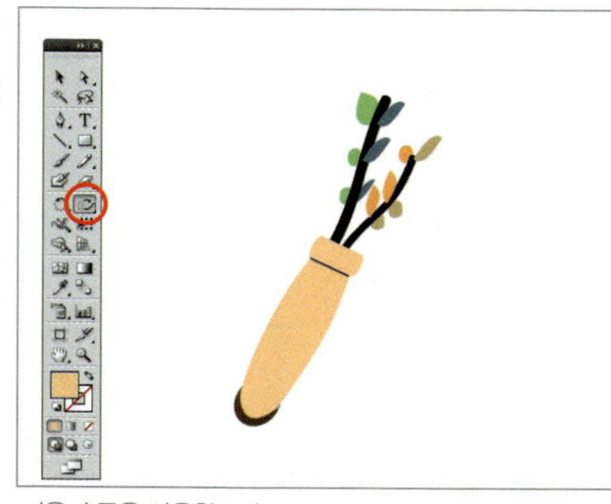

기울기 툴을 사용한 모습

기울기 툴의 옵션

툴박스에서 기울기 툴을 더블클릭하면 옵션 대화상자가 실행되어 기울기 작업을 진행할 수 있습니다.

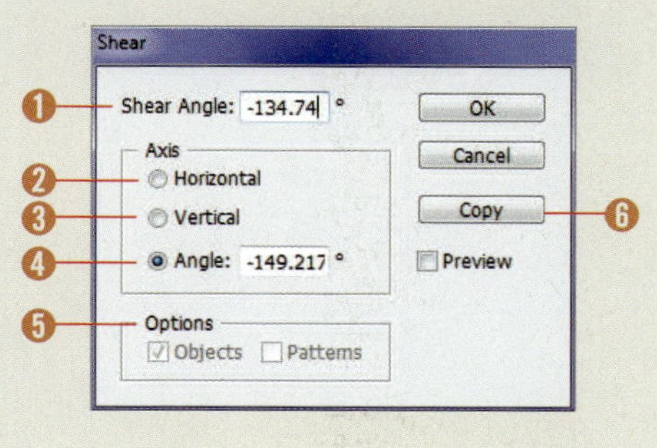

❶ Shear Angle : 기울기의 각도 설정. 일부 각도인 '90도' 각도는 기울기가 실행되지 않습니다.

❷ Horizontal : 수평으로 기울기를 진행합니다.

❸ Vertical : 수직으로 기울기를 진행합니다.

❹ Angle : 사용자가 직접 기울기 각도를 입력합니다.

❺ Options : 오브젝트 또는 패턴에 기울기를 적용합니다.

❻ Copy : 기울기를 실행할 때 오브젝트를 복사하면서 실행합니다.

'리세이프 툴'은 좌우 포인트에는 영향을 주지 않고 원하는 패스만 이동시키거나 수정할 때 사용합니다. 원래 윤곽을 유지한 상태에서 특정 패스만 수정할 때 유용합니다.

01_ 예제 '모자1.ai'를 불러온 뒤 리세이프 툴로 모양을 변경해 보겠습니다.

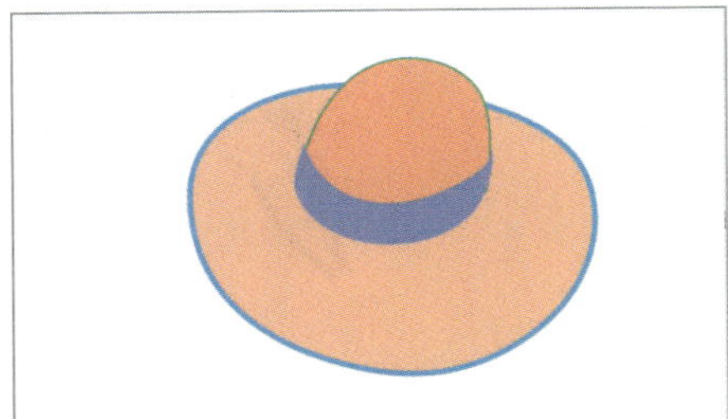
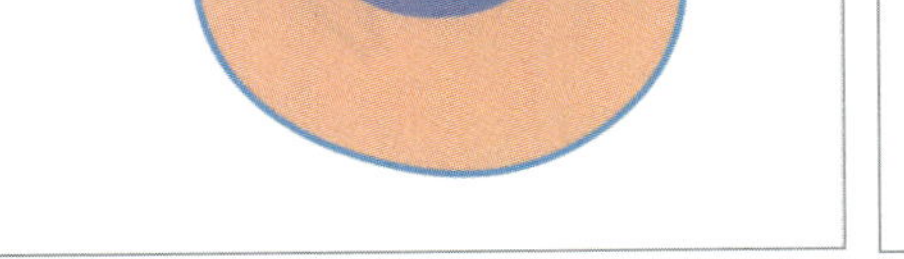
예제 이미지

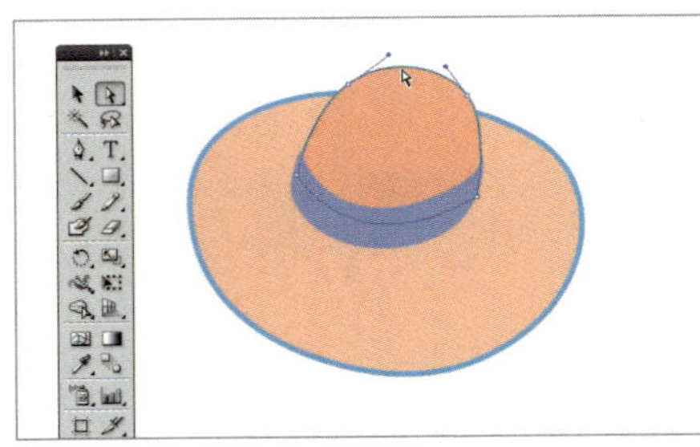

직접 선택 툴로 수정할 패스 클릭해 선택

리세이프 툴로 수정할 패스 클릭

02_ 사각형 포인트를 리세이프 툴로 드래그하면 해당 패스가 수정됩니다.

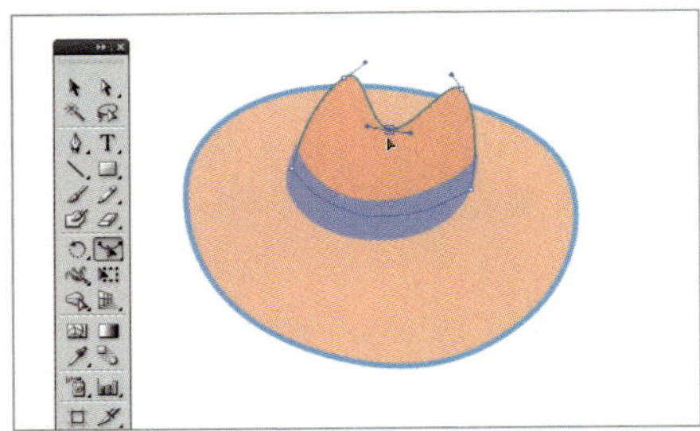

사각형 포인트를 아래로 드래그한 모습

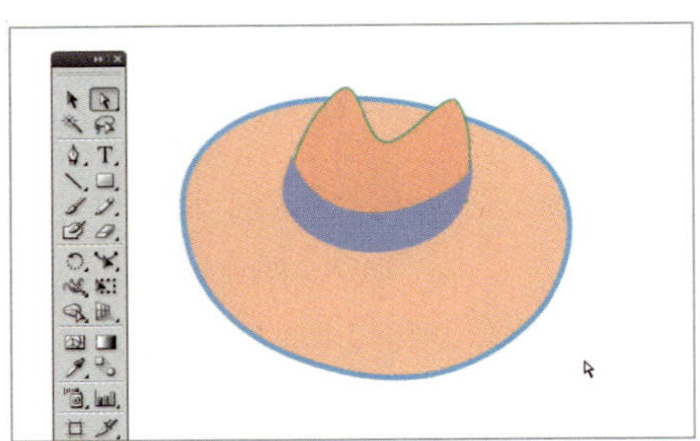
수정 작업을 완료한 모습

MEMO

리세이프 툴을 사용할 때 포인트를 선택하면 해당 포인트를 중심으로 이동시킬 수 있고, 선택하지 않은 포인트는 이동되지 않습니다. 만일 전체 포인트가 선택된 상태에서 리세이프 툴을 사용하면 전체 오브젝트가 이동하므로 패스 편집이 불가능해집니다. 가급적 원하는 패스를 '직접 선택 툴'로 선택한 상태에서 리세이프 툴을 사용해야 합니다.

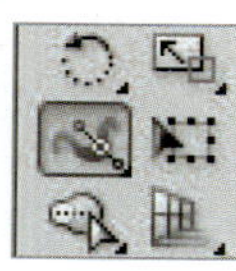

'위드 툴'은 패스(선)의 두께를 넓히거나 줄일 때 사용합니다. 선 위로 마우스를 이동하면 포인트가 나타나는데 이때 좌우로 드래그하면 선의 폭이 넓어지거나 줄어줍니다. 선을 하나 그린 뒤 도형 형태로 수정할 때 아주 좋습니다.

01_ 예제 '나무상자ai'를 불러온 뒤 '위드 툴'로 선의 너비를 조절하는 모습입니다.
먼저 너비를 조절할 선 위에서 원하는 위치로 이동하면 포인트가 나타납니다. 이때 좌우로 드래그하면 선의 너비가 조절됩니다.

예제 이미지

위드 툴을 선 위로 이동시킨 모습

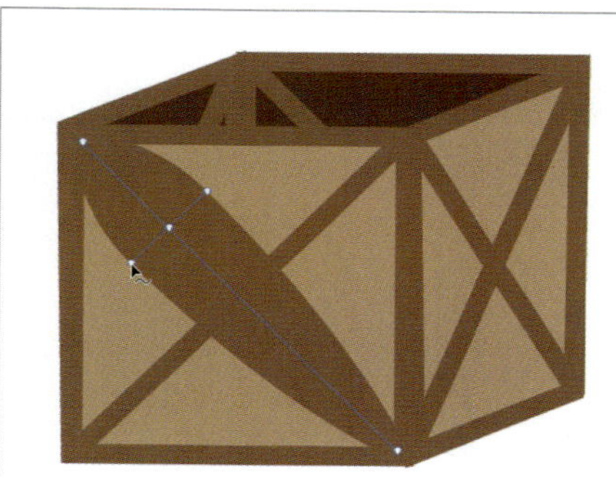

좌우로 드래그하여 선 너비를 조절한 모습

02_ '위드 툴'은 선의 너비를 한 번만 조절하지 않고 여러 번 조절할 수 있습니다. 선을 따라 마우스를 이동시키면 포인트도 이동되는데 이때 원하는 위치에서 좌우로 드래그하면 선의 너비가 조절됩니다.

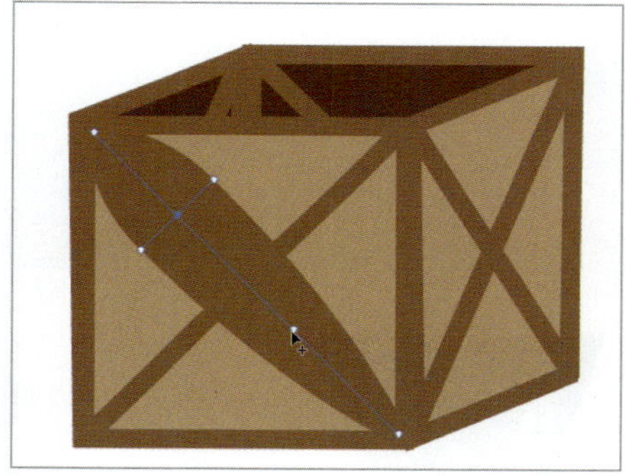

포인트를 이동시킨 모습

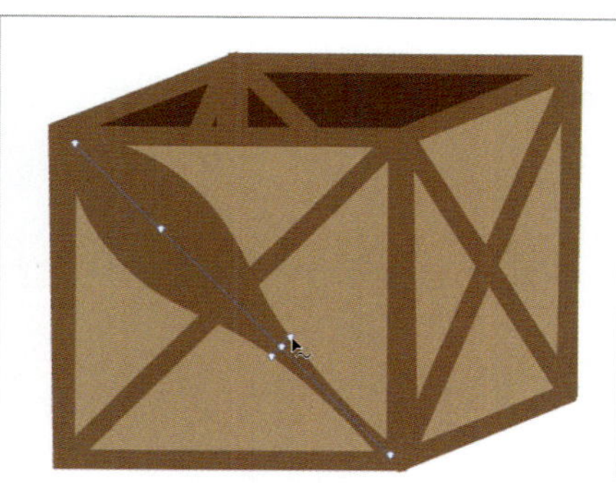

좌우로 드래그하여 선 너비를 조절한 모습

위드 툴로
와인잔 만들기

01_ '라인 툴'로 검정색 라인을 하나 그려줍니다.

02_ '위드 툴'을 선택한 뒤 라인의 제일 상단부로 이동시키면 흰색 포인트가 나타납니다.

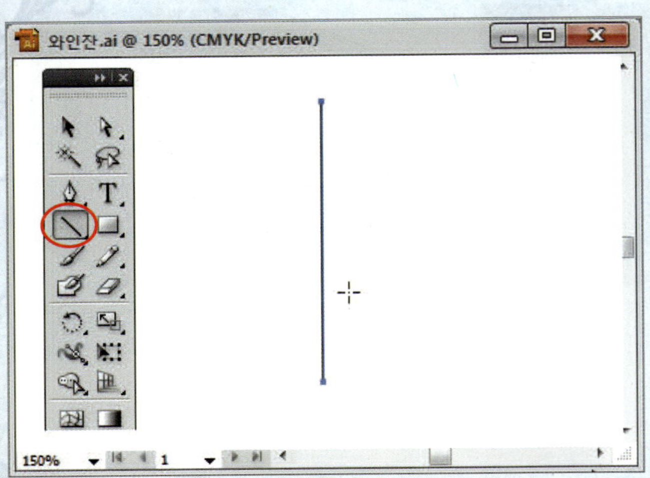

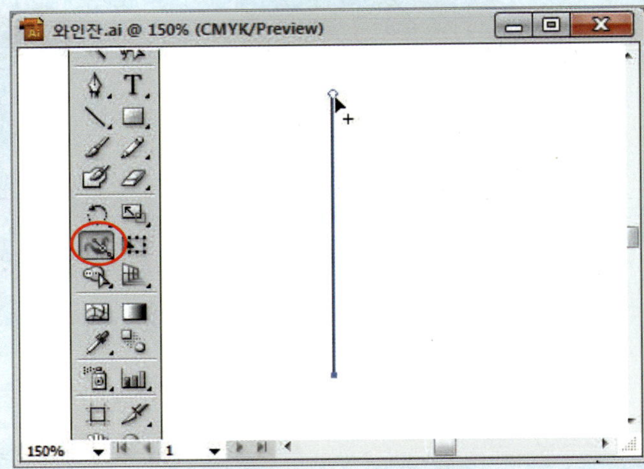

03_ 포인트가 나타났을 때 좌우로 드래그하면 선의 너비가 조절됩니다. 아래 그림처럼 조절합니다.

04_ '위드 툴'을 선의 중간으로 이동시키면 다시 포인트가 나타납니다.

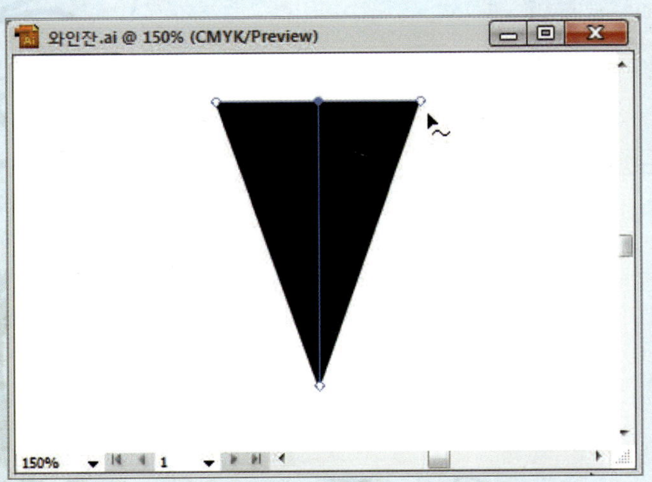

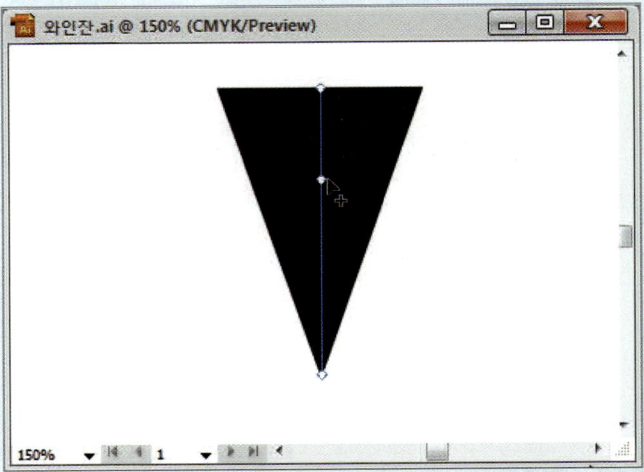

'위드 툴'의 사용법을 복습하는 의미에서 하나의 라인을 그린 뒤 와인잔 형태로 수정해 보겠습니다.
'위드 툴'을 사용하면 아주 손쉽게 도형을 그릴 수 있음을 알 수 있습니다.

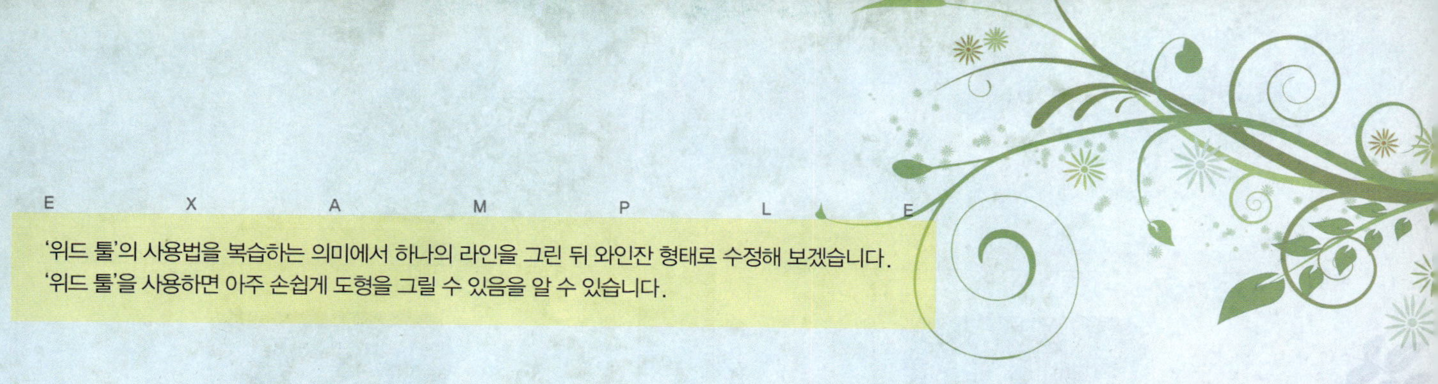

05_ 좌우로 드래그하여 선의 너비를 아래와 같이 조절합니다.

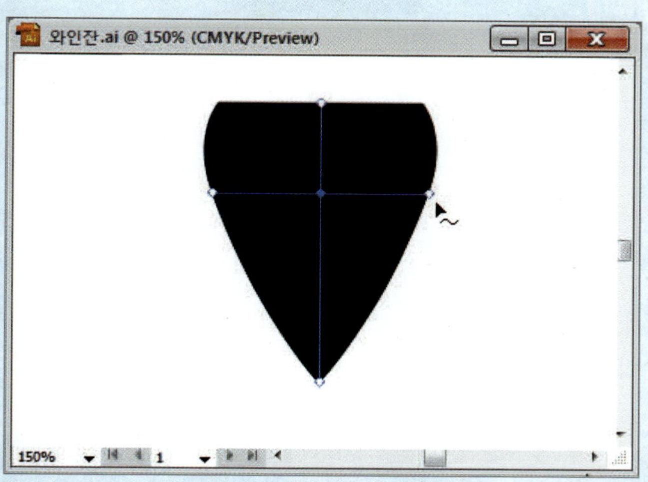

06_ 마우스를 약간 아래쪽으로 이동시키면 다시 포인트가 나타납니다.

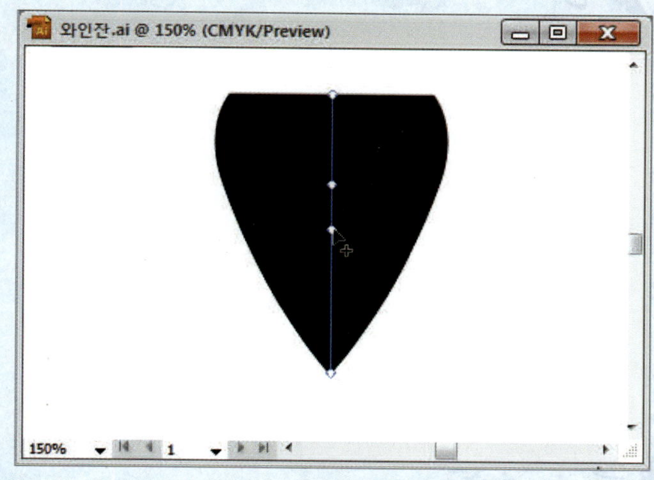

07_ 좌우로 드래그하여 선의 너비를 아래와 같이 조절합니다.

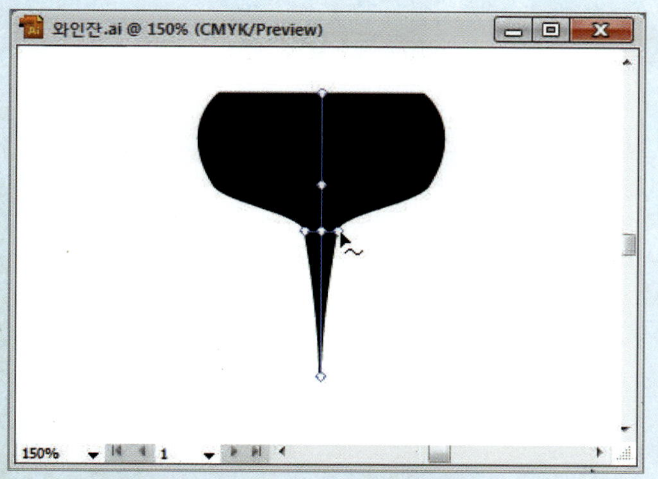

08_ 선의 맨 아래쪽으로 마우스를 이동시키면 다시 포인트가 나타납니다.

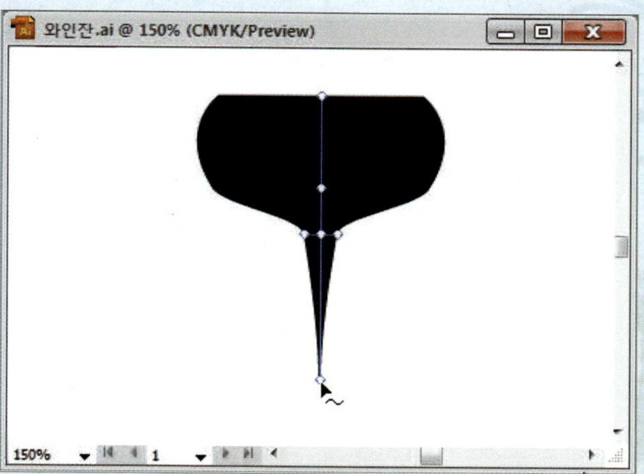

09_ 좌우로 드래그하면 선의 너비를 아래와 같이 조절합니다.

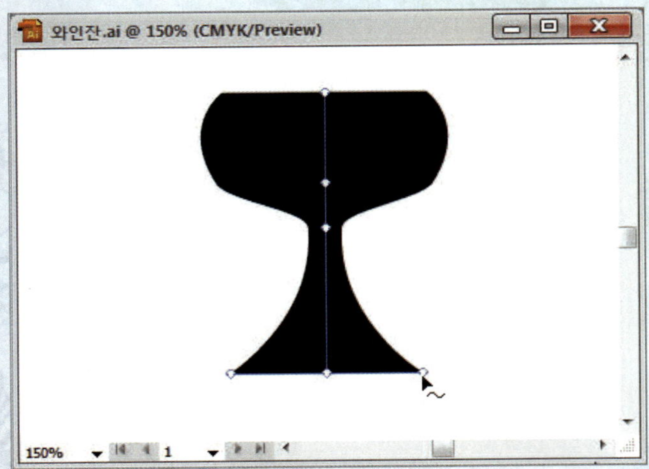

10_ 약간 위쪽으로 마우스를 이동시킨 뒤 좌우로 드래그하여 선의 너비를 조절합니다.

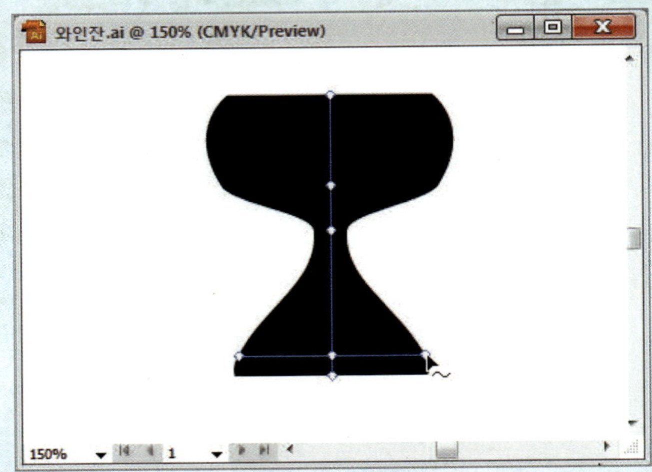

11_ 다시 약간 위쪽으로 마우스를 이동시킨 뒤 좌우로 드래그하여 선의 너비를 조절합니다.

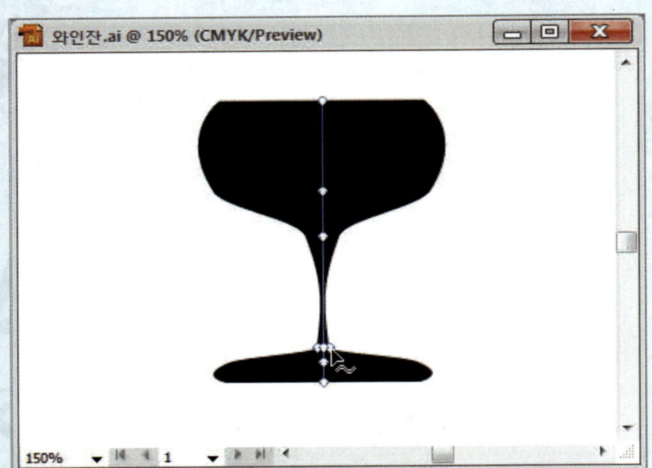

12_ 위에서 3번째 포인트를 드래그하여 아래쪽으로 이동시킵니다.

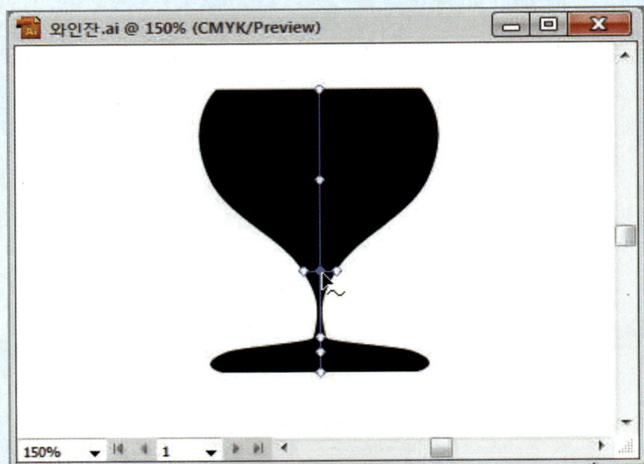

13_ 위에서 2번째 포인트의 너비를 약간 줄여줍니다. 전체적으로 와인잔 형태를 만들어주면 됩니다.

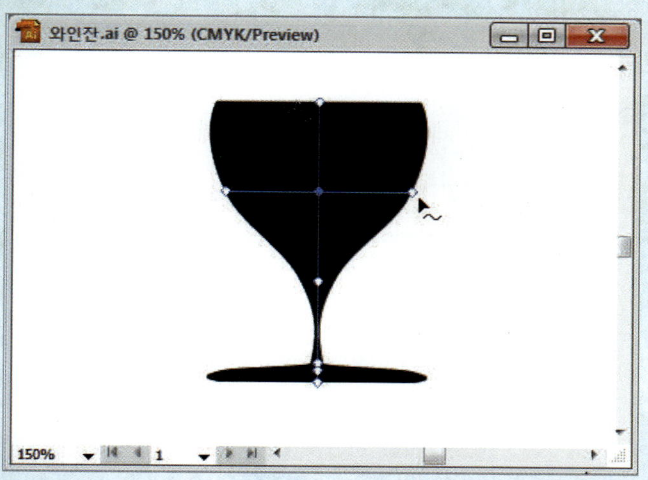

14_ 그림과 같이 와인잔 형태가 되도록 각각의 포인트마다 너비를 조절하기 바랍니다.

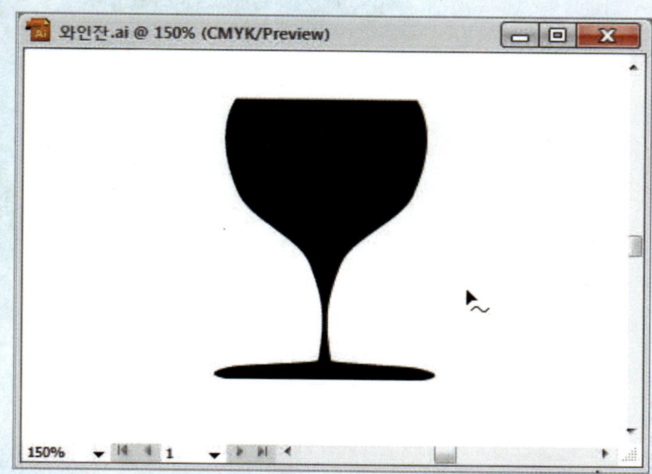

15_ '선택 툴'로 와인잔을 클릭해 선택합니다.

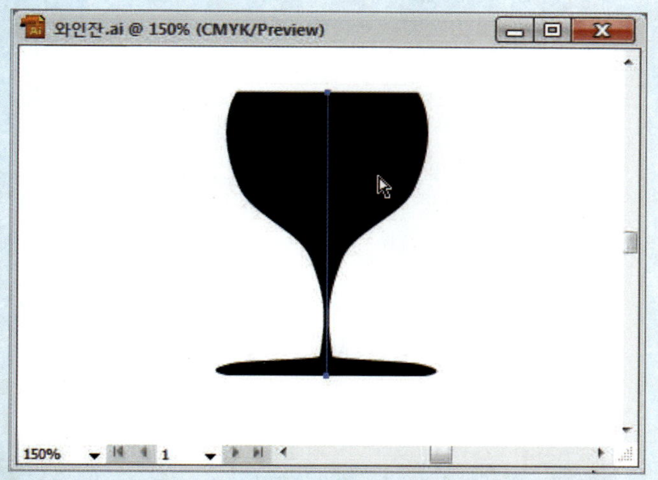

16_ Object -> Path -> Outline Stroke 메뉴를 적용해 선을 면으로 전환합니다. 지금까지 작업했던 선이 면으로 전환되고, 면 테두리에 다시 새로운 선이 나타납니다.

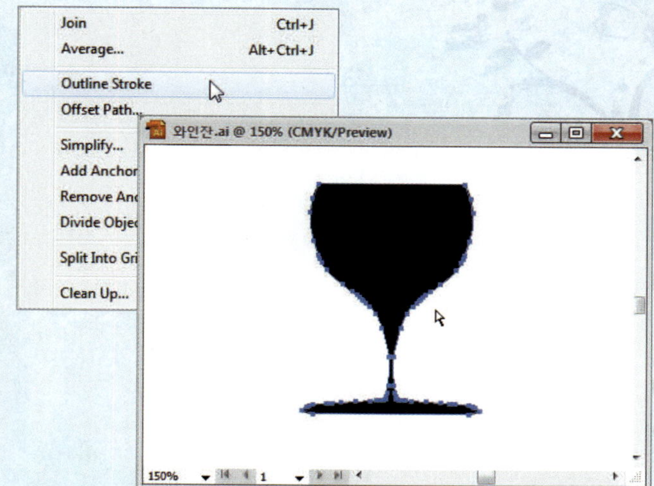

17_ Window -> Swatches 메뉴를 실행해 스와치 팔레트를 불러옵니다. 스와치 팔레트 하단 왼쪽의 Swatch Libraries Menu 버튼을 클릭해 팝업 메뉴를 불러온 뒤 Gradient -> Metals 메뉴를 실행합니다.

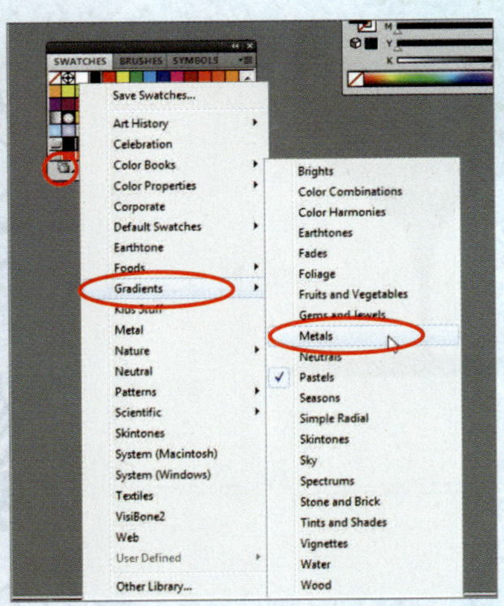

18_ Metals 팔레트에서 Steel Radial 색상을 클릭해 적용합니다.

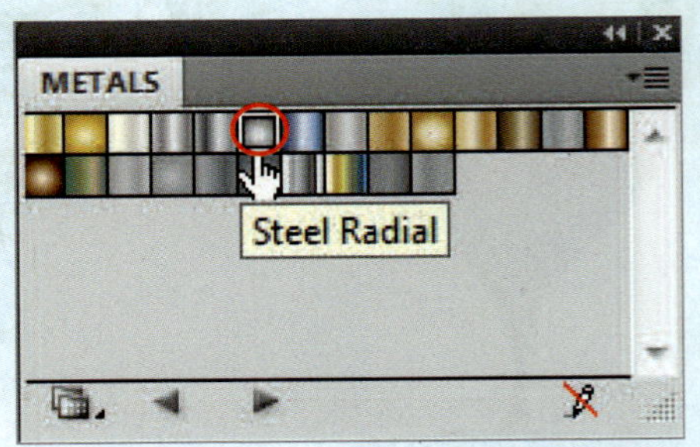

19_ 와인잔의 Fill 컬러로 Steel Radial 색상이 사용된 모습입니다.

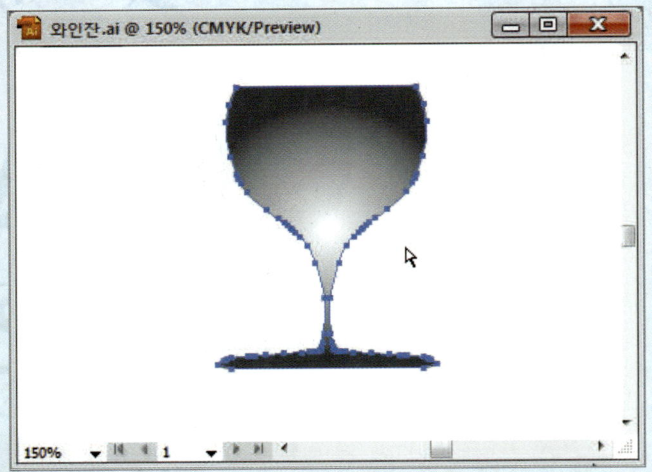

20_ '그라디언트 툴'을 선택한 뒤 그라디언트 막대를 상단 오른쪽으로 이동시킵니다.

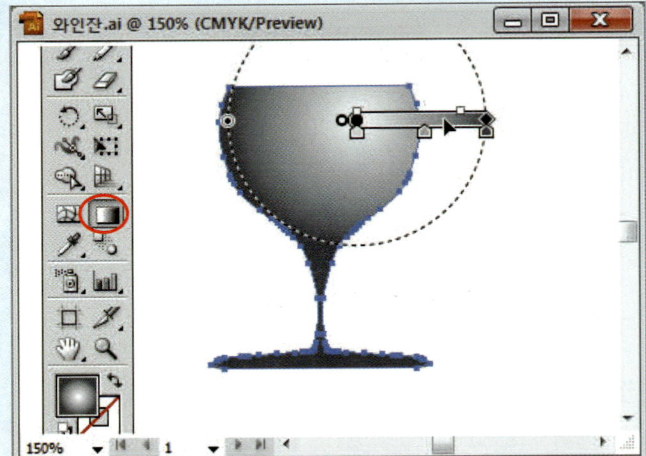

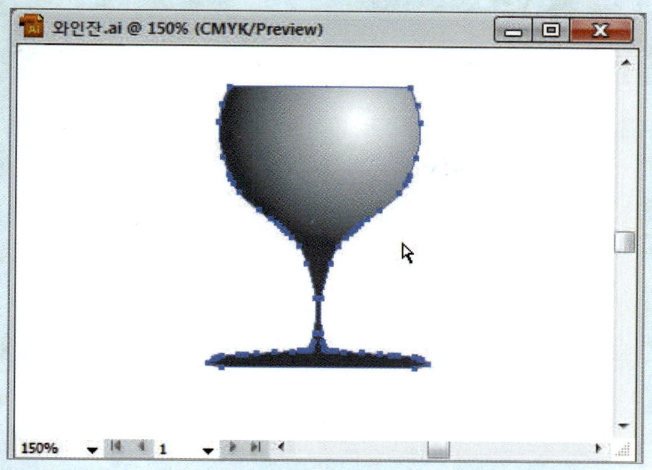

21_ 와인잔에 색상이 입혀진 모습입니다. 와인잔의 테두리가 울퉁불퉁한 상태이므로 부드럽게 만들어보겠습니다.

22_ '스무스 툴'을 선택한 뒤 와인잔의 테두리에서 울퉁불퉁한 부분을 문질러서 예쁘게 다듬어 줍니다.

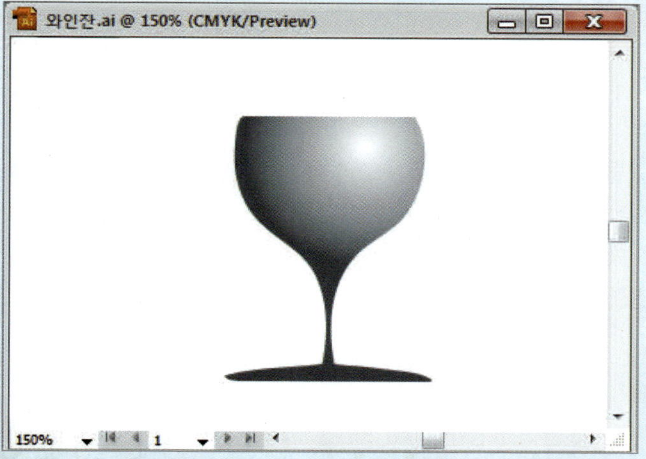

23_ 와인잔이 완성되었습니다. '위드 툴'을 사용하면 '펜 툴'을 사용하지 않고도 도형을 만들 수 있음을 알 수 있습니다.

07 오브젝트 반죽하듯 변형하기 – 워프 툴(Warp Tool)

'워프 툴'은 오브젝트를 찰흙 반죽하듯 문질러서 변형시킬 때 사용합니다. 마우스로 원하는 부분을 드래그하면 그 영역이 반죽되듯 변형됩니다.

예제 '건전지.ai'를 불러온 뒤 '워프 툴'을 사용하는 모습입니다. 워프 툴을 사용하면 간단하게 오브젝트를 변형시킬 수 있음을 알 수 있습니다.

예제 이미지

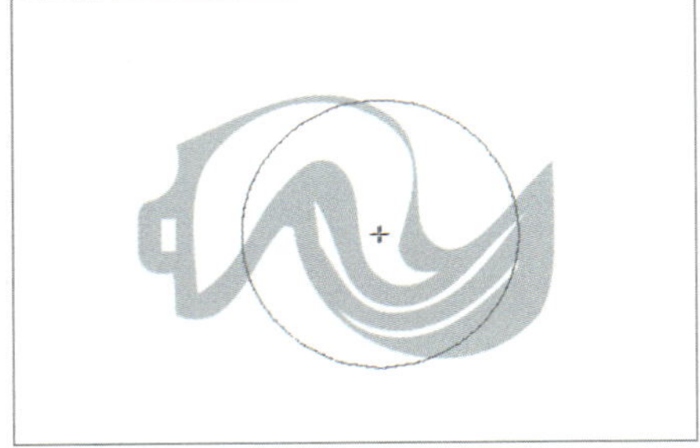

워프 툴로 문지르는 모습

워프 툴로 문지른 결과물

08 오브젝트 비틀기 – 비틀기 툴(Twirl Tool)

'비틀기 툴'은 오브젝트를 회오리 방향으로 비틀 때 사용합니다. 마우스로 드래그한 영역만큼 오브젝트가 회오리 방향으로 비틀어집니다. 보통 파손된 강판 이미지, 응고된 액체 이미지를 만들 때 사용합니다.

다음은 비틀기 툴로 오브젝트를 비트는 모습입니다. 참고로, 비틀기 툴을 사용할 때 Alt 키를 누르면 비틀기 툴의 브러시 크기를 조절할 수 있습니다.

예제 이미지

비틀기 툴로 문지르는 모습

비틀기 툴로 문지른 결과물

툴박스에서 '워프 툴' 또는 '비틀기 툴'을 더블클릭하면 옵션 대화상자가 실행됩니다.

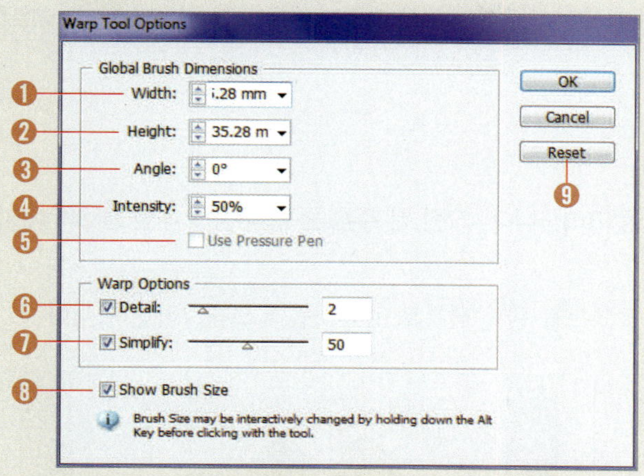

❶ Width : 브러시의 너비를 조절합니다. 단축키로 브러시의 너비를 조절하려면 단축키 Alt 키를 누른 상태에서 마우스를 드래그하면 됩니다.

❷ Height : 브러시의 높이를 설정합니다. 단축키로 브러시의 Height를 조절하려면 Alt 키를 누른 상태에서 마우스를 드래그하면 됩니다.

Width 35, Height 35 브러시

Width 35, Height 80 브러시

❸ Angle : 브러시의 각도를 조절하는 기능입니다.

❹ Intensity : 브러시의 강약을 조절하는 기능입니다. 수치를 높일수록 한 번에 강하게 변형할 수 있습니다.

Intensity 50%

Intensity 100%

❺ Use Pressure Pen : 타블렛의 압력 감지펜을 사용할 경우 이 옵션에 체크하면, 압력 감지펜의 누르는 강약에 따라 비틀기의 강약이 달라집니다. 이때 Intensity 옵션은 비활성화됩니다.

❻ Detail : 작업의 디테일을 조절하는 기능입니다.

❼ Simplify : 작업의 단순도를 조절하는 기능입니다.

❽ Show Brush Size : 브러시의 크기를 화면상에 표시합니다.

❾ Reset : 사용자가 설정한 값을 취소하고 원래 기본값으로 돌아갑니다.

'주름 툴'은 오브젝트를 안쪽으로 잡아당길 때 사용합니다. 마우스로 드래그하면 그 부분으로 패스와 포인트가 축소됩니다. 오브젝트를 선택하지 않은 경우에는 전체 그룹에 주름 툴이 적용되고 오브젝트를 선택한 경우에는 그 오브젝트에서만 적용됩니다.

먼저 '원 툴'로 녹색 색상의 원 오브젝트를 그려줍니다. 그런 뒤 '주름 툴'을 이용해 네잎 클로버 이미지를 만들어 보겠습니다.

01_ 원을 그린 뒤, 상하좌우에 있는 포인트를 원 중심부로 조심스럽게 드래그하면 됩니다.

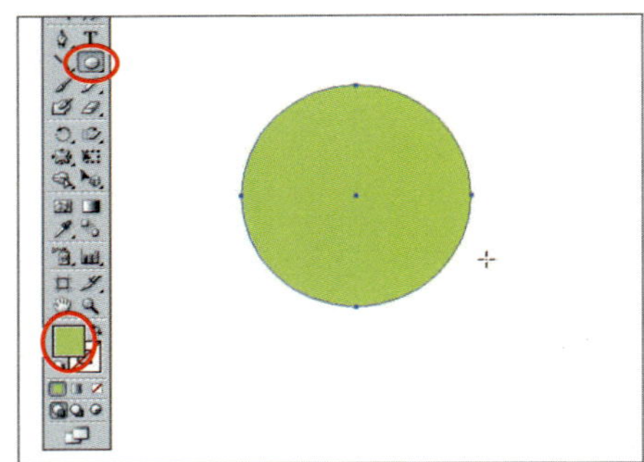

원 툴로 원을 그린 모습

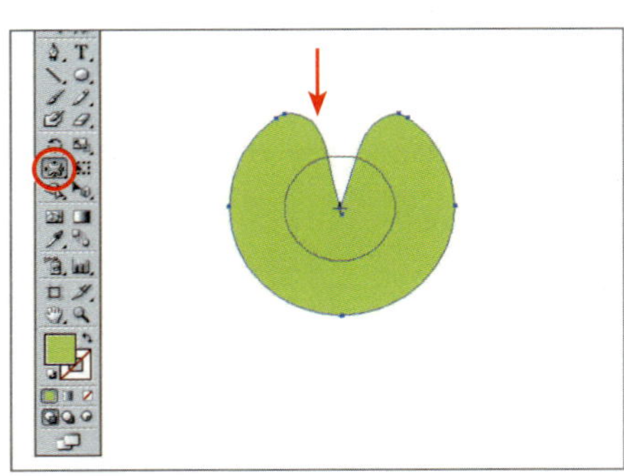

주름 툴로 상단 포인트를 이동시킨 모습

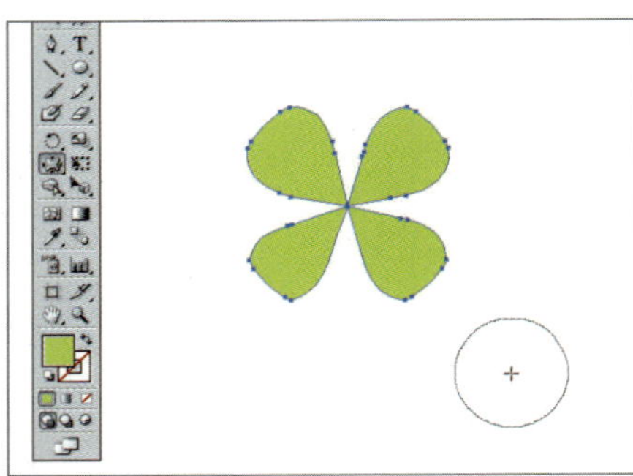

나머지 포인트도 이동시킨 모습

02_ 포인트를 이동한 뒤에는 '스무스 툴'로 울퉁불퉁한 곡선 부분을 문질러서 부드럽게 펴 줍니다. 마지막으로 '브러시 툴'로 줄기를 그려주고 두께를 10px로 설정합니다. 이때 줄기의 Stroke 컬러는 녹색, Fill 컬러는 무색(None)으로 설정합니다.
줄기를 그린 뒤에는 마우스 오른쪽 버튼으로 클릭한 뒤 Arrange -> Send to Back 메뉴를 적용해 줄기를 맨 밑으로 보내줍니다.

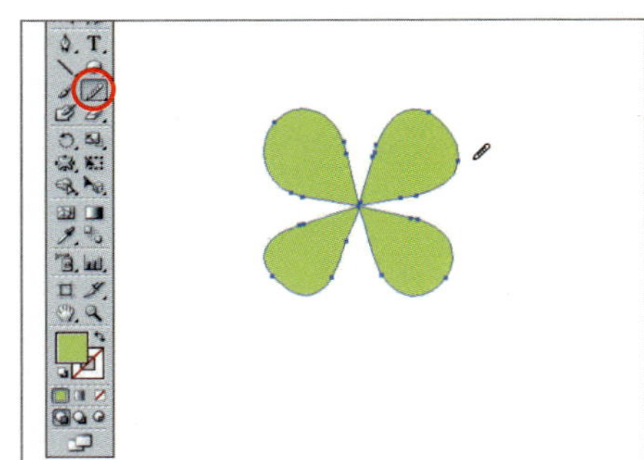

스무스 툴로 곡선을 다듬는 모습

브러시 툴로 줄기를 그린한 모습

줄기를 맨 밑으로 내보낸 모습

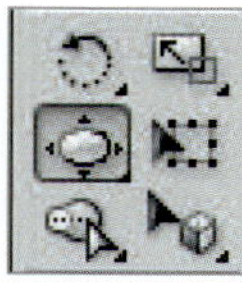

'팽창 툴'은 사방으로 팽창시킬 때 사용합니다. 단순한 오브젝트를 팽창시켜서 특정 이미지를 만들 때 유용합니다. 예를 들어 구름 이미지를 그릴 때 아주 좋습니다.

'원 툴'로 타원을 그린 뒤 팽창 툴을 이용해 '구름'으로 만들어 보겠습니다.

01_ 먼저 '원 툴'로 타원 오브젝트 그린 뒤 Fill 컬러는 '짙은 회색', Stroke 컬러는 '무색'으로 설정합니다. '팽창 툴'로 타원 오브젝트의 내부에서 드래그합니다. 구름 모양이 나오도록 여러 번 드래그합니다.

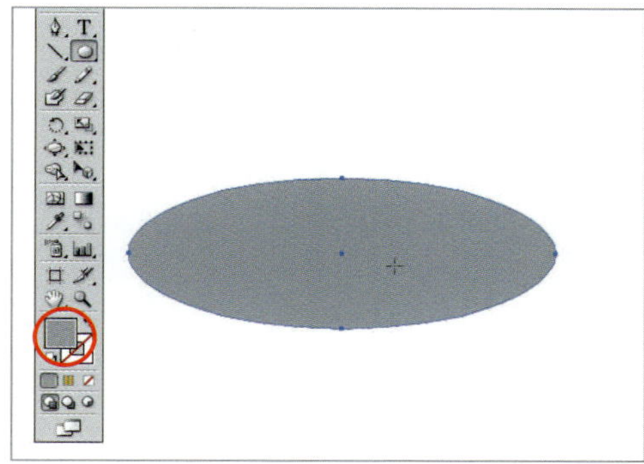

원 툴로 원 도형을 그린 모습

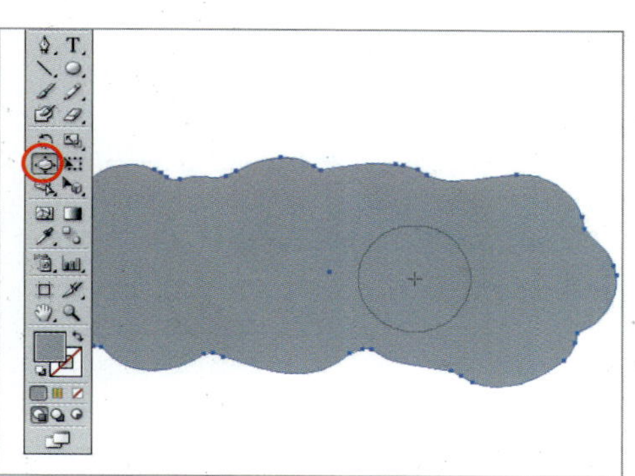

팽창 툴로 작업하는 모습

02_ 이번에는 '선택 툴'로 구름 이미지를 Alt + 드래그하여 복제합니다. 그런 뒤 원래 구름 이미지에 약간 겹쳐있듯 배치합니다. 그런 뒤 복제한 구름 이미지의 Fill 컬러를 '밝은 회색'으로 교체합니다.

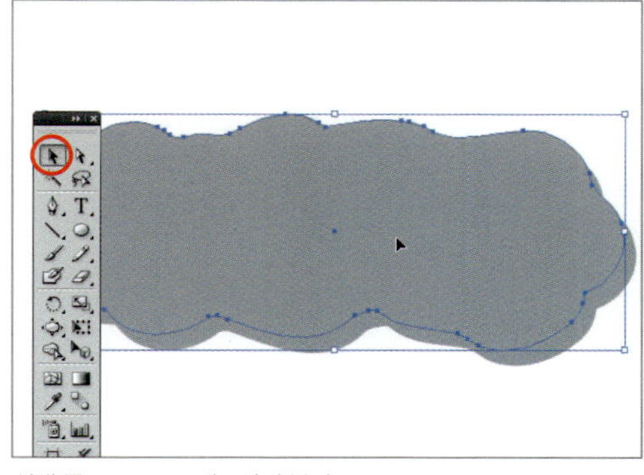

선택 툴로 Alt + 드래그하여 복사

복제한 구름 이미지의 Fill 컬러를 밝은 회색으로 교체

MEMO

팽창 툴의 브러시 크기를 조절하려면 Alt 키를 누른 상태에서 상하좌우로 드래그합니다.

'가리비 툴'은 날카로운 주름을 만들 때 사용합니다. 주로 오브젝트의 테두리를 따라 날카로운 느낌이 나도록 문지를 때 사용합니다. 마우스로 드래그하면 드래그한 크기만큼 테두리가 날카롭게 처리됩니다.

예제 '아이스크림.ai' 이미지를 불러온 뒤 '가리비 툴'을 사용해 봅니다.

01_ 예제 이미지를 불러온 모습입니다.

02_ '가리비 툴'을 선택한 뒤 체리 아래쪽 테두리를 따라 드래그합니다. 그림처럼 테두리 부분에 주름이 만들어집니다.

03_ 전체적으로 옆 그림과 같은 느낌이 나도록 가리비 툴로 문질러 줍니다. 반복해서 문지르면 날카로움의 강도가 높아지지만 이미지의 다른 영역이 손상되므로, 조심스럽게 문지르는 것이 좋습니다.

툴박스에서 '가리비 툴'을 더블클릭하면 옵션을 설정할 수 있도록 대화상자가 실행됩니다.

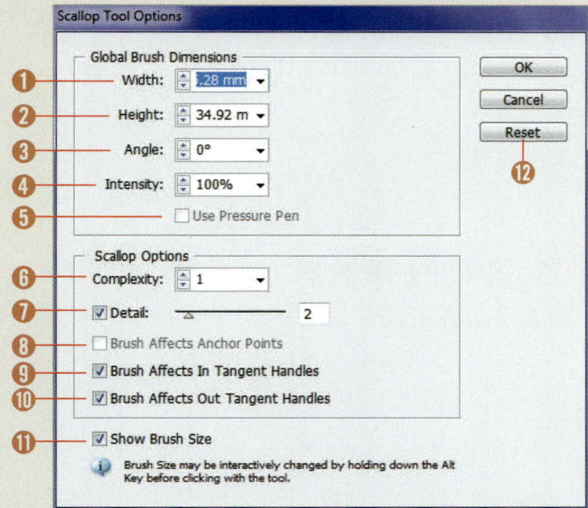

❶ **Width** : 브러시의 가로 크기를 조절합니다.

❷ **Height** : 브러시의 세로 크기를 조절합니다.

❸ **Angle** : 브러시 각도를 설정합니다.

❹ **Intensity** : 브러시의 강약을 조절합니다.

❺ **Use Pressure Pen** : 타블렛의 압력 감지펜을 사용할 경우 선택합니다.

❻ **Complexity** : 얼마만큼 복잡하게 변형될지 설정합니다.

Comlexity 1의 작업 모습

Complexity 14 작업 모습

❼ **Detail** : 브러시의 정교함 단계를 조절합니다.

Detail 1의 작업 모습

Detail 5의 작업 모습

Detail 10의 작업 모습

❽ **Brush Affects Anchor Points** : 앵커 포인트에 브러시를 적용해 줍니다.

❾ **Brush Affects In Tangent Handles** : 작업할 때 탄젠트 핸들의 안쪽에 영향을 줍니다.

❿ **Brush Affects Out Tangent Handles** : 작업할 때 탄젠트 핸들의 외부에 영향을 줍니다.

⓫ **Show Brush Size** : 브러시의 크기를 확인할 수 있도록 표시해 줍니다.

⓬ **Reset** : 사용자가 설정한 값을 취소하고 기본 값으로 돌아갑니다.

'크리스탈 툴'은 테두리를 크리스탈처럼 날카로운 형태로 만들 때 사용합니다. 예를 들어 원 오브젝트를 그린 뒤 테두리를 따라 크리스탈 툴을 드래그하면 원 이미지가 뾰족뾰족한 형태로 변합니다. 여러 가지 찌그러진 이미지를 만들 때 유용합니다.

예제 '폴더.ai'를 불러온 뒤 크리스탈 툴을 사용해 보겠습니다.

01_ 예제 이미지를 불러온 모습입니다. 여러 개의 오브젝트를 폴더 형태로 드로잉한 뒤 하나의 그룹으로 묶었습니다.

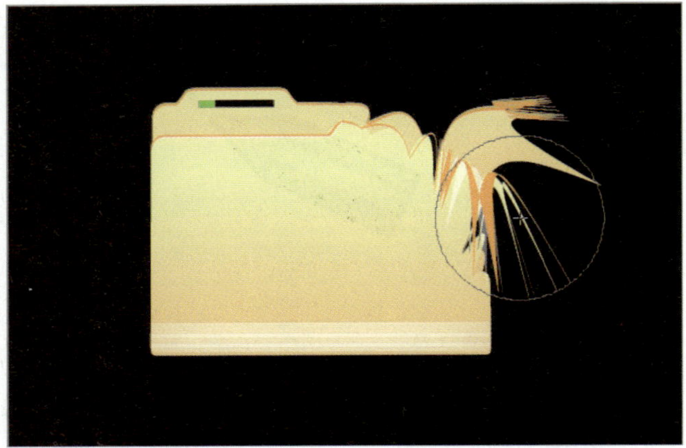

02_ 크리스탈 툴로 문지른 모습입니다. 문지른 부분이 날카롭게 변합니다.

03_ 폴더를 한 바퀴 돌아가면서 문지른 모습입니다. 부서지거나 찌그러진 이미지를 만들 때 유용하다는 것을 알 수 있습니다.

'링클 툴'은 잔주름 이미지를 만들 때 사용합니다. 마우스로 슬슬 문지르면 그 영역에 잔주름처럼 물결 이미지가 만들어 집니다. 작업 중 Alt 키를 누르면 브러시의 크기를 변경할 수 있습니다.

01_ 예제 '물속.ai'를 불러온 뒤 물속 이미지를 만들어보겠습니다.

02_ 링클 툴을 꽃 부분에서 문지른 모습입니다. 점점 주름이 생기는 것을 알 수 있습니다.

03_ 전체 영역을 링클 툴로 문지른 모습입니다. 물속 이미지처럼 변하는 것을 알 수 있습니다.

툴박스에서 '링클 툴'을 더블클릭하면 옵션을 설정할 수 있도록 대화상자가 실행됩니다.

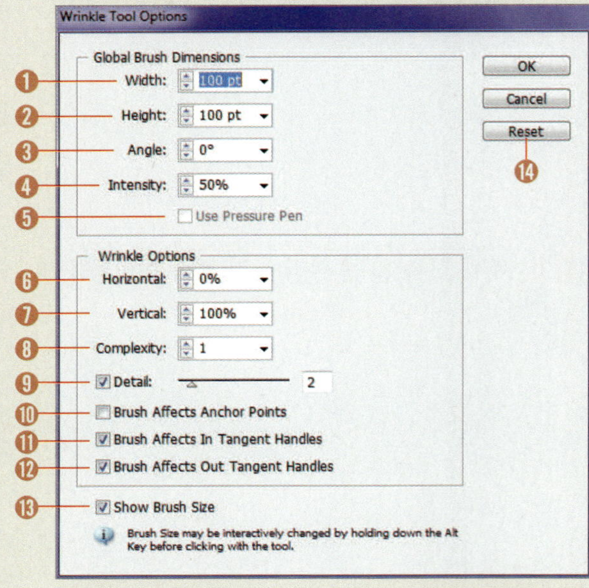

❶ **Width** : 링클 툴의 가로 크기를 조절합니다.

❷ **Height** : 링클 툴의 세로 크기를 조절합니다.

❸ **Angle** : 브러시의 각도를 조절합니다.

❹ **Intensity** : 브러시의 강약을 조절합니다.

❺ **Use Pressure Pen** : 타블렛 압력펜을 사용할 때 체크합니다.

❻ **Horizontal** : 가로 방향으로 링클 툴 적용량을 조절합니다.

❼ **Vertical** : 세로 방향으로 링클 툴 적용량을 조절합니다.

❽ **Complexity** : 주름의 복잡성 단계를 조절합니다. 수치를 높일수록 복잡한 형태의 주름이 생성됩니다.

❾ **Detail** : 주름의 정교함을 설정합니다.

❿ **Brush Affects Anchor Points** : 포인트에 링클 툴이 적용됩니다. 따라서 포인트의 위치가 수정되기도 합니다.

현재 포인트의 위치

옵션 적용 후 작업한 모습

옵션 적용하지 않고 작업한 모습

⓫ **Brush Affects In Tangent Handles** : 탄젠트 핸들의 내부에 링클 툴을 적용합니다.

⓬ **Brush Affects Out Tangent Handles** : 탄젠트 핸들의 외각에 링클 툴을 적용합니다.

⓭ **Show Brush Size** : 브러시의 크기를 알 수 있도록 작업창에 표시합니다.

⓮ **Reset** : 사용자가 설정한 값을 취소하고 원래 기본값으로 복귀합니다.

자유롭게 크기 변형하기 – 자유 변형 툴(Free Transform Tool)

'자유 변형 툴'은 오브젝트의 크기를 자유롭게 변형할 때 사용합니다. 오브젝트의 크기를 확대하거나 축소할 수 있고, 너비와 높이를 조절할 수 있을 뿐 아니라, 비틀기 작업을 할 수 있습니다. 먼저 '선택 툴'이나 '직접 선택 툴'로 작업할 오브젝트를 선택한 뒤 '자유 변형 툴'을 사용합니다.

예제 '걸.ai'를 불러옵니다. 그런 뒤 '선택 툴'로 선택하고 '자유 변형 툴'로 변형해 봅니다.

자유 변형

사용자가 원하는 방식으로 이미지를 자유롭게 확대하거나 축소할 수 있습니다.

예제 이미지

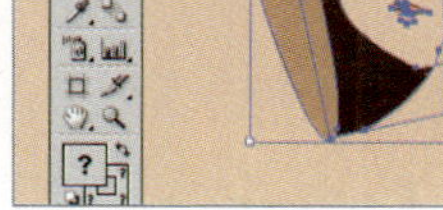

선택 툴로 선택한 모습

자유변형 툴로 자유 변형한 모습

중심점 유지

[Alt] 키를 사용하면 오브젝트의 중심점이 유지되며 변형됩니다.

선택 툴로 선택한 모습

중심점이 유지되지 않은 모습

Alt + 드래그하면 중심점 유지

비율 유지

[Shift] 단축키를 사용하면 오브젝트의 비율을 유지하며 크기를 변형할 수 있습니다.

선택 툴로 선택한 모습

Shift 키를 누르지 않고 변형

Shift 키를 누르면 가로 세로 비율 유지

비틀기 변형

[Ctrl] 단축키를 사용하면 오브젝트를 비틀 수 있습니다. 이때 주의할 점은 [Ctrl] 키를 먼저 누르면 비틀기가 되지 않는다는 것입니다. 먼저 비틀기를 할 부분을 마우스로 클릭한 상태에서 [Ctrl] 키를 누른 후 드래그하면 비틀어집니다.

꼭짓점을 자유변형 툴로 클릭한 상태

Ctrl 키를 누른 상태에서 드래그

반대 방향으로 비튼 모습

단축 메뉴로 자유변형 기능 사용하기

오브젝트를 마우스 오른쪽 버튼으로 클릭하면 Transform 단축 메뉴가 실행됩니다. Transform 단축 메뉴는 오브젝트를 자유롭게 변형할 때 사용합니다.

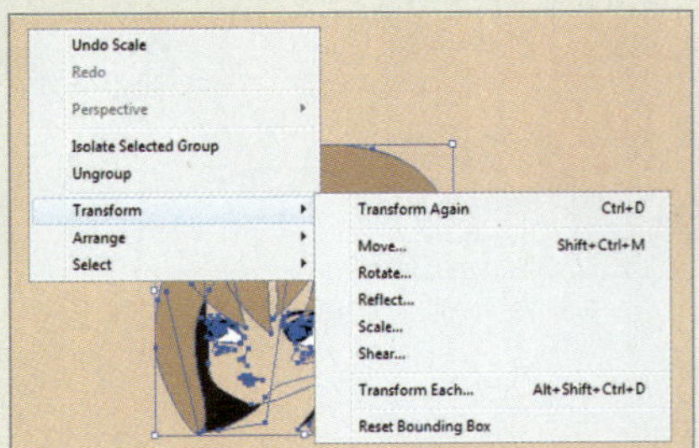

❶ Transform Again : 바로 전 실행한 변형 작업을 똑같이 반복

❷ Move : Move(선택 툴) 대화상자를 통해 오브젝트 이동 ·

❸ Rotate : Rotate(회전 툴) 대화상자를 통해 오브젝트 회전

❹ Reflect : Reflect(반사 툴) 대화상자를 통해 오브젝트 반사

❺ Scale : Scale(스케일 툴) 대화상자를 통해 오브젝트 크기 변형

❻ Shear : Shear(기울기 툴) 대화상자를 통해 오브젝트에 기울기 변형

❼ Transform Each : 회전, 크기, 이동 작업을 동시에 실행

❽ Reset Bounding Box : 바운딩 박스를 기본값으로 리셋

알고 있으면 좋은 특수 기능 사용하기
쉐이프 빌더 툴, 라이브 페인팅 툴, 원근법 툴

일러스트레이터 CS5에서 새로 등장한 '쉐이프 빌더 툴'은 열려있는 패스를 닫아주면서 도형 모양을 자동으로 만들어주는 기능입니다.

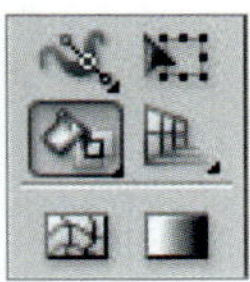

'라이브 페인팅 툴'은 라이브 페인팅을 할 때 사용하며 부가 기능으로 '비트맵 이미지'를 '벡터 이미지'로 전환하는 기능을 제공합니다.

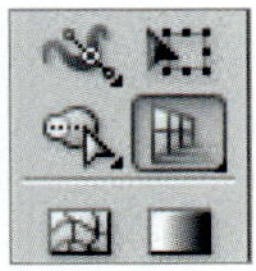

'원근법 툴'은 드로잉할 때 원근법에 맞도록 도움을 주는 기능입니다. 고층건물이나 고속도로를 원근법에 맞게 드로잉할 때 사용합니다.

'원근법 선택 툴'은 원근법에 맞게 오브젝트를 이동시킬 때 사용합니다.

'쉐이프 빌더 툴'은 패스가 끊어진 오브젝트에서 패스를 연결해 모양을 만드는 툴입니다. 일러스트레이터 CS5에서 새로 등장한 기능이며, 2개 이상의 오브젝트가 겹쳐진 상태일 경우 이 둘을 하나로 연결하기도 합니다. 단, 둘 다 패스가 끊어진 상태여야 합니다. 클릭하면 끊어진 부분에 패스가 자동으로 생성되면서 모양을 만들어줍니다.

예제 '쉐이프.ai'를 불러온 뒤 '직접 선택 툴'로 두 오브젝트를 모두 선택합니다. 그런 뒤 '쉐이프 빌더 툴'을 선택하면 끊어진 패스가 자동으로 연결됩니다. 이때 두 오브젝트 사이를 드래그하면 두 오브젝트가 연결되어 하나의 오브젝트가 됩니다.

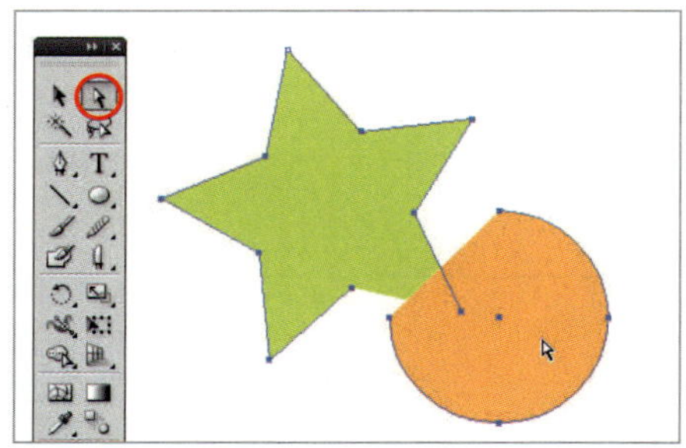

직접 선택 툴로 선택

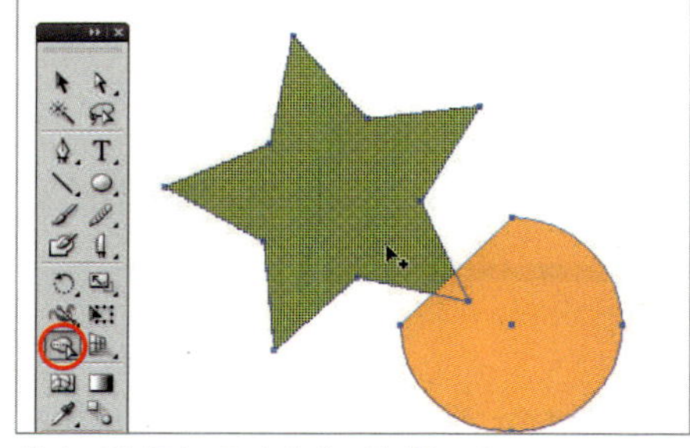

쉐이프 빌더 툴로 끊어진 패스 연결한 모습

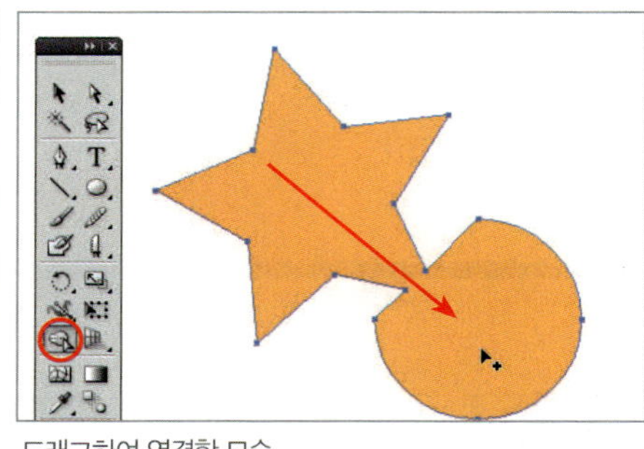

드래그하여 연결한 모습

쉐이프 빌더 툴의 옵션

툴박스에서 '쉐이프 빌더 툴'을 더블클릭하면 옵션 대화상자가 실행됩니다.

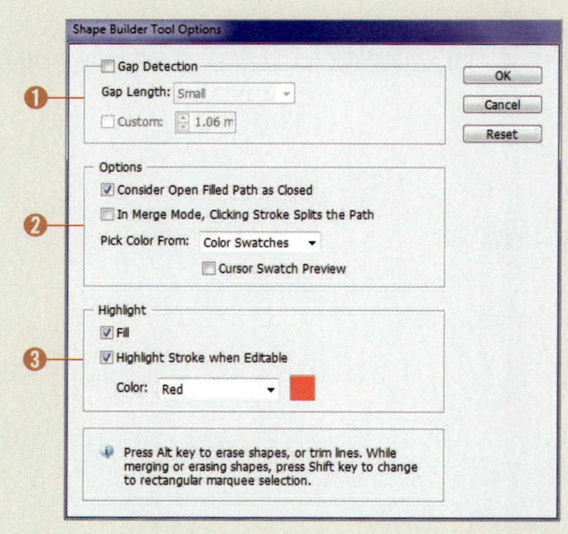

❶ **Gap Detection** : 패스로 연결할 갭(간격)의 크기를 선택합니다. 여기서 선택한 간격만큼 패스를 연결해줍니다.

❷ **Options** : Consider Open Filled Path as Closed 옵션에 체크해야 열려있는 오브젝트에 패스를 만들어 줍니다. In Merge Mode 옵션에 체크하면 겹쳐있는 부분의 색상은 원래 색상을 사용합니다.

❸ **Highlight** : 마우스 커서가 가리키고 있는 오브젝트는 하이라이트로 강조해 줍니다. 하단 Color 옵션에서 하이라이트 색상을 선택합니다.

'라이브 페인트 통 툴'은 'Auto Trace 툴'과 '페인트 통 툴'이 합쳐진 색상 채색 도구입니다. 수백 개의 오브젝트가 겹쳐 있을 때 겹쳐있는 경계면을 구분해 채색 작업을 할 수 있어 유용할 뿐 아니라 손으로 그린 삽화 이미지를 일러스트레이 터에서 채색할 때도 사용합니다.

다음은 '라이브 페인트 통 툴'의 사용 방법입니다. 단일 오브젝트의 면(Fill)에만 채색하던 방식에서 벗어나 겹쳐있는 오브젝트의 선(패 스)이 있는 경계면을 따라 채색할 수 있음을 알 수 있습니다.

과거의 일러스트레이터 페인트 통 툴

개별 오브젝트에만 채색할 수 있었습니다. 아래 그림처럼 각 오브젝트에만 채색할 수 있습니다. 겹쳐있는 부분을 별도 분리해 채색할 수 없습니다.

 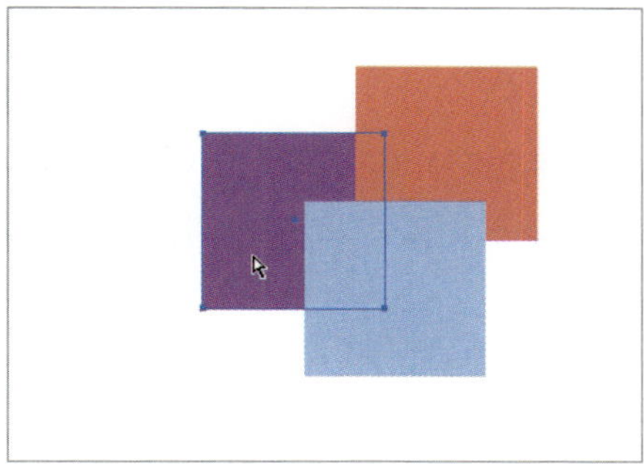 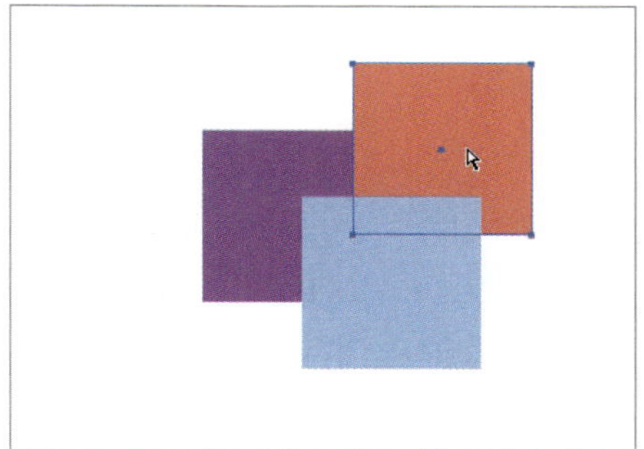

현재의 라이브 페인트 통 툴

오브젝트 개념 대신 선 개념으로 분리한 뒤 채색할 수 있습니다. 예를 들어 여러 오브젝트가 겹쳐있으면 겹쳐있는 선들이 그 밑에 있는 면을 나누어 줍니다. 따라서 다음과 같이 3개의 오브젝트가 겹쳐있을 경우 겹쳐있는 부분을 각각 찾아내 채색할 수 있습니다.

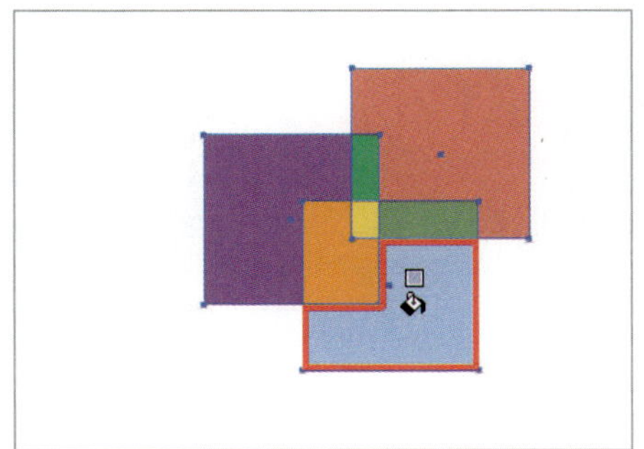 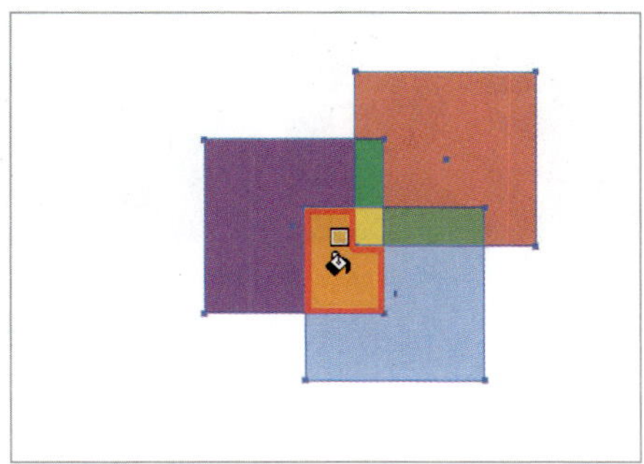 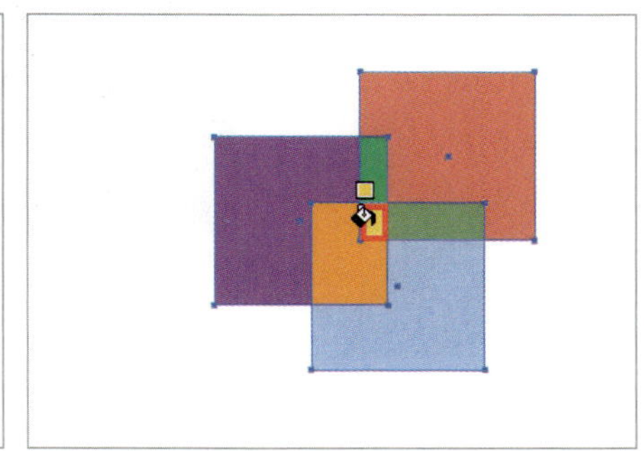

개별 오브젝트에 채색   오브젝트 2개가 겹친 부분에 채색   오브젝트 3개가 겹친 부분에 채색

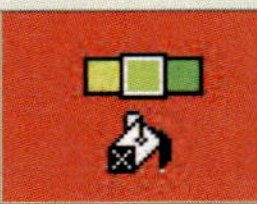

'라이브 페인트 통 툴' 아이콘은 보통 3개의 색상을 표시해 줍니다. 중앙 색상은 현재 사용 중인 Fill 컬러이고 좌우 색상은 스와치 팔레트에서 현재 사용 중인 Fill 컬러의 좌우에 있는 색상을 의미합니다. 이 3가지 색상은 키보드의 화살표 키(⇦⇧⇨⇩)를 클릭하면 서로 이동할 수 있습니다. 만약 Shift 키를 누르면 이 아이콘에 Stroke 컬러가 표시됩니다.

라이브 페인트 통 툴 – 디카 사진의 선을 자동 추적해 벡터 이미지로 전환하기

비트맵 이미지를 일러스트레이터 속성으로 전환할 때 사용합니다. 손으로 그린 이미지, 디카로 찍은 사진 등을 일러스트레이터에서 사용하려면 반드시 알아야 할 내용입니다.

먼저 비트맵 이미지를 일러스트레이터에 삽입하려면 '붙여넣기' 기능과 File → Place 메뉴를 사용합니다. 비트맵 이미지를 삽입한 뒤 선택 툴로 이미지를 선택하면 옵션바가 트레이스 모드로 전환됩니다.

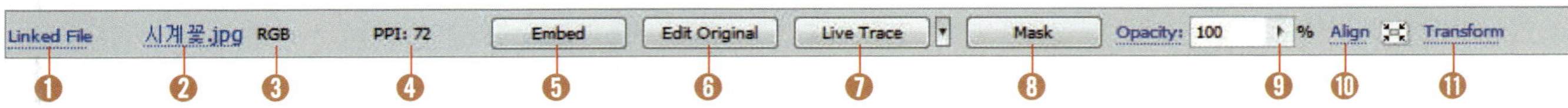

❶ **Linked File** : 클릭하면 끼워넣은(Linked) 비트맵 이미지가 목록으로 나타납니다.

❷ **Embedded** : 비트맵 이미지의 파일명이 표시됩니다. 클릭하면 다른 파일로 다시 링크시키거나 링크된 비트맵 이미지에 대한 정보를 확인할 수 있습니다.

❸ **RGB** : 비트맵 이미지의 컬러 정보가 표시됩니다.

❹ **PPI** : 비트맵 이미지의 해상도 정보가 표시됩니다.

❺ **Embed** : 끼워넣기 작업을 완전히 종료합니다.

❻ **Edit Original** : 포토샵 CS4 등의 비트맵 편집 프로그램으로 이미지를 편집합니다.

❼ **Live Trace** : 옵션바에서 가장 중요한 이 기능은 비트맵 이미지의 윤곽선을 추적해 벡터 이미지로 전환하는 기능입니다. 오른쪽에 있는 버튼을 클릭하면 Live Trace할 방법을 선택할 수 있습니다. 전환된 이미지는 옵션바의 Expand 버튼을 클릭한 뒤 벡터 이미지처럼 편집할 수 있습니다.

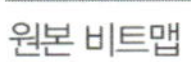

원본 비트맵

기본 옵션 전환

Color 6 옵션 전환

Technical Drawing 전환

❽ **Mask** : 마스크로 전환합니다.

❾ **Opacity** : 비트맵 이미지의 불투명도를 조절합니다.

❿ **Align** : 2개 이상의 비트맵 이미지를 선택한 경우 정렬 방식을 선택합니다.

⓫ **Trasform** : 비트맵 이미지의 크기를 조절합니다.

킹왕짱 예제

디카 사진을
벡터 이미지로 전환하기

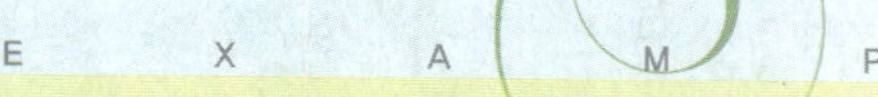

'디카 사진'이나 '손으로 그린 그림'을 일러스트레이터에서 편집하기 위해 윤곽선을 자동 추적한 뒤 벡터 이미지로 전환하겠습니다. 그럴 경우 라이브 페인팅 기능으로 채색 작업을 할 수 있고 벡터 이미지처럼 편집할 수 있습니다.

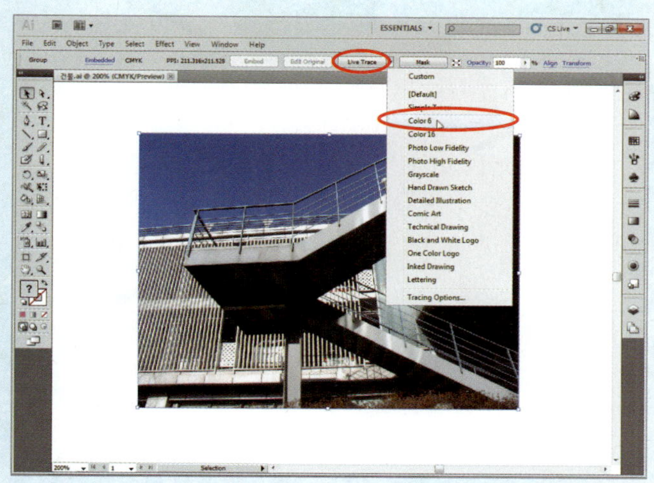

01_ File -> Open 메뉴로 예제 '건물.ai'를 불러옵니다. 선택 툴로 비트맵 이미지를 선택합니다. 옵션바의 Live Trace 버튼 옆에 있는 삼각형 버튼을 클릭해 'Color 6'을 적용합니다.

02_ 비트맵 이미지의 윤곽선을 자동 추적해 벡터 이미지로 전환한 모습입니다. 지금부터 페인팅 작업을 하겠습니다. 툴박스에서 '라이브 페인팅 툴'을 선택한 뒤 Fill 컬러를 분홍색으로 지정하고 하늘 부분을 클릭해 채색합니다.

03_ 만약 각 요소들을 개별적인 오브젝트로 완전히 분리하려면 옵션바의 'Expand' 버튼을 클릭한 뒤 Obejct -> Ungroup 메뉴를 적용해 그룹을 해제합니다. 이때부터는 일반 오브젝트처럼 자유자재로 편집할 수 있습니다.

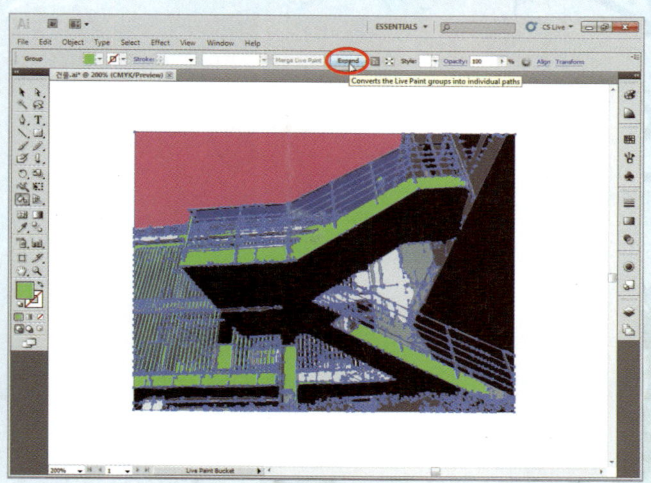

벡터 오브젝트에서 '라이브 페인트 통 툴'을 사용하려면 작업할 오브젝트들을 모두 선택해야 합니다. 2개 이상의 겹쳐있는 오브젝트들을 선택한 상태라면 라이브 페인트 통 툴로 채색하면서 겹쳐있는 부분을 다른 색으로 채색할 수 있습니다. 이때부터 이들 오브젝트는 라이브 페인팅 그룹으로 관리됩니다.

또한 채색 작업을 한 뒤 옵션바의 Expand 버튼을 클릭하면 선으로 나누어진 각 구역마다 개별적인 오브젝트가 되어 분리할 수 있습니다.

현재의 오브젝트

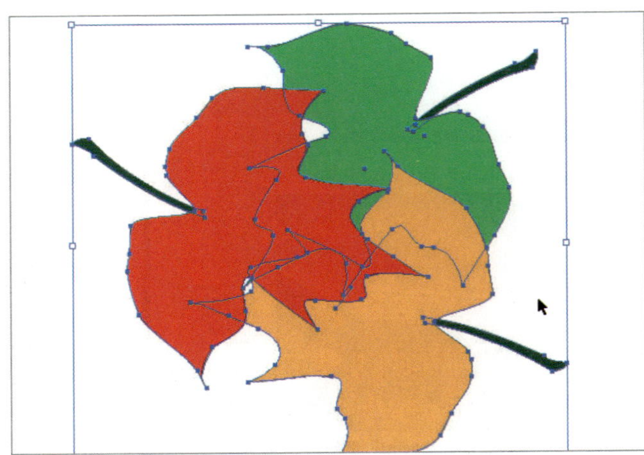

선택 툴로 모든 오브젝트를 선택한 모습

라이브 페인트 통 툴로 채색하는 모습

옵션바의 Expand 버튼을 클릭해 분리한 모습

라이브 페인팅 오브젝트를 선택하는 - 라이브 페인팅 선택 툴

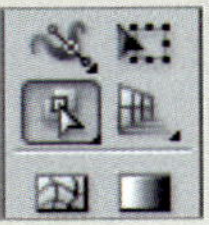

툴박스에 있는 '라이브 페인팅 선택 툴'은 라이브 페인팅이 적용된 오브젝트를 선택할 때 사용합니다. 오브젝트를 선택한 뒤에는 스와치 팔레트를 통해 색상을 교체할 수 있습니다.

벡터 이미지에서 라이브 페인팅 작업을 하고 있으면 옵션바에 다음과 같은 옵션이 추가됩니다.

❶ **Merge Live Paint** : 라이브 페인팅이 적용된 개별적인 오브젝트들을 선택한 상태에서 실행합니다. 이들 개별적인 오브젝트를 라이브 페인팅이 적용된 하나의 그룹으로 결합합니다.

❷ **Expand** : 라이브 페인팅이 적용된 오브젝트를 각각의 오브젝트로 분할합니다.

❸ **Gap 버튼** : 라이브 페인팅은 선으로 둘러쌓인 면에서 작업을 합니다. 만일 선 중에 약간 끊어져 있는 선이 있을 경우, Gap 옵션으로 선들의 끊어진 간격(갭, Gap)에 대한 옵션을 설정합니다.

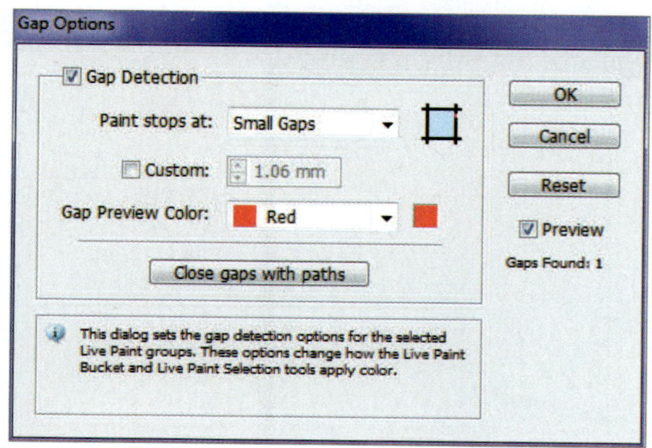

- Paints Stops at : 선에 있는 갭이 크면 라이브 페인팅이 동작하지 않도록 그 기준을 설정합니다. Custom 옵션을 선택하면 직접 갭의 크기를 입력할 수 있습니다.
- Gap Preview Color : 갭의 색상을 선택합니다. 갭이 있을 경우 이 색상이 표시됩니다.
- Close Gaps With Paths : 발견된 갭을 패스로 연결해 줍니다.

라이브 페인트 통 툴의 옵션

툴박스에서 '라이브 페인트 통 툴'을 더블클릭하면 옵션을 설정할 수 있도록 대화상자가 실행됩니다.

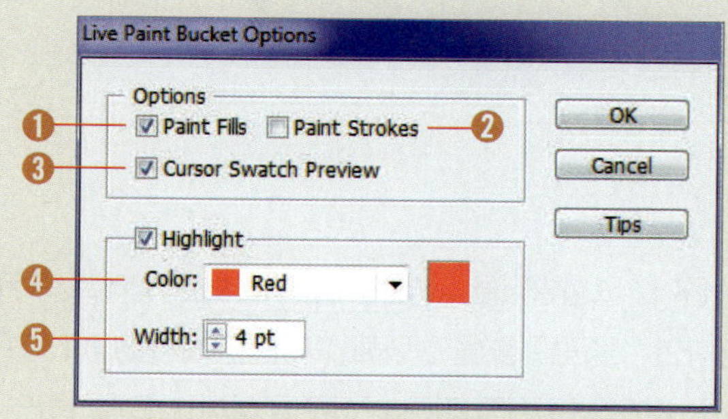

❶ **Paint Fills** : 오브젝트의 면에 라이브 페인팅을 합니다.

❷ **Paint Strokes** : 오브젝트의 선에 라이브 페인팅을 합니다.

❸ **Cursor Swatch Preview** : 라이브 페인트 통 툴의 커서에 스와치 색상을 미리 보여줍니다.

❹ **Color** : 라이브 페인팅을 할 수 있는 오브젝트는 테두리가 반전되어 표시되는데 이 테두리 색상을 지정합니다.

❺ **Width** : 반전되어 표시되는 테두리의 두께를 지정합니다.

원근법 툴은 원근법으로 그림을 그릴 수 있도록 그리드를 표시해줍니다. 이 그리드를 이용하면 도로나 철로, 고층빌딩 등을 원근법을 유지한 상태에서 그릴 수 있습니다. 원근법 그리드는 설정에 따라 1 포인트, 2 포인트, 3 포인트 방식으로 표시할 수 있고, 원근법이 유지된 상태에서 오브젝트를 복사, 이동시킬 수 있습니다.

툴박스에서 원근법 툴을 선택하면 다음과 같이 원근법 드로잉이 가능하도록 그리드 선이 나타납니다.

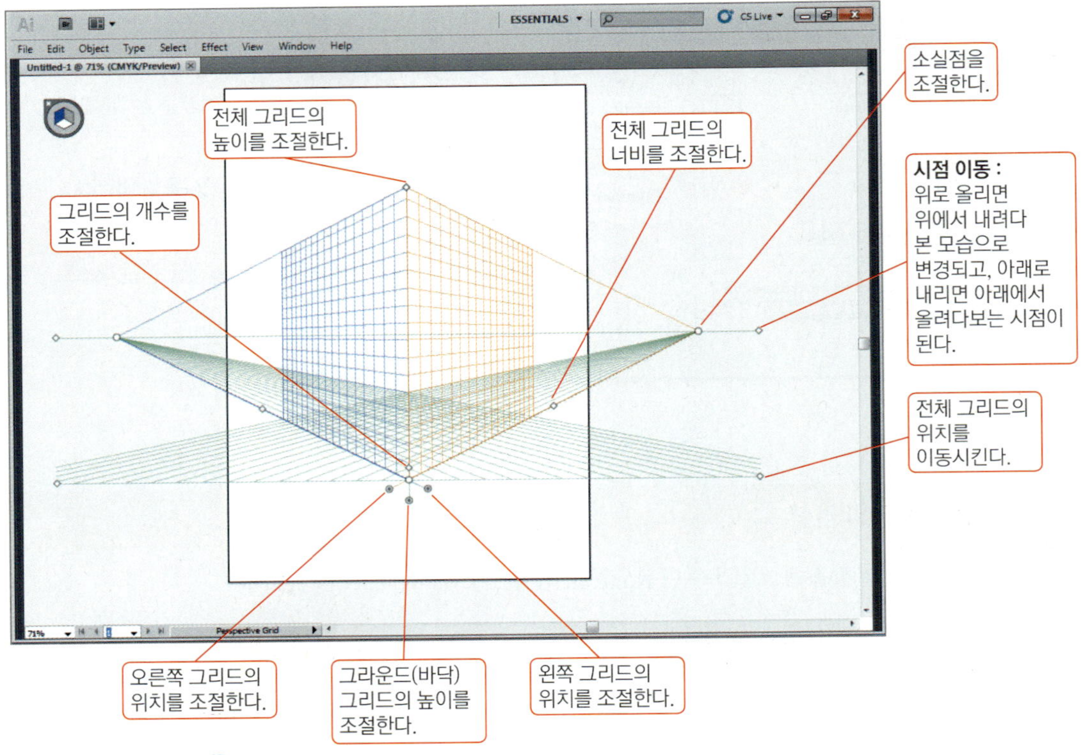

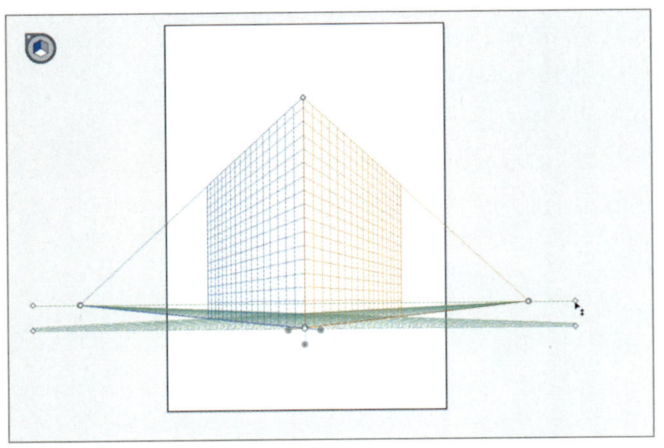

예를 들어, 고층빌딩을 아래에서 올려다보는 형태로 드로잉하고 싶다면, '원근법 툴'을 선택해 그리드를 표시합니다. 그런 뒤 오른쪽 끝에 있는 시점 이동 아이콘을 아래로 드래그하면 그리드 시점이 밑에서 위를 올려다보는 형태로 변경됩니다. 이 상태에서 빌딩을 드로잉하면 아래에서 올려다보는 형태로 정확하게 드로잉할 수 있습니다.

'원근법 선택 툴'은 원근법상에서 그린 오브젝트를 그리드에 맞게 원근법을 유지하며 이동시키거나 복사할 때 사용합니다. 일반 '선택 툴'과 달리 원근법을 유지하며 복사 이동할 수 있어 투시도용으로 그린 오브젝트를 원근법을 유지한 상태로 이동시킬 때 유용합니다.

01_ File -> New 메뉴로 새 아트보드를 불러온 뒤 '원근법 툴'을 선택합니다.

02_ '펜 툴'로 예제 그림처럼 빌딩을 그려줍니다. 이때 그리드 선을 잘 보면서 원근법을 유지하며 그려줍니다.

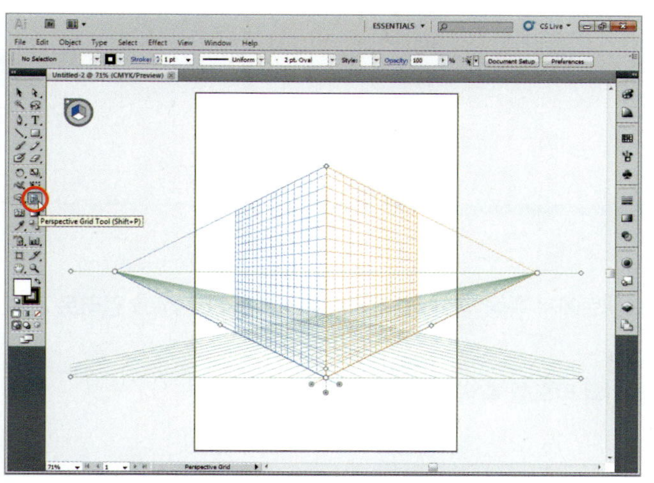

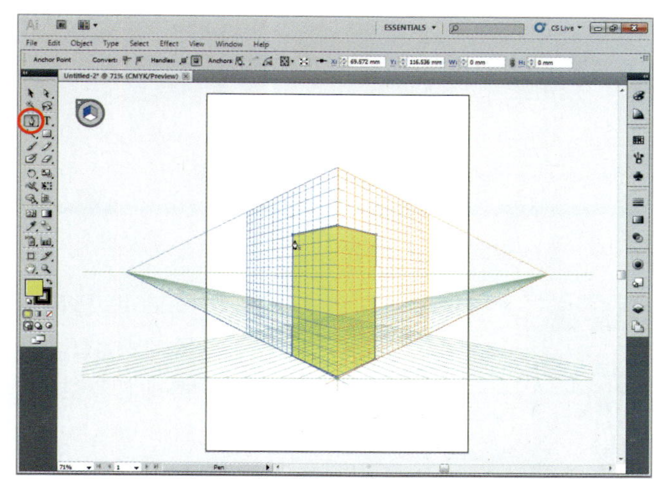

03_ 툴박스에서 '원근법 선택 툴'을 선택합니다.

04_ Alt + 드래그하여 빌딩을 여러 번 복제합니다. 원근법을 유지하면서 복제되는 것을 알 수 있습니다.

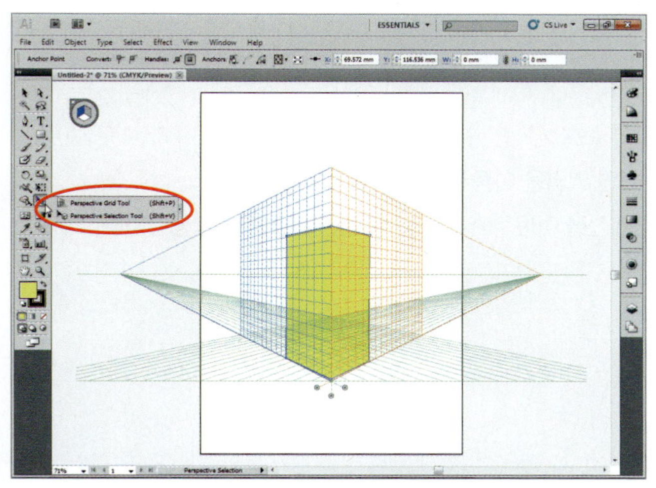

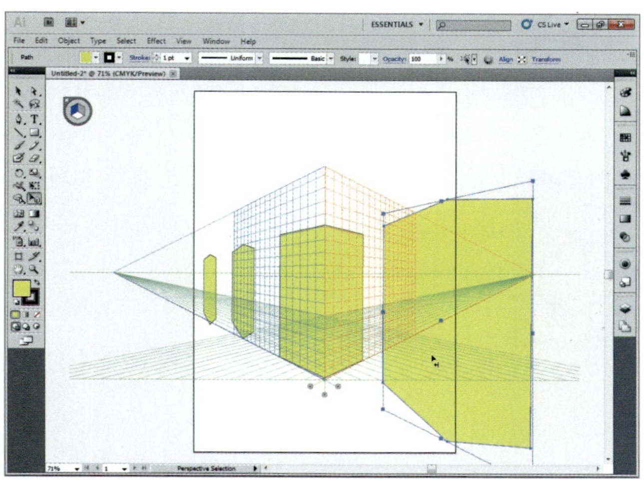

작업에 도움이 되는 도우미 기능들
스포이드, 슬라이스 툴, 손 툴, 아트보드 툴

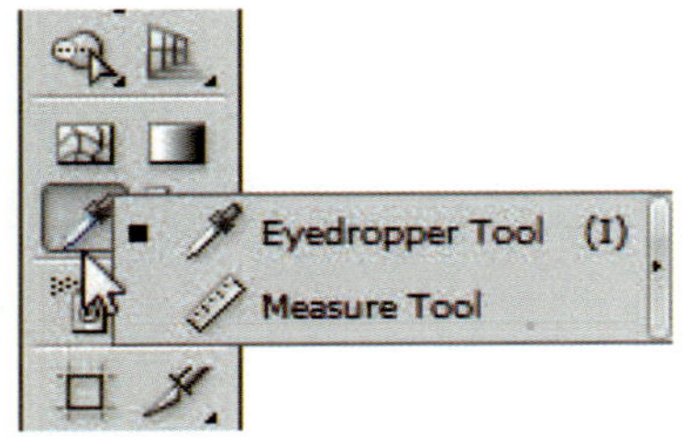

'스포이드 툴'은 작업 오브젝트에서 특정 색상을 추출해 Fill 컬러와 Stroke 컬러로 가져올 때 사용합니다.

'측정 툴'은 오브젝트의 크기와 각도를 측정할 때 사용합니다.

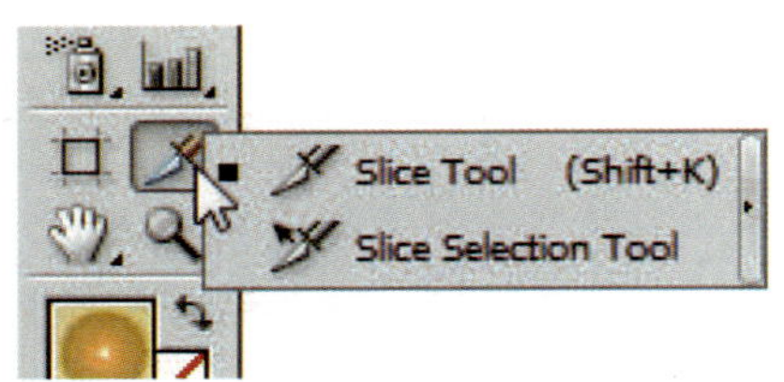

'슬라이스 툴'은 완성 이미지를 홈페이지에서 사용할 수 있도록 여러 조각으로 분할하는 기능입니다. 일반적으로 용량이 큰 이미지를 통으로 홈페이지 메인화면으로 사용하면 모뎀의 전송 속도에 따라 이미지가 늦게 열리는 현상이 발생합니다. 이를 방지하기 위해 큰 이미지는 미리 잘게 분할한 뒤 올리는데 이때 슬라이스 툴을 사용합니다.

'손 툴'은 현재 보고 있는 화면 영역을 이동시킬 때 사용합니다.

'페이지 툴'은 페이지의 경계선을 이동시켜서 인쇄 위치를 변경할 때 사용합니다.

'스포이드 툴'은 Fill 컬러와 Stroke 컬러를 작업창에서 가져올 때 사용합니다. 가져온 색상은 툴박스의 Fill 컬러/ Stroke 컬러에 자동으로 설정됩니다.

예제 '스포이드.ai'를 불러옵니다. 클릭한 부분의 색상을 Fill/Stroke 컬러로 가져오는 것을 알 수 있습니다. 참고로 Alt 키를 누른 채 클릭하면 툴박스에 있는 Fill/Stroke 컬러를 선택한 오브젝트에 적용합니다. Shift 키를 누른 채 클릭하면 면 색상도 Stroke 컬러로 가져올 수 있습니다.

참고로, 특정 오브젝트를 선택한 상태에서 다른 오브젝트를 스포이드 툴로 클릭하면 해당 색상이 선택된 오브젝트에 적용됩니다.

예제 이미지

Fill 색상을 가져온 모습

Fill & Stroke 컬러를 가져온 모습

스포이드 툴의 옵션

'스포이드 툴'로 가져올 수 있는 색상을 설정하려면 옵션을 불러와야 합니다. 옵션은 툴박스에서 '스포이드 툴'을 더블클릭하면 실행됩니다.

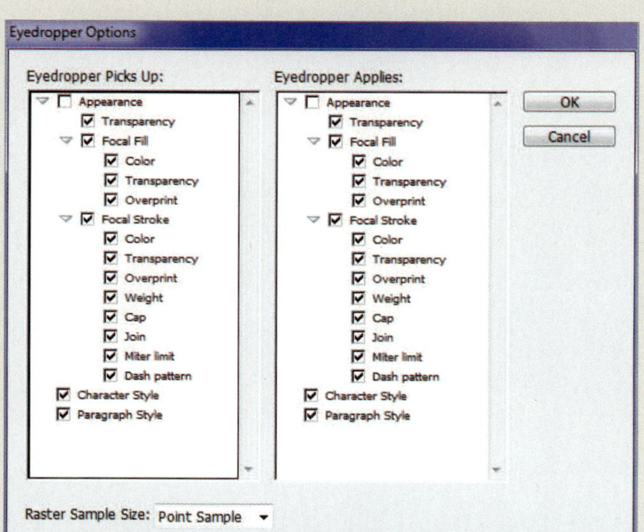

옵션 대화상자의 왼쪽은 스포이드 툴에 대한 옵션이고, 오른쪽은 Alt + 클릭에 대한 옵션입니다.

체크된 항목은 스포이드 툴로 클릭해 가져올 수 있습니다. 예를 들어 Over Print에 체크를 하면 Over Print 색상도 스포이드 툴로 가져올 수 있습니다.

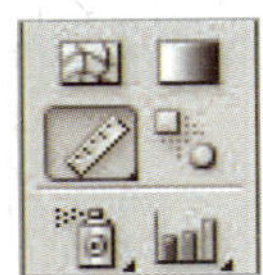

작업 위치, 길이, 너비, 높이 등을 측정할 때 사용합니다.

앞 페이지와 같은 예제에서 위치, 길이, 각도를 측정한 모습입니다. 측정 툴로 클릭하면 해당 위치의 좌표값이 나타납니다. 드래그하면 그 부분의 길이, 너비, 각도를 알 수 있습니다.

측정 툴로 클릭하는 모습

측정 툴로 드래그하는 모습

인포 팔레트의 측정 요소들

인포 팔레트는 Window –〉 Info 메뉴로 실행합니다(단축키 Ctrl + F8).

❶ XY : 측정 툴로 클릭한 부분의 X, Y 좌표값입니다.

❷ D : 측정 툴로 드래그한 길이입니다.

❸ WH : 측정 툴로 드래그한 너비(W), 높이(H) 값입니다.

❹ 각도 : 측정 툴로 측정한 각도입니다.

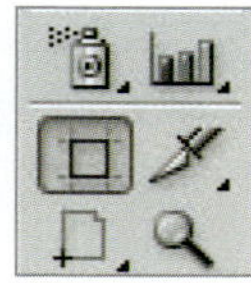

일러스트레이터는 기본적으로 A4 규격의 아트보드에서 작업하지만 A4 규격 외곽에도 오브젝트를 그릴 수 있습니다. 따라서 일러스트레이터 기본 포맷인 Ai 포맷으로 저장하면 아트보드 외곽의 오브젝트도 저장할 수 있지만 jpg 포맷 등으로 저장하면 A4 외곽에 그린 오브젝트는 저장되지 않고 사라집니다.

'아트보드 툴'은 작업 이미지를 다른 포맷으로 저장할 때 사용하며, 저장하고 싶은 영역을 재설정할 때 사용합니다. 보통 작업 이미지를 eps 포맷, jpg 포맷, 웹 디자인용 포맷으로 저장할 때 사용하며, 저장 영역을 재설정한 경우 재설정한 크기대로 이미지가 저장됩니다. 매우 중요한 기능이므로 반드시 익혀두기 바랍니다.

01_ 예제 '상의.ai'를 불러옵니다. A4 크기의 아트보드보다 더 큰 크기로 이미지를 드로잉하였습니다. Ai 포맷으로 저장하면 이 상태로 소실되지 않고 저장할 수 있지만, jpg, eps 포맷으로 저장하면 A4 규격에서 벗어난 아래부분은 저장되지 않고 사라집니다.

jpg 포맷 등으로 저장할 때 소실되는 것을 방지하려면 '아트보드 툴'로 저장 영역을 재설정해야 합니다.

02_ '아트보드 툴'을 선택한 뒤 저장 영역을 그림처럼 재설정합니다. 이렇게 하면 eps, jpg 포맷으로 저장할 때 현재 재설정한 영역을 완전하게 저장할 수 있으므로 그림이 소실되지 않고 저장될 것입니다.

참고로 아트보드 영역은 여러 개 그릴 수 있습니다. 여러 개의 아트보드 영역 가운데 선택한 아트보드 영역이 실제 저장할 때 사용됩니다. 아트보드 영역을 삭제하려면 아트보드상단 오른쪽에 있는 X자 버튼을 클릭합니다.

> **MEMO**
>
> '아트보드 툴'은 웹 디자인과 비디오 화면을 제작할 때도 사용합니다. 예를 들어 '아트보드 툴'로 영역을 지정하면 JPG 포맷으로 반출할 때 해당 영역만 저장되어 홈페이지에서 사용할 수 있습니다.

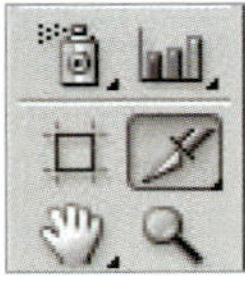

'슬라이스 툴'은 완성 이미지를 홈페이지 메인화면으로 사용할 목적으로 분할하는 기능입니다. 메인화면 이미지를 분할하면 웹에서 다운로드 속도가 빨라집니다. 참고로, 이미지를 분할할 때는 반드시 버튼 영역과 일반 영역을 분리해 분할하는 것이 좋습니다.

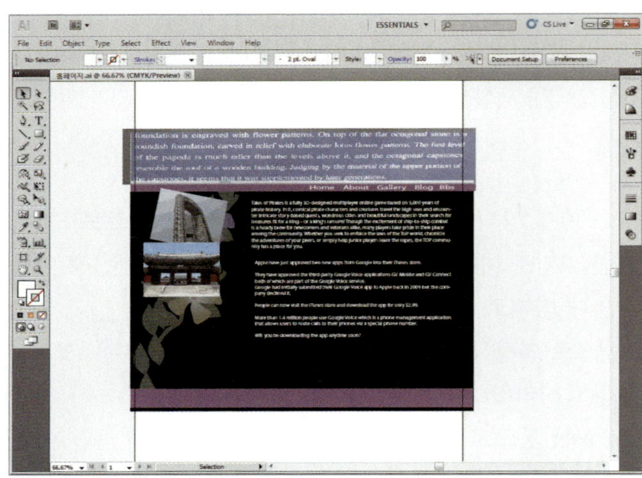

01_ 예제 '홈페이지.ai'를 불러옵니다.

02_ 홈페이지에서 사용할 영역을 설정해야 합니다. 만일 영역을 설정하지 않고 JPG 포맷으로 저장하면 아트보드(흰색 종이 영역) 안에 있는 오브젝트만 저장되고 아트보드 외곽에 있는 이미지는 저장되지 않습니다. 따라서 홈페이지 화면으로 사용하고 싶은 영역이 있을 경우, '아트보드 툴'로 그림처럼 영역을 설정해야 합니다.

03_ 아트보드 툴로 홈페이지로 사용할 영역을 조절한 모습입니다. 예제 그림처럼 영역을 조절하기 바랍니다.
나중에 JPG포맷으로 저장하면 지금 설정한 영역만 저장될 것입니다.

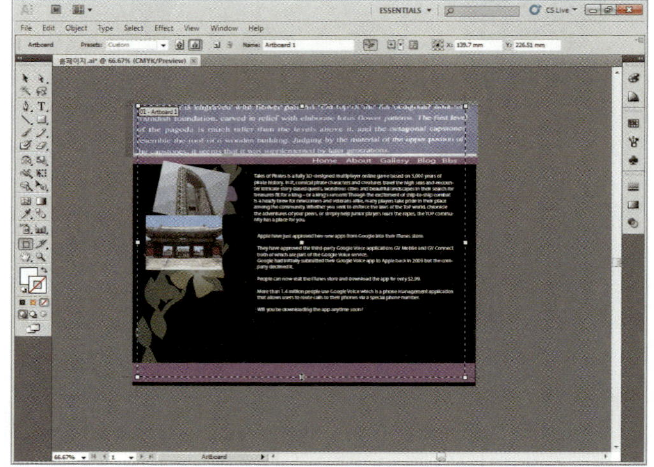

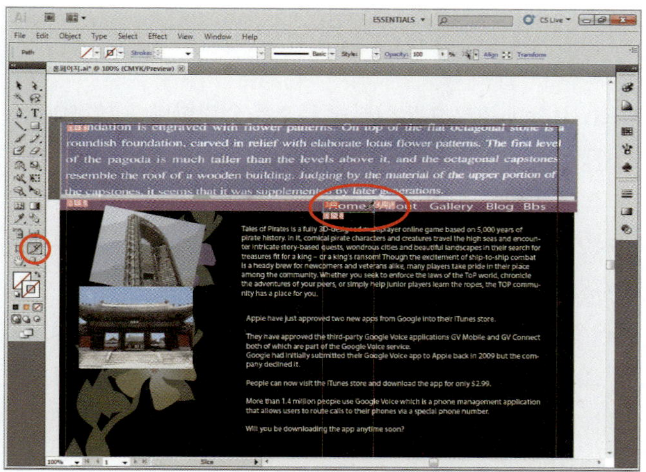

04_ 지금부터 분할작업을 하겠습니다. '슬라이스 툴'로 첫 번째 버튼 영역을 대각선으로 드래그하여 하나의 버튼이 되도록 분할합니다.

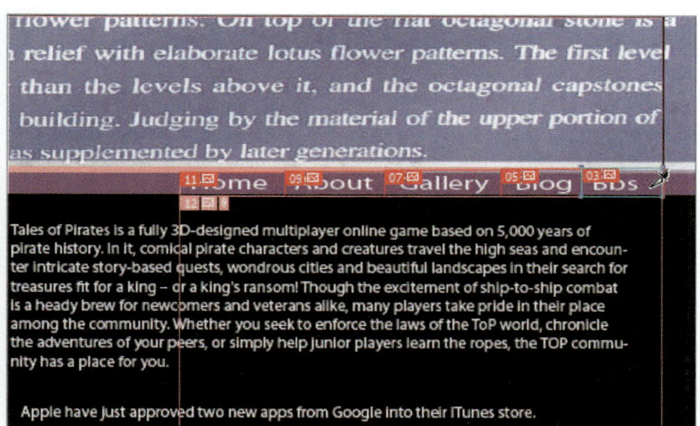

05_ 나머지 4개 버튼도 각각 대각선 방향으로 드래그하여 각각의 버튼 영역이 되도록 분할합니다. 이때 줄을 잘 맞추어 분할하는 것이 좋습니다.

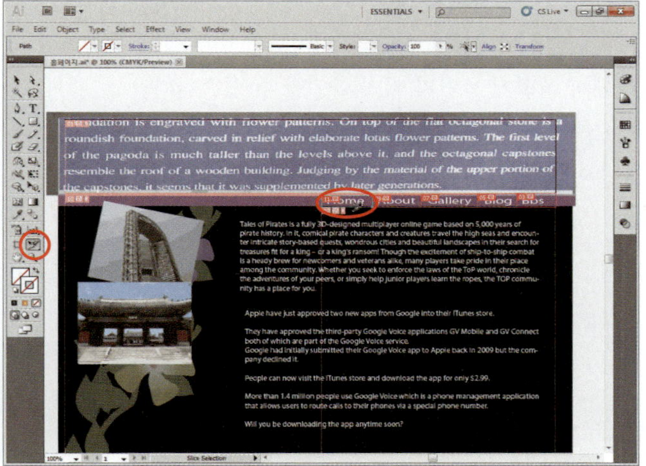

06_ 버튼 영역에 인터넷 주소를 링크시키겠습니다. 툴박스에서 '슬라이스 선택 툴'을 선택한 뒤 첫 번째 버튼인 Home 영역을 클릭해 선택합니다.

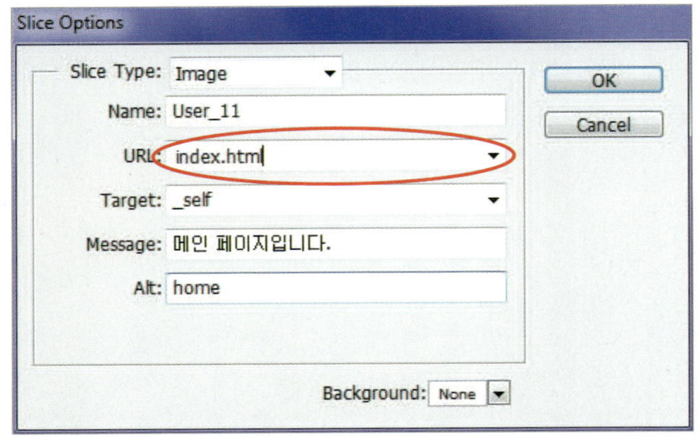

07_ Object -> Slice -> Slices Options 메뉴를 실행합니다.

URL 주소에 링크시킬 인터넷 주소를 입력합니다. 인터넷 주소를 입력할 때는 http://... 프로토콜 부분까지 입력해야 합니다. 만일 자신의 디렉토리에 있는 특정 웹문서를 링크시키려면 해당 문서의 파일명만 입력해도 됩니다. 여기서는 웹문서를 링크시켰습니다.

이런 식으로 각각의 버튼 영역을 선택한 뒤 Object -> Slice -> Slices Options 메뉴로 인터넷 주소나 웹문서를 링크시킵니다.

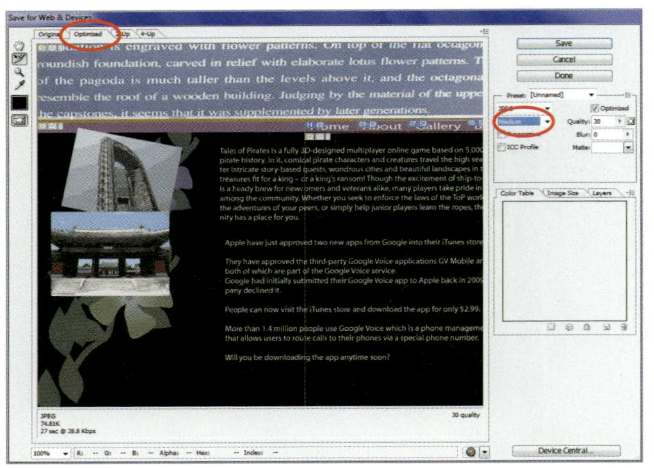

08_ 이제 분할된 이미지 전체를 웹에서 사용하기 위해 용량을 줄이면서 저장하겠습니다. File -> Save for Web & Devices 메뉴를 실행합니다.

대화상자에서 Optimized 탭을 선택합니다. Ctrl+A 를 눌러 전체 조각을 선택합니다. 오른쪽 옵션창에서 jpg 포맷, Medium 옵션을 선택합니다. Save 버튼을 클릭해 저장합니다.

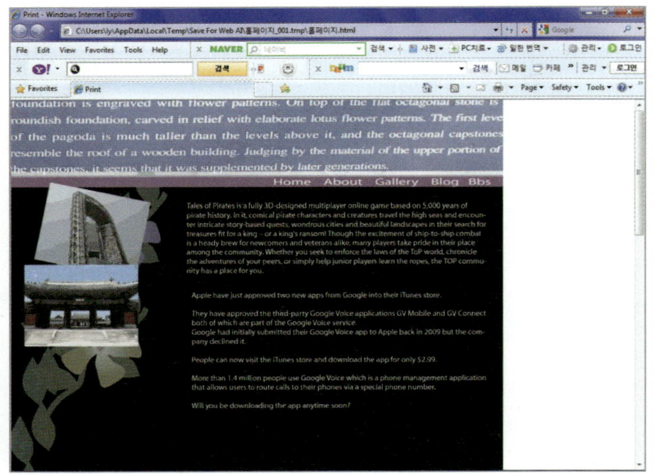

09_ 앞의 대화상자 하단의 '미리보기 버튼'을 클릭하면 인터넷에서 어떻게 보일지 미리 확인할 수 있습니다.

옆 그림은 웹브라우저를 통해 슬라이스된 이미지를 미리보는 모습입니다.

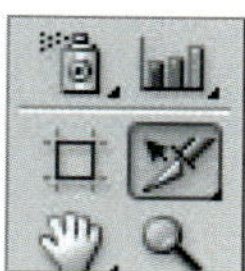

'슬라이스 선택 툴'은 슬라이스 툴로 분할시킨 영역을 선택한 뒤 다른 위치로 이동시키거나 크기를 조절할 때 사용합니다.

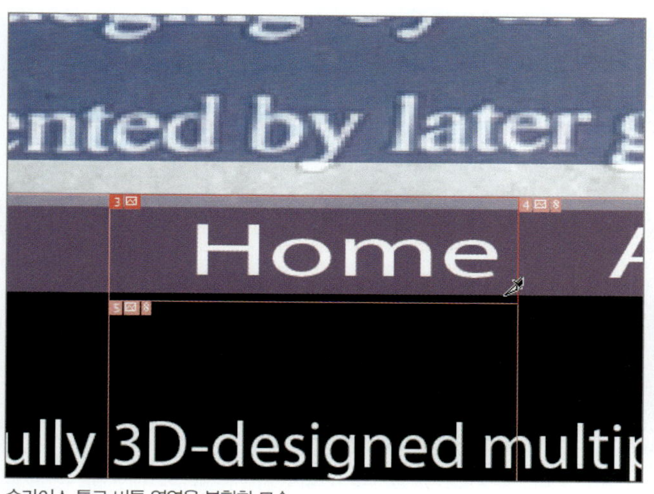

슬라이스 툴로 버튼 영역을 분할한 모습

슬라이스 선택 툴로 분할 영역을 선택한 모습

슬라이스 영역에 인터넷 주소 링크하기 - Slice Options 메뉴의 활용

'슬라이스 툴'로 분할한 뒤 특정 영역을 버튼처럼 사용하려면 인터넷 주소를 링크시켜야 합니다. 분할 영역에 인터넷 주소를 링크하려면 Object –〉 Slice –〉 Slices Options 메뉴를 사용합니다.

Slices Options 메뉴를 사용하면 분할 영역의 이름을 지정할 수 있고 인터넷 주소(URL) 링크, Alt 태그 등을 입력할 수 있습니다.

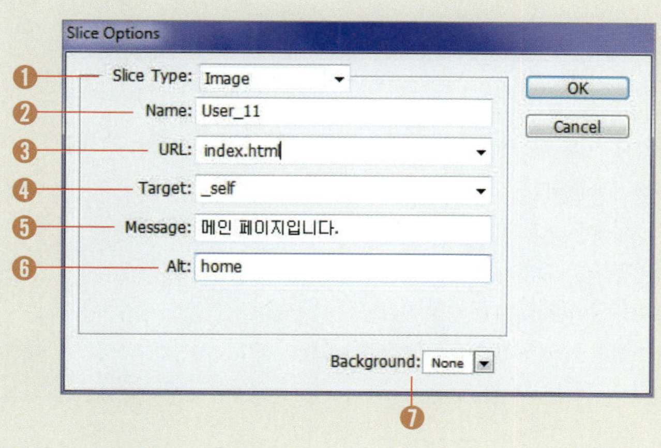

❶ **Slice Type** : 선택한 분할 영역을 이미지로 표시할 것인지 Html 배경으로 표시할 것인지 설정합니다. Html Text를 선택하면 텍스트를 입력하여 이미지 대신 표시합니다.

❷ **Name** : 각각의 분할 영역을 파일로 저장할 때, 생성될 파일명을 지정합니다. 파일명을 지정하지 않으면 _01, _02… 번호 순으로 저장됩니다.

❸ **URL** : 버튼 영역을 클릭했을 때 연결될 인터넷 주소를 입력하거나 웹문서의 파일명을 입력합니다. 인터넷 주소를 입력할 때는 http://… 프로토콜 부분까지 입력해야 합니다.

❹ **Target** : 링크시킨 주소가 열리는 방식을 지정합니다. URL 항목에 인터넷 주소를 입력하면 활성화됩니다. 예를 들어 _blank를 선택하면 새 브라우저가 실행되면서 연결된 홈페이지가 나타납니다. _self를 선택하면 현재 페이지에 연결된 홈페이지가 나타납니다. _parent 등은 프레임이 있는 홈페이지에서 사용합니다.

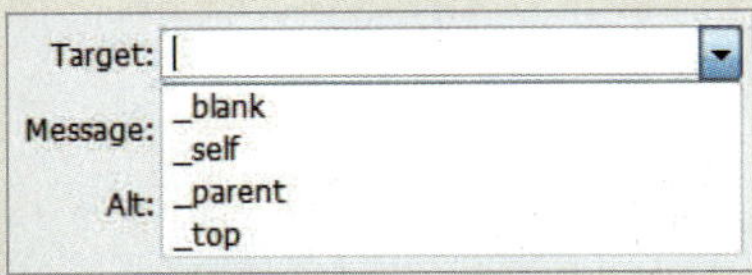

❺ **Message** : 분할 영역에 마우스 커서가 다가오면 웹 브라우저의 하단에 메시지가 표시되는데, 이 메시지를 입력합니다.

❻ **Alt** : 마우스 커서가 분할 영역에 다가오면 나타나는 풍선 형태의 설명문을 입력합니다. 보통 버튼 영역에 Alt 태그를 설정하는 것이 좋습니다.

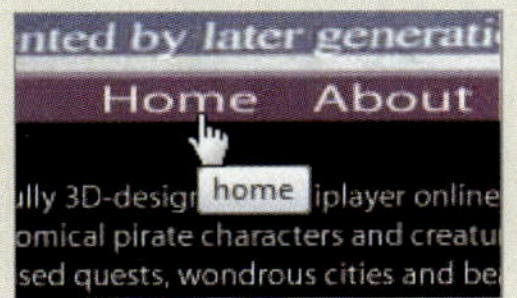

❼ **Background** : 분할 이미지를 저장하면 이미지가 삽입된 Html 문서가 동시에 생성됩니다. 이 옵션에서 Html 문서의 색상을 지정할 수 있습니다.

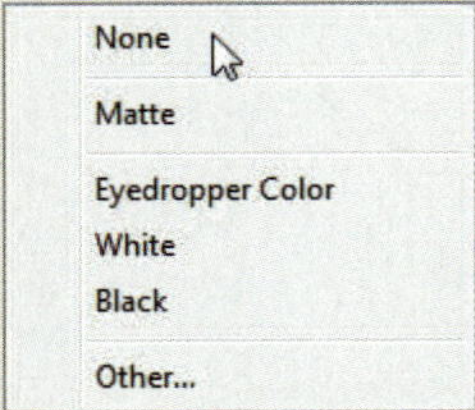

– None : Html 문서의 색상을 지정하지 않습니다. 기본값입니다.
– Matte : 원래 홈페이지가 가진 색상을 사용합니다.
– Eyedropper Color : 스포이드 툴로 선택한 색상을 사용합니다.
– White : 흰색을 Html 문서의 색상으로 사용합니다.
– Black : 검정색을 Html 문서의 색상으로 사용합니다.
– Other : 컬러 픽커에서 선택한 Html 문서의 색상으로 사용합니다.

'손 툴'은 작업창이 크게 확대된 경우, 보고 싶은 부분을 당겨올 때 사용합니다. 작업창을 돋보기 툴로 많이 확대하다보면 다른 부분이 보이지 않게 됩니다. 이때 손 툴을 사용하면 보이지 않는 영역을 화면 중앙으로 당겨올 수 있습니다.

01_ 예제 '어린소녀.ai'를 불러옵니다.

02_ '돋보기 툴'을 선택한 뒤 작업창을 여러 번 클릭해 옆 그림처럼 확대해 줍니다.

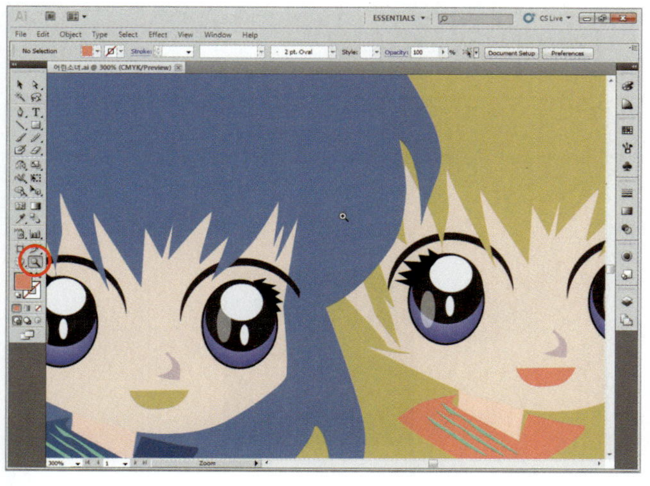

03_ '손 툴'을 사용해 보고 싶은 영역을 당겨온 모습입니다. 참고로, 다른 툴을 사용할 때 '손 툴'을 사용하고 싶다면 Space Bar 를 누른 상태에서 드래그합니다.

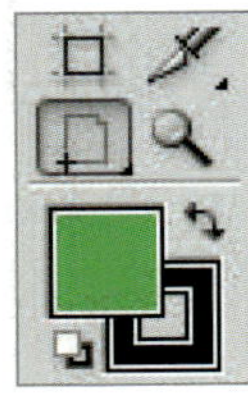

'페이지 툴'은 현재 페이지의 경계면을 이동시키는 기능입니다. 예를 들어 아트보드에서 왼쪽이나 오른쪽 부분만 인쇄하고 싶은 경우가 있습니다. 이런 경우 페이지 위치를 이동시키면 오브젝트가 놓여있는 위치가 달라지므로 인쇄할 때 인쇄 위치도 달라집니다.

01_ 앞 페이지와 같은 예제입니다. 아트보드 하단의 화면 비율 버튼을 클릭해 화면 크기를 50%로 조절합니다.

02_ 현재의 아트보드 영역(페이지 영역)이 나타납니다. 쌍둥이 소녀가 종이 중앙에서 인쇄됨을 알 수 있습니다. 지금부터 '페이지 툴'로 인쇄 위치를 조절하겠습니다.

03_ '페이지 툴'로 작업창을 클릭하면 페이지 윤곽이 나타납니다. 이때 계속 이동하면서 클릭하면 그때마다 페이지 위치가 갱신됩니다.

그림처럼 페이지 위치를 설정하면 실제 인쇄할 때 노란색 소녀만 인쇄될 것입니다.

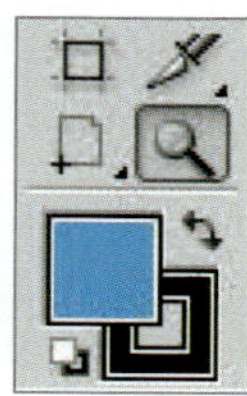

'돋보기 툴'은 작업창을 확대하거나 축소할 때 사용합니다. 클릭하면 작업창이 확대되고 Alt + 클릭하면 축소됩니다. 키보드 단축키 Ctrl +1을 누르면 1대 1 크기로 확대됩니다.

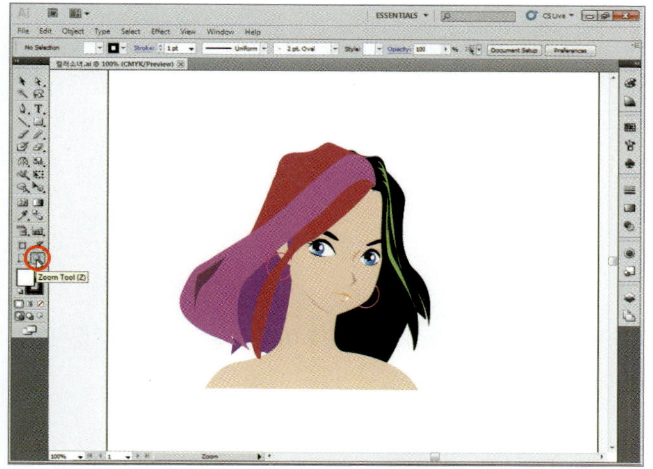

01_ 예제 '컬러소녀.ai'를 불러옵니다.
화면 크기에 딱 맞게 1대 1 크기로 확대 상태를 조절하려면 툴박스에 있는 '돋보기 툴'을 더블클릭합니다.

02_ '돋보기 툴'로 화면을 클릭하면 화면이 확대되고 Alt + 클릭하면 화면이 축소됩니다.

03_ '돋보기 툴'로 드래그하면 그 영역만 확대되어 나타납니다.

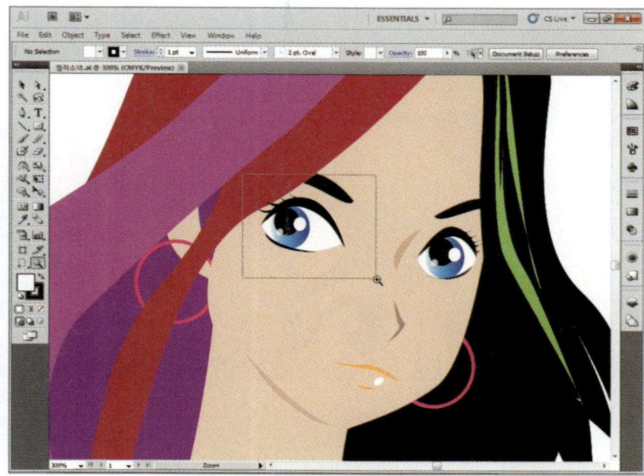

일러스트레이터는 오브젝트의 색상을 지정할 때 면 색상인 Fill 컬러와 선(테두리) 색상인 Stroke 컬러를 따로 지정해야 합니다. 색상 옵션은 컬러 옵션, 그라디언트 옵션, 무색(색상을 사용하지 않음) 옵션이 있습니다.

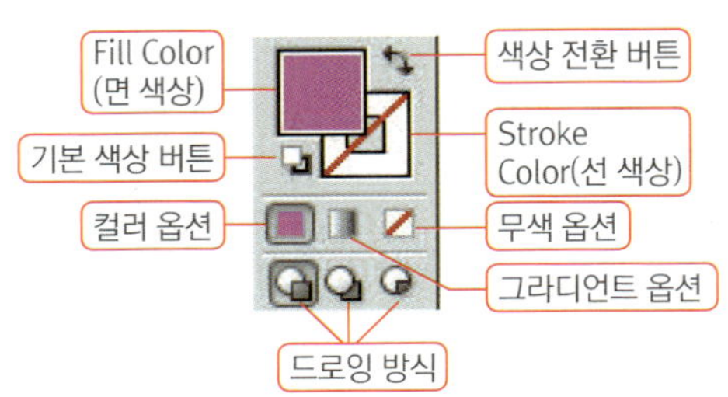

먼저 작업할 오브젝트를 '선택 툴'이나 '직접 선택 툴'로 선택합니다. 그런 뒤 Fill 컬러와 Stroke 컬러를 아래와 같이 설정하지만 요즘은 옵션바의 Fill 컬러와 Stroke 컬러에서 색상을 지정하는 것이 더 빠릅니다.

❶ Fill Color : Fill 컬러는 오브젝트의 면에 채우는 색상을 말합니다. 더블클릭한 뒤 '컬러 픽커'에서 색상을 지정하거나 '스와치 팔레트' 또는 '컬러 팔레트'에서 색상을 지정합니다.

❷ Stroke Color : Stroke 컬러는 오브젝트의 선(테두리)에 사용하는 색상입니다. Stroke 컬러를 더블클릭하면 컬러 픽커가 실행되어 색상을 지정할 수 있습니다.

❸ 색상 전환 버튼 : Fill 컬러와 Stroke 컬러를 서로 전환합니다.

❹ 기본 색상 버튼 : Fill 컬러는 흰색, Stroke 컬러는 검정색으로 전환합니다. 오브젝트가 선택된 상태이면 오브젝트의 내부는 흰색, 테두리는 검정색으로 전환됩니다.

원래의 Fill/Stroke 색상

Fill/Stroke 색상을 전환시킨 모습

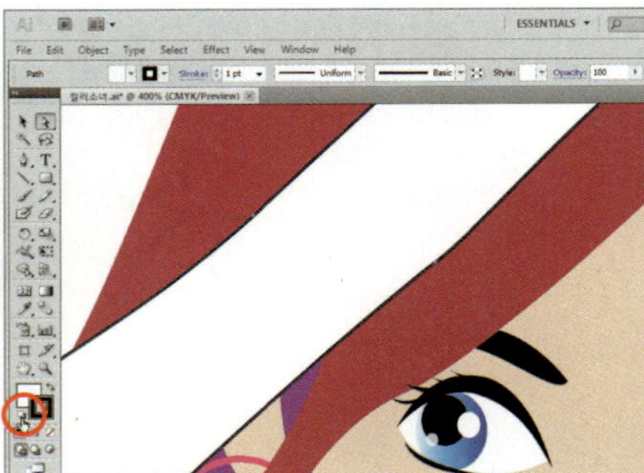
기본 색상 복귀 버튼

Fill(면) 컬러에 컬러색을 사용한 모습

Stroke(선) 컬러에 컬러색을 사용한 모습

❺ **컬러 옵션** : Fill 컬러 혹은 Stroke 컬러중 하나를 선택한 뒤 이 버튼을 클릭하면 해당 부분에 컬러색을 사용한다는 뜻입니다. 단축키는 〈 입니다.

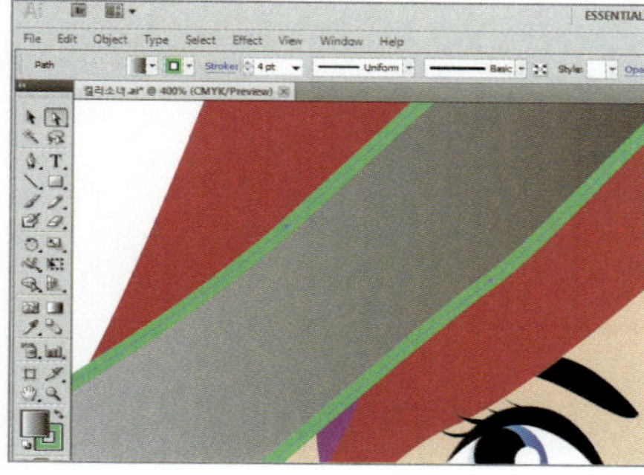

❻ **그라디언트 옵션** : Fill 컬러에 그라디언트 색을 사용합니다. Stroke 컬러는 그라디언트 색을 사용할 수 없습니다. 단축키는 〉 입니다.

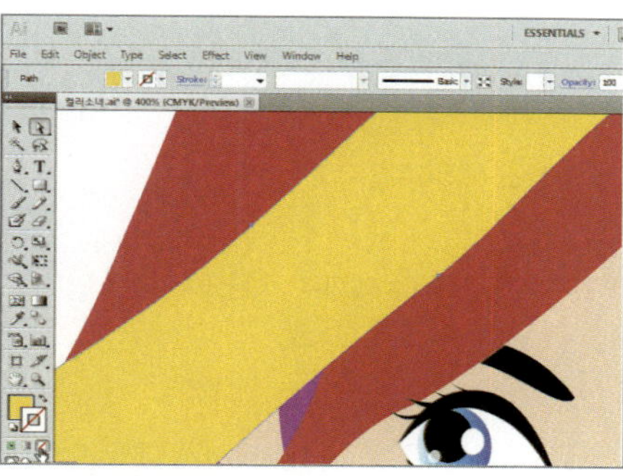

Fill 컬러에 무색을 사용한 모습

Stroke 컬러에 무색을 사용한 모습

❼ **무색 옵션** : Fill 컬러 혹은 Stroke 컬러에 색상을 사용하지 않는다는 뜻입니다. 무색을 사용하면 그 오브젝트는 투명 상태가 되므로 바로 밑에 있는 오브젝트가 보이게 됩니다. 무색 옵션의 단축키는 / 입니다.

❽ **드로잉 방식** : 다음과 같이 3가지 드로잉 방식을 선택할 수 있습니다. 펜 툴이나 브러시 툴로 드로잉할 때 'Draw Normal'을 선택하면 무조건 모든 오브젝트의 제일 위에 드로잉되고, 'Draw Behind'를 선택하면 무조건 모든 오브젝트의 제일 아래에 드로잉됩니다.

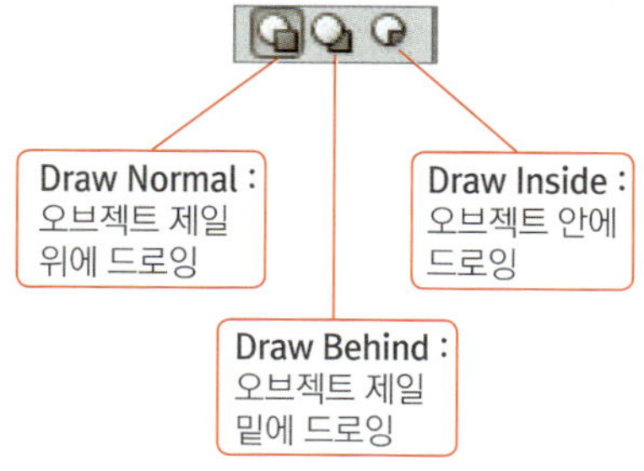

툴박스에서 Fill 컬러 혹은 Stroke 컬러를 더블클릭하면 컬러 픽커가 실행됩니다. 컬러 픽커는 색상을 선택할 때 사용합니다.

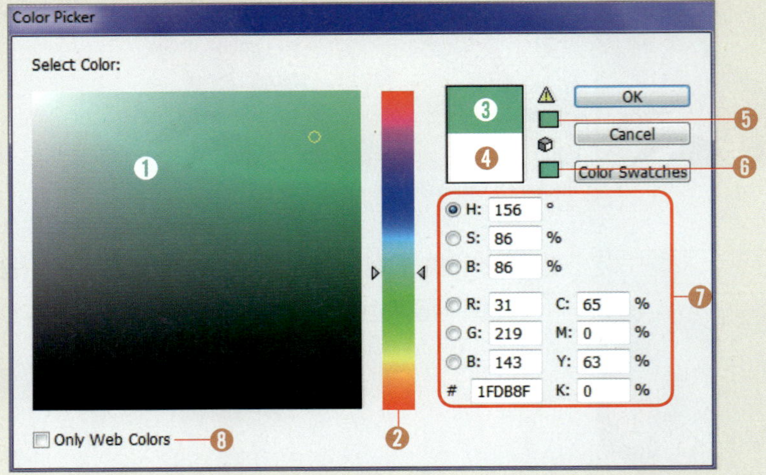

❶ **명도/채도판** : 색상의 명도와 채도를 설정합니다. 왼쪽 상단은 가장 밝은 흰색, 오른쪽 상단은 그 색의 순색, 하단은 검정색이 선택됩니다.

❷ **색상환** : 사용할 색상을 선택합니다.

❸ **설정한 색상** : 명도/채도판과 색상환을 이용해 방금 선택한 색상이 표시됩니다.

❹ **이전 색상** : 색상을 교체하기 전 사용된 이전 색상이 표시됩니다.

❺ **불안전한 인쇄 색상** : 인쇄할 때 잉크의 특성으로 인해 색상이 제대로 인쇄되지 않을 경우 느낌표 표시가 나타납니다. 느낌표 표시의 아래에 있는 색상은 인쇄될 때 나타날 색상을 미리 보여줍니다.

❻ **불안전한 웹 색상** : 인터넷에서 제대로 보이지 않는 색상일 경우 육각형 표시가 나타납니다. 육각형 표시의 바로 밑에 있는 색상은 웹에서 실제 보이게 될 색상을 미리 보여줍니다.

❼ **색상 코드** : RGB나 CMYK, Lab 컬러의 색상 코드를 알고 있는 경우, 이 항목에 직접 수치를 입력해 원하는 색상을 선택할 수 있습니다. 웹 디자인에서는 # 항목에 수치를 입력해 색상을 찾을 수 있습니다. 색상 코드는 '컬러차트' 책자를 이용해 입력합니다.

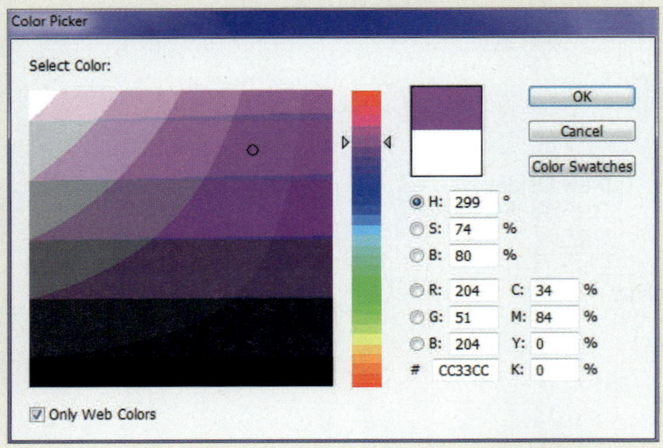

❽ **웹 컬러 픽커** : 웹 디자인 사용하며, 웹에서 안전한 216 색상을 보여줍니다. 웹용 이미지를 제작할 때는 웹 컬러 픽커에서 색상을 선택하는 것이 안정적인 색상 작업이 됩니다.

일러스트레이터의 작업화면 모드는 3가지가 있습니다. 일반적으로 스탠다드 모드에서 작업하지만 때에 따라 편리한 작업 모드를 선택해도 됩니다.

예제 '컬러소녀.ai'를 불러온 뒤 화면 모드를 교체한 모습입니다.

❶ **스탠다드 모드 :** 일반 작업 화면입니다. 메뉴와 툴박스가 화면에 표시된 상태입니다.

❷ **메뉴 풀 스크린 모드 :** 작업 공간을 더 확보하기 위해 상단 제목 표시줄을 제거한 화면 모드입니다. 화면이 넓어지기 때문에 드로잉 작업에 집중할 수 있습니다.

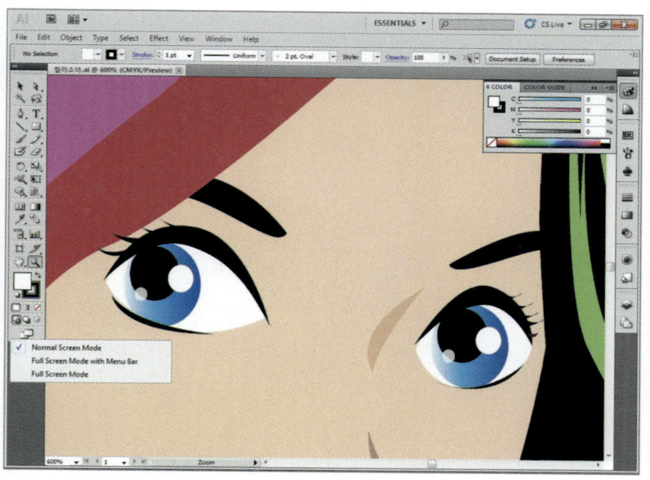

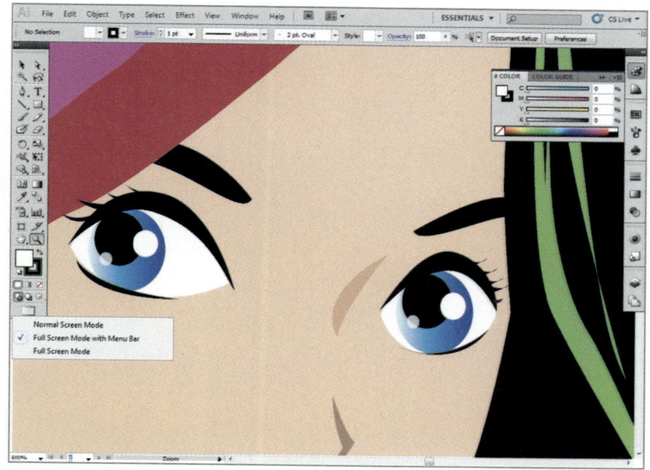

❸ **풀 스크린 모드 :** 제목 표시줄과 메뉴바를 모두 제거한 화면 모드입니다. 작업창에는 오로지 작업 이미지만 남게 됩니다. 마우스를 왼쪽 끝이나 오른쪽 끝으로 이동시키면 툴박스나 팔레트가 나타납니다. 원래 화면으로 돌아가려면 Esc 키를 누릅니다.

3부

고급 도구 기능 익히기
(심볼 도구, 차트 도구, 메시 툴, 블렌드 툴, 그라디언트 툴)

심볼의 제작과 등록
심볼 툴

자주 사용하는 로고나 도안을 다시 사용하기 위해 매번 그릴 수는 없을 것입니다. 일러스트레이터의 '심볼 툴'은 사용자가 만들어 놓은 심볼(도안)을 스프레이로 뿌려 사용하는 기능입니다. 사용자는 자신이 제작한 오브젝트를 단축키 F8 키를 눌러 심볼로 등록한 뒤, 필요한 경우 스프레이 뿌리듯 작업 이미지에 사용할 수 있습니다. 심볼 기능을 이용하면 빗방울이 내리는 풍경도 한 번에 만들 수 있습니다.

'심볼 툴'은 다음과 같이 8개의 도구로 구성되어 있습니다. '심볼 스프레이 툴'은 심볼을 뿌릴 때 사용하고 '심볼 이동 툴'은 심볼을 이동시킬 때 사용합니다. 또한 '심볼 확대 툴', '심볼 착색 툴' 등은 심볼을 확대하거나 다른 색으로 변경하는 기능을 제공합니다.

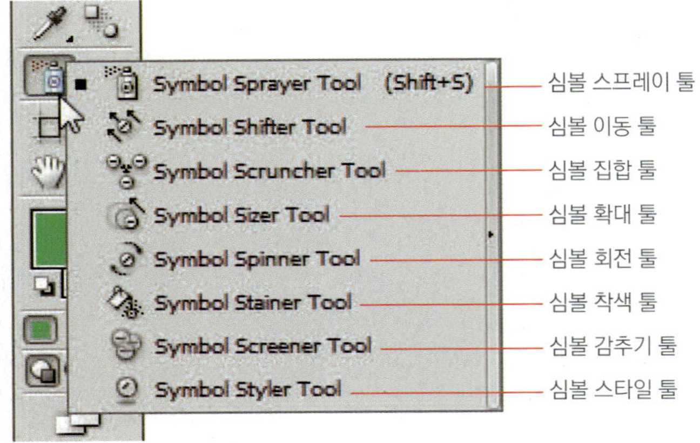

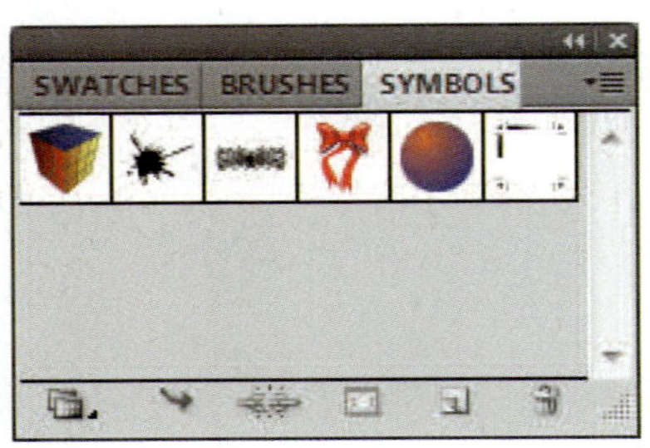

일러스트레이터 CS5에서 제공하는 심볼은 약 700 종류입니다. 이들 심볼은 '심볼 팔레트'에서 선택한 뒤 사용합니다. 심볼 팔레트는 Window → Symbols 메뉴로 불러옵니다. 심볼 팔레트 하단 왼쪽의 'Symbol Libraries Menu' 버튼을 클릭하면 다른 심볼 견본을 불러올 수 있습니다.

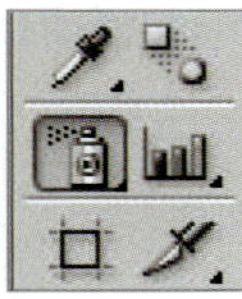

'심볼 스프레이 툴'은 심볼을 사용하는 기능입니다. 심볼 팔레트에서 원하는 심볼을 선택한 뒤, 마우스로 드래그하면 그 영역에 심볼이 뿌려집니다. 한번 클릭하면 1개만 뿌릴 수 있고 마우스를 드래그하면 여러 개의 심볼을 뿌릴 수 있습니다. 뿌려질 영역의 크기와 강약의 조절은 심볼 스프레이 툴의 옵션 대화상자에서 설정합니다.

01_ 새 종이를 불러온 뒤 툴박스에서 '심볼 스프레이 툴'을 선택합니다. Window –> Symbols 메뉴를 실행하거나 그림처럼 Symbol 버튼을 클릭해 심볼 팔레트를 불러옵니다.

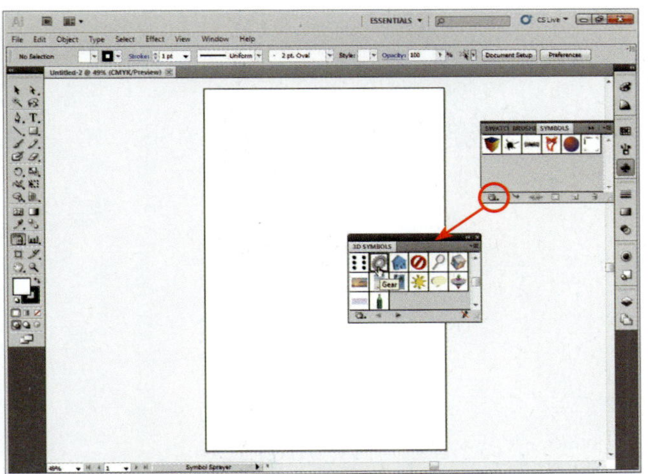

02_ 심볼 팔레트 하단의 Open Symbol Library 버튼을 클릭해 '3D Symbols 팔레트'를 불러옵니다. 3D 심볼 팔레트에서 '기어' 심볼을 선택합니다.

MEMO

심볼은 개수에 상관없이 하나의 그룹이 됩니다. 만일 하나의 그룹으로 묶이는 것이 싫다면, 작업 화면의 빈 곳을 Ctrl 키를 누른 채 클릭합니다. 그런 뒤 심볼을 다시 뿌리면 새로운 심볼 그룹이 만들어집니다.

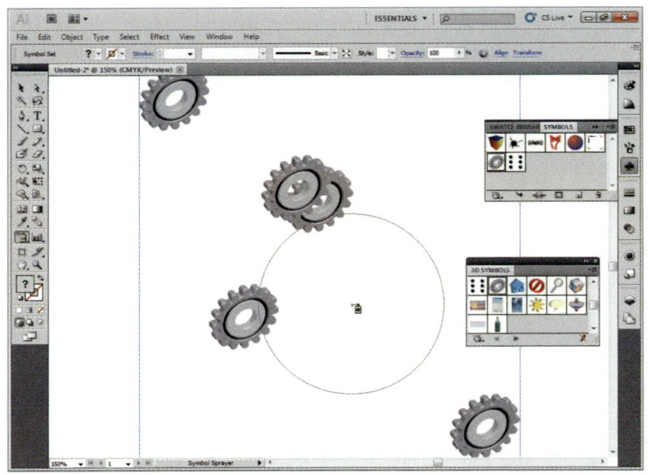

03_ '심볼 스프레이 툴'로 드래그하면 방금 선택한 '기어 심볼'이 나타납니다. 계속 드래그하면 개수에 관계없이 연속적으로 심볼이 뿌려집니다.

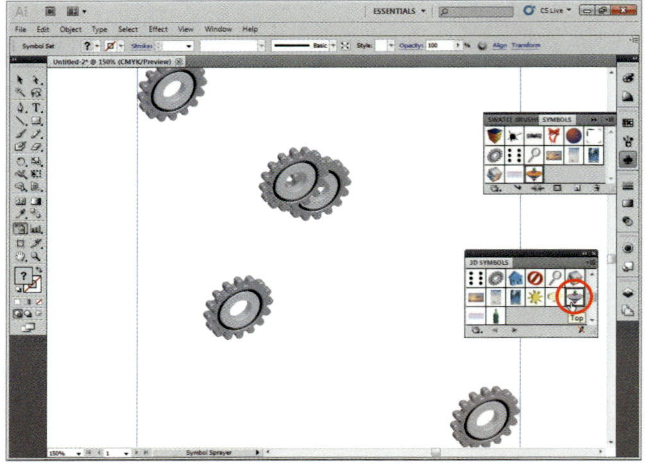

04_ '3D Symbols 팔레트'에서 이번에는 '팽이 심볼'을 선택합니다.

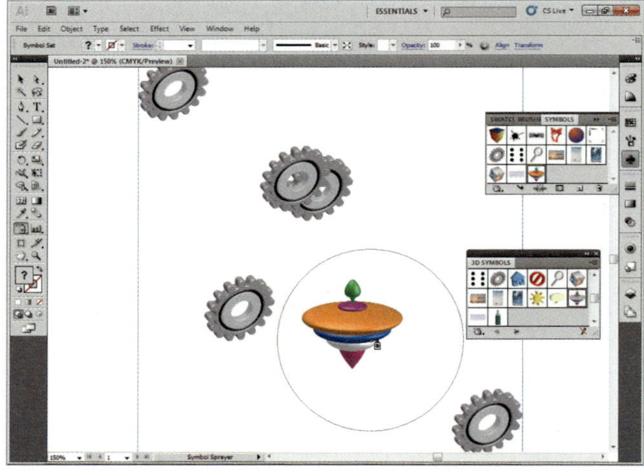

05_ 마우스로 클릭하면 '팽이 심볼'이 뿌려지는 것을 알 수 있습니다.

MEMO

심볼은 개수에 관계없이 전체가 하나의 심볼 그룹입니다. 따라서 심볼 그룹 전체를 확대/축소하려면 툴박스의 '자유 변형 툴'을 사용하지만 개개별 심볼의 크기를 조절하려면 '심볼 확대 툴'을 사용합니다.

'심볼 툴 옵션바'는 심볼을 1개만 뿌렸을 경우 나타납니다. 심볼을 1개만 뿌린 뒤 해당 심볼을 선택한 상태이면 옵션바를 사용할 수 있습니다.

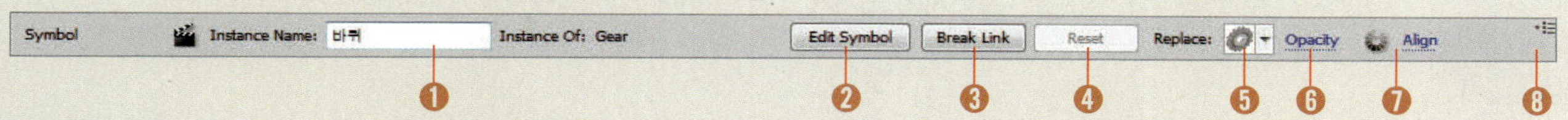

❶ Instance Name 항목 : 선택한 심볼의 인스턴스 네임을 설정합니다. 한 화면에 서로 다른 심볼을 여러 개 뿌릴 경우, 선택한 심볼을 관리하기 쉽도록 인스턴스 네임을 설정하는 경우가 있습니다.

❷ Edit Symbol 버튼 : 심볼을 편집할 수 있도록 심볼 편집창으로 전환합니다. 이후 일반 오브젝트를 편집하듯 심볼의 모양과 색상을 편집할 수 있습니다. 심볼 편집을 종료하면 해당 편집 내용이 화면상에 있는 동일 이름을 가진 인스턴스 심볼에 일괄 적용됩니다.

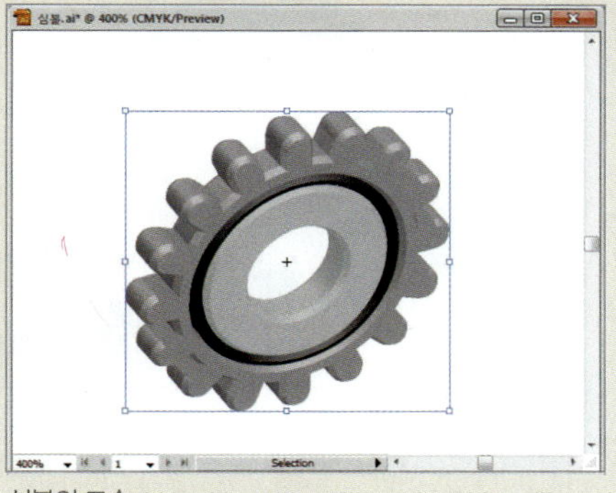

심볼의 모습

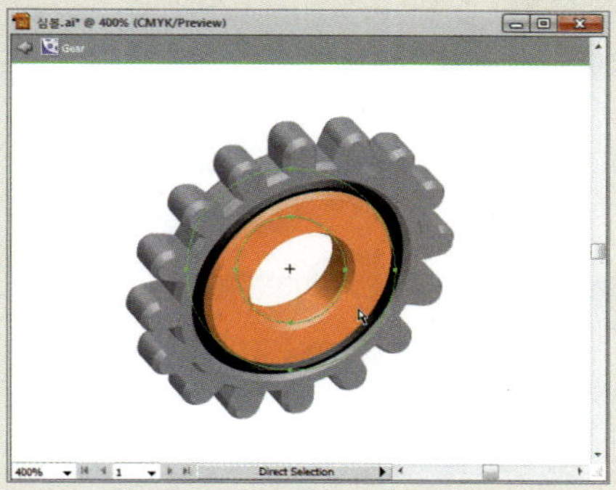

Edit Symbol에서 심볼 편집

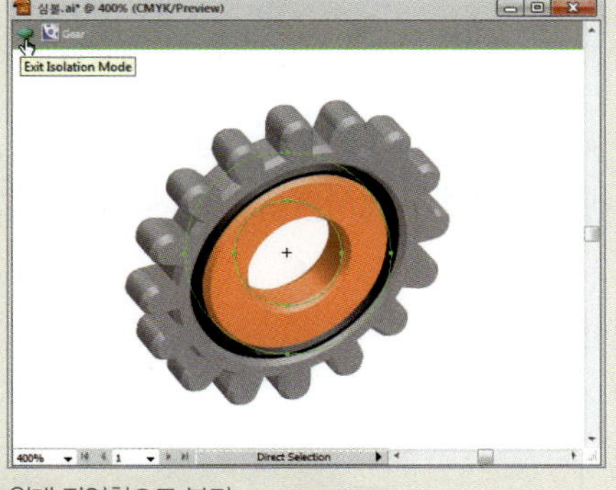

원래 작업창으로 복귀

수정된 심볼이 적용된 모습

❸ Break Link 버튼 : 심볼을 해제하고 일반 오브젝트로 전환합니다. 해당 심볼은 심볼 속성이 사라지고 일반 오브젝트 속성을 가지게 됩니다. 심볼을 일반 오브젝트로 전환한 뒤 편집하고 싶을 때 사용합니다.

❹ Duplicate 버튼 : 선택한 심볼을 심볼 팔레트에 하나 더 복사합니다.

❺ Replace 항목 : 선택한 심볼을 다른 심볼로 교체합니다.

❻ Opacity 항목 : 심볼의 불투명도를 조절합니다. 심볼을 반투명하게 보이게 하려면 여기서 Opacity를 조절합니다.

❼ Align 항목 : 2개 이상의 심볼을 선택했을 경우 이들 심볼들의 간격을 일정하게 정렬합니다.

❽ 팔레트 관리 메뉴 : 작업창의 팔레트를 표시하거나 감출 수 있도록 단축메뉴가 실행됩니다.

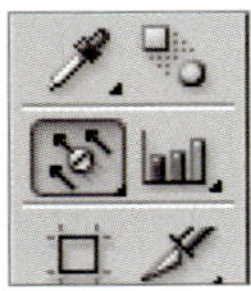

'심볼 이동 툴'은 심볼들을 이동시킬 때 사용합니다. 심볼 그룹 안에 있는 심볼들을 이동시킬 수 있으며 그룹 외곽으로는 이동시킬 수 없습니다. 참고로, 브러시의 크기가 크면 한 번에 많은 심볼들을 이동시킬 수 있습니다.

01_ 예제 '물고기.ai'를 불러옵니다. 물고기 심볼이 뿌려져 있습니다. '선택 툴'로 클릭하면 심볼 그룹이 선택됩니다.

예제 이미지의 모습

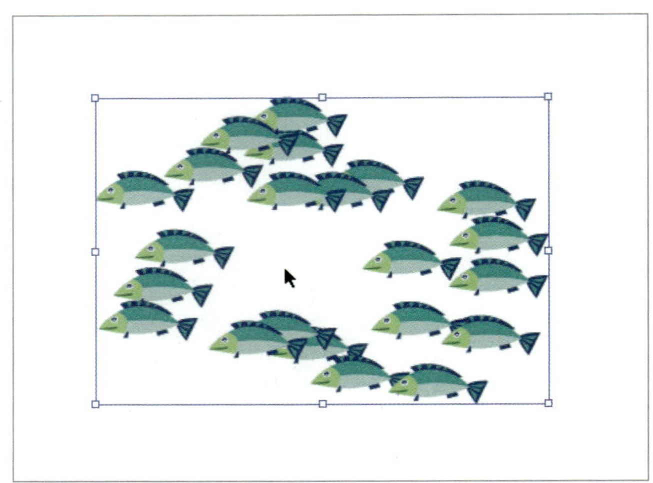

선택 툴로 심볼 그룹을 선택한 모습

02_ 툴박스에서 '심볼 이동 툴'을 선택한 뒤 물고기를 오른쪽 위로 이동시켜 봅니다. 여러 번 드래그하여 모든 심볼을 이동시킨 모습입니다. 이때 '심볼 이동 툴'이 제대로 동작하지 않으면 프로그램이 무거운 상태이므로 일러스트레이터를 재실행한 뒤 작업하기 바랍니다.

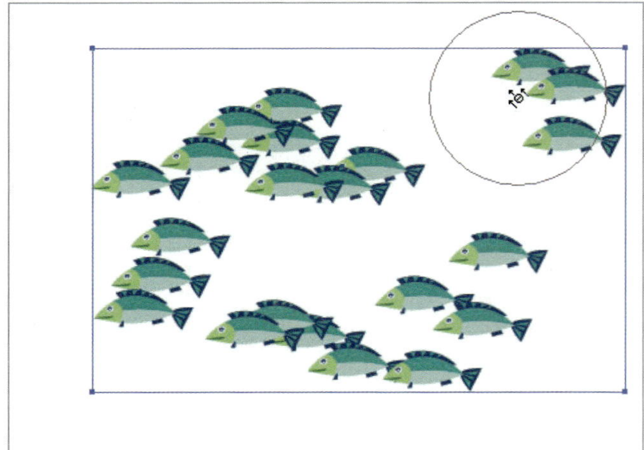

심볼 이동 툴로 이동시키는 모습

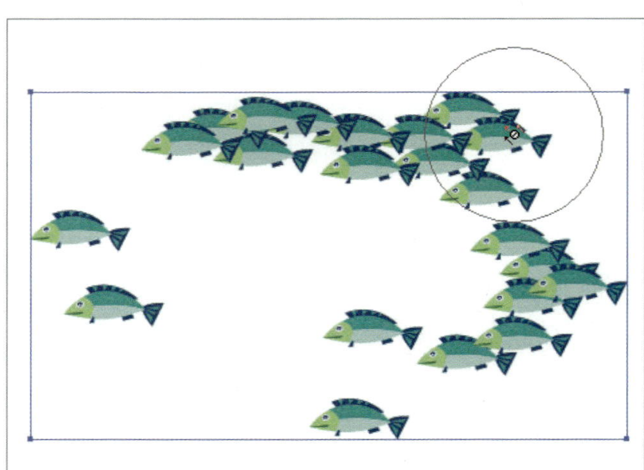

심볼들을 모두 이동시킨 모습

툴박스에서 '심볼 툴'을 더블클릭하면 옵션을 설정할 수 있도록 대화상자가 실행됩니다. 심볼 툴 8개는 공통적으로 다음과 같은 동일한 옵션을 제공합니다.

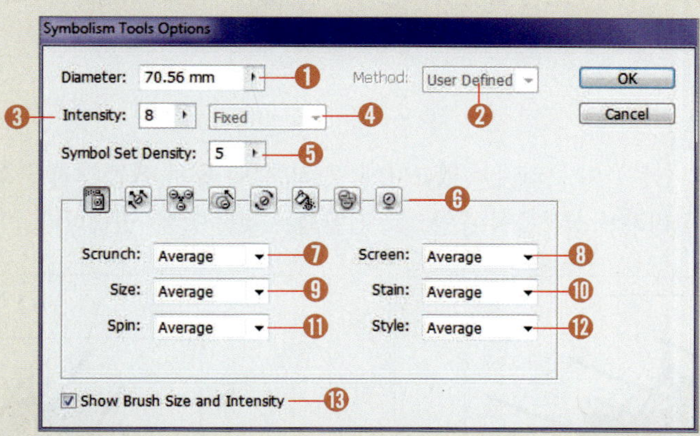

❶ **Diameter** : '심볼 툴'의 브러시 크기를 선택할 수 있습니다. 설정한 크기대로 심볼이 뿌려집니다.

❷ **Method** : Random, User Defined, Average에서 선택할 수 있습니다. 보통은 User Defined 옵션으로 작업합니다.

❸ **Intensity** : 브러시의 강약을 조절합니다. 수치가 높으면 그만큼 빠르게 심볼을 다량으로 뿌릴 수 있습니다.

❹ **Use Pressure Pen** : 타블렛 관련 옵션입니다. Pressure, Stylus Wheel 등을 선택합니다.

❺ **Density** : 심볼이 뿌려질 때 밀집도 상태를 조절합니다.

❻ **다른 툴 선택하기** : 심볼 툴 중에서 다른 툴의 옵션을 설정하고 싶다면 여기서 원하는 툴을 선택합니다. 툴을 선택하면 해당 옵션을 지정할 수 있도록 대화상자의 모양이 변경됩니다.

❼ **Scrunch** : 분산도를 평균값으로 할 것인지 사용자가 설정한 값으로 할 것인지 선택합니다.

❽ **Screen** : 스크린 값(투명도)을 평균값으로 할 것인지 사용자가 설정한 값으로 할 것인지 선택합니다. 바로 전 '심볼 감추기 툴'로 심볼을 반투명 상태로 만들었을 경우, 사용자 설정값(User Defined)을 선택하면 해당 투명 상태로 심볼을 칠할 수 있습니다.

❾ **Size** : 크기 값을 평균값으로 할 것인지 사용자 설정값으로 할 것인지 선택합니다.

❿ **Stain** : 착색 상태를 평균값으로 할 것인지 사용자 설정값으로 할 것인지 선택합니다. 사용자 설정값을 선택하면 심볼 고유 색상 대신 사용자가 지정한 Fill 컬러가 적용됩니다.

⓫ **Spin** : 스핀(회전) 값을 평균값으로 할 것인지 사용자 설정값으로 할 것인지 선택합니다. 사용자 설정값을 선택하면 심볼이 회전되며 칠해집니다.

⓬ **Style** : 스타일 값을 평균값으로 할 것인지 사용자 설정값으로 할 것인지 선택합니다. 참고로, Scrunch 옵션부터 Style 옵션은 대화상자 상단의 Method 항목과 병행 사용합니다. Method 항목은 다른 심볼 툴을 사용할 때 활성화됩니다.

⓭ **Show Brush Size and Intensity** : 브러시 크기를 알 수 있도록 브러시 크기를 작업창에 표시하는 옵션입니다.

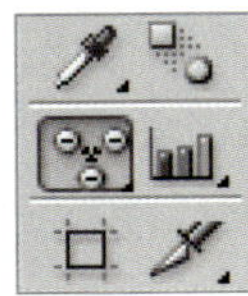

'심볼 집합 툴'은 클릭한 부분으로 심볼들을 집합시킬 때 사용합니다. 심볼을 뿌리다보면 예상치 않은 위치에 심볼을 뿌리는 경우가 있습니다. 이때 심볼 집합 툴을 사용하면 심볼들을 자연스럽게 한 곳으로 집합시킬 수 있습니다. 이때 Alt 키를 누른 채 클릭하면 심볼들이 다시 사방으로 분산됩니다.

01_ 예제 '먹물.ai'를 불러옵니다. 심볼들이 무리지어 있습니다. 먼저 '선택 툴'로 심볼 그룹을 선택합니다.
'심볼 집합 툴'로 중앙 심볼을 계속 클릭하면 심볼들이 중앙으로 집합되는 것을 알 수 있습니다.

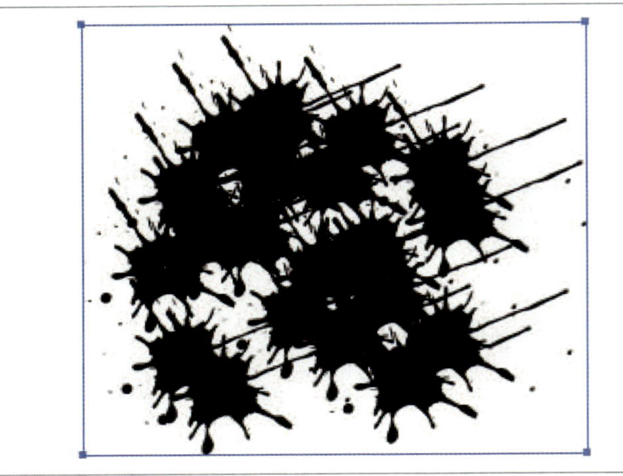

심볼 그룹을 선택한 모습

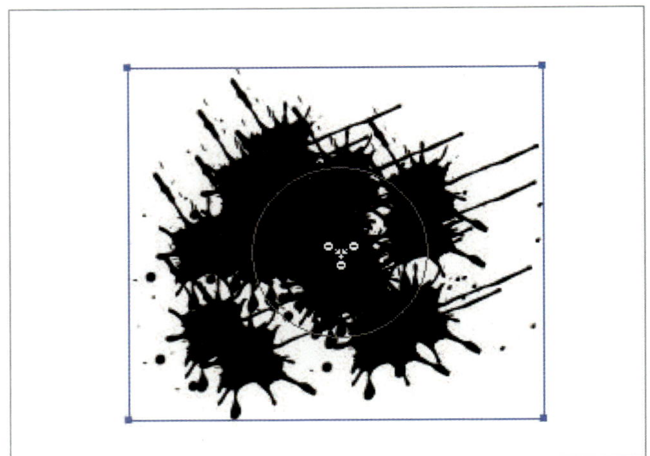

심볼들이 집합된 모습

02_ Alt 키를 누른 채 클릭하면 집합된 심볼들이 사방으로 분산되는 것을 알 수 있습니다.

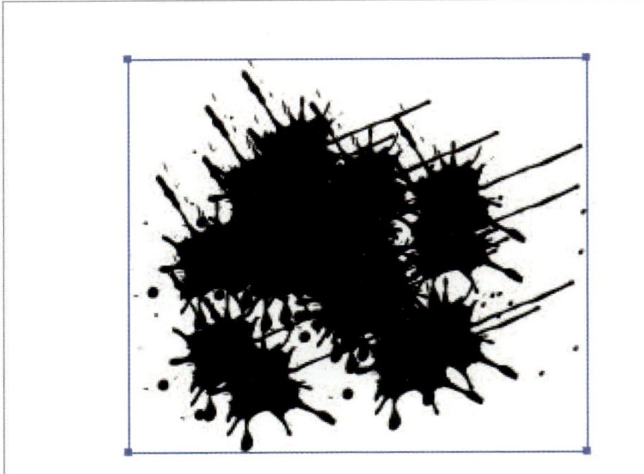

심볼들이 모여있는 모습

Alt + 클릭으로 분산시키는 모습

시스템의 속도에 영향을 받는 심볼 작업

심볼은 일러스트레이터로 그린 오브젝트를 반복 사용하기 위해 등록한 이미지입니다. 따라서 한 번에 다수의 심볼들을 제어하다보면 시스템이 리딩을 하지 못해 컴퓨터가 다운될 수도 있습니다. 심볼 작업을 할 때는 반드시 미리 저장한 뒤 작업하는 것이 좋습니다.

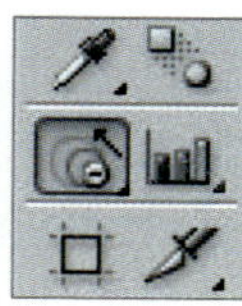

04 심볼 크기를 조절하고, 심볼 삭제하기 – 심볼 확대 툴

'심볼 확대 툴'은 심볼의 크기를 개별적으로 조절할 때 사용합니다. 특정 심볼을 잠시 클릭하면 심볼이 확대되며, Alt 키를 누른 채 클릭하면 심볼이 축소됩니다. 또한 Shift 키를 누른 상태에서 클릭하면 특정 심볼을 삭제할 수도 있습니다.

예제 '구슬.ai'를 불러옵니다. '선택 툴'로 심볼을 선택한 뒤 '심볼 확대 툴'을 사용해 봅니다.

클릭하면 심볼이 확대되고, Alt + 클릭하면 심볼이 축소됩니다.

만일 심볼 그룹에서 원하는 심볼을 삭제하려면 '심볼 확대 툴'로 Shift + 클릭합니다.

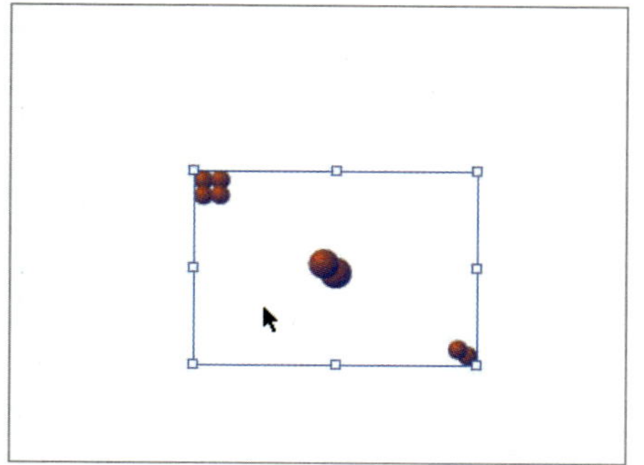

선택 툴로 오브젝트 선택

심볼을 확대하는 모습

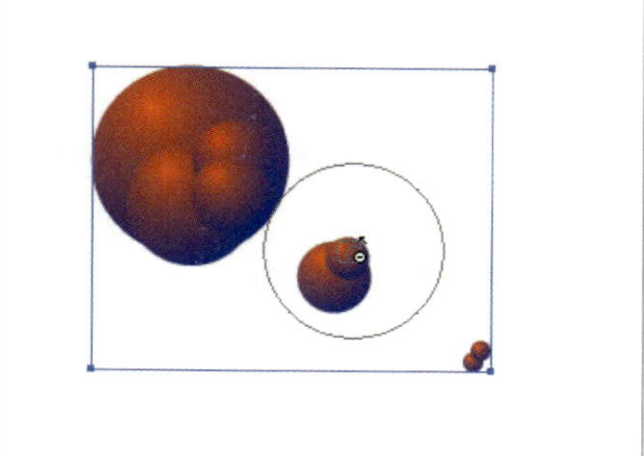

Alt + 클릭으로 축소하는 모습

심볼 확대 툴의 옵션

툴박스에서 '심볼 확대 툴'을 더블클릭하면 옵션을 설정할 수 있도록 대화상자가 실행됩니다. 이 툴에만 있는 옵션은 다음과 같이 두 가지가 있습니다.

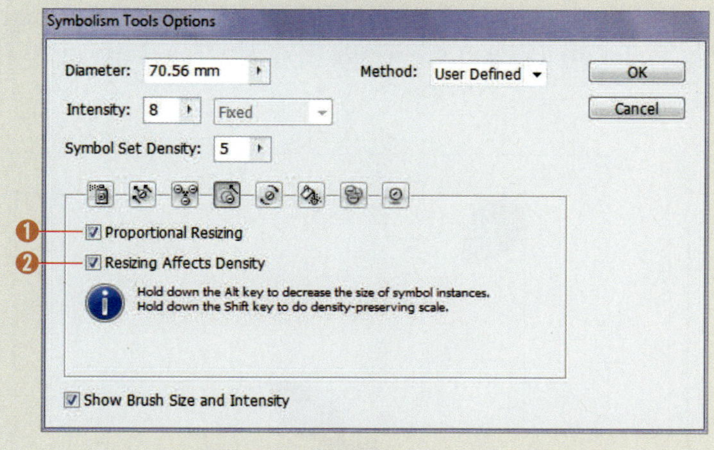

❶ **Proportional Resizing** : 가로, 세로 비율을 유지하며 심볼을 확대하거나 축소합니다.

❷ **Resizing Affects Density** : 밀도(같은 수의 심볼)를 유지하면서 심볼을 확대하거나 축소합니다.

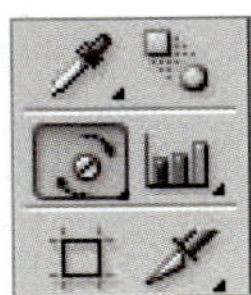

'심볼 회전 툴'은 심볼을 회전시킬 때 사용합니다. 브러시의 크기가 크면 한 번에 많은 수의 심볼을 회전시킬 수 있습니다. 만일, 한 번에 하나의 심볼만 회전시키려면 브러시의 크기를 줄인 뒤 작업합니다.

01_ 예제 '다이아몬드.ai'를 불러옵니다. '선택 툴'로 심볼 그룹을 선택한 뒤 '심볼 회전 툴'로 중앙 심볼을 시계 방향으로 드래그합니다. 화살표가 나타나면서 회전시킬 방향이 표시됩니다. 마음에 드는 방향으로 심볼을 회전시켜 줍니다.

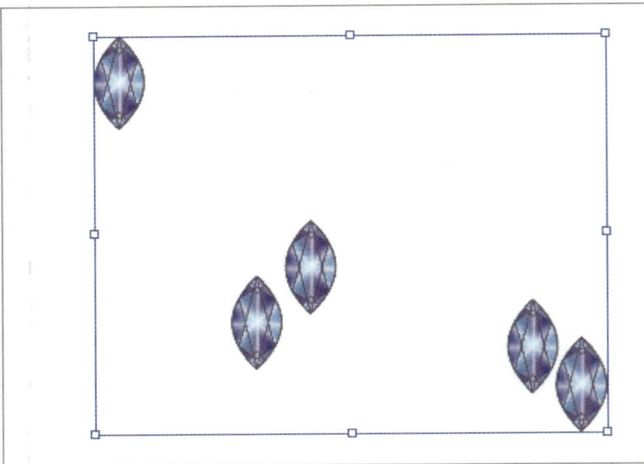

예제 이미지

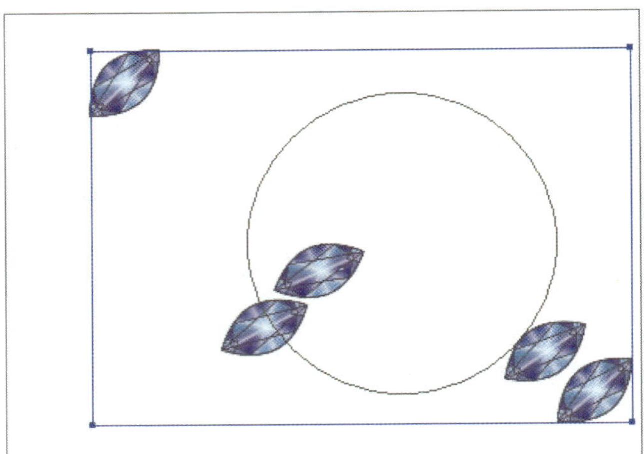

오른쪽으로 심볼을 회전시키는 모습

02_ 이번에는 반대 방향으로 회전시킨 모습입니다. 이때 브러시의 크기가 크면 전체 다이아몬드를 동시에 회전시킬 수 있습니다. 만일, 특정 다이아몬드만 회전시키려면 브러시의 크기를 줄여야 합니다. 툴박스에서 '심볼 회전 툴'을 더블클릭한 뒤 옵션 대화상자의 Diameter 항목에서 브러시의 크기를 줄이면 됩니다.

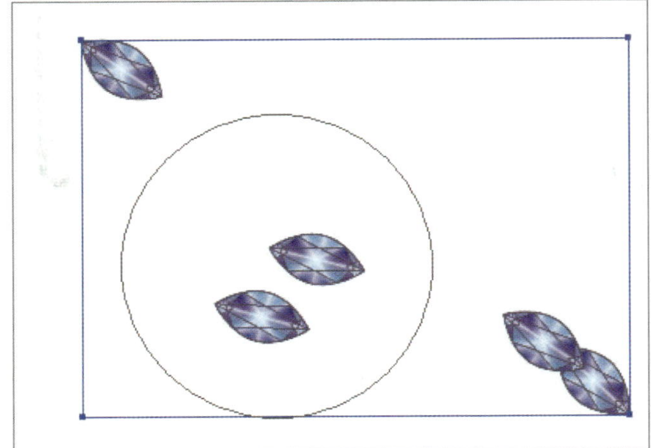

왼쪽으로 심볼을 회전시킨 모습

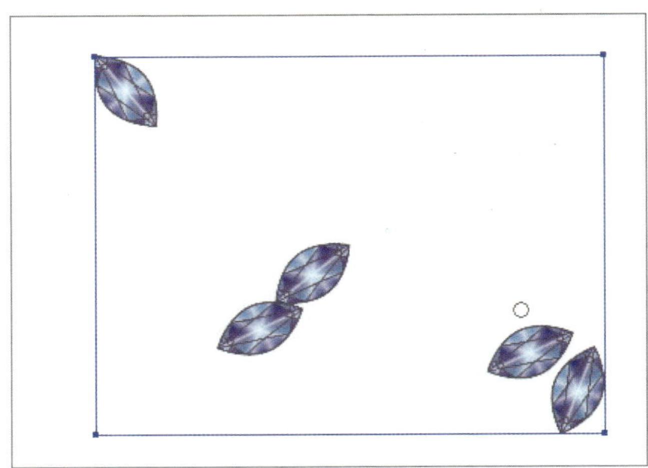

브러시의 크기를 줄인 뒤 원하는 심볼만 회전시킨 모습

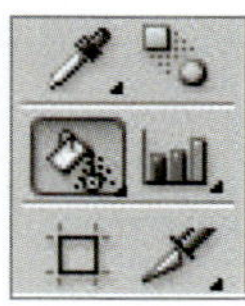

'심볼 착색 툴'은 원래 심볼에 다른 색상을 착색하는 기능입니다. 이때 Fill 컬러가 사용되며 클릭 횟수가 많을수록 진하게 착색됩니다. 심볼마다 개별적으로 착색하려면 툴박스에서 '심볼 착색 툴'을 더블클릭한 뒤 옵션 대화상자의 Diameter 항목에서 브러시 크기를 줄인 뒤 작업합니다.

01_ 예제 '넙치.ai'를 불러온 뒤 '선택 툴'로 작업할 심볼 그룹을 선택합니다. 툴박스에서 '심볼 착색 툴'을 선택한 뒤 Fill 컬러를 '빨간색'으로 설정합니다.

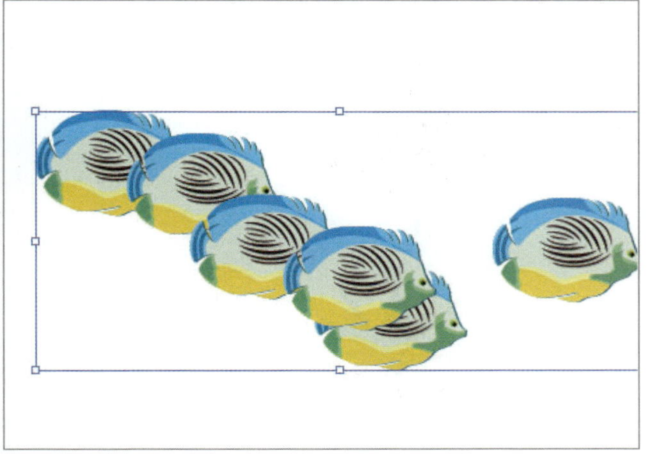

예제 이미지

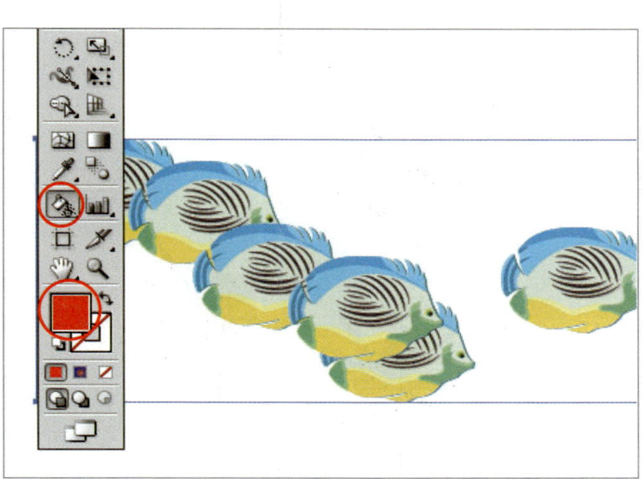

Fill 컬러를 설정한 모습

02_ 클릭하면 심볼이 빨간색으로 착색됩니다. 이때 착색 작업을 취소하고 원래 색상으로 돌아가고 싶다면 Alt + 클릭합니다.

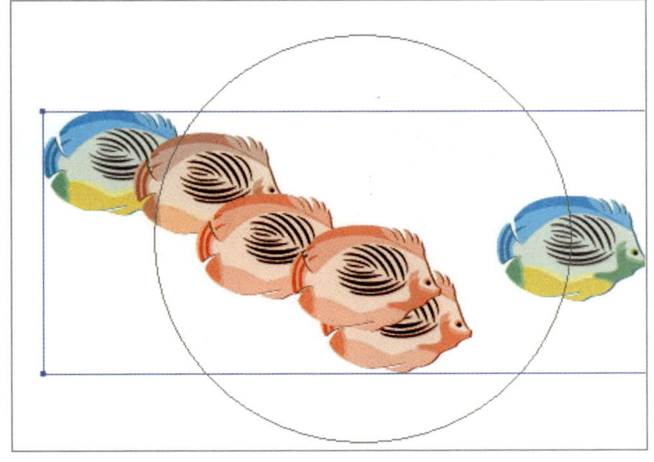

색상을 착색하는 모습

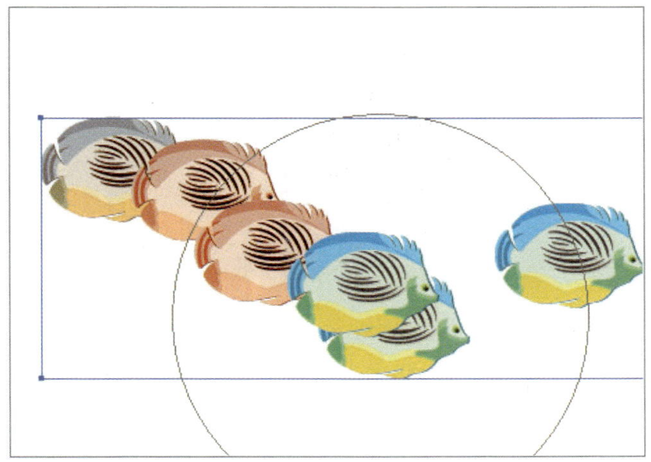

Alt + 클릭으로 착색을 취소하는 모습

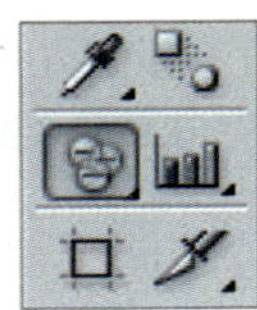

'심볼 감추기 툴'은 심볼을 투명하게 만들 때 사용합니다. 보통 잘못 칠해진 심볼을 감추거나, 반투명 상태의 심볼을 만들 때 유용합니다. 만일 투명 상태의 심볼을 다시 보이게 하려면 Alt + 클릭합니다.

01_ 예제 '거미.ai'를 불러온 뒤 '선택 툴'로 심볼 그룹을 선택합니다. '심볼 감추기 툴'로 클릭하면 심볼이 점점 투명해지는 것을 알 수 있습니다.

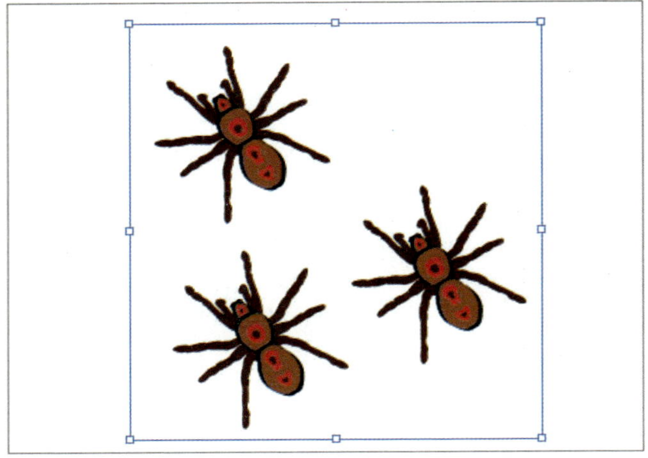

선택 툴로 선택

심볼 감추기 툴로 클릭하는 모습

02_ 여러 번 클릭하면 아예 안 보이게 만들수도 있습니다. 이때 투명 상태로 만든 심볼들을 원래 상태로 복구하려면 Alt +클릭합니다.

심볼을 투명 상태로 만든 모습

Alt + 클릭해 원래 상태로 점점 복구하는 모습

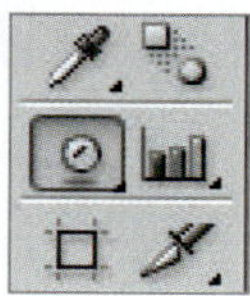

'심볼 스타일 툴'은 스타일 팔레트에서 선택한 스타일을 심볼에 적용하는 기능입니다. 먼저 스타일 팔레트에서 사용할 스타일을 선택합니다. 그런 뒤 '심볼 스타일 툴'로 문지르면 점차 해당 스타일이 심볼에 적용됩니다. 적용된 스타일을 취소하고 원래 심볼로 돌아가려면 Alt + 클릭합니다.

01_ 예제 '원시.ai'를 불러온 뒤 '선택 툴'로 심볼 그룹을 선택합니다. 툴박스에서 '심볼 스타일 툴'을 선택합니다.

02_ Window → Graphic Styles 메뉴를 실행해 스타일 팔레트를 불러옵니다. 사용할 '스타일'을 클릭해 선택합니다.

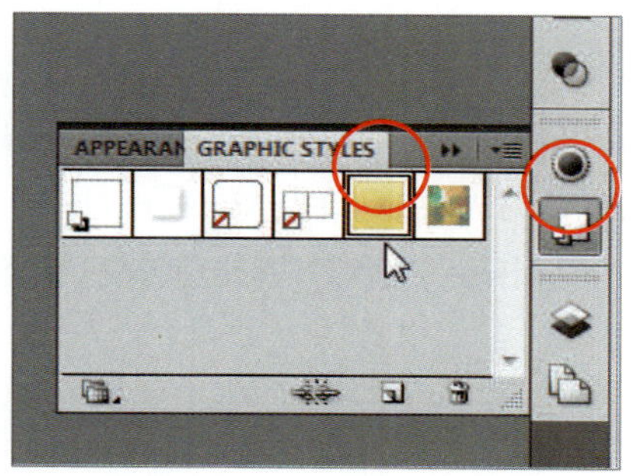

스타일 팔레트에서 사용할 스타일 선택

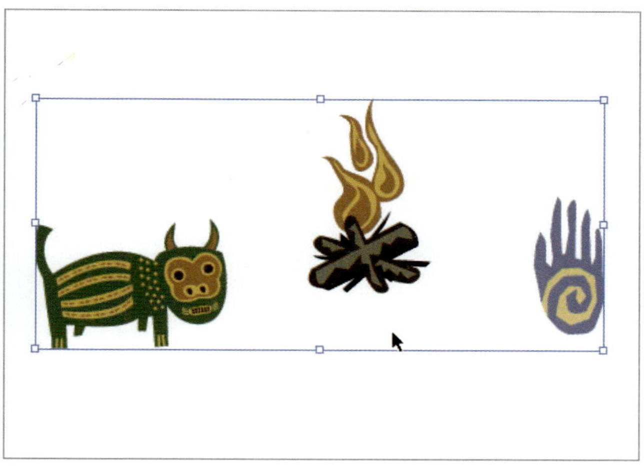

선택 툴로 선택한 모습

02_ '심볼 스타일 툴'로 원하는 심볼을 클릭하면 선택한 스타일이 적용됩니다. 만약, 적용된 스타일을 취소하려면 Alt + 클릭합니다.

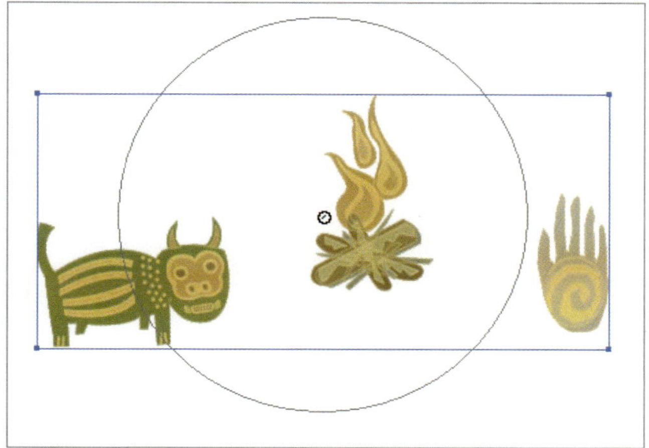

원하는 심볼에 스타일을 적용하는 모습

Alt + 클릭으로 스타일을 취소하는 모습

차트 제작하기
그래프 툴

'그래프 툴'은 차트를 제작할 때 사용합니다. 일러스트레이터로 제작하기 때문에 데이터 교체가 용이하고 디자인 작업도 다양하게 가능합니다. 사용자가 제작한 차트는 기업체의 프레젠테이션 등 실무 업무에서 활용할 수 있습니다. 그래프 툴은 다음과 같이 9개로 구성되어 있습니다.

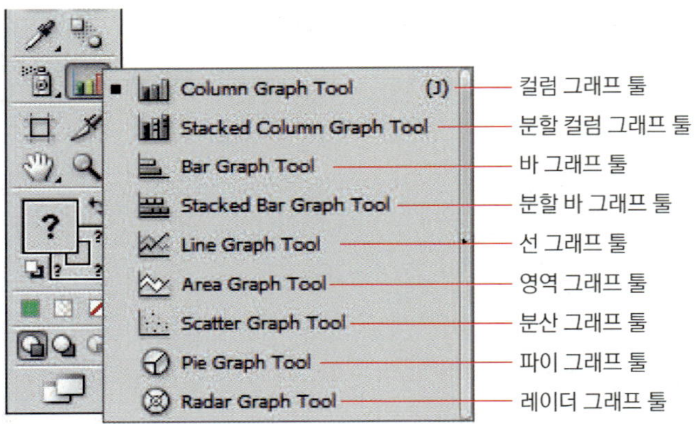

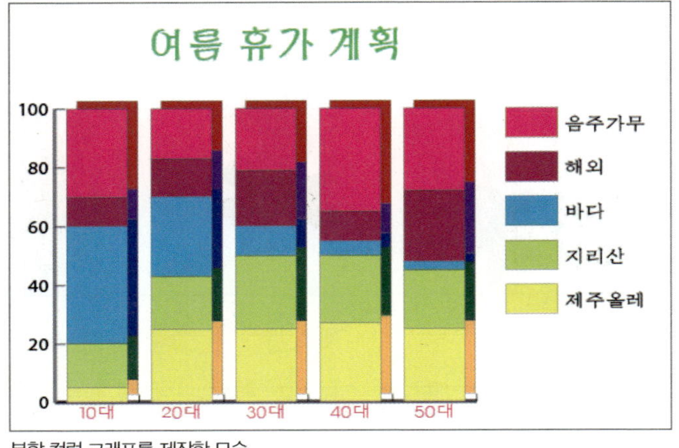

분할 컬럼 그래프를 제작한 모습

9개의 도구는 각각 독창적인 차트를 제작하게 합니다. 따라서 차트를 그릴 때는 업무 목적에 맞는 차트 도구를 선택해 작업하는 것이 좋습니다.

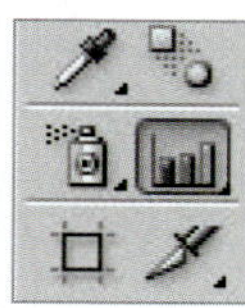

'컬럼 그래프 툴'은 '세로 막대 그래프'를 제작할 때 사용합니다. 흔히 사용하는 그래프 제작 툴입니다.

다음은 '컬럼 그래프 툴'로 차트를 제작하는 모습입니다. 먼저 컬럼 그래프 툴로 작업창을 드래그하면 그래프가 들어갈 영역이 생성되고, 데이터를 입력할 수 있는 셀 대화상자가 실행됩니다. 셀 대화상자에 데이터를 입력한 뒤 적용 버튼을 클릭하면 컬럼 그래프가 제작됩니다.

이때 입력할 데이터가 많을 경우에는 셀 대화상자에서 'Import Data' 버튼을 클릭해 미리 작성해둔 txt 파일을 사용할 수 있습니다.

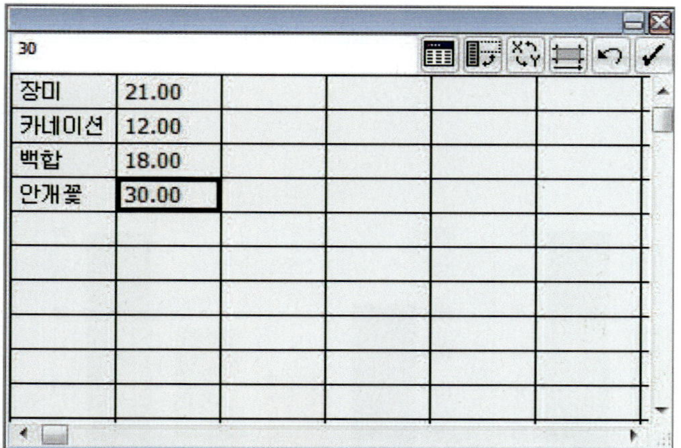

데이터를 입력한 모습

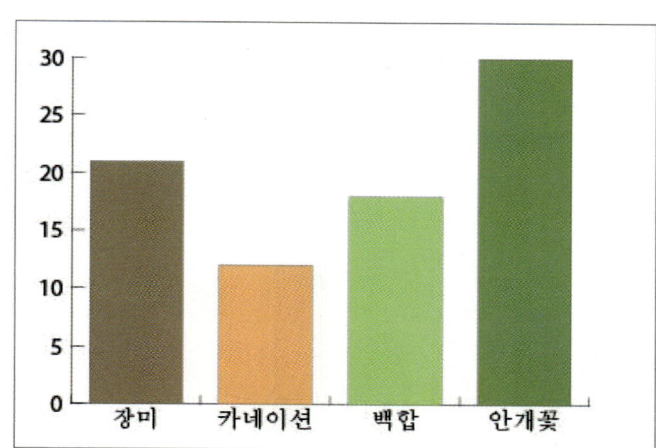

컬럼 막대 그래프가 제작된 모습

차트 글꼴 교체하기

먼저 '직접 선택 툴'로 교체할 글자를 선택합니다. 또는 타이프 툴로 글자를 블록으로 설정해도 됩니다. 그런 뒤 Type -> Font 메뉴로 글꼴을 교체합니다.

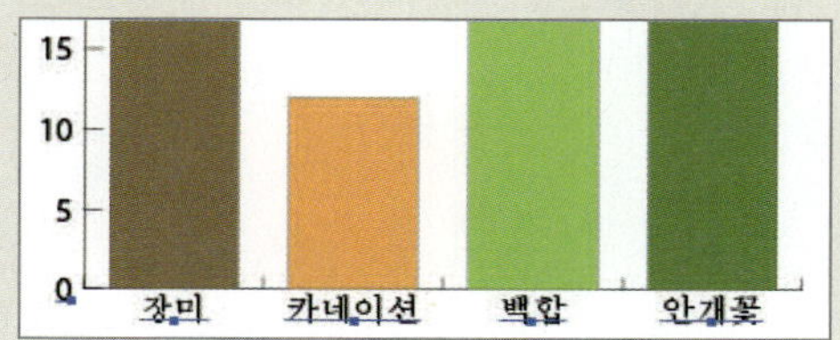

'직접 선택 툴'로 글자 선택

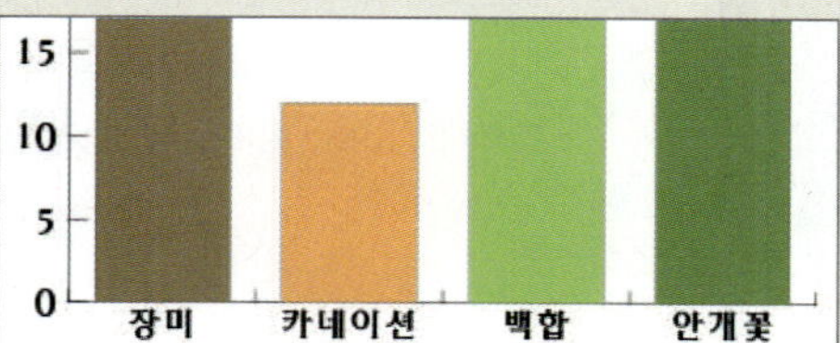

글꼴을 교체한 모습

컬럼 그래프 툴의 옵션 대화상자는 툴박스에서 '컬럼 그래프 툴'을 더블클릭하면 나타납니다. 이 옵션에서는 그래프 축, 그림자 삽입 유무 등의 옵션을 설정할 수 있습니다. 이 옵션 대화상자는 '분할 컬럼 그래프', '바 그래프', '분할 바 그래프'의 옵션 대화상자와 사용법이 동일합니다.

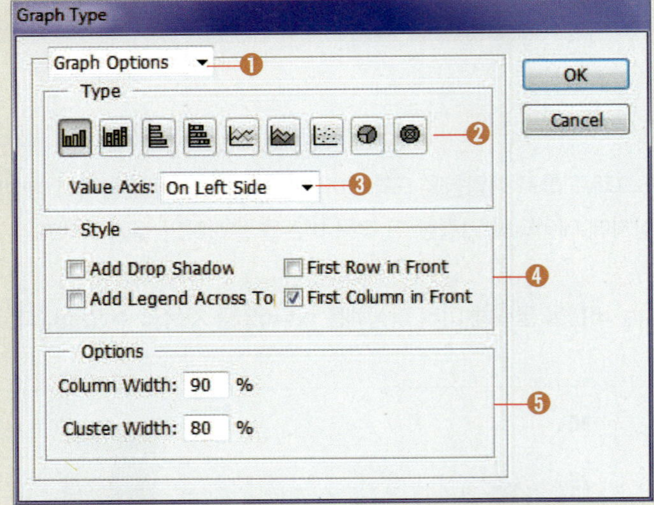

❶ **Options 선택** : 3가지 옵션을 사용할 수 있습니다. 보통은 Graph Options만 조절하며 나머지 2가지 옵션은 기본값을 권장합니다.

❷ **Type** : 그래프의 형태를 다른 형태로 변경합니다. 클릭하면 해당 그래프의 옵션 수정 상태로 전환됩니다. 기본적인 옵션 내용은 현재 화면에 보이는 옵션과 거의 유사합니다.

❸ **Value Axis** : 축을 어느 쪽에 둘 것인지 지정합니다.

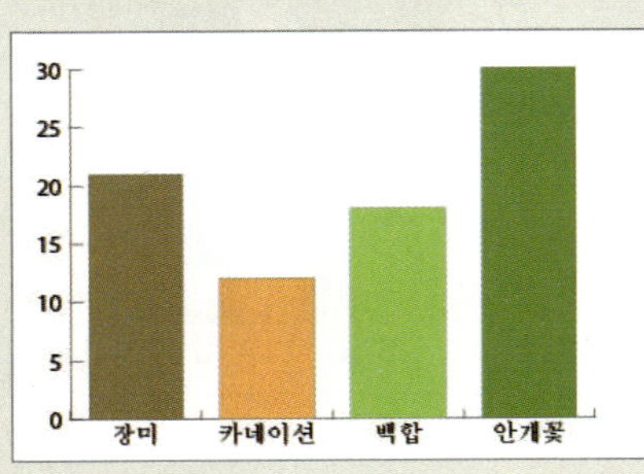
On Left Side 축

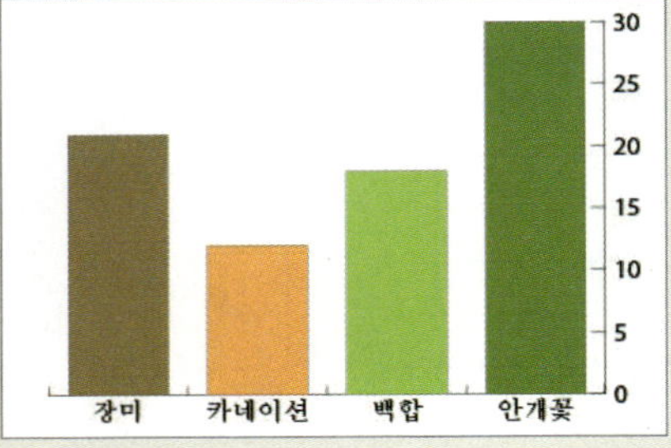
On Right Side 축

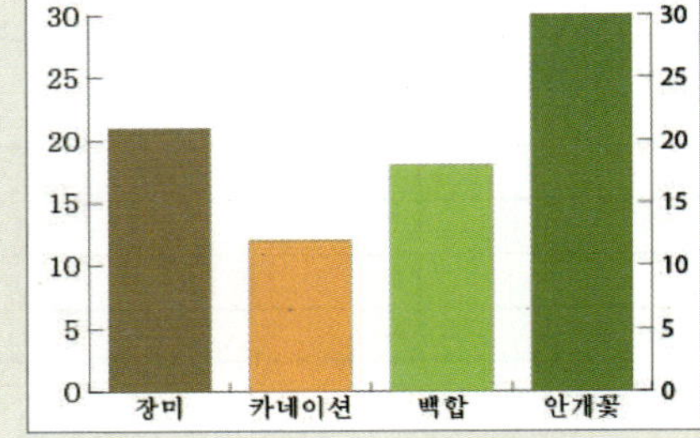
On Both Sides 축

❹ **Style** : 그래프의 모양을 4가지 방법으로 디자인합니다.

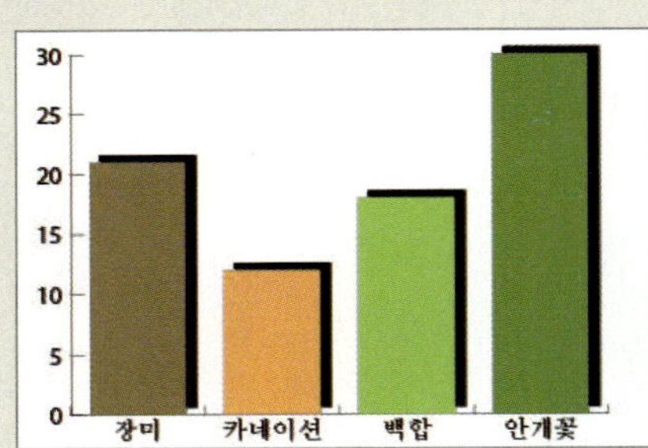
그림자를 생성시킨 모습

– **Add Drop Shadow** : 그래프에 그림자를 생성시킵니다.
– **First Row In Front** : 행을 앞에 둡니다.
– **Add Legend Across Top** : 차트에 대한 범례(Legend)를 오른쪽이 아닌 상단에 표시합니다. 범례를 삽입했을 경우 동작합니다.
– **First Column In Front** : 열을 앞에 둡니다.

❺ **Options** : 막대 크기를 설정합니다. Column Width 옵션은 개별적인 막대의 폭을 %로 지정하는 기능입니다. 폭이 넓으면 막대 그래프끼리 겹치게 됩니다. Cluster Width 옵션은 막대 그래프의 전체 폭을 %로 지정합니다.

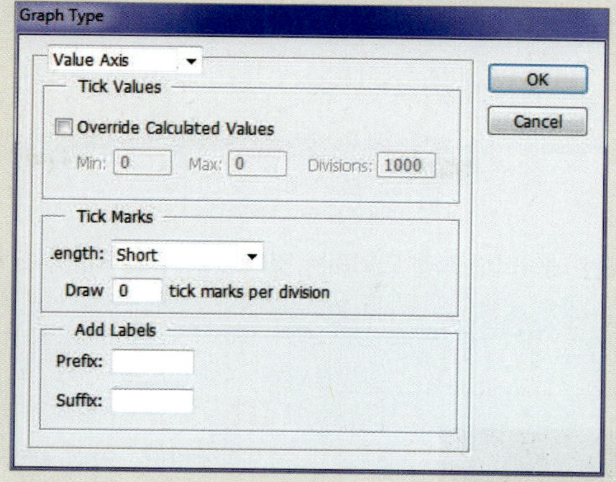

❶ Value Axis 옵션 : 숫자축에 대한 옵션을 설정합니다.

- **Override Calculated Values 옵션 :** 숫자축의 눈금값에 대한 옵션을 설정합니다. Min은 눈금값의 최소값, Max는 눈금값의 최대값, Divisions은 눈금의 개수를 설정합니다.

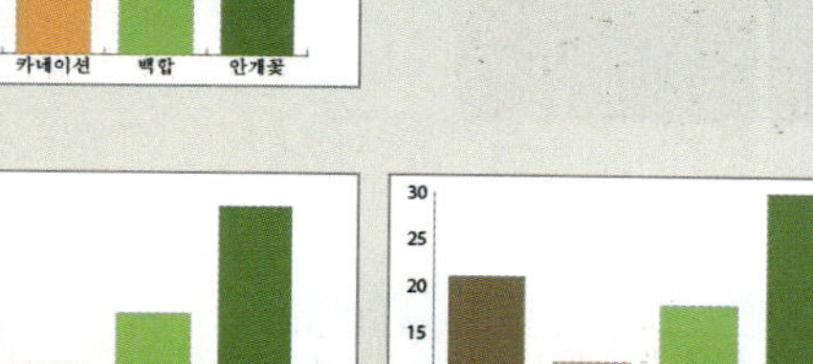

- **Tick Marks 옵션 :** 숫자축에 삽입하는 '틱 마크'의 길이를 선택합니다. 기본값은 Short입니다. Draw 항목에서 삽입할 틱 마크의 개수를 입력합니다.

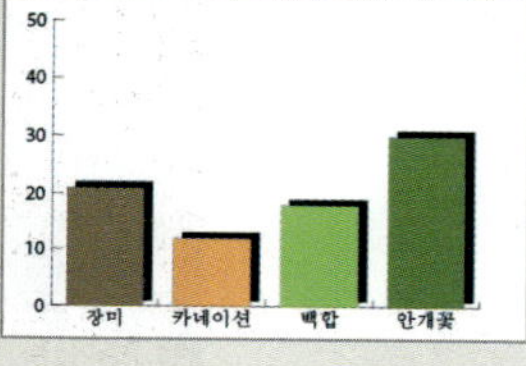

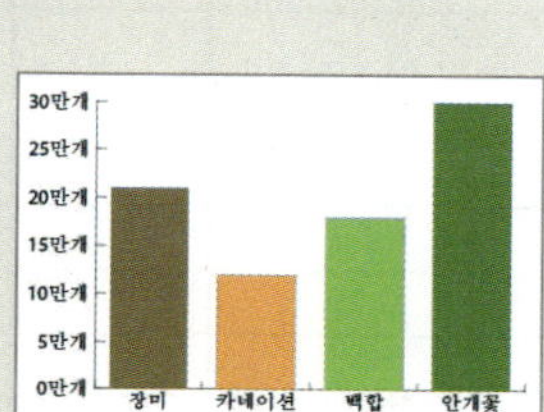

- **Add Labels 옵션 :** 숫자축의 수치 앞뒤에 접두사나 접미어를 삽입합니다. 여기서 입력한 내용이 라벨로 삽입됩니다. 수치 앞에 접두사를 삽입하려면 Prefix에 입력하고 수치 뒤에 접미어를 삽입하려면 Suffix에 입력합니다.

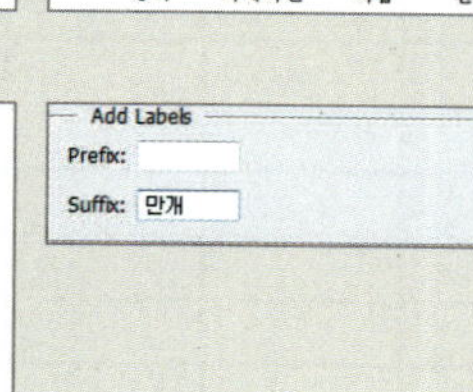

❷ Category Axis 옵션 : 범주축에 삽입하는 '틱 마크' 옵션을 설정합니다.

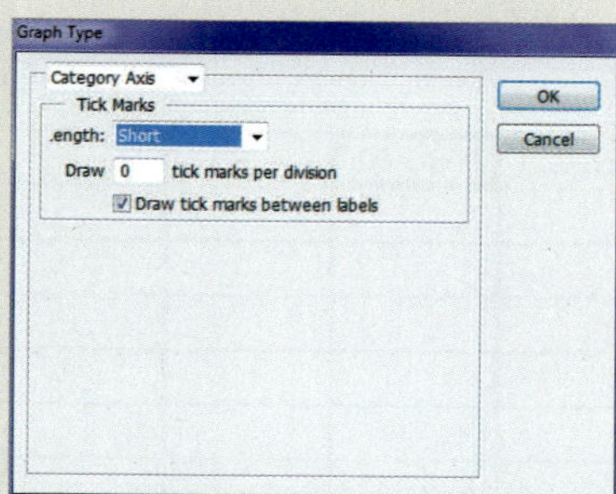

- **Length :** '틱 마크'의 길이를 설정합니다.
- **Draw :** '틱 마크'의 개수를 설정합니다.
- **Draw tick marks between labels :** 체크하면 막대와 막대 사이에 틱 마크가 삽입되고, 체크 표시를 제거하면 막대 표면에 틱 마크가 삽입됩니다.

차트 데이터는 사용자가 직접 데이터를 입력하는 방법과 문서를 가져오는 방법이 있습니다.

차트 데이터 직접 입력하기

데이터 개수가 적은 그래프를 제작할 때는 데이터를 직접 입력하는 것이 좋습니다. 지금부터 데이터를 직접 입력하면서 컬럼 그래프를 제작하는 방법을 알아봅니다.

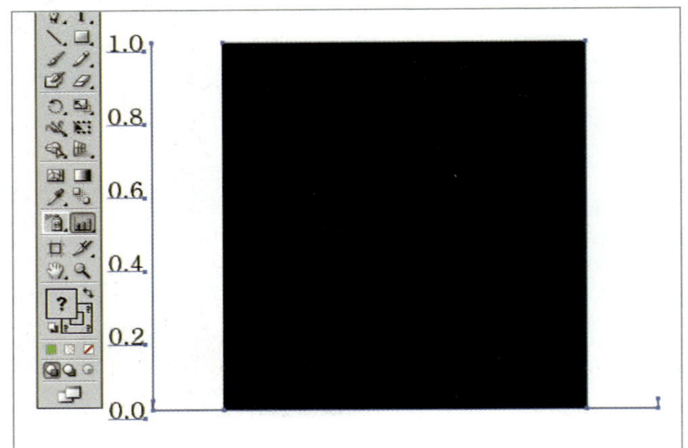

01_ '컬럼 그래프 툴'로 드래그하여 그래프가 생성될 크기를 지정합니다. 아직 내용을 입력하지 않았으므로 전체 차트만 제작됩니다.

이때 세로축은 각종 수치가 표시되는 눈금축이고, 가로축은 내용이 들어가는 범례축이 됩니다.

차트가 그려지면 Fill 컬러를 원하는 색으로 교체하거나 그대로 둡니다.

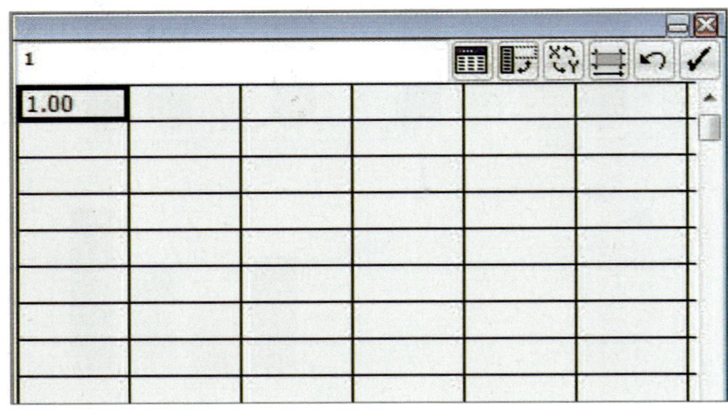

02_ 바로 데이터 입력창인 '쉘 대화상자'가 실행됩니다. 대화상자에 원하는 데이터를 직접 입력합니다. 이때 쉘과 쉘 사이를 이동하려면 마우스를 사용합니다.

03_ 세로 방향의 첫 번째 줄은 '범례축' 내용을 입력합니다. 여기서는 '스포츠카'라고 입력하였습니다. 세로로 두 번째 줄은 보통 눈금축에 들어갈 내용을 입력합니다. 여기서는 스포츠카의 가격인 '7000'을 입력했습니다.

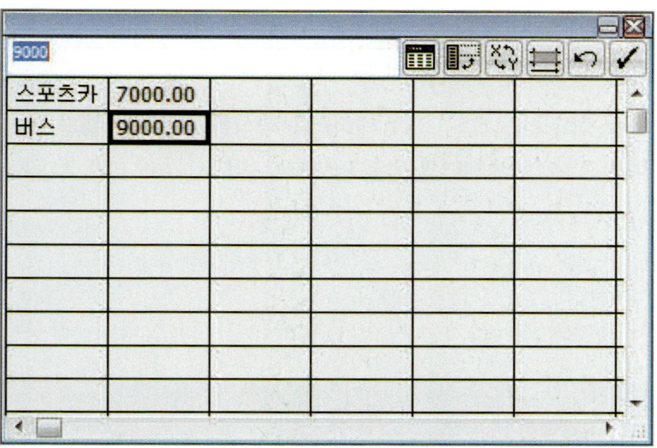

04_ 두 번째 줄에는 '버스'라고 입력한 뒤 가격은 '9000'이라고 입력했습니다.

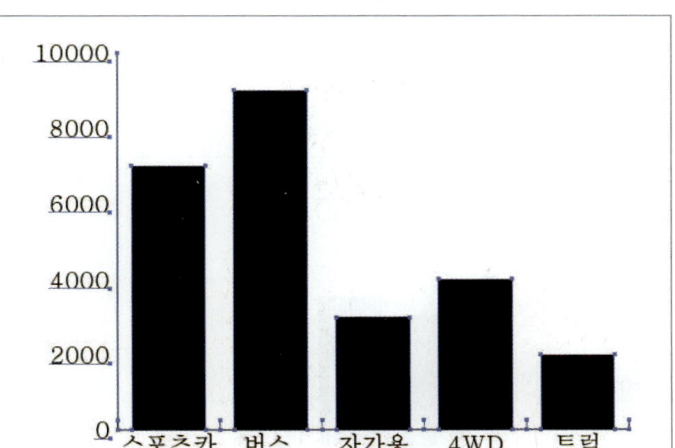

05_ 이와 같은 방법으로 세 번째, 네 번째, 다섯 번째 줄에도 내용을 입력합니다. 내용을 입력한 뒤에는 '적용' 버튼을 클릭합니다.
대화상자가 계속 떠있는 상태이므로 수정할 데이터가 있으면 바로 수정한 뒤 다시 '적용' 버튼을 눌러줍니다. 만일, 차트가 마음에 들면 대화상자의 '닫기' 버튼을 눌러 입력 작업을 종료합니다.

06_ 차트가 제작된 모습입니다. 이렇게 제작한 차트는 전체가 그룹으로 묶여 있으므로 '선택 툴'로 선택해 이동시킬 수 있습니다. 만일 각각의 그래프별로 색상을 변경하거나 글꼴 색상을 변경하려면 '직접 선택 툴'을 사용합니다.

07_ '타이프 툴'로 차트의 제목을 '자동차 가격'이라고 입력했습니다. '직접 선택 툴'로 각각의 막대를 선택한 뒤 색상을 변경했습니다. 차트가 완성되었습니다.

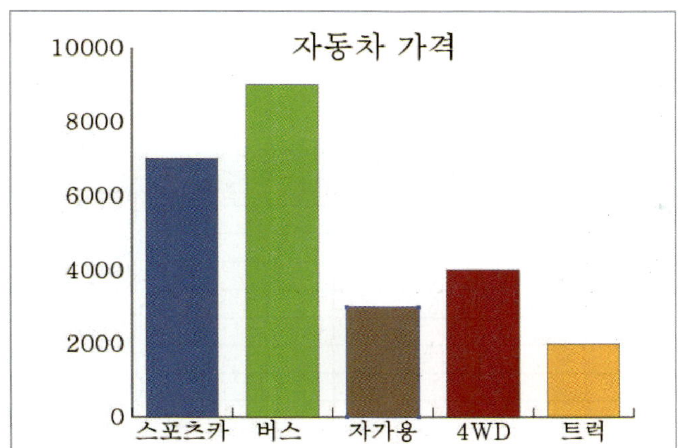

TXT 파일로 차트 데이터 입력한 뒤 일러스트레이터로 가져오기

입력할 데이터의 수가 많을 경우에는 미리 TXT 파일로 데이터를 작성하는 것이 좋습니다. TXT 데이터를 작성할 경우에는 셀과 셀을 구분할 때 [Tab] 키를 사용합니다. [Space Bar] 키로 띄어쓰기를 할 경우에는 나중에 데이터를 잘못 읽으므로 반드시 [Tab] 키를 사용해 셀 간격을 구분하기 바랍니다.

01_ '메모장'을 이용해 데이터를 작성하겠습니다. 이때 단어와 단어 사이의 띄어쓰기는 반드시 [Tab] 키를 사용합니다. 작성한 데이터는 TXT 포맷으로 저장합니다.

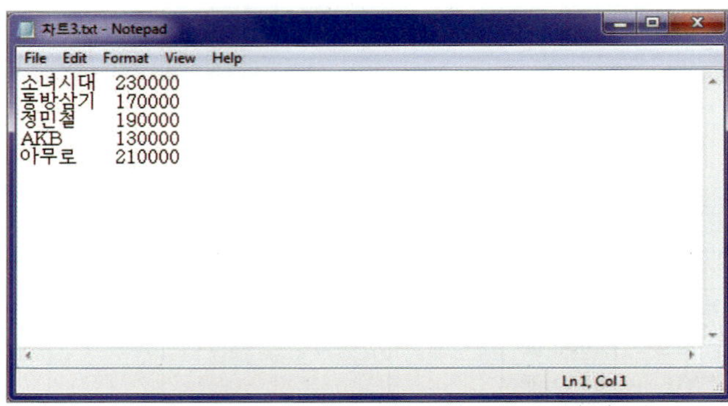

02_ 일러스트레이터에서 '컬럼 그래프 툴'로 차트가 될 영역을 그려줍니다. 셀 대화상자가 실행되면 'Import' 버튼을 클릭해 앞에서 저장한 TEXT 파일을 불러옵니다. 만일 TXT 파일이 없을 경우에는 DVD 부록의 예제인 '차트3.txt' 파일을 불러옵니다.

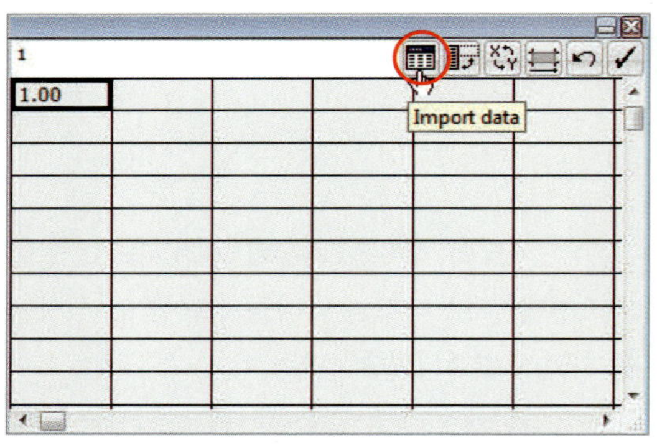

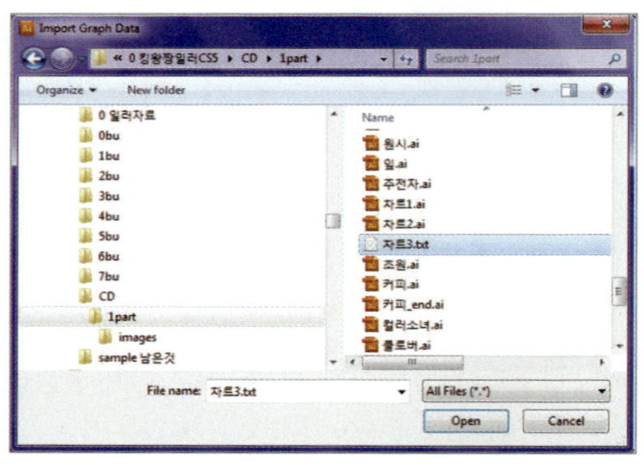

03_ 셀 대화상자에 TEXT 파일을 불러온 모습입니다. '적용' 버튼을 클릭해 그래프를 제작합니다.

04_ '타이프 툴'로 그래프의 제목을 입력하고 각각의 막대는 '직접 선택 툴'로 선택한 뒤 색상을 변경합니다.

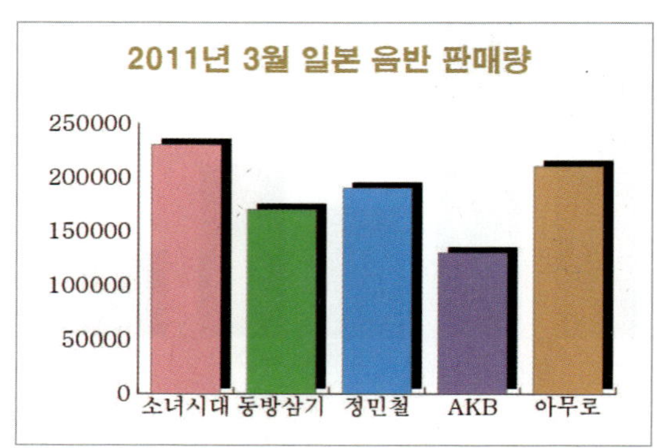

그래프 툴로 차트 영역을 지정하면 '셀 대화상자'가 나타납니다. 데이터 입력, 데이터 배치 방식, Text 파일 불러오기 등의 기능을 사용할 수 있습니다. 또한 이미 작성된 그래프를 마우스 오른쪽 버튼으로 클릭한 뒤 'Data' 메뉴를 실행하면 입력된 데이터를 수정할 수 있습니다.

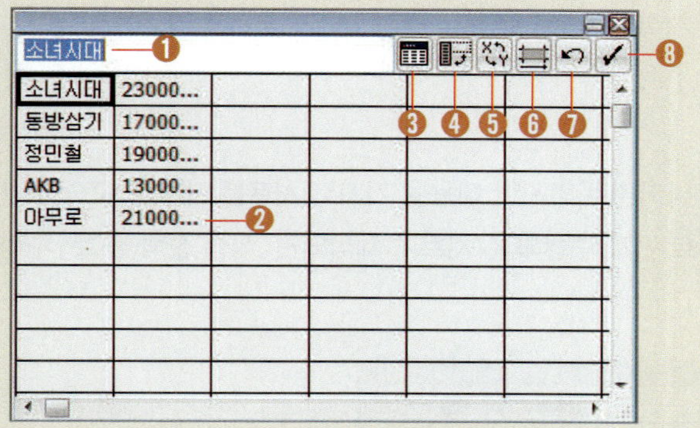

❶ **데이터 입력창** : 먼저 하단에서 셀을 선택한 뒤 셀에 들어가는 내용을 입력합니다.

❷ **셀** : 데이터가 입력되는 곳입니다. 여기서 셀을 선택한 뒤 상단의 입력창을 통해 데이터를 입력합니다.

❸ **Import Data(데이터 불러오기)** : Text 파일로 저장된 데이터 파일을 불러올 수 있습니다.

❹ **Transpose Row/Column(열/행 전환)** : 차트의 열과 행을 서로 전환합니다. Column 차트를 보면 Legend 표시가 새로 생성됩니다.

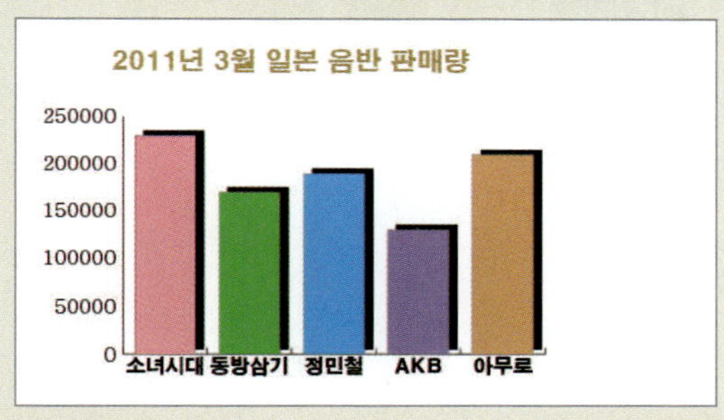

차트를 제작한 모습

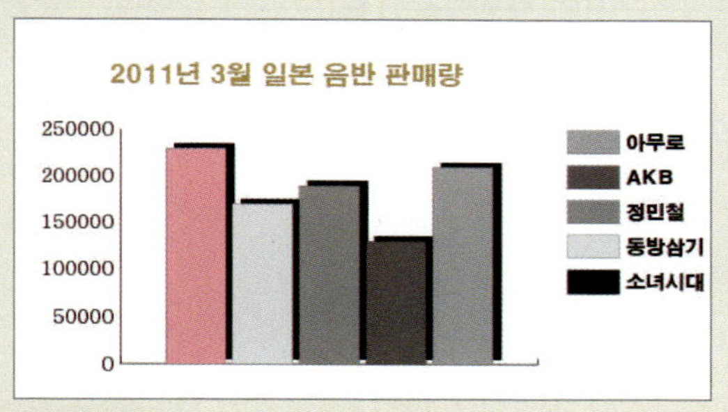

열/행을 전환한 모습

❺ **Switch X/Y(X, Y축 전환하기)** : 차트의 X, Y 축을 서로 교체합니다. 축 모양을 변경한 뒤 마음에 들면 적용합니다. 보통 분산 그래프 등을 제작할 때 사용합니다.

❻ **Cell Style(셀 모양)** : 소수점을 몇 자리까지 표시할지 결정합니다. 또한 셀의 가로 크기를 변경할 수 있습니다. 글자의 길이가 길면 데이터 입력 시 보이지 않는데, 여기서 셀의 크기를 늘리면 보이지 않던 글자가 보이게 됩니다. 보통 셀이 너무 작아 작업이 불편할 경우 셀 크기를 늘릴 때 필요합니다. 실제 차트에는 영향을 주지 않습니다.

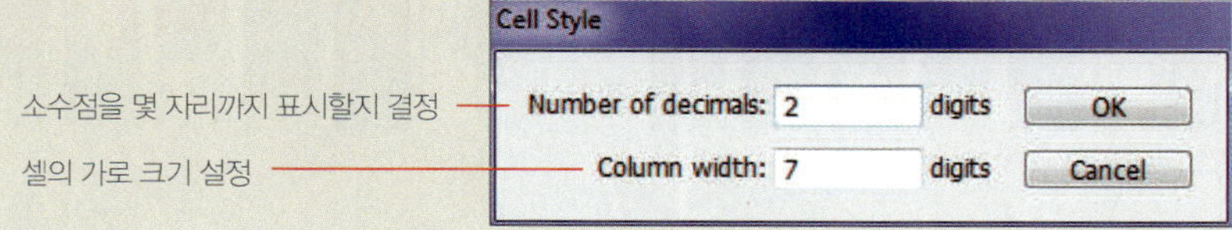

❼ **Revert(복구)** : 입력 작업을 취소하고 기본값으로 복구합니다.

❽ **Apply(적용)** : 현재 설정을 적용하는 적용 버튼입니다.

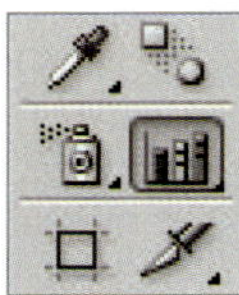

분할 컬럼 그래프 툴(Stacked Column Graph Tool)

'분할 컬럼 그래프 툴'은 복수의 데이터가 있는 '분할 컬럼 그래프'를 제작할 때 사용합니다. 나이별 여름휴가를 가고 싶은 곳을 조사하다 보면 같은 10대 층에서도 제주도, 지리산, 바다, 해외여행지 등 휴가가고 싶은 곳이 다를 것입니다. 이런 경우 '휴가지'가 복수가 되므로 분할 컬럼 그래프 툴로 작업해야 합니다.

다음은 여름휴가를 가고 싶은 곳을 나이별로 조사한 내용을 가지고 차트를 제작한 모습입니다. '분할 컬럼 그래프 툴'로 차트 영역을 지정한 뒤 아래 내용을 입력하면 차트가 제작됩니다. 차트가 제작되면 '직접 선택 툴'로 각각의 막대 영역을 선택한 뒤 원하는 색상을 적용해 줍니다.

	제주올레	지리산	바다	해외	음주가무		
10대	5.00	15.00	40.00	10.00	30.00		
20대	25.00	18.00	27.00	13.00	17.00		
30대	25.00	25.00	10.00	19.00	21.00		
40대	27.00	23.00	5.00	10.00	35.00		
50대	25.00	20.00	3.00	24.00	28.00		

데이터 입력 예제

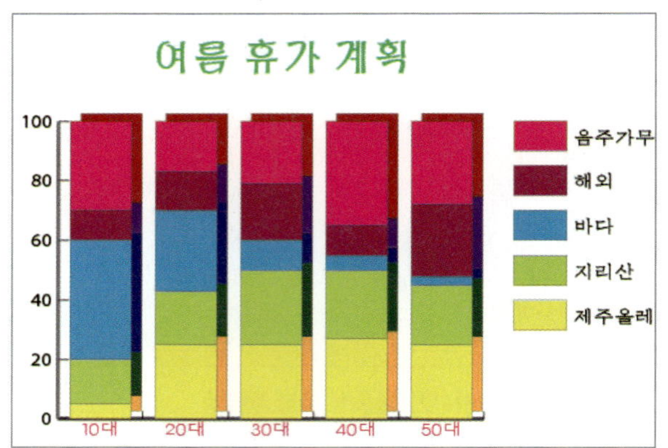

분할 컬럼 그래프가 제작된 모습

차트에서 막대 모양 수정

차트에서 막대 모양을 수정하는 방법은 두 가지가 있습니다. 전체 색상을 일괄 수정하려면 '선택 툴'로 선택한 뒤 수정하고, 막대의 개개별 모양을 수정하려면 '직접 선택 툴'로 선택한 뒤 수정합니다. 색상의 수정, 막대 크기 수정, 선 두께 등을 수정할 수 있고 범례축의 글꼴 모양, 글꼴 색상도 변경할 수 있습니다. 다음은 '직접 선택 툴'로 막대의 포인트를 선택한 뒤 막대 크기를 조절하는 모습입니다.

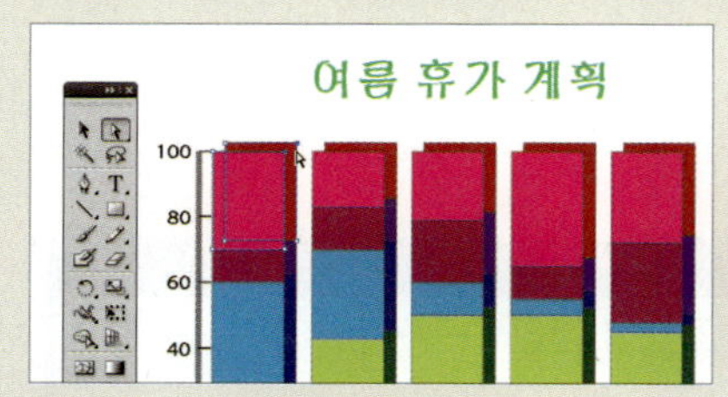

직접 선택 툴로 수정할 포인트 선택

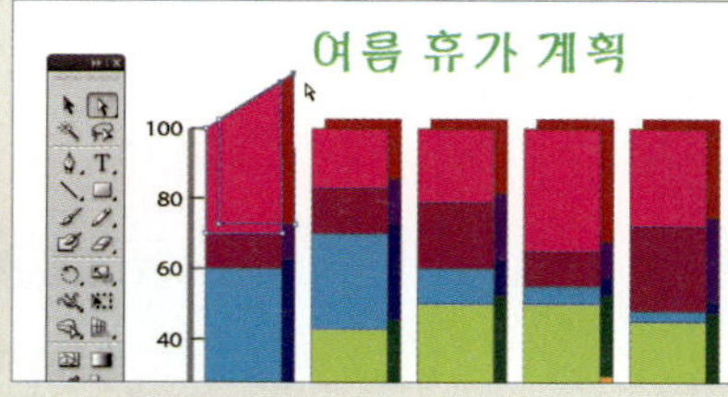

포인트를 이동시킨 모습

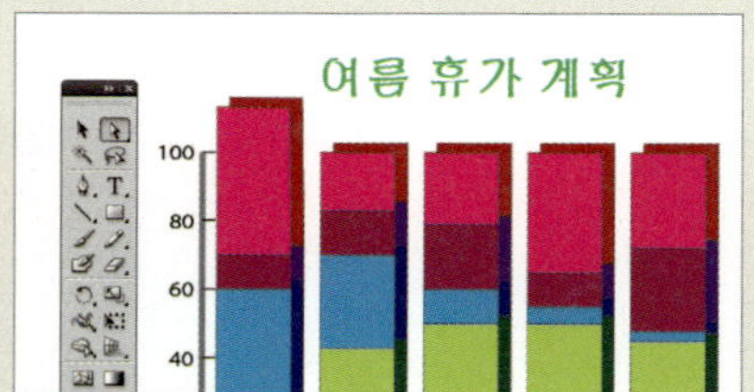

막대 모양이 수정된 모습

바 그래프 제작하기 – 바 그래프 툴(Bar Graph Tool)

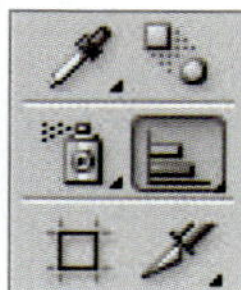

'바 그래프 툴'은 '컬럼 그래프 툴'과 동일하지만 세로 방향이 아닌 가로 방향의 '막대 그래프'를 제작할 때 사용합니다. 사용법은 '컬럼 그래프 툴'과 동일하며 데이터의 입력 방식도 동일합니다.

다음은 음원 파일 사용 빈도를 차트로 제작한 모습입니다.

MP3	45.00
APE	15.00
FLA	20.00
Apple	25.00

데이터 입력 예제

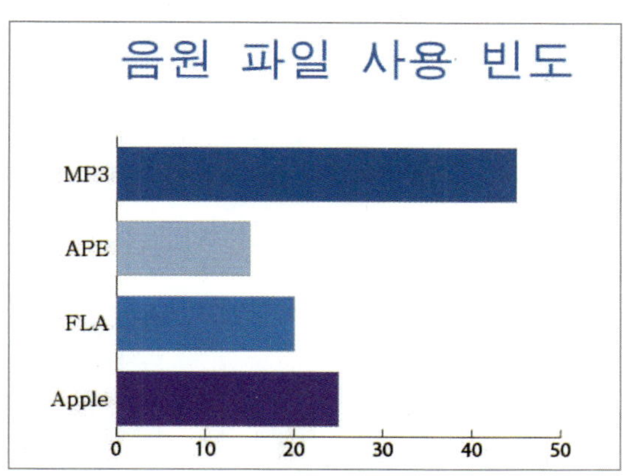

바 그래프가 제작된 모습

분할 바 그래프 툴(Stacked Bar Graph Tool)

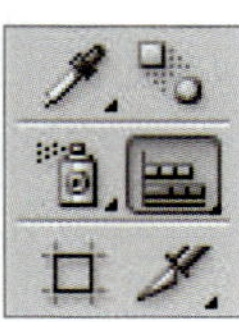

분할 바 그래프 툴은 '컬럼 분할 그래프 툴'과 동일하지만 그래프를 세로 방향이 아닌 가로 방향으로 생성시킬 때 사용합니다. 사용법은 '분할 컬럼 그래프 툴'과 동일합니다.

다음은 우리나라가 각 국가별로 수출하는 품목들을 차트로 만들어본 모습입니다.

	자동차	반도체	한류상품	핸드폰	농산물
일본	5.00	15.00	40.00	10.00	30.00
미국	25.00	18.00	27.00	23.00	7.00
중국	25.00	25.00	30.00	15.00	5.00
유럽	27.00	23.00	20.00	20.00	5.00
아시아	15.00	20.00	40.00	22.00	3.00

데이터 입력 예제

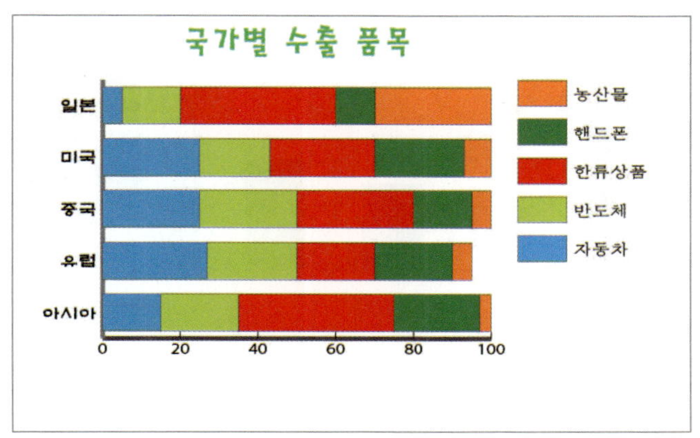

분할 바 그래프가 제작된 모습

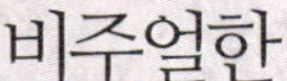

비주얼한
3D 입체 그래프 만들기

01_ 예제 '차트7.ai' 파일을 불러옵니다. 불러온 이미지에서 막대 그래프와 제목 글자를 3D로 전환하겠습니다.

02_ '직접 선택 툴'로 예제 그림처럼 드래그하여 선택한 뒤 왼쪽으로 조금 이동시킵니다.

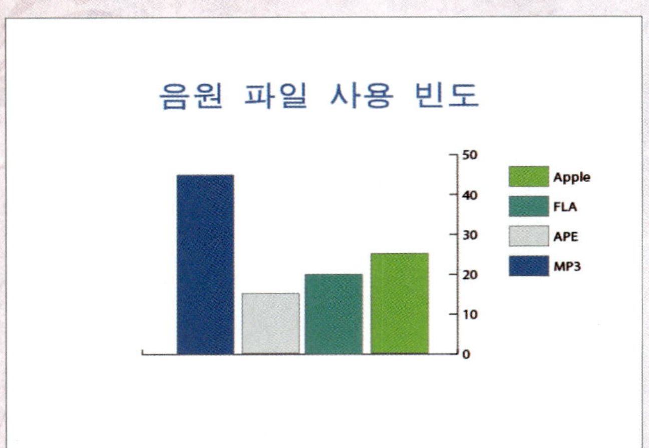

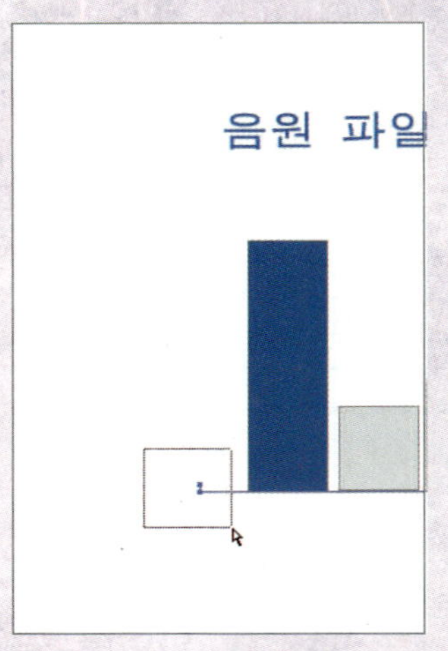

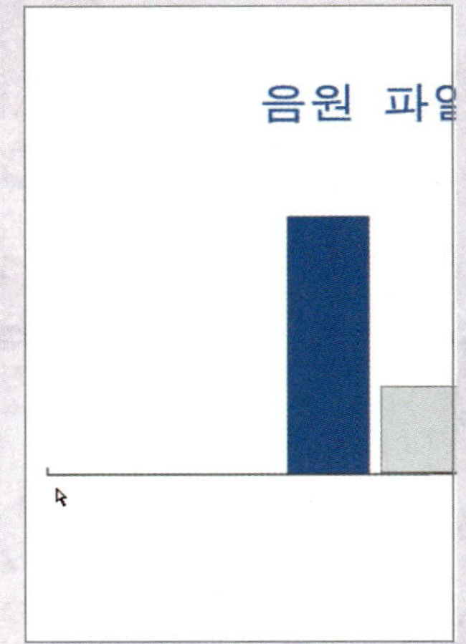

03_ '직접 선택 툴'로 각각의 막대를 선택한 뒤 막대들의 간격을 아래 그림처럼 여유있게 배치합니다.

04_ '직접 선택 툴'로 드래그하여 막대 4개를 모두 선택합니다.

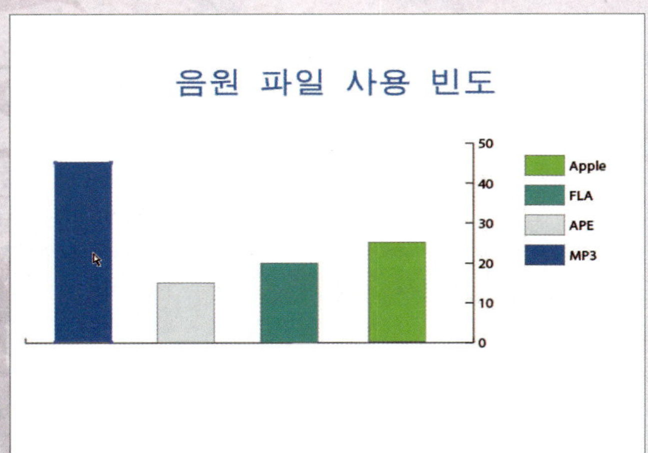

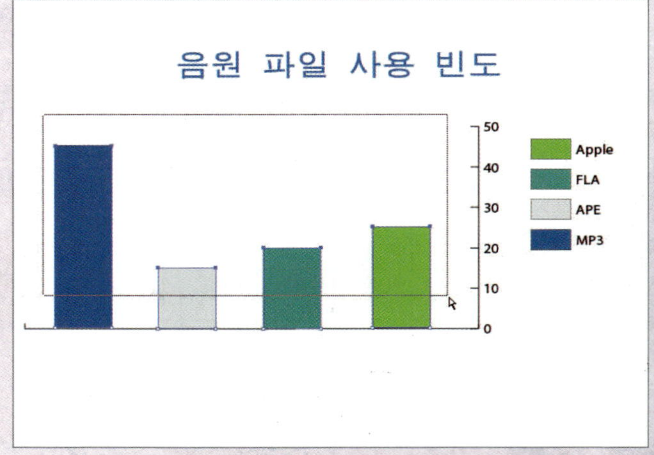

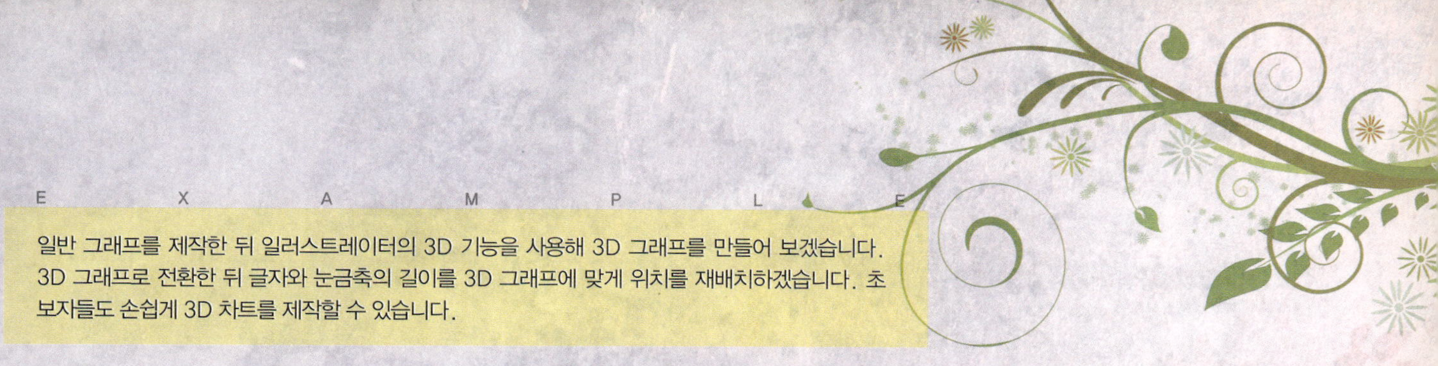

일반 그래프를 제작한 뒤 일러스트레이터의 3D 기능을 사용해 3D 그래프를 만들어 보겠습니다. 3D 그래프로 전환한 뒤 글자와 눈금축의 길이를 3D 그래프에 맞게 위치를 재배치하겠습니다. 초보자들도 손쉽게 3D 차트를 제작할 수 있습니다.

05_ 3D 효과를 만들기 위해 Effect -> 3D -> Extrude & Bevel 메뉴를 실행합니다.

06_ 썸네일 이미지를 마우스로 드래그하여 각도를 만들어 줍니다. 회전각도는 원 안의 숫자를 참고하기 바랍니다.

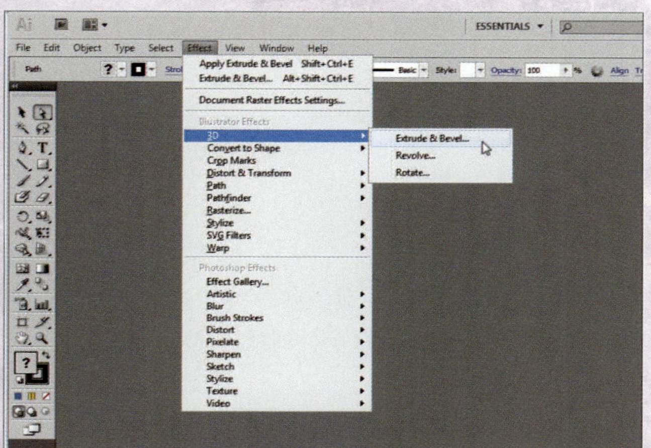

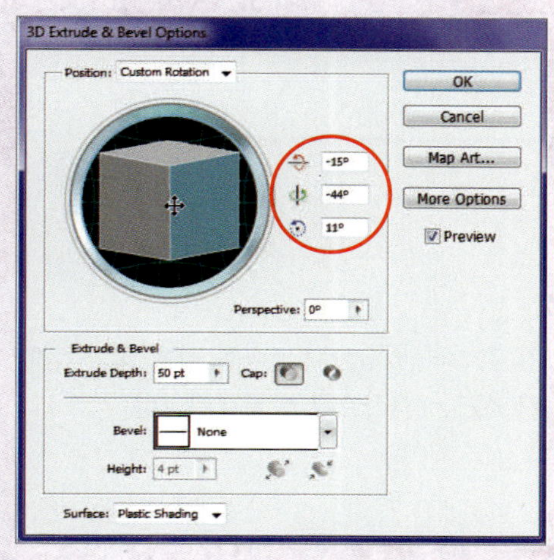

07_ 막대 4개가 3D 형태로 전환된 모습입니다.

08_ '직접 선택 툴'로 드래그하여 오른쪽 상단 막대 4개를 모두 선택합니다.

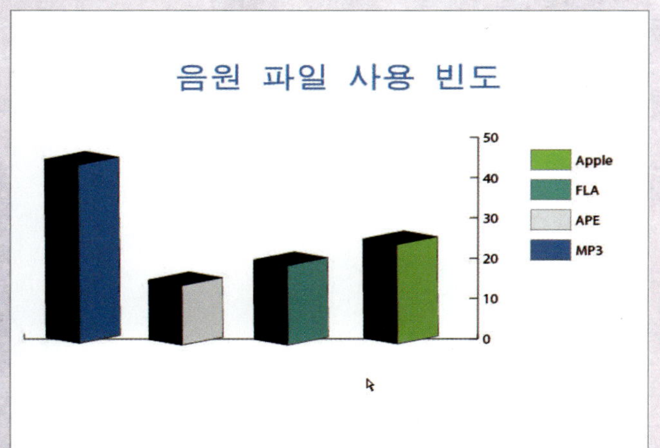

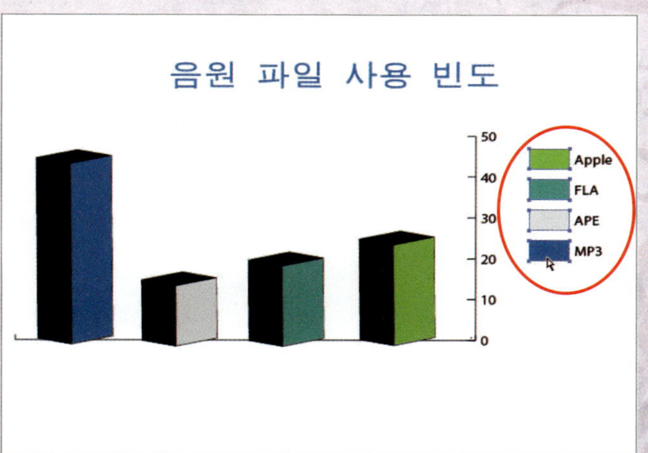

09_ 3D 효과를 만들기 위해 Effect -> 3D -> Extrude & Bevel 메뉴를 실행합니다. 별다른 설정을 하지 않고 기본 값으로 적용해 줍니다.

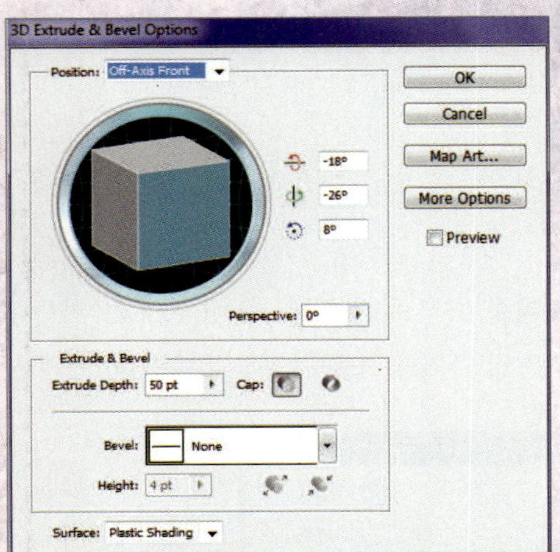

10_ 오른쪽 상단 막대 4개도 3D로 전환된 모습입니다.

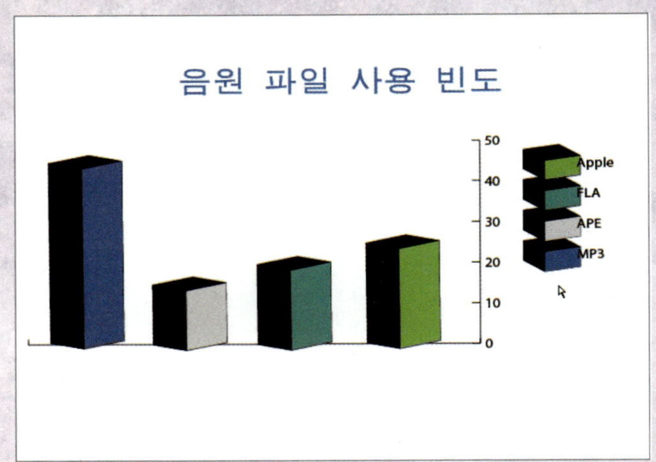

11_ 막대와 글자가 겹치고 있습니다. '직접 선택 툴'로 글자 열을 모두 선택한 뒤 조금 오른쪽으로 이동시킵니다.

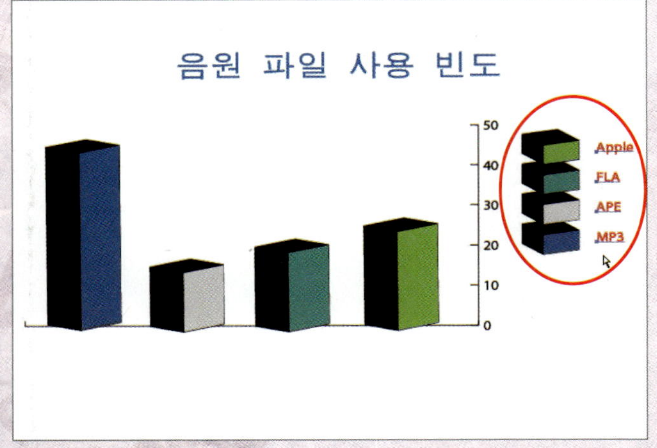

12_ 제목 글자를 재배치하겠습니다. '직접 선택 툴'로 드래그하여 2글자씩 선택한 뒤 제목을 분산 배치합니다.

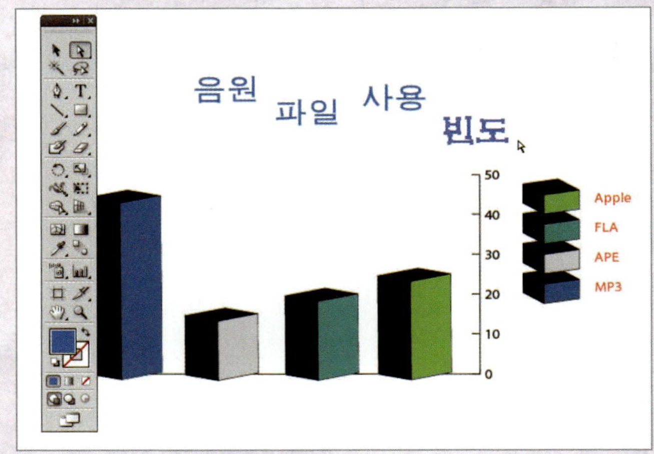

13_ '선택 툴'로 클릭해 제목 글자 전체를 선택합니다.

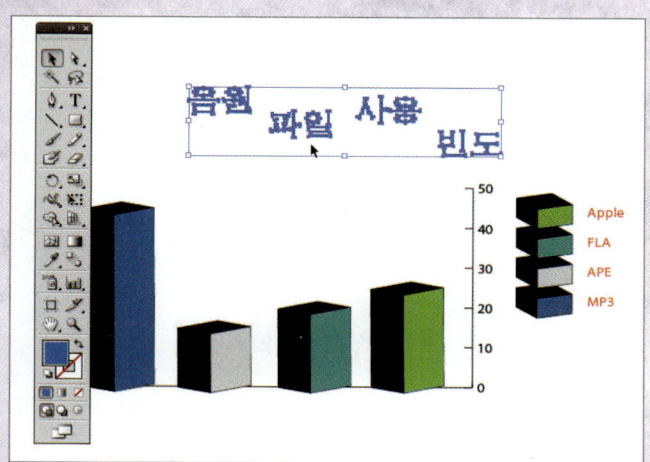

14_ Effect -> 3D -> Extrude & Bevel 메뉴를 실행합니다. 별다른 설정을 하지 않고 기본값으로 적용해 줍니다.

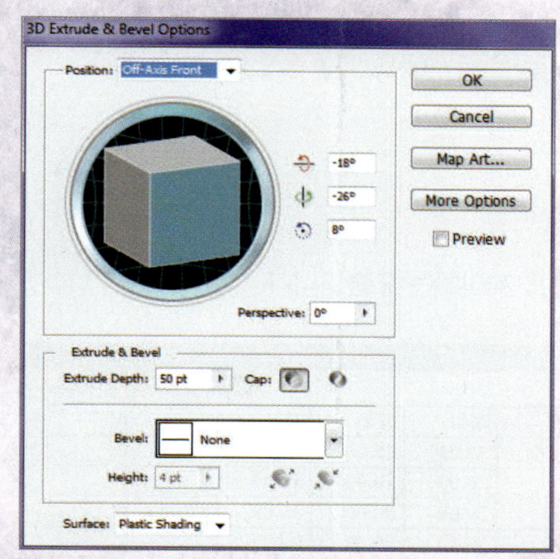

15_ Fill 컬러를 주황색으로 교체합니다. 제목 글자의 색상이 주황색으로 변경됩니다.

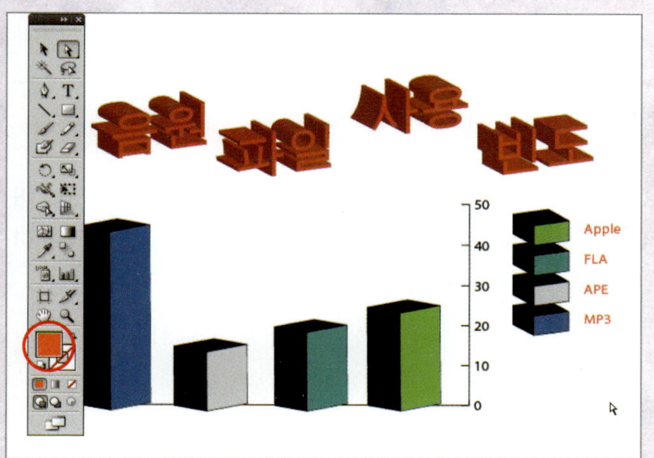

16_ 제목 글자 간격이 마음에 들지 않으므로 '직접 선택 툴'로 제목 글자의 간격을 잘 조절해줍니다. 3D 차트가 완성되었습니다.

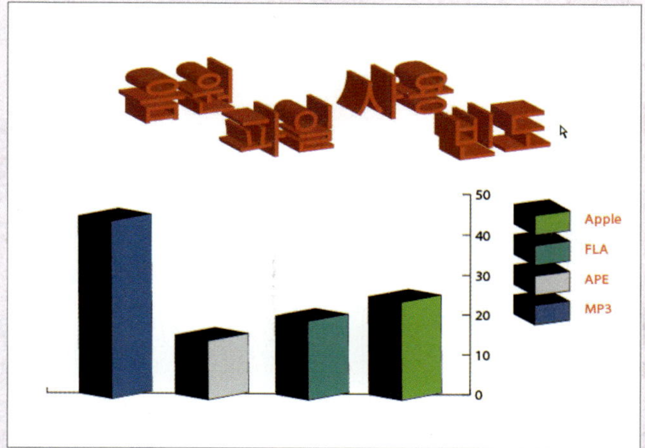

영역 그래프 제작하기 – 영역 그래프 툴(Area Graph Tool)

'영역 그래프 툴'은 총합계와 구간별 데이터 합을 함께 표시하는 그래프를 제작할 때 사용합니다. 총생산량과 품목별 생산량을 동시에 표시할 수 있습니다.

다음은 영역 그래프를 제작하는 모습입니다.

	쌀	메밀	배추	양파	사과
강원도	20.00	10.00	50.00	10.00	10.00
경기도	40.00	5.00	20.00	20.00	15.00
경상도	20.00	5.00	20.00	20.00	35.00
전라도	40.00	0.00	30.00	30.00	0.00
제주도	10.00	0.00	30.00	40.00	10.00
충청도	30.00	0.00	20.00	40.00	10.00

데이터 입력 예제

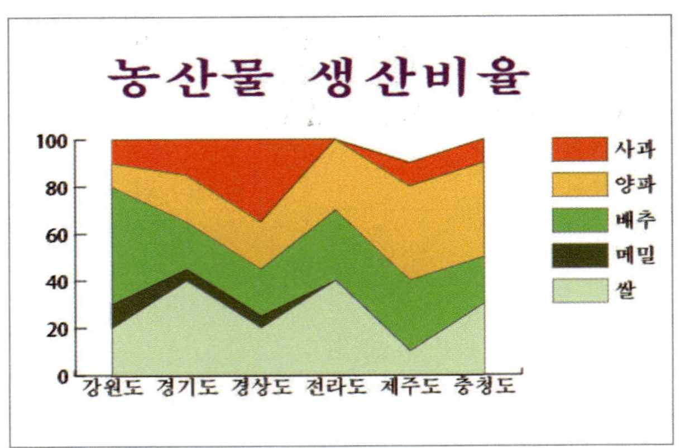

영역 그래프 차트가 제작된 모습

선 그래프 제작하기 – 선 그래프 툴(Line Graph Tool)

'선 그래프 툴'은 선 그래프를 제작할 때 사용합니다. 데이터를 선으로 표시하며 데이터의 입력 방식은 앞에서 설명한 여러 툴과 동일합니다. 선 그래프를 제작한 뒤에는 각각의 오브젝트를 '직접 선택 툴'로 선택한 뒤 색상을 교체하거나 '마커'를 삽입하는 것이 좋습니다.

다음은 선 그래프 제작 예제입니다. 그래프를 제작한 뒤 제목을 추가로 입력하였습니다.

졸음운전	35.00	
음주운전	40.00	
문자통화	5.00	
과속운전	15.00	

데이터 입력 예제

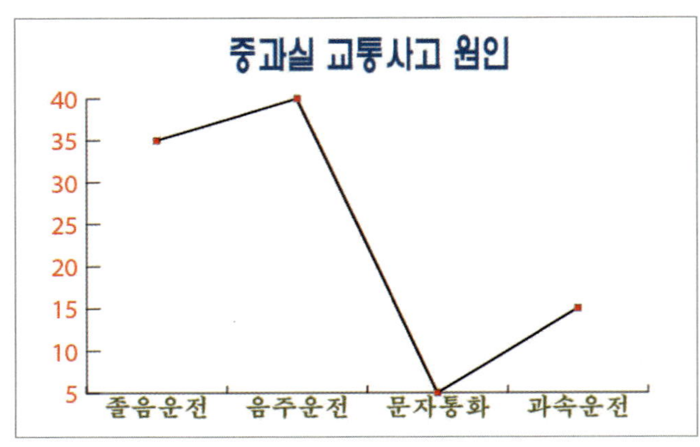

선 그래프를 제작한 모습

툴박스에서 '선 그래프 툴'을 더블클릭하면 옵션을 설정할 수 있도록 선 그래프 대화상자가 실행됩니다. 여기서는 '선 그래프 툴'에만 있는 옵션을 공부합니다.

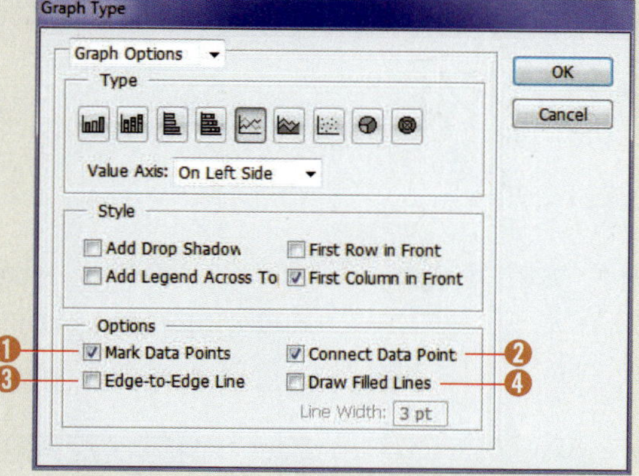

❶ **Mark Data Points** : 데이터가 있는 곳을 검정색 사각형의 '데이터 포인트'로 표시합니다. 이 옵션을 끄면 데이터의 위치를 파악할 수 없으므로 반드시 선택하기 바랍니다.

데이터 포인트 표시　　　　　데이터 포인트 표시 안 함

❷ **Connect Data Points** : 선 그래프 툴에만 있는 옵션으로, 데이터 포인트 사이를 라인으로 연결하는 옵션입니다. 이 옵션을 끄면 라인 이미지가 사라지고 점 이미지만 화면에 남습니다.

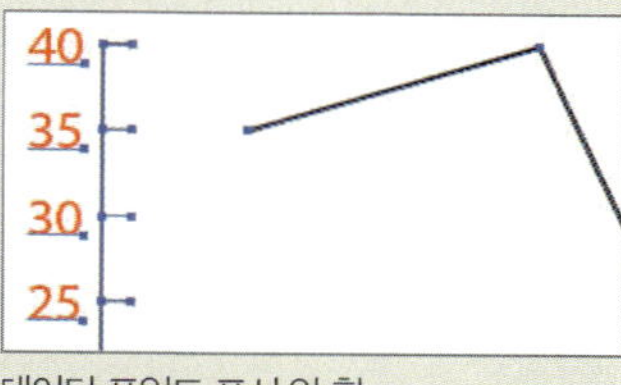

데이터 포인트 사이의 라인을 끈 모습

❸ **Edge to Edge Lines** : 선 그래프가 축까지 연결되는 옵션입니다.

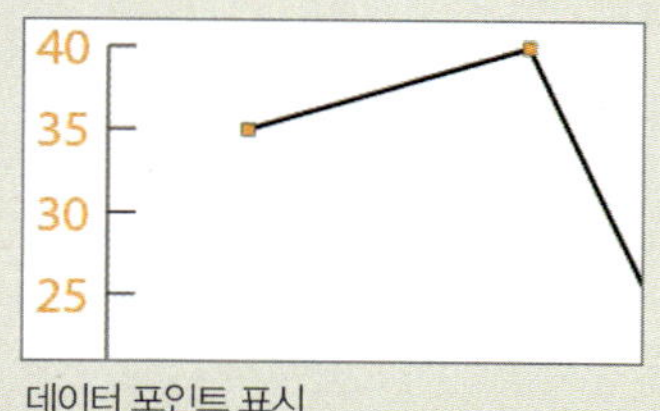

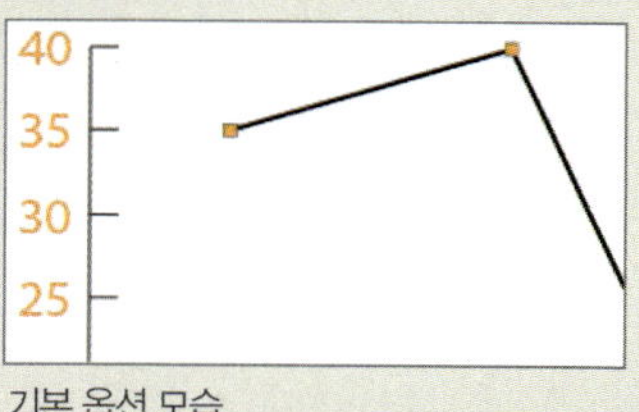

기본 옵션 모습　　　　　축까지 연결한 모습

❹ **Draw Filled Lines** : 데이터 포인트 사이의 선 굵기를 조절합니다. 하단에 있는 Line Width 옵션에 원하는 수치를 입력하면 됩니다.

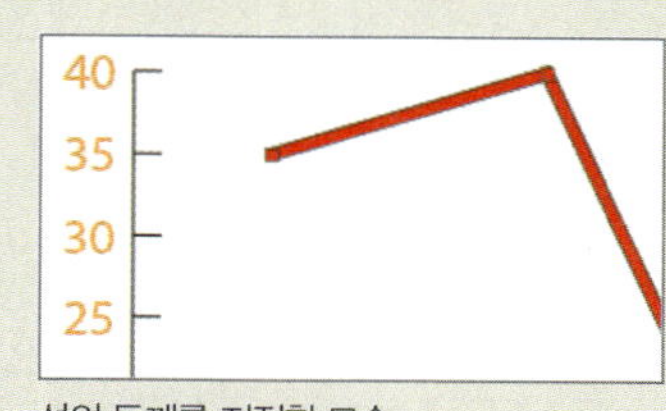

선의 두께를 지정한 모습

'선 그래프'를 깔끔하게 꾸미는
마커(Marker) 사용하기

01_ '선 그래프 툴'로 작업창을 드래그하여 그래프가 될 영역을 지정합니다.

02_ 셀 대화상자가 실행되면 데이터를 입력합니다. 만일 데이터 입력이 번거롭다면 Import 버튼을 클릭하여 DVD 부록의 예제 '차트11.ai'를 불러옵니다.

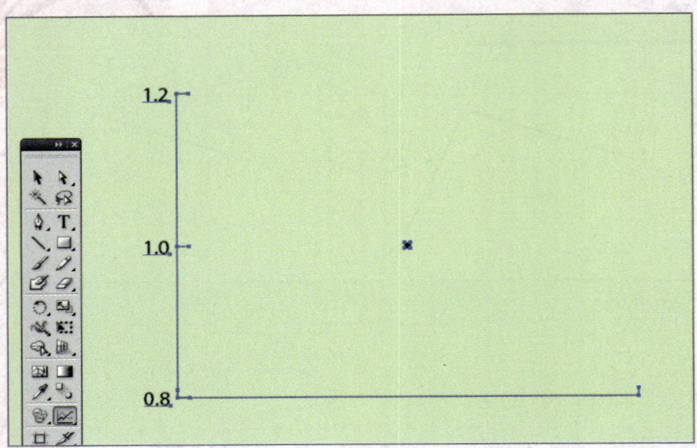

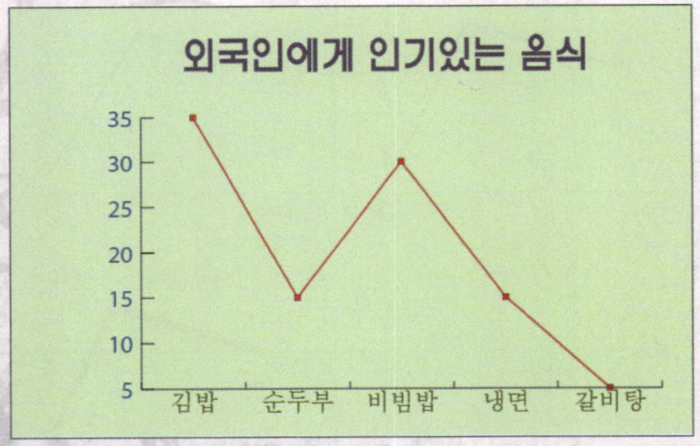

03_ 선 그래프가 완성되면 '직접 선택 툴'로 각 요소를 선택한 뒤 색상이나 글꼴을 구미에 맞게 교체합니다.

마커 이미지란 선 그래프에서 데이터를 표시하는 사각점 대신 그림(이미지)을 사용하는 것을 말합니다. 마커 이미지는 단조롭게 보이는 차트를 보다 비쥬얼하게 꾸밀 목적으로 사용합니다. 보통 '선 그래프'와 '분산 그래프' 등에서 마커 이미지를 삽입할 수 있습니다.

04_ File -> Open 메뉴로 마커로 삽입할 이미지인 '김밥.ai'를 불러옵니다.

05_ Ctrl + A 를 눌러 전체 오브젝트를 선택합니다.

06_ 선택한 그룹을 마커 이미지로 등록하겠습니다. Object -> Graph -> Design 메뉴를 실행합니다.

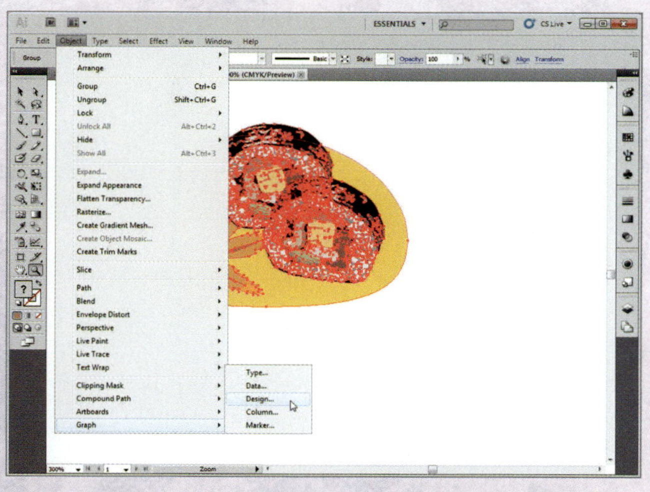

07_ 대화상자의 New Design 버튼을 클릭하여 마커 이미지를 등록합니다. 이때 Rename 버튼을 클릭해 마커 이름을 '김밥'으로 교체합니다. OK 버튼을 클릭해 등록합니다.

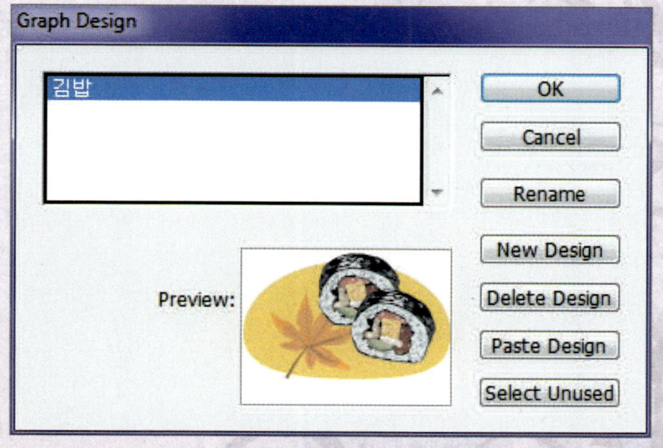

08_ 원래 차트로 돌아옵니다. 마커는 선 그래프에서 '사각점' 크기로 삽입되므로 현재 상태에서 삽입하면 마커 이미지가 작게 삽입됩니다. 따라서 마커를 삽입하기 전 선 그래프의 '사각점'을 확대하는 것이 좋습니다. '직접 선택 툴'로 각각의 사각점을 선택한 뒤 '스케일 툴'로 크기를 확대합니다.

09_ '선택 툴'로 그래프를 선택한 뒤 마우스 오른쪽 버튼을 클릭해 Marker 메뉴를 실행합니다.

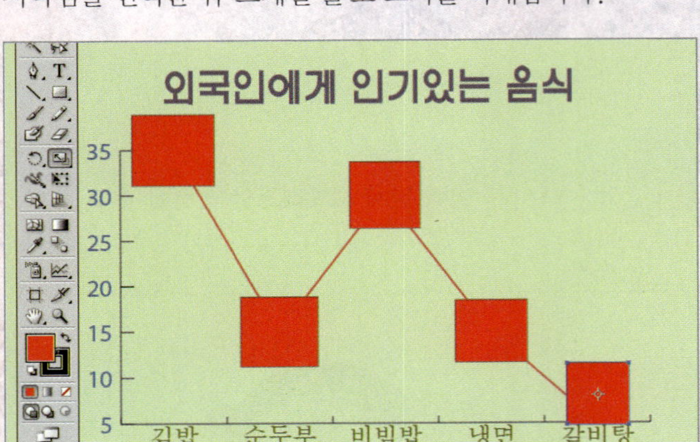

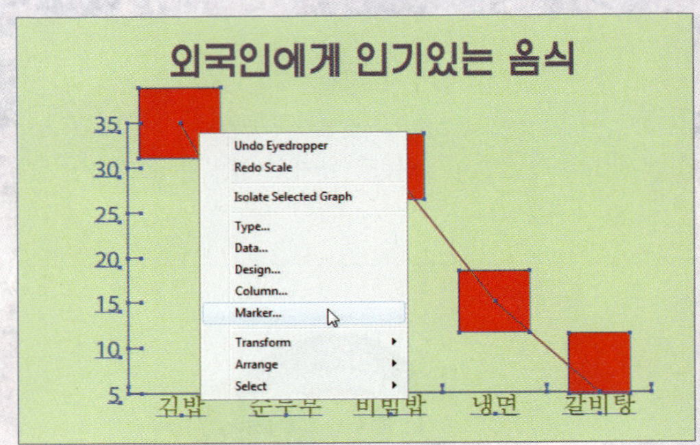

10_ 대화상자에서 방금 등록한 마커인 '김밥' 마커를 선택한 뒤 OK 버튼을 눌러 적용합니다.

11_ 선 그래프에 마커 이미지가 삽입되었습니다. 선 그래프가 보다 비주얼해졌습니다.

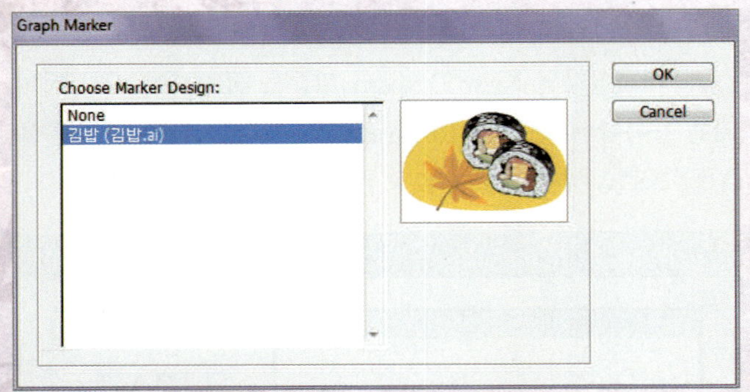

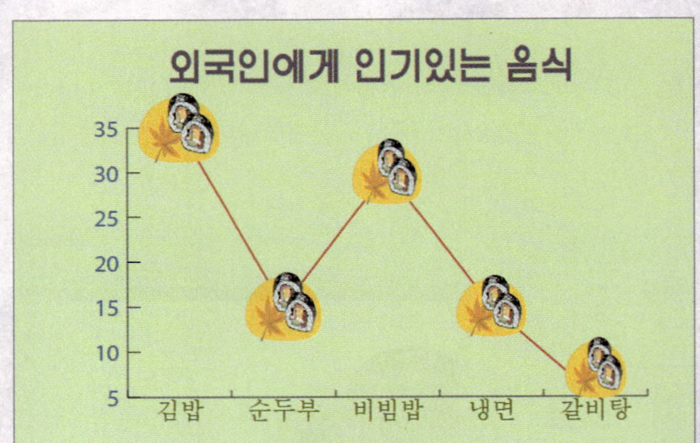

분산 그래프 제작하기 – 분산 그래프 툴(Scatter Graph Tool)

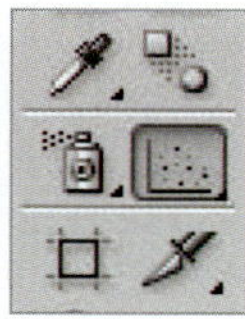

'분산 그래프'란 2개의 수를 가지고 X 좌표와 Y 좌표에 분산시킨 그래프를 말하며 '산포 그래프'라고도 합니다. 일러스트레이터에서 분산 그래프를 제작하려면 '분산 그래프 툴'을 사용합니다.

다음은 분산 그래프를 제작하는 모습입니다.

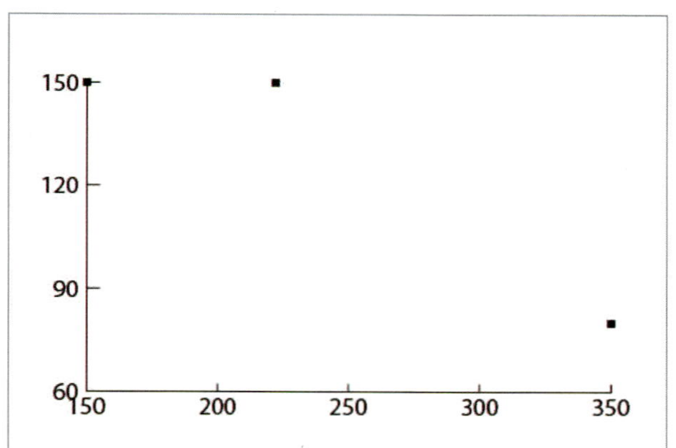

데이터 입력 예제   분산 그래프를 제작한 모습

파이 그래프 제작하기 – 파이 그래프 툴(Pie Graph Tool)

'파이 그래프 툴'은 파이 형태의 그래프를 제작할 때 사용합니다. 이 그래프는 복수의 데이터 설정이 가능하고 보기가 편하기 때문에 흔히 제작하는 그래프입니다.

다음은 데이터를 입력한 뒤 파이 그래프를 제작한 모습입니다.

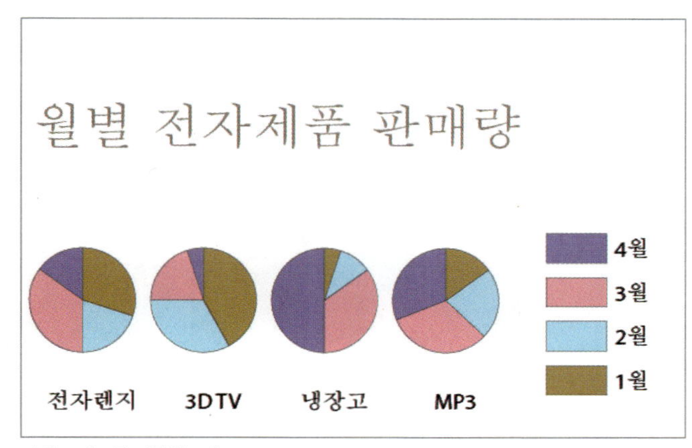

데이터 입력 예제   파이 그래프를 제작한 모습

툴 박스에서 '파이 그래프 툴'을 더블클릭하면 옵션을 설정할 수 있도록 대화상자가 실행됩니다. 옵션 대화상자의 내용은 다른 그래프 툴과 동일하며 '파이 그래프 툴'에만 있는 옵션은 다음과 같습니다.

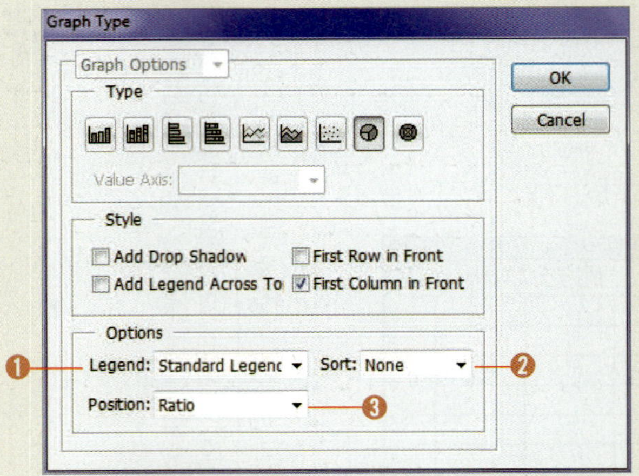

❶ **Legend** : 차트 범례를 다음 3가지에서 결정할 수 있습니다.
  - **None** : 범례를 삽입하지 않습니다.
  - **Standard Legend** : 기본 위치인 우측에 차트 범례를 삽입합니다.
  - **Legend in Wedges** : 차트 범례를 파이 안에 삽입합니다.

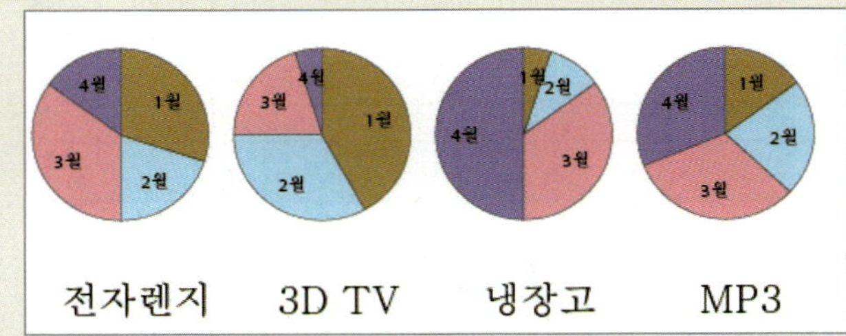

파이 안에 범례를 삽입한 모습

❷ **Sort** : 데이터가 정렬되는 방법을 지정합니다. None, All, First에서 선택합니다.

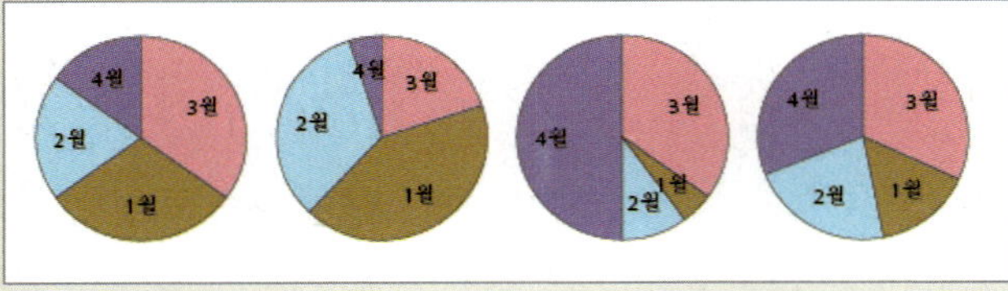

First 정렬 방식

All 정렬 방식

❸ **Position** : 파이 그래프가 생성되는 위치를 설정합니다. Ratio를 선택하면 데이터 총합을 비교할 수 있도록 서로 다른 크기의 파이가 생성됩니다. 이때 각 데이터 총합이 같을 경우 크기가 같아집니다. Even을 선택하면 총합계와 상관없이 평균 크기의 파이가 생성됩니다. Stacked를 선택하면 파이가 포개진 형태의 그래프가 생성됩니다.

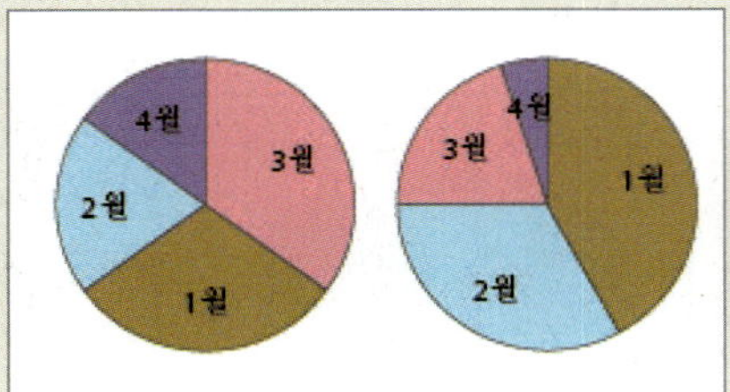

Ratio 방식

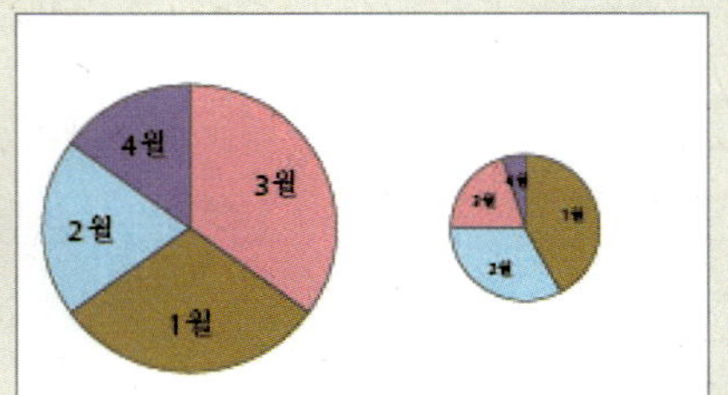

Even 방식

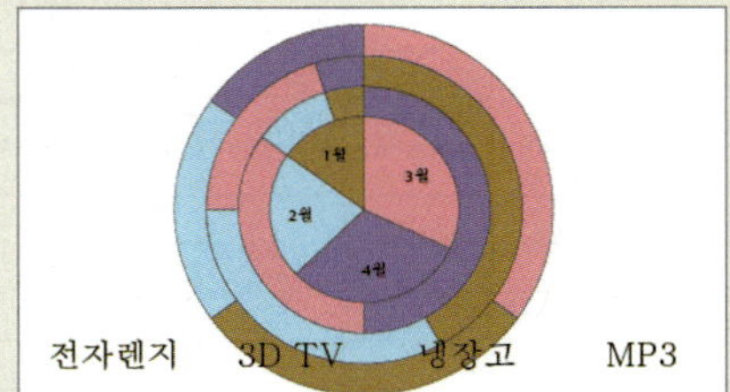

Stacked 방식

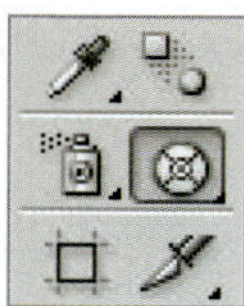

레이더 그래프 제작하기 – 레이더 그래프 툴(Radar Graph Tool)

'레이더 그래프 툴'은 레이더 형태의 그래프 제작 기능입니다. '판매 분포도'와 같은 시장 상황이나 어느 시간대에 어느 제품이 잘 팔렸는지 표현할 때 좋습니다. 비교적 복잡한 차트를 제작할 때 유용합니다.

다음은 데이터를 입력한 뒤 레이더 그래프를 제작한 모습입니다.

	월요일	화요일	수요일	목요일		
짜장면	100.00	150.00	300.00	450.00		
비빔밥	250.00	150.00	350.00	250.00		
스파게티	400.00	250.00	200.00	150.00		
된장백반	150.00	150.00	400.00	300.00		
돈가스	250.00	150.00	350.00	250.00		

데이터 입력 예제

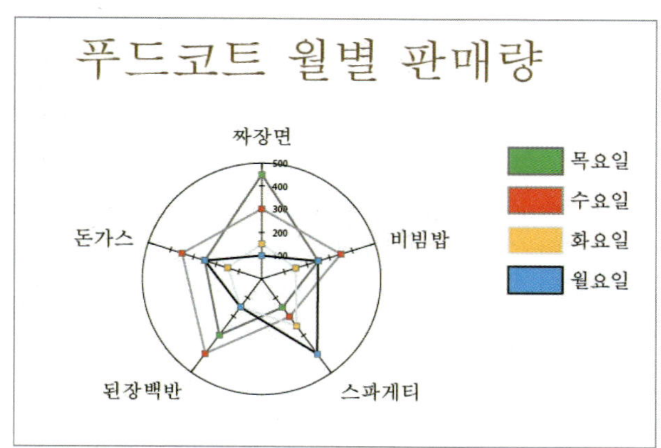

레이더 그래프가 제작된 모습

레이더 그래프 툴의 옵션

툴박스에서 '레이더 그래프 툴'을 더블클릭하면 옵션을 설정할 수 있도록 대화상자가 실행됩니다. 레이더 그래프 툴에만 있는 옵션에 대해 알아봅니다.

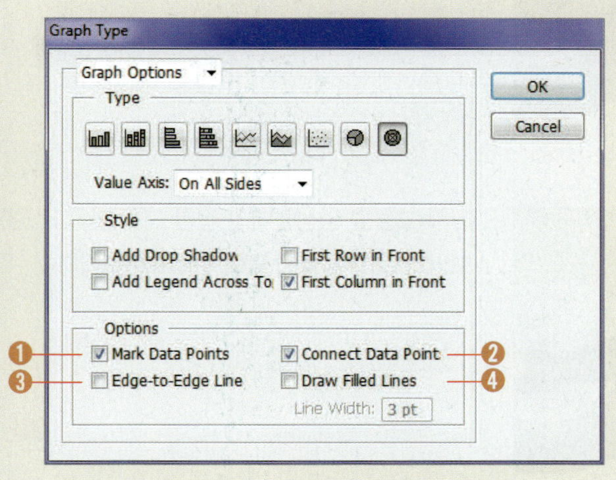

❶ **Mark Data Points** : 데이터 포인트 위치에 사각점을 표시해 줍니다. 이 옵션을 선택하지 않으면 사각점이 화면에서 사라지므로 데이터 값이 식별되지 않습니다.

❷ **Connect Data Point** : 데이터 포인트의 사각점 사이를 라인으로 연결합니다. 라인은 항상 보이는 것이 좋습니다.

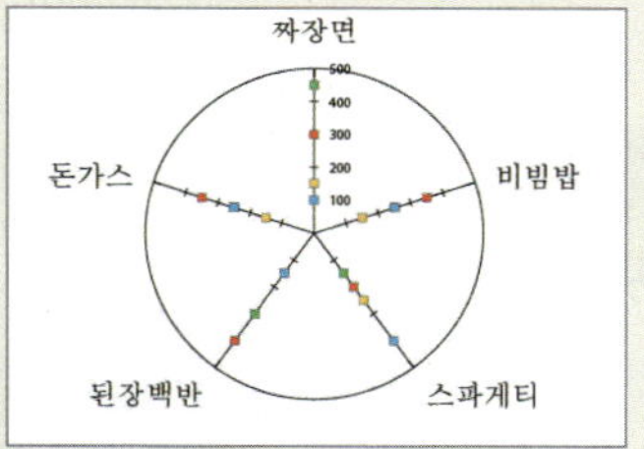

라인을 사용하지 않은 차트

❸ **Edge to Edge** : 그래프의 축 부분까지 라인이 연장되어 표시되는 옵션입니다.

❹ **Draw Filed Lines** : 데이터 포인트 사이에 연결된 라인의 두께를 조절할 수 있습니다.

사실적인 하이라이트/쉐도우 색상 표현하기
메시 툴(Mesh Tool)

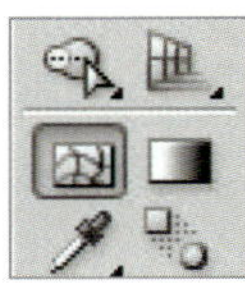

'메시 툴'은 사실적인 색상을 표현할 때 사용합니다. 그라디언트 툴과 달리 색상의 음영 부분에서 볼 수 있는 하이라이트/쉐도우 색상을 굴곡진 형태로 표현할 수 있어 입체적 색상표현이 가능합니다. 따라서 사실적인 일러스트레이션 작업에서 가장 많이 사용하는 도구입니다.

메시 툴로 오브젝트의 면을 클릭하면 면 부분에 메시 그물이 나타납니다. 여러 개의 메시 그물을 만든 뒤 각각의 메시 포인트의 Fill 컬러를 원하는 색으로 교체합니다. 그런 뒤 메시 포인트의 방향선을 움직여 메시 선의 굴곡을 만들면 굴곡을 따라 음영이 달라집니다.

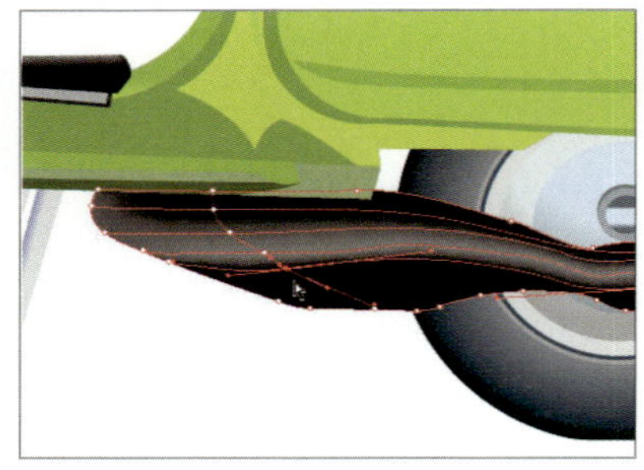

메시 편집 모습

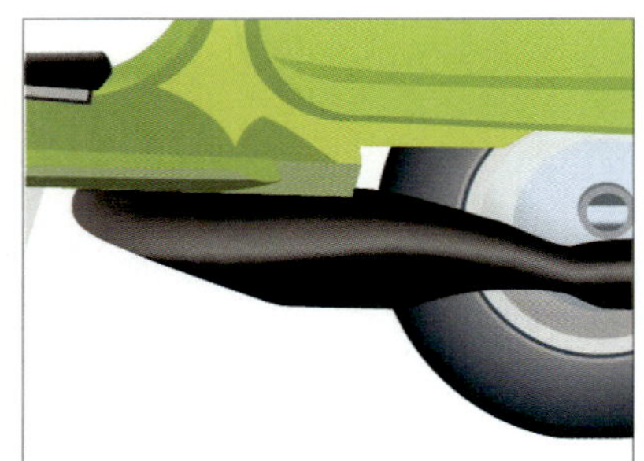

음영의 모습

메시 그물을 깔끔하게 만든 모습입니다. 음영이 원통 모양을 따라 깔끔하게 처리되었습니다.

메시 편집 모습

음영의 모습

메시 그물을 엉성하게 편집한 모습입니다. 원통 모양과 달리 음영이 들쑥날쑥 표현됩니다.

메시 포인트는 '메시 툴'로 면을 클릭하면 생성됩니다. 원하는 음영에 맞게 메시 포인트를 찍은 뒤 각각의 포인트마다 적절하게 Fill 컬러를 적용해 음영이 나오도록 하면 됩니다. 다음은 메시 포인트를 찍었을 때 나타나는 편집 요소들입니다.

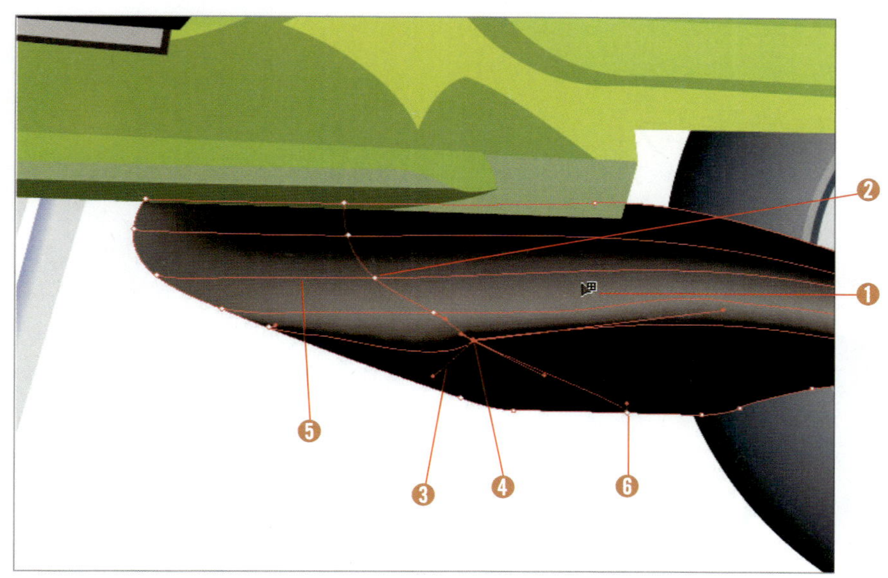

❶ **메시 커서** : 클릭하면 그 부분에 새로운 메시 포인트가 추가되고 메시 그물이 만들어집니다. 또한 메시 포인트를 이동시키는 작업 등을 할 수 있습니다. + 표시가 나타납니다.

❷ **메시 포인트** : 각각의 메시 포인트에 다른 색상을 삽입해 음영을 만들어줍니다. Fill 컬러를 삽입하면 됩니다.

❸ **방향선** : 메시 포인트에 달려있는 방향선은 메시 선의 굴곡 상태를 조절합니다. 메시 선의 굴곡 상태에 따라 색상이 입체적으로 변합니다.

❹ **작업중인 메시 포인트** : 작업 중인 메시 포인트입니다. 이곳에 있는 Fill 색상을 다른 색으로 교체하면 해당 부분의 색상이 달라집니다.

❺ **메시 선** : 색상과 색상의 경계면입니다. 방향선으로 굴곡 상태를 조절할 수 있습니다.

❻ **메시 포인트 삭제** : 메시 툴을 Alt 키를 누른 채 클릭하면 메시 포인트를 삭제할 수 있도록 − 표시가 나타납니다.

MEMO

'직접 선택 툴'로 원하는 메시 포인트를 선택한 뒤 Del 키를 누르면 해당 메시 포인트가 삭제됩니다. 메시 포인트를 삭제하면 해당 포인트에 적용된 색상도 같이 사라집니다.

메시 툴로
얼굴 음영 표현하기

01_ 예제 '아래소녀.ai'를 불러옵니다. '직접 선택 툴'로 얼굴 바탕을 클릭해 선택합니다.

메시 툴을 사용하기 전에는 항상 '직접 선택 툴'로 작업할 오브젝트를 미리 선택해야 합니다. 그렇지 않으면 메시 툴 작업 시 다른 Fill 컬러가 사용될 위험이 있습니다.

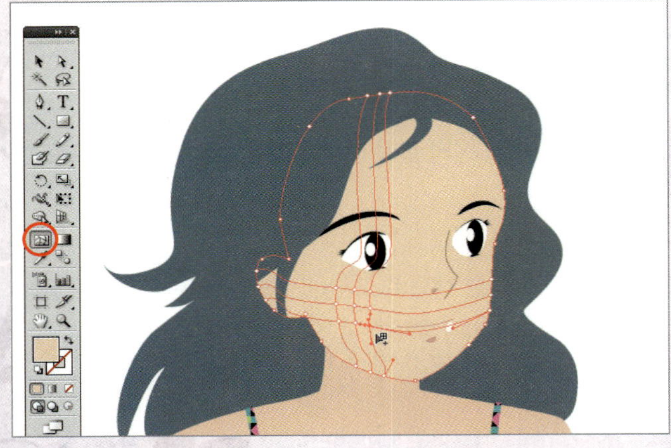

02_ 툴박스에서 '메시 툴'을 선택합니다. 메시 툴로 오른쪽 볼에 메시 포인트를 9개 찍어줍니다. 9개의 메시 포인트 중에서 중앙에 빨간색 홍조 색상을 만들 예정입니다.

03_ 왼쪽 볼에도 9개의 격자 형태로 메시 포인트를 찍어줍니다. 9개의 메시 포인트 중에서 중앙 부분이 빨간색 홍조 색상을 만들 예정입니다.

메시(Mesh) 툴로 캐릭터의 볼에 화장을 하여 캐릭터의 완성도를 높여봅니다. 메시 툴은 실사체 캐릭터의 코, 입, 이마에서 볼 수 있는 하이라이트와 쉐도우를 제작할 때 사용하지만, 여기서는 양쪽 볼에 빨간색 홍조를 제작해 보겠습니다.

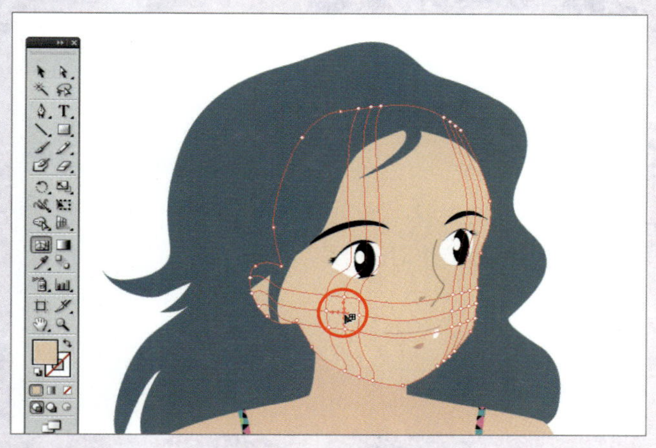

04_ 메시 툴 또는 직접 선택 툴로 오른쪽 볼 중앙에 있는 9개의 메시 포인트에서 중앙 포인트를 클릭해 선택합니다.

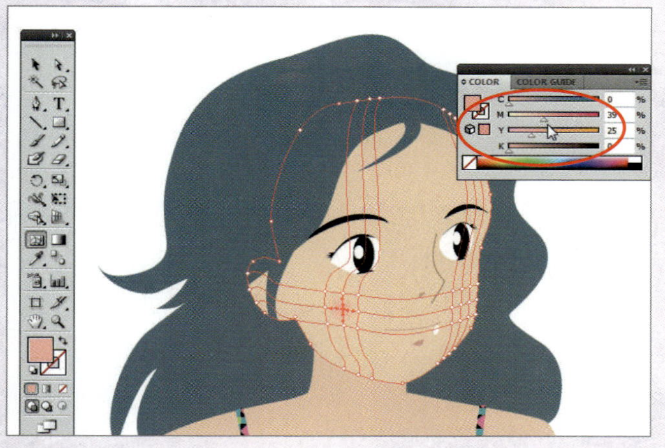

05_ 컬러 팔레트의 슬라이더를 조절해 Fill 컬러를 연한 빨간색으로 변경합니다. 해당 메시 포인트의 색상이 연한 빨간색으로 바뀔 것입니다.

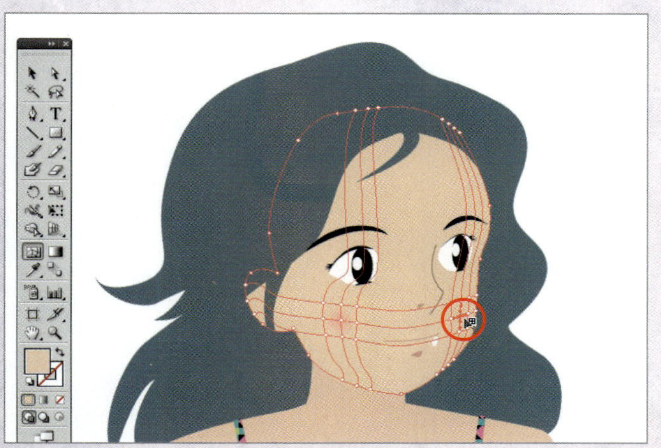

06_ 이번에는 왼쪽 볼에 있는 메시 포인트 중에서 중앙 메시 포인트를 메시 툴이나 직접 선택 툴로 클릭해 선택합니다.

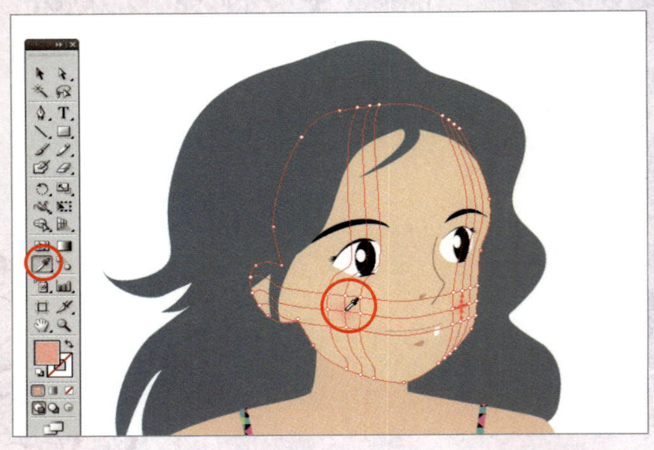

07_ '스포이드 툴'로 오른쪽 볼의 빨간색을 클릭해 왼쪽 볼로 가져옵니다.

08_ Ctrl + Shift + A 를 눌러 선택을 해제합니다. 또는 화면의 빈 곳을 Ctrl + 클릭하여 선택 상태를 해제합니다. 볼 양쪽에 빨간색 홍조가 만들어져 있습니다.

09_ 빨간색 홍조의 영역을 넓히기 위해 메시 포인트의 위치를 수정해 보겠습니다.
'직접 선택 툴'로 있는 얼굴 바탕을 클릭해 선택합니다.

10_ 오른쪽 볼에서 빨간색 홍조 주변에 있는 8개의 메시 포인트를 직접 선택 툴로 각각 선택한 뒤 간격을 넓혀줍니다. 주변에 있는 메시 포인트의 간격을 넓히면 중앙 홍조 부분의 색상도 그만큼 넓어집니다. 최대한 색상이 자연스럽게 나오도록 간격을 조절합니다.

11_ 이번에는 왼쪽 볼에서 빨간색 홍조 주변에 있는 8개의 메시 포인트를 직접 선택 툴로 이동시켜서 홍조 부분이 늘어나도록 영역을 넓혀줍니다.

12_ Ctrl + Shift + A 를 눌러 선택을 해제합니다. 양쪽 볼에서 홍조 부분이 많이 넓어졌습니다. 캐릭터의 완성도가 더욱 높아진 셈입니다.

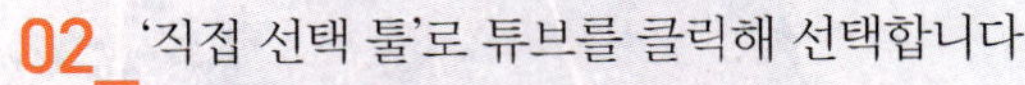

메시 툴로

제품디자인의 살아있는
하이라이트/쉐도우 색상 만들기

01_ 예제 '화장품.ai'를 불러옵니다. 튜브 형태의 화장품입니다.

02_ '직접 선택 툴'로 튜브를 클릭해 선택합니다.

03_ '메시 툴'로 그림과 같은 위치를 클릭해 메시 포인트를 추가합니다.

04_ 바로 밑을 클릭해 다시 메시 포인트를 추가합니다.

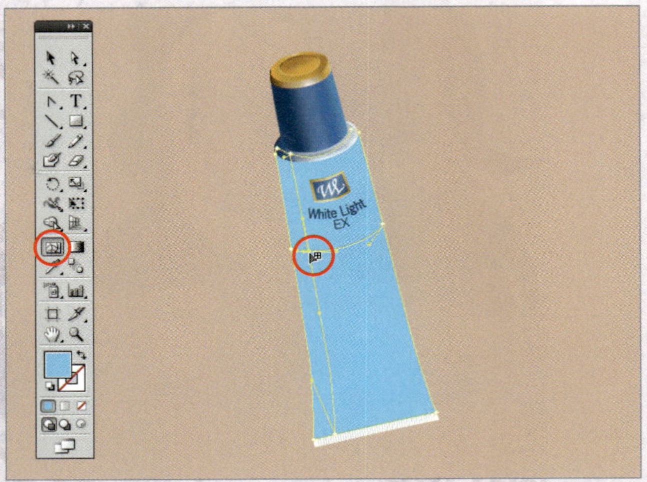

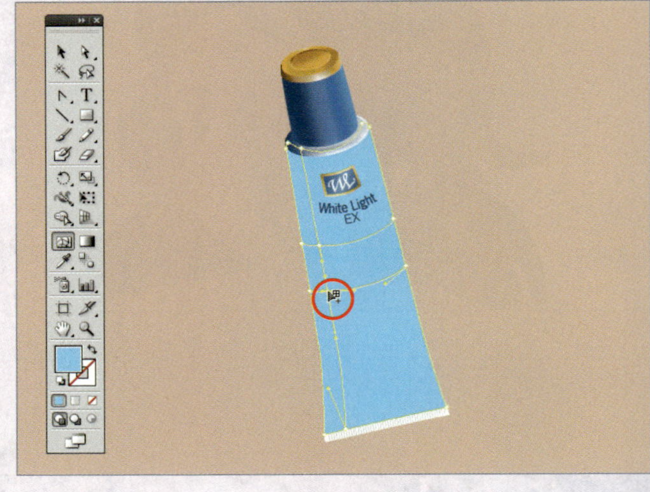

05_ 그 밑으로 3번, 4번 메시 포인트를 찍어줍니다. 줄을 맞추어 찍기 바랍니다.

06_ 오른쪽에서 메시 포인트를 찍어줍니다.

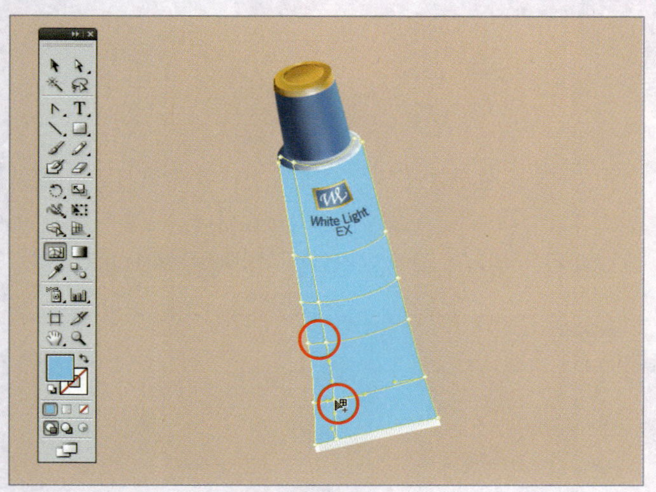

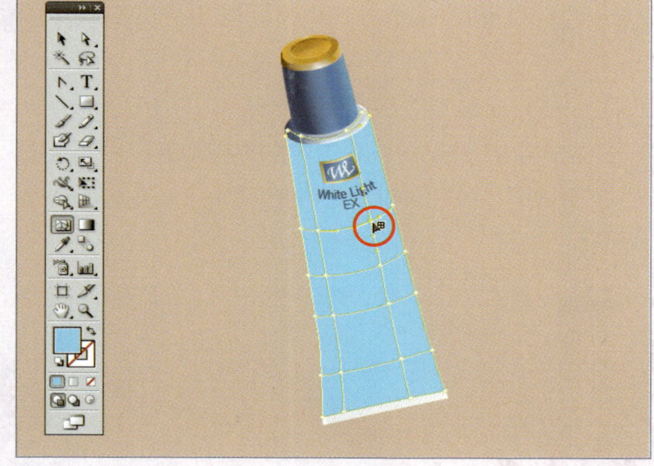

07_ '직접 선택 툴'로 Shift + 클릭하여 맨 왼쪽 줄 메시 포인트 4개를 모두 선택합니다.

08_ 스와치 팔레트에서 '짙은 파란색'을 클릭해 적용합니다. 쉐도우 색상이 만들어집니다.

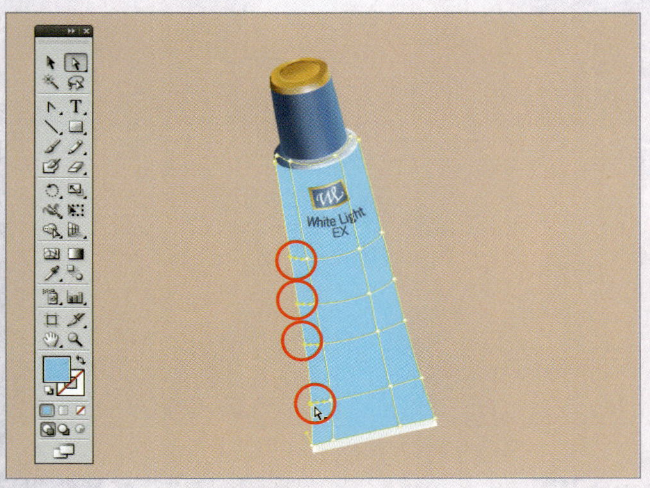

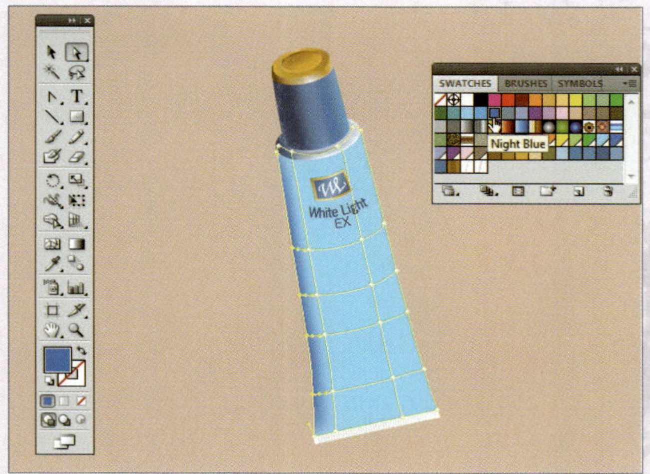

09_ '직접 선택 툴'로 Shift + 클릭하여 중앙 줄에 있는 메시 포인트 4개를 모두 선택합니다.

10_ 스와치 팔레트에서 '흰색'을 클릭해 적용합니다. 하이라이트 색상이 만들어집니다.

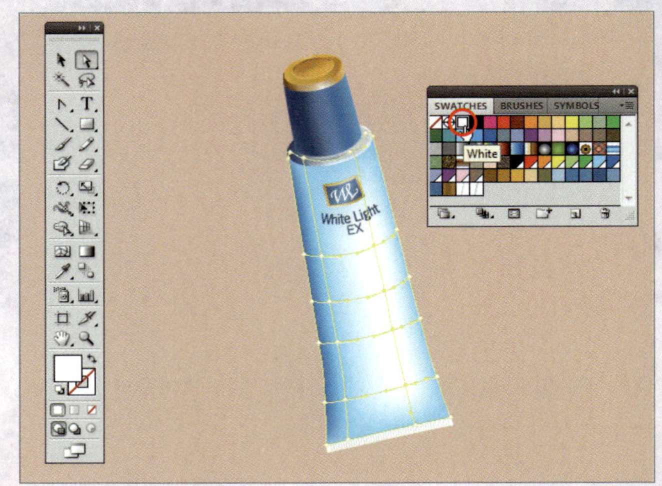

11_ 화면의 빈 곳을 클릭해 선택을 해제합니다. 튜브 부분에 하이라이트 색상과 쉐도우 색상이 만들어진 것을 알 수 있습니다.

12_ 음영이 굴절없이 밋밋하게 표현되어 있으므로 입체적인 느낌이 나도록 굴곡을 만들어보겠습니다. '직접 선택 툴'로 그림과 같은 위치의 메시 포인트를 클릭해 선택합니다.

13_ 방향선이 보이면 왼쪽으로 드래그합니다. 메시 포인트의 라인이 휘어질 것입니다. 라인을 따라 음영 색에 굴곡이 생길 것입니다.

14_ Ctrl + Shift + A 를 눌러 선택을 해제합니다. 음영에 굴곡이 만들어졌습니다. 이 때문에 조금 입체적으로 변했습니다.

15_ 중간에 있는 메시 포인트를 오른쪽으로 조금 이동시켜 줍니다. 메시 포인트가 움직이면 쉐도우 음영 부분에도 굴곡이 생길 것입니다.

16_ 음영 부분의 굴곡은 사실적인 느낌이 나도록 조절해야 합니다. 그림은 작업을 종료한 이미지입니다. 하이라이트/쉐도우 색상의 경계면에 굴곡이 생겨 처음보다 입체적인 색감으로 보입니다.

그라디언트 채색 테크닉 익히기
그라디언트 툴

Illustrator CS5

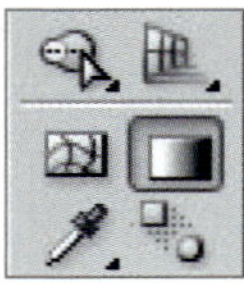

'그라디언트 툴'은 그라데이션 색상의 간격, 각도를 조절할 때 사용합니다. 기존의 그라데이션에 새로운 색상을 추가하고 색상을 교체하는 작업을 진행할 수 있습니다. Fill 컬러의 단조로움을 벗어나 입체적인 색감을 만들 때 유용합니다.

다음은 커피포트의 '손잡이 부분'에 그라데이션을 적용한 모습입니다. 단색 색상에 비해 입체적인 느낌이 살아난다는 것을 알 수 있습니다.

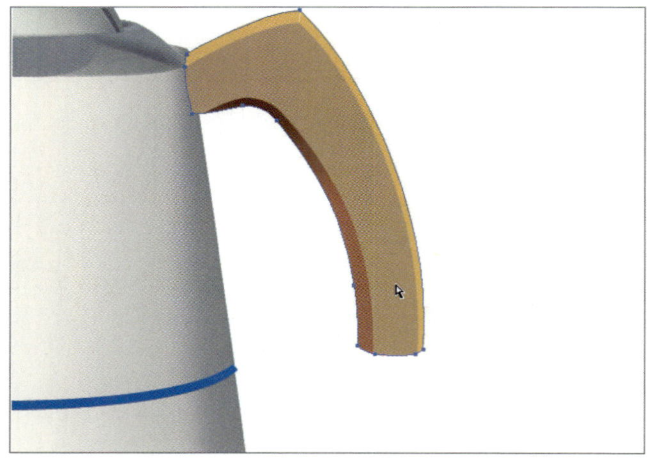

단색 색상을 사용한 모습

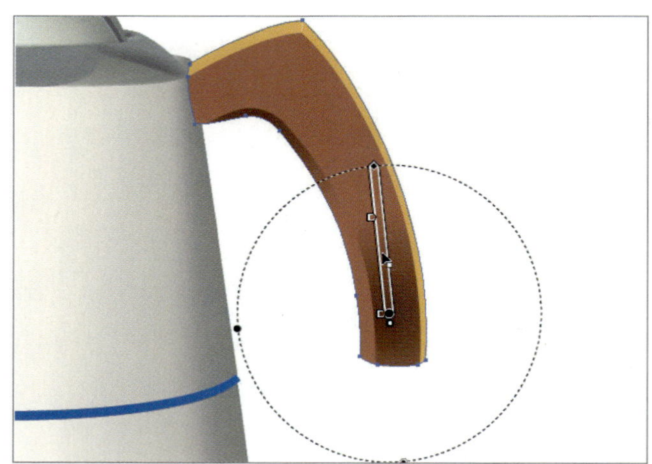

그라디언트 색상을 사용한 모습

'그라디언트 툴'을 사용하려면 먼저 오브젝트의 Fill 컬러로 그라디언트 색을 적용한 상태여야 합니다. 그라디언트 색은 '스와치 팔레트'에서 선택한 뒤 적용할 수 있습니다.

그라디언트 색이 적용된 오브젝트가 선택된 상태에서 그라디언트 툴을 선택하면 '그라디언트 막대' 가 나타납니다. 이 막대는 현재 설정된 그라디언트 색상의 간격과 각도를 조절할 때 사용하며, 새 색상을 추가하는 기능도 제공합니다. 그라디언트 막대의 사용법은 다음과 같습니다.

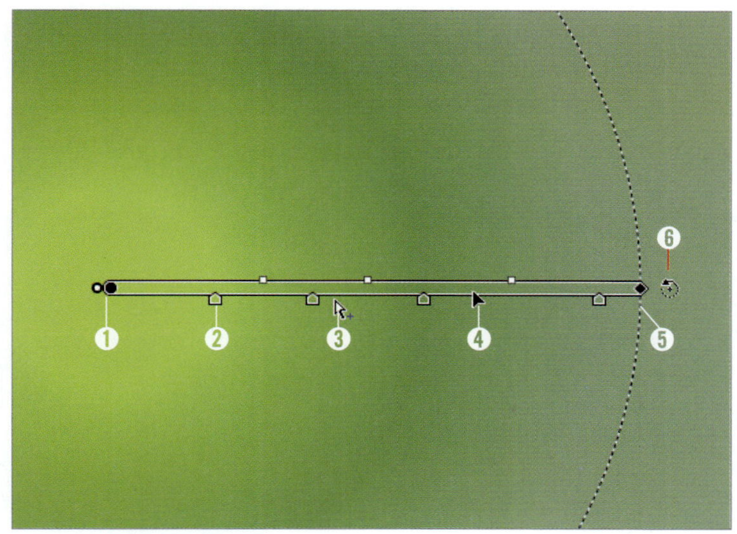

❶ **중심점(시작점)** : 원 그라디언트의 중심점이 표시됩니다. 라인 그라디언트일 경우 그라디언트의 시작점이 표시됩니다. 마우스로 드래그하여 이동(라인 그라디언트)시키거나 회전(원 그라디언트)시킬 수 있습니다.

❷ **자물쇠 아이콘(색상)** : 더블클릭하면 색상을 교체할 수 있습니다. 좌우로 드래그하여 색상 간격을 조절할 수 있습니다. [Alt] + 드래그하면 해당 색상을 복제할 수 있습니다. 상하로 드래그하면 해당 색상을 삭제할 수 있습니다.

❸ **색상 추가** : 막대의 경계면에 커서를 대면 + 아이콘이 나타납니다. 이때 클릭하면 새 색상을 추가할 수 있도록 자물쇠 아이콘이 생성됩니다.

❹ **이동** : 막대 위로 커서를 이동시키면 삼각형 아이콘이 나타납니다. 이때 드래그하면 그라디언트 막대를 이동시킬 수 있습니다.

❺ **길이 조절** : 마우스를 사각점 바로 위에 위치시키면 막대의 길이를 조절할 수 있습니다. 막대 길이에 따라 그라디언트 길이도 달라집니다.

❻ **회전 아이콘** : 마우스를 사각점 옆에 위치시키면 막대를 360도 회전시킬 수 있도록 회전 표시가 나타납니다. 이때 회전시키면 그라디언트 색상도 막대를 따라 회전됩니다.

'그라디언트 툴'로
채색하기

01_ 예제 '초원.ai'를 불러옵니다.

02_ '직접 선택 툴'로 회색 구름을 클릭해 선택합니다.

03_ Gradient 팔레트 버튼을 클릭해 그라디언트 팔레트를 불러온 뒤 Linear 타입을 선택합니다.

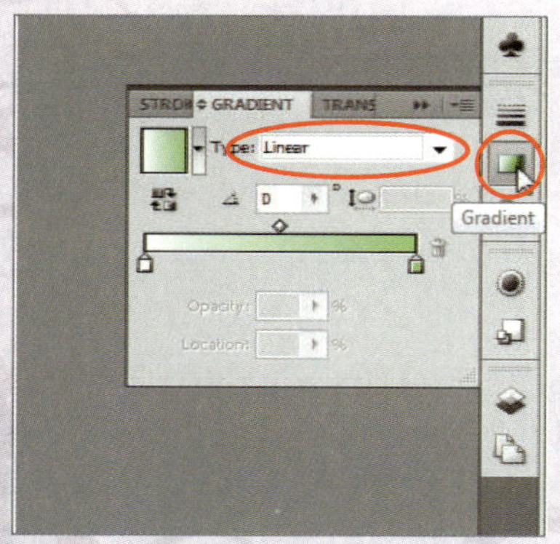

04_ 오른쪽 자물쇠를 더블클릭한 뒤 '회색' 색상을 적용합니다.

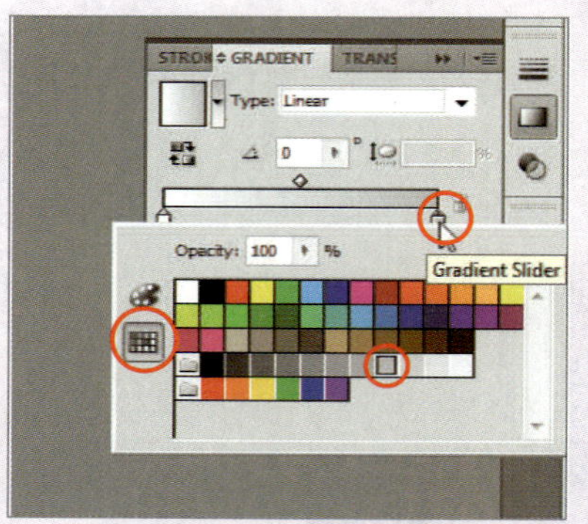

예제 이미지를 불러온 뒤 '그라디언트 툴'과 '그라디언트 팔레트'를 사용해 그라디언트 색의 방향과
간격을 조절하겠습니다.

05_ 회색 구름에 '흰색-회색' 그라디언트가 적용되었습니다.

06_ 툴 박스에서 '그라디언트 툴'을 선택한 뒤 드래그하여
회색은 아래로, 흰색은 위에 나타나도록 해줍니다.

07_ '직접 선택 툴'로 하늘을 클릭해 선택합니다.

08_ 스와치 팔레트의 Swatches Libraries Menu 버튼
을 클릭합니다. 팝업메뉴에서 Gradient -> Sky 메뉴를 실
행합니다.

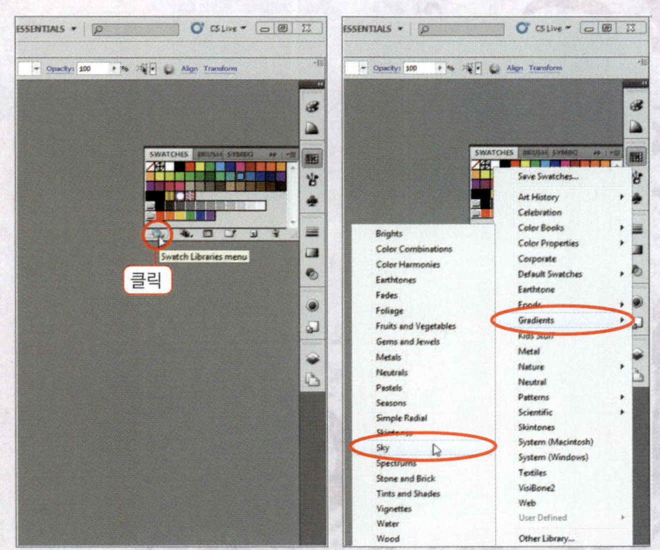

09_ Sky 팔레트가 나타나면 Sky2 색상을 클릭해 적용합니다. 작업 이미지를 보면 하늘 부분에 하늘색 그라데이션이 적용된 것을 알 수 있습니다.

10_ 툴박스에서 그라디언트 툴을 선택합니다. 오른쪽 사각점을 드래그하여 막대 길이를 줄여줍니다.

11_ 이번에는 막대를 아래 그림처럼 90도 회전시켜 줍니다.

12_ 막대 위에 마우스 커서를 대면 자물쇠 아이콘이 나타납니다. 아래쪽 자물쇠 아이콘을 드래그하여 그라디언트 색상 간격을 적절하게 조절해 줍니다.

13_ '직접 선택 툴'로 언덕을 클릭해 선택합니다.

14_ 툴박스의 '그라디언트 툴'을 선택하면 막대가 나타납니다. 막대를 적당한 위치로 이동시킵니다.

15_ 그라디언트 막대를 180도 회전시킵니다. 녹색이 위로 올라오도록 회전시키면 됩니다.

16_ 색상 조절을 마무리한 이미지입니다. 이번 예제를 통해 그라디언트 팔레트와 그라디언트 툴의 사용법을 익힐 수 있었습니다.

오브젝트 형태에 맞게 그라데이션이 되는
입체 색상 채색하기
블렌드 툴(Blend Tool)

'블렌드 툴'은 서로 다른 두 오브젝트의 색상을 연결하여 중간 단계의 그라데이션을 자동으로 만들 때 사용합니다. '그라디언트 툴'과 달리 오브젝트의 형태에 따라 그라데이션 단계가 만들어지므로 도중에 오브젝트의 형태를 변경하면 색상 형태도 변하게 됩니다.

'펜 툴'로 주황색 라인과 녹색 라인을 그려줍니다. 이때 Stroke 색상만 사용하고 Fill 색상은 무색을 적용합니다. 블렌드 툴로 주황색 라인을 클릭한 뒤 녹색 라인을 다시 클릭하면 중간 단계에 해당하는 블렌드 색상이 자동으로 만들어집니다.

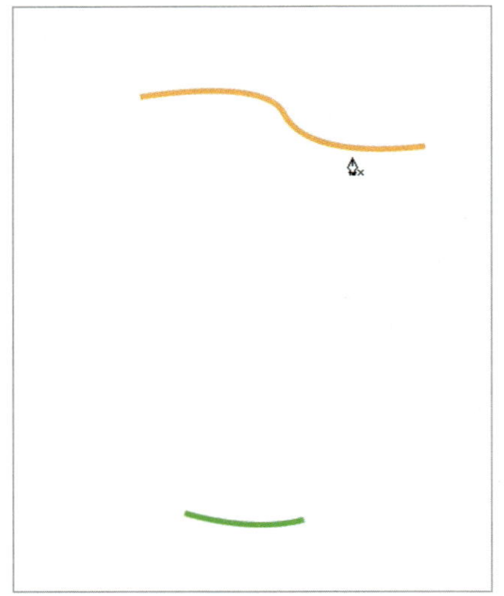

펜 툴로 라인 2개를 그린 모습

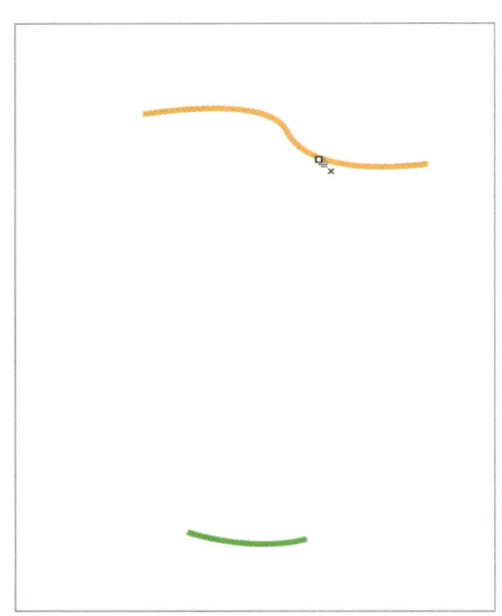

블렌드 툴로 주황색 선 클릭

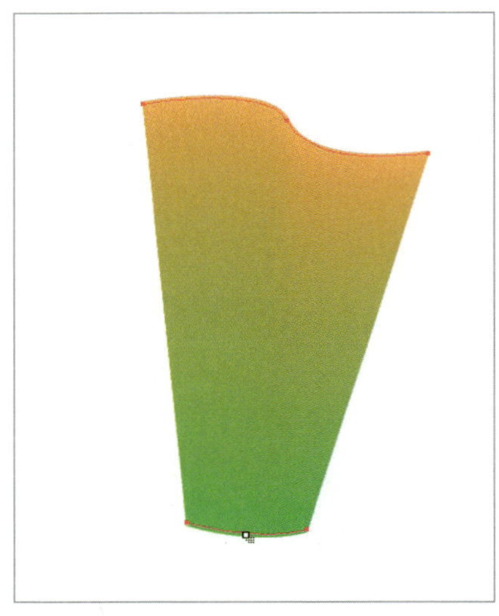

블렌드 툴로 녹색 선 클릭

툴박스에서 '블렌드 툴'을 더블클릭하면 옵션을 설정할 수 있도록 대화상자가 실행됩니다. 블렌드 색상을 몇 단계로 생성시킬지 지정할 수 있고, 블렌드 방향을 설정할 수 있습니다.

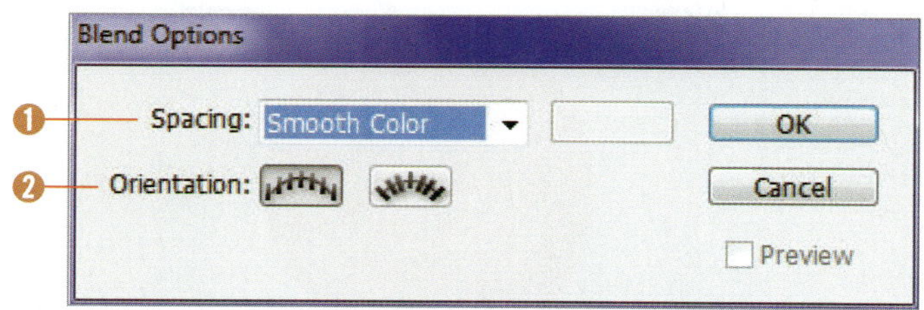

❶ Spacing : 블렌드 색상의 생성 간격을 설정합니다. 두 오브젝트가 블렌드될 때 중간에 생성된 색상의 개수를 지정하는 것입니다. 3가지 방식이 있습니다.

– Smooth Color 방식 : 두 오브젝트의 컬러를 부드럽게 혼합하는 방식입니다. 기본값입니다.

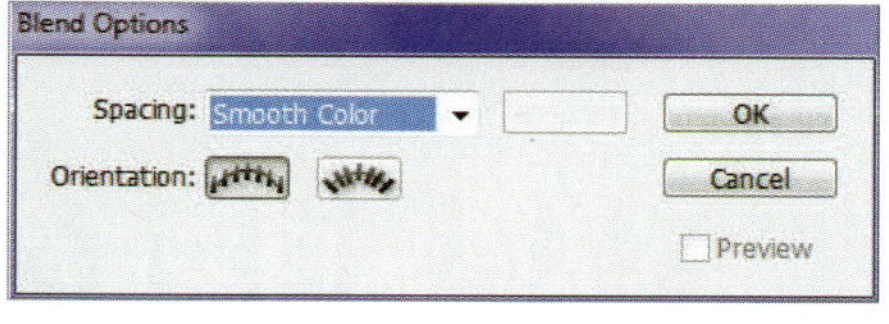

블렌딩 전 모습

블렌딩 후 모습

– Specified Steps : 생성될 색상의 개수를 지정합니다. 예를 들어 5를 입력하면 두 색상이 혼합될 때 5개의 색상 단계로 생성됩니다.

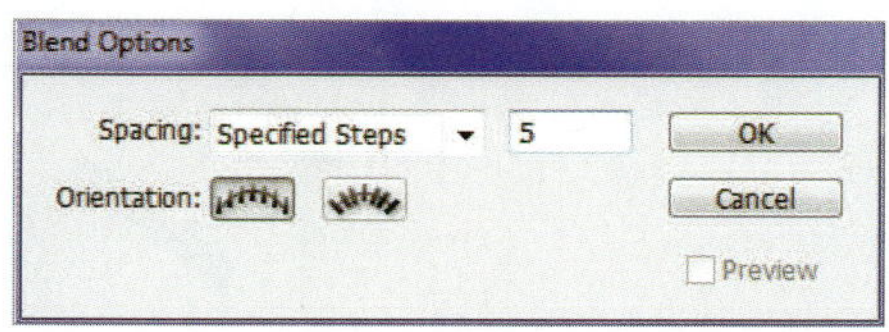

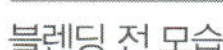

블렌딩 전 모습

블렌딩 후 모습

– Specified Distance : 생성될 색상들의 간격을 포인트 단위로 설정합니다. 예를 들어 10 포인트 또는 2mm라고 설정하면 생성 되는 색상들의 간격이 10 포인트 또는 2mm 간격으로 만들어집니다. 수치가 낮을수록 부드러운 색상이 만들어집니다.

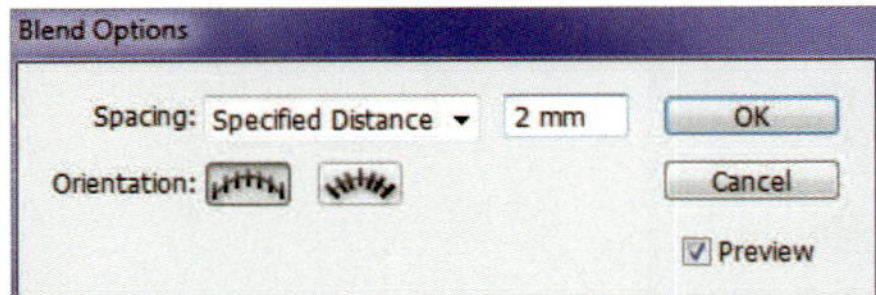

블렌딩 전 모습

블렌딩 후 모습

❷ Orientation : 두 색상을 블렌드한 후 두 색상 사이에 연결된 패스를 곡선 형태로 변형했을 경우 사용합니다. 두 색상 사이에 연 결된 패스가 곡선이 될 때 색상의 형태도 곡선에 맞게 회전시킬 수 있습니다.

참고로, 두 색상 사이를 연결하는 패스를 곡 선화시키려면 먼저 두 오브젝트를 블렌드 툴 로 클릭해 블렌드시킵니다.
그런 뒤 '전환 툴'로 패스의 포인트를 드래그 하여 방향선을 생성시킨 뒤 곡선화시키면 됩 니다.

블렌드 툴로 두 오브젝트 클릭

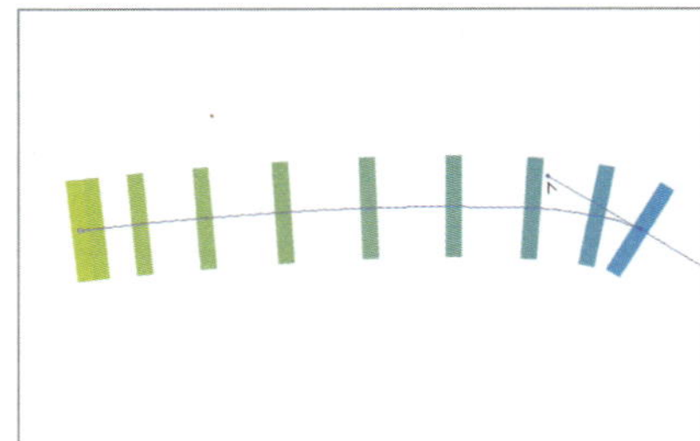

전환 툴로 패스를 곡선화시키는 모습

– Align to Page : 페이지에 맞게 색상 배치

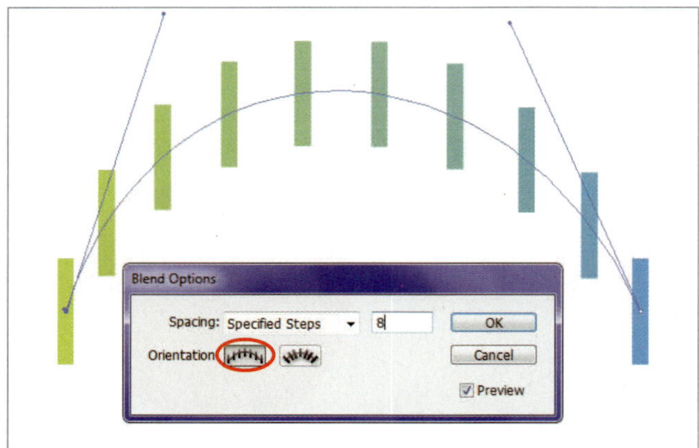

– Align to Path : 패스에 맞게 색상 배치

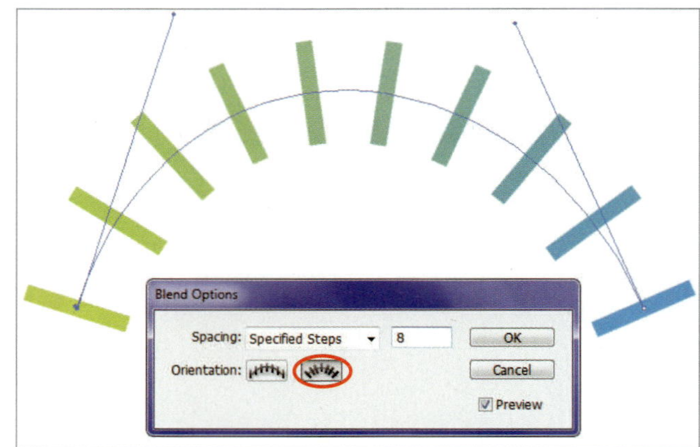

핸드폰의 하이라이트를 '블렌드 툴'로 만들기

E X A M P L E

'블렌드 툴'로 핸드폰 색상을 만들어 봅니다. 핸드폰처럼 비정형 곡선을 가진 오브젝트에서 그라데이션을 비정형 곡선에 맞게 생성시키려면 일반 그라디언트 툴로는 할 수 없습니다. 오브젝트의 비정형 곡선에 맞게 그라데이션을 생성시키려면 블렌드 툴로 작업하는 것이 효과적입니다.

01_ 예제 '핸드폰2.ai'를 불러옵니다. 검정색 핸드폰입니다.

02_ '직접 선택 툴'로 핸드폰 본체를 클릭해 선택한 뒤 [Alt] + 드래그하여 복제합니다.

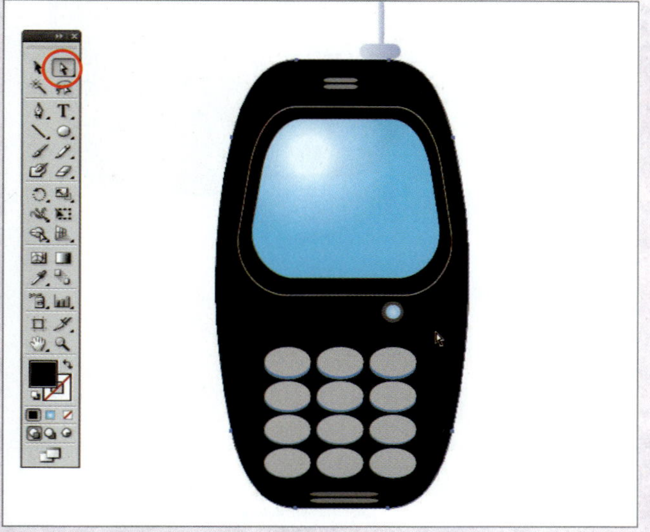

03_ 원래의 핸드폰 본체를 선택한 뒤 Fill 색상을 회색으로 변경합니다.

04_ 복사한 오브젝트를 아래 그림과 같이 약간 겹치도록 배치합니다.

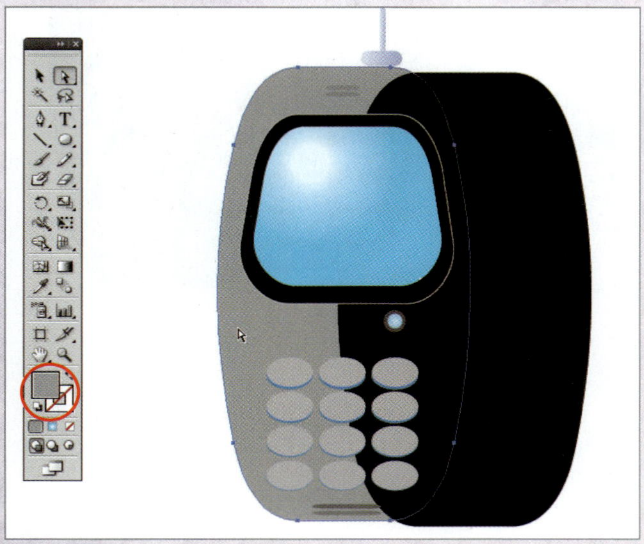

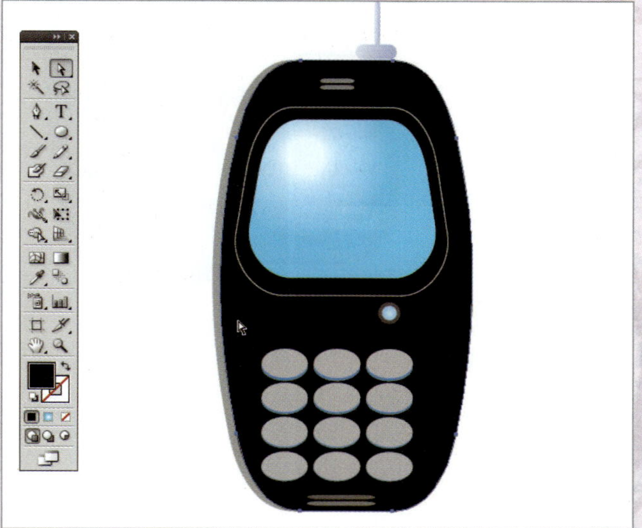

05_ '자유변형 툴'로 복제한 검정색 오브젝트의 너비를 조금 줄여줍니다. 좌측과 우측에서 회색 본체가 조금 보이도록 하면 됩니다.

06_ '직접 선택 툴'로 검정색 본체(복사한 오브젝트)를 Alt +드래그하여 다시 복제합니다.

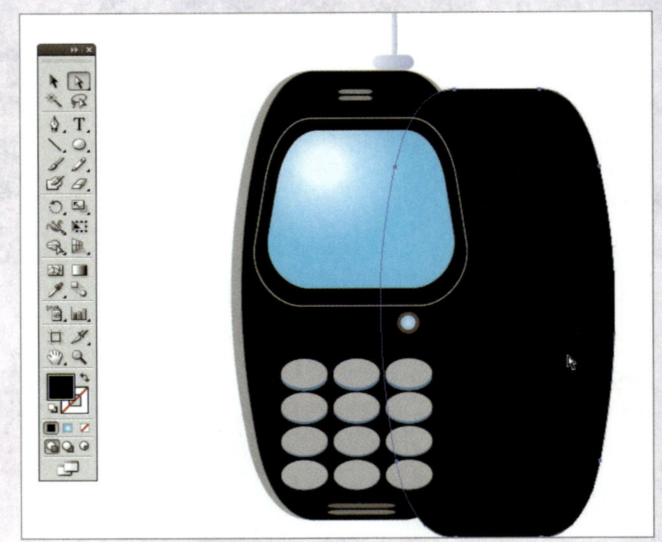

07_ '블렌드 툴'로 '회색 단면'을 클릭합니다.

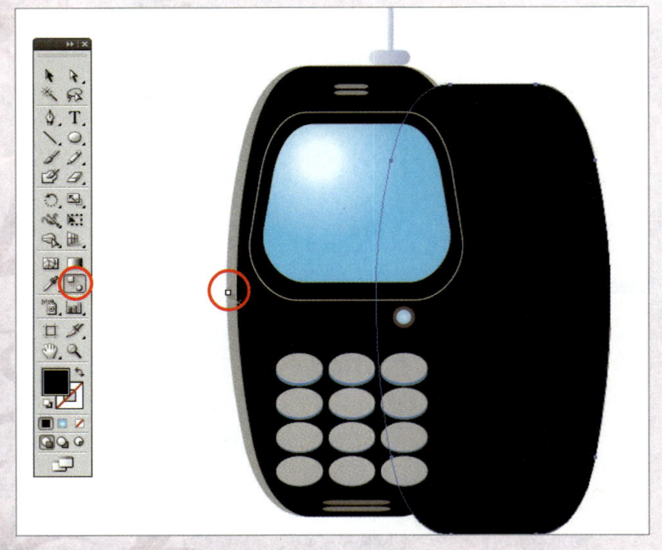

08_ 이번에는 '검정색 단면'을 클릭합니다.

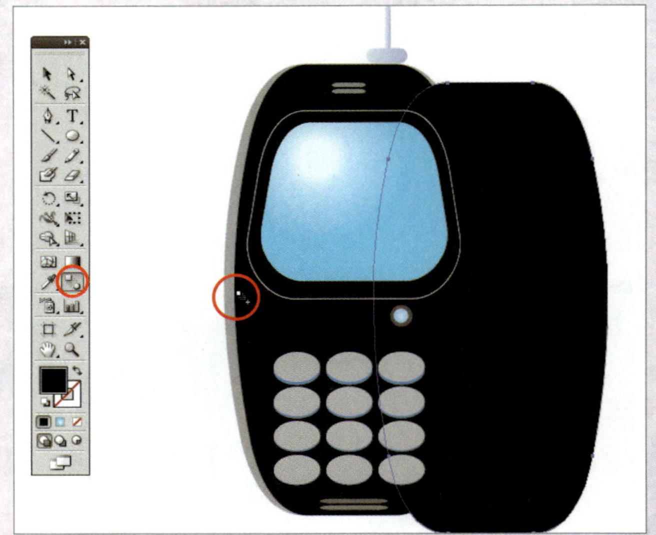

09_ '직접 선택 툴'로 마지막에 복사한 검정색 단면을 선택합니다.

10_ Fill 컬러를 회색으로 변경합니다.

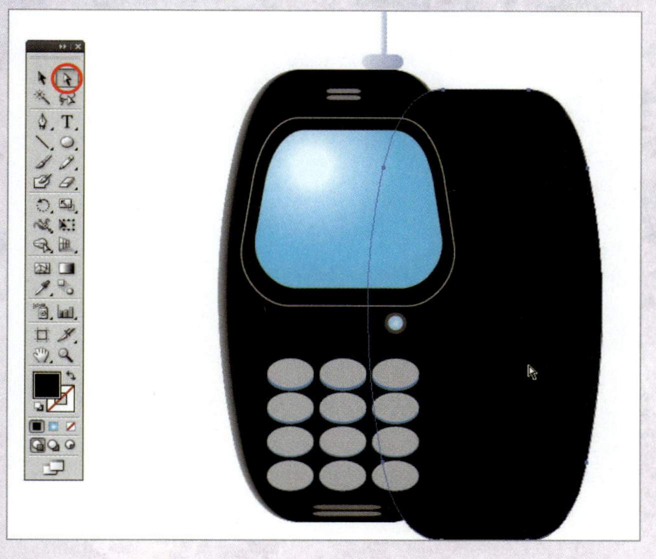

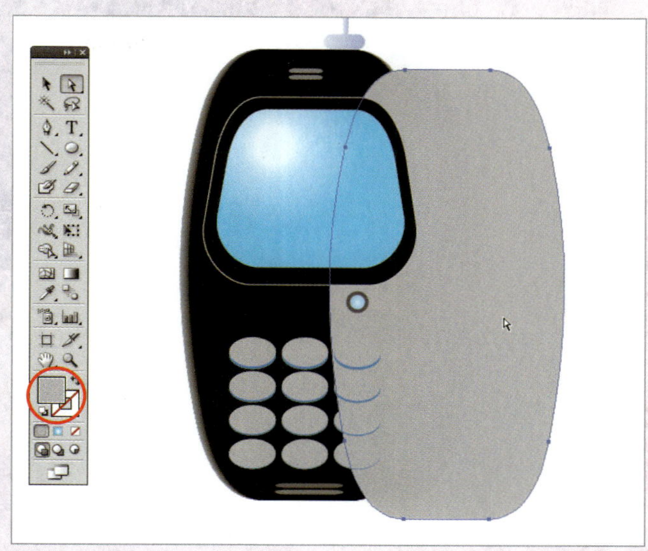

11_ '자유변형 툴'로 회색 오브젝트의 크기를 그림처럼 축소합니다.

12_ 아래 그림과 같이 핸드폰 중앙으로 이동시킵니다.

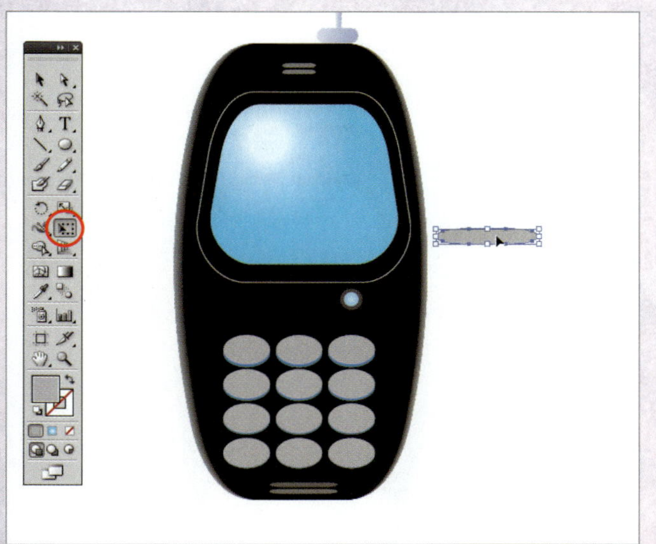

13_ '블렌드 툴'로 회색 오브젝트를 클릭한 뒤 바탕으로 있
는 검정색 오브젝트를 다시 클릭합니다.

14_ 블렌드 색상이 만들어진 모습입니다. 핸드폰 표면에 하
이라이트가 생성되었습니다.

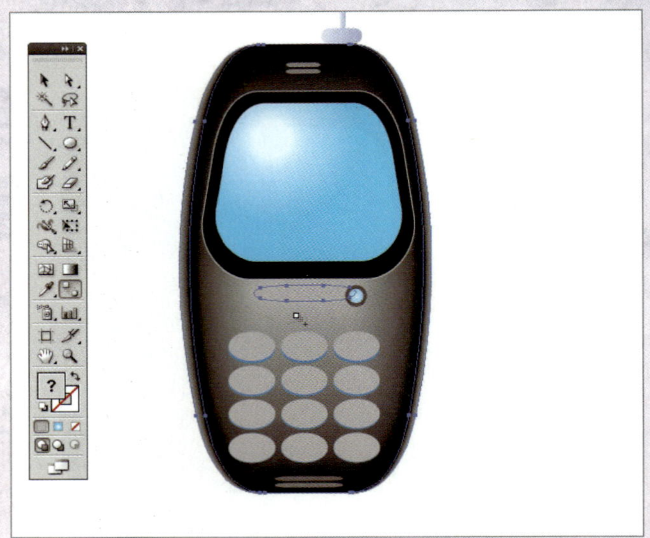

15_ 만일 하이라이트 색상을 더 빛나게 하려면 '회색 오브젝
트'의 Fill 컬러를 '흰색'으로 교체하면 됩니다.

16_ '회색 오브젝트'의 Fill 컬러를 '흰색'으로 교체한 모습입니
다. 하이라이트가 더욱 강조되어 그림에 사실감이 살아납니다.

블렌드 툴로
캐릭터 얼굴
하이라이트 /쉐도우 만들기

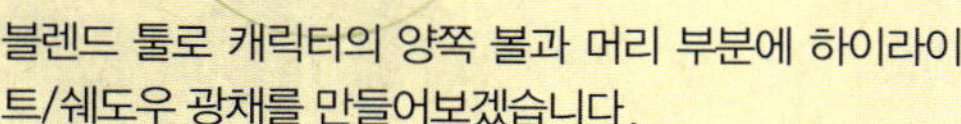

블렌드 툴로 캐릭터의 양쪽 볼과 머리 부분에 하이라이트/쉐도우 광채를 만들어보겠습니다.

01_ 예제 '웃는걸.ai'를 불러옵니다.

02_ '직접 선택 툴로 얼굴 부분을 클릭합니다. 이렇게 하는 이유는 바로 뒤에 그릴 오브젝트에 얼굴 색상과 동일한 색을 사용하기 위해서입니다. Fill 컬러와 Stroke 컬러를 보면 얼굴색과 동일한 색상인 '살색'과 '무색'이 지정된 것을 알 수 있습니다.

03_ '원 툴'로 광채 부분에 해당하는 '큰 원'을 그려줍니다. 왼쪽 볼 전체를 차지하도록 크게 그려줍니다.

04_ 이번에는 원 툴로 큰 원 중앙에 '작은 원'을 그려줍니다.

05_ 컬러 팔레트에서 슬라이더를 조절해 작은 원의 Fill 컬러를 '연한 빨간색'으로 교체합니다.

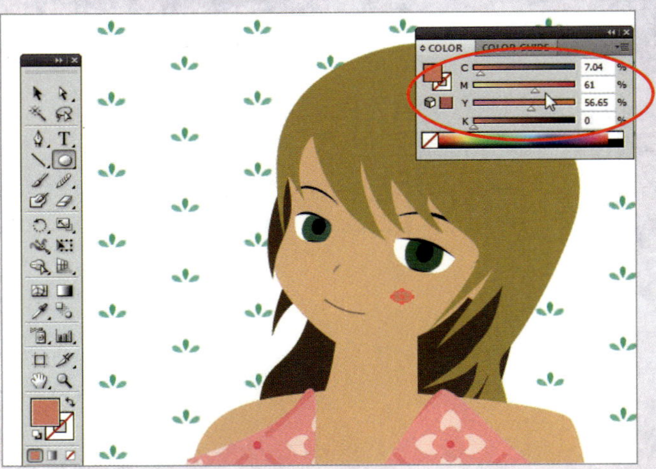

06_ 툴박스에서 블렌드 툴을 선택한 뒤 '작은 원'의 면 부분을 클릭합니다.

07_ 블렌드 툴로 이번에는 '큰 원'의 면 부분을 클릭합니다. 큰 원은 육안으로 보이지 않기 때문에 감으로 찾아서 클릭합니다. 작은 원과 큰 원 사이에 블렌드 색상이 만들어집니다.

색상 블렌드가 잘 되지 않을 때의 해결책

툴박스의 '블렌드 툴'을 더블클릭한 뒤 대화상자의 Spacing 옵션에서 Specified Steps 항목을 선택하고 단계를 30단계 이상으로 설정합니다.

10_ '선택 툴'로 블렌드 부분을 Alt + 드래그하여 복사한 뒤
오른쪽 볼에 배치한 뒤 크기를 약간 줄여줍니다.

11_ Ctrl + Shift + A 를 눌러 선택을 해제합니다. 양쪽
볼에 홍조가 만들어졌습니다.

12_ '직접 선택 툴'로 머리를 클릭해 선택합니다. 지금부터 머리 부분에 광채(하이라이트)를 제작하겠습니다.

13_ '펜 툴'로 머리 모양에 맞게 패스를 그려줍니다. 이때 가 급적이면 각이 지지 않는 곡선 형태로 패스를 그려줍니다.

14_ '선택 툴'로 방금 그린 패스를 Alt + 드래그하여 복제합 니다.

15_ 복제한 패스의 크기를 그림처럼 줄여줍니다.

16_ 옵션바에서 Fill 컬러를 노란색으로 교체합니다.

17_ '블렌드 툴'로 복제한 패스를 클릭한 뒤 원래 패스를 클릭해 블렌드시킵니다.

18_ Ctrl + Shift + A 를 눌러 선택을 해제합니다. 하이라이트가 만들어졌지만 어쩐지 어색합니다. 패스에 각이 있기 때문입니다.

19_ '직접 선택 툴'로 원래 패스를 클릭해 선택한 뒤 각이 진 부분을 곡선화시킵니다. 필요하다면 '스무스 툴'로 패스를 문질러서 곡선이 되도록 해 줍니다. 그런 뒤 머리 모양에 맞게 패스의 모양도 수정해 줍니다.

20_'직접 선택 툴'로 노란색 패스를 선택한 뒤 패스 모양을
수정해 하이라이트가 부드럽게 보이도록 해줍니다.

21_노란색 하이라이트가 너무 강해보일 경우 색상을 조금
줄여줍니다. 컬러 팔레트에서 M 슬라이더를 조절해 오렌지
색이 나오도록 해줍니다.

22_Ctrl + Shift + A 를 눌러 선택을 해제합니다. 원래 이미지와 비교하면 양쪽 볼에 홍조가 있고 머리에 황금색 광채가 있
는 이미지가 만들어졌습니다.

1. 어도비 일러스트레이터 갤러리

http://www.adobe.com/uk/products/gallery/illustrator.html

일러스트레이터 작품을 감상할 수 있는 어도비 일러스트레이터 공식
사이트이다. 작가별로 다양한 작품을 볼 수 있고, 작업 시 사용한 그
래픽 툴을 확인할 수 있다.

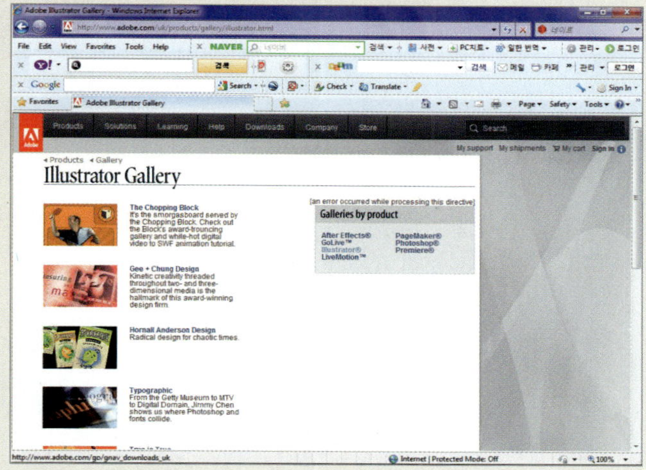

2. 일러스트레이터 월드

http://www.illustratorworld.com

다양한 일러스트레이션 작품과 투토리얼을 만날 수 있다.

4부

일러스트레이터 CS5 팔레트

001PART

일러스트레이터의
팔레트

일러스트레이터는 약 34개의 팔레트를 제공합니다. 팔레트는 툴박스의 도구를 사용할 때 옵션을 설정하는 기능으로 사용하지만 독립적이고 독창적인 기능을 제공하기도 합니다. 따라서 작업을 편리하게 진행하려면 팔레트의 기능을 완벽하게 파악해야 합니다.

팔레트는 팔레트바에서 원하는 팔레트 버튼을 클릭하면 사용할 수 있습니다. 또는 Window 메뉴에서 원하는 팔레트 이름을 선택하면 사용할 수 있습니다.

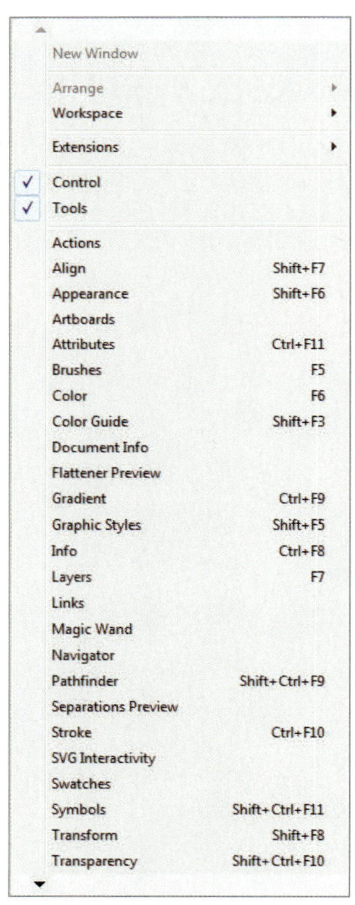

Window 메뉴의 팔레트 메뉴

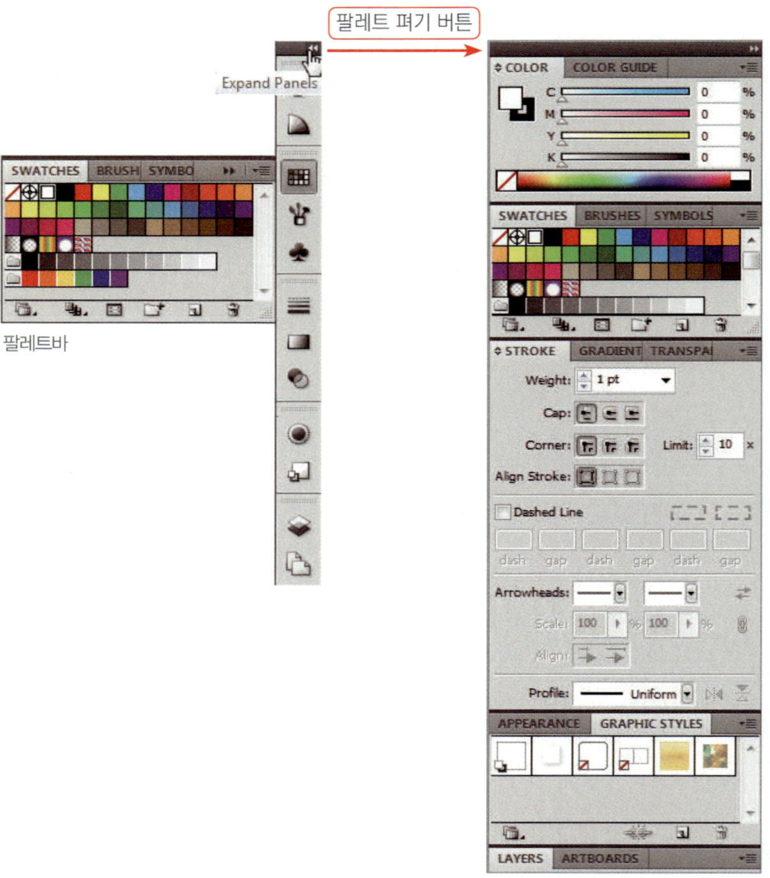

팔레트바

팔레트를 펼친 모습

일러스트레이터에서의 중요한 팔레트

자주 사용하는 팔레트는 다음과 같습니다.

Align(정렬) 팔레트

선택한 오브젝트들의 정렬 방식을 지정합니다.

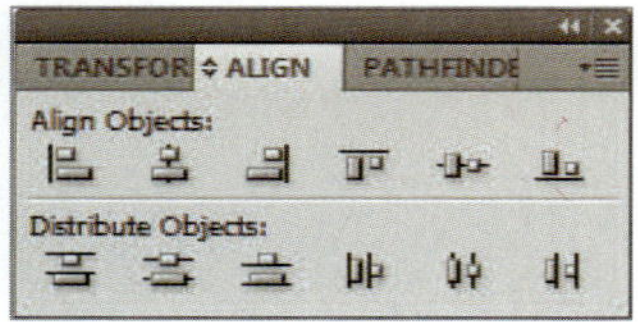

Appearance 팔레트

선택한 오브젝트에 적용한 각종 데이터와 속성 정보가 표시되어 수정 작업을 용이하게 합니다.

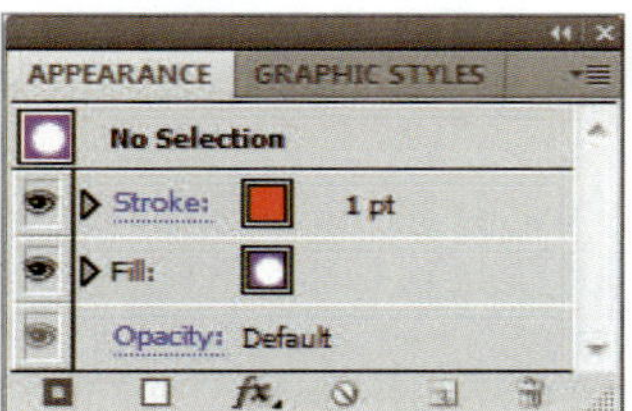

Brushes(브러시) 팔레트

작업 브러시를 선택하고 새 브러시를 불러오거나 제작 및 등록할 수 있습니다.

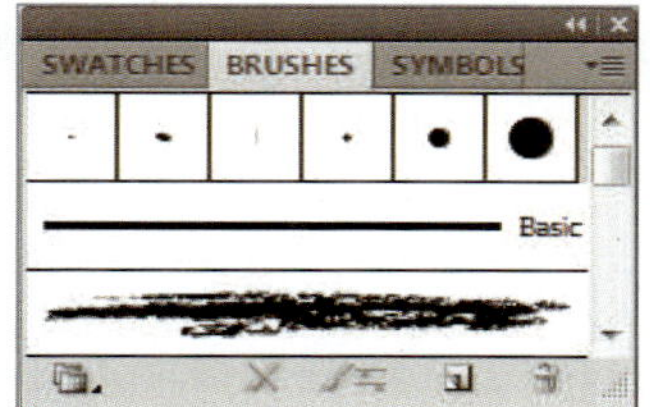

Color(컬러) 팔레트

사용할 색상을 슬라이더로 조절해 선택할 수 있습니다.

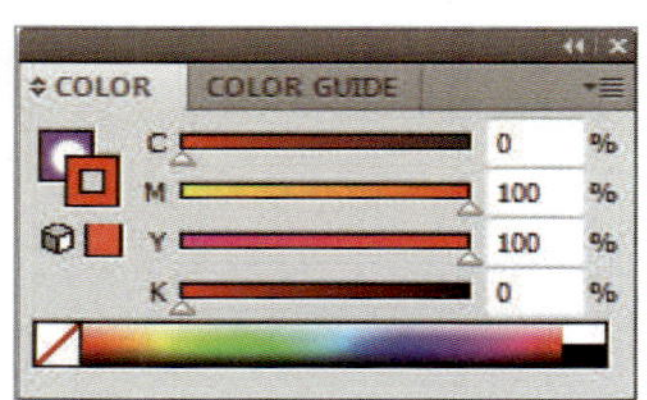

Gradient(그라디언트) 팔레트

그라디언트 색상의 각 색상과 간격을 조절할 수 있습니다.

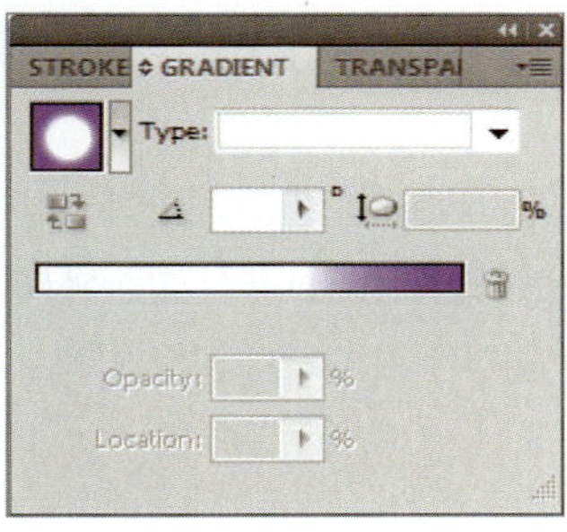

Graphic Styles(스타일) 팔레트

그래픽 스타일을 사용하거나 새로운 스타일을 등록하고 관리합니다.

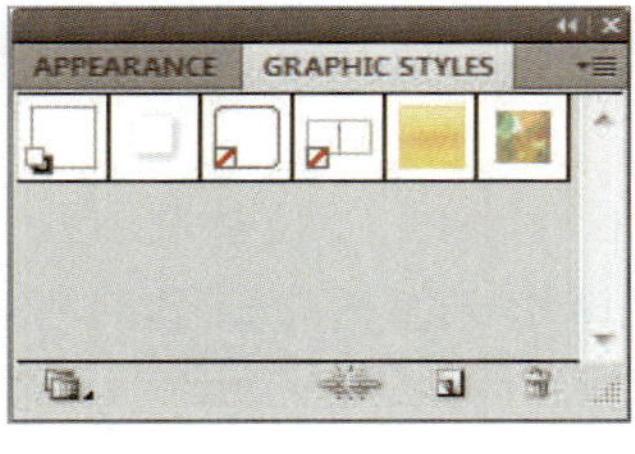

Layers(레이어) 팔레트

레이어를 생성시키고 관리하는 기능이며 포토샵의 레이어 기능과 동일합니다.

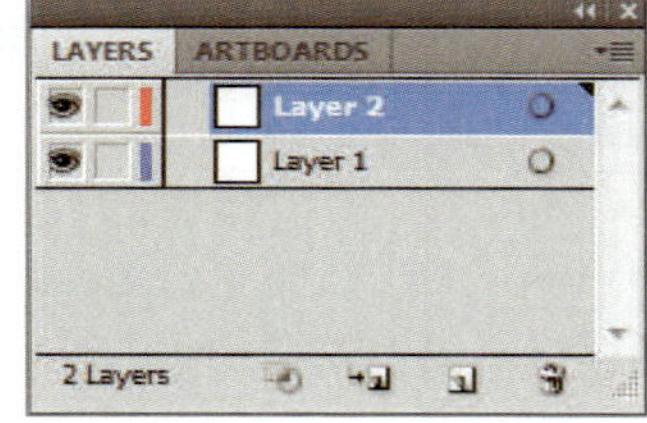

Links(링크) 팔레트

외부에서 불러온 비트맵 이미지에 대한 각종 정보가 제공되고 관리할 수 있습니다.

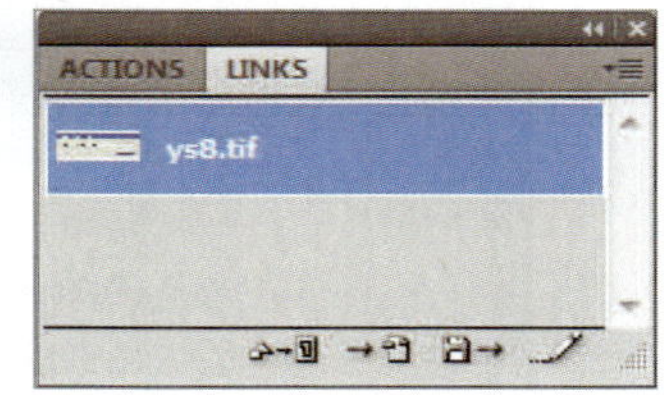

Pathfinder 팔레트

2개 이상의 오브젝트(패스)를 서로 합치거나 분리할 수 있습니다.

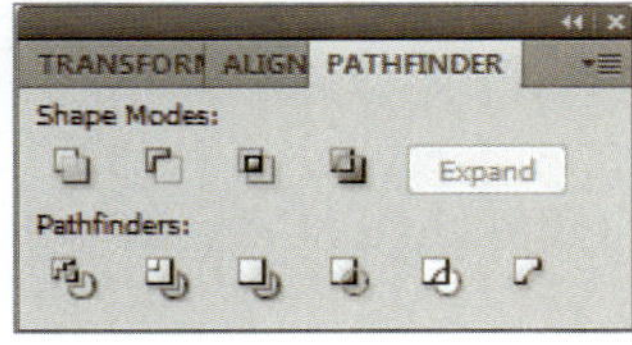

Stroke(스트로크) 팔레트

브러시 선의 굵기, 점선 모양 등 선의 형태를 조절할 수 있습니다.

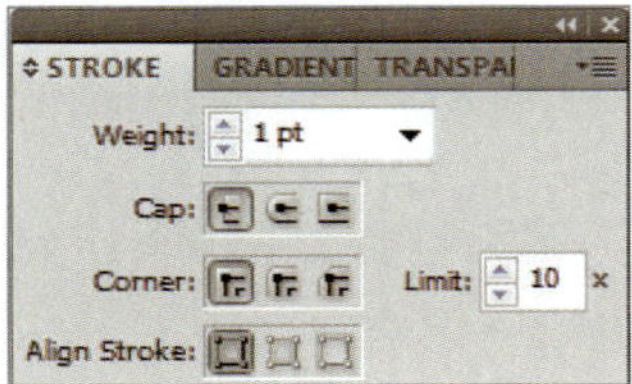

Swatches(스와치) 팔레트

사용할 색상을 미리 제공되는 색상 견본에서 선택합니다.

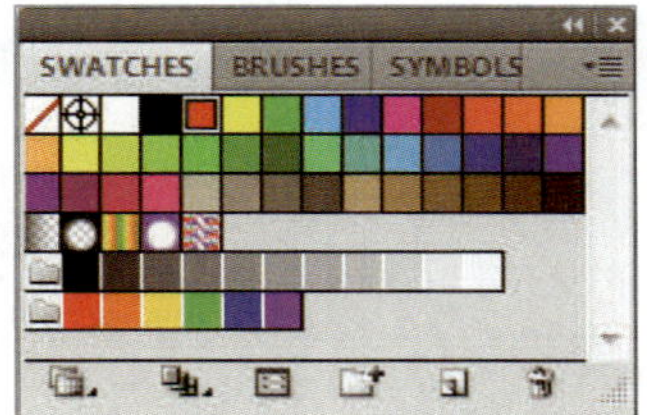

Symbols(심볼) 팔레트

심볼 툴로 사용할 심볼을 선택하거나 새 심볼을 등록하고 관리할 수 있습니다.

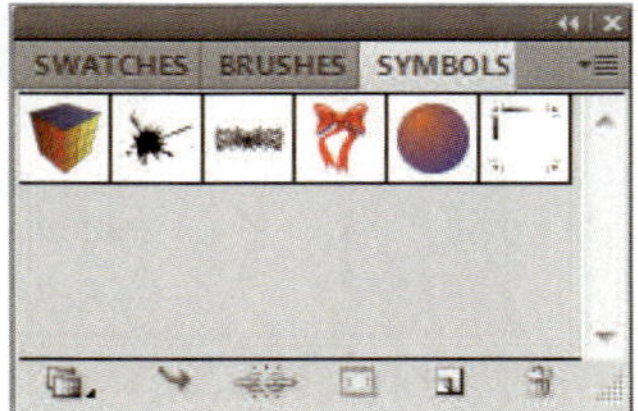

작업 순서 녹음하고 재생하기
액션(Actions) 팔레트

액션 팔레트는 Window –〉 Actions 메뉴를 실행하면 나타납니다. 액션 팔레트는 작업 과정을 순서대로 녹음한 뒤, 동일한 스타일의 디자인 작업이 필요할 때 재생하여 동일 작업을 똑같이 진행하는 기능입니다. 재생할 때마다 녹음해둔 작업 과정이 동일하게 전개되므로 사용자가 원하는 디자인 작업을 여러 오브젝트에 동일하게 만들 때 사용합니다.

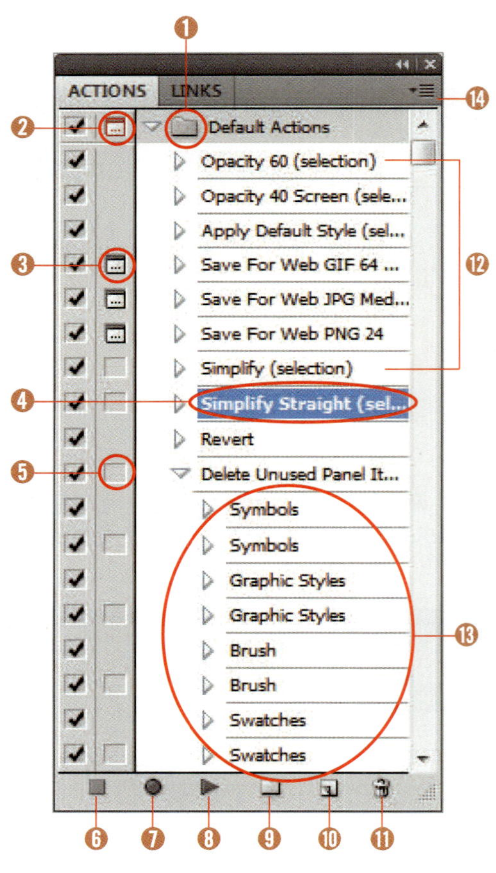

❶ **액션 세트 아이콘 :** 액션을 세트별로 관리할 때 사용합니다. 새로 녹음한 액션을 세트로 드래그하면 세트별로 관리할 수 있습니다.

❷ **빨간색 대화상자 아이콘 :** 액션을 재생하는 방법은 대화상자를 표시하며 재생하는 방법과 대화상자를 표시하지 않고 재생하는 방법이 있습니다. 빨간색 대화상자 아이콘은 대화상자의 일부는 표시되고 일부는 표시되지 않는 방식으로 액션을 재생시켜 줍니다.

❸ **검정색 대화상자 아이콘 :** 액션을 재생할 때 모든 대화상자를 표시하는 방식입니다. 예를 들어 회전 작업이 녹음된 액션을 재생할 때는 대화상자가 표시되어 회전 각도를 임의대로 지정할 수 있습니다.

❹ **작업 액션 :** 파란색으로 반전된 액션은 현재 재생하기 위해 선택한 액션이거나 녹음 중인 액션을 의미합니다.

❺ **아이콘 없음 :** 액션을 재생할 때 대화상자를 표시하지 않습니다. 따라서 액션을 빠르게 재생할 수 있습니다.

❻ **Stop(정지) :** 액션 재생을 정지합니다. 또는 녹음 작업을 정지할 때 사용합니다.

❼ **Record(녹음)** : 액션 녹음을 시작합니다. 클릭하면 이때부터의 작업 과정이 액션 파일에 순서대로 녹음됩니다.

❽ **Play(재생)** : 선택한 액션을 재생하여 현재 열려있는 이미지에 자동 작업을 진행해 줍니다.

❾ **New Set(새 세트 만들기)** : 새로운 세트를 생성시킵니다. 유사한 액션 파일을 하나의 세트 안에 넣어 관리할 수 있습니다.

❿ **New Action(새 액션 만들기)** : 새로운 액션을 생성시킵니다. 새 액션을 생성시키면 그 이후부터의 작업 과정이 정지 버튼을 누르기 전까지 순서대로 녹음됩니다.

⓫ **Delete(삭제)** : 목록에서 선택한 액션 파일을 삭제합니다.

⓬ **액션 목록** : 일러스트레이터에서 제공하는 기본 액션입니다. 원하는 액션을 선택한 뒤 팔레트 하단의 '재생' 버튼을 클릭하면 녹음되어 있는 작업이 순서대로 재생되어 해당 작업을 자동으로 진행합니다.

⓭ **녹음된 작업 과정** : 선택한 액션 파일에 녹음된 작업 모습이 순서대로 표시됩니다. 선택하면 그 부분의 작업 모습을 수정할 수 있습니다.

⓮ **액션 팔레트 메뉴** : 액션 팔레트 오른쪽 상단의 메뉴버튼을 클릭하면 액션 팔레트의 메뉴가 실행됩니다.

– **New Action 메뉴** : 새 액션 녹음을 시작합니다. 이때부터의 작업은 액션으로 녹음됩니다.

– **New Set 메뉴** : 새 액션 세트를 생성시킵니다. 비슷한 액션을 폴더별로 관리할 수 있습니다.

– **Duplicate 메뉴** : 선택한 액션이나 세트를 복제하여 하나 더 만들어 줍니다.

– **Delete 메뉴** : 선택한 액션이나 세트를 삭제합니다.

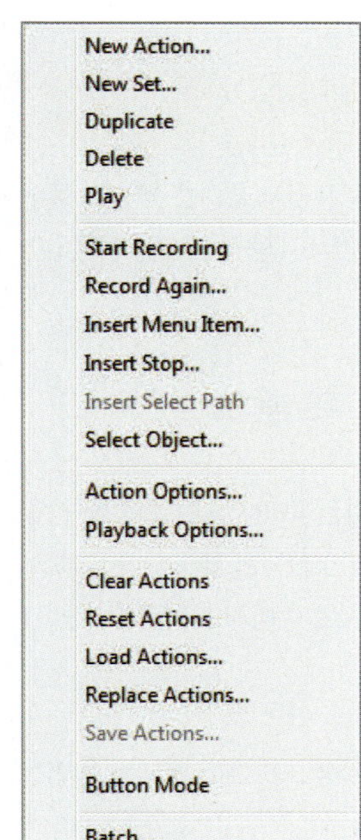

– **Play 메뉴** : 선택한 액션을 재생합니다. 자동으로 녹음된 내용대로 작업이 전개됩니다.

– **Start Recording 메뉴** : 추가 녹음 작업을 시작합니다. 이미 완성된 액션에 새로운 작업을 추가 녹음할 때 사용합니다.

– **Record Again 메뉴** : 액션을 열면 녹음되어 있는 작업 과정이 나타납니다. 이 작업 과정 중에 선택한 부분의 녹음을 재녹음합니다.

– **Insert Menu Item 메뉴** : 녹음된 작업 목록에서 선택한 부분에 일러스트레이터 메뉴를 삽입 방식으로 녹음합니다.

– **Insert Stop 메뉴** : 현재 부분에 'Stop 메시지 박스'를 삽입합니다. 녹음된 내용 중 특정 내용을 선택한 뒤 실행합니다. Stop 메시지는 액션을 제작한 제작자가 자신이 원하는 특정한 메시지를 액션에 삽입하고 싶을 때 사용합니다. 이렇게 삽입한 메시지는 액션 재생 시 자동으로 출력됩니다. Stop 메지시를 입력할 때 Allow Continue 옵션을 선택하면 Stop 메시에 'Stop' 버튼과 함께 'Continue' 버튼이 생성되어 액션을 계속 수행할지 말지 사용자가 선택할 수 있습니다.

– **Insert Select Path 메뉴** : 패스의 모양을 정확하게 녹음하고 싶을 때 사용합니다. 사람마다 드로잉 실력이 천차만별이므로 특정 그림을 액션에 그대로 녹음할 때 사용합니다. 예를 들어 '잘 그린 사과 이미지'를 액션에 그대로 녹음할 때 사용합니다. 이렇게 삽입한 이미지는 액션을 재생할 때 정확하게 동일한 형태의 그림을 자동으로 그려주게 됩니다.

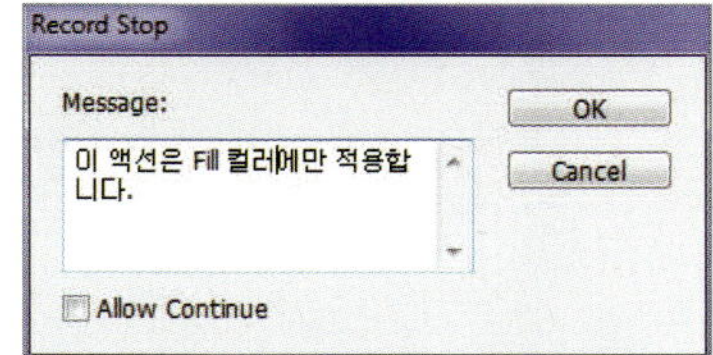

- Select Object 메뉴 : Attributes 팔레트의 Note 옵션을 이용하면 여러 오브젝트에 동일한 이름을 지정할 수 있습니다. 액션 메뉴의 Select Object 메뉴는 Note에 설정된 이름과 동일한 오브젝트를 찾아서 선택 상태가 되도록 녹음할 때 사용합니다.
- Actions Options 메뉴 : 액션 팔레트에서 선택한 액션의 이름이나 버튼 모드 시 표시될 색상 등을 수정할 수 있습니다.
- Playback Options 메뉴 : 액션을 재생시키는 방법을 설정합니다.

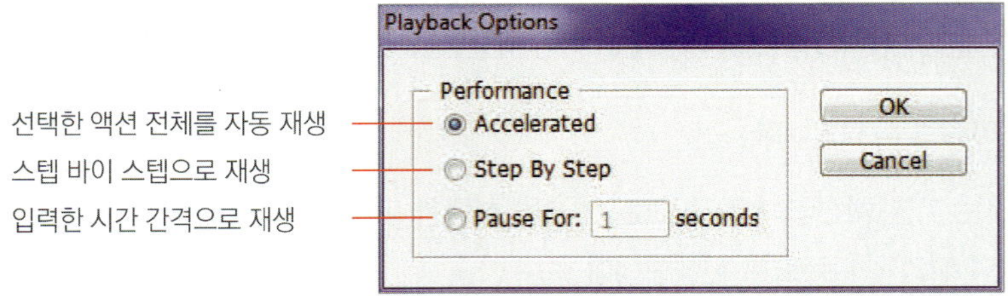

- Clear Actions 메뉴 : 액션 목록을 팔레트에서 모두 삭제합니다.
- Reset Options 메뉴 : 팔레트에 있는 액션 목록을 일러스트레이터 기본값으로 복구합니다.
- Load Actions 메뉴 : 액션 파일을 하드디스크에서 불러온 뒤 팔레트에 목록으로 로딩합니다.
- Replace Actions 메뉴 : 현재의 액션 목록을 하드디스크에서 불러온 액션 파일로 대체합니다.
- Save Actions 메뉴 : 현재의 액션 목록을 액션 파일(*.aia)로 저장합니다.
- Button Mode 메뉴 : 팔레트의 모습을 일반 모드에서 버튼 모드로 전환합니다.
- Batch 메뉴 : 한 번에 여러 이미지에 동일 액션을 적용할 수 있는 자동화 기능입니다. 포토샵 CS4의 File -〉 Automate -〉 Batch 기능과 동일한 기능입니다. 보통 다수의 이미지를 대상으로 동일한 작업 액션을 적용할 때 사용합니다.

Batch 메뉴

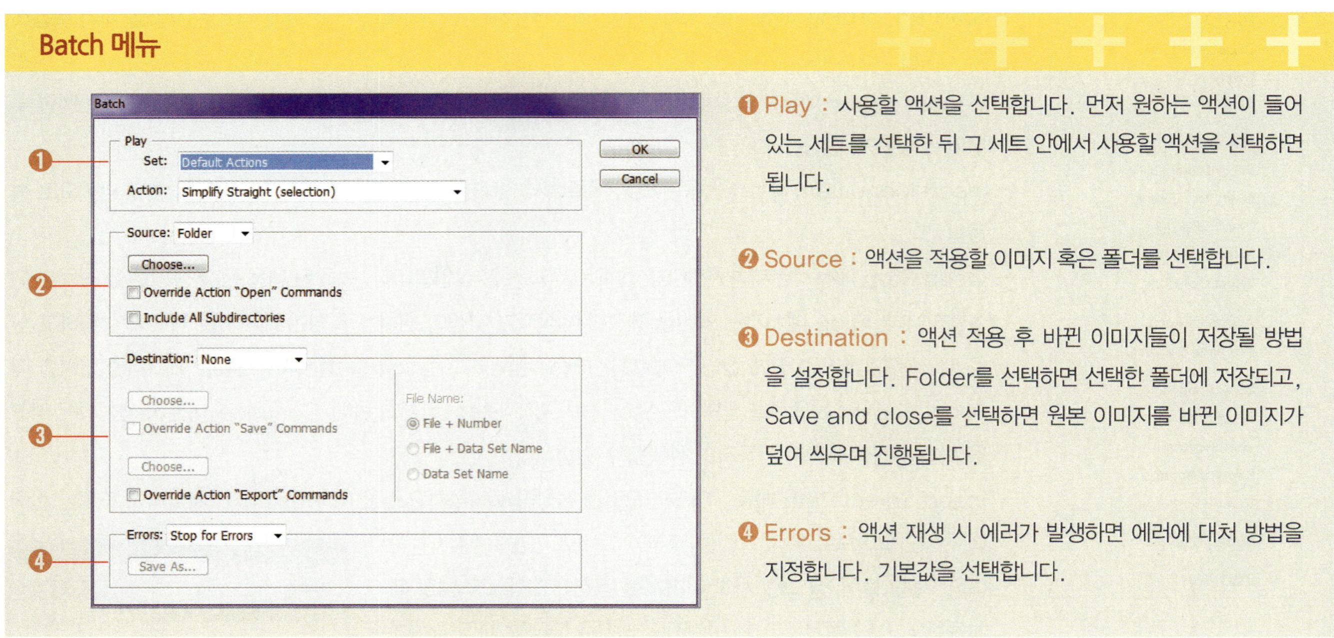

❶ Play : 사용할 액션을 선택합니다. 먼저 원하는 액션이 들어있는 세트를 선택한 뒤 그 세트 안에서 사용할 액션을 선택하면 됩니다.

❷ Source : 액션을 적용할 이미지 혹은 폴더를 선택합니다.

❸ Destination : 액션 적용 후 바뀐 이미지들이 저장될 방법을 설정합니다. Folder를 선택하면 선택한 폴더에 저장되고, Save and close를 선택하면 원본 이미지를 바뀐 이미지가 덮어 씌우며 진행됩니다.

❹ Errors : 액션 재생 시 에러가 발생하면 에러에 대처 방법을 지정합니다. 기본값을 선택합니다.

오브젝트 정렬하기
Align(정렬) 팔레트

Window –〉 Align 메뉴로 실행하는 Align 팔레트는 선택한 오브젝트들을 보기 좋게 정렬할 때 사용합니다. 오브젝트는 물론 포인트를 선택한 경우에도 정렬할 수 있습니다. 또는 여러 오브젝트를 선택한 뒤 중심점을 맞추거나 동일 간격으로 배열할 때도 사용합니다. (단축키 Shift + F7)

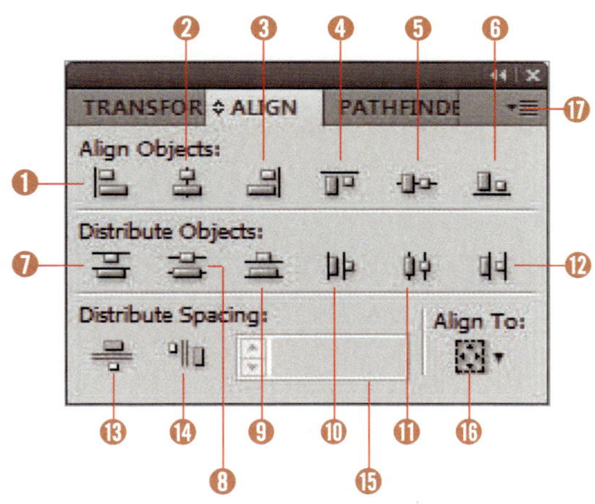

예제 '육면체.ai'를 불러옵니다. 먼저 선택 툴로 정렬할 오브젝트 4개를 모두 선택한 뒤 버튼을 누르면 됩니다. 1~6번 버튼은 오브젝트를 좌우상하로 정렬(Align)할 때 사용합니다.

예제 이미지

수직 왼쪽 정렬 적용

❶ Horizontal Align Left(수직 왼쪽 정렬)
: 선택한 오브젝트의 왼쪽 끝을 기준으로 정렬합니다.

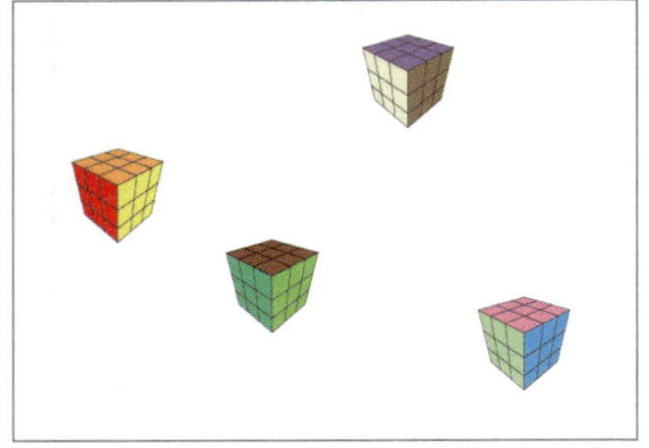

예제 이미지

수직 중앙 정렬 적용

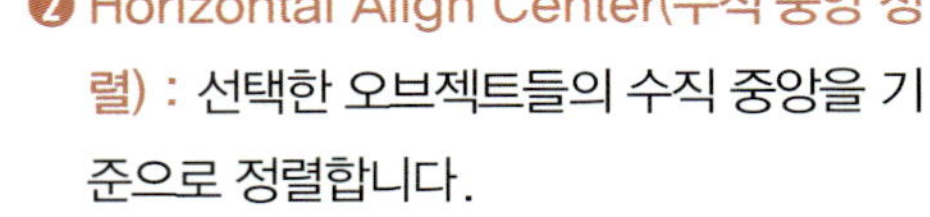

❷ Horizontal Align Center(수직 중앙 정렬) : 선택한 오브젝트들의 수직 중앙을 기준으로 정렬합니다.

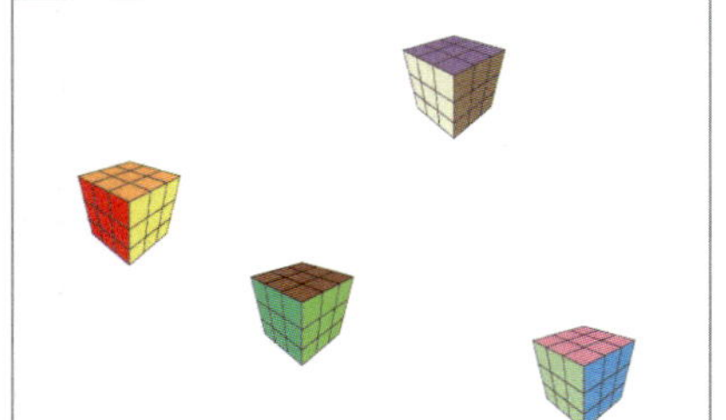

예제 이미지

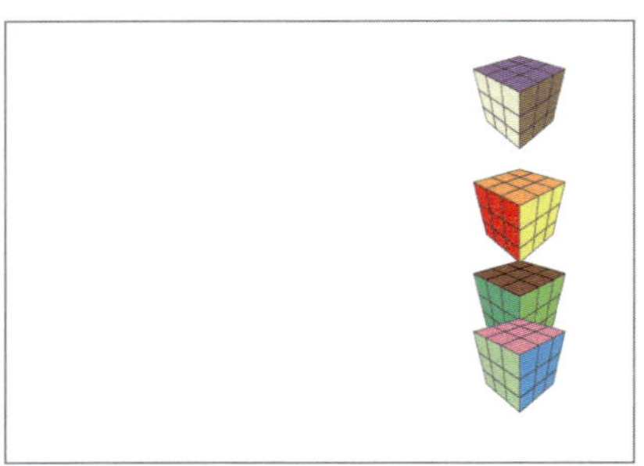

수직 오른쪽 정렬 적용

❸ Horizontal Align Right(수직 오른쪽 정렬) : 선택한 오브젝트의 오른쪽 끝을 기준으로 정렬합니다.

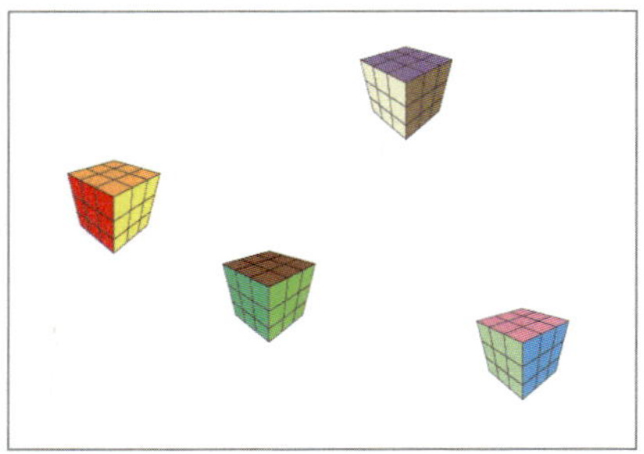

예제 이미지

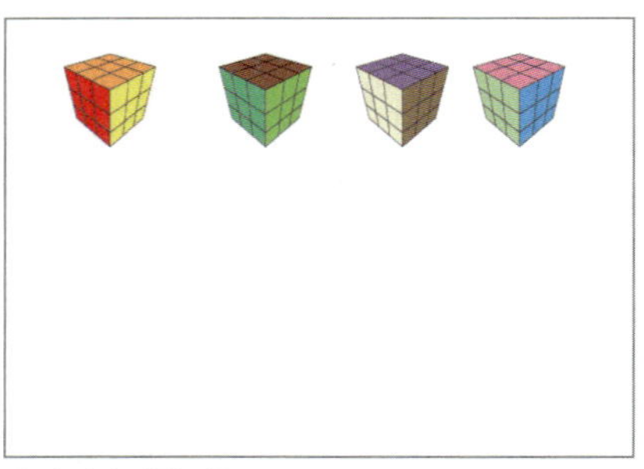

수평 상단 정렬 적용

❹ Vertical Align Top(수평 상단 정렬) : 선택한 오브젝트들의 수평 상단을 기준으로 정렬합니다.

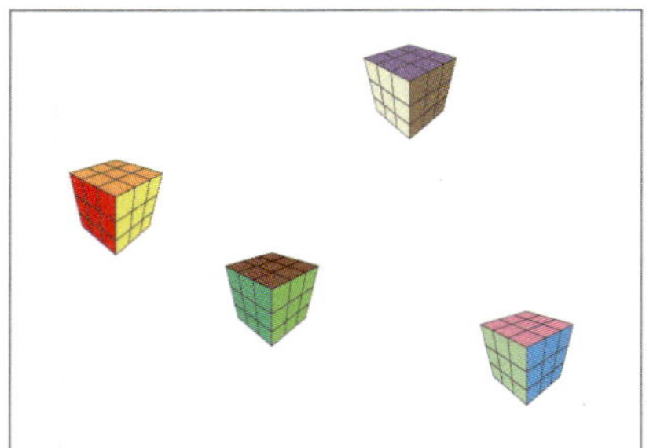

예제 이미지

수평 중앙 정렬 적용

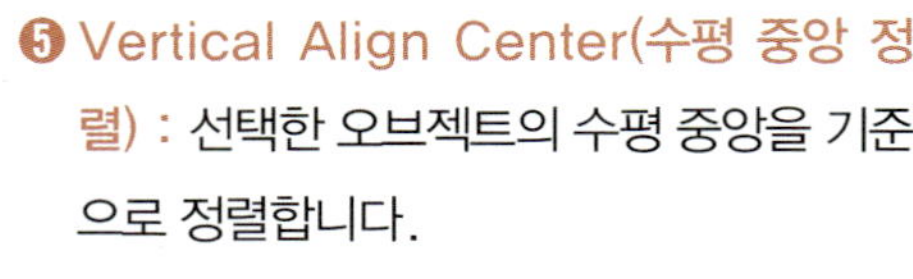

❺ Vertical Align Center(수평 중앙 정렬) : 선택한 오브젝트의 수평 중앙을 기준으로 정렬합니다.

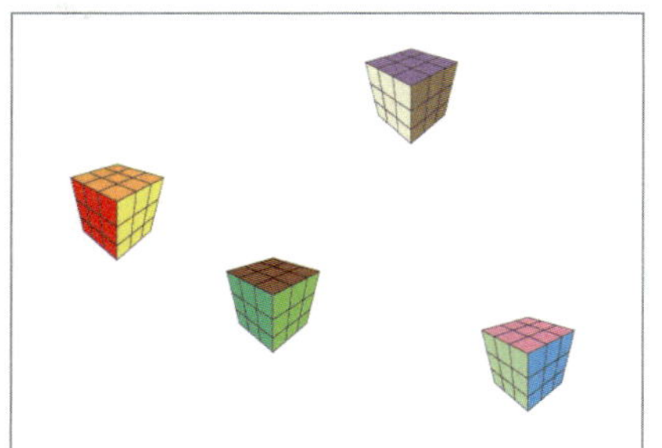

예제 이미지

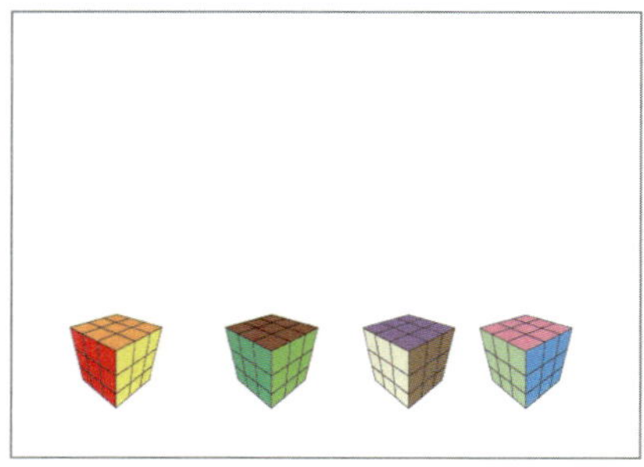

수평 하단 정렬 적용

❻ Vertical Align Bottom(수평 하단 정렬) : 선택한 오브젝트의 수평 하단을 기준으로 정렬합니다.

7~12번 버튼은 배분 정렬(Distribute)을 할 때 사용합니다. 선택한 오브젝트들의 사이를 일정 간격으로 배분 정렬할 수 있습니다. 이 기능은 3개 이상의 오브젝트를 선택한 경우 실행됩니다.

예제 이미지

수직 상단 배분 적용

❼ Vertical Distribute Top(수직 상단 배분) : 선택한 오브젝트의 수직 상단 부분을 기준으로 간격을 배분 정렬합니다.

예제 이미지

수직 중앙 배분 적용

❽ Vertical Distribute Center(수직 중앙 배분) : 선택한 오브젝트의 수직 중앙 부분을 기준으로 간격을 배분 정렬합니다.

예제 이미지

수직 하단 배분 적용

❾ Vertical Distribute Bottom(수직 하단 배분) : 선택한 오브젝트의 수직 하단을 기준으로 간격을 배분 정렬합니다.

예제 이미지

수평 왼쪽 배분 적용

❿ Horizontal Dustribute Left(수평 왼쪽 배분) : 선택한 오브젝트의 수평 왼쪽을 기준으로 간격을 배분 정렬합니다.

예제 이미지

수평 중앙 배분 적용

⓫ **Horizontal Distribute Center(수평 중앙 배분)** : 선택한 오브젝트의 수평 중앙 부분을 기준으로 간격을 배분 정렬합니다.

예제 이미지

수평 오른쪽 배분 적용

⓬ **Horizontal Distribute Right(수평 오른쪽 배분)** : 선택한 오브젝트의 수평 오른쪽을 기준으로 간격을 배분 정렬합니다.

팔레트에서 13번~15번 버튼은 Align 팔레트 메뉴에서 Show Options 메뉴를 실행했을 경우 사용할 수 있습니다. 선택한 오브젝트들의 간격을 수치를 입력해 균등 배분할 때 사용하며, 수치는 Auto 항목에 입력합니다.

예제 이미지

수직 간격 배분 적용

⓭ **Vertical Distribute Space(수직 간격 배분)** : 선택한 오브젝트들의 수직 간격들을 수치를 입력해 조절합니다.

예제 이미지

수평 간격 배분 적용

⓮ **Horizontal Distribute Space(수평 간격 배분)** : 선택한 오브젝트들의 수평 간격들을 수치를 입력해 조절합니다.

⑮ **Auto(자동) 버튼** : 선택한 오브젝트들의 간격을 조절할 때 자동 또는 수치를 입력해 조절할 수 있습니다. 수치를 입력하면 그 수치 만큼 간격이 조절됩니다.

⑯ **Align to(정렬 기준 설정하기)** : 오브젝트를 정렬할 때 어느 기준으로 정렬할지 설정합니다. Selection 옵션은 선택한 오브젝트 를 기준으로 정렬합니다. Key Object 옵션은 선택한 오브젝트에서 사용자가 Ctrl + 클릭으로 지정한 오브젝트가 키 오브젝트가 되어 그 오브젝트를 기준으로 정렬할 때 사용합니다. Artboard 옵션은 아트보드(종이) 테두리를 기준으로 정렬할 때 사용합니다.

⑰ **Align 팔레트 메뉴** : Align 팔레트의 메뉴 버튼을 클릭하면 사용할 수 있습니다.

Align 팔레트 메뉴

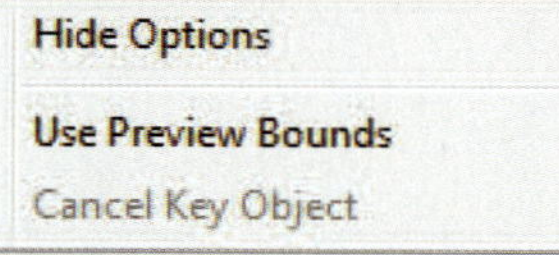

❶ **Hide/ Show Options 메뉴** : 이 메뉴는 Vertical Distribute Space 옵션과 Horizontal Distribute Space 옵션을 사용할 수 있도록 팔레트 하단에 표시하는 기능입니다.

❷ **Use Preview Bounds 메뉴** : 오브젝트의 Outline(테두리)을 기준으로 정렬할 것인지 오브젝트에 삽입된 특수효과 라인을 기준으로 정렬할 것인지 결정합니다. 만약 오브젝트에 그래픽 스타일 효과를 삽입하면 오브젝트의 크기가 약간 더 커지는데 이것을 기준으로 오브젝트를 정렬할 수 있습니다. 이 옵션을 사용하지 않으면 오브젝트의 원래 테두리를 기준으로 정렬됩니다.

예제 이미지

옵션을 사용하고 정렬한 모습

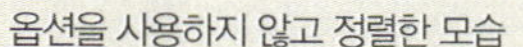
옵션을 사용하지 않고 정렬한 모습

❸ **Cancel Key Object 메뉴** : Align to 옵션에서 키포인트가 되는 오브젝트를 지정했을 때, 키오브젝트 지정을 취소합니다.

Align 팔레트로
입체 원 버튼 제작하기

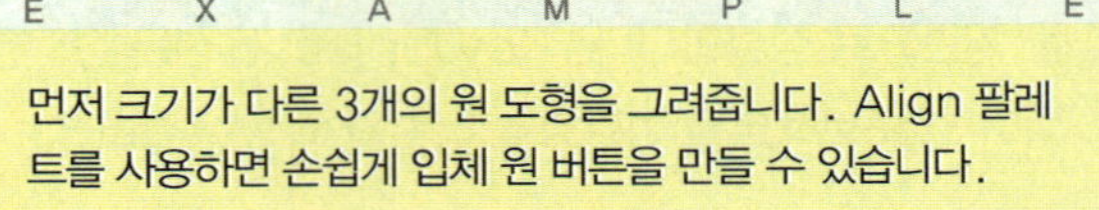

E X A M P L E

먼저 크기가 다른 3개의 원 도형을 그려줍니다. Align 팔레트를 사용하면 손쉽게 입체 원 버튼을 만들 수 있습니다.

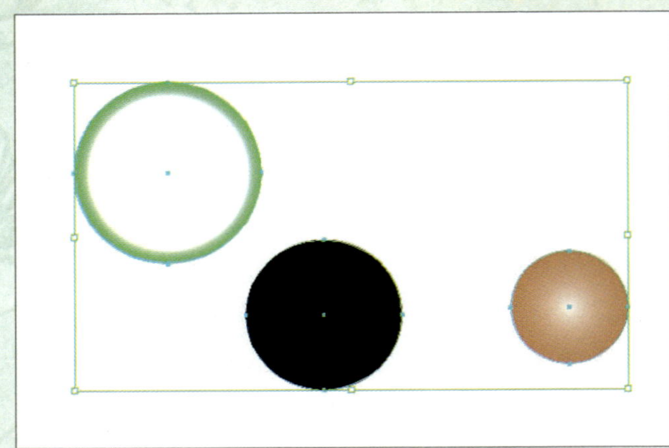

01_ 예제처럼 크기가 다른 3개의 원을 그려주고 색상을 다르게 지정합니다.

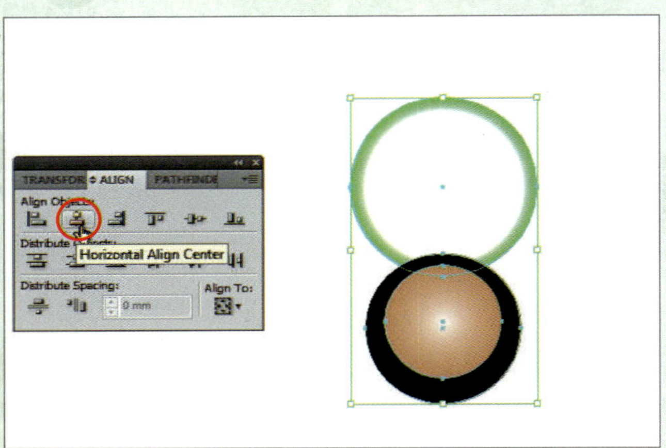

02_ 원 3개를 선택한 뒤 Window -> Align 메뉴를 실행하고 Align 팔레트에서 '수직 중앙 정렬' 버튼을 클릭합니다. 오브젝트 3개가 수직 중앙 지점을 기준으로 정렬됩니다.

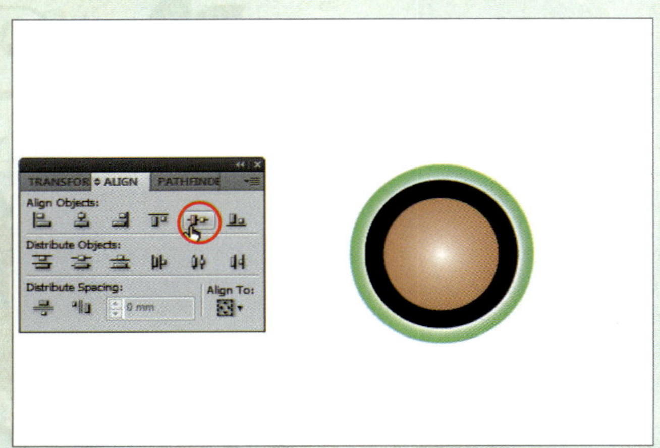

03_ Window -> Align 메뉴를 실행한 뒤 Align 팔레트에서 '수직 중앙 정렬' 버튼을 클릭합니다. 오브젝트 3개가 수직 중앙 지점을 기준으로 정렬됩니다.

마술 같은 각개 격파 편집 기능 익히기

Appearance(형태) 팔레트

Appearance 팔레트는 Window –〉 Appearance 메뉴로 실행합니다. Appearance 팔레트는 오브젝트에 적용된 여러 요소들을 개별적으로 수정하기 위해 아이템별로 표시하는 팔레트입니다. 예를 들어 각 오브젝트의 Fill 컬러, Stroke 두께, 불투명도, 스타일을 알기 쉽도록 팔레트에 표시해주고, 이런 요소들을 개별적으로 수정할 때 사용합니다. 이미지를 마술 같이 편집할 수 있으므로 반드시 익혀두기 바랍니다.

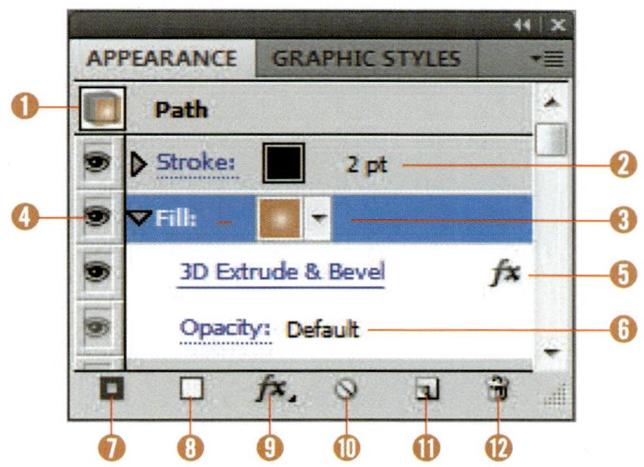

❶ **오브젝트의 형태** : 선택한 오브젝트의 형식이 표시됩니다. 단일 오브젝트일 경우에는 Path, 그룹일 경우에는 Group, 심볼일 경우에는 Symbol로 표시됩니다.

❷ **Stroke** : 선택한 오브젝트의 Stroke(선) 속성을 표시합니다. 클릭하면 Stroke 색상과 굵기, 더블클릭하면 Stroke의 불투명도를 교체할 수 있습니다.

❸ **Fill** : 선택한 오브젝트의 면 색상입니다. 클릭하면 면 색상을, 더블클릭하면 면 색상의 불투명도를 조절할 수 있습니다.

❹ **눈 아이콘** : 선택한 오브젝트에서 해당 요소를 감추거나 켤 수 있습니다.

❺ **Drop Shadow** : 선택한 오브젝트에 적용된 스타일 효과입니다. 클릭하면 대화상자가 실행되어 옵션을 수정할 수 있습니다.

❻ **Opacity** : 선택한 오브젝트 전체의 불투명도(투명 상태)와 블렌드 모드 등을 조절합니다. 클릭하면 Transparency 팔레트가 실행되어 조절 작업이 가능합니다.

❼ **Add New Stroke 버튼 :** 새로운 스트로크 선을 추가합니다. 이 기능을 이용하면 오브젝트에 여러 개의 스트로크(테두리)를 만들 수 있습니다. 또한 팔레트 목록 창에서 각 스트로크마다 클릭해 색상과 굵기 등을 다르게 설정할 수 있습니다. 팔레트에서 스트로크 목록을 상하로 드래그하여 겹쳐있는 상태도 변경할 수 있습니다. 보통 겹선(2개 이상의 테두리)을 가진 오브젝트를 만들 때 유용합니다.

01_ 예제 '헤드폰.ai'를 불러온 뒤 스트로크를 하나 더 만들어 편집해 보겠습니다.

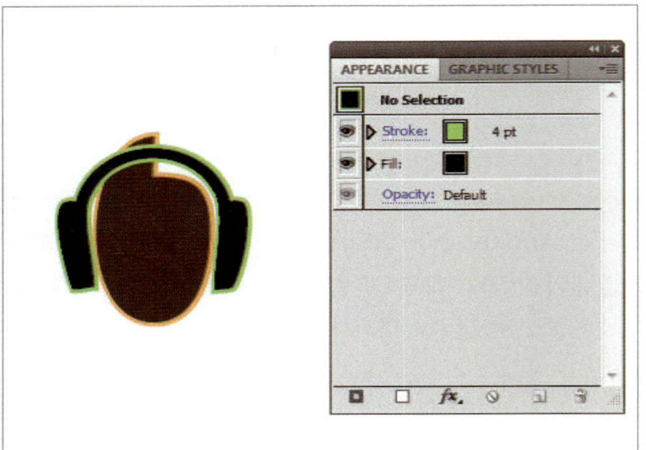

02_ '선택 툴'로 헤드폰을 선택한 뒤 Appearance 팔레트에서 스트로크를 선택합니다.

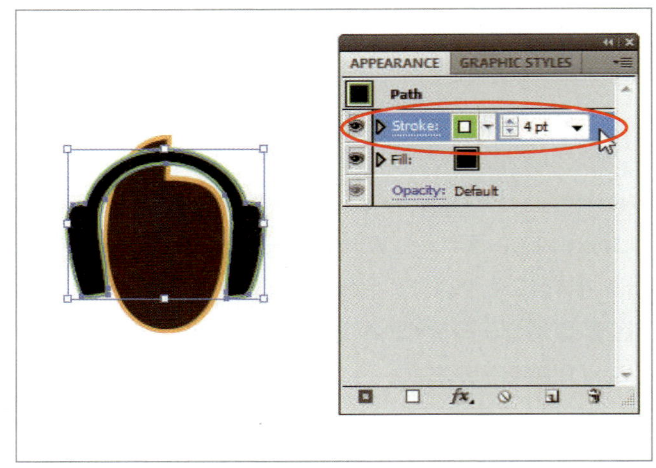

03_ 선택한 스트로크 위에 새 스트로크를 만들기 위해 Add New Stroke 버튼을 클릭합니다. 이렇게 하면 헤드폰 오브젝트는 스트로크가 2개가 될 것입니다.

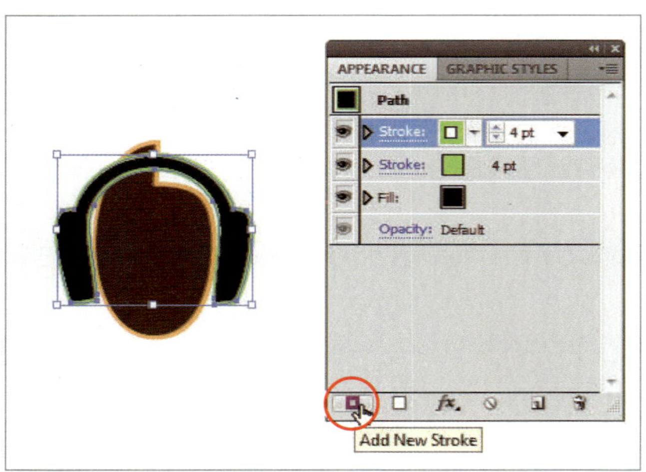

04_ 새 스트로크가 만들어졌습니다. 밑에 있는 스트로크를 선택한 뒤 색상은 노란색, 굵기는 9pt로 변경합니다.
상단 스트로크는 녹색, 4pt이고 하단 스트로크는 노란색, 9pt이므로 선 2개가 겹친 효과가 나타납니다.

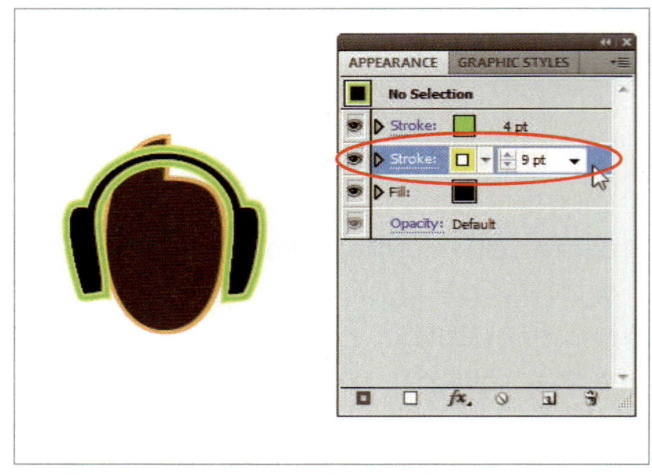

❽ **Add New Fill 버튼 :** 새로운 면 색상을 추가합니다. 선택한 오브젝트에 면 색상을 2개 이상 적용할 수 있습니다. 생성된 면ㅣ색상은 팔레트에서 순서대로 표시되며 맨 위 색상이 오브젝트의 색상이 됩니다. 예를 들어 다음과 같이 면 색상을 2개로 만든 뒤 상단 면 색상의 투명도를 조절하면 하단 면 색상이 상단 면 색상에 투과되어 나타나는 효과가 발생합니다. 먼저 원하는 오브젝트를 선택한 뒤 다음 작업을 따라합니다.

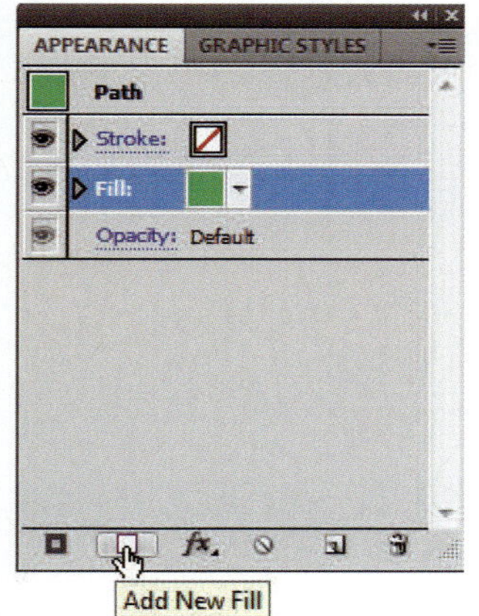
Add New Fill 버튼 클릭

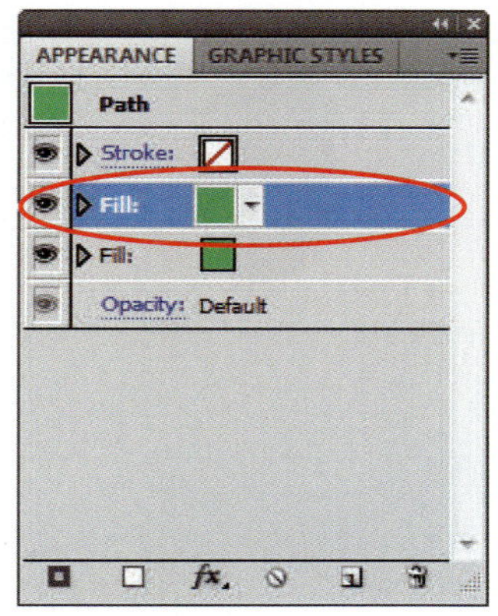
새 면 색상이 추가된 모습

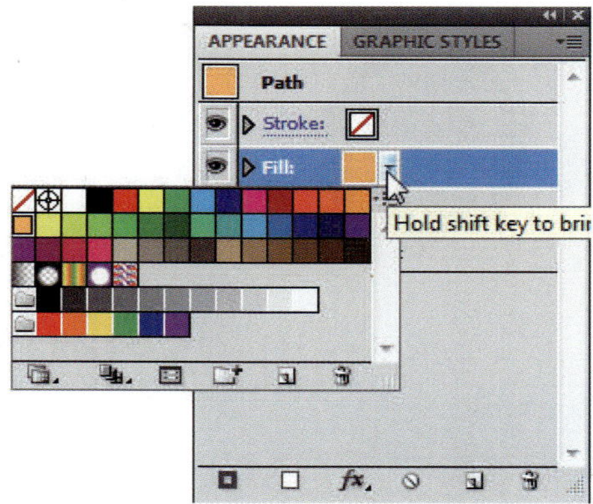
면 색상을 주황색으로 교체

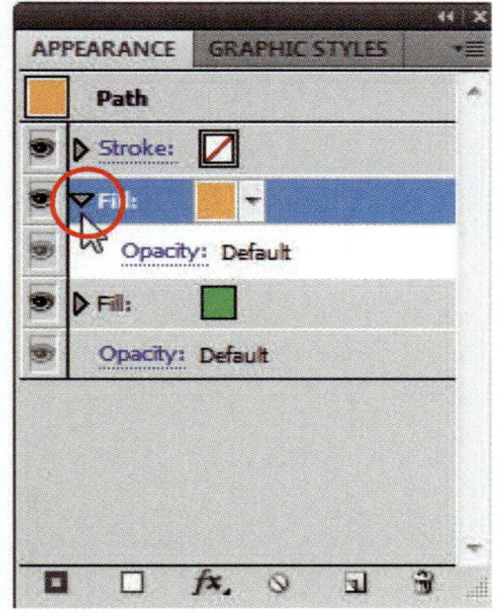
면 색상의 Opacity 목록 열기

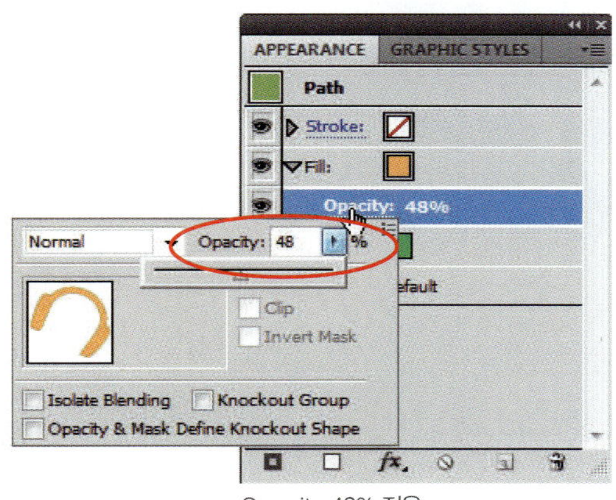
Opacity 48% 적용

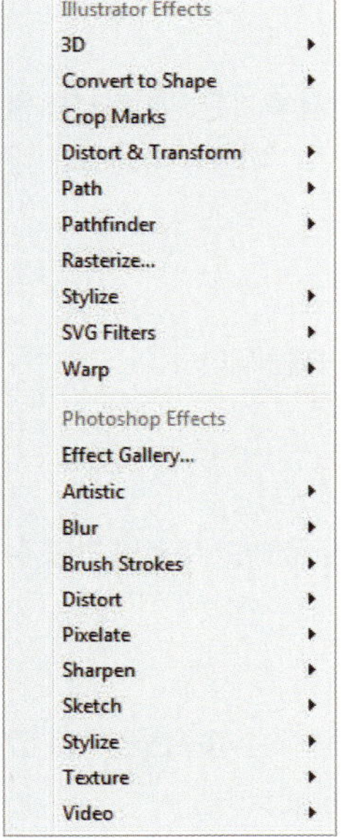

❾ **Add New Effects 버튼 :** 메뉴바의 Effect 메뉴와 동일 기능이며, 선택한 오브젝트에 각종 이펙트와 스타일을 추가 적용할 수 있습니다. 자세한 사용법은 6부, Effect 메뉴를 참고하기 바랍니다.

Appearance 팔레트의 각 요소 상하로 이동시키기

Appearance 팔레트의 상하 배열된 항목의 순서를 위, 아래로 바꾸면 인쇄되는 순서도 바뀌게 됩니다. 예를 들어 Fill Color를 상단, Stroke Color를 하단으로 놓으면 인쇄할 때 Fill Color가 Stroke Color 위에 인쇄되게 됩니다. 이 효과를 응용하면 Fill Color가 Stroke Color 때문에 테두리 부분이 사라지는 현상을 방지할 수 있습니다. 또한 2개 이상의 Stroke 컬러를 생성시켰을 경우, 하나는 굵은 선을, 다른 하나는 가느다란 선을 적용시킨 뒤 Appearance 팔레트에서 가느다란 Stroke는 위쪽에, 굵은 Stroke는 아래쪽에 배치하면 두 Stroke가 모두 인쇄되는 효과가 있습니다.

❿ Clear Appearance : 오브젝트에 적용된 색상과 각종 이펙트 효과를 제거하는 기능입니다. Fill 색상과 Stroke 색상도 무색으로 처리되므로 패스만 남는 상태가 됩니다.

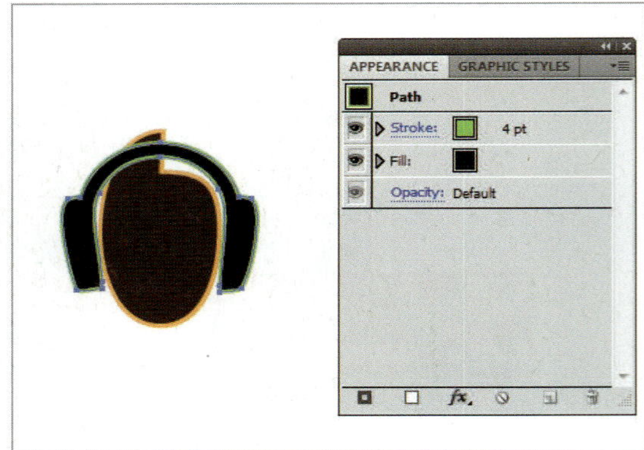
예제 이미지

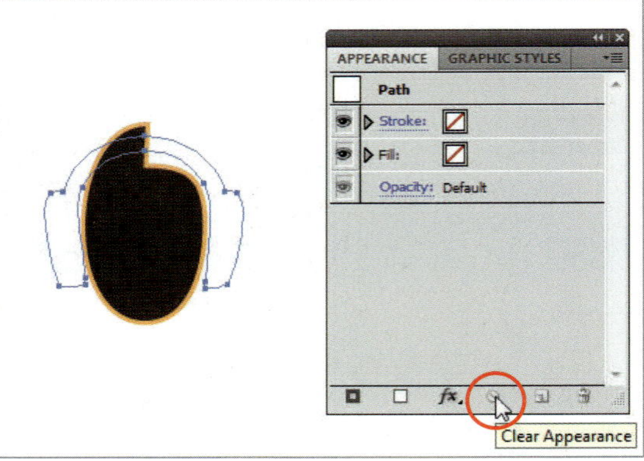
Clear Appearance 버튼 클릭

⓫ Duplicate Selected Item : 선택한 아이템을 복사하여 하나 더 생성시킵니다.

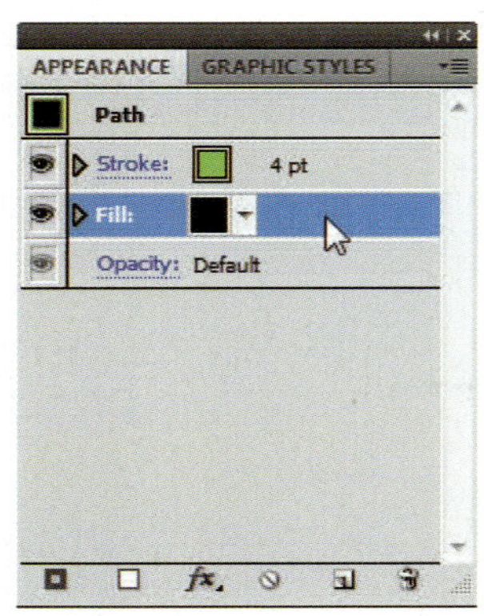
복사할 아이템 선택

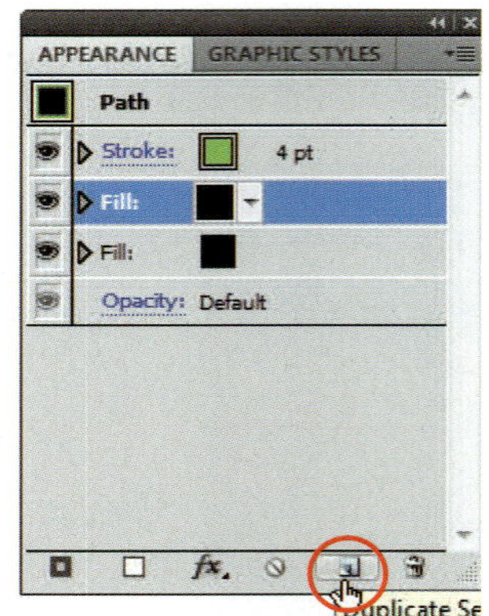
Duplicate 버튼으로 복사

⓬ Delete Selected Item : 선택한 요소를 팔레트에서 삭제합니다.

⓭ Appearance 팔레트 메뉴

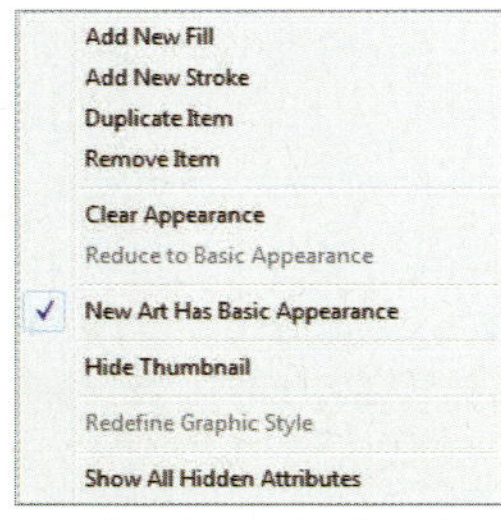

- **Add New Fill** : 선택한 오브젝트의 Fill 컬러를 하나 더 생성시킵니다. 팔레트 목록에서 추가된 Fill 컬러를 원하는 색으로 교체한 뒤 Opacity(불투명도)를 조절하면 색상이 미려하게 조절됩니다.
- **Add New Stroke** : 선택한 오브젝트의 Stroke 컬러를 하나 더 생성시킵니다.
- **Duplicate Item** : 팔레트에서 선택한 항목을 복사하여 하나 더 만들어 줍니다.
- **Remove Item** : 팔레트에서 선택한 항목을 삭제합니다. 작업 이미지도 해당 요소가 삭제됩니다.
- **Clear Appearance** : 오브젝트에 적용되어 있는 모든 효과와 색상을 제거합니다.
- **Reduce to basic Appearance** : 특수 효과는 제거한 뒤 Fill Color와 Stroke Color가 남는 상태로 바꿔 줍니다.
- **New art has basic Appearance** : 이 메뉴의 체크 표시를 제거하면 새 오브젝트를 그릴 때 Fill 컬러와 Stroke 컬러만 이용해 그릴 수 있습니다. 이 메뉴를 체크하면 현재 설정된 각종 이펙트 스타일을 사용해 새 오브젝트를 그릴 수 있습니다.
- **Hide Thumbnail** : 팔레트에 표시된 썸네일 이미지를 감추거나 표시합니다.
- **Replace Graphic Style** : 그래픽 스타일로 스타일을 적용한 다음 Appearance 팔레트에서 각 항목을 더블클릭해 수정하는 경우가 있습니다. 이렇게 스타일을 수정한 뒤 이 메뉴를 실행하면 바뀐 스타일이 그래픽 스타일 팔레트의 견본에도 바로 적용됩니다.

Appearance 팔레트로
이미지 각 요소 수정하기

E X A M P L E

Appearance 팔레트는 선택된 오브젝트에 적용된 각종 Appearance(형태)를 표시해줍니다. 따라서 각각의 표시된 요소를 마우스로 더블클릭하면 항상 수정할 수 있는 상태가 됩니다. 즉, 아무리 복잡한 오브젝트라도 Appearance 팔레트를 사용하면 개개별 오브젝트로 액세스가 가능한 것입니다. 참고로, 작업창에서 Appearance 팔레트가 보이지 않을 경우 Window −〉 Appearance 메뉴로 불러옵니다.

01_ DVD 부록에서 예제 '비행기.ai'를 불러옵니다. 구름 이미지를 복사한 뒤 투명도를 조절하고 조종석 창문의 Stroke를 Appearance 팔레트로 수정하겠습니다.

02_ 전체가 그룹으로 묶여 있으므로 '직접 선택 툴'로 구름을 클릭해 선택합니다.

03_ [Alt] + 드래그하여 구름을 복사한 뒤 예제처럼 아래쪽에다 배치합니다.

04_ 원래 구름 이미지를 클릭해 선택합니다.

05_ Appearance 팔레트 버튼을 클릭하면 선택한 구름 이미지의 속성이 표시되는 Appearance 팔레트가 실행됩니다. 여기서 투명도를 조절할 수 있는 Opacity 문자열을 더블클릭합니다.

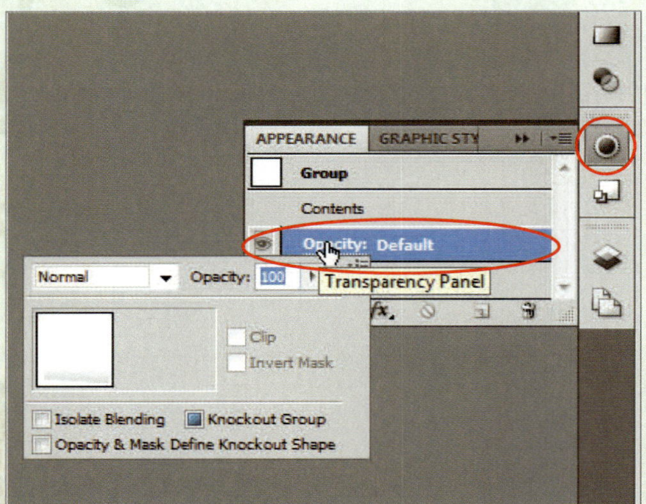

06_ Opacity 팔레트에서 Opacity를 60%로 설정합니다. 선택한 구름의 Fill 컬러가 60% 반투명 상태로 변할 것입니다.

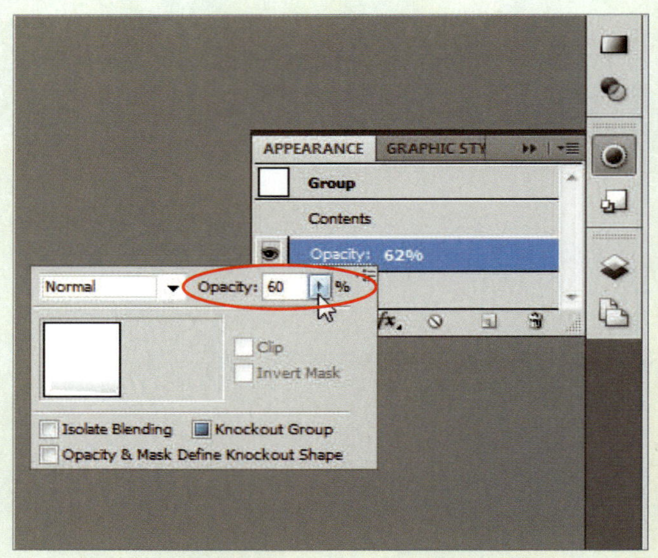

07_ 작업 이미지를 보면 원래 구름이 60% 반투명 상태로 변해있습니다. Appearance 팔레트를 사용하면 나중에도 수정이 용이하다는 것을 알 수 있습니다.

08_ '돋보기 툴'로 화면을 확대한 뒤 '직접 선택 툴'로 조정석 유리창을 클릭해 선택합니다.

09_ Appearance 팔레트에서 Stroke 색상을 파란색으로 교체하고 Stroke 두께는 3pt로 수정합니다.

10_ 수정이 마무리된 이미지입니다. Appearance 팔레트를 사용하면 언제라도 각 오브젝트의 색상이나 투명도, Stroke를 수정할 수 있음을 알 수 있습니다.

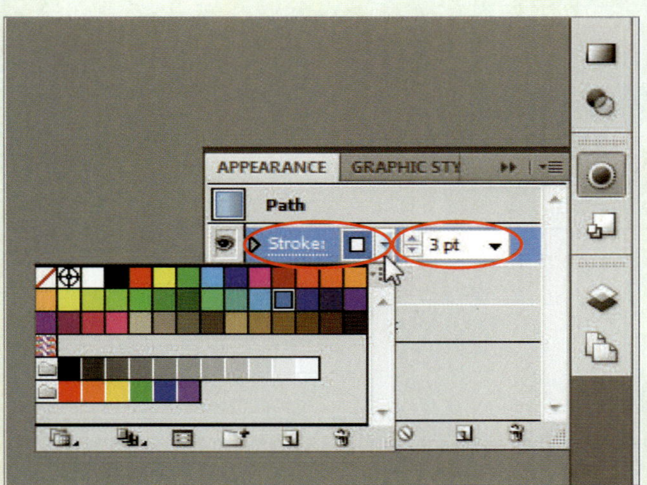

아트보드 만들고 관리하기
아트보드(Artboards) 팔레트

Illustrator CS5

비트맵 그래픽 프로그램인 포토샵은 종이 한 장을 불러온 뒤 그 안에서만 그림을 그릴 수 있는 반면, 벡터 프로그램인 일러스트레이터 CS5는 종이 외곽에도 무한대의 그림을 그릴 수 있습니다. 이때 아트보드는 일러스트레이터에서 그림을 그리는 종이라고 할 수 있습니다.

일러스트레이터에서의 아트보드는 A4 등의 종이 규격을 표시하는 영역을 말하며, 무한대로 그림을 연결할 수 있는 벡터 그래픽 속성상 화면상에 아트보드를 여러 개 펼쳐놓고 작업할 수 있습니다. 이렇게 하면 매번 새 파일을 만들지 않고 하나의 파일 안에서 수천 장의 아트보드를 열어놓고 작업할 수 있다는 장점이 있습니다. 아트보드가 무한대로 늘어나도 실제 인쇄 작업 시에는 지정한 아트보드 영역만 인쇄할 수 있도록 Print 메뉴 또한 변경되었습니다.

아트보드 팔레트는 Window -> Artboards 메뉴로 실행합니다.

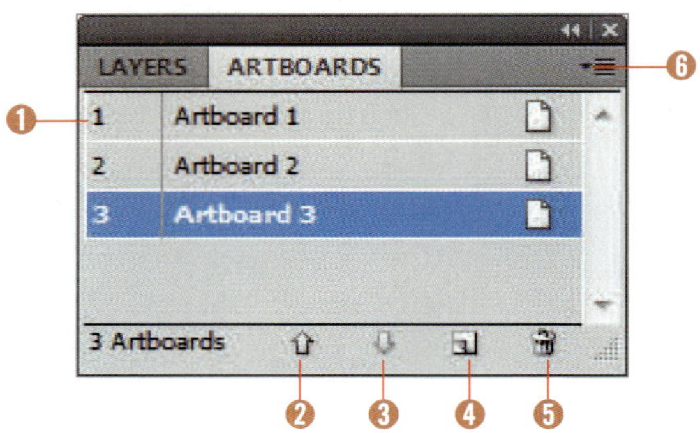

❶ **아트보드 목록** : 화면에 생성시킨 아트보드가 목록으로 표시됩니다.

❷ **위로 이동** : 선택한 아트보드를 목록상에서 위로 이동시킵니다. 인쇄 시 앞쪽에 위치하게 됩니다.

❸ **아래로 이동** : 선택한 아트보드를 아래로 이동시킵니다. 인쇄 시 뒤쪽에 위치하게 됩니다.

❹ **새 아트보드** : 새 아트보드를 생성시킵니다.

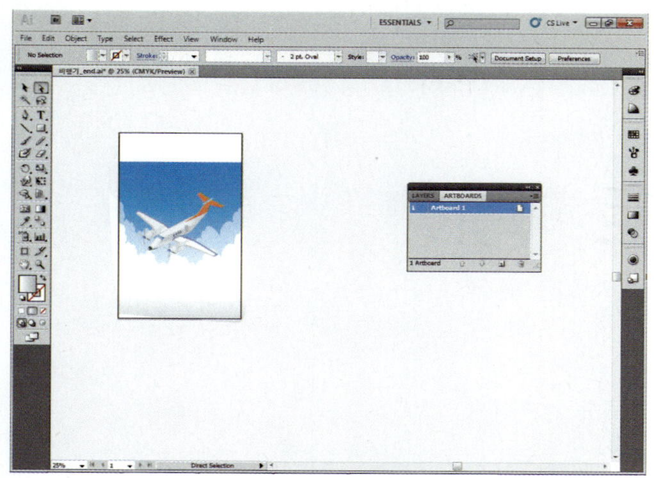

현재의 아트보드

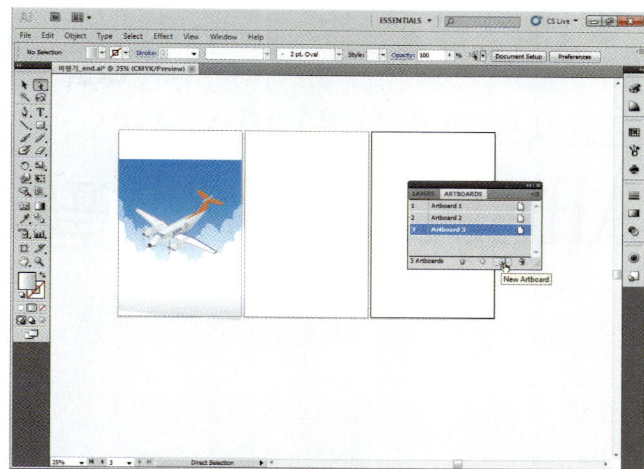

새 아트보드를 2개 생성시킨 모습

❺ **휴지통 버튼** : 선택한 아트보드를 삭제합니다.

❻ **아트보드 팔레트 메뉴**

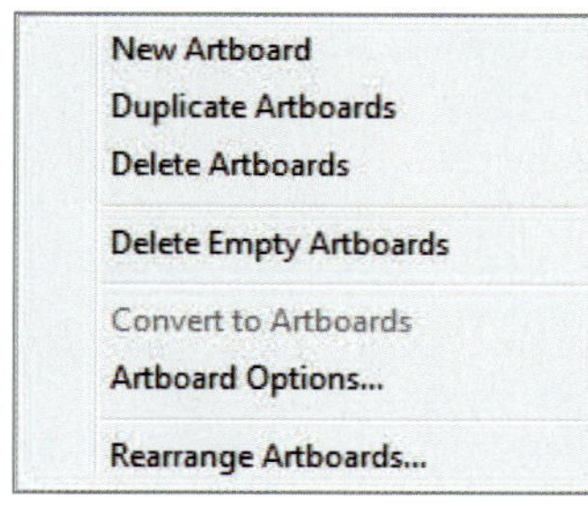

– **New Artboard** : 새 아트보드를 생성시킵니다.
– **Duplicate Artboards** : 목록창에서 선택한 아트보드를 복제하여 하나 더 만듭니다. 아트보다 안에 그림이 있을 경우 그림도 함께 복제됩니다.
– **Delete Artboards** : 목록창에서 선택한 아트보드를 삭제합니다. 아트보드에 그림이 있을 경우 그림은 삭제되지 않고 아트보드 표시만 삭제됩니다.
– **Delete Empty Artboards** : 그림이 없는 아트보드를 일괄 삭제합니다.
– **Convert to Artboards** : 사각형 도형을 선택한 경우, 이 도형을 아트보드로 전환해줍니다.
– **Artboard Options** : 선택한 아트보드의 규격을 임의대로 수정하거나 아트보드를 회전시킬 수 있습니다. 아트보드 외곽에 각종 인쇄마크를 추가 표시할 수 있습니다. 아트보드 외곽에 그림자를 만들 수 있습니다.
– **Rearrange Artboards** : 아트보드가 생성되는 방향, 행수, 간격을 설정할 수 있습니다.

오브젝트의 속성과 URL 설정
Attributes(속성) 팔레트

Window → Attributes 메뉴를 실행하면 Attribute 팔레트가 나타납니다. 인쇄 특성의 하나인 오버프린트 옵션과 URL 주소, Note 옵션을 사용할 수 있습니다.

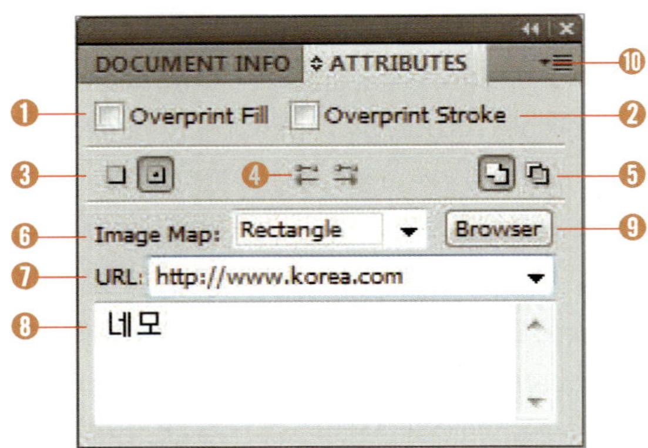

❶ **Overprint Fill** : 2개 이상의 오브젝트가 겹쳐있을 경우 Fill Color(면 색상)를 오버프린트하는 옵션입니다. 오버프린트란 2개 이상의 오브젝트가 겹쳐있을 때 밑바탕이 되는 오브젝트 위에 상단 오브젝트를 중복 인쇄할 때 선택합니다. 정상 색상으로 인쇄하고 싶다면 오버프린트 옵션을 선택하거나 Knock Out 옵션을 사용합니다. 겹쳐있는 오브젝트를 인쇄할 때 이 옵션을 사용하지 않으면 겹쳐있는 부분의 색상이 정상적으로 인쇄되지 않을 수도 있습니다. 인쇄 출력 시 사용하며 가정용 프린터에서는 사용하지 않습니다.

❷ **Overprint Stroke** : 겹쳐있는 Stroke(선) 색상을 오버프린트할 때 선택합니다.

❸ **Center 옵션** : 오브젝트를 선택했을 때 센터 부분에 중심점을 표시할 것인지 지정합니다.

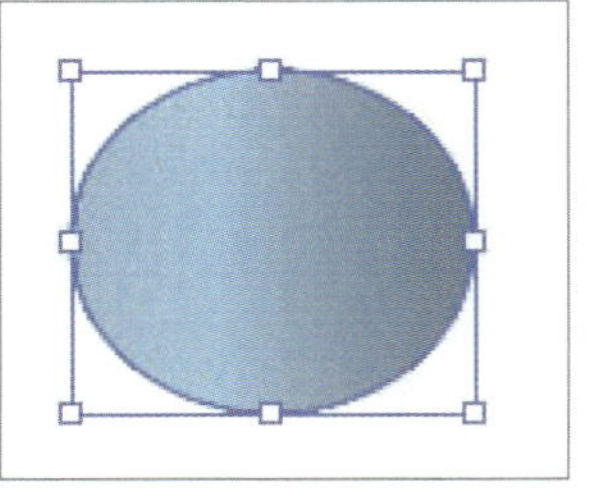

센터를 표시하지 않은 모습

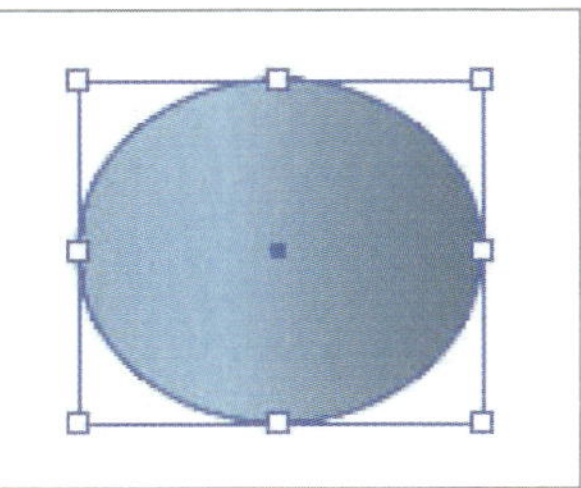

센터를 표시하는 옵션

❹ **Reverse Path Direction On/ Off :** 두루마리 형태의 컴파운드 패스를 제작했을 경우, 컴파운드 상태를 조절할 수 있습니다. 겹쳐있는 오브젝트를 두 개 이상 선택한 뒤 PathFinder 팔레트로 겹쳐있는 부분을 빼거나 합치면 컴파운드 패스가 제작됩니다. 보통 오른쪽의 Reverse Path Direction On/ Off 옵션과 연계하여 동작합니다.

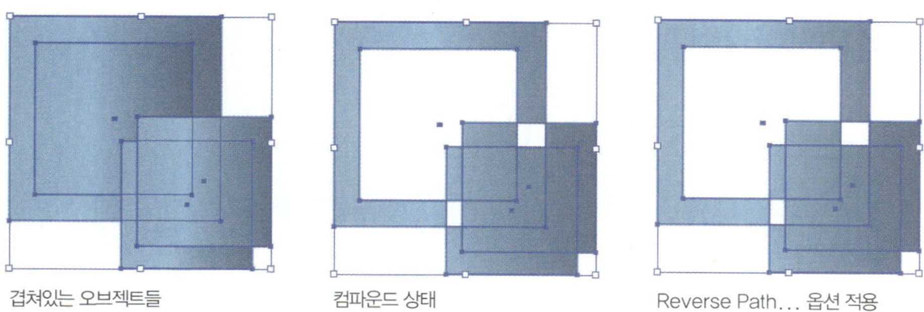

| 겹쳐있는 오브젝트들 | 컴파운드 상태 | Reverse Path… 옵션 적용 |

❺ **Use Fill Rules :** 컴파운드 패스의 겹쳐지는 부분을 다시 합치거나 제외시키는 옵션입니다. 바로 왼쪽의 Reverse Path Direction On/ Off 옵션과 연계하여 동작합니다.

❻ **Image Map :** 홈페이지 제작에서 볼 수 있는 이미지 맵 제작 기능입니다. None, Rectangle(사각형), Polygon(다각형)에서 선택합니다. None을 선택하면 URL 입력란이 비활성화되고 사각형이나 다각형을 선택하면 URL을 입력할 수 있도록 URL 항목이 활성화됩니다. 이미지 맵을 설정하면 나중에 그 영역이 버튼 영역이 되므로 홈페이지 주소를 링크시킬 수 있습니다.

❼ **URL :** Image Map 옵션에서 사각형(Rectangle) 등을 선택했을 때 입력창이 활성화됩니다. 해당 Image Map 영역에 인터넷 주소를 링크시킬 수 있으며, 주소는 프로토콜인 http:// 부분부터 입력해야 합니다.

❽ **Note :** 이 기능은 액션 기능을 사용할 때 필요한 기능으로, 선택한 오브젝트에 이름을 설정할 때 사용합니다. 여러 오브젝트에 똑같은 이름을 설정할 수도 있습니다. 예를 들어 여러 오브젝트에 '네모'라는 이름을 설정한 경우, 액션 팔레트의 Select Object 메뉴를 사용할 때 Note 항목에 입력된 동일 이름의 오브젝트를 일괄적으로 찾아 선택 상태로 만들 수 있습니다. 액션 녹음 시 사용하는 도우미 기능이라 할 수 있습니다.

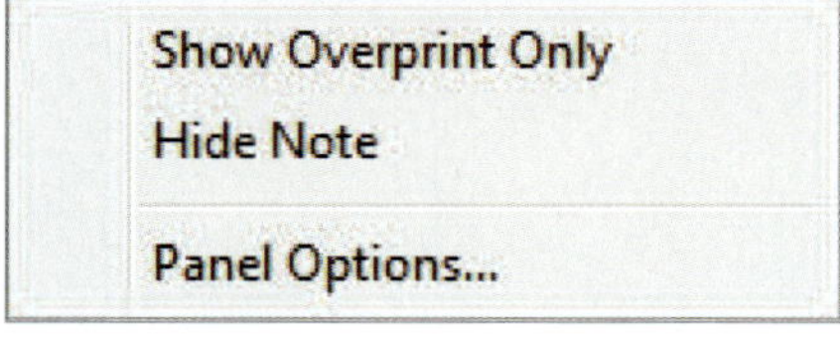

❾ **Browse 버튼 :** 입력시킨 웹 주소가 정상대로 연결되는지 이 버튼을 클릭해 '미리보기'할 수 있습니다.

❿ **Attribute 팔레트 메뉴**

- **Show Overprint Only :** 팔레트 형태를 Overprint 옵션만 보이도록 축소하거나 전체가 보이도록 확장합니다.
- **Show/ Hide Note :** 팔레트 하단에 Note 옵션을 표시하거나 감춥니다.
- **Palette Options :** URL 입력란을 클릭했을 때 기록되는 URL 주소의 총 개수를 지정합니다.

브러시 선택하고 제작하기
Brushes(브러시) 팔레트

브러시 팔레트는 '브러시 툴'이나 '연필 툴'로 작업할 때 필요한 브러시를 선택하고 새 브러시 모양을 제작할 때 사용합니다. 기본적으로 Calligraphic(서예) 브러시, Art(예술) 브러시, Pattern(패턴) 브러시가 있으며 사용자 임의대로 브러시를 등록할 수도 있습니다. 브러시 팔레트의 Open Brush Libraries 메뉴는 외부에 있는 브러시 견본을 불러올 때 사용합니다.

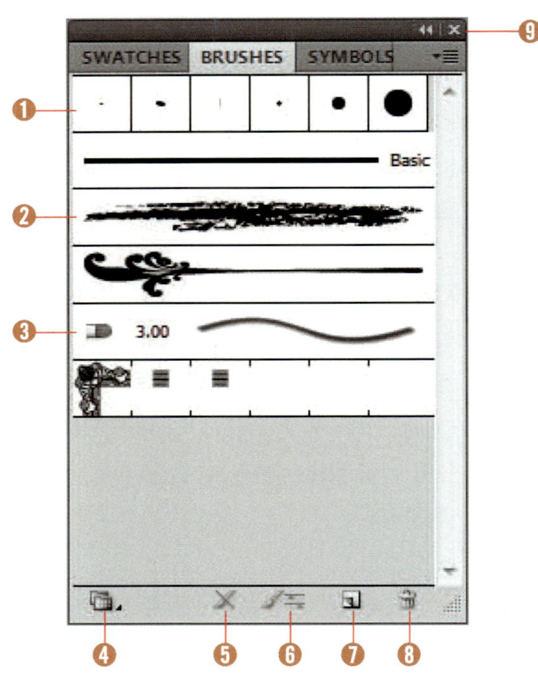

참고로, 브러시의 굵기는 Stroke 팔레트 또는 옵션바의 Stroke 옵션에서 선택합니다. 브러시 팔레트는 말 그대로 브러시의 모양을 선택할 때 사용합니다.

사용자가 만든 오브젝트를 브러시로 등록하기

사용자가 제작한 이미지를 새 브러시로 등록할 수도 있습니다. 먼저 브러시로 사용할 오브젝트를 제작한 뒤 브러시 팔레트로 드래그하면 새 브러시로 등록됩니다.

❶ **Calligraphic(서예) 브러시** : 흔히 서예 브러시라고 말하며 가장 많이 사용하는 브러시 형태입니다. 가느다란 선부터 사각 모양의 선, 기울어진 선 등 다양한 브러시 모양이 있습니다. 해당 브러시를 더블클릭하면 옵션 대화상자가 실행되어 서예 브러시의 옵션을 수정할 수 있습니다. 옵션 대화상자의 사용법은 아래와 같습니다.

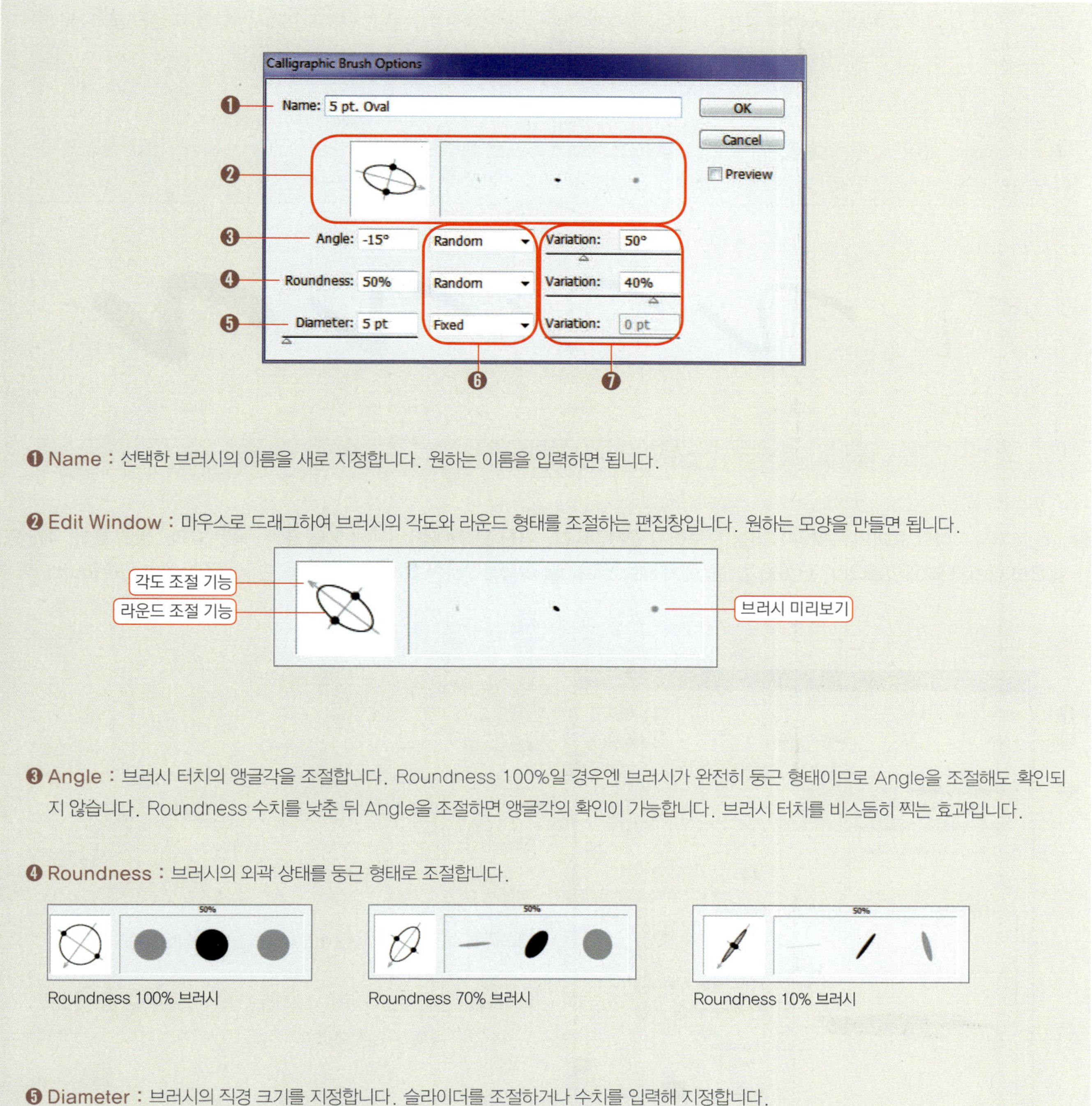

❶ **Name** : 선택한 브러시의 이름을 새로 지정합니다. 원하는 이름을 입력하면 됩니다.

❷ **Edit Window** : 마우스로 드래그하여 브러시의 각도와 라운드 형태를 조절하는 편집창입니다. 원하는 모양을 만들면 됩니다.

❸ **Angle** : 브러시 터치의 앵글각을 조절합니다. Roundness 100%일 경우엔 브러시가 완전히 둥근 형태이므로 Angle을 조절해도 확인되지 않습니다. Roundness 수치를 낮춘 뒤 Angle을 조절하면 앵글각의 확인이 가능합니다. 브러시 터치를 비스듬히 찍는 효과입니다.

❹ **Roundness** : 브러시의 외곽 상태를 둥근 형태로 조절합니다.

❺ **Diameter** : 브러시의 직경 크기를 지정합니다. 슬라이더를 조절하거나 수치를 입력해 지정합니다.

❻ **각각의 옵션** : 3, 4, 5번 항목의 옵션은 설정한 값을 어떤 방식으로 사용할 것인지 지정하는 기능입니다.

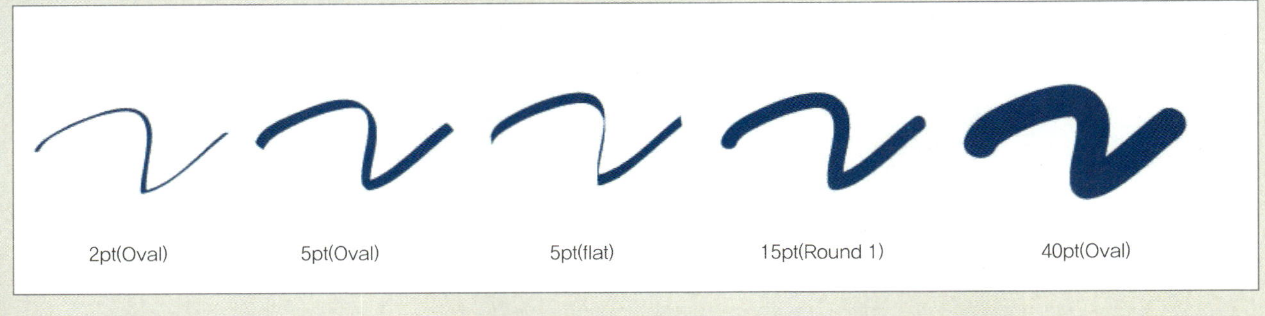

– Fixed : 지정한 값으로 고정한 뒤 브러시를 사용합니다.
– Random : 지정한 값보다 작은 크기로 브러시의 크기가 무작위 변환되어 사용됩니다.
– Pressure 이하 옵션 : 타블렛의 압력 감지펜을 사용할 경우 누르는 강약에 따라 브러시의 앵글, 라운드 상태가 달라지는 옵션들입니다.

❼ **Variation** : 지정한 값의 변동량을 세밀하게 조절할 수 있습니다. 브러시 팔레트에서 기본으로 제공하는 서예 브러시를 사용한 모습입니다. 동일한 서예 브러시이긴 하지만 브러시가 드로잉되는 모습이 조금씩 달라짐을 알 수 있습니다.

2pt(Oval)	5pt(Oval)	5pt(flat)	15pt(Round 1)	40pt(Oval)

❷ **Art 브러시** : 아트 효과의 드로잉이 가능한 브러시 견본입니다. 거친 붓 형태를 비롯해 분필 효과, 목탄 효과, 잉크 효과, 페인팅 효과의 브러시 등이 있습니다. 브러시 팔레트에서 해당 브러시를 더블클릭하면 옵션을 설정할 수 있는 대화상자가 나타납니다.

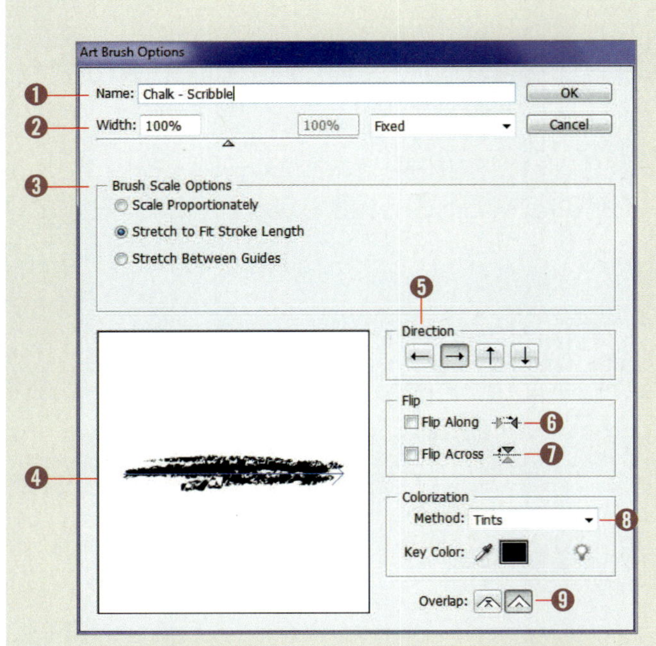

❶ **Name** : 브러시 이름을 지정합니다.

❷ **Width** : 브러시 너비를 조절합니다. 옆의 Proportional 옵션을 선택하면 Art 브러시로 드로잉한 길이와 비례하여 너비도 늘어납니다.

❸ **Brush Scale Options** : 브러시 크기를 조절할 때 필요한 옵션입니다.

❹ **프리뷰 화면** : 편집 중인 브러시의 모습을 미리 보여줍니다.

❺ **Direction** : 아트 브러시가 뻗어 나가는 진행 방향을 교체합니다. 마우스 드로잉 방향과 상관없이 아트 브러시가 뻗어 나가는 방향을 ←, →, ↑, ↓ 방향으로 생성시키는 기능입니다.

❻ **Flip Along** : 드로잉한 방향을 기준으로 브러시의 양쪽 끝을 서로 반대로 뒤집어 줍니다.

기본값을 적용한 모습

Flip Along 적용한 모습

❼ **Flip Across** : 드로잉한 방향을 축으로 브러시 터치를 상하로 뒤집어줍니다.

기본값을 적용한 모습

Flip across 적용한 모습

아트 브러시로 표현할 수 있는 브러시 질감

Art 브러시에는 서예붓을 포함해 여러 가지 종류가 있습니다. 실제 동양화에서 볼 수 있는 섬세하거나 와일드한 브러시 터치가 가능하므로 상상력을 자극하는 브러시 터치가 가능합니다.

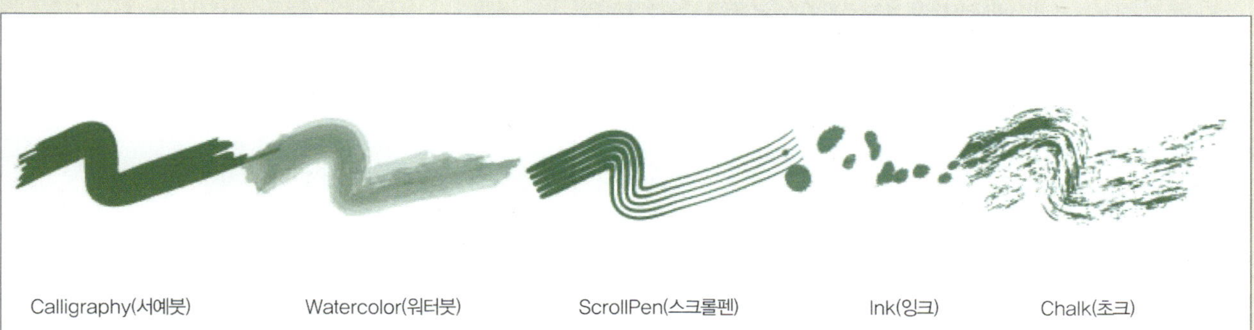

❽ Colorization : 드로잉한 아트 브러시의 색조 상태를 Stroke 컬러를 이용해 조절합니다. 참고로, 새 브러시를 등록할 때도 이 기능을 사용해야 하는데, 만일 새 브러시로 나중에 채색할 때 Stroke 컬러에 영향을 받게 하려면 Hue Shift를 선택해야 합니다.

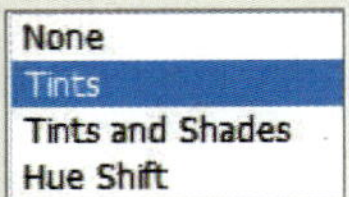

– None : 원래 아트 브러시가 사용한 자체 색상으로 드로잉됩니다.
– Tints : 아트 브러시의 자체 색상에 Stroke 컬러를 연하게 추가됩니다.
– Tints and Shades : 아트 브러시의 자체 색상에 Stroke 컬러를 그림자와 함께 추가합니다.
– Hue Shift : 아트 브러시의 자체 색상에 Stroke 컬러를 강하게 사용됩니다.

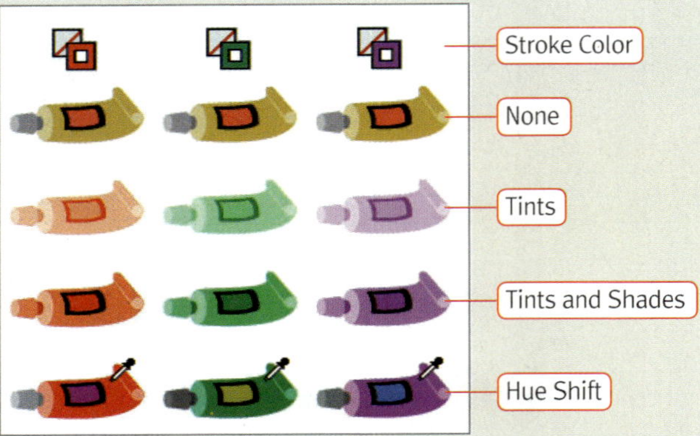

❾ 오버랩 : 오버랩될 때 코너를 처리할 방식을 선택합니다.

❸ **Pattern(패턴) 브러시** : 패턴 브러시란 보더, 데코레이션 등 미리 만들어 놓은 다양한 패턴을 브러시로 사용하는 것을 말합니다. 팔레트에서 원하는 브러시를 더블클릭하면 옵션 대화상자가 실행되어 패턴 브러시의 옵션을 설정할 수 있습니다.

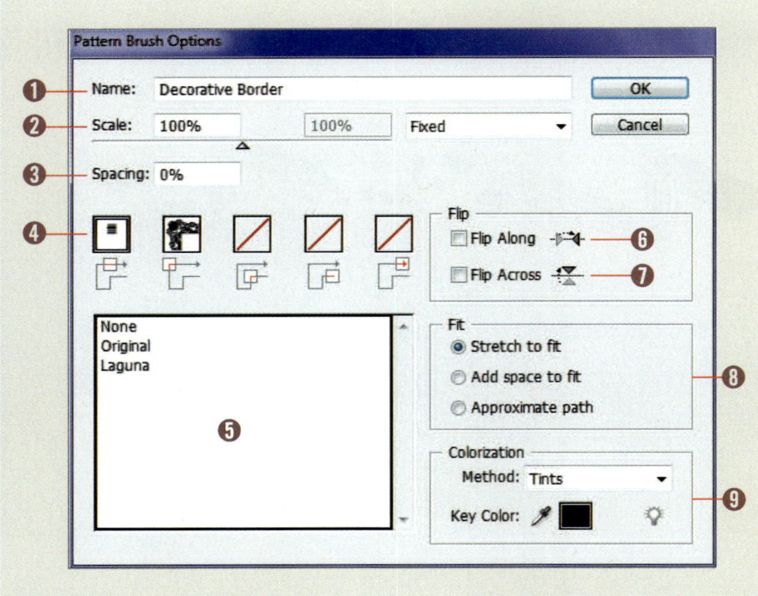

❶ Name : 패턴 브러시의 이름을 수정합니다.

❷ Scale : 패턴 브러시의 크기를 지정합니다.

❸ Spacing : 패턴 사이의 간격을 지정합니다.

❹ Tile 편집 : 패턴 브러시의 각 구간에 들어가는 이미지를 편집합니다. 왼쪽부터 '옆면 타일', '외곽 코너 타일', '내부 코너 타일', '시작 타일', '끝부분 타일'에 대한 설정입니다. 먼저 수정할 타일을 선택한 뒤 하단 패턴 목록에서 원하는 목록을 클릭하여 삽입하면 됩니다.

❺ 패턴 목록 : 기본으로 제공하는 패턴 목록입니다. 상단 Tile 편집의 원하는 위치에 삽입하면 해당 패턴이 브러시로 제작됩니다.

❻ Flip Along : 드로잉 방향을 기준으로 양쪽 끝을 서로 뒤집어 줍니다.

❼ Flip Across : 드로잉 방향을 축으로 해서 브러시를 상하로 뒤집어 줍니다.

❽ Fit : 패턴이 드로잉되는 방식을 설정합니다.

– Stretch to fit : 패턴이 드로잉되는 곡선에 딱 맞지 않을 경우 패턴을 적절히 늘려주면서 드로잉합니다.
– Add space to fit : 패턴이 드로잉되는 곡선에 딱 맞지 않을 경우 패턴과 패턴 사이에 빈 공간을 자동 추가하며 드로잉합니다.
– Approximate path : 패턴을 드로잉되는 곡선의 길이와 맞추는 방식입니다. 패턴이 늘어나는 현상이 발생할 수도 있습니다.

❾ Colorization : 앞 페이지에서 설명한 Colorization 옵션과 동일 기능입니다.

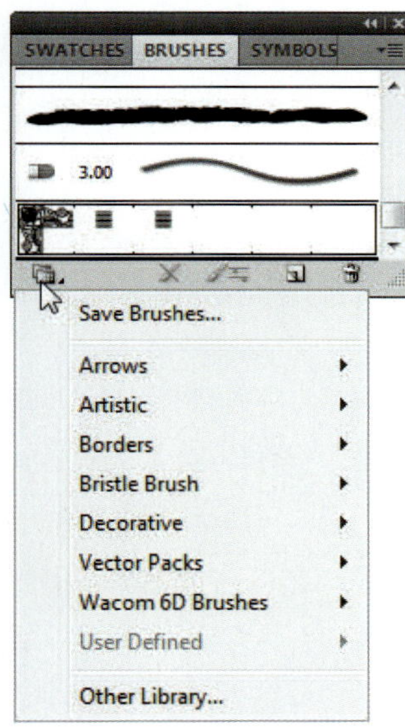

❹ 브러시 라이브러리 버튼 : 브러시 라이브러리 메뉴를 불러올 수 있는 버튼입니다. 목록에서 원하는 브러시 라이브러리를 선택하면 해당 라이브러리(브러시 견본)가 별도의 팔레트로 나타납니다. 여기서 다양한 브러시를 선택해 사용할 수 있습니다. 브러시 팔레트의 메뉴 버튼에서 실행하는 Open Brush Library 메뉴와 동일 기능입니다.

❺ Remove Brush Stroke 버튼 : 브러시 외곽선의 Stroke 컬러를 제거합니다. 먼저 작업창에서 브러시로 그린 선을 선택해야 합니다.

❻ Options of Selected Object 버튼 : 작업창에서 선택한 브러시의 옵션 대화상자를 불러옵니다.

❼ New Brush 버튼 : 새 브러시를 팔레트에 등록합니다. 먼저 작업창에서 원하는 오브젝트를 선택한 뒤 이 버튼을 클릭합니다. 이때 옆과 같이 대화상자가 실행되어 어떤 브러시 라이브러리에 등록할지 결정할 수 있습니다.

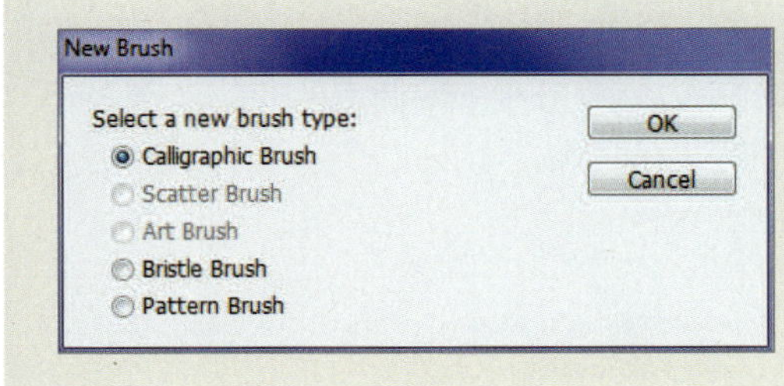

❶ Calligraphic 브러시 : 서예 브러시를 등록할 때 선택
❷ Scatter 브러시 : 물방울로 뿌리는 듯하게 사용할 수 있는 브러시를 등록할 때 선택
❸ Art 브러시 : 아트 효과의 브러시를 등록할 때 선택
❹ Bristle 브러시 : 짧고 뻣뻣한 털 계통의 브러시를 등록할 때 선택
❺ Pattern 브러시 : 패턴이 반복되는 브러시를 등록할 때 선택

❽ **Delete 버튼** : 팔레트에서 선택한 브러시를 브러시 견본에서 삭제합니다. 만일 삭제할 브러시가 작업 이미지에서 사용되고 있다면 브러시는 삭제되지 않습니다. 일러스트레이터 CS5가 기본 제공하는 브러시 또한 삭제할 수 있지만 일러스트레이터를 재실행하면 원래의 브러시가 나타납니다.

❾ **브러시 팔레트 메뉴**

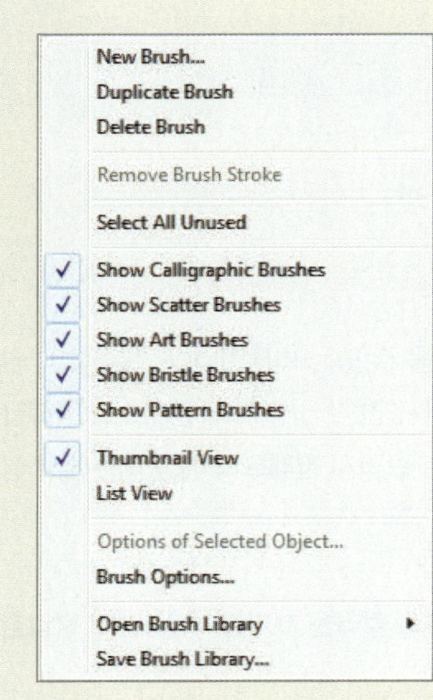

❶ **New Brush 메뉴** : 새 브러시를 브러시 팔레트에 등록합니다.

❷ **Duplicate Brush 메뉴** : 선택한 브러시를 복제하여 하나 더 만들어 줍니다.

❸ **Delete Brush 메뉴** : 선택한 브러시를 삭제합니다.

❹ **Remove Brush Stroke 메뉴** : 브러시의 Stroke 컬러를 제거합니다.

❺ **Select All Unused 메뉴** : 작업창에서 사용하지 않은 브러시를 모두 선택해 줍니다.

❻ **Show Calligraphic Brushes 메뉴** : 서예 브러시를 브러시 팔레트에 표시해 줍니다.

❼ **Show Scatter Brushes 메뉴** : Scatter 브러시를 브러시 팔레트에 표시해 줍니다.

❽ **Show Art Brushes 메뉴** : Art 브러시를 브러시 팔레트에 표시해 줍니다.

❾ **Show Pattern Brushes 메뉴** : Pattern 브러시를 브러시 팔레트에 표시해 줍니다.

❿ **Thumbnail View 메뉴** : 팔레트의 브러시 견본을 썸네일 방식으로 보여줍니다.

⓫ **List View 메뉴** : 팔레트의 브러시 견본을 이름 방식으로 보여줍니다.

⓬ **Options of Selected Object 메뉴** : 작업창에서 브러시 오브젝트를 선택한 뒤 실행합니다. 해당 브러시의 옵션 대화상자를 실행시킬 수 있습니다.

⓭ **Brush Options 메뉴** : 브러시 팔레트에서 선택한 브러시에 대한 옵션 대화상자를 실행합니다.

⓮ **Open Brush Library 메뉴** : 브러시 라이브러리 메뉴를 실행합니다. 매우 다양한 브러시 견본을 불러올 수 있습니다. 눈여겨 볼 만한 브러시는 Open Brush Library -〉 Vector Packs에 있는 견본들입니다.

⓯ **Save Brush Library 메뉴** : 현재 목록을 브러시 라이브러리에 저장합니다.

Grunge(그런지) 스타일 브러시 사용하기

브러시 팔레트의 하단 브러시 라이브러리 버튼을 클릭하면 Vector Packs 메뉴에 그런지 스타일 브러시가 등록되어 있습니다.

그런지(Grunge) 브러시란 외국의 그래픽 디자이너 사이에서는 폭발적으로 인기를 얻고 있는 브러시 스타일입니다. 찢어진 듯한 무늬와 각종 타이포 아트, 날카로운 3D 오브젝트, 깨진 유리 이미지를 다양하게 혼합하여 자신만의 그런지 스타일의 오브젝트를 제작한 뒤 새 브러시로 등록하면, 나중에 브러시 툴로 드로잉할 때 똑같은 스타일로 브러시 터치가 가능합니다.

자신만의
새 브러시 제작한 뒤 등록하기

E X A M P L E

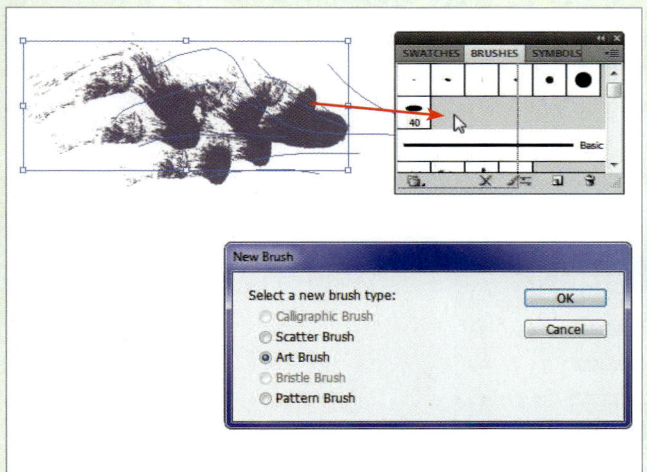

01_ 브러시로 등록할 오브젝트를 그려줍니다. 연필 툴, 브러시 툴, 타이프 툴, 또는 이미지를 붙여넣는 방식을 활용해 이미지를 그려줍니다. 제작한 이미지를 전부 선택한 뒤 브러시 팔레트로 드래그하면 새 브러시로 등록됩니다.
이때 대화상자가 나타나면 여러분이 원하는 계통을 선택한 뒤 등록합니다.

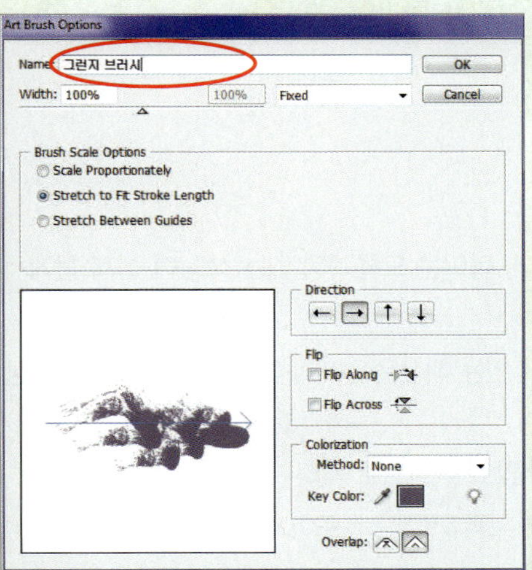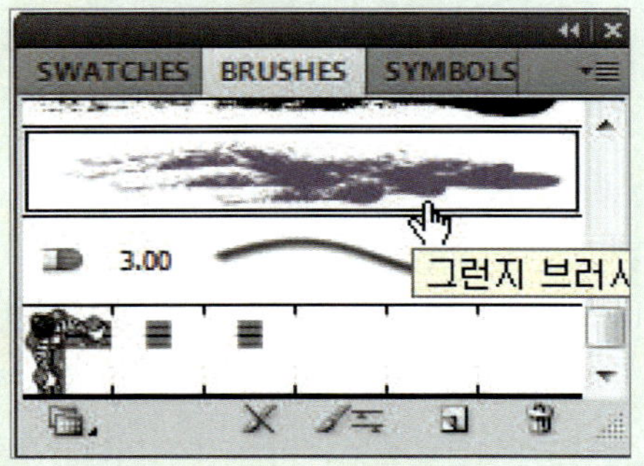

02_ 브러시 옵션을 설정할 수 있는 대화상자가 실행되면 '브러시의 이름'을 지정한 뒤 적용합니다. 브러시 팔레트를 보면 등록한 브러시가 나타납니다.
나중에 '브러시 툴'로 작업할 때 방금 등록한 브러시를 선택해 드로잉할 수 있습니다.

자신만의 색상 만들어 사용하기
컬러 팔레트(F6)

Window –〉 Color 메뉴를 실행하거나 키보드의 F6을 누르면 컬러 팔레트가 실행됩니다. Fill 컬러와 Stroke 컬러를 색상 조합 방식으로 만들 때 사용합니다. 색상은 RGB, CMYK, Grayscale 컬러 모델에서 조합할 수 있고 그라디언트 팔레트와 연동하여 그라디언트 색을 만들 수 있습니다.

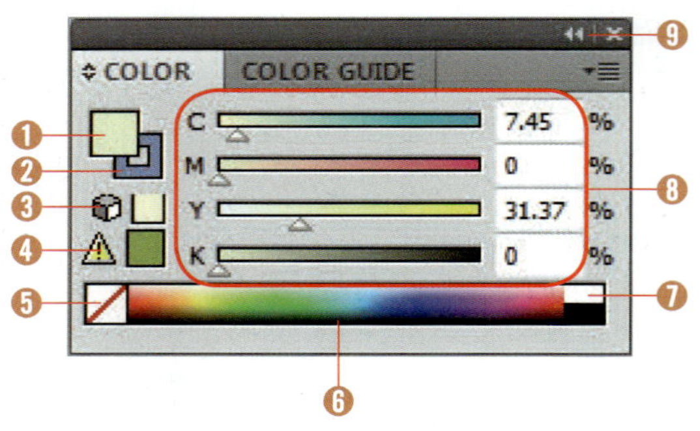

❶ **Fill Color :** Fill 컬러를 지정할 때는 이 버튼을 누른 뒤 색상을 조합합니다.

❷ **Stroke 컬러 :** Stroke 컬러를 지정할 때는 이 버튼을 누른 뒤 색상을 조합합니다.

❸ **사각형 아이콘 :** 조합한 색상이 불안전한 웹 컬러일 경우 사각형 아이콘이 나타납니다. 아이콘 오른쪽에 있는 색상이 실제 웹에서 보여지는 색상입니다.

❹ **느낌표 아이콘 :** 조합한 색상이 불안전한 인쇄 색상일 경우 나타납니다. 아이콘 오른쪽에 있는 색상은 인쇄할 때 실제로 인쇄되는 색상입니다.

❺ **무색 :** 이 버튼을 클릭하면 Stroke/ Fill 컬러에 무색이 지정됩니다. 색상을 사용하지 않고 투명으로 처리한다는 뜻입니다.

❻ **스펙트럼 바 :** 직관적으로 색상을 선택하는 기능입니다. 커서를 스펙트럼 바에 대면 커서의 모양이 스포이드로 바뀌어서 원하는 색상을 선택할 수 있습니다.

❼ **디폴트 색상 :** 순색의 검정색이나 순색의 흰색을 선택할 경우 이곳을 클릭하면 됩니다.

❽ **슬라이더 바 :** 색상을 조합하는 기구로 사용합니다. 드래그하면 색상을 혼합하여 원하는 색을 만들 수 있습니다. 색상 코드를 알고 있는 경우엔 그 옆에 수치를 입력해 색상을 조합할 수 있습니다.

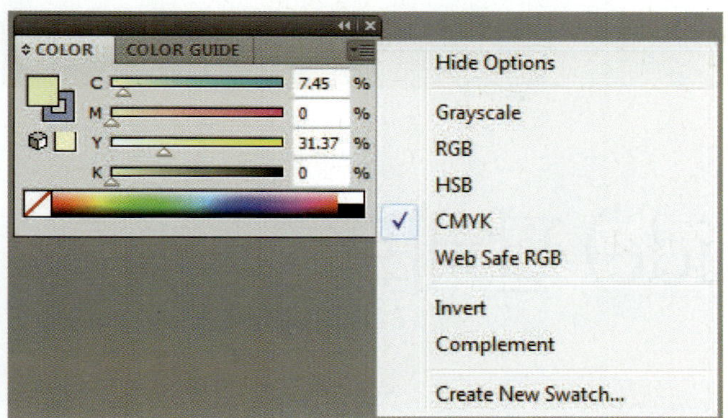

– Show/Hide Options 메뉴 : 팔레트의 하단에 옵션을 표시하거나 감출 수 있습니다.

– Grayscale 메뉴 : 컬러 팔레트의 형식을 Grayscale 형식으로 전환합니다. 보통 흑백 색상을 조합할 때 사용합니다. 작업을 하다보면 그라디언트 색상이 흑백인 경우가 많은데 이유는 여기서 Grayscale 팔레트가 선택되어 있기 때문입니다. 팔레트의 색상 형식을 CMYK로 전환하면 컬러 그라디언트를 제작할 수 있습니다.

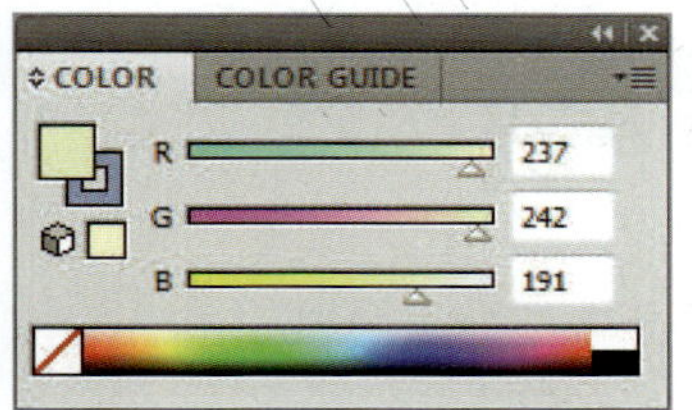

– RGB 메뉴 : 컴퓨터 모니터용 컬러 작업 모델인 RGB 형식으로 팔레트를 전환합니다. 보통 홈페이지에서 사용할 웹이미지를 제작할 경우 이 팔레트를 선택한 후 색상 조합 작업을 진행합니다.

– HSB 메뉴 : HSB 컬러 형식으로 팔레트를 전환합니다. H 슬라이더는 색상, S 슬라이더는 채도, B 슬라이더는 명도를 선택하는 기능을 제공합니다. 보통 이 팔레트로 작업하지 않지만 채도 조절이 필요한 경우엔 이 팔레트에서 작업할 수도 있습니다.

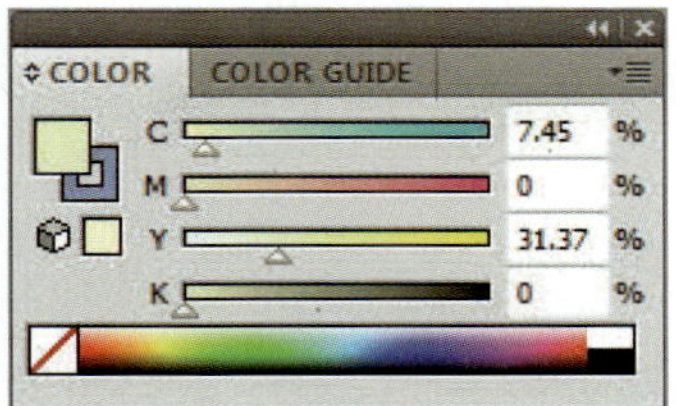

– CMYK 메뉴 : 인쇄용 컬러 작업 모델인 CMYK 형식으로 팔레트를 전환합니다. C는 싸이언 잉크, M은 마젠타 잉크, Y는 옐로우 잉크, K는 검정색 잉크를 의미합니다. 일러스트레이터 CS4는 보통 인쇄물용 이미지를 디자인할 때 사용하므로, CMYK 형식을 선택하고 색상 조합 작업을 해야 합니다.

– Web Save RGB 메뉴 : 홈페이지용에서 안전하게 보이는 색감을 혼합하려면 웹 안전색상만 표시해주는 Web RGB 형식으로 팔레트를 전환해야 합니다. 말 그대로 웹 이미지를 제작할 때 이 팔레트를 사용합니다.

– Invert 메뉴 : 팔레트에 표시되는 스펙트럼을 보색으로 반전시킵니다.

– Complement 메뉴 : 현재의 색상을 보완하는 기능입니다.

– Create New Swatches 메뉴 : 혼합해서 만든 색상을 스와치 팔레트에 견본 색상으로 등록하는 기능입니다.

색감을 잘 표현하는 디자이너되기
컬러 가이드(Color Guide) 팔레트

컬러 가이드 팔레트는 색채 배합 작업에 도움이 되도록 현재 선택한 색상과 잘 어울리는 색상을 제안하는 팔레트입니다. 사용자는 특정 하모니 룰을 지정해 현재 색상과 어울리는 색상을 찾아낼 수 있습니다. 예를 들어 팔레트 하단의 '스와치 버튼'을 클릭한 뒤 Food –〉Ice Cream 메뉴를 선택하면 '아이스크림 색상'과 잘 어울리는 색상이 나타나 Fill 또는 Stroke 컬러로 지정할 수 있습니다. 따라서 색채 감각이 떨어지는 사람들도 이 팔레트만 있으면 색채의 마술사가 됩니다.

컬러 가이드 팔레트는 Window –〉Color Guide 메뉴를 실행하면 화면에 나타납니다.

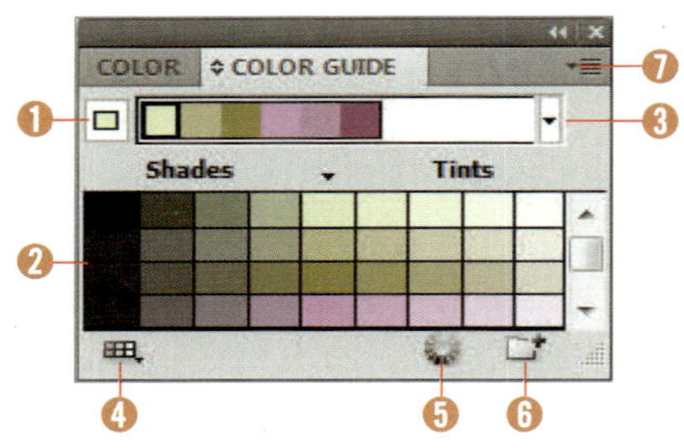

❶ **Base Color** : 현재 선택한 색상입니다.

❷ **견본 색상** : 선택한 색상과 어울리는 색상을 제안합니다.

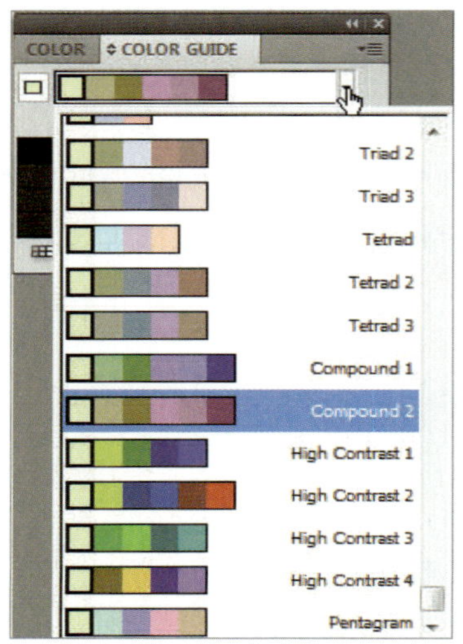

❸ **Harmony Rules** : 하모니 룰을 선택합니다. 예를 들어 High Contrast 는 콘트라스트가 강조된 색상 배합입니다. 흑백 느낌이 나는 방식, 그림자 방식 등의 다양한 룰이 있습니다. 룰을 선택하면 견본 색상이 해당 룰에 맞게 변경되어 Fill/ Stroke 컬러를 선택할 수 있도록 해 줍니다.

또한 선택한 그룹에 적용된 색감을 이 하모니 룰에 맞게 일괄 교체할 수도 있습니다. 예를 들어 색감을 변경할 그룹을 선택한 뒤 여기서 마음에 드는 하모니룰을 선택하면 해당 룰에 맞게 그룹의 전체 색상이 변경됩니다.

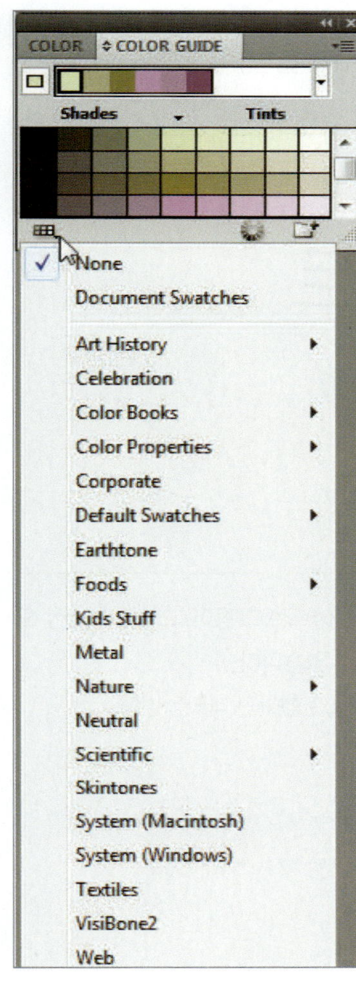

❹ **스와치 버튼** : 스와치 팔레트의 색상 견본인 스와치 라이브러리를 실행합니다. 디자인 목적에 맞는 다양한 하모니 색상을 제공하므로 색감 선택에 자신이 없는 분들은 여기서 원하는 목적의 색감 배열을 찾아보는 것이 좋습니다.

아래 그림은 현재 선택한 색상을 과일풍 그림 색감에 어울리도록 Foods -〉 Fruit 메뉴를 적용해 유사 색상을 찾은 모습입니다.

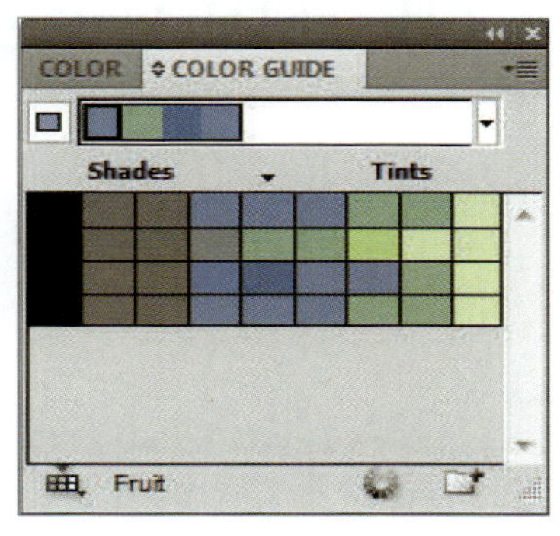

❺ **Live Color Editor** : 선택한 색상을 라이브 컬러 편집기를 이용해 편집합니다. 현재의 색상을 보다 정교하게 편집할 수 있습니다.

❻ **Save Color** : 현재의 하모니 룰을 스와치 팔레트에 등록합니다.

❼ **컬러 가이드 팔레트 메뉴**

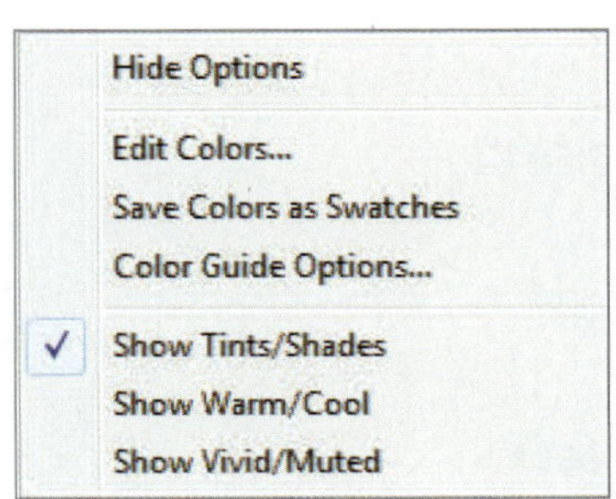

– **Edit Colors 메뉴** : 선택한 색상을 라이브 컬러 편집기로 편집합니다.
– **Save Colors as Swatches 메뉴** : 현재의 색상을 스와치 팔레트에 새 견본으로 등록합니다.
– **Color Guide Options 메뉴** : 컬러 가이드 팔레트 옵션을 실행합니다. 'Step 단계 설정 옵션'과 '견본 색상의 변화도 설정' 옵션이 있습니다.
– **Show Tints/Shades 메뉴** : 견본 색상을 Tints/Shades 컬러 보기로 전환합니다.
– **Show Warm/Cool 메뉴** : 견본 색상을 Warm/Cool 컬러 보기로 전환합니다.
– **Show Vivid/Muted 메뉴** : 견본 색상을 Vivid/Muted 컬러 보기로 전환합니다.

PART 010

작업 정보 확인하기
도큐먼트(Document Info) 팔레트

도큐먼트 팔레트는 작업 정보를 입수할 때 사용합니다. 파일 이름, 아트보드(종이) 크기, 선택한 오브젝트에 적용된 각종 스타일, 글꼴 종류, URL 정보 등을 파악할 수 있습니다.

Document Info 팔레트는 Window → Document Info 메뉴를 실행하면 나타납니다.

Document Info 팔레트 팝업

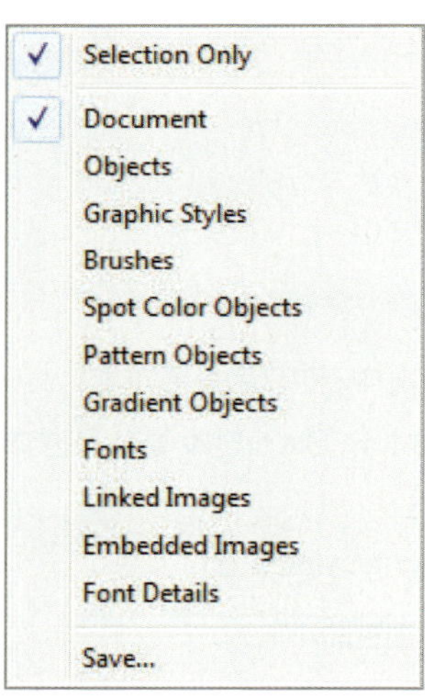

– Selected Only 메뉴 : 선택한 오브젝트의 정보만 표시합니다. 체크 표시를 끄면 작업 이미지에 전체에서 해당 요소가 있는 모든 오브젝트를 찾아내 정보를 일괄적으로 보여줍니다.

– Document 메뉴 : 작업 이미지에 대한 종합 정보를 보여줍니다.

– Objects 메뉴 : 전체 오브젝트 또는 선택한 오브젝트에 대한 정보를 보여줍니다.

– Graphic Styles 메뉴 : 삽입된 그래픽 스타일 정보를 보여줍니다.

– Brushes 메뉴 : 사용한 브러시 종류 정보를 보여줍니다.

– Spot Color Objects 메뉴 : 스팟 컬러 오브젝트에 대한 정보를 보여줍니다.

– Pattern Objects 메뉴 : 사용한 패턴 정보를 보여줍니다.

– Gradient Objects 메뉴 : 사용한 그라디언트 색상 정보를 보여줍니다.

– Fonts 메뉴 : 사용한 글꼴에 대한 정보를 보여줍니다.

– Linked Images 메뉴 : 링크시킨 비트맵 이미지에 대한 정보를 보여줍니다.

– Embedded Images 메뉴 : Embedded 시킨 비트맵 이미지에 대한 정보를 보여줍니다.

– Font Details 메뉴 : 글꼴 이름 등의 정보를 보여줍니다.

– Save 메뉴 : 팔레트를 통해 입수한 정보를 txt 파일로 저장할 수 있습니다.

투명 영역 확인하고 오류 방지하기
Flattener Preview 팔레트

투명/반투명 오브젝트, 그림자 같은 테두리가 흐린 오브젝트, 텍스트가 있는 이미지, 너무 고해상도인 이미지일 경우 구형 인쇄기로 인쇄할 때 몇 가지 요소가 제대로 인쇄되지 않는 인쇄사고가 발생할 수 있습니다. 이 팔레트는 투명/반투명이 있는 아트워크에서 인쇄 상태를 미리 확인하고 오류 없이 인쇄되도록 체크해서 사용합니다. 실무 인쇄 및 출력 작업 시 사용하는 기능입니다.

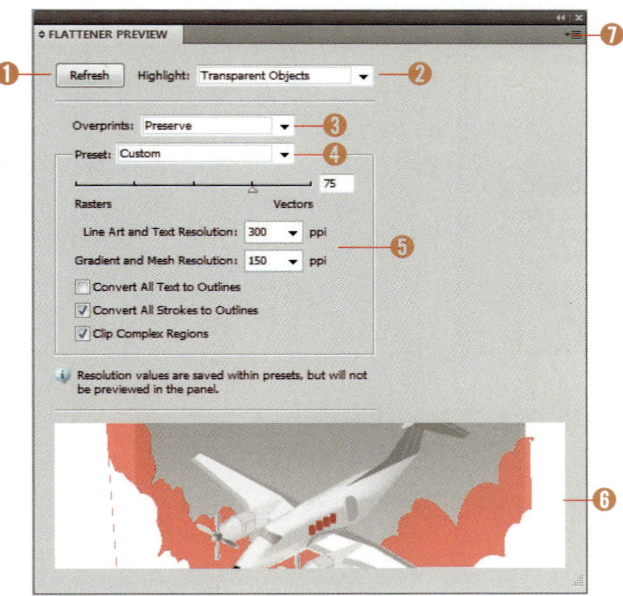

Window –〉 Flattener Preview 메뉴를 실행해 Flattener Preview 팔레트를 불러온 후 Highlight 옵션의 Transparent Object를 선택하고 Refresh 버튼을 클릭하면 투명 오브젝트(오버프린트 영역) 영역이 빨간색으로 표시됩니다. 옵션을 적절히 적용한 뒤 마음에 드는 설정값이 나올 경우, 팔레트 메뉴의 Save Transparency Flattener Preset 메뉴로 저장합니다.

❶ Refresh 버튼 : 설정한 값으로 미리 볼 수 있도록 갱신합니다.
❷ Highlight : 오버프린트 영역을 보여주는 방식을 지정합니다.
❸ Overprints : 오버프린트 형식을 선택합니다.
❹ Preset : 여러 설정값을 용도에 맞게 선택합니다.
❺ 프리셋 세팅 조절창 : 오버프린트에 대한 옵션을 조절합니다.
❻ 미리보기 : 클릭하면 확대, Alt +클릭하면 화면 축소, Space Bar + 드래그하면 화면 이동입니다.

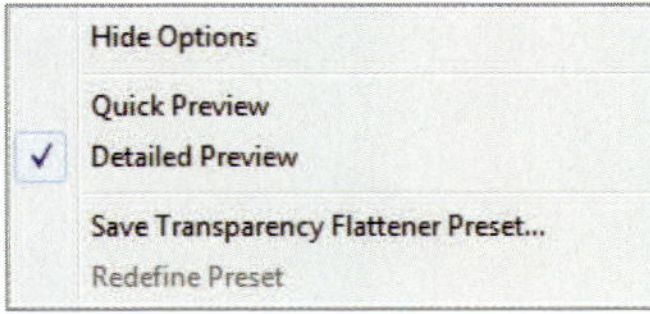

❼ Flattener Preview 팔레트 메뉴
– Hide/Show Options 메뉴 : 팔레트 옵션을 표시하거나 감출 수 있습니다.
– Quick Preview 메뉴 : 퀵 프리뷰를 실행합니다.
– Detailed Preview 메뉴 : 디테일 위주로 프리뷰를 실행합니다.
– Save Transparency Flattener Preset 메뉴 : 설정값을 Preset 파일로 저장합니다.
– Redefine Preset 메뉴 : 선택한 Preset 값을 현재 설정값으로 갱신합니다.

그라디언트 색상 편집하기
Gradient(그라디언트) 팔레트

그라디언트 팔레트는 Window -> Gradient 메뉴로 실행합니다. Type 옵션에서 라인형과 원형 그라디언트를 선택할 수 있고, 색상 간격, 각도, 그라디언트 위치 등을 조절할 수 있습니다(단축키 Ctrl + F9).

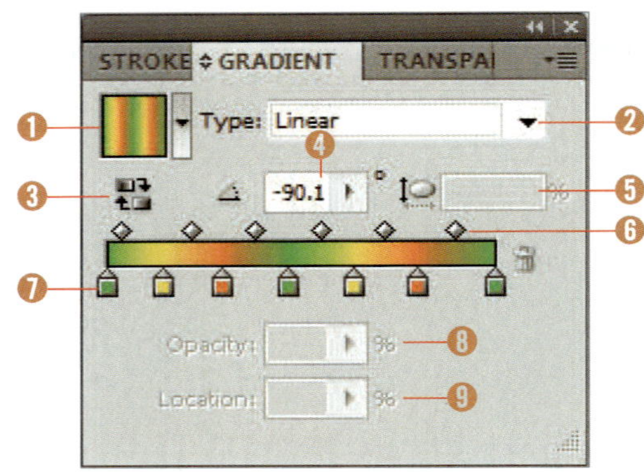

❶ **프리뷰** : 그라디언트 색상을 미리 보여주는 영역이며, 다른 그라디언트 색상을 선택할 수도 있습니다.

❷ **Type** : 원형(Radial) 그라디언트를 제작할 것인지 라인(Line) 그라디언트를 제작할 것인지 선택합니다. 그라디언트 시작점 위치는 그라디언트 툴로 조절합니다.

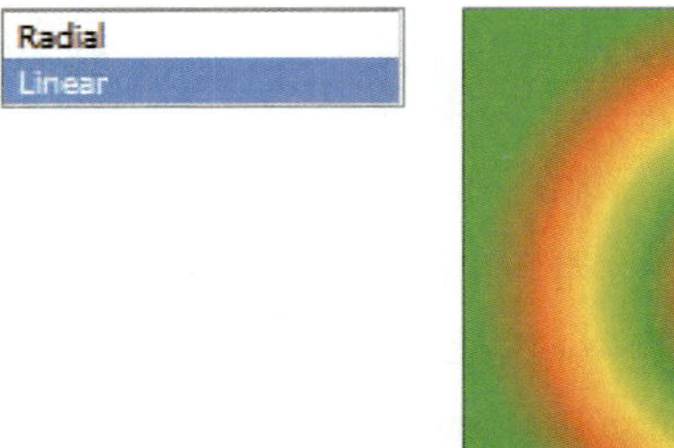

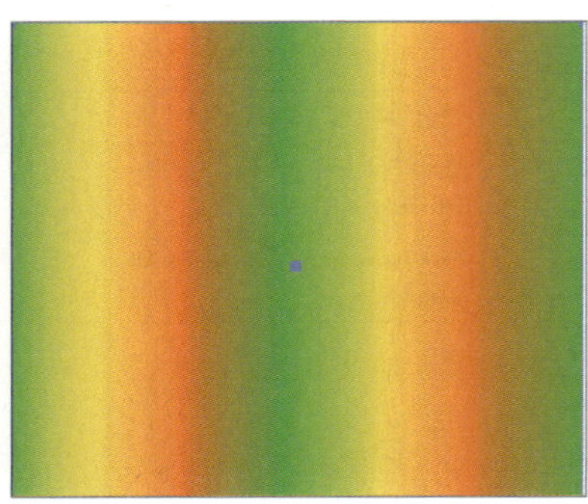

원형 그라디언트

라인 그라디언트

❸ Reverse Gradient 버튼 : 그라디언트 색상의 시작 부분과 끝 부분을 서로 반전시킵니다.

❹ Angle : 라인 그라디언트의 각도를 조절합니다. 수치를 입력하거나 키보드의 ↑ ↓ 키로 조절합니다.

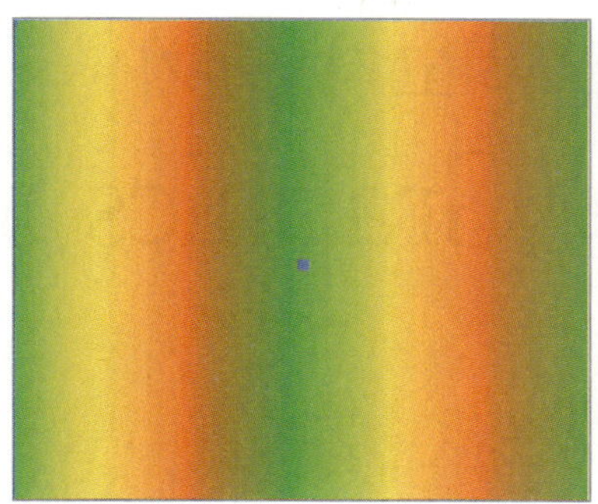
Angle 0도

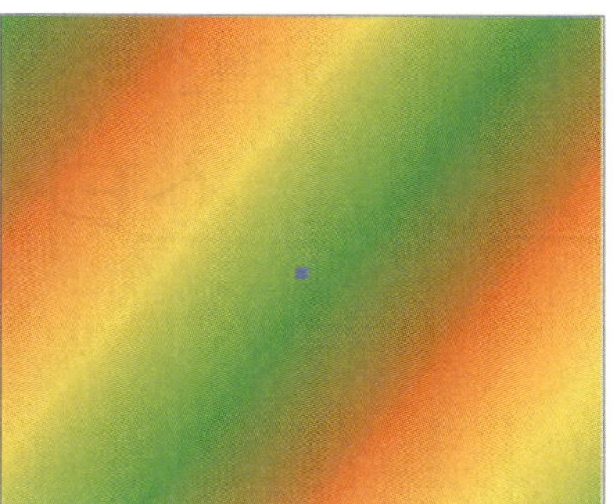
Angle 140도

❺ Aspect Ratio : 원형 그라디언트의 반경을 조절합니다.

❻ Gradient Slider : 그라디언트 색상과 색상
사이의 간격을 조절합니다. 수치를 입력하거나
키보드의 ↑ ↓ 키로 조절합니다.

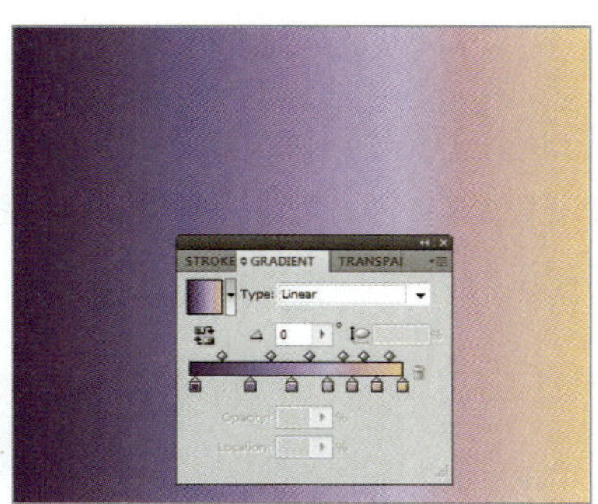
그라디언트 색상의 모습

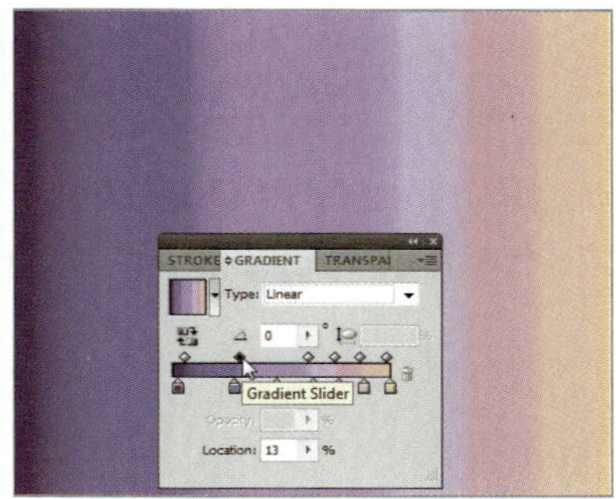
간격을 조절하는 모습

❼ 자물쇠 아이콘(색상 추가/삭제) : 자물쇠 아이
콘은 그라디언트 색에 새로운 색상을 추가하거
나 삭제할 때 사용합니다. 자물쇠 옆 빈 공간을
클릭하면 새 색상을 추가할 수 있도록 자물쇠
아이콘이 추가됩니다. 생성된 자물쇠 아이콘을
더블클릭한 뒤 원하는 색상을 지정합니다.
자물쇠는 Alt + 드래그하면 복제할 수 있고,
상, 하로 드래그하면 삭제할 수 있습니다.

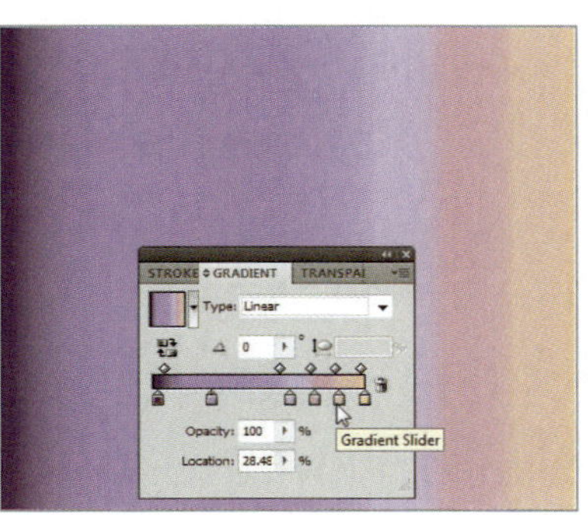
자물쇠 아이콘을 Alt + 드래그

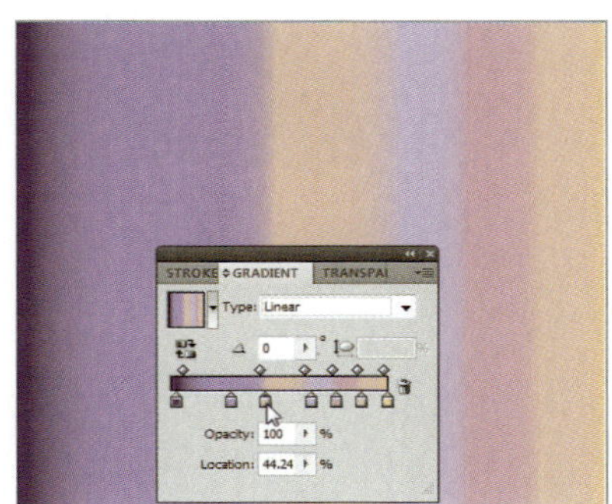
자물쇠 아이콘을 복제한 모습

❽ Opacity : 선택한 자물쇠 색상의 불투명도(투명 상태)를 조절합니다.

❾ Location : 선택한 자물쇠의 위치를 수치를 입력해 이동시킵니다.

자주 사용하는 스타일 등록하고 사용하기
그래픽 스타일(Graphics Styles) 팔레트

'그래픽 스타일 팔레트'는 사용자가 Effects 메뉴로 만든 특수 효과를 팔레트에 등록한 뒤 필요할 때마다 다른 이미지에 적용하는 기능입니다. 보통 웹 버튼 같은 간단한 이미지를 제작할 때 유용합니다.

다음은 그래픽 스타일 팔레트에 등록된 스타일을 사용하는 모습입니다. 먼저 스타일을 적용할 오브젝트를 선택한 뒤 그래픽 스타일 팔레트에서 원하는 스타일을 클릭합니다. 해당 오브젝트에 스타일이 적용되는 것을 알 수 있습니다. 이때 스타일을 취소하고 원래 이미지로 돌아가려면 스타일 팔레트 상단 맨 왼쪽의 'Default' 아이콘을 클릭합니다.

스타일을 적용할 오브젝트 선택

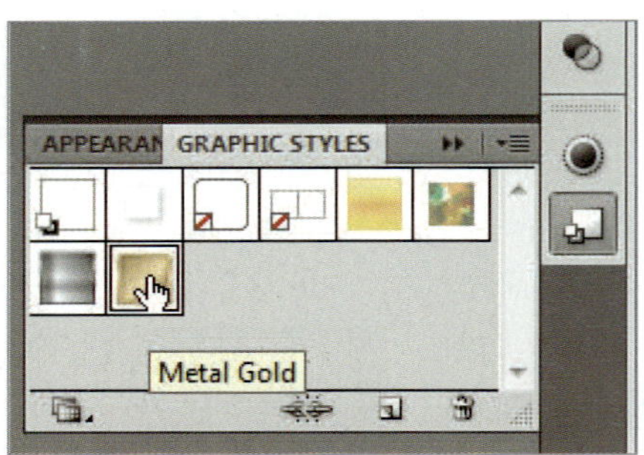

스타일을 적용하는 모습

스타일이 적용된 모습

Window →〉Graphic Styles 메뉴로 그래픽 스타일 팔레트를 불러옵니다(단축키는 [Shift] + [F5]).

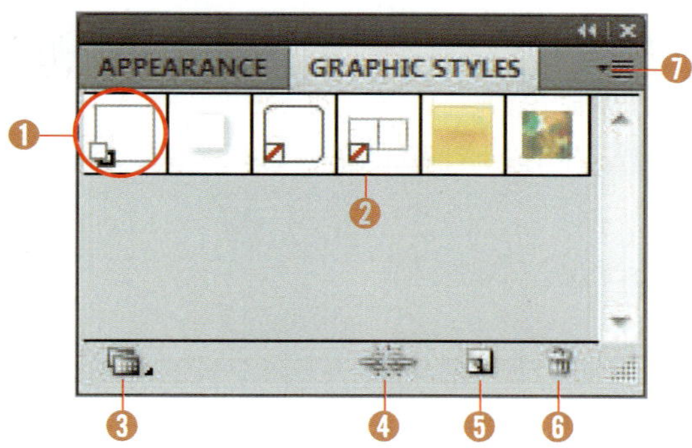

❶ **Default 아이콘** : 스타일 적용을 취소합니다. 오브젝트는 원래 상태로 복구됩니다.

❷ **스타일 아이콘** : 팔레트에 등록되어 있는 스타일 견본들입니다. 클릭하면 해당 스타일이 오브젝트에 적용됩니다. 오브젝트에 각종
Effects 메뉴를 적용한 뒤 오브젝트를 그래픽 스타일 팔레트의 빈 영역으로 드래그하면 해당 스타일이 팔레트에 등록됩니다.

❸ **스타일 라이브러리 버튼** : 스타일 라이브러리 메뉴를 실행합니다. 그래픽 스타일 팔레트 메뉴의 Open Graphic Style Library
메뉴와 동일한 기능입니다.
Open Graphic Style Library 메뉴에서 제공하는 스타일 라이브러리는 다음과 같습니다.

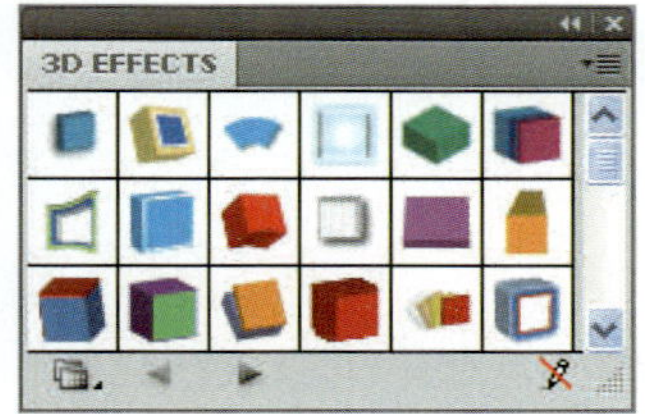

3D Effects
3D 효과를 가진 스타일
라이브러리입니다.

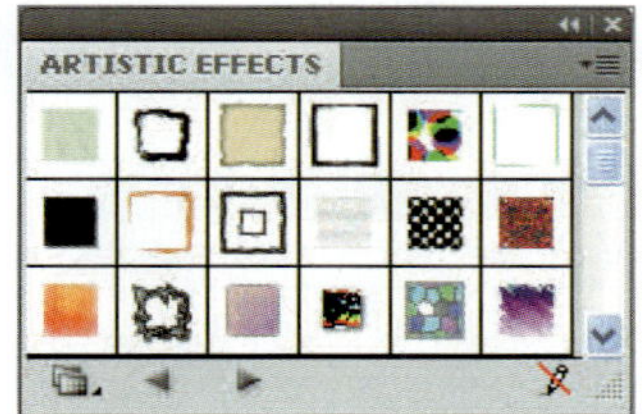

Artistic...
아트 효과를 가진 스타일
라이브러리입니다.

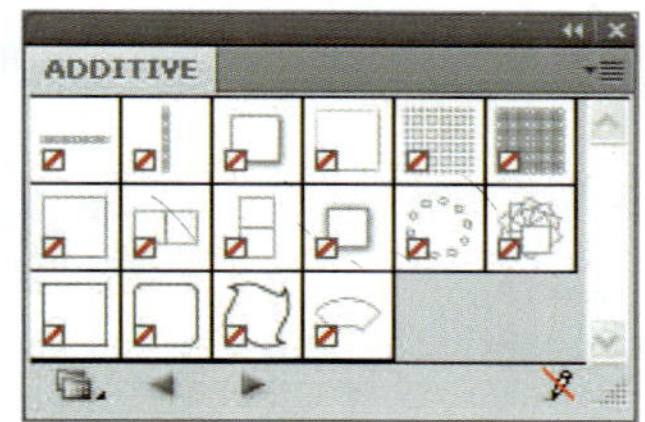

Additive For...
Alt + 클릭으로 오브젝트의 테두리에
블러 등의 스타일을 추가할 수
있습니다.

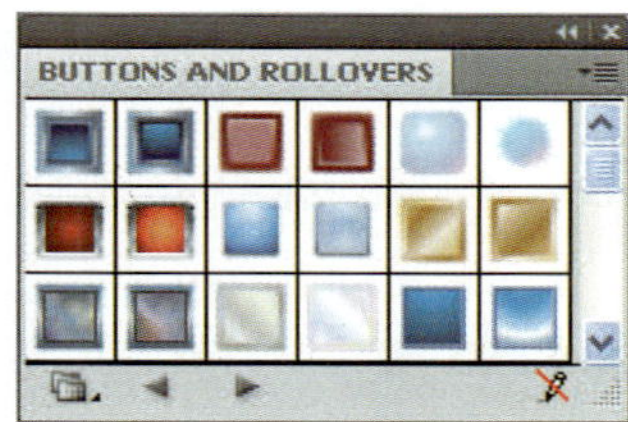

Rutton and....
버튼이나 롤 오버 버튼을 제작할 때
사용하는 스타일입니다.

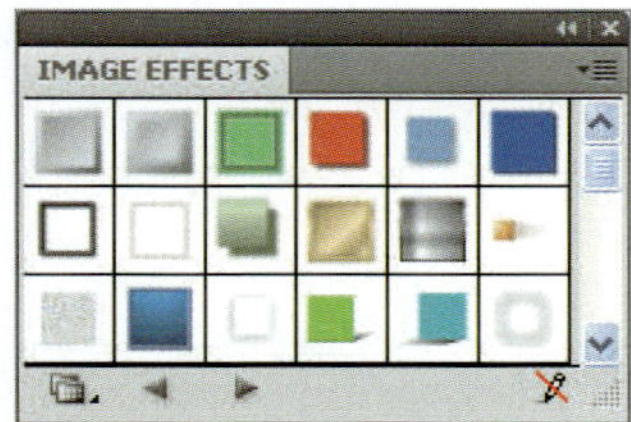

Image Effects
이미지 효과 스타일로 보통 배경
오브젝트에 적용합니다.

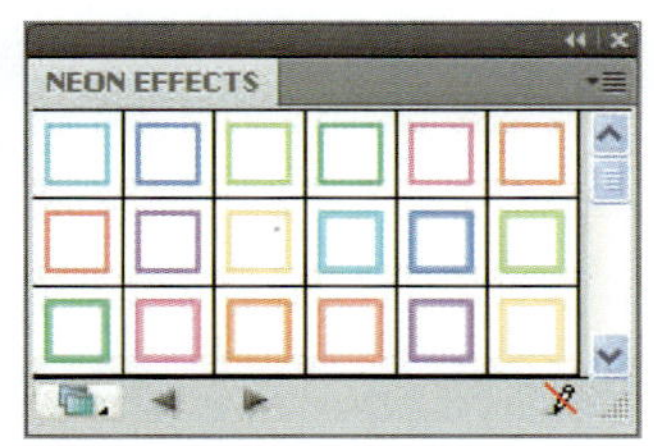

Neon Effects
네온 효과 스타일로 각종 네온
오브젝트 제작에 사용합니다.

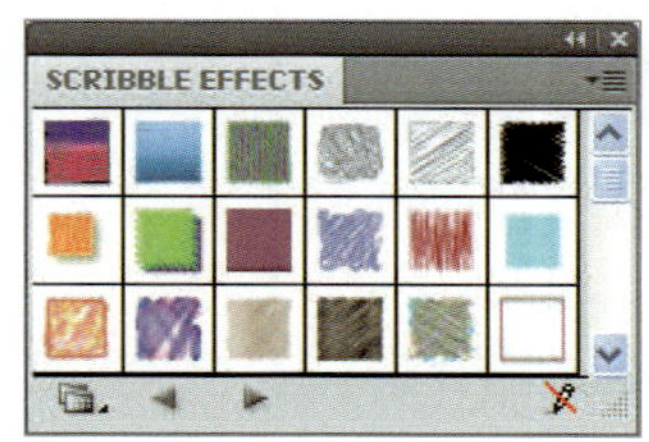

Scribble...
갈겨 쓴 형태의 무늬를 만들어주는
스타일입니다.

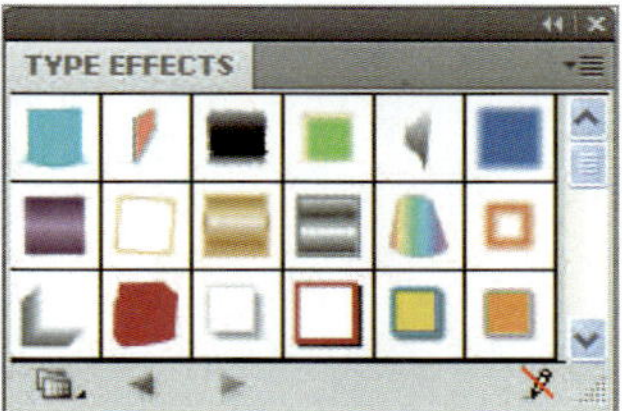

Type
문자 등에서 사용하는 스타일
라이브러리입니다.

❹ **Break Link to Style 버튼 :** 스타일을 적용한 오브젝트가 갱신되지 않도록 분리시키는 기능입니다. 스타일을 적용한 뒤 Appearance 팔레트를 통해 수정하면 해당 스타일은 원래 적용했던 스타일과 자동 분리되어 원래 스타일을 갱신해도 해당 오브 젝트에 적용된 스타일은 갱신되지 않습니다. 이 기능은 스타일 팔레트 메뉴인 Break Link to Style 메뉴와 동일한 기능입니다.

❺ **New Style 버튼 :** 사용자가 제작한 스타일을 스타일 팔레트에 새 스타일로 등록합니다.

❻ **Delete Style 버튼 :** 팔레트에서 선택한 스타일을 삭제합니다.

❼ **스타일 팔레트 메뉴**

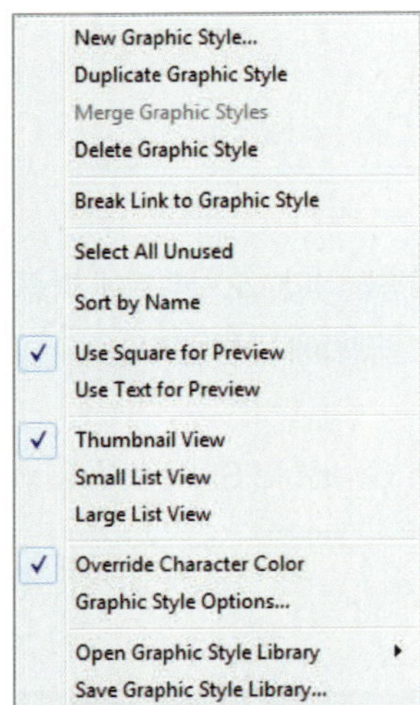

– **New Graphic Style 메뉴 :** 신규 스타일을 팔레트에 등록합니다. 작업 화면에 스타일로 등록할 오브젝트 를 제작한 뒤 이 메뉴를 실행하면 팔레트에 새로 등록할 수 있습니다.

스타일 등록 대화상자의 모습

– **Duplicate Graphic Style 메뉴 :** 팔레트에서 선택한 스타일을 하나 더 복제합니다.
– **Merge Graphic Styles 메뉴 :** 팔레트에서 선택한 두 개 이상의 스타일을 하나의 스타일로 합쳐서 새 스 타일로 만들어줍니다. 만일 작업창에서 오브젝트를 선택한 상태이면 합쳐진 스타일이 적용됩니다. 팔레트 에서 두 개 이상의 스타일을 선택하려면 [Ctrl] 키를 누른 채 클릭합니다.

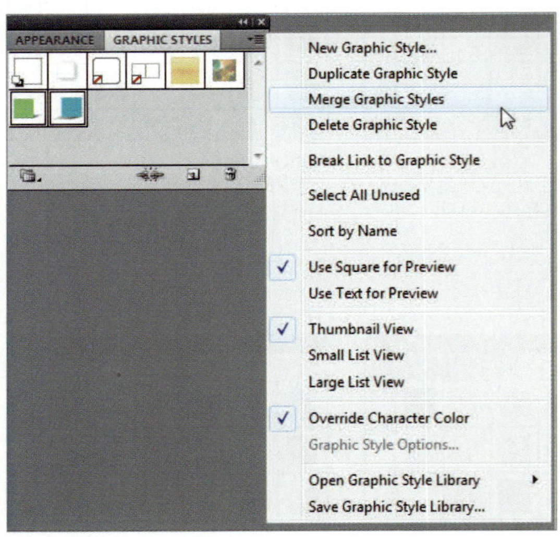

2개의 스타일을 선택한 뒤 메뉴 적용

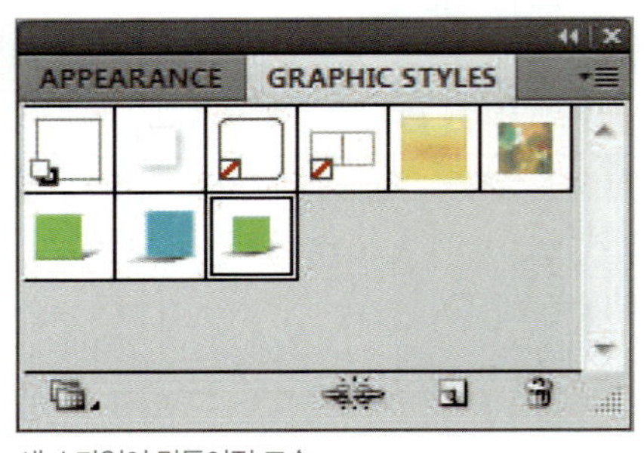

새 스타일이 만들어진 모습

- Delete Graphic Styles 메뉴 : 팔레트에서 선택한 스타일 견본을 삭제합니다.
- Break Link to Style 메뉴 : 스타일이 적용된 오브젝트를 원래 스타일과의 링크 상태를 해제하여 스타일 속성을 제거하고 패스 도형으로 전환합니다. 이 경우, Appearance 팔레트를 통해 링크가 끊어진 것을 확인할 수 있습니다. 링크를 끊으면 스타일 속성이 제거되므로 오브젝트는 패스 속성으로 돌아가고, 원래의 스타일을 갱신할 경우 바뀐 스타일이 해당 오브젝트에 적용되지 않습니다.

링크를 끊기 전 Appearance 팔레트

링크를 끊은 뒤 Appearance 팔레트의 내용

- Select All Unused 메뉴 : 작업창에 적용한 스타일을 제외하고, 나머지 스타일을 스타일 팔레트에서 모두 선택합니다.
- Sort By Name 메뉴 : 스타일 목록을 이름순으로 정렬합니다.
- Thumbnail View 메뉴 : 스타일 목록을 썸네일 이미지 보기 상태로 전환합니다. 기본값입니다.
- Small List View 메뉴 : 스타일 목록을 작은 글씨체로 전환한 뒤 보여줍니다.
- Large List View 메뉴 : 스타일 목록을 큰 글씨체로 전환한 뒤 보여줍니다.
- Override Character Color 메뉴 : 글자가 가지고 있는 원래 색상을 무시하고 스타일을 적용합니다.
- Graphic Style Options 메뉴 : 스타일 팔레트의 옵션을 실행합니다. 스타일의 이름을 수정할 때 사용합니다.
- Open Graphic Style Library 메뉴 : 일러스트레이터에서 기본 제공하는 스타일 라이브러리 견본 팔레트를 불러옵니다. 견본 팔레트의 종류는 12종이며 여기서 제공되는 스타일의 총 개수는 약 200여 개입니다.

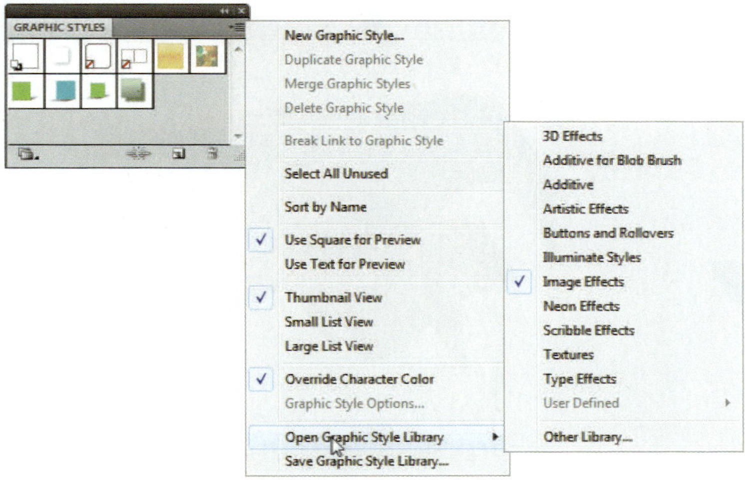

나만의 스타일 만든 뒤

스타일 팔레트에 등록하기

01_ '펜 툴'로 원하는 도형을 그려줍니다. Fill 컬러는 짙은 녹색, Stroke 컬러는 None으로 설정합니다.

02_ Effects -> 3D -> Extrude & Bevel 메뉴를 실행한 뒤 기본값으로 적용합니다.

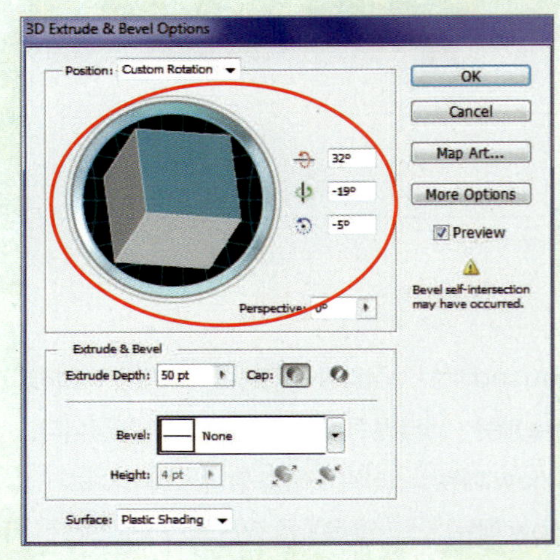

03_ 도형 이미지에 3D 효과가 만들어집니다.

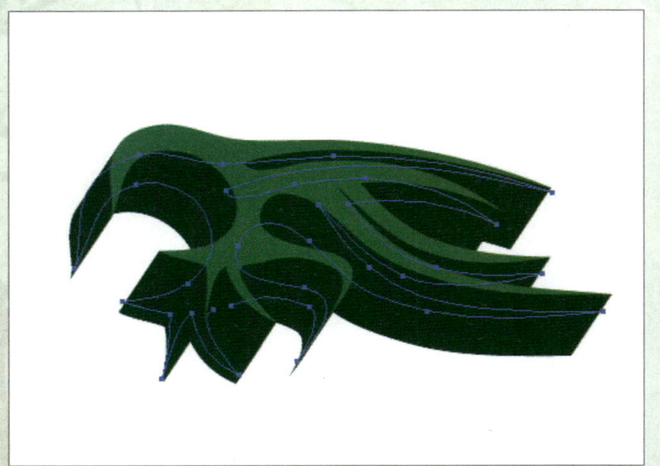

04_ 옵션바의 Stroke 컬러를 클릭해 노란색을 지정한 뒤 Stroke 두께를 3pt로 설합니다. 입체 테두리가 만들어집니다.

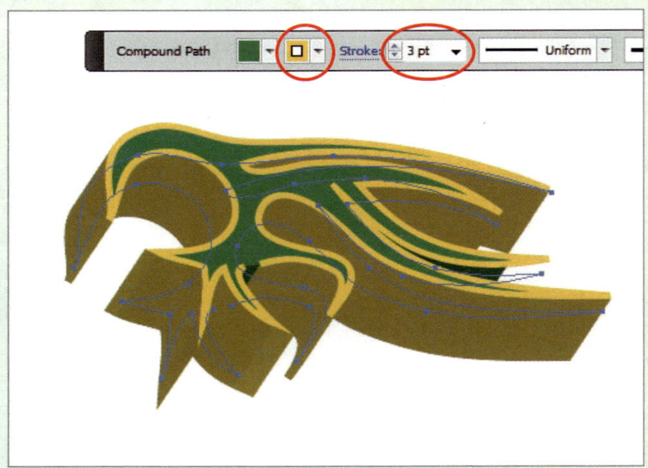

사용자가 스타일을 제작한 뒤 이를 '그래픽 스타일 팔레트'에 등록하는 방법을 알아봅니다.

05_ 이 스타일을 즐겨 사용하고 싶다면 스타일 팔레트에 등록해야 합니다.

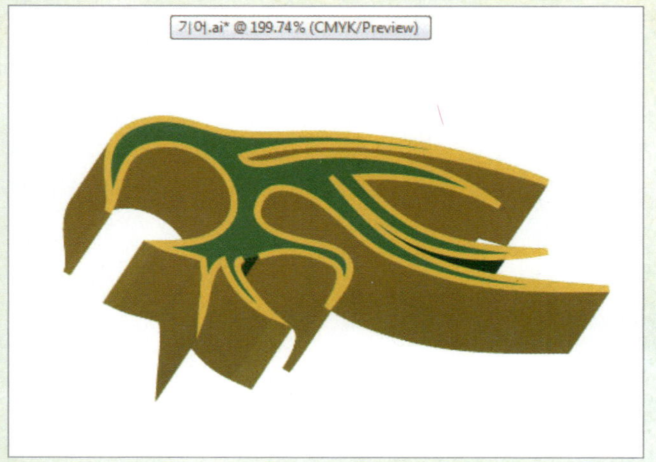

06_ '선택 툴'로 이 오브젝트를 선택한 뒤 '그래픽 스타일 팔레트'로 드래그하면 스타일 팔레트에 등록됩니다.

07_ 스타일 팔레트에 새로 등록한 스타일은 다른 이미지를 불러오거나 새 아트보드를 불러오면 기본값으로 전환되면서 사라집니다. 따라서 지금의 스타일 견본을 다른 작업창에서 사용하려면 일단 견본 파일로 저장해야 합니다. 스타일 팔레트의 메뉴를 실행한 뒤 Save Graphic Style Library 메뉴를 실행해 저장합니다.

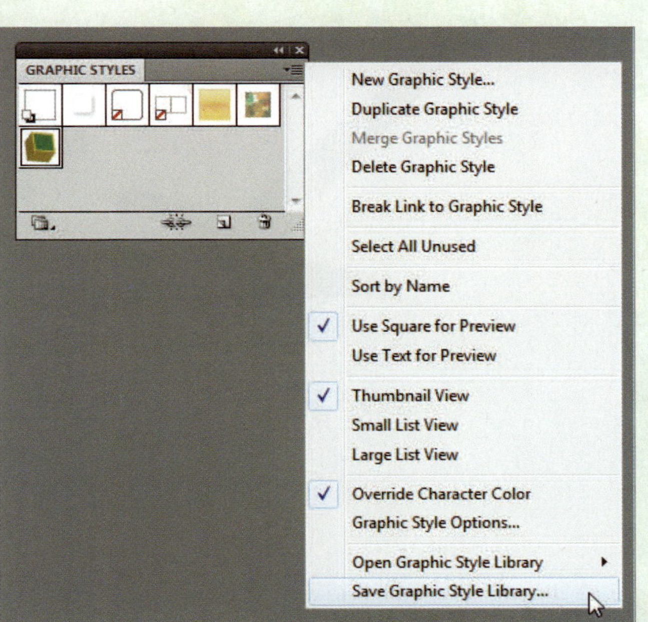

08_ File -> New 메뉴로 새 종이를 불러온 뒤 '펜 툴'로 원하는 도형을 그려줍니다.

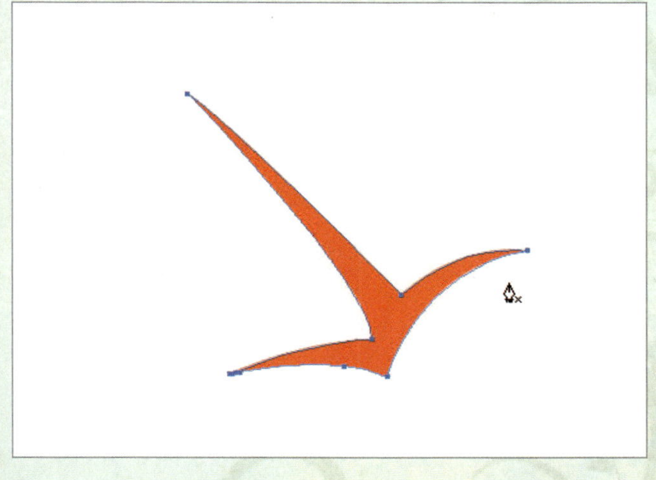

09_그래픽 스타일 팔레트의 메뉴에서 Open Graphic Style Library –〉 Other Library 메뉴를 실행해 앞에서 저장한 스타일 파일을 불러옵니다. 또는 Open Graphic Style Library –〉 Other Library –〉 User Defined 메뉴를 열어보면 앞에서 등록한 스타일 견본이 있으므로 해당 견본을 선택해도 됩니다.

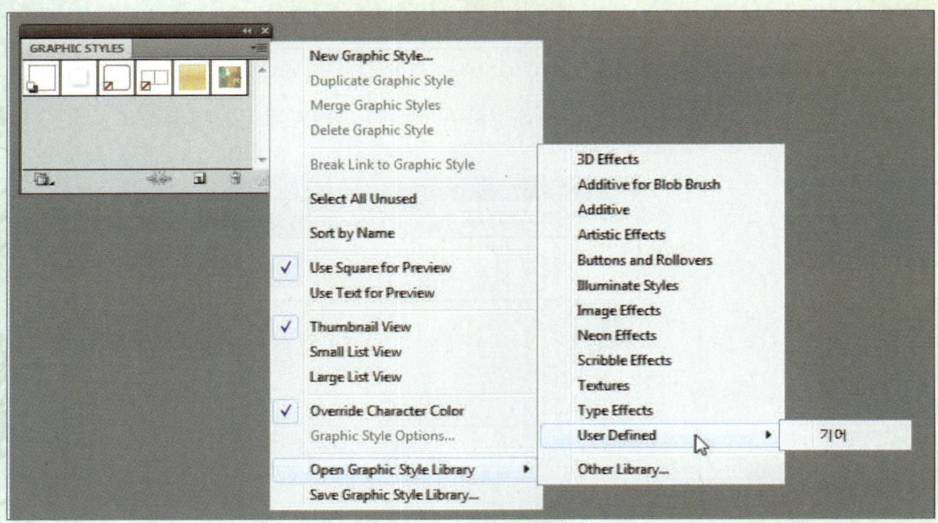

10_새 견본 팔레트가 실행되면 앞에서 저장한 스타일이 보일 것입니다.

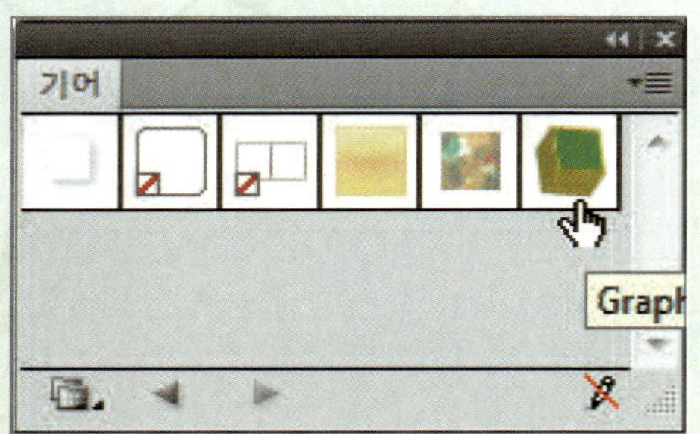

11_앞에서 저장했던 스타일을 클릭하면 도형 이미지에 스타일이 적용됩니다. 스타일 팔레트는 이처럼 즐겨 사용하는 그래픽 스타일을 팔레트에 등록한 뒤 다시 사용할 때 유용합니다.

오브젝트의 위치, 길이 정보 입수하기
인포(Info) 팔레트

인포 팔레트는 Window -〉 Info 메뉴로 실행하거나 Ctrl + F8 을 누르면 나타납니다. 인포 팔레트는 오브젝트의 길이, 위치, 크기, 각도 정보를 입수할 때 사용하며, 오브젝트를 선택하지 않은 상태이면 커서 위치의 좌표 정보를 표시해 줍니다.

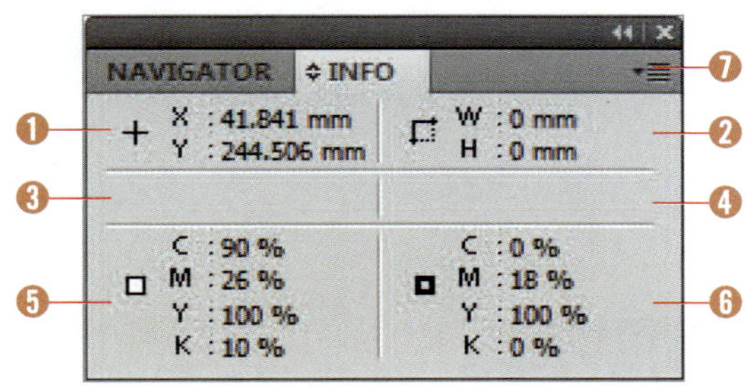

❶ **X, Y 좌표** : 오브젝트의 위치 좌표입니다. 오브젝트의 상단 왼쪽을 기준으로 좌표가 설정됩니다. 오브젝트를 선택하지 않은 상태이면 커서가 있는 곳의 좌표 값이 나타납니다.

❷ **W, H** : 오브젝트의 가로(W), 세로(H) 크기입니다. 측정 툴을 사용하는 상태라면 측정 툴로 측정한 길이의 너비(W)와 높이(H) 값을 표시합니다.

❸ **D** : 오브젝트를 선택한 뒤 이동시키면 이동시키는 거리 값이 표시됩니다. 측정 툴을 사용하는 상태라면 측정 툴로 측정한 길이(Direction) 값이 표시됩니다.

❹ **각도** : 오브젝트를 선택한 뒤 이동시키면 이동시키는 각도 값이 표시됩니다. 측정 툴을 사용하는 상태라면 측정 툴로 측정한 각도 값이 표시됩니다.

❺ **Fill Color** : 팔레트 메뉴에서 Show Options 메뉴를 실행할 경우 나타납니다. 오브젝트의 면 색상을 CMYK 코드 값으로 표시합니다. 만일 RGB 컬러 이미지라면 RGB 코드 값이 표시됩니다.

❻ **Stroke Color** : 선택한 오브젝트의 Stroke(선) 색상 값을 표시합니다.

❼ **인포 팔레트 메뉴** : 팔레트 하단에 Options 항목을 표시할 것인지 선택할 수 있습니다.

레이어로 작업하기
레이어(Layers) 팔레트

이미지를 드로잉할 때 여러 장의 이미지를 포개놓는 방식으로 제작하는 경우가 많은데 이때 겹쳐놓은 이미지의 층을 레이어라고 합니다. 레이어 팔레트는 포개져있는 레이어 층을 관리할 때 사용하며, 겹쳐있는 순서를 교체하는 등의 레이어층을 관리할 때 사용합니다.

예제 '여동생.ai' 이미지를 불러옵니다. Layer 1에는 '배경' 이미지가 그려져 있고 Layer 2에는 '머리바탕', Layer 3에는 '얼굴'... 등이 그려져 있습니다. 이처럼 겹쳐놓는 방식으로 이미지를 제작하는 것을 레이어 작업이라 부르며, 이때 겹쳐진 각각의 이미지 층을 레이어 층이라고 말합니다.

레이어 팔레트와 화면에 보이는 모습

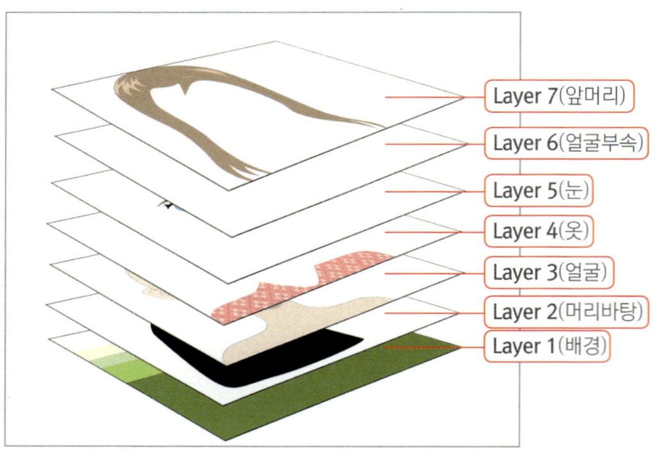

레이어 층이 포개져 있는 모습

일러스트레이터 CS5의 레이어는 포토샵 CS5의 레이어와 같은 기능이지만 일러스트레이터에는 오브젝트라는 개념이 있어 오브젝트 역시 겹쳐놓는 방식으로 드로잉합니다. 즉, 하나의 레이어 층에서 여러 오브젝트가 겹쳐있고, 그러한 레이어들이 또 여러 레이어 층으로 포개져 있기도 합니다. 또한 일러스트레이터의 오브젝트는 포토샵과 달리 그룹으로 묶을 수 있는데, 이 때문에 서로 다른 레이어 층에 있는 오브젝트를 같은 그룹으로 묶으면 해당 레이어가 사라지는 일이 종종 발생하기도 합니다. 이런 점만 유의한다면 포토샵의 레이어 팔레트와 거의 비슷한 방식으로 사용할 수 있습니다.

레이어 팔레트 정복하기

레이어 팔레트는 단축키 F7 을 누르거나 Window –〉 Layers 메뉴로 실행합니다.

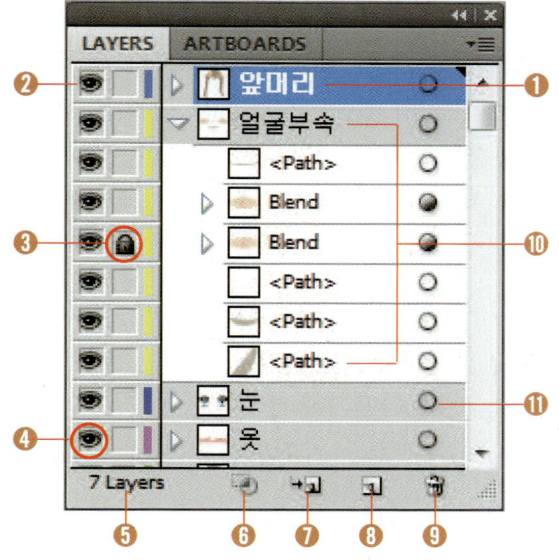

① 작업 레이어 : 오브젝트를 선택하거나, 편집할 때 그 오브젝트가 있는 레이어는 파란색으로 반전되어 작업 중인 레이어임을 표시합니다.

② 눈 아이콘 : 해당 레이어에 있는 오브젝트를 화면에 표시합니다. 마우스로 클릭해 눈 아이콘을 끄면 해당 레이어에 있는 오브젝트를 화면에서 감추어 줍니다.

③ 자물쇠 아이콘 : 해당 레이어에 있는 오브젝트를 편집되지 않도록 잠그는 기능입니다. 클릭하면 자물쇠 상태를 풀 수 있습니다. 보통 여러 장의 레이어로 작업하는 경우에는 편집 완료된 레이어를 자물쇠 아이콘으로 편집되지 않도록 잠그는 것이 좋습니다.

리본 레이어의 눈 아이콘을 끈 모습

리본 레이어의 눈 아이콘을 켠 모습

④ 눈 아이콘을 끈 레이어 : 눈 아이콘을 껐기 때문에 해당 레이어에 있는 오브젝트가 화면에서 보이지 않는 상태가 됩니다. 클릭하면 눈 아이콘을 켤 수 있습니다.

⑤ 레이어의 수 : 작업 이미지에 있는 레이어의 총 개수를 표시합니다. 8 Layers이면 모두 8장의 레이어가 겹쳐있다는 뜻입니다.

⑥ Clipping Mask(레이어 클리핑) : 선택된 레이어에 '레이어 클리핑'을 적용하거나 해제할 수 있습니다. 사용법은 레이어 팔레트의 팝업메뉴에 있는 Make/Release Clipping Mask 메뉴를 참고하기 바랍니다.

⑦ New Sublayer(새 하위 레이어) : 새 하위 레이어를 생성시킵니다. 즉, 현재 작업 중인 레이어의 바로 밑에 새 레이어를 생성시켜 줍니다. 포토샵에는 없는 이 특별한 기능은 보통 현재 작업 레이어 밑에 새로운 오브젝트를 그리고 싶을 때 사용합니다.

❽ **New Layer(새 레이어)** : 새 레이어를 생성시켜 줍니다. 예를 들어 얼굴을 그릴 때는 뒷머리, 얼굴 바탕, 눈 코 입 부분은 서로 다른 레이어를 생성시킨 뒤 각각의 레이어에서 드로잉하는 것이 좋습니다.

버튼을 클릭하는 모습

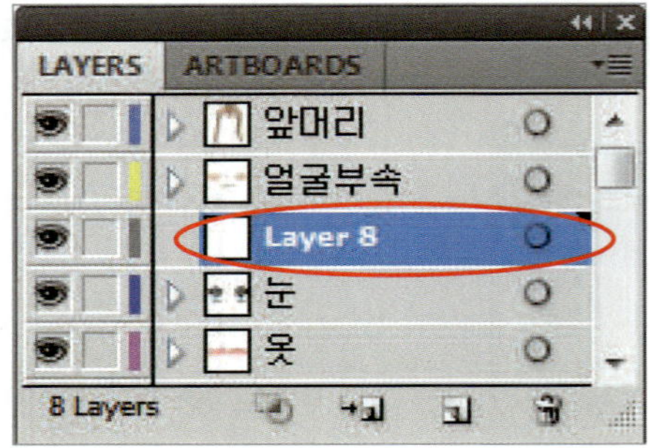

새 레이어의 모습

❾ **Delete(삭제)** : 선택한 레이어를 삭제합니다. 레이어와 함께 해당 레이어의 오브젝트도 삭제됩니다.

❿ **서브 레이어** : 선택한 레이어 안에 들어있는 하위 레이어들입니다. 일러스트레이터에서의 서브 레이어는 오브젝트를 그릴 때마다 각각의 조각 그림이 겹쳐있는 순서대로 서브 레이어가 자동 생성됩니다. 따라서 각각의 조각그림들을 모두 선택한 뒤 그룹으로 묶으면 서브 레이어도 자동으로 사라집니다.

⓫ **원 아이콘** : 레이어의 상태에 대한 표시 아이콘으로 아래와 같이 다양한 상태를 표시해 줍니다.

- 일반 레이어를 표시하는 아이콘입니다.
- 레이어에 있는 모든 오브젝트에 Effects 효과 등의 Appearance 속성이 적용되어 있을 경우 표시됩니다.

마우스로 원 아이콘을 클릭하면 해당 레이어에 있는 모든 오브젝트를 선택할 수 있습니다. 다음은 해당 레이어에 있는 모든 오브젝트를 선택한 경우 표시되는 아이콘입니다.

- 일반 레이어에 있는 모든 오브젝트를 선택한 경우 표시됩니다.
- Effects 효과 등의 Appearance 속성이 적용되어 있는 레이어에서 모든 오브젝트를 선택한 경우 표시됩니다.

Appearance 복사하기

Appearance 속성이 적용되어 있는 원 부분을 드래그하여 다른 원 아이콘으로 드래그하면 해당 Appearance 속성을 일괄적으로 다른 레이어로 복사할 수 있습니다. 또한 'Drop Shadow' 기능인 그림자 Appearance 속성이 적용되어 있는 레이어에서 새 오브젝트를 제작하면 그 오브젝트는 자동으로 그림자 효과가 만들어집니다.

레이어 팔레트 메뉴

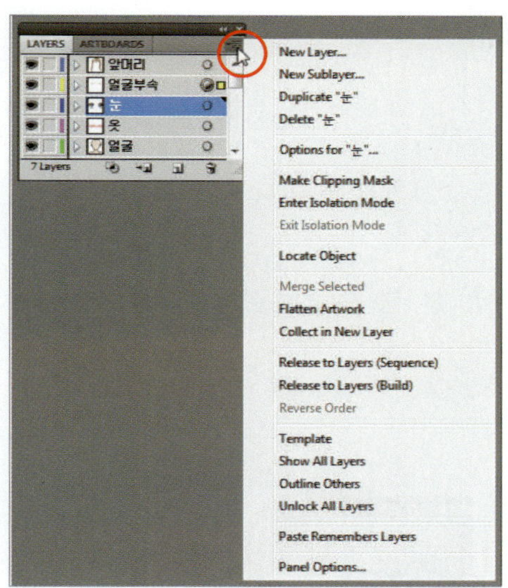

일러스트레이터의 레이어 팔레트 메뉴는 포토샵 CS5의 레이어 메뉴와 약간 다른 기능으로 구성되어 있습니다.

❶ **New Layer 메뉴 :** 새 레이어를 생성시킵니다. 레이어 팔레트의 하단에 있는 New Layer 버튼과 동일 기능입니다. 여기서는 생성될 레이어의 이름과 색상 등을 지정할 수 있습니다.

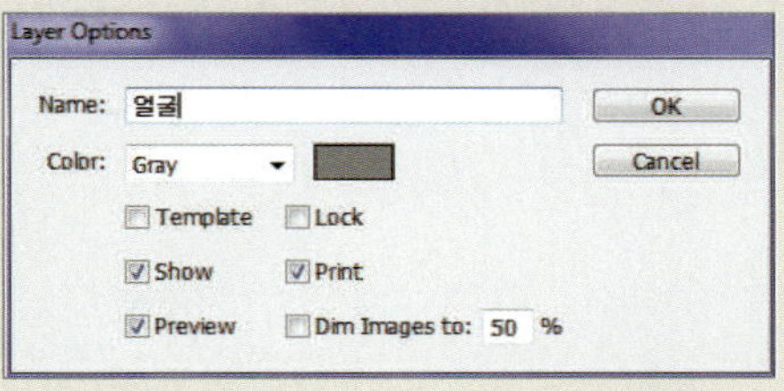

- **Name :** 새 레이어의 이름을 지정합니다.
- **Color :** 레이어 팔레트에서 이 레이어를 구분하기 쉽도록 색상을 설정합니다.
- **Template :** 밑그림 용도로 사용하는 레이어인 Template 레이어를 생성시킵니다. 특정 이미지를 밑그림으로 만든 뒤 그대로 따라 드로잉하려면 움직이지 않도록 고정시켜야 하는데 이때 템플릿 레이어가 필요합니다.

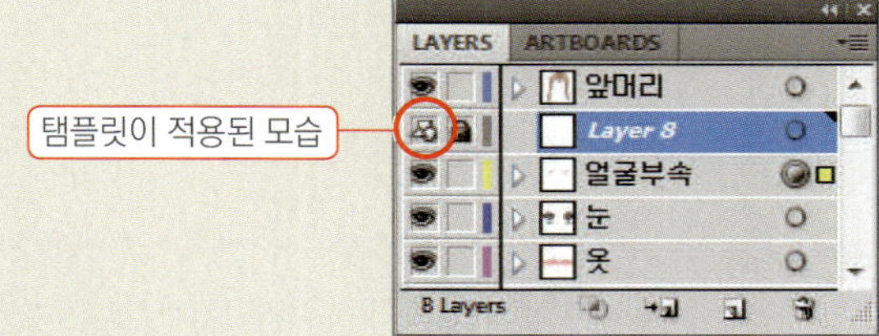

- **Lock :** 레이어를 편집할 수 없도록 잠글 수 있으며, 레이어 팔레트의 자물쇠 아이콘과 동일한 기능입니다.
- **Show :** 레이어 팔레트의 눈 아이콘을 켜고 끄는 것과 동일 기능입니다.
- **Print :** 체크 표시를 제거하면, 이미지를 인쇄할 때 해당 레이어를 인쇄하지 않습니다.
- **Preview :** 이 옵션을 켜면, 해당 레이어에 있는 오브젝트를 Outlines 상태로 표시합니다. View -> Outlines 메뉴와 동일 기능이지만 여기서는 각각의 레이어별로 적용할 수 있습니다.

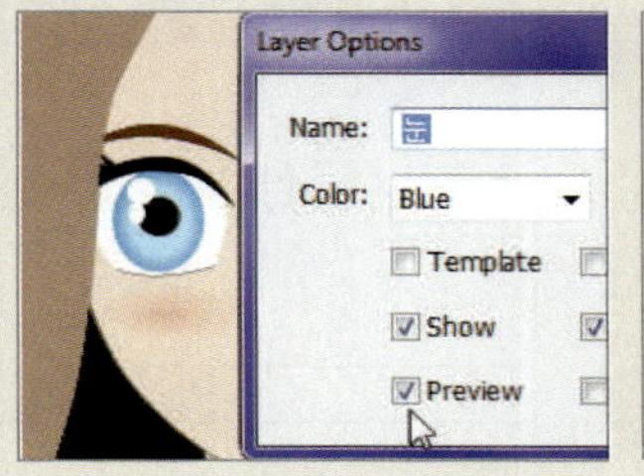
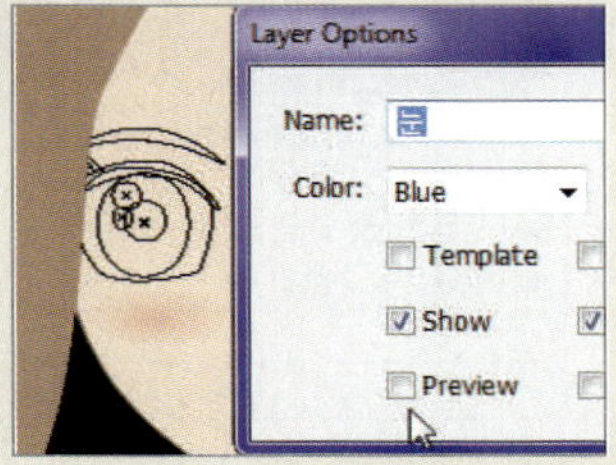

- **Dim Images to :** 해당 레이어가 비트맵 이미지를 사용할 때 이 비트맵 이미지를 흐릿하게 조절할 수 있습니다. 보통 템플릿 레이어에 있는 비트맵 이미지를 조절할 때 사용합니다.

❷ **New Sublayer 메뉴** : 선택한 레이어의 하위에 서브 레이어를 생성시킵니다. New Layer 메뉴와 동일 기능이지만 하위 레이어 방식의 서브 레이어를 생성시킨다는 점이 다른 점입니다.

❸ **Duplicate '레이어 이름'** : 선택한 레이어를 복제하여 하나 더 만들어 줍니다.

❹ **Delete '레이어 이름'** : 선택한 레이어를 삭제합니다.

❺ **Options for '레이어 이름'** : 선택한 레이어의 옵션을 수정합니다. New Layer 메뉴를 실행할 때 나타나는 대화상자와 동일 대화상자입니다. 레이어 팔레트에서 원하는 레이어를 더블클릭해도 옵션 대화상자가 실행됩니다.

❻ **Make/Release Clipping Mask 메뉴** : 선택한 오브젝트를 이용해 클리핑 마스크를 적용합니다. 클리핑 마스크란 특정 영역만 보이게 하는 기능입니다. 이때 선택한 오브젝트가 마스크로 사용되어, 그 오브젝트의 모양대로 하위 오브젝트가 보이게 됩니다. 참고로, 하위 오브젝트가 전부 그룹으로 묶여 있지 않을 경우에는 바로 밑에 있는 오브젝트에만 클리핑됩니다. Make Clipping Mask를 해제하려면 이 메뉴를 다시 실행하면 됩니다.

예제에서 배경 레이어 선택

'별 툴'로 별을 그린 모습

Make Clipping Mask 메뉴 적용

❼ **Enter/Exit Isolation Mode** : 현재 레이어에 있는 오브젝트만 편집하는 분리 편집 모드로 전환합니다. 다른 레이어에는 영향을 주지 않고 현재 레이어에 있는 오브젝트만 편집할 수 있습니다.

❽ **Locate Object 메뉴** : 선택한 오브젝트가 어떤 레이어 층에 있는지 해당 레이어의 하위 레이어를 모두 열어줍니다. 보통 선택한 오브젝트가 어느 레이어 층에 있는지 찾을 때 유용합니다.

❾ **Merge Selected 메뉴** : 팔레트에서 선택한 레이어들을 하나의 레이어로 합쳐 줍니다. 팔레트에서 레이어를 복수로 선택하려면 Ctrl 키를 누른 채 클릭합니다. 복수로 선택된 레이어에서 특정 레이어를 선택에서 취소하려면 다시 (Ctrl) + 클릭합니다.

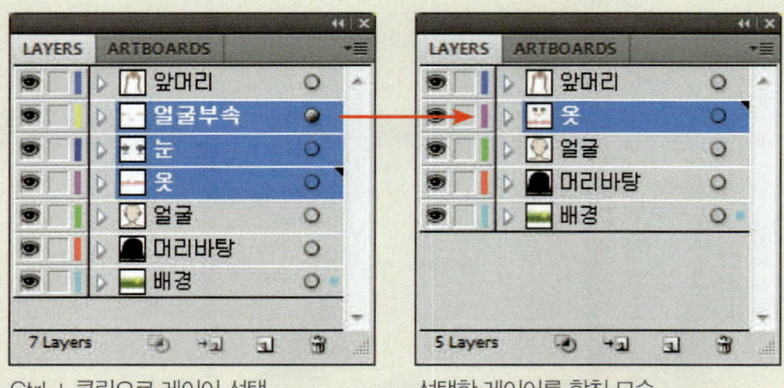
Ctrl + 클릭으로 레이어 선택   선택한 레이어를 합친 모습

⑩ **Flatten Artwork 메뉴** : 전체 레이어를 하나의 레이어로 병합합니다. 작업을 완전히 완료한 뒤 모든 레이어를 하나로 합칠 때 사용합니다. 하지만 나중에 수정할 때 복잡하기 때문에 모든 레이어를 반드시 합치는 경우는 거의 없습니다.

⑪ **Collect in New Layer 메뉴** : 선택한 레이어의 레이어 이름을 제거하고 새 레이어 이름으로 전환합니다. 선택한 레이어에 있는 모든 요소는 그대로 살아있고 레이어의 이름만 새 이름으로 치환됩니다.

⑫ **Release to Layers(Sequence) 메뉴** : 레이어에 있는 오브젝트를 각각의 조각 그림으로 나누어 서브 레이어로 치환합니다. 작업 이미지를 웹 애니메이션 파일로 제작할 때 사용하며, 애니메이션으로 저장하려면 File −〉 Export 메뉴를 실행한 뒤 Swf 포맷으로 저장합니다.

⑬ **Release to Layers(Build) 메뉴** : 레이어에 있는 오브젝트를 각각의 조각 그림으로 나누지만, 순서대로 누적시킨 뒤 나누어줍니다. 이 메뉴 역시 애니메이션을 제작할 때 사용합니다.

예제에서 배경 레이어 선택

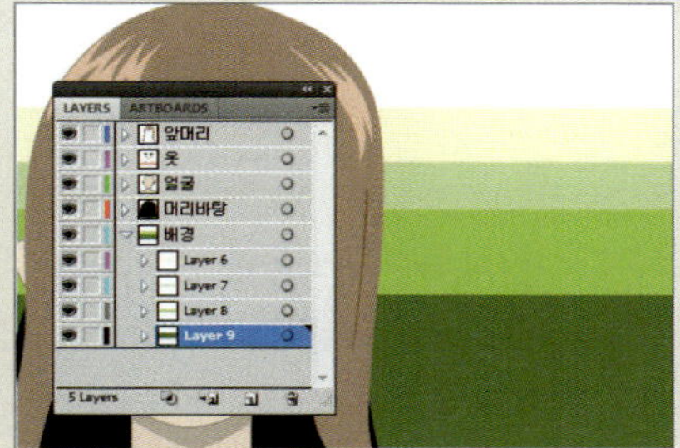

Release to Layers(Sequence) 적용

Release to Layers(Build) 메뉴 적용

⑭ **Release Oder 메뉴** : 2개 이상의 레이어를 선택한 상태에서, 이들 레이어들의 겹쳐있는 순서로 역순으로 전환합니다.

⑮ **Template 메뉴** : 선택된 레이어를 밑그림으로 사용하면서 드로잉하려면 움직이지 않도록 고정시켜야 하는데, 이 메뉴를 사용해 Template 레이어로 전환하면 움직이지 않도록 고정됩니다.

⑯ **Hide Others 메뉴** : 선택된 레이어를 제외한 나머지 레이어들을 화면에서 감추어 줍니다.

⑰ **Outline Others 메뉴** : 선택된 레이어를 제외한 나머지 레이어들을 Outline 보기로 전환합니다.

⑱ **Paste Remember Layers 메뉴** : 이 메뉴를 켜 놓으면 특정 레이어에서 복사한 오브젝트를 붙여넣을 때 다른 레이어에서 작업 중이라 할지라고 원래 복사했던 특정 레이어에 붙여줍니다. 만일 이 메뉴를 끄면 복사한 오브젝트를 원래 레이어가 아닌 현재 작업 중인 레이어에도 붙일 수 있습니다. 이 옵션을 선택하지 않는 것이 기본값입니다.

⑲ **Panel Options 메뉴**

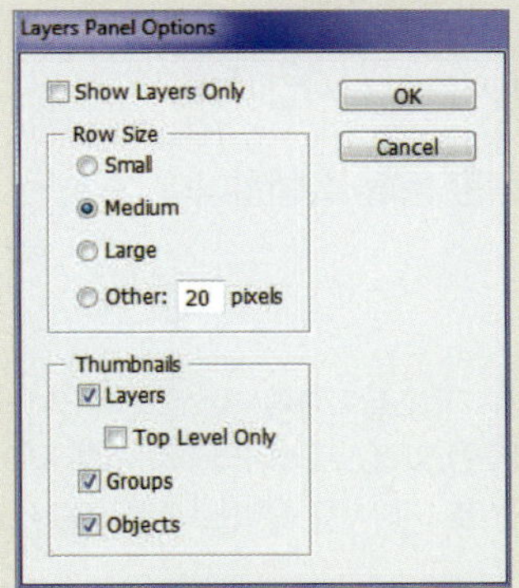

− **Show Layers Only** : 팔레트에서 메인 레이어만 표시해 줍니다. 서브 레이어는 표시하지 않습니다.
− **Row Size** : 레이어 팔레트에 있는 썸네일 이미지의 크기를 선택합니다.
− **Thumnails** : 레이어 팔레트에서 썸네일 이미지를 표시할 때 체크한 썸네일도 표시해 줍니다.

사진을 아트워크에 완전히 삽입하기
링크(Links) 팔레트

링크 팔레트는 Window -> Links 메뉴로 실행합니다. 링크 팔레트는 File -> Place 메뉴로 삽입한 비트맵 이미지를 관리하는 기능입니다. 비트맵 이미지의 저장 경로를 추적하고 비트맵 이미지를 해당 아트워크에 완전히 포함시키는(Embed) 기능 등을 제공합니다.

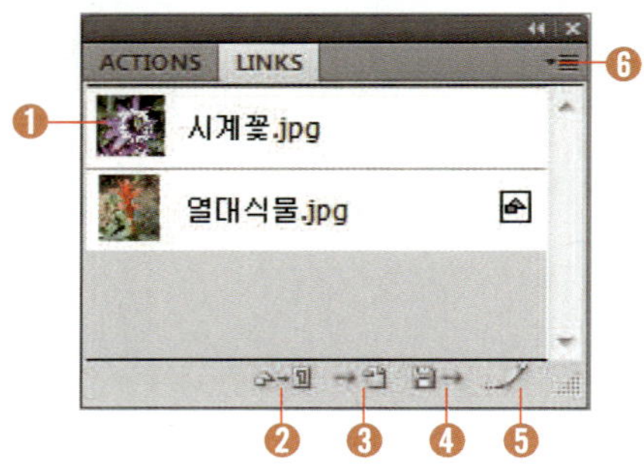

❶ **링크 이미지** : File -> Palce 메뉴로 삽입한 비트맵 이미지가 표시됩니다. Place 메뉴를 사용하지 않고 붙이기(Paste) 메뉴로 삽입한 이미지와 Embed된 이미지는 경로를 알 수 없고, 파일 이름도 표시되지 않습니다. Place 메뉴를 이용해 정상적으로 링크시킨 이미지는 파일명이 표시되며, 링크 팔레트에서 해당 이미지를 더블클릭하면 저장 경로 등의 링크 정보를 확인할 수 있습니다.

❷ **Replace Link** : 링크 팔레트에서 선택한 링크 이미지를 다른 비트맵 이미지로 교체합니다.

❸ **Go To Link** : 선택한 비트맵 이미지가 있는 레이어 위치를 찾아가는 기능입니다. 또한 작업하기 편하도록 화면의 중앙으로 움직여 줍니다. 링크 이미지가 여러 개일 경우에는 작업하기 편하도록 Go to Link 메뉴로 찾아가는 것이 좋습니다.

❹ **Update Link** : 선택한 비트맵 이미지가 외부에서 수정된 경우, 이 버튼을 클릭하면 수정된 이미지로 갱신시킵니다.

❺ **Edit Original** : 선택한 비트맵 이미지를 수정하기 위해 비트맵 그래픽 프로그램(포토샵이나 그림판 등)을 실행합니다.

MEMO

Place 메뉴로 삽입시킨 비트맵 이미지는 일러스트레이터 저장 이미지와 별도 저장됩니다. 따라서 비트맵 이미지가 소실되면 일러스트레이터에서 Link시킨 이미지도 사라집니다. 그러나 Embed 기능으로 비트맵을 일러스트레이터 이미지에 포함시킬 경우엔 일러스트레이터 이미지를 저장할 때 그 안에 비트맵 이미지도 함께 저장되어 원본 비트맵이 소실되어도 안전합니다. 또한 작업 중인 일러스트 이미지를 출력소나 인쇄소로 가져갈 경우엔, 일러스트에 삽입한 비트맵 이미지를 Embed시켜야 소실되지 않고 가져갈 수 있습니다.

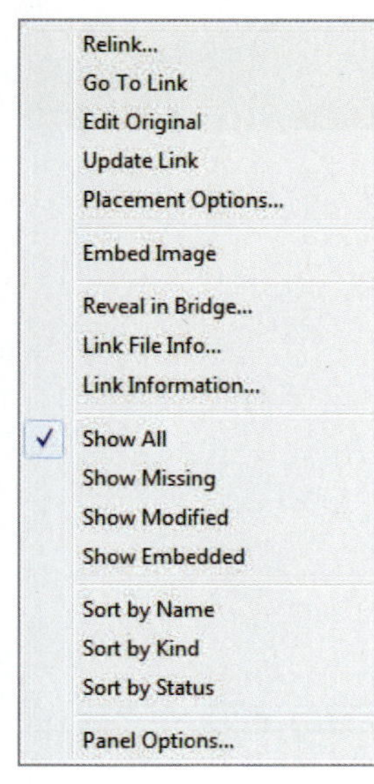

- **Relink 메뉴** : 링크 팔레트에서 선택한 비트맵 이미지를 다른 비트맵 이미지로 교체합니다.
- **Go To Link 메뉴** : 팔레트의 하단에 있는 Go To Link 버튼과 동일 기능으로 선택한 비트맵 이미지를 편집 하기 쉽도록 화면의 정중앙으로 가져옵니다.
- **Edit Original 메뉴** : 선택한 비트맵 이미지를 편집할 수 있도록 비트맵 그래픽 프로그램으로 불러옵니다.
- **Update Link 메뉴** : 선택한 비트맵 이미지가 외부에서 갱신되어 있을 경우 삽입한 비트맵 이미지를 자동으 로 갱신해 줍니다.
- **Placement Options 메뉴** : Replace 메뉴로 비트맵 이미지를 교체하여 삽입할 경우엔 이미지의 크기 가 서로 다를 수 있습니다. 이때 새로 교체 삽입되는 그림과 원래 그림의 크기를 조절하는 5가지 옵션이 제 공됩니다.

  - **Transforms** : 다른 이미지로 교체할 때 원래 이미지의 크기는 무시하고 새로 삽입하는 그림 크기로 삽 입합니다.
  - **Proportions Fit** : 원래 이미지의 크기에 딱 맞게 교체 그림의 크기를 조절 삽입합니다. 여백이 생성될 수도 있습니다.

- **Proportions Fill** : 원래 그림의 크기를 모두 채울 수 있는 상태로 교체 삽입되는 그림의 크기가 결정됩니다. 이때 교체되는 그림의 크 기는 무시되며 무조건 원래 이미지가 있던 영역을 꽉 채워서 교체된 이미지가 삽입되는 방식입니다.
- **File Dimentions** : 원래 그림의 크기가 늘어난 상태라면 교체 삽입되는 그림의 크기도 늘어난 상태로 삽입됩니다.
- **Bounding** : 원래 그림의 크기에 딱 맞는 사이즈에 교체되어 들어가는 그림의 크기가 무조건 조절되어 삽입됩니다. 이때 만일 여백이 생기면 이 여백부분을 교체되어 들어가는 그림이 스스로 늘려 채우면서 삽입됩니다.

- **Check In Link/Versions** : 네트워크로 공동작업하는 이미지일 경우 링크 이미지를 체크인하고 버전 정보를 확인합니다.
- **Embed Image 메뉴** : 링크 기능으로 삽입시킨 이미지를 일러스트레이터 이미지에 완전히 포함시키는 기능입니다.
- **Link File Info** : 포토샵에서 볼 수 있었던 File Info 대화상자를 실행해 비트맵 이미지의 정보를 확인합니다.
- **Link Information** : 링크 이미지의 경로 등을 알 수 있는 인포메이션 대화상자를 실행합니다.

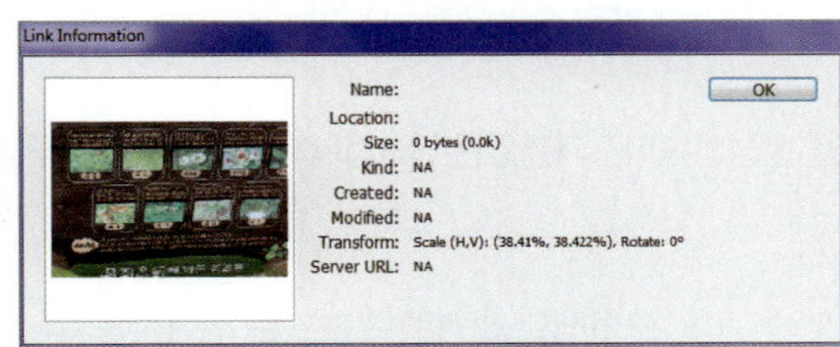

이름과 경로가 표시되지 않는 붙여 넣은 이미지

정상적으로 링크된 이미지의 정보

- **Show All 메뉴** : 링크시킨 비트맵 이미지를 모두 표시합니다.
- **Show Missing 메뉴** : 소실되었거나 변경된 링크 이미지를 표시합니다.
- **Show Modified 메뉴** : 링크 이미지가 외부에서 수정된 경우 수정된 이미지를 표시합니다.
- **Show Embedded 메뉴** : 링크 이미지가 일러스트레이터 이미지와 완전히 합쳐진 경우(Embed) 그 이미지들을 표시합니다.
- **Sort by Name 메뉴** : 팔레트에서 링크 이미지의 순서를 이름순으로 정렬합니다.
- **Sort by Kind 메뉴** : 팔레트에서 링크 이미지의 순서를 파일 확장자 순으로 정렬합니다.
- **Sort by Status 메뉴** : 팔레트에서 링크 이미지의 순서를 Embed, Link, 유실, 수정 순서로 정렬합니다.
- **Palette Options 메뉴** : 링크 팔레트 옵션 대화상자에서 썸네일 크기 등을 조절할 수 있습니다.

마술봉 툴의 옵션
마술봉(Magic Wand) 팔레트

마술봉 툴 팔레트는 마술봉 툴에 대한 옵션을 설정할 때 사용합니다. 마술봉 툴 팔레트는 Window → Magic Wand 메뉴를 실행하거나 툴박스에서 마술봉 툴을 더블클릭하면 나타납니다.

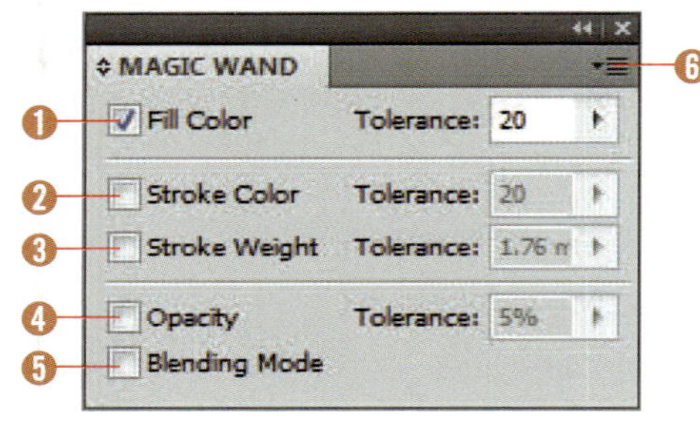

❶ **Fill Color** : Fill Color(면 색상)을 기준으로 한 번 클릭으로 선택할 수 있는 영역의 크기를 조절합니다. 기본 Tolerance 값은 32입니다. 수치가 높으면 그와 유사한 색상 영역도 한 번에 마술봉 툴로 선택할 수 있습니다.

❷ **Stroke Color** : Stroke Color(테두리 색상)를 기준으로 한 번 클릭으로 선택할 수 있는 영역의 크기를 설정합니다. 기본값은 Tolerance 32입니다.

❸ **Stroke Weight** : Stroke(테두리선)에서 비슷한 두께를 기준으로 선택할 수 있는 영역을 결정합니다. 기본 Tolerance 값은 5pt입니다.

❹ **Opacity** : 오브젝트의 불투명도(투명도)를 기준으로 선택할 수 있는 영역을 결정합니다. 기본값은 5%입니다. 즉, 비슷한 투명도를 가진 오브젝트를 선택할 수 있습니다.

❺ **Blending Mode** : 블렌드 모드가 동일한 오브젝트를 한 번에 선택할 수 있습니다. 오브젝트의 블렌드 모드는 Transparency 팔레트에서 지정합니다.

❻ **마술봉 툴 팔레트 메뉴**

- **Show/Hide Stroke Options** : 팔레트에 Stroke Color 옵션을 감추거나 표시합니다.
- **Show/Hide Transparency Options 메뉴** : 팔레트에 Opacity 옵션을 감추거나 표시합니다.
- **Reset** : 현재의 옵션 설정을 무시하고 원래 기본값으로 돌아갑니다.
- **Use All Layers 메뉴** : 마술봉 툴이 전체 레이어에 적용되는 옵션입니다. 이 옵션을 끄면 작업 레이어에서만 동작합니다.

작업 위치 파악하고 이동하기
내비게이터(Navigator) 팔레트

Illustrator CS5

내비게이터 팔레트는 Window –〉 Navigator 메뉴로 실행합니다. 현재 보고 있는 작업 화면이 전체 이미지에서 어느 지역에 있는지 확인할 수 있고, 작업 위치를 이동시키고 화면을 확대/축소할 수 있습니다.

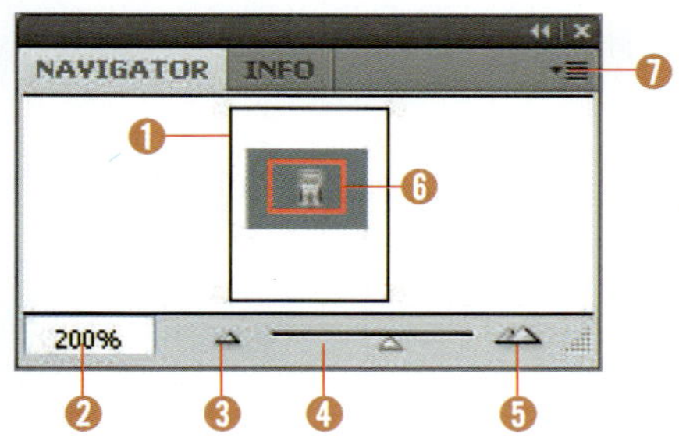

❶ **썸네일 이미지 :** 작업 이미지 전체를 썸네일 이미지로 표시합니다.

❷ **화면 비율 :** 작업 화면의 확대 비율과 축소 비율이 표시됩니다. 수치를 입력해 화면 비율을 조절할 수 있습니다.

❸ **축소 버튼 :** 클릭할 때마다 화면이 축소됩니다.

❹ **슬라이더 :** 좌우로 드래그하여 화면을 확대하거나 축소할 수 있습니다.

❺ **확대 버튼 :** 클릭할 때마다 화면이 확대됩니다.

❻ **뷰박스 :** 현재 화면에서 보고 있는 위치를 빨간색 뷰박스로 표시합니다. 뷰박스를 마우스로 드래그하면 화면에서 보이는 위치가 이동됩니다.

❼ **네비게이터 팔레트 메뉴**

- **View Artbord Content Only 메뉴 :** 아트보드 안에 있는 그림만 보여줍니다. 체크표시를 해제하면 아트보드 외곽의 오브젝트도 보여줍니다.

- **Palette Options 메뉴 :** 뷰박스의 색상을 변경할 수 있습니다.

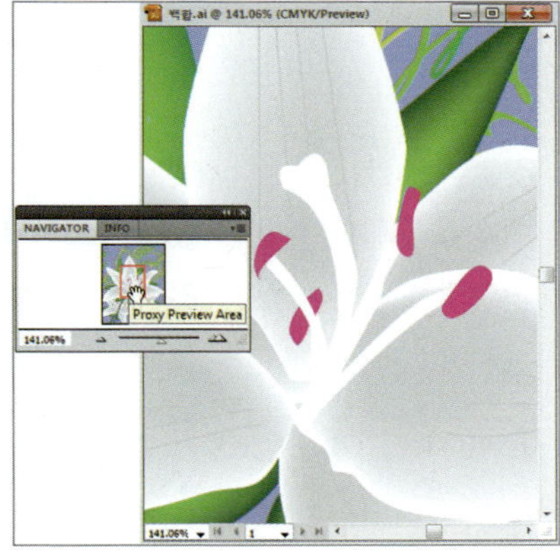

뷰박스와 작업 화면

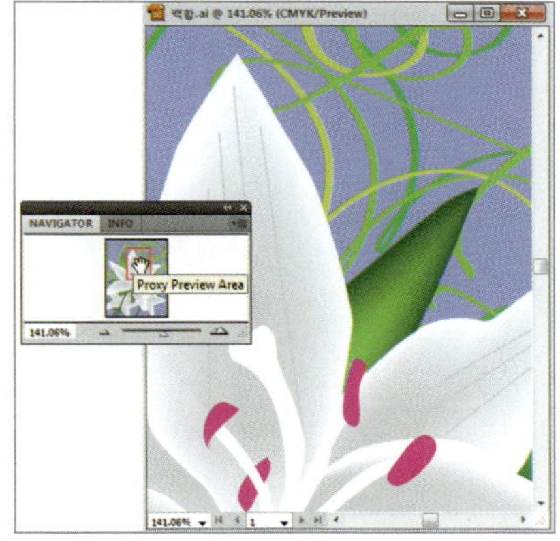

뷰박스를 드래그하여 화면을 이동시킨 모습

도형 병합하고 분리하기
패스파인더(Pathfinder) 팔레트

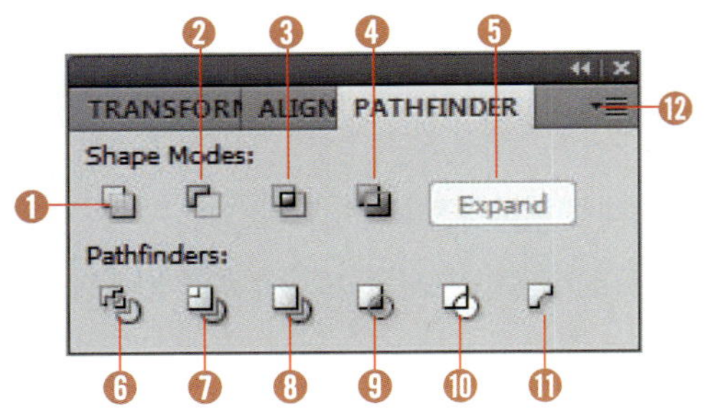

드로잉 작업을 하다보면 여러 개의 도형을 하나로 병합하거나 분리하는 작업을 하게 됩니다. 이를 컴파운드 패스라고 말합니다. 패스파인더 팔레트는 2개 이상의 오브젝트를 서로 병합하거나 분리할 때 사용하며, 서로 붙어있지 않아도 병합 및 빼기 작업이 가능합니다. 패스파인더 팔레트는 Window →〉 Pathfinder 메뉴로 실행합니다.

예제 '파인더.ai'를 불러온 뒤 선택 툴로 둘 다 선택합니다. 그런 뒤 패스파인더 기능을 사용해봅니다.

두 오브젝트 모두 선택

두 오브젝트를 병합한 모습

❶ Add to Shape Area(병합) : 두 오브젝트를 하나의 오브젝트로 합쳐줍니다. 겹쳐진 뒤의 색상은 겹쳐 있는 오브젝트 중 위에 있는 오브젝트의 색상을 사용합니다.

두 오브젝트 모두 선택

상단 오브젝트 영역을 제거한 모습

❷ Subtract from Shape Area(빼기) : 위에 있는 오브젝트의 형태로 아래에 있는 오브젝트를 빼 줍니다.

두 오브젝트 모두 선택

공통 영역만 남긴 모습

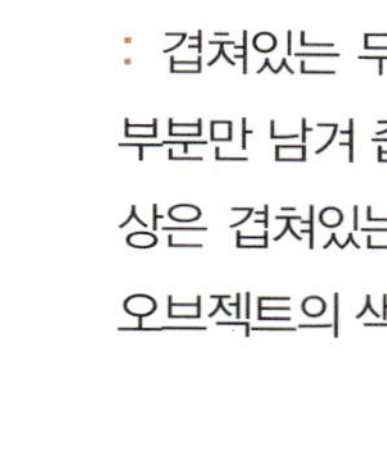

❸ Intersect Shape Areas(공통)
: 겹쳐있는 두 오브젝트에서 공통되는 부분만 남겨 줍니다. 이때 사용되는 색상은 겹쳐있는 오브젝트 중 위에 있는 오브젝트의 색상을 사용합니다.

두 오브젝트 모두 선택

나머지 영역만 남은 모습

❹ Exclude Overlapping Shape Areas(남기기) : 겹쳐있는 두 오브젝트에서 공통되는 부분만 빼고 나머지 영역을 표시해 줍니다. 이때 생성되는 색상은 겹쳐 있는 오브젝트 중 위에 있는 오브젝트의 색상을 사용합니다.

❺ **Expand** Expand 버튼 : 앞의 4가지 버튼을 Alt + 클릭하면 패스 흔적을 남긴 상태에서 컴파운드 오브젝트 상태로 작업할 수 있습니다. 이 버튼을 클릭하면 외곽선을 따라 남아있는 패스 흔적을 완전히 축출하여 컴파운드 오브젝트를 일반 패스로 만들어줍니다.

두 오브젝트 모두 선택

Alt + 클릭으로 '빼기' 버튼 클릭

Expand 버튼으로 컴파운드 패스를 정리한 모습

패스파인더 팔레트의 하단에 있는 6개의 버튼은 오브젝트를 쪼개는 기능을 제공합니다. 참고로, 오브젝트가 그라디언트 색을 사용하고 있는 경우에는 색상 구분이 모호하기 때문에 예제 이미지처럼 분할되지 않을 수도 있습니다. 예제 '파인더2.ai'를 불러온 뒤 따라해 봅니다.

3개의 오브젝트 모두 선택

Divide를 적용한 모습

❻ Divide(분할) : 오브젝트가 겹쳐 있을 경우 각 겹쳐있는 부분들이 모두 세분화되어 분할되는 기능입니다.

세 오브젝트 모두 선택

Trim을 적용한 모습

세 오브젝트 모두 선택

Merge를 적용한 모습

세 오브젝트 모두 선택

Crop을 적용한 모습

세 오브젝트 모두 선택

Outline 적용

옵션바의 Stroke 옵션에서 선 굵기 설정

세 오브젝트 모두 선택

Minus Back을 적용한 모습

❼ Trim(다듬은 뒤 분할) : 상단 이미지일수록 원래대로 남고 밑으로 내려갈수록 상단에 있는 이미지가 분리되는 방식입니다. 가장 밑에 있는 이미지는 상단에 이미지가 많으면 많을수록 자신의 영역이 분리되어 없어집니다.

❽ Merge(합친 뒤 분할) : 상위에 있는 두 오브젝트가 같은 색일 경우 이 두 오브젝트는 합쳐지고 합쳐진 이미지와 제일 밑에 있는 이미지가 분할되는 방식입니다.

❾ Crop(잘라내기) : 제일 위에 있는 오브젝트와 겹치는 부분만 남겨지고 나머지 영역은 잘려진 뒤 삭제됩니다.

❿ Outline(아웃라인) : 선택한 오브젝트의 형태를 아웃라인으로 전환합니다.

⓫ Minus Back(마이너스 백) : 제일 상위 오브젝트에서 겹쳐지지 않는 부분만 남고 나머지는 모두 삭제됩니다.

– Trap 메뉴 : Trap 기능을 아래 옵션을 사용해 설정할 수 있습니다. 분판 출력 시 필요한 기능입니다.

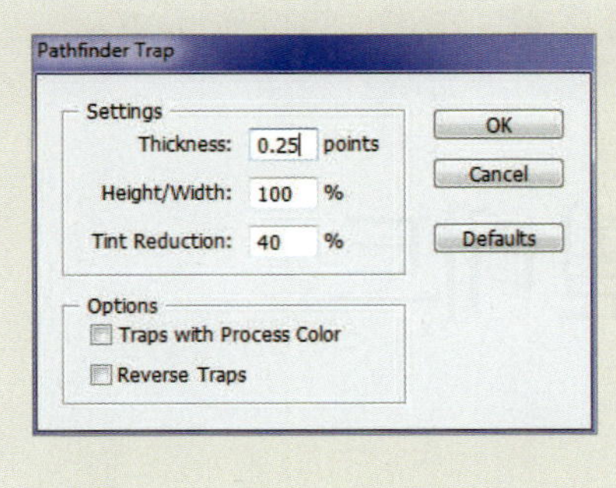

❶ **Thickness :** 중첩된 윤곽선을 입력한 수치만큼 늘려 줍니다.

❷ **Height/Weight :** 선 부분에서 중첩되는 비율을 조절합니다. 기본값 100%를 설정하는 것이 좋습니다.

❸ **Tint Reduction :** 겹쳐서 인쇄되는 색상의 농도를 조절합니다.

❹ **Trap with Process Color :** Process 컬러 사용 시 트랩을 적용하는 옵션입니다.

❺ **Reverse Trap :** 트랩을 반전시켜 적용합니다.

MEMO

Trap 기능은 분판출력을 할 때 사용합니다. 컬러 인쇄물은 CMYK 4도 분판 출력하여 여러 장의 필름으로 출력하고, 이들 필름을 각각의 색상으로 겹쳐서 인쇄합니다. 이때 잘못 겹쳐놓으면 윤곽선 부분에서 핀트가 맞지 않은 상태로 인쇄됩니다. Trap 메뉴는 미리 윤곽선 부분을 일정 간격으로 늘려주어 핀트가 맞지 않아도 윤곽선이 대충 잘 인쇄되게 해 줍니다.

– Repeat '이름' 메뉴 : 바로 전에 실행한 기능을 취소했을 경우, 재실행하는 기능입니다.

– Pathfinder Options 메뉴 : 오브젝트를 분할하거나 합칠 때의 작업 품질을 조절합니다.

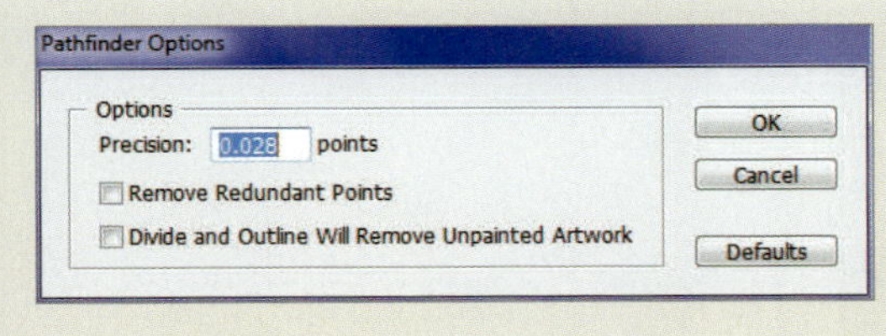

❶ **Precision :** 오브젝트의 곡선과 접촉하는 부분의 처리 방법을 수치로 설정합니다. 수치가 낮을수록 정교하게 작업하지만 적용 시간이 길어집니다.

❷ **Remove Redundant Points :** 포인트가 많은 오브젝트에서 작업할 때 필요 없는 포인트는 컴퓨터가 알아서 자동 삭제하는 기능입니다.

❸ **Devide and Outline... :** 오브젝트를 Devide하거나 Outline으로 처리할 때 오브젝트의 색상이 완전 무색인 오브젝트는 자동으로 삭제해 줍니다.

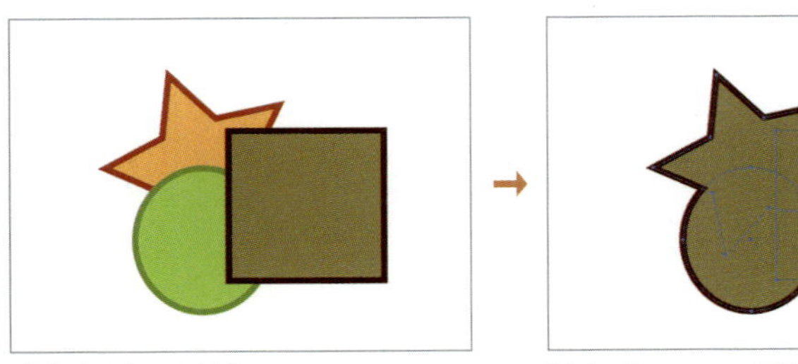

예제 이미지 모두 선택

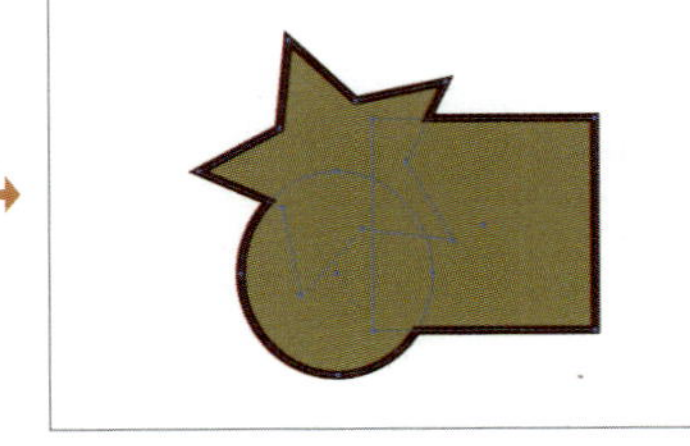

Make Compound Shape 적용

– Make Compound Shape 메뉴 : 여러 오브젝트를 하나의 오브젝트로 합치는 컴파운드 오브젝트를 만들 수 있습니다. 이때 오브젝트의 색상은 제일 위에 있는 오브젝트의 색상이 사용됩니다. 컴파운드 오브젝트는 하나의 오브젝트로 합쳐진 상태이지만, 각각의 오브젝트를 직접 선택 툴로 이동시킬 수 있다는 장점이 있습니다.

– Release Compound Shape 메뉴 : 앞에서 병합하거나 분할시킨 오브젝트들을 원래 상태로 되돌려 줍니다.

– Expand Compound Shape 메뉴 : 패스파인더 팔레트에 있는 Expand 버튼과 동일 기능입니다. 컴파운드 오브젝트를 일반 오브젝트로 전환합니다.

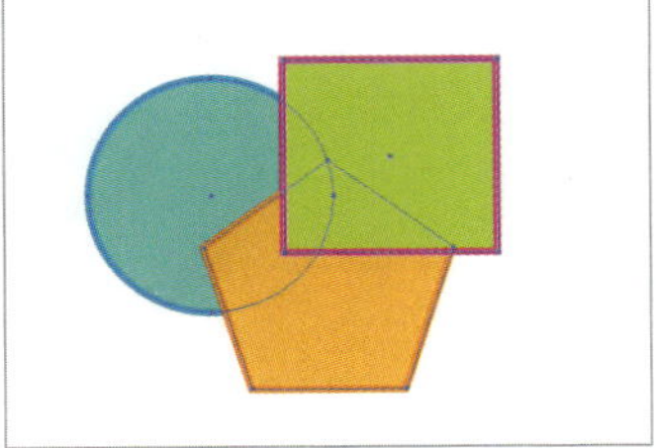

예제 이미지 모두 선택

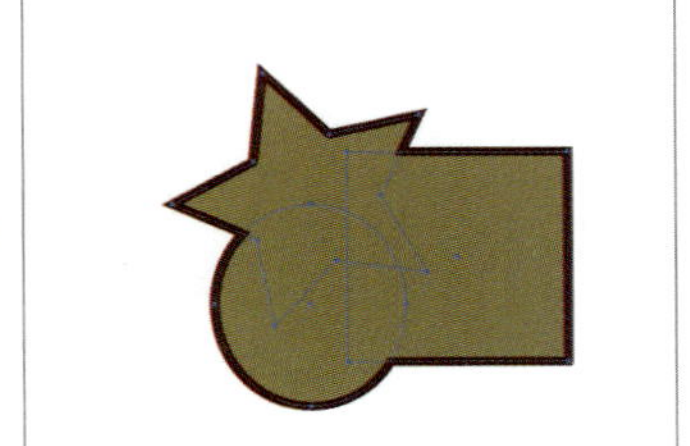

Make Compound Shape 메뉴

Expand Compound Shape 메뉴

라인 굵기, 라인 모양 설정하기
스트로크(Stroke) 팔레트

스트로크 팔레트는 Window -> Stroke 메뉴로 실행합니다. 선의 두께를 조절하고 선 모양을 선택할 때 사용합니다. 선의 끝을 다양하게 처리할 수 있고 대쉬 라인을 설정하거나 Caps 설정, Join 설정을 할 수 있습니다. (단축키는 Ctrl + F10)

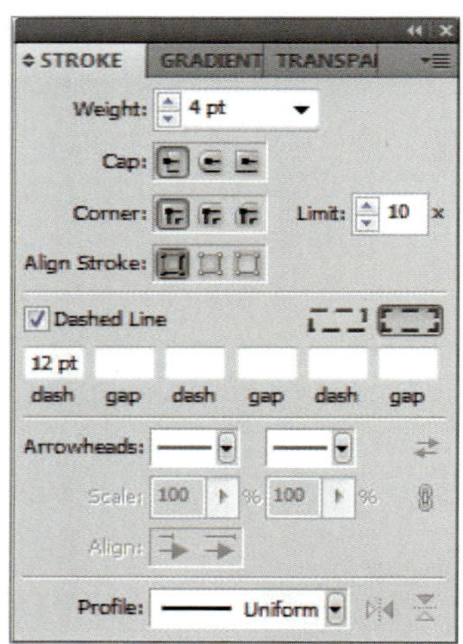

❶ **Weight :** 선의 굵기, 즉 두께를 설정합니다. 0.25pt(포인트)부터 100pt까지 설정할 수 있습니다. 오른쪽 옆 옵션으로 선의 시작 부분과 끝 부분 모양을 설정합니다.

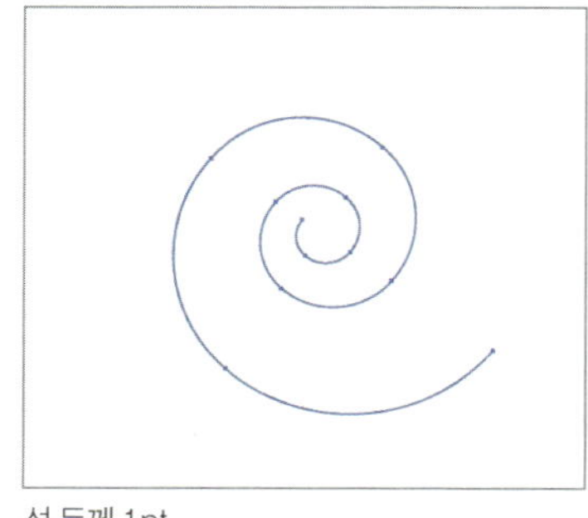

선 두께 1pt

선 두께 7pt

선 두께 12pt

❷ Limit : 선과 선이 만나는 코너 부분의 모양을 설정할 때, 어느 한계까지 그 모양을 적용할지 설정합니다. 수치가 높을수록 더 넓은 선 영역의 코너 부분 모양이 조절됩니다. 코너의 모양은 오른쪽의 Corner 옵션에서 선택합니다.

Miter 1 적용

Miter 2 적용

Miter 3 적용

❸ Caps : 선의 끝 부분 모양을 처리하는 옵션입니다. 쉽게 말하면 선의 끝 부분을 어떤 방식으로 처리할 것인지 결정할 수 있습니다. 선의 끝 부분을 처리하는 방법은 3가지 방식이 있으며 이 스타일을 잘 설정하면 다양한 점선 모양을 만들 수 있습니다.

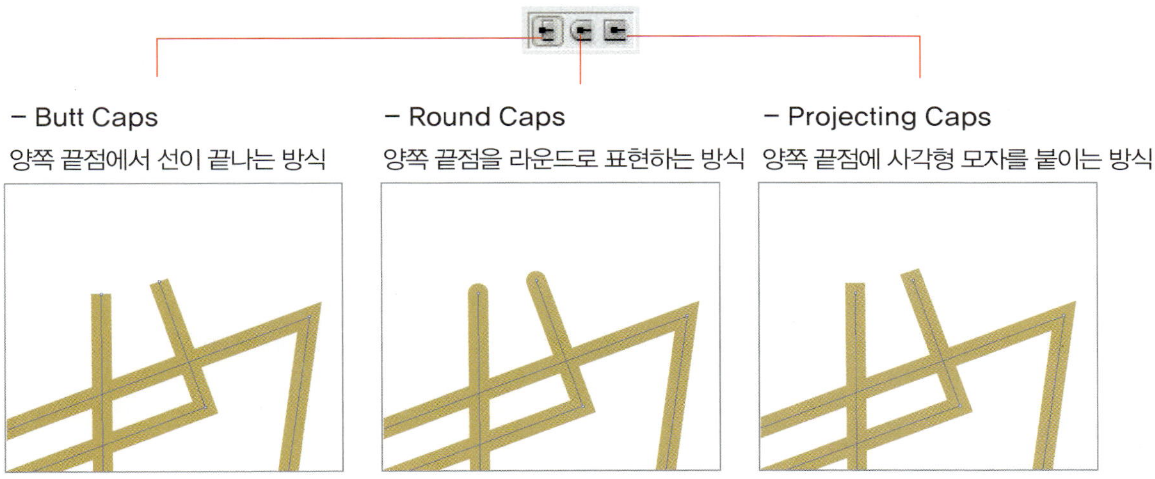

– Butt Caps
양쪽 끝점에서 선이 끝나는 방식

– Round Caps
양쪽 끝점을 라운드로 표현하는 방식

– Projecting Caps
양쪽 끝점에 사각형 모자를 붙이는 방식

❹ Corner(모서리) : 선과 선이 만나는 코너 부분을 처리하는 방식을 선택합니다. 다음과 같이 3가지 방식이 있습니다.

– Miter Join
코너를 뾰족하게 처리

– Round Join
코너를 라운드로 처리

– Bevel Join
코너를 잘라버리는 방식

❺ **Align Stroke** : 두 선이 연결되는 부분의 정렬 방식을 선택합니다.

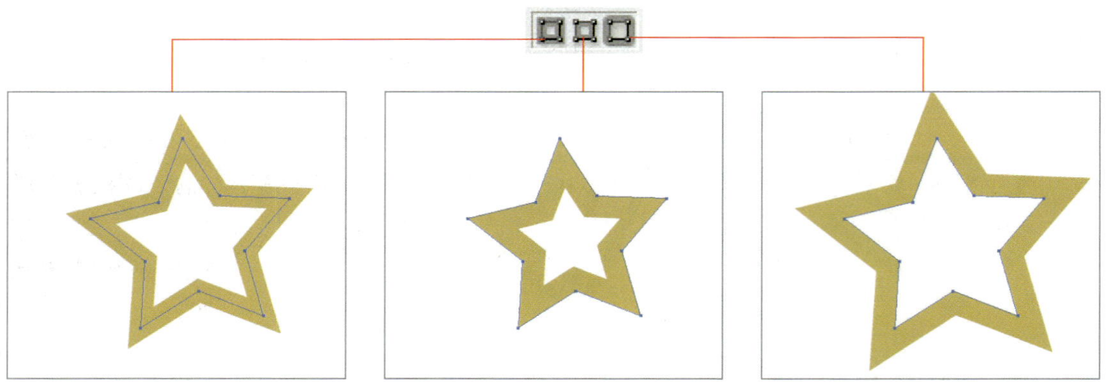

❻ **Dashed Lines(점선 제작)** : 점선을 제작할 때 사용합니다. 하단의 빈 칸이 활성화되면 수치를 입력해 점선을 제작합니다. Dash 항목은 선의 길이, Gap 항목은 선과 선 사이의 간격을 입력합니다. 즉, 첫 번째 Dash와 Gap은 첫 번째 단계의 점선 길이와 간격, 두 번째 Dash와 Gap은 두 번째 단계의 점선 길이와 간격, 세 번째 Dash와 Gap은 세 번째 단계의 점선 길이와 간격을 입력합니다. 만일 첫 번째나 두 번째까지만 입력하면 이후 점선은 설정한 간격이 순환되어 나타납니다.

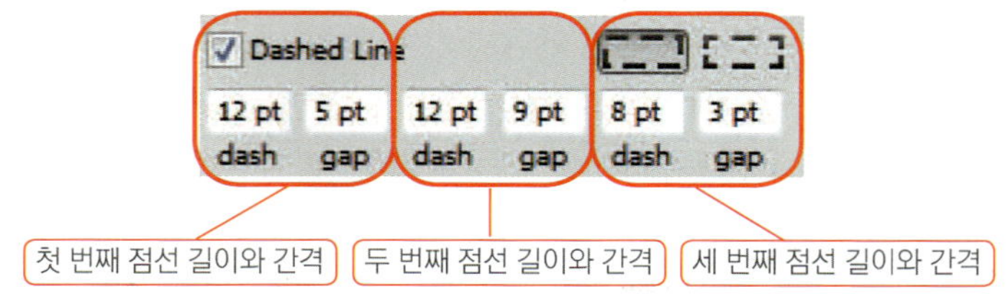

점선을 제작한 모습입니다. 예를 들어 첫 번째 점 길이만 5pt라고 입력하면 나머지 점선은 자동 반복됩니다. 여기서는 첫 번째 점 12pt, 간격 3pt, 두 번째 점 12pt, 간격 9pt, 세 번째 점 8pt, 간격 3pt를 설정한 점선입니다. 나머지 점선은 반복됩니다.

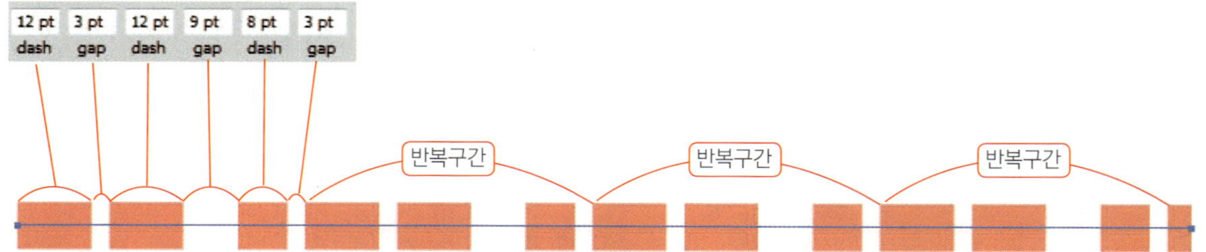

점선은 Caps 설정에 따라 모양이 달라질 수도 있습니다. 앞의 Caps 설정 옵션을 참고해 선의 양끝을 처리하는 3가지 방식을 선택하면 됩니다. 이처럼 Caps 설정과 Dashed Lines 설정을 혼합하면 다양한 종류의 점선이 만들어집니다.

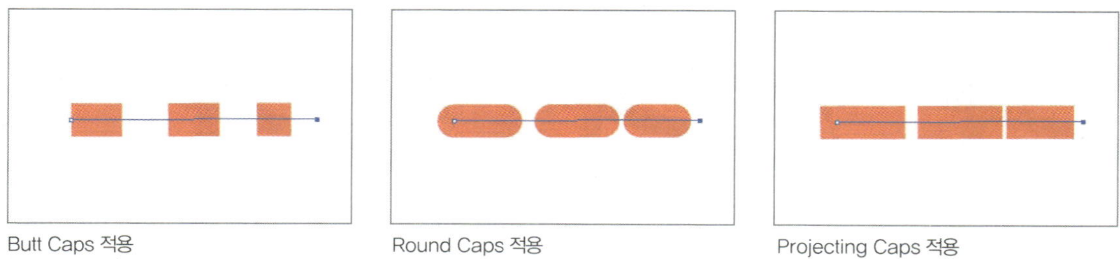

Butt Caps 적용   Round Caps 적용   Projecting Caps 적용

❼ **Arrow Heads(화살표)** : 선의 시작 부분과 끝 부분에 화살표 머리를 붙일 수 있습니다.

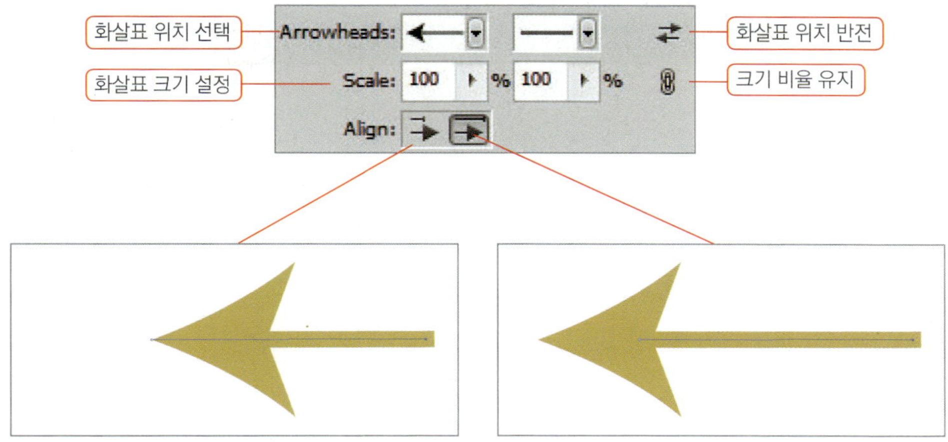

❽ **Profile(프로필)** : 선의 모양을 선택합니다. 원하는 모양을 선택하면 됩니다.

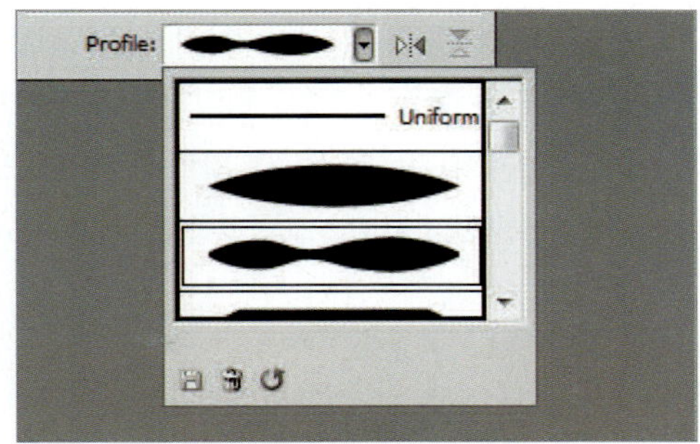

❾ **스트로크 팔레트 메뉴** : Hide/Show 메뉴는 팔레트 하단의 옵션들을 감출 때 사용합니다.

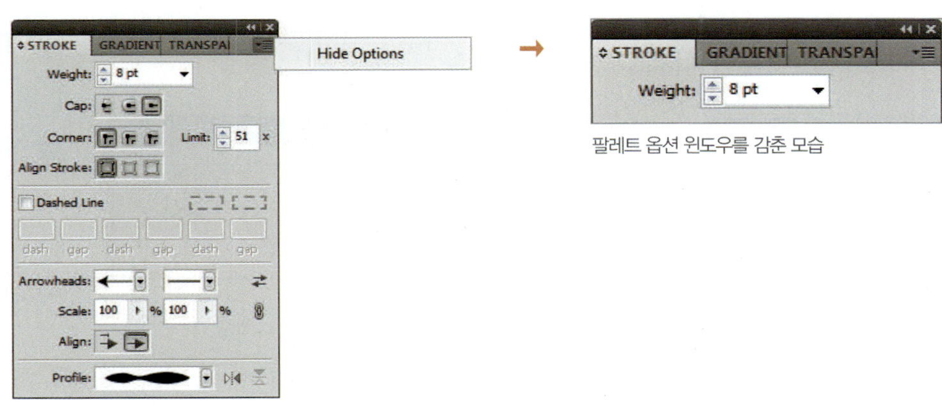

팔레트 메뉴 실행   팔레트 옵션 윈도우를 감춘 모습

자바 스크립트 연동
SVG Interactivity 팔레트

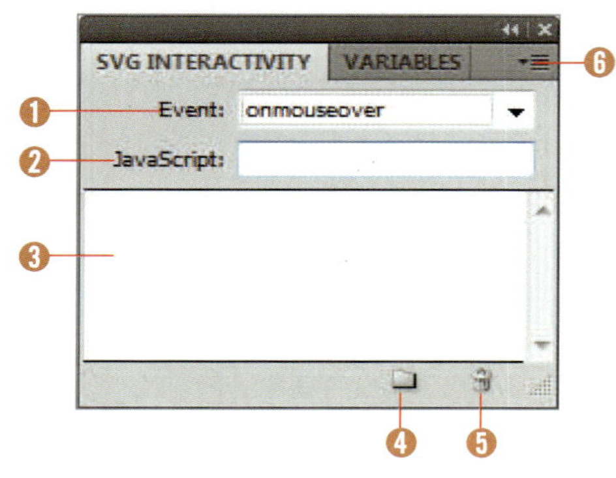

SVG 팔레트는 Window – SVG Interactivity 메뉴로 실행합니다. 일러스트 레이터에서 제작한 오브젝트를 자바스크립트 이벤트와 연결 상호작용하게 하도록 할 때 사용하며, 웹디자인 시 필요한 기능입니다. 플래시 무비처럼 웹애니메이션이 가능한 SVG 파일과 자바스크립트를 연동시킬 때 유용하므로, HTML 코딩이나 자바스크립트를 공부한 뒤 사용하기 바랍니다.

❶ Event : 자바 스크립트 이벤트를 선택합니다. 마우스가 이미지에 다가올 때 발생되는 이벤트를 선택합니다.

❷ JavaScript : 상호 반응할 자바 스크립트 이벤트를 입력합니다.

❸ 표시창 : 입력한 자바 스크립트가 표시됩니다.

❹ Link JavaScript : 외부에 있는 자바 스크립트 파일을 불러옵니다.

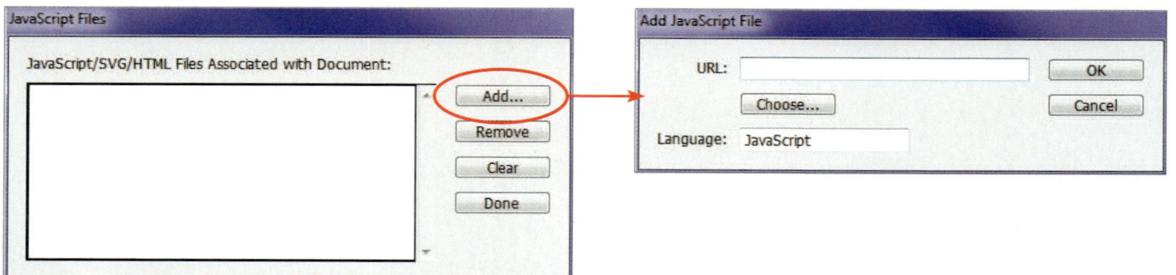

❺ Remove Selected Entry : 표시창에서 선택한 자바스크립트 항목을 삭제합니다.

❻ SVG Interactivity 팔레트 메뉴

– Delete Event 메뉴 : 현재의 자바스크립트 이벤트를 삭제합니다.

– Clear Events 메뉴 : 자바스크립트를 전부 삭제합니다.

– JavaScript Files : 외부에 있는 자바 스크립트 파일을 불러옵니다.

색상 견본 사용하기
스와치(Swatches) 팔레트

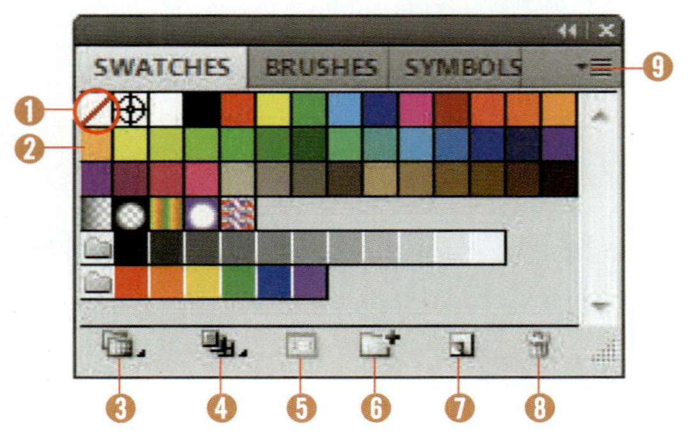

'스와치 팔레트'는 색상을 선택할 때 사용합니다. 일정 개수의 견본 색상에서 Fill 컬러 또는 Stroke 컬러를 선택할 수 있습니다. 또한 그라디언트 색도 선택할 수 있습니다. 팔레트의 Swatches Library 메뉴를 클릭하면 색상 배합이 좋은 아름다운 색상을 초보자들도 손쉽게 찾을 수 있습니다. 스와치 팔레트는 Window -> Swatches 메뉴로 실행합니다.

❶ **None(무색)** : Fill 컬러 또는 Stroke 컬러를 무색, 즉 색상이 없는 상태로 만들어 줍니다.

❷ **색상 견본** : 클릭하면 원하는 색을 사용할 수 있습니다. 그라디언트 모양의 견본은 그라디언트 색을 선택할 때 사용합니다.

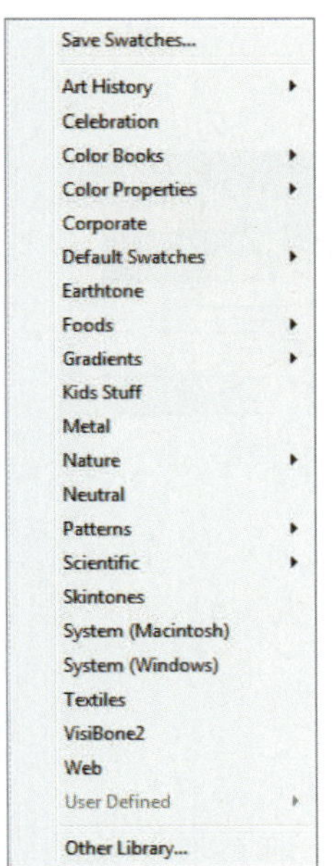

Swatch Libraries Menu 버튼 메뉴

❸ **Swatch Libraries Menu 버튼** : 색채 디자인에 자신이 없는 사람들은 Swatches Library 버튼을 클릭해 색상 라이브러리에서 원하는 색상을 선택하는 것이 좋습니다. 아이스크림색, 피부색, 하늘색 등 매우 방대한 색상 견본이 제공되므로 색상 배합에 많은 도움을 줍니다. 자세한 사용법은 3페이지 뒤의 스와치 팔레트 메뉴의 Open Swatch Library 메뉴를 참고하기 바랍니다.

❹ **Show Swatch Kinds 버튼** : 스와치 팔레트에 표시할 색상 견본 종류를 선택합니다. 컬러 견본, 그라디언트 견본, 패턴 견본 등을 선택할 수 있습니다.

선택할 수 있는 색상 견본들

❺ **Swatch Options 버튼** : 선택한 색상의 옵션 대화상자를 불러옵니다. 팔레트에서 원하는 색을 더블클릭해도 스와치 옵션 대화 상자가 실행됩니다. 선택한 색상의 이름과 컬러 타입을 알 수 있고, 색상 상태를 조절할 수 있습니다. 여기서 새 색상을 제작한 뒤 적용하면 스와치 팔레트에 새 색상 견본으로 등록됩니다.

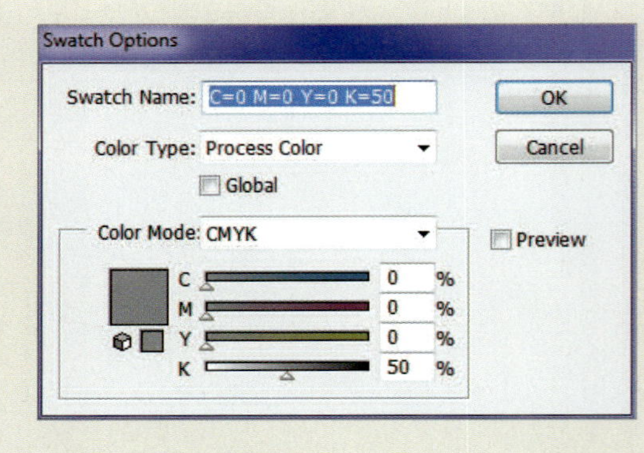

❶ **Swatches Name** : 새로 만들 스와치 색상의 이름을 지정합니다. 기존 색상을 더블클릭하여 실행시킨 경우엔 기존 이름을 수정할 수 있습니다.

❷ **Color Type** : 새로 만들 스와치 색상의 Type을 지정합니다. Process Color를 선택하면 일반 컬러를 Spot Color를 선택하면 별색 인쇄용 Type이 지정됩니다.

❸ **Global** : 글로벌 색상을 선택하는 옵션입니다.

❹ **Color Mode** : RGB, CMYK, Web 컬러 등에서 새로 만들 컬러 모드를 지정합니다.

❺ **프리뷰** : 제작 중인 스와치 견본 색상이 미리 나타납니다.

❻ **안전하지 않은 색상** : 제작 중인 색상이 실제로 구현될 때 안전하지 않을 경우엔 사각형 또는 느낌표 표시가 나타납니다.

❼ **슬라이더** : 슬라이더를 조절해 사용할 색상을 조합할 수 있습니다.

❽ **Preview** : 이 옵션을 켜면 프리뷰 창에 제작 중인 색상이 미리 보여집니다.

❻ **New Color Group** : 새로운 컬러 그룹을 생성시킵니다. 팔레트에서 유사한 색상을 Ctrl + 클릭으로 여러 개 선택한 뒤 이 버튼 을 클릭하면 동일한 컬러 그룹에 넣을 수 있습니다.

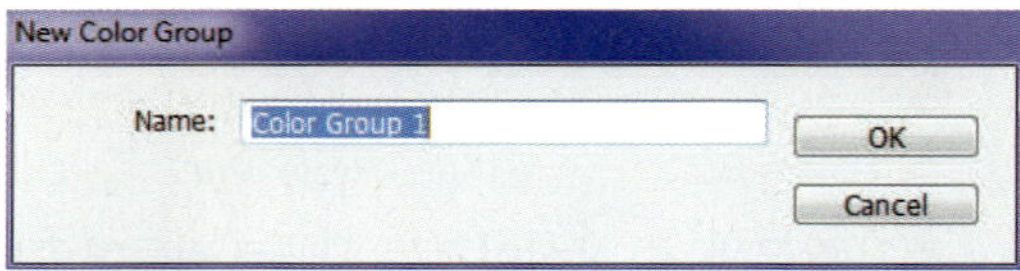

❼ **New Color** : 현재의 Fill 컬러 또는 Stroke 컬러를 스와치 팔레트에 새로운 색상으로 등록합니다. 색상을 등록할 때는 옵션 대 화상자를 통해 색상을 조절한 뒤 등록할 수도 있습니다.

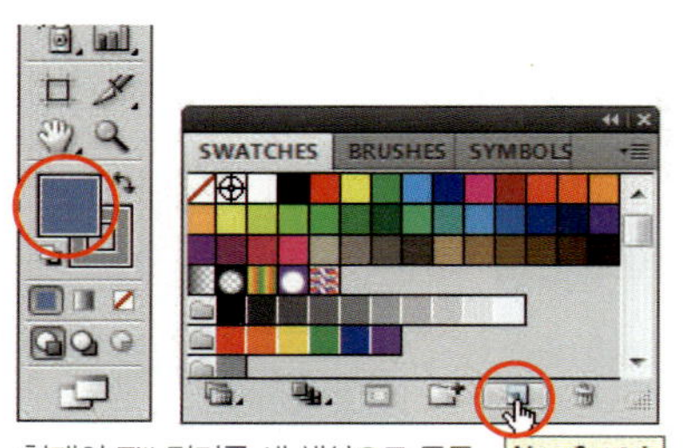

현재의 Fill 컬러를 새 색상으로 등록

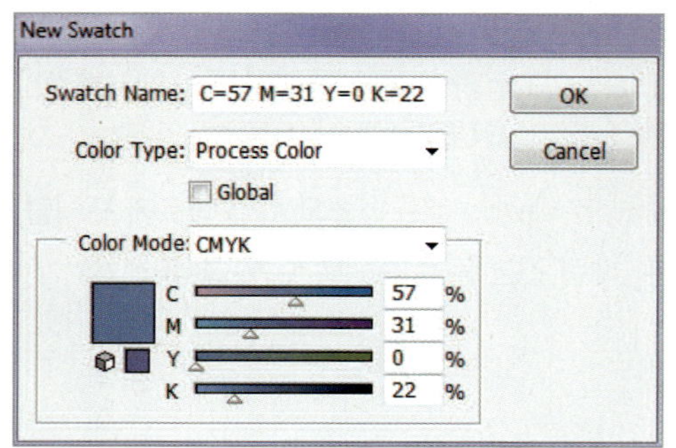

슬라이더를 조절해 색상 교정

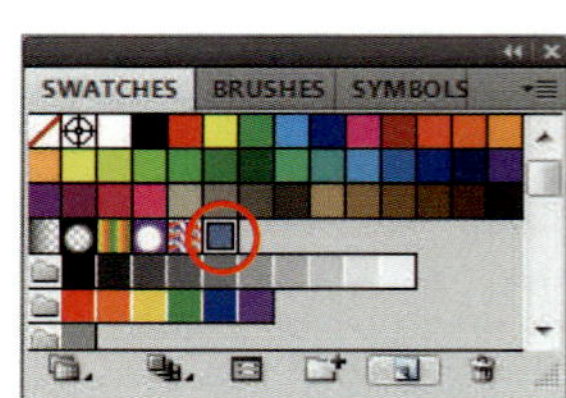

새 색상이 등록된 모습

❽ Delete Swatches : 팔레트에서 선택한 색상을 삭제합니다.

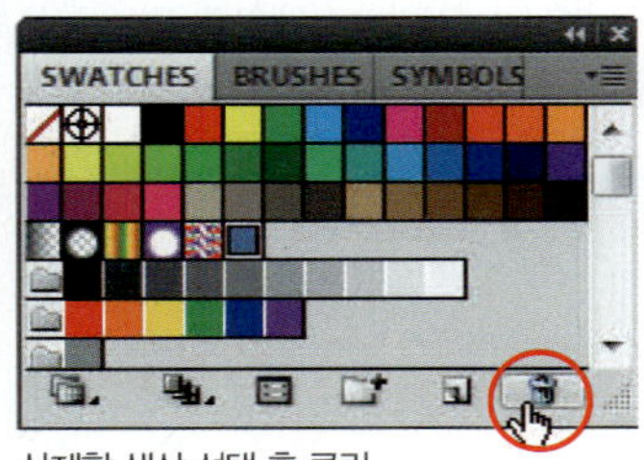

삭제할 색상 선택 후 클릭

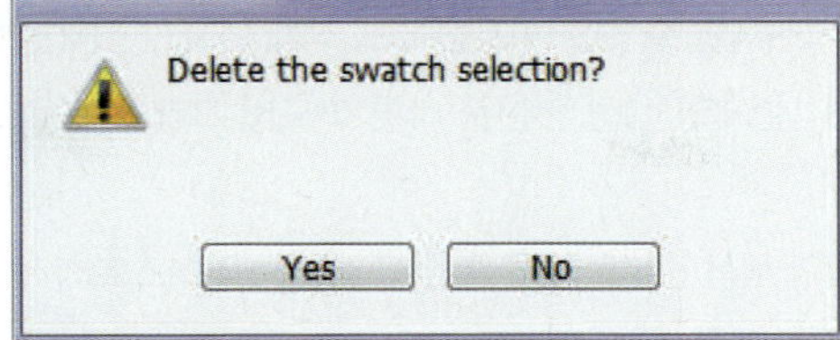

삭제 대화상자의 모습

색상이 삭제된 모습

❾ **스와치 팔레트 메뉴**

- **New Swatches 메뉴** : 현재의 Fill 또는 Stroke 컬러를 스와치 팔레트에 새 색상으로 등록합니다.
- **New Color Group 메뉴** : 새 컬러 그룹을 생성시킵니다.
- **Duplicate Swatches 메뉴** : 선택한 색상을 복사하여 하나 더 만들어 줍니다.
- **Merge Swatches 메뉴** : 복수로 선택한 색상을 하나로 합칩니다 (Ctrl + 클릭).
- **Delete Swatches 메뉴** : 선택한 색상을 스와치 팔레트에서 삭제합니다.
- **Ungroup Color Group 메뉴** : 컬러 그룹을 해제합니다.
- **Select All Unused 메뉴** : 작업 이미지에서 사용하지 않은 나머지 색상을 모두 선택해 줍니다.
- **Add Used Color 메뉴** : 현재 작업 화면에서 사용중인 색상을 팔레트에 새 견본으로 추가합니다.

- **Sort by Name 메뉴** : 팔레트의 색상 견본을 이름 순서로 정렬합니다.
- **Sort by Kind 메뉴** : 팔레트의 색상 견본을 종류별로 정렬합니다.
- **Sort by Find Field 메뉴** : Find(찾기) 대화상자를 이용해 여러분이 원하는 색상을 찾을 수 있습니다. 팔레트에 색상 견본이 많은 경우에는 원하는 색상을 쉽게 찾을 수 없게 됩니다. 원하는 색상의 이름을 알고 있는 경우에는 Find에 색상 이름을 입력한 뒤 찾아낼 수 있습니다.
- **Small Thumbnail View 메뉴** : 팔레트의 색상 견본을 작은 썸네일 이미지로 표시합니다.
- **Medium Thumbnail View 메뉴** : 팔레트의 색상 견본을 중간 크기의 썸네일 이미지로 표시합니다.
- **Large Thumbnail View 메뉴** : 팔레트의 색상 견본을 큰 썸네일 이미지로 표시합니다.
- **Small List View** : 팔레트의 색상 견본을 작은 크기의 이름으로 표시합니다.
- **List View 메뉴** : 팔레트의 색상 견본을 이름으로 표시합니다.
- **Swatch Options 메뉴** : 스와치 옵션 대화상자를 실행합니다. 앞의 스와치 팔레트 하단에 있는 Swatch Options 버튼과 동일한 기능입니다.
- **Spot Colors 메뉴** : 스팟 컬러 옵션 대화상자를 실행합니다. 인쇄 실무자에게 필요한 색상 기능입니다.

- **Open Swatch Library 메뉴** : 일러스트레이터가 제공하는 색상 라이브러리에서 원하는 색상 견본을 불러올 수 있습니다. 팔레트 하단의 Swatch Libraries 버튼과 동일 기능입니다. 색상의 선택과 색채 디자인에서 어려움을 느끼는 사람이라면 이 기능으로 색상을 선택해야 합니다. 그럴 경우 아름다운 색상을 마음껏 취사선택할 수 있으며 자신 없는 색채 디자인 감각을 한 순간에 높일 수 있습니다.
- **Save Swatch Library as ASE 메뉴** : 현재의 색상 견본을 다른 어도비 그래픽 프로그램(포토샵 등)에서 불러올 수 있도록 파일로 저장합니다.
- **Save Swath Library As AI 메뉴** : 현재의 색상 견본을 다른 컴퓨터에 있는 일러스트레이터 CS4에서 불러올 수 있도록 저장합니다.

색채 배합에 좋은 색상 빨리 찾기

캐릭터 디자인을 하다 보면 '살색'을 채색하는 것이 가장 어려운 일입니다. 어떤 색을 배합해야 살색이 될지 모르는 경우가 많으므로 이런 경우에는 스와치 팔레트의 Open Swatch Library Menu 또는 팔레트 하단의 Swatch Library Menu 버튼을 클릭해 피부색(Skintones) 색상 견본을 불러온 뒤 색상 선택 작업을 하는 것이 좋습니다. Swatch Library 메뉴를 실행하면 색채 배합에 좋은 다양한 라이브러리를 불러올 수 있습니다.

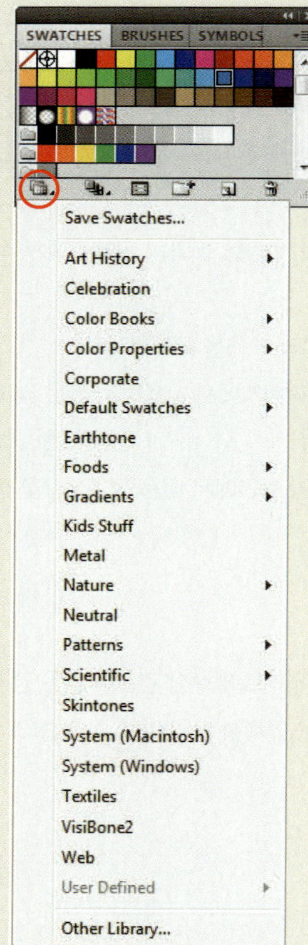

Open Swatch Library 버튼을 클릭하는 모습

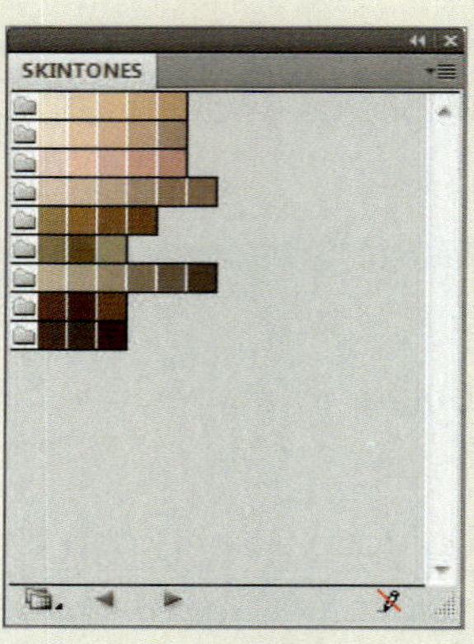

피부(Skintones) 색상 견본

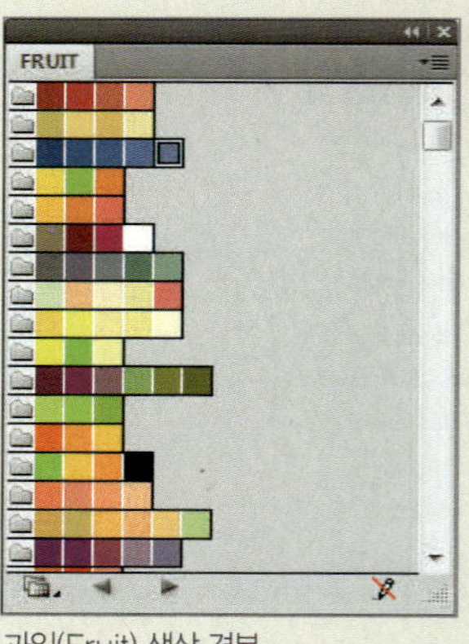

과일(Fruit) 색상 견본

그라디언트 하늘(Sky) 색상 견본

컬러 분판출력 확인하기
Separations Preview 팔레트

Separations Preview 팔레트는 컬러 이미지를 인쇄소나 출력소 등에서 4도 분판출력 및 인쇄할 때 발생할 문제점을 미리 확인할 때 사용합니다. 컬러 이미지를 인쇄할 때는 보통 분판출력으로 필름을 출력하는데, 이때 일러스트레이터에서 만든 이미지가 분판출력 시 색상이 정확하게 구현되지 않는 인쇄사고가 발생합니다. 이러한 인쇄사고를 방지하기 위해 분판출력 상태를 미리 확인할 때 Separations Preview 팔레트를 사용합니다.

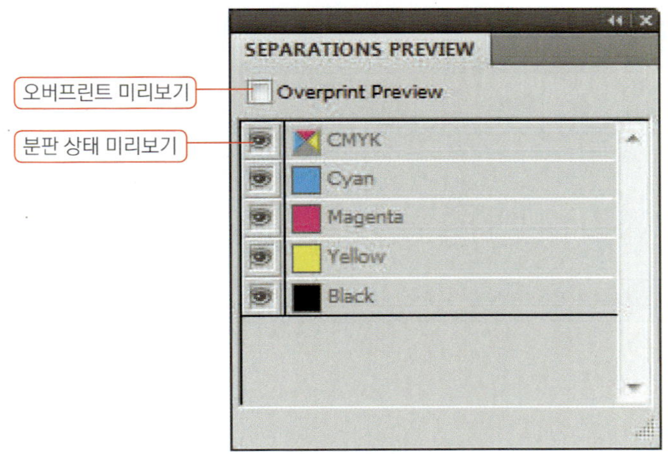

오버프린트 미리보기

분판 상태 미리보기

Separations Preview 팔레트를 사용하면 분판출력과 오버프린트, 스팟컬러, 투명영역 분판 출력 상태를 미리 체크할 수 있고, 프리뷰에서 문제점이 발생하면 색상의 수정 및 보완 작업이 필요합니다. 이 기능은 탁상출판 프로그램인 Adobe Indesign에서 전문적으로 다루고 있으므로 자세한 기능은 Indesign 관련 서적을 참고하기 바랍니다.

Separations Preview 팔레트는 Window -> Separations Preview 메뉴로 실행합니다. Separations Preview 팔레트는 CMYK 모드의 이미지에서 동작하며, 컬러 인쇄물이 어떻게 인쇄될지 미리 확인할 때 유용합니다. 가정용 프린터로 인쇄할 경우에는 필요없는 기능이며 전문 출력작업 시 사용합니다.

심볼 등록하고 관리하기
심볼(Symbols) 팔레트

심볼 팔레트는 Window –〉 Symbols 메뉴로 실행합니다. 심볼 팔레트는 심볼 이미지를 관리하고 새 심볼을 등록하는 등의 작업을 할 때 사용합니다.

예를 들어 수십 마리의 새가 날아가는 그림을 그릴 경우, 새를 한 마리만 그린 뒤 심볼로 등록하고, 심볼 스프레이 툴로 뿌리면 한 번에 수십 마리의 새가 하늘을 날아가는 풍경을 만들 수 있습니다. 심볼 팔레트는 이러한 심볼들을 관리하는 팔레트입니다.

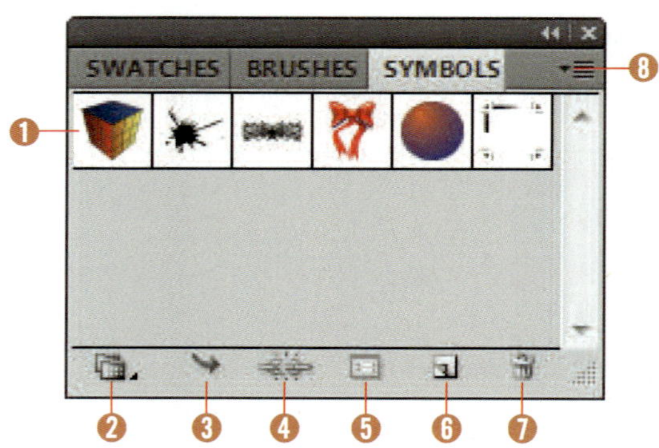

❶ **심볼 견본** : 일러스트레이터가 제공하는 심볼 견본입니다. 사용할 심볼을 선택한 뒤 심볼 스프레이 툴로 뿌리면 작업창에 나타납니다. 심볼 스프레이 툴의 사용법은 1부 '심볼 툴'을 참조하기 바랍니다.

❷ **Symbol Library 버튼** : 심볼 견본들이 있는 심볼 라이브러리를 불러옵니다. 일러스트레이터 CS4는 기본적으로 수백 가지의 심볼을 제공합니다. 심볼 라이브러리는 1부 '심볼 툴'을 참조하기 바랍니다.

❸ **Place Symbol Instance 버튼** : 팔레트에서 선택한 심볼을 작업창에 1개씩 뿌려줍니다. 심볼 스프레이 툴이 한 번에 여러 개의 심볼을 뿌려준다면 이 메뉴는 한 번에 하나씩 심볼을 뿌릴 때 유용합니다.

심볼의 모습

일반 오브젝트로 전환한 뒤 편집하는 모습

❹ **Break Link to Symbol 버튼** : 심볼 속성을 제거합니다. 심볼 이미지가 일반 오브젝트로 전환되어 자유자재로 편집할 수 있습니다. 참고로, 심볼에 따라 심볼 속성이 겹으로 적용된 경우도 있으므로 한 번에 링크가 끊어지지 않으면 링크 버튼을 여러 번 눌러 심볼 속성을 끊어주어야 합니다.

❺ **Symbol Options 버튼** : 선택한 심볼의 옵션 대화상자를 실행합니다.

❻ **New Symbol 버튼** : 작업창에서 선택한 오브젝트를 심볼 팔레트에 새 심볼로 등록합니다. 작업창에서 오브젝트를 선택한 뒤 심볼 팔레트로 드래그해도 심볼로 등록할 수 있습니다.

❼ **Delete Symbol 버튼** : 팔레트에서 선택한 심볼을 삭제합니다.

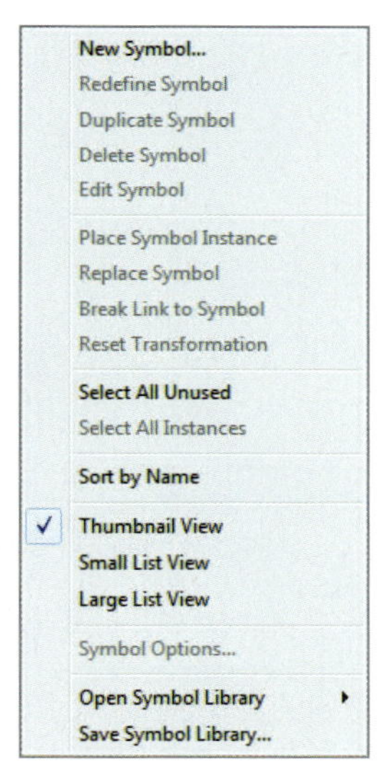

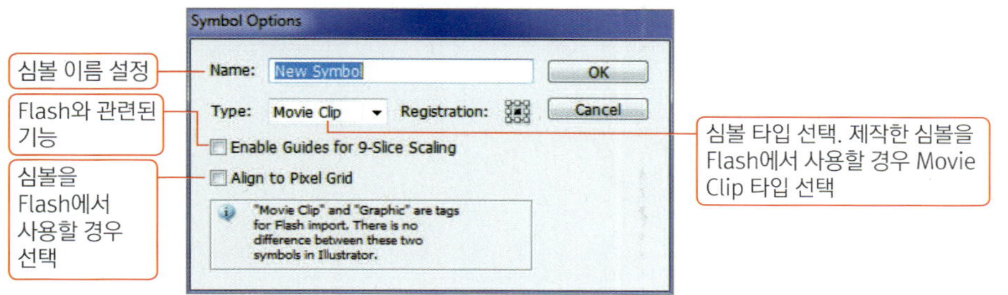

❽ **심볼 팔레트 메뉴**

– **New Symbol 메뉴** : 작업창에서 선택한 오브젝트를 심볼로 등록합니다.

– **Redefine Symbol 메뉴** : 작업창에서 선택한 오브젝트를 팔레트에서 선택한 심볼과 교체합니다. 즉 팔레트에서 선택한 기존의 심볼을 교체하면서 새로 등록합니다.

– **Duplicate Symbol 메뉴** : 팔레트에서 선택한 심볼을 하나 더 복제합니다.

– **Delete Symbol 메뉴** : 팔레트에서 선택한 심볼을 삭제합니다.

– **Place Symbol Instance 메뉴** : 이 메뉴를 클릭할 때마다 심볼을 하나씩 작업창에서 사용하게 됩니다.

– **Replace Symbol 메뉴** : 작업창에서 선택한 심볼을 팔레트에서 선택한 다른 심볼로 교체합니다.

– **Break Link to Symbol 메뉴** : Break Link to Symbol 버튼과 동일 기능으로 심볼의 Appearance 속성을 끊어 일반 오브젝트로 전환합니다. 일반 오브젝트로 전환된 심볼은 편집 툴로 자유롭게 편집할 수 있습니다.

– **Select All Unused 메뉴** : 현재 작업창에서 사용하지 않은 심볼들을 모두 선택합니다.

– **Select All Instances 메뉴** : 팔레트에서 선택한 심볼과 동일한 심볼을 작업창에서 모두 선택 상태로 만들어 줍니다.

– **Open Symbol Library 메뉴** : 심볼 라이브러리를 불러옵니다.

– **Save Symbol Library 메뉴** : 팔레트에 있는 심볼 견본들을 심볼 라이브러리 파일로 저장합니다.

심볼을 제작하고
심볼 팔레트에 등록하기

E X A M P L E

'펜 툴'이나 '도형 툴'을 사용해 심볼로 사용할 이미지를 드로잉합니다. 그런 뒤 오브젝트 전체를 선택하고 심볼 팔레트로 드래그하면 새 심볼로 등록됩니다. 등록된 심볼은 '심볼 스프레이 툴'로 사용할 수 있습니다.

01_ 툴박스에서 펜 툴을 사용해 원하는 오브젝트를 그려줍니다. 심볼을 사용하다보면 등록할 때의 크기대로 사용되므로 심볼 이미지는 가급적 작은 크기로 그리는 것이 좋습니다.

02_ '선택 툴'로 오브젝트 전체를 선택한 뒤 심볼 팔레트로 드래그합니다. 새로운 심볼로 등록됩니다.

03_ 툴박스에서 '심볼 스프레이 툴'을 선택한 뒤, 심볼 팔레트에서 방금 등록한 심볼을 선택합니다.
심볼 스프레이 툴로 드래그하면 심볼을 사용할 수 있습니다.

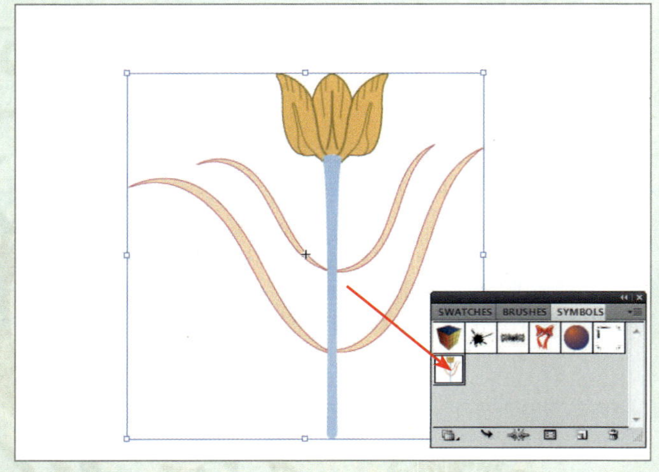

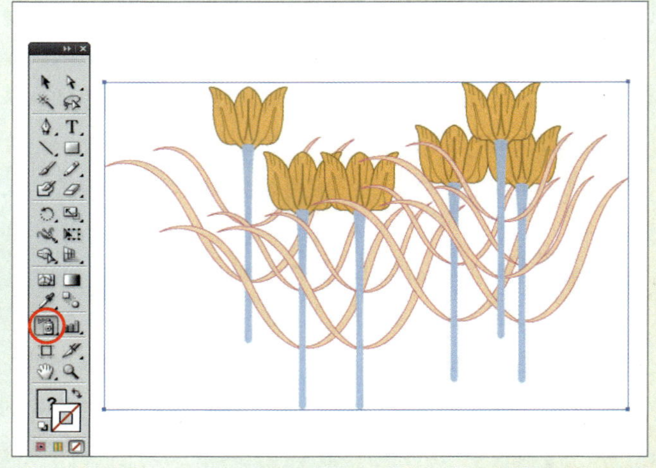

회전, 크기 조절하기
트랜스폼(Transform) 팔레트

트랜스폼 팔레트는 Window -〉 Transform 메뉴로 실행하거나 단축키 [Shift] +F8을 누르면 나타납니다. 선택한 오브젝트와 그룹의 크기를 조절하고 회전시키고 비틀 때 사용합니다. 수치를 입력해 작업하므로 서로 다른 오브젝트를 동일 각도, 동일 크기로 변형하거나 동일 위치로 이동시킬 때 유용합니다.

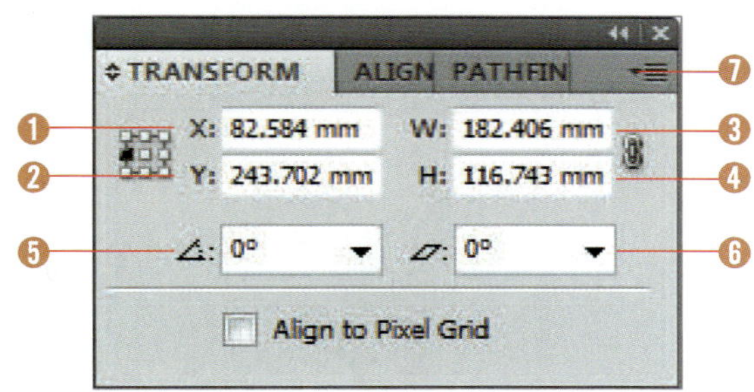

❶ X(가로 위치) : 선택한 오브젝트나 그룹을 가로 방향으로 이동시킵니다. 수치를 입력하면 그 수치만큼 이동됩니다.

❷ Y(세로 위치) : 선택한 오브젝트나 그룹을 상하 방향으로 이동시킵니다. 입력한 수치만큼 이동됩니다. 다음은 예제 '꽃기둥.ai'를 불러온 뒤 잎의 위치를 이동시킨 모습입니다.

선택 툴로 잎 선택

X 위치를 이동시킨 모습

Y 위치를 이동시킨 모습

선택 툴로 잎 선택

W 너비 값을 높인 모습

❸ W(너비) : 선택한 오브젝트나 그룹의 좌우 너비를 조절합니다.

선택 툴로 잎 선택

H 높이 값을 높인 모습

❹ H(높이) : 선택한 오브젝트나 그룹의 높낮이를 조절합니다.

선택 툴로 잎 선택

회전값 −30도를 적용한 모습

❺ Rotate(회전) : 선택한 오브젝트나 그룹을 회전시킵니다. 클릭하면 회전값을 선택할 수 있도록 팝업 메뉴가 나타납니다.

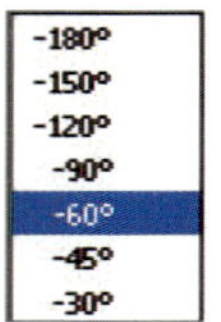

선택 툴로 잎 선택

비틀기 45도를 적용한 모습

❻ Shear(비틀기) : 선택한 오브젝트나 그룹에 비틀기를 적용합니다. Rotate와 마찬가지로 메뉴를 사용해 이미지를 비틀 수 있습니다.

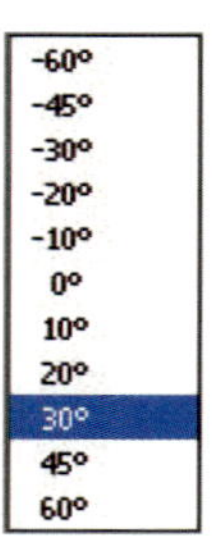

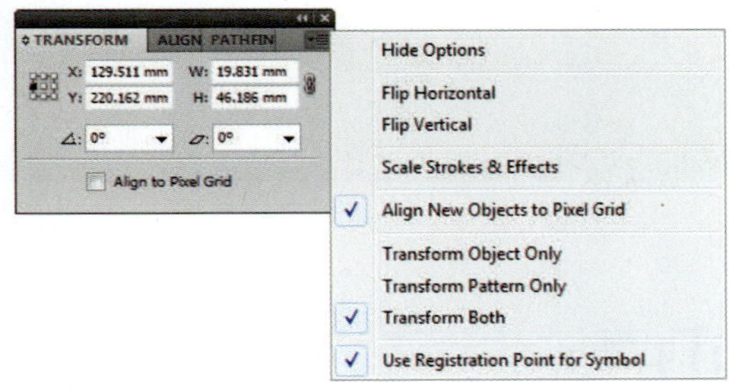

❼ **트랜스폼 팔레트 메뉴** : 오브젝트를 뒤집는 기능을 메뉴 방식으로 사용할 수 있습니다. 또한 변형 작업을 오브젝트에만 적용할 것인지 패턴 무늬에도 적용할 것인지 선택합니다.

예제 이미지

Flip Horizontal 메뉴 적용

– **Flip Horozontal 메뉴** : 선택한 오브젝트를 좌우로 뒤집어 줍니다.

예제 이미지

Flip Horizontal 메뉴 적용

– **Flip Vertical 메뉴** : 선택한 오브젝트를 위아래로 뒤집어 줍니다.

– **Scale Strokes & Effects 메뉴** : 이 메뉴에 체크하면 오브젝트의 크기를 변형할 때 Stroke와 각종 Effects 효과도 같은 비율로 변형됩니다.

– **Align New Object to Pixel Grid 메뉴** : 새 오브젝트를 픽셀 그리드에 정렬합니다.

– **Transform Object Only 메뉴** : 상단 메뉴를 사용할 때 오브젝트에만 변형 작업을 적용합니다. 오브젝트에 적용된 패턴 무늬는 변형되지 않습니다.

– **Transform Pattern Only 메뉴** : 상단 메뉴를 사용할 때 오브젝트에는 적용되지 않고 패턴 무늬에만 변형 작업을 적용합니다.

– **Transform Both 메뉴** : 오브젝트와 패턴 양쪽에 변형 작업을 적용합니다. 기본값입니다.

투명도를 조절하고 마스크 기능 사용하기
투명도(Transparency) 팔레트

Illustrator CS5

투명도 팔레트는 Window –〉Transparency 메뉴로 실행합니다. 선택한 오브젝트의 투명도와 블렌드 모드, 마스크 기능을 설정할 때 사용합니다. 투명도와 블렌드 모드는 포토샵의 레이어 팔레트에 있는 기능과 동일하고, 마스크 기능은 포토샵의 마스크 팔레트 기능과 동일합니다. 그러나 일러스트레이터에서는 오브젝트 단위로 이들 옵션을 적용할 수 있다는 특징이 있습니다. 다음은 예제 '노랑튤립.ai'를 불러온 뒤 투명도 팔레트로 작업하는 모습입니다.

예제 이미지

선택 툴로 노랑튤립 선택

Transparency 팔레트에서 투명도 조절

노랑튤립의 투명도가 조절된 모습

투명도(Transparency) 팔레트는 크게 투명도를 조절하는 Opacity 옵션과 블렌드 모드를 설정하는 기능이 있습니다.

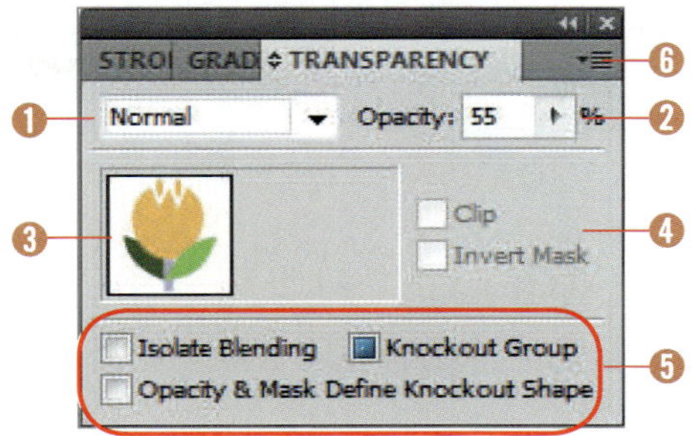

① Blend Mode(블렌드 모드) : 선택한 오브젝트의 색상과 밑에 있는 오브젝트의 색상이 합성되는 방식을 선택합니다. 모두 16개의 블렌드 모드를 사용할 수 있습니다. 일반적으로 상하로 겹쳐있는 두 오브젝트의 색상을 특별하게 합성할 때 유용합니다. Normal 모드는 두 오브젝트의 색상을 합성하지 않는 일반적인 방식을 말하고, 그 외의 옵션은 각각 특징적인 방법으로 합성 작업을 진행합니다. 적당히 마음에 드는 합성 방식을 선택하고, 마음에 들지 않으면 Normal 모드로 돌아갑니다.

Blend Mode(블렌드 모드)로 오브젝트의 색상 합성하기

블렌드 모드란 선택한 오브젝트를 하위 배경 색과 합성하는 방식입니다. 포토샵은 레이어와 레이어를 합성하지만 일러스트레이터에서는 선택한 오브젝트와 배경색, 또는 선택한 그룹과 배경색 사이를 합성합니다.

예제 '장미.ai'를 불러옵니다. 선택 툴로 장미 그룹을 선택한 뒤 Transparency 팔레트에서 Blend Mode 옵션을 다양하게 적용시켜 봅니다.

예제 이미지

장미 그룹 선택 후 Blend Mode 교체

예제 이미지

Normal 모드

1. Normal(표준) 모드

선택한 오브젝트와 배경으로 있는 색상이 합성되지 않는 방식입니다. 방금 그린 오브젝트와 배경색이 혼합되지 않게 하려면 Normal 모드를 선택해야 합니다. 기본값입니다.

2. Darken(다크) 모드

선택된 오브젝트와 배경 이미지의 검정색 부분 위주로 혼합하여 어두운 영역을 넓혀 줍니다.

3. Multiply(멀티) 모드

선택한 오브젝트와 배경으로 있는 이미지의 색상을 곱하는 방식으로 합성합니다. 따라서 원래보다 어두운 색상이 됩니다.

4. Color Burn(컬러 번) 모드

Color Dodge 모드와 반대되는 개념으로 선택된 오브젝트를 더 어둡게 만들어 줍니다.

Darken 모드

Multiply 모드

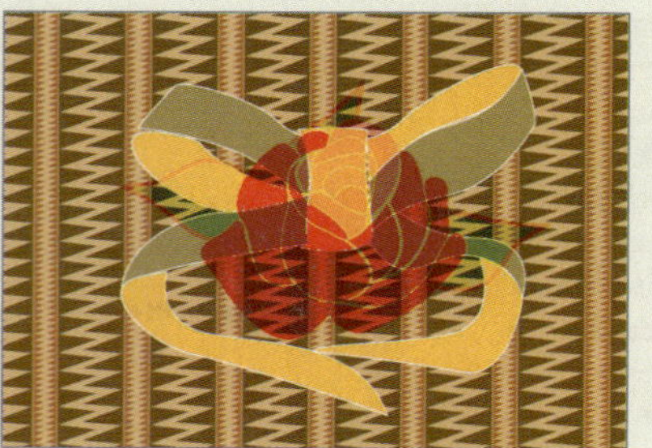

Color Burn 모드

5. Lighten(라이튼) 모드

선택된 오브젝트와 배경으로 있는 오브젝트의 밝은 부분 위주로 합성합니다. 밝은 영역이 더 많아집니다.

6. Screen(스크린) 모드

선택된 오브젝트와 배경이 되는 오브젝트의 명도를 곱하는 방식입니다. 이미지가 점차 밝아집니다.

7. Color Dodge(컬러 닷지) 모드

선택된 오브젝트를 밝게 한 후 배경 이미지의 색상과 합성합니다. 이미지의 명도가 강하게 상승하는 방식입니다.

Lighten 모드

Screen 모드

Color Dodge 모드

8. Overlay(오버레이) 모드

선택된 오브젝트의 색상을 덧씌우기 식으로
사용합니다. 약간 오버레이 효과가 납니다.

Overlay 모드

9. Soft Light(소프트 라이트) 모드

선택한 오브젝트의 명도를 점차 밝게 만들어
줍니다. 이때 기준이 되는 밝기는 중간 밝기
영역이며 선택된 오브젝트에 중간 밝기 영역
이 많으면 더 어두워집니다.

Soft Light 모드

10. Hard Light(하드 라이트) 모드

Screen + Multiplay 모드가 혼합된 형태
로 선택된 오브젝트의 색상을 강렬하고 더
밝게 만들어 줍니다.

Hard Light 모드

11. Difference(차이) 모드

일종의 보색 효과로 선택된 오브젝트와 배경으
로 있는 이미지의 색상을 합성합니다. 특이한
색상 혼합 효과를 제작할 때 자주 사용합니다.

Difference 모드

12. Exclusion(제외) 모드

Difference 모드와 비슷한 방법으로 오브
젝트의 색상을 혼합하지만 명도와 색상 차이
가 적은 상태로 혼합합니다.

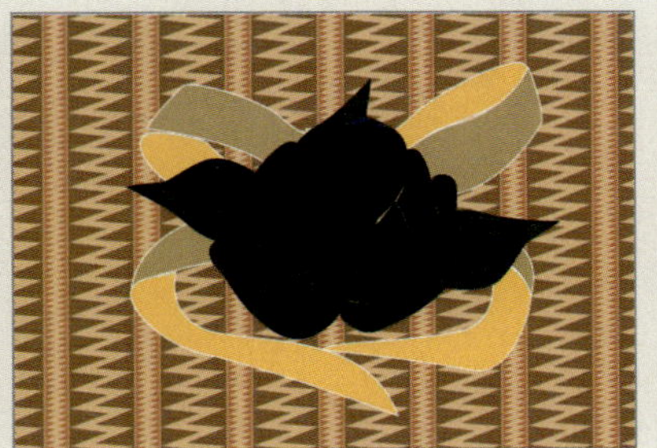

Exclusion 모드

13. Hue(색조) 모드

선택된 오브젝트의 명도, 배경 이미지의 색
상이 사용되는 혼합 방식입니다.
이때 보다 밝은 쪽 채도에 의해 생성되는 색
상이 결정됩니다.

Hue 모드

14. Saturation(채도) 모드

선택된 오브젝트의 채도와 명도, 배경으로
있는 채도를 사용해 합성합니다.
배경 오브젝트가 검정색일 경우엔 채도가 0
이므로 흑백 이미지가 될 수도 있습니다.

Saturation 모드

15. Color(색상) 모드

선택된 오브젝트의 명도, 배경 이미지의 색
상과 채도를 사용해 합성합니다.
선택된 오브젝트에 검정색이 있을 경우 혼합
된 색상은 그와 유사한 어두운 색이 됩니다.

Color 모드

16. Luminosity(광도) 모드

주로 명도를 이용해 이미지를 합성하는 방식
입니다. 단색 계통의 이미지를 제작할 때 유
용합니다.

Luminosity 모드

❷ Opacity : 선택한 오브젝트나 그룹의 투명 상태로 조절할 때 사용합니다. 수치가 100이면 100% 불투명 상태이고 수치가 낮을수록 오브젝트(그룹)는 투명해져서 밑에 있는 이미지가 투과되어 보입니다. 옵션바의 Opacity 기능과 동일 기능입니다.

리본 이미지 선택

Opacity 70% 적용

Opacity 0% 적용

❸ 프리뷰 : 작업이 적용된 모습을 미리보기 형식으로 보여줍니다.

❹ 마스크 옵션 : Opacity Mask 메뉴를 사용할 때 활성화됩니다.

현재의 마스크 영역

Invert Mask로 영역을 반전시킨 모습

Clip 옵션은 마스크 이미지의 내부를 통해 원래 이미지가 보이는 옵션입니다. Invert Mask 옵션은 마스크 이미지의 외곽으로 원래 이미지가 보이는 옵션입니다.

Opacity 마스크의 제작법은 2페이지 뒤에서 설명하는 예제를 참고하기 바랍니다.

❺ 그 외의 추가 옵션 : Transparency 팔레트 메뉴에서 Show Options 메뉴를 실행하면 사용할 수 있습니다.

– Isolate Blending(Blend Mode 단절) 옵션 : 특정 오브젝트에 블렌드 모드를 적용한 뒤 이 오브젝트를 다른 정상적인 오브젝트와 그룹으로 묶을 수도 있습니다. 그룹으로 묶인 상태에서 이 옵션을 켜면 특정 오브젝트에 적용된 블렌드 모드가 해제되고 원래 상태로 돌아갑니다. 이때 블렌드 모드가 적용된 오브젝트와 적용되지 않은 오브젝트가 겹쳐지는 부분은 블렌드 모드 적용 효과가 나타납니다.

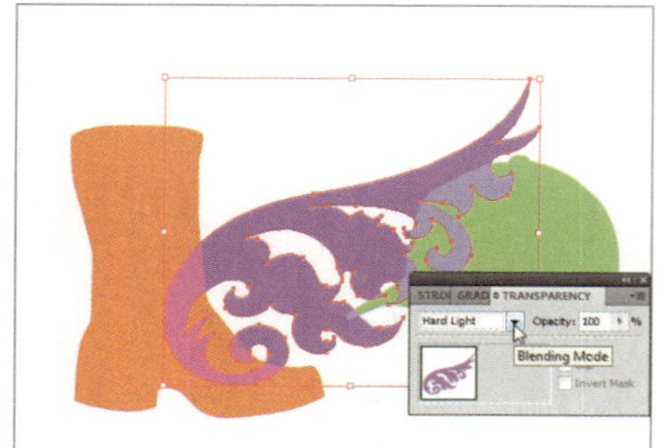
깃털을 선택한 뒤 Hard Light 적용

장화와 깃털을 그룹으로 묶음

Isolate Blending 옵션 적용

- **Knockout Group(중첩 현상 방지) 옵션** : 각각의 오브젝트마다 Opacity(투명도)를 다르게 적용하면 겹쳐있을 때 반투명 영역에서 중첩
  효과가 발생합니다. 특히 이들 오브젝트를 모두 선택한 뒤 그룹(Ctrl + G)으로 묶으면 겹치는 부분에서 중첩 현상이 계속 발생합니다. 이
  때 이 옵션을 켜면 상위 오브젝트의 중첩 현상이 사라지며 투명도를 미끈하게 처리할 수 있습니다.

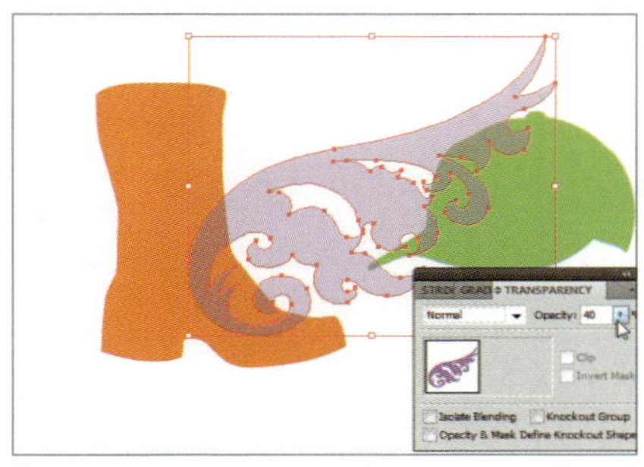

깃털 오브젝트에 Opacity 40% 적용

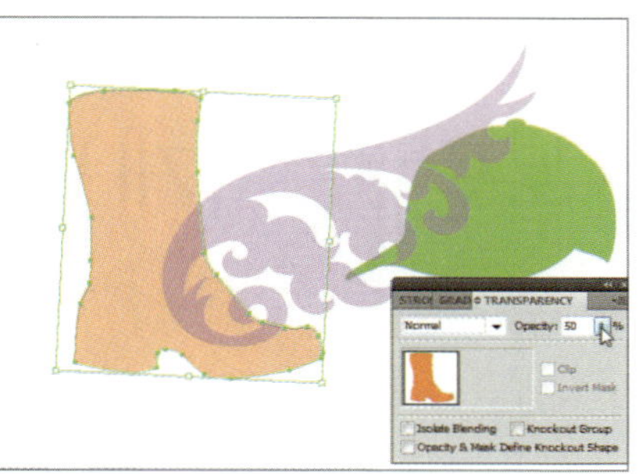

장화 오브젝트에 Opacity 50% 적용

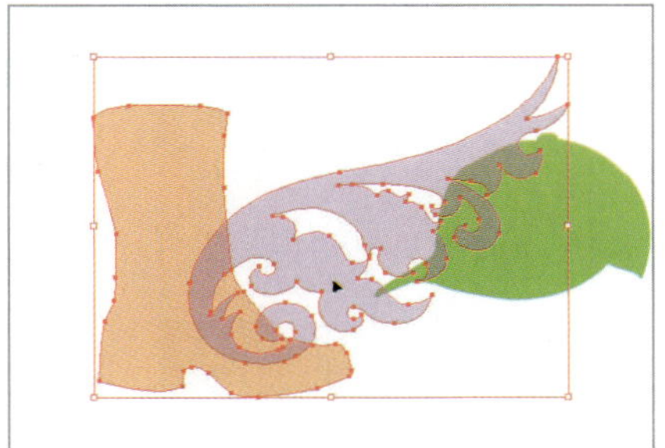

두 오브젝트를 선택한 뒤 Ctrl + G를 사용해 그룹으로
묶은 모습

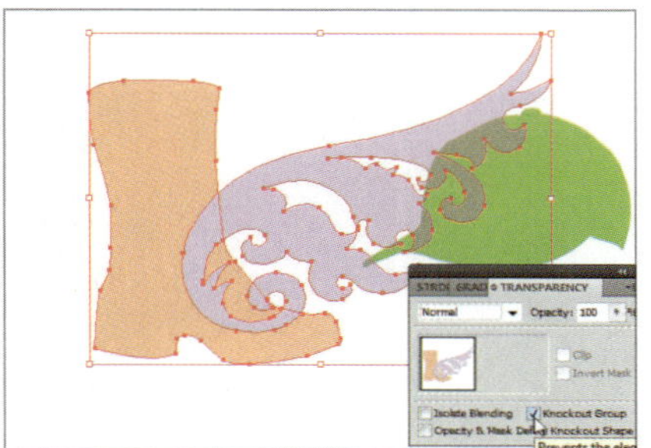

Knockout Group 옵션으로 겹치는 부분의 중첩효과를 제거한 모습
(장화와 깃털의 중첩 효과가 사라진 모습)

- **Opacity & Mask Define Knockout 옵션** : 이 옵션은 Knockout Group 옵션이 Opacity와 Mask에 의해 달라지도록 해줍니다.

❻ Transparency 팔레트 메뉴

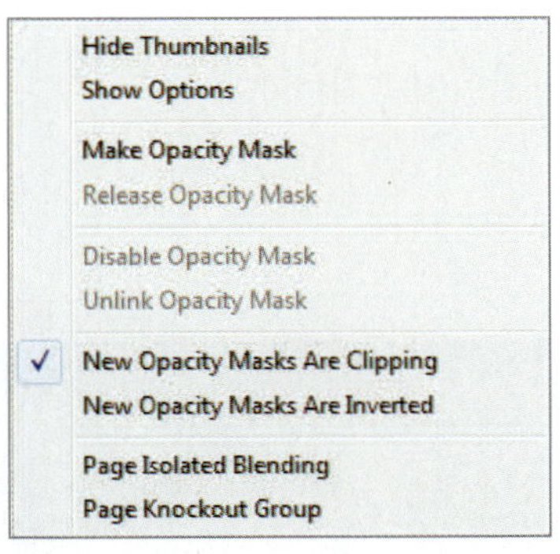

- **Show/Hide Thumbnail 메뉴** : 팔레트에서 썸네일 부분과 하단 옵션 부분을 감추거나 표시할
  수 있습니다.
- **Show/Hide Options 메뉴** : 팔레트 하단 옵션만 표시하거나 감출 수 있습니다.
- **Mask Opacity Mask 메뉴** : 선택된 오브젝트에 Opacity Mask 기능을 활성화합니다. 다음
  페이지의 실전예제를 참고하기 바랍니다.
- **Release Opacity Mask 메뉴** : Opacity Mask 상태를 해제합니다.
- **Disable Opacity Mask 메뉴** : Opacity Mask 상태를 잠시 비활성 상태로 전환합니다.
- **Unlink Opacity Mask 메뉴** : 팔레트에서 투명도 마스크와 오브젝트를 분리시킵니다.

- **New Opacity Mask are Clipping 메뉴** : Opacity Mask 영역에 새로 추가한 마스크 오브젝트에 클리핑을 적용합니다.
- **New Opacity Mask are Inverted 메뉴** : Opacity Mask 영역에 새로 추가한 마스크 오브젝트를 반전 적용합니다.
- **Page Isolate Blending 메뉴** : 페이지 전체에서 Isolate Blending 옵션을 자동 적용합니다.
- **Page Knockout Group 메뉴** : 투명도가 다른 오브젝트가 많은 경우, 페이지 전체에서 중첩 효과를 자동 방지합니다.

DVD | 예제 | 염소.ai　　　| 난이도 | ★★　　　| 작업 시간 | 5분

Opacity Mask 기능으로
원하는 부분만 보이게 만들기

01_ 예제 '염소.ai'를 불러온 뒤 '선택 툴'로 염소를 클릭해 선택합니다.

02_ Window -> Transparency 메뉴로 Transparency 팔레트를 불러온 뒤, 팔레트 메뉴에서 'Make Opacity Mask' 메뉴를 실행합니다.

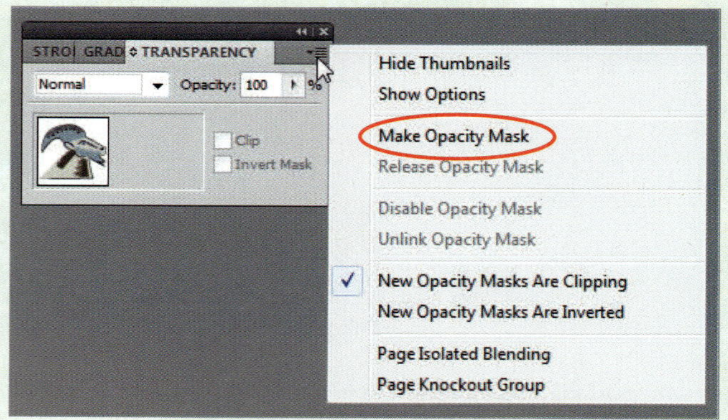

03_ Transparency 팔레트를 확인하면 원본 썸네일 옆에 검정색 '마스크 썸네일'이 있습니다. 팔레트의 Cilp 옵션에 체크 표시를 해 줍니다.

04_ 작업 화면이 그림과 같이 변경됩니다.

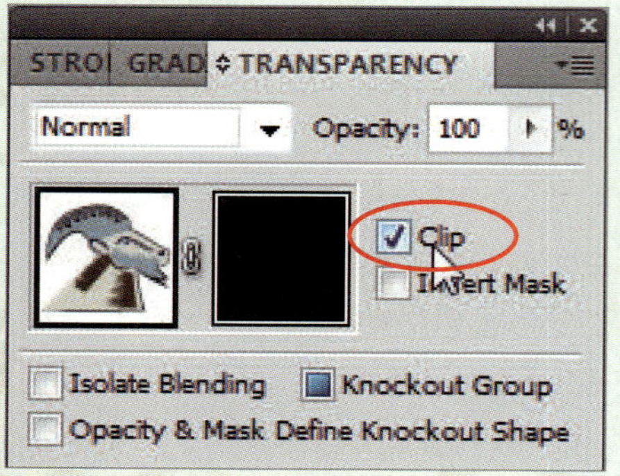

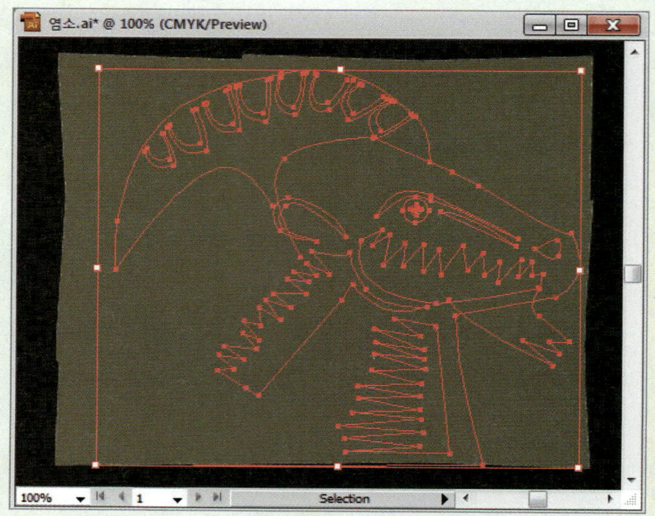

05_ 마스크 썸네일을 클릭해 선택합니다.

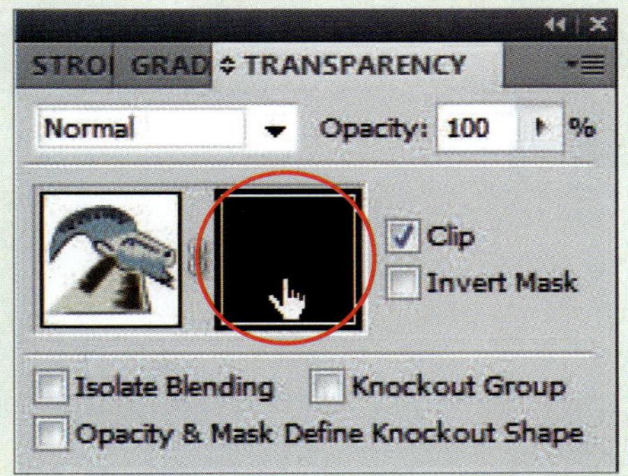

06_ '원 툴'로 원 도형을 그려줍니다. 선택한 오브젝트가 원 안에서 보이게 됩니다.

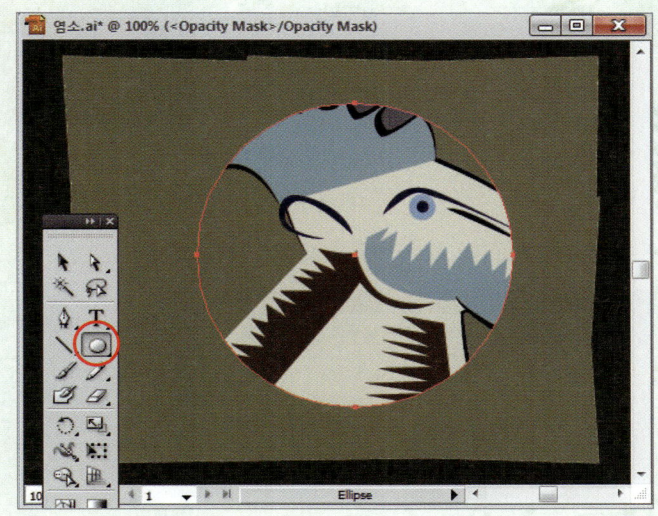

07_ 팔레트에서 Clip 옵션은 끄고 Invert Mask 옵션을 켜 줍니다.

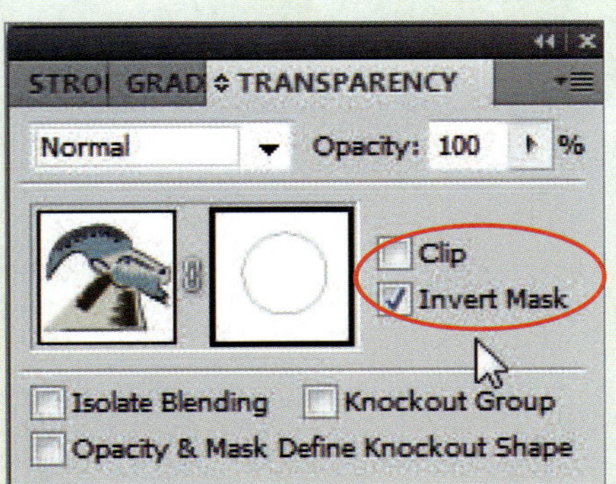

08_ 마스크가 반전되어 원의 외곽이 보이게 됩니다.

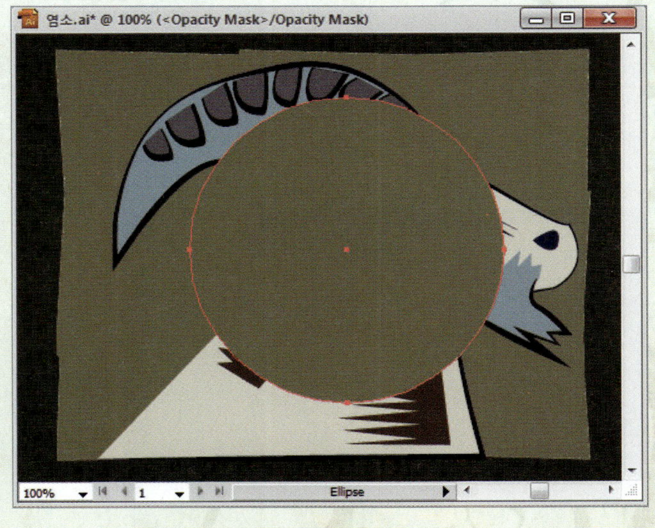

MEMO

이때 이미지가 흐릿하게 보일 경우 일러스트레이터가 램을 많이 차지한 상태이므로 일러스트레이터를 종료한 뒤 재실행하기 바랍니다.

09_ 원래대로 Invert Mask의 체크 표시를 제거한 뒤 Clip 옵션에 체크합니다.
마스크가 원래 상태로 돌아옵니다.

10_ 팔레트의 Opacity 옵션을 50%로 설정합니다. 투명도를 조절할 수 있음을 알 수 있습니다.
다시 Opacity 옵션을 100%로 설정합니다.

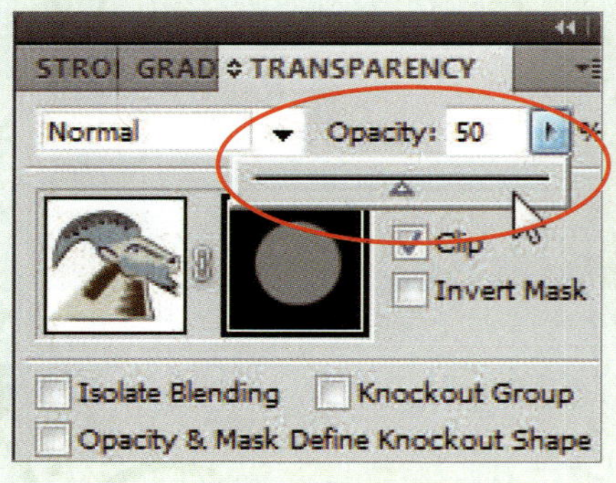
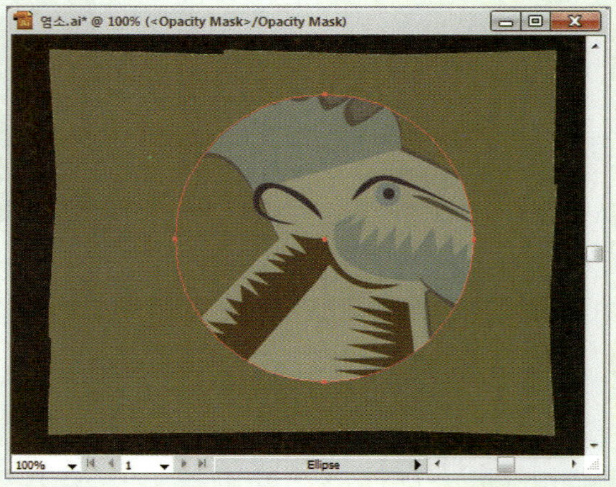

11_ '선택 툴'로 원 도형을 클릭한 뒤 이동시키기 바랍니다. 보이는 영역이 이동되는 것을 알 수 있습니다. 즉 Opacity Mask
상태에서는 위치에 구애받지 않고 원하는 부분만 보이게 할 수 있습니다.

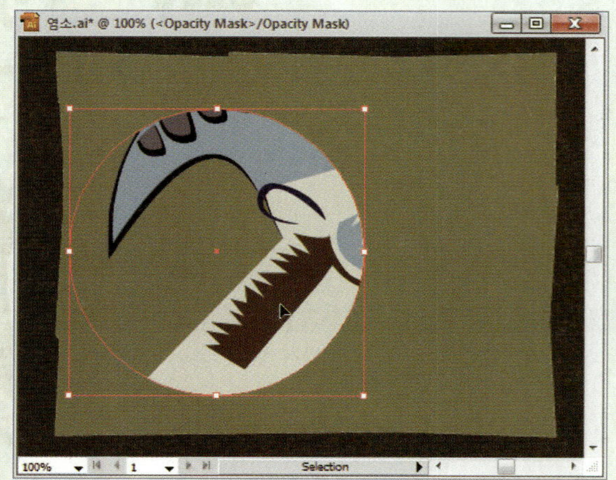

12_ Transparency 팔레트의 메뉴에서 Disable Opacity Mask 메뉴를 실행하면 마크스 영역에 X 표시가 나타나면서 마스크 기능이 일시 중단됩니다. 작업창을 확인하면 마스크 적용 전 원본 상태로 돌아갑니다.

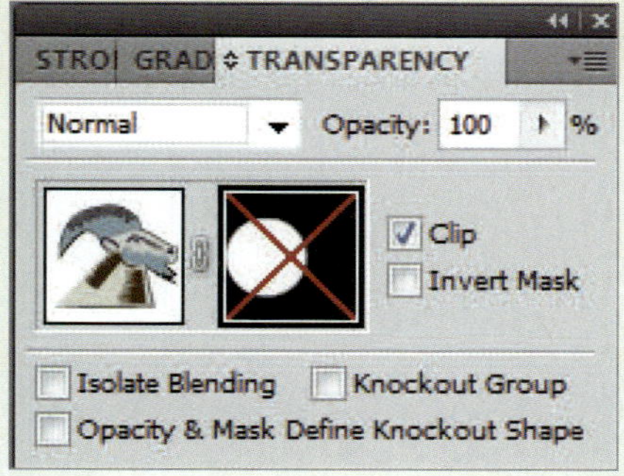
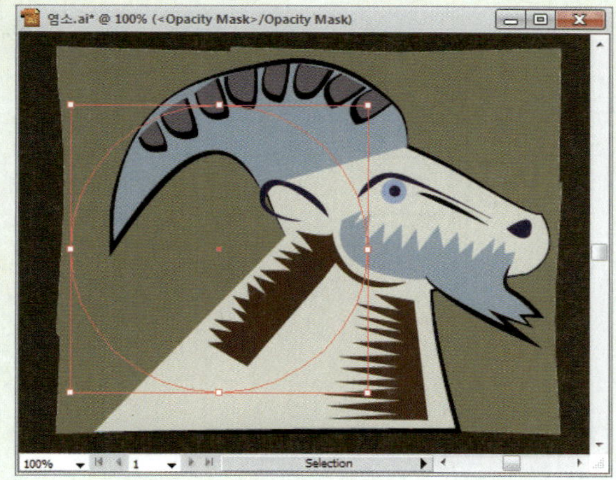

13_ 팔레트에서 Enable Opacity Mask 메뉴를 실행하면 중단된 마스크 기능이 다시 활성화됩니다.

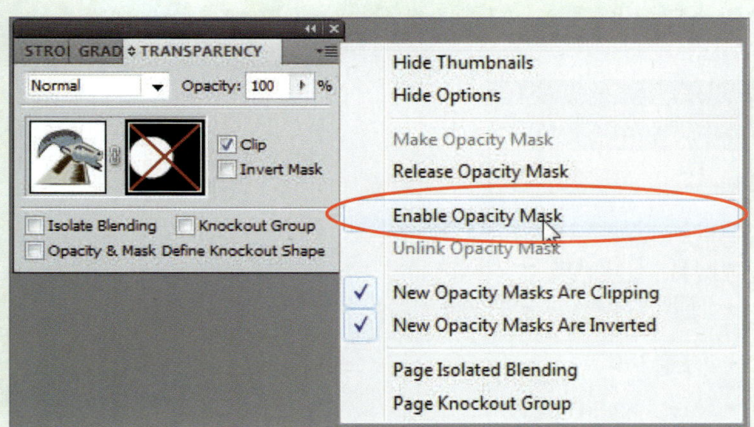

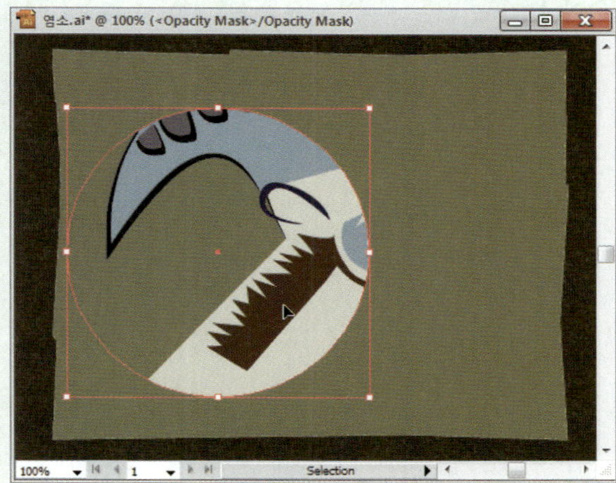

14_ '원 도형 툴'로 예제 그림처럼 여러 개의 원 도형을 그려줍니다. 각각의 원마다 염소 이미지가 보일 것입니다. 또는 선택 툴로 원하는 마스크를 선택한 뒤 크기를 조절하거나 이동시켜 봅니다. 마스크 기능은 이처럼 특정 부위를 화면에 보이게 만들 때 사용하며, 자유자재로 이동 및 수정 작업이 가능합니다.

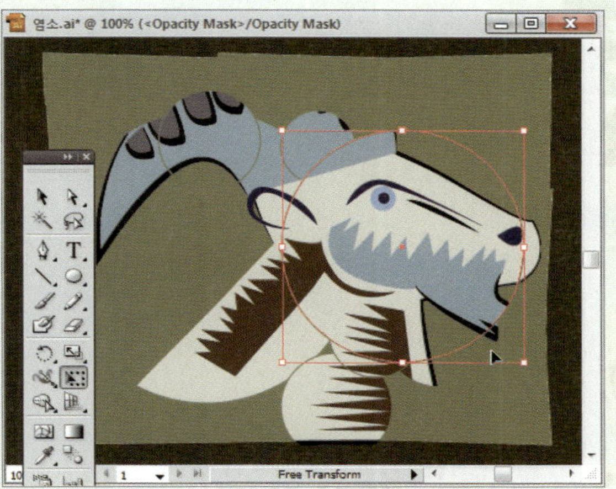

글자 크기와 글꼴 모양 선택하기
Character 팔레트

캐릭터 팔레트는 Window →〉 Type →〉 Character 메뉴로 실행합니다. 캐릭터 팔레트는 글자 크기와 글꼴 모양을 선택할 때 사용합니다. 또한 변형 서체, 자간 조절, 행간 조절 등의 작업을 할 수 있습니다.

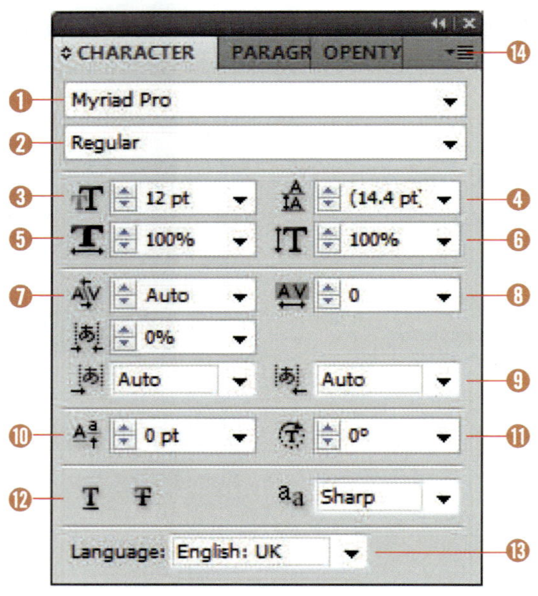

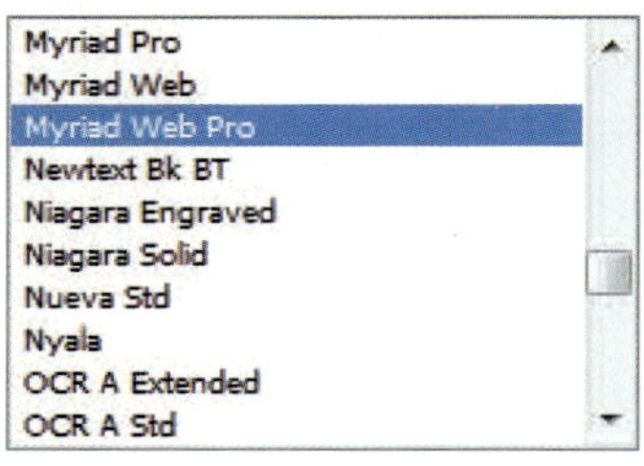

❶ **Font(글꼴) :** 사용할 글꼴을 선택합니다. 시스템에 설치된 모든 글꼴을 사용할 수 있습니다. Windows 운영체제인 경우 Windows →〉 Font 폴더에 있는 글꼴이 목록에 나타납니다. 만일 새 글꼴을 사용하고 싶다면 글꼴을 Font 폴더에 복사해 넣어야 합니다.

❷ **Styles(변형 글꼴)** : 글꼴들이 제공하는 변형 서체를 선택하는 기능입니다. 일부 글꼴들은 변형 서체를 제공하지 않으므로 변형서체가 없는 글꼴로 작업할 경우에는 이 기능이 활성화되지 않습니다. 일반적으로 글꼴마다 Normal(표준, Regular), Italic(기울임체), Bold(굵은 글자체), Bold Italic(굵은 기울임체) 등의 변형 글꼴을 제공합니다.

Adobe Illustrator		Regular(일반) 서체
Adobe Illustrator		Italic 변형서체
Adobe Illustrator		Bold 변형서체
Adobe Illustrator		Bold Italic 변형서체

❸ **Size(글꼴 크기)** : 입력하는(또는 선택한) 글자의 크기를 지정합니다. 메뉴바의 Type -〉 Size 메뉴와 동일 기능입니다.

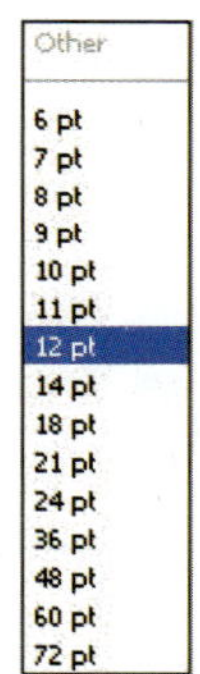

Adobe Illustrator		12 포인트
Adobe Illustrat		21 포인트
Adobe		48 포인트

❹ **Leading(행간)** : 행간 옵션은 행과 행 사이의 간격을 조절하는 기능입니다. 10pt 크기의 글꼴은 행간이 보통 12pt로 설정되지만 글꼴 크기가 커지면 행간도 더 넓어집니다.

Adobe Illustrator	행 간격이 12pt인 모습
Adobe Illustrator	행 간격이 21pt인 모습

❺ **Horizontal Scale(가로 비율)** : 이 옵션은 글자의 가로 크기를 조절할 때 사용합니다.

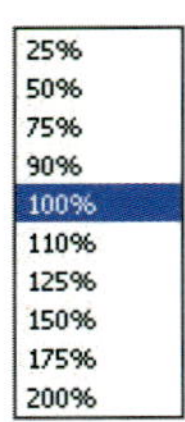

Adobe Illustrator	100% 적용(기본값)
Adobe Illustrator	125% 적용
Adobe Illustrator	150% 적용

❻ **Vertical Scale(세로 비율)** : 이 옵션은 글자의 세로 길이를 조절할 때 사용합니다. 수정할 글자를 블록으로 지정하거나 선택 툴로 선택한 뒤 작업합니다.

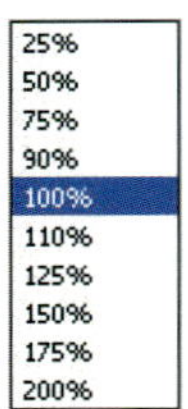

Adobe Illustrator	100% 적용(기본값)
Adobe Illustrator	120% 적용
Adobe Illustrator	200% 적용

❼ **Kerning(단일 자간 조절)** : 두 글자 사이의 자간만 조절합니다. 미려한 효과를 내려면 알파벳 사이의 간격을 조절해도 좋지만 일반적으로 Auto 옵션을 사용할 것을 권장합니다. 먼저 자간을 조절할 글자 사이에 커서를 놓고 조절합니다. 다음은 t～o 사이에 커서를 놓고 자간을 조절한 모습입니다.

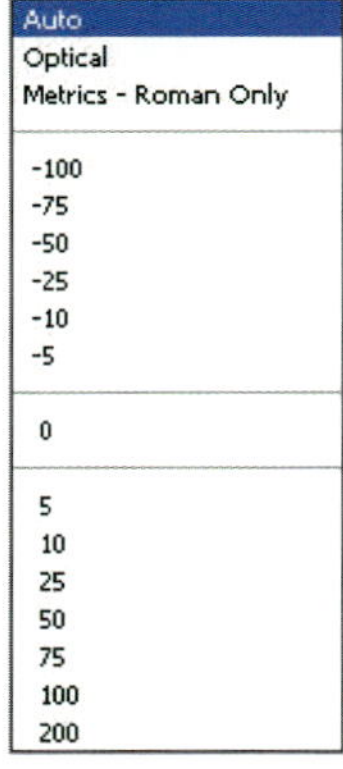

Adobe Illustrator	Kerning 0(기본값)
Adobe Illustrat or	Kerning +500
Adobe Illustrat or	Kerning +1000

❽ Tracking(블록 자간 조절) : 선택한 글자들의 간격을 균등하게 조절하는 기능입니다. 또는 블록으로 설정한 글자들의 간격도 조절할 수 있습니다.

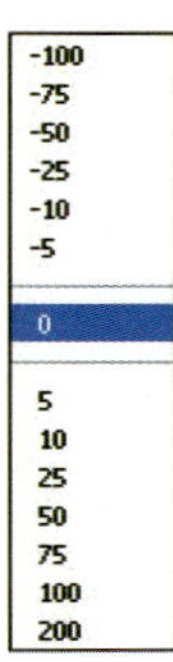

Adobe Illustrator	Tracking 0(기본값)
Adobe Illustrator	Tracking +100
Adobe Illustrator	Tracking −100

❾ 아시아어 입력 옵션 : 영어권 언어는 1바이트 언어입니다. 이와 달리 아시아권 언어인 중국어, 일본어, 한국어 등은 2바이트 언어입니다. 여기서 제공되는 옵션들은 2바이트 언어인 일본어 입력을 위한 옵션이지만 중국어나 한국어를 입력할 때 동작할 수도 있습니다. 이들 옵션들은 Tsume기능을 지원하는 아시아 언어를 입력할 때 사용하는 것이며, 주로 낱말 사이 간격을 일정하게 배열하는 기능입니다.

❿ Baseline Shift : 글자의 바닥 기준선 높이를 조절하는 것으로 흔히 말하는 위첨자/아래첨자를 만들 때 사용합니다. 수치가 양수이면 글자가 기준선 위에 입력되고 수치가 음수이면 글자가 기준선 아래에 입력됩니다. 참고로, Baseline을 조절한 뒤에는 첨자 형태를 만든 다음 해당 글자의 크기를 축소시키는 것이 보기에 좋습니다.

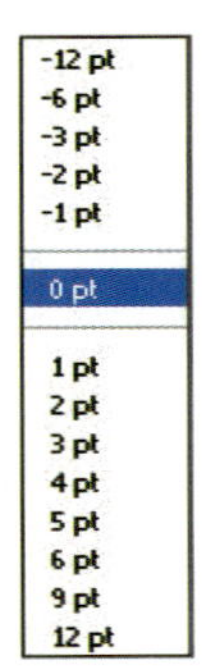

Adobe Illustrator	기본값
Adobe Illustrator	윗첨자 형태, +6 적용
Adobe Illustrator	아래첨자 형태, −6 적용

⓫ Rotate(글자 회전) 옵션 : 말 그대로 글자를 회전시킬 때 사용합니다. 선택한 각도로 글자를 회전시킬 수 있습니다.

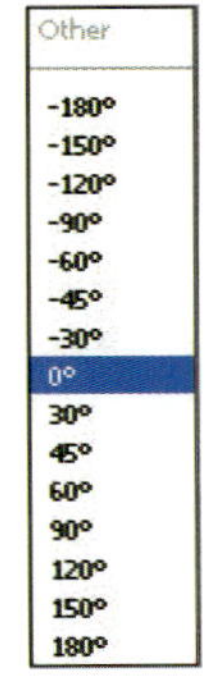

Adobe Illustrator	정상 글자
	−30도 회전시킨 글자
	+45도 회전시킨 글자

❷ **Underline, Strike Through** : Underline 옵션은 글자에 밑줄을 그을 때 사용하며, Strike Through는 글자의 중간 부분
에 밑줄을 그어줍니다.

❸ **언어 선택 옵션** : 사용하는 언어를 선택합니다.

❹ **캐릭터 팔레트 메뉴**

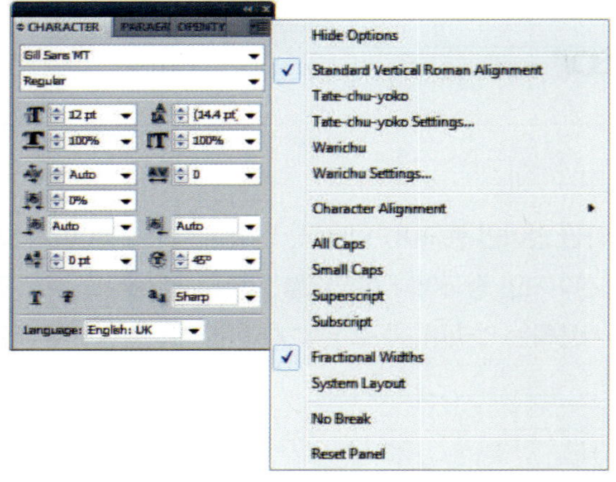

– **Hide/Show Options 메뉴** : 팔레트 하단에 옵션창을 표시하거나 감추
어 줍니다.

– **Standard Vertical Roman Alignment 메뉴** : '세로 타이프 툴'로 글
자를 입력할 때 각각의 낱말들을 세로 방향으로 회전시키는 옵션입니다.

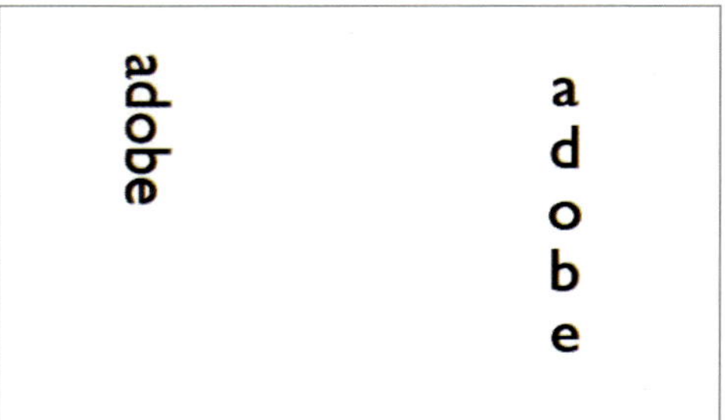

– **Tate-thu-yoko 메뉴** : 아시아권 언어 입력 시 사용
하는 것으로 글자를 가로 방향으로 회전시키는 기능입
니다. 보통 세로 타이프 툴로 글자를 입력한 뒤 숫자 등
의 글자를 가로로 회전시킬 때 유용합니다.

– **Tate-thu-yoko Settings 메뉴** : Tate-thu-
yoko 메뉴로 글자를 회전시킬 때 그 간격 등을 미리 설
정합니다.

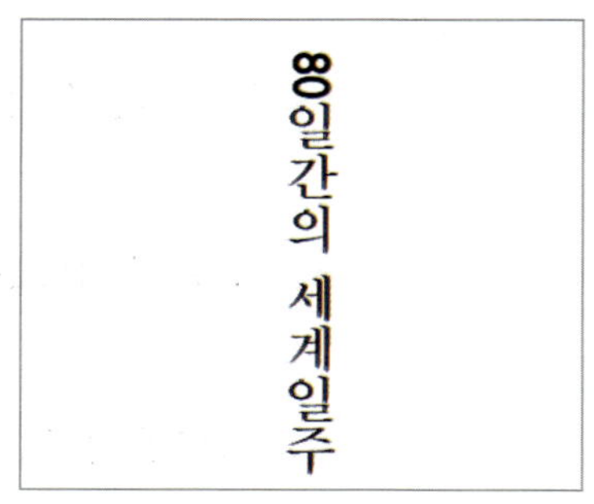

세로 타이플 툴로 글자 입력

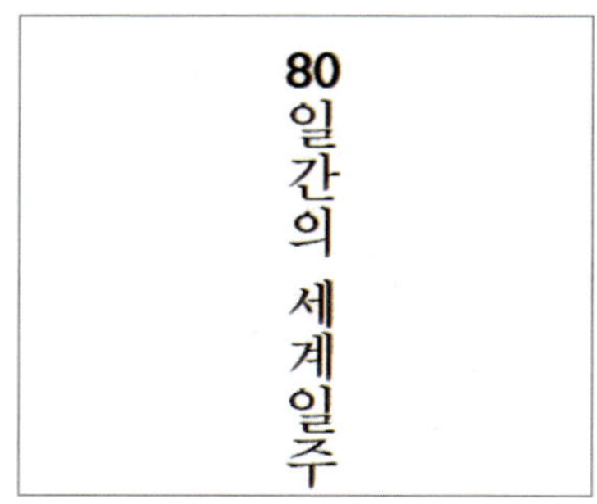

숫자 부분 선택한 뒤 Tate-thu-yoko 메뉴 적용

– **Warichu 메뉴** : 글자를 별도의 박스로 처리하여 작은 크기로 표시하는 기능입니다. 쉽게 이야기하면 소설이나 논문 등에서 '주석체'를 삽입
할 용도로 사용할 수 있습니다. Warichu를 적용하려면 먼저 원하는 문장을 블록으로 지정한 뒤 이 기능을 적용해야 합니다.

80일간의 세계일주(世界一周)

타이프 툴로 글자 입력

80일간의 세계일주(世界一周)

한문을 블록 선택한 뒤 Warichu 적용

- Warichu Settings 메뉴 : Warichu 메뉴의 옵션값을 설정합니다.
- Character Alignment 메뉴 : 글자를 정렬할 때 어느 것을 기준으로 정렬할 것인지 선택합니다.

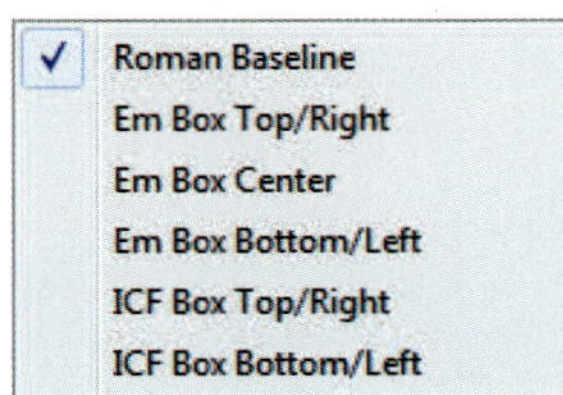

Take a trip, Go on a trip

메뉴를 사용하기 전 영문 글자

TAKE A TRIP, GO ON A TRIP

메뉴를 적용한 뒤의 영문 글자

- All Caps 메뉴 : 입력한 글자에서 영문 글자를 찾아낸 뒤 대문자로 무조건 전환합니다.

Take a trip, Go on a trip

메뉴를 사용하기 전 글자 모습

TAKE A TRIP, GO ON A TRIP

전체 글자에 메뉴를 적용한 모습

- Small Caps 메뉴 : 영문 글자를 작은 크기의 대문자로 무조건 전환합니다.

Take a trip, Go on a trip

메뉴를 적용하기 전 글자 모습

Take a trip, Go on a trip

영문자 부분만 선택한 뒤 메뉴 적용

- Superscript 메뉴 : 블록으로 선택한 글자를 위첨자 형식으로 전환합니다.

- **Subscript 메뉴** : 블록으로 선택한 글자를 아래첨자 형식으로 전환합니다.

메뉴를 적용하기 전 글자 모습

영문자 부분에 메뉴 적용

- **Fractional Whiths 메뉴** : 블록으로 선택한 글자들의 간격을 적절하게 조절합니다.
- **System Layout 메뉴** : 글자들을 시스템 레이아웃에 맞게 설정합니다.
- **No Break 메뉴** : 엔터키를 눌러 행을 바꾸다 보면 글자가 넘칠 때 분절되는 글자가 발생합니다. 분절되는 글자들을 분절되지 않도록 적당히 조절하는 기능입니다.
- **Reset Palette 메뉴** : 팔레트에서 옵션을 자주 설정하다 보면 다른 글자를 입력할 때도 해당 옵션 상태로 글자가 입력됩니다. 따라서 원치 않은 옵션으로 글자가 입력되는 경우가 종종 있습니다. Reset Palette 메뉴는 팔레트에서 설정한 옵션값을 기본값으로 환원시킬 때 사용합니다.

글꼴 스타일 미리 설정한 뒤 등록하기 - Character Styles 팔레트

Character Styles 팔레트는 자주 사용하는 글꼴 스타일을 미리 등록한 뒤 사용하는 기능입니다. 글꼴 모양, 크기, 변형서체, 자간, 행간 등을 미리 팔레트에서 등록한 뒤 필요할 때마다 클릭하는 방식으로 선택한 글자에 적용할 수 있습니다.

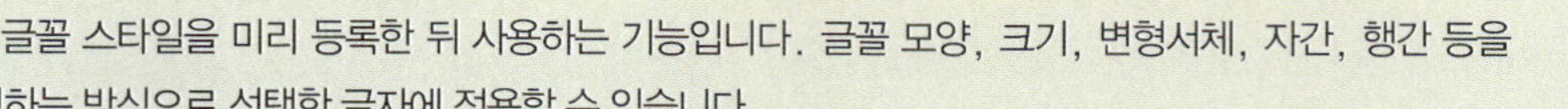

예를 들어 제목 글자를 입력하는 경우가 있습니다. 제목 글자는 본문 글자보다 큰 경우가 많고 색상도 강조하거나 장평도 특징이 있을 것입니다. 이처럼 제목 글자로 사용할 스타일을 미리 설정한 뒤 이 스타일이 필요할 경우 마우스로 클릭하는 방식으로 작업 중인 글자에 적용할 수 있습니다.

문장 정렬과 여백의 설정
Paragraph 팔레트

Paragraph 팔레트는 Windows –〉 Type –〉 Paragraph 메뉴로 실행합니다. 문장 정렬, 여백 조절 기능을 제공합니다. 그 외 하이픈 기능 등 주로 문단 정렬과 관련된 옵션을 설정할 수 있습니다.

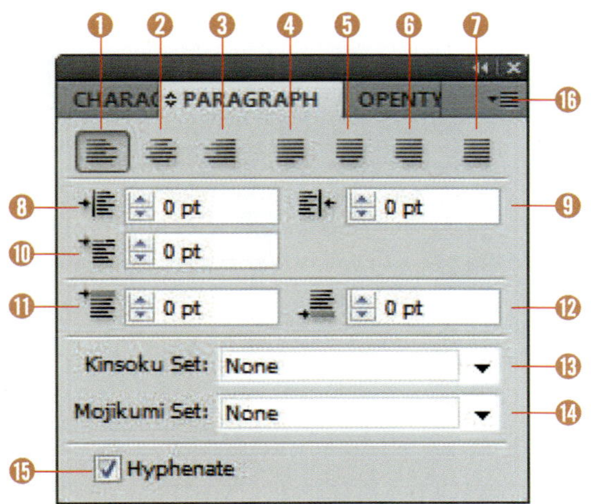

The new InDesign Layers panel is now more similar to the Illustrator Layers panel. Each layer has a disclosure triangle that can be expanded to reveal the objects and their stacking order on that given layer for the active spread.By default, new page items are given generic names such as <rectangle> and <path>.

You can give any page item a custom name by click-pause-clicking the item name in the Layers panel.You can change the stacking order of objects by dragging items in the list.

The Layers panel also lets you show or hide and lock or unlock individual page items.

Adobe Indesign

예제 이미지

The new InDesign Layers panel is now more similar to the Illustrator Layers panel. Each layer has a disclosure triangle that can be expanded to reveal the objects and their stacking order on that given layer for the active spread.By default, new page items are given generic names such as <rectangle> and <path>.

You can give any page item a custom name by click-pause-clicking the item name in the Layers panel.You can change the stacking order of objects by dragging items in the list.

The Layers panel also lets you show or hide and lock or unlock individual page items.

Adobe Indesign

Align Left 정렬의 모습

❶ Align Left(왼쪽 정렬) : 기본 형태의 문장 정렬 방식입니다. 왼쪽으로 문장이 정렬됩니다. 예제 '텍스트.ai'를 불러온 뒤 Align Left 버튼을 클릭하면 옆 그림과 같이 정렬됩니다.

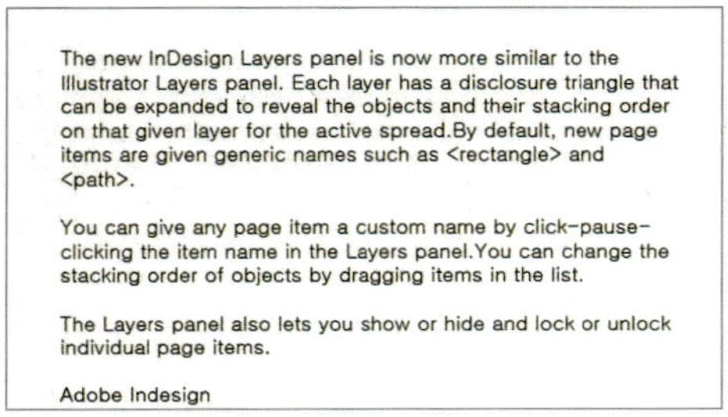

원본 이미지

Align Center 정렬의 모습

❷ Align Center(가운데 정렬) : 문장을 가운데에 모이도록 정렬하는 방식입니다. 보통 입력한 내용을 강조할 경우 사용되는 정렬 방식입니다.

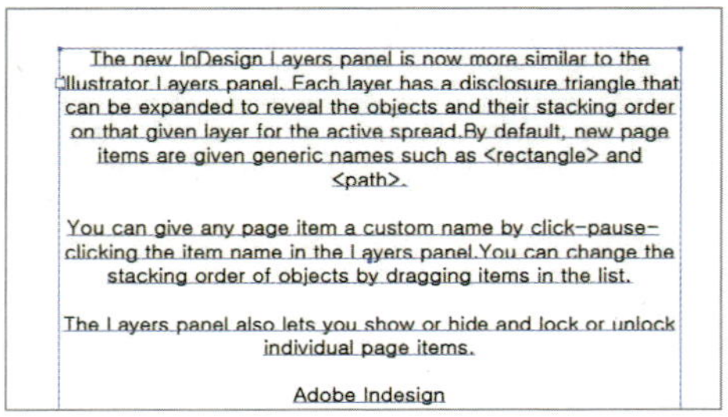

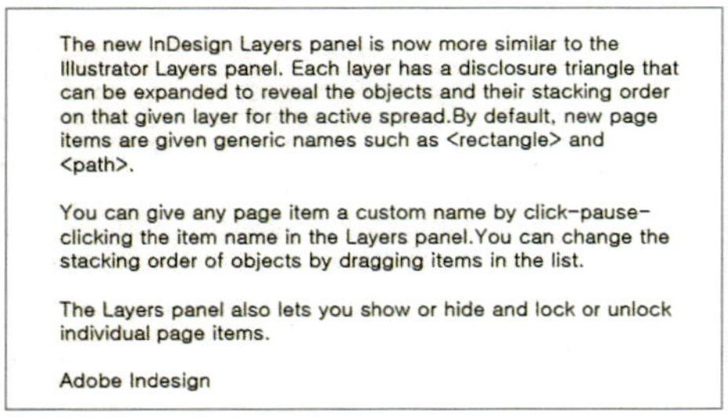

원본 이미지

Align Light 정렬의 모습

❸ Align Right(오른쪽 정렬) : 문장을 오른쪽 끝에 정렬합니다. 보통 감수성이 풍부하고 특별한 느낌을 연출하기 위해 자주 사용하는 문단 정렬 방식입니다.

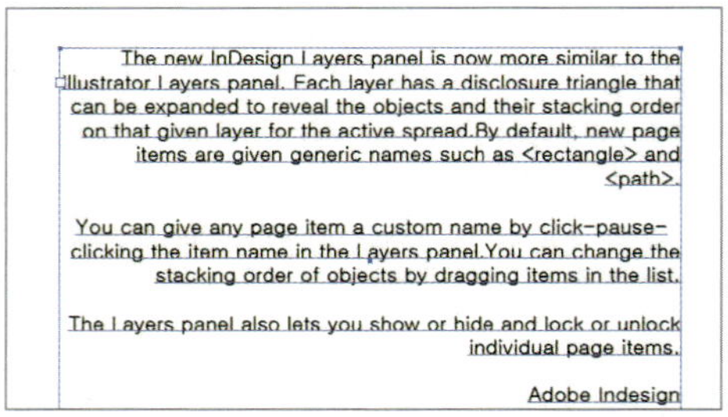

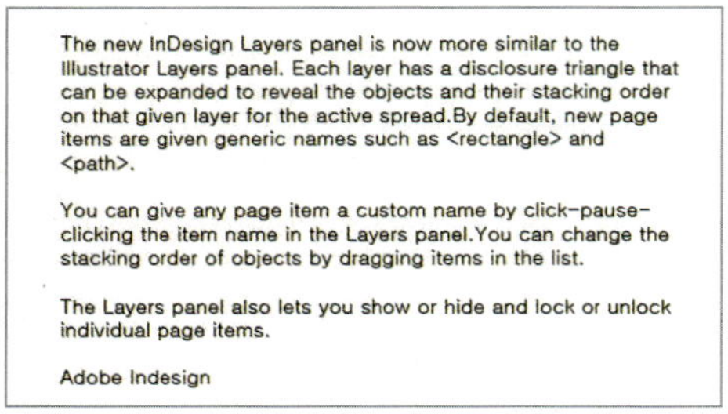

원본 이미지

마지막 줄만 왼쪽으로 정렬된 모습

❹ Justify With Last Line Aligned Left (마지막 줄 왼쪽 정렬) : 여백이 없는 문장은 좌우로 균등정렬되며, 여백이 있는 마지막 줄은 왼쪽으로 정렬하는 방식입니다.

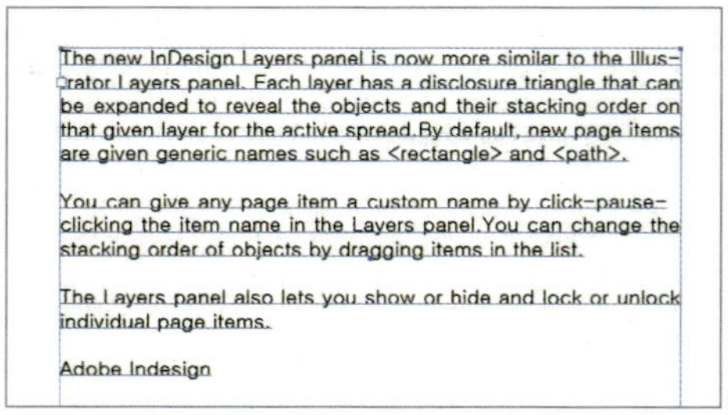

원본 이미지

마지막 줄이 중앙 정렬된 모습

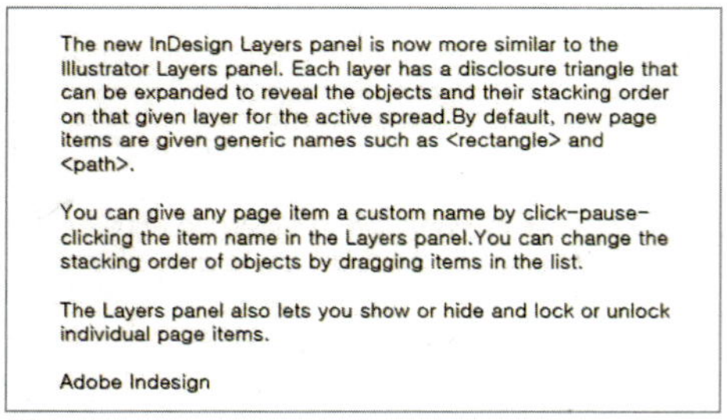

❺ Justify With Last Line Aligned Center(마지막 줄 가운데 정렬) : 여백이 없는 문장은 좌우로 균등하게 정렬하며 여백이 있는 마지막 줄은 가운데로 정렬하는 방식입니다.

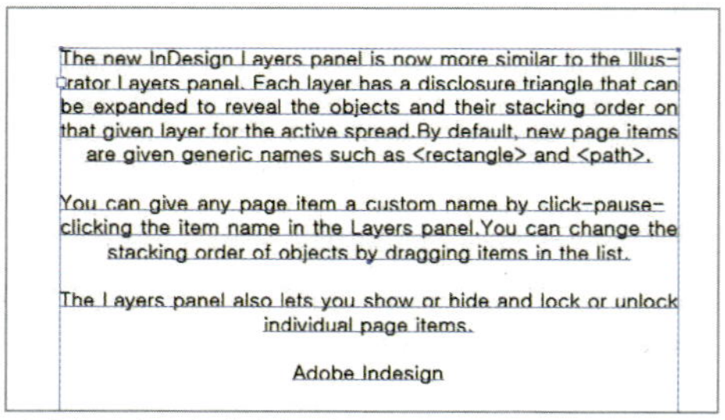

The new InDesign Layers panel is now more similar to the Illustrator Layers panel. Each layer has a disclosure triangle that can be expanded to reveal the objects and their stacking order on that given layer for the active spread.By default, new page items are given generic names such as <rectangle> and <path>.

You can give any page item a custom name by click-pause-clicking the item name in the Layers panel.You can change the stacking order of objects by dragging items in the list.

The Layers panel also lets you show or hide and lock or unlock individual page items.

Adobe Indesign

원본 이미지

The new InDesign Layers panel is now more similar to the Illus-trator Layers panel. Each layer has a disclosure triangle that can be expanded to reveal the objects and their stacking order on that given layer for the active spread.By default, new page items are given generic names such as <rectangle> and <path>.

You can give any page item a custom name by click-pause-clicking the item name in the Layers panel.You can change the stacking order of objects by dragging items in the list.

The Layers panel also lets you show or hide and lock or unlock individual page items.

Adobe Indesign

마지막 줄이 오른쪽으로 정렬된 모습

❻ Justify With Last Line Aligned Right(마지막 줄 오른쪽 정렬) : 여백이 없는 문장은 좌우로 균등하게 정렬하며 여백이 있는 마지막 줄은 오른쪽으로 정렬하는 방식입니다.

The new InDesign Layers panel is now more similar to the Illustrator Layers panel. Each layer has a disclosure triangle that can be expanded to reveal the objects and their stacking order on that given layer for the active spread.By default, new page items are given generic names such as <rectangle> and <path>.

You can give any page item a custom name by click-pause-clicking the item name in the Layers panel.You can change the stacking order of objects by dragging items in the list.

The Layers panel also lets you show or hide and lock or unlock individual page items.

Adobe Indesign

원본 이미지

The new InDesign Layers panel is now more similar to the Illus-trator Layers panel. Each layer has a disclosure triangle that can be expanded to reveal the objects and their stacking order on that given layer for the active spread.By default, new page items are given generic names such as <rectangle> and <path>.

You can give any page item a custom name by click-pause-clicking the item name in the Layers panel.You can change the stacking order of objects by dragging items in the list.

The Layers panel also lets you show or hide and lock or unlock individual   page   items.

Adobe   Indesign

Justify All Lines 정렬의 모습

❼ Justify All lines(강제 정렬) : 왼쪽과 오른쪽 끝이 일치하도록 강제로 정렬하는 방식입니다. 글자 수가 적거나 Enter 키를 눌러 행이 바뀐 문장도 강제 정렬할 수 있습니다.

The new InDesign Layers panel is now more similar to the Illustrator Layers panel. Each layer has a disclosure triangle that can be expanded to reveal the objects and their stacking order on that given layer for the active spread.By default, new page items are given generic names such as <rectangle> and <path>.

You can give any page item a custom name by click-pause-clicking the item name in the Layers panel.You can change the stacking order of objects by dragging items in the list.

The Layers panel also lets you show or hide and lock or unlock individual page items.

Adobe Indesign

원본 이미지

The new InDesign Layers panel is now more similar to the Illustrator Layers panel. Each layer has a disclosure triangle that can be expanded to reveal the objects and their stacking order on that given layer for the active spread.By default, new page items are given generic names such as <rectangle> and <path>.

You can give any page item a custom name by click-pause-clicking the item name in the Layers panel.You can change the stacking order of objects by dragging items in the list.

The Layers panel also lets you show or hide and lock or unlock individual page items.

왼쪽 여백 20pt 적용 이미지

❽ Left Indent(왼쪽 여백) : 입력한 수치만큼 왼쪽에 여백을 만들어 줍니다.

The new InDesign Layers panel is now more similar to the Illustrator Layers panel. Each layer has a disclosure triangle that can be expanded to reveal the objects and their stacking order on that given layer for the active spread.By default, new page items are given generic names such as <rectangle> and <path>.

You can give any page item a custom name by click-pause-clicking the item name in the Layers panel.You can change the stacking order of objects by dragging items in the list.

The Layers panel also lets you show or hide and lock or unlock individual page items.

Adobe Indesign

원본 이미지

The new InDesign Layers panel is now more similar to the Illustrator Layers panel. Each layer has a disclosure triangle that can be expanded to reveal the objects and their stacking order on that given layer for the active spread.By default, new page items are given generic names such as <rectangle> and <path>.

You can give any page item a custom name by click-pause-clicking the item name in the Layers panel.You can change the stacking order of objects by dragging items in the list.

The Layers panel also lets you show or hide and lock or unlock individual page items.

오른쪽 여백 40pt를 적용한 모습

❾ Right Indent(오른쪽 여백) : 입력한 수치만큼 오른쪽에 여백을 만들어 줍니다.

예제 이미지의 모습

들여쓰기 30pt를 적용한 모습

❿ First Line Left Indent(들여쓰기) : 문단의 시작 부분에 들여쓰기를 설정합니다. 문단의 첫 부분에 있는 한 칸 정도의 빈 공간을 편집자들은 '들여쓰기'라고 말합니다. 여기서 들여쓰기를 지정하면 각 문단이 시작할 때 마다 지정한 수치만큼 들여쓰기가 됩니다.

예제 이미지

문단 상단 여백을 10pt로 설정한 모습

⓫ Space Before Paragraph(문단 상단 여백) : 엔터키를 눌러 문단을 바꾼 경우 문단 상단에 일정 간격의 여백을 삽입합니다. 여기서 수치를 입력하면 지정한 수치만큼 각각의 문단 상단에 여백이 자동 생성됩니다.

예제 이미지

문단 하단 여백을 −3pt로 설정한 모습

⓬ Space After Paragraph(문단 하단 여벽) : 각각의 문단 하단에 입력한 수치만큼 여백을 삽입합니다.

⓭ Kinsoku Shori 옵션 : 일본어 사용자를 위한 옵션으로 구두점 간격을 조절하는 기능입니다.

⓮ Mojikumi 옵션 : 1바이트 언어인 영어권 문자와 2바이트 언어인 아시아권 문자를 병행 입력할 때 문자 비율과 정렬 방식을 설정하는 기능입니다.

⑮ **Hyphenation 옵션 :** 영문자를 입력할 때 긴 문장을 입력하다보면 중간에 행이 바뀌는 경우가 있습니다. 이때 영문 단어가 분절되어 아래 행으로 내려가는 경우가 있는데 이처럼 분절된 단어에는 하이픈(−) 표시를 삽입해 줍니다.

⑯ **파라그래프 팔레트 메뉴**

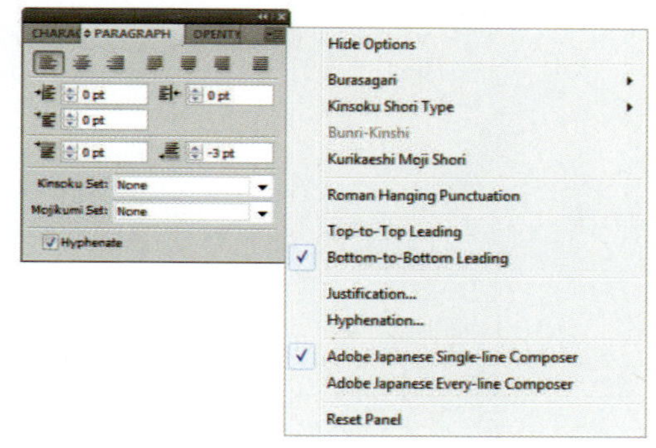

– **Hide/Show Options 메뉴 :** 팔레트의 하단의 추가 옵션을 감추거나 표시하는 기능입니다.

– **Burasagari 메뉴 :** 1바이트 또는 2바이트 마침표와 1바이트 또는 2바이트 쉼표를 글상자 외곽에 표시하는 기능입니다. 영어권 문자와 아시아권 문자(주로 일본어)를 혼용으로 입력할 때 마침표와 쉼표의 위치를 일정하게 배치하는 기능인 셈입니다.

– **Kinsoku shori Type 메뉴 :** 2바이트 문자인 아시아권 문자(주로 일본어) 입력 시 구두점 입력 방식을 설정합니다.

– **Bunri-Kinshi 메뉴 :** Kinsoku shori Type 메뉴를 사용할 경우 활성화되는 기능으로 Kinsoku shori 규칙을 위반하지 않고 구두점 입력을 실행합니다.

– **Kurikaesi Moji Shori 메뉴 :** 2바이트 문자인 아시아권 문자(주로 일본어) 입력 시 글자의 반복 기호를 활성화합니다.

– **Roman Hanging Functuation 메뉴 :** 구두점(.)(,)(;) 등을 글상자 외곽에 표시하는 기능입니다.

– **Top to Top Leading 메뉴 :** 행간 설정 시 글자 위와 글자 위를 기준으로 행간을 설정합니다.

– **Bottom to Bottom Leading 메뉴 :** 행간 설정 시 글자 아래와 글자 아래를 기준으로 행간을 설정합니다.

– **Justfication 메뉴 :** 하이픈 기능 사용 시 낱말, 단어, 상형문자들의 공백 사이를 원하는 방식으로 설정하는 기능입니다.

– **Hyphenation 메뉴 :** 이 메뉴에 체크 표시를 하면 자동으로 하이픈 기능이 동작합니다.

– **Adobe Japanese Single-line Composer 메뉴 :** 2바이트 문자 입력 시 하이픈 적용 시 싱글 라인 위주로 적용합니다.

– **Adobe Japanese Every-line Composer 메뉴 :** 2바이트 문자 입력 시 하이픈 적용 시 전체 문장 위주로 적용합니다.

– **Reset Palette 메뉴 :** 팔레트 설정값을 기본값으로 환원합니다.

파라그래프 스타일(Paragraph Styles) 팔레트

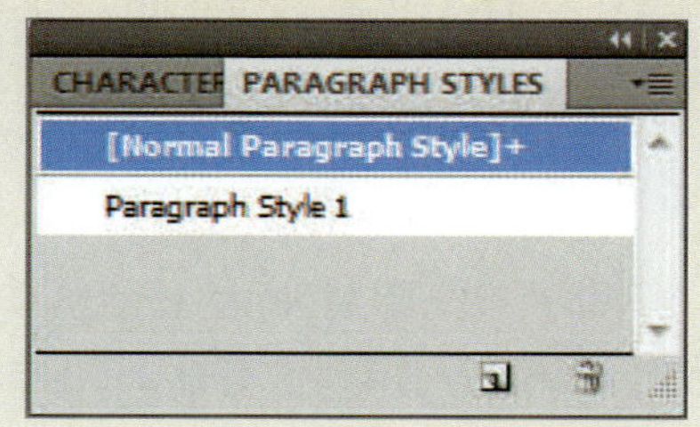

캐릭터 스타일(Character Styles) 팔레트와 마찬가지의 기능을 제공하지만 이 팔레트는 문단이나 문장 스타일, 여백 스타일을 미리 설정한 뒤 필요할 때마다 해당 스타일을 적용하는 기능입니다.
보통 문단 모양, 탭 모양, 하이픈 설정, 글꼴, 글꼴 크기, 색상 등을 스타일로 등록한 뒤 필요할 때마다 입력한 문장에 적용할 수 있습니다.

PART 029

Adobe Flash용 글자 설정하기
Flash Text 팔레트

일러스트레이터에서 제작한 글자를 플래시 무비처럼 다이나믹 텍스트로 사용할 수 있도록 해줍니다. 제작한 글자를 Static, Dynamic, Input text 방식으로 반출할 수 있으며, SWF 포맷으로 저장한 경우 동작합니다. Flash Text 팔레트는 Window -> Type -> Flash Text 메뉴로 실행합니다.

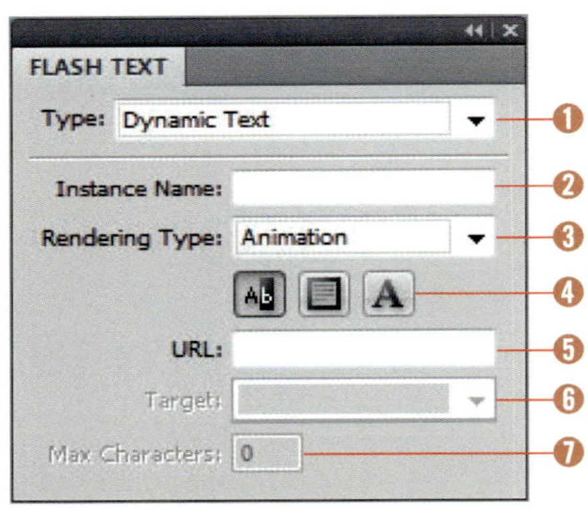

❶ **Type** : 플래시 텍스트의 Type을 선택합니다. 정지된 글자는 Static 방식을 선택하고 다이나믹 글자는 Dynamic 방식과 Input Text 방식에서 선택합니다.
- **Static** : 플래시 무비에서 일반적으로 보는 글자 방식입니다. 후에 플래시에서 다이나믹 텍스트로 전환할 수 없습니다.
- **Dynamic** : 플래시에서 액션 스크립트 등을 설정할 수 있는 다이나믹 텍스트 방식입니다.
- **Input** : Input Text 방식입니다. 홈페이지 접속자가 이름 등을 입력할 수 있는 방식입니다.

❷ **Instance Name** : 여기서 제작한 플래시 텍스트를 플래시에서 애니메이션으로 묶을 경우 인스턴스 네임을 설정합니다. 인스턴스 네임을 입력하지 않으면 해당 레이어 이름이 인스턴스 네임으로 선택됩니다.

❸ **Rendering Type** : 렌더링 방식을 선택합니다.

❹ **Selectable, Show Border, Options** : Selectable은 플래시 MX에서 글자를 선택할 수 있도록 설정하는 옵션입니다. Show Border는 플래시 MX에서 텍스트의 외곽에 테두리를 표시하는 옵션입니다. Options 버튼을 클릭하면 플래시 텍스트를 Embed하는 방식을 선택할 수 있습니다.

❺ **URL** : 앞에서 Dynamic 방식 등을 선택했을 경우, 글자를 클릭하면 인터넷 주소가 연결됩니다. 이때 연결되는 인터넷 주소를 이곳에 입력합니다. 프로토콜(Http://) 부분부터 입력해야 합니다.

❻ **Target** : 연결된 인터넷 페이지가 열리는 방법을 선택합니다. _self, _blank, _parent, _top 등에서 선택하며, 일반적으로 _self나 _blank를 선택합니다.

❼ **Max Characters** : 앞에서 Input Text를 선택했을 경우, 입력할 수 있는 최대 낱말수를 지정합니다.

030 PART

오픈 타입 글꼴 설정하기
Open Type 팔레트

오픈 타입 글꼴은 물론 일러스트레이터에서 사용할 수 있는 다중 글꼴을 관리하고 옵션을 교체할 때 사용합니다. 일반 특수 문자는 물론 Truetype 글꼴, Postscript 글꼴을 포함해 100여 개의 OpenType 글꼴에 대한 옵션을 설정합니다. Open Type 팔레트는 Window -> Type -> Open Type 메뉴로 불러옵니다.

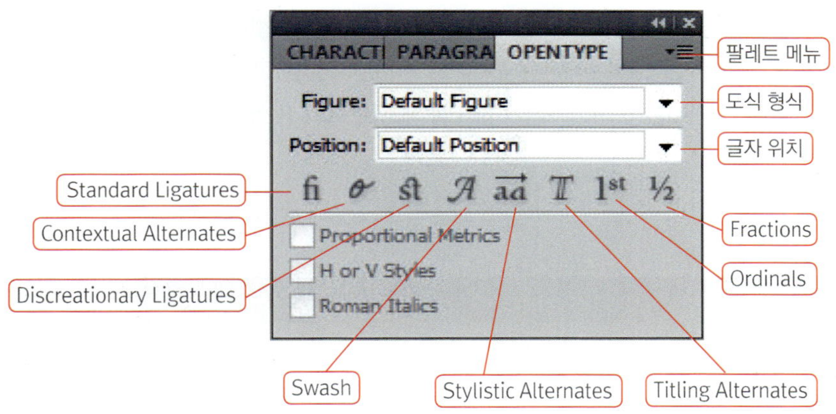

OpenType 팔레트는 OpenType 글꼴이 블록으로 선택된 상태여야 동작하며, 보통 Glyphs 팔레트와 병행하여 사용합니다. 오픈타입 글꼴은 글꼴 파일중에서 'O'자 아이콘이 있는 글꼴 파일입니다.

탭 위치 설정하기
Tabs 팔레트

영문자와 아시아 언어(한국어, 일본어, 중국어 등)을 혼용해서 입력하면 영어로 입력하는 부분과 한글로 입력하는 부분의 시작 부분이나 들여쓰기 부분에서 약간씩 간격 차이가 발생합니다. 탭 팔레트는 이런 간격들을 미리 설정하여 여러 언어를 혼용하여 글자를 입력해도 일정한 간격으로 띄어쓰기와 들여쓰기가 가능하도록 도와줍니다. Tabs 팔레트는 Window -〉Type -〉Tabs 메뉴로 실행합니다.

타이프 툴로 첫 번째 문장을 길게 입력한 뒤 그 줄 위에다 Tabs 팔레트를 드래그하여 배치합니다.
그런 뒤 팔레트 상단 왼쪽의 4개 버튼 중 원하는 것을 클릭한 뒤 눈금자에서 원하는 부분을 클릭하면 그 부분에 해당 탭이 생성됩니다.
이렇게 여러 개의 탭을 설정하면, 이후부터 탭 간격만큼 띄어쓰기가 필요할 때 키보드의 Tab 키를 눌러 띄어쓰기를 실행합니다.

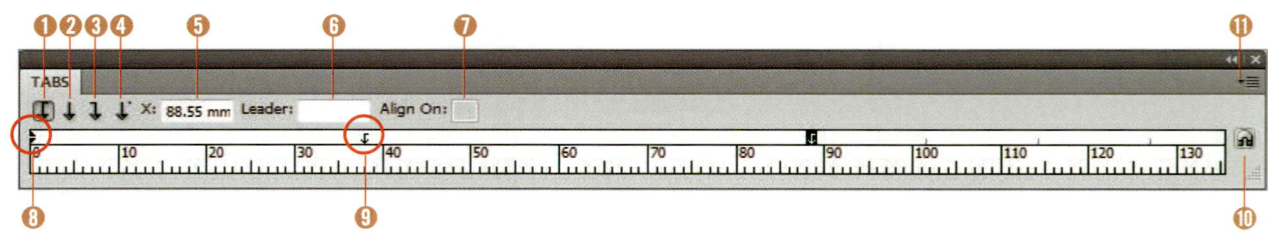

❶ Left-Justified Tab : 설정한 탭이 왼쪽 끝 기준점이 됩니다. 글자가 오른쪽 방향으로 입력되는 옵션입니다.

❷ Center-Justified Tab : 설정한 탭이 중앙 기준점이 됩니다. 글자를 입력하면 좌우로 늘어나면서 입력됩니다.

❸ Right-Justified Tab : 설정한 탭이 오른쪽 끝 기준점이 됩니다. 글자를 입력하면 왼쪽으로 입력되는 옵션입니다.

❹ Desimal-Justified Tab : 소수점(.)이 있는 문자를 입력할 경우 소수점(.)을 기준으로 정렬됩니다.

❺ X 위치 : 탭 위치를 사용자가 수치를 입력해 좌우로 이동시킬 수 있습니다.

❻ **Leader 박스 :** 탭으로 생성된 공란에 원하는 문자나 기호를 삽입할 수 있습니다. 예를 들어 대쉬(----)선을 삽입하면 탭으로 이동한 공란에 대쉬선이 삽입됩니다. 탭을 설정한 뒤 Leader 박스에 원하는 문자나 기호를 입력하고 엔터키를 누르면 됩니다.

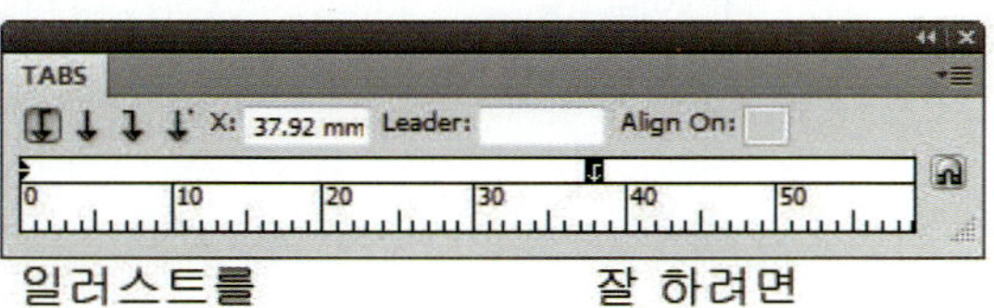

Leader 박스를 사용하지 않은 탭 모습

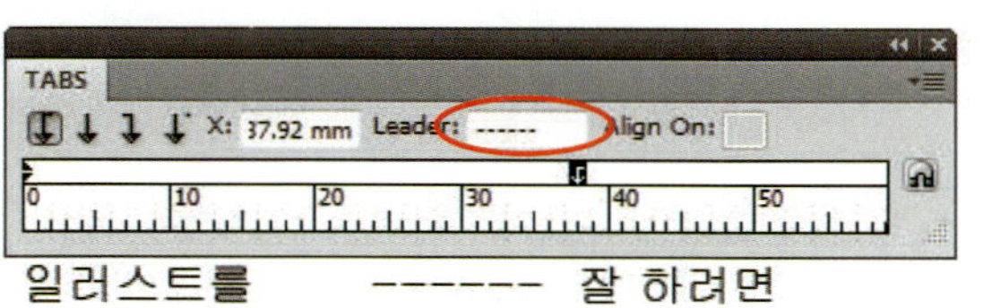

Leader 박스를 사용한 탭 모습

❼ **Align 박스 :** Desimal-Justified Tab 기능으로 소수점 탭을 제작하면 활성화되는 기능입니다. 소수점(.) 외에 다른 요소를 기준으로 탭을 설정하고 싶다면 Align On 박스에 해당 기호를 입력하면 됩니다. 기본값으로 소수점(.) 기호가 입력되어 있습니다.

소수점 탭을 형성시키는 모습

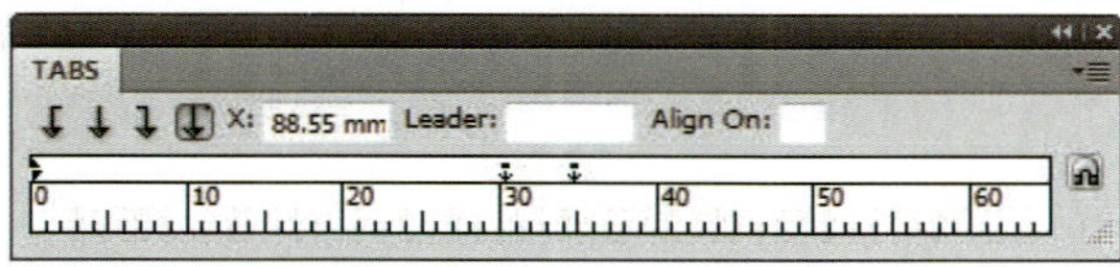

탭 키를 눌러 정렬시킨 모습

❽ **삼각형 슬라이더 :** 2개의 삼각형 중 상단 삼각형은 들여쓰기 여백을 설정합니다. 하단 삼각형은 전체 문장의 왼쪽 여백을 설정하는 기능입니다. 각각의 삼각형을 드래그하여 원하는 여백을 조절하면 됩니다.

❾ **화살표 탭 :** 사용자가 삽입시킨 탭 표시입니다. 왼쪽 상단에서 삽입할 탭을 선택한 후 눈금자에서 원하는 부분을 마우스로 클릭해 삽입합니다. 원하는 간격마다 클릭하여 여러 개의 화살표 탭을 생성시킬 수 있습니다. 키보드의 탭 키를 누르면 설정된 간격을 유지하며 띄어쓰기가 실행됩니다. 화살표 탭을 삭제하려면 삭제할 탭을 선택한 뒤 팔레트의 외곽으로 드래그하면 됩니다.

❿ **Position Palette Above Text :** 클릭하면 선택한 문장 상단으로 탭 팔레트가 자동 이동합니다. 탭 팔레트가 문장 바로 위에 자동 배치되기 때문에 탭 설정 시 유용한 기능입니다.

⓫ **탭 팔레트 메뉴**

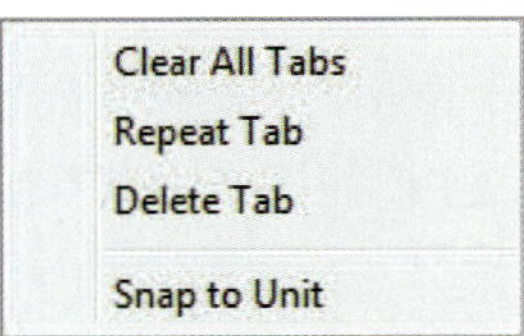

– **Clear All Tabs 메뉴 :** 팔레트에 표시한 탭을 전부 삭제합니다.

– **Repeat Tab 메뉴 :** 선택한 탭을 일정 간격으로 반복시켜 줍니다.

– **Delete Tab 메뉴 :** 선택한 탭만 삭제합니다.

– **Snap to Unit 메뉴 :** 탭을 삽입할 때 스냅(자석) 옵션을 적용합니다. 4개의 탭에서 제작할 탭을 선택한 후 눈금자 부분을 클릭하면 탭이 삽입됩니다. 이때 삽입되는 탭은 눈금자와 관련 없이 자유로운 위치에 삽입됩니다. 만일 Snap to Unit 메뉴를 활성화시키면 새로 만드는 탭이 눈금자의 눈금에 정확하게 일치하면서 삽입됩니다. 보통은 Snap to Unit 메뉴를 사용하지 않는 것이 좋습니다.

탭 사용하면서
문장 정렬하기

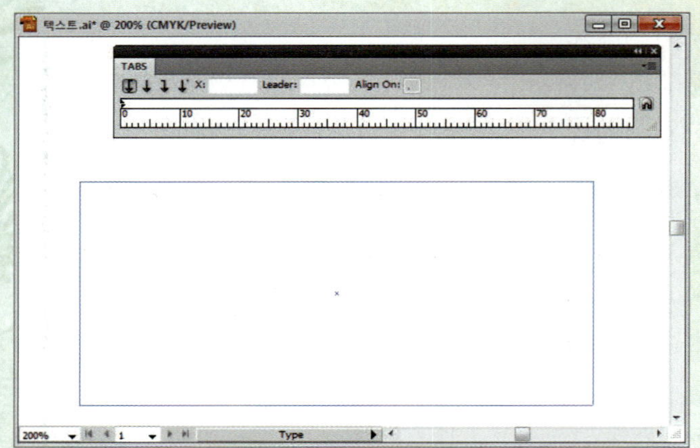

01_ 툴박스에서 '타이프 툴'을 선택합니다. 타이프 툴을 드래그하여 그림처럼 글상자를 만들어 줍니다. Window -〉 Type -〉 Tabs 메뉴를 실행해 탭 팔레트를 불러옵니다.

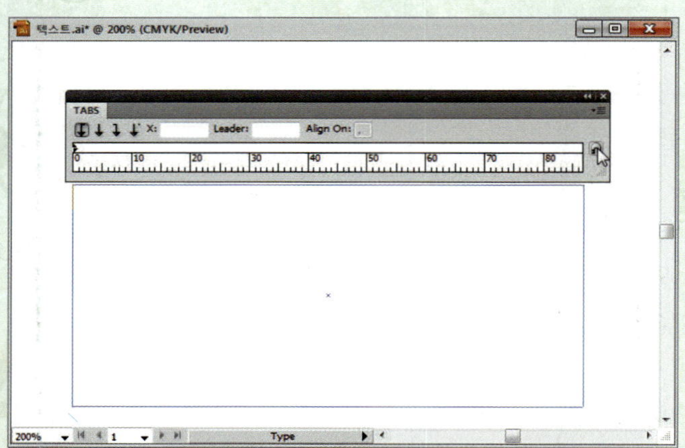

02_ 탭 팔레트를 글상자 바로 위에 붙이려면 탭 팔레트의 오른쪽에 있는 'Position' 버튼을 클릭합니다. 탭 팔레트가 글상자 위에 자동 배치됩니다.

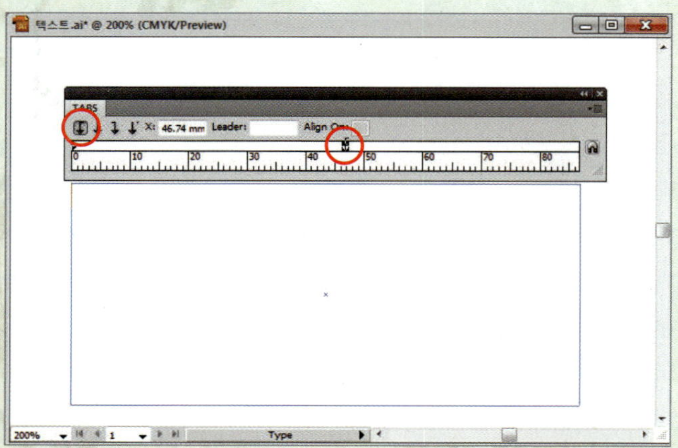

03_ 탭 방식을 선택합니다. 여기서는 Left-Justified Tab 버튼을 클릭했습니다.
그런 뒤 눈금자에서 원하는 부분을 클릭해 탭을 하나 만들어 줍니다. 키보드의 [Tab] 키를 누르면 이 위치로 띄어쓰기가 실행될 것입니다.

실제로 탭을 설정한 뒤 글자를 입력해보겠습니다. 설정한 탭 간격으로 띄어쓰기가 가능하기 때문에
반듯하고 깔끔하게 글자들이 정렬될 것입니다.

04_ 첫 번째 줄에는 그림과 같은 내용의 글자를 입력해 줍니다. 첫 번째 줄에서는 탭 이동을 하지 않았습니다.

05_ 첫 번째 줄에서 엔터키를 두 번 눌러 세 번째 줄로 이동합니다. 세 번째 줄에 커서가 있는 상태에서 '아버지'를 입력한 뒤, 키보드의 Tab 키를 눌러 이동한 뒤 금액을 입력합니다.

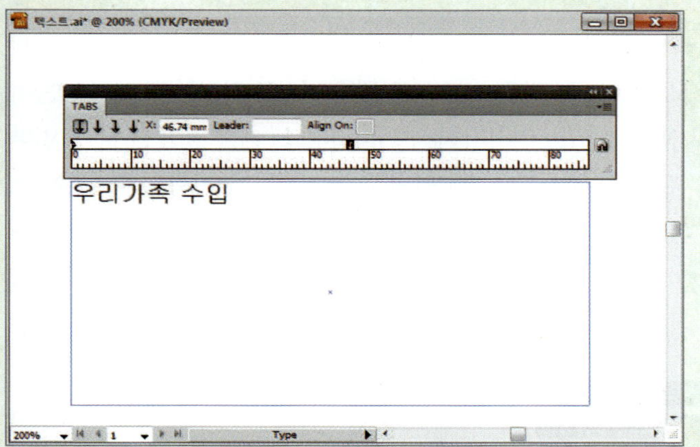

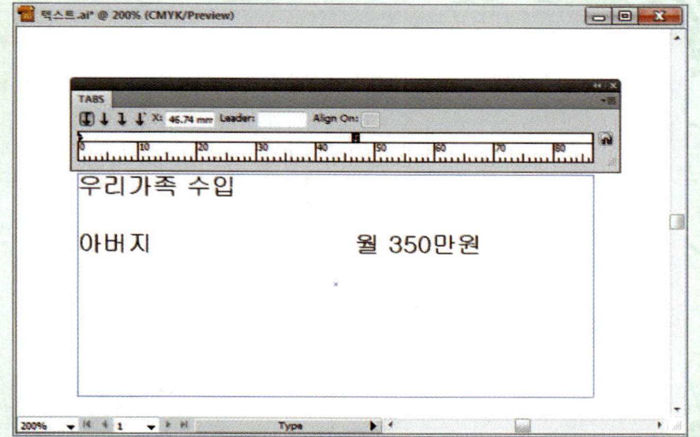

06_ 엔터키를 눌러 네 번째 줄로 이동합니다. 글자를 입력하고 Tab 키를 누른 뒤 금액을 입력합니다. 엔터키를 눌러 또 다른 내용을 추가 입력합니다.

07_ 엔터키를 눌러 여섯 번째 줄로 이동합니다. 글자를 입력한 뒤 금액 부분은 탭 키를 누른 후 글자를 입력합니다. 금액 부분에서는 항상 Tab 키를 눌러 이동시킨 후 글자를 입력하였으므로 금액의 시작 부분이 정확하게 일치하는 것을 알 수 있습니다.

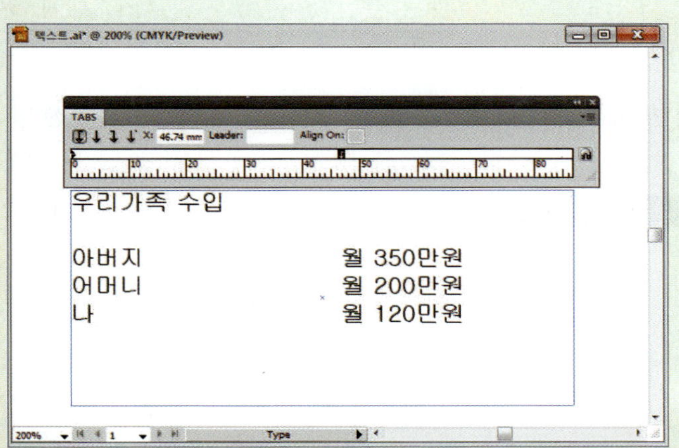

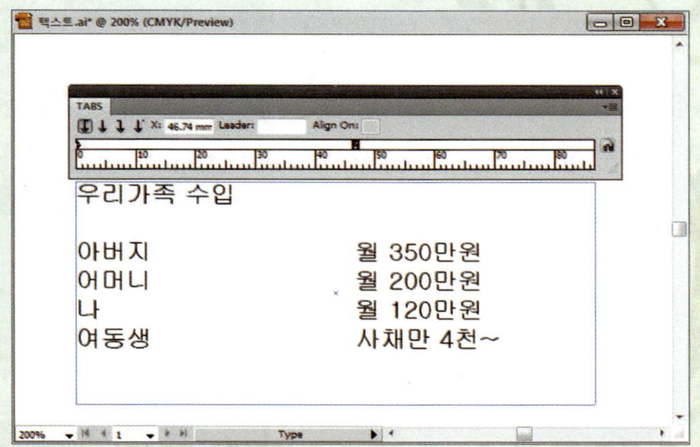

데이터 교체를 할 수 있는 이미지의 제작
Variables 팔레트

Variables 팔레트는 포토샵의 Variable 메뉴와 같은 기능입니다. 오브젝트, 문자(Text), 차트 등을 변수로 지정한 뒤 해당 내용이 교체될 경우 이미지 전체를 수정하지 않고 해당 요소만 갱신시킨 뒤 사용할 수 있는 이미지 제작 기능입니다. 예를 들어 한 달 뒤 일부 내용이 변하는 광고 전단지나 배너광고를 제작한다고 가정해 봅니다. "3D TV 출시기념 400만원"으로 제작한 배너 광고에서 가격 부분을 변수로 설정하면 한두 달 뒤 가격이 100만원 떨어졌을 때 다른 이미지는 그대로 두고 가격 부분만 300만원으로 교체할 수 있도록 미리 변수를 설정하는 것입니다. Variable 팔레트는 Window –〉 Variables 메뉴를 실행하면 화면에 표시됩니다. 자세한 사용법은 포토샵 관련 서적을 참고하기 바랍니다.

❶ **Data Set 옵션 :** 변수에 적용하는 동적 데이터 세트를 관리합니다.

❷ **변수 항목 :** 삽입한 변수가 항목순으로 표시됩니다. 더블클릭하면 변수값을 수정할 수 있는 옵션 대화상자가 실행됩니다. 옵션 대화상자의 사용법은 다음과 같습니다.

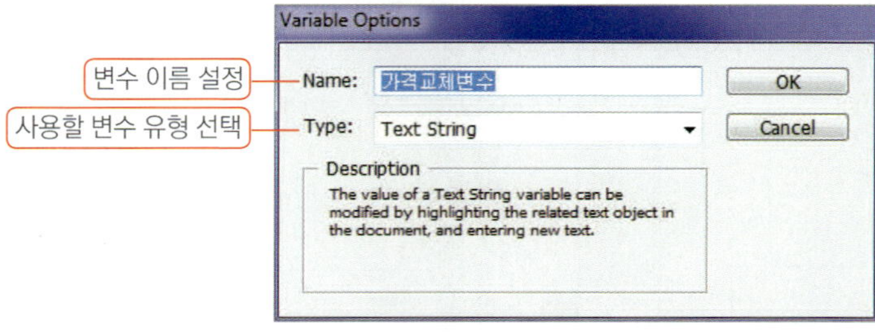

❸ Make Object/Text/Graph Dynamic : 그래프, 문자, 링크 파일, 오브젝트에 변수를 설정합니다. 오브젝트가 선택된 상태여야 동작합니다.

❹ Make Visibility Dynamic : 그래프, 문자, 링크 파일, 오브젝트의 보기/감추기 변수를 설정합니다. 오브젝트가 선택된 상태여야 동작합니다.

❺ Unbind Variable : 오브젝트에 적용한 동적 레이터와의 링크 상태를 해제합니다.

❻ New Variable : 새 변수를 설정합니다. 오브젝트를 선택하지 않은 상태에서 실행할 수 있습니다.

❼ Delete Variable : 팔레트에서 선택한 변수 항목을 삭제합니다.

❽ Lock : 선택한 변수를 수정할 수 없도록 잠그는 기능입니다.

❾ Variables 팔레트 메뉴

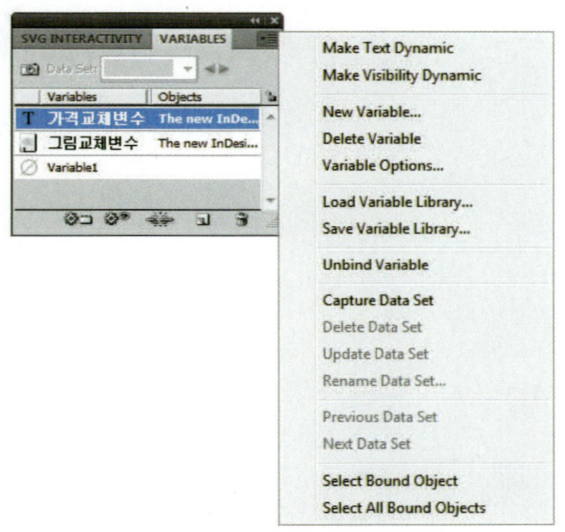

- Make Object/Text/Graph Dynamic 메뉴 : 오브젝트, 그래프, 문자, 링크 파일에 변수를 설정합니다. 오브젝트가 선택된 상태여야 동작합니다.

- Make Visibility Dynamic 메뉴 : 오브젝트, 그래프, 문자, 링크 파일의 보기/감추기 변수를 설정합니다. 오브젝트가 선택된 상태여야 동작합니다.

- New Variable 메뉴 : 새 변수를 지정합니다.

- Delete Variable 메뉴 : 선택한 변수값을 삭제합니다.

- Variable Options 메뉴 : 변수값을 설정, 수정할 수 있도록 옵션 대화상자를 불러옵니다.

- Load Variable Library 메뉴 : 저장한 변수 라이브러리를 불러옵니다.

- Save Variable Library 메뉴 : 현재의 변수 설정 내용을 라이브러리로 저장합니다.

- Unbind Variable 메뉴 : 삽입된 동적 데이터와 오브젝트의 링크 상태를 해제합니다.

- Capture Data Set 메뉴 : 오브젝트에 삽입한 동적 데이터를 현재 Data Set에 등록합니다.

- Delete Data Set 메뉴 : 선택한 Data Set을 삭제합니다.

- Update Data Set 메뉴 : Data Set의 설정된 내용을 새로 갱신합니다.

- Rename Data Set 메뉴 : Data Set 이름을 수정합니다.

- Previous Data Set 메뉴 : Data Set이 여러 개일 때 바로 전 Data Set으로 이동합니다.

- Next Data Set 메뉴 : Data Set이 여러 개일 때 바로 다음 Data Set으로 이동합니다.

- Select Bound Objects 메뉴 : 동적 데이터가 삽입된 오브젝트를 선택합니다.

- Select All Bound Objects 메뉴 : 동적 데이터가 삽입된 모든 오브젝트를 선택합니다.

5부
일러스트레이터 CS5 메뉴

이미지 저장하고 관리하기
파일(File) 메뉴

File 메뉴는 새 종이를 불러오고 작업 이미지를 저장하는 기능을 제공합니다. 그리고 다른 포맷의 이미지 불러오기, 작업 이미지를 다른 포맷으로 저장하기, 인쇄 메뉴 등을 제공합니다.

New...	Ctrl+N
New from Template...	Shift+Ctrl+N
Open...	Ctrl+O
Open Recent Files	▶
Browse in Bridge...	Alt+Ctrl+O
Share My Screen...	
Device Central...	
Close	Ctrl+W
Save	Ctrl+S
Save As...	Shift+Ctrl+S
Save a Copy...	Alt+Ctrl+S
Save as Template...	
Save for Web & Devices...	Alt+Shift+Ctrl+S
Save Selected Slices...	
Revert	F12
Place...	
Save for Microsoft Office...	
Export...	
Scripts	▶
Document Setup...	Alt+Ctrl+P
Document Color Mode	▶
File Info...	Alt+Shift+Ctrl+I
Print...	Ctrl+P
Exit	Ctrl+Q

New 메뉴는 새 아트보드(종이)를 불러올 때 사용합니다. 보통 Size 항목에서 A4 크기를 선택한 뒤, Color 모드는 CMYK 컬러 모드를 선택하는 것이 기본값입니다. 화면상에서 여러 장의 종이를 펼쳐놓고 드로잉하고 싶다면 Number of Artboards 옵션에서 아트보드 개수를 지정합니다.
작업 시 측정단위를 어느 것으로 할 것인지 설정하고 싶다면 Units 항목에서 선택합니다.

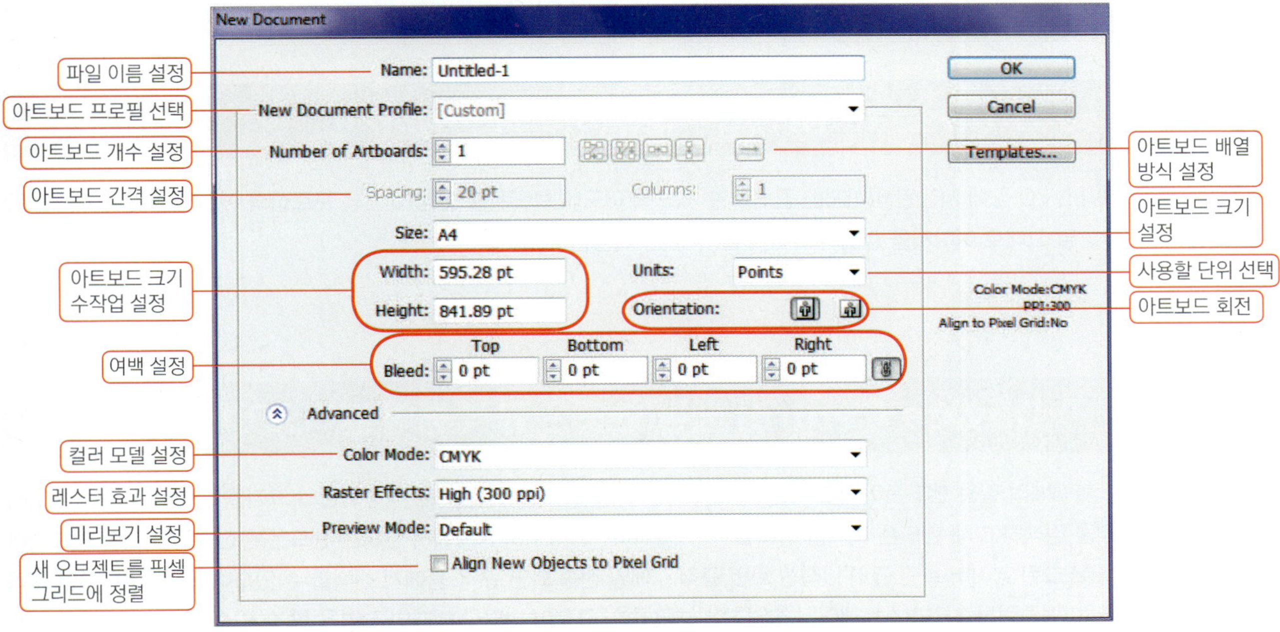

측정 단위 선택하기

일러스트레이터는 보통 포인트(Pt) 단위를 사용합니다. 포인트 단위가 어색할 경우에는 밀리미터(mm) 단위를 선택합니다. New 대화상자의 Units에서 선택한 단위는 해당 작업창에만 적용됩니다. 전체 작업창에서 같은 측정단위를 사용하고 싶다면 Edit –> Preferences –> Units 메뉴의 General 옵션에서 선택합니다. 일반적으로 포인트 단위의 사용을 권장합니다.

- Pt(포인트, Points) : 1pt=0.3mm, 1pt=1/12Picas
- Inches(인치, in) : 76pt=2.54cm=6.6Picas=1/12 피트
- Millimeters(밀리미터, mm) : 1mm=3pt
- Centimeters(센티미터, cm) : 1cm=30pt
- Picas(파이카, p) : 1Picas=12pt=0.4cm, 소설책 글자체보다 조금 작은 크기입니다.
- Ha(급, H/級/#/Q) : 일본에서 널리 알려진 글꼴 크기인 '급' 단위입니다. 흔히 사진 식자에서 돋보기로 확대된 글자 크기. 최소단위 =1.4H=1pt, 2H=0.05cm, 100H=2.5cm
- Pixels (픽셀, px) : 비트맵 이미지에서 하나의 비트맵 점을 말합니다. 72 DPI 해상도의 이미지는 평방 1인치 안에 72개의 픽셀 점으로 구성된 이미지입니다.

File –〉New from Template 메뉴는 템플릿 파일을 불러올 때 사용합니다. 템플릿 파일이란 미리 만들어 놓은 뒤 반복해서 사용하는 디자인 양식을 말합니다. 사용자 역시 자주 사용하는 디자인 양식을 Save As Tempate 메뉴로 등록한 뒤 이 메뉴로 불러올 수 있습니다. 불러온 템플릿은 용도에 맞게 이미지를 드로잉한 뒤 사용합니다. 일러스트레이터는 기본적으로 Templates 폴더에서 100여 종의 템플릿 양식을 제공합니다.

03 **File –〉Browse In Bridge 메뉴(이미지 검색하기)**

하드디스크나 DVD 등에 저장된 이미지를 검색할 수 있도록 어도비 브릿지를 실행합니다. 포토샵의 어도비 브릿지 기능과 동일 기능이며, 말 그대로 이미지를 검색하고 미리 볼 수 있는 기능입니다.

04 **File –〉Device Central 메뉴(핸드폰 규격 종이 불러오기)**

아이팟이나 블랙베리 같은 핸드폰이나 모바일 기기용 화면을 디자인하려면 핸드폰 액정화면의 크기를 알아야 하는데 여기서 원하는 규격을 검색하고 새 핸드폰 기기를 등록할 수 있습니다. 먼저 대화상자에서 원하는 핸드폰을 선택하면 해당 핸드폰의 액정 규격을 '스크린 세이버 화면 규격', '착신 화면 규격', '메일 전송 화면 규격' 등에서 선택할 수 있습니다. 원하는 화면 규격을 선택한 뒤 더블클릭하면 일러스트레이터 작업창에 해당 종이 규격이 나타나 디자인 작업을 할 수 있습니다. 이렇게 하면 해당 모바일 기기의 액정 크기에 맞는 이미지를 제작할 수 있습니다.

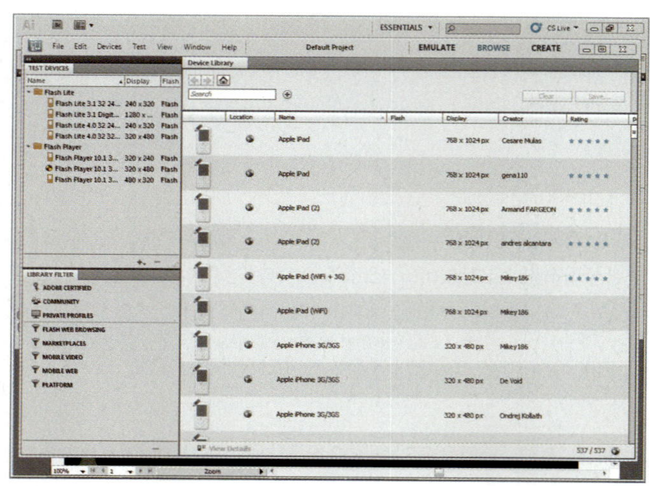

Device Central 메뉴의 실행 모습

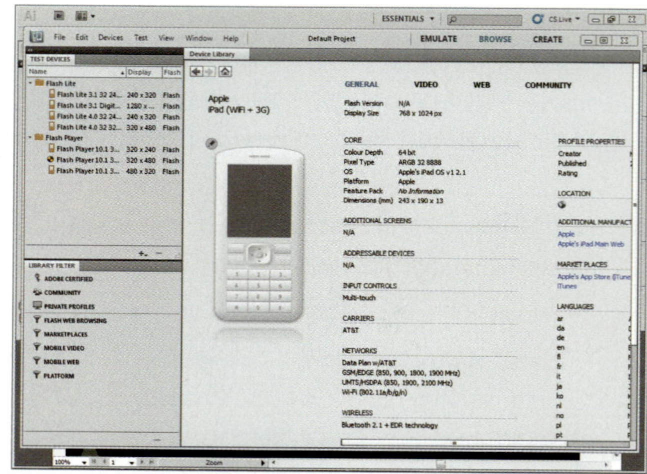

원하는 핸드폰 화면 규격을 선택한 모습

File –〉 Share My Screen 메뉴(공유 작업하기)

Share My Screen 메뉴는 작업 화면을 인터넷을 통해 최대 3명과 공유하는 기능입니다. 작업화면 공유, 채팅, 음성통화가 가능하므로 디자인 작업을 인터넷으로 공유하며 진행할 수 있습니다. 이 기능은 어도비 사이트에 회원으로 가입해야 동작합니다.

06   File –〉 Save 메뉴, Save As 메뉴(작업 이미지 저장하기)

Save 메뉴는 같은 파일명으로 저장할 때 사용하고 Save As 메뉴는 파일 이름을 변경한 뒤 저장할 때 사용합니다. 만일 파일 이름이 없는 이미지를 Save 메뉴로 저장하면 곧바로 Save As 메뉴가 실행되어 파일 이름을 설정한 뒤 저장할 수 있습니다.

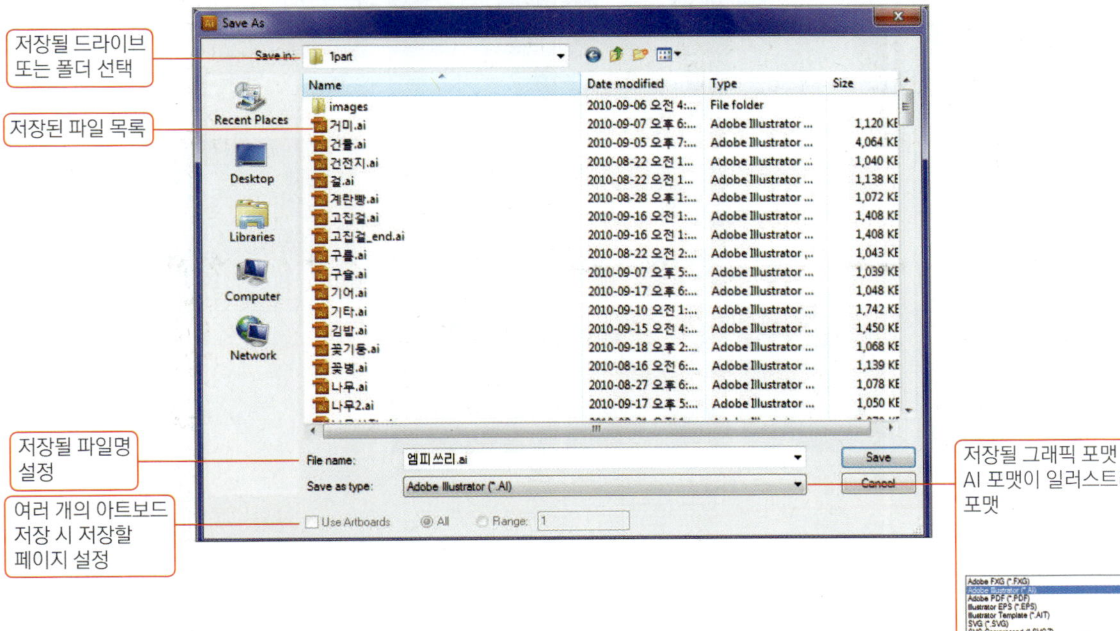

MEMO

대화상자의 Use Artboards 옵션은 New 메뉴로 여러 장의 아트보드가 있는 종이를 불러온 뒤 그 결과물을 저장할 때 활성화됩니다. 예를 들어 PDF 문서처럼 여러 아트보드(페이지)에 걸쳐 디자인을 한 뒤 PDF 문서 포맷 등으로 저장할 때 저장될 페이지 수를 여기서 지정합니다.

File -> Save for Web & Devices 메뉴
(이미지를 웹에서 사용할 목적으로 용량 줄이며 저장하기)

작업 이미지를 웹에서 사용하려면 인터넷에서 빨리 구현되도록 파일 용량을 줄여야 하는데 이때 사용하는 기능이 Save for Web & Devices 메뉴입니다. 용량을 줄인 이미지는 홈페이지나 블로그에서 빨리 구현됩니다. 옵션에 따라 GIF, JPG, PNG 포맷으로 저장할 수 있고 애니메이션 포맷인 SWF 포맷과 SVG 포맷으로도 저장할 수 있습니다.

지금부터 예제 '홈페이지.ai'를 불러온 뒤 Save for Web & Devices 메뉴의 기능을 알아봅니다.

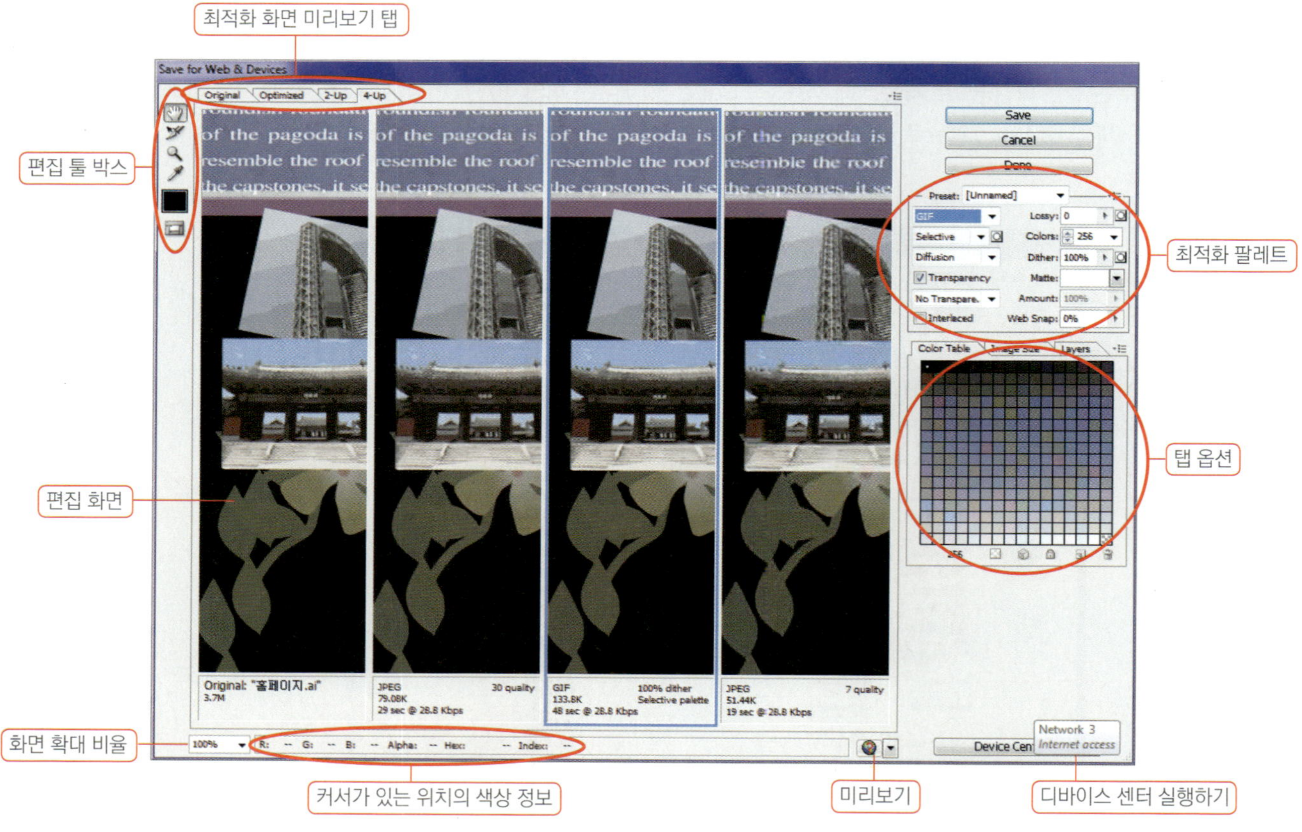

사용자는 '최적화 화면 미리보기 탭'에서 4-up 탭을 클릭한 뒤 각각의 화면마다 Gif 또는 Jpg 포맷으로 최적화 작업을 진행합니다. 그런 뒤 오른쪽 '최적화 팔레트' 옵션을 조절해 각각의 화면마다 다른 값으로 최적화 작업을 진행합니다. 용량이 많이 줄어들고 이미지 품질이 좋은 화면이 있다면 그 화면을 클릭해 선택한 뒤 Save 버튼을 클릭해 이미지를 저장합니다. 해당 용량으로 이미지가 저장되면 홈페이지나 블로그에 올릴 수 있습니다.

MEMO

최적화 작업이란 작업 이미지를 웹에서 빨리 로딩되도록 파일 용량을 줄이는 작업을 말합니다.

최적화 화면 미리보기 탭

최적화 작업을 진행하는 작업창의 개수를 설정합니다. 최적화 작업창을 여러 개로 나눈 뒤 작업하면 각각의 작업창마다 다른 포맷으로 이미지의 최적화 기능을 적용한 뒤 이미지의 품질을 서로 비교할 수 있습니다. 예를 들어 서로 다른 압축률로 이미지를 최적화한 뒤 이들을 비교해서 압축률 대비 화면 품질이 가장 우수한 것을 클릭해 저장하면 됩니다.

❶ Original 탭

원본 이미지만 보는 상태

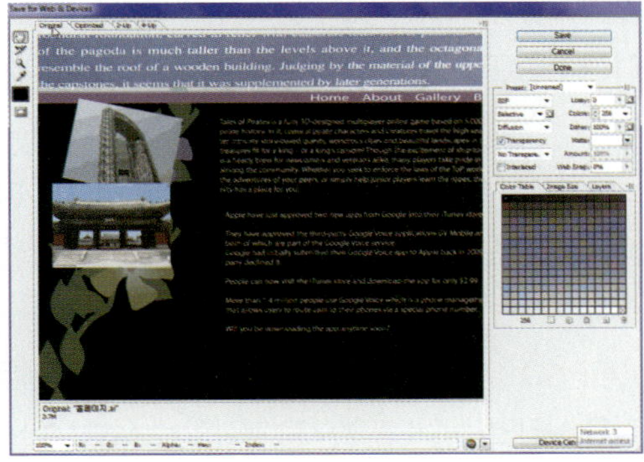

❷ Optimized 탭

최적화 이미지만 보는 상태

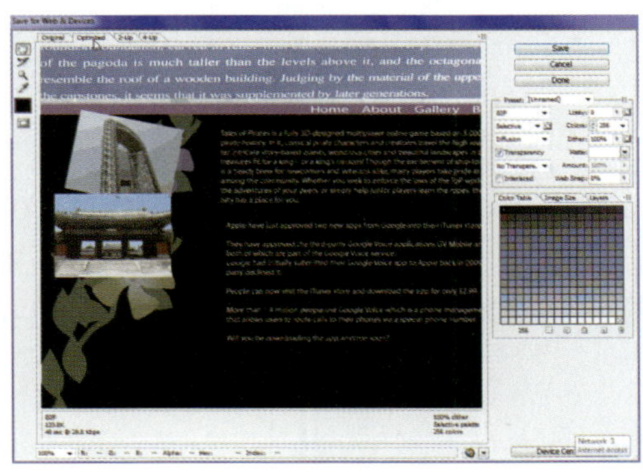

❸ 2-Up 탭

원본 + 최적화 이미지를 비교하면서 보는 상태

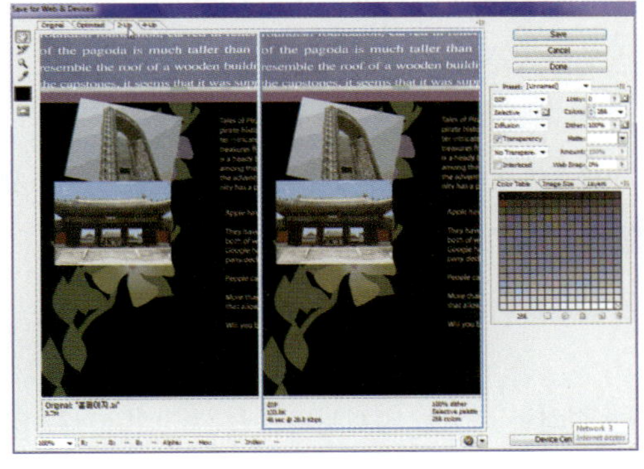

❹ 4-Up 탭

원본 + 최적화 1, 2, 3 이미지를 비교하며 보는 상태

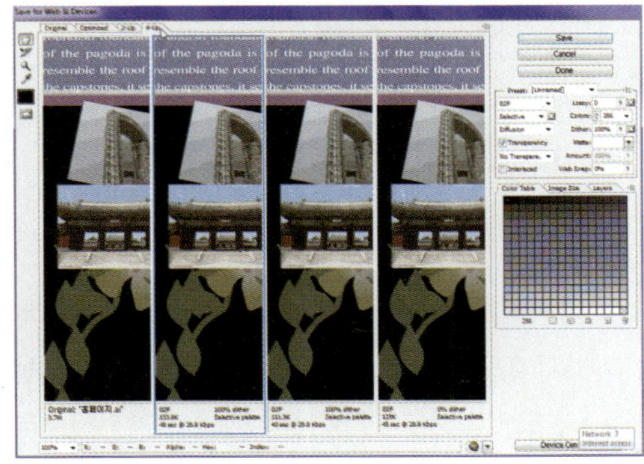

최적화 작업창 하단은 파일 용량을 줄인 이미지에 대한 최신 정보를 제공합니다. 하단 왼쪽은 최적화된 포맷과 파일 용량이 표시되고 오른쪽은 최적화 작업에 사용한 각종 옵션이 표시됩니다.

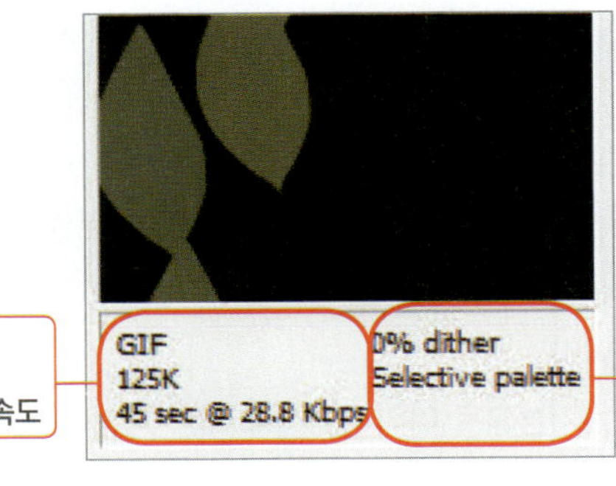

최적화 파일 포맷
저장 시 파일 용량
모뎀에서의 전송 속도

Dither 옵션(Gif 포맷 옵션)
사용한 팔레트 이름(Gif 포맷 옵션)

최적화 옵션의 자세한 사용법은 뒷 페이지에서 설명하는 '최적화 팔레트'를 참고하기 바랍니다.

최적화 팔레트

오른쪽의 최적화 팔레트는 파일 용량을 줄일 때 필요한 각종 옵션을 제공합니다. 자세한 옵션은 파일 포맷에 따라 달라집니다.

1. Gif 포맷 최적화 팔레트

홈페이지용 버튼, 아이콘, 로고 등을 만들었을 경우 Gif 포맷으로 최적화하는 것이 용량을 가장 많이 줄일 수 있습니다. 보통 색상 수가 적은 이미지를 저장할 때 유용합니다.

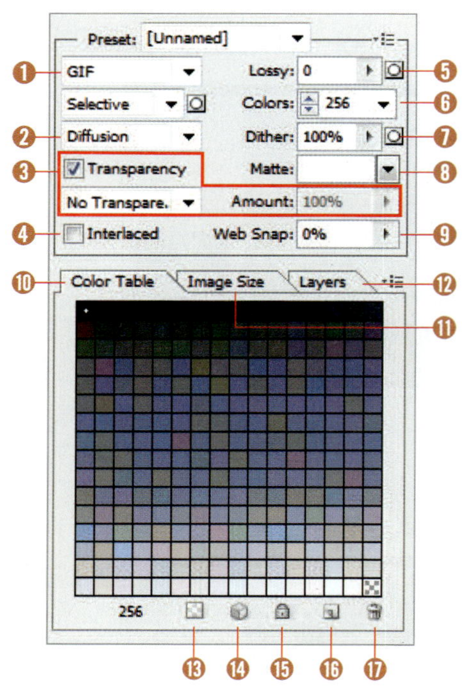

❶ **색상 팔레트** : Gif 포맷은 256 이하 색상이 있는 색상 팔레트를 사용해 일괄적으로 이미지의 색상을 줄이며 파일 용량을 줄일 수 있습니다. 사용하는 팔레트는 보통 Selective 팔레트를 선택하는 것이 좋으며, 이 경우 원본 색상을 최대한 유지할 수 있습니다. 다른 팔레트를 선택하면 이미지의 색상 상태가 조금 변경될 수도 있습니다.

❷ **Dither(디더링)** : 이미지의 품질을 높이는 디더링 적용 여부를 결정합니다. 픽셀이 확산되어 이미지의 품질이 다소 높아지기 때문에 오돌토돌한 현상을 막을 목적으로 사용합니다.

❸ **Transparency(투명도)** : 작업 이미지에 투명 배경이 있는 경우에 이 옵션을 선택하면 투명 배경을 살리면서 Gif 포맷으로 저장할 수 있습니다.

❹ **Interaced(인터레이스)** : 웹에서 이미지가 커튼처럼 스르륵 로딩되는 효과입니다. 요즘은 이 기능을 사용하지 않습니다.

❺ **Lossy** : 이미지를 압축하면 이미지의 품질이 아무래도 손상됩니다. Lossy는 이미지의 품질 손상도를 조정하는 기능입니다. 손상도가 높으면 그만큼 용량을 줄일 수 있지만 품질이 나빠집니다.

❻ **Color** : 사용할 색상수를 지정합니다. Gif 이미지는 최대 256 색을 사용하며, 사용하는 색상수를 줄이면 그만큼 용량이 줄어듭니다.

❼ **Dither** : 디더링의 강약을 조절합니다. 강도가 높을수록 이미지의 품질이 좋아지지만 용량이 다소 늘어납니다.

❽ **Matte** : 이미지 외곽에 나타나는 Html 문서의 배경 색을 지정합니다.

❾ **Web Snap** : 작업 이미지의 색상이 웹에서 안정적으로 보이도록 웹 컬러와 색상을 일치시키는 옵션입니다. 수치가 낮을수록 웹 컬러와 색상이 일치되지만 용량이 다소 늘어납니다.

❿ **Color Table 탭** : Gif 포맷과 PNG-8 포맷으로 압축할 때만 볼 수 있는 것으로 이미지에서 특정 색상을 확인하고 편집하는 기능입니다. 색상을 개개별로 정교하게 편집할 때 사용하며 색상을 편집할 때는 Table 하단에 있는 버튼들을 사용합니다.

⓫ **Image Size 탭** : 이미지의 용량을 더 줄이려면 이 탭을 선택한 뒤 이미지의 크기를 줄이는 방식을 사용합니다.

⓬ **Layer 탭** : CSS Layer의 반출 옵션을 설정합니다.

⓭ **Maps 버튼** : Color Table에서 선택한 색상을 투명색으로 전환합니다.

⓮ **Shift... 버튼** : Color Table에서 선택한 특정 색상이 웹에서 안정적으로 구현되도록 자동으로 보완합니다.

⓯ **Lock... 버튼** : Color Table에서 선택한 특정 색상이 수정되지 않도록 잠그는 기능입니다.

⓰ **Add... 버튼** : 스포이드 컬러를 Color Table에서 추가해 줍니다.

⓱ **Delete 버튼** : Color Table에서 선택한 특정 색상을 삭제하는 기능으로 이미지에서도 해당 색상이 사라집니다.

2. JPG 포맷 최적화 팔레트

작업 이미지를 홈페이지 메인화면 등으로 사용할 때 JPG 포맷으로 최적화합니다. 이미지를 사진처럼 트루컬러의 JPG 포맷으로 저장할 수 있습니다. JPG 포맷은 자체적으로 트루컬러를 지원하기 때문에 사진 이미지처럼 깨끗한 이미지를 얻는 동시에 파일 용량을 줄일 수 있습니다.

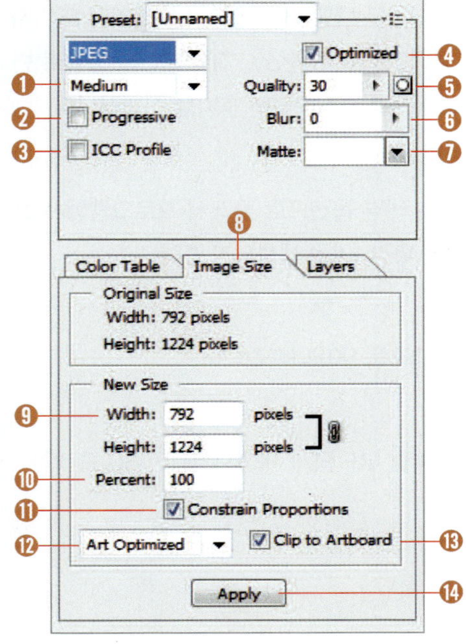

❶ **이미지 품질** : 이미지의 용량을 줄일 때 사용하는 품질 옵션을 선택합니다. Low, Medium, High에서 선택합니다. High일수록 이미지의 품질이 우수하지만 이미지의 용량이 그만큼 커지게 됩니다.

❷ **Progressive** : 웹에서 이미지가 로딩될 때 커튼처럼 열리는 효과입니다.

❸ **ICC Profile** : 일반적으로 선택하지 않습니다. ICC 컬러 색상을 사용해 이미지의 색상을 표현하는 기능입니다.

❹ **Optimized** : 선택하면 세팅값을 바꿀 때마다 편집 화면에 작업 결과가 즉시 적용됩니다.

❺ **Quality** : 이미지의 품질을 수치로 직접 입력합니다. 수치가 높을수록 이미지의 품질이 좋아지지만 용량이 크다는 단점이 있습니다. 웹 이미지는 보통 10~30 사이에서 설정하면 파일 용량을 많이 줄일 수 있습니다.

❻ **Blur** : 흐림 효과를 이미지에 적용합니다. 이미지의 품질을 낮추면 이미지가 오돌토돌해지는데 이때는 Blur 수치를 높여 이미지의 오돌토돌 상태를 보정할 수 있습니다.

❼ **Matte 옵션** : 이미지 외곽으로 보이는 Html 문서의 배경색을 지정합니다.

❽ **Image Size 탭** : 위의 세팅값을 조절하여 이미지를 최적화해도 용량이 더 이상 줄어들지 않을 경우엔 여기서 이미지의 크기를 아예 축소해서 이미지의 용량을 더 줄일 수 있습니다.

❾ **Width & Height** : 이미지의 가로, 세로 크기를 입력한 수치대로 조절합니다.

❿ **Percent** : 이미지의 크기를 퍼센트(%) 수치를 입력해 조절할 수 있습니다.

⓫ **Constrain Properties** : 이 옵션을 사용하면 가로(Width) 또는 세로(Height) 중 어느 하나의 수치를 줄이면 다른 쪽도 같은 비율로 줄어듭니다. 이 옵션을 사용하지 않으면 가로, 혹은 세로 어느 하나의 수치를 줄이면 그쪽의 크기만 줄어들게 됩니다. 보통은 이 옵션을 사용합니다.

⓬ **Anti-alias** : 이미지에 안티 알리아싱 기능을 적용합니다. 안티 알리아싱 기능이란 비트맵 이미지에서 사용하는 기능이며, 색상 경계면에 있는 점(Dot)을 뭉개서 이미지가 부드럽게 보이게 하는 기능입니다.

⓭ **Clip to Artborad** : 아트보드(종이) 크기에 맞게 자른 뒤 저장합니다. 이미지가 아트보드보다 클 경우 사용합니다.

⓮ **Aplpy 버튼** : 대화상자를 닫지 않고 현재 설정 값을 작업 화면에서 적용합니다.

3. SWF 포맷 최적화 팔레트

레이어 팔레트에서 웹 애니메이션을 제작한 경우, 이 애니메이션이 웹에서 구현되도록 하려면 SWF 포맷 최적화 팔레트로 파일 용량을 줄여야 합니다. 저장한 SWF 파일을 홈페이지에 올리면 웹 애니메이션을 확인할 수 있습니다.

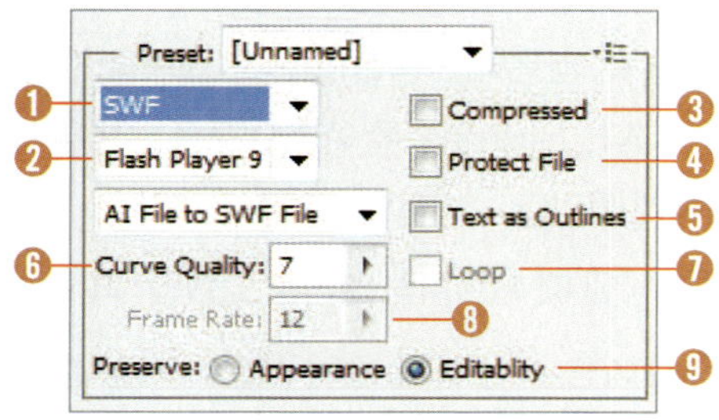

❶ 버전 : SWF 포맷 버전을 선택합니다.

❷ Type : 애니메이션으로 전환할 방식을 선택합니다. 일러스트레이터 이미지를 한 장의 Swf 파일로 변환할지 아니면 레이어를 Swf 애니메이션 파일로 변환할지 선택할 수 있습니다. 애니메이션을 제작하려면 후자를 선택합니다.

❸ Compressed : 압축하며 전환합니다.

❹ Protect File : 플래시 파일에 있는 내부 옵션으로 플래시 프로그램에서 프레임을 분석할 수 없도록 잠그면서 SWF 파일을 생성시켜 줍니다.

❺ Text : 문자 부분을 전환할 때 Outlines으로 전환합니다.

❻ Quality : 이미지의 품질을 조절합니다. 수치가 낮을수록 파일 용량이 줄어들지만 이미지의 품질이 나빠집니다.

❼ Loop : 재생할 때 반복 재생을 할 수 있는 옵션입니다.

❽ Frame Rate : 1초당 재생되는 속도를 지정합니다. 보통 12 프레임이 무난하며 영화처럼 부드럽게 재생시키려면 30 프레임을 지정하지만 이 경우엔 각 프레임에 더 많은 이미지가 사용되므로 파일 용량이 늘어납니다.

❾ Preserve : 보존할 속성을 지정합니다.

4. SVG 포맷 팔레트

SWF 포맷과 유사한 방식의 웹 애니메니션 포맷입니다. 플래시 포맷인 SWF 포맷과 달리 일러스트레이터 전용 애니메이션 포맷입니다. 역시 작업 이미지에 애니메이션이 적용된 경우, 이를 웹에서 구현할 목적으로 저장합니다.

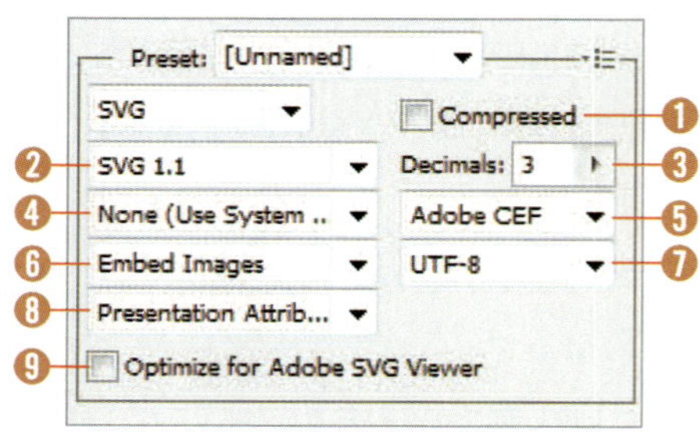

❶ Compressed : 이 옵션을 선택하면 파일을 저장할 때 용량을 줄이며 저장합니다.

❷ SVG : SVG 저장 방식을 선택합니다.

❸ Decimals : 벡터 이미지의 손상도를 조절합니다.

❹ Fonts : Glyphs 글꼴 처리 방법을 설정합니다.

❺ Font Type : 글꼴 타입을 처리하는 방법을 설정합니다.

❻ Image Location : 삽입한 비트맵 이미지를 Embed 시킬 것인지 Link 시킬 것인지 지정합니다.

❼ Encoding : 전환 방식인 인코딩 방식을 선택합니다.

❽ CSS Code : CSS 전환 방식을 선택합니다.

❾ Optimized : 어도비 SVG 뷰어에 맞게 최적화합니다.

08 File –〉 Save a Copy 메뉴 (복사본 저장)

작업 이미지의 복사본을 생성시키며 저장해 줍니다.

09 File –〉 Save as Template 메뉴 (템플릿으로 저장)

작업 이미지를 템플릿 파일로 저장합니다. 예를 들어 명함 디자인 같은 경우는 새로운 신입사원이 들어오면 이름만 바꿔서 다시 사용할 수 있기 때문에 반복해서 사용하는 디자인 양식입니다. 이처럼 반복해서 사용하는 디자인 양식은 템플릿 파일로 저장한 뒤 File –〉 New From Template 메뉴로 불러오면 사용할 수 있습니다.

10 File –〉 Save Selected Slices 메뉴 (분할 영역 저장)

슬라이스 툴로 분할한 경우, 선택한 분할 영역만 저장할 수 있습니다.

11 File –〉 Revert 메뉴 (작업 복구)

하드디스크에 저장된 파일을 불러온 뒤 작업할 경우 동작합니다. 진행된 작업을 취소하고 불러왔던 당시의 맨 처음 이미지로 복구할 때 사용합니다.

12 File –〉 Place 메뉴 (외부문서 붙여넣기)

작업 화면에 다른 포맷의 외부 이미지를 붙여줍니다. 일반적으로 비트맵 이미지나 PDF 문서, TEXT 문서를 작업 이미지에 붙여 넣을 때 사용합니다.

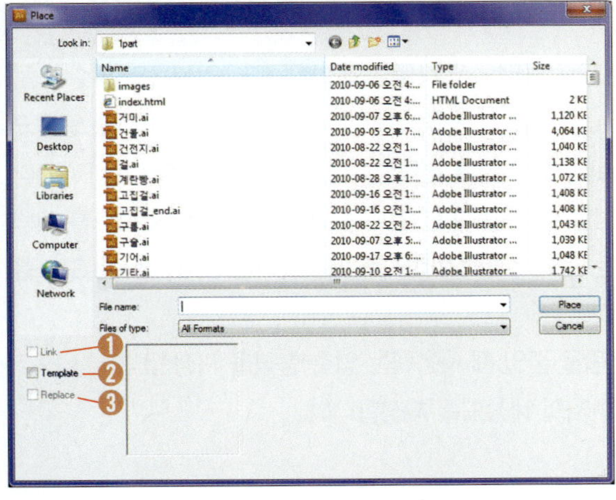

❶ Link 옵션 : 이미지를 삽입할 때 직접 Embed(삽입)시키지 않고 링크시키는 방법으로 삽입합니다. 이 경우 작업 이미지를 E메일 등으로 전송할 때 링크시킨 파일도 함께 전송해야 합니다. 만일 Link 옵션을 사용하지 않고 Place하면 작업창에 외부 이미지가 직접 붙여지므로 작업 이미지의 용량이 커지지만 E메일 등으로 전송할 때 링크시킨 문서를 별도 전송할 필요가 없습니다.

❷ Template 옵션 : 외부 이미지를 삽입할 때 템플릿 레이어로 삽입합니다. 보통 Place한 이미지를 밑그림 용도로 사용할 때 선택합니다.

❸ Replace : 작업창에서 선택한 이미지를 새로 Place하는 이미지로 교체합니다.

작업 이미지를 MS 오피스에서 사용하도록 PNG 포맷으로 저장합니다.

Export 메뉴는 작업 이미지를 일러스트레이터 포맷이 아닌 다른 그래픽 포맷으로 저장할 때 사용합니다. 보통 작업 이미지를 비트맵 포맷인 PSD 포맷이나 JPG 포맷으로 저장하거나 웹애니메이션 포맷인 SWF 포맷으로 저장할 때 사용합니다. Export 대화상자의 Save as Type 옵션을 클릭하면 저장할 수 있는 포맷을 선택할 수 있습니다.

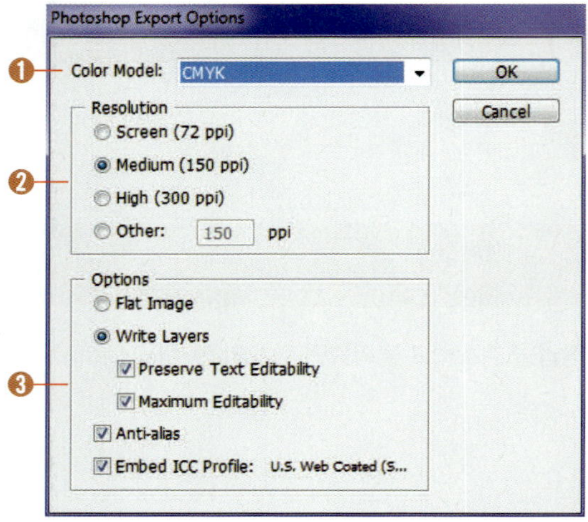

PSD 포맷으로 저장하기

Save as Type 옵션을 클릭해 Psd 포맷을 선택하면 작업 이미지를 포토샵 기본 포맷인 Psd 포맷으로 저장할 수 있습니다.

❶ Color : 저장될 컬러 모델을 선택합니다. 웹용 이미지라면 RGB 모드를 선택하고 인쇄용 이미지는 CMYK 모드를 선택합니다.

❷ Resolution : 이미지의 해상도를 지정합니다. 웹용 이미지는 72DPI를 선택하고 인쇄용 이미지는 150~300DPI 사이에서 설정합니다. 수치가 높을수록 고품질의 비트맵 이미지로 저장됩니다.

❸ Options : 저장 시 사용할 레이어의 구성 옵션과 안티 얼라이싱 옵션을 선택할 수 있습니다.

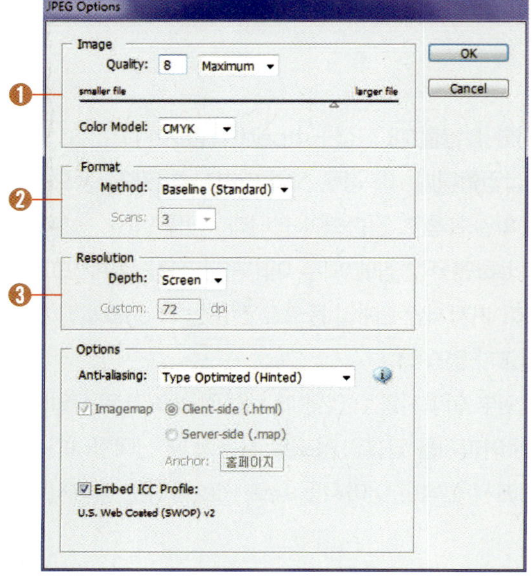

JPG 포맷으로 저장하기

이미지를 Jpg 포맷으로 저장할 때 다음과 같은 옵션을 설정한 뒤 저장합니다.

❶ Quality : 저장될 JPG 포맷의 압축률을 조절합니다. 인쇄용의 우수한 품질로 저장하려면 Quality 8 이상을 선택해야 하며 작업 이미지를 웹용으로 사용하려면 Quality 3 이하를 선택합니다. Color 항목에서는 RGB나 CMYK 컬러를 지정할 수 있습니다. 인쇄용 이미지는 CMYK 모드를 선택하고, 웹용 이미지는 RGB, 흑백 이미지로 저장하려면 Grayscale 모드를 선택합니다.

❷ Format : 파일 용량을 줄일 때 사용하는 압축 형식을 지정합니다.

❸ Resolution : 이미지의 해상도를 지정합니다.

SWF 포맷으로 저장하기

일러스트레이터에서 제작한 웹애니메이션을 플래시 애니메이션 파일인 Swf 포맷으로 저장할 때 사용합니다. 참고로, 일러스트레이터에서 웹애니메이션을 제작하려면 Object -> Blend 메뉴와 레이어 팔레트를 병행 사용해야 합니다.

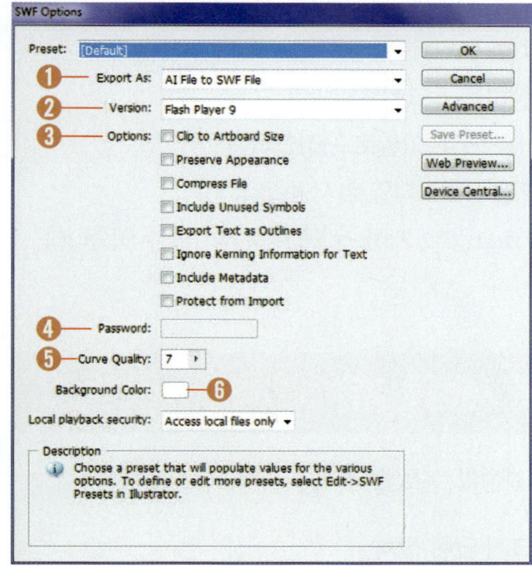

❶ Export As : 다음과 같이 5가지 옵션이 제공됩니다.

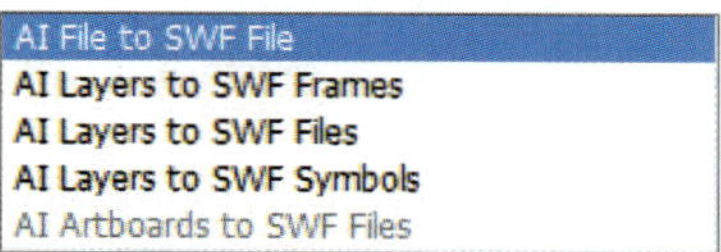

- **AI File to SWF File** : 일러스트레이터에서 레이어를 이용해 애니메이션을 제작한 경우에도 이를 무시하고 현재 떠 있는 화면 하나를 SWF 포맷으로 저장합니다. 이 경우엔 애니메이션이 구현되지 않습니다.
- **AI Layers to SWF Frames** : 레이어 팔레트에 있는 레이어를 그대로 SWF 프레임으로 저장합니다. 이 경우엔 레이어 팔레트에 있는 레이어들이 순차적으로 재생되는 애니메이션 파일로 저장할 수 있습니다.
- **AI Layers to SWF Files** : 이 옵션은 레이어 팔레트에 있는 레이어들을 한 장씩 SWF 파일로 생성시키는 기능입니다.
- **AI Layers to SWF Symbols** : 레이어를 SWF 심볼로 저장합니다.

❷ Version : SWF 포맷의 저장 버전을 선택합니다.

❸ Options : SWF 포맷의 옵션을 선택합니다. 기본값을 선택합니다.

❹ Password : SWF 무비의 비밀번호를 설정합니다.

❺ Curve Quality : 곡선의 품질을 조절합니다.

❻ Background Color : 배경으로 사용하는 HTML 문서의 색상을 지정합니다.

대화상자의 Advanced 버튼을 클릭하면 추가 옵션을 지정할 수 있습니다.

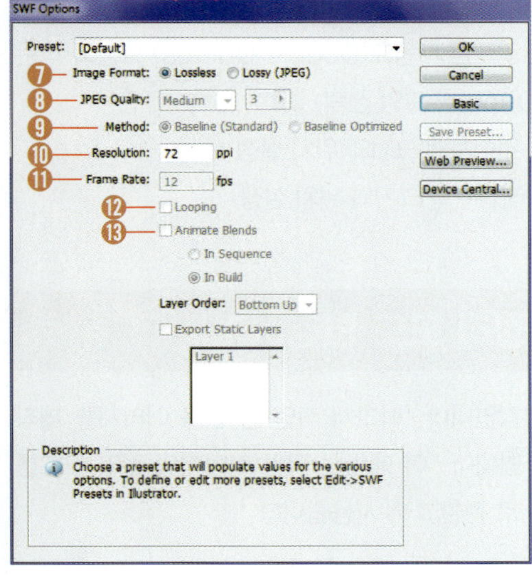

❼ Image Format : 이미지의 품질을 조절합니다. Lossless를 선택하면 압축하지 않고 원래 상태로 저장하며, Lossy를 선택하면 파일 용량을 줄이기 위해 압축하며 저장합니다.

❽ JPEG Quality : 이미지 압축률을 조절합니다.

❾ Method : 압축 방식을 선택합니다.

❿ Resolution : 이미지의 해상도를 설정합니다. SWF 포맷의 애니메이션은 웹에서 사용되는 애니메이션이므로 72DPI가 기본값입니다.

⓫ Frame Rate : 애니메이션이 1초당 재생하는 화면 수를 지정합니다. 기본값은 12이며 1초당 12개의 화면이 재생된다는 뜻입니다.

⓬ Looping : 애니메이션을 무한 반복 재생시키는 옵션입니다.

⓭ Animate Blends : 시퀀스 파일로 생성시킬지 애니메이션으로 생성시킬지 선택합니다.

15 File –〉 Scripts 메뉴 (스크립트 명령 실행하기)

자바 스크립트 같은 스트립트 명령어를 실행하며, 기본적으로 6개의 스크립트 명령어가 등록되어 있습니다.   *.js, *.jsx, *.bvs, *.exe 등의 외부 스크립트를 추가할 수도 있습니다.

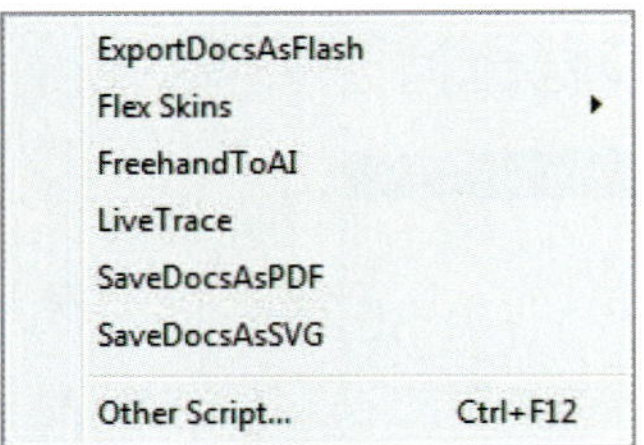

❶ ExportDocsAsFlash 메뉴 : 플래시 포맷인 SWF 포맷으로 저장합니다.
❷ Flex Skins 메뉴 : Flex 스킨으로 저장합니다.
❸ LiveTrace 메뉴 : 라이브 트레이스 실행하는 스크립트입니다.
❹ SaveDocsAsPDF 메뉴 : 작업 이미지를 PDF 파일로 저장합니다.
❺ SaveDocsAsSVG 메뉴 : 작업 이미지를 SVG 파일로 저장합니다.
❻ Other Script 메뉴 : 비주얼 베이직, 애플 스크립트, 자바 스크립트를 추가할 수 있습니다.

16 File –〉 Document Setup 메뉴 (도큐먼트 세팅하기)

아트보드(종이)의 크기, 문자 옵션, Transparency 옵션을 종합적으로 설정할 수 있습니다.

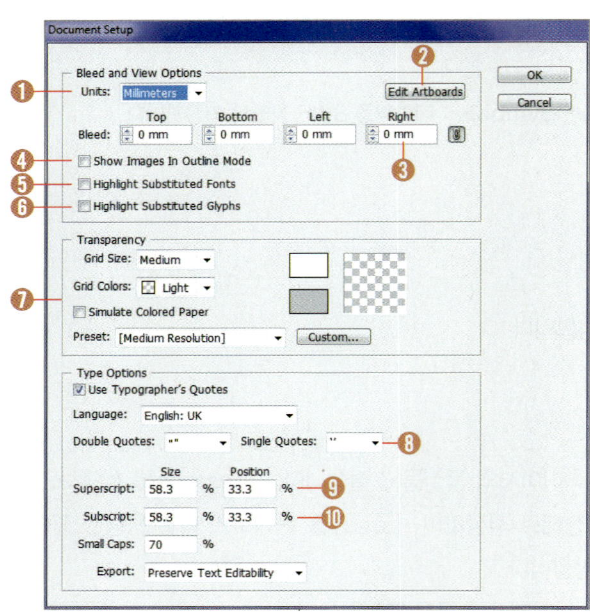

❶ Units : 사용할 크기 단위 선택
❷ Edit : 종이 크기를 설정할 수 있도록 작업창 상단에 옵션바 활성화. 종이 크기를 새로 지정하거나 회전시킬 수 있습니다.
❸ Bleed : 아트보드 상하좌우의 여백 설정
❹ Show Image In Outline Mode : 아웃라인 보기 상태로 전환
❺ Highlight Subsituted Fonts : 대체 글꼴 사용 시 대체 글꼴에 밑줄 적용
❻ Highlight Subsituted Glyphs : 대체 특수문자에 밑줄 적용
❼ Transparency : 투명 영역을 표시하는 격자(그리드) 무늬의 크기와 색상 설정. View –〉 Show Transparency Grid 메뉴를 실행하면 아트보드의 투명 영역을 확인 가능
❽ Double Quotes : 큰 따옴표(Double Quotes) 모양과 작은 따옴표(Single Quotes) 모양 선택
❾ Superscript : 위첨자의 크기와 위치 설정
❿ Subscript : 아래첨자의 크기와 위치 설정

17 File –〉 Document Color Mode 메뉴 (컬러 모드 변경하기)

일러스트레이터의 컬러 모드는 인쇄용 컬러 모드인 CMYK 모드가 기본값입니다. 따라서 작업 중 웹용 이미지를 제작하고 있다면 컬러 모드를 모니터용 컬러 모드인 RGB 모드로 전환해야 합니다. 이 메뉴는 작업 이미지의 컬러 모드를 CMYK 모드(인쇄용 컬러 모드) 또는 RGB 모드(모니터용 컬러 모드)로 서로 전환할 때 사용합니다.

File -〉 File Info 메뉴 (이미지 정보 확인하기)

작업 이미지에 대한 각종 정보를 보여줍니다. 사진 이미지의 경우 카메라 정보를 확인할 수 있고, 이미지에 대한 저작권 정보를 입력할 수도 있습니다. 포토샵의 File Info 메뉴와 같은 기능입니다.

19 File -〉 Print 메뉴 (인쇄 옵션 설정하고 인쇄 작업하기)

Print 메뉴는 이미지를 인쇄할 때 사용하며, 인쇄 전 각종 인쇄 옵션을 설정할 수 있습니다. 보통 기본 옵션 상태에서 인쇄해도 무방하지만 인쇄소 등에서 전문적인 출력 작업을 하려면 Color Management 등의 옵션을 장비에 맞게 설정해야 합니다.

예제 '크로커스.ai' 파일을 불러온 뒤 '아트보드 툴'로 인쇄할 영역을 설정합니다. 그런 뒤 File -〉 Print 메뉴를 실행하면 Print 대화상자가 나타납니다.

Print -〉 General 옵션

인쇄 전 기본 옵션을 설정합니다. Print 버튼을 클릭하면 인쇄가 시작됩니다.

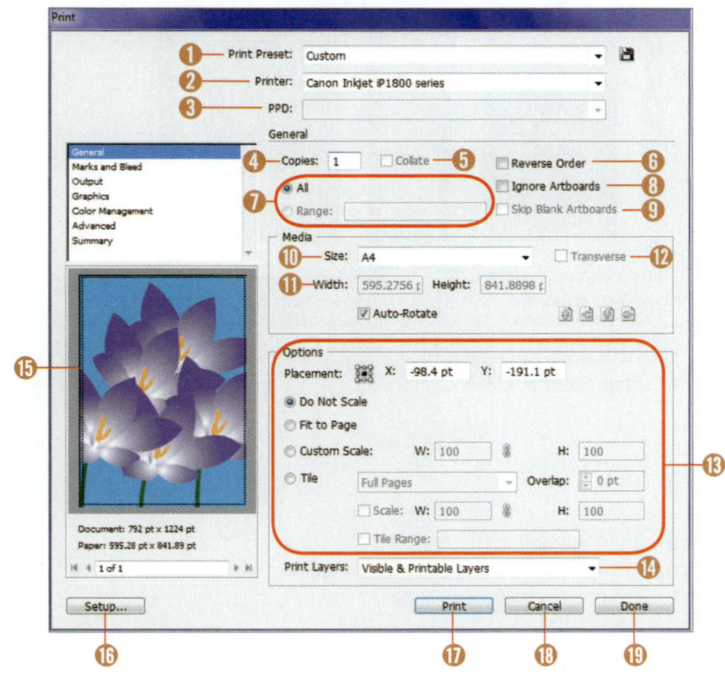

❶ **Print Preset** : 사용자가 인쇄 옵션을 미리 설정한 '프린터 프리셋'에서 원하는 옵션이 있는 프리셋을 선택해 인쇄할 수 있습니다. 여기서 프리셋을 선택하면 해당 프리셋에 등록되어 있는 인쇄 옵션을 사용해 인쇄 작업이 진행됩니다. 만일 현재 설정한 옵션값을 새 프리셋으로 저장하려면 오른쪽의 'Save Preset' 버튼을 클릭합니다. 보통 네트워크 프린터나 여러 대의 프린터가 컴퓨터에 연결된 경우에는 각 프린터마다 프리셋을 설정한 뒤 인쇄할 때마다 해당 옵션이 있는 프리셋을 선택해 인쇄 작업을 진행합니다.

❷ **Printer** : 인쇄 작업에 사용할 프린터를 선택합니다. 여러분의 시스템에 연결된 프린터를 선택합니다.

❸ **PPD** : 포스트스크립트 지원 프린터로 인쇄할 경우 해당 PostScript Printer Description(PPD)을 선택합니다. 가정용 프린터 사용자에게 해당되지 않는 기능이며 인쇄소나 출력소에서 사용하는 기능입니다.

❹ Copies : 인쇄 매수를 지정합니다.

❺ Collate : 뒷면 인쇄 기능입니다. 이 기능을 지원하는 프린터에서 활성화됩니다.

❻ Reverse Order : 여러 페이지를 인쇄할 경우 역순으로 인쇄하는 옵션입니다.

❼ Pages : 전문 인쇄소나 출력소에서 분판출력할 경우 여기서 출력할 페이지를 설정합니다.

❽ Ignore Artborads : 아트보드 영역이 아닌 이미지가 있는 영역만 인쇄합니다.

❾ Skip Blank Artboards : 비어있는 아트보드는 인쇄하지 않습니다.

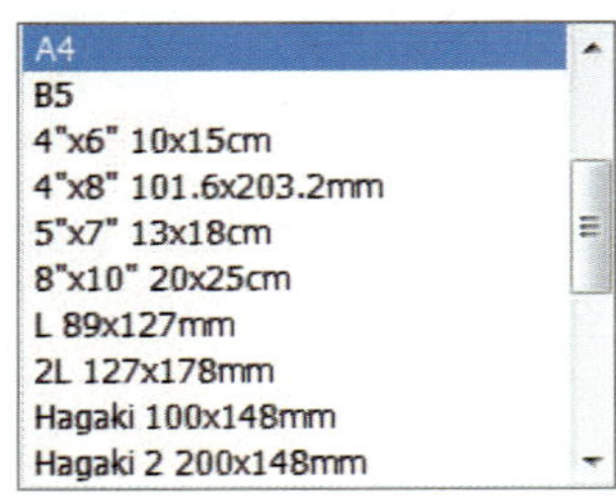

❿ Media : 사용할 용지(종이) 규격을 선택합니다. Size 항목에서 선택하면 됩니다. 가정이나 직장에서 일반적으로 사용하는 용지 규격은 A4입니다.

⓫ Orientation : 아트보드를 회전한 뒤 인쇄합니다. 4가지 방향으로 회전시킬 수 있습니다.

⓬ Transverse : 종이를 90도 회전시켜 가로 방향으로 인쇄합니다. 포스트스크립트 프린터에서 Transverse 지원 시 사용 가능합니다.

⓭ 인쇄 스케일 : 인쇄 전 인쇄 위치와 크기를 조절합니다.

- Do Not Scale : 크기를 조절하지 않고 원래 크기로 인쇄합니다.

- Fit to Page : 인쇄 크기를 용지 크기에 딱맞게 조절한 뒤 인쇄합니다.

- Custom Scale : 사용자가 입력한 수치만큼 이미지를 확대 또는 축소한 뒤 인쇄합니다.

- Tile : 인쇄할 이미지가 프린터 용지보다 큰 경우, 여러 장의 용지에 타일 형태로 인쇄할 수 있습니다.

Do Not Scale

Fit to Page

Custom Scale 50% 적용

Tile

⓮ Print Layers : 특정 레이어만 인쇄할 수 있습니다.

Visible & Printable Layers ── 눈 아이콘을 켠 레이어와 인쇄 가능한 레이어만 인쇄
Visible Layers ── 눈 아이콘을 켠 레이어만 인쇄
All Layers ── 모든 레이어 인쇄 인쇄

⓯ 미리보기 창 : 인쇄 전 미리 볼 수 있습니다. 마우스로 드래그하여 인쇄 위치를 조절합니다.

⓰ Setup 버튼 : 시스템과 연결된 프린터의 옵션을 설정할 수 있도록 프린터 대화상자를 불러옵니다.

⓱ Print 버튼 : 인쇄 작업을 시작합니다.

⓲ Cancel 버튼 : 작업을 취소하고 대화상자를 닫습니다.

⓳ Done 버튼 : 현재 설정한 옵션값을 유지한 상태에서 대화상자를 닫습니다.

Print -〉Marks & Bleed 옵션

분판 출력 시 필요한 레지스트레이션 마크, 컬러 막대, 트림 마크 등 실무 인쇄에서 필요한 각종 옵션을 설정합니다.

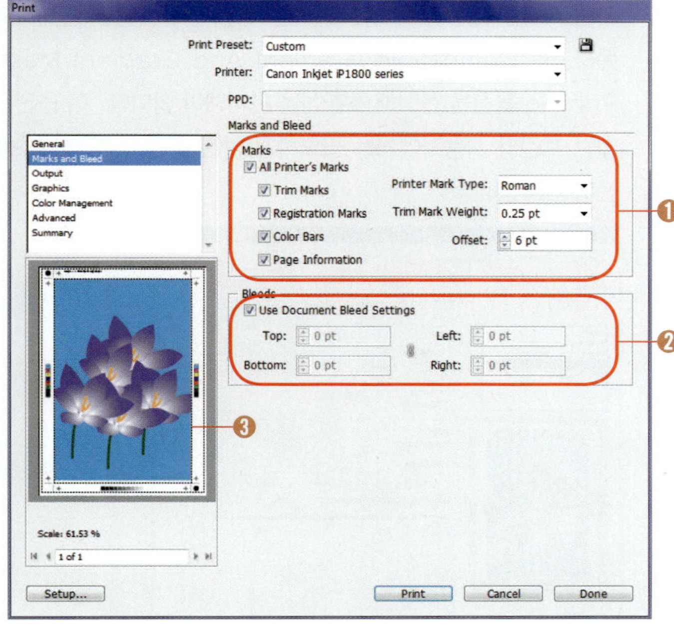

❶ Marks : 인쇄할 각종 마크를 선택합니다.
- All Printer's Mark : 모든 마크를 추가 인쇄합니다.
- Trim Marks : 종이를 재단할 때 사용하는 마크를 추가 인쇄합니다.
- Registration Marks : 분판 필름 정렬 작업 시 필요한 레지스트레이션 마크를 추가 인쇄합니다.
- Color Bar : Color 막대와 흑백 Tint 막대를 추가 인쇄합니다. 인쇄업자가 잉크 농도를 조절, 확인하는 용도로 사용합니다.
- Page Information : 파일 이름, 날짜 및 시간을 추가 인쇄합니다.
- Print Mark Type : 마크 형식을 서양식(Roman)과 일본식(Japanese)에서 선택합니다.
- Trim Marks Weight : Trim 마크의 라인 두께를 설정합니다.
- Offset : 트림 마크와 아크워크(오브젝트, 이미지) 사이의 간격을 오프셋이라 말합니다. 이 간격을 조절합니다.

❷ Bleeds 옵션 : 마크 외곽으로 이미지가 넘쳐서 인쇄될 영역을 설정합니다. 이미지가 외곽에 약간 물리는 효과가 있으며 재단 시 이미지나 사진이 페이지에 꽉 차는 효과가 있습니다. Top(상단), Left(왼쪽), Right(오른쪽), Bottom(하단) 각 영역에 Bleed 설정을 할 수 있습니다.

❸ 미리보기 : 앞에서 설정한 마크를 미리보기 창에서 확인할 수 있습니다.

인쇄소에서 인쇄할 때 추가되는 제본, 재단 관련 마크들

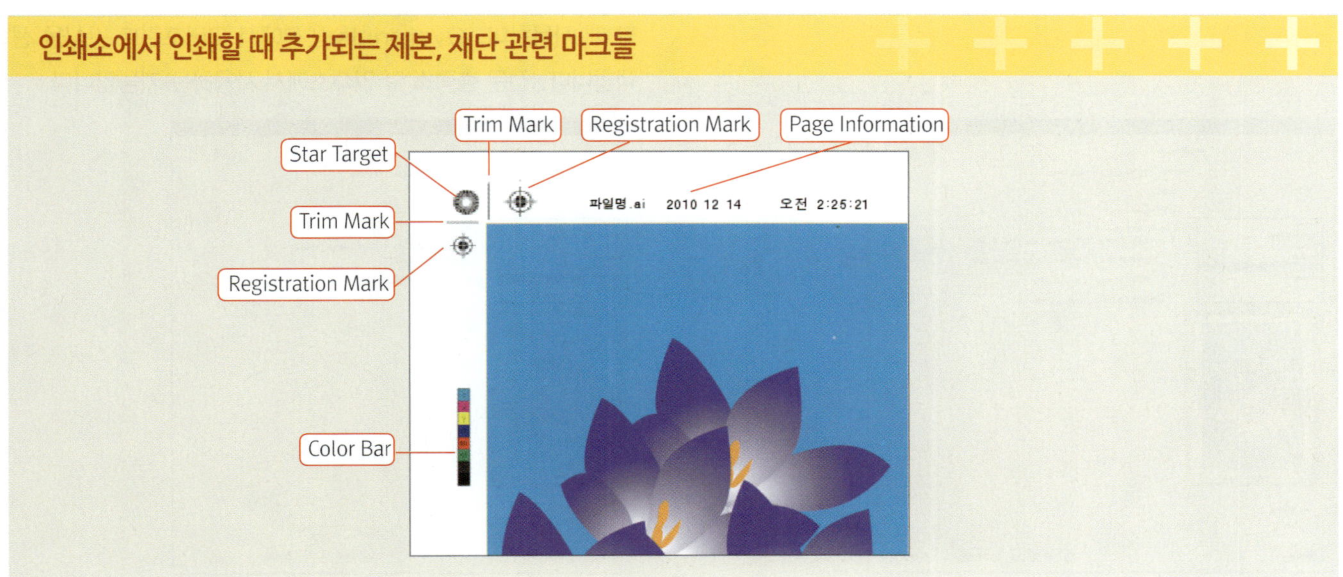

Print -> Output 옵션

포스트스크립트 분판출력(Separation) 옵션을 설정합니다.
출력소에서도 분판 출력 작업은 대개 작업 이미지를 DTP 프로
그램으로 불러온 뒤 DTP 프로그램에서 진행하기 때문에 실제
여기서 설명하는 Output 옵션을 사용하지는 않습니다. 만일
이 옵션을 사용하려면 출력소에 문의한 뒤 작업해야 하며, 대부
분 출력소에서 처리해줍니다.

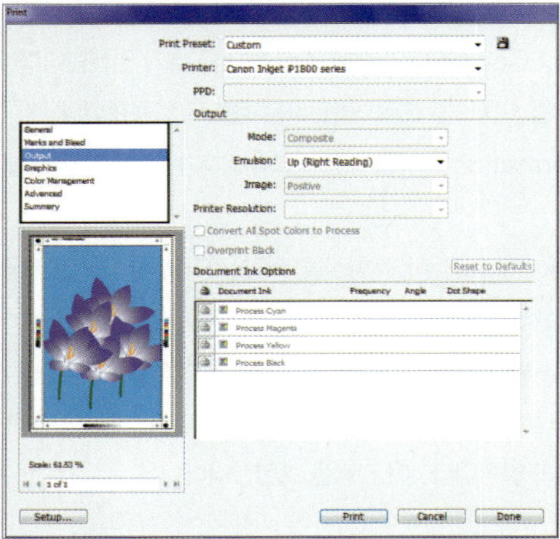

Print -> Graphics 옵션

패스, 글꼴, PostScript Information, 그라디언트 색상,
메시 색상을 인쇄에 적당하도록 설정합니다. 일부 포스트스
크립트 프린터는 그라디언트 색상이나 메시 색상을 인쇄하지
못하므로 Compatible Gradient And Gradient Mesh
Printing 옵션을 선택해 호환성을 유지해야 합니다. 이 옵션은
일반 프린터 사용자에게는 필요하지 않는 출력소 및 인쇄소용
전문 기능입니다.

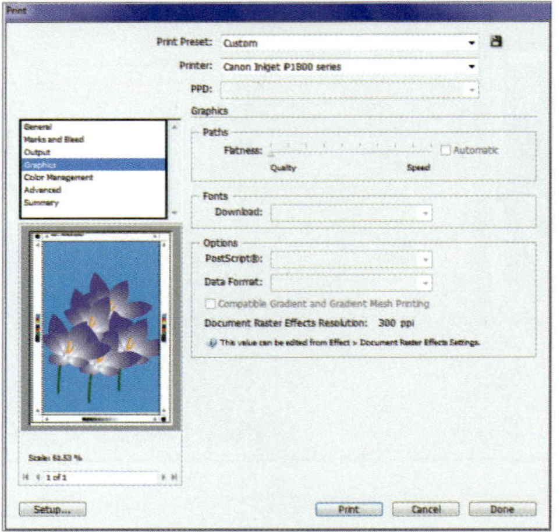

Print -> Color Management 옵션

컬러 매니지먼트 옵션은 작업 시스템과 인쇄 시스템에서 발생
하는 색상 차이를 보완하는 기능입니다. 인쇄소 및 출력소에서
사용하는 전문적인 기능이며 가정용 프린터에서는 이 기능을
사용하지 않습니다.

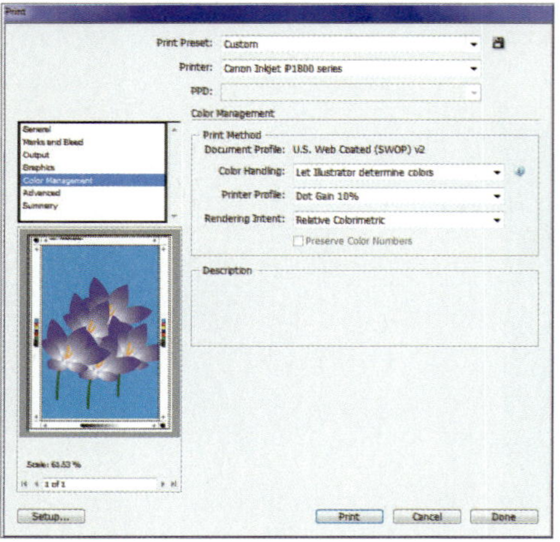

Print -> Advanced 옵션

작업 이미지의 오버프린트 영역에 대한 옵션을 설정합니다.
Print As Bitmap 옵션은 낮은 해상도의 프린터, 포스트스크
립트 프린터가 아닌 일반 프린터 등에서 비트맵 방식으로 인쇄
할 때 사용하며, Overprints 옵션에서 오버프린트 방식을 선
택합니다. 전문 출력소 및 인쇄소에서 사용하는 기능입니다.

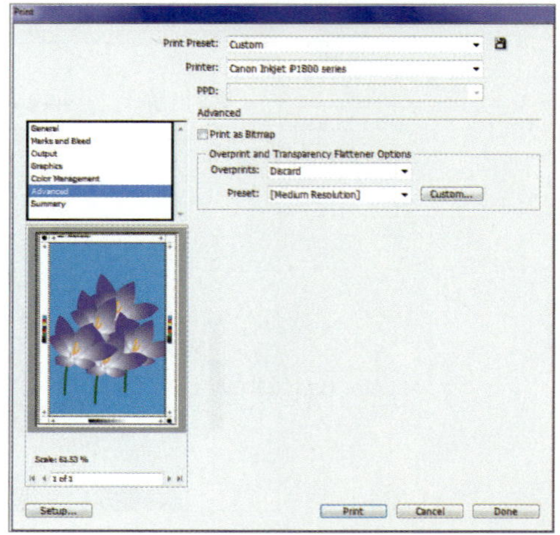

복사하고 붙이는 편집 메뉴
Edit 메뉴

Edit 메뉴의 하위에는 오브젝트를 편집 제어하는 다양한 메뉴들이 있습니다. 오브젝트를 오리거나 복사하고, 붙여 넣는 기능이 있습니다. Preferences 메뉴를 사용하면 일러스트레이터의 사용 환경을 설정할 수 있습니다.

Undo Move	Ctrl+Z
Redo	Shift+Ctrl+Z
Cut	Ctrl+X
Copy	Ctrl+C
Paste	Ctrl+V
Paste in Front	Ctrl+F
Paste in Back	Ctrl+B
Paste in Place	Shift+Ctrl+V
Paste on All Artboards	Alt+Shift+Ctrl+V
Clear	
Find and Replace...	
Find Next	
Check Spelling...	Ctrl+I
Edit Custom Dictionary...	
Define Pattern...	
Edit Colors	▶
Edit Original	
Transparency Flattener Presets...	
Tracing Presets...	
Print Presets...	
Adobe PDF Presets...	
SWF Presets...	
Perspective Grid Presets...	
Color Settings...	Shift+Ctrl+K
Assign Profile...	
Keyboard Shortcuts...	Alt+Shift+Ctrl+K
Preferences	▶

01 Edit → Undo 메뉴 (바로 전 작업 취소)

바로 전에 실행한 작업을 취소합니다. 연속적으로 실행하면 계속 그 이전 작업으로 거슬러올라가며 취소할 수 있습니다. 기본적으로 최대 200회 전의 작업까지 취소할 수 있습니다. 단축키 Ctrl + Z

02 Edit → Redo 메뉴 (취소한 작업 재실행)

앞의 Undo 메뉴로 취소한 작업을 다시 재실행하는 기능입니다. 단축키 Ctrl + Shift + Z

03 Cut 메뉴 (오려내기)

선택한 오브젝트나 그룹을 오려냅니다. 오려낸 이미지는 다른 곳에 붙여넣을 수 있습니다. 단축키 Ctrl + X

04 Copy 메뉴 (복사하기)

선택한 오브젝트나 그룹을 복사합니다. 단축키 Ctrl + C . 복사한 이미지는 다른 곳에 붙여넣을 수 있습니다.

05 Paste 메뉴 (붙여넣기)

Copy 메뉴로 복사하거나 Cut 메뉴로 오려낸 이미지를 작업창에 붙여줍니다. 무조건 화면 중앙에 붙일 수 있습니다. 단축키 Ctrl + V

06 Edit -> Paste In Front (원래의 바로 위에 붙이기)

Paste 메뉴가 복사한 오브젝트를 작업창 중앙에 붙인다면 Paste In Front 메뉴는 원본 오브젝트(복사한 오브젝트)의 바로 윗면에 붙여 줍니다. 문자 디자인을 하다 보면 글자를 복사한 뒤 동일 위치에 계속 붙여 넣어서 디자인을 하는 경우가 있는데 이런 경우 사용합니다.

예제 '말.ai'를 불러온 뒤 Paste In Front 메뉴를 사용해 보겠습니다. 먼저 선택 툴로 '말'을 선택한 뒤 Ctrl + C 로 복사합니다. 그런 뒤 Edit -> Paste In Front 메뉴로 붙여 넣으면 원래 오브젝트의 바로 위에 붙여집니다. 선택 툴로 이동시키면 원본 이미지와 붙여 넣은 이미지가 겹쳐 있음을 알 수 있습니다.

선택 툴로 선택한 뒤 복사 (Ctrl + C)

Paste In Front 메뉴로 붙인 모습

붙인 오브젝트를 이동시킨 모습

07 Edit -> Paste in Back 메뉴 (원래의 바로 아래 붙여넣기)

Paste In Back 메뉴는 원본 오브젝트(복사한 오브젝트)의 바로 아래 면에 붙일 때 사용합니다.

선택 툴로 선택한 뒤 복사 (Ctrl + C)

Paste In Back 메뉴로 붙인 모습

붙여넣은 이미지를 이동시킨 모습

08 Edit -> Paste All Artboard (모든 아트보드에 붙여넣기)

아트보드가 여러 개일 경우, 복사한 오브젝트를 모든 아트보드에 붙여줍니다.

Edit -〉 Clear 메뉴

선택한 오브젝트 또는 그룹을 삭제합니다. 키보드의 Delete 키를 누르는 것과 동일한 기능입니다.

10 Edit -〉 Find and Replace 메뉴

작업창에서 원하는 글자를 찾은 뒤 다른 글자로 교체할 때 사용합니다. 원하는 글자를 찾은 뒤 다른 글자로 교체할 때 유용합니다.

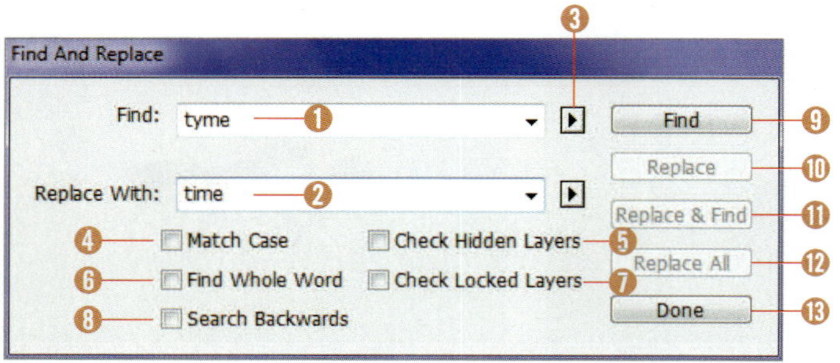

❶ Find : 찾을 글자 설정
❷ Replace With : 글자를 찾은 뒤 변경할 글자 입력
❸ Special Character : 쉼표, 따옴표, ^^ 등의 특수 기호 검색
❹ Match Case : 영문 대, 소문자가 일치하는 단어만 검색
❺ Check Hidden Layer : 감춘 레이어에서도 검색
❻ Find Whole Word : 문장 전체에서 검색
❼ Check Locked Layer : 잠긴 레이어에서도 검색
❽ Search Backward : 문장의 끝부분부터 역 방향으로 검색
❾ Find 버튼 : 찾기 작업을 진행합니다.
❿ Replace 버튼 : 바꾸기 작업을 진행합니다.
⓫ Replace & Find 버튼 : 바꾸기 작업을 진행한 후 다시 찾기 작업을 진행합니다.
⓬ Replace All : 자동으로 단어를 찾은 뒤 바뀔 단어로 바꿔 줍니다.
⓭ Done : 현재 설정한 옵션값을 유지한 상태에서 대화상자를 종료합니다.

11 Edit -〉 Find Next 메뉴(다음 글자 찾기)

앞의 Find and Replace 메뉴로 했던 찾기 작업을 똑같은 옵션으로 재실행합니다.

12 Edit -〉 Check Spelling 메뉴(영문 맞춤법검사)

영문 맞춤법 기능을 실행합니다. 영문 맞춤법만 가능하고 한글 맞춤법 기능은 제공하지 않습니다.

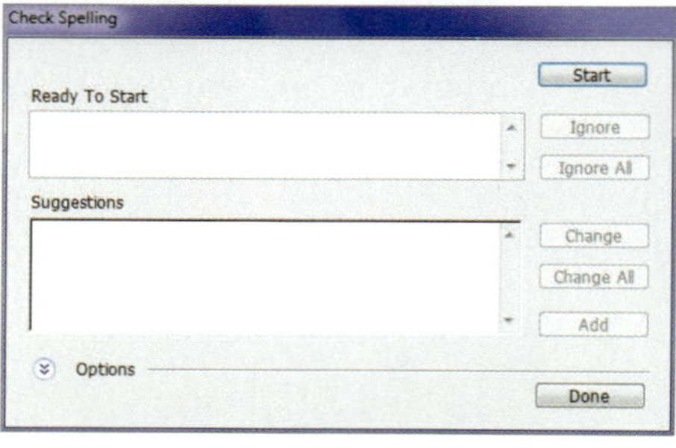

13 Edit –〉 Edit Custom Dictionary 메뉴 (사전 등록하기)

맞춤법 검사기(Check Spelling 메뉴)에 새 단어를 등록합니다. 예를 들어 사전에 없는 특수한 영문자를 등록할 때 유용하며, 등록된 글자는 맞춤법 검사 때 틀린 글자로 인식되지 않습니다.

14 Edit –〉 Define Pattern 메뉴 (패턴을 스와치에 등록하기)

선택한 오브젝트나 그룹을 패턴 무늬로 등록합니다. 등록한 무늬는 스와치 팔레트에 등록되어 Fill 컬러로 사용할 수 있습니다.

15 Edit –〉 Edit Original 메뉴

File –〉 Place 메뉴로 삽입합 비트맵 이미지(링크된 이미지)를 선택했을 때 사용하는 기능입니다. 해당 링크 이미지를 해당 이미지를 편집했던 편집 프로그램을 실행해 수정할 수 있습니다.

16 Edit –〉 Transparency Flattener Presets 메뉴

Transparency Flattener 팔레트에서 설정한 옵션을 프리셋 파일로 관리 및 수정하는 기능입니다. Transparency Flattener 팔레트는 여러 개의 투명 영역이 있는 이미지를 저장하거나 인쇄 및 복사할 경우, 이들 투명 영역에 대한 출력 품질을 조절하는 기능입니다. Transparency Flattener 팔레트는 기본적으로 High Resolution(분판출력 수준 고해상도), Medium Resolution(포스트스크립트 프린터 수준 중간 해상도), Low Resolution(가정용 프린터 수준 저해상도)의 프리셋을 제공합니다.

17 Edit –〉 Tracing Presets 메뉴

비트맵 이미지를 벡터 이미지로 전환하는 기능인 라이브 트레이싱에 대한 옵션을 여러 가지로 설정해 등록한 뒤 사용하는 기능입니다. 이 메뉴는 라이브 트레이싱을 할 때 필요한 옵션값을 서로 다르게 설정한 뒤 '트레이스 프리셋'으로 사용할 수 있습니다.

18 Edit -> Print Presets 메뉴

인쇄할 때 선택할 수 있는 '프린트 프리셋' 옵션을 편집합니다. '프린트 프리셋'이란 이미지 인쇄 시 인쇄 매수, 종이 종류, 프린트 종류 등을 미리 다른 값으로 등록하여 인쇄할 때마다 원하는 옵션이 등록되어 있는 프리셋으로 이미지를 인쇄하는 기능입니다.

19 Edit -> SWF Presets 메뉴

작업 이미지를 Swf 포맷의 애니메이션으로 반출할 때 SWF 포맷에 대한 프리셋 옵션을 편집합니다. 일러스트레이터에서 제작한 애니메이션을 SWF 포맷으로 저장하려면 다양한 옵션으로 저장할 수 있는데 이때 필요한 각종 옵션값을 서로 다르게 설정한 뒤 'SWF 프리셋'으로 관리하는 기능입니다. 서로 다른 옵션값을 가진 프리셋을 여러 개 제작하면 나중에 원하는 프리셋으로 SWF 파일을 저장할 수 있습니다.

20 Edit -> Adobe PDF Presets 메뉴

작업 이미지를 멀티미디어 문서 포맷인 PDF 포맷으로 반출 저장할 때 필요한 PDF 프리셋 옵션을 편집합니다. 여기서 설명하는 PDF Presets 메뉴는 PDF 문서로 반출할 때 사용할 옵션값을 서로 다르게 설정한 프리셋 파일을 관리하는 기능입니다. PDF 문서가 웹에서 어떤 방식으로 보일지, 인쇄 시 필요한 해상도, 압축률 등의 세부 옵션을 프리셋마다 서로 다르게 적용하여 여러 개의 프리셋을 생성시킨 뒤 필요할 때마다 해당 프리셋을 사용해 PDF 문서로 저장할 수 있습니다.

21 Edit -> Color Setting 메뉴

서로 다른 모니터, 서로 다른 인쇄장비 사이에서 발생하는 색상 환경의 차이를 줄이기 위해 자신의 시스템에 가장 적당한 색상 환경을 찾거나 설정하는 기능입니다. 칼리브레이션 기능이라 말하며 인쇄 색상과 모니터에서 보이는 색상, 서로 다른 시스템에서 발생하는 색상 차이를 방지할 목적으로 사용합니다. 전문 출력소에서 사용하는 기능이며, 일반 사용자는 기본값을 선택합니다.

22 Edit -> Keyboard Shotcuts 메뉴

일러스트레이터 CS5 단축키를 사용자 임의대로 새로 등록할 수 있습니다. 예를 들어 F5를 단축키로 설정한 뒤 F5를 누르면 Copy 메뉴가 실행되도록 할 수 있습니다. 단축키의 경우 기본값을 사용하는 것이 좋습니다.

Edit →〉Edit Color 메뉴 (오브젝트 색상 변경하기)

Edit Color 메뉴에는 오브젝트의 색상을 변경하고 배합하는 메뉴들이 모여 있습니다. 12개의 하위 메뉴를 통해 오브젝트의 색상을 다양하게 변경합니다. 색상 수정 시 자주 사용하는 기능이므로 Recolor Artwork 메뉴, Adjust Color Balance 메뉴 등은 꼭 익혀두기 바랍니다.

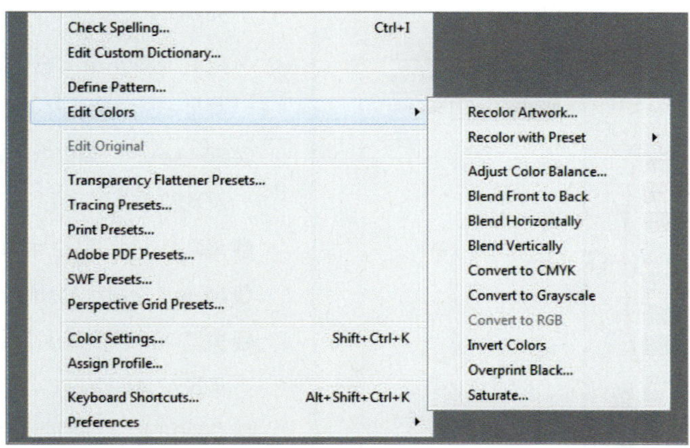

Edit →〉Edit Colors →〉Recolor Artwork 메뉴

Recolor Artwork 메뉴는 선택한 오브젝트와 그룹의 색상을 자유롭게 변경할 때 사용합니다. 색상을 교체할 때 일정 색채에 맞게 교체할 수 있고, 실시간 확인하며 교체할 수 있어 매력만점입니다. 블렌드 툴이나 메시 툴, 그라데이션이 적용된 오브젝트의 색상은 물론 그룹을 대상으로 색상을 일괄 변경할 때도 유용하므로 반드시 사용법을 익혀두기 바랍니다.

예제 이미지

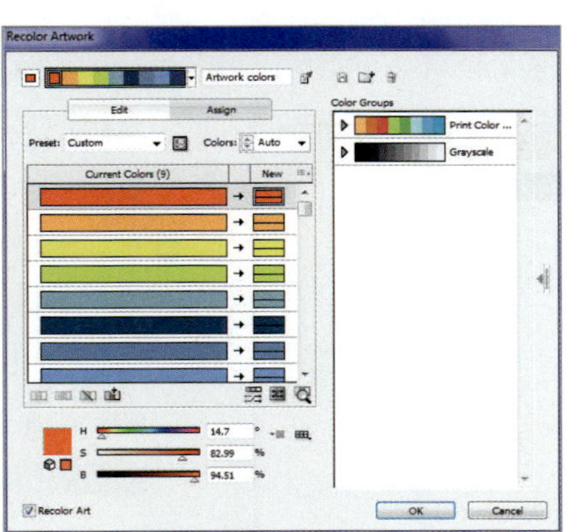

Recolor Artwork 대화상자

색상을 수정한 모습

먼저 색상을 변경할 오브젝트나 그룹을 선택한 상태에서 Edit →〉Edit Color →〉Recolor Artwork 메뉴를 실행합니다. 대화상자에는 선택한 오브젝트나 그룹이 사용하고 있는 색상이 모두 표시되며, 목록에서 특정 색상을 선택한 뒤 교체하면, 오브젝트에서도 그 색상이 교체됩니다. 색상의 교체는 작업창에서 실시간 확인되므로 마음에 들지 않으면 다른 색으로 교체할 수 있습니다.

지금부터 Recolor Artwork 대화상자의 사용법을 알아봅니다.

❶ Assign 옵션 : 선택한 특정 색상에 원하는 색을 할당할 수 있습니다. Active Color 그룹에서 원하는 색을 클릭한 뒤 하단 목록 창에서 원하는 색을 지정하면 됩니다.

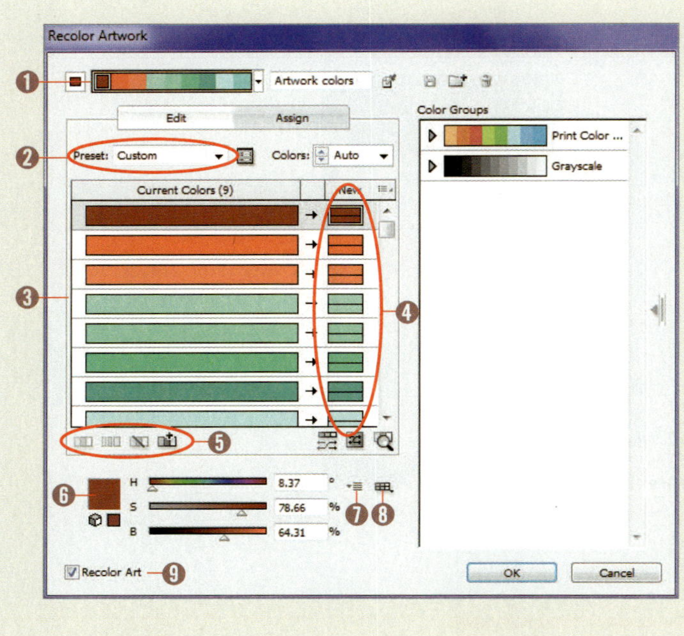

❶ Active Color 그룹 : 현재 오브젝트에 적용된 Fill/ Stroke 색상입니다. 클릭하면 하모니룰에 맞추어 새 색상으로 교체할 수 있습니다. 이때 선택한 그룹의 전체 색상이 해당 하모니룰에 맞추어 교체됩니다.

❷ Presets : 다양한 컬러 프리셋을 통해 색상을 수정할 때 사용합니다.

❸ 목록창 : 선택된 오브젝트/그룹에 적용된 색상 목록입니다.

❹ New : 교체된 색상이 표시됩니다.

❺ 병합/새 목록 : 목록창에서 선택한 색상을 병합하거나 새 목록을 생성시킵니다.

❻ 슬라이더 : 목록창에서 선택한 색상을 교체합니다.

❼ 슬라이더 메뉴 : 현재의 슬라이더를 다른 색상 모드의 슬라이더로 교체합니다.

❽ Limits : 스와치 팔레트의 특정 색상 견본으로 색상을 교체합니다.

❾ Recor Artwork : 교체 작업을 실시간 확인합니다.

❷ Edit 옵션 : 컬러 휠을 조절하는 방식으로 색상, 채도, 밝기를 종합적으로 교체할 수 있습니다.

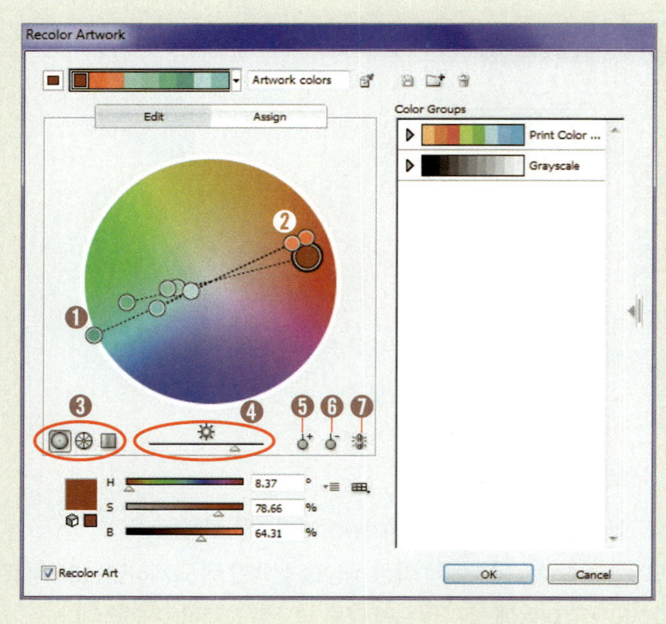

❶ 컬러 휠 : 색상환입니다. 글로벌 색상 전체가 표시됩니다.

❷ 컬러 툴 : 작은 원 안에 있는 색상은 오브젝트나 그룹에서 사용하고 있는 색상입니다. 드래그하여 다른 색으로 교체할 수 있습니다.

❸ 컬러 휠 버튼 : 컬러 휠의 모양을 3가지에서 선택합니다.

❹ Saturation and Hue / Brightness and Hue 슬라이더 : 태양 모양의 아이콘을 클릭해 채도(Saturation) 슬라이더 또는 Brightness(밝기) 슬라이더로 전환합니다. 슬라이더를 조절해 채도나 밝기를 조절할 수 있습니다.

❺ Add Color Tool : 컬러 휠에 새 컬러 툴을 추가합니다.

❻ Remove Color Tool : 컬러 휠에서 선택한 컬러 툴을 삭제합니다.

❼ Linl/Unlink… : 이 버튼을 켜면(Link) 컬러 툴을 드래그할 때 다른 컬러 툴도 링크되어 함께 움직입니다. 이 버튼을 끄면 (Unlink) 각각의 컬러 툴을 분리해서 드래그할 수 있습니다.

Edit -> Edit Colors -> Recolor With Presets 메뉴

다양한 컬러 프리셋을 통해 색상을 변경할 때 사용합니다. 하위 메뉴를 이용하면 스와치 팔레트에서 볼 수 있었던 '컬러 라이브러리'와 '인쇄 컬러', '컬러 하모니' 등의 프리셋을 실행한 뒤 원하는 프리셋을 선택해 색상 교체 작업을 할 수 있습니다.

Edit -> Edit Colors -> Adjust Color Balance 메뉴

컬러 바란스 대화상자를 통해 컬러 상태를 가감할 때 사용합니다. 대화상자의 CMYK 슬라이더를 조절하면 잉크량이 조절되므로 오브젝트의 색상이 변경됩니다. 포토샵의 Image -> Adjustments -> Color Balance 메뉴와 유사한 기능입니다.

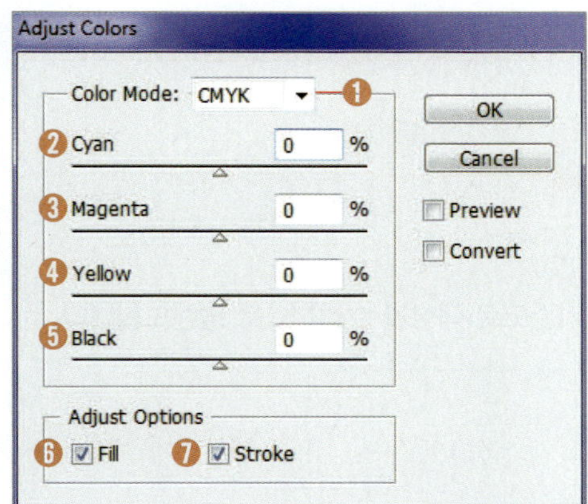

❶ Color Mode : 컬러 모드를 선택합니다.

❷ Cyan : 싸이안색 잉크의 농도를 가감합니다.

❸ Magenta : 마젠타색 잉크의 농도를 조절합니다.

❹ Yellow : 노란색 잉크의 농도를 조절합니다.

❺ Black : 검정 잉크의 농도를 조절합니다.

❻ Fill : 오브젝트의 면 색상에서 작업합니다.

❼ Stroke : 오브젝트의 선 색상에서 작업합니다.

Edit -> Edit Colors -> Blend Front Back 메뉴

3개 이상의 오브젝트를 선택했을 경우 사용합니다. 오브젝트에서 제일 먼저 만든 오브젝트와 제일 나중에 만든 오브젝트의 색상을 블렌드하여 가운데 있는 오브젝트의 색상을 결정합니다.

예제 이미지를 모두 선택한 모습

Blend Front Back 메뉴를 적용한 모습

Edit –〉 Edit Colors –〉 Blend Horizontally 필터

이 메뉴는 Blend Front to Back 필터와 약간 다른 기능입니다. 오브젝트의 생성 시간과 달리 선택한 오브젝트의 제일 좌측과 제일 우측 오브젝트를 기준으로 색상을 블렌드합니다.

예제 이미지

메뉴를 적용한 모습

Edit –〉 Edit Colors –〉 Blend Front Back 메뉴

이 메뉴는 수직 방향으로 제일 위에 있는 오브젝트와 제일 아래에 있는 두 오브젝트를 기준으로 색상을 수직적으로 블렌드합니다.

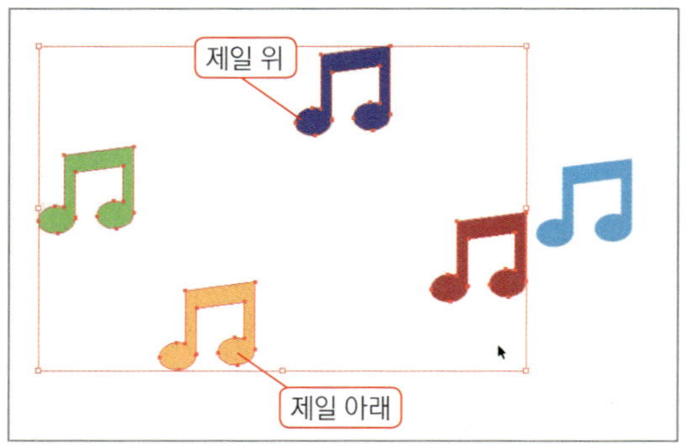

예제 이미지

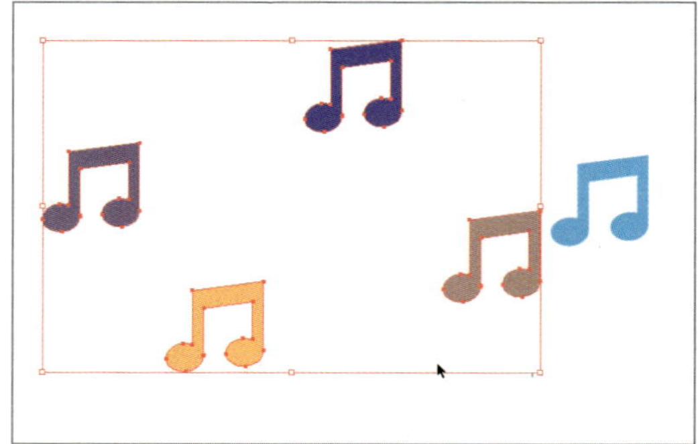
메뉴를 적용한 모습(색상 배열이 수직으로 조절된 모습)

Edit –〉 Edit Colors –〉 Invert Colors 메뉴

오브젝트의 색상을 보색으로 반전합니다.

예제 이미지

색상을 보색으로 반전한 모습

Edit -〉Edit Colors -〉Overprint Black 메뉴

오버프린트(겹쳐 인쇄하기) 블랙 색상의 상태를 조절합니다. 먼저 전체 오브젝트를 선택한 뒤 이 메뉴를 실행합니다. %를 조절해 추가될 검정색을 조절하면 됩니다.

만일 대화상자의 팝업메뉴에서 Remove Black을 선택하면 오버프린트 블색 색상을 입력한 %만큼 제거할 수 있습니다.

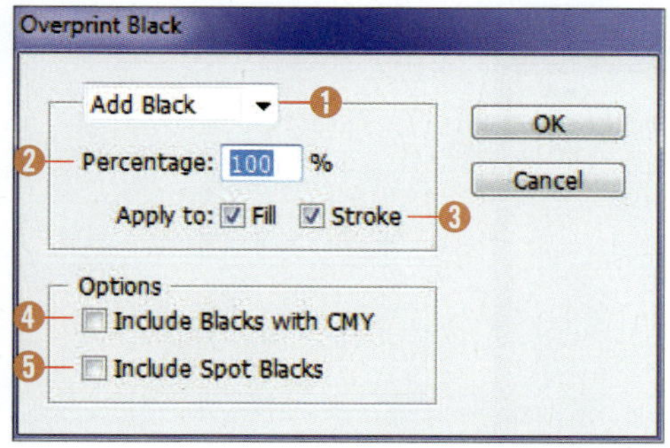

❶ 작업 옵션 : 여기서 Add Black 옵션을 선택하면 Black 색상의 추가가 적용됩니다. 만일 Remove Black을 선택하면 Black 색상이 제거됩니다.

❷ Percentage : 검정색 잉크 농도를 조절합니다.

❸ Apply to : 중복 인쇄가 적용될 영역을 지정합니다.

❹ Include Blacks with CMY : CMY 이미지의 검정색(K) 영역도 포함해서 중복 인쇄합니다.

❺ Include Spot Blacks : 스팟 컬러의 검정색 부분도 포함해서 중복 인쇄합니다.

Edit -〉Edit Colors -〉Saturate 메뉴

오브젝트 색상의 채도를 조절합니다. 수치를 높일수록 해당 색상은 더 짙어집니다.

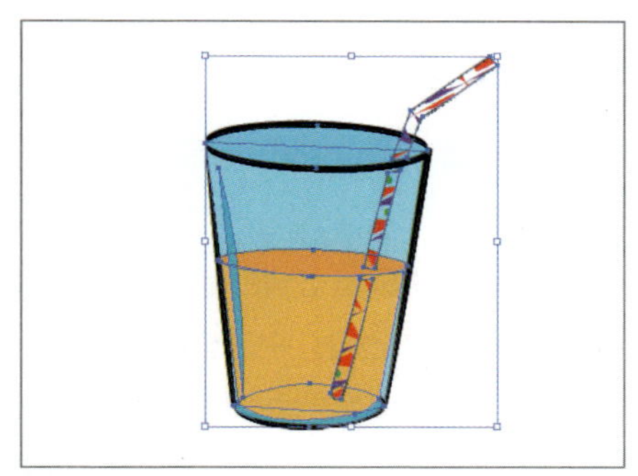

현재의 오브젝트 색상

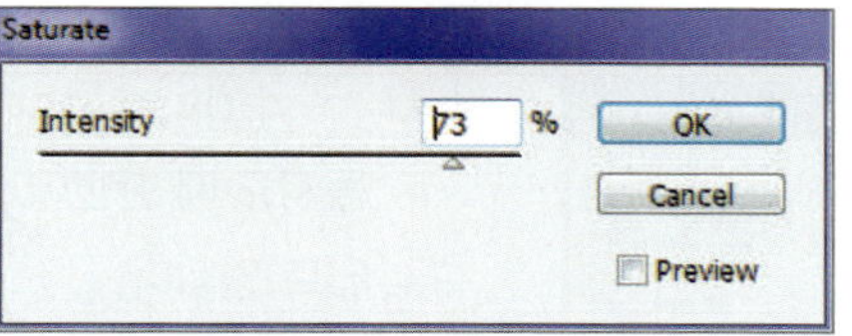

Saturate 메뉴 적용

채도를 높인 모습

Edit Colors -〉Convert to CMYK 메뉴 / RGB 메뉴 / Grayscale 메뉴

선택한 오브젝트의 컬러 모델을 CMYK 모드, RGB 모드, Grayscale 모드로 전환합니다.

Preferences 메뉴는 일러스트레이터의 동작 환경을 설정할 때 사용합니다. 모두 12개의 하위 메뉴에서 다양한 환경 설정이 가능합니다.

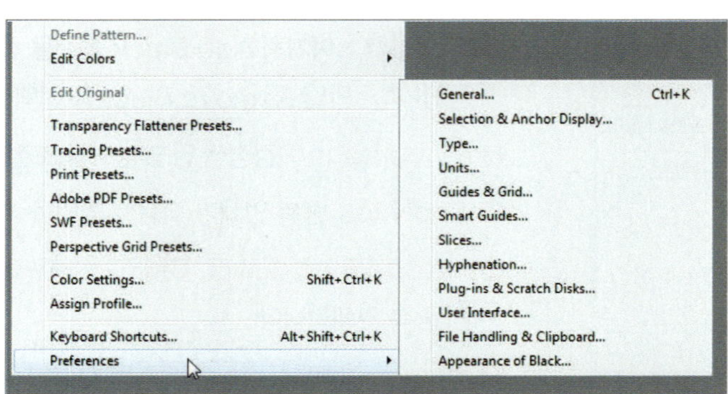

기본적인 동작 환경 설정하기 (Prefernces –〉 General 메뉴)

일러스트레이트 CS5의 기본적인 동작 환경을 설정할 수 있습니다.

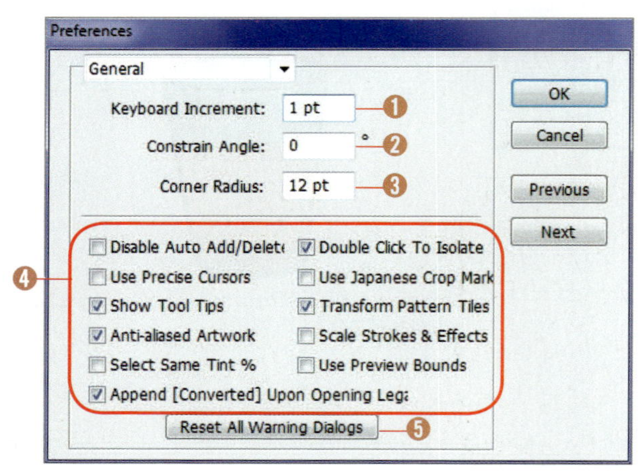

❶ **Keyboard Increment** : 키보드의 화살표 키로 오브젝트를 이동시킬 때 한번에 이동되는 거리를 지정합니다. 기본값은 1pt(포인트)입니다.

❷ **Constrain Angle** : 선택 툴로 오브젝트를 선택한 뒤 Shift 키를 누른 상태에서 회전시키면 45도 각도로 회전시킬 수 있습니다. 예를 들어 여기서 15도라고 입력하면 Shift 키를 누른 채 회전시킬 때 15도 각도를 유지하면서 회전시킬 수 있습니다. 참고로, 기본값인 0도를 설정해도 Shift 키를 이용한 회전은 45도 각도가 사용됩니다.

❸ **Corner Radius** : 둥근 사각형 툴로 사각형을 그릴 때 모서리를 둥글게 처리할 수준을 조절합니다. 수치가 높으면 그만큼 둥근 형태로 사각형이 그려집니다.

❹ **세부 옵션** : 세부 옵션은 다음과 같이 설정합니다.

– **Disable Auto Add/Delete** : 펜 툴을 패스로 가져갔을 때 자동으로 '포인트 추가 아이콘'과 '포인트 삭제 아이콘'이 나타나게 하는 옵션입니다. 이 옵션을 선택하면 자동 기능이 Disable되므로 포인트 추가 아이콘과 포인트 삭제 아이콘이 나타나지 않게 됩니다. 이 옵션을 선택하지 않는 것이 기본값입니다.

- Double Click to Isolate : 이 옵션에 체크하면 선택 툴로 그룹을 더블클릭하면 그룹 편집창으로 전환됩니다. 이 옵션을 끄면 더블클릭해서 그룹 편집창으로 전환되지 않습니다. 기본값은 이 옵션을 선택해야 합니다.

- Use Precise Cursors : 이 옵션은 커서 아이콘을 +자 형태로 고정시키는 옵션입니다. 보통 정교한 작업을 할 때는 이 옵션을 사용하는 것이 좋지만 일반적으론 이 옵션을 사용하지 않습니다.

- Use Japanese Crop Marks : 일본에서 사용하는 재단선 표시를 종이 외곽에 표시하는 기능입니다. 국내에서는 보통 일본식 재단을 사용합니다.

- Show Tool Tips : 툴박스에 마우스를 댔을 때 나타나는 풍선 도움말의 표시 여부를 설정합니다. 일반적으로 이 옵션을 사용합니다.

- Transform Pattern Tiles : 오브젝트를 회전, 반사, 기울기 툴로 변형하면 면에 칠해진 패턴도 함께 움직입니다. 이 옵션을 끄면 회전, 반사, 기울기 등을 적용할 때 패턴은 움직이지 않고 고정됩니다.

- Anti-aliased Artwork : 패스의 경계면을 부드럽게 처리하는 기능입니다.

- Scale Stroke & Effects : 오브젝트의 크기를 스케일(Scale) 툴로 조절했을 때 선(테두리)과 Effects 효과도 동일한 비율로 조절되는 옵션입니다. 이 옵션을 선택하지 않는 것이 기본값입니다.

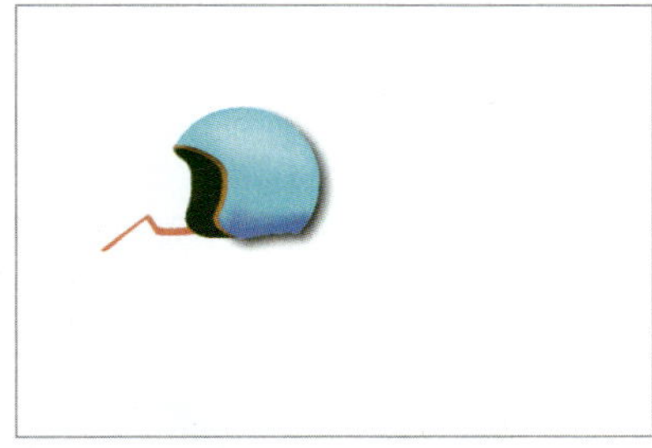

예제 이미지

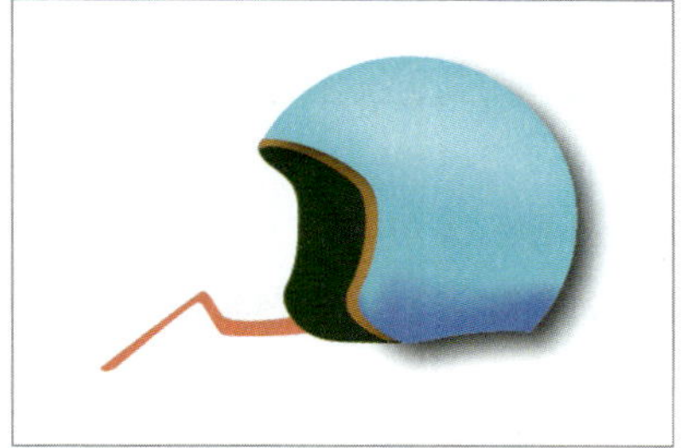

크기 조절 시 그림자 이펙트도 커진 모습

- Select Same Tint Percentage : 오브젝트를 마술봉 툴로 선택했을 때 같은 Tint 색상을 선택하는 기능입니다.

- Use Preview Bound : 오브젝트를 선택했을 때 나타나는 바운드 박스(사각 박스)를 화면에 표시하거나 감출 수 있습니다. 이 옵션에 체크하는 것이 기본값입니다.

- Appened [Converted] Upon Opening Legacy File : 작업이나 메뉴를 잘못 적용했을 때 나타나는 경고 대화상자를 나타나지 않게 만듭니다. 이 옵션에 체크하는 것이 기본값입니다.

❺ Reset All Warning Dialog : 경고 대화상자의 설정 값을 초기 상태로 돌려줍니다. 예를 들어 작업을 잘못하면 나타나는 경고 대화상자에 'Don't Show Again'이라는 체크 항목이 있습니다. 이 체크 항목이 안 보이는 경우도 있는데 Reset All Warning Dialog 버튼을 클릭하면 이 체크 항목이 경고 대화상자에 다시 나타납니다.

디스플레이 동작 환경 (Prefernces -〉Selection & Anchor Display 메뉴)

'선택 툴'에 대한 각종 옵션과 포인트 및 방향선의 표시 방식을 설정할 수 있습니다.

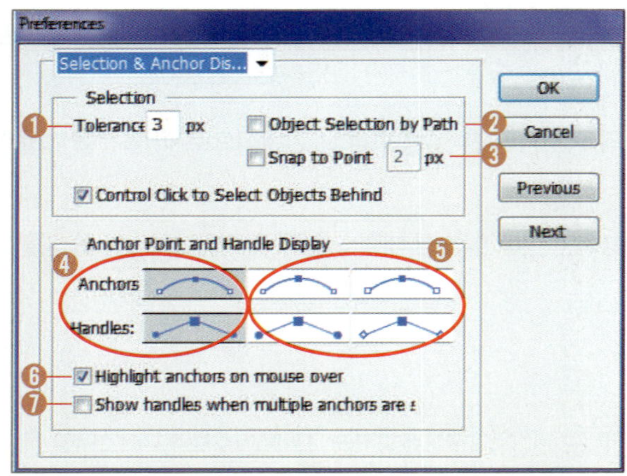

❶ Tolerance : 마술봉 툴로 선택했을 때 한 번에 선택할 수 있는 색상 영역의 크기를 설정합니다. 3~8px 사이에서 설정합니다.

❷ Object Selection by Path Only : 이 옵션을 선택하면 오브젝트의 선을 클릭해야 선택됩니다. 오브젝트의 면을 클릭하면 선택되지 않습니다.

❸ Snap to Point : 직접 선택 툴로 포인트를 선택할 때 필요한 Snap 간격을 조절합니다. 만일 5px이라고 입력하면 직접 선택 툴이 포인트가 있는 지역으로 5px 안쪽으로 접근해도 포인트를 인식합니다. 기본값은 2px입니다.

❹ Anchor : 포인트(앵커 포인트)의 디스플레이 모양을 선택합니다. 원하는 모양을 지정하면 됩니다.

❺ Handle : 방향선의 디스플레이 모양을 설정합니다. 원하는 모양을 지정하면 됩니다.

❻ Highlight Anchors on Mouse Over : 커서가 포인트에 접근하면 그곳에 포인트가 있음을 알려주기 위해 포인트가 확대되어(하이라이트) 나타나는 옵션입니다. 이 옵션에 체크하는 것이 기본값입니다.

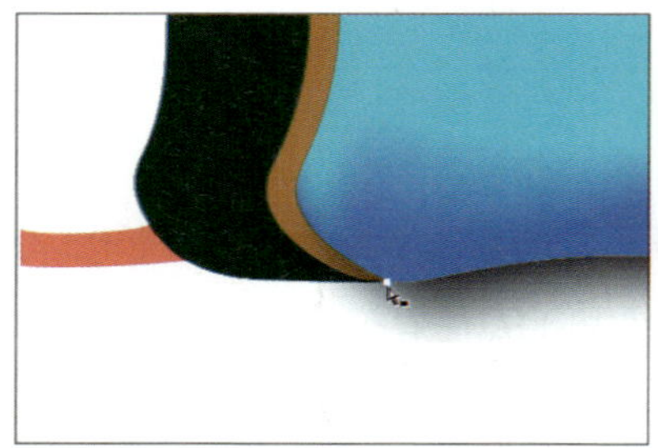

하이라이트 옵션 사용

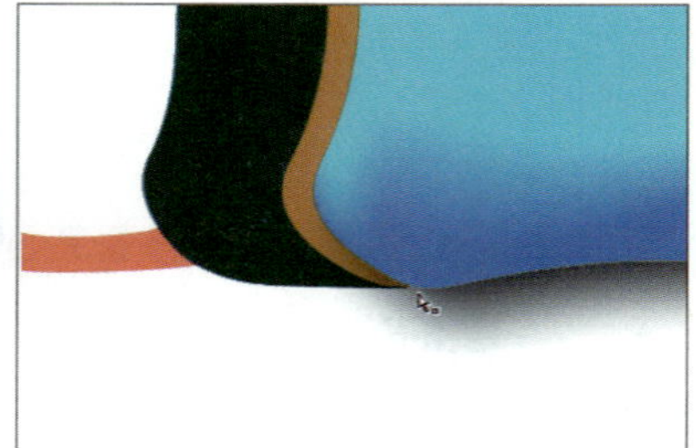

하이라이트 옵션 사용하지 않음

❼ Show Handles when Multiple Anchor Selected : 이 옵션에 체크하면, 다수의 포인트를 동시에 선택했을 경우, 각각의 포인트마다 존재하는 방향선을 모두 화면에 표시합니다. 이 옵션을 선택하지 않으면, 여러 개의 포인트를 선택해도 1개 포인트에 있는 방향선만 화면에 표시됩니다.

타이프 툴 동작 환경 (Prefernces -〉Type 메뉴)

'타이프 툴'에 대한 각종 옵션을 설정할 수 있습니다.

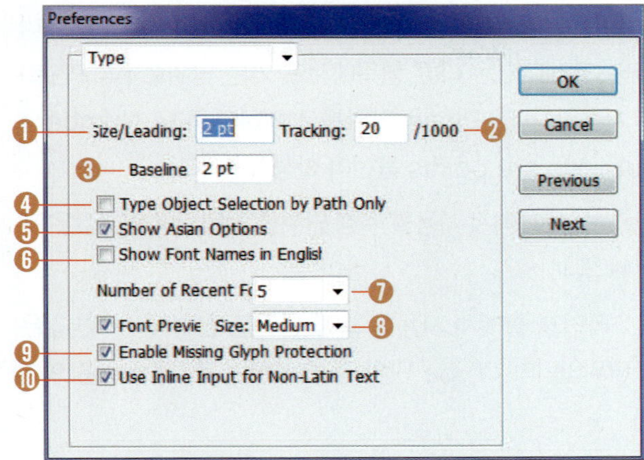

❶ Size/Leading : 단축키로 글자의 크기나 간격을 조절할 때 한 번에 조절될 크기를 설정합니다.

❷ Tracking : 블록으로 설정한 글자를 Alt + 화살표 키를 눌러 자간 조절을 할 때 한 번에 조절될 자간 간격을 em(전각 글자) 단위 비율로 설정합니다.

❸ Baseline : 타이프 툴로 글자를 입력한 후 타이프 팔레트의 Baseline 항목에 커서를 넣은 뒤 ↑↓ 화살표 키를 누르면 베이스라인(기준선)이 이동됩니다. 이 베이스라인이 이동될 때의 정교함 상태를 조절하는 기능입니다. 수치가 낮을수록 정교해집니다.

❹ Type Object Selection By Path Only : 이 옵션에 체크하면 글자를 선택 툴로 클릭하는 것으로 선택할 수 있습니다. 이 옵션을 선택하지 않으면 글자를 선택 툴로 클릭하여 선택할 수 없습니다. 선택 툴로 글자보다 큰 영역을 드래그해야만 글자들이 선택됩니다.

❺ Show Asian Options : 캐릭터/파라그래프 팔레트에서 아시아 언어와 관련된 옵션을 자동 표시합니다.

❻ Show Font Names in English : 이 옵션에 체크하면 글꼴 목록에서 한글 글꼴의 이름을 영문으로 표시합니다. 예를 들어 '바탕'체를 'Batang'이라고 표기하므로 한글 글꼴을 찾기 힘들어지므로, 이 옵션을 사용하지 않는 것이 좋습니다.

❼ Nunber of Recent Fonts : [Type] − [Recent Font] 메뉴에서 보여질 최근 사용한 글꼴 개수를 지정합니다.

❽ Font Preview Size : [Type] − [Font] 메뉴에서 보여지는 미리보기 글꼴의 크기를 설정합니다.

❾ Enable Missing Glyph Protection : Glyph 등의 상형문자나 특수 문자의 소실을 방지합니다.

❿ Use Inline Input for Non−Latin Text : 라틴 문자가 아니라도 한줄 입력이 가능하게 만듭니다.

유니트 동작 환경 (Prefernces -〉 Units & Display Performance 메뉴)

일러스트레이터에서 사용하는 측정단위(Unit)에 대한 옵션과 이미지 구현 속도(Display Performance) 옵션을 설정합니다.

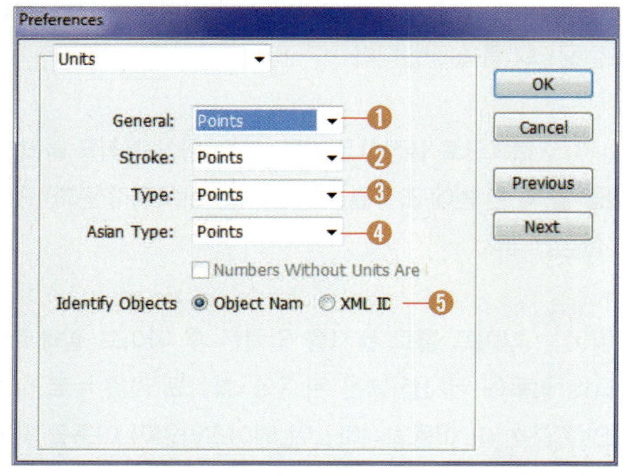

❶ General : 일러스트레이터에서 사용할 측정 단위를 선택합니다. 일러스트레이터는 다른 항목에서도 기본 단위로 pt(포인트) 단위를 사용합니다. Picas 단위를 선택하면 하단 Numbers without units are points 옵션이 활성화됩니다.

❷ Stroke : 선 두께에서 사용할 측정 단위를 선택하며 기본값은 포인트 단위입니다.

❸ Type : 타이프 툴에서 사용할 측정 단위를 선택하며 기본값은 포인트 단위입니다. Type 단위 중 Q 단위는 0.25mm를 의미합니다.

❹ Asian Type : 아시아 글꼴에서 사용할 측정 단위를 선택하며 기본값은 포인트 단위입니다.

❺ Identify Objects : Variables 팔레트에서 표시되는 동적 데이터에 대한 설정으로 이들 데이터의 이름 표시 방법을 선택합니다. 다른 프로그램과 호환시키려면 XML ID 방식을 선택해도 무방합니다.

가이드, 그리드 동작 환경 (Prefernces -〉 Guides & Grid 메뉴)

가이드 선의 색상, 스타일을 설정하고 그리드 선의 색상, 간격을 설정합니다.

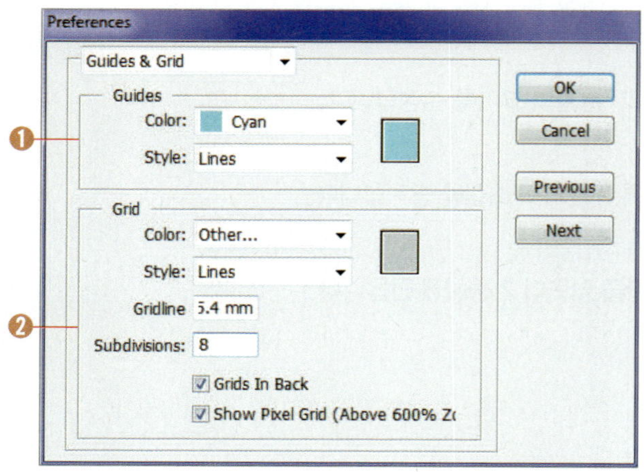

❶ Guides : 가이드 선은 [View] - [Guides] - [Show Guides] 메뉴를 실행한 뒤 Ctrl + R 을 눌러 눈금자를 표시하고, 눈금자를 클릭 드래그하여 작업창 안으로 드래그하면 생성됩니다. 여기서 가이드 선의 색상과 선 스타일을 설정합니다. 선 스타일은 Lines(선) 방식과 Dot(점) 방식이 있습니다.

❷ Grid : 그리드 선은 [View] - [Show Grid] 메뉴를 실행하면 나타납니다. 여기서 그리드 선의 색상과 그리드 스타일, 그리드 간격 등을 설정할 수 있습니다. Grids In Back 옵션은 오브젝트 아래로 그리드를 표시하는 기능입니다. 참고로, 가이드 선과(안내선)과 그리드 선(격자선)은 일종의 눈금자입니다. 사용자가 작업을 할 때 오브젝트를 정확하게 배열하고 작업 위치를 정확하게 파악하는 도우미 기능으로 사용합니다.

스마트 가이드 동작 환경 (Prefernces –〉Smart Guides 메뉴)

스마트 가이드 선에 대한 옵션을 설정합니다. 스마트 가이드란 오브젝트를 선택한 뒤 이동 작업이나 기울기 작업을 할 때 반짝이며 나타나는 표시를 말합니다. View –〉 Smart Guides 메뉴를 실행해야 스마트 가이드 기능이 동작합니다.

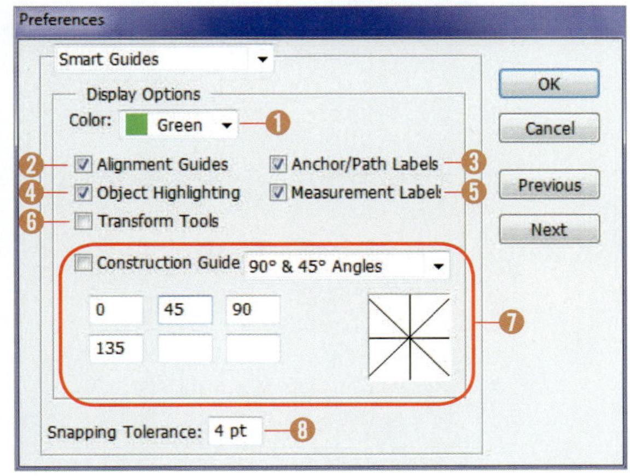

❶ Color : 스마트 가이트의 색성을 설정합니다.

❷ Alignment Guides : 가이드 선이 있을 경우 스마트 가이드를 가이드 선에 자동 정렬시키며 동작합니다.

❸ Anchor/Path Labels : 스마트 가이드 기능을 사용할 경우 동작하는 이 기능은 스마스 가이드가 제공하는 문자 정보를 사용할 때 선택합니다. 패스에 커서를 대면 'path'라는 글자가 잠깐 나타나고 포인트에 커서를 대면 'anchor'라는 글자가 잠깐 나타나는데 이런 정보를 보고 싶다면 이 옵션에 체크합니다.

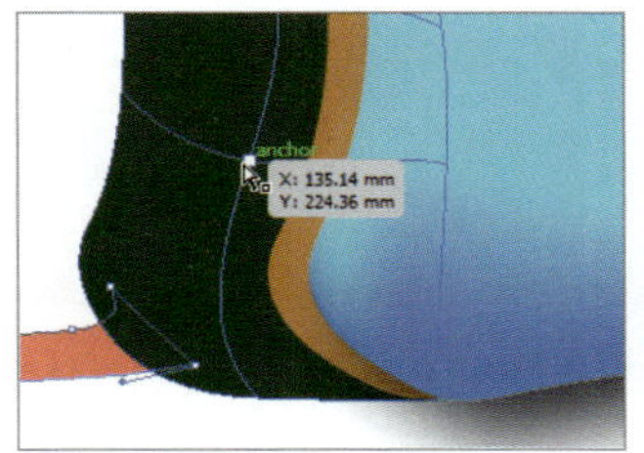

Path Labels 사용 On

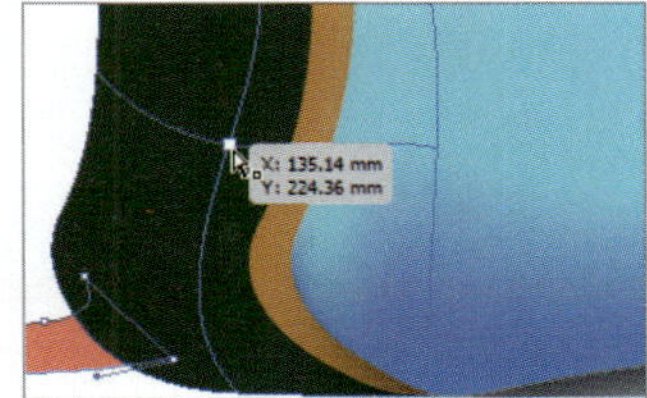

Path Labels 사용 Off

❹ Object Highlighting : 마우스가 오브젝트에 접근할 때 그 오브젝트가 약간 움직임을 가지며 부각되는 기능입니다. 이 기능은 선택 작업을 용이하게 하는 옵션입니다.

❺ Measurement Labels : 오브젝트를 드로잉하거나 이동시킬 때 면적 정보와 위치 정보 라벨이 나타납니다.

❻ Transform Tools : 툴을 이용해 오브젝트를 회전시키거나 크기를 변형할 때 스마트 가이드를 기동합니다.

❼ Construction Guides : 스마트 가이드의 형태를 사용자가 직접 설정합니다. 스마트 가이드는 기본적으로 오브젝트를 회전시킬 때 45 각도로 라인이 번쩍이며 화면에 표시됩니다. 이 각도 형식을 선택하거나 사용자가 임의대로 입력하여 스마트 가이드의 형태를 바꿀 수 있습니다.

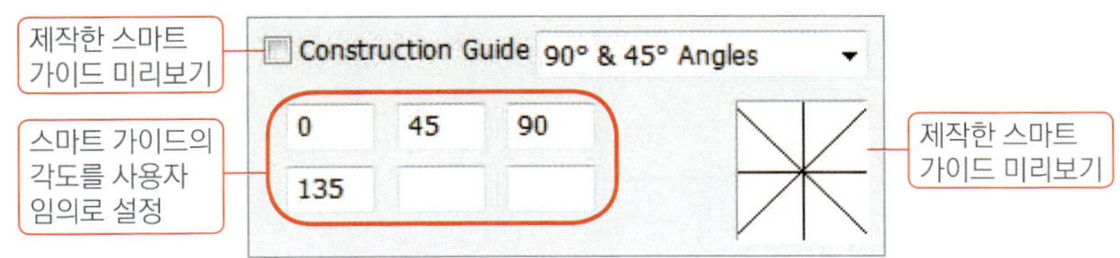

❽ Snapping Tolerance : 스냅(자동 붙이기) 간격을 지정합니다. 예를 들어 4pt라고 설정하면 오브젝트를 이동시키거나 회전시킬 때 스마트 가이드가 4pt 안에 들어오면 자동으로 붙게 됩니다. 수치가 낮을수록 정교한 작업이 가능하지만 번번히 붙는 현상이 발생해 오히려 작업에 방해가 됩니다.

슬라이스 툴 동작 환경 (Prefernces –〉 Slices 메뉴)

'슬라이스 툴'에 대한 동작 환경을 설정합니다.

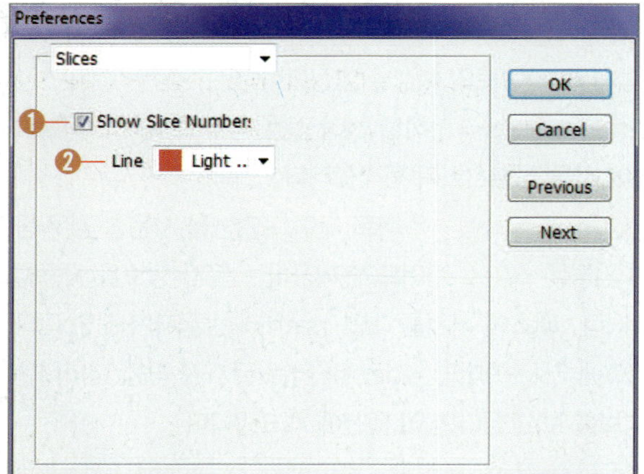

❶ Show Slice Number : 슬라이스 분할 영역의 번호를 보여줍니다.

❷ Line : 슬라이스 라인 색을 지정합니다.

하이픈 기능 동작 환경 (Prefernces –〉 Hyphenation 메뉴)

하이픈 옵션을 설정할 수 있습니다. 입력하는 언어마다 다르게 하이픈을 설정할 수 있습니다. 영문자는 기본적으로 하이픈을 사용하지만 한국어에서는 하이픈 기능이 거의 동작하지 않습니다.

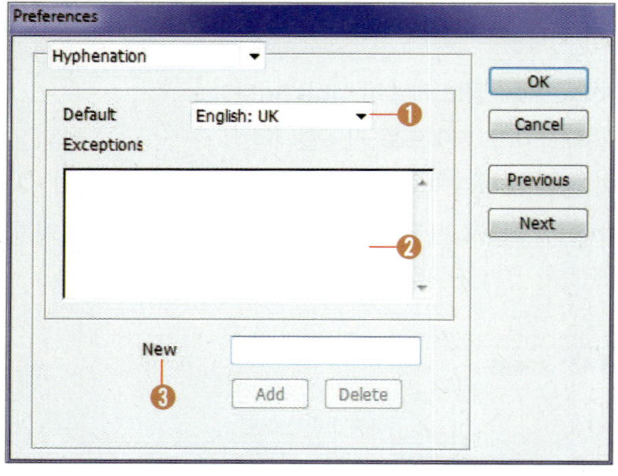

❶ Defaults Language : 하이픈 기능을 설정할 언어를 선택합니다. 운영처제가 사용하는 주언어를 선택하면 됩니다.

❷ Exceptions : 하이픈 기능을 적용하지 않을 단어 목록이 표시됩니다.

❸ New Entry : 하이픈 기능을 적용하지 않을 단어를 입력한 뒤 하단의 Add 버튼으로 등록합니다. Delete 버튼은 Exceptions 목록에 있는 단어를 삭제하는 기능입니다.

하이픈에 대해

하이픈이란 분절된 단어임을 알려주는 '–' 표시를 말합니다. 문장을 입력하다 보면 문장의 길이가 길 때 자동으로 줄이 바뀌면서 맨 마지막에 있는 단어는 분절되어 아래 줄로 내려가거나, 분절될 가능성이 있는 단어를 분절시키지 않고 강제로 아래 줄로 내려 보냅니다. 하이픈 기능은 분절된 단어 사이에 넣는 '–' 표시를 말합니다. 즉, 분절시킨 후 분절된 끝 부분에 삽입하는 – 표시를 하이픈이라 부릅니다. 하이픈 기능은 주로 영문 단어가 분절될 때 동작하며 한글 단어는 분절이 되어도 하이픈 기능이 동작하지 않습니다.

파일 핸드링, 클립보드 (Prefernces -〉 File Handling & Clipboard 메뉴)

링크 이미지에 대한 대응책을 설정하고 복사 이미지를 처리할 방법을 설정할 때 사용합니다.

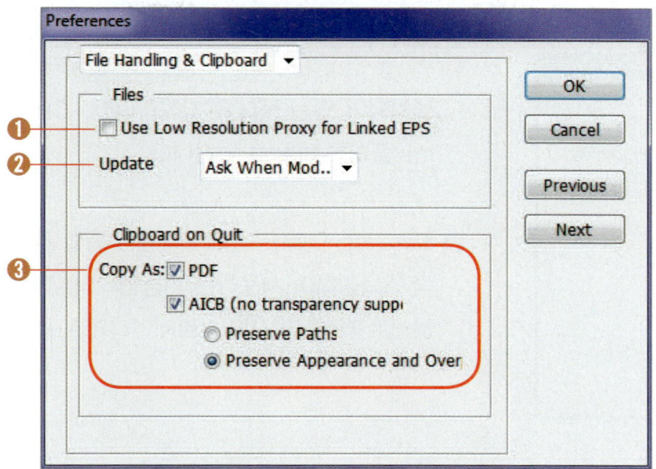

❶ **Use Low Resolution Proxy for EPS** : 링크 이미지를 미리 보여줄 때 저해상도를 사용합니다.

❷ **Update** : 링크시킨 이미지의 원본 이미지가 갱신될 경우, 이에 대한 대응책을 선택합니다.

- **Automatically** : 원본 이미지가 다른 프로그램에서 수정될 때마다 일러스트레이터에서도 자동 갱신됩니다.
- **Manually** : 링크 팔레트의 Update Link 메뉴를 사용해 갱신합니다.
- **Ask When Modified** : 링크 파일을 불러올 때 갱신된 흔적이 있으면 대화상자가 나타나 갱신 여부를 결정할 수 있습니다.

❸ **Clipboard on Quit** : 일러스트레이터에서 복사한 이미지를 다른 그래픽 프로그램에서 Paste(붙이기)할 때 어떤 정보를 가져갈지 결정합니다. 일반적으로 Adobe 관련 그래픽 프로그램으로는 지정된 정보를 모두 가져갈 수 있습니다.

- **PDF** : 복사할 때 PDF 정보를 함께 복사해서 가져갑니다.
- **AICB** : Preserve Appearance and...를 선택하면 작업 이미지에 적용한 각종 이펙트 효과를 복사한 상태에서 그대로 가져갈 수 있습니다.

스크래치 디스크 동작 환경 (Prefernces -〉 Plug-ins & Scratch Disks 메뉴)

플러그 인 폴더를 새로 추가하고 스크래치 디스크를 할당할 때 사용합니다. 메모리가 부족한 경우에는 공간이 많이 남아있는 하드디스크를 스크래치·디스크로 할당해야 일러스트레이터가 원활하게 동작합니다.

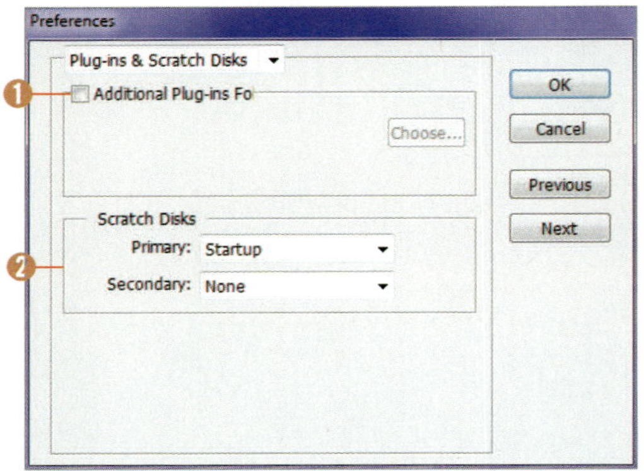

❶ Plug-ins Folder : 일러스트레이터에서 동작하는 플러그 인 필터가 설치되어 있는 폴더를 지정합니다. Choose 버튼을 클릭하면 Plug-ins 폴더를 바꿀 수 있습니다.

❷ Scratch Disks : 메모리가 부족할 경우 하드디스크를 가상 메모리처럼 스와핑하여 사용하는 기능입니다. 여유공간이 많은 하드디스크를 순서대로 지정하면 일러스트레이터의 실행 속도가 조금 빨라집니다.

인터페이스 조절 (Prefernces -〉 User Interface 메뉴)

일러스트레이터 프로그램 자체의 밝기를 조절하고 팔레트와 관련된 옵션을 설정합니다.

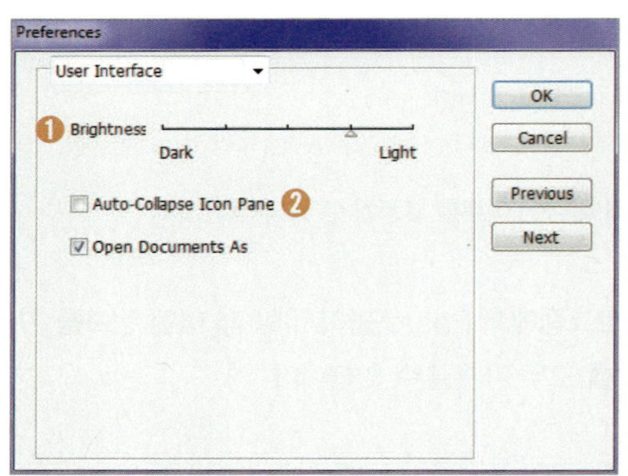

❶ Brightness : 프로그램의 밝기를 조절합니다. 슬라이더를 Dark 방향으로 이동시키면 일러스트레이터의 밝기가 어두워집니다.

❷ Auto Collapse Panels : 팔레트 자동 접기 기능이 동작합니다. 팔레트에서 마우스가 멀어지면 팔레트가 자동으로 접어지는 옵션입니다.

블랙 색상 환경 (Prefernces -〉 Appearance of Black 메뉴)

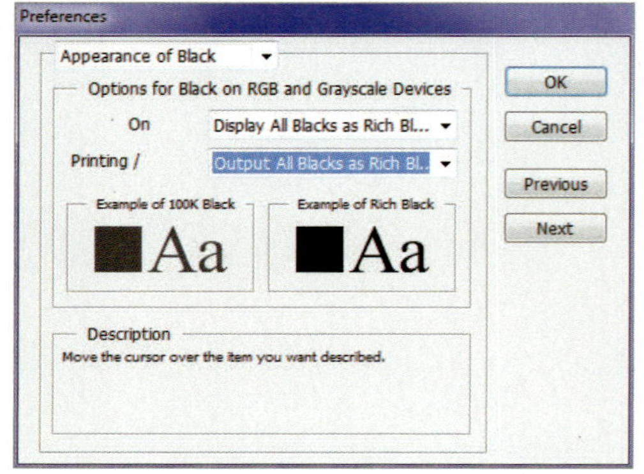

블랙 색상을 화면이나 프린터에서 어떻게 보이게 할지 선택합니다. 일러스트레이터는 속성상 완전한 검정색이 구현되지 않으므로 On Screen 옵션과 Printing 옵션 모두 Rich Black을 선택합니다.

오브젝트 자유롭게 제어하기
Object 메뉴

Object 메뉴는 오브젝트를 관리하고 제어하는 메뉴로 구성되어 있습니다. 오브젝트를 정확하게 제어할 수 있으므로 반드시 실전으로 익혀두기 바랍니다.

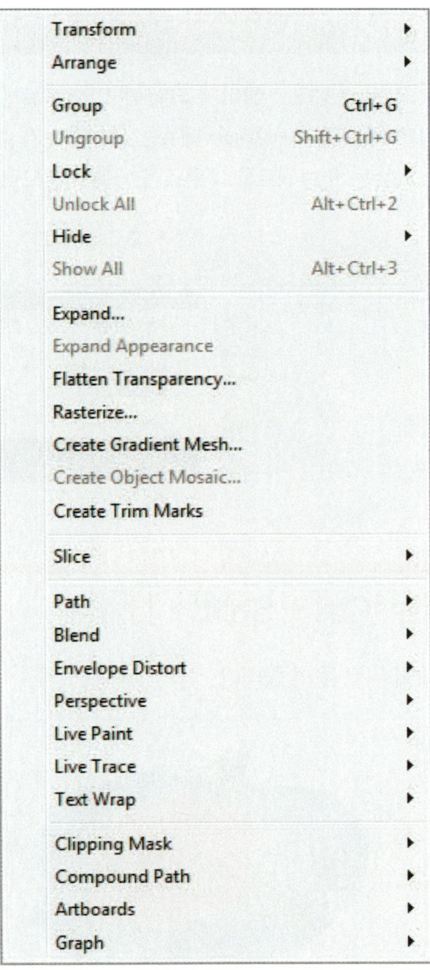

Object →〉Transform 메뉴 (변형하기)

회전 툴, 반사 툴, 스케일 툴, 기울기 툴의 기능을 메뉴 방식으로 사용하는 기능입니다. 메뉴 실행 시 나타나는 대화상자의 사용법은 툴박스에서 설명한 회전 툴, 반사 툴 등의 옵션 대화상자와 동일합니다. 이 가운데 Transform Again 메뉴는 바로 전 실행한 변형 작업을 동일한 옵션값으로 반복 실행할 때 사용합니다.

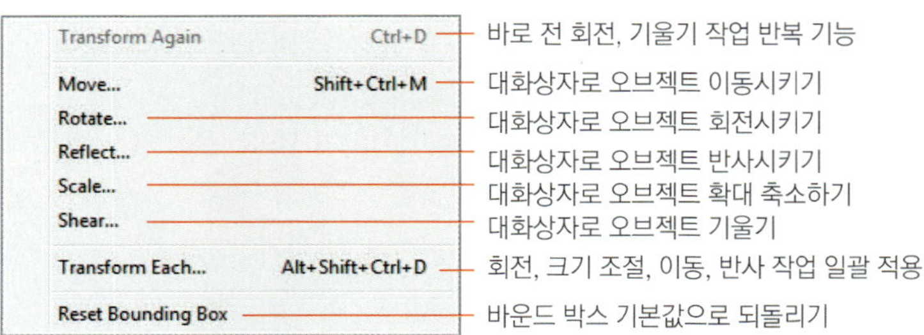

02 Object →〉Arrange 메뉴 (오브젝트가 겹쳐있는 순서 바꾸기)

오브젝트를 드로잉하면 오브젝트는 만든 순서대로 쌓이게 되어 맨 먼저 드로잉한 오브젝트가 제일 밑에 놓여있고, 제일 나중에 그린 오브젝트는 제일 위에 놓이게 됩니다. Arrange 메뉴는 오브젝트가 겹쳐있을 때, 겹쳐있는 순서를 위 아래로 변경할 때 사용합니다. 참고로, Arrange 메뉴는 오브젝트를 마우스 오른쪽 버튼으로 클릭해도 사용할 수 있습니다.

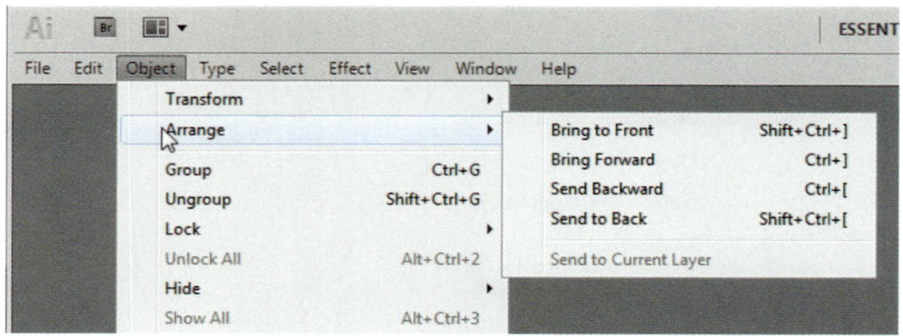

Arrange →〉Bring to Front 메뉴 (Ctrl + Shift +])

선택한 오브젝트나 그룹을 모든 오브젝트의 제일 위로 올려 줍니다.

예제 이미지

제일 밑에 있는 오브젝트 선택

제일 위로 올린 모습

Arrange -> Bring Forward 메뉴 (Ctrl +])

선택한 오브젝트나 그룹을 바로 위로 올려 줍
니다.

제일 밑에 있는 오브젝트 선택

바로 위로 올린 모습

Arrange -> Send Backward 메뉴 (Ctrl + [ )

선택한 오브젝트나 그룹을 바로 밑 아래쪽으
로 내려 줍니다.

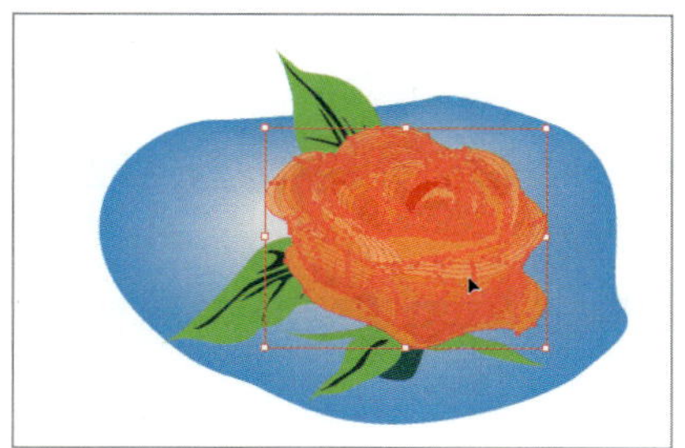

제일 위의 오브젝트 선택

바로 아래로 내린 모습

Arrange -> Send to Backward 메뉴 (Ctrl + Shift + [ )

선택한 오브젝트나 그룹을 제일 밑으로 내려
줍니다.

제일 위의 오브젝트 선택

제일 아래로 내린 모습

Arrange -> Send to Current Layer 메뉴

선택한 오브젝트나 그룹을 레이어 팔레트에서
지정한 레이어 층으로 보내 줍니다. 자주 사용
하는 기능으로 오브젝트를 그린 위치와 레이어
의 배치가 서로 틀릴 경우 다른 레이어 층으로
오브젝트를 내보낼 때 유용합니다.

Layer 2의 주황색 배경 선택

Layer 1 선택 후 메뉴 적용 주황색 배경을 Layer 1로
보낸 모습

03 Object → Group 메뉴 (그룹 묶기) / Ungroup 메뉴 (그룹 해제)

Group 메뉴는 여러 오브젝트를 관리하기 쉽도록 하나의 그룹으로 묶을 때 사용합니다. 그룹으로 묶으면 이동 작업이나 크기 조절 등의 작업을 할때 같이 움직입니다. 또한 그룹으로 묶은 오브젝트를 선택 툴로 선택한 뒤 색상을 바꾸면 그룹 안에 있는 모든 오브젝트의 색상이 동일하게 적용됩니다. 그룹에서 개별 오브젝트의 색상만 변경하려면 '직접 선택 툴'로 그룹 안의 오브젝트를 선택해야 합니다. 그룹으로 묶는 작업은 매우 자주 사용하는 기능이며 단축키는 Ctrl + G 입니다.

Ungroup 메뉴는 그룹을 각각의 오브젝트로 풀어줄 때 사용합니다. 여러 번 그룹으로 묶인 경우에는 계속 Ungroup 메뉴를 실행해야 각각의 오브젝트로 분리할 수 있습니다. 단축키 Ctrl + Shift + G

04 Object → Lock 메뉴 (잠그기) / Unlock All 메뉴 (해제)

Lock 메뉴는 오브젝트를 수정할 수 없도록 잠글 때 사용합니다. 드로잉 작업 시 편집되지 않도록 특정 오브젝트를 잠글 때 사용합니다. 단축키 Ctrl + 2

Unlock All 메뉴는 잠겨있는 오브젝트를 잠그지 않은 상태로 해재할 때 사용합니다.

05 Object → Hide 메뉴 (감추기) / Show All 메뉴 (모두 보이기)

Hide 메뉴는 오브젝트나 그룹을 화면에서 감추어 줍니다. 드로잉 작업을 할 때 방해가 되는 오브젝트가 있다면 그 오브젝트를 선택한 뒤 Hide 메뉴로 감추어 줍니다. 매우 자주 사용하는 기능이며 단축키는 Ctrl + 3 입니다.

Selection	Ctrl+3
All Artwork Above	
Other Layers	

❶ Selection 메뉴 : 선택한 오브젝트만 화면에서 감춥니다. 단축키 Ctrl + 3
❷ All Artwork Above 메뉴 : 선택한 오브젝트 위에 있는 오브젝트를 감춥니다.
❸ Other Layers 메뉴 : 선택한 레이어를 제외한 나머지 레이어를 감춥니다.

Show All 메뉴는 Hide 메뉴로 감춘 오브젝트를 다시 화면에 표시합니다. 단축키는 Ctrl + Alt + 3 입니다.

Object –〉 Expand 메뉴 (분리하기)

오브젝트에 적용된 모든 요소(Fill, Stroke, 그라디언트, 메시 등)를 빠짐없이 분리한 뒤 개별적인 오브젝트로 분리하는 기능입니다. 예를 들어 그라데이션 색상은 수십 개의 색상이 연이어지면서 그라데이션을 구현하지만 이 메뉴를 적용하면 각각의 색상 영역이 원본 색상을 유지하면서 개별적인 오브젝트로 전환됩니다. 분리된 요소는 레이어 팔레트에서 확인할 수 있습니다. 대화상자의 옵션 중 Object 옵션은 블렌드 툴로 채색한 오브젝트를 분리할 때 사용하고, Gradient Mesh 옵션은 Gradient Mesh 색상을 각각의 오브젝트로 분리할 때 선택합니다.

예제 이미지

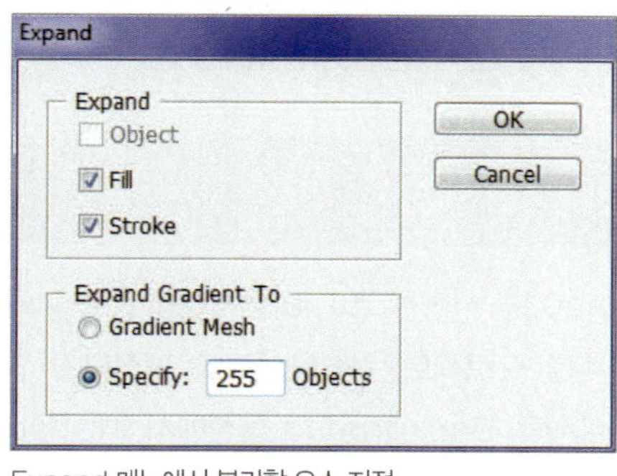
Expand 메뉴에서 분리할 요소 지정

256 조각으로 분리한 모습

Object –〉 Expand Appearance 메뉴

Expand Appearance 메뉴는 앞의 Expand 메뉴와 동일 기능이지만 오브젝트에 적용된 Effects 효과, 브러시 효과, 스타일 효과를 분리할 때 사용합니다. 보통 일러스트레이터의 Appearance 형태를 읽지 못하는 다른 벡터 프로그램에서 오브젝트를 읽을수 있도록 미리 분리시키는 기능을 합니다. 분리된 내용은 Appearance 팔레트에서 확인할 수 있습니다. 참고로, Appearance 형태가 분리된 오브젝트는 보통 그룹 상태이므로 직접 선택 툴로 편집하거나, Object –〉 Ungroup 메뉴를 적용해 그룹을 해체한 뒤 편집해야 합니다.

예제 '마크1.ai'를 불러온 뒤 Expand Appearance 메뉴를 적용한 모습입니다.

예제 이미지

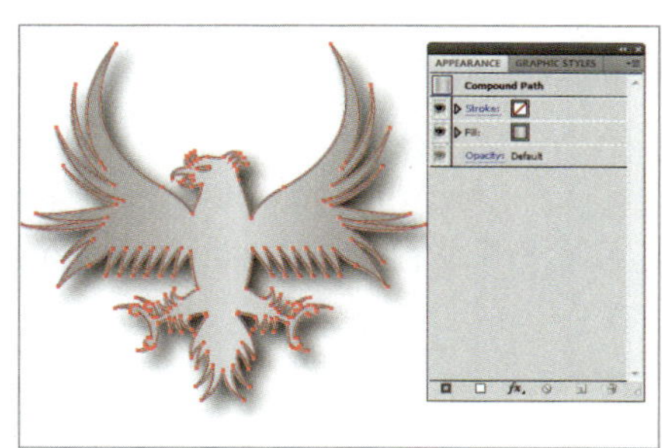
Appearance를 분리한 모습

분리된 Appearance를 이동시킨 모습

Object –〉 Flatten Transparency 메뉴

투명 영역이 있는 이미지에서 사용합니다. 일러스트레이터에서 작업한 아트워크에 투명 오브젝트가 있을 경우 실제 인쇄 시 제대로 구현되지 않을 수도 있습니다. 이 메뉴는 투명 오브젝트끼리 겹쳐 있는 부분의 색상을 정확하게 인쇄되도록 병합할 때 사용합니다. 즉 여러 개의 투명 오브젝트가 겹쳐 있을 경우, 이들의 색상 상태를 개별적인 오브젝트로 전환해 인쇄가 정확하게 구현되도록 해 줍니다. 보통 인쇄소 등에서의 실무 인쇄를 하기 전 투명 영역을 오류없이 인쇄되도록 하기 위해 사용합니다.

Object –〉 Rasterize 메뉴

선택된 오브젝트나 그룹을 비트맵 이미지로 전환합니다. 비트맵으로 전환할 때 대화상자를 통해 Color 모드와 해상도 옵션을 지정할 수 있습니다. 비트맵으로 전환한 오브젝트는 펜 툴 등으로 편집할 수 없습니다. 참고로, 테두리가 둥근 오브젝트는 테두리 부분이 투명 상태이므로 대화상자의 Background 옵션에서 'Transparency' 옵션을 선택해 테두리 부분을 투명으로 처리해야 합니다. 이 기능 또한 인쇄소 등에서의 실무 인쇄를 하기 전 투명 영역을 오류없이 인쇄되도록 하기 위해 사용합니다.

Object –〉 Create Gradient Mesh 메뉴

'메시 툴'로 제작하는 메시 포인트를 매뉴얼 방식으로 생성시키는 기능입니다. 입력한 수치를 기준으로 메시 격자가 자동으로 생성됩니다. 이때 메시 포인트에는 툴 박스의 Fill 컬러에서 지정한 색상이 일률적으로 적용됩니다.

보통 메시 포인트를 많이 찍을 경우 이 메뉴로 메시를 제작한 뒤 각 포인트에 원하는 색상을 지정하면 됩니다. 메시 툴에 대해서는 3부, '메시 툴'을 참고하기 바랍니다.

Create Gradient Mesh 대화상자의 사용법은 다음과 같습니다.

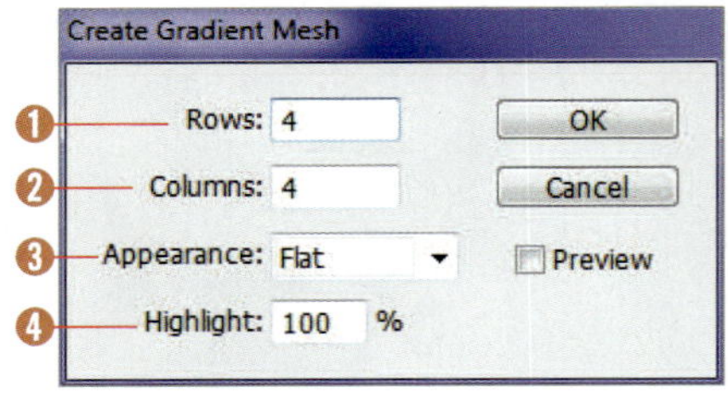

❶ Rows : 세로 방향으로 생성될 메시 격자의 수 지정

❷ Columns : 가로 방향으로 생성될 메시 격자의 수 지정

❸ Appearance : 메시 격자의 형태 설정

– Flat : 하이라이트 영역 없이 메시 격자 생성

– To Center : 중앙 부분이 하이라이트되는 방식으로 메시 격자 제작

– To Edge : 테두리가 하이라이트되는 메시 격자 제작

❹ Highlight : 하이라이트 영역의 밝기 설정

11 Object -> Create Object Mosaic 메뉴

외부에서 가져온 비트맵 이미지를 선택한 상태에서 실행합니다. 비트맵 이미지를 오브젝트 모자이크(모자이크 그림처럼 보이는 벡터 오브젝트)로 전환해 줍니다. 이때 비트맵 이미지는 반드시 Embed되어야 합니다. 참고로, Link된 비트맵 이미지는 오브젝트 모자이크로 전환할 수 없습니다.

12 Object -> Create Trim Marks 메뉴 (트림 마크)

선택한 오브젝트의 상하좌우에 '트림 마크'를 만들어줍니다. 트림 마크는 인쇄 후 재단 등을 할 때 종이자르기의 기준으로 삼을 수 있습니다.

13 Object -> Perspective 메뉴 (원근법 메뉴)

이 메뉴는 '원근법 툴'로 그리드를 만들기 전 오브젝트를 생성시킨 경우 사용합니다. '원근법 툴'로 원근법 그리드를 만들면 그 전에 생성시킨 오브젝트는 원근법에 맞지 않습니다. 하위 메뉴를 사용하면 기존에 만든 오브젝트를 새로 생성시킨 원근법 그리드에 맞게 배치할 수 있습니다.

```
Attach to Active Plane
Release with Perspective
Move Plane to Match Object
Edit Text
```

❶ Attach to Active Plane 메뉴 : 선택한 오브젝트를 원근법 그리드에 맞추어줍니다. 이후 '원근법 선택 툴'로 오브젝트를 선택한 뒤 이동시키면 원근법 그리드에 맞게 오브젝트가 이동됩니다.

❷ Release with Perspective 메뉴 : 앞의 메뉴로 Attach시킨 오브젝트를 원근법 그리드에 맞지 않은 원래 상태로 되돌려줍니다.

❸ Move Plane to Match Object 메뉴 : 원근법 그리드를 오브젝트에 맞게 이동시킵니다. 단, 새로 그린 오브젝트가 기존 원근법 그리드와 동일 크기, 동일 높이를 가지고 있어야 합니다.

❹ Edit Text 메뉴 : 심볼이나 글자는 원근법 그리드 상태에서는 바로 편집되지 않습니다. '원근법 선택 툴'로 심볼이나 글자를 선택한 뒤 Edit Text 메뉴를 적용하면 Isolation Mode로 전환되어 심볼이나 글자를 편집할 수 있습니다. 원근법 그리드 상태에서 심볼이나 글자를 더블클릭해도 Isolation Mode로 자동 전환됩니다.

작업 이미지를 웹에서 빨리 열리도록 여러 조각으로 분할하거나 분할된 영역을 복제하고 해체하는 기능들을 하위 메뉴로 제공합니다. 툴박스의 '슬라이스 툴'과 연동하여 사용합니다.

❶ Make 메뉴 : 선택한 오브젝트를 슬라이스 영역으로 전환합니다. 일반적으로 2개 이상의 오브젝트를 선택한 뒤 사용합니다. 각 오브젝트마다 개별 슬라이스 영역이 되므로 슬라이스를 한 번에 하고 싶을 때 사용합니다.

❷ Release 메뉴 : '슬라이스 선택 툴'로 선택한 슬라이스 영역을 해제하고 분할 전 상태로 돌아갑니다.

❸ Create from Guides 메뉴 : 가이드 선을 기준으로 슬라이스 영역을 제작합니다. 가이드 선은 [View] − [Show Rulers] 메뉴를 실행한 뒤 룰러(눈금자)를 클릭해 작업창으로 드래그하면 제작됩니다. 이 메뉴를 실행하면 가이드 선에 딱맞게 슬라이스 영역이 제작됩니다.

❹ Create from Selection 메뉴 : 이 메뉴는 선택 툴로 선택한 오브젝트를 기준으로 슬라이스 영역을 만들 때 사용합니다. 앞에서 설명한 Make 메뉴는 2개 이상의 오브젝트를 선택한 뒤 실행하는 기능이라면 이 메뉴는 복수의 오브젝트라 할지라도 하나의 큰 영역으로 슬라이스를 만들어 줍니다.

❺ Duplicate Slice 메뉴 : 슬라이스 영역을 복사한 뒤 하나 더 만들어 줍니다.

❻ Combine Slices 메뉴 : 슬라이스 영역을 병합하는 기능입니다. 선택 툴로 중복 선택한 2개 이상의 슬라이스 영역을 하나의 슬라이스 영역으로 병합합니다. 참고로, 슬라이스 영역을 2개 이상 중복으로 선택하려면 Shift 키를 누른 채 슬라이스 선택 툴로 슬라이스 영역을 클릭하면 됩니다.

❼ Divide Slices 메뉴 : 슬라이스 선택 툴로 선택한 영역을 다시 재분할할 때 사용합니다. 대화상자에서 수치를 입력하면 됩니다.

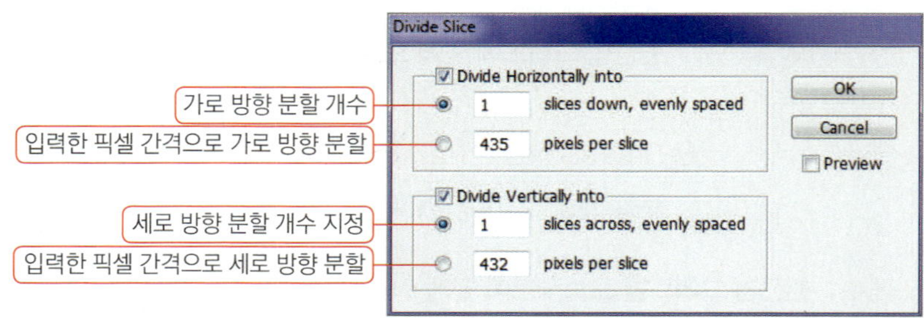

❽ Delete All 메뉴 : 분할 작업을 취소하고 분할하지 않은 원래 상태로 돌아갑니다.

❾ Slice Options 메뉴 : 슬라이스 선택 툴로 선택한 분할 영역에 인터넷 주소를 링크시킬 때 사용합니다. 슬라이스 옵션 대화상자의 사용법은 1부 '슬라이스 선택 툴' 참고

❿ Clip to Artboard 메뉴 : 분할 영역이 종이(Artboard)보다 클 경우에는 종이 크기에 맞추어 조절합니다.

Object → Path 메뉴 (패스와 포인트를 개별적으로 편집하기)

Path 메뉴는 패스와 포인트를 개별적으로 편집하는 기능을 제공합니다. 열려있는 두 패스를 연결하거나 2개로 분할하고, 선택된 포인트들을 평균화 지점으로 이동시키는 등의 기능이 있습니다. 중요한 편집 기능이므로 익혀두는 것이 좋습니다.

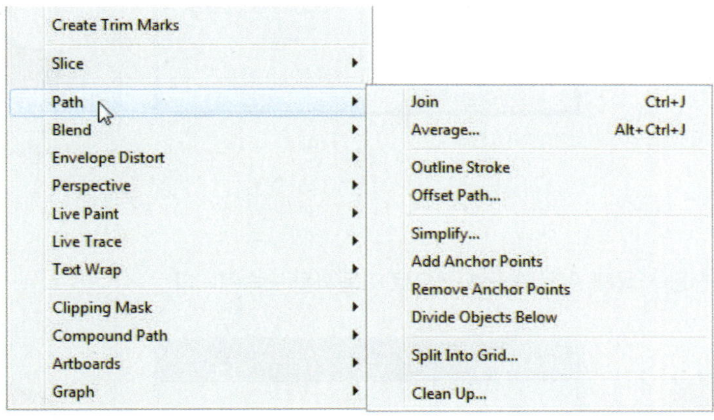

Path → Join 메뉴 (Ctrl + J)

Join 메뉴는 열려있는 두 패스의 포인트를 하나로 연결할 때 사용합니다. 메뉴를 실행하기 전 연결할 양쪽 포인트를 '직접 선택 툴'로 선택해야 합니다. 단축키는 Ctrl + J 입니다.

예제 '학사모.ai'를 불러온 뒤 열려있는 두 포인트를 선택하고 Join 메뉴로 연결하겠습니다.

직접 선택 툴로 포인트 선택

Shift + 클릭으로 연결할 포인트 선택

Join 메뉴 적용 모습

Path → Average 메뉴 (Ctrl + Alt +J)

선택한 여러 포인트를 수평 또는 수직 방향의 평균 위치로 이동시킬 때 사용합니다. 대화상자를 통해 포인트가 모이게 될 평균 위치를 설정합니다.

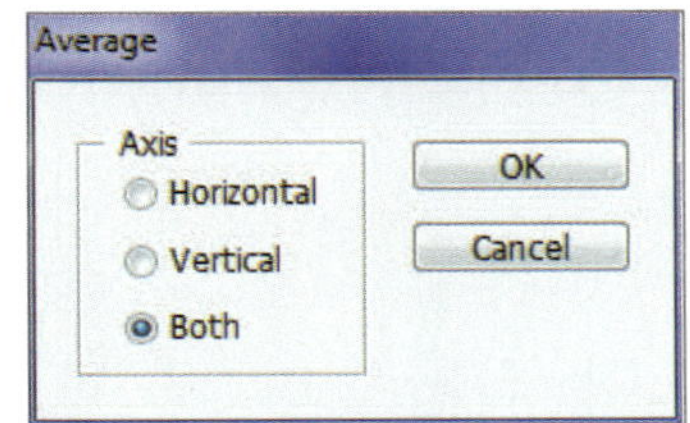

❶ Horizontal : 선택한 여러 포인트를 수평 평균 지점으로 이동시킵니다.

❷ Vertical : 선택한 여러 포인트를 수직 평균 지점으로 이동시킵니다.

❸ Both : 선택한 여러 포인트를 수평/수직 평균 지점으로 이동시킵니다.

선택한 두 포인트를 Horizontal 옵션을 사용해 수평 평균 지점으로 이동시킨 모습입니다.

직접 선택 툴로 선택된 2개의 점

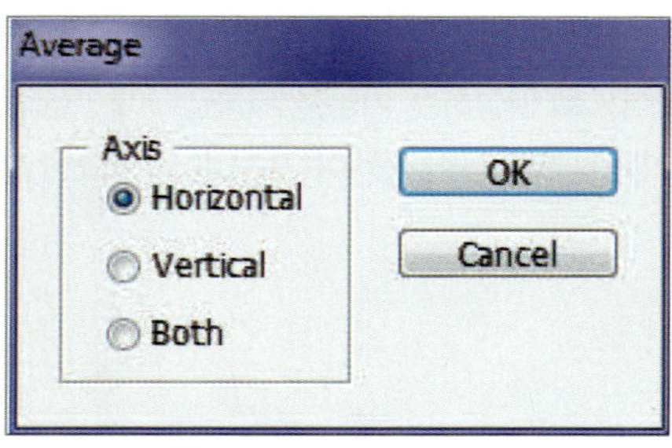

Horizontal 적용

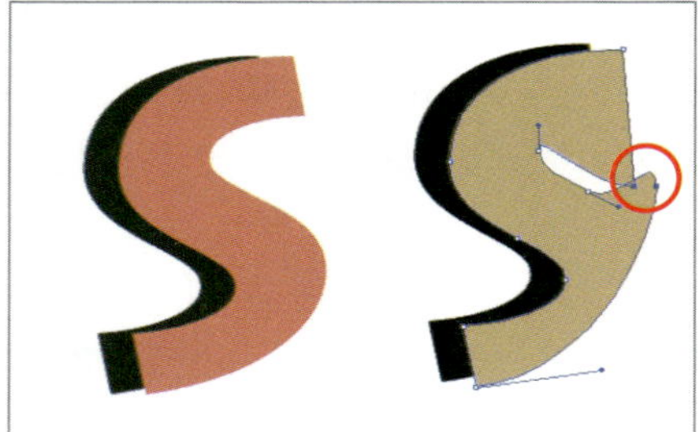

두 점이 수평 평균 지점으로 이동한 모습

선택한 두 포인트를 Vertical 옵션을 사용해 수직 평균 지점으로 이동시킨 모습입니다.

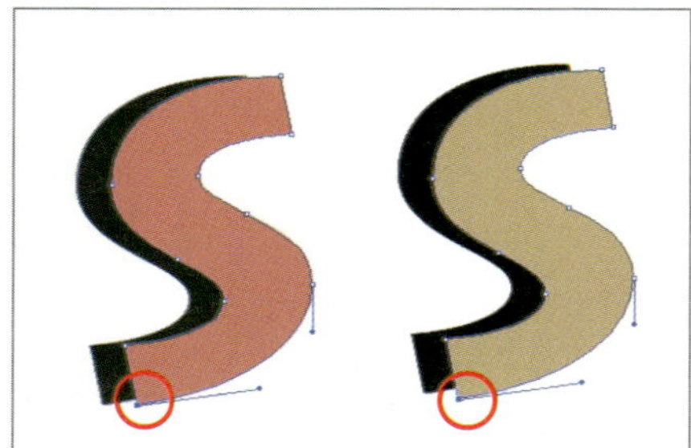

선택된 2개의 점 모습

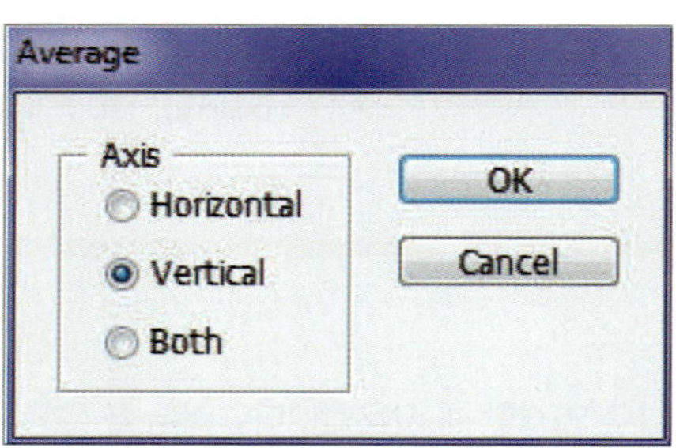

Horizontal(수평) 적용

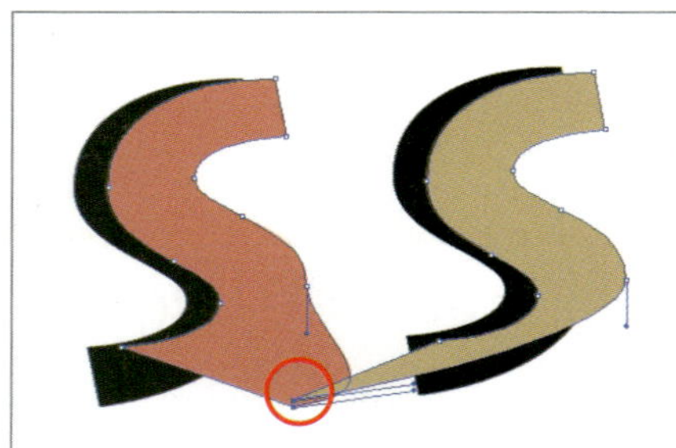

두 점이 수직 평균화 지점으로 이동한 모습

서로 다른 오브젝트에 있는 점 4개를 Vertical 옵션으로 이동시킨 모습입니다.

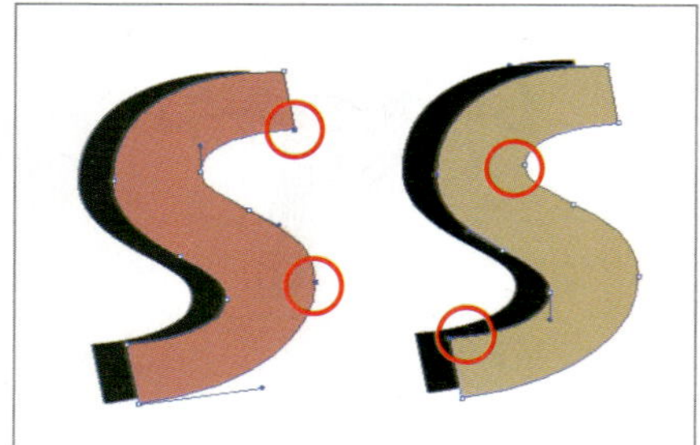

선택된 4개의 포인트

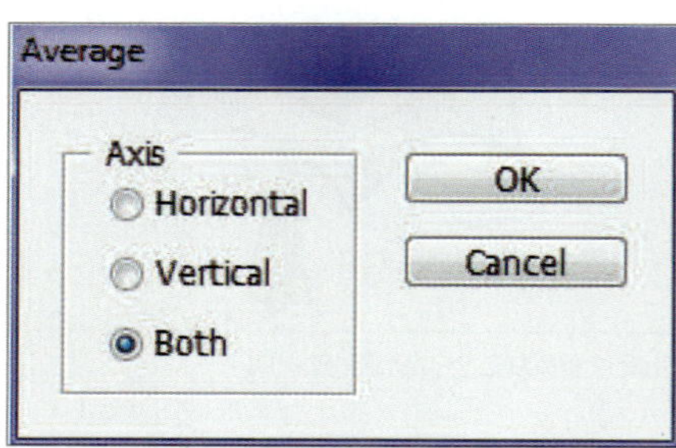

Both 옵션 적용

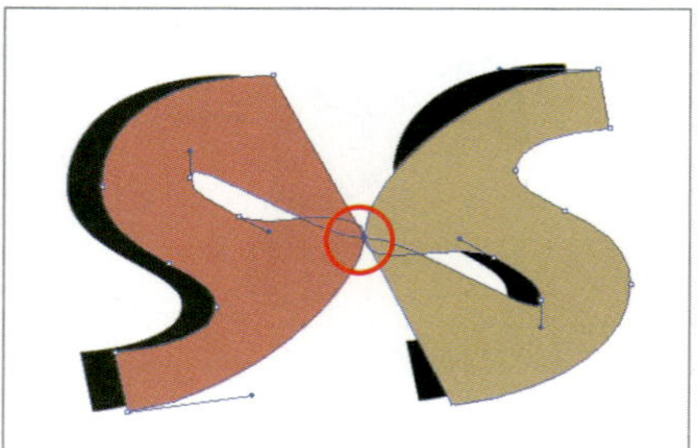

4개의 포인트가 평균화 지점으로 이동한 모습

Path -〉 Outline Stroke 메뉴

이 메뉴는 오브젝트의 Stroke 부분인 선 부분만 뽑아서 면으로 전환할 때 사용합니다. Path란 선과 면이 공존해야 하는데 이 메뉴를 사용하면 선 부분인 Stroke만 뽑아 선을 아예 면으로 만들어 줍니다. 예제 '동상.ai'를 불러온 뒤 Outline Stroke 메뉴를 적용한 모습입니다.

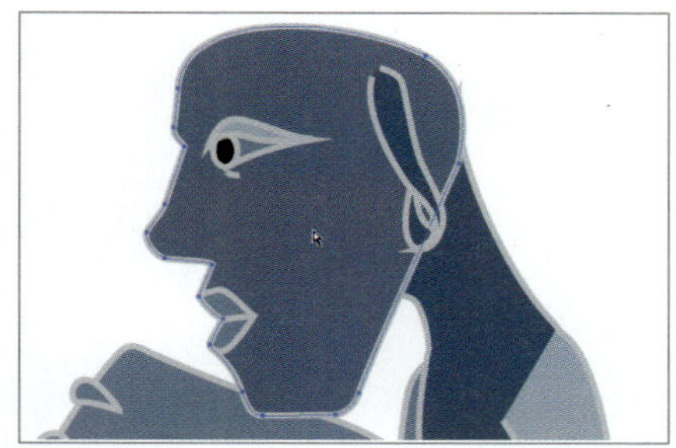

오브젝트 선택

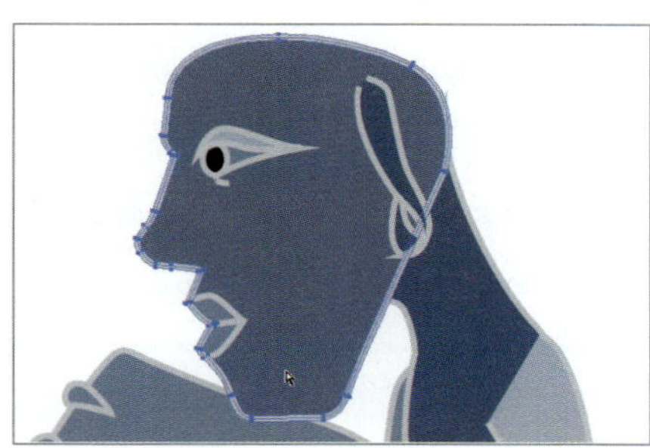

Outline Stroke 메뉴로 분리

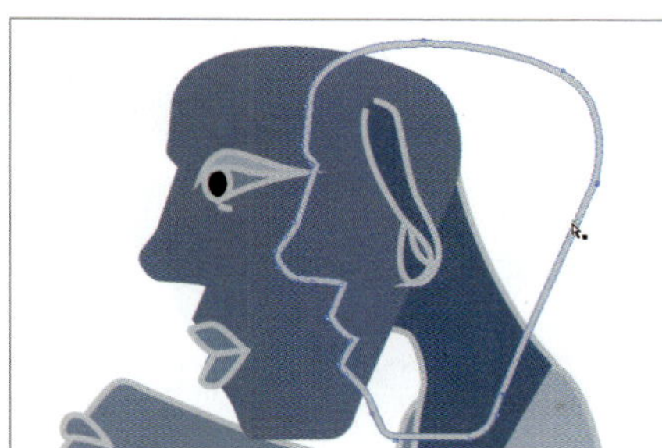

분리한 선은 면으로 자동 전환

Path -〉 Simplify 메뉴

Simplify 메뉴는 오브젝트의 포인트 개수를 줄일 때 사용합니다. 원본 상태를 유지한 상태에서 포인트를 줄이기 때문에 거추장스러운 포인트를 정리할 때 유용합니다.

예제 이미지

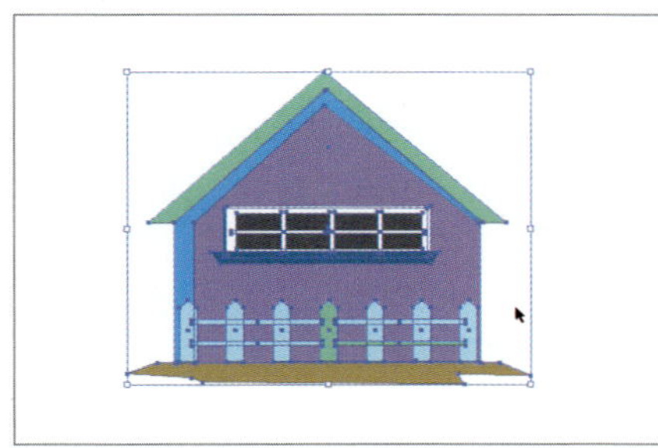

선택 툴로 전체를 선택한 모습

Simplify 메뉴를 적용한 모습

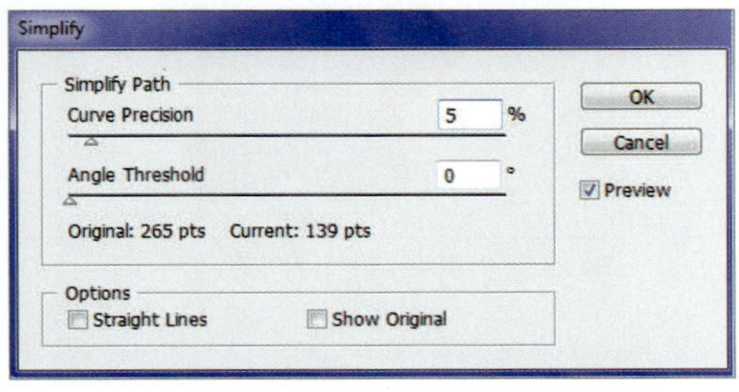

❶ Curve Precision : 곡선의 상태를 조절합니다.

❷ Angle Threshold : 각도 변화에 따라 곡선의 모습을 조절합니다.

❸ Straight Lines : 곡선을 직선화시키는 옵션으로 포인트와 포인트 사이가 모두 직선으로 처리됩니다.

❹ Show Original : 원본의 패스 상태를 프리뷰 화면과 같이 보여 줍니다.

❺ Preview : 적용된 이미지를 미리 확인하는 기능입니다.

Path -〉 Offset Path 메뉴

Offset Path 메뉴는 오브젝트를 확대하거나 축소시킨 뒤 복사본을 생성시킬 때 사용합니다. 입력한 수치만큼 확대할 경우에는 원본 뒤에 복사본이 생성되고, 축소할 경우에는 원본 앞에 복사본이 생성됩니다. 예제 '토성.ai'를 불러온 뒤 고리를 '직접 선택 툴'로 선택한 뒤 메뉴를 적용해 봅니다.

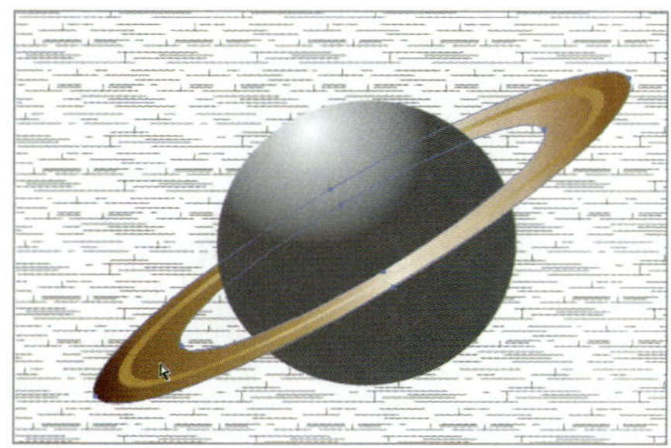
예제 이미지에서 고리 부분 선택

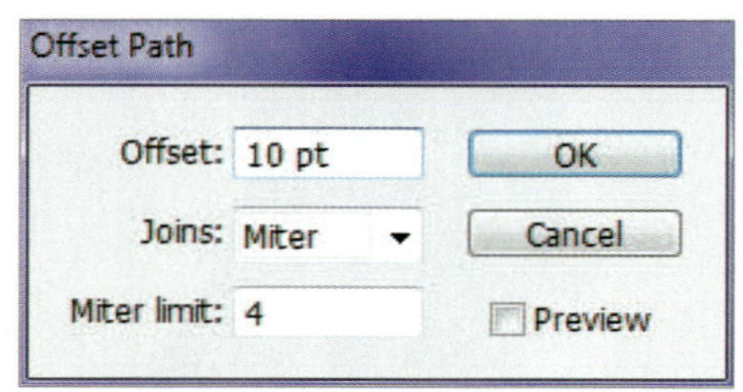
Offset Path 메뉴 10pt 적용

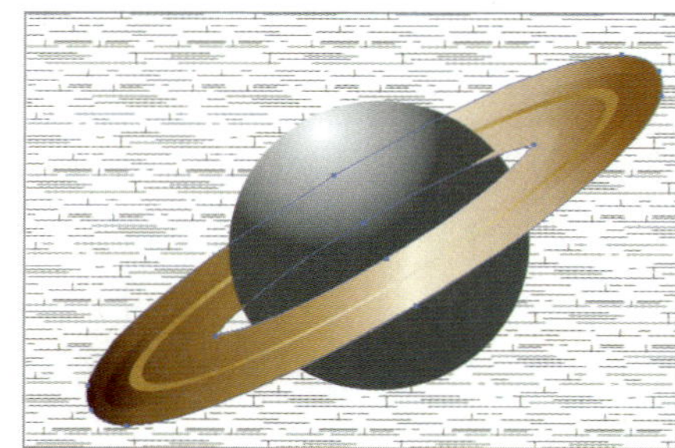
10pt 큰 새 오브젝트가 만들어진 모습

새 오브젝트를 이동시킨 모습

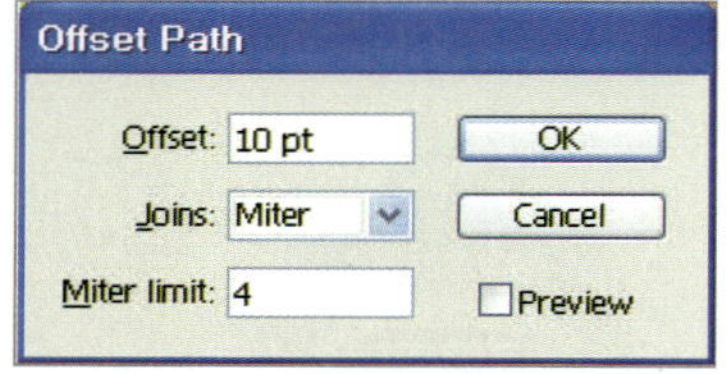

❶ Offset : 확대값이나 축소값을 입력합니다. 확대할 때는 +, 축소할 때는 −값을 입력합니다. 참고로, Offset Path 메뉴를 문자 오브젝트에 적용할 경우에는 문자를 [Type] − [Create Outlines] 메뉴를 실행해 벡터 속성으로 변경한 뒤 적용합니다.

❷ Joins : 복사본의 꼭지점을 다음과 같이 변경할 수 있습니다.

Miter 형식 : 꼭지점 부분이 직각인 상태

Round 형식 : 꼭지점 부분이 곡선인 상태

Bevel 형식 : 꼭지점 부분이 각이 진 형태

❸ Miter Limit : 꼭지점 부분의 한계치를 설정합니다. 수치가 낮으면 Miter 효과가 나타나지 않고 수치가 높으면 Miter 효과가 나타납니다.

Path -〉Add Anchor Points 메뉴 / Remove Anchor Points 메뉴

두 메뉴는 포인트를 추가하거나 제거할 때 사용합니다. Add Anchor Points 메뉴는 포인트와 포인트 사이에 일괄적으로 새 포인트를 추가할 때 사용하고 Remove Anchor Points 메뉴는 특정 포인트를 제거할 때 사용합니다.

포인트를 추가하기 전 모습

Add Anchor Points 메뉴 적용

Remove Anchor Points 메뉴 적용

Path -〉Devide Objects Bellow 메뉴

Devide Objects Bellow 메뉴는 하위 오브젝트의 형태를 다양한 모양으로 자를 때 사용합니다. 예를 들어 상위 오브젝트에 긴 라인을 그린 뒤 이 라인에 이 메뉴를 적용하면 하위 오브젝트가 라인 양쪽으로 나누어집니다. 툴박스의 나이프 툴은 이와 유사하지만 미리 만들어 놓은 상위 곡선 형태로 오브젝트를 나눌 수 있어 유용합니다. 단, 나이프 툴처럼 보이지 않는 오브젝트까지 잘라주지는 않고 육안에 보이는 오브젝트만 잘라줍니다. 참고로, 잘라진 오브젝트는 열린 오브젝트가 아니라 닫혀있는 오브젝트가 됩니다.

자르고 싶은 이미지

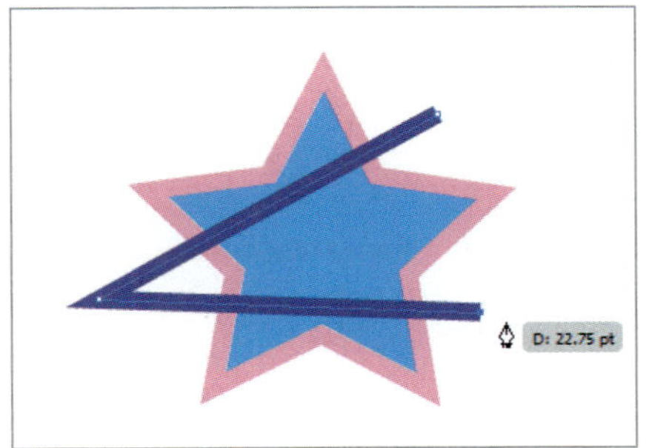

패스를 제작한 뒤 메뉴 적용

패스가 지나간 자국대로 잘려진 모습

Path -> Split into Grid 메뉴

Split into Grid 메뉴는 Grid를 가지고 오브젝트를 자를 때 사용합니다. 오브젝트의 원래 모양과 적용된 각종 효과를 무시하고 무조건 사각형 형태로 잘라 줍니다. 그룹이나 여러 오브젝트를 동시에 선택한 뒤에도 자를 수 있는데 이 경우엔 모든 오브젝트를 하나로 합친 뒤 여기서 설정한 값으로 자를 수 있습니다. 예제 '꽃2.ai'를 불러온 뒤 메뉴를 적용해 봅니다.

예제 이미지에 꽃잎 부분 선택

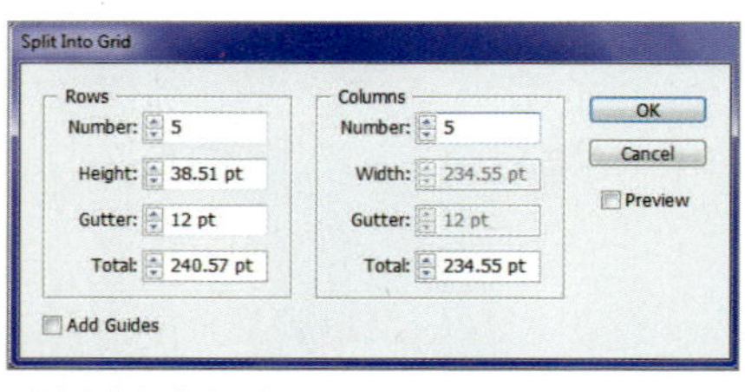
대화상자의 설정 모습

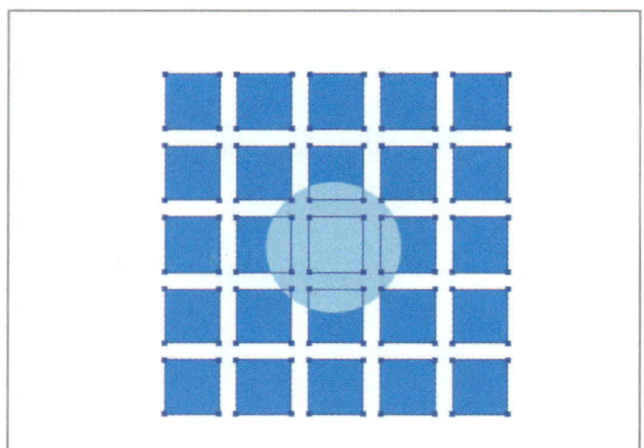
오브젝트를 자른 모습

Split into Grid 메뉴를 실행한 뒤 대화상자에서 자르기할 개수와 간격 등을 지정합니다.

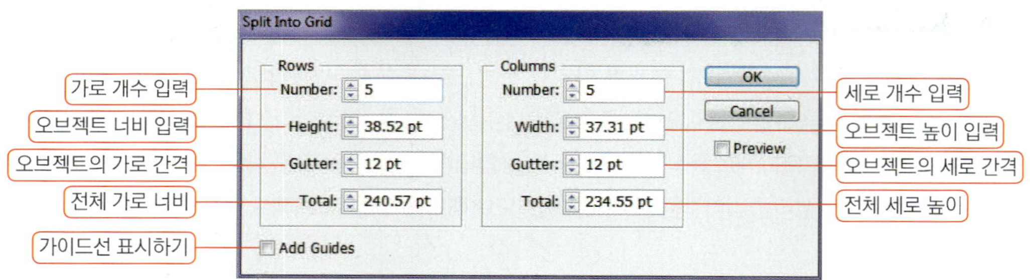

Path -> Clean Up 메뉴

드로잉 작업을 하다 보면 포인트를 찍은 뒤 작업을 하지 않은 경우와 타이프 툴로 글자를 입력하려다가 입력하지 않은 흔적이 남아있기 마련입니다. Clean Up 메뉴는 이런 흔적들을 깨끗하게 삭제할 때 사용합니다.

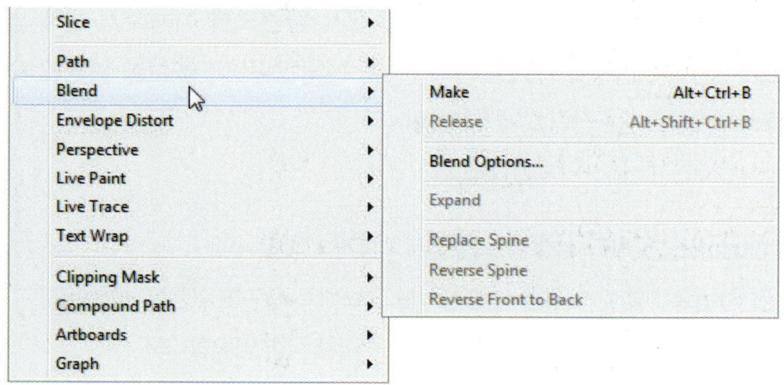

Blend 메뉴는 블렌드 툴처럼 블렌드 채색을 하거나 몰핑 애니메이션을 제작할 때 사용합니다. 일러스트레이터에서 웹애니메이션을 제작할 때 빼 놓을 수 없는 기능이므로 여기서는 Blend 메뉴와 Expand 메뉴로 애니메이션을 제작하는 방법도 알아봅니다.

Blend → Make 메뉴 (Ctrl + Alt + B)

Make 메뉴는 선택한 2개 이상의 오브젝트의 색상을 블렌드하거나 애니메이션을 만들 때 사용합니다. 색상과 모양이 블렌드되어 A에서 B로 변하는 중간 과정이 자동 생성됩니다. 만일 여러 오브젝트를 선택한 상태라면 맨 나중에 제작한 오브젝트 형태로 몰핑됩니다. 예제 '몰핑.ai'를 불러온 뒤 Make 메뉴를 적용해 봅니다.

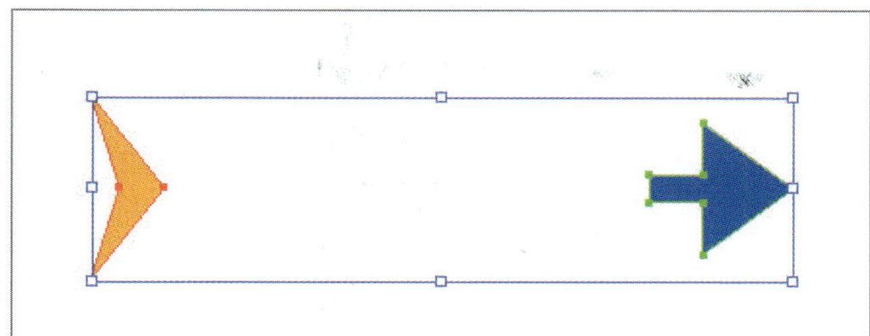

두 오브젝트를 선택 후 Object → Blend → Make 메뉴

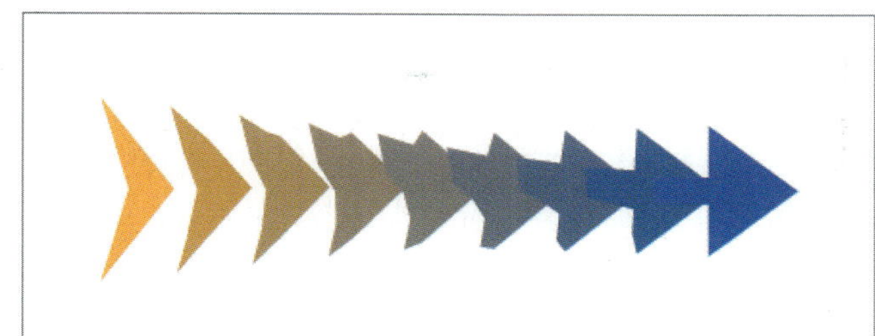

두 오브젝트가 블렌드된 모습

Blend → Release 메뉴 (Ctrl + Shift + Alt + B)

Release 메뉴는 블렌드 기능을 해제할 때 사용합니다. 블렌드를 적용한 오브젝트를 선택한 상태에서 이 메뉴를 적용하면 블렌드가 해제되면서 원래 상태로 돌아갑니다.

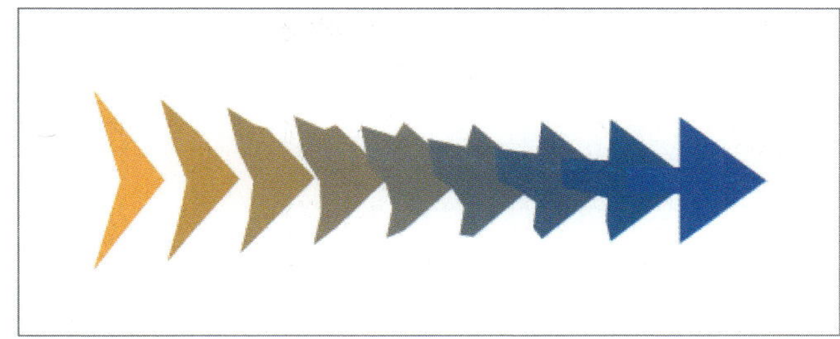

블렌드를 적용한 이미지

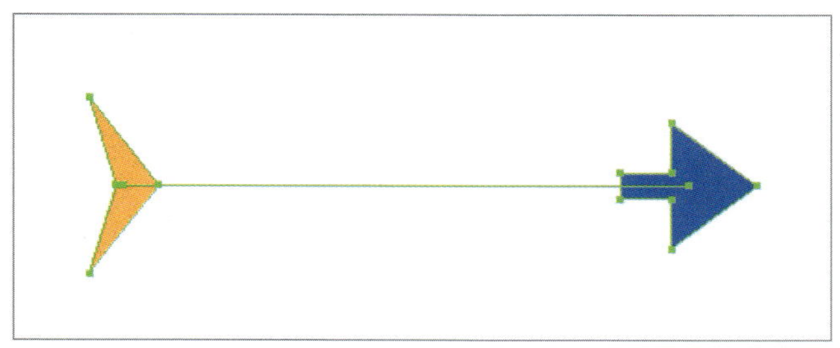

블렌드를 해제한 모습

Blend → Blend Options 메뉴

이 메뉴는 툴박스에 있는 블렌드 툴을 더블클릭하면 나타나는 블렌드 옵션 대화상자와 동일 기능입니다. 블렌드를 적용하기 전에 옵션을 설정하면 해당 옵션값으로 블렌드가 적용되며, 이미 블렌드를 적용한 경우에도 블렌드 이미지를 선택한 뒤 이 옵션을 실행할 수 있습니다. 대화상자의 사용법은 2부 2장 블렌드 툴을 참고하기 바라며 여기서는 간략하게 알아봅니다.

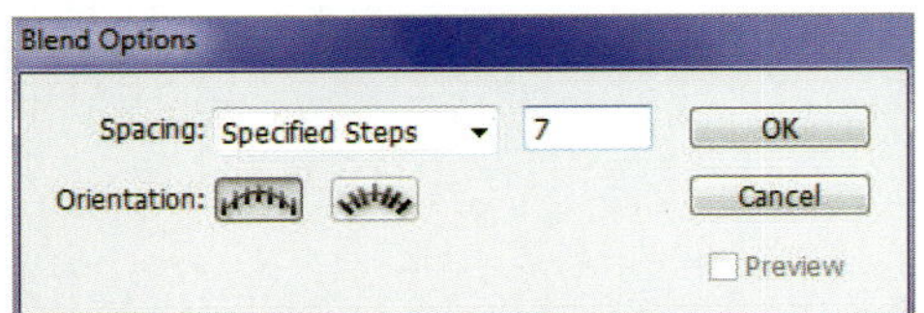

❶ Spacing
- Smooth Corner : 블렌드 색상의 모습을 부드럽게 처리합니다.
- Specified Steps : 블렌드 적용 시 생성되는 오브젝트의 수를 지정합니다.
- Specified Distance : 오브젝트가 생성되는 간격을 직접 입력합니다.

❷ Orientation : 왼쪽 버튼은 블렌드된 간격 사이에 있는 패스를 곡선화시킬 때 오브젝트들이 곡선을 따라 움직이지 않고 고정되는 옵션입니다. 오른쪽 버튼은 패스를 곡선화시킬 때 오브젝트들이 곡선을 따라 회전하는 옵션입니다.

Blend → Expand 메뉴

이 메뉴는 Object → Expand와 마찬가지로 블렌드된 오브젝트를 개개별로 분리할 때 사용합니다. 이 기능을 잘 응용하면 몰핑 애니메이션을 제작할 수 있습니다.
Expand 메뉴를 적용하면 블렌드 기능으로 생성된 오브젝트들이 개개별로 분리된 뒤 각각 레이어로 전환됩니다. 개개별의 오브젝트가 독립적인 레이어가 되므로 애니메이션 제작이 가능한 것입니다. 애니메이션의 제작은 2페이지 뒤의 따라하기 예제를 참고하기 바랍니다.

블렌드 이미지는 Expand 메뉴로 분리해도 모든 이미지가 그룹으로 묶여있는 상태입니다. 따라서 편집 작업을 진행하려면 Object-Ungroup 메뉴를 실행해 그룹을 해제하거나 '직접 선택 툴'로 작업해야 합니다.

블렌드를 적용한 모습

Expand 메뉴와 Ungroup 메뉴를 적용한 뒤 이동시킨 모습

Blend → Replace Spin 메뉴

'펜 툴'로 그린 경로를 블렌드 이미지가 사용하도록 만들어 줍니다. 경로란 두 오브젝트 사이를 연결하는 진행선을 말합니다. 블렌드 이미지는 보통 이 경로를 따라 변화를 하게 됩니다.

예제 '몰핑2.ai'를 불러온 뒤 두 오브젝트를 모두 선택합니다. 그런 뒤 Object -〉 Blend -〉 Make 메뉴를 실행해 블렌드한 뒤 '펜 툴'로 경로를 그려줍니다.

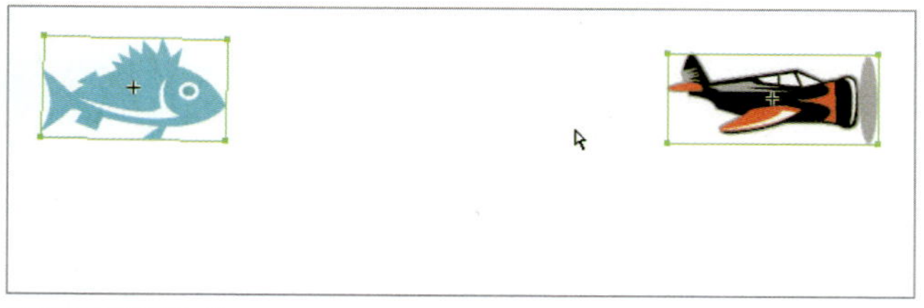

블렌드를 적용한 모습

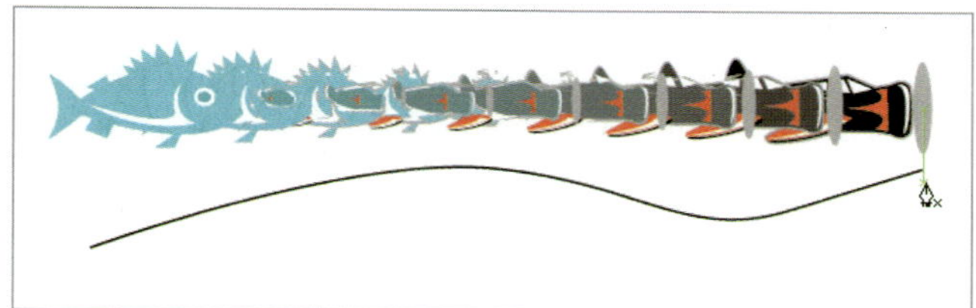

Expand 메뉴와 Ungroup 메뉴를 적용한 뒤 이동시킨 모습

'선택 툴'로 블렌드 오브젝트와 경로 오브젝트를 모두 선택합니다. Object -〉 Blend -〉 Replace Spin 메뉴를 적용하면 기존 경로는 사라지고 새로 그린 곡선이 경로가 됩니다.

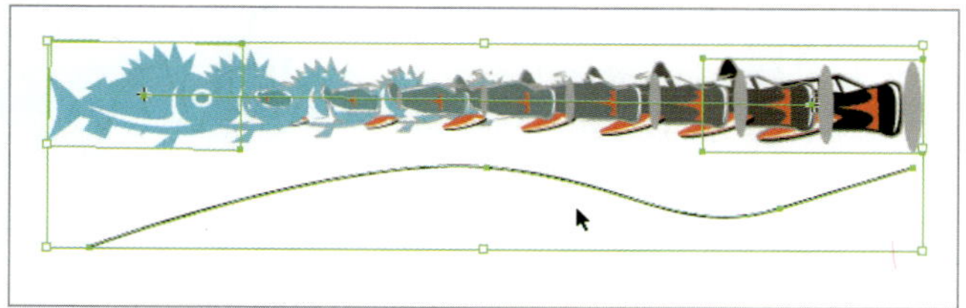

두 오브젝트를 선택한 모습

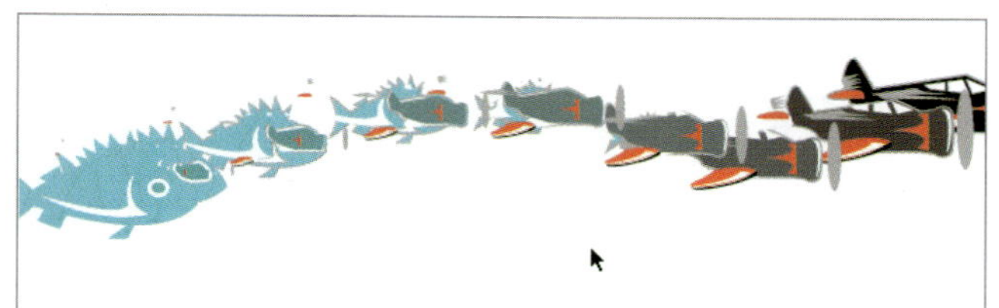

Replace Spin 메뉴를 적용한 모습

Blend -〉 Reverse Spin 메뉴

블렌드 오브젝트의 시작점을 좌우로 바꿔주는 기능입니다. 시작점을 바꾸면 왼쪽 오브젝트가 오른쪽으로, 오른쪽 오브젝트가 왼쪽으로 이동됩니다.

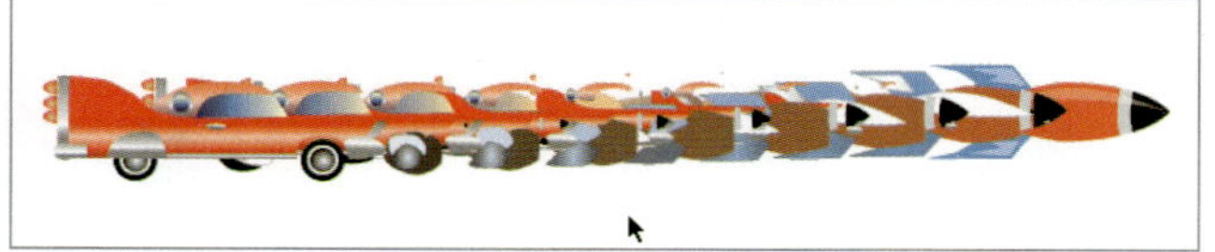

원래 블렌드 경로의 모습

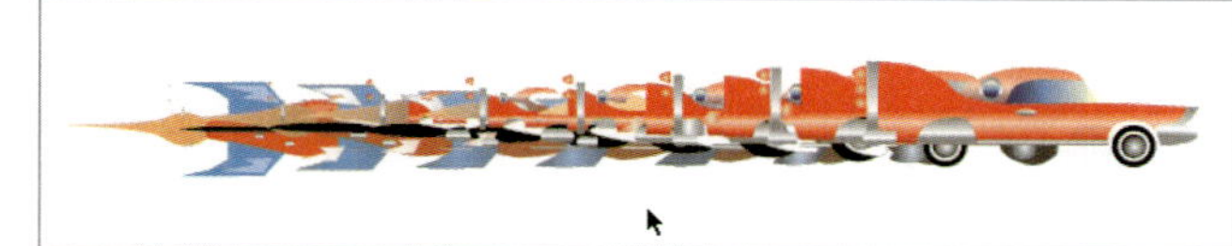

Reverse Spin 메뉴를 적용한 모습

Blend -〉 Reverse Front to Back 메뉴

블렌드 오브젝트가 겹쳐있는 상태를 위 아래로 바꿔 줍니다. 즉 맨 앞에 있는 오브젝트가 맨 뒤로 가고 맨 뒤에 있는 오브젝트가 맨 앞으로 올라옵니다.

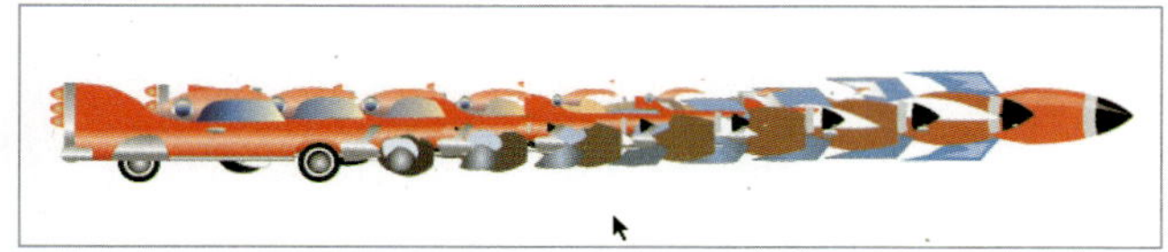

원래 블렌드 경로의 모습(나비가 맨 위에 있는 모습)

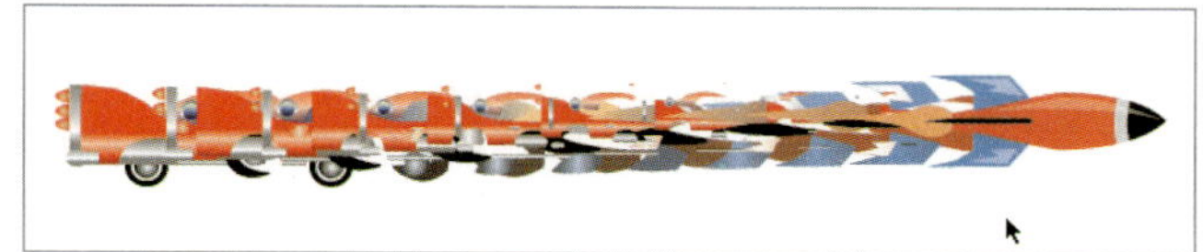

Reverse from to Back 메뉴 적용 (풍뎅이가 맨 위)

Blend 메뉴와 레이어 기능으로
웹애니메이션 제작하기

01_ 예제 '몰핑4.ai'를 불러옵니다. '여성'과 '남성'이 있습니다. 몰핑 애니메이션을 제작하면 여성이 남자로 변하는 애니메니션을 제작할 수 있습니다.

02_ 툴박스에서 선택 툴을 선택한 뒤 두 오브젝트를 모두 선택합니다.

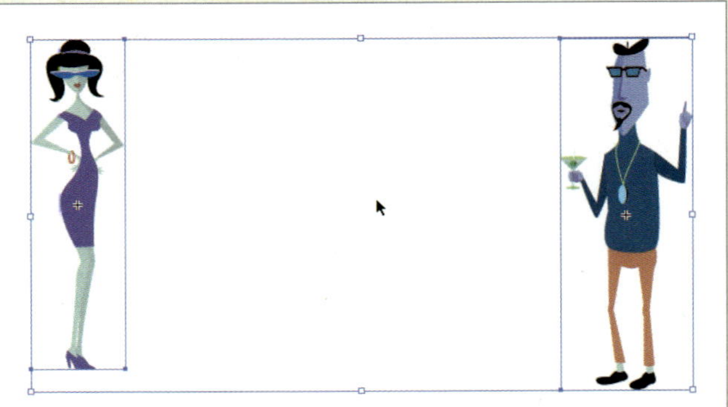

일러스트레이터에서 웹 애니메이션을 제작하려면 Blend -〉 Make 메뉴와 Expand 메뉴, 그리고 레이어 팔레트를 사용해야 합니다. 완성된 애니메이션은 File -〉 Export 메뉴를 실행한 뒤 플래시 포맷으로 저장하면 인터넷에서 애니메이션을 확인할 수 있습니다.

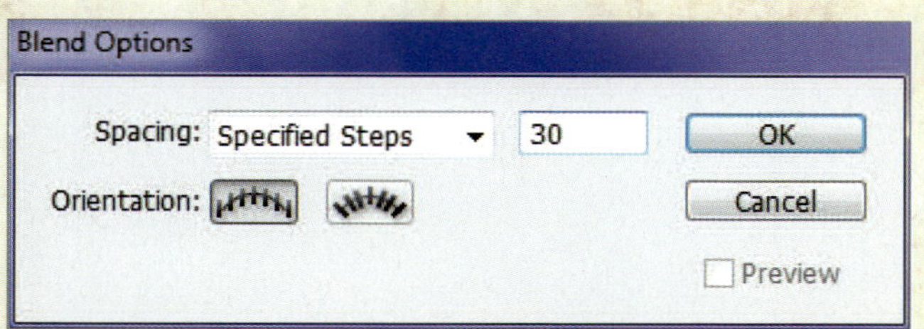

03_ Object -〉 Blend -〉 Blend Options 메뉴를 실행합니다. Spacing 항목에서 Specified Steps 옵션을 선택한 뒤 생성될 오브젝트의 수를 30으로 바꾼 뒤 적용합니다.

04_ Object -〉 Blend -〉 Make 메뉴를 실행합니다. 블렌드가 적용합니다.

05_ 레이어 팔레트에서 Layer 1의 삼각형 버튼을 클릭하면 숨어있는 하위 레이어들이 나타납니다.

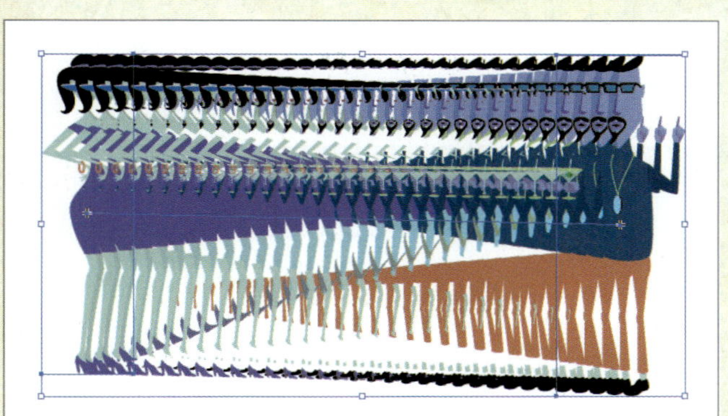

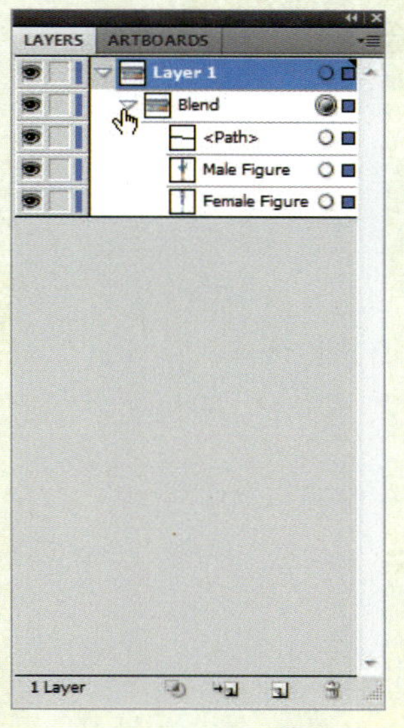

06_ 맨 오른쪽에 있는 '남자'를 '직접 선택 툴'로 선택합니다.

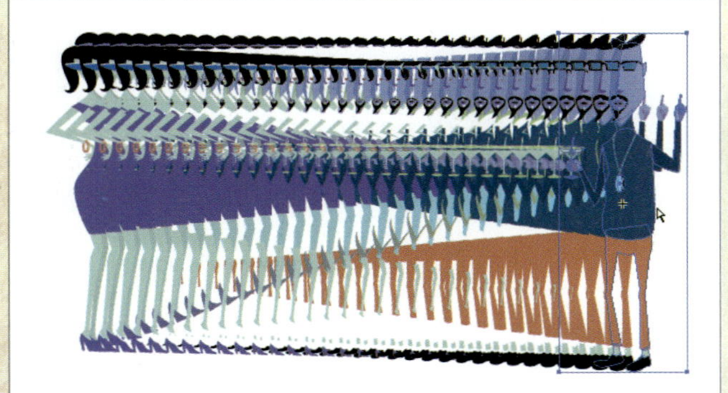

09_ Object → Blend → Expand 메뉴를 실행합니다. 레이어 팔레트의 Group 레이어를 확인하면 각각의 레이어가 생성되어 있습니다.

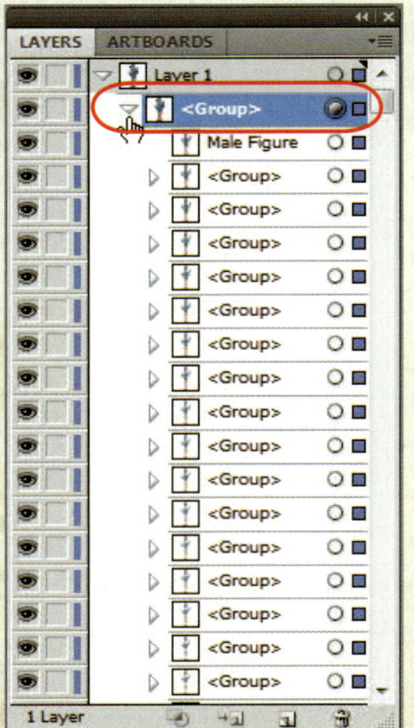

10_ 레이어 팔레트에서 Group 레이어를 선택합니다. 레이어 팔레트 메뉴를 실행한 뒤 'Release to Layers(Sequences)' 메뉴를 적용합니다.

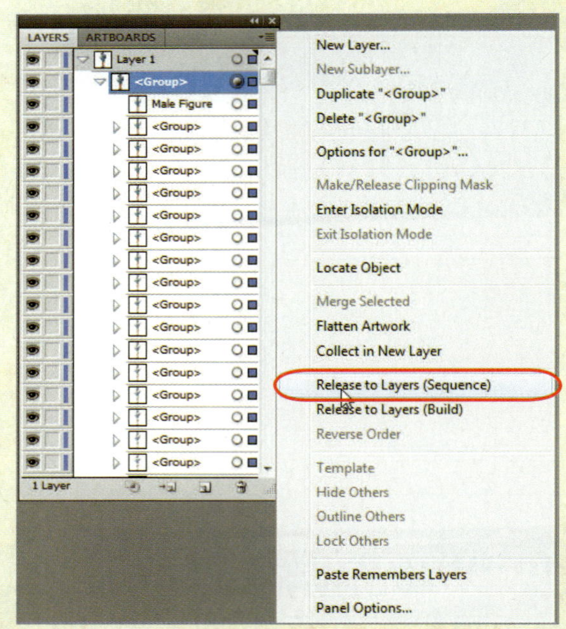

11_ 레이어 팔레트를 확인하면 각 레이어들이 시퀀스 (Layer 1, 2, 3...)로 전환된 것을 알 수 있습니다.

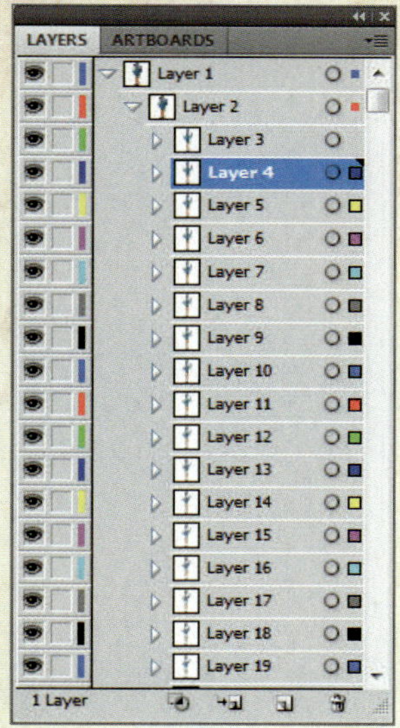

12_ '아트보드 툴'을 선택한 뒤 저장할 영역을 아래 그림처럼 설정합니다.

13_ File -> Export 메뉴를 실행합니다. 대화상자에서 파일 이름을 지정한 뒤 파일 형식에서 swf 포맷을 선택한 뒤 승인합니다.

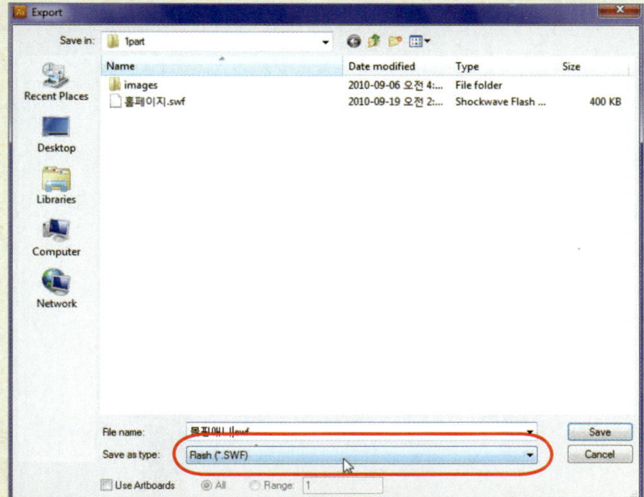

14_ 대화상자의 Export As 항목에서 'AI layers to SWF Frames'을 선택하고, 'Clip to Artboard Size' 옵션을 선택합니다.

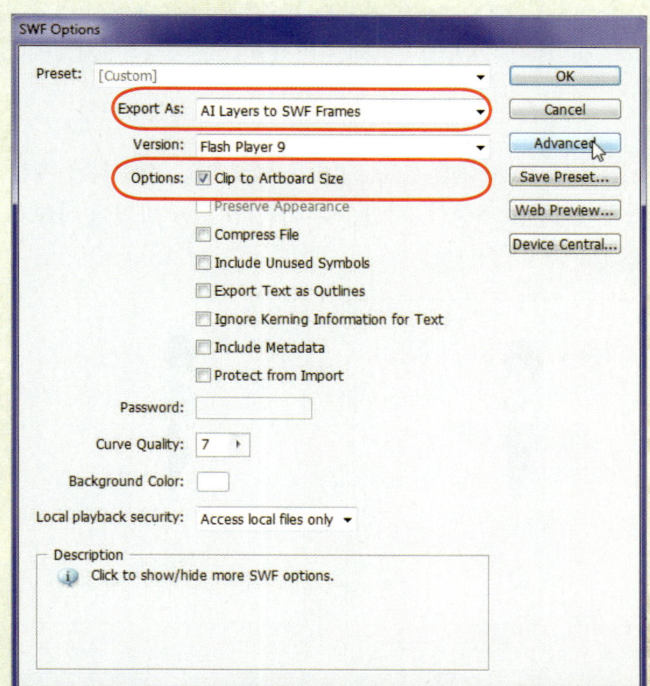

15_ Advanced 버튼을 클릭한 뒤 반복 재생되도록 Looping 옵션을 선택하고, Animate Blends 옵션에서 In Sequence 옵션을 선택한 뒤, OK 버튼을 눌러 저장합니다.

16_ 만일 애니메이션을 미리 확인하고 싶다면 대화상자의 Web Preview 버튼을 클릭합니다.

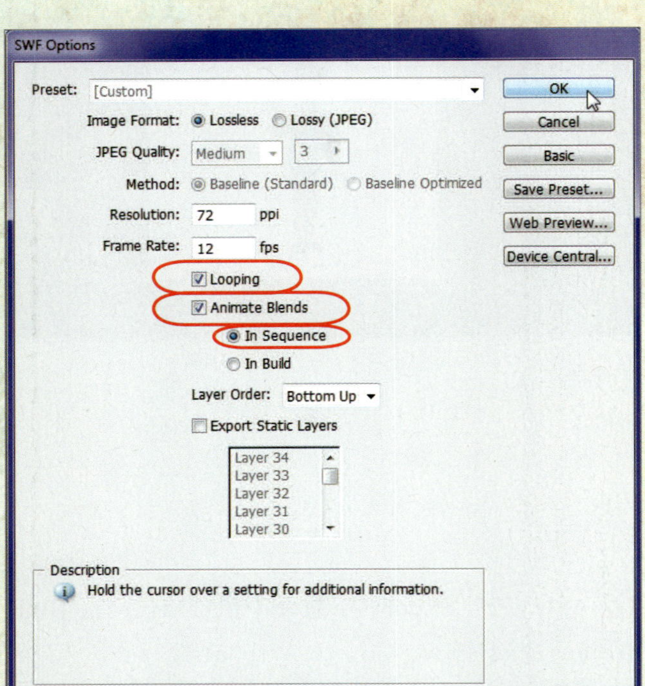

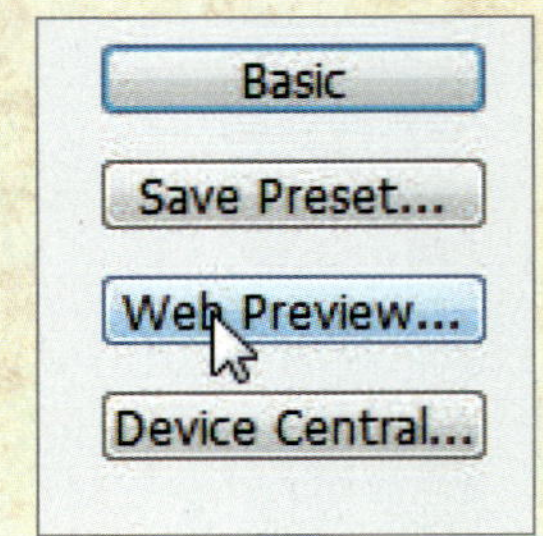

17_ 파일로 저장한 경우, 윈도우 탐색기를 실행한 뒤 파일이 저장된 폴더를 찾아갑니다. 생성된 swf 파일을 더블클릭하면 애니메이션을 확인할 수 있습니다. 만일 swf 파일이 실행되지 않을 경우 컴퓨터에 플래시 플러그인을 설치한 뒤 확인하기 바랍니다.

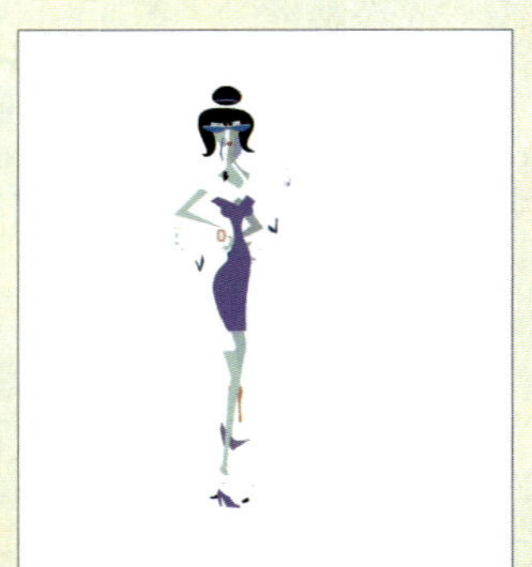

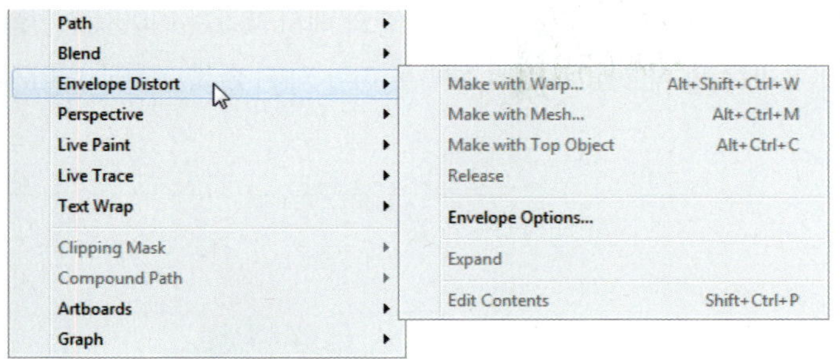

Envelope Distort 메뉴는 플레인(격자 판) 대화상자를 통해 오브젝트를 변형할 때 사용합니다. 오브젝트를 플레인으로 변형하기 때문에 안전한 변형을 할 수 있습니다.

Envelope Distort –⟩ Make With Warp 메뉴

이 메뉴는 오브젝트를 대화상자를 이용해 변형시킵니다. 모두 15가지 스타일로 오브젝트를 변형할 수 있습니다.

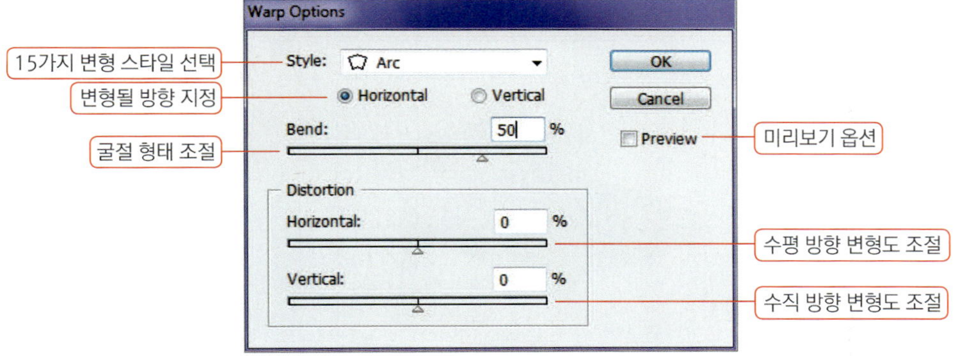

예제 '물고기2.ai'를 불러온 뒤 여러 가지 변형 스타일을 적용한 모습입니다. 사용자가 슬라이더를 조절해 변형 강도를 조절할 수 있습니다.

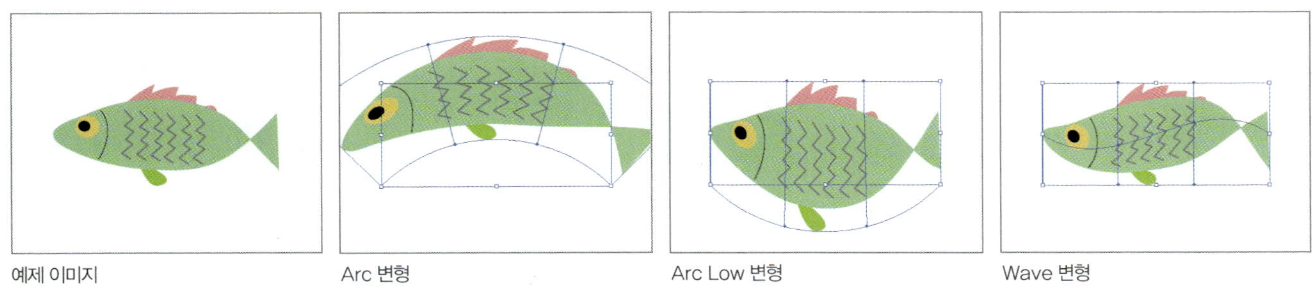

예제 이미지   Arc 변형   Arc Low 변형   Wave 변형

Envelope Distort -〉Make With Mesh 메뉴

이 메뉴는 메시 포인트를 드래그하여 이미지를 변형합니다. 그라디언트 메시와 다른 점은 메시 포인트와 메시 패스가 이미지를 변형하는 기구로만 사용될 뿐 그라디언트 색을 만들지 않는다는 점입니다. 메뉴를 적용한 뒤 '직접 선택 툴'이나 '메시 툴'을 사용해 이미지를 변형하면 됩니다.

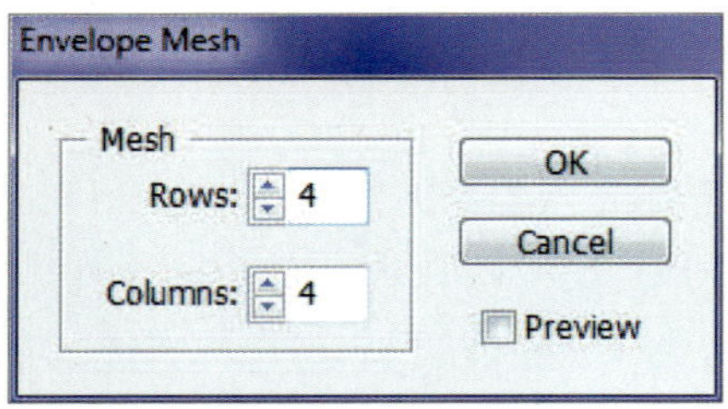
대화상자의 설정 모습

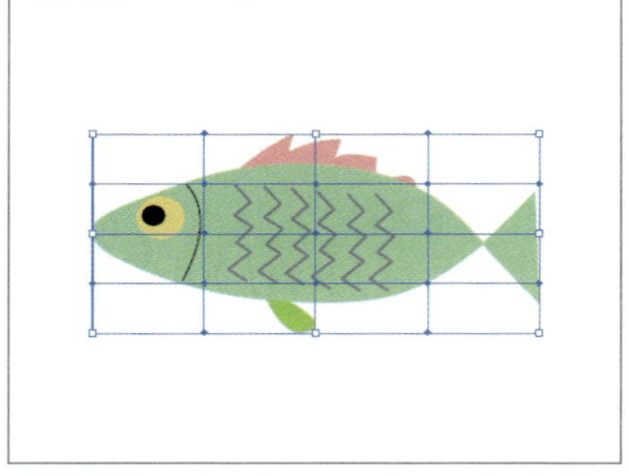
메뉴를 적용한 모습

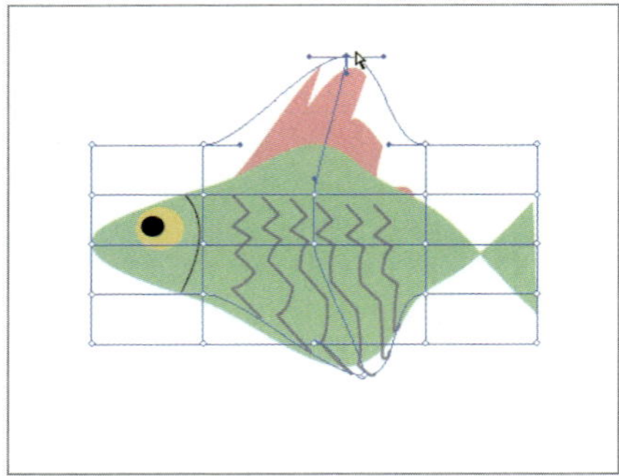
변형 작업을 진행하는 모습

Envelope Distort -〉Make With Top Object 메뉴

2개 이상의 오브젝트를 선택한 뒤 적용합니다. 메뉴를 적용하면 상위에 있는 오브젝트의 모양으로 하위에 있는 오브젝트가 변형됩니다.

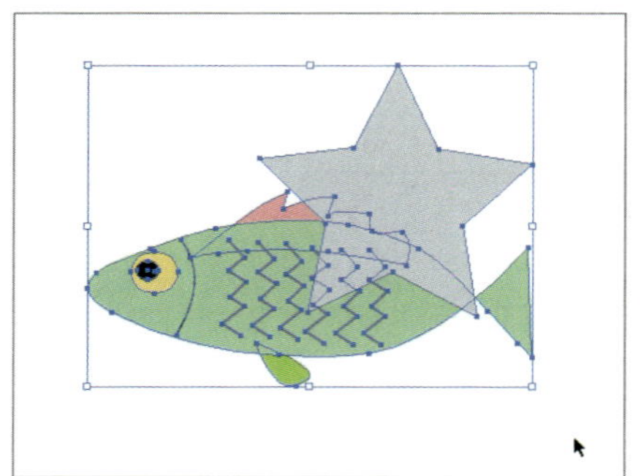
두 오브젝트를 선택한 뒤 메뉴 적용

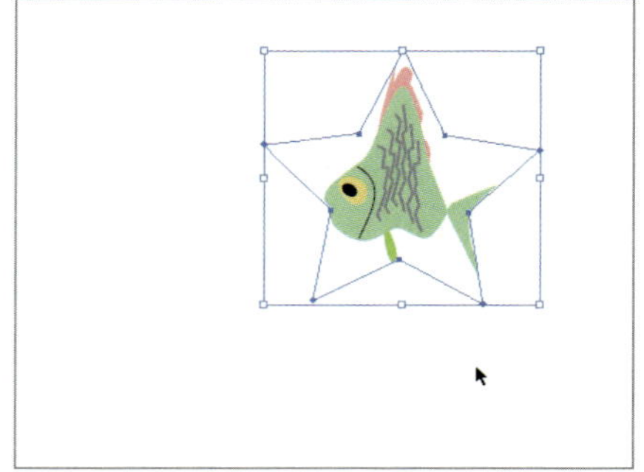
변형된 모습

Envelope Distort -〉Make With Top Object 메뉴

앞에서 배운 Make With Warp 메뉴, Make With Mesh 메뉴, Make With Top Object 메뉴로 변형시킨 결과를 해제하고 작업 이미지를 원래 상태로 되돌려줍니다.

오브젝트는 원본 상태로 돌아가고 새로운 패스가 나타나는데 이것은 변형 작업에서 컴퓨터가 사용한 패스입니다. 참고로, Make With Top Object 메뉴

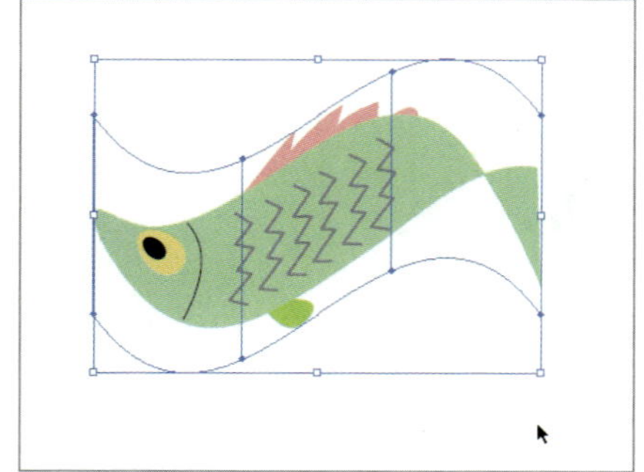
Make with Warp 메뉴 적용

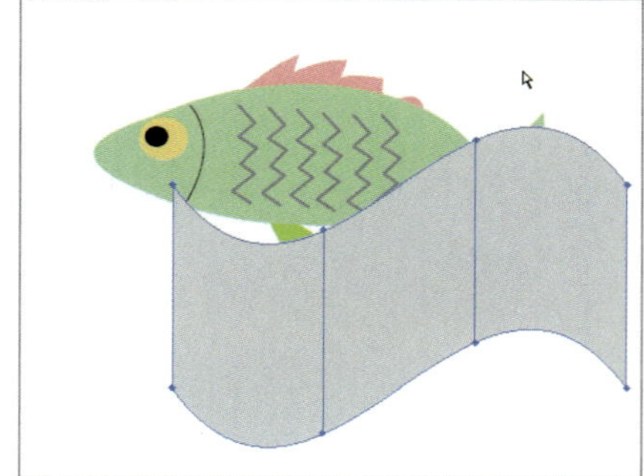
Release 메뉴 적용하면 플레인 패스 분리

로 변형시킨 두 오브젝트를 Release할 경우엔 상위에 있었던 오브젝트가 플레인 상태로 나타납니다.

Envelope Distort –〉 Envelope Options 메뉴

이 메뉴는 Envelope Distort 메뉴에 대한 옵션을 설정할 때 사용합니다.

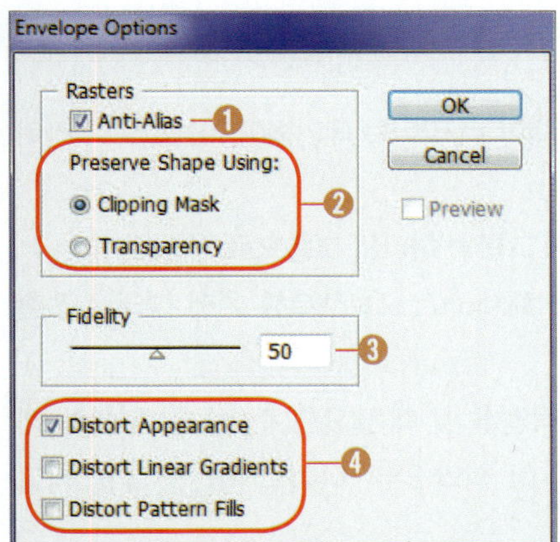

❶ **Anti-alias** : 안티 얼라이싱을 사용해 곡선을 미려하게 처리합니다.

❷ **Preserve Shape** : 변형을 할 때 사라진 부분을 처리할 방법을 설정합니다.

❸ **Fidelity** : 충실도를 조절하며 수치가 낮으면 직선, 수치가 높으면 곡선화됩니다.

❹ **변형 옵션** : 변형시킬 요소를 선택합니다.

– **Distort Appearance** : Appearance 형태를 변형합니다.

– **Distort Linear Gradient** : 라인 그라디언트 색상을 변형합니다.

– **Distort Pattern Fills** : 면에 채워진 패턴을 대상으로 변형 작업을 진행합니다.

Envelope Distort –〉 Expand 메뉴

변형 결과물에서 플레인 패스를 제거할 때 사용합니다. 플레인 패스를 제거하지만 이미지는 변형된 상태로 남게 됩니다.

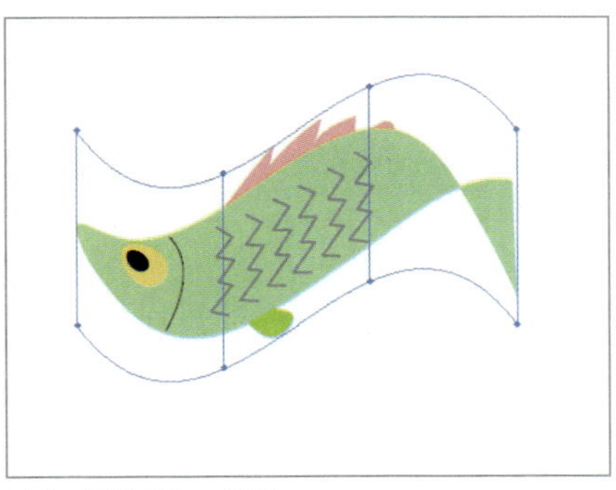

Make With Warp 변형

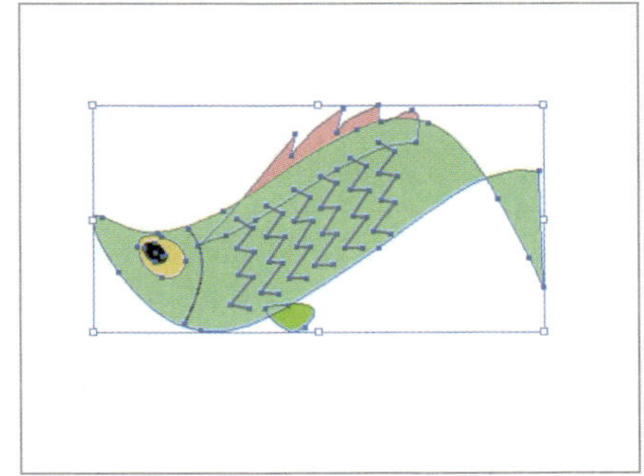

Expand 메뉴를 적용한 모습

Envelope Distort –〉 Edit Contents 메뉴

변형시킨 오브젝트에서 원본 오브젝트를 편집할 때 사용합니다. Envelope Distort를 적용한 뒤 이 메뉴를 실행하면 원본 오브젝트의 패스가 화면에 표시됩니다. 이때 원본 패스의 모양을 '직접 선택 툴'로 편집할 수 있습니다.

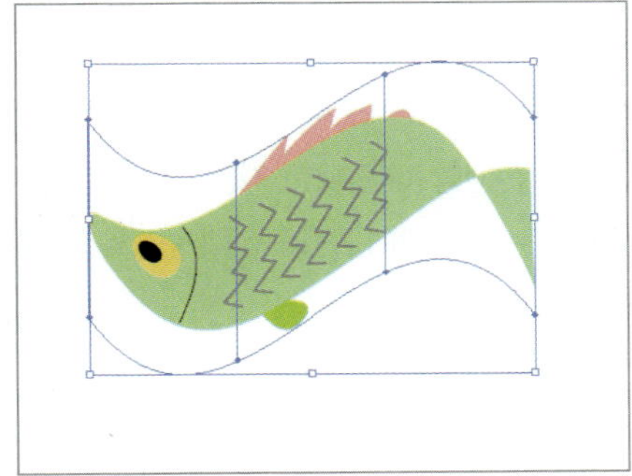

Make with Warp 변형

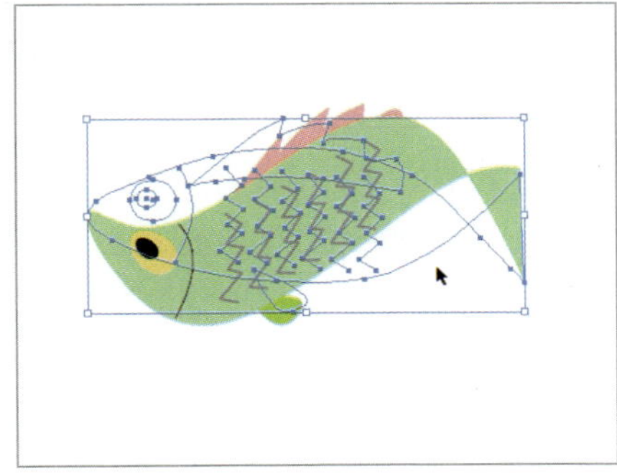

Edit Contents 메뉴로 원본 표시

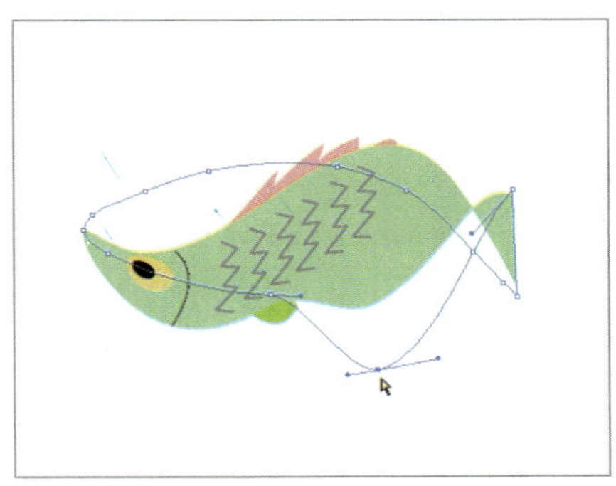

원본 패스를 편집하는 모습

라이브 페인팅 기능을 메뉴 방식으로 실행할 때 사용합니다. 라이브 페인팅이 가능하도록 그룹을 만들거나 라이브 페인팅 그룹을 해제하는 하위 메뉴를 제공합니다. 라이브 페인팅에 대해서는 이 책의 2부, '라이브 페인팅 툴'을 참고하기 바랍니다.

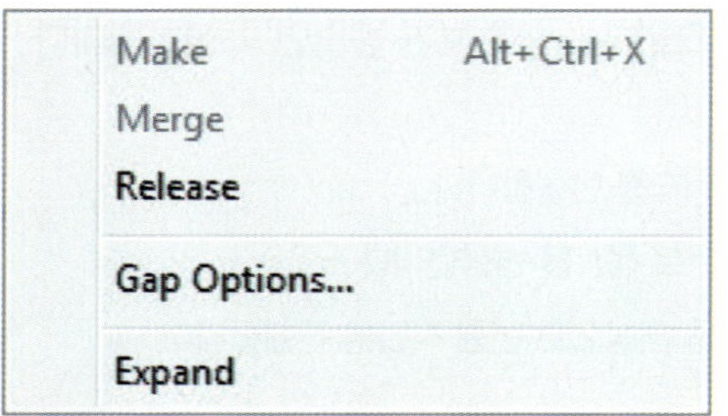

❶ Make 메뉴 : 2개 이상의 오브젝트를 선택한 뒤 라이브 페인팅이 가능하도록 라이브 페인팅 그룹으로 묶어줍니다.

❷ Merge 메뉴 : 2개 이상의 라이브 페인팅 그룹을 하나의 그룹으로 병합합니다.

❸ Release 메뉴 : 라이브 페인팅 그룹을 해제하고 오브젝트를 원래 상태로 전환합니다.

❹ Gap Options 메뉴 : 라이브 페인팅 작업을 할 때 필요한 갭(빈 틈) 부분에 대한 옵션을 설정합니다. 자세한 사용법은 이 책의 2부, 라이브 페인팅 툴을 참고하기 바랍니다.

❺ Expand 메뉴 : 라이브 페인팅된 오브젝트를 개별 오브젝트로 분리합니다. 그룹 안에 있는 선을 기준으로 모든 오브젝트를 분리해서 개별적인 오브젝트로 전환합니다.

이 메뉴는 비트맵 이미지를 선택했을 때 옵션바의 라이브 트레이스(Live Trace) 기능을 메뉴 방식으로 실행할 때 사용합니다. 라이브 트레이스란 비트맵 이미지의 윤곽선을 자동 추적한 뒤 일러스트레이터에서 편집할 수 있는 벡터 오브젝트로 전환하는 기능입니다. 자세한 설명은 2부, '라이브 페인팅 툴'을 참고하기 바랍니다.

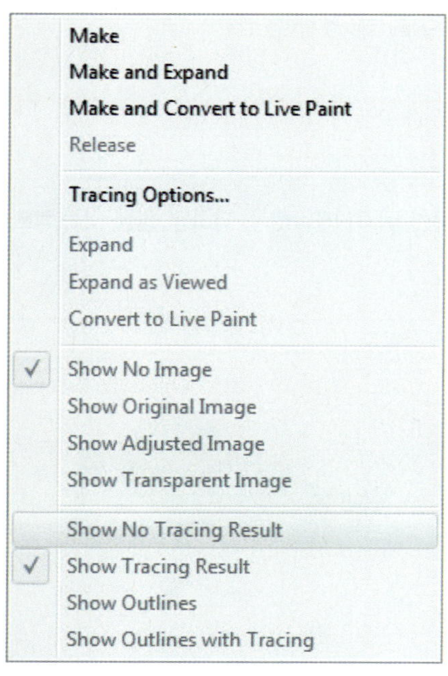

❶ Make 메뉴 : 비트맵 이미지를 선택했을 경우 동작합니다. 라이브 트레이스 기능을 실행하여 비트맵을 벡터 이미지로 전환합니다.

❷ Make and Expand 메뉴 : 라이브 트레이싱과 Expand 기능을 동시 실행합니다.

❸ Make and Convert to Live Paint 메뉴 : 라이브 트레이싱을 실행한 뒤 라이브 페인팅이 가능하도록 전환합니다.

❹ Expand 메뉴 : 비트맵 이미지를 라이브 트레이싱해도 펜 툴로 편집할 수 없습니다. 라이브 트레이싱한 이미지를 펜 툴로 편집할 수 있도록 완전한 벡터 이미지로 전환하려면 Expand 메뉴를 사용해야 합니다.

❺ Release 메뉴 : 라이브 트레이싱을 해제하고 원래 비트맵으로 전환합니다.

❻ Tracing Options 메뉴 : 라이브 트레이싱을 진행할 때 필요한 각종 옵션을 설정합니다. 대화상자의 Preview 항목에 체크한 뒤 각각의 옵션을 선택하면서 가장 최적으로 라이브 트레이싱할 옵션을 선택하면 됩니다.

❼ 8개의 Show 메뉴들 : 라이브 트레이싱한 이미지를 어떻게 화면에 표시할지 선택합니다.

Object −〉 Text Wrap 메뉴 (글자와 오브젝트를 물 흐르듯 배치하기)

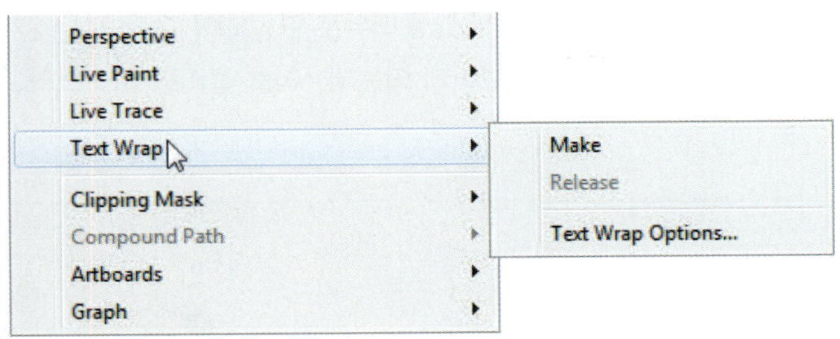

오브젝트 옆에 위치한 글자를 오브젝트의 경계면 굴곡에 맞게 배치할 수 있습니다. 먼저 글자와 오브젝트를 둘 다 선택한 뒤 메뉴를 실행합니다.

Text Wrap −〉 Make 메뉴 / Release 메뉴

'글자'와 '오브젝트'를 선택한 뒤 Make 메뉴를 실행하면 글자가 오브젝트의 경계면을 따라 물 흐르듯 배열됩니다. 단 이 메뉴는 글자 오브젝트가 다른 오브젝트의 제일 아래에 있어야 동작합니다. Release 메뉴는 배열 상태를 해제할 때 사용합니다.

예제 '텍스트2.ai'를 불러온 뒤 Text Wrap 메뉴를 적용해 보았습니다.

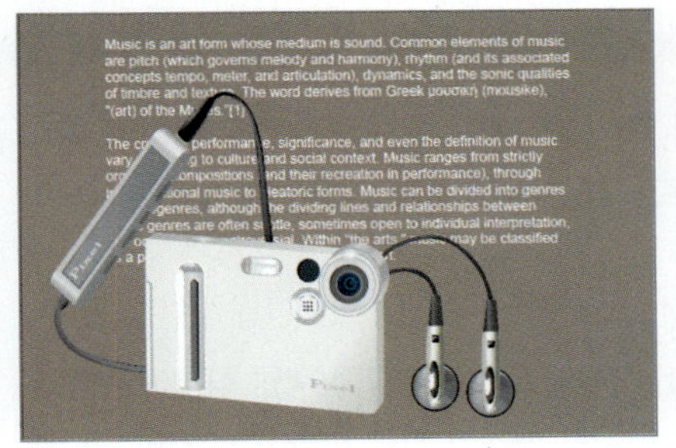

글자와 오브젝트의 배치 상태

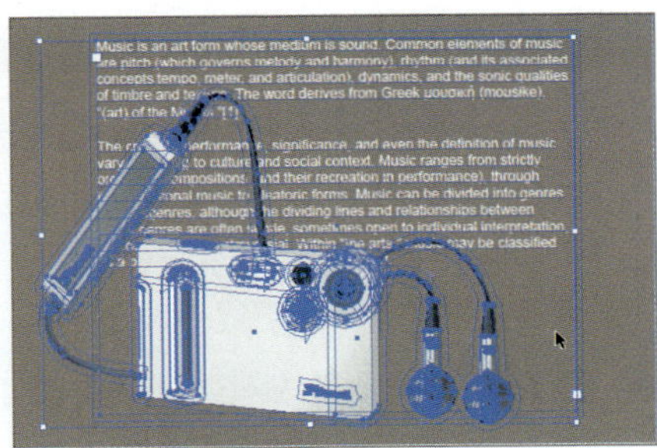

글자와 오브젝트 둘 다 선택

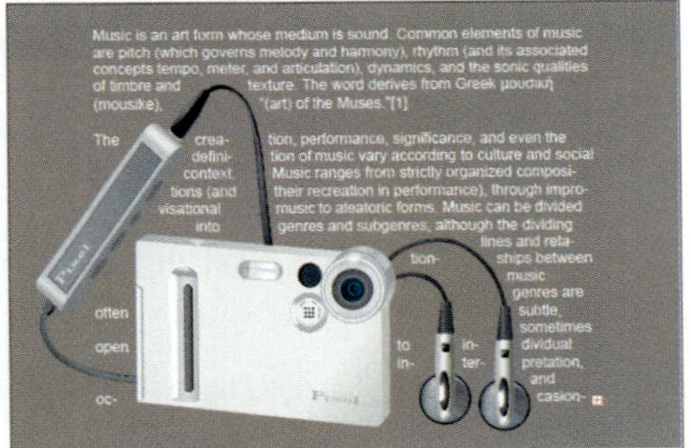

Make 메뉴를 적용한 모습

Text Wrap −〉 Text Wrap Options 메뉴

앞의 Text Wrap −〉 Make 메뉴의 옵션을 조절할 수 있습니다.

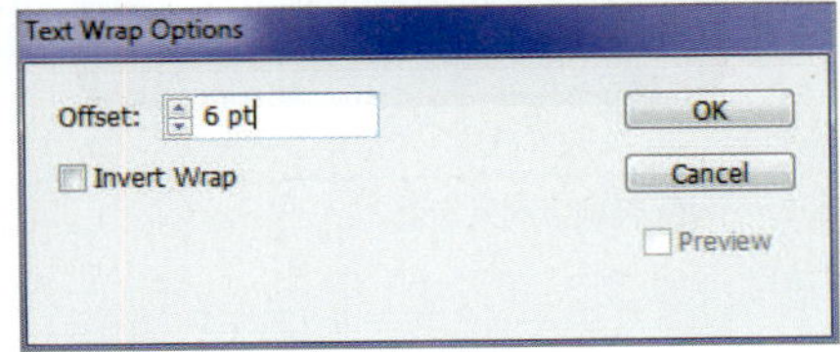

❶ Offset : 글자와 그림 사이의 간격을 조절합니다.
❷ Invert Wrap : 그림 안쪽 간격에 글자를 삽입하는 옵션입니다.
❸ Preview : 작업 결과를 미리 볼 수 있습니다.

Object → Clipping Mask 메뉴 (클리핑 마스크하기)

이 메뉴는 클리핑 마스크를 제작하는 Make 메뉴와 클리핑 마스크를 해제하는 Release 메뉴로 구성되어 있습니다. 2개 이상의 오브젝트를 선택한 상태에서 상위 오브젝트의 형태대로 하위 오브젝트가 보이게 되는데, 이를 클리핑 마스크라고 합니다.

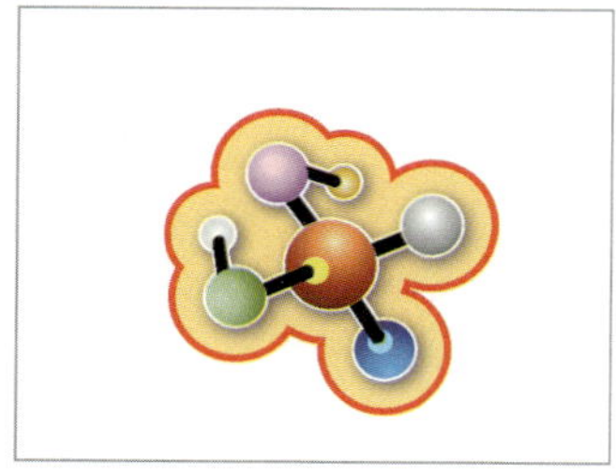

예제 이미지

별을 그린 모습

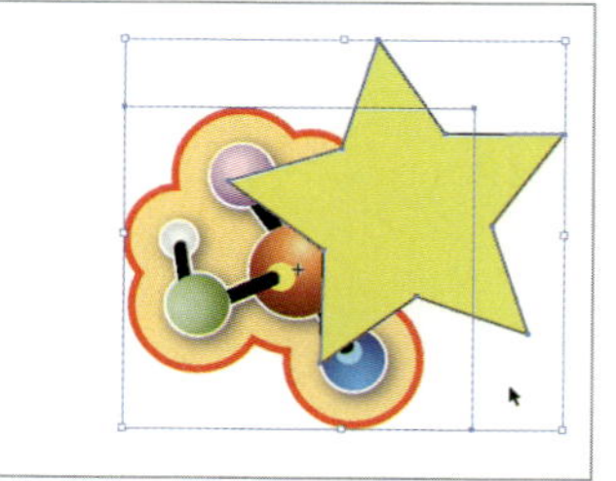

선택 툴로 두 오브젝트 선택

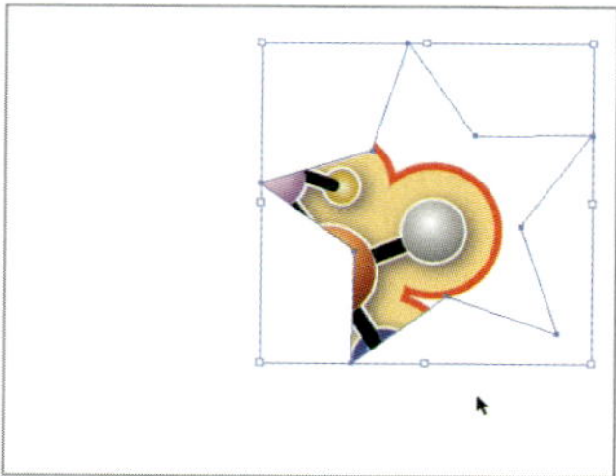

Make 메뉴 적용

Object → Compound Path (두 오브젝트 컴파운드하기)

컴파운드 패스(Compound Path)는 두 오브젝트를 하나의 오브젝트로 합칠 때 사용하지만 오브젝트에 구멍을 낼 때도 사용합니다. 예를 들어 '도넛'처럼 가운데에 구멍이 있는 오브젝트는 패스로 드로잉할 수 없으므로 컴파운드 기능으로 제작해야 합니다. Pathfinder 팔레트와 함께 매우 자주 사용하는 기능입니다.

Compound Path → Make 메뉴는 컴파운드 패스를 제작할 때 사용합니다. 2개의 오브젝트를 선택한 상태에서 메뉴를 실행하면 상위에 있는 오브젝트가 하위 오브젝트의 구멍 이미지가 되면서 컴파운드 패스가 만들어집니다. 만일, 둘 중 하나가 복잡한 벡터 오브젝트일 경우에는 제대로 제작되지 않을 수도 있습니다. 다음은 예제 '컴파운드.ai'를 불러온 뒤 컴파운드 패스를 제작하는 모습입니다. 이렇게 제작한 패스를 컴파운드 패스라고 부릅니다.

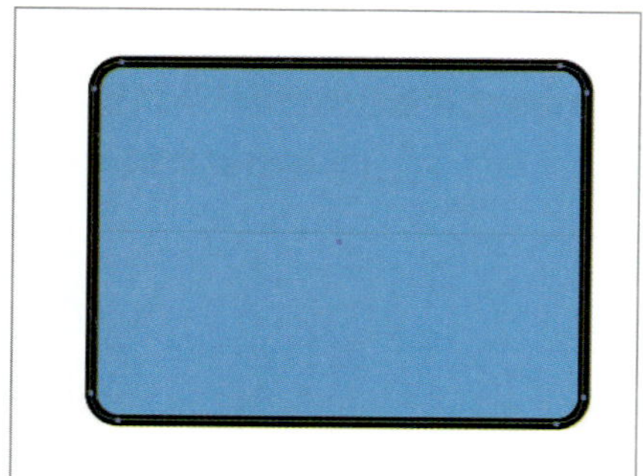

예제 이미지

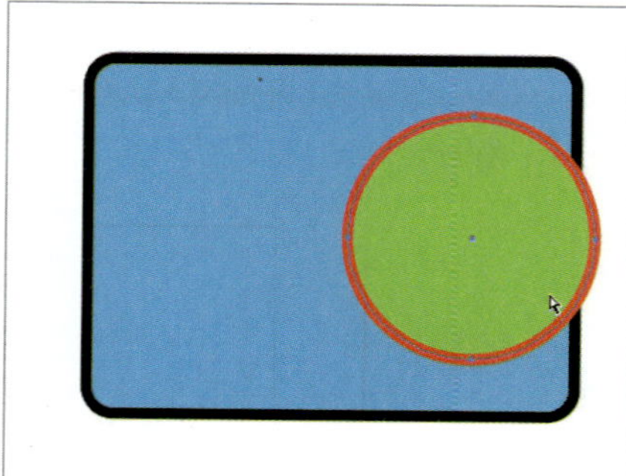

구멍 오브젝트를 제작한 모습

둘 다 선택한 뒤 메뉴 적용 모습

Compound Path → Release 메뉴는 컴파운드 패스를 해제하고 원래 오브젝트로 돌아갈 때 사용합니다.

Object →〉Artboards 메뉴 (새 아트보드 만들기)

사용자가 제작한 사각 오브젝트를 아트보드로 전환하는 기능입니다. Convert to Artboards 메뉴는 사용자가 선택한 사각 오브젝트를 아트보드로 전환하는 기능이고, Rearrange 메뉴는 아트보드의 페이지 순서를 변경할 때 사용합니다. Fit to Artwork Bounds 메뉴는 아트보드가 오브젝트보다 작을 경우, 아트보드를 확장하는 기능입니다. Fit to Selected Art 메뉴는 선택한 오브젝트 크기만 한 아트보드를 만들어주는 기능입니다.

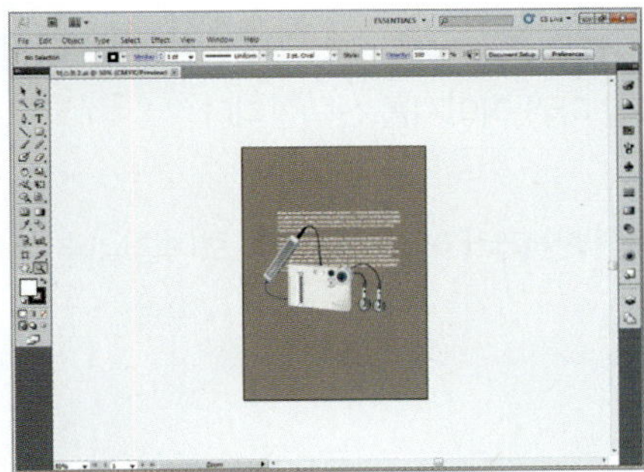
현재의 아트보드

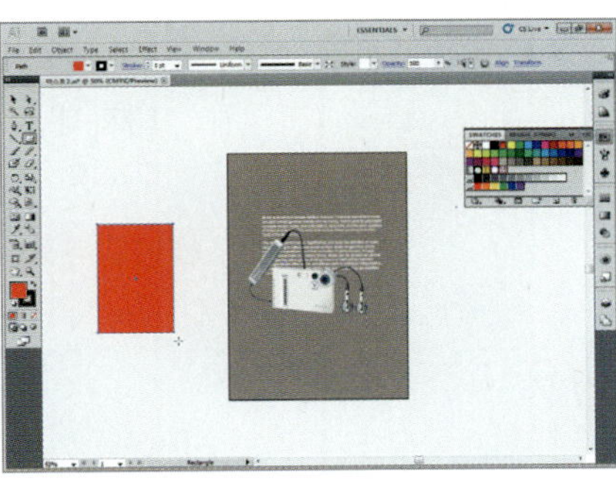
오브젝트를 그린 모습

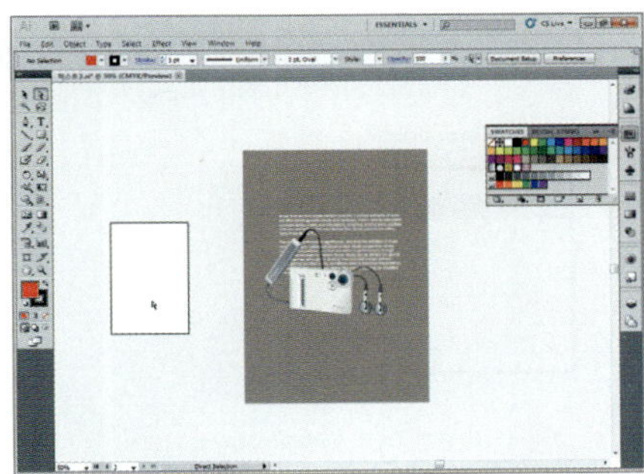
오브젝트를 아트보드로 전환한 모습

24 Object →〉Graph 메뉴 (그래프 옵션 설정하기)

툴박스에서 설명한 각종 그래프 제작 기능을 메뉴 방식으로 실행할 수 있습니다.

Graph →〉Type 메뉴

그래프를 선택한 상태에서 실행하면 그래프의 유형을 다른 모양으로 변경할 수 있습니다. 툴박스에서 '그래프 툴'을 더블클릭하면 나타나는 대화상자와 같은 기능입니다.

Graph →〉Data 메뉴

그래프 데이터 값을 수정할 때 사용합니다. 자세한 사용법은 3부 '그래프 툴'에서 설명하였습니다.

Graph →〉Design 메뉴

그래프에서 막대나 점 대신 이미지를 표시하고 싶을 때 사용합니다. 이 이미지를 '마커'라고 하는데, 여기서 선택한 오브젝트를 '마커'로 등록할 수 있습니다. 자세한 사용법은 3부 '그래프 툴' 참고

Graph →〉Marker 메뉴

앞의 Design 메뉴로 등록시킨 마커 이미지를 라인 그래프나 산포 그래프에 삽입할 때 사용합니다. 마커 이미지를 라인 그래프에 삽입하는 방법에 대해서는 2페이지 뒤의 예제를 참고하기 바랍니다.

Graph –〉 Column 메뉴

Column 메뉴는 바 그래프, 막대 그래프에서 '막대' 대신 '마커'를 사용할 때 실행합니다. 일단 Object –〉 Graph –〉 Design 메뉴로 선택한 오브젝트를 '마커'로 등록한 뒤 이 메뉴를 사용합니다.

메뉴를 실행한 뒤 대화상자에서 사용할 마커 이미지의 옵션을 설정합니다.

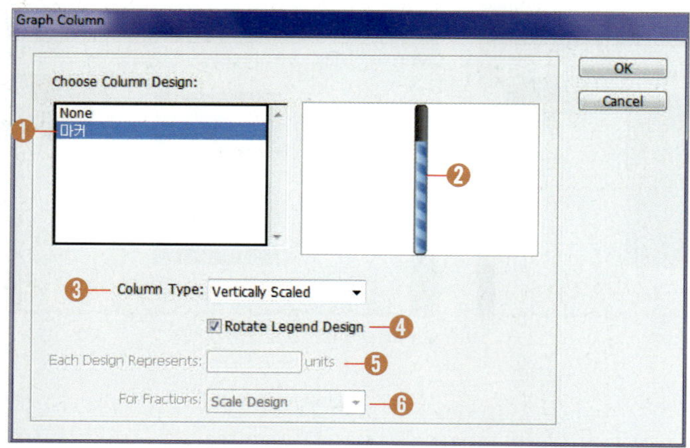

❶ **Choose Column Design** : 바 그래프 등에서 막대 이미지 대신 사용할 마커 이미지를 선택합니다.

❷ **프리뷰 화면** : 선택한 마커 이미지를 미리 보여줍니다.

❸ **Column Type** : 마커 이미지의 삽입 방식을 설정합니다.
  – Vertical Scaled : 막대 크기에 맞게 마커 이미지의 크기도 조절됩니다.
  – Uniform Scaled : 막대 길이가 표현하는 데이터 비율대로 이미지의 길이가 늘어납니다.
  – Repeating : 막대 길이가 표시하는 데이터 양만큼 삽입한 이미지가 반복 나타납니다. 이 삽입 방법은 마커 이미지의 크기가 클 경우 권장하지 않습니다.
  – Sliding : 마커 이미지의 몸통을 막대가 표시하는 길이만큼 늘려줍니다.

Vertical Scaled 삽입 예제

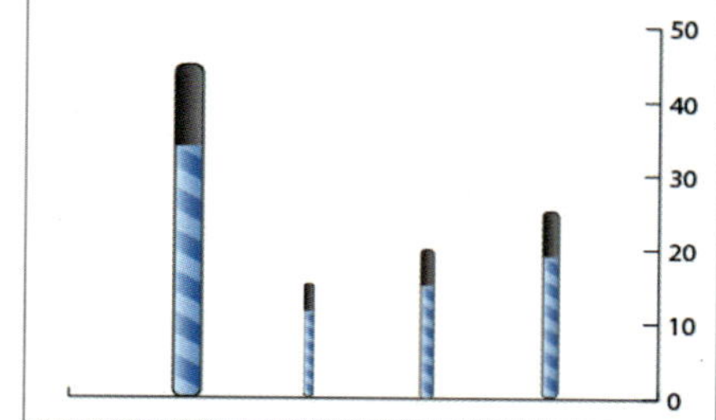

Uniform Scaled 삽입 예제

❹ **Rotate Legend Design** : 그래프 오른쪽에 표시되는 범주를 90도 회전시켜 표시합니다.

❺ **Each Design Representations** : Repeating 옵션일 때 사용합니다. 보통 마커 이미지의 크기는 차트 축에 따라 결정됩니다. 차트 최고 수치가 10이라고 가정하면 보통 3, 4 등의 수치를 입력합니다. 만약 차트 최고 수치가 10000이라면 2000, 3000 등으로 입력합니다. Repeating 옵션은 마커 이미지를 막대 길이만큼 반복시켜서 삽입하기 때문에 무조건 차트 최고 값보다 낮은 수치를 입력해야 합니다.

❻ **For Fractions** : Repeating 옵션으로 삽입할 경우, 막대 끝 부분에 위치한 마커 이미지의 처리 방식을 설정합니다.
  – Scale Design : 막대 끝 부분에 있는 마커 이미지를 자르지 않고 납작하게 축소하는 방식입니다.
  – Chop Design : 막대 끝 부분에 있는 마커 이미지를 데이터 값만큼 자르는 방식입니다.

킹왕짱 예제

라인 그래프에서
마커 이미지 사용하기

E X A M P L E

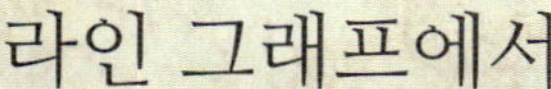

라인 그래프의 점 영역에 마커 이미지가 일정 크기로 삽입되도록 특별한 제작 방법을 알아봅니다.

01_ '펜 툴'을 사용해 여러분이 원하는 이미지를 그려줍니다. 작업 시간이 없다면 예제 '보석.ai'를 불러옵니다.

02_ '사각 툴'로 보석 중앙에 색상없는 투명 사각형을 아주 작은 크기로 그려줍니다. (Fill Color:무색, Stroke Color:무색) 여기서 그리는 투명 사각형이 그래프의 점 크기에 맞게 삽입됩니다.

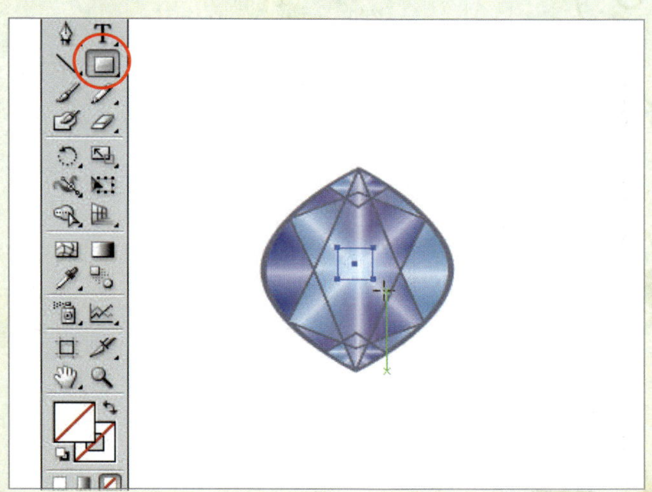

03_ 레이어 팔레트에서 삼각형 버튼을 클릭해 하위 레이어를 표시합니다. Path 레이어는 방금 그린 투명 사각형이 있는 레이어입니다. Path 레이어를 클릭한 뒤 하위에 있는 Group 레이어 아래로 이동시킵니다.

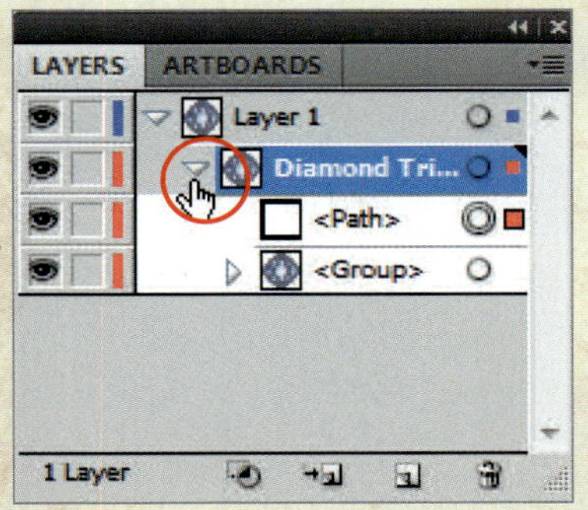

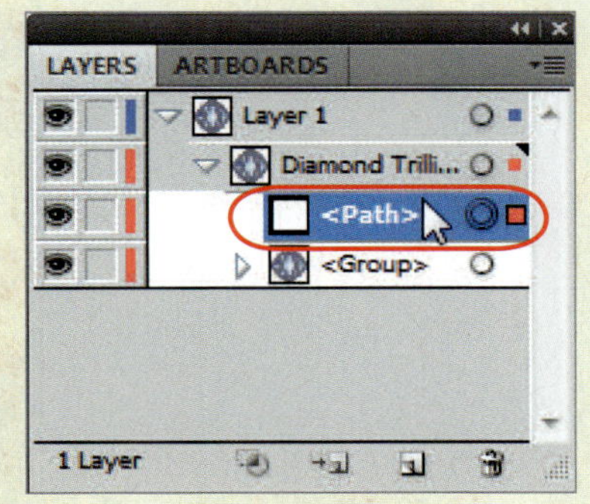

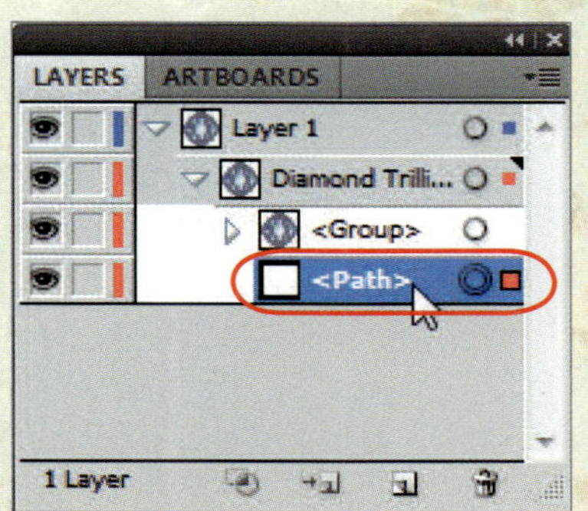

04_ '선택 툴'로 드래그하여 보석과 사각형 둘 다 선택합니다.

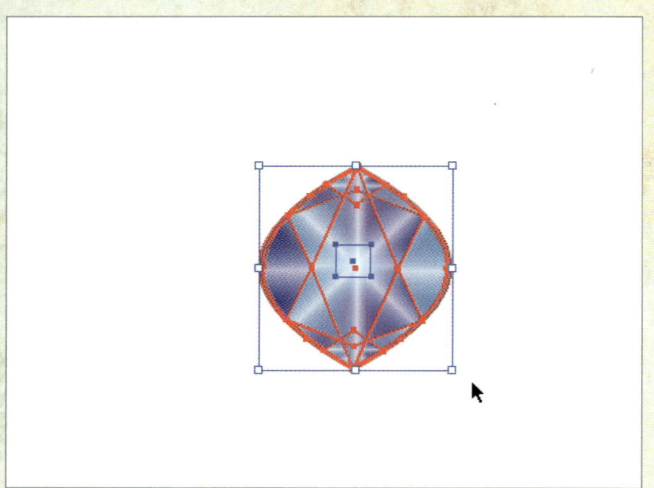

05_ Object -> Graph -> Design 메뉴를 실행한 뒤 New Design 버튼을 클릭해 선택한 이미지를 마커 이미지로 등록합니다. OK 버튼을 클릭해 대화상자를 닫아줍니다.

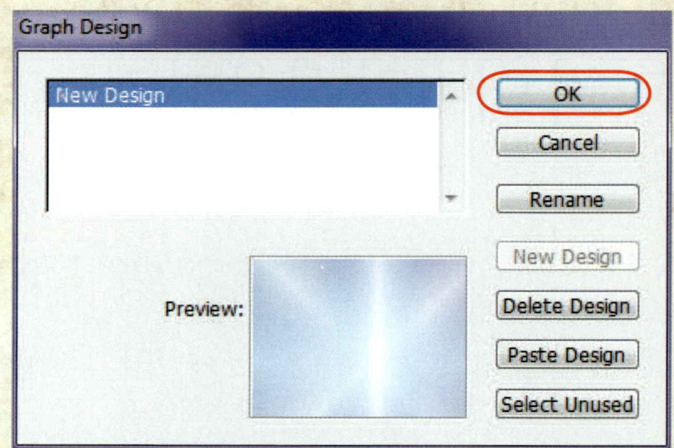

06_ 예제 '차트15.ai'를 불러온 뒤 '선택 툴'로 그래프를 클릭해 선택합니다. Object -> Graph -> Marker 메뉴를 실행합니다. 대화상자가 나타나면 교체할 이미지로 방금 등록한 마커 이미지를 선택합니다.

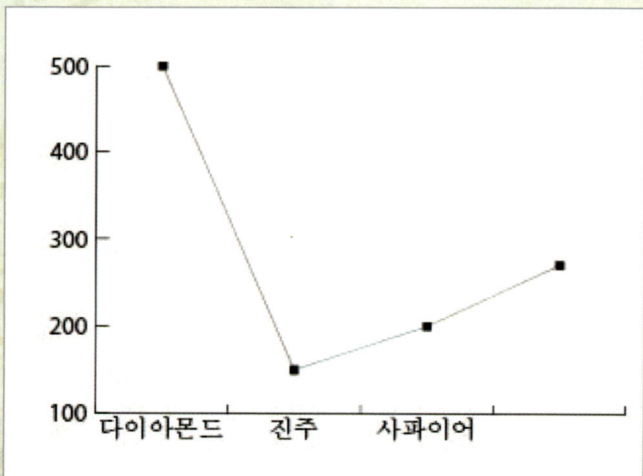

07_ 라인 그래프의 점 부분에 마커 이미지가 삽입된 모습입니다. 앞에서 그린 투명 사각형이 점의 크기에 딱 맞게 삽입되는 것을 알 수 있습니다.

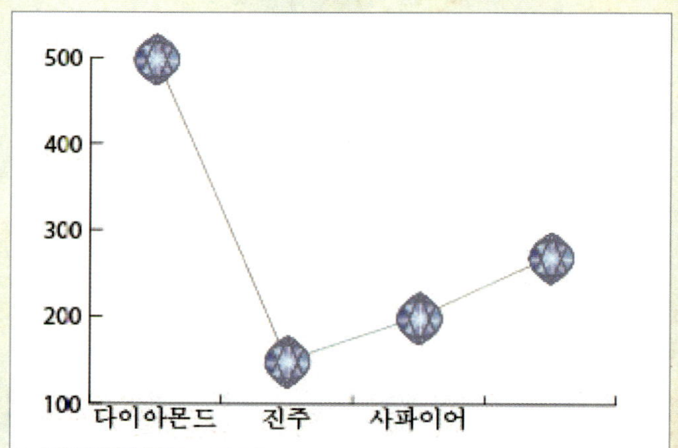

문자 메뉴 사용하기
Type 메뉴

Type 메뉴는 텍스트 입력과 관련된 메뉴로 구성되어 있습니다. 메뉴 방식으로 텍스트의 수정 및 편집 작업을 할 수 있습니다. 중요 기능으로는 Threaded Text 메뉴, Fit Headline 메뉴, Create Outline 메뉴가 있습니다.

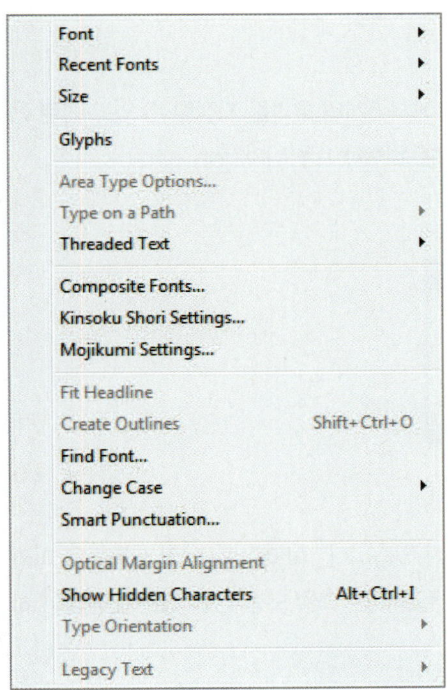

❶ **Font 메뉴 :** 텍스트 입력에 사용할 글꼴을 선택합니다. 또는 선택한 글자들을 다른 글꼴로 교체할 수 있습니다. 글꼴 아이콘에 따라 다음과 같은 글꼴이 있습니다.

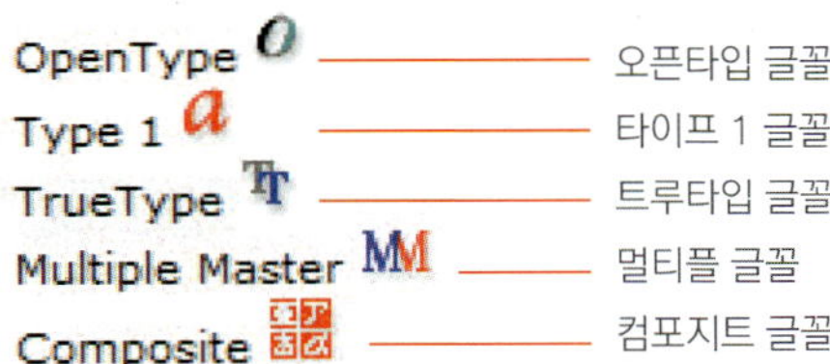

❷ **Recent Fonts 메뉴 :** 바로 전에 사용한 글꼴들이 표시됩니다. 방금 사용한 글꼴을 다시 선택할 수 있습니다.

❸ **Size 메뉴 :** 글꼴 크기를 선택합니다. 입력한 글자를 블록으로 지정하거나 글 박스를 선택한 상태에서 Size 메뉴를 실행합니다.

❹ Glyphs 메뉴 : 상형문자 입력 도구인 Glyphs 팔레트를 실행합니다. 2부에서 설명한 Glyphs 팔레트와 같은 기능입니다.

❺ Area Type Options 메뉴 : 글자를 입력하기 전 타이프 툴로 드래그하면 글상자가 만들어집니다. 이 메뉴는 글상자의 크기, 분할 칸수 등을 조절할 때 사용합니다. 만일 Fixed(글상자 분할 크기 고정) 옵션을 선택하면 글상자의 전체 크기를 확대할 때 고정된 분할칸이 계속 늘어나게 됩니다.

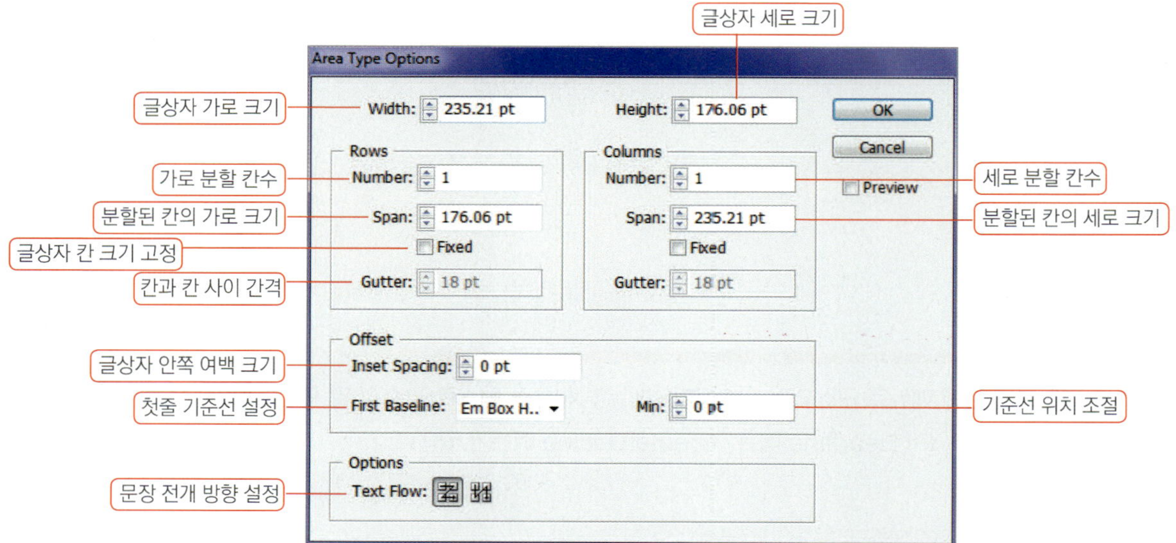

❻ Type on Paths 메뉴 : 패스에 입력한 글자 모양을 수정할 때 사용합니다. 하위 메뉴에서 5개의 효과를 지정할 수 있고 관련 옵션을 지정할 수 있습니다. 이 메뉴를 사용하려면 먼저 '패스 타이프 툴'르 패스 위에 글자를 입력해야 합니다.

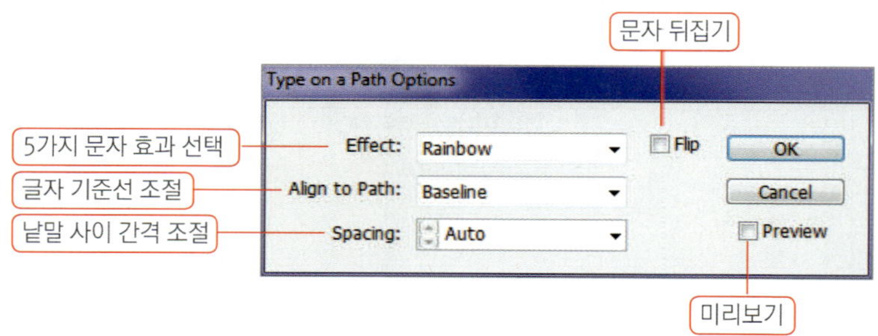

❼ Threaded Text 메뉴 : 문장을 입력하다 보면 여러 개의 도형 안에 문장을 입력할 때가 있습니다. 이 메뉴는 여러 도형들을 미리 연결한 뒤 문장을 입력할 때 사용합니다. 또는 2개 이상의 도형을 선택한 뒤 이 메뉴를 실행하면 그들 도형 안에 있는 문장들이 하나로 연결됩니다.

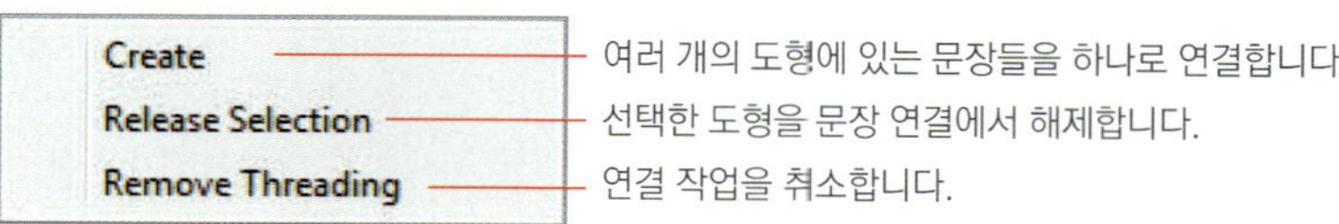

참고로, 도형 안에 글자를 입력하려면 타이프 툴 중 '영역 타이프 툴'을 사용해야 합니다.

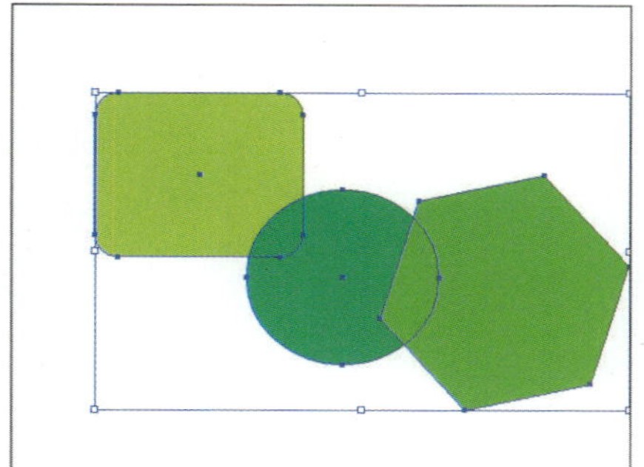

모두 선택한 뒤 Create 메뉴 적용

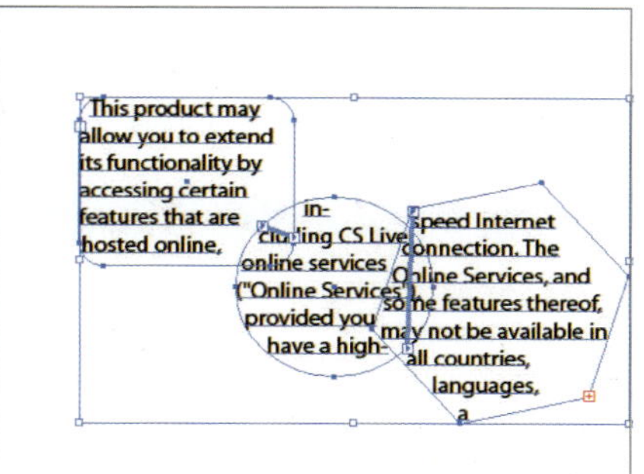

도형 안에 글자를 입력한 모습

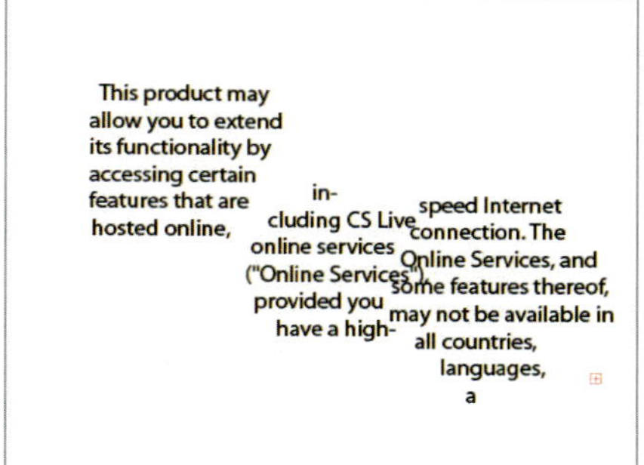

최종 완성된 모습

❽ Composite Fonts 메뉴 : 사용자 설정으로 문자 세트를 관리합니다. 보통 서로 다른 글꼴이나 문자를 혼합해 관리하거나 파일로 내보낼 수 있습니다. 예를 들어 영문 글꼴 일부와 일본어 글꼴 일부를 혼합해 하나의 세트로 관리할 수 있습니다. Custom 버튼을 누르면 사용자가 원하는 글꼴과 문자를 삽입해 새 문자세트를 제작할 수도 있습니다.

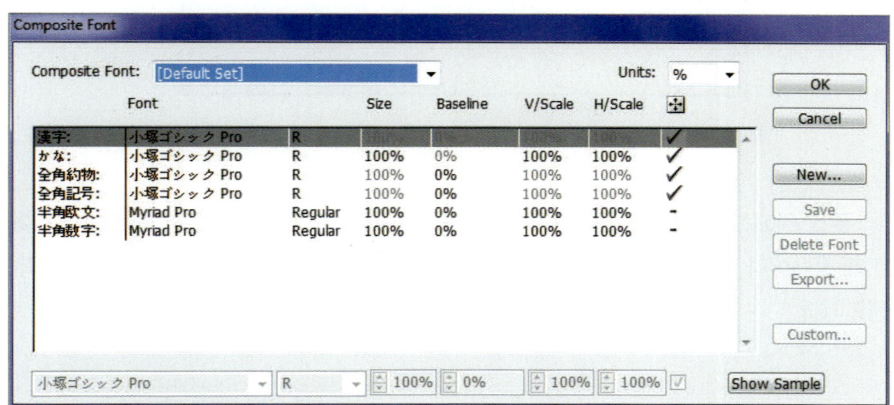

❾ Mojikumi Settings 메뉴 : 일본어 입력 옵션으로 띄어쓰기 등의 옵션을 설정합니다. 일본어 글자 반복 입력 원칙, 일본어와 혼합된 영문자 입력, 일본어 구두법 등에서 띄어쓰기를 처리하는 방법과 행 시작과 행 끝을 처리하는 방법 등을 설정할 수 있습니다. 우리나라 언어와는 관련없는 기능입니다.

❿ **Kinsoku Shori Settings 메뉴 :** 맞침표나 쉼표, 괄호 같이 행 나누기를 하면 안 되는 단어와 문장 맨 앞에 나오면 안 되는 기호들에 대한 설정을 합니다. 글자를 입력하다 보면 특별히 관리해야 할 기호들이 있는데, 예를 들어),], ? 등의 기호는 문장의 처음에 나올 수 없는 기호이며 쉼표 역시 문장의 처음에 나올 수 없습니다. 이처럼 문장의 처음에 나오거나 문장의 끝에 나오면 곤란한 단어들을 이곳에서 종합 관리합니다. 일반 사용자는 기본값을 선택하면 되며 주로 일본어 입력 시 사용합니다.

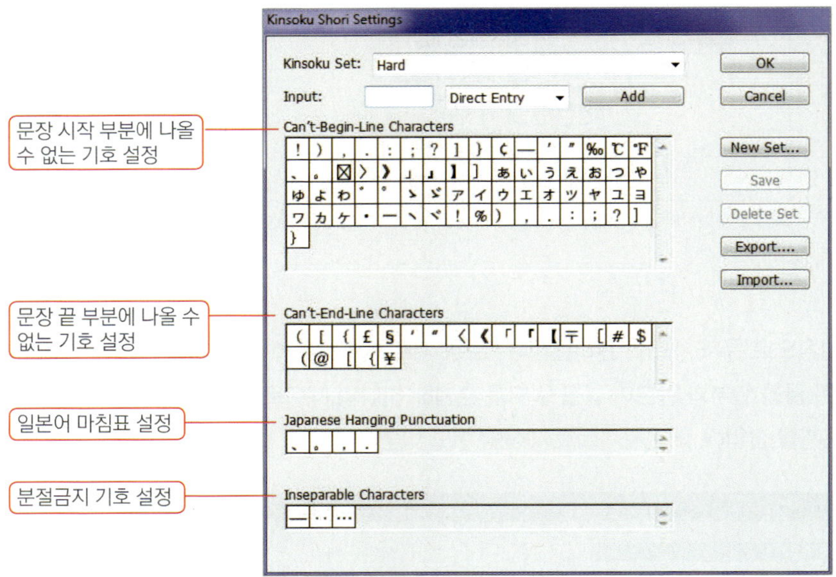

문장 시작 부분에 나올 수 없는 기호 설정

문장 끝 부분에 나올 수 없는 기호 설정

일본어 마침표 설정

분절금지 기호 설정

⓫ **Fit Healine 메뉴 :** 문장 뒤에 있는 여백을 없애기 위해 글자들을 일정 간격으로 늘리는 기능입니다. 일반적으로 제목 등의 문자를 균등하게 정렬할 때 좋습니다. 먼저 '타이프 툴'로 드래그하여 글박스를 제작한 뒤 그 안에 글자를 입력하고 원하는 열에 커서를 놓고 이 메뉴를 실행합니다.

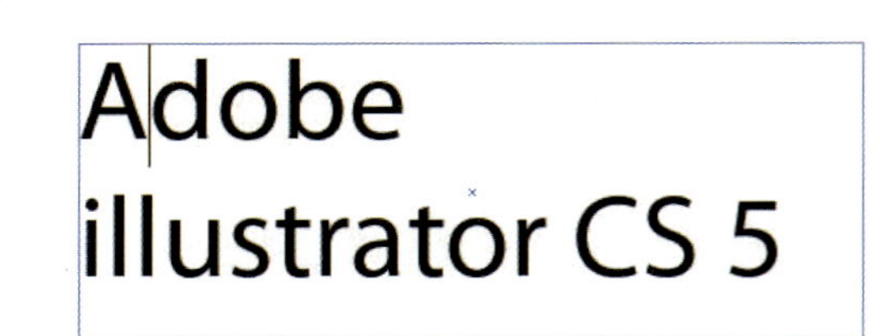

타이프 툴로 첫 번째 글자열에 커서를 놓은 모습

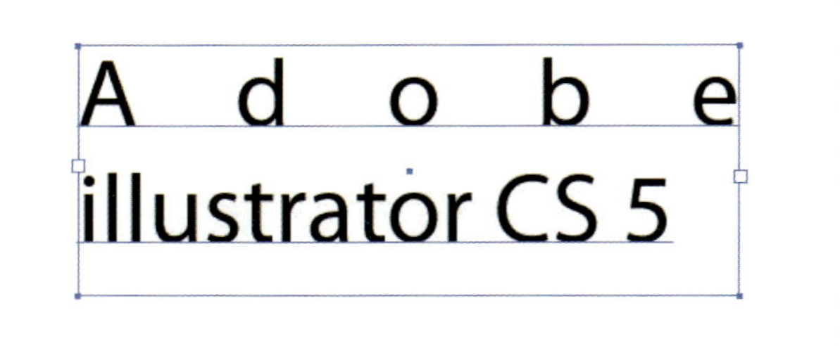

Fit Headline 메뉴를 적용한 모습

⓬ **Create Outlines 메뉴 :** 타이프 툴로 입력한 글자는 '문자 속성'을 가지고 있으므로 일반 오브젝트처럼 포인트를 움직여 편집할 수 없습니다. Create Outlines 메뉴는 글자를 벡터 속성의 그림으로 변경할 때 사용합니다. 보통 문자를 일반 이미지처럼 편집할 때 사용합니다.

다음은 문자 속성의 글자를 벡터 속성의 그림으로 바꾼 모습입니다. 문자 속성을 벡터 속성의 그림으로 바꾸면 '펜 툴'로 편집할 수 있습니다.

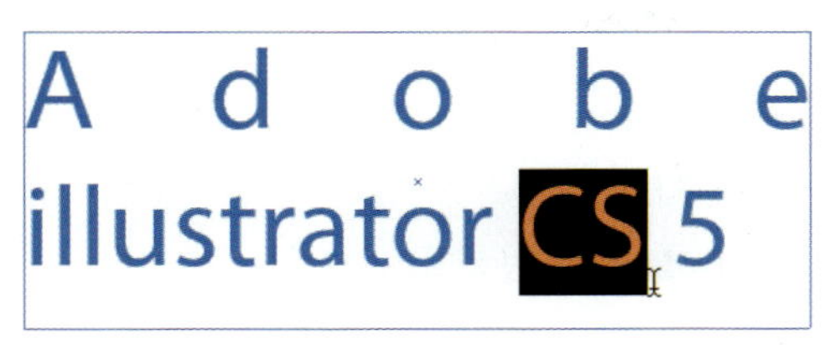

타이프 툴로 편집하는 모습

'타이프 툴'로 입력한 글자는 문자 속성이기 때문에 타이프 툴 또는 Type 메뉴로 편집해야 합니다.

직접 선택 툴로 편집하는 모습

Create Outlines 메뉴를 적용하면 문자 속성이 그림 속성이 되므로 일반 패스를 다루듯 '펜 툴'과 '직접 선택 툴'로 편집할 수 있습니다.

글꼴 손상 없이 다른 시스템으로 가져가기

여러분이 사용한 글꼴이 다른 시스템에는 없는 글꼴이라면 Create Outlines 메뉴를 적용해 글자를 그림으로 전환하는 것이 좋습니다. 그렇게 하면 다른 시스템에서 해당 이미지를 불러와도 글꼴 모양이 변하지 않습니다.

⓭ **Find Font 메뉴** : 이 메뉴는 틀린 글자를 찾는 것이 아니라 원하는 글꼴을 찾을 때 사용합니다. 말 그대로 여러 글꼴로 글자를 입력했을 경우 원하는 글꼴을 찾은 뒤 다른 글꼴로 교체할 때 사용합니다.

⓮ **Change Case 메뉴** : 영문자의 맨 앞 단어를 대문자에서 소문자로, 소문자는 대문자로 변경할 때 사용합니다. 글상자나 문장, 글자를 선택한 상태에서 실행합니다. 하위 메뉴의 UPPERCASE 메뉴는 영문자 전체를 대문자로, lowercase 메뉴는 영문자 전체를 소문자로, Title Case 메뉴는 단어마다 맨 앞 글자를 대문자로, Sentence case 메뉴는 일반적인 입력 방식 즉 문장의 시작부 단어의 첫 글자만 대문자로 변경해 줍니다.

⓯ **Optical Margin Alignment 메뉴** : 행 좌우 가장자리에 놓이게 될 특정 글자의 옆에 있는 구두점을 해당 글자의 마진 외곽에 매달리는 방식으로 정렬할 때 사용합니다. 보다 자연스러운 정렬 효과가 있습니다.

⑯ **Smart Punctuation 메뉴 :** 구두점 규칙을 설정할 때 사용합니다. 또한 특별한 글자를 알아보기 미려하게 조절할 수 있습니다. 글자들을 블록으로 지정한 뒤 사용하며, 그렇지 않으면 전체 문장에 적용됩니다.

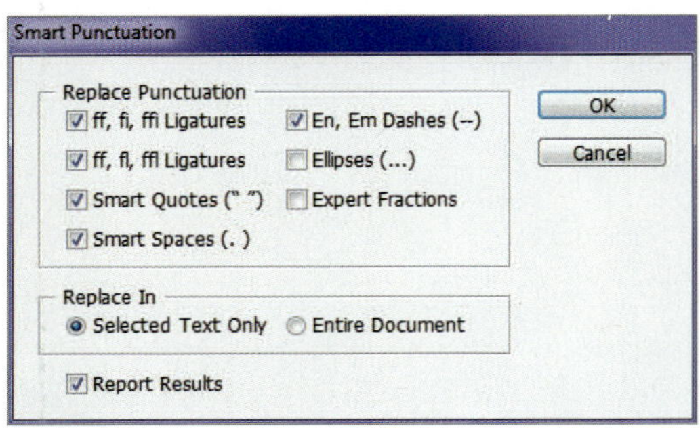

- ff, fi, ffi ligatures : 해당 글자들을 자연스럽게 붙여주는 방식으로 입력합니다.
- En, Em, Dashes : 대쉬(――) 표시를 긴 대쉬 표시(―)로 바꿔줍니다.
- ff, fl, ffl ligatures : 해당 글자들을 자연스럽게 붙여주는 방식입니다.
- Ellipses : 말줄임표(…) 표시를 글자처럼 처리합니다.
- Smart Quotes : 큰 따옴표("") 표시를 예쁘게 다듬어 줍니다.
- Expert Fractions : 수식과 글자가 포함된 분수를 단일 글자로 만들어 줍니다. (Expert Fonts 설치 시 동작)
- Smart Spaces : 마침표(.)를 마지막 글자에 붙인 뒤, 다음 글자 사이의 간격을 줄여줍니다.
- Replace In : 설정한 규칙을 블록으로 선택한 글자(Selected Text Only)에 적용할 것인지, 전체 문장(Entire Document)에 적용할 것인지 지정합니다.

⑰ **Show Hidden Characters 메뉴 :** 띄어 쓰기, 구두점, 문단 상태를 확인할 수 있도록 조판 부호를 화면에 표시할 때 사용합니다. 조판 부호를 화면에서 감추려면 이 메뉴를 다시 실행합니다.

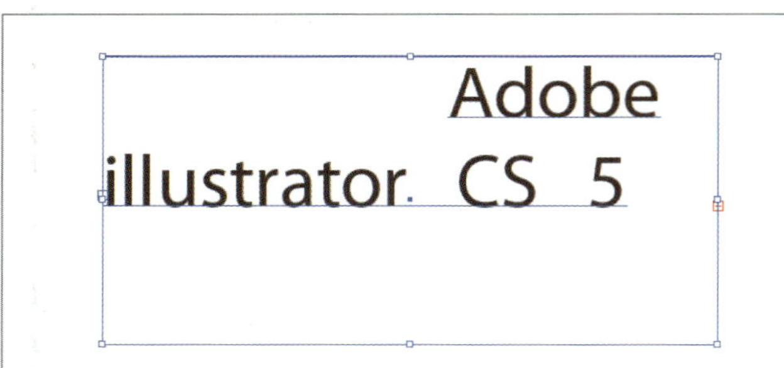

글자를 입력한 모습

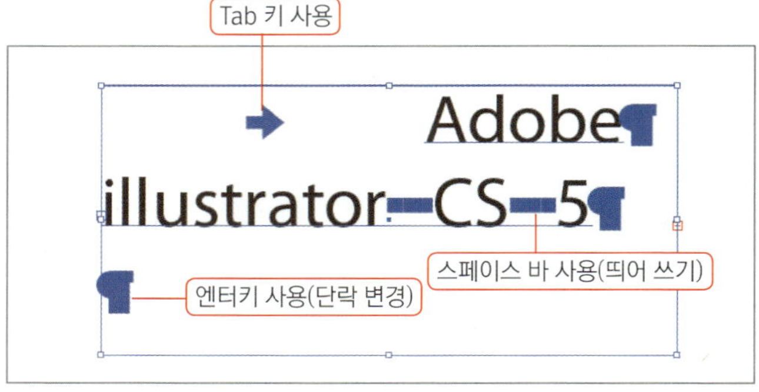

Show Hidden Characters 메뉴 적용

⑱ **Type Otientation 메뉴 :** 문장을 가로나 세로 방향으로 회전시킬 때 사용합니다. Horizontal 메뉴는 가로 방향으로 회전시키고, Viertical 메뉴는 세로 방향으로 회전시킵니다.

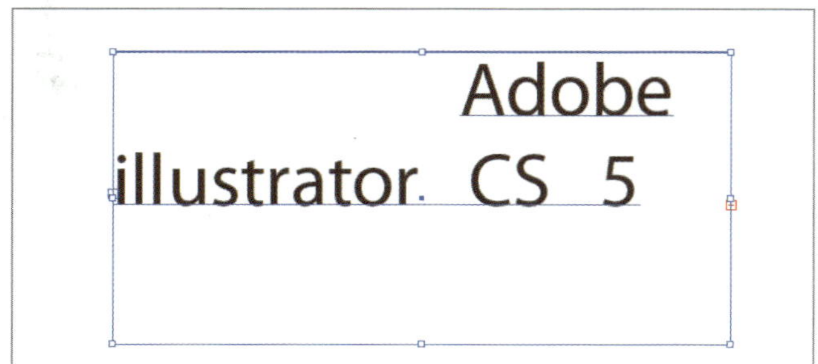

Horizontal 방향

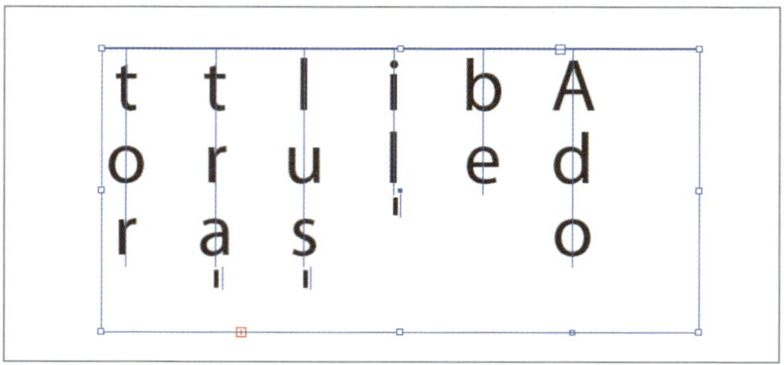

Virtical 방향

선택 메뉴 사용하기
Select 메뉴

Select 메뉴는 오브젝트를 선택하는 기능들이 모여 있습니다. 또한 모두 선택, 재선택, 선택 취소 등의 다양한 선택 기능들을 사용할 수 있습니다.

All	Ctrl+A
All on Active Artboard	Alt+Ctrl+A
Deselect	Shift+Ctrl+A
Reselect	Ctrl+6
Inverse	
Next Object Above	Alt+Ctrl+]
Next Object Below	Alt+Ctrl+[
Same	▶
Object	▶
Save Selection...	
Edit Selection...	

❶ All 메뉴 : 작업창에 있는 오브젝트를 전부 선택합니다. 단축키 Ctrl + A

작업창의 모습

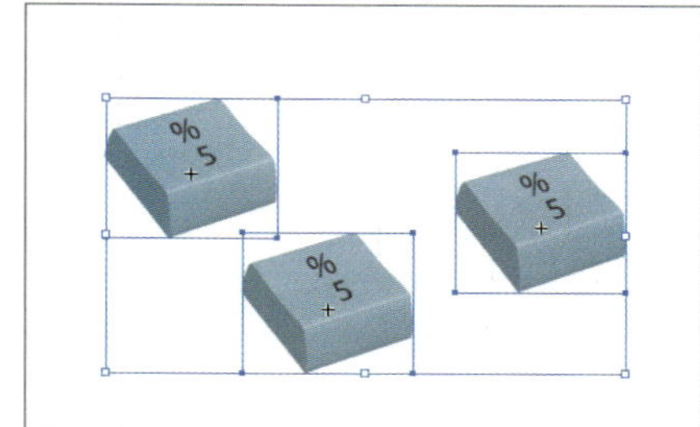

오브젝트를 모두 선택한 모습

❷ All in Active Artboard 메뉴 : 액티브 아트보드 안에 있는 오브젝트만 모두 선택합니다. 액티브 아트보드란 현재 작업 중인 아트보드를 말합니다.

3개의 아트보드가 열려있는 모습

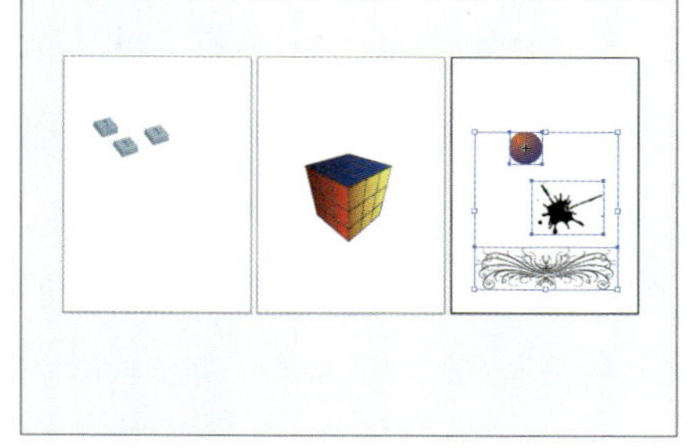

액티브 아트보드에서 모두 선택한 모습

❸ **Deselect 메뉴 :** 선택 작업을 해제합니다.

❹ **Reselect 메뉴 :** 바로 전 취소한 선택 작업을 다시 실행합니다.

❺ **Inverse 메뉴 :** 방금 전 선택한 작업을 취소하고 선택하지 않은 다른 오브젝트를 전부 선택합니다.

❻ **Next Object Above 메뉴 :** 선택한 오브젝트(그룹)의 바로 위에 있는 오브젝트(그룹)를 선택합니다. 단축키 Ctrl + Alt +]

예제 이미지

가운데 버스 선택

Next Object Above 메뉴 적용

❼ **Next Object Bellow 메뉴 :** 선택한 오브젝트(그룹)의 바로 아래에 있는 오브젝트(그룹)를 선택합니다. 단축키 Ctrl + Alt + [

예제 이미지

가운데 버스 선택

Next Object Bellow 메뉴 적용

❽ **Same 메뉴** : 동일 색상이나 동일 속성을 가진 오브젝트를 일괄 선택할 때 사용합니다. 11개의 하위 메뉴를 이용해 동일한 Blending Mode, Opacity, Stroke Color, Style을 가진 오브젝트를 선택할 수 있습니다. 참고로, 이 메뉴는 화면에서 보이지 않는 오브젝트도 동일한 요소가 있으면 찾아낸 뒤 선택해 줍니다.

Appearance 메뉴	동일 Appearance를 가진 오브젝트를 모두 선택
Appearance Attribute 메뉴	동일 Appearance Attribute를 가진 오브젝트를 모두 선택
Blending Mode 메뉴	선택한 오브젝트와 동일 블렌드 모드를 가진 오브젝트 모드 선택. 아무것도 선택하지 않은 상태라면 같은 블렌드 모드 가진 오브젝트 모두 선택
Fill & Stroke 메뉴	동일한 Fill Color와 Stroke Color를 가진 오브젝트를 전부 선택
Fill Color 메뉴	동일 Fill Color를 가진 오브젝트를 전부 선택
Opacity 메뉴	동일 투명도를 가진 오브젝트를 모두 선택
Stroke Color 메뉴	동일 Stroke 컬러를 가진 오브젝트를 전부 선택
Stroke Weight 메뉴	동일 선 두께를 가진 오브젝트를 찾아서 모두 선택
Graphic Style 메뉴	동일한 스타일을 가진 오브젝트를 찾아서 모두 선택
Symbol Instance 메뉴	현재 선택한 심볼과 동일한 심볼을 찾아서 모두 선택
Link Block Series 메뉴	[Type] – [Thread Text] 메뉴로 링크시킨 오브젝트를 모두 선택

❾ **Object 메뉴** : 동일 속성을 가진 오브젝트를 일괄 선택할 때 사용합니다. 동일한 포인트, 동일한 브러시, 동일한 클리핑 마스크, 동일한 문자 속성을 가진 오브젝트를 일괄 선택할 때 유용합니다.

All on Same Layers 메뉴	현재 작업 레이어에 있는 오브젝트를 모두 선택
Direction Handles 메뉴	선택한 오브젝트가 가지고 있는 포인트를 선택하기 쉽도록 화면에 모두 표시. 포인트를 찾기 어려울 때 실행합니다.
Brush Strokes 메뉴	동일한 브러시 스트로그를 일괄적으로 찾아서 모두 선택
Clipping Masks 메뉴	작업 이미지에 있는 클리핑 마스크를 모두 선택
Stray Points 메뉴	잃어버리거나 잘못 찍은 포인트를 찾아서 모두 선택. 쓸모없는 포인트를 찾아 일괄 삭제할 때 좋습니다.
Text Objects 메뉴	문자(글자)를 찾아낸 뒤 모두 선택
Flash Dynamic Text 메뉴	플래시 다이나믹 텍스트 속성을 가진 문자를 모두 선택
Flash Input Text 메뉴	플래시 인풋 텍스트 속성을 가진 문자를 모두 선택할 때 사용

❿ Save Selection 메뉴 : 이 메뉴는 포토샵의 알파 채널 저장 기능과 달리 오브젝트를 선택했던 사실을 일러스트레이터 메뉴에 기록하는 기능입니다. 기록한 정보는 Select 메뉴 하단에서 새 메뉴로 등장합니다. 나중에 다른 작업을 하다가 하단에 있는 메뉴를 실행하면 그 오브젝트가 어느 위치에 있건 다시 선택 상태로 전환됩니다.

다음은 나팔 오브젝트에서 '고리' 부분을 선택한 뒤 선택했던 사실을 Save Selection 메뉴로 저장하는 모습입니다. 대화상자에서 이름을 지정한 뒤 승인하면 Select 메뉴 하단에 새 메뉴가 나타납니다. 나중에 로고 부분을 다시 선택하고 싶으면 Select 메뉴 하단에 있는 메뉴를 실행하면 됩니다.

고리 부분을 선택한 모습

Save Selection 메뉴로 등록

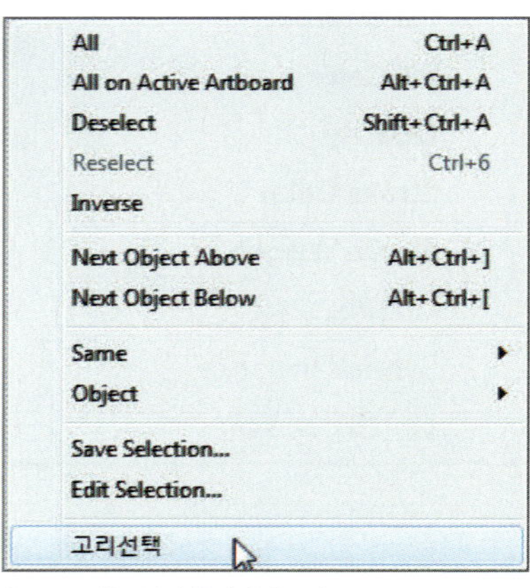

Select 메뉴 하단에 나타난 모습

⓫ Edit Selection 메뉴 : 앞에서 Save Selection 메뉴를 사용하면 Select 메뉴 하단에 새 메뉴가 생성됩니다. 이 메뉴는 Select 메뉴 하단에 생성된 새 메뉴의 이름을 수정하거나 삭제할 때 사용합니다.

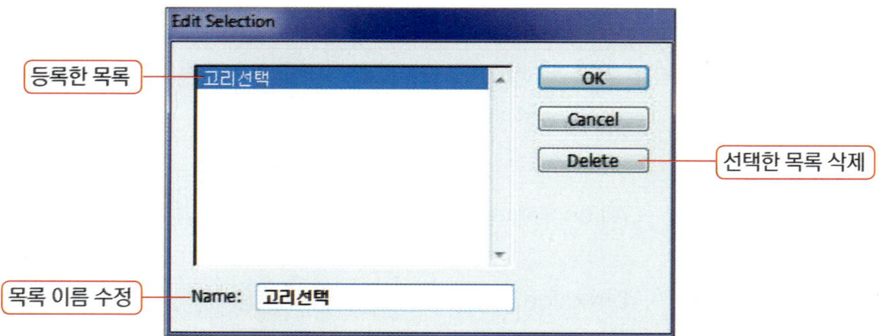

일러스트레이터의 특수효과
Effect(이펙트) 메뉴

Illustrator CS5

Apply Last Effect	Shift+Ctrl+E
Last Effect	Alt+Shift+Ctrl+E

Document Raster Effects Settings...

Illustrator Effects
3D ▶
Convert to Shape ▶
Crop Marks
Distort & Transform ▶
Path ▶
Pathfinder ▶
Rasterize...
Stylize ▶
SVG Filters ▶
Warp ▶

Photoshop Effects
Effect Gallery...
Artistic ▶
Blur ▶
Brush Strokes ▶
Distort ▶
Pixelate ▶
Sharpen ▶
Sketch ▶
Stylize ▶
Texture ▶
Video ▶

일러스트레이터의 Effect 메뉴는 원본 오브젝트를 손상시키지 않고 그 위에 그림자 같은 시각 효과를 삽입할 때 사용합니다. 또한 삽입한 이펙트는 Appearance 팔레트에 표시되므로 Appearance 팔레트와 Object −〉 Expand Appearance 메뉴를 사용하면 항상 재수정이 가능합니다.

지금부터 Effect 메뉴의 동작 방식을 공부해봅니다.

01 Effect 효과의 옵션값 재설정

Effect 메뉴는 항상 Appearance 팔레트와 같이 사용할 것을 권장합니다. Appearance 팔레트에는 사용한 Effect가 리스트로 표시됩니다. 따라서 Effect 메뉴의 결과물을 재손질하려면 Appearance 팔레트에서 편집하는 방법을 알아야 합니다.

1. Effect 효과의 옵션값 재설정

예제 '새.ai'를 불러온 뒤 '선택 툴'로 새를 클릭해 선택합니다. Effect −〉 Stylize −〉 Drop Shadow 메뉴를 적용합니다. 그림자 효과가 제작됩니다.

Effects 메뉴로 제작한 Drop Shadow 효과는 원본 오브젝트와 함께 움직일 뿐 아니라 분리시킬 수 없습니다. 한편 Appearance 팔레트에는 Drop Shadow 효과가 기록되면서 Drop Shadow라는 속성이 생성됩니다.

예제 이미지와 Appearance 팔레트

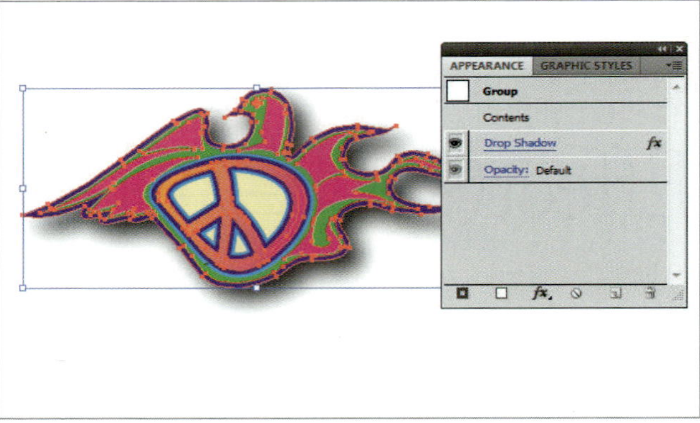

Drop Shadow 효과와 Appearance 팔레트

따라서 Drop Shadow 효과의 옵션값을 재설정하려면 Appearance 팔레트의 Drop Shadow 속성을 더블클릭하면 됩니다. Drop Shasow 대화상자가 나타나면서 그림자 옵션을 수정할 수 있습니다.

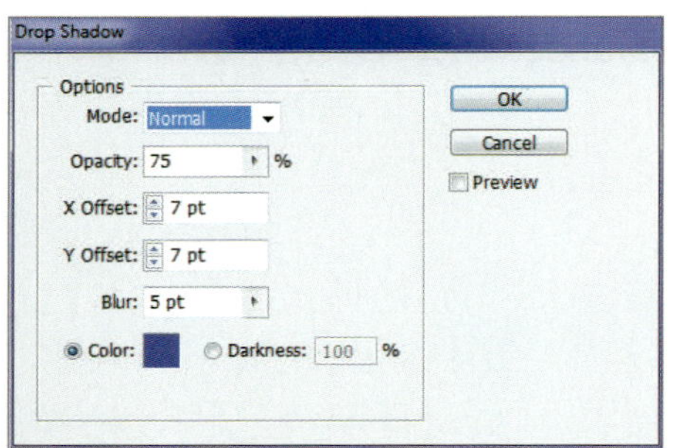

Drop Shadow 대화상자의 수정 모습

그림자의 색상을 수정한 모습

다시 다른 이펙트를 추가하겠습니다. Effect -> Distort & Transform -> Tweak 메뉴를 적용합니다. 이 경우에도 원본 이미지가 보호되며 Appearance 팔레트에 Tweak 속성이 추가됩니다. Effect 메뉴는 이처럼 새로운 속성을 추가하여 원본을 변형시키기 때문이 추가시킨 속성을 Appearance 팔레트에서 삭제하면 이미지는 원래 상태로 돌아갑니다. 여기서는 Drop Shadow 이펙트를 삭제해 보겠습니다.

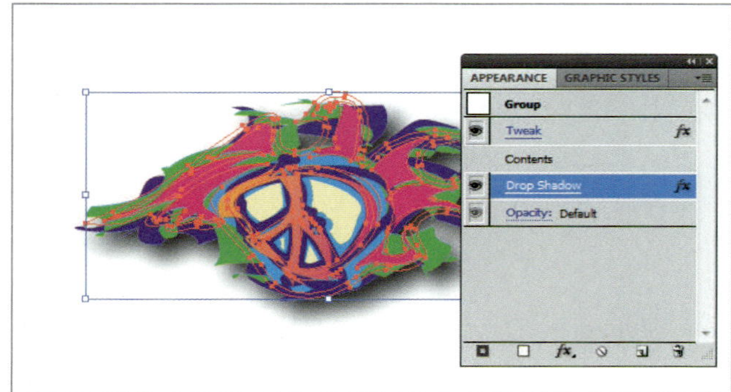

Tweak 메뉴를 적용하여 변형시킨 모습

Drop Shadow 이펙트를 삭제한 모습

2. Effects를 독립 오브젝트로 분리하기 – Expand Appearance 메뉴

사용자가 적용한 이펙트는 원본 오브젝트와 항상 붙어다니므로 '펜 툴'로 수정할 수 없습니다. 이때 Object –〉 Expand Appearance 메뉴를 적용하면 Effect 효과를 독립 오브젝트로 분리할 수 있습니다. 이렇게 하면 Appearance 팔레트에서 Effect 속성이 사라지고 효과는 개별 오브젝트로 전환됩니다.

예를 들어 Drop Shadow 효과를 적용한 뒤 Expand Appearance 메뉴를 적용하면 그림자가 원본 오브젝트에서 분리됩니다. 이 그림자는 '직접 선택 툴'로 선택한 뒤 이동시킬 수 있습니다. 또한 그림자는 일반 오브젝트를 편집하듯 펜 툴로 편집할 수 있습니다.

Drop Shadow 적용 후 Expand Appearance 메뉴로 분리시킨 그림자

02 Effect 효과를 Appearance 팔레트에서 전문적으로 수정하기

Effect 메뉴를 여러 개 적용하면 그 효과는 Appearance 팔레트에서 목록으로 쌓이게 됩니다. 따라서 Appearance 팔레트에 있는 이펙트 속성을 위 아래로 이동시키면 이펙트 효과가 적용되는 순서도 바뀌게 됩니다. 매우 단순한 작업이지만 Appearance 팔레트에서 속성의 위치만 변경해도 오브젝트가 달라집니다.

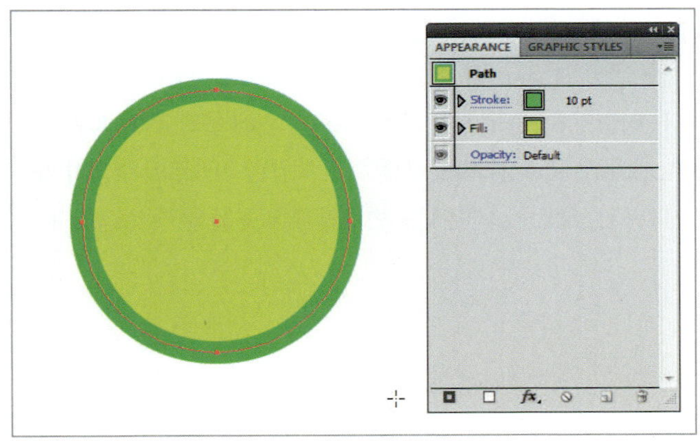

원 오브젝트를 그린 모습

새 아트보드를 불러온 뒤 '원 툴'로 원 오브젝트를 그려 줍니다. Fill 컬러는 '연한 녹색', Stroke 컬러는 '짙은 녹색'으로 설정하고 Stroke 두께는 10pt로 설정합니다.

Appearance 팔레트를 확인하면 Fill 속성과 Stroke 속성만 등록되어 있습니다.

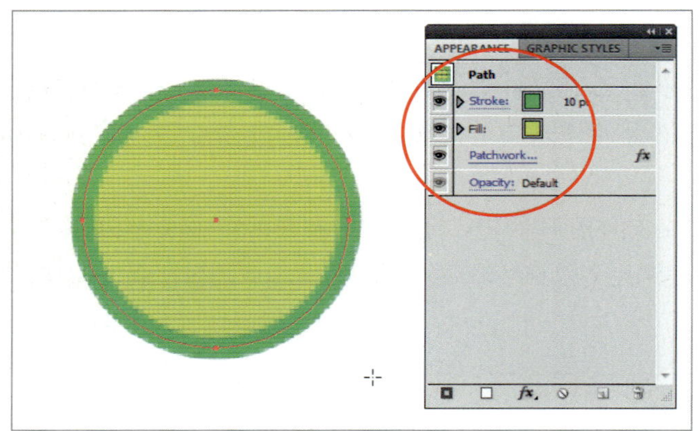

'선택 툴'로 원 오브젝트를 선택한 뒤 Effect –> Texture –> Patchwork 메뉴를 적용합니다. 원 오브젝트에 패치워크 이펙트가 적용됩니다.

Appearance 팔레트를 확인하면 방금 적용한 이펙트 효과인 'Patchwork' 속성이 생성되었습니다.

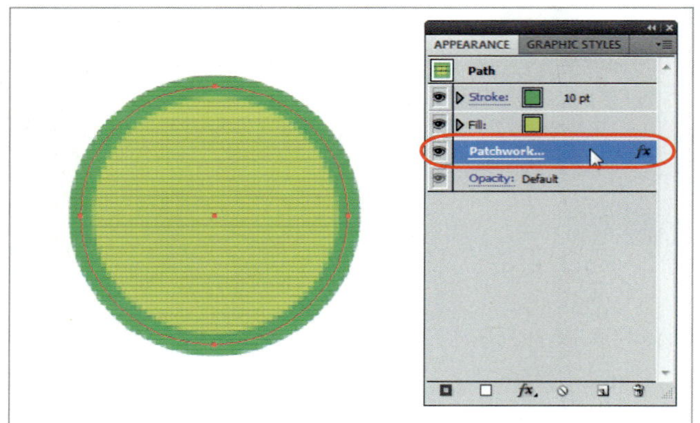

Effects 메뉴는 원본 오브젝트를 보호하면서 추가되는 효과입니다. 즉 Appearance 팔레트에서 방금 적용한 Patchwork 효과를 삭제하면 오브젝트는 원래대로 돌아갑니다. 또한 Patchwork 속성을 더블클릭하면 해당 옵션을 재수정할 수 있습니다.

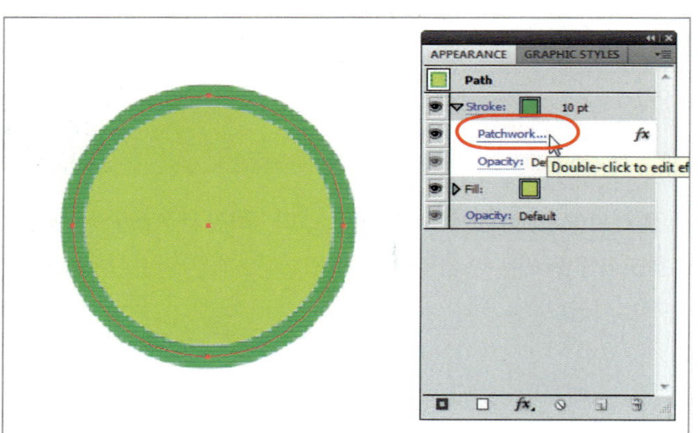

또한 Appearance 팔레트에 등록된 속성을 상하로 이동시키면 적용되는 순서가 바뀌게 되므로 오브젝트의 모습도 바뀌게 됩니다.

Appearance 팔레트에서 Patchwork 속성을 Stroke 속성으로 이동시켜 보았습니다. 오브젝트의 Stroke 부분에만 Patchwork 효과가 적용될 것입니다.

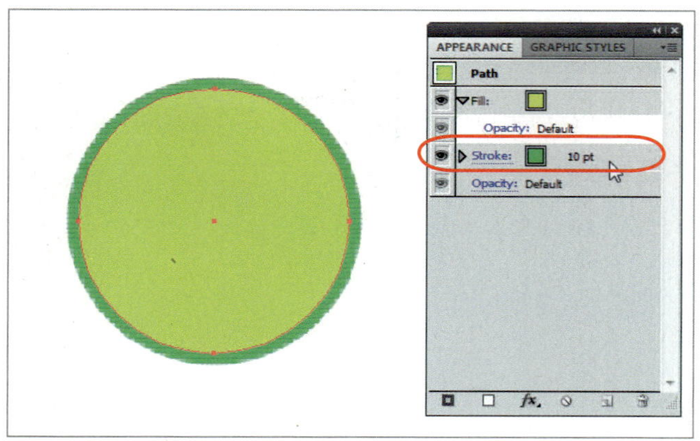

예를 들어 Stroke 속성을 Fill 속성 아래로도 이동시킬 수 있습니다. 이렇게 하면 Fill(면)이 Stroke(선) 위에 올라오게 됩니다.

Appearance 팔레트를 사용하면 적용한 이펙트의 수정이 가능하고 Fill, Stroke의 위치도 변경할 수 있음을 알 수 있습니다.

❶ Effects –〉 Apply Last Effect 메뉴 & Last Effects 메뉴 : 바로 전 실행한 Effect 메뉴를 동일 옵션으로 다시 실행할 때 사용합니다. 이 기능을 이용하면 다른 오브젝트에 동일한 옵션값으로 Effect를 적용할 수 있습니다. 이와 달리 Last Effect 메뉴는 방금 전 실행한 Effect 메뉴를 다시 실행하지만, 옵션 대화상자를 불러온 뒤 옵션을 조절해서 적용할 수 있습니다.

❷ Effects –〉 Document Raster Effects Settings 메뉴 : Effect 메뉴를 사용할 때 작업창의 오브젝트는 레스터(비트맵)화되어 메뉴가 적용됩니다. 이때 레스터화의 품질을 여기서 조절합니다. 특별한 목적이 없는 한 고품질의 효과를 제공하는 기본값을 선택합니다.

❸ Effects –〉 Convert to Shape 메뉴 : 선택한 오브젝트의 형태를 무조건 '사각형'이나 '둥근 사각형', '원' 형태로 변형합니다. 말 그대로 현재의 모양을 사각형이나 원 형태로 변형할 때 사용합니다. 그룹 역시 무조건 '사각형'이나 '둥근 사각형', '원' 형태로 변형됩니다.

❹ Effects –〉 Crop Marks 메뉴 : 오브젝트나 그룹의 외곽에 재단선 마크를 삽입합니다. 재단선은 보통 인쇄물을 같은 크기로 자를 때 사용합니다.

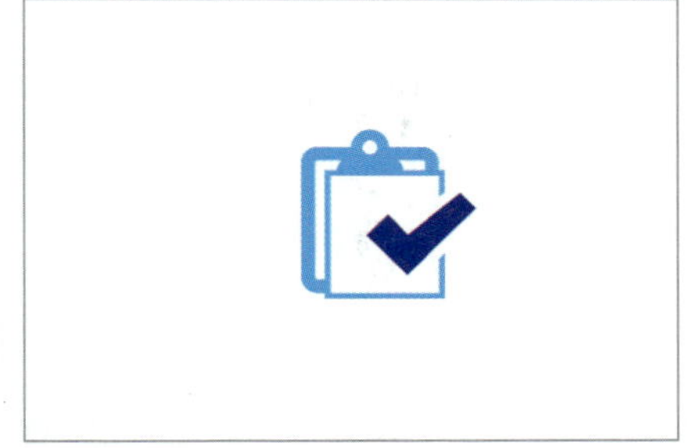

예제 이미지

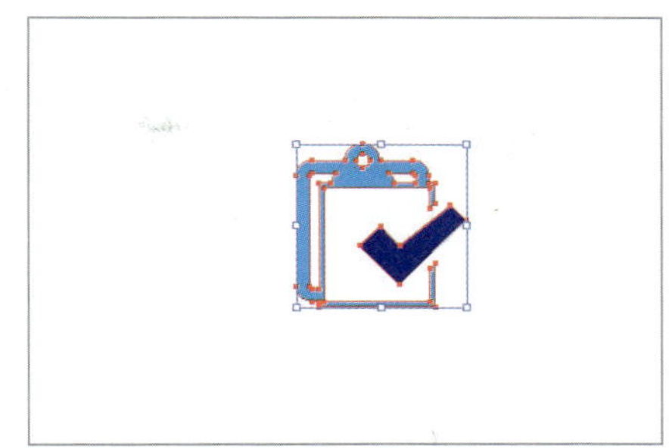

오브젝트를 선택한 모습

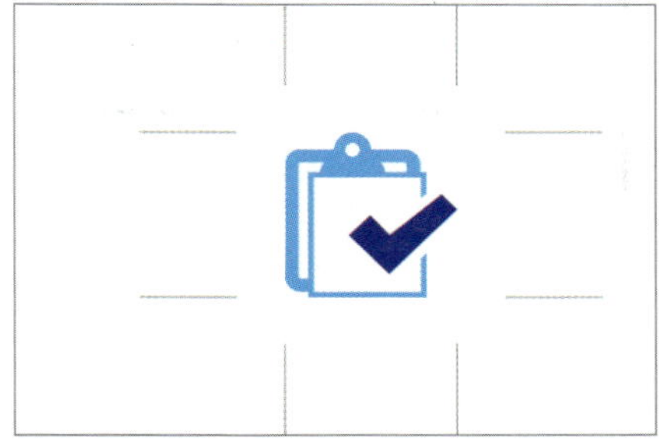

Crop Marks 메뉴를 적용한 모습

❺ Effects –〉 Path 메뉴 : 선이나 면에 대한 메뉴를 사용할 수 있습니다. 선을 오브젝트로 변환시킬 때 유용합니다.

Offset Path...
Outline Object
Outline Stroke

– Offset Path 효과 : 입력한 수치만큼 오브젝트의 면 영역을 늘려줍니다. 대화상자의 사용법은 Object –〉 Path –〉 Offset Path 메뉴와 동일합니다. 여기서 설명하는 Offset Path 효과는 패스를 실제로 늘려주지 않고 Effect 방식으로 늘려줍니다. 따라서 원본 패스는 그대로 보존되는 효과가 있습니다.

– Outline Object 효과 : 오브젝트의 선을 하나 더 Appearance 팔레트에 만들어 줍니다.

– Ontline Color 효과 : 오브젝트의 선 컬러를 Appearance 팔레트에 하나 만들어 줍니다. Appearance 팔레트에서 해당 스트로크 선의 색상과 투명도를 조절하면 기존 선 색상과 겹치게 됩니다.

❻ **Effects -〉Rasterize 메뉴** : 오브젝트를 비트맵 이미지로 전환한 듯한 효과를 만들어줍니다. Object - Rasterize 메뉴가 실제로 비트맵 이미지로 전환한다면, 이 메뉴는 Appearance 속성을 이용해 비트맵 이미지로 전환한 효과를 흉내내 줍니다. 따라서 Appearance 팔레트에 생성된 Rasterize 속성을 제거하면 원본 오브젝트는 벡터 이미지인 원래 상태로 돌아옵니다.

❼ **Effects -〉SVG Filter 메뉴** : 웹애니메이션 포맷인 SVG 포맷에 사용하는 필터입니다. 필터를 적용한 뒤의 결과물이 나빠 보이지만 웹에서는 벡터 그래픽 구현을 위해 렌더링을 하므로, 웹에서는 우수한 품질을 확인할 수 있습니다.

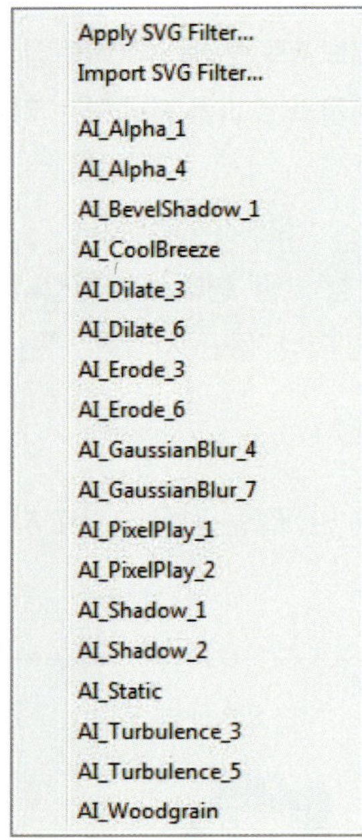

– **Apply SVG Filter 메뉴** : 대화상자를 통해 SVG 필터를 적용할 때 사용합니다. 목록에서 원하는 필터를 선택한 뒤 적용합니다.
– **Import SVG Filter 메뉴** : 다른 종류의 SVG 파일을 불러올 때 사용합니다. 불러온 SVG 파일은 편집이 가능하고 다른 형태의 SVG 필터를 적용하거나 수정할 수 있습니다. Import 메뉴 하위에 있는 메뉴들은 각각의 SVG 필터입니다. 다음은 SVG 필터를 적용한 모습입니다.

SVG 필터를 적용한 모습

❽ **Effects -〉Warp 메뉴** : 오브젝트를 이펙트 방식으로 자유 변형할 수 있습니다. Object -〉Envelope Distort - Make With Warp 메뉴와 같은 기능이지만 이 메뉴는 이펙트 방식으로 동작하기 때문에 Appearance 팔레트에서 해당 Warp 속성을 제거하면 오브젝트는 원본 상태로 돌아갑니다. 자세한 사용법은 Object -〉Envelope Distort -〉Make With Warp 메뉴 참조

❾ **Artstics 메뉴** : 예술화 효과를 낼 수 있는 이펙트 필터가 모여 있습니다. 포토샵 CS5에서 볼 수 있는 필터 메뉴와 동일 기능이고 사용 방법도 동일합니다. 일러스트레이터에서는 벡터 오브젝트와 비트맵 양쪽에 이 필터를 적용할 수 있고 이펙트 방식으로 동작하므로 Appearance 팔레트에서 해당 속성을 제거하면 오브젝트는 원래 상태로 돌아갑니다.

❿ **Blur 메뉴** : 흐림 효과를 낼 수 있는 이펙트 필터가 모여 있습니다. 포토샵 CS5에서 볼 수 있는 필터 메뉴와 동일 기능이며 사용법도 동일하며 이펙트 방식으로 동작합니다.

❶ Brush Strokes 메뉴 : 브러시 터치를 표현하는 이펙트 필터가 모여 있습니다. 포토샵 CS5에서 볼 수 있는 필터 메뉴와 동일 기능이며 사용법도 동일하며 이펙트 방식으로 동작합니다.

예제 이미지

Spatter 적용

Sumi-e 적용

❷ Distort 메뉴 : 오브젝트/그룹을 변형시키는 이펙트 필터가 모여 있습니다. 포토샵 CS5에서 볼 수 있는 필터 메뉴와 동일 기능이며 사용법도 동일하며 이펙트 방식으로 동작합니다.

❸ Pixelate 메뉴 : 오브젝트/그룹의 픽셀 모양을 변형시키는 이펙트 필터가 모여 있습니다. 포토샵 CS5에서 볼 수 있는 필터 메뉴와 동일 기능이며 사용법도 동일합니다. 일러스트레이터에서는 벡터 오브젝트와 비트맵 양쪽에 이 필터를 적용할 수 있습니다.

❹ Sharpen 메뉴 : 선명도를 높이는 이펙트 필터를 사용할 수 있습니다. 포토샵 CS5에서 볼 수 있는 필터 메뉴와 동일 기능이며 사용법도 동일합니다.

❺ Sketch 메뉴 : 스케치 효과를 낼 수 있는 이펙트 필터가 모여 있습니다. 포토샵 CS5에서 볼 수 있는 필터 메뉴와 동일 기능입니다.

예제 이미지

Chrome 적용

Graphic Pen 적용

❻ Stylize 메뉴 : 스타일 효과를 낼 수 있는 이펙트 필터가 모여 있습니다. 포토샵 CS5에서 볼 수 있는 필터 메뉴와 동일 기능이며 사용법도 동일합니다.

❼ Texture 메뉴 : 오브젝트의 표면에 각종 질감을 만들 수 있는 이펙트 필터가 모여 있습니다. 포토샵 CS5에서 볼 수 있는 필터 메뉴와 동일 기능이며 사용법도 동일합니다.

❽ Video 메뉴 : 오브젝트의 색상을 TV 화면과 비디오 화면에 맞게 보정하는 이펙트 필터가 모여 있습니다. 포토샵 CS5에서 볼 수 있는 필터 메뉴와 동일 기능이며 사용법도 동일합니다.

오브젝트를 3D 입체 오브젝트로 전환하는 이펙트 효과입니다. 손쉽게 좋은 품질의 3D 오브젝트를 제작할 수 있습니다. 보통 선이나 텍스트를 3D 오브젝트로 전환할 때 사용합니다.

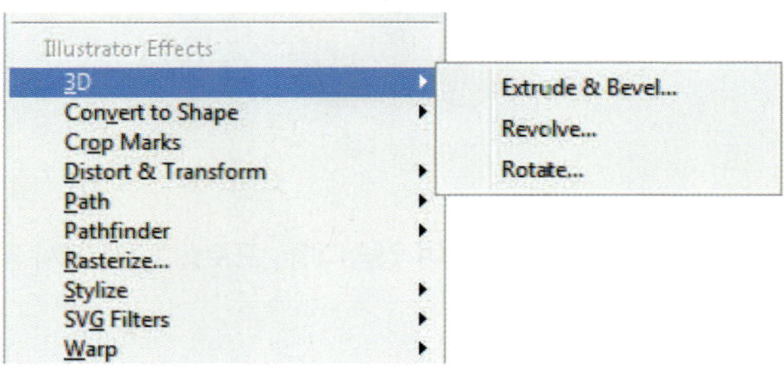

3D 메뉴에서 제공하는 모든 기능은 Effect 방식으로 적용되므로 원본 오브젝트는 항상 보호된 상태에서 3D 효과를 만들 수 있습니다. 따라서 Appearance 팔레트에서 이펙트(fx) 속성을 제거하면 오브젝트는 원본 상태로 돌아갑니다.

Effect –〉 3D –〉 Extrude & Bevel 메뉴

Extrude & Bevel 메뉴는 오브젝트를 돌출된 형태의 베벨 스타일로 만들어 줍니다. 대화상자의 설정값에 따라 돌출값과 베벨 효과가 달라집니다. 보통 3D 입체 문자를 제작할 때 좋습니다.

펜 툴로 그린 이미지

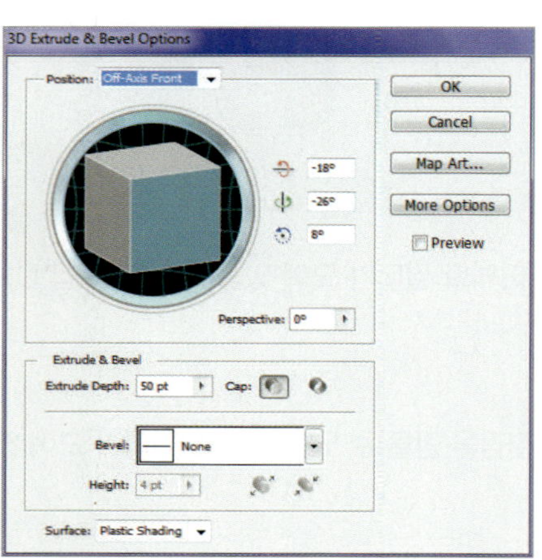

대화상자 설정 모습

베벨 효과가 만들어진 모습

Extrude & Bevel 메뉴의 대화상자에서 돌출 높이, 각도, 조명 상태를 설정할 수 있습니다.

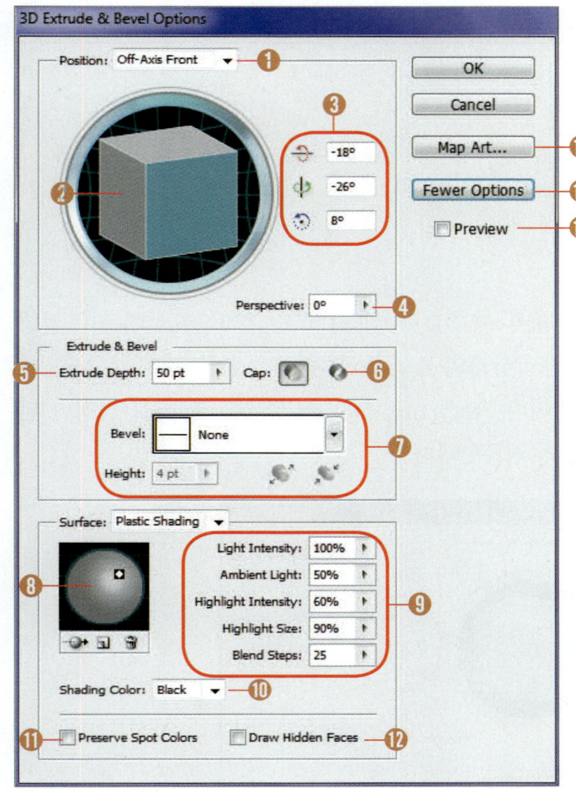

❶ **Position** : 팝업메뉴에서 오브젝트의 포지션을 선택합니다. 2번 드래그 창에서 마우스로 드래그하여 직접 포지션을 설정할 수도 있습니다.

❷ **썸네일창** : 마우스로 드래그하여 포지션을 설정합니다.

❸ **수치 입력** : 수치를 입력해 포지션을 설정합니다.

❹ **Perspective** : 원근법을 조절합니다.

❺ **Depth** : 베벨 효과의 깊이를 조절합니다.

❻ **Cap** : 안쪽/바깥쪽 옵션을 선택합니다.

❼ **Bevel** : 베벨 스타일을 선택하고 베벨 높이 등을 설정합니다.

❽ **Surface** : 조명 하이라이트 부분의 위치를 마우스로 드래그하여 조절합니다.

❾ **슬라이더 옵션** : 하이라이트 부분을 슬라이더를 이용해 조절합니다. 위로부터 Light Intensity(광도), Ambient Light(주변광), Highlight Intensity(하이라이트 강약), Highlight Size(하이라이트 크기), Blend Step(합성 스텝)을 조절하는 기능입니다.

❿ **Shading Color** : 쉐이드(음영 부분) 색상을 선택합니다.

⓫ **Preserve Spot Color** : 스팟 컬러를 보호합니다.

⓬ **Draw Hidden Faces** : 앞의 Bevel 옵션에서 선택한 무늬의 반대쪽 면을 그려줍니다.

⓭ **Map Art 버튼** : 특정 맵(심볼)을 삽입합니다. 심볼 팔레트에 등록된 심볼 중에서 선택해 삽입할 수 있습니다.

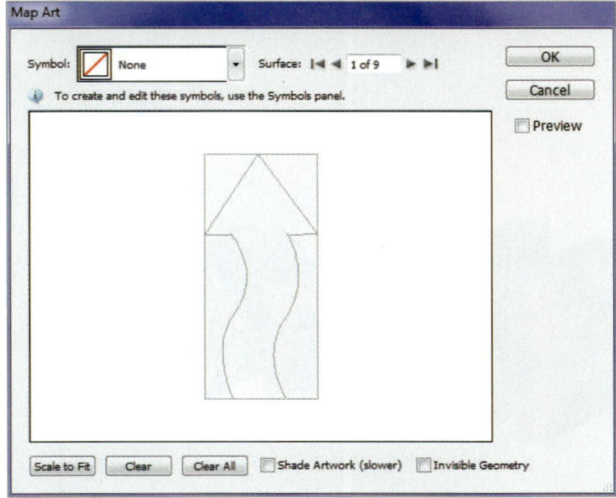

⓮ **More Options 버튼** : 대화상자 하단에 추가 옵션을 표시합니다.

⓯ **Preview** : 작업 이미지를 미리 보여줍니다.

Extrude & Bevel 메뉴로
3D 입체 문자 만들기

E X A M P L E

3D 형태의 입처 문자를 Extrude & Bevel 메뉴로 제작해 봅니다. 간단하게 3D 효과를 만들 수 있음을 알 수 있습니다.

01_ '타이프 툴'로 원하는 글자를 입력합니다. Fill 컬러는 '오렌지색', Stroke 컬러는 '하늘색'으로 지정하고 옵션바에서 Stroke 두께는 3pt로 설정합니다.

02_ Effect -〉 3D -〉 Extrude & Bevel 메뉴를 실행합니다. 대화상자의 X Axis 18, Y Axis −26, Z Axis 8로 설정합니다. Extrude Depth 항목은 50pt로 설정한 뒤 OK 버튼을 적용합니다.

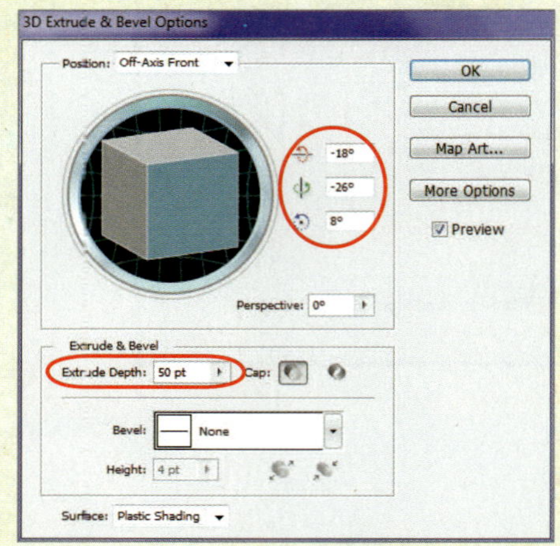

03_ 3D 입체 문자가 만들어집니다. 색상이 마음에 들지 않으면 문자를 선택한 상태에서 옵션바의 Fill 컬러와 Stroke 컬러를 교체합니다.

Effect -> 3D -> Revolve 메뉴

Revolve 메뉴는 주로 오브젝트를 회전 효과의 3D 입체로 전환할 때 사용합니다. 면 색상보다는 테두리 색상의 영향을 받으므로, 테두리 색상 선정에 신경 써야 합니다. 개별 오브젝트에 적용하는 것이 좋으며 시스템이 느릴 경우에는 컴퓨터가 다운될 수도 있습니다. 하지만 가장 쓰임새가 많은 기능으로써 3D 병이나 3D 사과를 그릴 때 유용합니다.

대화상자의 사용법은 앞의 Extrude & Bevel 메뉴 대화상자를 참고하기 바랍니다.

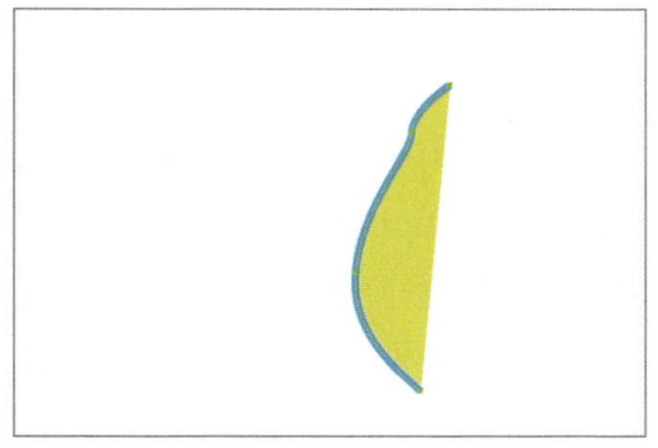
펜 툴로 그린 오브젝트

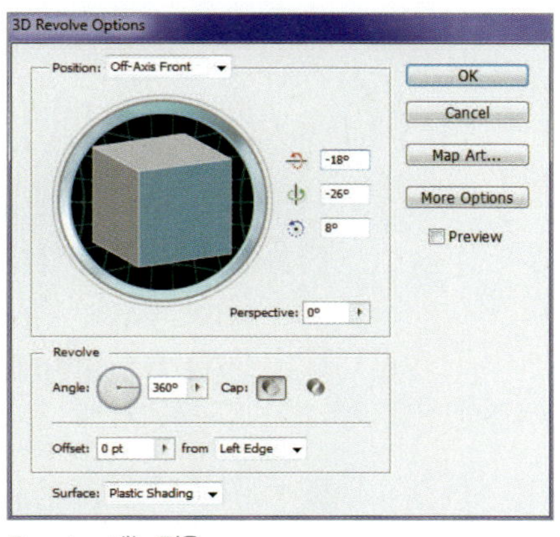
Revolve 메뉴 적용

적용된 모습

Effect -> 3D -> Rotation 메뉴

오브젝트를 X, Y, Z 방향으로 회전시킬 때 사용합니다. 말 그대로 회전 기능만 제공하지만 일반 오브젝트도 회전시킬 수 있다는 장점이 있습니다.

예제 이미지

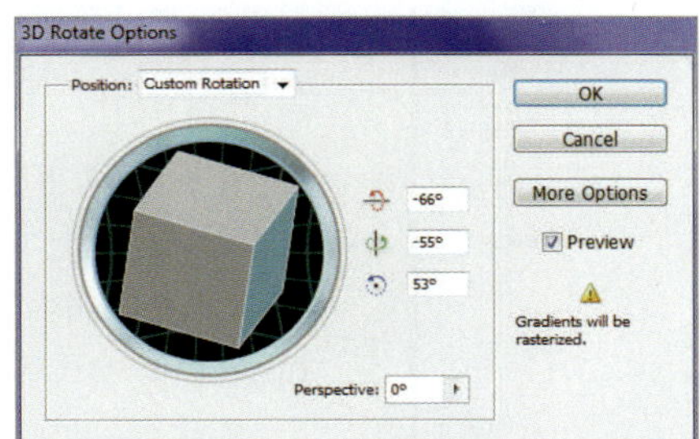
Rotate 메뉴 적용

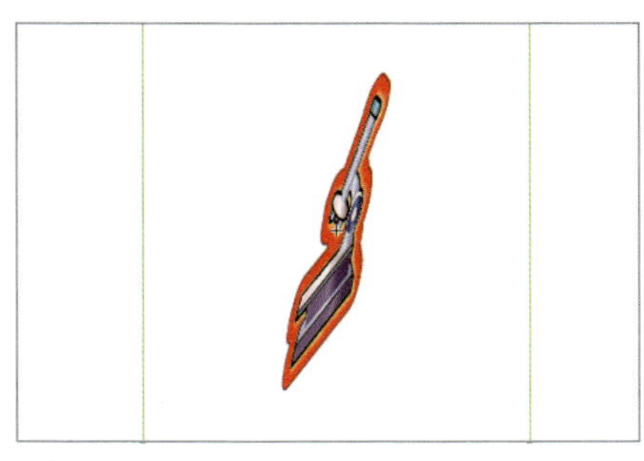
적용된 모습

Revolve 메뉴로
3D 입체 사과 이미지 제작하기

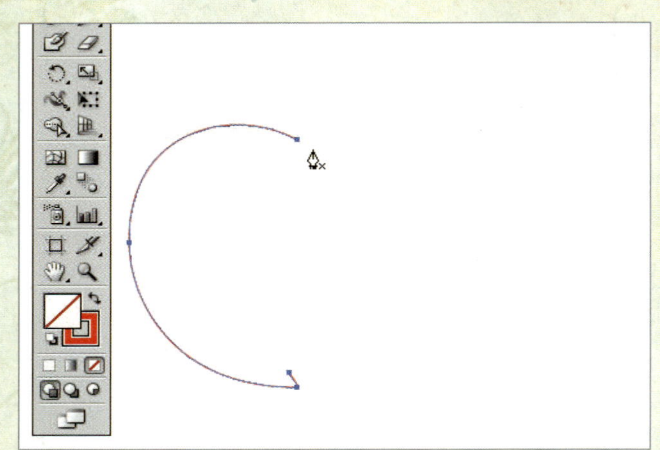

01_ '펜 툴'로 사과 이미지의 반쪽에 해당하는 단면도를 그려줍니다. 이때 상단부는 사과의 꼭지에 해당하는 부분이므로 안쪽으로 약간 굴곡을 주면서 드로잉하기 바랍니다. Fill 컬러는 무색, Stroke 컬러는 '빨간색'으로 설정합니다. 만일 그릴 시간이 없다면 예제 '단면도.ai'를 불러옵니다.

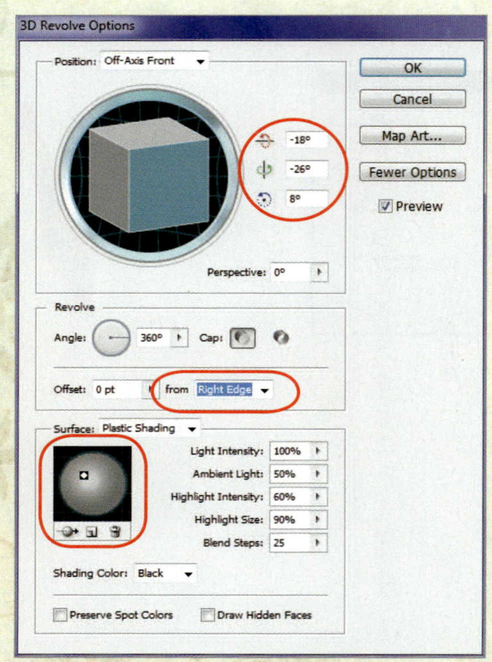

02_ Effect -> 3D -> Revolve 메뉴를 실행합니다. 대화상자의 오른쪽에서 More Options 버튼을 클릭해 옵션 항목을 표시합니다. from 항목에서 Right Edge 옵션을 선택하고 Surface 항목에서 Plastic Shading을 선택하고 조명 위치를 옆과 같이 설정합니다. 이때 대화상자의 Preview 옵션에 체크를 하여 제작되는 사과 이미지를 확인모습하기 바랍니다. OK 버튼을 클릭해 대화상자를 닫아줍니다.

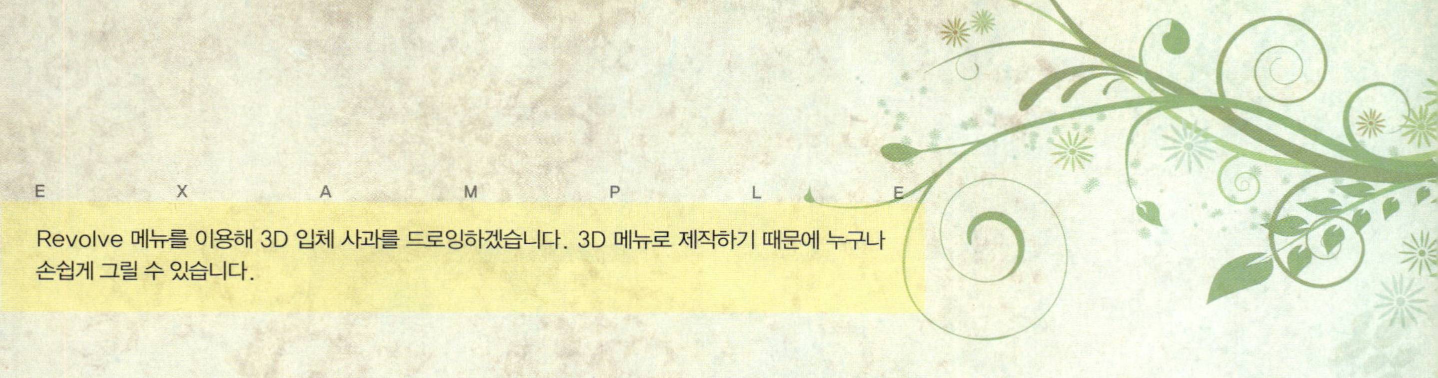

Revolve 메뉴를 이용해 3D 입체 사과를 드로잉하겠습니다. 3D 메뉴로 제작하기 때문에 누구나
손쉽게 그릴 수 있습니다.

03_ 사과 이미지가 만들어집니다.

04_ 레이어 팔레트의 Create 버튼을 클릭해 새 레이어인
Layer 2를 생성시킵니다.

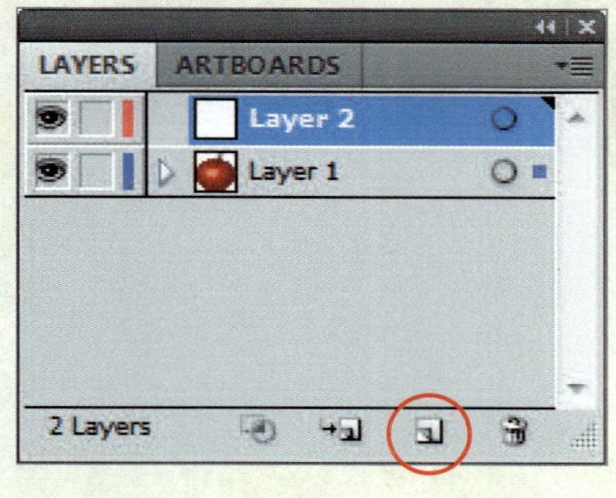

05_ '펜 툴'로 사과꼭지를 그려줍니다. 옵션바에서 Fill 컬러
는 '갈색', Stroke 컬러는 '무색'으로 설정합니다.

06_ '메시 툴'로 줄기의 면을 클릭해 메시 포인트를 생성시
킨 뒤 메시 포인트의 색상을 짙은 갈색으로 교체합니다.

07_ '펜 툴'로 사과 잎을 그려줍니다.

08_ 레이어 팔레트에서 Create 버튼을 클릭해 Layer 3을 만들어줍니다. Layer 3을 드래그하여 Layer 1 아래로 이동시킵니다.

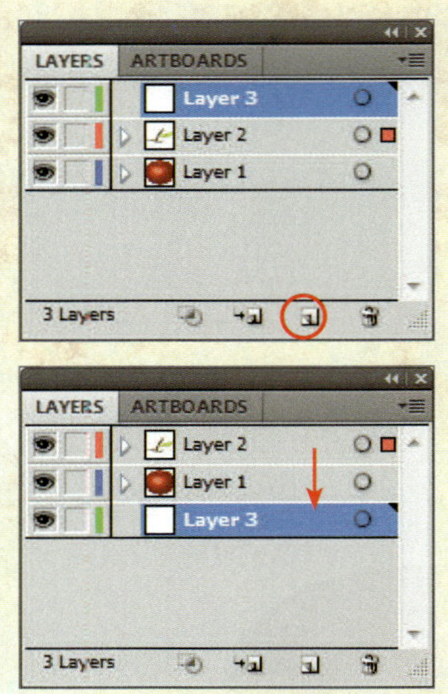

09_ '원 툴'로 사과 이미지의 바닥에 원 오브젝트를 그려줍니다. 옵션바에서 Fill 컬러는 '검정색', Stroke 컬러는 '무색'을 적용합니다.

10_ Effect -> Style -> Feather 메뉴를 실행한 뒤 15px로 적용합니다. 입체 사과 이미지가 완성되었습니다.

Distort 메뉴는 오브젝트를 변형하는 이펙트 메뉴들로 구성되어 있습니다. Effect 방식으로 동작하기 때문에 원본은 손상되지 않고 변형 효과를 추가할 수 있습니다. 또한 Appearence 팔레트에서 fx 속성을 더블클릭해 변형 효과를 재수정할 수 있습니다.

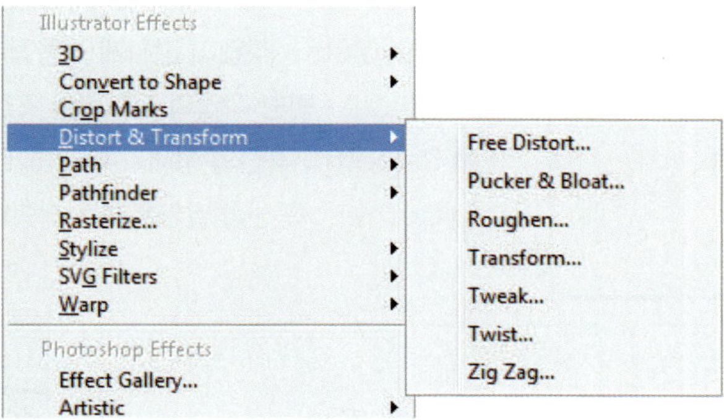

Distort –〉 Free Distort 메뉴

오브젝트를 자유롭게 변형시킵니다. 대화상자의 핸들을 조절하면 됩니다. 대화상자의 Reset 버튼을 클릭하면 원래 상태로 돌아갑니다.

예제 이미지

대화상자의 설정 모습

물음표가 변형된 모습

Distort –〉 Punk Bloat 메뉴

형태를 수축하거나 팽창시킬 때 사용합니다. 마이너스 수치를 입력하면 수축하고 플러스 수치를 입력하면 팽창합니다.

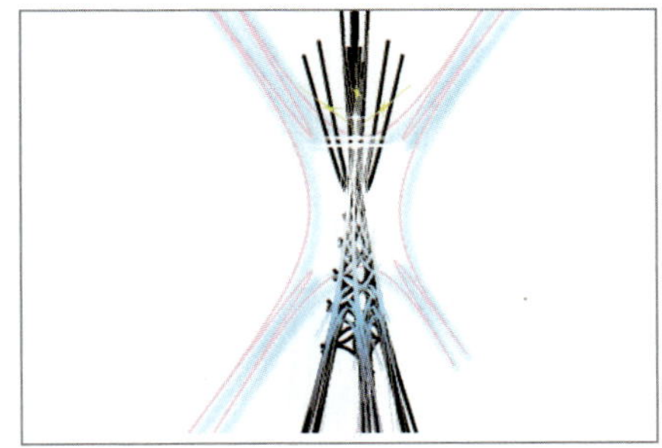

수축 변형한 모습

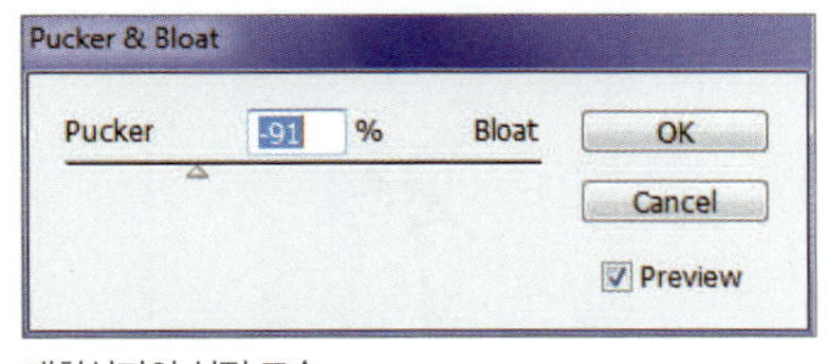

대화상자의 설정 모습

팽창 변형한 모습

Distort →〉Roughen 메뉴

오브젝트를 와일드하게 변형할 수 있습니다.

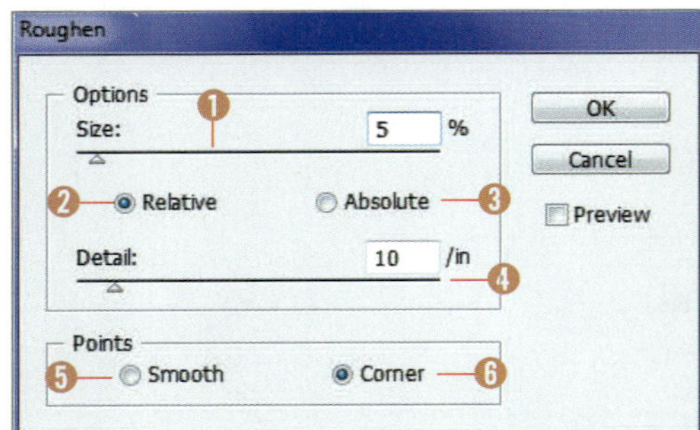

❶ Size : 변형 작업의 크기를 조절합니다.

❷ Relative : 작업이 부드럽게 적용됩니다.

❸ Absolute : 작업이 강하게 적용됩니다.

❹ Detaill : 변형 작업의 정교함을 조절합니다.

❺ Smooth : 곡선의 형태가 부드럽게 처리됩니다.

❻ Corner : 곡선을 날카롭게 처리합니다.

예제 이미지

Size 7%를 적용한 모습

Size 85%를 적용한 모습

Distort →〉Tweak 필터

선택한 오브젝트를 수평이나 수직 방향으로 비틀어 줍니다.

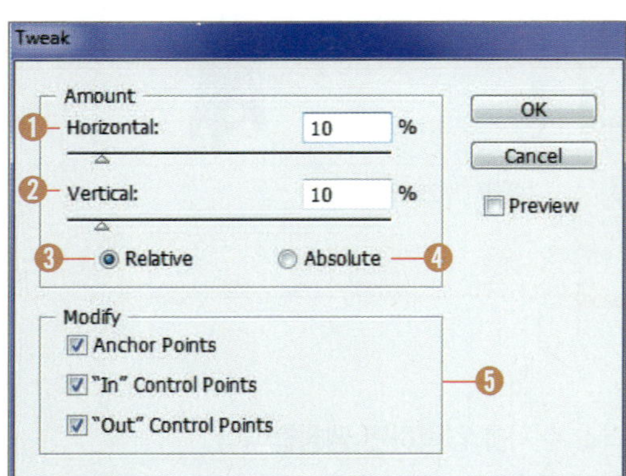

❶ Horizontal : 가로 방향의 비틀기 강약을 조절합니다.

❷ Vertical : 세로 방향의 비틀기 강약을 조절합니다.

❸ Relative : 비틀기 작업을 부드럽게 적용합니다.

❹ Absolute : 비틀기 작업을 강하게 적용합니다.

❺ Modify : 작업을 적용할 때 포인트가 있는 방향에 따라 작업을 진행할 수 있습니다. 기본값은 모든 포인트를 선택하고 작업합니다.

예제 이미지

Horizontal 비틀기 적용

Vertical 비틀기 적용

Distort -〉 Twirl 메뉴

오브젝트를 소용돌이 형태로 비틀 때 사용합니다. 대화상자의 Angle 항목에서 플러스를 입력하면 오른쪽으로 변형되고 마이너스를 입력하면 왼쪽으로 변형됩니다.

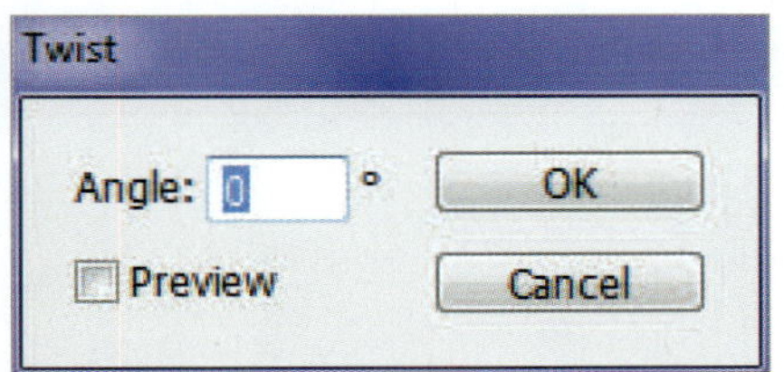

대화상자의 모습

+100 적용 이미지

−150 적용 이미지

Distort -〉 Zig Zag 필터

오브젝트의 테두리를 지그재그 방식으로 비틀 때 사용합니다.

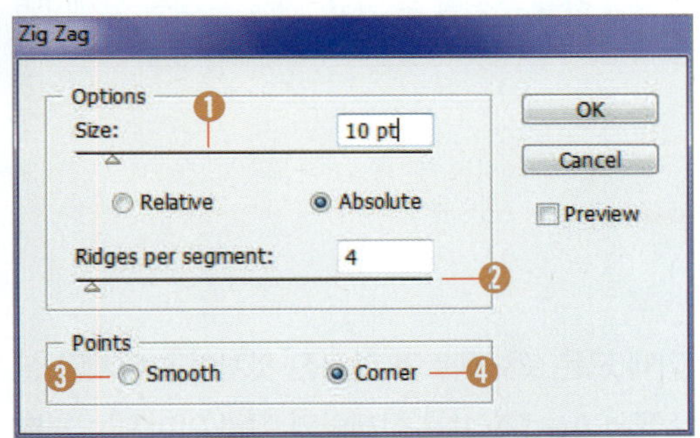

❶ Size : 비틀기 작업의 크기를 설정합니다.

❷ Ridges : 꼭지점의 수를 결정합니다.

❸ Smooth : 곡선부를 부드럽게 비틀어줍니다.

❹ Corner : 곡선부를 각이 지게 비틀어줍니다.

예제 이미지

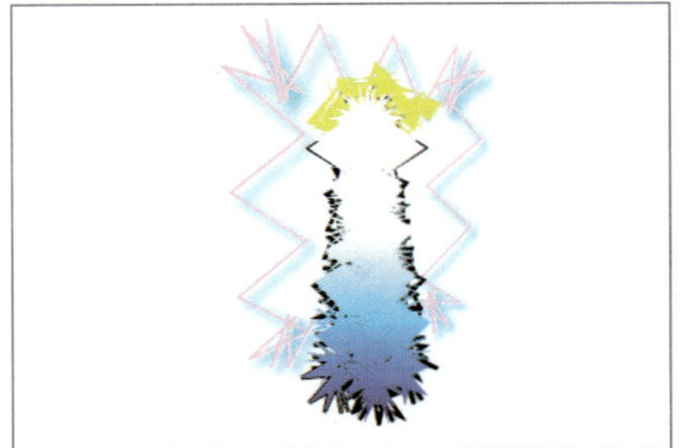

Size 10, Ridges 4 적용 모습

Size 64, Ridges 4 적용 모습

'Pathfinder 팔레트'와 같은 기능이지만 이펙트 방식으로 동작하기 때문에 원본 오브젝트를 보존한 상태에서 오브젝트를 병합하거나 뺄 수 있습니다. 또한 개별 오브젝트에 적용할 수 있는 Pathfinder 팔레트와 달리 이 메뉴는 그룹이나 레이어에만 적용할 수 있습니다.

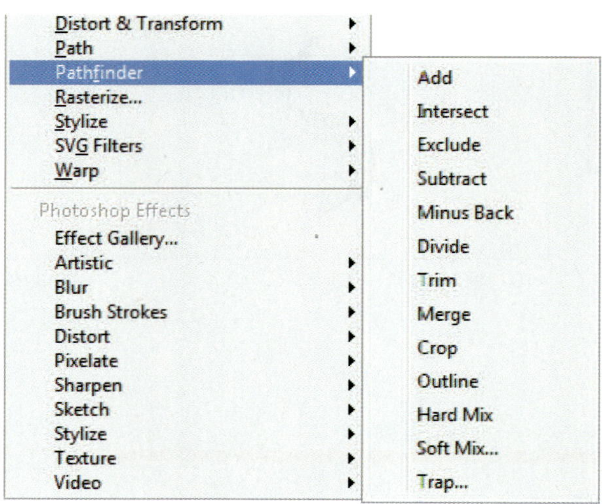

이펙트 방식으로 동작하는 Pathfinder 메뉴는 메뉴 적용 즉시 Appearance 팔레트에 Add, Outline, Soft Mix 등등의 속성이 생성됩니다. Appearance 팔레트에서 해당 속성을 더블클릭하면 설정 값을 수정할 수 있고, 해당 속성을 삭제하면 작업 오브젝트가 원본 상태로 돌아갑니다.

Pathfinder -> Add 효과

그룹 또는 특정 레이어에 속한 모든 오브젝트를 하나의 면으로 합치는 효과입니다. 이때 모든 오브젝트가 합쳐진 것처럼 보이지만 실제로는 합쳐지지 않고 시각적으로 합쳐진 효과가 나타납니다. Appearance 팔레트에서 Add 속성을 삭제하면 작업 이미지는 원본 상태로 돌아갑니다.

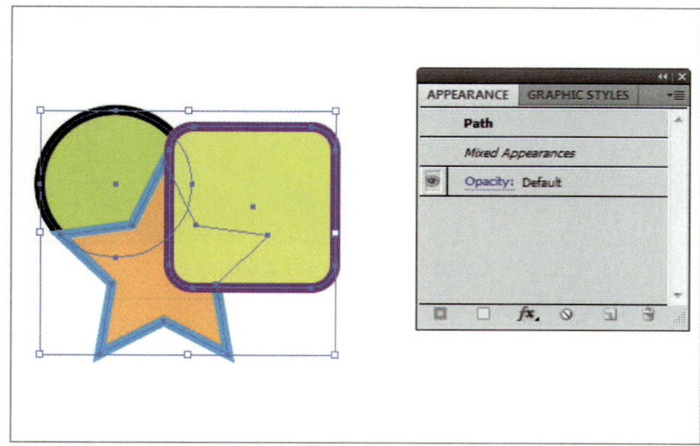

예제 이미지

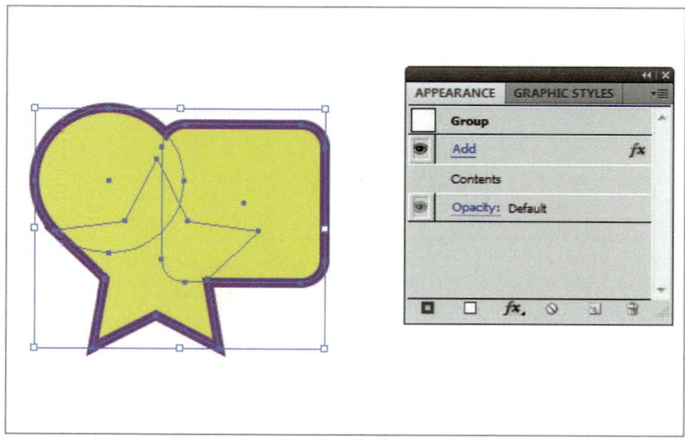

Add 효과를 적용한 모습

Pathfinder 메뉴를
레이어에 일괄 적용하기

E X A M P L E

Pathfinder 메뉴는 레이어 자체에 Pathfinder 기능을 적용할 수 있는 것이 큰 매력입니다. 예를 들어 특정 레이어에 Pathfinder 메뉴의 Add 메뉴를 적용하면 그 이후 그 레이어에서 드로잉하는 모든 오브젝트는 자동으로 기존의 오브젝트에 Add 방식으로 합쳐지는 것입니다.

01_ DVD 부록에서 예제 '애드.ai'를 불러옵니다. 하나의 레이어에 여러 개의 도형을 그려 놓았습니다.

02_ Window –〉 Layers 메뉴와 Window –〉 Appearance 메뉴를 실행해 레이어 팔레트와 Appearance 팔레트를 불러옵니다. Layer 1에 있는 삼각형 버튼을 클릭해 하위 레이어를 화면에 표시해 줍니다.

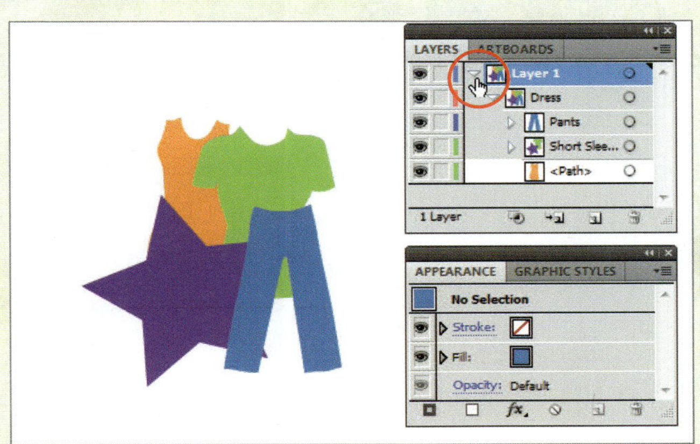

03_ 해당 레이어에 있는 모든 오브젝트를 선택 상태로 만들겠습니다. Layer 1의 오른쪽 끝에 있는 원 버튼을 클릭합니다. 작업창을 보면 모든 오브젝트가 선택된 것을 확인할 수 있습니다.

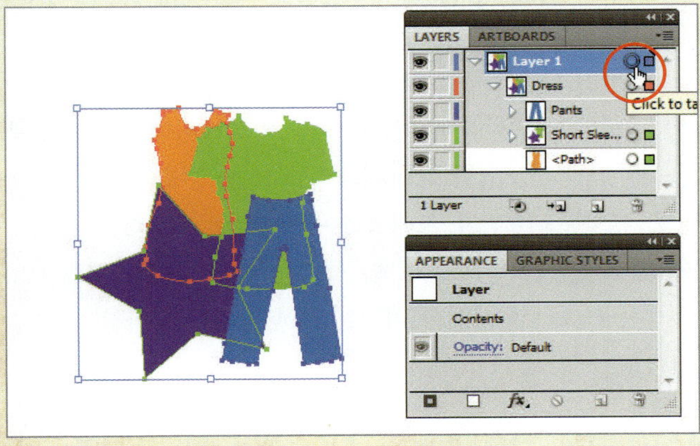

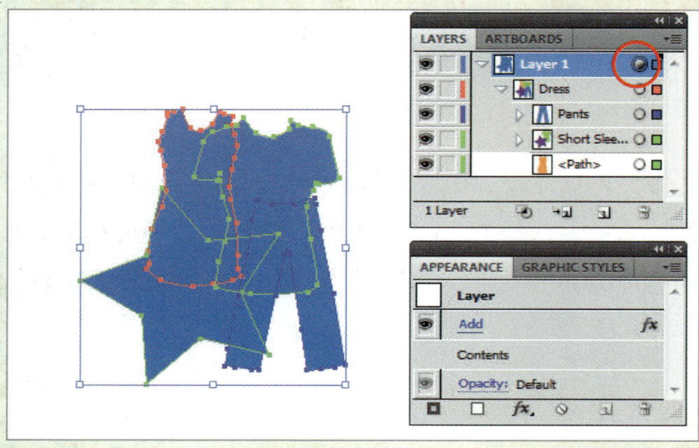

04_ Effect -> Pathfinder -> Add 메뉴를 적용합니다. 작업 화면을 보면 모든 오브젝트가 합쳐진 것이 알 수 있습니다. 합쳐진 오브젝트의 색상은 제일 위에 있는 오브젝트의 색상이 사용됩니다.

한편, 레이어 팔레트를 보면 원 아이콘이 '엠보싱' 형태로 변경됩니다. 해당 레이어에 이펙트 메뉴가 적용되었다는 뜻입니다.

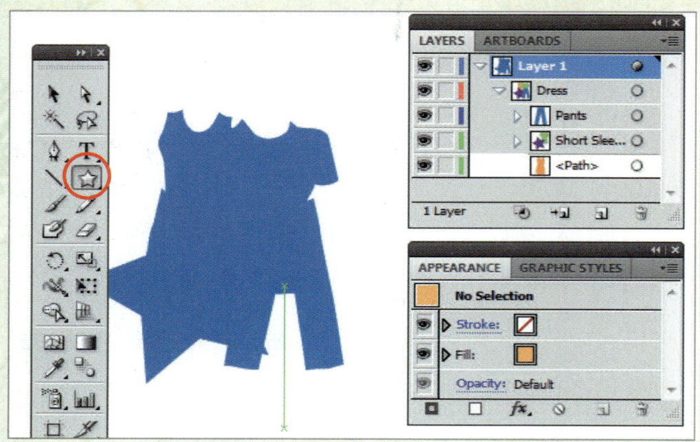

05_ 이 레이어에 새로운 이미지를 제작하면 그 이미지도 Add 효과가 자동으로 적용됩니다. Ctrl + Shift + A 를 눌러 선택 상태를 해제합니다.

'별 툴'을 선택한 뒤 Fill 컬러는 '주황색', Stroke 컬러는 '무색'으로 교체합니다.

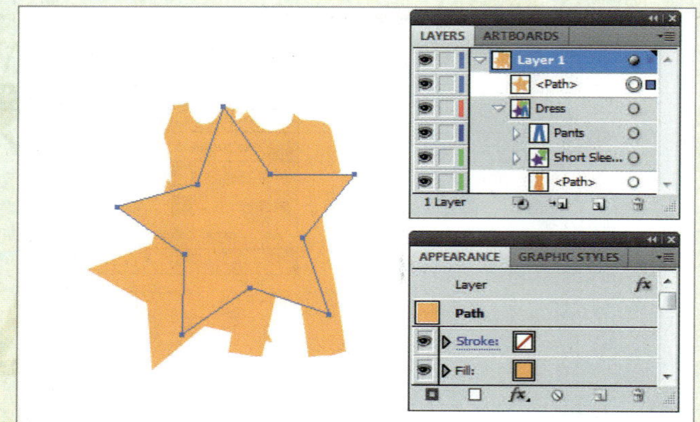

06_ 레이어에 Add 효과가 적용된 상태이므로 새로 그린 별 도형도 기존의 오브젝트와 자동으로 합쳐집니다.

이때 기존 오브젝트의 색상은 새로 드로잉하는 도형의 색상을 따라가게 됩니다.

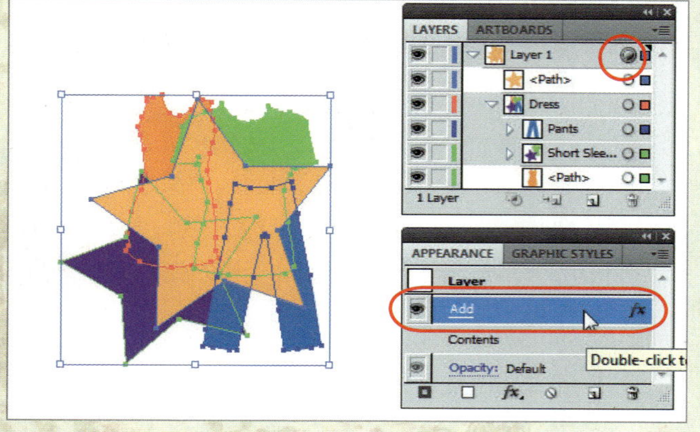

07_ 만일 원래 도형으로 돌아가고 싶다면 레이어 팔레트에서 Layer 1의 원 아이콘을 클릭해 해당 레이어 전체를 선택한 뒤, Appearance 팔레트의 Layer 항목에 있는 Add 속성을 휴지통 버튼으로 드래그하여 삭제해야 합니다.

Effect 메뉴는 원본 오브젝트를 손상시키지 않으므로 Add 속성을 삭제하면 작업 이미지는 원본 상태로 돌아갈 수 있습니다.

Pathfinder –〉 Crop 효과

그룹 혹은 레이어만 적용합니다. 제일 상위에 있는 부분만 형태로 남고 나머지는 삭제되는 효과입니다. 이때 남아있는 부분의 색상은
아래에 있던 원래 오브젝트 색상이 사용됩니다.

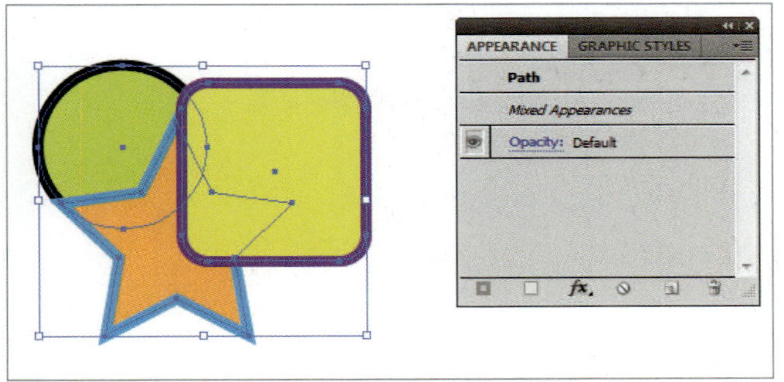

예제 이미지

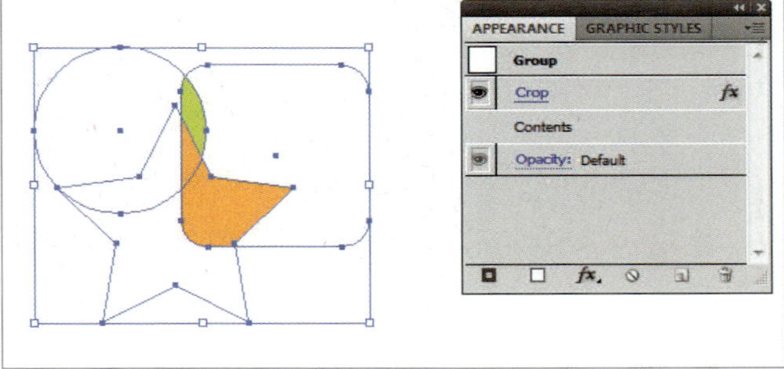

Crop 효과를 적용한 모습

Pathfinder –〉 Hard Mix 효과

그룹 혹은 레이어에만 적용합니다. 겹쳐있는 면들의 색상이 반투명 상태가 되어 색상이 서로 겹쳐있는 듯한 효과를 만들어 줍니다.

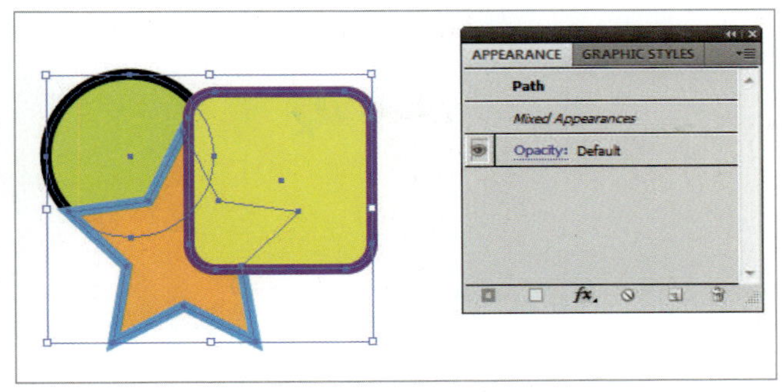

예제 이미지

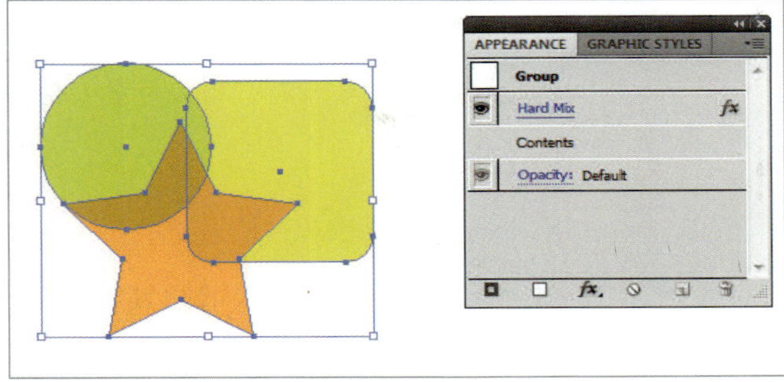

Hard Mix를 적용한 모습

Pathfinder –〉 Soft Mix 효과

그룹이나 레이어에 적용합니다. Hard Mix와 비슷하지만 겹치지 않은 부분에 있는 면의 색상도 반투명 상태인 것처럼 변화됩니다.
실제로는 반투명 색상이 되지 않고 시각적인 효과로 겹쳐있는 오브젝트에 대해 그러한 현상을 만들어 줍니다.

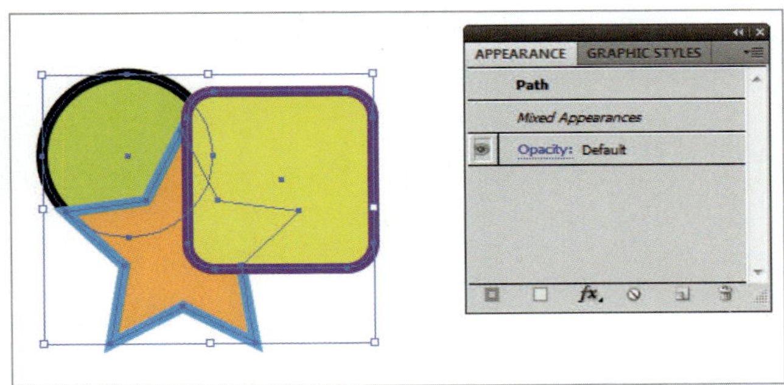

예제 이미지

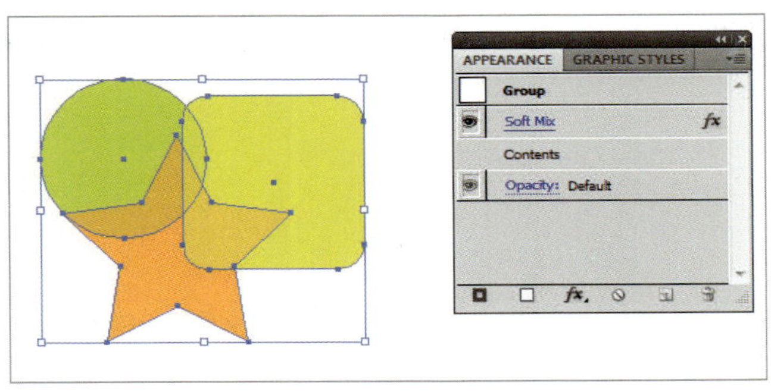

Soft Mix를 적용한 모습

1. Pathfinder -〉 Intersect 효과

그룹 또는 레이어에 적용하며, 겹쳐있는 2개의 오브젝트에서 겹쳐있는 부분만 새 오브젝트로 만들어 줍니다.

2. Pathfinder -〉 Exclude 효과

그룹 또는 레이어에 적용하며, 겹쳐있는 여러 개의 오브젝트에서 공통적으로 겹쳐있는 부분을 삭제하는 효과를 보여줍니다.

3. Pathfinder -〉 Subtract 효과

그룹 또는 레이어에 적용하며, 겹쳐있는 오브젝트에서 상위 오브젝트 영역을 빼주고 하위 오브젝트만 남겨 줍니다.

4. Pathfinder -〉 Minus Back 효과

그룹 또는 레이어에 적용하며, 겹쳐 있는 부분이 삭제된 새로운 이미지가 제일 상위에 나타납니다.

5. Pathfinder -〉 Divide 효과

그룹 또는 레이어에만 적용하며, 겹쳐있는 영역마다 모두 외곽선이 생성되면서 별도의 오브젝트로 분할됩니다. 실제로는 분할되지 않고 화면상에서 분할된 효과가 나타납니다.

6. Pathfinder -〉 Merge 효과

그룹 혹은 레이어에만 적용합니다. 모든 외곽선을 제거하여 하나의 오브젝트처럼 보이게 합니다. 동일한 면 색상을 가진 오브젝트는 합쳐진 것처럼 보이게 됩니다.

7. Pathfinder -〉 Outline 효과

그룹 혹은 레이어에 적용하며, 면을 삭제하고 외곽선만 남게 합니다. 이때 남아있는 외곽선의 색상은 면 색상을 사용합니다.

8. Pathfinder -〉 Trim 효과

2개 이상의 겹쳐있는 오브젝트에 적용하는 것으로, 모든 외곽선을 제거하여 하나의 오브젝트처럼 보이게 합니다. 나중에, 사라진 외곽선에 새로운 색상을 적용해도 외곽선에는 새 색상이 적용되지 않습니다.

9. Pathfinder -〉 Trap 효과

그룹 혹은 레이어에 적용하며, Trap 효과를 만들어 줍니다. Trap이란 인쇄 시 테두리 부분이 겹치듯 인쇄되는 것을 방지하기 위해 사용하는 기능입니다.

Stylize 메뉴는 포토샵의 '레이어 스타일 기능'처럼 오브젝트에 그림자 효과나 Glow 효과를 만들 때 사용합니다. 이펙트 방식으로 동작하므로 Appearance 팔레트에서 해당 이펙트 속성을 삭제하면 오브젝트는 원본 상태로 돌아갑니다.

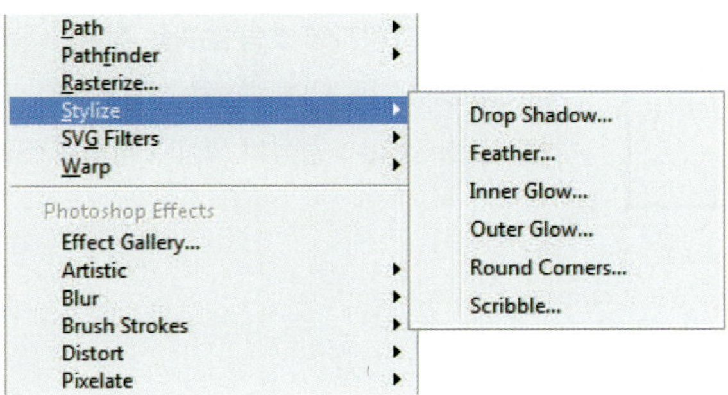

Style -〉 Drop Shadow 메뉴

오브젝트 혹은 그룹 외곽에 그림자 효과를 만들 때 사용합니다. 그림자를 제작한 뒤 Object -〉 Expand Appearance 메뉴를 적용하면 그림자가 분리되어 '직접 선택 툴'로 편집할 수 있습니다.

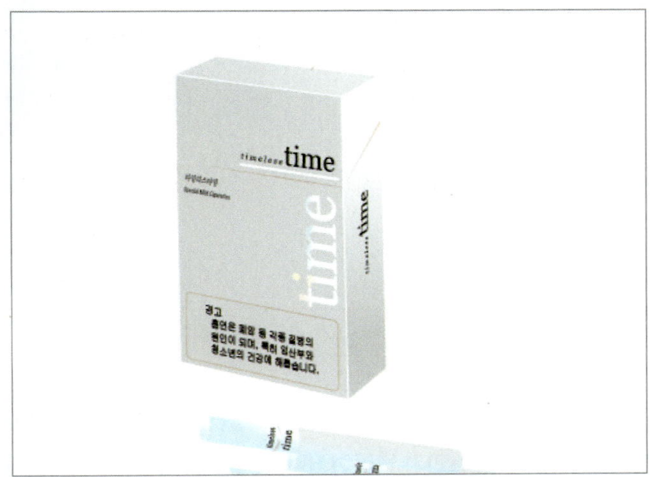

예제 이미지

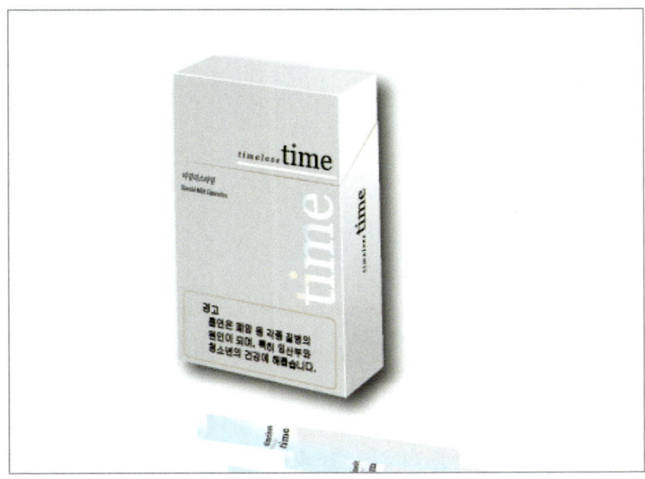

Drop Shadow 필터로 그림자를 만든 모습

메뉴를 실행하면 Drop Shadow 대화상자가 나타납니다. 이 대화상자는 그림자 색상과 형태 등을 조절하는 기능을 제공합니다.

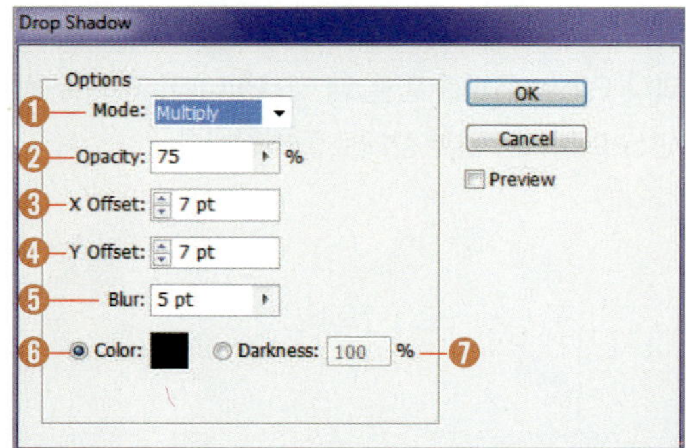

❶ Mode : 그림자 스타일의 블렌드 모드(Blend Mode)를 선택합니다.

❷ Opacity : 그림자 스타일의 불투명도를 조절합니다.

❸ X Offset : 그림자의 가로 이동 거리를 설정합니다.

❹ Y Offset : 그림자의 세로 이동 거리를 설정합니다.

❺ Blur : 그림자에 흐림 효과를 적용합니다.

❻ Color : 그림자의 색상을 선택합니다.

❼ Darkness : 검정색 색상의 강약을 조절합니다.

Stylize -〉 Feather 효과

이 메뉴는 Feather(페더) 효과를 적용할 때 사용합니다. 페더를 적용하면 오브젝트의 테두리를 부드럽게 깎아 줍니다. Effect 효과로 제작하기 때문에 Appearance 팔레트에 Feather 속성이 생성됩니다.

예제 이미지

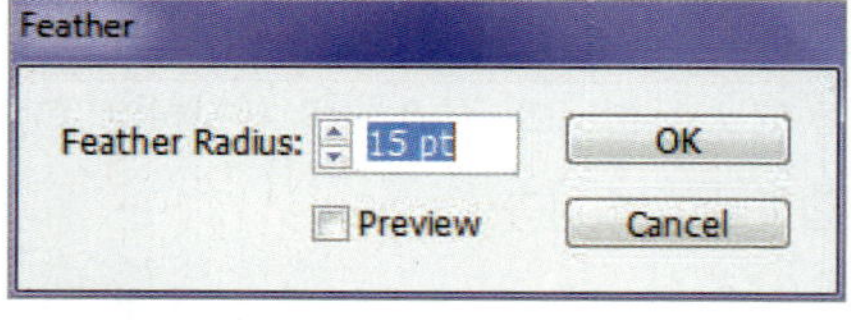
Feather 메뉴를 적용한 모습

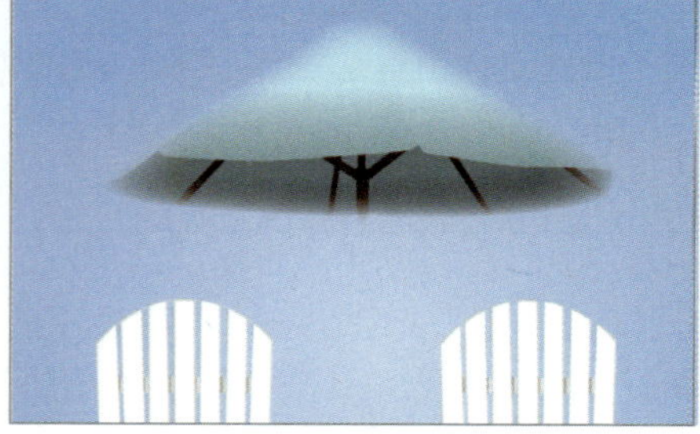
적용된 모습

Stylize -〉 Inner Glow 효과(내부 광선 효과)

Inner Glow 메뉴는 오브젝트의 내부에 '내부 광선 효과'를 만들 때 사용합니다. 예제 이미지에서 파란색 박스를 선택합니다. 그런 뒤 Inner Glow 효과를 적용한 모습입니다. 파란색 박스의 내부 테두리를 따라 내부 광선 효과가 만들어집니다.

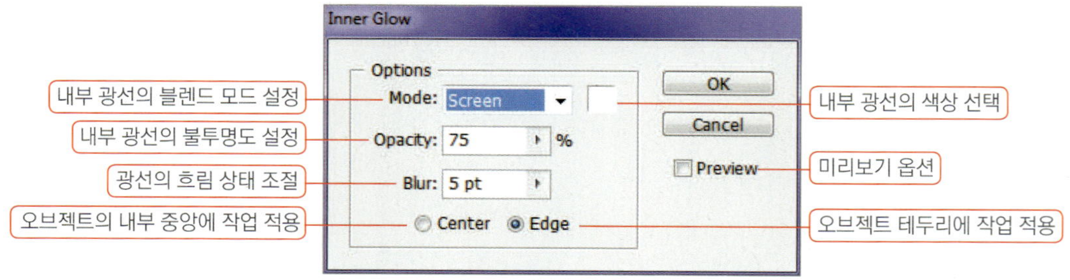

다음은 Inner Shadow 효과를 적용한 모습입니다.

예제 이미지 (해변.ai)

Inner Glow 효과를 적용한 모습

Stylize -> Outer Glow 효과(외부 광선 효과)

Inner Glow 메뉴와 정반대로 오브젝트 외부에 광선 효과를 만들 때 사용합니다. 대화상자에서 '외부 광선'의 색상, 불투명도, 블렌드 모드를 설정할 수 있습니다.

예제 이미지

Outer Glow를 적용한 모습

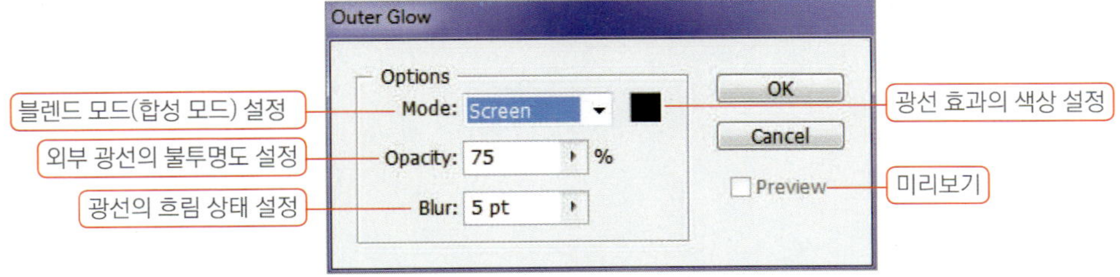

Style -> Round Corners 필터

오브젝트의 모서리를 둥글게 처리하는 효과입니다. 대화상자에서 수치를 높이면 모서리 부분이 더 둥글게 처리됩니다.

예제 이미지

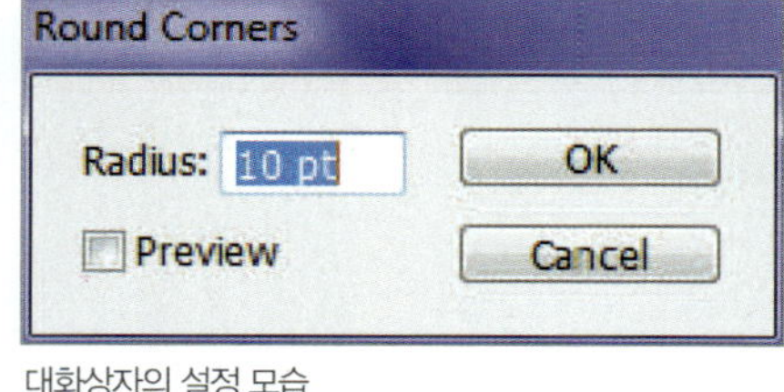
대화상자의 설정 모습

Round Corners 메뉴를 적용한 모습

Stylize -> Scribble 메뉴

오브젝트를 갈겨쓰는 형태로 만들어 주는 효과이며 보통 배경 이미지 제작에 유용합니다. Appearance 팔레트에 Scribble 속성이 생성되기 때문에 이 속성을 더블클릭하면 옵션값을 재수정할 수 있습니다.

예제 이미지

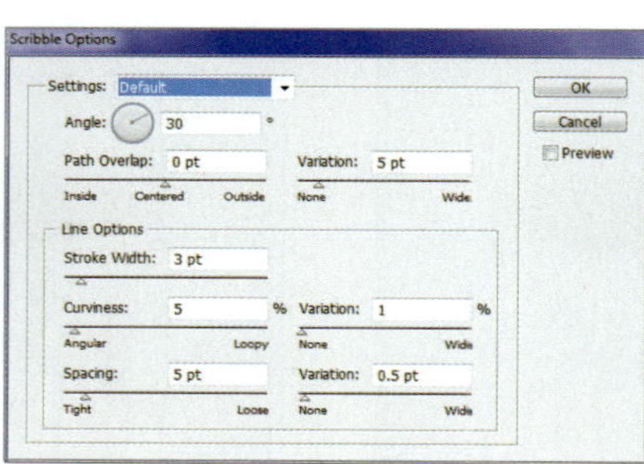
대화상자의 설정 모습

Round Corners 메뉴를 적용한 모습

PART 007

화면 보기 메뉴 정복하기
View 메뉴

View 메뉴는 작업할 때 도움이 되는 각종 요소를 화면에 표시하거나 감출 수 있는 메뉴로 구성되어 있습니다.

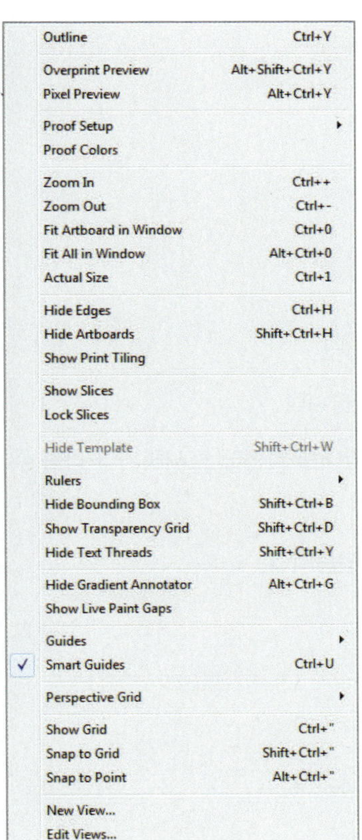

❶ **Outline 메뉴 :** 오브젝트를 아웃라인(패스) 보기 상태로 전환합니다. 패스 모양만 보여주기 때문에 포인트를 찾을 때 좋습니다. 참고로, Outline 메뉴를 실행하면 일반 보기 상태로 전환할 수 있도록 메뉴 이름이 Preview로 바뀌게 됩니다. 단축키는 Ctrl + Y 입니다.

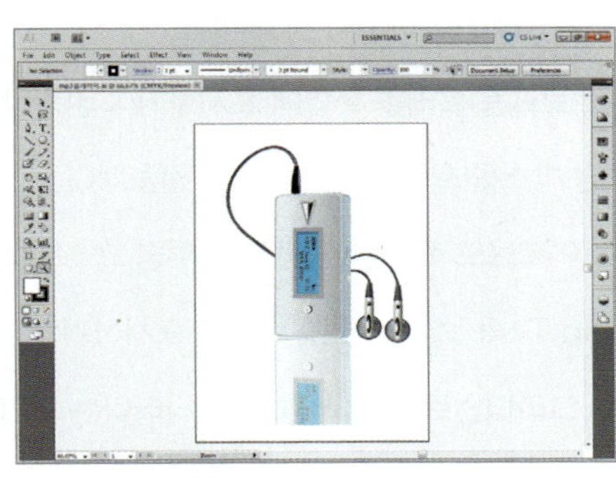

Preview 보기 상태

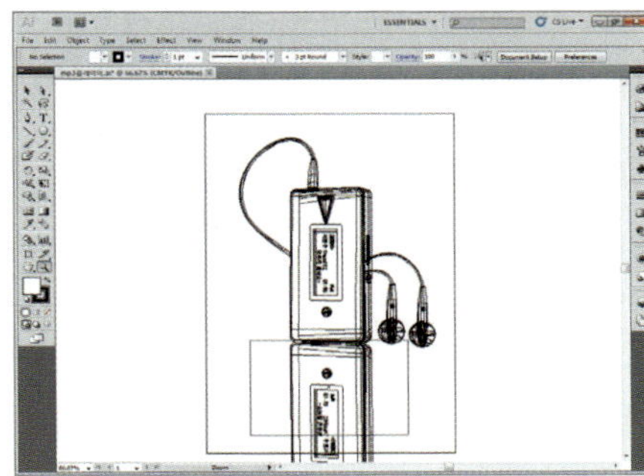

Outline 보기 상태로 전환한 모습

❷ **Overprint Preview 메뉴 :** 오버프린트 보기 상태를 활성화시킵니다. 오버프린트 적용 여부는 Attribute 팔레트에서 설정합니다.

❸ **Pixel Preview 메뉴** : 이 메뉴는 벡터 이미지인 일러스트레이터 이미지를 비트맵 이미지로 미리 볼 때 사용합니다. 비트맵 이미지로 저장하기 전 비트맵 이미지의 상태를 미리 확인할 때 유용합니다.

❹ **Proof Setup 메뉴** : 가상 RGB 색상 보기, 가상 CMYK 색상 보기에 대한 옵션을 설정합니다.

❺ **Proof Colors 메뉴** : 앞에서 설정한 가상 색상 보기 상태를 활성화시킵니다.

❻ **Zoom In 메뉴** : 작업 화면을 확대할 때 사용합니다. 단축키 Ctrl + +

❼ **Zoom Out 메뉴** : 작업 화면을 축소할 때 사용합니다. 단축키 Ctrl + −

❽ **Fit Artboard in Window 메뉴** : 작업 화면을 아트보드 크기로 보여줍니다. 단축키 Ctrl + 0

❾ **Fit All in Windows 메뉴** : 전체 작업창에 꽉 차는 형태로 화면 크기를 조절합니다.

❿ **Actual Size 메뉴** : 작업 이미지를 실물 100% 크기로 보여줍니다. 단축키 Ctrl + 1

⓫ **Show/Hide Edges 메뉴** : 패스 선을 화면에 표시하거나 감출 수 있습니다.

⓬ **Show/Hide Artboard 메뉴** : 아트보드(종이) 영역을 표시하거나 감출 수 있습니다.

⓭ **Show/Hide Page Tiling 메뉴** : 인쇄 영역을 표시하거나 감춥니다.

⓮ **Show Slices 메뉴** : 슬라이스(분할 영역) 선을 화면에 표시하거나 감춥니다.

⓯ **Lock Slices 메뉴** : 슬라이스 영역이 편집되지 않도록 잠그거나 해제합니다.

⓰ **Show/Hide Template 메뉴** : 밑그림인 템플릿 레이어를 화면에 표시하거나 감추어 줍니다.

⓱ **Show/Hide Rulers 메뉴** : 룰러(눈금자)를 화면에 표시하거나 감춥니다.

⓲ **Show/Hide Artboard Rulers 메뉴** : 아트보드용 룰러를 화면에 표시하거나 감춥니다.

⓳ **Show/Hide Bounding Box 메뉴** : 바운딩 박스를 화면에 표시하거나 감춥니다.

⓴ **Show/Hide Transparency Grid 메뉴** : 아트보드 색상인 흰색 대신 투명 그리드를 사용합니다.

㉑ **Show/Hide Text Threads 메뉴** : Thread Text 보기 상태를 화면에 표시하거나 감출 수 있습니다.

㉒ **Show/Hide Gradient Annotator 메뉴** : 그라디언트 툴을 사용할 때 나타나는 그라디언트 막대를 화면에 표시하거나 감출 수 있습니다.

㉓ **Show/Hide Live Paint Gap 메뉴** : 라이브 페인팅 작업 시 갭을 화면에 표시하거나 감출 수 있습니다.

㉔ **Guides 메뉴** : 가이드 선을 제작하거나 감출 수 있고 화면에 표시할 수 있습니다.

㉕ **Smart Guides 메뉴** : 스마트 가이드를 동작시키거나 정지시킬 수 있습니다.

㉖ **Show/Hide Grid 메뉴** : 격자(그리드)를 화면에 표시하거나 감출 수 있습니다.

㉗ **Snap to Grid 메뉴** : 그리드에 오브젝트의 테두리가 자동으로 맞는 자석 기능을 동작시킵니다.

㉘ **Snap to Point 메뉴** : 그리드에 포인트가 자동으로 맞는 기능을 동작시킵니다.

㉙ **New View 메뉴** : 현재의 화면 시점을 기억시킬 때 사용합니다. 예를 들어 화면 왼쪽에 있는 사각형 오브젝트를 선택한 뒤 New View 메뉴로 등록하면 나중에 화면을 이동하거나 화면을 크게 확대한 뒤에도 화면 왼쪽에 사각형 오브젝트가 있던 시점으로 돌아갈 수 있습니다. New View 메뉴로 등록시킨 현재의 화면 시점은 View 메뉴의 제일 하단에 새 메뉴로 등록됩니다.

㉚ **Edit View 메뉴** : 앞의 New View 메뉴로 등록시킨 새 메뉴의 이름을 수정합니다.

일러스트레이터 작업창 정돈 메뉴들
Window 메뉴

Illustrator CS5

Window 메뉴는 작업창을 정렬하는 메뉴들로 구성되어 있습니다. 또한 팔레트를 화면에 표시하거나 감출 수 있는 메뉴들이 있습니다. 만일, 작업창에서 원하는 팔레트가 없다면 여기서 해당 팔레트에 체크 표시를 해야 화면에 나타납니다.

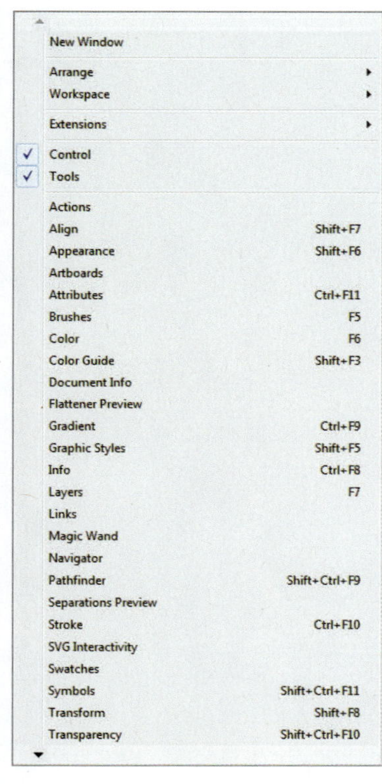

❶ **New Window 메뉴** : 동일한 이미지가 있는 작업창을 하나 더 열어 줍니다.

❷ **Arrange 메뉴** : 열려있는 작업창들을 다양한 방식으로 정렬할 수 있습니다.

❸ **Workspace 메뉴** : 화면 구성을 일러스트레이터 CS5에서 제공하는 여러 가지 방식으로 재구성할 수 있습니다. 기본값은 Essentials 모드입니다.

❹ **Extensions 메뉴** : Kuler 팔레트를 화면에 표시하거나 감출 수 있고 어도비 사이트에 접속할 수 있습니다.

❺ **Control 메뉴** : 작업창 상단에 옵션바(제어판)을 표시하거나 감출 수 있습니다.

❻ **Tools 메뉴** : 툴박스를 화면에 표시하거나 감출 수 있습니다.

❼ **Actions ~ Variables 메뉴** : 해당 팔레트를 화면에 표시하거나 감출 때 사용합니다.

❽ **Brush Libraries 메뉴** : 브러시 팔레트의 라이브러리 목록을 화면에 표시할 수 있습니다.

❾ **Graphic Style Libraries 메뉴** : 스타일 라이브러리를 화면에 표시하거나 감춥니다.

❿ **Swatch Libraries 메뉴** : 스와치 라이브러리를 화면에 표시하거나 감춥니다.

6부

예제로 정복하는
일러스트레이터 CS5

GPS 디자인
그대로 따라하기

DVD | 예제 | 노키아.jpg | 난이도 | ★★ | 작업 시간 | 20분

'도형 툴'을 사용해 노키아 GPS형 핸드폰을 디자인해 봅니다. 도형 툴을 사용해도 이미지를 드로잉할 수 있음을 알 수 있습니다.

01_ '둥근 사각' 툴로 화면 중앙을 클릭합니다.

02_ 대화상자에서 Width 328pt, Height 145pt, Corner Radius 20pt를 적용합니다.

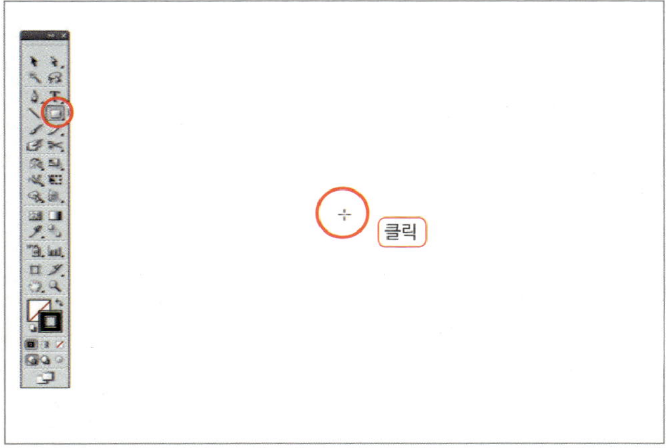

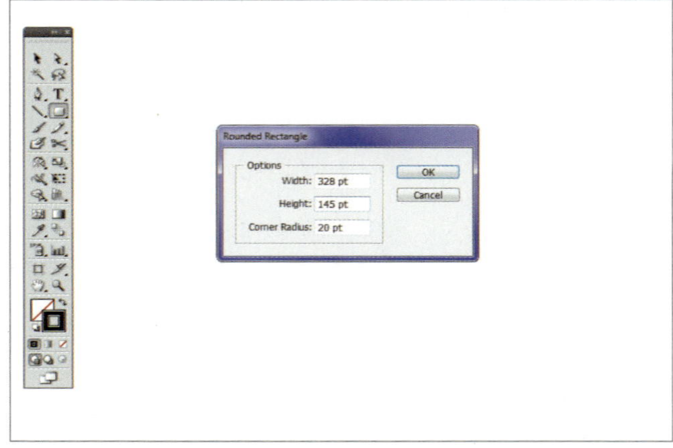

MEMO

대화상자의 측정단위가 포인트(pt)가 아닐 경우 Edit → Preferences → Units 메뉴를 실행한 뒤 General 옵션에서 측정단위를 Point 단위로 변경합니다.

03_ 옵션바에서 Fill 컬러는 '무색', Stroke 컬러는 '검정색', 선 두께는 5pt로 설정합니다.

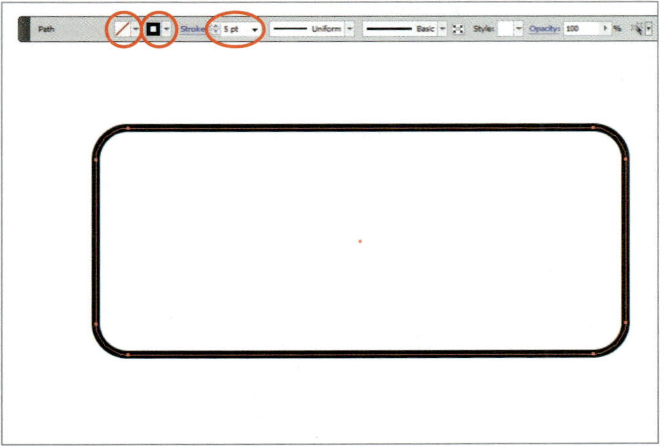

04_ '전환 툴'로 왼쪽면 상단 포인트를 클릭 드래그하여 왼쪽면 패스를 약간 배불뚝이 형태로 만들어줍니다.

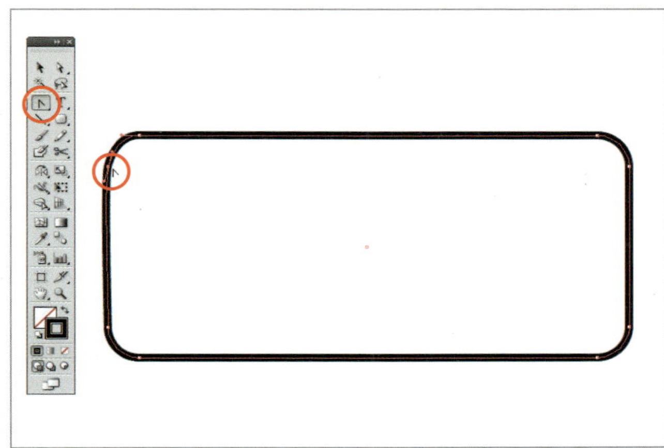

05_ '전환 툴'로 왼쪽면 하단 포인트를 클릭 드래그하여 왼쪽면 패스를 약간 배불뚝이 형태로 만들어줍니다.

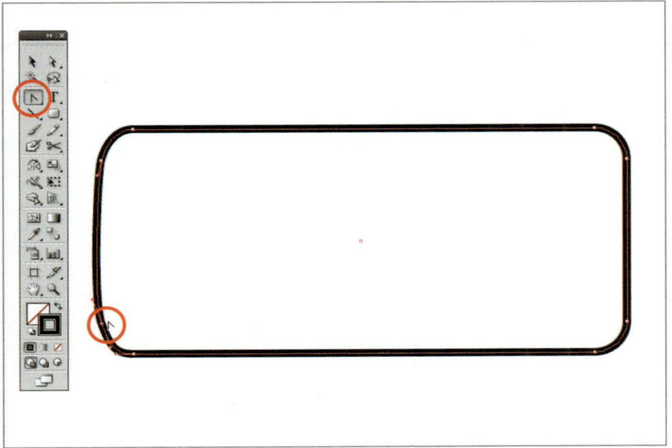

06_ '전환 툴'로 오른쪽면 상, 하단 포인트를 클릭 드래그하여 오른쪽면 패스를 약간 배불뚝이 형태로 만들어줍니다.

07_ '선택 툴'로 오브젝트를 클릭해 선택합니다.

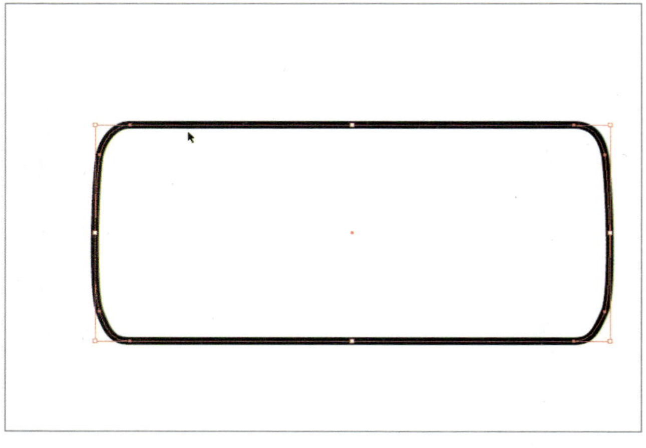

08_ Edit –〉 Copy 메뉴로 복사한 뒤, Edit –〉 Paste in Front 메뉴로 제자리에 다시 붙여줍니다.

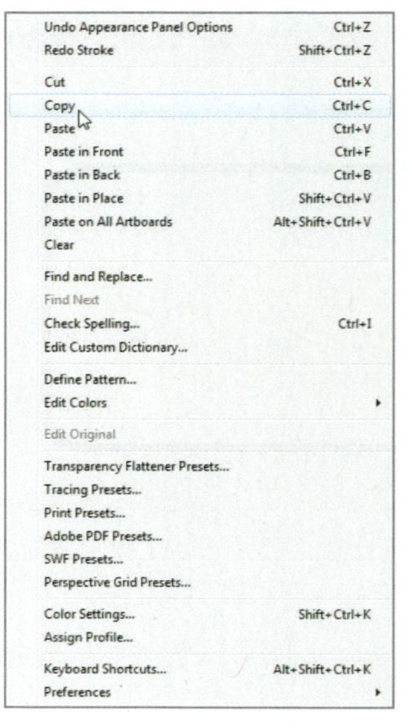
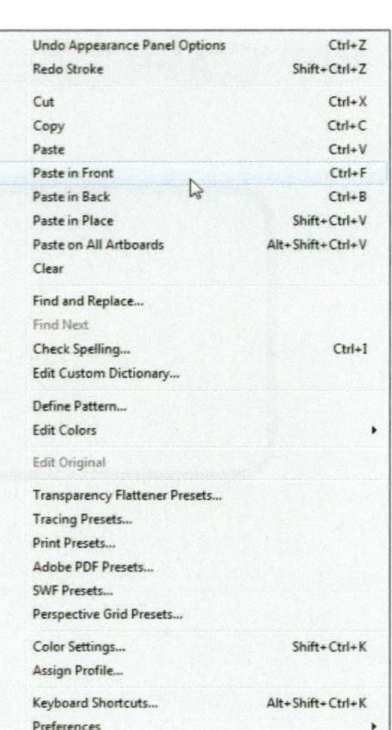

09_ 붙여넣은 오브젝트의 Fill 컬러는 '검정색', Stroke 컬러는 '무색'으로 적용합니다.

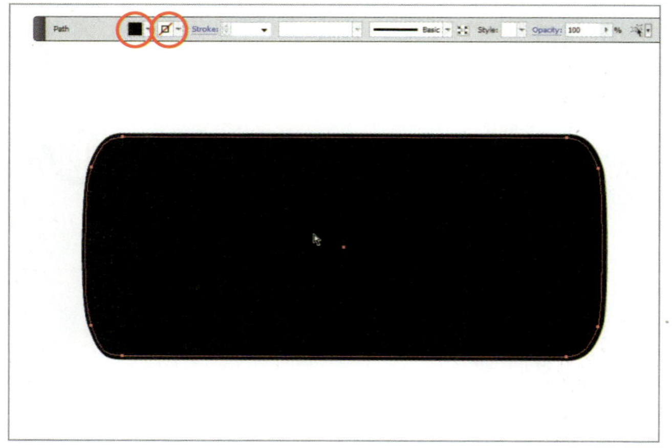

10_ Effect –〉 Stylize –〉 Inner Glow 메뉴를 실행한 뒤 Mode Normal, 색상 '흰색', Opacity 75%, Blur 5%, Edge 옵션를 적용합니다.

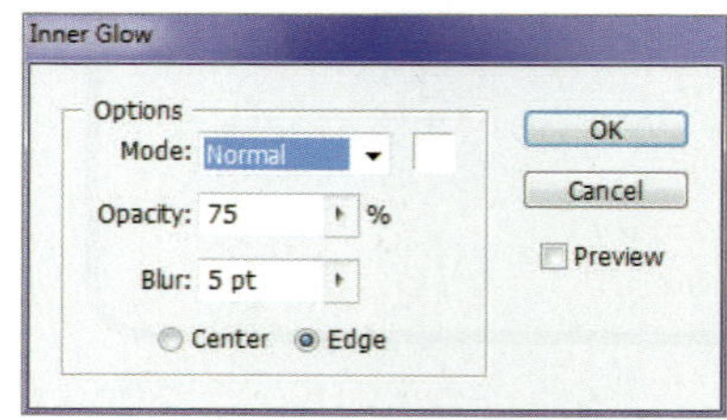

11_ Inner Glow 메뉴가 적용된 모습입니다. 입체감이 살아납니다.

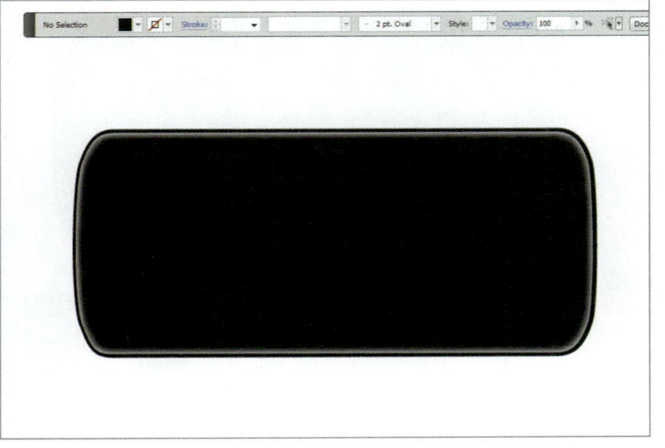

12_ Edit → Paste in Front 메뉴를 실행해 아까 복사해둔 프레임을 다시 붙여줍니다. 옵션바에서 Fill 컬러는 '짙은 회색', Stroke 컬러는 '무색'을 적용한 뒤, 크기를 그림처럼 조금 줄여줍니다.

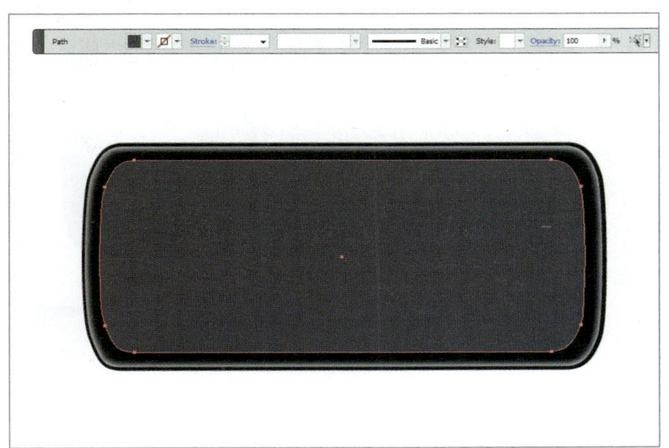

13_ '사각 툴'로 그림과 같이 액정화면을 그려줍니다.

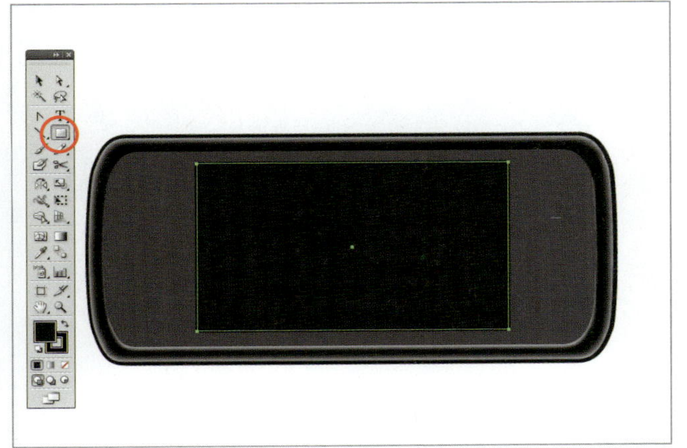

14_ 옵션바에서 Fill 컬러는 '아주 짙은 회색', Stroke 컬러는 '검정색', Stroke 두께는 2pt로 적용합니다.

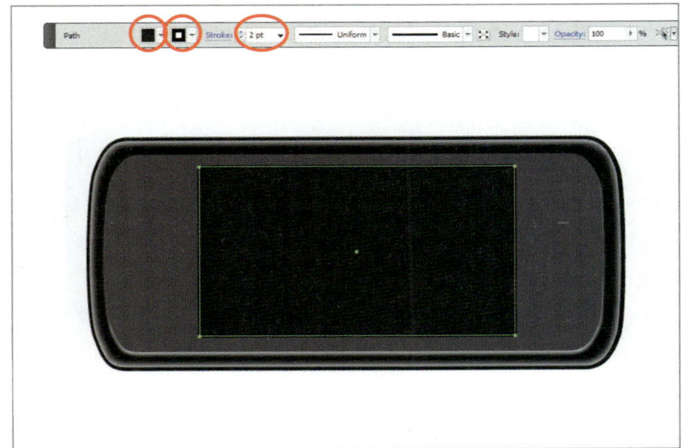

15_ '원 툴'로 흰색 원을 그려줍니다. Stroke 컬러는 무색을 사용합니다. Transparency 팔레트에서 Opacity를 50%로 적용합니다.

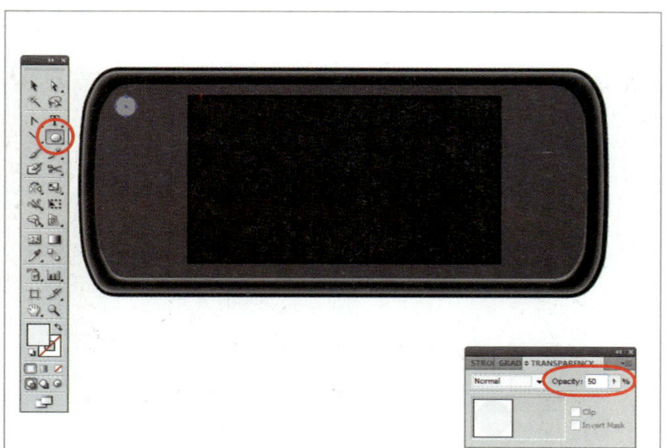

16_ 원을 복제한 뒤 크기를 줄여서 원래 원의 중앙에 배치합니다. 카메라 렌즈가 만들어집니다.

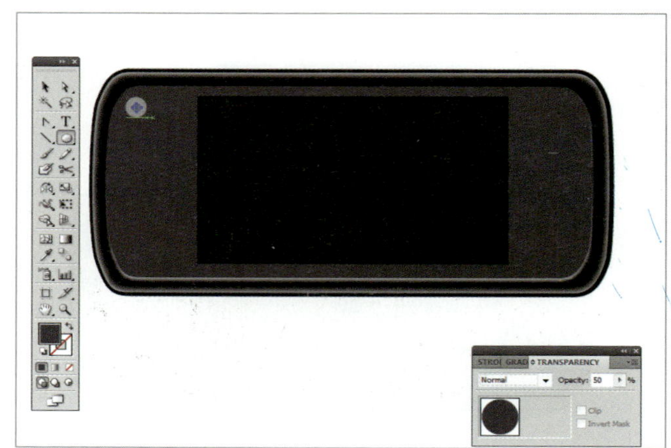

17_ '둥근 사각 툴'로 이어폰 구멍을 그려줍니다. Fill 컬러는 '검정색', Stroke 컬러는 '회색', Stroke 두께는 0.25pt를 적용했습니다.

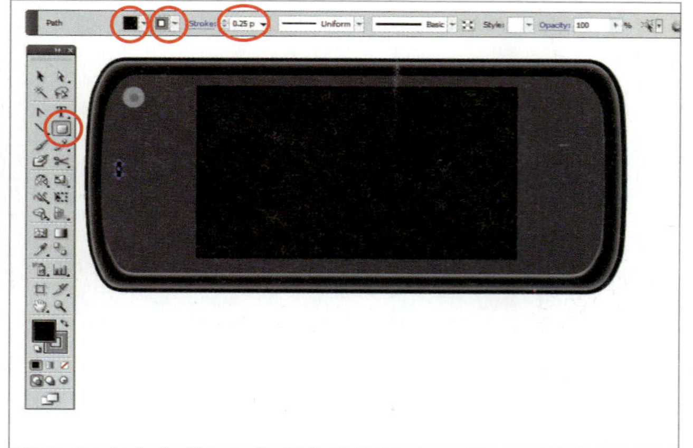

18_ '타이프 툴'로 GPS 회사 이름인 NOKIA라고 입력합니다.

19_ '둥근 사각 툴'로 버튼 바탕을 그려줍니다. Fill 컬러는 '검정색', Stroke 컬러는 '무색'을 적용했습니다.

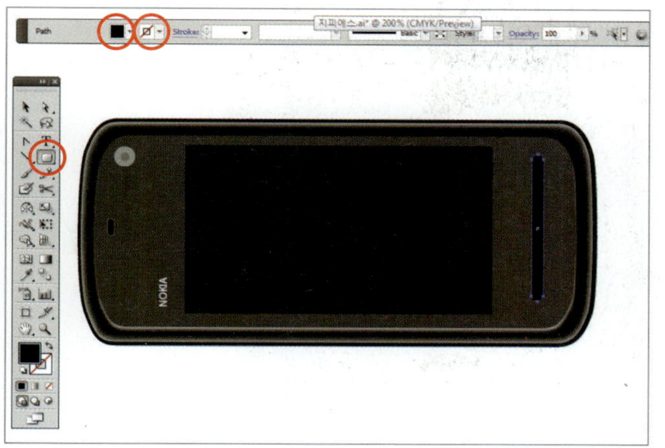

20_ '사각 툴'로 가운데 버튼을 그려줍니다. Fill 컬러는 '회색', Stroke 컬러는 '밝은 회색', Stroke 두께는 0.25pt를 적용했습니다.

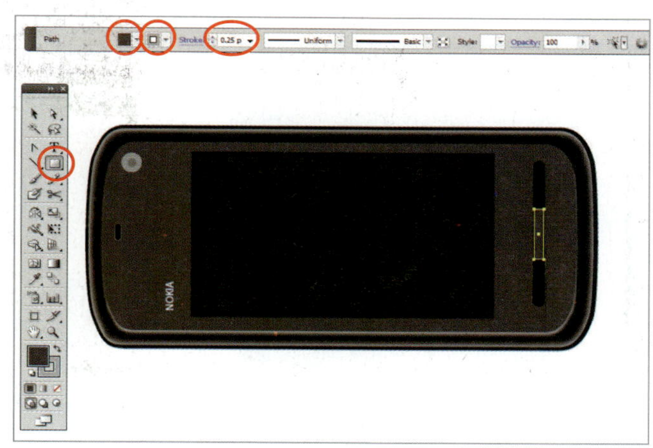

21_ '둥근 사각 툴'로 상단 버튼을 그려줍니다.

22_ '나이프 툴'로 하단부 포인트 2개를 드래그하여 잘라줍니다.

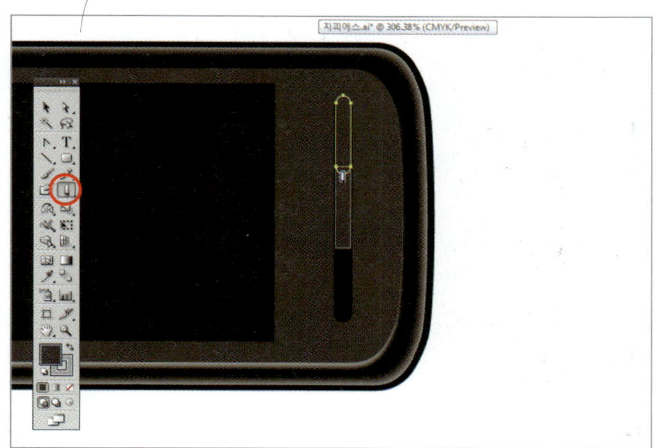

23_ '직접 선택 툴'로 잘라진 버튼의 하단부 포인트를 선택한 뒤 [Del] 키를 눌러 삭제합니다. 버튼의 상단부만 사용할 수 있도록 하단부를 모두 삭제합니다.

24_ 버튼의 상단부만 남게 됩니다. '선택 툴'로 클릭해 선택합니다.

25_ '반사 툴'로 해당 버튼을 [Alt] + 클릭합니다.

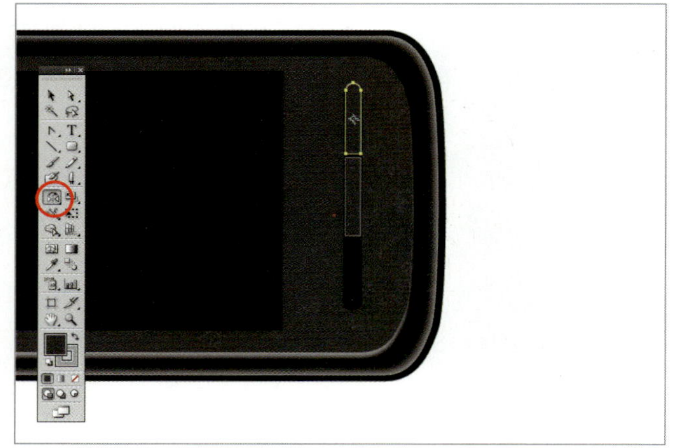

26_ 대화상자에서 Horizontal 옵션을 선택한 뒤 Copy 버튼을 눌러 복사합니다.

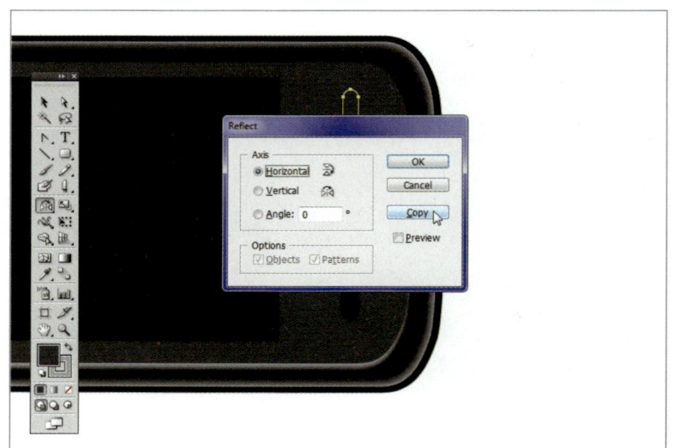

27_ 복제한 버튼을 하단부에 배치한 뒤 아래로 회전시켜줍니다.

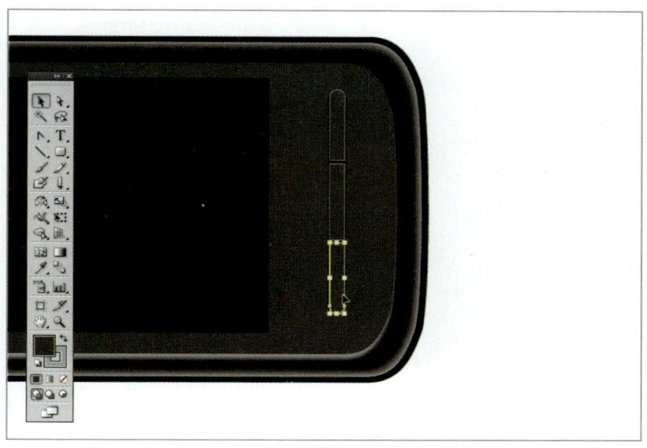

28_ '사각 툴'로 그림과 같이 사각형 버튼을 그려줍니다. Fill 컬러는 아무 색을 사용해도 상관없고 Stroke 컬러는 '무색'을 적용합니다.

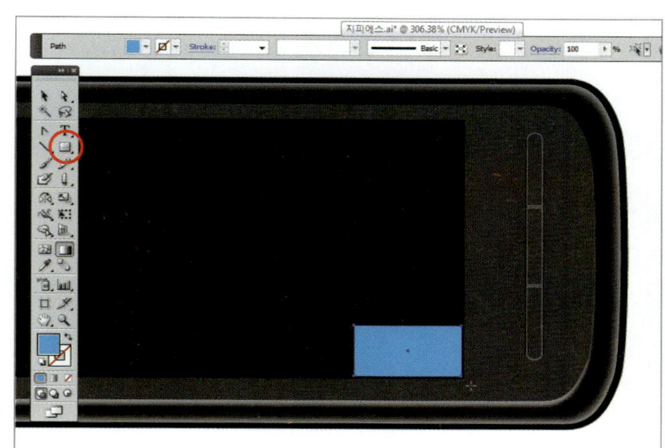

29_ 버튼의 Fill 컬러에 그라디언트 색을 적용하기 위해 그라디언트 팔레트를 불러옵니다. Type 항목에서 Linear를 선택한 뒤 그림처럼 자물쇠 2개를 생성시킵니다.

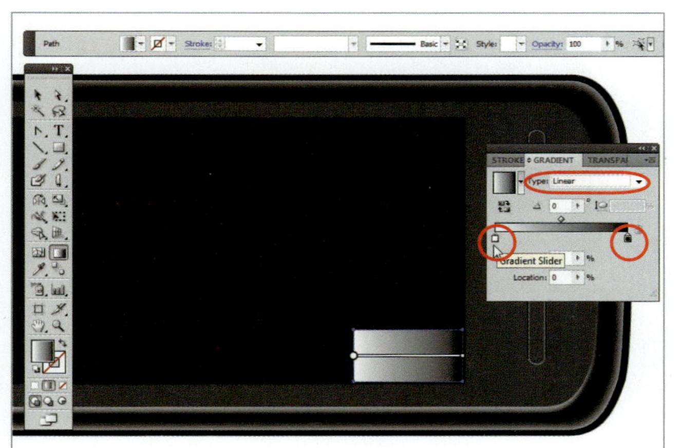

30_ 왼쪽 자물쇠를 클릭해 '회색'을 적용하고, 오른쪽 자물쇠를 클릭해 '짙은 회색'을 적용합니다.

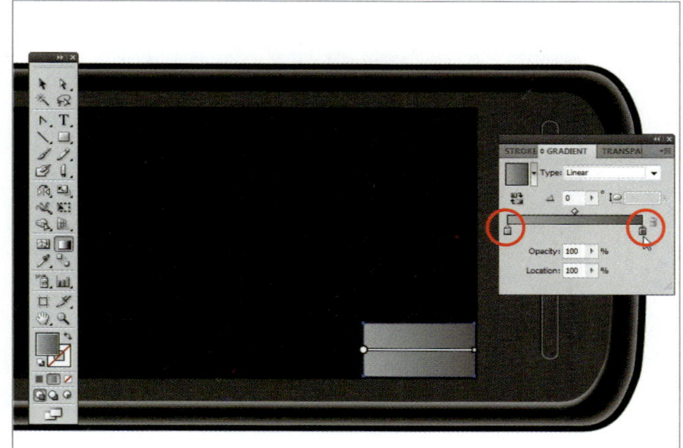

31_ '그라디언트 툴'로 그라디언트 막대를 아래로 회전시킨 뒤, 막대 길이를 그림처럼 줄여줍니다.

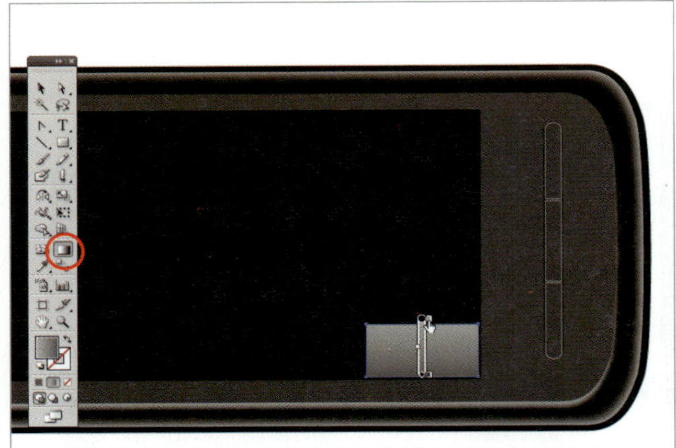

32_ '선택 툴'로 완성된 버튼을 Alt + 드래그하여 4개 더 복제한 뒤 그림처럼 버튼 5개를 배열합니다.

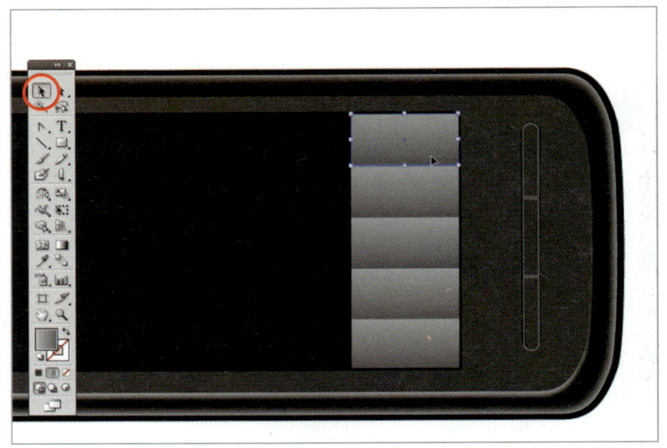

33_ File -> Place 메뉴로 예제 '노키아.jpg'를 임포트합니다.

34_ 불러온 이미지의 크기를 액정 크기에 맞게 축소한 뒤 배치합니다. GPS가 완성되었습니다.

스포츠카 드로잉하기

DVD | **예제** | 스포츠카바탕.ai　　　| **난이도** | ★★★　　　| **작업 시간** | 1시간

I l l u s t r a t o r　C S 5

스포츠카를 드로잉하는 방법을 알아봅니다. 스포츠카의 하이라이트와 쉐도우, 미드톤 영역을 메시 툴로 표현하므로 사진으로 찍은 듯한 사실적 드로잉이 가능합니다. 초반 드로잉에 자신 없는 분들은 '스포츠카바탕.ai'를 불러온 뒤 따라하기 바랍니다.

01_ '펜 툴'로 스포트카의 바디를 그려줍니다. Fill 컬러는 C=27, M=9, Y=3, K=37, Stroke 컬러는 '무색'으로 설정합니다. 이 책의 내용과 똑같은 스포츠카를 드로잉하고 싶다면 예제 '스포츠카바탕.ai'를 불러온 뒤 따라하기 바랍니다.

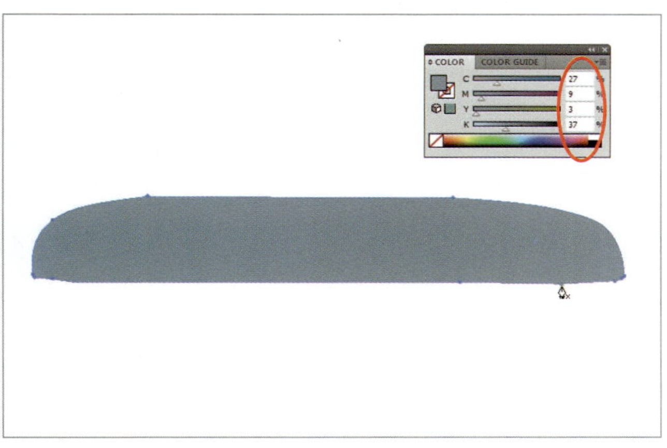

02_ '메시 툴'로 예제 그림처럼 메시 격자를 나누어줍니다. 그런 뒤 하이라이트가 될 메시포인트를 선택한 뒤 Fill 컬러를 '흰색'으로 설정합니다. 적당히 하이라이트를 만들어주면 됩니다.

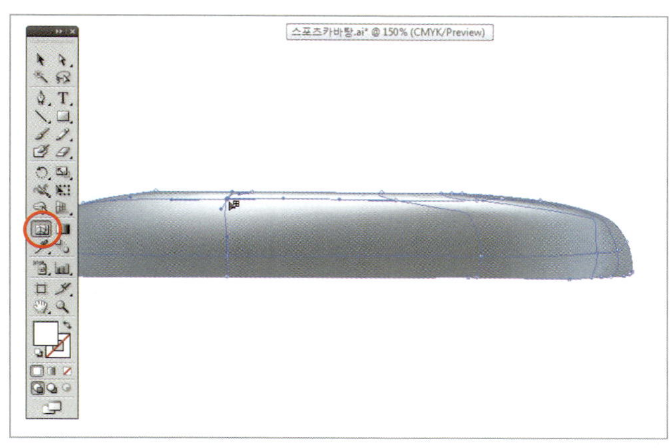

03_ 예제 그림처럼 메시 격자를 조밀하게 나누어 하이라이트 색상이 필요한 부분은 흰색으로 교체합니다. 미드톤이 될 메시포인트에는 Fill 컬러를 C=27, M=9, Y=3, K=25로 적용합니다.

04_ 다른 미드톤 부분에는 Fill 컬러를 C=27, M=9, Y=3, K=18로 적용합니다.

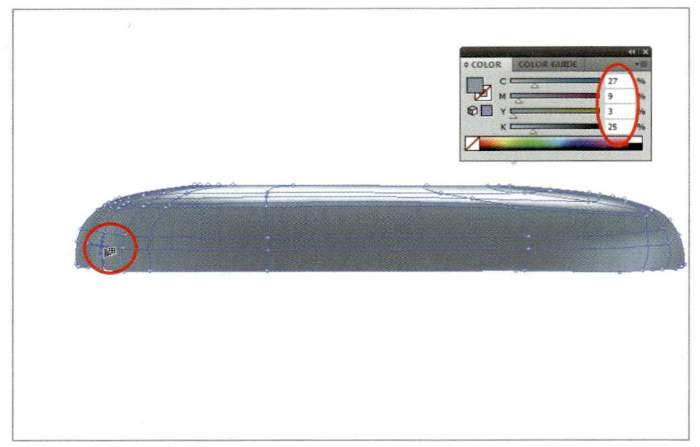
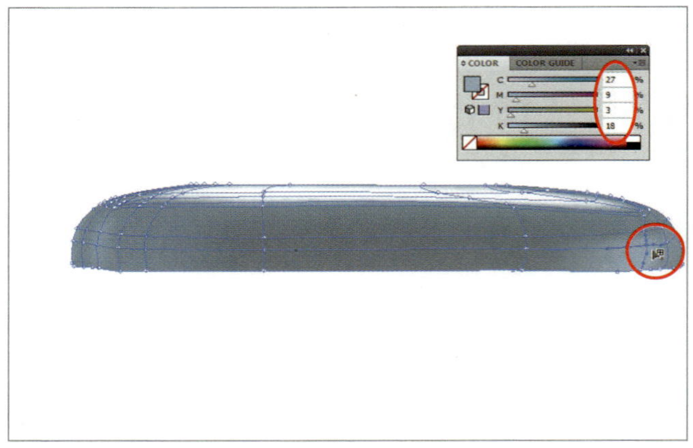

05_ '펜 툴'로 스포트카의 바디 하단부를 그려줍니다. Fill 컬러는 C=27, M=9, Y=3, K=47, Stroke 컬러는 '무색'으로 설정합니다.

06_ 예제 그림처럼 메시 격자를 조밀하게 나눈 뒤 미드톤이 될 메시포인트에는 Fill 컬러를 C=27, M=9, Y=3, K=16으로 적용합니다.

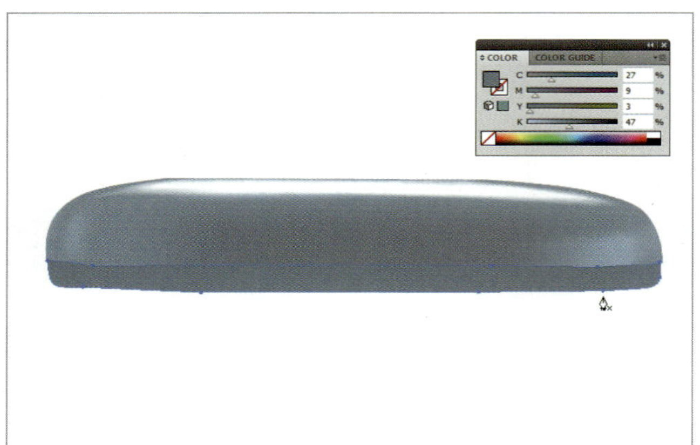
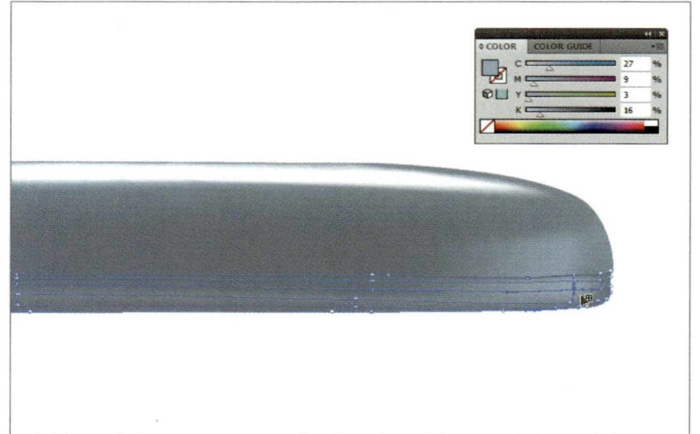

MEMO

'메시 툴'의 사용법을 잘 모른다면 이 책의 3부, 메시 툴 설명을 참고하기 바랍니다.

07_ 왼쪽 미드톤이 될 메시포인트에는 Fill 컬러를 C=27, M=9, Y=3, K=37로 적용합니다.

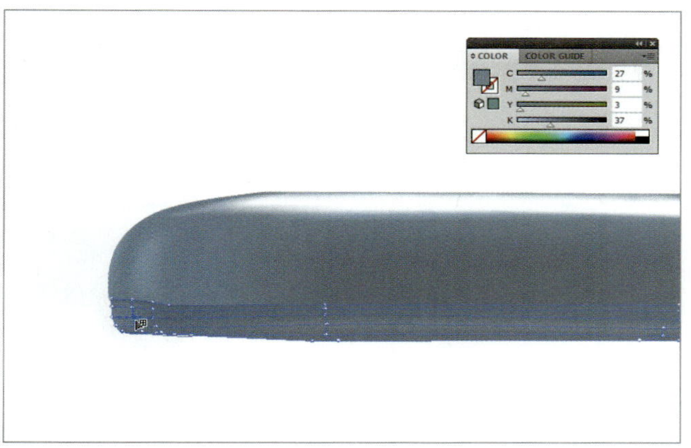

08_ '펜 툴'로 문짝을 그려줍니다. Fill 컬러는 '무색', Stroke 컬러는 검정색, Stroke 두께는 1px로 설정합니다.

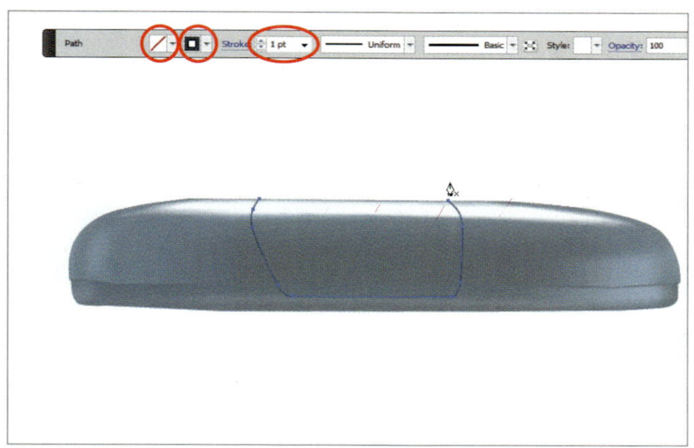

09_ 상단부에도 검정색 선을 그려줍니다.

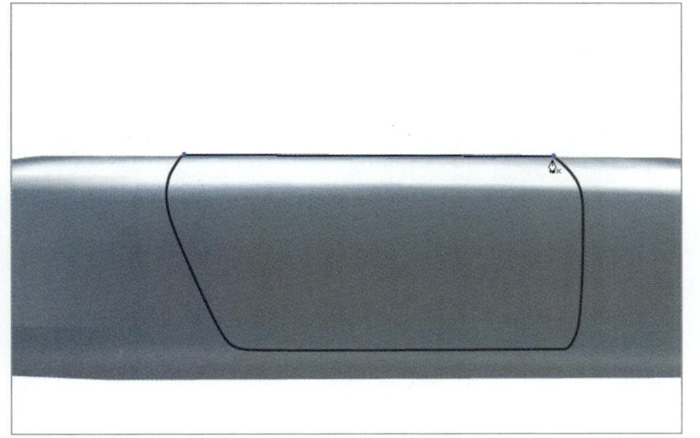

10_ 문짝 안쪽으로 겹친 상태에서 검정색 선 바로 옆 연한 하늘색 선을 그려줍니다.

11_ '펜 툴'로 뒷바퀴가 들어갈 부분을 그려줍니다.

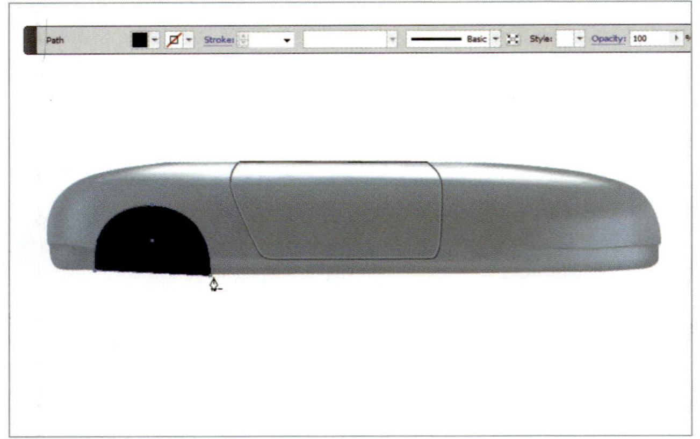

12_ '원 툴'로 앞바퀴를 그려줍니다. 아래 부분은 잘라서 그림처럼 만들어줍니다.

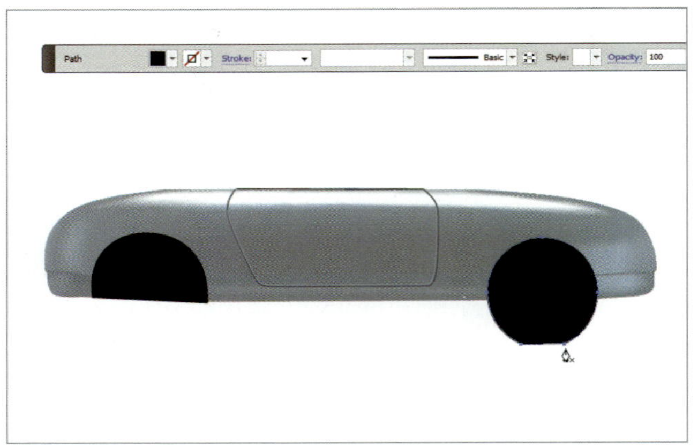

13_ '펜 툴'로 본네트 선을 그려줍니다.

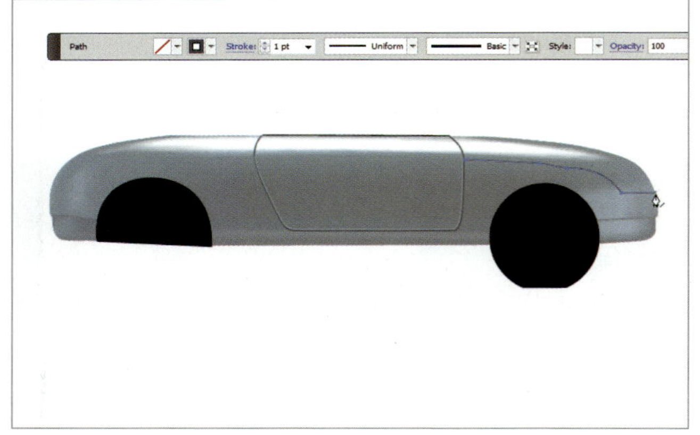

14_ '사각 툴'로 바닥 부분에 직사각형을 그려줍니다.

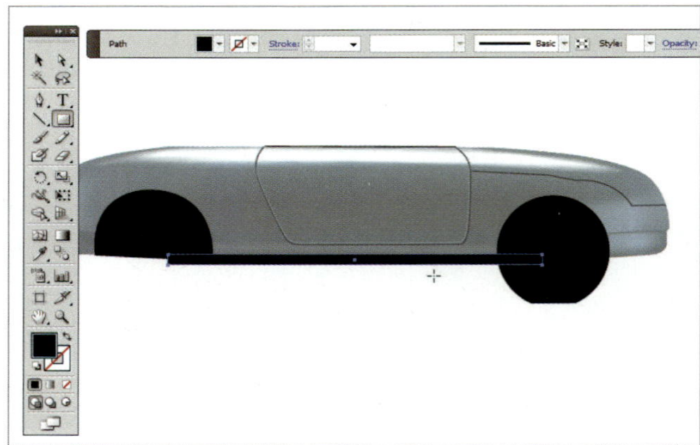

15_ 방금 그린 직사각형을 마우스 오른쪽 버튼으로 클릭한 뒤 Arrange -> Send to Back 메뉴를 적용해 제일 밑으로 내려보냅니다.

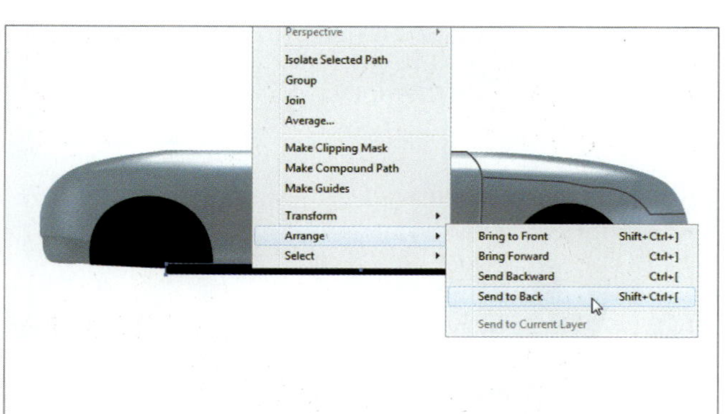

16_ 지금까지 드로잉한 차체 이미지입니다.

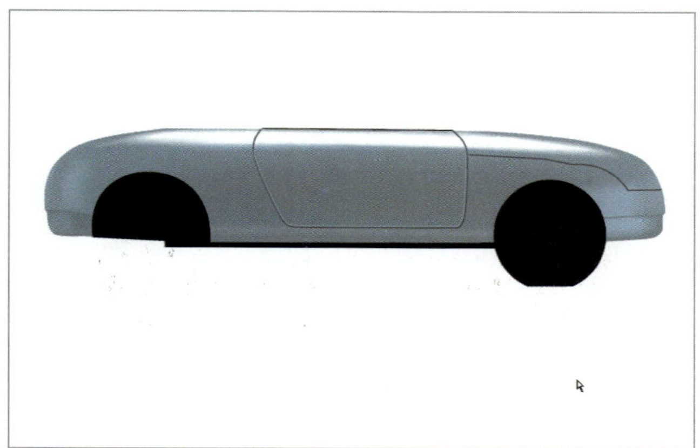

17_ '펜 툴'로 뒷바퀴 부분의 안쪽 부분을 그려줍니다.

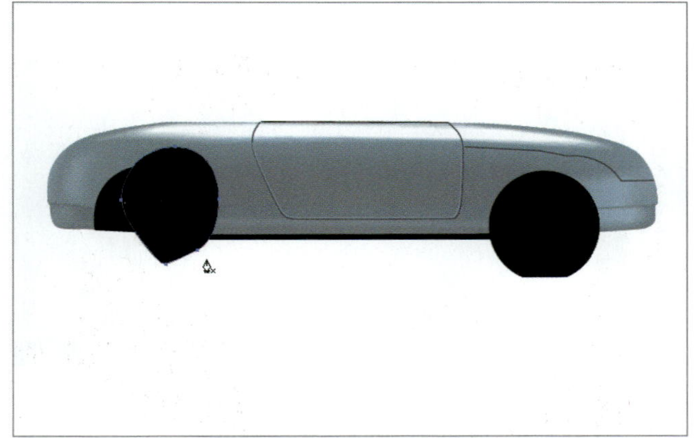

18_ 마우스 오른쪽 버튼으로 클릭한 뒤 Arrange -> Send to Back 메뉴를 적용해 제일 밑으로 내려보냅니다.

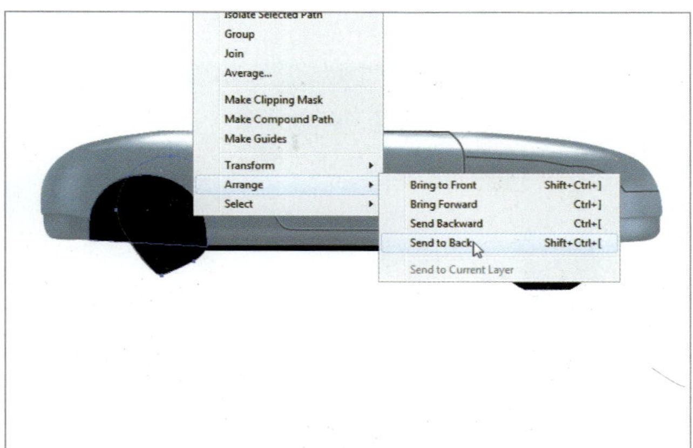

19_ '원 툴'로 뒷바퀴를 그려줍니다. 아래 부분은 잘라서 그림처럼 만들어줍니다. 만일 여기까지 따라하지 못했다면 '스포츠카바탕2.ai'를 불러온 뒤 따라하기 바랍니다.

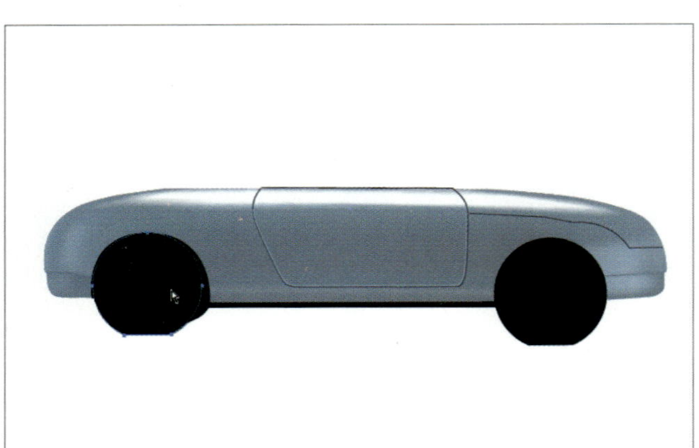

20_ '원 툴'로 알루미늄 휠 부분을 그려줍니다. Fill 컬러는 K=50으로 설정하고 Stroke 컬러는 '무색'을 적용합니다.

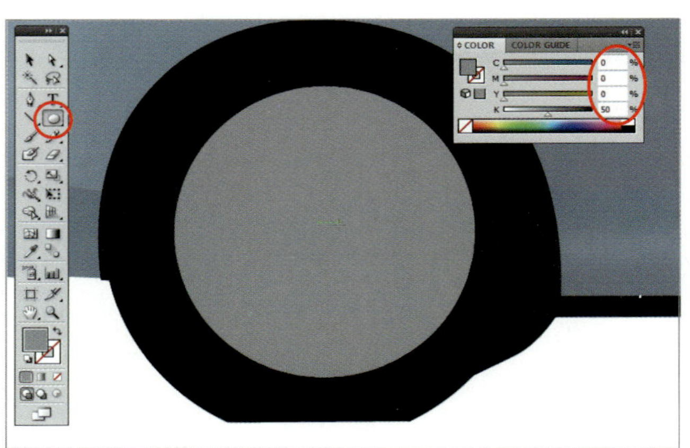

21_ '메시 툴'로 그림처럼 격자를 만든 뒤 미드톤 색상은 K=22로 설정합니다. 대충 그림과 같이 격자를 조절해 음영을 표현하면 됩니다.

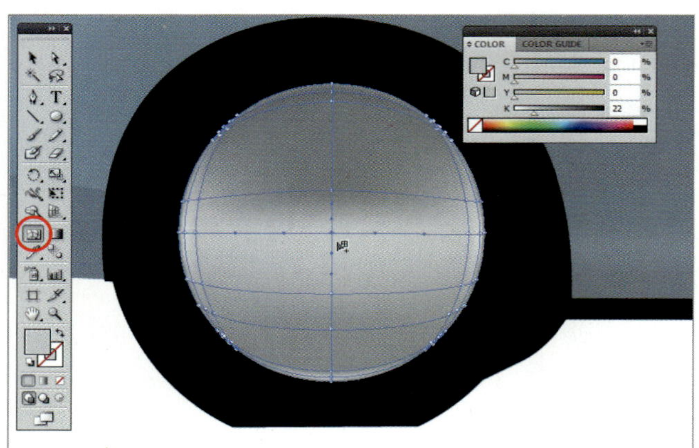

22_ '펜 툴'로 휠 안쪽에 있는 5각형 쇠붙이를 그려줍니다. Fill 컬러는 '회색', Stroke 컬러는 '무색'을 사용했습니다.

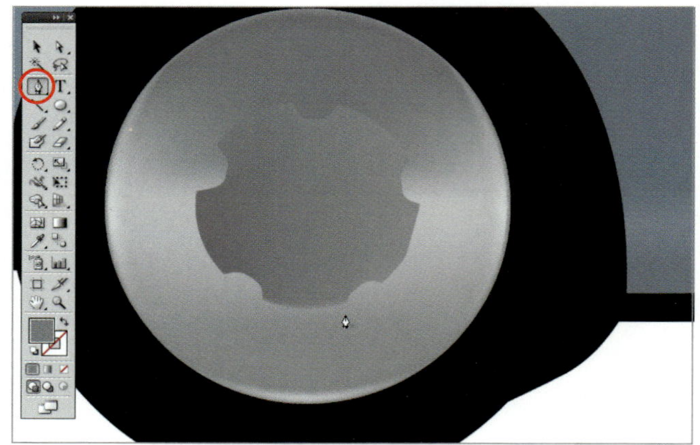

23_ '메시 툴'로 그림처럼 격자를 만든 뒤 미드톤 색상은 K=20을 사용해 음영을 만들어 줍니다. 이때 하이라이트 부분은 '흰색'으로 표현했습니다.

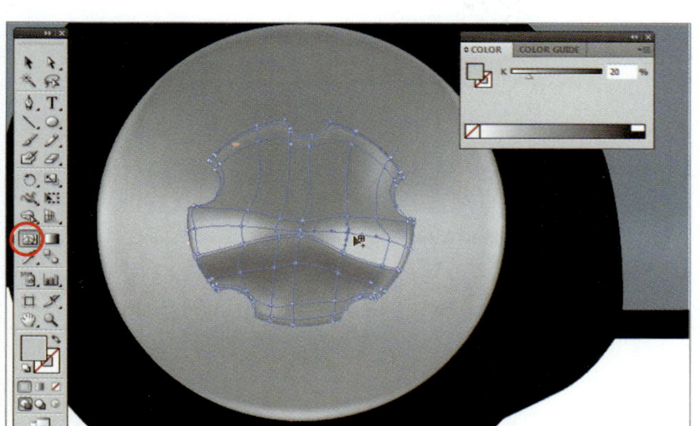

24_ '원 툴'로 5개의 검정색 원을 그려줍니다. 먼저 하나를 그린 뒤 복사해서 사용합니다.

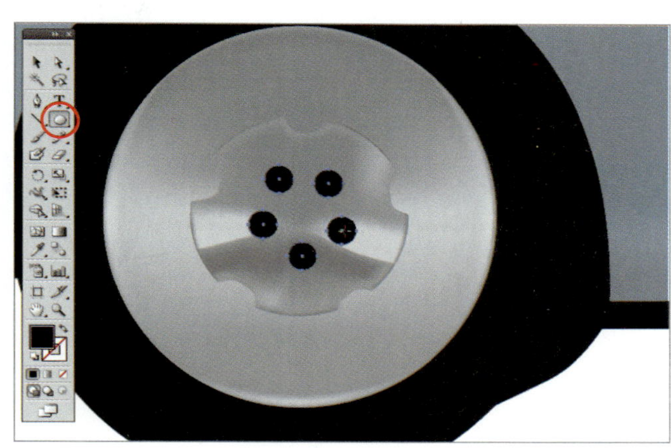

25_ '펜 툴'로 휠 중앙에 쇠조각을 그려줍니다. 그런 뒤 '메시 툴'로 적당히 음영을 표현해 줍니다.

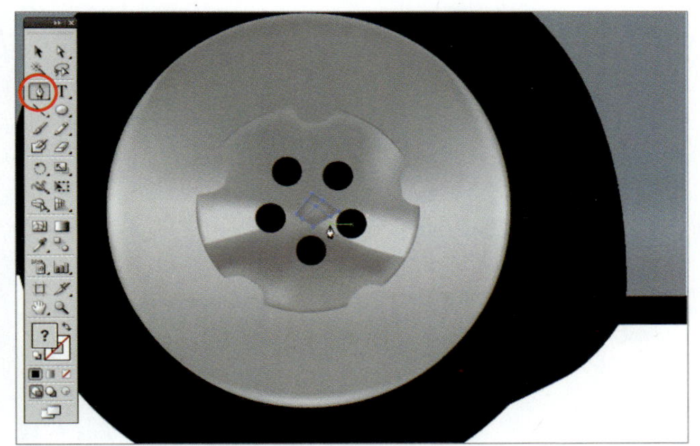

26_ Ctrl + Shift + A 를 눌러 선택을 해제합니다. 대략 아래처럼 알루미늄 휠을 그려주면 됩니다.

27_ '선택 툴'로 [Shift] + 클릭하여 휠에 속하는 모든 오브젝트를 선택한 뒤 [Ctrl] + [G]를 눌러 그룹으로 묶어줍니다.

28_ [Alt] +드래그하여 복제한 뒤 앞바퀴쪽에도 휠을 사용합니다.

29_ [F7]을 눌러 레이어 팔레트를 불러온 뒤 Create 버튼을 클릭해 Layer 2를 만들어줍니다. Layer 2를 Layer 1 아래로 이동시킵니다.

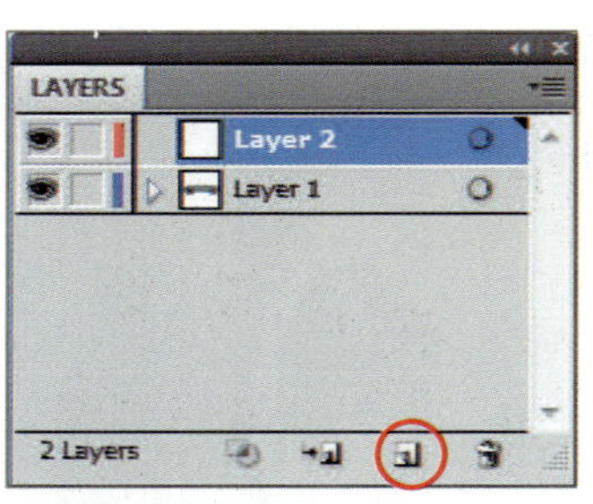

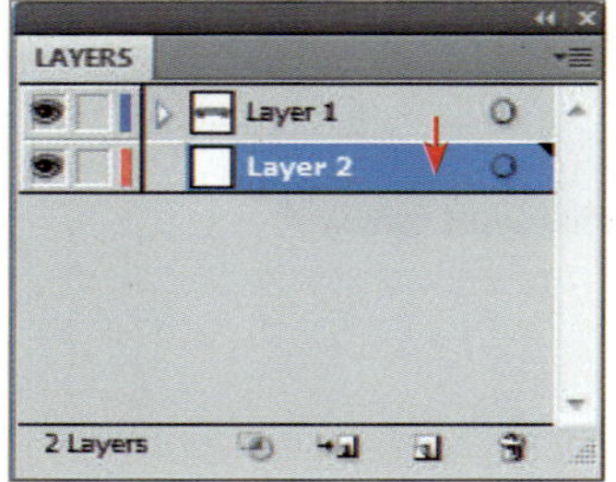

30_ '펜 툴'로 앞유리창을 그려줍니다.

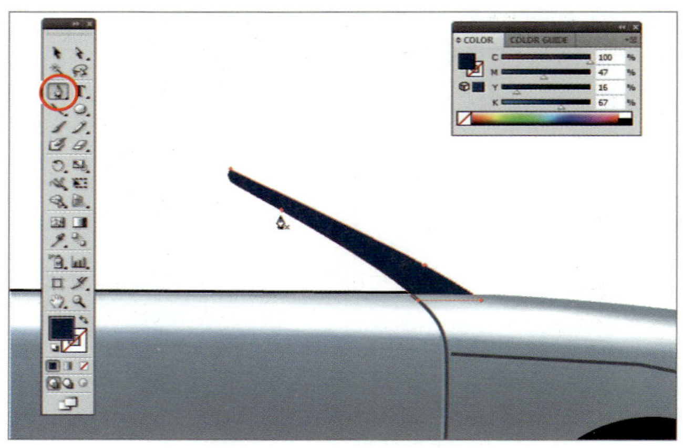

31_ '메시 툴'로 메시 포인트를 그림처럼 만든 뒤 미드톤 영역을 표현해줍니다. 미드톤 색상은 C=27, M=47, Y, 16, K=44을 사용했습니다.

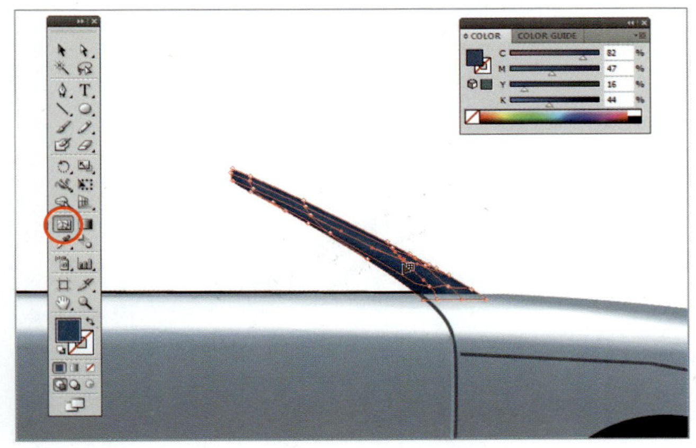

32_ '펜 툴'로 앞유리창의 프레임 부분을 그려줍니다.

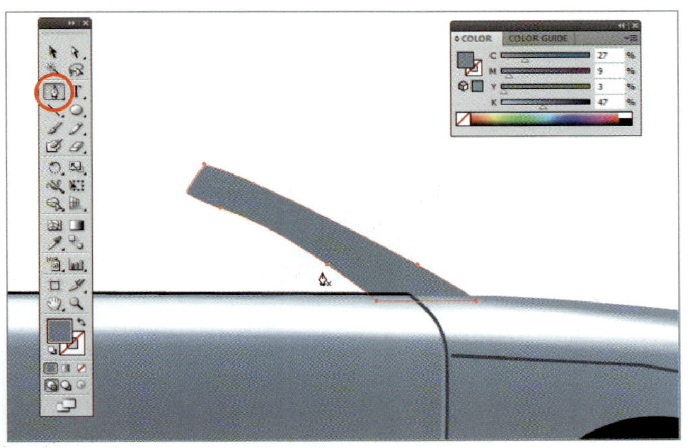

33_ '메시 툴'로 메시 포인트를 형성시킨 뒤 하이라이트 부분은 '흰색'을 사용해 표현합니다.

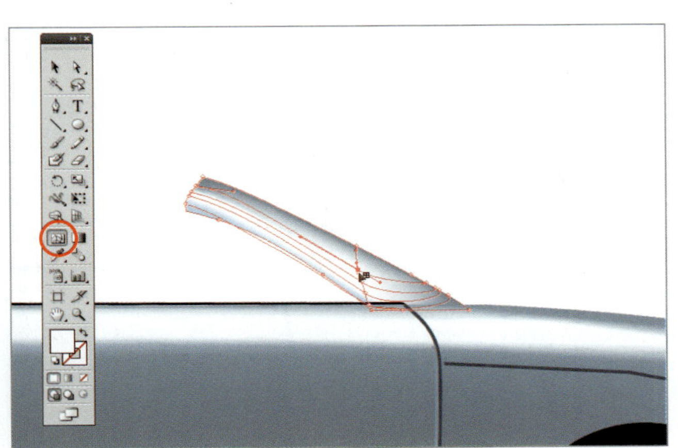

34_ '선택 툴'로 방금 그린 프레임을 선택합니다. 마우스 오른쪽 버튼으로 클릭한 뒤 Arrange -〉 Send to Back 메뉴를 적용해 제일 밑으로 내려보냅니다.

35_ '펜 툴'로 프레임의 테두리 부분을 그려줍니다. Fill 컬러로 '짙은 파란색'을 사용했습니다.

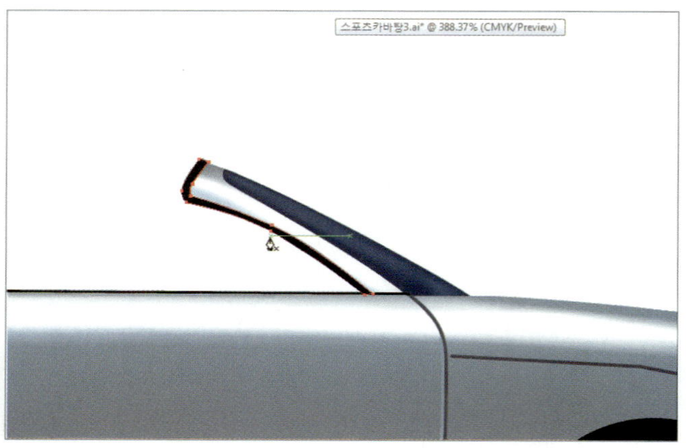

36_ '펜 툴'로 윈도우 브러시를 그려줍니다. Fill 컬러로 '짙은 파란색'을 사용한 뒤 '메시 툴'로 메시 격자를 적당히 만든 뒤 음영도 적당히 만들어줍니다.

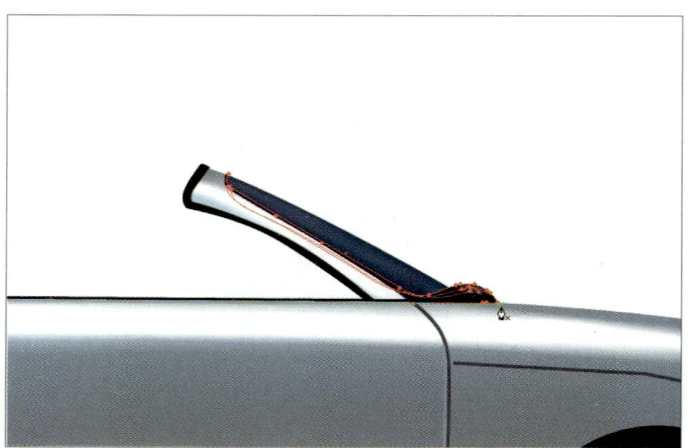

37_ '펜 툴'로 등받이 부분의 알루미늄 손잡이를 그려줍니다. Fill 컬러로 '회색'을 사용하고 Stroke 컬러는 '무색'을 적용합니다.

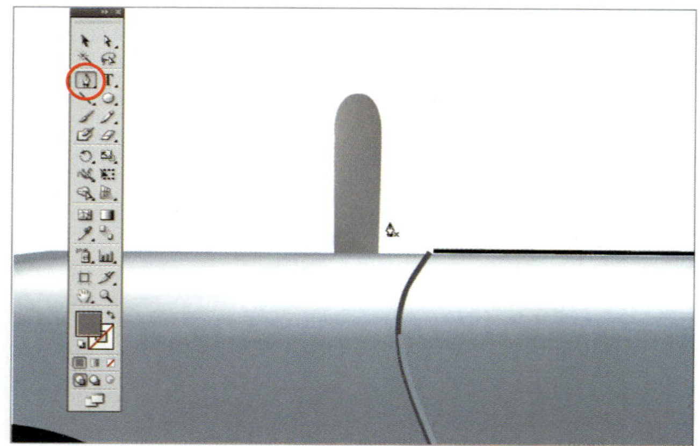

38_ '메시 툴'로 메시 포인트를 형성시킨 뒤 그림처럼 알루미늄 느낌이 나도록 하이라이트와 쉐도우 영역을 표현해줍니다. (하이라이트 색상=흰색, 쉐도우 색상=검정색 사용)

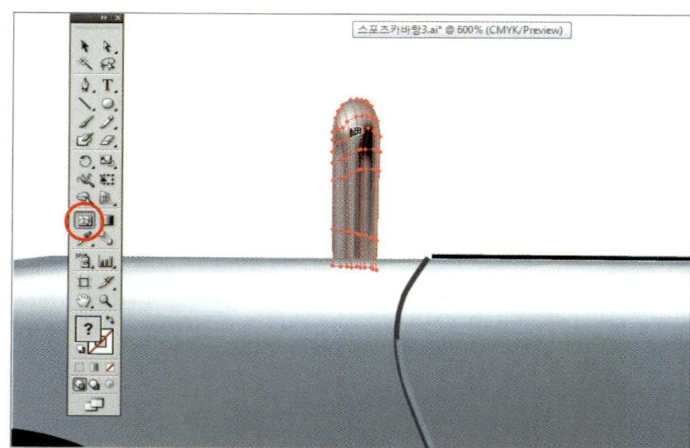

39_ Ctrl + Shift + A 를 눌러 선택을 해제합니다. 그림처럼 알루미늄 손잡이가 만들어졌나 확인 바랍니다.

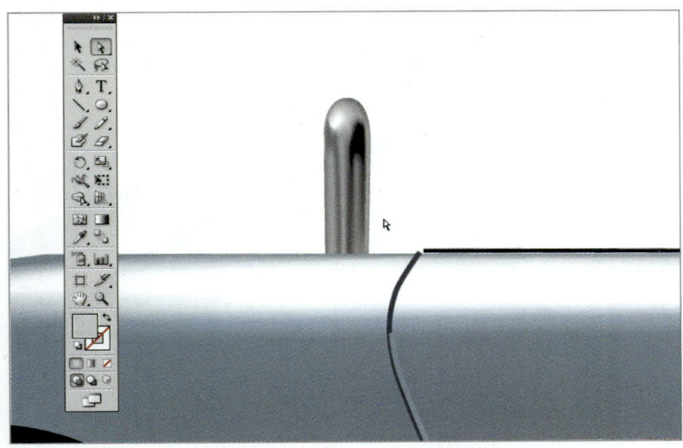

40_ '선택 툴'로 손잡이를 클릭해 선택한 뒤 Alt + 드래그하여 그림처럼 배치합니다.

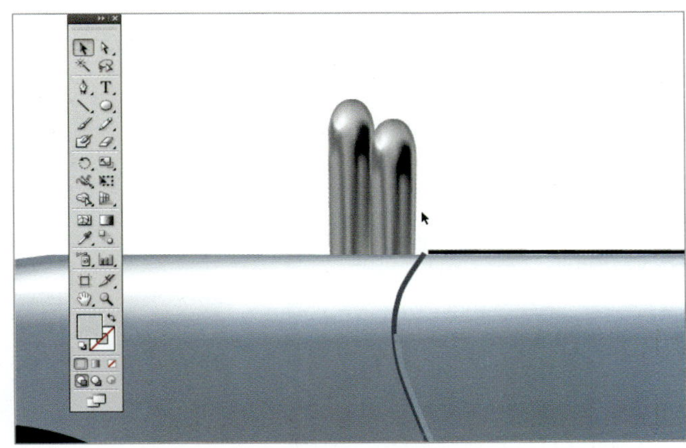

41_ '펜 툴'로 등받이 부분을 그려줍니다. 메시 툴로 알루미늄 봉 느낌이 나도록 음영을 표현해 줍니다.

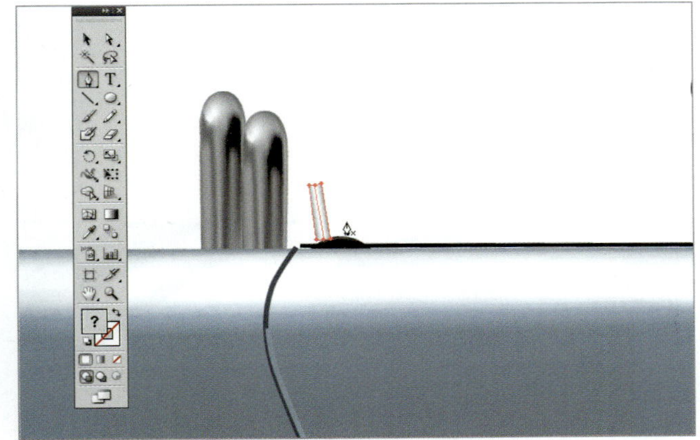

42_ '펜 툴'로 등받이 상단부와 하단부도 그려줍니다. 그림처럼 그려주면 됩니다.

43_ 레이어 팔레트에서 Layer 1을 클릭해 선택합니다. Create 버튼을 클릭해 Layer 3을 만들어줍니다.

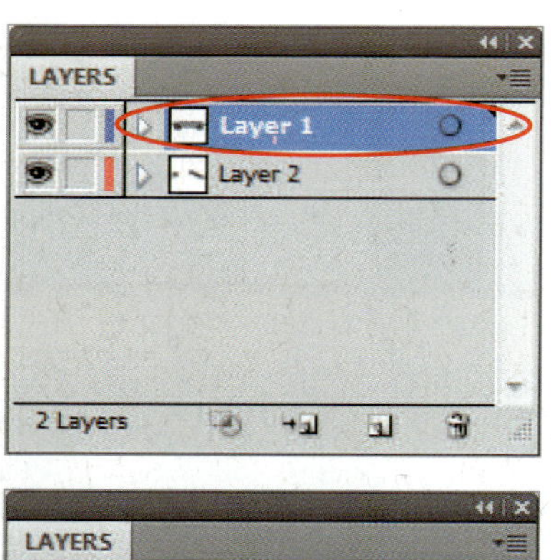

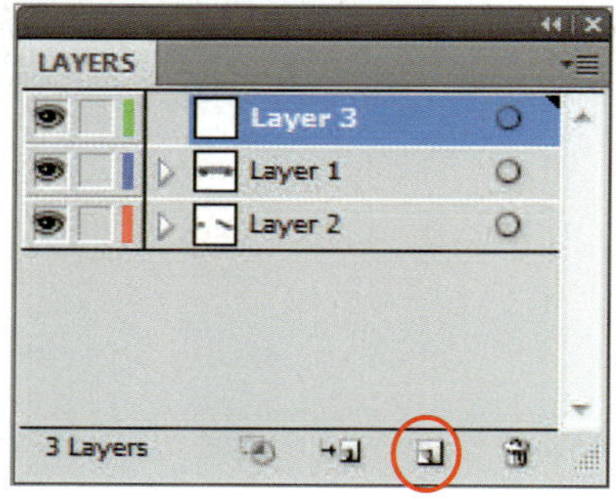

44_ '펜 툴'로 사이드미러 중간 부분을 그려줍니다. 먼저 회색으로 그린 뒤 '메시 툴'로 메시 포인트를 형성시킨 뒤 적당히 음영을 표현합니다.

45_ '펜 툴'로 사이드미러 윗부분을 그려줍니다. 회색으로 그린 뒤 '메시 툴'로 메시 포인트를 형성시킨 뒤 적당히 음영을 표현합니다.

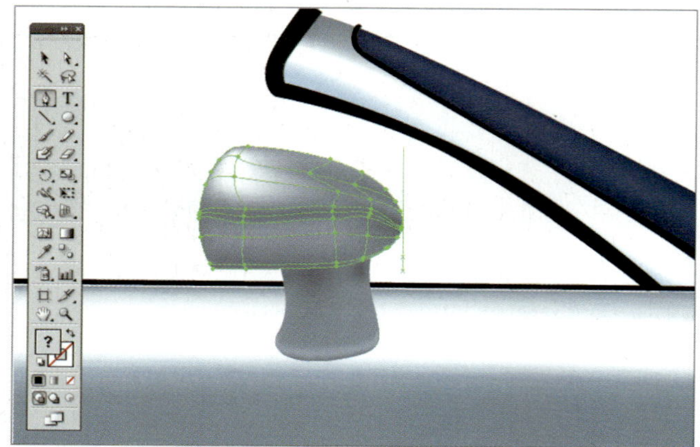

46_ '펜 툴'로 사이드미러의 그림자 부분을 그려줍니다. 짙은 회색으로 그린 뒤 '메시 툴'로 메시 포인트를 형성시킨 뒤 적당히 음영을 표현합니다.

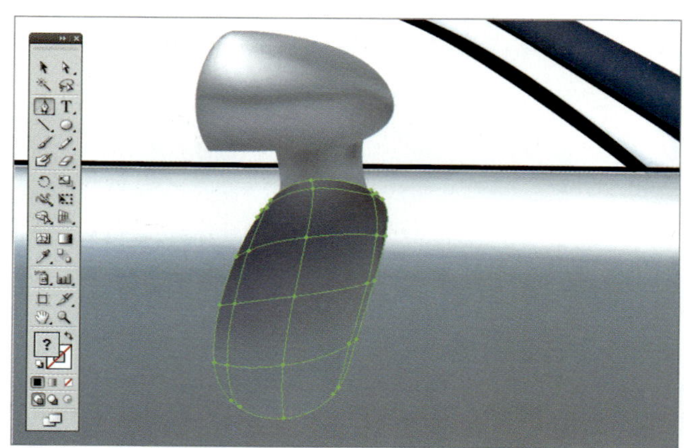

47_ '선택 툴'로 방금 그린 그림자 부분을 선택합니다. 마우스 오른쪽 버튼으로 클릭한 뒤 Arrange –〉 Send to Back 메뉴를 적용해 제일 밑으로 내려보냅니다.

48_ '원 툴'로 앞문 손잡이 부분을 그려줍니다. 회색으로 그린 뒤 '메시 툴'로 메시 포인트를 그림처럼 형성시킨 뒤 양쪽 음영을 검정색으로 표현합니다.

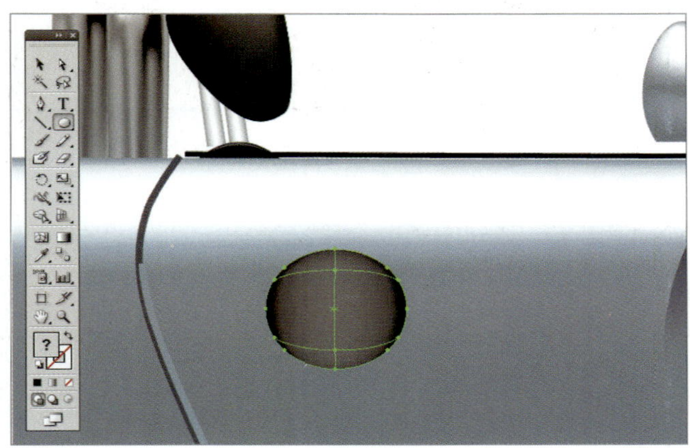

49_ '원 툴'로 앞문 손잡이의 뚜껑 부분을 그려줍니다. 회색으로 그린 뒤 '메시 툴'로 메시 포인트를 그림처럼 형성시킨 뒤 하단부 음영을 흰색으로 표현합니다.

50_ '펜 툴'로 직사각형의 손잡이를 그려준 뒤 '메시 툴'로 메시 포인트를 그림처럼 형성시킨 뒤 음영을 적당히 표현합니다.

51_ '사각 툴'로 손잡이 부분에 있는 열쇠 구멍을 그려줍니다. 검정색 사각형으로 그려주면 됩니다.

52_ '펜 툴'로 뒷좌석 부분을 그림처럼 그려줍니다. 적당히 메시 포인트를 형성시킨 뒤 음영을 표현해줍니다.

53_ '펜 툴'로 테일 램프 상단에 있는 물받이 부분을 그려줍니다. 적당히 메시 포인트를 형성시킨 뒤 음영을 표현해줍니다.

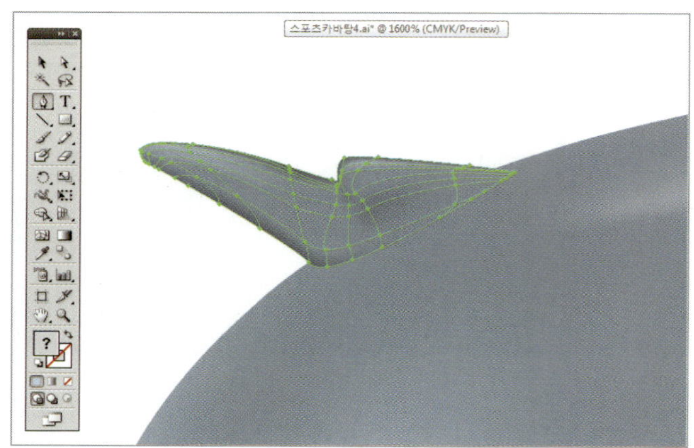

54_ '펜 툴'로 테일 램프를 그려줍니다. 적당히 메시 포인트를 형성시킨 뒤 음영을 표현해줍니다.
(빨간색 색상 C=41, M=100, Y=100, K=26, 하이라이트 색상 C=4, M=9, Y=9, K=22, 쉐도우 색상 C=41, M=100, Y=100, K=76)

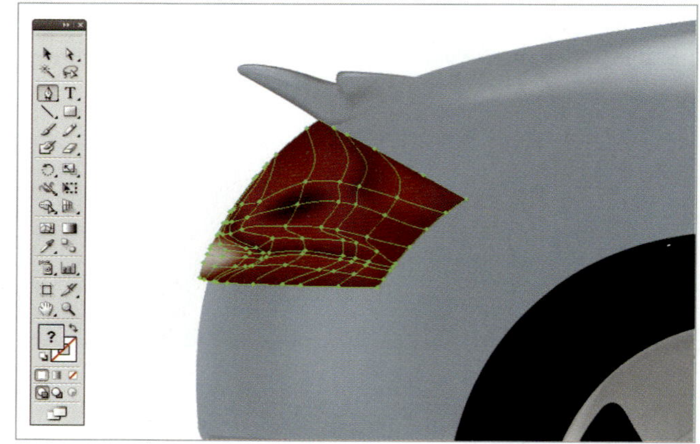

55_ '펜 툴'로 테일 램프 테두리를 따라 면을 그려줍니다. Fill 색상은 검정색을 사용했습니다.

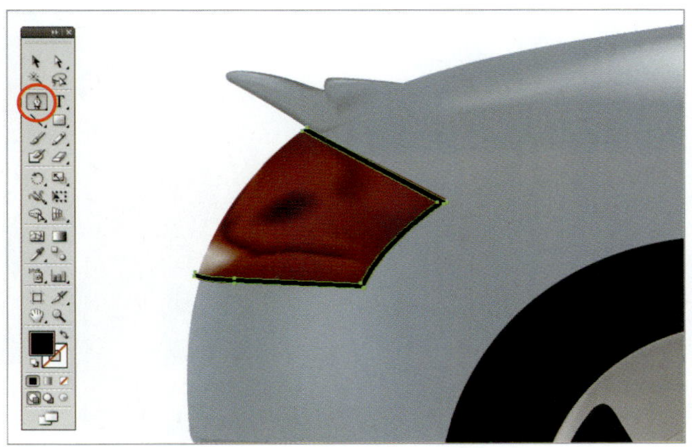

56_ '펜 툴'로 헤드라이트 램프를 그려줍니다. 적당히 메시 포인트를 형성시킨 뒤 음영을 표현해줍니다.(주황색 색상 C=37, M=69, Y=50, K=27, 하이라이트 색상 C=25, M=26, Y=6, K=14, 쉐도우 색상 K=100)

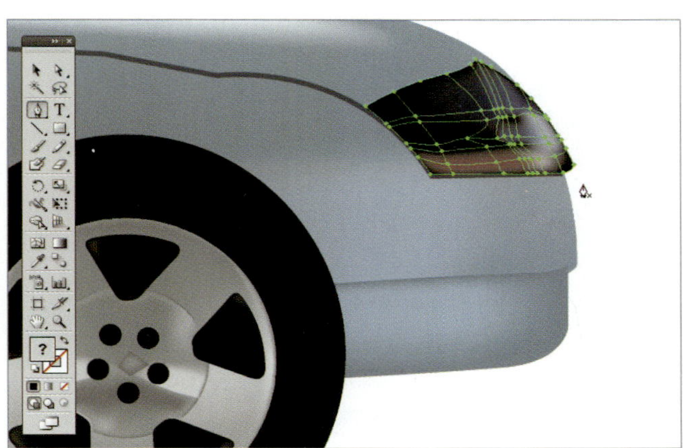

57_ '펜 툴'로 안개등 부분을 그려줍니다. 적당히 메시 포인트를 형성시킨 뒤 음영을 표현해줍니다. 검정색으로 그린 뒤 하이라이트 색상을 회색으로 표현하면 됩니다.

58_ 레이어 팔레트에서 Layer 1을 클릭해 선택합니다.

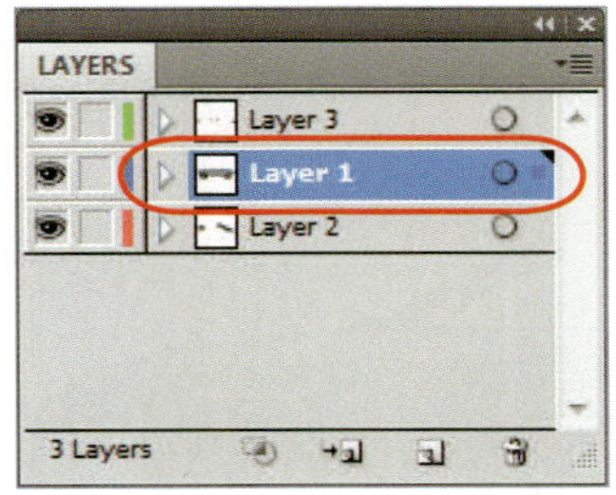

59_ '펜 툴'로 앞바퀴 덮개 부분을 그려줍니다. 메시 포인트를 그림처럼 형성시킨 뒤 하이라이트를 표현해 줍니다. (바탕색 색상 C=27, M=9, Y=3 K=26, 하이라이트 색상 흰색, 쉐도우 색상 C=27, M=9, Y=3 K=47)

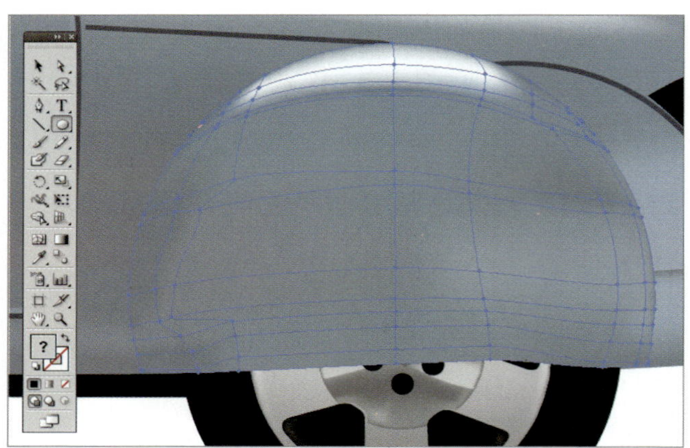

60_ '선택 툴'로 방금 그린 덮개 부분을 선택합니다. 마우스 오른쪽 버튼으로 클릭한 뒤 Arrange –〉 Send to Back 메뉴를 적용해 제일 밑으로 내려보냅니다.

61_ '선택 툴' 툴로 Alt + 드래그하여 덮개를 복제한 뒤 뒷바퀴 부분에도 사용합니다. 마우스 오른쪽 버튼으로 클릭한 뒤 Arrange –〉 Send to Back 메뉴를 적용해 제일 밑으로 내려보냅니다.

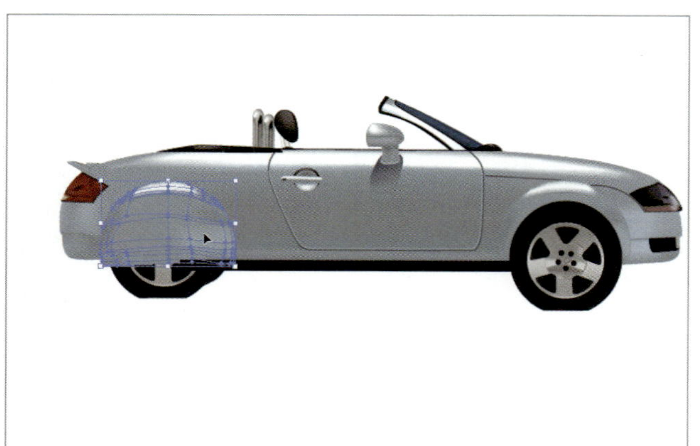

62_ 마지막으로 Layer 2를 선택한 뒤 '사각 툴'로 녹색 바닥을 그려줍니다. 스포츠카 드로잉이 끝났습니다.

King Wang Zzang

실사체 인물 드로잉하기

| DVD | 예제 | 실사체샘플.ai | 난이도 | ★★★★ | 작업 시간 | 3시간

Illustrator CS5

지금까지 배운 일러스트레이터 CS5 기능을 총 복습하는 의미에서 실사체 그림을 드로잉해 봅니다. '메시 툴'로 인물의 하이라이트와 쉐도우를 표현할 예정입니다.

01_ File ->New 메뉴를 실행한 후 A4 크기의 CMYK 모드의 새 종이를 불러옵니다.

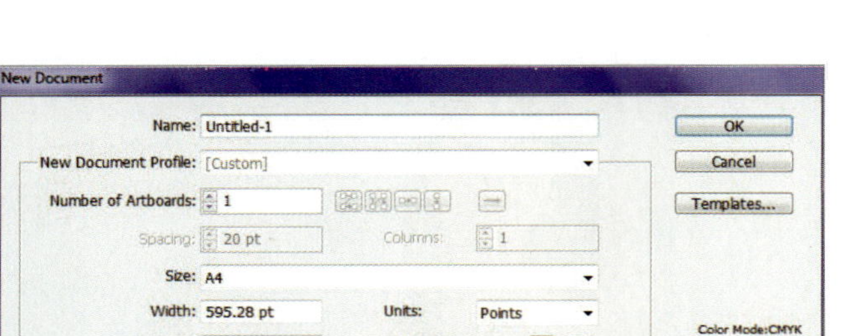

02_ Fill color는 무색, Stroke color는 검정색으로 설정합니다. '펜 툴'로 사람의 얼굴과 머리카락을 윤곽선 위주로 그려줍니다.
만일 그릴 시간이 없다면 DVD 부록에서 예제 '실사체샘플.ai'를 불러와서 사용하기 바랍니다.

03_ 얼굴을 그린 다음에는 상체를 펜 툴로 그려줍니다.
만일 '실사체샘플.ai'를 불러와서 사용하고 있다면 이미 전체 모습이 드로잉되어 있습니다.

04_ 하체 부분도 '펜 툴'로 그려줍니다.

05_ 다리 부분도 '펜 툴'로 그려줍니다.
만일 드로잉 실력을 높이고 싶다면, 친구 사진이나 가족 사진
등을 불러온 뒤 인물 윤곽선을 그대로 따면서 드로잉을 하는
것이 좋습니다.

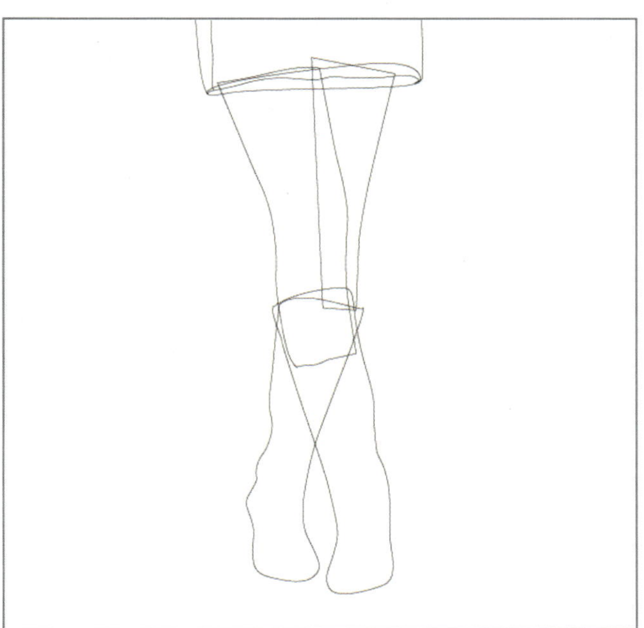

06_ 그림과 같이 사람의 형체가 완성되었습니다.

07_ 얼굴 오브젝트를 선택하고 면 색상을 지정하겠습니다.
Color 팔레트에서 C=0, M=9, Y=16, K0 으로 색을 지정
합니다.

08_ 오브젝트에 색상이 채워졌습니다.

09_ 목 부분 오브젝트를 선택합니다.
Color 팔레트에서 C=1, M=9. Y=18, K=0으로 색을 지정
합니다.

10_ 그림과 같이 색이 입혀졌습니다.

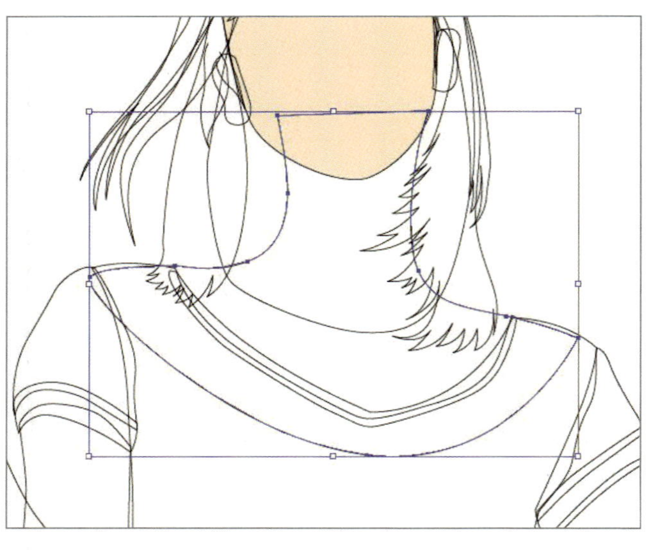

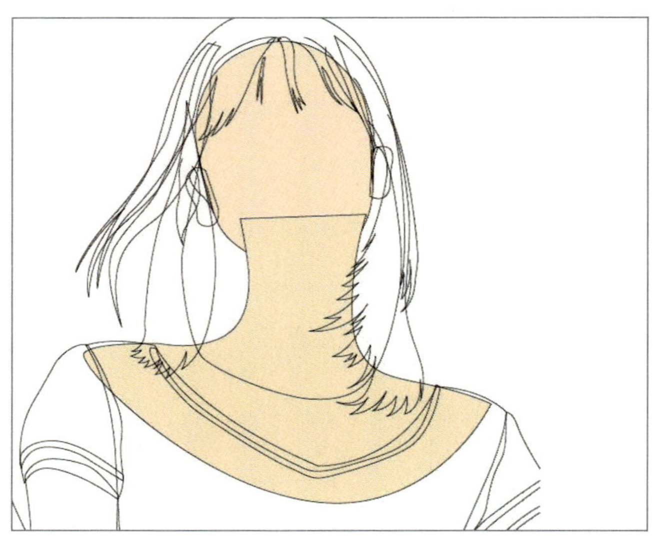

11_ 목 부분 오브젝트가 얼굴 위에 놓여있습니다.
목 부분 오브젝트를 선택하고 Object -〉 Arrange -〉
Send to back 메뉴를 적용합니다.

12_ 오브젝트가 얼굴 뒤로 갔습니다.

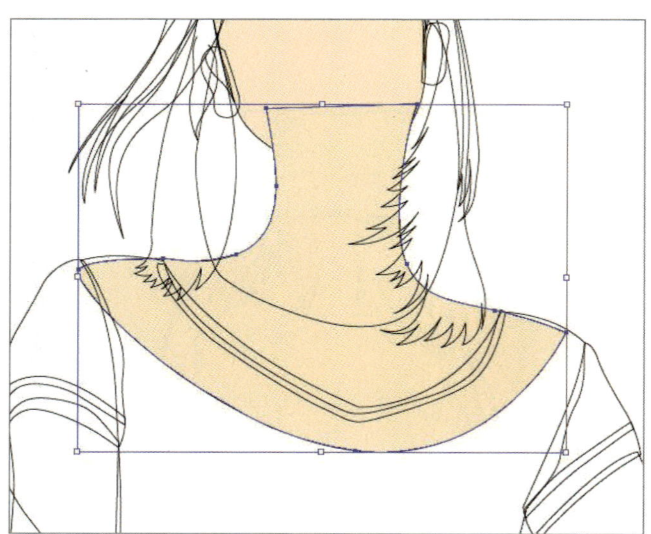

13_ Shift 키를 이용해 양쪽 귀 둘 다 선택합니다. 색을 지정하기 위해 Color 팔레트에서 C=0, M=14, Y=20, K3을 설정합니다.

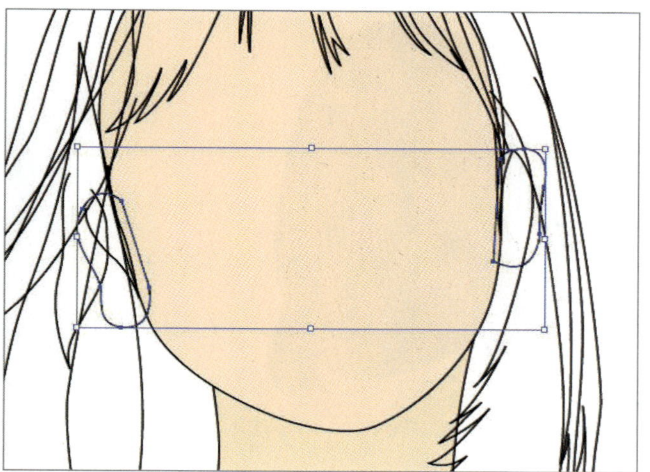

14_ 양쪽 귀 오브젝트를 맨뒤로 보내기 위해 Object -〉 Arrange -〉 Send to back 메뉴를 적용합니다.

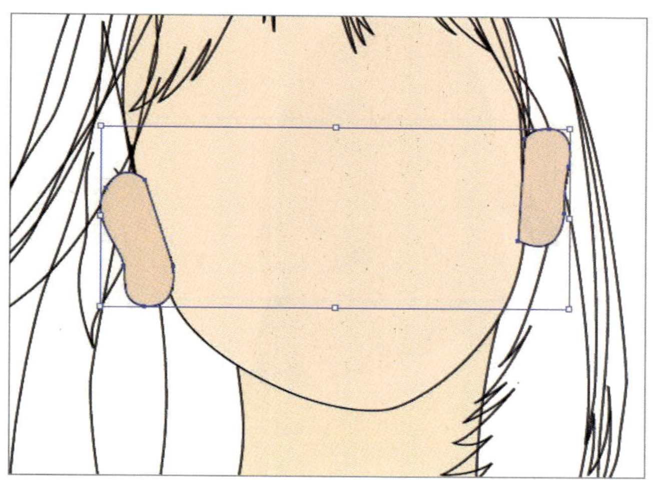

15_ 그림과 같이 오브젝트가 뒤로 보내졌습니다.

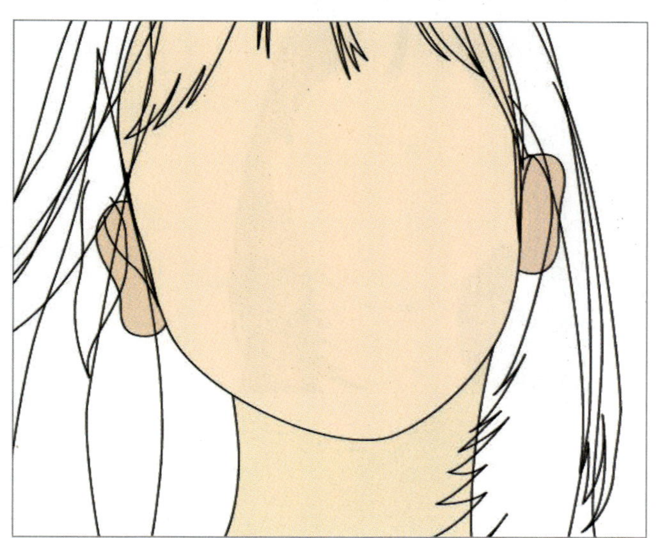

16_ 머리카락을 모두 선택해 줍니다. Shift 키를 이용해 선택하면 됩니다. Color 팔레트에서 C=46, M=85, Y=81, K=58을 적용합니다.

17_ 머리카락 오브젝트에 색이 채색되었습니다. 채색 안 된 머리카락을 다시 선택해 채색해 줍니다.

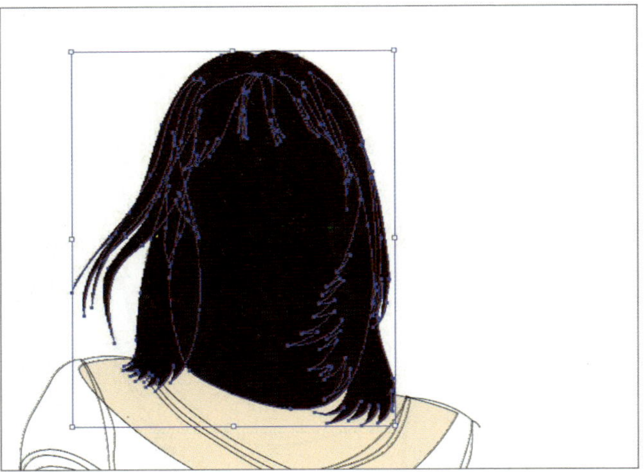

18_ 선택된 오브젝트를 얼굴 뒤로 보내기 위해 Object -> Arrange -> Send to back 메뉴를 적용합니다.

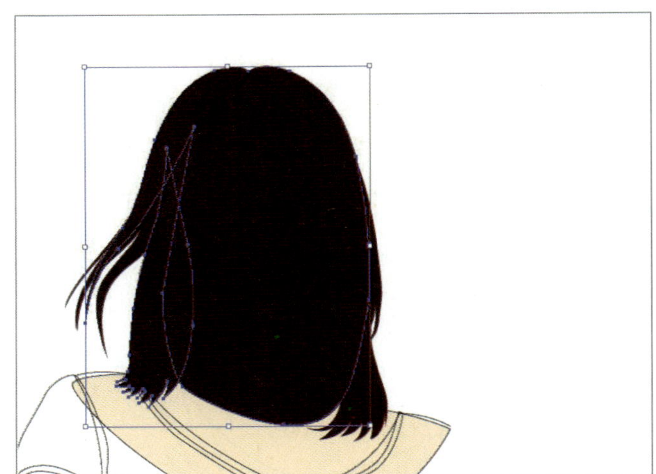

19_ 그림과 같이 2차원 이미지가 완성되었습니다.

20_ 얼굴 오브젝트를 선택합니다.

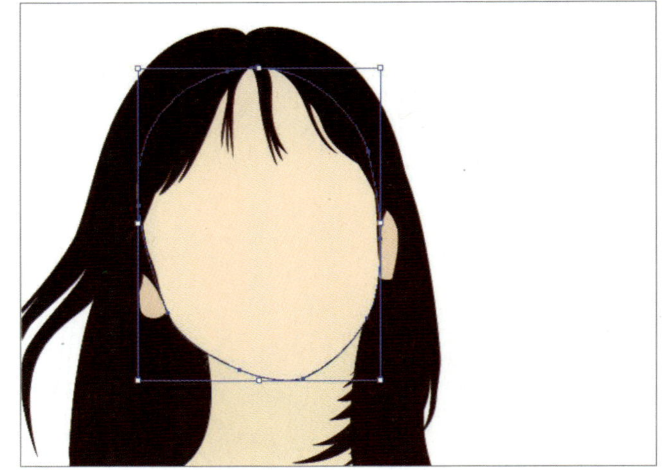

21_ 입체적으로 표현하기 위해 메시 툴로 작업하겠습니다. 오브젝트에 포인트를 옆 그림처럼 삽입하여 조정을 하고 Color 팔레트에서 색을 지정하여 얼굴의 형태를 만듭니다.

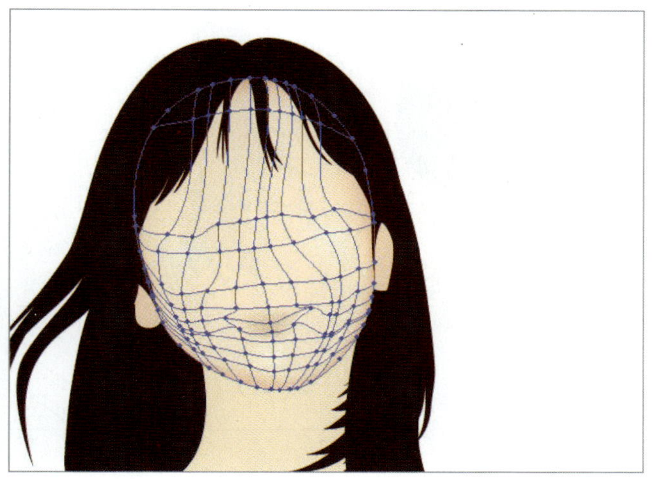

22_ 메시 포인트는 아래의 색을 적용하여 표현합니다.

밝은 부분의 색 : C=0, M=9, Y=16, K=0
입술 밑 어두운 부분 : C=7, M=16, Y=26, K=1
턱밑 얼굴선 색 : C=3, M=22, Y=26, K=1

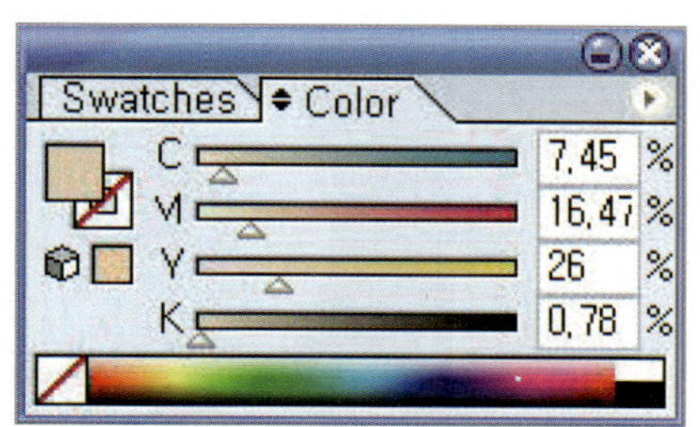

23_ 그림과 같이 얼굴의 형태가 완성됩니다.
만일 옆 그림과 다르다면 메시 툴로 수정하는 작업을 진행하기 바랍니다.

24_ 목 오브젝트를 선택합니다.

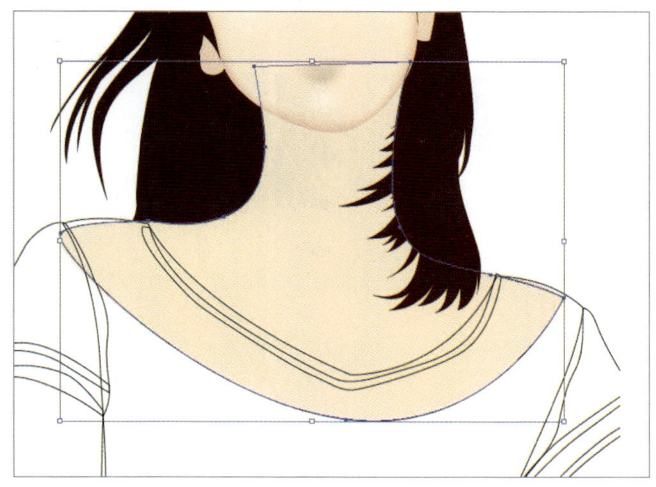

25_ '메시 툴'을 선택해서 메시 포인트를 옆 그림처럼 삽입하고 Color 팔레트에서 색을 지정합니다.

가장 어두운 부분은 C=3, M=22, Y=27, K=1의 색을 적용합니다.

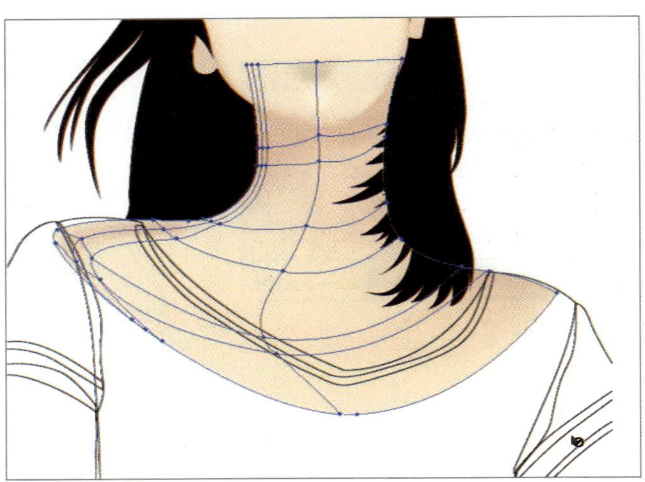

26_ 그림과 같이 어두운 부분의 색을 넣어 입체적으로 표현해 줍니다.

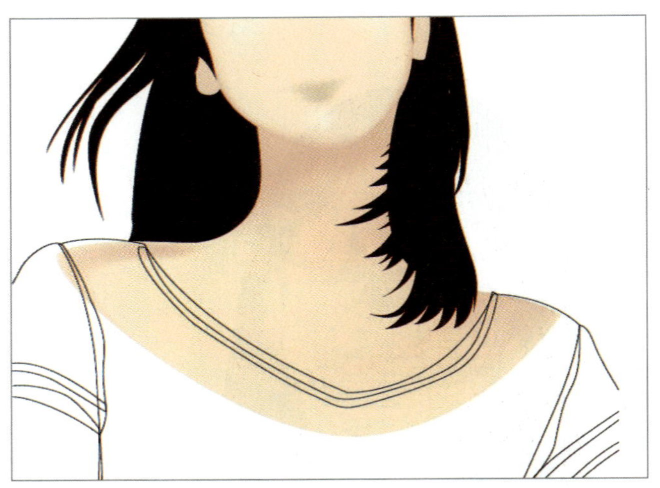

27_ 상체 오브젝트를 선택하고 바탕색으로 Color 팔레트에서 C=0, M=0, Y=0, K=0를 적용합니다.

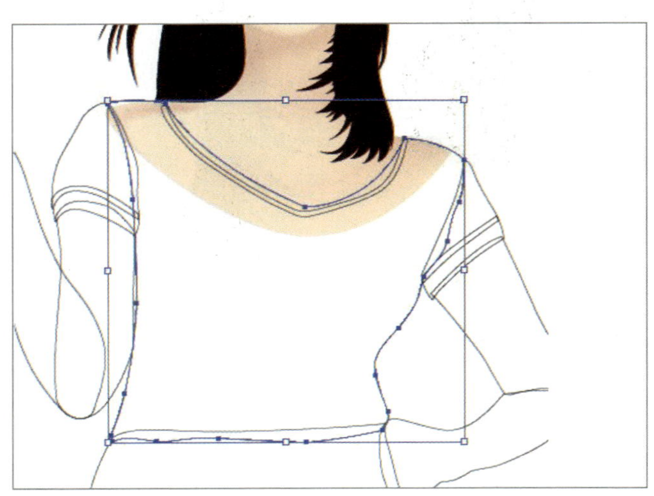

28_ '메시 툴'을 이용해 메시 포인트를 삽입하고 Color 팔레트에서 색을 지정합니다. 연분홍색을 채색할 예정입니다.

가장 밝은 부분 색 : C=0, M=4, Y=0, K=0

중간 부분 색 : C=0, M=7, Y=0, K=0

C=0, M=9, Y=0, K=3

가장 어두운 부분 색 : C=0, M=11, Y=0, K=6

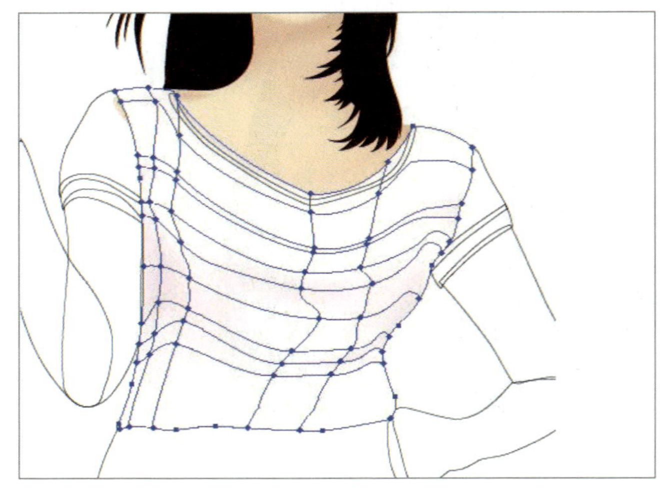

29_ 그림과 같이 완성이 되었습니다.

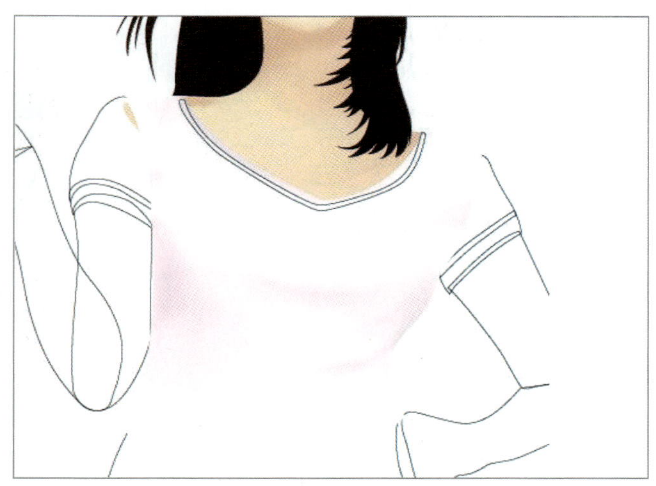

30_ 왼쪽 어깨를 선택하고 바탕색을 Color 팔레트에서 C=0, M=0, Y=0, K=0으로 적용합니다.

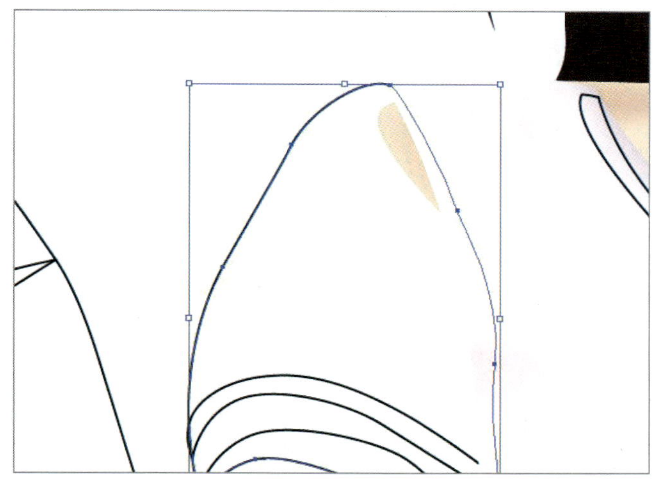

31_ '메시 툴'을 선택해서 메시 포인트를 그림처럼 삽입하고 Color 팔레트에서 색을 지정합니다.

가장 어두운 부분 색 : C=0, M=8, Y=0, K=3

다른 부분의 색 : C=0, M=7, Y=0, K=3

32_ 오브젝트를 선택하고 바탕색을 Color 팔레트에서 C=0, M=36, Y=15, K=0으로 합니다.

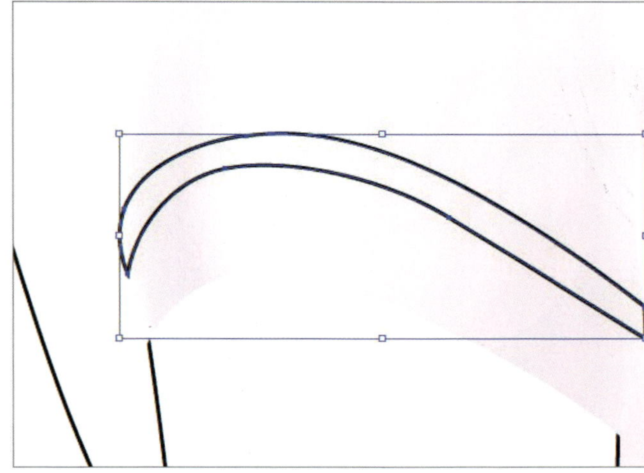

33_ '메시 툴'을 선택해서 메시 포인트를 삽입하고 Color 팔레트에서 색을 지정합니다.

가장 어두운 부분 색 : C=4, M=36, Y=14, K8

다른 부분의 색 : C=0, M=36, Y=15, K8

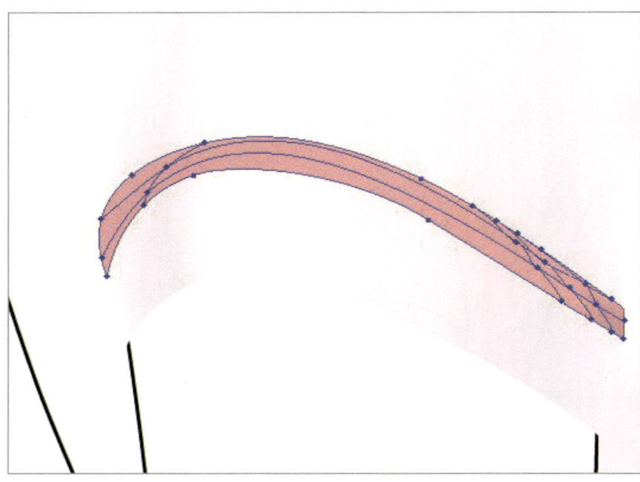

34_ 그림과 같이 완성이 되었습니다.

35_ 오른쪽 어깨를 선택하고 바탕색을 C=0, M=0, Y=0, K=0으로 적용합니다.

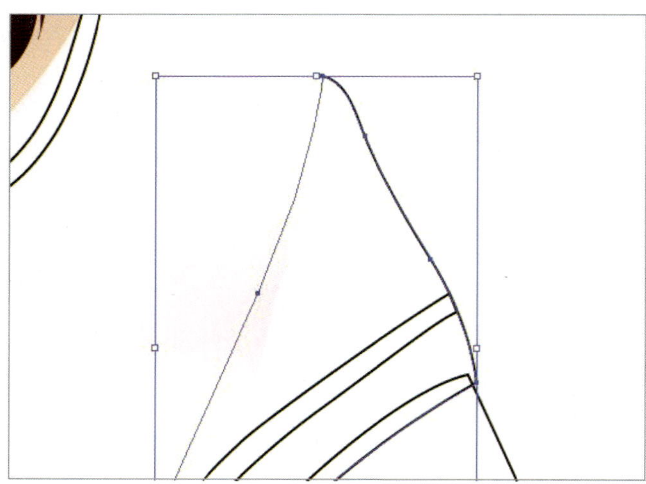

36_ 메시 포인트를 삽입하고 Color 팔레트에서 색을 지정합니다.

가장 어두운 부분의 색은 C=0, M=8, Y=0, K=5로 적용합니다.

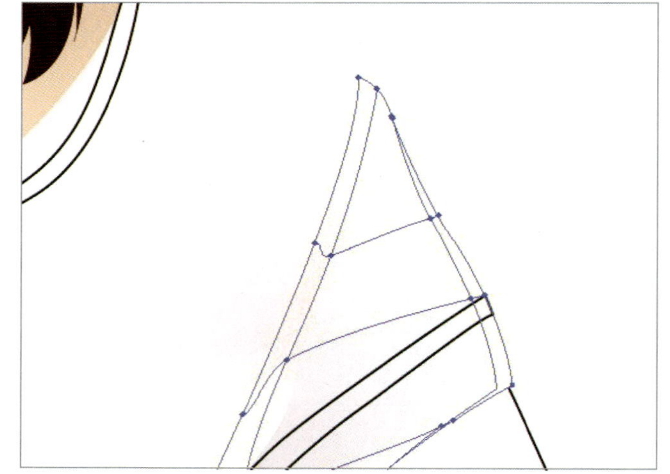

37_ 줄무늬 오브젝트를 선택하고 바탕색을 Color 팔레트에서 C=0, M=36, Y=15, K0으로 적용합니다.

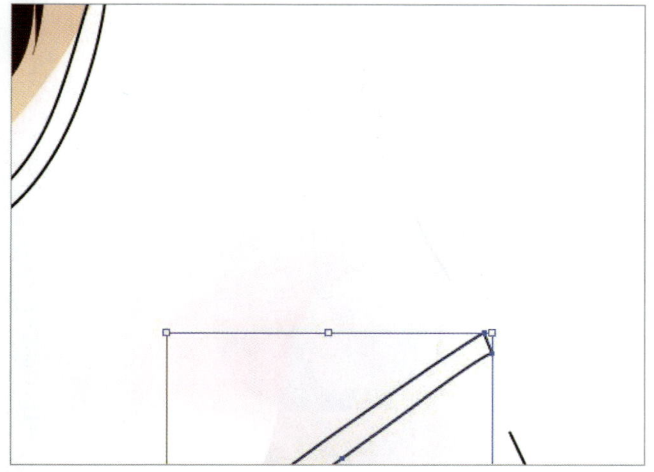

38_ '메시 툴'을 선택해서 메시 포인트를 옆 그림처럼 삽입하고 Color 팔레트에서 색을 지정합니다.
가장 어두운 부분의 색은 C=0, M=36, Y=15, K=3으로 적용합니다.

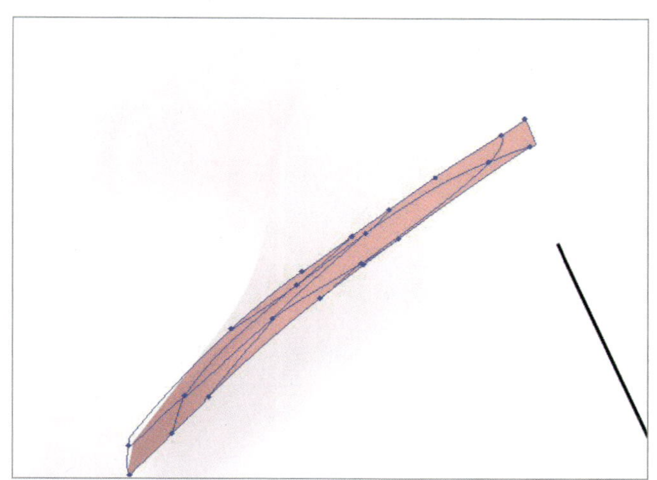

39_ 그림과 같이 완성이 되었습니다.

40_ 목 부분 라인 오브젝트를 선택하고 Color 팔레트에서 C=0, M=36, Y=15, K=0으로 적용합니다.

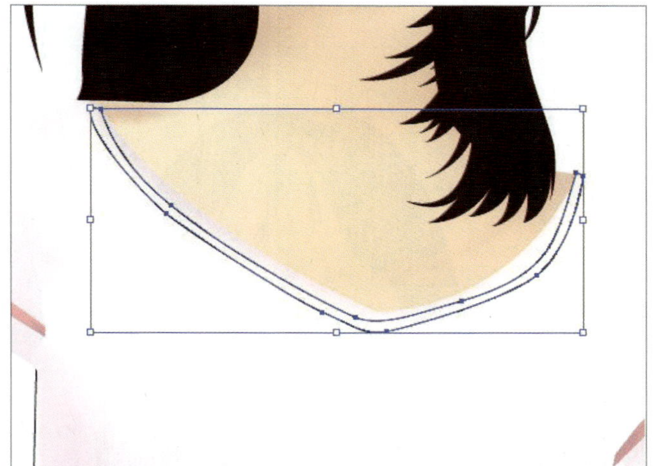

41_그림과 같이 완성이 되었습니다.

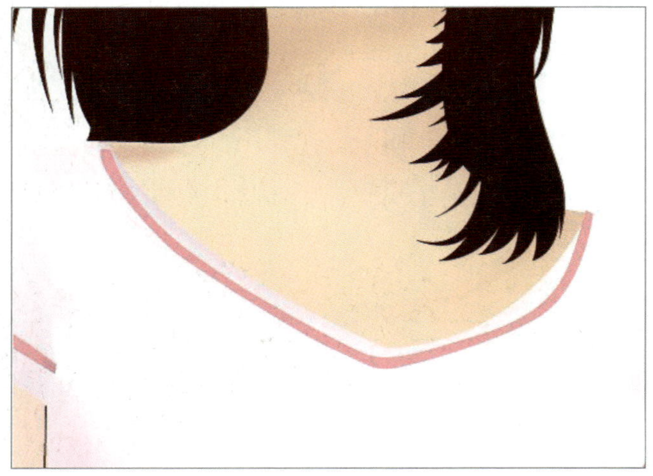

42_왼쪽 머리카락 오브젝트를 선택하고 Object →
Arrange → Send Forward 메뉴를 적용합니다.

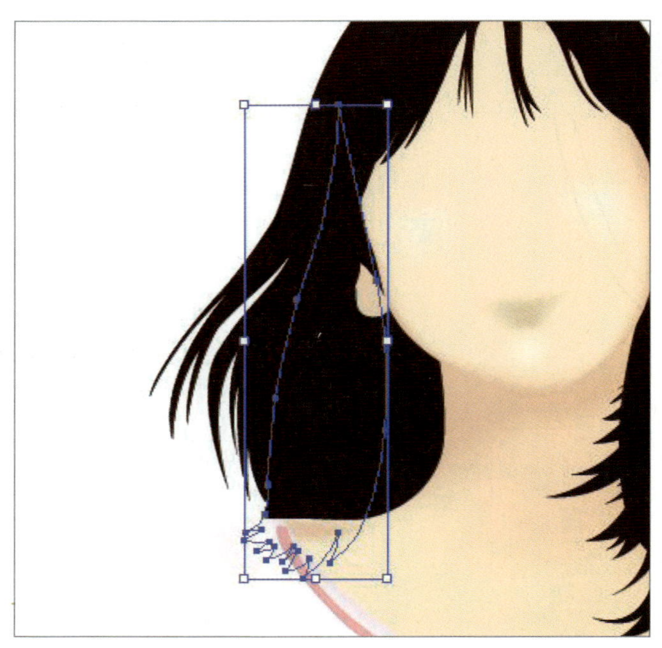

43_그림과 같이 완성이 되도록 합니다.

44_'펜 툴'을 사용해 상의 상단에 V넥을 그려줍니다.

45_ Color 팔레트에서 C=0, M=0, Y=0, K=0으로 지정
합니다. V넥 오브젝트에 색이 적용되었습니다.

46_ '메시 툴'을 선택해서 V넥 오브젝트에 메시 포인트를 삽
입하고 Color 팔레트에서 색을 지정합니다.
가장 어두운 부분의 색은 C=0, M=5, Y=0, K=3으로 지정
합니다. 다른 부분의 색은 C=0, M=5, Y=0, K=2 그리고
C=0, M=5, Y=0, K=0으로 지정합니다.

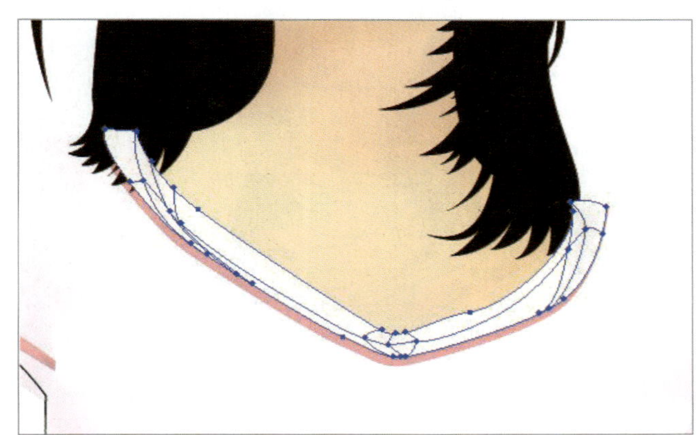

47_ 그림과 같이 완성이 되었습니다.

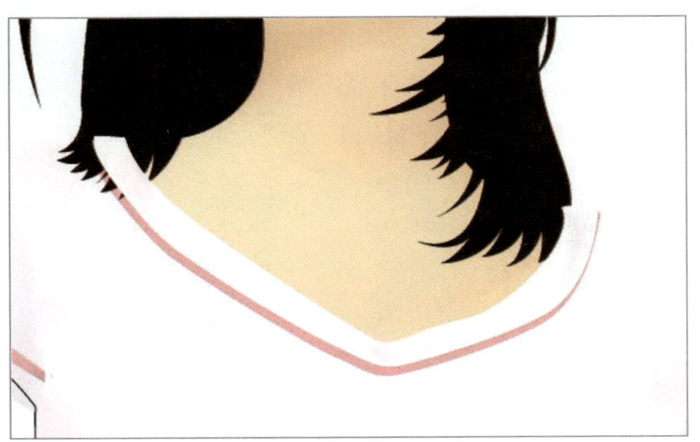

48_ 주홍색 라인 오브젝트를 선택하고 Object -〉
Arrange -〉 Send to Front 메뉴를 적용합니다.

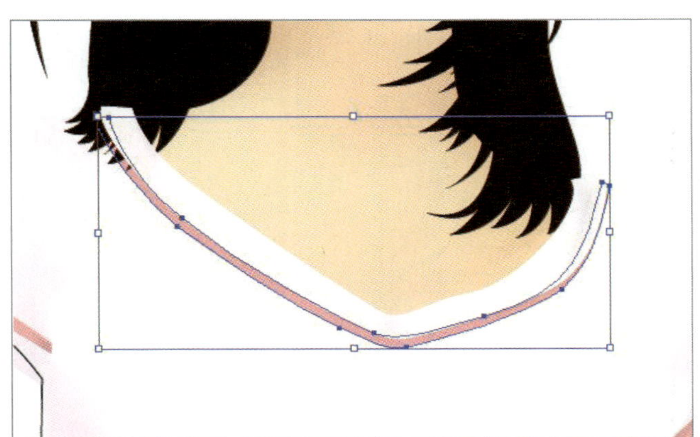

49_ 목부터 옷 오브젝트를 선택하고 Object -〉 Arrange -〉 Send to Back을 적용합니다.

50_ 선택된 오브젝트가 맨 뒤로 보내졌습니다.

51_ 왼쪽 팔 오브젝트를 선택하고 바탕색을 C=0, M=15, Y=14, K=0으로 지정합니다.

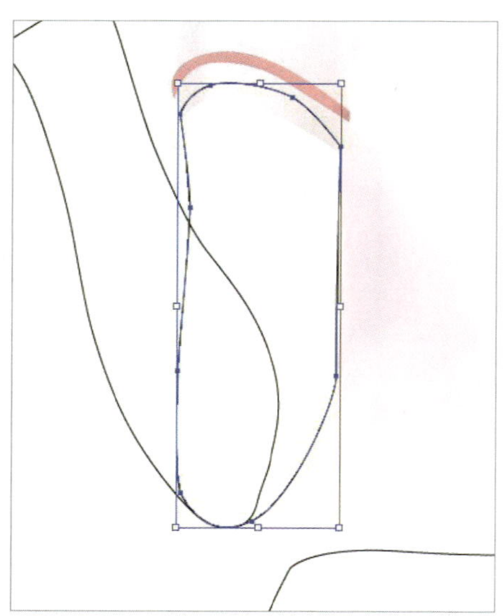

52_ '메시 툴'을 선택해서 오브젝트에 메시 포인트를 삽입하고 Color 팔레트에서 색을 지정합니다.
가장 어두운 부분 색 : C=3, M=22, Y=27, K=1
다른 부분의 색 : C=1, M=11, Y=14, K=0

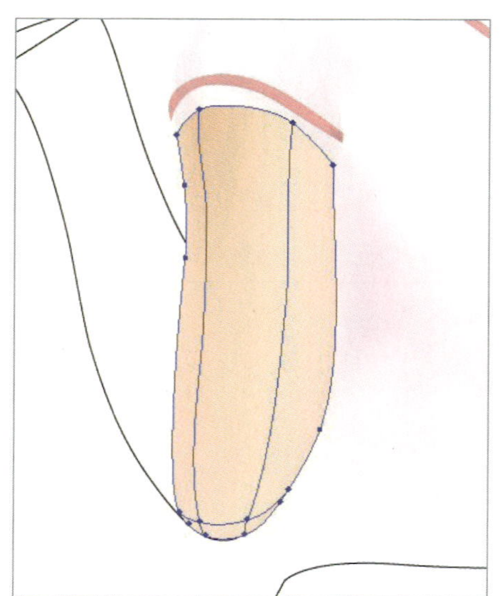

53_ 오브젝트를 맨 뒤로 보내기 위해 Object -> Arrange -> Send to Back 메뉴를 적용합니다.

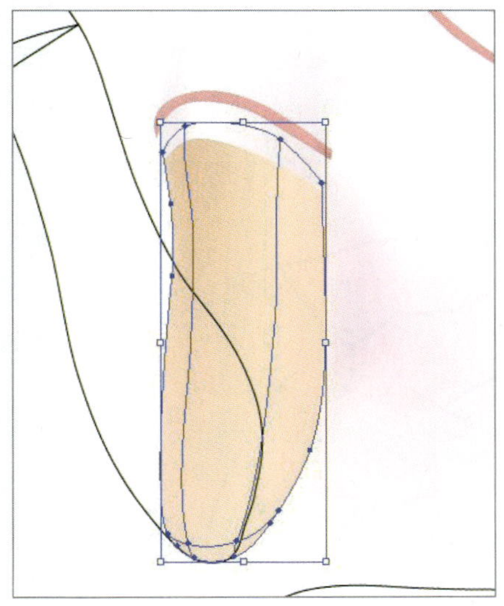

54_ 오브젝트를 선택하고 바탕색을 Color 팔레트에서 C=1, M=9, Y=18, K=0을 지정합니다.

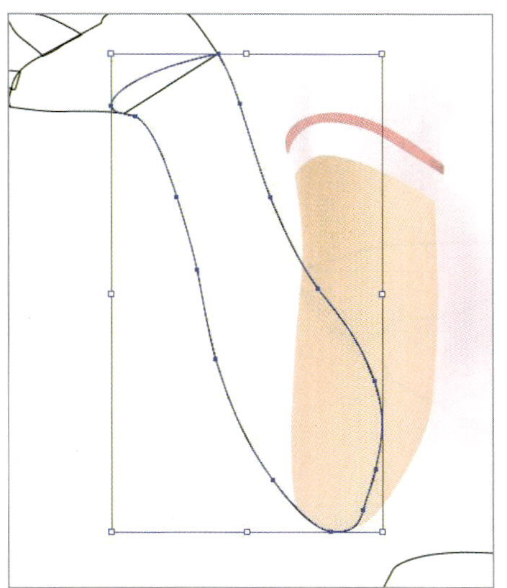

55_ '메시 툴'을 선택해서 오브젝트에 메시 포인트를 삽입하고 Color 팔레트에서 색을 지정합니다.
가장 어두운 부분의 색 : C=3, M=26, Y=28, K=1
다른 부분의 색 : C=3, M=22, Y=26, K=1
 C=0, M=15, Y=14, K=0

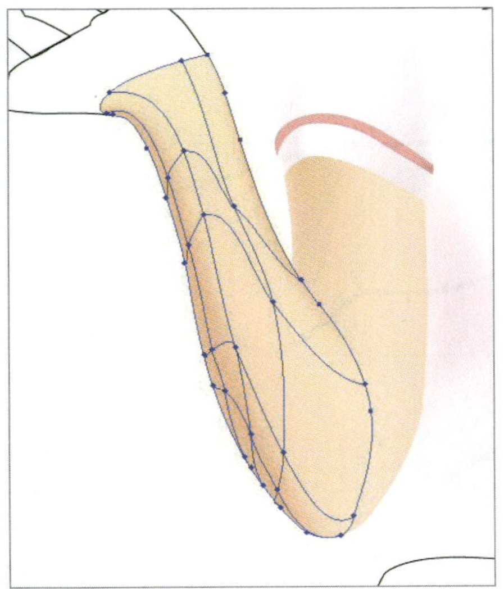

56_ 오브젝트가 완성이 되었습니다.

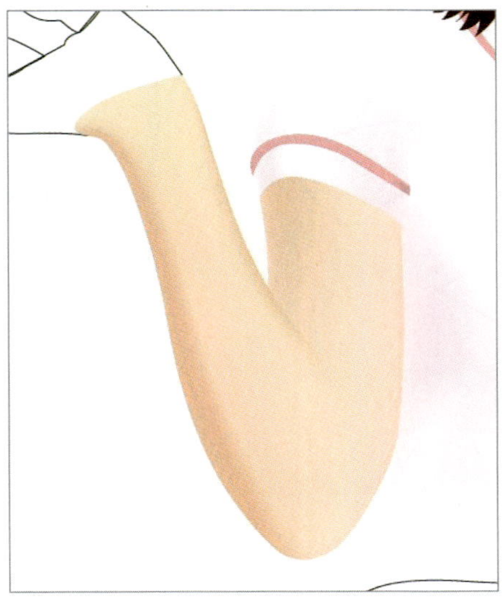

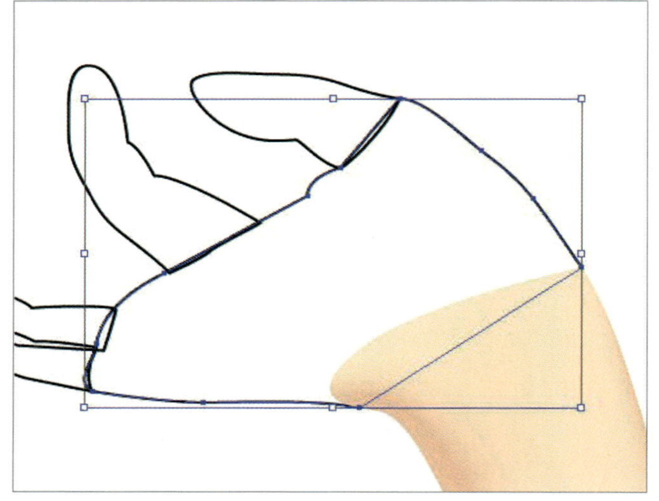

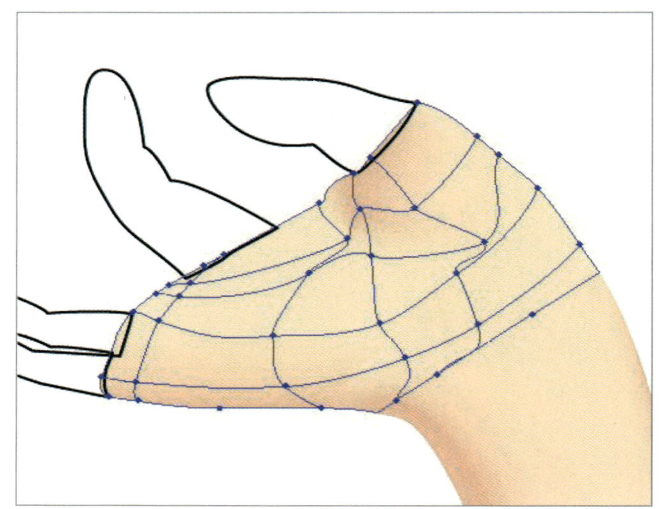

59_ 그림처럼 완성이 되었습니다.

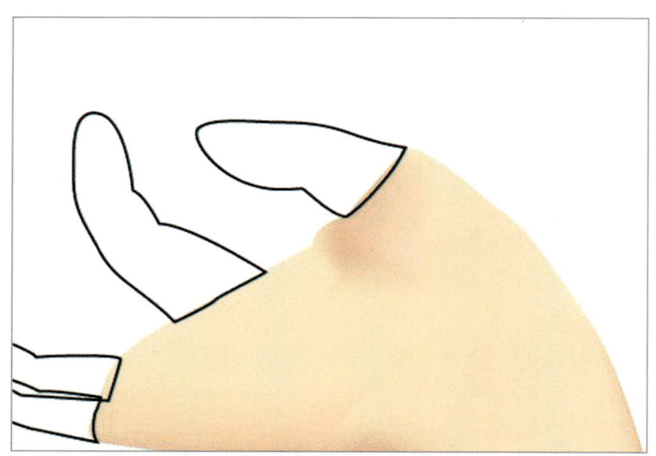

60_ 엄지손가락 오브젝트를 선택하고 바탕색을 C=1，M=9，Y=18，K=0으로 지정합니다.

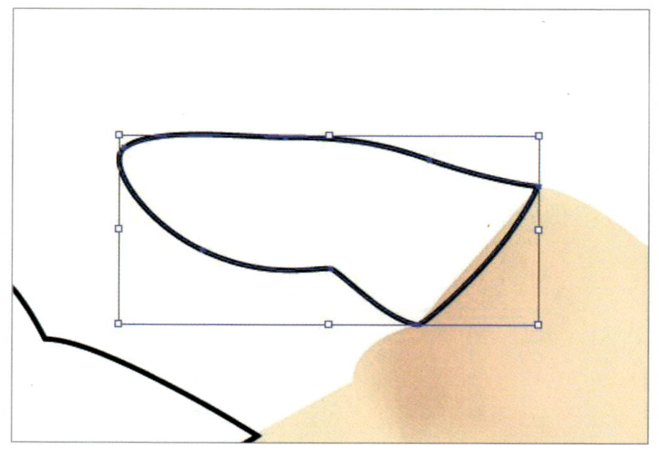

61_ 오브젝트에 메시 포인트를 삽입하고 색을 지정합니다.
가장 어두운 부분의 색은 C=3, M=22, Y=26, K=1로 지정
하고 다른 부분의 색은 C=3, M=22, Y=26, K=1로 적용합
니다.

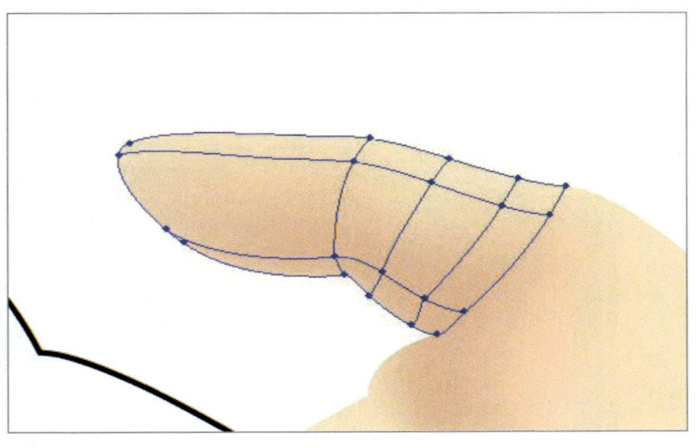

62_ 그림과 같이 완성이 되었습니다.

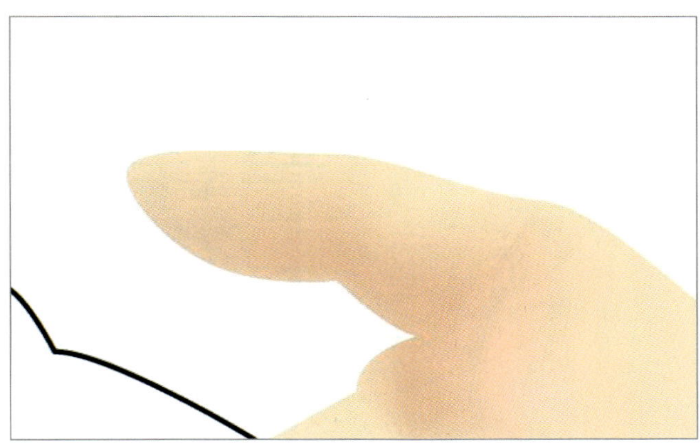

63_ 나머지 손가락 4개를 선택하고 바탕색을 C=1, M=9,
Y=18, K=0으로 지정합니다.

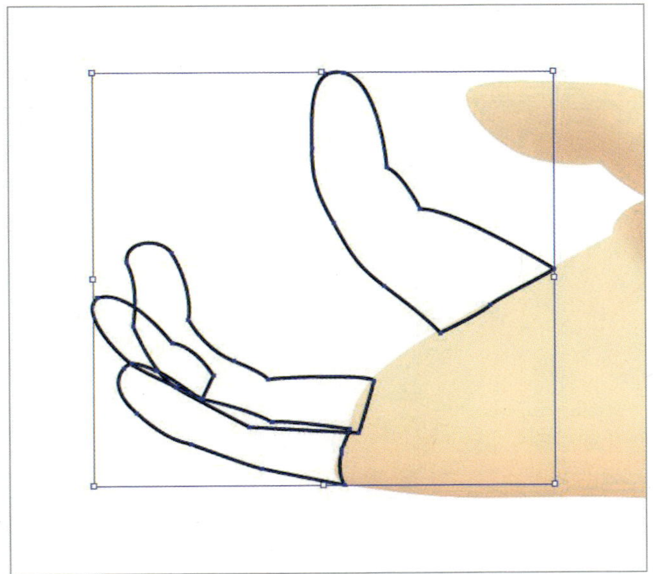

64_ 선택된 오브젝트를 Stroke color는 무색으로 지정하
고 메시 툴을 이용해서 만듭니다.

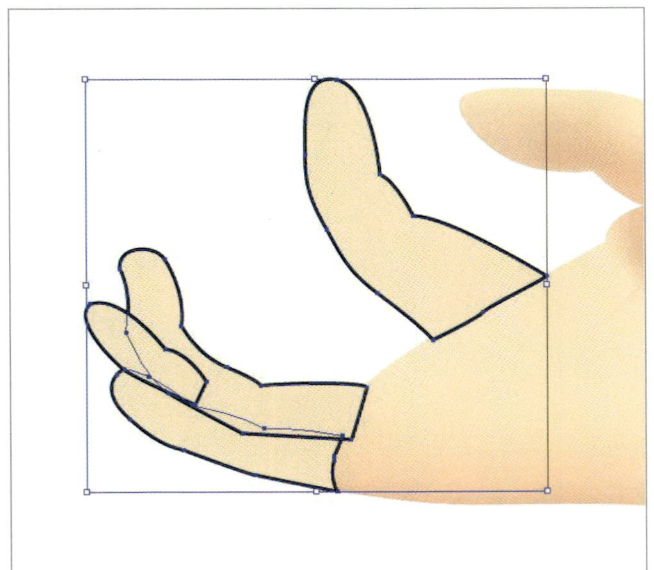

 오브젝트에 메시 포인트를 삽입하고 Color 팔레트에서 색을 지정합니다.

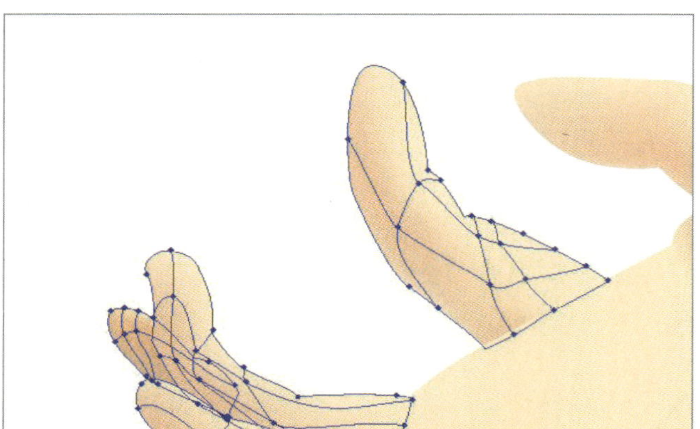

66_ 그림과 같이 손가락의 표현이 완성되었습니다.

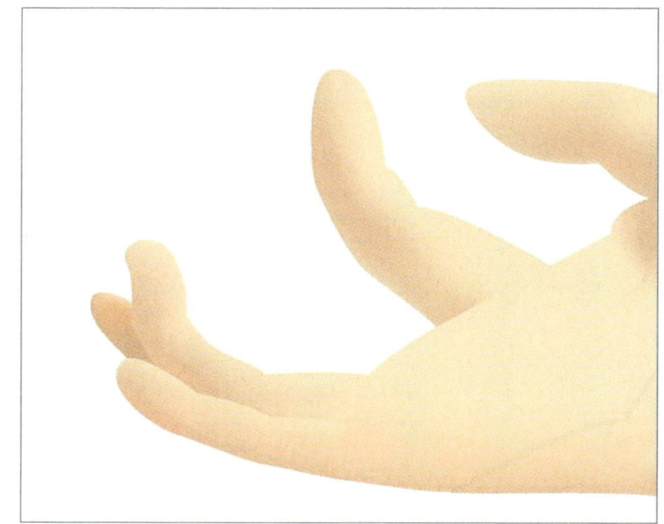

67_ 오브젝트를 선택하고 바탕색을 Color 팔레트에서 C=1, M=9, Y=18, K=0으로 지정합니다.

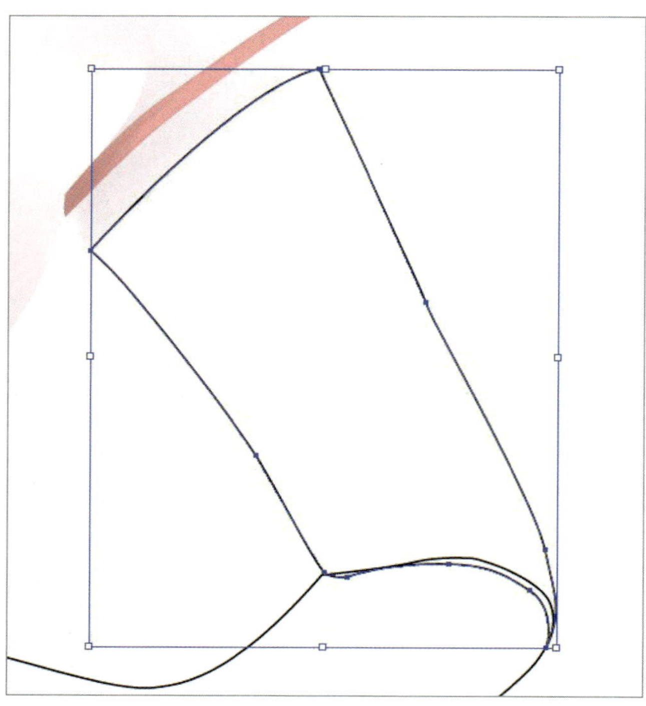

68_ 메시 포인트를 삽입하고 Color 팔레트에서 색을 지정합니다.
가장 어두운 부분의 색은 C=3, M=26, Y=28, K=1로 지정하고 다른 부분의 색은 C=3, M=22, Y=27, K=1 그리고 C=0, M=9, Y=16, K=0으로 적용합니다.

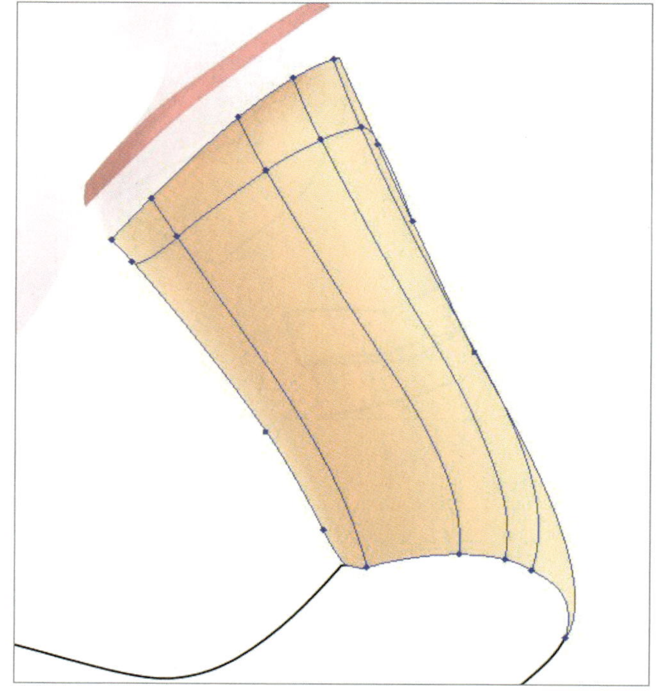

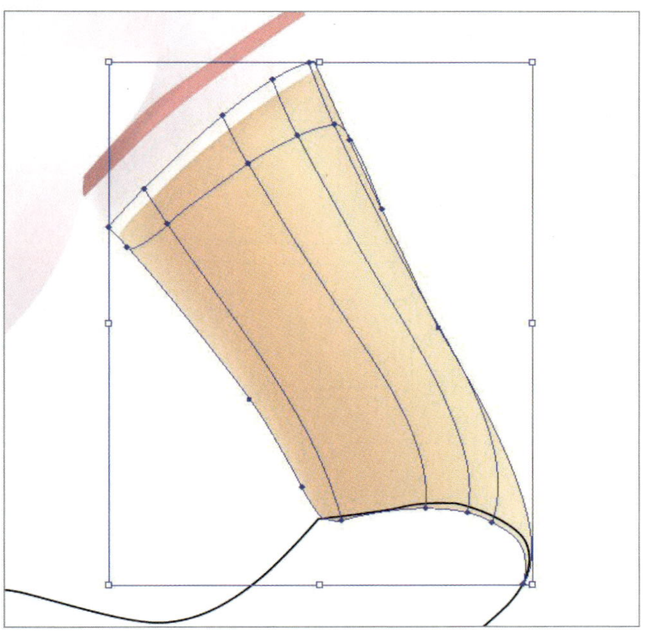

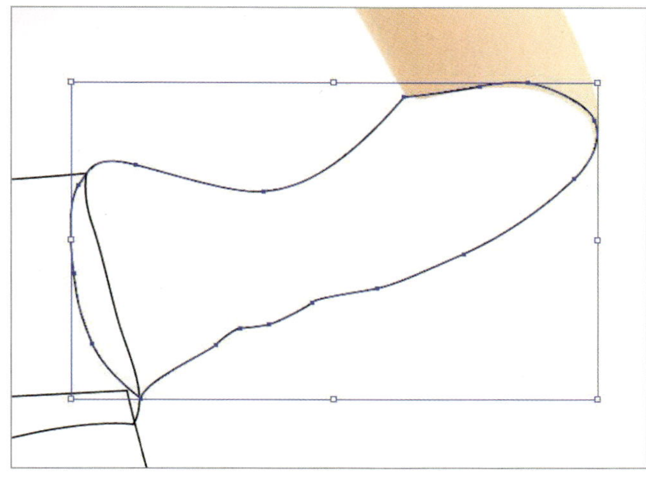

71_ 메시 포인트를 삽입하고 Color 팔레트에서 색을 지정
합니다.
가장 어두운 부분의 색은 C=3, M=26, Y=32, K=9로 지
정하고 다른 부분의 색은 C=3, M=22, Y=27, K1 그리고
C=3, M=26, Y=28, K=6으로 합니다.

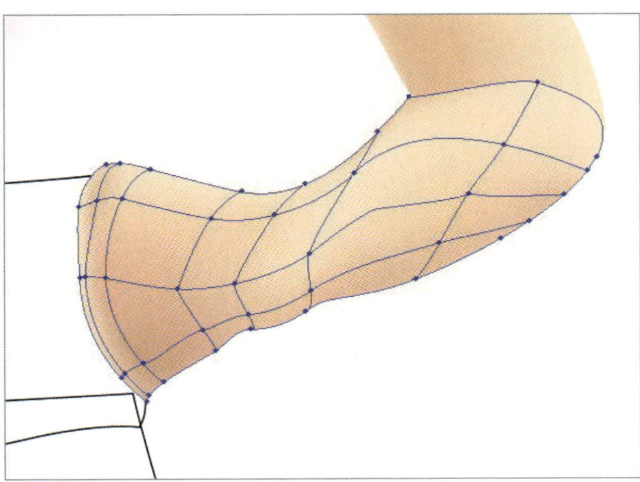

72_ 오브젝트를 맨 뒤로 보내기 위해 Object -> Arrange
-> Send to Back 메뉴를 적용합니다.

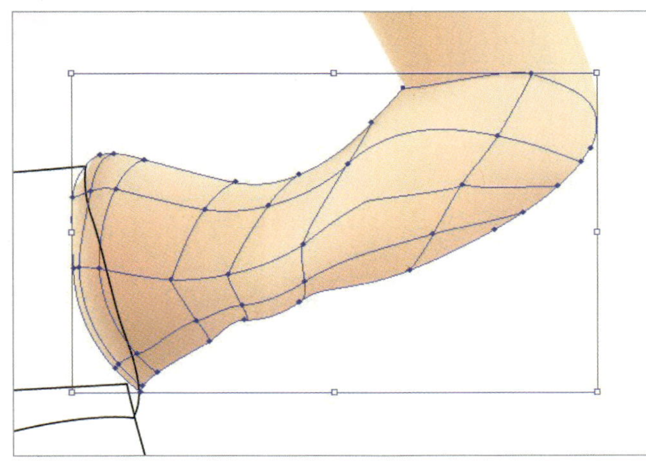

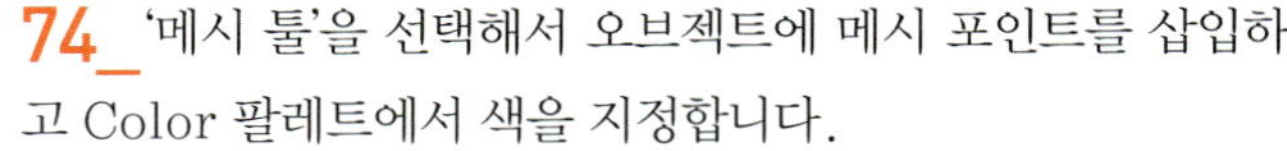

73_ 상체와 스커트 사이에 있는 오브젝트를 선택하고 바탕
색을 C=0, M=3, Y=0, K=0으로 지정합니다.

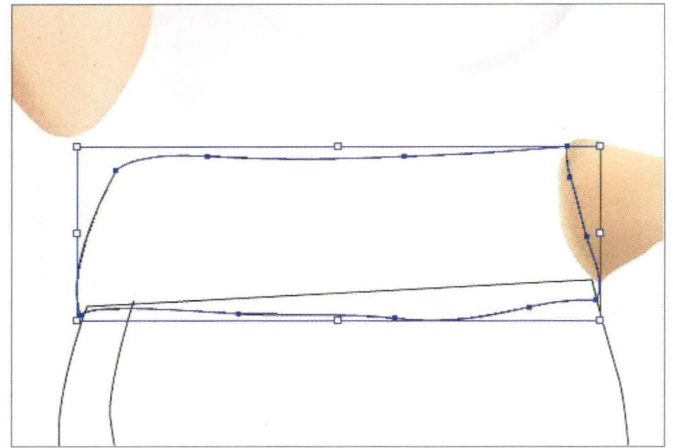

74_ '메시 툴'을 선택해서 오브젝트에 메시 포인트를 삽입하
고 Color 팔레트에서 색을 지정합니다.

가장 어두운 부분의 색은 C=0, M=7, Y=0, K=0으로 지정
합니다.

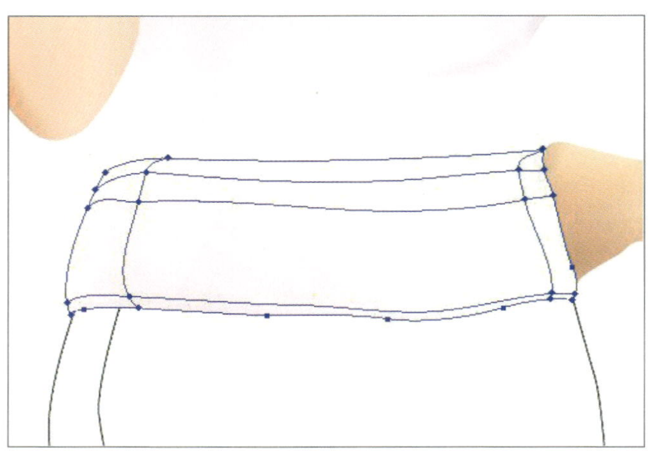

75_ 스커트를 선택하고 바탕색을 C=0, M=67, Y=45,
K=0으로 지정합니다.

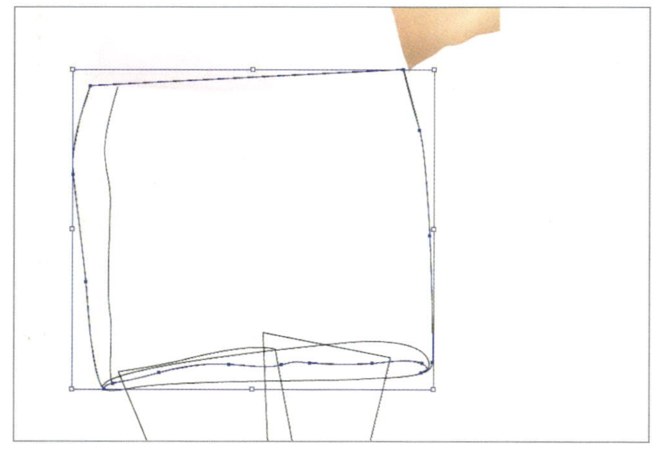

76_ '메시 툴'을 선택해서 오브젝트에 메시 포인트를 삽입하
고 Color 팔레트에서 색을 지정합니다.

가장 어두운 부분의 색은 C=16, M=83, Y=53, K=9으로
지정하고 다른 부분의 색은 C=2, M=70, Y=50, K=2 그리
고 C=10, M=73, Y=53, K=8으로 지정합니다.

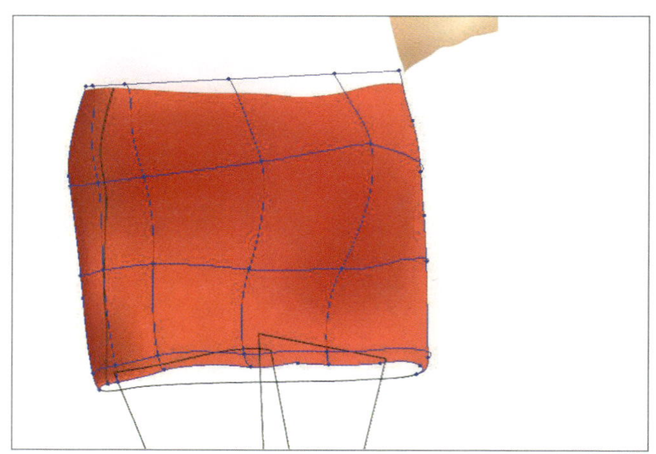

77_ 스커트 안감 부분 오브젝트를 선택하고 Color 팔레트에서 C=11, M=67, Y=45, K=14로 색을 지정합니다.

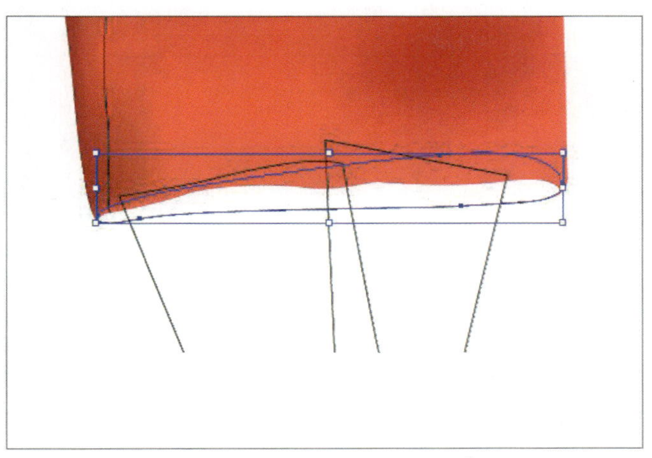

78_ 왼쪽 허벅지 오브젝트를 선택하고 바탕색을 C=0, M=11, Y=10, K=0으로 지정합니다.

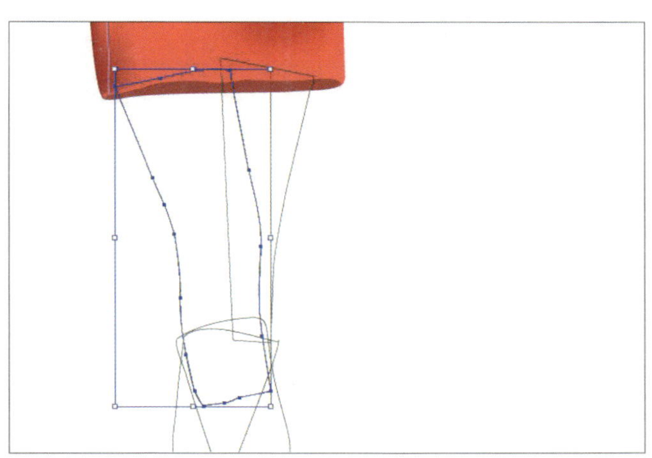

79_ '메시 툴'을 선택해서 오브젝트에 메시 포인트를 삽입하고 색을 지정합니다.

가장 어두운 부분의 색 : C=9, M=35, Y=30, K=26

다른 부분의 색 : C=8, M=35, Y=35, K=7

C=7, M=34, Y=37, K=1

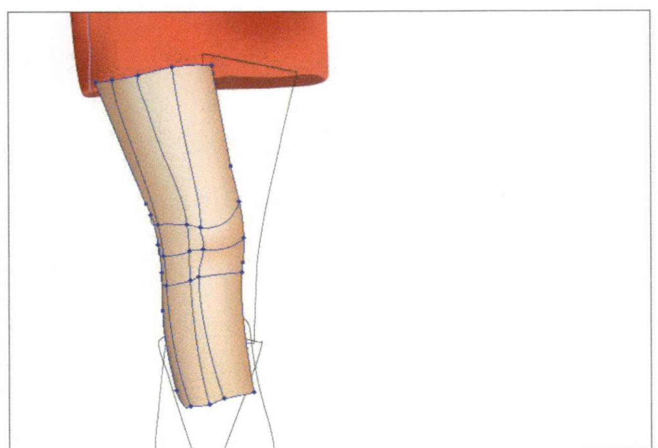

80_ 그림과 같이 색이 적용되어 완성되었습니다. 무릎 부분 음영이 잘 표현되었습니다.

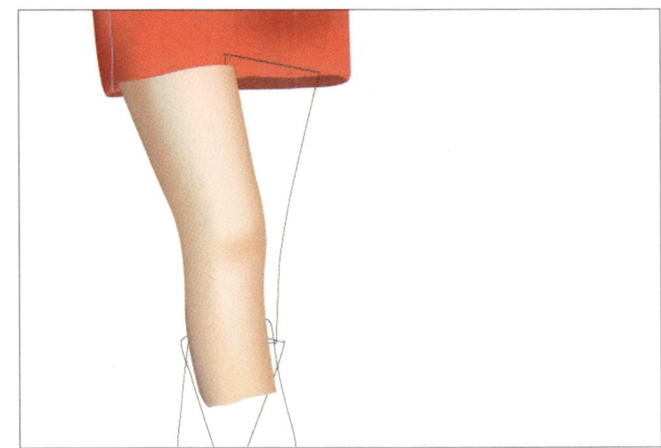

81_ 오른쪽 허벅지 오브젝트를 선택하고 바탕색을 C=9, M=35, Y=30, K=26으로 지정합니다.

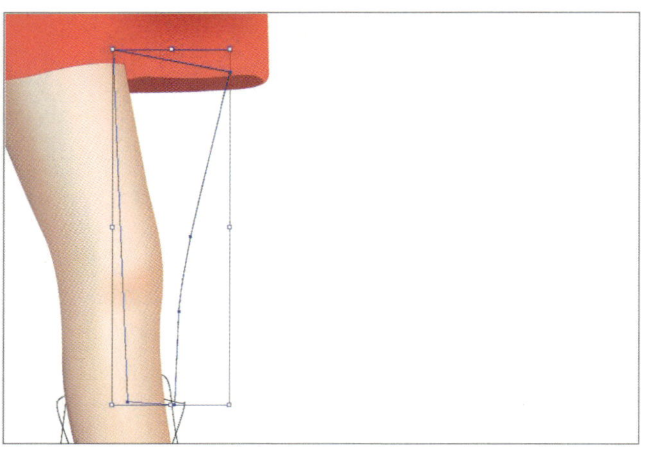

82_ '메시 툴'을 선택해서 오브젝트에 메시 포인트를 삽입하고 Color 팔레트에서 색을 지정합니다.
밝은 부분의 색은 C=7, M=34, Y=37, K=1로 지정합니다.

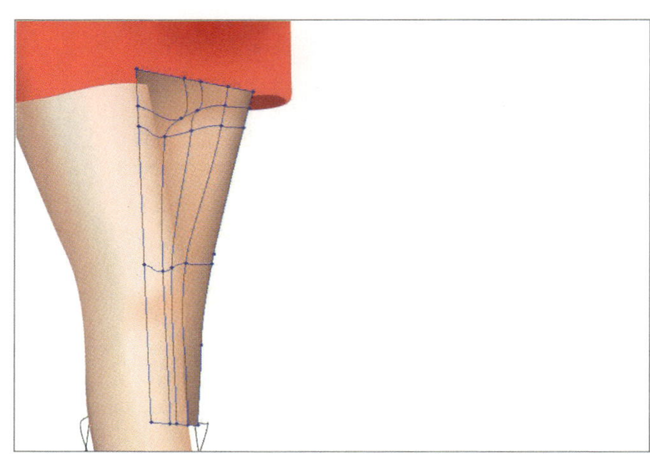

83_ 그림과 같이 완성이 되었습니다.

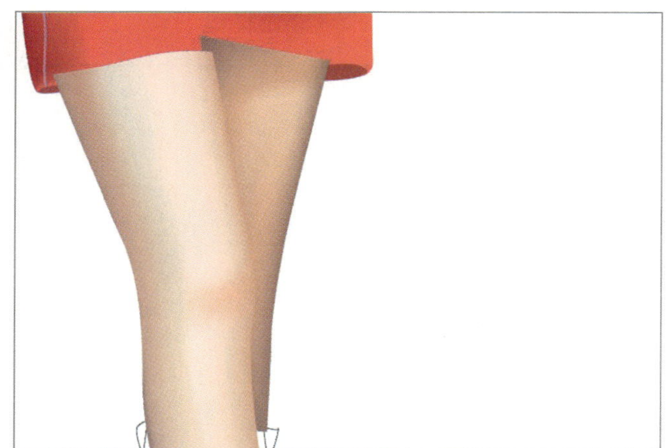

84_ 부츠 오브젝트를 선택하고 바탕색을 C=0, M=0, Y=0, K=0으로 지정합니다.

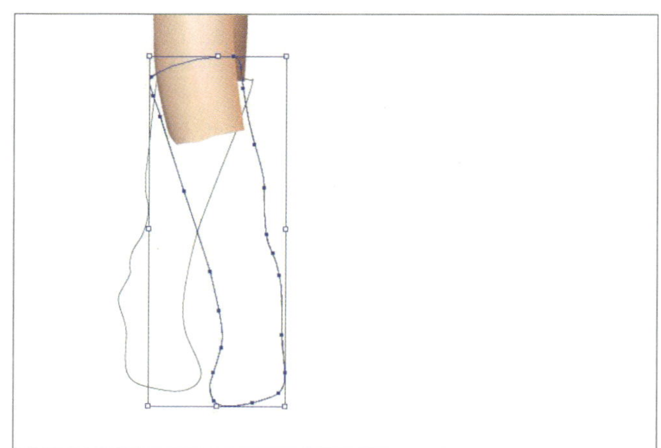

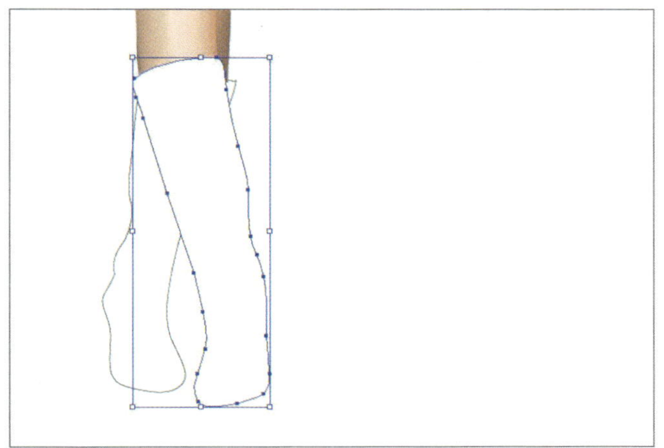

85_ 오브젝트를 맨 위로 보내기 위해 Object -> Arrange -> Send to Front 메뉴를 적용합니다.

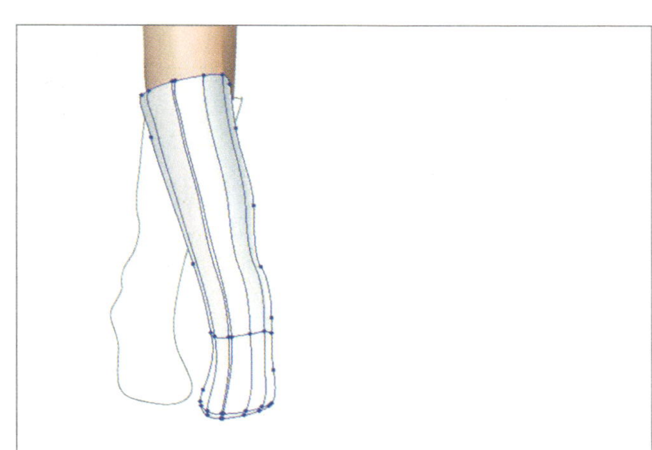

86_ '메시 툴'을 선택해서 오브젝트에 메시 포인트를 삽입하고 Color 팔레트에서 색을 지정합니다.
가장 어두운 부분의 색은 C=0, M=5, Y=3, K=12로 지정하고 다른 부분의 색은 C=0, M=2, Y=0, K=19 그리고 C=0, M=4, Y=2, K=2로 지정합니다.

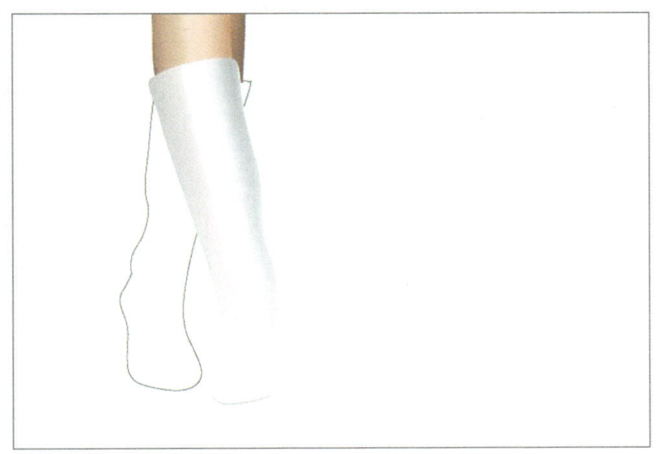

87_ 그림과 같이 완성이 되었습니다.

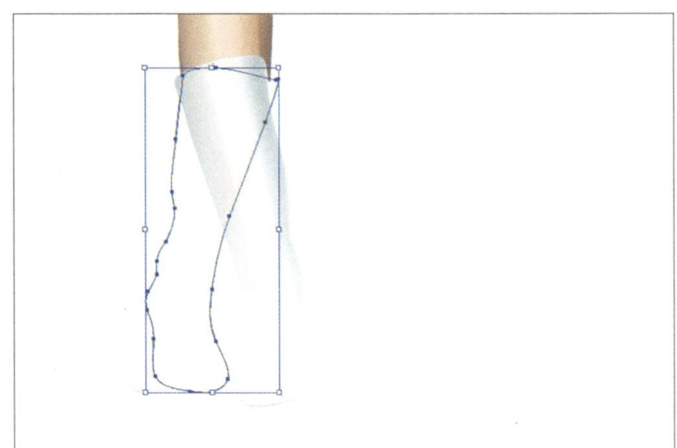

88_ 뒤쪽 부츠를 선택하고 바탕색을 C=9, M=25, Y=14, K=23으로 지정합니다.

89_ '메시 툴'을 선택해서 오브젝트에 메시 포인트를 삽입하고 Color 팔레트에서 색을 지정합니다.

가장 밝은 부분의 색 : C=0, M=0, Y=0, K=0

다른 부분의 색 : C=0, M=12, Y=9, K=12

C=0, M=8, Y=9, K=15

C=0, M=5, Y=3, K=12

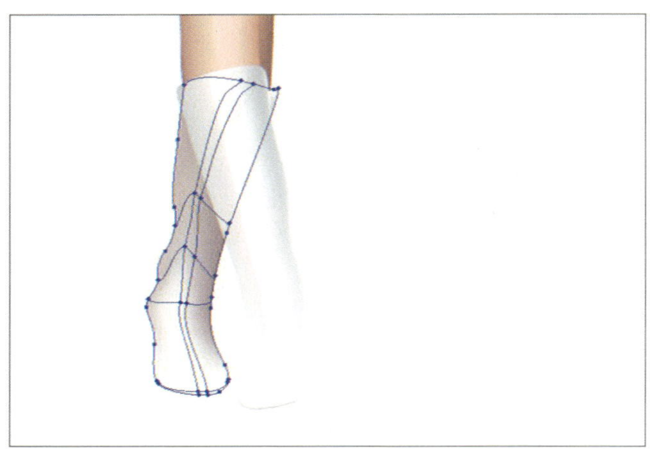

90_ 그림과 같이 하체 부분도 완성되었습니다.

91_ 하체 전체를 선택하고 맨 뒤로 보내기 위해 Object -> Arrange -> Send to Back 메뉴를 적용합니다.

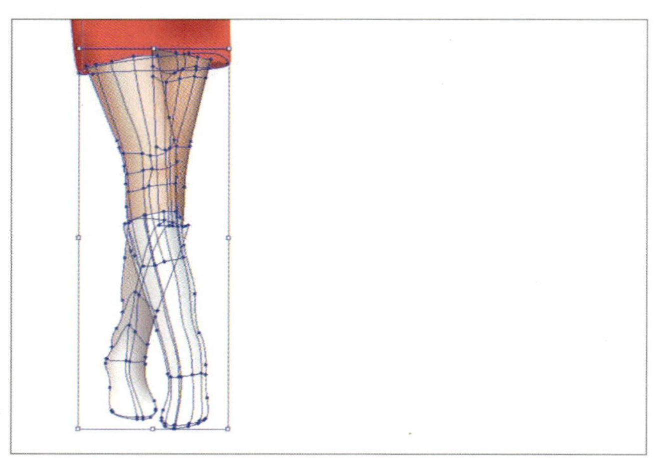

92_ 그림과 같이 오브젝트를 맨 뒤로 보냈습니다.

93_ 그림과 같이 얼굴 부분을 그리려고 합니다.
Layer 팔레트에서 'New Layer' 버튼을 클릭해 새 레이어를
추가합니다.

94_ 눈썹 형태를 펜 툴로 그려줍니다.

95_ Gradient 팔레트와 Color 팔레트를 이용해 색상을
아래와 지정합니다.

Type ： Linear

Angle : 0°

1번 자물쇠 : 44.38%, C=20, M=78, Y=44, K=82

2번 자물쇠 : 100%, C=0, M=9, Y=16, K=0

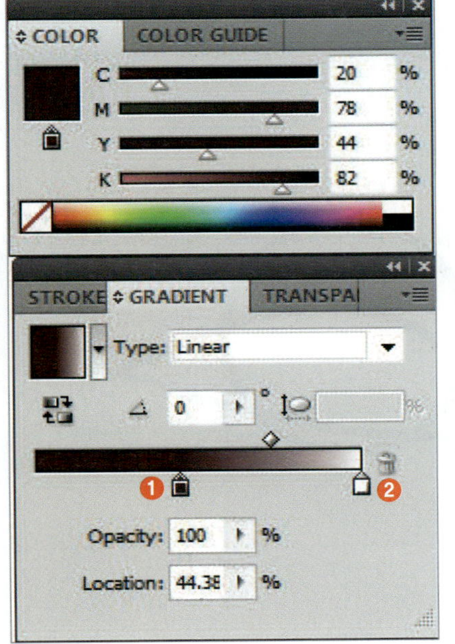

96_ 눈썹에 그라디언트 효과가 적용이 되었습니다.

97_ 그림자 부분을 표현하기 위해 펜 툴로 외형을 그리고 메시 툴로 메시포인트를 삽입합니다.

밝은 부분의 색을 C=0, M=9, Y=16, K0 그리고 어두운 부분은 C=0, M=14, Y=20, K=3으로 지정합니다.

98_ 펜 툴로 외형을 그리고 메시 툴로 메시포인트를 삽입하고 밝은 부분의 색을 C=0, M=9, Y=16, K=0 그리고 어두운 부분의 색을 C=0, M=14, Y=20, K=3으로 지정해서 완성합니다.

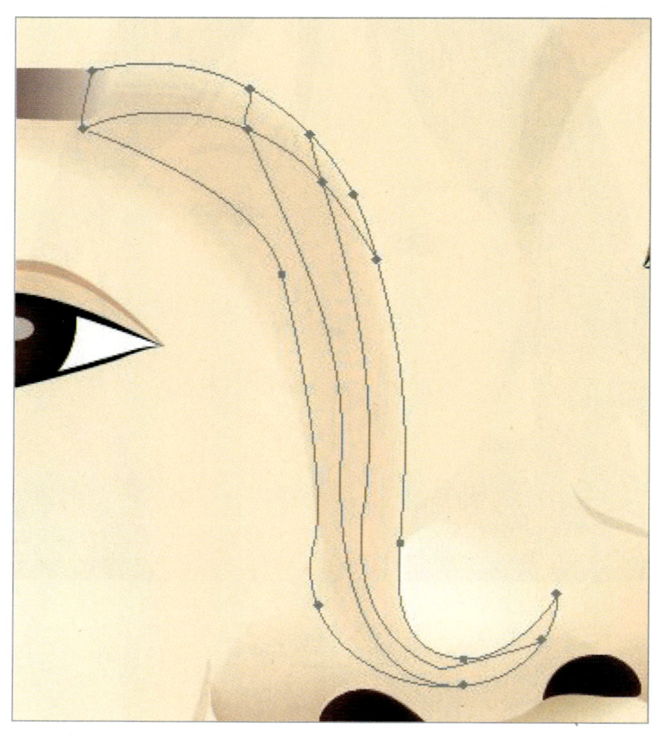

99_ 펜 툴로 왼쪽 눈 형태를 그려줍니다.

헷갈리는 분들은 완성본 이미지인 '실사체완성.ai'를 불러온 뒤 왼쪽 눈 위치를 확인한 후 작업하기 바랍니다.

100_ 원 툴로 원을 그려줍니다.

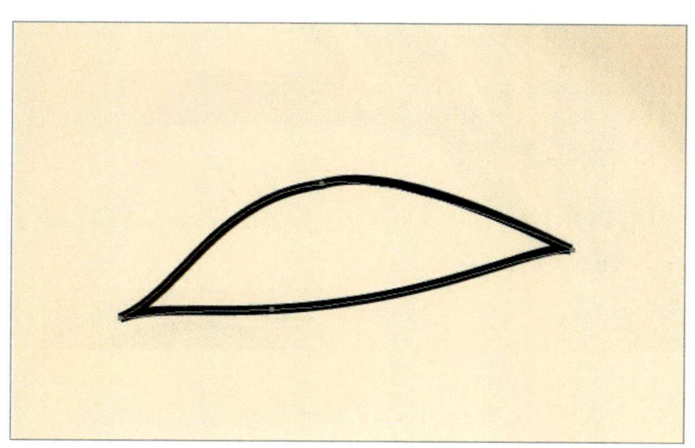

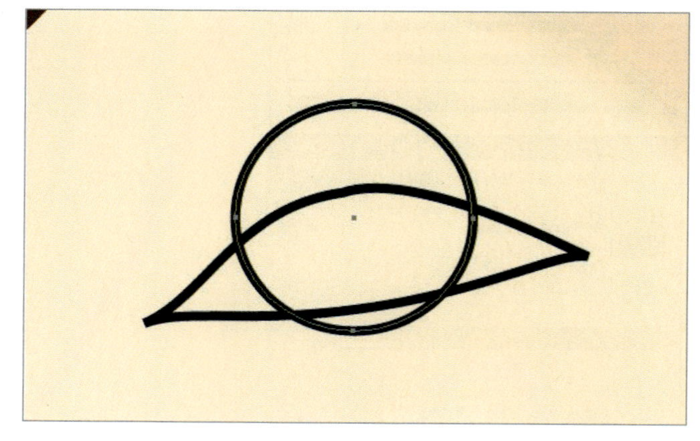

101_ 오브젝트를 선택하고 Alt 키를 누른 상태에서 복사한 뒤 크기를 줄입니다.

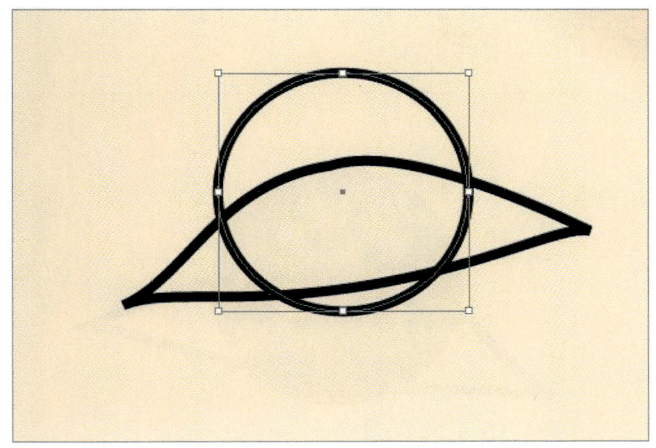

102_ 크기를 줄인 오브젝트를 선택하고 Color 팔레트에서 색을 C=20, M=78, Y=44, K=82로 지정합니다.

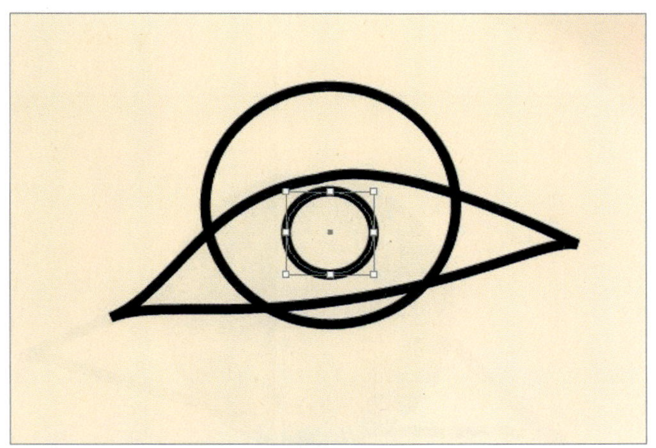

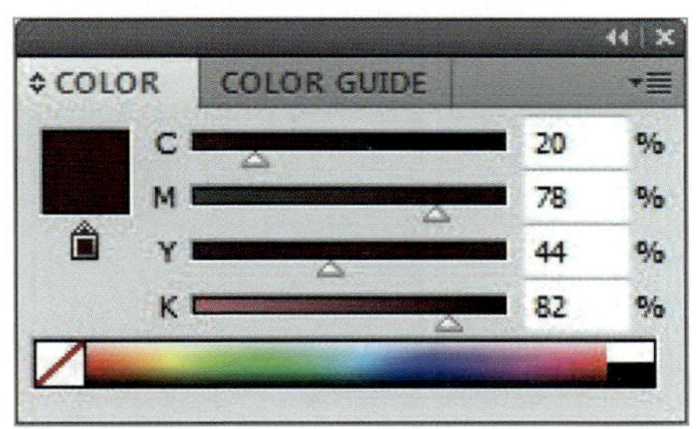

103_ 큰 원 오브젝트를 선택하고 Gradient 팔레트에서 슬라이더를 조정하고 Color 팔레트에서 색을 지정합니다.

Type : Radial
1번 자물쇠 : 26.4%, C=18, M=64, Y=61, K=50
2번 자물쇠 : 100%, C=20, M=78, Y=44, K=100

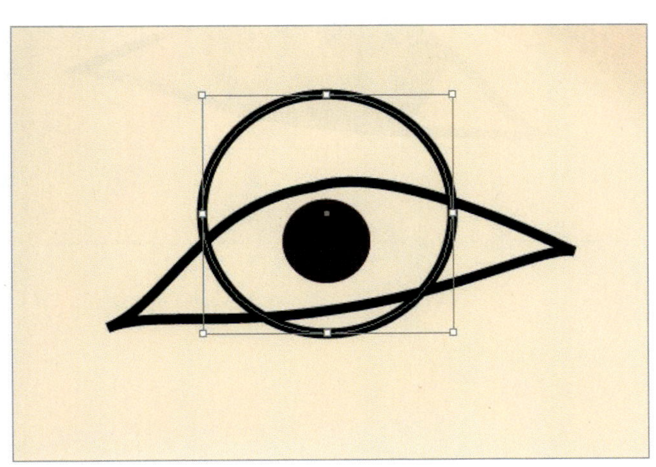

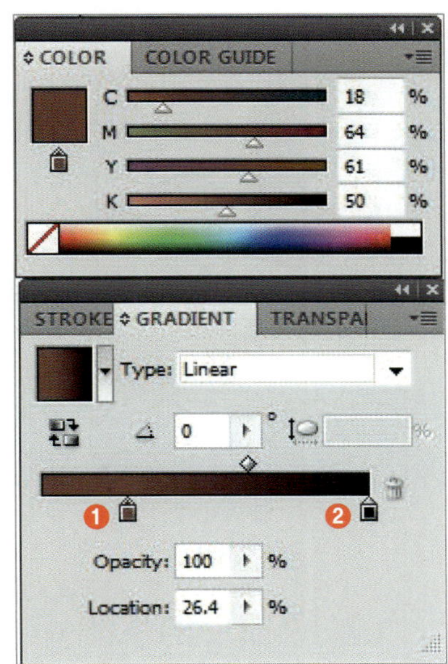

104_ 오브젝트를 선택하고 그라디언트 툴로 시작점과 끝
점을 조절합니다.

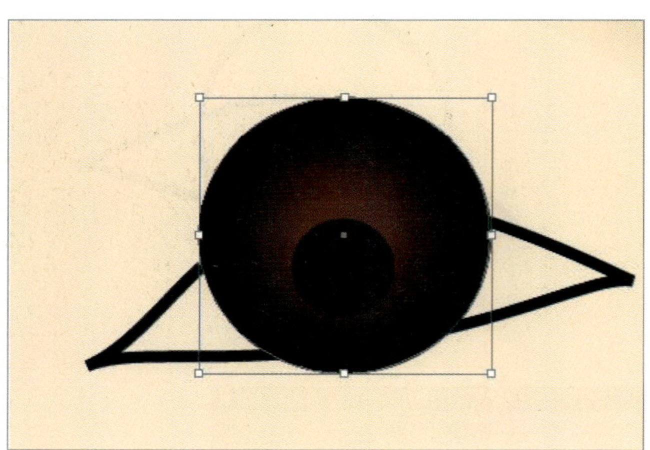

105_ 작은 타원형 흰색 원을 그려준 뒤 Transparency
팔레트에서 Opacity 77%을 적용합니다.

눈 외곽 오브젝트를 선택하고 Ctrl + C 로 복사를 하고,
Ctrl + F 로 붙여넣습니다.

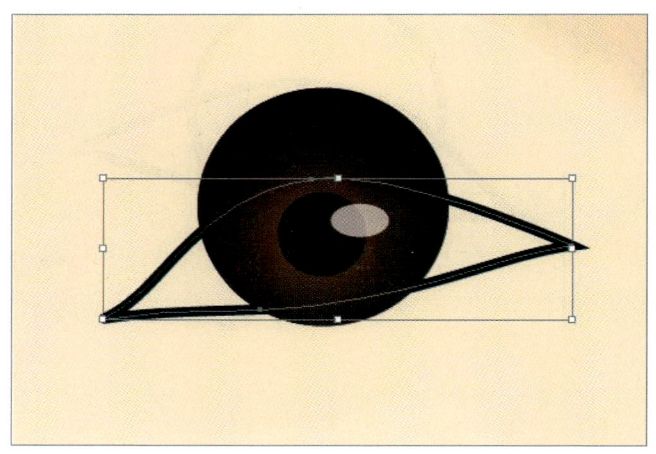

106_ 눈 외곽 오브젝트와 큰 눈알 오브젝트 둘 다 선택하
고 메뉴에서 Object -> Clipping Mask -> Make 메뉴를
적용합니다.

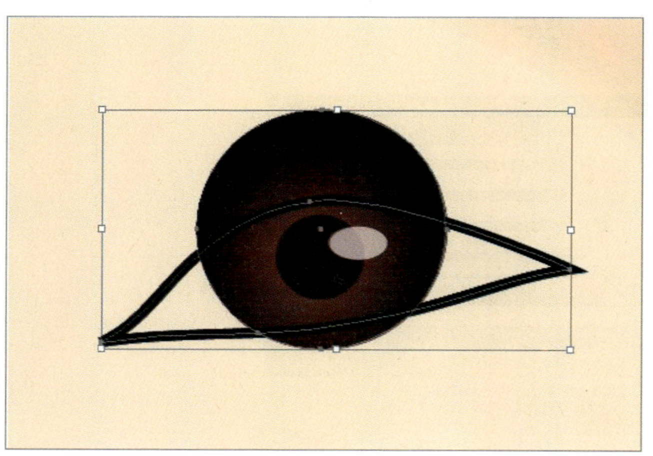

107_ 현재 오브젝트를 선택한 후 Object -> Arrange
-> Send Backward 메뉴를 적용합니다.

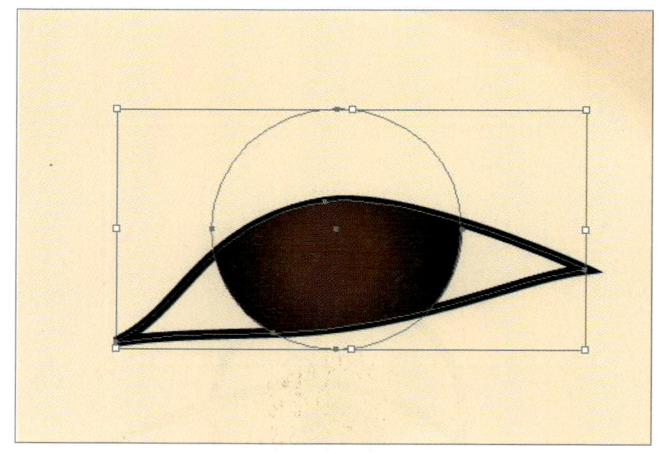

 그림과 같이 완성이 되었습니다.

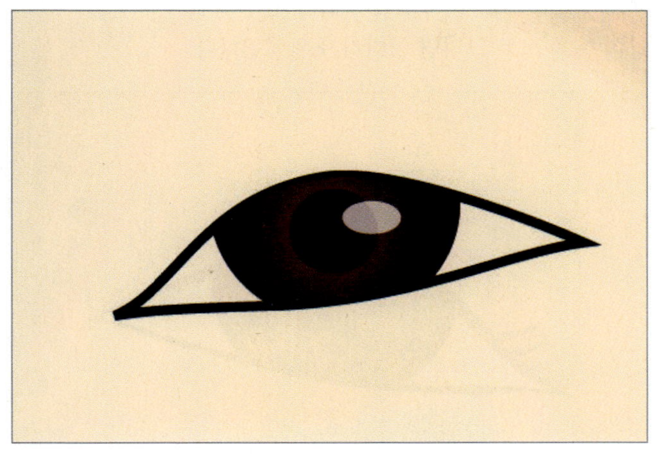

108_ 그림과 같이 완성이 되었습니다.

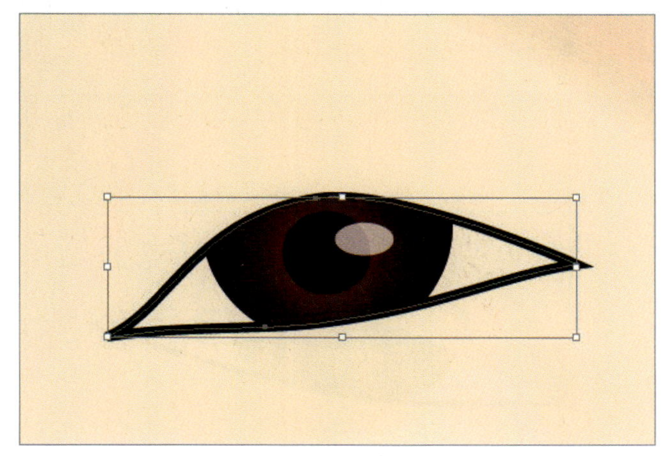

109_ 눈 외곽 오브젝트를 선택하고 Color 팔레트에서 색을 C=0, M=0, Y=0, K=0으로 설정합니다.

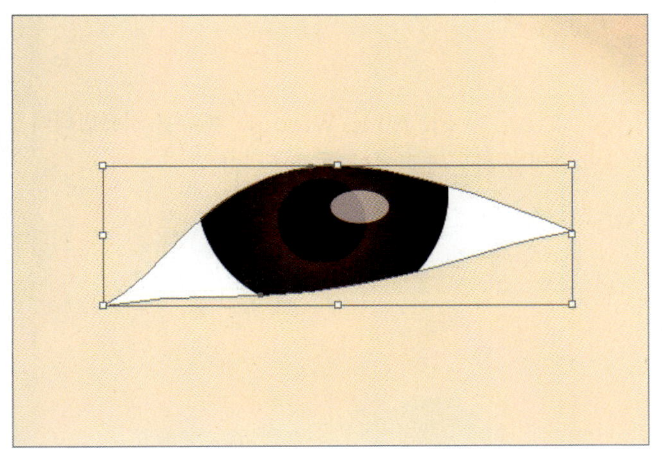

110_ 그림과 같이 선택된 오브젝트의 색이 적용되었습니다.

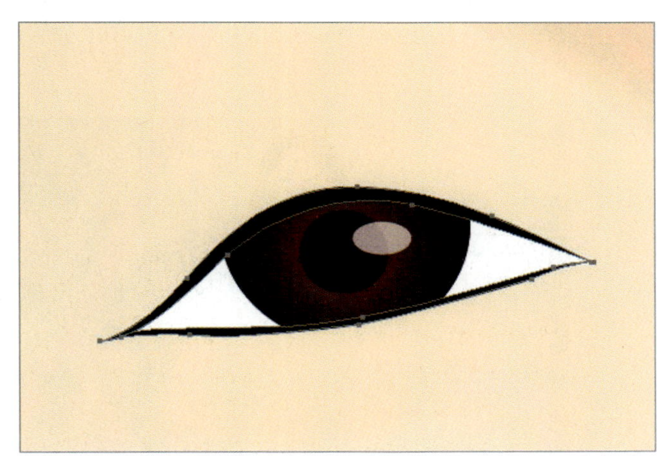

111_ '펜 툴'로 눈의 상하에 라인을 그려줍니다.

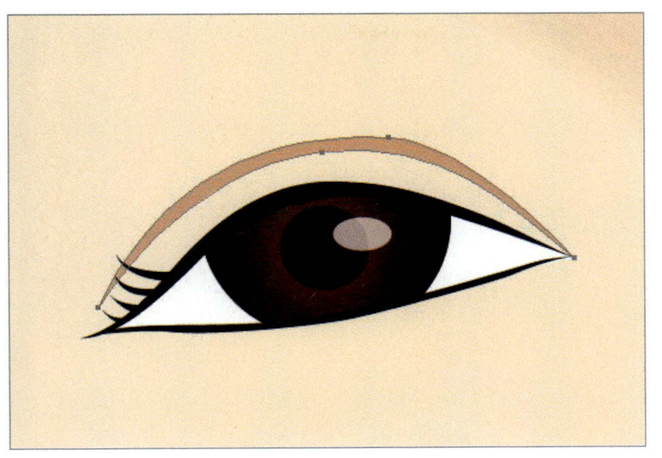

112_ '펜 툴'로 쌍커풀을 그린 뒤 눈 상단에 음영 형태를 그려줍니다. 음영 부분 색상은 Color 팔레트에서 C=0, M=27, Y=32, K=11로 설정합니다.

113_ '펜 툴'로 초승달 형태의 눈꺼풀을 그려줍니다. Color 팔레트에서 눈꺼풀 바탕색을 C=0, M=14, Y=20, K=3으로 설정합니다.

114_ '메시 툴'로 눈꺼풀에 메시포인트를 삽입하고 어두운 부분은 C=0, M=32, Y=42, K=17로 지정합니다.
다른 부분의 색은 C=0, M=9, Y=16, K=0 그리고 C=0, M=21, Y=29, K=3으로 지정합니다.

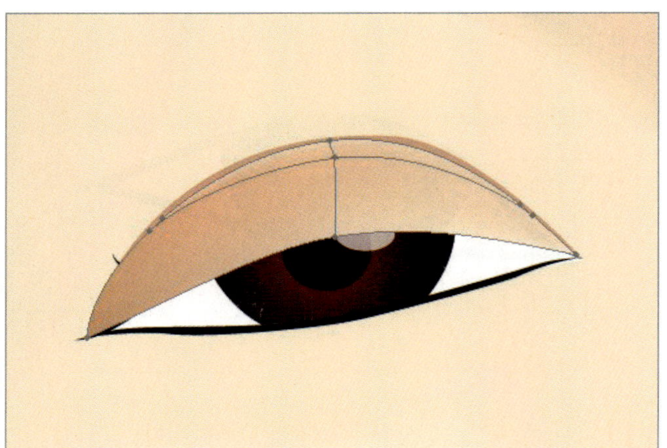

115_ 눈꺼풀 개체를 Object -> Arrange -> Send to Back 메뉴를 적용해 눈 뒤로 보냅니다.
오른쪽 눈도 지금과 동일한 방법으로 그려 줍니다.
양쪽 눈을 모두 그리면 이미지가 완성됩니다.

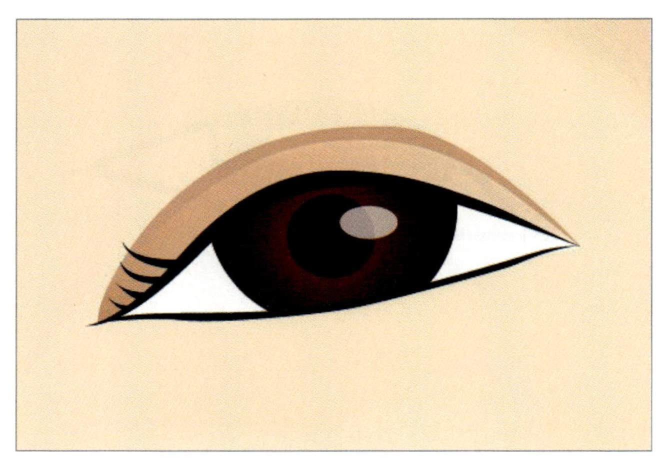

116_ View -> Fit All in Window 메뉴를 적용합니다.
완성된 그림을 한눈에 확인할 수 있습니다.

Index

Adobe Illustrator
드로잉의 마술사
킹왕짱
일러스트레이터
CS5 그대로 따라하기

Adobe Illustrator
드로잉의 마술사
킹왕짱 일러스트레이터
CS5 그대로 따라하기

Adobe Illustrator
드로잉의
마술사
킹왕짱 일러스트레이터
CS5 그대로
따라하기

드로잉의 마술사
Adobe Illustrator
킹왕짱 일러스트레이터
CS5 그대로 따라하기